Dokumente zur Austreibung der Sudetendeutschen

Dokumente zur Austreibung der Sudetendeutschen

Überlebende kommen zu Wort

Dr. Wilhelm Turnwald, Hg.

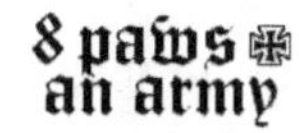

The Scriptorium

Erstauflage: Dr. Wilhelm Turnwald (Hg.), *Dokumente zur Austreibung der Sudetendeutschen,* Selbstverlag der Arbeitsgemeinschaft zur Wahrung Sudetendeutscher Interessen, ©1951.

Nachdruck: Dr. Wilhelm Turnwald (Hg.), *Dokumente zur Austreibung der Sudetendeutschen. Überlebende kommen zu Wort,* ©1999, 2024 by The Scriptorium, Kanada.
wintersonnenwende.com
versandbuchhandelscriptorium.com

Print edition ISBN 978-1-998785-12-4
ebook ISBN 978-1-998785-13-1

Unser Einband zeigt Sudetendeutsche, die unter dem Vorwand, in ein Internierungslager für Deutsche gebracht zu werden, zusammengetrieben wurden, bevor sie in Prag hingerichtet wurden, Mai 1945. Bildquelle: Wikimedia Commons / Jacksonmcdonald3425, lizenziert unter der Creative Commons Attribution-Share Alike 4.0 International Lizenz.

Anm. d. Verlags: bitte entschuldigen Sie die gelegentliche falsche Silbentrennung am Zeilenumbruch, sowie die oftmals fehlerhafte Formatierung zwischen einzelnen Berichten. Die Buchdrucksoftware, mit dem dieses Buch hergestellt wird, setzt diese Elemente automatisch ein und manuelle Korrekturen sind fast unmöglich. Der eigentliche Inhalt ist hiervon nicht berührt.

CONTENTS

Vorwort des Verlags

Urdeutsche Erde im Osten Europas!
Diese Veröffentlichung ist denen gewidmet, die sie deckt,
und denen, die sie noch im Herzen ihr Eigen nennen.

Nach Beendigung der Kriegshandlungen 1945 fand einer der grausigsten Völkermorde in der Menschheitsgeschichte statt: **die Austreibung und Vernichtung der Sudetendeutschen.** Das Wissen um diesen Genozid und eine Unzahl Dokumente, die ihn belegen, werden von der deutschen Bundesregierung geheim gehalten, mit anderen Worten, dieser Abschnitt der Geschichte soll in den hintersten Winkeln der Bundesarchive dem Vergessen anheimfallen. Ein Bekanntwerden ist nicht erwünscht.

Die grässlich Dahingequälten können nicht mehr davon zeugen - wohl aber die Davongekommenen. Hineingetrieben in ein zerstörtes Restdeutschland, wo die Menschen mit sich selbst genug zu tun hatten, um ihr Leben wieder in den Griff zu bekommen, gaben die Sudetendeutschen es bald auf, von ihrem Leid zu erzählen; sie vergruben ihr Wissen tief in ihrem Innern - aber ihre Geschichte ist dennoch nicht verlorengegangen, sie ist - immerhin teilweise - in einem Buch zusammengefaßt: **Dokumente zur Austreibung der Sudetendeutschen,** und es ist unsere moralische Verpflichtung den zu Tode Geschundenen gegenüber, die Weltöffentlichkeit von dem Opfergang der Sudetendeutschen zu unterrichten.

Das Totschweigen dieser Vorkommnisse hat zur Folge, daß nicht einmal die eigenen Volksgeschwister eine Ahnung davon haben und schon gar nicht die Nachfolgegeneration der Vertreiber. Im Gegenteil, durch Misinformation u.a. durch ihre Regierung ist letztere in dem Irrglauben befangen, daß ihnen Unrecht angetan wurde und daß sie somit ein Recht auf Wiedergutmachung hätten. Sie finden, daß die Benesch-Dekrete und die Vertreibung gerechtfertigt waren. Wie sich das allerdings mit der Aufnahme in die EU vereinbaren läßt, ist schwer einzusehen. Dabei steht die deutsche Regierung auf der Seite des Unrechtsstaates und unterstützt dessen Forderungen.

Sogar die Heimatvertriebenen selbst senden in Zeiten wirtschaftlicher Not Liebesgabenpakete zu den Menschen, deren Eltern und Großeltern ihnen Heimat, Hab und Gut raubten. Wie z.B.

die umfangreichen Hilfsaktionen, als die "Jahrhundertflut" Teile der Tschechoslowakei heimsuchte, weil die Vertreiber die Oderbefestigungen vernachlässigt haben. Die Vertriebenen verzichten auf Rache und sind zufrieden, wenn sie nur ab und zu mal einen Besuch in der alten Heimat, bei den jetzigen Besitzern ihres enteigneten Eigentums machen dürfen.

Ein seelisch krankgemachtes Volk fängt an, die Mörder seiner Volksgeschwister um Verzeihung zu bitten. Für was, wenn man fragen darf? Etwa für das, was Sie nachfolgend hier zu lesen bekommen werden? Machen Sie sich Ihre eigenen Gedanken darüber.

Ein jeder Mensch hat ein Recht auf Heimat und jedes Volk das Recht, seiner Toten zu gedenken - bis auf die Sudetendeutschen, die offenbar weder das eine noch das andere haben.

Scriptorium
im Mai 1999

Vorwort zur Erstausgabe

Die Austreibung der sudetendeutschen Volksgruppe, die in den Maitagen des Jahres 1945 begann und die bis heute [1952] noch nicht ihren Abschluß gefunden hat, gehört zu den wichtigsten Ereignissen, durch welche die scheinbar so aussichtslose Lage in Mitteleuropa herbeigeführt wurde. Sie ist in der Hauptsache durch die Verlagerung der russischen Einflußsphäre in das Herz unseres Kontinents gekennzeichnet.

Die Art und Weise, wie die Austreibung der Sudetendeutschen durgeführt wurde, die Planung und Organisation dieses Massenverbrechens, das seinen Merkmalen nach unter die Ächtung durch die Konvention der Vereinten Nationen gegen den Völkermord (Genozid) fällt, ist in der Weltöffentlichkeit leider noch viel zu wenig bekannt.

In diesem Dokumentenband werden nun auf Grund von Berichten, die jeder Überprüfung standhalten, durch Augenzeugen und unmittelbar Beteiligte die Vorgänge geschildert, wie sie sich wirklich ereignet haben. Diese Berichte tragen daher den Charakter von historischem Quellenmaterial. Sie beleuchten allerdings nur einen Bruchteil des furchtbaren Geschehens, das sich im Zuge der Austreibung der Sudetendeutschen abgespielt hat, aber sie versuchen dennoch eine Art Querschnitt durch die Vorgänge seit dem Mai 1945 in den sudetendeutschen Gebieten zu bringen. Sie sollen gegebenenfalls durch weiteres Dokumentenmaterial ergänzt werden.

In der Einleitung wird eine historisch-politische Übersicht geboten, in der Ursachen und Motive der Austreibung sowie die Urheber dieses Massenverbrechens gekennzeichnet werden. Der Anhang bringt die wichtigsten diplomatischen, gesetzgeberischen und urkundenmäßigen Unterlagen.

Durch die Veröffentlichung dieser Dokumente soll keineswegs eine Kollektivschuld für das gesamte tschechische Volk festgestellt werden. Wohl aber geht aus ihnen hervor, wie sehr durch diese Vorgänge die wichtigsten Gesetze der Moral und Ethik, des Völkerrechts und Naturrechts verletzt wurden.

Zwangsläufig ergibt sich für die Sudetendeutschen der Rechtsanspruch auf die seit nahezu tausend Jahren angestammte Heimat, auf Wiedergutmachung der Schäden und Bestrafung der Schuldigen.

Durch die Austreibung der Sudetendeutschen wurde das Gleichgewicht in Mitteleuropa gestört. Eine Lösung des sudetendeutsch-tschechischen Problems kann nur im Rahmen einer größeren, über die deutsch-tschechische Frage hinausgehenden, das heißt europäischen Neuordnung stattfinden.

Für das Präsidium
der Arbeitsgemeinschaft zur Wahrung sudetendeutscher Interessen:

[gez.:]

Hans Schütz, M. d. B.

Dr. Rudolf Lodgman von Auen

Richard Reitzner, M. d. B.

Einleitung

I.

Die sudetendeutsche Volksgruppe, ihrer Zahl nach größer als das norwegische Volk und nahezu so groß wie das dänische und finnische Volk, wurde seit dem ersten Weltkriege dreimal zum Objekt der internationalen Politik gemacht, ohne daß dabei eine befriedigende Lösung des sudetendeutschen Problems, das weder eine Erfindung Hitlers noch Henleins, sondern ein echtes Raum- und Volksproblem ist, erzielt werden konnte. Die Ursachen hiefür sind mannigfaltig, sie lassen sich aber auf einige Grundtatsachen der mitteleuropäischen Geschichte und Politik zurückführen.

Bis ins 18. Jahrhundert waren die Völker Mitteleuropas durch den dynastischen Gedanken und den territorialen Staatsbegriff zusammengehalten worden. Die Türkenkriege haben dabei keine unwesentliche Rolle als gemeinsame abendländische Verteidigungsaufgabe gespielt. Die Aufklärung und der neue Nationalbegriff, wie er durch die französische Revolution den Völkern Europas vermittelt wurde, die Ablösung der ständischen durch die bürgerliche Gesellschaft, insbesondere aber die Entstehung eines neuen Volksbegriffes, wie er durch Johann Gottfried Herder formuliert und in die Völker Mitteleuropas hineingetragen wurde, brachten diese Völker in gewaltige Gärung und Bewegung.[1]

Seit der Zerschlagung der Österreich-Ungarischen Monarchie, die der Vielfalt der Völker und Volkgruppen Mitteleuropas bis 1918 einen politisch und wirtschaftlich noch halbwegs tragbaren Rahmen geboten hatte, ist dieses Mitteleuropa nicht mehr zur Ruhe gekommen. Es wurde vielmehr zu einer der neuralgischen Zonen des ganzen Kontinents, die nach der Heilkunst großer staatsmännischer Einsicht verlangte. Leider blieb ihr diese Heilung bis heute versagt. Statt aus den Lösungsversuchen der Jahre seit 1918 zu lernen, werden nach dem zweiten Weltkriege neue und folgenschwere Fehler in der mitteleuropäischen Politik hinzugefügt. Das deutsch-tschechische Problem spielt dabei eine besondere Rolle. Die tschechischen Politiker Thomas Masaryk und Eduard Benesch haben wesentlich an der Zerstörung Österreich-Ungarns mitgewirkt. Unter Hinweis auf das von dem amerikanischen Präsidenten Woodrow Wilson propagierte Selbstbestimmungsrecht der Völker haben sie unter gleichzeitigem Hinweis auf das historische Staatsrecht Böhmens die Gründung einer "tschechoslowakischen" Republik betrieben, ohne daß es ihnen dabei gelingen konnte, im Herzen Europas einen echten tschechischen Nationalstaat zu schaffen, da die nichttschechischen Volksteile in dieser Staatsneuschöpfung über 50% der gesamten Bevölkerung ausmachten. Diesen nationalen Minderheiten und insbesonders den 3½ Millionen Sudetendeutschen sprach man das Recht auf Selbstbestimmung ab, jenes Selbstbestimmungsrecht, mit Hilfe dessen Österreich-Ungarn zerschlagen und die Tschechoslowakei gegründet worden war. Da die Schöpfer der ersten

Tschechoslowakei ideologisch im Nationalismus des 19. Jahrhunderts verankert waren, mußte ihnen eine Lösung des Problems, das durch das Vorhandensein mehrerer Völker in einem staatlichen Rahmen sich darbot, versagt bleiben. Alle Lösungsvorschläge zwischen 1918 und 1938 krankten letztlich daran, daß von tschechischer Seite ein Nationalstaat angestrebt und gleichzeitig verleugnet wurde. Daß die Austreibung der Sudetendeutschen keine echte Lösung dieses mitteleuropäischen Raum- und Volksproblems sein konnte, war vorauszusehen. Der Austreibungsgedanke erwuchs aus dem Boden des extremen chauvinistischen Nationalismus, als dessen Hauptverfechter Dr. Benesch bezeichnet werden kann. Durch diesen extremsten Lösungsversuch wird dieser Nationalismus aber als tragfähige europäische Ideologie ad absurdum geführt, da er die bestehenden Raum- und Volksprobleme nicht löst, sondern nur erheblich verschärft. Zuviele Gründe historischer, politischer, wirtschaftlicher, rechtlicher und ethischer Art sprechen gegen diesen Lösungsversuch. Daß die Folgen der Austreibung von 1945 jedoch auch für das tschechische Volk nach so kurzer Zeit spürbar werden sollten, haben wahrscheinlich nur die wenigsten erwartet.[2]

II.

Das tschechische Volk ragt von allen westslawischen Völkern am weitesten nach Mitteleuropa hinein. Im Laufe der geschichtlichen Entwicklung haben es die Tschechen mit großem Geschick und mit politischer Anpassungsfähigkeit verstanden, ihre Volkssubstanz inmitten des sie im Norden, Westen und Süden umgebenden deutschen Volkes zu erhalten. Die Art und Weise wie das geschah, ist sehr aufschlußreich. Im Jahre 845 haben, dem Bericht der Fuldaer Annalen zufolge, 14 böhmische Stammeshäuptlinge in Regensburg die Taufe empfangen. Dadurch haben sie Anschluß an den damaligen westlichen Religions- und Zivilisationsbereich gefunden und seit dieser Zeit reißt die lebendige Verbindung zwischen Böhmen-Mähren und dem westlichen deutschen Nachbarn nicht mehr ab.

Unter Karl dem Großen werden die Tschechen nach kurzer kriegerischer Auseinandersetzung tributpflichtig und im 10. Jahrhundert versteht es der tschechische Herzog Wenzel, den die katholische Kirche heiliggesprochen hat, in geschickter Weise die staatsrechtliche Bindung an Deutschland durch seine persönlichen Beziehungen zu verbessern. In den folgenden Jahrhunderten erlangen die böhmischen Herzöge die deutsche Kurwürde und aus den Händen des deutschen Kaisers die Königskrone.

Im 14. Jahrhundert schlägt der deutsche Kaiser Karl IV., dessen Großmutter eine Premysliden-Prinzessin war, in Prag seine Residenz auf. Durch die staatspolitisch geschickte Haltung seiner Führer war das tschechische Volk dem Schicksal der Elbeslawen entgangen, die im ständigen Kampf gegen den deutschen Nachbarn ihre volkliche Selbständigkeit verloren haben. Die enge politische Bindung an den deutschen Nachbarn brachte den Tschechen neben dem religiös-kirchlichen auch den kulturellen und wirtschaftlichen Anschluß an das damalige Europa. Die Funktion der Deutschen in Böhmen und Mähren war dabei außerordentlich positiv. Sie haben als Priester und Hofleute in der Prager Herzogs- und Königsresidenz gewirkt, sie haben die Städte gebaut, nicht nur in den von Deutschen besiedelten Randgebieten, sondern mit Ausnahme der Husittengründung Tábor auch im Inneren Böhmens. Sie haben Land und Forste kultiviert und Bergwerke angelegt. Sie brachten die Ordnung des Nürnberger und Magdeburger Rechtes ins Land und sie haben auf dem Gebiet der Künste einen hervorragenden Anteil zu verzeichnen. Ein dauerndes Symbol für ihre schöpferische Arbeit bleibt die Stadt Prag mit ihrer Geschichte und mit ihren Bauwerken. Die besonderen Rechte der Deutschen in Böhmen wurden schon frühzeitig bestätigt, wie aus dem Freibrief hervorgeht,[3] den Herzog Sobieslaus II. (1173-1178) den Prager Deutschen ausstellte. Tausend Jahre lebten beide Völker mit Ausnahme weniger Unterbrechungen im böhmisch-mährisch-schlesischen Raume gemeinsam und in fruchtbarer Zusammenarbeit. Wenn wir im Buche der Geschichte blättern, dann sehen wir, daß die Zeiten friedlichen Zusammenlebens gleichzeitig eine Blüte des wirtschaftlichen und kulturellen Bereiches mit sich brachten, Zeiten des Kampfes - wie etwa die Hussitenkriege - aber einen schweren Niedergang auf allen Gebieten im Gefolge hatten. Erst die Entwicklung des nationalen Gedankens im 19. Jahrhundert hat den seit der Hussitenzeit schwersten Bruch zwischen Deutschen und Tschechen herbeigeführt, für den weder das Jahr 1918 noch das Jahr 1938 eine Lösung fanden und der schließlich in die furchtbare Tragik des Jahres 1945 mündete, über die die nachfolgenden Dokumente berichten. Diese Entwicklung der Dinge im böhmisch-mährisch-schlesischen Raum ist gleichzeitig ein Beweis dafür, welche verheerende Wirkung eine Ideologie und Geschichtsauffassung im Gefolge haben mußte, die den wahren Ablauf der Ereignisse in diesem Raum völlig verfälscht hat. Gemeint ist hier die Geschichtsdeutung, wie sie der führende tschechische Historiker des 19. Jahrhunderts, Palacký, gibt, der den Kampf der Deutschen mit den Tschechen als Leitmotiv der Geschichte im böhmisch-mährischen-schlesischen Raum und die Hussitenzeit als das Heldenzeitalter des tschechischen Volkes hinstellt. Der bedeutendste tschechische Historiker unseres Jahrhundertes, Josef Pekar, betonte zwar im Gegensatz zur Palacký'schen Geschichtsdeutung in seinen Arbeiten die positive Seite des deutsch-tschechischen Verhältnisses, am sichtbarsten verkörpert in der symbolischen Gestalt des Staatsmannes Herzog Wenzels des Heiligen. Die politischen Führer der Tschechen seit dem ersten Weltkrieg, Masaryk und Benesch, waren jedoch gleichsam mit dem Blick nach rückwärts in der Palacký'schen Geschtichtsdeutung verwurzelt. Diese nationalistische Form der Geschichtsanwendung birgt in sich, heute schon deutlich sichtbar, den Keim auch für die tragische Entwicklung der jüngsten Geschichte des tschechischen Volkes.

III.

Um die Vorgänge des Jahres 1945 in das richtige Licht zu setzen, ist es notwendig, auf das Jahr 1938 und von diesem wiederum auf die Zeit um 1918 zurückzugehen. Unter Berufung auf das Selbstbestimmungsrecht der Völker war die Auflösung der Österreichisch-Ungarischen Monarchie vollzogen worden. Allerdings wurde dieses Selbstbestimmungsrecht in der Praxis den Deutschen Österreich-Ungarns nicht zuerkannt. Die sudetendeutschen Volksteile in Böhmen, Mähren und Schlesien wurden, ohne gefragt worden zu sein, der tschechoslowakischen Republik eingegliedet.

Die im Jahre 1911 gewählten deutschen Abgeordneten des Österreichischen Reichsrates aus Böhmen, Mähren und Schlesien hatten am 20. Oktober 1918 in Wien die Schaffung der deutschösterreichischen Provinzen Deutschböhmen und Sudetenland beschlossen und sie unter den Schutz der Deutschösterreichischen Republik gestellt. Diese Beschlüsse wurden von der Friedenskonferenz jedoch nicht anerkannt. Die Landesregierungen, an deren Spitze in Böhmen Rafael Pacher und seit dem 4. November 1918 Dr. Rudolf Lodgman von Auen, in Mähren-Schlesien Dr. Robert Freissler standen, wurden von den Tschechen vertrieben.

Am 4. März 1919 demonstrierte die sudetendeutsche Bevölkerung aller politischen Richtungen in zahlreichen Städten in öffentlichen Kundgebungen für ihr Recht der Selbstbestimmung. Diese politischen Willensäußerungen der Bevölkerung wurde von der tschechischen Exekutive mit Gewalt niedergeschlagen, wobei es unter den Sudetendeutschen zahlreiche Todesopfer gab. Als nun bei den Verhandlungen der Friedenskonferenz von Paris (St. Germain) im Jahre 1919 unter anderem das Problem der Deutschen in der Tschechoslowakei auftauchte, präzisierte die tschechoslowakische Friedensdelegation, an deren Spitze der damalige Außenminister Dr. Benesch stand, ihren Standpunkt in dieser Frage vor allem in dem Memorandum Nr. 3,[4] um die Befürchtungen insbesondere der englischen Delegierten zu zerstreuen. Als Hauptverfasser der Memoranden ist Dr. Benesch anzusehen.

Mit psychologischem Spürsinn hat er die Situation der Pariser Friedenskonferenz erfaßt und in seinen Denkschriften die Antworten auf die Fragen, die man ihm vermutlich dort stellen würde, vorweggenommen.[5] Das Memorandum Nr. 3 enthält eine ganze Reihe grober Fälschungen statistischer, wirtschaftspolitischer und historisch-politischer Natur. Wichtig ist vor allem Kapitel 6 dieses Memorandums, in dem das Schicksal der Deutschen in der Tschechoslowakei umrissen wird.[6]

In den Kartenanlagen werden zum Teil falsche Vorstellungen von der Bevölkerungsverteilung, Besiedlung usw. gegeben. Besonders kraß wirkt in dieser Hinsicht die Kartenanlage "Les Allemands de Bohême", in der die geschlossenen deutschen Siedlungsgebiete durch falsche Einzeichnungen der tschechischen Siedlungsräume völlig zerrissen und willkürlich verkleinert sind. Damit sollte der Eindruck erweckt werden, daß es überhaupt keine nennenswerten geschlossenen deutschen Siedlungsräume in Böhmen gab. Zwischen Leitmeritz und Komotau z.B. ragt auf diesen Karten der tschechische Siedlungsraum bis an die Landesgrenze, sodaß Teplitz inmitten eines rein tschechischen Siedlungsgebietes zu liegen kommt.[7]

In sehr geschickter Weise ist im Kapitel 6 des Memorandums Nr. 3 ein Programm für die Eingliederung der sudetendeutschen Gebiete skizziert, wobei für den Aufbau und die Verfassung der Tschechoslowakei die Schweiz als Vorbild hingestellt wird. Der Kernpunkt des Memorandums ist noch präziser in einer Note gefaßt, die Dr. Benesch der Kommission, der die Ausarbeitung der Minderheitenschutzverträge zugewiesen war, übermittelte. Veranlassung hiezu waren die vor allem von englischer und amerikanischer Seite gehegten Befürchtungen wegen der Verletzung des Selbstbestimmungsrechtes der nichttschechischen Bevölkerungsteile der CSR. In dieser Note vom 20. Mai 1919 wird ausdrücklich auf den Willen der tschechoslowakischen Regierung hingewiesen, für die Organisation der Staatsreform der Tschechoslowakei die Schweizer Verfassung zum Vorbild zu nehmen, d.h. im Herzen Europas zu versuchen, eine Art neue Schweiz zu schaffen.[8]

Damit glaubte Dr. Benesch, eine sehr geschickte Antwort auf den möglichen Einwand gefunden zu haben, daß im Falle der Sudetendeutschen das Selbstbestimmungsrecht keine Anwendung gefunden hatte. Wie die tatsächliche historisch-politische Entwicklung jedoch beweist, dachte Dr. Benes nicht einen Augenblick daran, das konstitutionelle Prinzip der Schweiz in der Tschechoslowakei in die Wirklichkeit umzusetzen. Das Memorandum Nr. 3 diente nur zur Täuschung der Friedenskonferenz von St. Germain. Von einer Gleichberechtigung der Sudetendeutschen in der Tschechoslowakei zwischen 1918 und 1938 im Sinne einer Lösung nach Schweizer Vorbild kann bei objektiver Beurteilung des Problems nicht gesprochen werden. Vielmehr bestand von Anfang an tschechischerseits die Tendenz, einen reinen Nationalstaat der Tschechen, die ja wie schon erwähnt nur die Hälfte der Gesamtbevölkerung der Tschechoslowakei ausmachten, zu schaffen.

Auch die im Staatsvertrag vom 16. September 1919 eingegangenen Schutzverpflichtungen gegenüber den nationalen Minderheiten wurden von tschechischer Seite nicht eingehalten. Die sudetendeutschen Versuche, durch insgesamt 22 Memoranden beim Völkerbund in Genf die Einhaltung der Minderheitenschutzbestimmungen zu erreichen, verliefen erfolglos, da diese Memoranden infolge der Gegenaktionen Dr. Benes's nicht zur Verhandlung vor den Völkerbundrat kamen. Daß auch die Slowaken keinesfalls als Staatsvolk im Sinne des Pittsburgher Vertrages behandelt wurden, erweist die Entwicklung des tschechisch-slowakischen Verhältnisses.[9]

Durch viele Jahre versuchten in der ersten Tschechoslowakei deutsche politische Parteien, die sogenannten Aktivisten, im Kabinett und im Parlament die Wünsche und Forderungen der Sudetendeutschen nach Gleichberechtigung durchzusetzen, ohne daß sie einen entsprechenden Erfolg buchen konnten.

Man muß diese Tatsachen berücksichtigen, wenn die Verhältnisse des Jahres 1938 im Zusammenhang von Ursache und Wirkung gesehen werden sollen. Der Erfolg der Henlein-Bewegung beruhte einerseits auf dem nicht eingehaltenen, in St. Germain gegebenen Versprechen, in der CSR das Schweizer Verfassungsprinzip zu verwirklichen, andererseits kam dazu der Umstand, daß jenseits der Grenze seit 1933 im Deutschland Hitlers auf vielen Gebieten des wirtschaftlichen und politischen Lebens scheinbar alle Schwierigkeiten, die bis dahin im Deutschland der Weimarer Republik bestanden hatten, überwunden waren. Schon die rasche Beseitigung der Arbeitslosigkeit in Deutschland mußte auf die Sudetendeutschen, die unter der allgemeinen Wirtschaftsdepression, die durch tschechische Maßnahmen in den sudetendeutschen Gebieten verstärkt spürbar wurde, faszinierend wirken. Da sie unter den gegebenen Umständen keinerlei Hoffnung hatten, ihre berechtigten Wünsche in der CSR jemals ohne Hilfe von Außen verwirklicht zu sehen, setzten sie in Unkenntnis der tatsächlichen politischen Absichten Hitlers alle Hoffnung auf Hilfe von Deutschland. Die Erfolge Hitlers auf außenpolitischem Gebiet mußten den Eindruck erwecken, daß die Großmächte der Entwicklung in Deutschland zustimmten. Dazu kam noch der Umstand, daß die Henleinbewegung anfangs besonders von England allem Anschein nach mit Einsicht beurteilt wurde. Innenpolitisch wurde Henlein von einem Teil der tschechischen Parteien, so z. B. der Agrarpartei, in der Auseinandersetzung zwischen links und rechts im tschechischen Lager zeitweise deutlich gefördert, sodaß dadurch die deutschen Regierungsparteien manchmal in die größten Schwierigkeiten kamen. Die österreichischen Ereignisse, insbesondere die Begeisterung der österreichischen Bevölkerung anläßlich des deutschen Einmarsches, wirkten mit der suggestiven Macht massenpsychologischer Vorgänge auf die Sudetendeutschen. Die in der Sudetendeutschen Partei vorhandene Gruppe, die anfangs eine Autonomie der Sudetendeutschen im Rahmen der Tschechoslowakei propagiert hatte, wurde unter dem Einfluß des Österreichischen Anschlusses praktisch völlig einflußlos.[10] Wäre die Tschechoslowakei nach dem ersten Weltkrieg wirklich als eine Art Schweiz mit voller Gleichberechtigung der verschiedenen nationalen Komponenten und auch mit der Tendenz nach einer wirklichen Neutralität geschaffen worden, hätte die ganze politische Entwicklung im böhmisch-mährisch-schlesischen Raum einen anderen Ablauf genommen. Es ist aber heute wohl schon eine geschichtliche Tatsache, daß der Staatsgründung der Tschechoslowakei eine ganz bestimmte Funktion von den Westmächten, insbesondere von Frankreich als östliche Barriere gegen Deutschland zugedacht worden war, deren Belastungen sie auch im Verband der kleinen Entente angesichts der Entwicklung der Dreißigerjahre nicht gewachsen sein konnte. Die neutralen Beobachter, die 1938 in der Tschechoslowakei weilten, geben vielfach ein sehr anschauliches Bild über die wahre Situation. In seinem Bericht an den englischen Premierminister vom 26. September 1938 faßt Lord Runciman seine Feststellungen und Beobachtungen zum sudetendeutschen Problem folgendermaßen zusammen:

"Es ist ein hartes Ding, von einem fremden Volk beherrscht zu werden und ich bin mit dem Eindruck abgereist, daß die tschechoslowakische Herrschaft in den Sudetengebieten, obwohl nicht direkt bedrückend und sicherlich nicht 'terroristisch', doch durch ein solches Maß an Taktlosigkeit, Mangel an Verständnis, Unduldsamkeit und Diskriminierung gekennzeichnet war, daß das Ressentiment der deutschen Bevölkerung unausweichlich in Richtung einer Auflehnung getrieben wurde. Die Sudetendeutschen hatten das Gefühl, daß in der Vergangenheit von der tschechoslowakischen Regierung zwar viele Versprechungen gegeben, diesen Versprechungen aber wenige oder keine Taten gefolgt seien. Diese Erfahrungen führten zu einem unverhohlenen Mißtrauen gegen die führenden tschechischen Staatsmänner. Ich kann nicht sagen inwieweit dieses Mißtrauen berechtigt war oder nicht, tatsächlich ist es vorhanden mit dem Erfolg, daß auch entgegenkommende Maßnahmen der sudetendeutschen Bevölkerung kein Vertrauen mehr einflößen können. Hierzu kommt noch, daß die Sudetendeutsche Partei bei den letzten Wahlen 1935 mehr Stimmen auf sich vereinigen konnte, als jede andere Einzelnpartei und im Augenblick die zweitstärkste Partei im Parlament des Staates ist. Bei einer Gesamtzahl von 300 verfügt sie über 44 Sitze im Parlament. Mit ihrem späteren Zuwachs ist sie gegenwärtig die stärkste Partei im Staate überhaupt. Sie kann jedoch jederzeit überstimmt werden, weshalb viele ihrer Mitglieder glauben, daß auf verfassungsmäßigem Wege nichts zu erreichen sei.

Zu örtlichen Mißständen kamen noch folgende schwere Unzukömmlichkeiten. Tschechische Beamte und tschechische Polizei ohne oder mit nur geringen deutschen Sprachkenntnissen wurden in großer Zahl in rein deutschen Gebieten eingesetzt. Tschechische Agrarkolonisten wurden im Wege der Bodenreform zur ständigen Ansiedlung mitten unter die deutsche Bevölkerung verpflanzt. Für die Kinder dieser tschechischen Eindringlinge wurden tschechische Schulen in großer Zahl gebaut.

Es ist eine ganz allgemeine Anschauung, daß tschechische Firmen zu Lieferungen und Leistungen mehr herangezogen werden als deutsche.

Die Beschwerden sind meines Erachtens im Wesentlichen gerechtfertigt. Gerade in den letzten Tagen vor meiner Abreise habe ich von seiten der tschechoslowakischen Regierung keinerlei Bereitschaft gesehen, diese Übelstände einigermaßen zu beheben.

All diese und auch andere Mißstände wurden verstärkt durch die Auswirkung der Wirtschaftskrise auf die sudetendeutsche Industrie, die zu einem wesentlichen Teil die Lebensgrundlage dieses Volkes bildet. Nicht ohne Grund wurde die Regierung für die dadurch entstandene Verarmung verantwortlich gemacht...

Damit komme ich zur politischen Seite des Problems, die die Frage der Integrität und Sicherheit der tschechoslowakischen Republik speziell im Bezug auf ihre unmittelbaren Nachbarn betrifft. Ich glaube, daß dieses Problem einen Brennpunkt politischer Reibungsflächen in Mitteleuropa berührt. Ich halte es für unumgänglich notwendig, sich stets vor Augen zu halten, daß der tschechoslowakische Staat immer in Frieden mit allen seinen Nachbarn leben muß und daß seine Innen- und Außenpolitik diesem Umstand Rechnung zu tragen hat. Gerade das ist ja das Wesentliche an der Politik der Schweiz, daß diese durchaus neutral ist, woraus sich ihre internationale Stellung ergibt. Eine solche Art von Politik ist aber auch notwendig für die Tschechoslowakei und zwar nicht nur zur Erhaltung ihrer eigenen Existenz, sondern auch zur Erhaltung des europäischen Friedens."

Mit dieser letzten Feststellung rührt Lord Runciman an eine der fundamentalen Fragen der Existenzmöglichkeit kleiner Nationalstaaten im Herzen Europas. Auf dieses Problem soll weiter unten noch kurz eingegangen werden.

Von tschechischer Seite wird den Sudetendeutschen der Kollektivvorwurf gemacht, sie hätten im September 1938 geschlossen gegen den Staat revoltiert und damit die Staatssicherheit bedroht. Daß dies nicht der Fall war, bezeugt ein in diesem Zusammenhang der Sympathie für die Sudetendeutschen sicherlich unverdächtiger Zeuge, nämlich der tschechische Exminister Dr. Hubert Ripka in seiner Darstellung der Ereignisse um das Münchner Abkommen.

Er stellt fest, daß der Aufruf Henleins an die Sudetendeutschen zum Widerstand gegen die Staatsgewalt keinesfalls von der Mehrheit der sudetendeutschen Bevölkerung befolgt wurde.[11] Dies muß umsomehr beachtet werden, als im September 1938 ein starker Polizeiterror gegen das gesamte Sudetendeutschtum herrschte, der sich auch in der Internierung von zahlreichen Geiseln äußerte. Der Hauptfehler der tschechischen Regierung lag nach der Meinung Ripkas darin, daß sie nicht versucht hatte, mit der sudetendeutschen Bevölkerung statt mit Henlein zu einem Übereinkommen zu gelangen.[12]

Das wäre nach dem oben Gesagten sehr wahrscheinlich möglich gewesen, wenn man seit 1918 eine andere Politik den Sudetendeutschen gegenüber verfolgt hätte, d. h. wenn man sie in einer Föderation ähnlich wie in der Schweiz als Gleiche unter Gleichen behandelt hätte. Wie Benes weicht aber auch Ripka bei allen späteren Gelegenheiten der Frage des Selbstbestimmungsrechtes der Sudetendeutschen aus, indem er ähnlich wie Benes in den Memoranden der Pariser Friedenskonferenz zwar den Tschechen das Selbstbestimmungsrecht zuerkennt, den Deutschen dieses Recht jedoch aus Gründen, die keinesfalls einleuchten, aberkennt.[13]

Daß die Sudetendeutschen 1938 nur ein Objekt, nur eine Schachfigur im politischen Spielfeld Europas waren, wurde ausdrücklich vom nachmaligen Premierminister Großbritanniens Clement Attlee in seiner Unterhausrede vom 3. Oktober 1938 festgestellt.[14]

Das Abkommen von München hätte aber auch den Tschechen deutlich machen müssen, daß sie, ebenso wie die Sudetendeutschen, nur eine "Schachfigur im politischen Spiel" der Großmächte seien und keinerlei Eigengewicht haben, solange sie sich nicht in einem größeren föderativen Verband mit den übrigen Völkern Mitteleuropas zusammenschließen. Der Versuch, die Sudetendeutschen zu assimilieren, war gescheitert. Statt aus den vergangenen Jahrzehnten eine staatspolitische Lehre zu ziehen, hat Dr. Benes in seinem Exil jedoch eine Lösung des sudetendeutschen Problems geplant und nach 1945 mit Hilfe seiner Mitarbeiter diesen Plan ausgeführt, der die bestehenden Probleme maßlos verschärfen mußte; ein Plan, wie ihn Hitler für das tschechische Volk verworfen hatte: die gewaltsame Enteignung und Umsiedlung eines ganzen Volkes im Herzen Mitteleuropas.[15]

IV.

Die Austreibung der Sudetendeutschen ist nicht etwa eine spontane Reaktion des tschechischen Volkes auf die deutsche Besetzung der tschechischen Gebiete zwischen 1939 und 1945 gewesen. Der Plan zur Austreibung wurde vielmehr von den tschechischen Exilpolitikern von langer Hand vorbereitet. Bis zur Februarrevolution 1948 war im Lager der "nationalen Front" in Prag ein heftiger Streit um die Priorität der Idee der Austreibung der Sudetendeutschen im Gange. Das Parteiorgan der tschechoslowakischen Kommunisten, *Rudé Právo,* hatte im Februar des Jahres 1946 behauptet, der Plan sei zum ersten Male anläßlich der Unterzeichnung des tschechoslowakisch-sowjetischen Paktes im Dezember 1943 in Moskau aufgeworfen worden.[16]

Gegen diese Behauptung nahm im März 1946 anläßlich einer Parlamentsdebatte der damalige Vorsitzende des außenpolitischen Ausschusses, Ivo Duchácek, Abgeordneter der katholischen Volkspartei Stellung, welcher nach der Februarrevolution 1948 nach dem Westen floh. Duchácek erklärte: "Als im Sommer 1942 die Frage der Aussiedlung der Deutschen das Stadium vertraulicher Gespräche mit unseren drei Hauptalliierten erreichte, benützte Dr. Ripka die Gelegenheit, daß England und Frankreich bereits das Münchner Abkommen verworfen hatten, zu einer öffentlichen Rede im Oktober 1942.[17] Seither wurde die Frage unserer Deutschen in London von Monat zu Monat offener besprochen. Gegen Ende 1943 stimmten alle Mitglieder der nationalen Front in dieser Frage überein; die Aussiedlung der Deutschen ist daher das Ergebnis gemeinsamer Anstrengungen aller Mitglieder und Parteien der nationalen Front. Es ist eine Geschichtsfälschung, wenn die Kommunisten behaupten, daß ihnen die Aussiedlung der Deutschen zu verdanken ist." In einem Kommentar zu dieser Rede wurde darauf verwiesen, daß über das Problem der Austreibung der Sudetendeutschen im Kreis um Dr. Ripka, dessen enger Mitarbeiter Dr. Duchácek war, schon im Jahre 1939 diskutiert worden sei.

Da jedoch Dr. Benes die Grundfragen der tschechischen Exilpolitik ausschließlich nach seinem Konzept gestaltete, ist mit Sicherheit anzunehmen, daß der entscheidende Initiator des Austreibungsgedankens Dr. Benes selbst gewesen ist.

Seit 1941 gingen in New York Gerüchte über einen allgemeinen "Benes-Plan" um, welchem man die Absicht einer generellen Lösung des Minderheitenproblems durch Umsiedlung der Minderheiten zuschrieb.

Angeregt wurden diese Gerüchte durch zwei Artikel Dr. Benes's in führenden amerikanischen staats- und außenpolitischen Zeitschriften, in denen sich Dr. Benes für den Umsiedlungsgedanken als Lösungsmöglichkeit des Minoritätenproblems aussprach.[18]

Da jedoch aus beiden Artikeln nicht klar hervorging, ob bei den geplanten Maßnahmen im Falle der Tschechoslowakei nur die Sudetendeutschen oder auch andere nichttschechische Minderheiten gemeint seien, wandte sich der Direktor des jüdischen wissenschaftlichen Institutes in New York an den Außenminister der tschechoslowakischen Exilregierung Jan Masaryk, um eine Klarstellung für die jüdische Minderheit in der Tschechoslowakei herbeizuführen.[19] In dem Antwortschreiben Jan Masaryks wird ausdrücklich festgestellt, daß sich die Austreibung nur auf die Sudetendeutschen beziehen soll.[20]

Tatsächlich wurden jedoch 1945 viele Juden, soweit sie sich bei der Volkszählung des Jahres 1930 zur deutschen Muttersprache bekannt hatten, keineswegs im Sinne dieser Zusagen Jan Masaryks, die dieser mit ausdrücklicher Genehmigung Dr. Benes's gemacht hatte, behandelt. Vielfach bekamen diese Juden, welche die deutschen Konzentrationslager überlebt hatten oder aus dem Exil in die Tschechoslowakei zurückkehrten, ihren früheren Besitz nicht mehr zurück und waren gezwungen, auszuwandern, da ihnen die Tschechoslowakei keine Lebensmöglichkeit bot.[21]

Die Frage der Austreibung der Sudetendeutschen war 1942 eine der maßgeblichsten Ursachen, derentwegen in London die 1938 ins Exil gegangenen sudetendeutschen Sozialdemokraten um den Abgeordneten Wenzel Jaksch, die ursprünglich versucht hatten, zu einer konstruktiven Zusammenarbeit mit der tschechischen Exilregierung in London in sudetendeutsch-tschechischen Fragen zu gelangen, sich von Dr. Benes trennten.

In einem Schreiben, datiert vom 22. Juni 1942, das Wenzel Jaksch an Dr. Benes in London richtete, heißt es u. a.: "Der völlig negative Standpunkt eines Einvernehmens, selbst über politische und wirtschaftliche Übergangslösungen, entzieht unserer Verständigungspolitik jede Grundlage. Das Programm des Bevölkerungstransfers liegt außerhalb des Prinzips der staatsrechtlichen Kontinuität, in dessen Namen bisher die Loyalität der demokratischen Sudetendeutschen im Auslande von der tschechoslowakischen Regierung reklamiert wurde."[22]

Die Zustimmung zur Austreibung der Sudetendeutschen war von den Großmächten nicht ohne gewisse Schwierigkeiten zu erlangen.

Dr. Benes war hier jedoch in der Verwendung der Mittel nicht wählerisch. Bei einer Unterredung mit Präsident Roosevelt am 12. Mai 1943 erwähnte er den Umstand, daß die Russen dem "Transfer" der Sudetendeutschen zustimmten. 17 Tage später, am 29. Mai, legte Dr. Ripka in London dem dortigen sowjetrussischen Botschafter Bogomolow dar, daß die Amerikaner mit dem Transfer einverstanden seien und daß die tschechische Exilregierung nunmehr auch die offizielle russische Zustimmung erwarte.

Am 6. Juni telegrafierte Dr. Ripka an den in Amerika weilenden Dr. Benes, daß soeben die russische Zustimmung eingetroffen sei - jene Zustimmung, mit der Benes bei seiner Aussprache mit Präsident Roosevelt schon am 12. Mai operiert hatte.[23] Von hier wird deutlich, daß Dr. Benes auch im Hintergrunde als einer der Initiatoren der auf die Austreibung der Ostdeutschen bezüglichen Beschlüsse von Yalta und Potsdam steht.

Seit dem Münchner Abkommen vom September 1938 fühlte sich Benes von den Westmächten irgendwie verraten. Er mußte nach außen hin Dankbarkeit für das ihm nach 1938 gewährte Asyl zeigen. Sein Ehrgeiz vertrug jedoch nicht, daß man seiner Konstruktion der CSR von 1918 nicht den Vorrang vor allen anderen Interessen gegeben hatte.

Die völlige Anerkennung der tschechischen Exilregierung und der juristischen Kontinuität der Vormünchner Tschechoslowakei war angesichts der völkerrechtlichen Tatsachen von den Westmächten verhältnismäßig spät und erst unter dem Eindruck des Kriegseintrittes Rußlands gegeben worden.[24]

Nach den Kriegserfolgen Rußlands zu Lande (Stalingrad), angesichts des Ausbleibens der zweiten Front im Jahre 1943 im Westen und unter dem Eindruck des sich verstärkenden Druckes von Moskau auf die Londoner Exilpolen, beschloß Dr. Benes Ende 1943 nach Moskau zu gehen, um einerseits nicht ins Hintertreffen gegenüber den tschechischen Kommunisten zu kommen, andererseits aber den Westmächten und vor allem England gegenüber seine politische Handlungsfreiheit zu dokumentieren. Er unternahm diese Reise gegen den Rat der englischen Regierung.[25]

Mit dieser Reise und mit dem in Moskau abgeschlossenen tschechoslowakisch-sowjetrussischen Freundschafts- und Bündnispakt war das weitere Schicksal der Tschechoslowakei besiegelt. Dr. Benes hatte schon im Mai 1935 durch seinen ersten Bündnisvertrag mit der Sowjetunion seine Tendenz, die Geschicke der Tschechoslowakei enger an Moskau zu binden, bewiesen. Als er zu Beginn des Jahres 1944 von Moskau nach London zurückkam, erklärte er auf einem ihm zu Ehren gegebenen Bankett mit großem Optimismus seine Meinung über die künftige Position der Sowjetunion in Europa. Die nachfolgende Entwicklung hat bewiesen, daß er sich in dieser Hinsicht täuschte.[26] Wie sehr er dabei in seiner ganzen Beurteilung mit dem Blick nach rückwärts durch seine verletzte Eitelkeit gebunden war, wird aus der vierten Botschaft an den tschechoslowakischen Staatsdienst deutlich.[27]

Bei Benes stand damals im Hintergrund wohl auch die Absicht, als Mittler zwischen Ost und West seine früher schon im Rahmen des Völkerbundes bekannte Fähigkeit, die ihm den Ruf eines geschickten Unterhändlers bei schwierigen Konflikten eingebracht hatte, neu aufleben zu lassen. Er hat seine Bedeutung dabei weit überschätzt.[28]

Die Erkenntnis, daß die politische Entwicklung der CSR seit 1945, insbesondere aber seit der Februarrevolution 1948 mit der Austreibung der Deutschen (die bei allen Überlegungen Benes's immer eine wichtige Rolle spielte) in Beziehung gebracht werden muß, ist auch vielen Tschechen heute schon klar geworden.[29]

V.

Die Durchführung des gegen die Existenz der Sudetendeutschen gerichteten Planes begann erst im Zusammenhang mit der Besetzung des böhmisch-mährischen-schlesischen Raumes durch die Alliierten wirksam zu werden. Während des Krieges hat die tschechische Bevölkerung weder einen nennenswerten Widerstand geleistet noch eine wirksame Sabotage gegen die deutsche Kriegswirtschaft verübt. Die Tschechen blieben vom Kriegsdienst befreit. Die Ernährungsverhältnisse waren allgemein nicht schlechter, wenn nicht sogar besser als in Deutschland. Durch die Verlegung zahlreicher Rüstungs- und Wirtschaftsbetriebe und die Anlage gewaltiger Depots waren Böhmen und Mähren zu einer Art kriegswirtschaftlichen Vorratskammer für Hitler geworden. Das Arbeitssoll der Industrie und das Lieferungssoll der Landwirtschaft wurde im allgemeinen nicht schlechter erfüllt wie in Deutschland. Ähnlich wie in Deutschland hat die Gestapo auch in Böhmen und Mähren die offenkundigen Gegner des Hitlerregimes in deutschen Konzentrationslagern interniert. Ein Teil der tschechischen Bevölkerung war in deutschen Rüstungsbetrieben arbeitsverpflichtet. Aktiver Widerstand gegen die deutsche Besetzung, etwa ähnlich wie in Polen, war bis in die letzten Kriegswochen hinein nicht feststellbar. Das Attentat gegen Heydrich war vom Ausland her geplant und organisiert worden. Erst die blutigen Vergeltungsmaßnahmen für dieses Attentat und insbesondere die Vernichtung des Dorfes Lidice und seiner männlichen Bewohner hatte dem Widerstandsgeist der Tschechen einen gewissen Auftrieb gegeben, ohne daß sich dieser Widerstand jedoch nach Außen hin wirksam bemerkbar machte. Diese Ereignisse wurden von der Propaganda der Londoner Exiltschechen naturgemäß sehr begrüßt, da sie ihnen die Möglichkeit boten, vor allem im Ausland eine ihnen entsprechende Darstellung der ganzen Entwicklung zu begründen. Daß an diesen Vorgängen die Sudetendeutschen als Volksgruppe unbeteiligt waren, daß die Vergeltungsmaßnahmen für das Heydrich-Attentat zulasten einer kleinen Gruppe nationalsozialistischer Führer gehen, wurde verschwiegen und ähnlich wie im Jahre 1938 wurde auch für Lidice eine Kollektivschuld der Deutschen behauptet und planmäßig ausgewertet.

Als gegen Ende des Krieges die Sudetendeutschen Gebiete von sowjetrussischen und amerikanischen Truppen im Zuge der Kampfhandlungen gegen die Reste der Heeresgruppe Schörner besetzt wurden, spielten sich in vielen Orten die gleichen Vorgänge ab, wie sie auch aus anderen deutschen Gebieten bekannt sind. Der überwiegende Teil der Sudetendeutschen war in Unkenntnis über die Nachkriegsabsichten Dr. Benes's und seiner Mitarbeiter im Exil. In manchen Orten erhoffte man sich eine Beruhigung nach den Schrecken und Gewalttaten der Kriegsbesatzungen nach Übernahme der ordentlichen Polizei- und Verwaltungsbefugnisse durch die Tschechen. Es gab ein furchtbares Erwachen aus dieser Illusion für die Sudetendeutschen, als die ersten Lastwagen mit den Revolutionsgardisten, die meist in deutsche Uniformen gekleidet und mit deutschen Waffen ausgerüstet waren, aus Innerböhmen in den sudetendeutschen Gebieten einfuhren. Während vielfach bis zu diesem Zeitpunkt die ortsansässigen oder früher in den sudetendeutschen Gebieten beheimateten Tschechen, die wieder dorthin zurückgekehrt waren, eine verhältnismäßig vernünftige Haltung an den Tag legten - stellenweise waren in den Bezirksnationalausschüssen sogar anfangs deutsche

Antifaschisten vertreten - brachten diese von den zentralen tschechischen Stellen organisierten und dirigierten Einsatzgruppen die ganze schreckliche Fülle von Mord, Gewalttat, Mißhandlung, Schändung, Raub und Diebstahl mit sich, wie sie aus den folgenden Berichten ersichtlich wird. In manchen Orten, so z. B. in Saaz, Brüx, Aussig, Landskron usw., wurden Massenexekutionen und Blutbäder inszeniert, die zu dem schrecklichsten gehören, was in der Geschichte Europas zu verzeichnen ist. In Prag waren diese Massenverbrechen unmittelbar in Verbindung mit den Straßenkämpfen seit dem 5. Mai aufgetreten. Aber auch hier war anfangs eine deutliche Scheidung zwischen der bürgerlich-konservativen und einer extrem nationalistischen Gruppe, die in ihren Zielen mit den Kommunisten Hand in Hand ging, festzustellen. Durch die aufpeitschenden Hetzrufe des in tschechische Hände geratenen Prager Senders wurde die Stadt in einen förmlichen Blutrausch dämonischer Massenhysterie versetzt, die dem Sadismus Tür und Tor öffnete und die zu Greueltaten führte, die die Greuel der Hussitenzeit übertrafen.[30] Ähnliche Vorgänge wie in Prag spielten sich in einer Reihe anderer Städte Innerböhmens und Mähren-Schlesiens ab. Die Massengrausamkeiten nahmen stellenweise solche Formen an, daß mancherorts die russische Besatzung den Tschechen Einhalt gebot. In zahlreichen sudetendeutschen Orten kam es unter dem Eindruck der Massenhinrichtungen und Massengrausamkeiten zu wahren Selbstmordepidemien, vor allem unter den älteren deutschen Einwohnern.

VI.

Die psychologische Wurzel für das Verhalten der Tschechen nach dem Mai 1945 ist in dem schon eingangs angedeuteten überspitzten nationalistischen Konzept zu suchen, das dem tschechischen Volk seit Jahrzehnten in Verbindung mit einer vielfach panslawistisch angehauchten Geschichtsideologie eingehämmert wurde. Dieser tschechische Nationalismus wurde während des Krieges vom Ausland her planmäßig geschürt. Dazu kommt, daß die deutsche Besatzungspolitik in der Zeit des Protektorates Böhmen und Mähren die positiven Wesenszüge des tschechischen Volkes vielfach nicht beachtete und die negativen unnötig herausforderte und daß eben eine Besatzung in der Regel bei längerer Dauer ein Ressentiment bei der Bevölkerung des besetzten Gebietes erzeugt. Statt nun die erste Welle dieses Ressentiments abebben zu lassen, hat die tschechische Staatsführung dieses Ressentiment planmäßig seit den ersten Maitagen gefördert und die niedrigsten Instinkte weiter Schichten des tschechischen Volkes durch öffentliche Aufforderung zu Gewalttat und Plünderung ermutigt. Diese Staatsführung hat weiter versucht, diesen Vorgängen den Anschein einer gesetzmäßigen Tarnung durch die berüchtigten Präsidentendekrete Benes's zu geben.

Die Austreibung großer Teile der sudetendeutschen Bevölkerung begann schon lange vor der Sanktionierung durch das Potsdamer Abkommen vom 2. 8. 1945. Daß es sich bei diesen Austreibungsvorgängen vor den Potsdamer Beschlüssen um ein zentral gelenktes Unternehmen handelt, geht daraus hervor, daß die Aufforderung hiezu von den Orts- und Bezirksnationalausschüssen durch öffentliche Kundmachungen erlassen wurde. Die Durchführung war an zahlreichen Orten ganz ähnlich, woraus man entnehmen kann, daß eine derart wichtige Maßnahme organisationsmäßig im Einvernehmen mit zentralen Regierungsstellen durchgeführt wurde.[31] Diese ersten Austreibungswellen waren von unerhörten Massengrausamkeiten begleitet, die den Tod von zehntausenden Sudetendeutschen im Gefolge hatten. Unter diesen ersten Opfern befanden sich vor allem alte Menschen, Kranke und Kinder. Einer der grauenvollsten dieser "Todesmärsche" an die Grenze der Tschechoslowakei war wohl der Austreibungszug der Brünner Deutschen über Pohrlitz in Richtung auf Wien. In kürzester Frist, manchmal nur in einem Zeitraum von zehn Minuten, mußten die Ausgewiesenen ihre Wohnungen verlassen, sie durften nur die allernotwendigsten Bekleidungsstücke mitnehmen, von denen ihnen während des Marsches und an der Grenze noch die besten Teile geraubt wurden. Während des Austreibungsmarsches kam es vielfach zu neuerlichen Ausplünderungen und Gewalttaten. Eine Reihe von Maßnahmen, die zwar den Charakter örtlicher Polizeimaßnahmen trugen, die aber zentral geplant und gelenkt waren, machten in kurzer Zeit das Leben der Sudetendeutschen völlig unerträglich. Schon vor Verkündung der Dekrete des Präsidenten Benes waren die Sudetendeutschen praktisch völlig rechtlos und vogelfrei. Ihre Wohnungen waren, soweit sie sie noch innehatten, der Plünderung anläßlich der behördlich organisierten Hausdurchsuchungen oder auch durch die aus Innerböhmen und Mähren in die sudetendeutschen Gebiete einströmenden tschechischen "Goldgräber" geöffnet. Unter dem Vorwand von Razzien nach Waffen oder politischen Persönlichkeiten drangen die RG *(Revolucni Garda),* die Polizei (SNB - *Sbor Národní Bezpecnosti*) und das Militär oder einfache Gruppen tschechischer Plünderer in die Wohnungen ein, mißhandelten vielfach die Inwohner und nahmen mit, was ihnen gefiel. An vielen Orten wurde verfügt, daß die Wohnungen der Deutschen nicht verschlossen gehalten werden durften. Eine Reihe von Maßnahmen schränkte das Leben der Deutschen auf ein bloßes Vegetieren ein. Sie durften die Straßen nur zu gewissen Zeiten betreten (Sperrstunde), sie mußten weiße Armbinden als Kennzeichnung tragen, sie durften keine öffentlichen Verkehrsmittel (Eisenbahn, Autobus, Straßenbahn) benützen und sie durften ihren Wohnort nicht verlassen. Das Betreten der Gehsteige war ihnen untersagt, der Briefverkehr war für die Deutschen unterbunden, der Besuch von öffentlichen Lokalen, Kinos und Theatern war ihnen nicht gestattet. Sie durften nur zu bestimmten Stunden in den Lebensmittelgeschäften einkaufen, ihr Verfügen über alle Arten von Besitz und Vermögenswerten war unzulässig, Gold, Silber, Schmuck und andere Wertsachen, Radios, Fotoapparate und optische Instrumente mußten abgeliefert werden. Es wurden besondere Lebensmittelkarten für die Deutschen ausgegeben, die keine Abschnitte für Fleisch, Butter, Eier, Milch, Käse oder Obst hatten.[32] Sämtliche deutschen Schulen und Kindergärten wurden geschlossen. Für die Deutschen wurde die allgemeine Arbeitspflicht verkündet, die arbeitsfähige Bevölkerung wurde in manchen Orten durch öffentliche Kundmachung auf bestimmte Plätze zusammengerufen. Anschließend wurden die Versammelten als Arbeitssklaven für die Landwirtschaft, den Bergbau oder die Industrie nach Innerböhmen transportiert. Für die Nichtbefolgung dieser Anordnung wurde die Todesstrafe angedroht.[33] Die Arbeit mußte anfangs ohne jede Entlohnung geleistet werden, später wurde formell eine geringfügige Arbeitsentlohnung für diese deutschen Arbeitssklaven festgesetzt, die aber in den meisten Fällen nicht zur Auszahlung kam. Unterbringung und Verpflegung während dieses Zwangsarbeitseinsatzes war im Inneren Böhmens meist völlig unzureichend. Es gab keinerlei Form der sozialen Betreuung oder Versicherung für diese "freien" Arbeiter.

Eine der ersten Verfügungen des tschechischen Innenministeriums war die Einrichtung von Konzentrationslagern für Deutsche. Sie wurden vielfach nach dem Muster der deutschen Konzentrationslager angelegt und die in ihnen verübten Grausamkeiten stehen nach den vorliegenden Berichten von Häftlingen, die sowohl in deutschen als auch in tschechischen KZs eingesperrt waren, den Grausamkeiten der deutschen KZs nicht nach. In vielen Fällen waren die Lebensverhältnisse in diesen nach Kriegsende eingerichteten tschechischen Konzentrationslagern noch bedeutend schlechter als in Dachau oder Buchenwald. Alle Formen nur denkbarer Bestialitäten wurden in diesen Lagern an deutschen Menschen verübt. Wenn auch die Behandlung der Internierten vielfach von der Persönlichkeit des Lagerkommandanten abhängig war, so waren die Methoden doch in den meisten Lagern die gleichen. Nicht nur die örtlichen, sondern auch die zentralen Verwaltungs- und Regierungsstellen bis hinauf zum Staatspräsidenten Benes waren über die Verhältnisse in den Lagern informiert und ein Großteil der tschechischen Bevölkerung billigte die Maßnahmen in den Lagern. Die Bezeichnung Konzentrationslager *(Koncentracní tábor)* wurde zwar in den meisten Fällen nach einiger Zeit abgeändert, aber die Verhältnisse in den sogenannten Internierungslagern *(Internacní tábor)* oder Sammellagern *(Shromazdovaci stredisko)* sind im wesentlichen die gleichen geblieben. Die Insassen der Lager waren zur schwersten Sklavenarbeit verpflichtet, sie wurden im Lager und während der Arbeit oft grausam mißhandelt und gepeinigt. In der Nacht wurden die Frauen und Mädchen vielfach den Besatzungstruppen zur Vergewaltigung übergeben. Diese Lager waren anfangs jeder hygienischen Vorkehrungen bar, die Baracken wimmelten von Ungeziefer und die Verpflegung war in der Regel geringer als in den deutschen KZs. In diesen Lagern war ein Großteil der Sudetendeutschen zusammengetrieben und eingesperrt, vielfach ohne jeden Grund, eben nur weil es Deutsche waren, oder weil ein Tscheche das Haus, die Wohnung oder den Betrieb des Deutschen übernehmen wollte. Einen anschaulichen Bericht über ein solches Lager gab der englische Unterhausabgeordnete R. R. Stokes in einem Artikel im *Manchester Guardian* im Oktober 1945.[34] Damals waren nach den Angaben von Stokes in der CSR 51 solcher Lager. Stokes beschreibt die Art, wie im Lager Hagibor in Prag am Morgen die Arbeitssklaven ausgewählt und abtransportiert wurden und er stellt bei der Schilderung der Ernährungsverhältnisse fest, daß der Kaloriensatz unter dem des deutschen Konzentrationslagers Belsen lag. Noch schlimmer als in den Lagern waren die Verhältnisse in den Gerichtsgefängnissen, wo neben den unmenschlichen Grausamkeiten und Folterungen noch der Umstand sich auswirkte, daß bei einer katastrophalen Überbelegung der Gefängniszellen die Häftlinge keine Bewegungsmöglichkeit hatten und kaum an die frische Luft kamen, sodaß Seuchen und Erkrankungen aller Art die Sterblichkeitsziffern ansteigen ließen. Ein Großteil der Gefängnisinsassen starb auch infolge der völlig unzureichenden Ernährung.

VII.

Nach dem Potsdamer Abkommen vom 2. 8. 1945, das im Artikel 13 die Überführung der deutschen Bevölkerung aus Polen, der Tschechoslowakei und Ungarn sanktionierte, mit der

Auflage, "daß alle Überführungen, die vorgenommen wurden, auf eine geregelte und humane Weise erfolgen sollen", änderte sich an der Austreibungspraxis in der CSR nur sehr wenig.[35] Das Potsdamer Abkommen hatte nur zur Folge, daß sich die tschechische Regierung und die an den Greueln und dem Raub an den Sudetendeutschen beteiligte tschechische Bevölkerung in dem Gefühl einer gewissen internationalen Rechtlichkeit all dieser Vorgänge wiegte. Daß die Art und Weise der Aussiedlung der Sudetendeutschen keineswegs der Forderung von Potsdam auf geordnete und humane Durchführung des Bevölkerungsabschubes nahe kam, geht aus den nachfolgenden Berichten eindeutig hervor. Der Völkerrechtler Hermann Raschhofer leitet aus dem Wortlaut des Abschnittes 13 des Potsdamer Abkommens mit Recht die Verpflichtung der Signatare ab, für die Einhaltung der Bedingungen des Abkommens Sorge zu tragen.[36] Leider sind von den Signataren in dieser Hinsicht keinerlei Maßnahmen ergriffen worden, um den Aussiedlungsvorgang in geordnete und humane Bahnen zu lenken.

Die Weltöffentlichkeit nahm von den Vorgängen im Sudetenland 1945 kaum Notiz, es sei denn, daß der eine oder andere Freund der Exiltschechen, der in den westlichen Propagandaapparaten verblieben war, diese Massenverbrechen in zynischer Weise unter dem Motto "Der Ermordete, nicht der Mörder ist schuldig" kommentierte. Von tschechischer Seite verschwieg man die Massenverbrechen entweder völlig oder man versuchte, europäische Notwendigkeiten und Interessen in das Problem der Austreibung einzuflechten. So erklärte der jetzt im westlichen Exil lebende frühere Außenhandelsminister Dr. Ripka am 20. August 1945 im Prager Rundfunk: "...aber diese Notwendigkeit (der Aussiedlung) besteht nicht nur im Interesse der Tschechoslowakei, sondern im Interesse ganz Europas, denn sie ist eine der grundsätzlichen Maßnahmen zur Sicherung des europäischen Friedens. Gleichzeitig ist es nur natürlich, wenn wir beabsichtigen, dieses Problem in menschlicher Weise zu lösen, wie es einer Nation mit einer alten humanen Tradition, einer Nation mit dem humanitären Ideal Masaryks zukommt. Und nur auf diese Weise soll dieses Problem gelöst werden."[37] Es sind ähnliche Formulierungen, wie sie schon Dr. Benes anläßlich einer Vorlesung am 5. Dezember 1942 an der Universität Manchester verwendet hat.[38] Wie sehr sticht jedoch von diesen Propagandareden der beiden geistigen Haupturheber der Austreibung die von Massenverbrechen erfüllte Wirklichkeit der Ausweisung ab. Um dem Vorgehen gegen die Sudetendeutschen den Anschein einer legalen Basis zu geben, erließ Dr. Benes eine Reihe von Dekreten, die deutlich zeigen, wie systematisch hier das Verbrechen des Völkermordens (Genozid) am sudetendeutschen Volk geplant und ausgeführt wurde.[39] Angesichts dieser Dekrete kann der Austreibungsvorgang nicht mehr als lediglich spontane Reaktion des tschechischen Volkes auf die deutsche Besatzungspolitik erklärt werden. Schon in dem Kaschauer Programm vom 5. April 1945 wird in Kapitel VIII und IX deutlich, wohin der Plan Dr. Benes's zielt.[40] In den weiteren Dekreten wurde die sudetendeutsche Volksgruppe ihrer Staatsbürgerschaft und bürgerlichen Rechte verlustig und zu Staatsfeinden erklärt. Durch das Dekret des Präsidenten Dr. Benes vom 19. Mai 1945 (Sammlung der Gesetze und Verordnungen Nr. 5) wurden unter anderem alle Personen deutscher oder magyarischer Nationalität als staatlich unzuverlässige Personen deklariert. Der gesamte Besitz dieser als staatlich unzuverlässig erklärten Personen wurde unter nationale Verwaltung gestellt. Die nationalen Verwalter haben dabei die Stellung öffentlicher Organe im Sinne des Strafgesetzes.[41]

Durch Dekret vom 21. 6. 1945 (Sammlung der Gesetze und Verordnungen Nr. 12) wurde die Konfiskation und beschleunigte Aufteilung des landwirtschaftlichen Vermögens aller Personen deutscher Nationalität ohne Rücksicht auf die Staatsangehörigkeit verfügt.[42] Das Dekret vom 19. 6. 1945 (Sammlung der Gesetze und Verordnungen Nr. 16) ordnet die Bestrafung "der unerhörten Verbrechen, deren sich die Nazis und ihre verräterischen Mitschuldigen in der CSR schuldig gemacht haben" an.[43] Das Verfassungsdekret des Präsidenten vom 2. 8. 1945 (Sammlung der Gesetze und Verordnungen Nr. 33) regelt die tschechoslowakische Staatsangehörigkeit von Personen deutscher und magyarischer Nationalität.[44] Das Dekret bestimmt, daß Staatsbürger deutscher Nationalität, die nach den Vorschriften der reichsdeutschen Gesetzgebung die reichsdeutsche Staatsangehörigkeit erworben hatten, der tschechoslowakischen Staatsbürgerschaft verlustig gehen. Die übrigen deutschen Staatsbürger verlieren die tschechoslowakische Staatsangehörigkeit mit dem Tage des Dekrets. Das Dekret bezieht sich nicht auf "Deutsche, die sich in der Zeit der erhöhten Bedrohung der Republik als Tschechen gemeldet haben".

Die tschechoslowakische Staatsbürgerschaft behalten nach diesem Dekret jene Deutschen, die nachweisen, "daß sie der tschechoslowakischen Republik treu geblieben sind, niemals sich gegen das tschechische und slowakische Volk vergangen haben und sich entweder aktiv am Kampf um die Befreiung beteiligt oder unter dem nationalsozialistischen oder faschistischen Terror gelitten haben".

Ein weiteres Dekret vom 25. 10. 1945 (Sammlung der Gesetze und Verordnungen Nr. 108)[45] verfügt die entschädigungslose Konfiskation des beweglichen und unbeweglichen Vermögens und der Vermögensrechte zugunsten der tschechoslowakischen Republik folgender Vermögensträger:

1.) des deutschen Reiches, von Personen des öffentlichen Rechtes, der deutschen nazistischen Partei und anderer Organisationen, Formationen, Unternehmungen, Einrichtungen, Personalgese-llschaften, Fonds und Zweckvermögen, und

2.) der physischen Personen deutscher Nationalität.[46]

Diese Dekrete stehen ebenso wie der Artikel 13 des Potsdamer Abkommens im schärfsten Widerspruch zu den Grundsätzen des Völkerrechts. Sie bedeuten eine völlige Mißachtung der Menschenrechte, der Prinzipien der Atlantic-Charta[47] und der UN-Satzung. Präsident Benes hat diese Dekrete als Staatspräsident über Vorschlag einer vorläufigen Regierung erlassen, ohne verfassungsmäßig hiezu ermächtigt zu sein.

Die völkerrechtliche und verfassungsrechtliche Unzulänglichkeit der Dekrete wird besonders beim Dekret vom 2. 8. 1945 (Sammlung der Gesetze und Verordnungen Nr. 33) deutlich. Auf Grund des Münchner Vertrages vom 29. 9. 1938, abgeschlossen zwischen Deutschland, dem Vereinigten Königreich von Großbritannien, Frankreich und Italien, wurden die sudetendeutschen Gebiete an das Deutsche Reich abgetreten und die Sudetendeutschen wurden deutsche Staatsangehörige. Unter dem Vorsitz des Präsidenten Dr. Benes hielt die tschechoslowakische Regierung am 30. September 1938 eine Sitzung ab, in der das Münchner Abkommen angenommen wurde. In dem offiziellen Bericht heißt es: "Nach reiflicher Erwägung und Prüfung aller dringlichen

Empfehlungen, die der Regierung durch die französische und britische Regierung übermittelt wurden und im vollen Bewußtsein der historischen Verantwortung hat sich die tschechoslowakische Regierung unter voller Zustimmung der verantwortlichen Faktoren der politischen Parteien dazu entschlossen, die Münchner Beschlüsse der vier Großmächte anzunehmen. Sie hat dies im Bewußtsein getan, daß die Nation erhalten werden muß und daß eine andere Entscheidung heute nicht möglich ist."[48] Während des Krieges wurde von der englischen Regierung das Abkommen unter Hinweis darauf, daß Deutschland dieses Abkommen gebrochen hätte, als für Großbritannien nicht mehr verbindlich erklärt. Trotz dieser Erklärung blieben die völkerrechtlich durch den Vertrag gegebenen Tatsachen bis 1945 bestehen und eine Revision wäre Angelegenheit des Friedensvertrages mit Deutschland gewesen.[49] Aber auch unter dem Gesichtspunkt der von der Londoner tschechischen Exilregierung vertretenen völkerrechtlich und staatsrechtlich widerlegbaren These von der staatsrechtlichen Kontinuität der Tschechoslowakei wären die gegen die Sudetendeutschen gerichteten Dekrete anfechtbar, da sie den Grundsätzen der tschechoslowakischen Verfassung und dem von der Tschechoslowakei eingegangenen Minderheitenschutzvertrag widersprechen.[50]

Die Vertreibung der Sudetendeutschen und die dabei angewandten Methoden tragen ohne Zweifel die Merkmale des Völkermordes oder Genozids. Die Vereinten Nationen haben in ihrer Resolution der Vollversammlung vom 11. Dezember 1946 den Genozid als Verbrechen nach internationalem Gesetz erklärt, ein Verbrechen, das im Gegensatz zum Geist und zu den Zielen der Vereinten Nationen steht und das von der zivilisierten Welt verdammt wird. Im Jahre 1950 haben die Vereinten Nationen eine Konvention gegen den Genozid angenommen.[51] Nach dieser Konvention wird als Gruppenmord jede der nachfolgend aufgezählten Akte bezeichnet, die mit der Absicht der ganzen oder teilweisen Vernichtung einer nationalen, ethnischen, rassischen oder religiösen Gruppe verübt wurden:

a) Die Vernichtung von Angehörigen einer Gruppe.

b) Die Herbeiführung von schweren körperlichen oder seelischen Schäden bei Angehörigen einer Gruppe.

c) Die vorsätzliche Änderung der Lebensbedingungen einer Gruppe mit der Absicht der ganzen oder teilweisen physischen Vernichtung.

d) Die Einführung von Maßnahmen mit der Absicht der Geburtenverhinderung innerhalb einer Gruppe.

e) Die Verschleppung von Kindern der einen Gruppe zu einer anderen Gruppe.

VIII.

Im Sinne der Möglichkeit des friedlichen Zusammenlebens der Menschen im mitteleuropäischen Raum erschien es notwendig, darauf besonders hinzuweisen, daß die Ursachen für die Entwicklung der letzten Jahre tiefer liegen, als in den meisten Fällen durch die tägliche politische Polemik aufgezeigt wird. Daß dabei auch die Schuldfrage eine Rolle spielt, ist nicht von der

Hand zu weisen. Von tschechischer Seite wird nach 1945 mit einer damals von der übrigen Welt sehr bereitwillig aufgenommenen Formel operiert: Hitler hat mit den Unmenschlichkeiten angefangen. Daraus wurde mit einem kühnen logischen Rösselsprung nicht nur eine Kollektivschuld für das deutsche Volk, sondern auch für das Sudetendeutschtum konstruiert, dem hiedurch die Mitschuld etwa an den Greueln der Konzentrationslager aufgelastet wurde. Gegen diese Kollektivschuld wurden inzwischen sowohl von neutraler, als auch von der früheren Feindseite her sehr wesentliche Argumente vorgebracht. Daß das deutsche Volk einer der ersten Leidtragenden des Hitlersystems war, beweist die Zusammensetzung der Insassen der deutschen Konzentrationslager. Die Sudetendeutschen waren über die wirkliche politische Struktur des Dritten Reiches und seiner Methoden zum überwiegenden Teil ungenügend unterrichtet. Es kann daher von einer Kollektivverantwortung der Sudetendeutschen in diesem Zusammenhang nicht gesprochen werden.[52] Das schlechte Gewissen derjenigen, die an den Vorgängen von 1945/46 schuldig oder mitschuldig sind, rührte sich nicht nur in der Tschechoslowakei selbst, sondern findet ein zaghaftes Echo auch unter jenen Emigranten, die 1945 vielfach in zentralen Stellen der Regierung, des Parlaments und der Verwaltung direkt oder indirekt an den Unmenschlichkeiten mitbeteiligt waren und die nach dem Februarputsch 1948 in das westliche Exil gegangen sind.[53]

Die Ereignisse von 1945 in Böhmen, Mähren und Schlesien stehen, was die Behandlung des anderen Bevölkerungsteiles anbetrifft, zweifellos in einem auffallenden Gegensatz zu den Ereignissen von 1938, wo, von unbedeutenden Zwischenfällen abgesehen, an der tschechischen Bevölkerung, die im sudetendeutschen Gebiet wohnte, nach dem Münchner Abkommen keinerlei Grausamkeiten verübt wurden.

Bei der Gesamtbeurteilung der Ereignisse von 1945 können zwei Momente zusammenfassend festgestellt werden:

1. Die Planmäßigkeit der durchgeführten Maßnahmen und Massenverbrechen und
2. Die Beteiligung weitester tschechischer Bevölkerungskreise an diesen Massenverbrechen.

Beide Gesichtspunkte werden aus den hier veröffentlichten Berichten deutlich. Trotzdem soll und kann aus ihnen keine Kollektivschuld des tschechischen Volkes abgeleitet werden, da für die Planung und Organisation der Maßnahmen im letzten eine bestimmte Gruppe verantwortlich ist und da es auch Tschechen gab, die sich des verbrecherischen Charakters dieser Maßnahmen bewußt waren und die den sudetendeutschen Menschen hilfreich beistanden.[54] Die Forderung nach der Bestrafung der wirklich Schuldigen liegt im Interesse des tschechischen Volkes selbst und ist eine Voraussetzung für ein deutsch-tschechisches Zusammenleben im Rahmen einer zukünftigen europäischen Neuordnung. Mit dieser Grundtendenz wurde auch das Übereinkommen zwischen der "Arbeitsgemeinschaft zur Wahrung sudetendeutscher Interessen" und dem tschechischen Nationalausschuß in London am 4. August 1950 geschlossen.[55] In diesem Abkommen wird außerdem das Heimatrecht der Sudetendeutschen und die Wiedergutmachung der ihnen zugefügten Schäden festgehalten. Von beiden Seiten ist dabei die demokratische Grundhaltung als Ziel festgestellt und es wird, was besonders wichtig erscheint, ausdrücklich jede Art von Kollektivschuld abgelehnt.

Auf beiden Seiten kommt darin der gute Wille zum Ausdruck, im Rahmen einer neuen europäischen Ordnung unter Berücksichtigung des schon vom amerikanischen Präsidenten Wilson statuierten Selbstbestimmungsrechts der Völker das Nebeneinanderleben der Sudetendeutschen und Tschechen auf eine neue Basis zu stellen. Die große Bedeutung dieses Abkommens aber liegt wohl darin, daß eine sittliche Idee, die Überwindung von Haß und Rache, darin verwirklicht ist. Damit kommt ihm vielleicht als Ausgangspunkt für die weitere Entwicklung der Dinge im mittel- und osteuropäischen Raum eine über das Problem "Sudetendeutsche-Tschechen" hinausgehende Bedeutung zu.

Der Ablauf der Ereignisse in Mitteleuropa seit 1918 hat deutlich bewiesen, daß die Bildung kleiner, nach der Tendenz eines verspäteten Nationalismus gebildeten Nationalstaaten keine befriedigende Lösung darstellt. Durch Vorgänge wie die Austreibung hat sich dieser Nationalismus in seiner Existenzberechtigung selbst widerlegt.[56] Auch die Bildung von Bündnisgruppen, wie etwa die kleine Entente, erwies sich als nicht tragfähig. Die Tragik der kleinen Völker Mitteleuropas wird erst heute richtig sichtbar. Diese Tragik wird nicht früher behoben werden können, als diese Völker willens sind, sich einer neuen europäischen Ordnung in einem größeren Rahmen einzufügen. Im Falle der Tschechen ist das nicht möglich, ohne eine konstruktive Lösung der deutschtschechischen Frage. Die Assimilierung der Sudetendeutschen scheiterte und da die Austreibung keine Befriedung mit sich brachte, müssen neue Wege gegangen werden.

Anmerkungen

1. Vgl. Eugen Lemberg: *Geschichte des Nationalismus in Europa,* Stuttgart 1950.

2. Siehe dazu: *Democratia militans,* Nr. 1 S. 65 ff. H. Hajek: Aussiedlung und Putsch.

3. Es heißt dort u.a.: "Ich nehme die Deutschen, die im Burgflecken Prag leben, in meine Huld und meinen Schutz auf und ich will, daß sie, wie sie als Volk verschieden sind von den Tschechen, so auch in ihren Rechten und Gewohnheiten von den Tschechen geschieden seien. Ich gewähre daher den Deutschen, nach dem Gesetz und Recht der Deutschen zu leben (vivere secundum legem et justitiam Theutonicorum), das sie seit den Zeiten meines Großvaters, des Königs Vratislaw (1071-1092) inne haben."

4. Siehe dazu: *Die tschechoslowakischen Denkschriften für die Friedenskonferenz von Paris,* herausgegeben von Dr. Dr. Hermann Raschhofer, Berlin 1937.

5. Vgl.: Edvard Benes: *Der Aufstand der Nationen,* deutsche Übersetzung von Camill Hoffmann, Berlin 1928, S. 687/8: "Da ich die Gefahren unserer Lage kannte und nicht wußte, womit die in Prag zusammengestellte Friedensdelegation nach Paris kommen werde, begann ich allein die Vorbereitungen zur Friedenskonferenz zu treffen. Ich wollte nicht durch plötzliche Entscheidungen der Großmächte überrascht werden. Auch Masaryk forderte mich im Laufe des Jahres 1918 von Zeit zu Zeit in Briefen auf, Vorbereitungen zur Konferenz zu treffen. Ich verfaßte daher schnellstens, gleichsam improvisiert und ohne Hilfsmaterial und Literatur, die meisten unserer Denkschriften, in die ich alle unsere Friedensforderungen aufnahm. Als unsere Friedensdelegation eintraf, legte ich sie ihr zur Billigung vor. Einige der Denkschriften wurden von den Mitgliedern der Delegation ergänzt, andere richtiggestellt. Als die Friedenskonferenz sich unerwartet an die Delegationen der einzelnen Völker mit dem Ersuchen wandte, ihr schriftlich ihre Wünsche darzulegen, übergab ich gleich am nächsten Tage fast alles, was man brauchte. Diese Bereitschaft trug ihre Früchte bei der Lösung unserer Fragen in den Konferenzkommissionen."

6. S. Anlage Nr. 1.

7. S. Anlage Nr. 2. Vergleichsweise zeigt Anlage Nr. 3 den wahren Verlauf der Sprachgrenzen.

8. Die Note ist abgedruckt bei David Hunter Miller, *My Diary at the Conference of Paris,* Bd. 13 (1925) S. 96: "It is the intention of the Czecho-Slovak government to create the organisation of the State by accepting as a basis of national rights the principles applied in the constitution of the Swiss Republic, that is, to make of the Czecho-Slovak Republic a sort of Switzerland, taking into consideration, of course, the special conditions in Bohemia."

9. Dieser Vertrag wurde am 30. Juni 1918 zwischen Masaryk und den amerikanischen Slowaken in Pittsburgh, USA, geschlossen. Den Slowaken war darin für die zukünftige CSR völlige Autonomie zugesichert worden, erstens um die Mitarbeit der Slowaken für den neuen Staat zu sichern und zweitens um die Zustimmung des amerikanischen Präsidenten Wilson für die tschechoslowakische Lösung zu finden. Später verleugnete Masaryk völlig diesen Vertrag.

10. Walter Brand, *Die sudetendeutsche Tragödie,* Lauf bei Nürnberg, 1949.

11. Vgl.: Hubert Ripka, *Munich Before and After,* 1939.

12. Hubert Ripka, aaO.: "Our capital mistake, in my opinion, was in not attempting to come to terms with the Sudeten German people rather than with Henlein."

13. S. dazu: *War and Peace Aims of the U.N.,* Boston, 1945, Bd. I, S. 438.

14. Clement Attlee erklärte damals wörtlich: "I say that the question of the Sudeten Germans has been used as a counter in the game of politics, and in other conditions, Herr Hitler might just as well have used the people of South Denmark, the people of Trentino or the Germans of South Tyrol."

15. Die Prager Zeitung *Právo Lidu* berichtet in der Nummer vom 3. September 1947 über eine Information, die der amerikanische stellvertretende Hauptankläger in Nürnberg, Robert Kempner, auf einer Pressekonferenz in Prag zu diesem Problem gegeben hat. Zufolge einem dem Nürnberger Gerichtshof zur Verfügung stehenden Dokument waren Hitler drei Lösungsversuche für das tschechische Problem vorgeschlagen worden. **1.** Autonomie, **2.** Aussiedlung der Tschechen, **3.** Versuch der Assimilierung. Hitler entschied sich für die dritte Möglichkeit und verwarf gleichzeitig alle anderen Lösungsvorschläge.

16. Notiz aus dem *Rudé právo* vom Februar 1946: "...Der Gedanke der Aussiedlung der Deutschen kam bei unseren Politikern in Mokau auf. Als Präsident Dr. Benes in Moskau 1943 eintraf, um den tschechoslowakisch-sowjetischen Pakt zu unterzeichnen, hat Genosse Gottwald zum ersten Male die Frage der Aussiedlung der Deutschen aus unserer Republik aufgeworfen. Genosse Stalin hat persönlich seine Zustimmung zu diesem Antrag gegeben. Stalin hat sich auch für die Geltendmachung dieser Ansprüche auf der Konferenz der Alliierten eingesetzt."

17. Siehe dazu Anm. 13.

18. "The New Order in Europe", *The Nineteenth Century and After,* September 1941, Nr. 774: "The Organization of Postwar Europe", *Foreign Affairs,* Nr. 1, 1941.

19. S. dazu: Mark Vishniak, *The Transfer of Populations as a Means of Solving the Problem of Minorities,* Yiddish Scientific Institute, New York, 1942. Der Autor des ausgezeichnet ausgearbeiteten Buches schlägt als mögliche Lösung der Minderheitenfrage den Schutz der nationalen Minderheiten durch ein internationales Statut im Rahmen einer weltweiten Organisation vor. Vishniak führt hierbei Teile der Rede des Präsidenten Wilson vom 11. Februar 1918 an, in welcher sich dieser dagegen wandte, daß die Völker nur als Schachfiguren im politischen Spiel angesehen werden. Der amerikanische Präsident sprach bei dieser Gelegenheit die Forderung aus, daß jede territoriale Lösung in erster Linie unter Berücksichtigung der Interessen der betroffenen Bevölkerung durchzuführen sei. Wörtlich sagte der Präsident damals: "Peoples and provinces must not be bartered about from sovereignty to sovereignty as if they were mere chattels or pawns in a game, even the great game, now forever discredited, of the balance of power... Every territorial settlement... must be made in the interest and for the benefit of the population concerned, and not as a part of any mere adjustment or compromise of claims amongst rival states."

20. S. Anlage Nr. 4.

21. S. Berichte 84, 167, 187, 282 u. 291.

22. Wenzel Jaksch, *Benesch war gewarnt,* München 1949.

23. Edvard Benesch, *Paméeti,* Prag 1947.

24. Vgl.: Sir Bruce Lockhart, “The Czechoslovak Revolution,” *Foreign Affairs,* 1948, S. 633. "Dr. Benes was grateful, but not wholly satisfied. He wanted full recognition of the juridical continuity of the Czechoslovak state in the form in which it existed before Munich. In spite of the obvious legal difficulties it was granted."

25. Lockhart a.a.O., S. 633: "In December 1943 against the advice of the British Government he (Benes) went to Moscow."

26. S. dazu: *War and Peace Aims of the U.N.,* Boston 1945, Bd. II, S. 1030.

27. S. dazu: *War and Peace Aims of the U.N.,* Boston 1945, Bd. II, S. 1024.

28. S. dazu: Ferdinand Peroutka, *Byl Benes vinen?* [War Benesch schuldig?], Paris 1950: "...Er glaubte, er würde eine Art Clearingstelle für westliche und östliche Ideen leiten können. Er wollte eine Brücke bauen, über die alle mit Freuden schreiten würden - und auf dem ersten Pfeiler dieser Brücke würde sein Name eingraviert sein." (Übersetzt aus dem Tschechischen.)

29. S. dazu Anm. 2.

30. S. dazu: Jürgen Thorwald, *Das Ende an der Elbe,* Stuttgart 1950, S. 300ff. und Dr. Emil Franzel, "Prag im Mai 1945,", *Die Welt,* Hamburg 1950, Nr. 103-105.

31. S. Anlage Nr. 5.

32. S. Anlage Nr. 6.

33. S. Anlage Nr. 7.

34. S. Anlage Nr. 8.

35. Der Artikel 13 des Potsdamer Abkommens hat folgenden Wortlaut: "Geregelte Überführung der deutschen Bevölkerung. Die Konferenz hat bezüglich der Überführung von Deutschen aus

Polen, der Tschechoslowakei und Ungarn folgende Übereinkommen erzieht; die drei Regierungen haben die Frage von allen Seiten erwogen und anerkennen, daß die Überführung der deutschen Bevölkerung und deutscher Bevölkerungselemente, die in Polen, der Tschechoslowakei und Ungarn geblieben sind, nach Deutschland vorgenommen werden. Sie kommen überein, daß alle Überführungen, die vorgenommen werden, auf eine geregelte und menschliche Weise erfolgen sollen."

36. Hermann Raschhofer, *Vom Minderheitenrecht zum Unrecht der Vertreibung. Christ Unterwegs,* München, 4. Jahrgang, Nr. 11, S. 9: "Die Signatare waren verpflichtet, für die bedingungsmäßige Durchführung Sorge zu tragen und die im Abkommen erwähnten Staaten dazu anzuhalten."

37. S. dazu: *War and Peace Aims of the U.N.,* Boston 1945, Bd. II, S. 1048.

38. S. dazu: *War and Peace Aims of the U.N.,* Boston 1945, Bd. I; Eduard Benes: Lecture at Manchester University, December 1942.

39. S. dazu: Definition des Gruppenmordes (Genozide) durch die Vollversammlung der Vereinten Nationen vom 13. 12. 1946. "Gruppenmord (Genozide) ist eine Verleugnung des Rechtes der Existenz ganzer menschlicher Gruppen, wie Menschenmord die Verleugnung des Rechtes auf das Leben des einzelnen menschlichen Wesens ist. Solche Verleugnung des Rechts der Existenz verletzt das Gefühl der Menschlichkeit, führt zu großen Verlusten der Humanität, zu welcher diese menschlichen Gruppen in kultureller und anderer Beziehung beigetragen haben, und ist im Widerspruch mit dem Moralgesetz, dem Geist und dem Ziel der Vereinten Nationen. Es sind viele Fälle solcher Verbrechen des Gruppenmordes bekannt, wobei rassische, religiöse, politische und andere Gruppen ganz oder teilweise vernichtet wurden. Die Bestrafung des Verbrechens des Gruppenmordes ist eine Angelegenheit von internationalem Interesse...."

40. S. Anlage Nr. 9.

41. S. Anlage Nr. 10.

42. S. Anlage Nr. 11.

43. S. Anlage Nr. 12.

44. S. Anlage Nr. 13 und, vergleichsweise, Anlage Nr. 14.

45. S. Anlage Nr. 15.

46. S. Anlage Nr. 16, wo eine Übersicht über das Volksvermögen der Deutschen in der tschechoslowakischen Republik gegeben wird.

47. S. Anlage Nr. 17.

48. *Dokumente der deutschen Politik,* Bd. 6, I, S. 362 (Berlin, 1939).

49. S. dazu: Dr. Rudolf Lodgman von Auen, *Die völkerrechtliche Grundlage des Sudetenproblems und die politische Entwicklung seit 1945,* Sinsheim 1948, S. 6 ff.

50. S. dazu: "A Petition to the Secretary General of the United Nations and the Foreign Secretaries of the Signatory Powers of the Potsdam Agreement from the Parliamentary Delegation of Sudeten Labour in Great Britain", verfaßt von Wenzel Jaksch, London 1947, S. 24 ff. Dort wird auch darauf hingewiesen, daß die den deutschen Antifaschisten zugesagten Ausnahmebestimmungen der Dekrete in der überwiegenden Zahl der Fälle nicht eingehalten wurden.

51. S. Anlage Nr. 18.

52. Ist es nicht vielmehr so, wie die 1946 von prominenter amerikanischer Seite herausgegebene Broschüre *Tragedy of a People (Racialism in Czecho-Slovakia),* New York 1946, feststellt, daß die Austreibung den mit Recht so angeprangerten Rassismus Hitlers noch übertrifft?

53. S. dazu: Ivo Duchácek, "Communist Infiltration", *World Politics* 1950, S. 346. "Als im Jahre 1945 die sudetendeutsche Minorität in die amerikanische und russische Zone Deutschlands umgesiedelt wurde, wuchs trotz der vernichtenden Niederlage Deutschlands die tschechische Angst vor der Möglichkeit eines sudetendeutschen Revisionismus, der neue Furcht und Unsicherheit mit sich bringen könnte. Die Tatsache, daß einige Tschechen sich früheres sudetendeutsches Eigentum in einer ziemlich ungebräuchlichen Art und Weise angeeignet hatten, erweiterte diese nationale Besorgnis um ein wirtschaftliches Motiv. [Übersetzung]"

54. S. dazu: *Dokumente der Menschlichkeit,* herausgegeben vom Göttinger Arbeitskreis, Klitzingen/Main, 1950.

55. S. Anlage Nr. 19.

56. S. dazu: Lemberg a.a.O., S. 243: "...Darum erinnert dieses vierte Stadium der Lösungsversuche der europäischen Nationalitätenfrage an ähnliche Lösungsversuche in der Epoche der europäischen Religionskriege. Auch damals schien sich nach verschiedenen tastenden Versuchen kein anderer Ausweg zu bieten,als die Ausweisung jener Gruppen, die mit der Konfession des Landesherren nicht übereinstimmten. Wie damals diese Gewaltlösungen einen Gipfelpunkt und zugleich eine Krise des religiösen Gemeinschaftsgefühles darstellten, so werfen auch die heutigen unmenschlichen Austreibungen und Massenvernichtungen nationaler und rassischer Gruppen ein groteskes Schlaglicht auf die Krise des europäischen Nationalismus, jener im Grunde so fruchtbaren und schöpferischen Bewegung, die in solchen Erscheinungen auf die Spitze getrieben und in ihr Gegenteil umgeschlagen ist."

Zu den Berichten

Die nachfolgend abgedruckten Erlebnisberichte wurden in den Jahren seit 1945 gesammelt. Die Unterschriften der Verfasser sind amtlich beglaubigt. Wo der Verfasser nicht mit vollem Namen genannt wurde, geschah das mit Rücksicht auf noch in der Tschechoslowakei befindliche Angehörige oder Freunde, die durch eine Namensnennung gefährdet werden könnten. Das gleiche gilt für Namen von Tschechen, die in den Berichten genannt sind und die in der Tschechoslowakei ein menschliches Verhalten den Deutschen gegenüber bewiesen haben.

Die abgedruckten Berichte stellen nur einen Teil des zu Verfügung stehenden Materials dar. Sie sollen vor allem als typische Beispiele für die Vorkommnisse bei der Austreibung der Sudetendeutschen dienen. Selbstverständlich konnten im Hinblick auf den beschränkten Umfang der Dokumentation nicht alle Orte und alle Ereignisse berücksichtigt werden.

Die Berichte sind alphabetisch in zwei Abschnitte gruppiert. Teil 1 berichtet über die Ereignisse in den größeren Städten sowie in einigen kleineren Ortschaften, über die besonders ausführliche Berichte vorliegen: Aussig, Brünn, Brüx, Budweis, Freiwaldau, Gablonz, Iglau, Jägerndorf , Karlsbad, Kladno, Komotau, Mährisch Ostrau, Mährisch Schönberg, Olmütz, Pilsen, Prag, Reichenberg, Saaz-Postelberg, Tepliz-Schönau, Tetschen-Bodenbach, Theresienstadt und Troppau. In Teil 2 sind die Berichte alphabetisch nach kleineren Ortschaften geordnet.

TEIL 1 - Berichte über die Ereignisse in größeren Städten

TEIL 1 - Berichte über die Ereignisse in größeren Städten, alphabetisch:

Aussig, Brünn, Brüx, Budweis, Freiwaldau, Gablonz, Iglau, Jägerndorf, Karlsbad, Kladno, Komotau, Mährisch Ostrau, Mährisch Schönberg, Olmütz, Pilsen, Prague, Reichenberg, Saaz-Postelberg, Tepliz-Schönau, Tetschen-Bodenbach, Theresienstadt, Troppau.

Aussig

Aussig, Bericht Nr. 1

Explosion am 30. Juli 1945

Berichter: A. U. - Bericht vom 8. 2. 1951

[Der Verfasser dieses Berichts ist durch verschiedene Umstände in die Lage versetzt worden, das einwandfreieste und objektivste Bild über diese Explosion und ihre folgenschweren Ereignisse zu geben:]

Ich ging an diesem Tage um 10 Uhr vormittags in die innere Stadt. Schon als ich in die belebteren Straßen kam, merkte ich sowohl in der ehemaligen Dresdner, als auch in der Schmejkalstraße, daß Soldaten der berüchtigten Svoboda Garda in ihren bekannten Uniformen, alle Deutschen mit weißer Armbinde von den Gehsteigen hinunterjagten oder gar hinunterwarfen. Ich erkundigte mich, was los wäre und erfuhr, daß in der Nacht die Svoboda Garda erstmalig in Aussig eingetroffen war.

Aus den Ereignissen in den anderen Bezirken des Sudetenlandes war mir sofort klar, daß nun harte Zeiten für die Deutschen der Stadt und des Bezirkes Aussig kommen würden.

Am Bahnhof sah ich gerade, wie einem aus Prag kommenden Zuge ca. 300 Personen sehr zweifelhaften Aussehens entstiegen. Diese Leute waren ungefähr im Alter von 18 bis 30 Jahren und ich bekam den Eindruck, daß wieder einmal irgendwo eine Strafanstalt entleert worden ist.

Nachmittags 15.30 Uhr saß ich in meiner Wohnung, als plötzlich ein furchtbarer Schlag erfolgte. Im Moment war ich der Meinung, daß im Nebenzimmer ein Schrank umgefallen wäre. Ich sah gleich nach, konnte aber nichts feststellen. Ich vermutete dann sofort eine Explosion und stieg auf das Hausdach. Da sah ich hinter dem Marienberg einen großen Rauchpilz aufsteigen. Es erfolgten auch noch kleinere Explosionen. Ich ging sogleich in die Stadt, eine weiße Armbinde trug ich nicht und das war mein Glück. Die Jagd auf Deutsche hatte begonnen. Daran beteiligten sich auch die Soldaten der Svoboda Garda und einzelne russische Soldaten waren dabei ebenfalls zu bemerken. Mit allerlei Instrumenten, wie Zaunlatten, Brechstangen, Schaufelstielen usw., die sie sich irgendwo verschafft hatten, waren diese Elemente bewaffnet. Sie schlugen damit wahllos auf die Deutschsprechenden und weiße Armbinden Tragenden ein, bis diese zusammenbrachen. Ich hatte den Eindruck, daß das nicht die im Bezirk wohnhaften Tschechen waren, sondern vielmehr die, die vormittags mit dem Zuge angekommen waren. Für diese Auffassung sprach auch der Umstand, daß sie sich rnit Behelfswaffen beholfen haben, die ihnen gerade in die Finger kamen.

Ich bewegte mich ungefähr zwei Stunden in der Stadt, was ich dabei sah, war grauenhaft. Sprechen durfte ich natürlich nicht, ich hätte mich sonst als Deutscher verraten.

Da um 15 Uhr Betriebsschluß war und vor allem die bei der Firma Schicht Beschäftigten über die Elbebrücke nach Hause gehen mußten, waren in der Nähe des Marktplatzes und Bahnhofes die wildesten Gruppen tätig. Frauen mit Kinderwagen wurden in die Elbe geworfen und dann von den Soldaten als Zielscheiben benutzt, dabei wurde so lange auf die Frauen geschossen, bis diese nicht mehr aus den Fluten auftauchten. In das Wasserreservoir am Marktplatz warf man ebenfalls Deutsche hinein und sobald sie wieder hoch kamen, drückte man sie mit Stangen wieder unter das Wasser. Erst gegen 17 Uhr konnte man einige russische Offiziere beobachten, die versuchten, die Straße freizumachen, dabei halfen ihnen auch einige tschechische Uniformierte. Durch Lautsprecher wurde dann ein Ausgehverbot tschechisch verkündet. Am 31. 7. erschien ein gedruckter Anschlag, der anordnete, daß für die Deutschen beschränktes Ausgehverbot besteht und diese ab 18 Uhr nicht mehr auf die Straßen dürfen. Für die Tschechen galt das Ausgehverbot ab 20 Uhr.

Am Abend des 30. Juli wurden die Toten an drei Stellen zusammengetragen und mit Lastautos abtransportiert. An diesen drei Stellen wurden gegen 400 Tote gezählt. Wieviele noch an anderen Stellen abtransportiert wurden und wieviele außerdem die Elbe hinunterschwammen, konnte nicht festgestellt werden. Darüber konnten nicht einmal die eingeweihtesten Kreise des *Národní Výbor* Aufschluß geben.

Am 30. 7. abends erfuhr ich dann noch, daß die Absicht bestünde, den ganzen Aussiger Bezirk mitsamt den angrenzenden Bezirken Teplitz und Tetschen-Bodenbach von allen Deutschen zu säubern und diese ins Innere des Landes zu verschicken, wo sie dann zur Zwangsarbeit herangezogen werden sollten.

Man beschuldigte die Deutschen offen der Sabotage und der Urheberschaft der Explosion.

Was war nun wirklich geschehen?

Im Stadtviertel Schönpriesen war die aus den Maitagen stammende Artillerie-Munition, Panzerfäuste usw. gesammelt gelagert. Nach tschechischer Aussage soll es sich dabei um 2 Millionen Stück aller Art gehandelt haben. Beim Sortieren dieser Munition beschäftigte man Häftlinge aus dem KZ-Lager Lerchenfeld, darunter auch einige prominente Nazi. Diese Häftlinge hatte man am 30. 7. überraschenderweise bereits um 14 Uhr 45 Min. aus den Fabriksanlagen entfernt und es befand sich 40 Minuten vor der Explosion kein Deutscher mehr auf dem Boden der Anlage, sondern nur noch tschechische Bewachungsorgane. Einige Sekunden vor der Explosion flog ein Flugzeug über den Stadtteil - später stellte sich heraus, daß es ein englisches war, das mit der Explosion nichts zu tun hatte, ich habe 1947 mit einem Insassen desselben gesprochen, der mir dabei seine Wahrnehmungen geschildert hat. Dieses Flugzeug spielte anfänglich bei meinen Behauptungen gegenüber tschechischen Stellen, die Ursache der Explosion betreffend, keine geringe Rolle.

Der Polizeileiter des *Okresní Národní Výbor* hatte sich zur Zeit der Explosion bei einem deutschen Arzt zur Visite eingefunden (Alibi) und verließ ihn erst nach der Explosion.

In der Kanzlei des *Okresní Národní Výbor* waren einige Amtspersonen anwesend, darunter auch der Militärkommandant. Dieser verließ sofort nach der Explosion die Kanzlei mit den Worten: "Jetzt machen wir Revolution gegen die Deutschen", und dann begann die Schlächterei.

Ich selbst fuhr am 31. 8. nach Prag, wandte mich dort an einige, mir bekannte, prominente tschechische Funktionäre und schilderte meine Wahrnehmungen. Dort erklärte ich auch, daß das ein Reichstagsbrand sei, der wohl den Anlaß dazu geben sollte, ein Massaker unter den Deutschen zu veranstalten.

Inzwischen waren auch drei tschechische Minister in Aussig gewesen, darunter auch der General Svoboda. Ich hatte den Eindruck, daß bei den Prager Amtsstellen große Verlegenheit über die Vorgänge in Aussig herrschte. Von unserer Seite wurde auch die Nachricht verbreitet, daß ausländische Journalisten die Vorgänge gefilmt hätten und dieser Film bereits in Sicherheit wäre. Die damalige tschechische Regierung hatte noch einigen Respekt vor der Meinung des westlichen Auslandes. Die Evakuierungsabsichten wurden unterdrückt und eine weitere Verfolgung der Deutschen verboten.

Bezeichnend ist, daß von den damaligen Hauptfunktionären des *Okresní Národní Výbor,* die die sogenannte engere Leitung bildeten, heute nur noch ein einziger lebt, die anderen sind inzwischen alle verstorben. Zugegeben muß werden, daß der damalige tschechische Bürgermeister von Aussig, Herr Vondra, mit allen Mitteln versuchte, dem Wüten des zugereisten Mobs Einhalt zu gebieten, er wäre deshalb beinahe ebenfalls in die Elbe geworfen worden.

Ende November 1945 fuhr ich abermals nach Prag und kam mit einem Tschechen aus Schönpriesen ins Gespräch. Dieser sagte mir, daß er zu einer Einvernahme wegen der Explosion als Zeuge nach Prag fahren muß. Er erklärte auch, daß er wie viele andere davon überzeugt sei, daß die Explosion von einer Kamarilla vorbereitet und durchgeführt worden sei und daß auch die Vorgänge nach der Explosion in diesen Vorbereitungsrahmen hinein gehörten. Was weiter aus dieser Untersuchung wurde, konnte ich nicht erfahren, da ich den Betreffenden nicht mehr treffen konnte.

Das sind die wahren Vorgänge. Alle anderen Darstellungen, die darüber auch von tschechischer Seite veröffentlicht wurden, entsprechen nicht ganz der Wahrheit. Ebenfalls nicht der Wahrheit entsprechend ist die Darstellung im neuesten Buch von Bruno Brehm, *Am Rande des Abgrunds.*

Aussig, Bericht Nr. 2

Augenzeugenbericht über das Blutbad am 30. Juli 1945

Berichterin: Therese Mager - Bericht vom 11. 8. 1946

Ich wohnte bis zur Evakuierung in Aussig, Teplitzer Straße 36. Am Nachmittag des 30. Juli 1945 ging ich um 16.30 durch die Schönpriesener Straße nach Aussig. Plötzlich hörte ich aus der Richtung der Zuckerfabrik Schönpriesen Detonationen und sah hierauf auch Rauchwolken aufsteigen. Zur gleichen Zeit begannen die Tschechen das Gerücht auszustreuen, daß die Deutschen die Explosion verursacht hätten und begannen eine Verfolgung aller derer, die weiße Armbinden trugen. Ich selbst stand im Sanitätsdienst und war durch eine Rot-Kreuzbinde deutlich als Schwester gekennzeichnet. Die Tschechen stürmten durch alle Straßen, schlugen die Deutschen nieder oder schossen auf sie, wenn sie das Weite suchten.

Ich selbst lief zur Elbebrücke und sah hier, wie hunderte deutscher Arbeiter, die aus den Schichtwerken kamen, in die Elbe geworfen wurden. Auch Frauen und Kinder sowie Kinderwagen stießen die Tschechen in den Strom. Es waren meistens schwarz uniformierte Tschechen mit roten

Armbinden (SNB-Leute). Sie warfen Frauen und Kinder, die sich nicht wehren konnten, von der 20 Meter hohen Brücke in die Fluten. Ich selber vermied es, die Brücke zu überschreiten, sondern lief, nachdem ich diese schrecklichen Szenen gesehen hatte, durch die Töpfergasse zurück zum Aussiger Schulplatz. Dort begab ich mich in das Ordinationszimmer meiner Chefin Dr. N., wo bereits 4 Verwundete anwesend waren. In diesem Augenblick kam dann Dr. N. selbst, die einen Schwerverwundeten von der Straße hereingezogen hatte. Es handelte sich um den 70 Jahre alten Josef Horn aus Aussig, der drei schwere Kopfverletzungen aufwies und dem man den Hals durchschnitten hatte. Wir brachten den Horn zum Krankenhaus, wo man zunächst die Aufnahme verweigerte und den alten Mann erst nach langem Bitten in Pflege nahm. Die Massenverfolgung der Deutschen dauerte bis in den späten Abend. Wir hörten aus allen Ecken und Straßen Schreie und Weinen. Weder eine Behörde noch die russische Besatzungsmacht schritten gegen diesen Massenmord ein. Zahlreiche Deutsche, die sich aus der Elbe schwimmend gerettet hatten, wurden durch Maschinengewehre beschossen. In Aussig schätzte man die Gesamtzahl der auf solche Weise ums Leben gekommenen auf 800 bis Tausend.

Am 31. Juli ebbten die Verfolgungen ab. Die Deutschen, die sich wieder auf die Straße trauten, mußten die Gehsteige verlassen und wurden, wenn sie das nicht sogleich begriffen, verprügelt. Alle, die weiße Binden trugen, waren von dieser Zeit an jeder Willkür ausgesetzt und wurden wie Freiwild behandelt.

Ich bekräftige diese Angaben mit meiner eigenhändigen Unterschrift und bin jederzeit bereit, sie unter Eid zu wiederholen.

Aussig, Bericht Nr. 3

Massaker

Berichter: Herbert Schernstein - Bericht vom 9. 12. 1945

Ich war schon vor dem Kriege Mitglied der kommunistischen Partei und bin vom 18. 10. 1938 bis zum 9. 12. 1945 in dem Konzentrationslager Theresienstadt, Sachsenhausen und Ravensbrück gewesen. Am 8. Juli kam ich aus dem KZ nach Aussig zurück, wo die Tschechen gerade meine Mutter evakuiert hatten. Trotz meiner Ausweise (Kommunistische Partei und KZ) traf ich überall auf schroffe Ablehnung. Mit den Worten *"Nemec jest nemec!"* (Deutscher ist Deutscher) wurde mir überall gesagt, daß ich keine Aufnahme finden könne. Viele meiner ehemaligen Genossen wurden trotz der Antifaschistenausweise ebenso behandelt. So wurde meinem Freunde Willi Krebs in Leitmeritz, welcher der Gründer der Kommunistischen Partei in Prödlitz war, schon vor 2 Monaten binnen 5 Minuten sein Lebensmittelgeschäft weggenommen. Die Tschechen und Kommunisten unterstützten uns in keiner Weise. Ich bin auch der Überzeugung, daß sich viele faschistischen Elemente in der KPC befinden. So befindet sich in Aussig ein Kriminalinspektor Dibisch, der heute der größte Kommunist zu sein vorgibt, mich selbst vor dem Kriege aber ob meiner kommunistischen Parteizugehörigkeit verfolgte.

Über die Vorkommnisse bei der großen Explosion neben der Zuckerfabrik in Schönpriesen, bei der an die 1000 Deutsche ums Leben kamen, kann ich genaue Angaben machen, weil ich zufällig auf der Fahrt von Schreckenstein nach Aussig dort vorbeikam. Es handelte sich um die Explosion eines Granatenlagers, welches neben der Zuckerfabrik Schönpriesen, der während des Krieges eine chemische Fabrik angeschlossen war, errichtet ist. Die Tschechen sprachen die Schuld an der Explosion den Deutschen zu und gingen gegen sie in brutaler Weise vor. Nach 4 Uhr nachmittags trieben Angehörige der *Svoboda garda* alle Deutschen aus den umliegenden Häuserblöcken aus ihren Wohnungen und hetzten sie massenweise in den Elbestrom. Ich sah Frauen und Kinder in den Wellen verschwinden, auf der Ferdinandshöhe hatten sich tschechische MG-Nester eingegraben, die von dort aus auf die im Strom treibenden Deutschen schossen. Meiner Schätzung nach sind an die 1000 Deutsche durch dieses Vorgehen ums Leben gebracht worden. Besonders scharf gingen die Tschechen gegen deutsche Antifaschisten vor, die durch rote Armbinden gezeichnet waren. Die Tschechen erklärten, daß diese Deutschen mit die Hauptschuld an dem Ereignis trügen. Viele Deutschen, so die mir bekannte Tochter der Familie Klinger aus Prödlitz, sind heute noch vermißt.

Viele Deutsche wurden in das Lager nach Lerchenfeld getrieben, wo sie unter den kümmerlichsten Verhältnissen leben mußten. Das Lager wurde später nach Schöbritz verlegt. Dort konnte man oft die gelbe Fahne sehen, welche Außenstehende wegen ansteckender Krankheiten vor dem Besuch warnten, und "Vorsicht, Hungertyphus!" bedeutete. In Schöbritz starben täglich 300-400 Deutsche an dieser Seuche. Ehemalige KZ-Häftlinge, darunter ein gewisser Vlcek und der Arbeitseinsatzführer Cuba, gingen besonders rücksichtslos gegen die deutschen Häftlinge vor und übertrumpften bei weitem die mir selbst bekannten und am eigenen Leibe erfahrenen KZ-Methoden der Nazi.

Aussig, Bericht Nr. 4

Massenmord

Berichter: Max Becher - Bericht vom 14. 12. 1946

Am 31. 7. 1945 explodierte in einem Vorort von Aussig (Schönpriesen) ein Munitionslager. Natürlich sollten das die Deutschen gewesen sein, jedenfalls benützten die Tschechen diesen Vorwand, um die Deutschen zu überfallen.

Aussig liegt am linken Elbeufer, mein Arbeitsplatz, die Firma Georg Schicht AG., in Schreckenstein am rechten Ufer. Eine einzige Brücke führt über die Elbe.

Um 16.30 Uhr nach Arbeitsschluß wurden wir beim Fabrikstor gründlich nach Waffen untersucht, vor dem Aufgang zur Brücke noch einmal. Wer einmal auf der Brücke war, durfte nicht mehr zurück. Am Aussiger Ufer empfingen uns Hunderte von Tschechen mit Knüppeln und Eisenstangen. Ich hatte schon einige schwere Kopfverletzungen, meinem Begleiter, einem 67-jährigen Obermeister, wurde vor mir der Kopf eingeschlagen. (Er wurde, wie ich später erfuhr, in die Elbe geworfen und darin 10 km stromabwärts ans Ufer geschwemmt.) Mir wurde dann. gesagt, ich soll einen am Gehsteig liegenden Toten, der den Schädel zertrümmert hatte, in eine nahe Grube tragen und wenn ich zurückkomme, sei ich an der Reihe, erschlagen zu werden. Ich mußte dann meinen

Rock ausziehen und die Blutlache aufwischen, da fielen die Schläge auf mich ein. Es gelang mir aber doch weiter zu kommen, jedoch verfolgte mich ein Tscheche bis in eine Nebengasse. Er hatte einen 5-8 cm starken Knüppel und dieser Mann brachte mir die schwersten Verletzungen bei; er ließ erst von mir ab, als er wahrscheinlich glaubte, daß ich tot sei. Ich kam dann wieder zu Bewußtsein und mit Hilfe von zwei Tschechen kam ich in eine Wohnung, deren deutsche Bewohner die Rot-Kreuz-Station verständigten. Mit Tragbahre wurde ich abgeholt und kam durch einige glückliche Zufälle am selben Tag um 22 Uhr noch ins Krankenhaus, was für mich die Lebensrettung bedeutete. Meine Verletzungen waren: 3 Rippen gebrochen, linker Unterarm gebrochen, 6 Kopfverletzungen, die mit 23 Stichen genäht wurden, der ganze linke Arm, den ich zur Abwehr über den Kopf gehalten hatte, war derartig verschwollen, daß der Unterarmbruch erst zufällig bei einer Durchleuchtung 2 Monate nachher festgestellt wurde. Krankenhausaufenthalt vom 31. VII. - 20. X. 45. Heimpflege vom 20. X. bis 19. XI. 1945.

Die Folgen bis heute sind starkes Schwindelgefühl beim Kopfheben und Aufwärtsschauen, Schmerzen an der Rippenbruchstelle bei Anstrengung und Witterungswechsel.

Aussig, Bericht Nr. 5

Beraubung eines Blinden

Berichter: Franz Habelt - Bericht vom 6. 11. 1946

Am 5. 7. v. J. mußte ich, wie viele andere "Aussiedler", in 10 Minuten meine Wohnung räumen, um ins russische Gebiet evakuiert zu werden. Dabei wurden mir zahlreiche Geigenbestandteile und Saiten usw. entwendet, die mir als blinden Musiker sehr wertvoll waren. Durch Vorsprache einer deutschen Ärztin, Dr. Schiel, wurde mir dann die Rückkehr in die Wohnung ermöglicht. Am 2. 9. ds. J. wurden mir vom Kulturreferenten Antonin Tyc zwei Meistergeigen aus den Jahren 1700 und 1866 beschlagnahmt. Die beiden Geigen hatte ich 1913 auf einer Auktion in Wien erworben. Bei der Aussiedlung wurden mir die Federbetten abgenommen, ferner eine Aktentasche mit Berufswerkzeugen, die ich zur Reparatur von Instrumenten als Klavierstimmer und Musiklehrer dringend brauche. Ferner verlor ich mein gesamtes Notenmaterial, darunter Manuskripte eigener Kompositionen. Dadurch bin ich in meiner weiteren Existenz als Blinder schwer geschädigt.

Aussig, Bericht Nr. 6

Blindentransport

Berichterin: Martha Rauscher - Bericht vom 6. 11. 1946

Seit Beginn des Jahres waren Verhandlungen mit dem Internationalen Roten Kreuz und den zuständigen tschechischen Behörden, auch mit dem tschechischen Hygieniker der Prager Universität betreffs Aussiedlung der Anstaltsblinden und der berufstätigen Blinden und ihrer Familienangehörigen aus Aussig im Gange. Auf Intervention des Internationalen Roten Kreuzes war beabsichtigt, den Blinden die Mitnahme eines Teiles ihrer Habe über das sonst übliche Maß hinaus zu gestatten. Das tschechische Gesundheitsministerium hatte sogar schon die Bereitstellung eines Sanitätszuges zugesagt.

Durch Quertreibereien einer tschechischen Gruppe in Aussig kam der Transport in der beabsichtigten Form schließlich nicht zustande. Trotzdem wurden wir bis zum letzten Augenblick in dem Glauben belassen, daß der Transport unter günstigen Bedingungen durchgeführt werden sollte. Schließlich aber gestattete der Kulturreferent Tyc in Aussig den blinden Berufsmusikern nicht einmal die Mitnahme der für ihren Erwerb nötigen Musikinstrumente, obwohl eine Verordnung bestand, daß zum Erwerb notwendige Gegenstände und Werkzeuge allgemein ausgeführt werden dürfen. Ebenso wurde dem blinden Schriftsteller Hacker und einem blinden Stenotypisten die Mitnahme der Schreib- und Stenomaschinen mit Blindenvorrichtung nicht gestattet. Durch die Verhandlungen hatte sich der Transport zwar bis in die kalte Jahreszeit verzögert, wurde aber schließlich genau so wie jeder andere Ausgewiesenentransport durchgeführt, obwohl die Transportteilnehmer die Verzollungen des Gepäcks und andere Sondergebühren aus eigener Tasche zahlen mußten, wie es sonst bei bevorzugten Transporten üblich ist.

In den letzten Monaten war bereits unter den Blinden eine solche Not gewesen, daß sie sich vielfach nicht einmal das tägliche Brot kaufen konnten, da sie durch die Verhältnisse erwerbslos geworden waren und trotz zahlreicher Vorsprachen keinerlei Unterstützung für sie zu erlangen war, obwohl den deutschen Arbeitern allgemein 20% ihres Lohnes zur Unterstützung Erwerbsunfähiger abgezogen wurde. Ich selbst wurde mehrmals mit Lagerhaft bedroht, da ich mich für die Blinden einsetzte.

Am 29. 10. v. J. wurden wir trotz meiner Bitte, die Blinden nicht durch das Aussiedlungslager gehen zu lassen, in das Lager Schöbritz befohlen. Die Verhältnisse im Lager waren grauenvoll. Wir mußten auf blanken Brettern schlafen und am nächsten Tage wurden wir bei strömenden Regen ab 7 Uhr aus den Baracken gejagt und mußten mit dem gesamten Handgepäck stundenlang im Regen stehen, bis wir verladen wurden. Statt der zugesagten 24 Waggons wurden wir in 8 Waggons mit dem gesamten Gepäck zusammengepfercht. Durch den Regen ist das Gepäck zum großen Teil verdorben. In jedem Waggon waren 30 Personen mit dem gesamten Gepäck untergebracht, sodaß viele Personen nicht einmal sitzen konnten. Die Verpflegung von Dienstag früh bis Mittwoch abends bestand nur aus schwarzem Kaffee, aus einer ungenießbaren Suppe, die keiner essen konnte, und aus etwas Brot.

Infolge der Strapazen und Aufregungen, die durch die ganze unmenschliche Art des Transportes hervorgerufen wurden, sind eine Reihe von alten Leuten zusammengebrochen. In Wiesau mußten zwei Leute mit Psychosen und ein Mann mit totaler Erschöpfung ins Krankenhaus abgegeben werden.

Einige andere schwere Fälle von Erschöpfung wurden auf Wunsch der Angehörigen bis Augsburg in einem zu diesem Zweck erst in Wiesau beigestellten Krankenwagen mitgenommen. Von diesen letzteren starb in Augsburg Frau Witek im Krankenrevier des Regierungslagers B.

Aussig, Bericht Nr. 7

KZ Lerchenfeld und Schöbritz

Berichter: Heinrich Michel

Es war am 16. Mai 1945 um 17 Uhr, als ich im Auftrage des Polizeipräfekten von Aussig, Douda, noch in Arbeitskleidern aus meinem Hause (ich war selbständiger Tischlermeister in Aussig-Prödlitz) abgeführt wurde. Meine Frau konnte mir noch rasch trockenes Brot zustecken. Von meinen Bewachern kannte ich den Partisan Walter Swoboda aus Aussig-Prödlitz, Lange Gasse 116. In Aussig, im Kohlensyndikat, wo Douda residierte, angekommen, schrie mir jener, von Russen umgeben, entgegen: "Du Bandit, Du Gauner, Du Schuft, Du Gestapohengst!" Mich nach Waffen durchsuchend, riß er das Brot aus der Tasche und warf es mir ins Gesicht mit den Worten: "Ich lasse Dich erschießen!" Douda war früher Oberkellner in der Turnhalle. 1938 wanderte er nach Rußland aus. Nachdem mir sämtliche Wertsachen abgenommen worden waren, ging es ins Gerichtsgefängnis in Zelle 8. In Vorahnung des kommenden Tschechenterrors hatte ich den Gedanken gefaßt, mir das Leben zu nehmen. Doch von dem anderen Zellengenossen, dem Elbtalmaler Podlebnik, Aussig-Salesel, wurde ich eines Besseren belehrt. Podlebnik hatte man eingesperrt, weil er angeblich Waffen-SS-Leute bewirtet hätte. Podlebnik hielt es für den Gehässigkeitsakt eines ansässigen Tschechen, da er die ganzen 14 Tage vor seiner Verhaftung keinen Waffen-SS-Mann mehr zu Gesicht bekommen habe.

Stündlich kamen neue Leidensgenossen an, sodaß wir bald neun Personen in unserer Zelle waren. Waffenhändler Strowik, Rechtsanwalt Knöspel, Heller und andere.

Es war am zweiten Tag nach meiner Einlieferung, neuer Zuwachs kam oder stolperte vielmehr herein und brach zusammen. Ein bestialischer Gestank breitete sich bald aus. Dem Manne, der vor uns lag, drang der Kot zum Kragen und den Hosenbeinen heraus. Was war hier vor sich gegangen? Auf meine Vorsprache beim Beschließer, einem Kroaten, konnten wir den Unglücklichen ausziehen und im Luftschutzwasser, das zwar schon wochenlang nicht gewechselt war, wenigstens reinigen. Zu unserem Entsetzen fanden wir vom Nacken bis zu den Füßen keine handtellergroße Stelle, die nicht blutunterlaufen war. Wir glaubten nicht, daß der vor uns Liegende mit dem Leben davonkomme. Doch er erholte sich wieder. Der Mißhandelte hieß Heller, stammte aus Staditz bei Tschochau und war Vorarbeiter in den Staditzer Kabelwerken. Wie Heller später erzählte, war der Grund für seine Verhaftung, daß er in seiner Stellung als Vorarbeiter den Sabotage-Akt eines Tschechen dem Besitzer des Werkes, Herrn Wild, gemeldet hatte. Ihm war es gelungen, zu entfliehen. Zweimal durchwatete er die Biela. Nach einer regelrechten, von den Partisanen veranstalteten Treibjagd wurde er eingekreist, nach Staditz zurückgebracht und hier in einem Keller schwer mißhandelt.

Als Pfingsten herankam, waren wir insgesamt ungefähr 180 Inhaftierte. Pfingstsamstag abends, alle Zellentüren waren gerade geöffnet, erschien ein Partisan (sein rein tschechischer Name ist mir entfallen) und schrie: "Ich bin Leutnant der Partisanen. Jetzt werde ich Euch zeigen, wie man einen SS-Hund erledigt!" Dabei leerte er eine ¾-Liter-Flasche mit Schnaps. Aus Zelle 15, in der alle Waffen-SS und SS-Angehörigen untergebracht waren, wurde Willi Künstner, der Personalchef der

Firma Schicht und Ehrenmitglied der Allgemeinen SS war, herausgeholt und geschlagen, gestoßen, niedergeschlagen, hochgezerrt und wieder von neuem niedergeschlagen und so in einem fort. Wir schlossen unsere Türen und hielten uns die Ohren zu. Als wir wieder zu öffnen wagten, sahen wir gerade, wie der Zusammengestürzte von zwei SS-Männern in die Zelle gezogen wurde. Diese war sowieso schon so überfüllt, daß für einen Liegenden kein Raum war. Auf vieles Vorsprechen wurde Künstner mit einem Stoßwagen ins Krankenhaus gebracht. Auf Umwegen erfuhren wir am nächsten Tag, daß Künstner im Krankenhaus nicht mehr zum Bewußtsein erwacht und gestorben ist. Ein 18-jähriger Waffen-SS-Angehöriger in meiner Zelle, der erst später in Zelle 15 kam, einziges Kind einer Witwe in Türmitz, erst im März 1945 zur Waffen-SS eingezogen, war so mißhandelt worden, daß er jedesmal einen Nervenschock bekam, wenn nur die Tür geöffnet wurde. Wohin er aus Zelle 15 kam, weiß ich nicht.

Die Lebensverhältnisse im Gerichtsgefängnis waren denkbar schlecht. Als Verpflegung gab es täglich morgens etwas schwarzen Kaffee, mittags 2-3 Kartoffeln mit Würfelsoße und für den ganzen Tag 100 g Brot. 8-9 Personen hausten ständig in jeder Zelle von 9 m^2. Ein unbedeckter Eimer mußte für jede Notdurft benutzt werden. So war es für uns eine Erleichterung, als Arbeitskommandos zusammengestellt wurden. Allerdings war dadurch wieder mehr Gelegenheit zu Mißhandlungen gegeben, besonders bei den schwere Arbeit ungewohnten Intelligenzlern. Es mußte Verpflegsgut der Deutschen Wehrmacht, Fässer mit Butter, mit Ölsardinen usw. am Bahnhof entladen und in dem ehemaligen Kaufhaus Jepa eingekellert werden. Die Begründung für unsere Hungerrationen, daß nämlich unsere deutschen Bruderschweine alles mitgenommen hätten, war also nicht stichhaltig.

Besonders von halbwüchsigen 16-18jährigen Partisanen wurde ich damals oft geschlagen.

Zur Entlastung des Gerichtsgefängnisses wurden wir 50 Mann am 29. 5. 1945 in das ehemalige Luftwaffenlager nach Lerchenfeld gebracht. Zuerst mußten wir die Zustände, die Ungarn und durchziehende russische Soldaten hinterlassen hatten, beseitigen. Es war befohlen, jeden Weg im Lager im Laufschritt zurückzulegen, was für die Älteren unter uns, z. B. den ungefähr 74-jährigen Regierungsbeamten Galle, Bürgermeister Nittner u. a. eine unmenschliche Qual bedeutete. So mußten von früh bis abends die Wehrmachtsspinde aus dem Lager im Laufschritt in die Magazine, die oben am Berg lagen, hinaufgeschleppt werden. Ich persönlich hatte das Glück, durch einen mir bekannten tschechischen Schlosser, der bei Schlossermeister Schiller in Prödlitz gelernt hatte, als. Kapo herausgezogen und damit von der schwersten Arbeit verschont zu werden. Ich organisierte im Lager einen Stoßwagen, sodaß vier von den Älteren fahren und gehen konnten. Die bewachenden Partisanen verboten diese Beförderung, doch konnte ich beim Lagerkommandanten Vrsa vorsprechen und ihn überreden, daß auf diese Weise sogar vier Spinde befördert werden könnten. Aus dem Gerichtsgefängnis kamen nun ständig neue Gruppen an, sodaß wir bis Ende Juni auf 1000 Gefangene angewachsen waren, die in 13 Blocks untergebracht wurden. Davon wurden vier mit Frauen belegt. Später wurden alle Festgenommen, es handelte sich zumeist um willkürlich zusammengeschleppte Menschen, nicht mehr über das Gerichtsgefängnis, sondern direkt nach Lerchenfeld eingeliefert. Von Beginn der Lagerzeit an war ein einarmiger, ungefähr 20-jähriger Mensch als Läufer verwendet worden. Er hatte alle Befehle der Lagerleitung weiterzugeben und genoß dadurch eine gewisse Freiheit. Eines Abends kehrte er nicht zurück. Sofort wurden die umliegenden

Dörfer, in denen die im Lager bediensteten Partisanen untergebracht waren, von der Lagerleitung verständigt. An dieser Treibjagd beteiligten sich fast alle Partisanen des Lagers, die Lagerbewachung zwischen 80-120 Mann. Noch spät in der Nacht erfuhren wir, daß der Entflohene in der Nähe in einem Wald angeschossen worden war. Am nächsten Vormittag mußten wir einzeln an der Bahre des Erschossenen vorüberziehen. Im vorangegangenen Appell hatte Lagerkommandant Vrsa geschrien: "So ergeht es jedem, der zu entfliehen versucht".

Für alle Vorkommnisse, die ich von der Lagerzeit Lerchenfeld und auch Schöbritz anführe, nenne ich als Zeugen Waffenhändler Strowik-Aussig, Hoffmann-Nestomitz, Holina, Chefingenieur der Solvay-Werke, den Prokuristen der Solvay-Werke, den Vorstand der Innungskrankenkasse (ich möchte den Namen nicht nennen, da er jetzt noch verschollen ist), Hübsch von der Angestelltenkrankenkasse, Schuhmachermeister Heller, Wenzel Behr, Angestellter der DAF, beide Brüder Mieke-Türmitz, von denen der eine Prokurist bei Tuch-Hübel war, und alle Insassen von Block 1, dem ich angehörte und der sämtliche Handwerker und Schreiber, die für das Lager gebraucht wurden, umfaßte.

Gewöhnlich wurde es eingerichtet, daß die neuankommenden Trupps Eingefangener, dies konnten 30-50, aber auch 100 Mann sein, abends eintrafen, wenn alle Lagerinsassen auf ihren Blocks sein mußten. Vom Fenster unseres Blockes 1 aus konnten wir aber gut beobachten, wie die Ankunft vonstatten ging. Deutschlandlied, SA-Lieder mußten gesungen und ein Hitler-Bild vorangetragen werden. Vom Schlagbaum bis zur Verwaltungsbaracke hieß es Spießruten laufen, das bedeutete, daß ungefähr eine Strecke von 40 bis 50 m beiderseits von Partisanen gesäumt war, die unbarmherzig mit Ochsenziemern zuschlugen. Am schlimmsten gebärdeten sich dabei die weiblichen Partisanen, darunter besonders eine Karbitzerin, deren Name meinem Mitgefangenen Kohberger aus Karbitz bekannt sein dürfte. SA-Angehörige wurden gesondert vorgenommen. Sie bekamen 25 Schläge mit Ochsenziemer oder Gummiknüppel auf das bloße Hinterteil.

Im Oktober waren wir auf ungefähr 3,5 Tausend angewachsen. Jeden Tag gingen 2,5 Tausend zur Arbeit. Am 31. Juli 1945, dem Bluttag von Aussig, war ein Kommando nicht von der Arbeit zurückgekehrt. Wie schon erwähnt, war ich Zimmerältester von Block 1, dem Block der Handwerker und Schreiber für das Lager. So erfuhr ich manches, was die meisten nicht wußten, durch den Steuerberater Hahnel, Aussig, Hauptmann, Aussig, Stephan, hoher Beamter an der Aussiger Hauptpost, akad. Maler Ungermann, Bürgermeister von Reichenberg (dieser wurde später nach Reichenberg gebracht). Besonders Fritz Wolfrum, Likörfabrik Schönpriesen, muß viel wissen, da er Schreiber des politischen Leiters war und später auch die Vorarbeiten für die Volksgerichtshofprozesse mit über hatte. Durch diese Schreiber erfuhren wir auf Block 1 also, daß als Bericht über das nicht zurückgekehrte Arbeitskommando ausgegeben wurde: "Bei der Explosionskatastrophe ums Leben gekommen." Nach den Berichten der Augenzeugen vom Blutmassaker in Aussig waren diese Männer aller Wahrscheinlichkeit nach dem Pöbel in die Hände gefallen.

Die vorhingenannten Schreiber sind auch Zeugen für die Erschießung des Nollendorfer Emil Luprich. Unauslöschlich in meiner Erinnerung wird mir ein Samstag im August sein, ich glaube, es war der 10., als der 22jährige Nollendorfer Emil Luprich, der im Frühjahr 1945 erst zur Waffen-SS eingezogen worden war, vor allen 3000 Lagerinsassen standrechtlich erschossen wurde. Am Vortage waren zwei Männer von einem Arbeitskommando ausgerissen. Am Samstag Abend gegen 17 Uhr 30, einer uns ungewohnten Zeit, ertönte die Lagerglocke. "Alles ohne Ausnahme antreten", hieß es. Lagerkommandant Vrsa erschien, total betrunken, auf seiner üblichen Rednertribüne. Sein Reden war ein einziges Schimpfen. Zum Schluß schrie er, daß als Strafe für die beiden Haftentflohenen jeder Zehnte erschossen werde. Die umliegenden Barackendächer waren von Partisanen mit MGs besetzt. Die Partisanen repetierten und machten fertig. Wir waren auf alles gefaßt. Leid taten uns nur die ungefähr 1300 Frauen, die zwar ruhig, aber leichenblaß uns gerade gegenüber standen. Da begann Vrsa von Neuem zu schimpfen. Schuld seien eigentlich die Kapos, alle Kapos müßten erschossen werden. Sämtliche Kapos mußten nun in Fünferreihen nebeneinander antreten. Nachdem dies geschehen, widerrief sich Vrsa, jeder 10. Kapo werde erschossen. Ich glaubte mit unter den Genannten gewesen zu sein, denn ein Partisan trat auf mich zu und wechselte meinen Platz. Meine Tischlerarbeiten kamen eben den Herrn Partisanen auch viel persönlich zu Gute. Aber auch dieser Befehl kam nicht zur Ausführung. Wir ahnten hinterher, daß durch dieses ganze Manöver eine Panikstimmung erzeugt werden sollte, die dann bei einem noch zu erwartenden Höhepunkt zum Ausbruch kommen und Anlaß für ein Blutbad bilden sollte.

Ungefähr eine Stunde standen wir schon auf dem Appellplatz. Vrsa schimpfte nochmals los, diesmal auf die Frauen. Deutsche Huren, SS-Huren wären sie alle. Ein neuer Befehl erging, "alle SS- und Waffen-SS-Angehörigen vortreten!" Die SS-Leute waren laufend in besondere Lager abtransportiert worden. Leider hatten wir unter uns noch 5 Waffen-SS-Leute, die aus dem Karbitzer Lager zu uns gekommen waren. Die Fünf wurden nun in den ehemaligen Wehrmachtsbunker abgeführt. Wie wir später erfuhren, mußte unter ihnen gelost werden. Das Los fiel auf den jungen Nollendorfer. Vrsa hatte uns inzwischen erklärt, er wolle nicht so sein wie wir, er wolle Gnade vor Recht ergehen lassen, aber eine Strafe müsse sein. Als die SS-Männer wieder antraten, rief er: "Es wird hier im Namen der Republik einer erschossen! Das Urteil wird sofort vollzogen!" In 10 m Entfernung nahm das Kommando vor dem "Verurteilten" Aufstellung. Mit erhobenen Händen flehte der junge Nollendorfer um Gnade. Da riß Vrsa einer Frau das Tuch vom Kopfe. Damit wurden dem Todeskandidaten die Augen verbunden. Vrsa wiederholte das Urteil in tschechischer Sprache. Das Urteil wurde vollstreckt. Der lange tschechische Partisan, dessen Kugel die tödliche war, wurde danach nie mehr im Lager gesehen. Wir sahen Emil Luprich in seiner Blutlache liegen. "Dr. Tauber!" schrie Vrsa. Dr. Tauber, der Lagerarzt, stellte durch seine Untersuchung fest, daß noch Leben in dem Niedergeschossenen war. Luprich bekam nun noch einen Kopfschuß. Es war einige Minuten vor 20 Uhr. Ein kurzer Befehl ordnete an, der Platz müsse bis 20 Uhr geräumt sein. Nur der Besonnenheit unseres Lagerältesten, der sofort die nötigen Befehle zur Räumung gab, nicht zuletzt aber der Haltung unserer Frauen war es zu verdanken daß es nicht doch noch zu der wohl noch immer von den Tschechen so sehr herbeigewünschten Panik kam. Auch für mich kam eine qualvolle Zeit, als nämlich der Prödlitzer Skala, ein Eisenbahnersohn und Huttig, der im Prödlitzer Schloß wohnte, als Partisanen nach Lerchenfeld kamen. Huttig schlug mich mit dem Ochsenziemer, den jeder Partisane im Stiefelschaft trug, bis ich bewußtlos zusammenbrach. Wenn ich wieder zu mir kam, gingen die Schläge von neuem los. Als ich Huttig später einmal im Beisein eines anderen Tschechen namens Vacek frug, warum er mich schlug, erklärte er mir, ich hätte ihn als 12jährigen Jungen vom Schützenfest gewiesen, als er Kuchen gestohlen hatte. Ich frug ihn noch, ob ich ihn damals auch geschlagen hätte. "Nein", mußte er zugeben. In Prödlitz rühmte sich Skala dann jedesmal, den Tischlermeister Michel geschlagen zu haben. In dieser Zeit mußten mich meine Lagerkameraden überwachen, daß ich mir nicht das Leben nahm.

Eines Tages, das Datum ist mir entfallen, wurde ein Vater mit seinem Sohn, der erst nachts zuvor von der Wehrmacht ins Elternhaus zurückgekehrt war, eingeliefert. Vor dem Tore des KZ versuchte der Sohn zu fliehen. Dabei wurde er mit einer Maschinenpistole niedergeschossen. Der Vater mußte nun den Erschossenen auf einem Schubkarren ins Lager fahren, wobei er dauernd schwer geschlagen wurde.

Schlagen gehörte zur Tagesordnung. Geringste Vergehen gegen die Lagerordnung wurden mit 25-50 Schlägen bestraft. Ein Vergehen war es, wenn ein Häftling mit einer Frau sprach, auch wenn es die eigene Frau war. Beide bekamen dann je 25 Hiebe. Oder wer beim Briefschmuggeln erwischt wurde. Wie schon erwähnt, wurde die erste Zeit jeder bestraft, der nicht im Laufschritt das Lager durchlief, sondern einmal ruhig stehen geblieben war. Es genügte für die Bestrafung die Angabe der Partisanen. Um deren Wahrheit bekümmerte sich niemand, Verteidigung gab es nicht. Die Strafen wurden jeden Abend beim Appell vollzogen. Der zu Bestrafende mußte ein Bierfaß herbeiholen und sich darüber legen. Dann schlugen zwei Partisanen mit dem Ochsenziemer auf ihn ein. Sollte eine Frau bestraft werden, wurde ihr Kopf zwischen die Beine eines Partisanen genommen, ihr Mund zugehalten und dann hauptsächlich die Nierengegend bearbeitet. Danach mußten sich die Gefangenen bedanken. Der 70-jährige Oberlehrer Meiyner aus Prödlitz wurde einmal mit 50 Hieben bestraft, weil er angeblich ein Brot gestohlen hatte. Meiyner aber hatte das Brot vom Bäcker, der das Lager belieferte, bekommen, konnte dies aber nicht sagen, da sonst der Bäcker auch in das Lager gekommen wäre. Meiyner sah fürchterlich aus. Sein Rücken und Hinterteil waren blutunterlaufen, die Geschlechtsteile riesenhaft angeschwollen. Wir glaubten, daß Meiyner daran zu Grunde gehen würde. Er überstand es. Heute lebt er in der amerikanischen Zone.

Anfang Oktober wurde das Lerchenfelder Lager, das von Russen belegt wurde, nach Schöbritz verlegt. Dieses Lager mußten wir uns erst herrichten. Die erste Zeit, die kalten Nächte begannen schon, hausten wir im Freien. Für alle, außer Block 1, begann dann eine schwere Leidenszeit. An zerlegbaren RAD-Baracken mußten die Zwischenwände entfernt, in 1 Meter Höhe Baumstämme und darauf die Zwischenwand gelegt werden, und so bis unter die Decke, sodaß jede Baracke 3-4-stöckig wurde. Jede dieser Baracken wurde mit zwei Blocks, das sind 500 Mann, belegt. 13 Blocks waren wir insgesamt. Stroh gab es nicht, auf dem bloßen Boden mußte geschlafen werden, eingeschachtet wie die Heringe. An Säuberung war nicht zu denken, die Luft zum Schneiden und ein einziger Gestank. Drehte sich einer im Schlafe oder wollte er auf den Eimer gehen, dann weckte er gleichzeitig seine nächste Umgebung. Daß diese Menschen dabei untereinander friedlich blieben, war zum Verwundern. Unter dem Vorwand irgendwelcher Reparaturen kam ich öfters in die anderen Baracken, wenn ich illegale Pakete in meinem Werkzeugkasten weiterschmuggelte. Wir in Block 1 hatten jeder unser Bett, wenn auch zwei- und dreistöckig übereinander. Nicht aus Liebe zu uns genossen wir diese Bevorzugung von Seiten der Tschechen, sondern wie schon gesagt, weil sie unsere Arbeit für ihre eigensten persönlichen Zwecke oft und oft ausnutzten.

Dann kam der 13. November 1945, ein grauenhafter Tag, grauenhaft für die Beteiligten und für die, die tatenlos zuschauen mußten, wie deutsche Menschen, deren ganzes Verbrechen nur darin bestand, daß sie Deutsche waren, zu Tode gequält wurden. Am Vortage waren zwei Kameraden von einem Kommando entwichen. Am 13. durfte nun Block 8, dem die beiden angehört hatten, nicht zur Arbeit gehen. Um ½8 Uhr hieß es: "Block 8 zum Frühsport antreten". Block 8 versammelte sich. Ich hörte durch das Fenster, wie Vrsa ironisch zu ihnen sagte, das deutsche Volk turne ja so gerne, also sei dies ja eigentlich keine Strafe für sie. Daraufhin wurde zum Appellplatz marschiert, von dem erst vor einigen Tagen der Rasen entfernt worden war; der Lehmboden war also noch glitschig. Das "Turnen" begann: Auf, nieder, Kniebeuge, Liegestütz, so ununterbrochen bis 11 Uhr. Unterernährte und zum Teil schon ältere, gebrechliche Menschen waren es, die hier turnen mußten. Wer nicht mehr konnte, bekam Schläge. Von einem alten Zaun wurden Latten losgerissen und damit unbarmherzig auf die Menschen losgeschlagen. Neben mir standen noch Hoffmann von Nestomitz und Kreisamtsleiter der NSV Stroppe am Fenster. Wir mußten uns abwenden und gingen in unsere Werkstatt. Turnprofessor Langhammer von Prödlitz hat diese Traktierung mitgemacht. Nach diesen qualvollen Stunden hieß es, daß Block 8 nachmittags, völlig gereinigt, wieder anzutreten habe. Dies bedeutete, daß das Drillichzeug ausgewaschen und da es bis zum Nachmittag unmöglich trocken sein konnte, naß wieder angezogen werden mußte. Durch den Lagerarzt Dr. Tauber erfuhr ich, daß dieser Tag 9 Todesopfer und gegen 20 Verletzte, die ins Revier gebracht worden waren, gekostet hatte.

Die Verpflegung hatte mengenmäßig zugenommen. Sie bestand hauptsächlich aus Kartoffelwalzmehl, wovon die ehemaligen Wehrmachtsmagazine voll waren. Hungern mußten wir weiter. Den Kameraden, die viel für die Tschechen persönlich arbeiteten oder die bei Schicht oder in der Glashütte verpflegt wurden, erging es besser. Die Wasserversorgung des Lagers war katastrophal. Aus alten Brunnen der Umgebung wurde es mit Wasserfässern herbeigeschafft. Von Ende Oktober bis Dezember wütete im Lager Hungertyphus. Eines Tages sah ich eine Autokolonne des Roten Kreuzes mit ausländischen Wagenzeichen vorfahren. Dr. Tauber, der gerade den Lagerplatz überquerte, wurde angesprochen. Die Unterhaltung hatte ungefähr 15 Minuten gedauert, als Vrsa hinzukam. Nachdem die Kommission eine Baracke besichtigt hatte, verließ sie das Lager wieder.

Am Heiligen Abend gab es einen großen Appell, das ganze Lager mußte vor einem mit elektrischen Lichtern geschmückten Weihnachtsbaum antreten und auf Befehl "Stille Nacht, heilige Nacht" singen. Als sich plötzlich die Verpflegung besserte, wußten wir, daß ein anderer Wind wehte. Die Kranken bekamen Haferschleim mit Zucker, Vrsa erklärte in der Küche, diese Anordnungen seien streng einzuhalten, damit wir nicht wieder Grund zur Beschwerde hätten.

Am 13. Januar 1946 wiederholte sich der 13. November. Die Zahl der Todesopfer sind mir nicht bekannt. Ich sah nur, wie Tote auf Bahren gleich ins Leichenhaus gebracht wurden und viele Verletzte ins Revier kamen. Eines Tages sah ich von der Küche aus mit Heilpraktiker Riedel, Konditor Wenndt-Aussig, Polizist Hacker-Türmitz, Schlattner-Königswald zu, wie ein ungefähr 18-jähriges Mädchen von der Brust bis zu den Knien herunter an einen Birnbaum festgebunden und dann von vorbeigehenden Partisanen ins Gesicht geschlagen wurde. Da kam ein Auto gefahren, dem ein mir unbekannter Herr entstieg. Wohl auf seinen Einspruch hin wurde das Mädchen kurze Zeit darauf losgebunden. Es mußte mit einer Tragbahre ins Revier gebracht werden.

Wir erfuhren später, daß Schlagen und Mißhandeln im Lager verboten sei. Offiziell hatte dies auch den Anschein, aber inoffiziell ging es weiter, nur wurden jetzt alle einzeln in Kellern von Häusern gebracht, sodaß man nichts mehr vom Mißhandeln sehen und hören konnte. Nun möchte ich noch vom Ende Dr. Taubers berichten. Meines Erachtens war seine Unterhaltung mit der ausländischen Kommission die Ursache für seinen Tod. Wenn auch Dr. Tauber nach außen hin gegen manchen Lagerkameraden streng sein mußte, so wagte er doch viel und versuchte, das allgemeine Los zu verbessern. Ich persönlich war öfters anwesend, wenn er sich mit Vrsa auseinandersetzte. Eines Abends erscholl von Block 13 her der Ruf: "Dr. Tauber!" Block 13 stand nicht weit vom Stacheldrahtzaun. Dr. Tauber hatte das Recht, nachts mit der Laterne in der Hand die Blocks, von denen er gerufen wurde, aufzusuchen. Am nächsten Morgen war Dr. Tauber tot, niemand bekam ihn zu sehen. In der Nacht waren 2 Häftlinge entflohen. Es hieß nun, Dr. Tauber wollte in der Nacht türmen und dabei sei er von den wachhabenden Partisanen niedergeschlagen worden. "So ergeht es jedem, der über den Stacheldraht heim ins Reich will!" verkündete Vrsa. Unter uns hieß es, Dr. Tauber mußte sterben, weil er sämtliche Totenscheine auf Herzschwäche, Altersschwäche, Entkräftung ausstellen mußte. Als ich einmal einige Tage krank lag, hatte Dr. Tauber mir gegenüber geäußert: "Wenn das gut ausgeht und ich hier lebendig herauskomme, dann habe ich Glück gehabt. Aber das glaube ich nicht, ich weiß zuviel."

Ende Jänner kamen wir dann wieder nach Lerchenfeld. Die Volksgerichtshofprozesse begannen. Wegen Kleinigkeiten, die oft ganz privater Natur waren und die jetzt hervorgezerrt wurden, z. B. wenn ein Tscheche mit einem Deutschen eine Auseinandersetzung hatte und sie sich gegenseitig beleidigten, wurden 2-3 Jahre Haft verhängt. Wegen einer angeblichen Ohrfeige wurde Hergesell Josef von Prödlitz zu zwei Jahren verurteilt. Dieser hält sich jetzt in Deutschland auf. Wo, ist mir unbekannt. Schubert, der in den Kupferwerken in Pömmerle arbeitete, wurde zu 10 Jahren verurteilt, weil er Sabotage eines Tschechen verhindert hatte. Ich selbst blieb vom Volksgerichtshof verschont, mein persönlicher Gegner Douda war inzwischen gestorben, nachdem man ihn sämtlicher Ämter enthoben und selbst 8 Tage eingesperrt hatte und weil der tschechische Polizeiinspektor Klimesch von Prödlitz seine Anzeige, ich hätte ihm 1938 sein Speisezimmer, 50 kg Schrauben und 20 m Holz gestohlen, nicht aufrecht erhalten konnte. Am 16. September 1946 wurde ich mit dem Vermerk, daß ich meinen Heimatort nicht mehr betreten dürfe, nach Thüringen abgeschoben.

Ich habe in diesem Bericht nach bestem Wissen und Gewissen die Wahrheit gesagt.

Brünn

Brünn, Bericht Nr. 1

Todesmarsch nach Pohrlitz

Berichterin: M. v. W. - Bericht vom 22. 2. 1951

Ich erinnere mich noch genau an den etwa zwei oder drei Tage vor Ankunft der Russen in Brünn durch das Radio den hörbaren Aufruf Benes's von Kaschau aus. Seine Worte verstand ich, weil ich die tschechische Sprache perfekt beherrsche und ich erinnere mich an die von Benes feierlich ausgesprochenen Worte genau: "Wehe, wehe, wehe, dreimal wehe den Deutschen, wir werden sie liquidieren!" Es war am 25. April 45, etwa 4 bis 5 Uhr nachmittags, wo sich mit den einziehenden Russen auf den Straßen von Brünn Verbrüderungsszenen abspielten. Ich ging am Abend in meine Wohnung und konnte schon beobachten, wie direkt öffentlich Vergewaltigungen von Frauen, Prügeleien und Mißhandlungen und Beschimpfungen die gesamte deutsche Bevölkerung in höchste Erregung und Gefahren brachte.

Schon am darauffolgenden Morgen mußten sich auf Grund des Anschlages an Plakattafeln alle Deutschen zur Arbeit melden. Ich wurde in das Krankenhaus St. Anna befohlen, weil man feststellte, daß ich Rot-Kreuz-Schwester bin. Nur zu den niedrigsten Arbeiten wurde ich angewiesen. Erst auf Intervention eines in diesem Spital schon länger tätigen tschechischen Arztes wurde ich wieder als Rot-Kreuz-Schwester in Verwendung genommen, sollte aber meinen Dienst nur im Bunker, im Keller vollziehen, wohin man alle deutschen Patienten des großen Spitales in unmenschlicher Weise einfach auf Strohsäcke hinwarf, ohne ihnen Decken und Polster zu geben und ohne ihnen eine ärztliche Betreuung zuteil werden zu lassen. Für diese Deutschen wurde auch kein Medikament und kein Hilfsmittel bereitgestellt. Der Keller war nur mit einem Lämpchen notdürftig beleuchtet und ich vermochte diesen Schwerstkranken höchstens durch Umschläge und durch Reichen von Wasser zu helfen. Schon am zweiten oder dritten Tag meiner Tätigkeit lieferte man furchtbar verstümmelte, halbtot geprügelte und fast zu Tode gemarterte Menschen in dieses Kellerverließ ein, denen ich leider nur mit tröstenden Worten Hilfe bringen konnte, da mir überhaupt keine Mittel zur Verfügung gestellt wurden. Das große Sterben begann. Was aus dem Kaunitz-Kolleg eingeliefert wurde, starb fast ausnahmslos und diese Einlieferung ging am laufenden Band. Ich erinnere mich insbesondere an folgende Fälle:

Der erste Tote war ein Mann, der mit einer furchtbaren Verletzung in der Geschlechtsgegend, schon sterbend eingeliefert wurde. Seinen Namen konnte ich nicht erfahren, denn er kam nur vor seinem Sterben einige Augenblicke zu Bewußtsein und konnte mir meine Frage, die folgend gestellt war, kurz beantworten: Ich fragte: "Wie sind Sie zu dieser schrecklichen Verwundung gekommen?"

Er antwortete: "Durch einen Fuß, weil ich ehedem für die Gestapo Gemüse verkauft hatte." Mit diesen Worten endete seine Kraft und ich konnte mehr von ihm nicht erfahren, er starb.

Ich erinnere mich an einen anderen Fall und zwar an den Sollizitator Venklarczik, 63 Jahre alt, wohnhaft in Brünn, Stiftgasse. Dieser Mann wurde eingeliefert und konnte mir folgendes Erlebnis schildern: Er wurde unter fadenscheinigem Grund in das Kaunitz-Lager von Partisanen geschleppt und wurde dort in grausamster Weise so verprügelt, daß sein Rücken eine einzige klaffende Wunde war. Für diese grausame Mißhandlung mußte er sich noch bei seinen Peinigern bedanken. In halb ohnmächtigem Zustand brachte man ihn in das 2. Stockwerk, wo er in seiner Verzweiflung einen unbeobachteten Augenblick ausnützte und seinem Leben ein Ende zu machen versuchte, durch einen Todessprung aus dem Fenster. Er blieb aber in dem schon belaubten Baum unter dem Fenster vor den Folgen eines so tiefen Sturzes bewahrt und wurde nicht getötet, schlug sich aber eine Niere ab. Als er eingeliefert wurde, war Stuhl und Harn nur pures Blut. Als ein zweiter Deutscher mit durchschnittenen Pulsadern eingeliefert wurde, sah ich zum ersten Mal einen Arzt in diesem Kellerlager der unzähligen Verwundeten. Der Selbstmörder sollte nämlich durch eine Bluttransfusion wieder zum Bewußtsein gebracht werden, um ihn dann bei vollem Bewußtsein hinrichten zu können. Der Arzt, selbst ein Tscheche, sah den Unglücklichen Venklarczik und stellte selbst mit Entsetzen die grausame Mißhandlung mit den Worten fest: "Das haben Sie aber nicht von dem Fenstersturze!" Der Schwerverletzte durfte nämlich auf die Frage, wovon seine Verwundung herrührt, keinerlei Beschuldigung gegen einen Tschechen aussprechen, das hätte die unmittelbare Todesstrafe zur Folge gehabt.

Einen weiteren Fall habe ich in Erinnerung: Eine Geschäftsfrau aus Brünn, von der Wiener Straße, etwa 50 Jahre alt, wurde eingeliefert und war in tiefster Bewußtlosigkeit. Man brachte sie in den dunkelsten Winkel des Kellers und eine ganze Gruppe von Partisanen und ein GPU-Kommissar (Tscheche) mißhandelten diese ohnmächtige Frau. Mir wurde befohlen, sie splitternackt zu entkleiden, wonach sie von diesem tschechischen Kommissar in brutaler Weise mit Fußtritten zum Bewußtsein gebracht werden sollte. Ich erinnere mich, wie einer Klosterschwester von dem tschechischen GPU-Kommissar als Grund dieser schrecklichen Mißhandlungen angegeben wurde, die Frau hätte eine russische Offiziersuniform samt Orden gestohlen. (Bildlich ausgedrückt.) Ich selber mußte der sterbenden Frau eine ganze Serie von Coramin-Injektionen geben, um sie zum Bewußtsein zu bringen. Es nützte aber alles nichts, der Zustand war hoffnungslos. Immer wieder kehrte der Kommissar zurück, fluchte über diese Frau in unmenschlichster Weise, nannte sie Schwein, deutsche Sau, deutsche Hure, Bestie usw. und befahl mir, sie durch künstliche Atmung zum Sprechen zu bewegen. Ich selbst wünschte dieser gepeinigten Person nur ein schnelles Ende, weil ich ahnen mußte, was man mit ihr getan hätte, falls sie wirklich das Bewußtsein erlangt hätte. Allem Dafürhalten nach war diese Frau einem Wüstling nicht zugänglich gewesen und hatte sich gewehrt. Aus Rache dafür wurde sie in gräßlichster Weise mißhandelt und hat noch Gelegenheit gehabt, Gift zu nehmen, sodaß sie in schwerste Ohnmacht verfiel. Als sie nach Mitternacht ihr Leben ausgehaucht hatte, kam der Kommissar und stieß sie noch mit dem Stiefel vom Strohsack herunter, aus Wut, daß sie nicht mehr sprechen konnte.

Ein weiterer Fall, Gastwirt Schlesinger aus dem Neugasse-Viertel in Brünn. Er war Gastwirt und bei ihm verkehrten auch die Parteigenossen, selbstverständlicherweise auch Tschechen. Als Geschäftsmann sah er sich veranlaßt, beitragendes Mitglied der Partei zu werden. Dies gab Veranlassung, daß dieser schwächliche Mann, etwa 40 Jahre alt, unter grauenvollen Mißhandlungen zu schwerster Arbeit gezwungen wurde, insbesondere zum Säckeabtragen. Da er unter der Last dieses Übergewichts des öfteren zusammenbrach und durch Mißhandlungen zur Weiterarbeit verpflichtet wurde, erlitt er einen Magenwanddurchbruch, da er schon früher an Magengeschwüren gelitten hatte. Nach seiner Einlieferung wurde er ohne Narkose operiert und einer Magenresektion unterzogen. Unter Brüllen und Jammern traf ich den Mann in der von mir betreuten Abteilung und er flehte mich um ein schmerzstillendes Mittel an. Ich entschloß mich, selbst verängstigt, zu einem Bittgang in die chirurgische Abteilung. Dort trug ich meine Bitte der Ordensschwester (etwa 60 Jahre alt, Oberschwester) vor und bekam dort folgende Antwort: "Ich höre den Menschen brüllen, ich gebe ihm nichts, denn für Deutsche haben wir nichts, so wie ihr für uns nichts gehabt habt." Auf meine Entgegnung, daß mir in meiner 11jährigen Tätigkeit als Rot-Kreuz-Schwester im Felsberger und Brünner Krankenhaus kein einziger Fall bekannt wurde, wo einem Tschechen die Hilfe versagt wurde, schrie mich die Schwester an: "Deklamieren Sie nicht, ein Deutscher bekommt nichts, sagen sie es ihm!" Auf meine Entgegnung, daß ich dies ihm nicht zu sagen wage, entgegnete sie mir, dann werde ich es ihm selber sagen. Und richtig, kam nach einigen Minuten dieselbe Schwester, diese Oberschwester der Chirurgischen Abteilung in den Keller und schrie den sich in Schmerzen windenden Kranken mit folgenden Worten an: "Schämen Sie sich, Sie sind ein Übermensch und brüllen wie ein Tier! Sie bekommen nichts, wir haben für Euch nichts!" Der Kranke faltete die Hände und bat sie um Gottes Barmherzigkeit Willen um Hilfe. Auf ihre Ablehnung hin sagte er: "Dann geben Sie mir ein Gift, damit ich dem Leiden ein Ende machen kann." In diesem Augenblick sprang ein Partisane herbei und brüllte dem Unglücklichen entgegen: "Das möchte Dir so passen, Du Schwein, doch ein Gift zu nehmen, um dem Galgen zu entgehen. Wenn Deine Wunde vernarbt ist, wirst Du gehenkt, der Galgen wartet schon!" Und tatsächlich wurde der Mann am 6. Tage in der Nacht weggeschleppt und nach Aussage des Partisanen Schneider im Kaunitz-Kolleg gehenkt.

Um nach außen hin bemänteln zu können, daß diese Opfer nicht ermordet wurden, war es Gewohnheit, auch die auf den Straßen ermordeten Menschen in den Spitalskeller einzuliefern, um dann eine Registrierung von Verstorbenen des Spitales zu besitzen.

Der Todesmarsch.

Ich erlebte den Todesmarsch nach Pohrlitz am Fronleichnamstag in folgender Verfassung: Um 9 Uhr abends am 30. Mai 1945 wurden wir aus den Wohnungen gejagt. Die ganze Nacht über standen wir in Massen, Frauen, Männer und Kinder im Alt-Brünner Klostergarten. Beim Morgengrauen wurden wir aus dem Klostergarten herausgetrieben und am Klosterhof in drei Zügen aufgestellt. Nun kam ein Stabskapitän mit einer Horde von Partisanen und Gendarmen heran und schrie: "Gold, Geld und Sparkassenbücher abgeben!" Auf diesen Ruf hin stürzten sich alle Partisanen, Gendarmen und er selber auf die wehrlosen Frauen und Greise und rissen ihnen allen Schmuck, Geld und alle Wertsachen, kurzum alles was ihnen wertvoll erschien, vom Leibe und aus den Koffern. Jeder der Partisanen hatte Koffer voll Gold und Silbersachen und Schmuckstücken. Stabskapitän Holatko führte den Befehl. Während dieser Szenen tagte der Nationalausschuß unter Vorsitz des Matula, Vorsitzender des Nationalausschusses in Brünn. Seine Frau besaß einen Selcherladen in Brünn, er selbst war ab 1945 Bürgermeister von Brünn. Folgende Szene hat sich dabei vor unseren Augen abgespielt: Eine alte Dame wurde von einem Partisanen des gesamten Schmuckes beraubt. Sie trug wertvolle Brillanten. Als ihr der Partisan noch den Ehering rauben wollte, bat sie ihn mit folgenden Worten: "Mein Herr, ich bitte Sie, lassen Sie mir diesen einzigen Ring, er hat keinen Wert für Sie, denn bald sind es 55 Jahre, wo mir ihn mein Mann vor dem Altar gegeben hat und ich wollte mit diesem Ring begraben werden." Darauf sagte er: "Du altes Schwein, Du sprichst wie ein Buch, aber sag mir das tschechisch, denn wir sind in der freien tschechoslowakischen Republik und bei uns wird nur tschechisch gesprochen!" und er zog ihr den Ring vom Finger.

Nun verkündete der Stabskapitän Holatko laut vernehmlich, daß derjenige, bei dem Verstecktes vorgefunden wird, auf der Stelle erschossen wird. Da trat eine junge Mutter, die im Kinderwagen zwei kleine Kinder hatte, mit 2 Sparkassenbüchern zu dem Stabskapitän und überreichte ihm die 2 Sparkassenbücher mit zitternden Händen und sagte dabei: "Ich wollte diese Sparkassenbücher meinen kleinen Kindern zum Andenken an ihren gefallenen Vater aufheben. Weil Sie uns aber sagen, sie würden uns erschießen, so gebe ich sie Ihnen auch noch," und hat diese 2 Bücher überreicht. Und er blätterte in den Büchern, warf sie dann der jungen Mutter ins Gesicht mit folgenden Worten: "Du niederträchtige Hure, Du Schwein Du elendes. Du willst Dir einen Narren aus mir machen!" (Wörtlich übersetzt, denn ich beherrsche die tschechische Sprache perfekt.) Die junge Frau hob geängstigt die Bücher auf und flüsterte zu uns gewendet die wenigen Worte: "Wir sind arm, mein Mann hat nicht mehr gehabt, es sind nur 20 Kronen in jedem und das ist ihm wahrscheinlich zu wenig!"

Da die Menschenmassen die ganze Nacht hindurch schon auf der Straße und in dem Klostergarten unter freiem Himmel stehen mußten, brachen viele von ihnen schon nach wenigen Kilometern Marsches zusammen. Der Weg führte gegen Pohrlitz. Es war ein erschütternder Zug und die Stimmung war geradezu treffend von einer verzweifelten Frau ausgedrückt, die mit zum Himmel erhobenen Armen rief: "Du lieber Herrgott, so eine Fronleichnamsprozession wirst Du wohl noch nie gesehen haben!" Etwa 15 Kilometer Weges bei der Ortschaft Raigern wurden jene Müden und Erschöpften, die nicht mehr weiter konnten, in das Lager Raigern getrieben. Dort wurden sie von Partisanenweibern überfallen, nackt ausgezogen und Frauen und Männer durchsucht nach Schmuck und Geld. Es wurden ihre Kleider buchstäblich zerschnitten beim Suchen nach versteckten Wertgegenständen. Zahllose wurden dort zu Tode geprügelt und nach den Aussagen vieler, die nach Pohrlitz gekommen sind, erschossen. Unbeschreibliche Szenen haben sich auf der Straße nach Pohrlitz abgespielt, umsomehr als am Nachmittag ein fürchterliches Gewitter niederging und die Straßengräben überflutete. Die müden und erschöpften Menschen rutschten am aufgeweichten Boden aus, wurden wohl mit Prügeln und Peitschenhieben traktiert, waren aber im allgemeinen nicht mehr auf die Füße zu bringen. Die Straßengräben waren gefüllt mit Kleidungsstücken, Koffern, Lebensmitteln, die die Erschöpften abwarfen und dazwischen saßen die Erschöpften, die auch an Erschöpfung gestorben sind.

Ein großer Teil schleppte sich bis nach Pohrlitz, dort aber starben Tausende.

Der Zug der Brünner zog sich über Pohrlitz gegen die österreichische Grenze zu hin, ich selbst kam mit Tausenden in den Abendstunden des Fronleichnamstages in Pohrlitz an. Ich war derart erschöpft, daß ich mir ein Plätzchen zur Ruhe suchte und kam in der Finsternis in eine Autowerkstätte, wo ich mich erschöpft hinkauerte und die Nacht über dort zubrachte. Ich hörte die ganze Nacht Hilferufe von Frauen, die vergewaltigt wurden, am frühen Morgen wurden die Marschfähigen mit Peitschenhieben und Mißhandlungen wieder auf die Straße getrieben und mußten gegen Österreich zu weiter wandern. Die Erschöpften und Nichtmarschfähigen, es waren etwa 6.000, wurden in den vielen Getreidesilos untergebracht und mußten dort auf blankem Betonboden ihr Lager aufschlagen. Auch nicht einmal den Schwerstkranken wurde Stroh zugebilligt für ihr Nachtlager.

Ich war in der Baracke IV als Krankenschwester beauftragt, obgleich ich allen diesen erschöpften Menschen kaum helfen konnte, weil mir weder Medikamente noch andere Hilfsmittel zur Verfügung standen und ich schwer erkrankt war. Durch diese Einteilung aber hatte ich einigermaßen Bewegungsfreiheit und konnte die unglaublichsten Grausamkeiten mit ansehen, die sich in diesen Silos zugetragen hatten. Als erster Todesfall ist mir folgender in Erinnerung: Ein Soldat verfolgte eine Frau, die vor ihm flüchtete. Er übersprang die liegenden, erschöpften Frauen und dabei sprang er einem 8jährigen Mädchen mit beiden Füßen auf den Kopf, welches sofort dadurch getötet wurde.

Die zweite Tote, die mir in Erinnerung ist, war eine etwa 30jährige Frau, die mit 2 Kindern, einem etwa 3jährigen Mädchen und einem einige Wochen alten Säugling am Beton lagerte. Beim Morgengrauen hörten wir das 3-jährige Kind wimmern und nach der Mutter rufen und mußten feststellen, daß diese Frau durch Gift Selbstmord begangen hat. Ihr Gesicht war blau geworden. Aber auch der Säugling war von der toten Frau so fest an die Brust gedrückt, daß das Kind auch tot war. Ein vorübergehender tschechischer Gendarm fragte mich, warum die Frau so blau sei, worauf ich die Bemerkung machte, daß sie höchstwahrscheinlich Gift genommen hat. Darauf begann er entsetzlich zu fluchen. Er nannte die Tote eine Nazihure, Drecksau, deutsches Schwein, die nach 2 Tagen Lager schon mit Selbstmord endet und gab mir den Befehl: "Werfen Sie die Drecksau samt dem Bankerten in die Latrine!" Auf meine Einwendung hin, daß ich Rot-Kreuz-Schwester bin, unter Eid stehe und eine solche Tat nicht ausführen kann und auch nicht will, auch wenn er mich selbst erschießen würde, beschimpfte er mich mit "Deutsches Schwein und deutsche Hure", rief aber dann drei andere Frauen, die er eher gefügig machen konnte, weil sie den Drohungen keinerlei Argumente entgegenzusetzen wagten und zwar waren dies Frau Agnes Skalitzky, Straßenbahnerswitwe aus Leskau, 63 Jahre alt, eine 30jährige Franziska Wimetal und eine dritte Frau, die mir dem Namen nach unbekannt ist. Diese Frauen mußten nun die tote Mutter mit dem toten Säugling in die offene Latrine werfen. Partisanen zwangen dann die Insassen des Lagers, diese Latrine zu benützen, damit, wie sie riefen, "die Drecksau mit dem Bankert so schnell wie möglich unsichtbar wird". Und das vollzog sich auch.

Nach Tagen, ja noch Wochen später konnte man noch immer das Köpfchen des Kindes und den Arm der Mutter aus dem Unrat herausragen sehen.

Am 18. Juni 1945 ereignete sich noch folgender Rohheitsfall:

Der Befehl, das Lager Blaschek in Pohrlitz zu räumen, sollte von einer Reihe Gendarmen durchgeführt werden.

Eine hochschwangere junge Frau mit zwei kleinen Kindern kauerte am Boden und bat mit erhobenen Händen den Gendarmen, sie von dem Transport auszuschalten, da sie schwere Krämpfe hatte und mit der Niederkunft rechnen mußte. Der Gendarm brüllte sie in brutalster Weise mit folgenden Worten an: "Du deutsche Sau, du wirst hier nicht niederkommen, du kannst dein Kind ausschütten, wo du es willst, aber nicht hier", und die Frau mußte an dem Massentransport teilnehmen. Ich vermute sehr, daß die Frau mit dem Leben nicht davongekommen ist, da sie ja in einem gottjämmerlichen Zustand war.

Auch ein zweiter Fall ist mir in Erinnerung: Die Mütter kleiner und kleinster Kinder versuchten, ihre Kinder zu ernähren und sie vor dem Hungertod zu retten, indem sie für diese auch halbverfaulte Kartoffeln und Rüben, ebenso trockenes Brot zu einem genießbaren Brei verkochten. Da ja eine Kochgelegenheit nicht vorhanden war, so bauten sie sich im Freien in primitivster Weise mit Ziegeln und einer Blechplatte einen Notherd auf. Als Brennmaterial suchten sie nach allen möglichen brennbaren Stoffen, da weder Holz noch Kohle zur Verfügung gestellt wurde. Es mußte daher Gras, altes Leder, Fetzen usw. Verwendung finden. Unter anderem hatten sie verstohlen von einem beschädigten Barackendach ein Stück Teerpappe abgerissen und sie zum Heizen verwendet. Ein Gendarm kam dazu und war roh genug, diese so mühsam erzeugten Lebensmittel für die fast verhungerten Kinder durch einen Fußtritt in den Notherd zu vernichten. Dabei fluchte er in der denkbar gemeinsten Weise und diese Schimpfworte klangen fast immer aus in "deutsche Sau, Nazihure" usw.

Nacht für Nacht wurden alle Frauen, die Kranken, die Alten und auch 70-jährigen Frauen vergewaltigt. Und zwar wurden von den Partisanen die Soldaten hereingelassen und die Frauen kamen jede Nacht zwei- oder mehrmals an die Reihe. Ich konnte beobachten, wie ein Soldat ein zartes 11-jähriges Mädchen mißbrauchen wollte, wobei sich die entsetzte Mutter mit übermenschlichen Kräften dagegen wehrte und sich dem Soldaten selbst anbot, um das Kind zu retten. Die Mutter wurde von dem Soldaten blutig geschlagen, trotzdem aber ließ sie das Kind nicht frei. Mein eigenes Dazwischentreten erfolgte in dem Momente, wo der Soldat mit der Pistole die Frau bedrohte. Da ich gebrochen russisch sprach, konnte ich dem Soldaten Vorwürfe machen, sodaß er schließlich von dem Kinde ließ. Die entsetzte Mutter wendete nun alle Mittel an, um ihr Kind vor einem neuen Überfall zu verbergen. Unmittelbar darauf wurde aber ich von den Partisanen gerufen, ich mußte Folge leisten und ging zur Türe. Dort übergab man mich an diesen einen Wüstling, der mich in die Zuckerfabrik schleppte, wo ich von 5 Russen vergewaltigt wurde. Als ich mich in einem entsetzlichen Zustande zum Selbstmord entschloß und nach einer solchen Möglichkeit suchte, wurde ich Zeuge des Selbstmordes eines alten Ehepaares. Diese zwei Personen endeten durch Erhängen in einem leeren Getreidesilo, wo ich auf einem Sägespänehaufen ermattet gelegen bin. Ich konnte daher beobachten, wie tschechische Gendarmen dem Ehepaar die Dokumente und Wertsachen raubten und ihnen dann ein Stück Karton ans Handgelenk gebunden hatten, auf welchem verzeichnet war in tschechischer Sprache: Unbekannt, ohne Dokumente. Das war die

Gepflogenheit bei allen den Tausenden, die hier den Tod fanden. Täglich starben in den Baracken je 60 bis 70 Menschen, die alle, ihrer Schuhe und vielfach auch der Oberkleider beraubt, auf einen Haufen geschlichtet wurden, wo sie in der Sonne stundenlang, bedeckt von Schmeißfliegen, gelegen sind. Vor den Baracken lagen vielfach am Rasen Sterbende und Verhungerte, die bereits von Maden der Schmeißfliegen bedeckt waren. Den Massen wurde nämlich keine Nahrung zugeführt, nur was diese Unglücklichen mitgebracht hatten oder sich aus ursprünglichen Kartoffelprismen aus dem Boden gegraben hatten, war ihre Nahrung. Hungertyphus war daher fast durchwegs die Todesursache. Eine Baracke war als sogenanntes Krankenrevier eingerichtet. Die Hygiene dieses Revieres ist am besten illustriert durch folgende Tatsache: Die Kranken lagen auf verfaultem Stroh, welches vielfach durch die Typhuskranken verschmutzt war. Statt eines Abtrittes stand in der Mitte der Baracke ein Mörteltrog, der als Latrine benützt werden mußte. Er war so unzureichend, daß er täglich überfloß, weil ihn die Schwerkranken selbst entleeren sollten, was sie nicht konnten. Es war bestialischer Gestank in dem Raume und überall wimmelte es von Fliegen, Läusen und Flöhen. Trotzdem aber wurde keinerlei Anstalt getroffen, dieser Seuche und diesem Ungeziefer Herr zu werden. In diesem Revier schaltete und waltete eine Schwester namens Schubert. Sie selbst rühmte sich vor Zeugen, daß sie bereits über 2000 Deutschen ins bessere Jenseits verholfen hat und wohl dafür die tschechische Staatsbürgerschaft verdient hätte. Allem Anscheine nach war sie wohl Tschechin von Geburt, aber mit einem Deutschen verehelicht gewesen. Sie hatte viele tschechische Verwandte, denen sie immer wieder Schmuck und Wertsachen, die sie den unglücklichen deutschen Kranken und Sterbenden geraubt hatte, zukommen ließ. Die minderwertigen Schmuckstücke schenkte sie den Partisanen. Eine Hauptzeugin für diese Verhältnisse ist Frau Engelberta Höllriegel aus Brünn, Ingenieursgattin, die mir bestätigte, daß am 12. Juni 1945 außer den alltäglichen 60-70 Toten, noch von Früh bis Mittag 56 Menschen allein im Revier gestorben sind, sie nannte den 12. Juni "unseren schwarzen Tag". Frau Höllriegel half im Revier mit, ohne Schwester zu sein. Ihr Gatte und ihr Sohn wurden im Kaunitz-Kolleg in Brünn zugrunde gerichtet.

Um Pohrlitz herum war natürlich ein Feld von Massengräbern entstanden. Die Leichen wurden nur ganz seicht verscharrt, sodaß sich bald eine Atmosphäre von Leichengeruch überall bemerkbar machte. Nun begannen die neuzugewanderten Tschechen dagegen zu demonstrieren, sie sagten, "wir wollen diese deutschen Schweine nicht hier haben, sie verpesten die ganze Gegend und verbreiten womöglich Seuchen". Daher entschloß man sich am 18. Juni die Kranken und Mütter mit Kleinkindern, die auch fast durchschnittlich am Verhungern waren, mit Wagen abzutransportieren, während man uns, die noch arbeitsfähig waren, noch einen Tag im Lager belassen hat. Dieser Krankentransport wurde bis an die österreichische Grenze in die Niemandszone geführt, dort wurden die Unglücklichen im Walde, im Überschwemmungsgebiet der Thaya abgesetzt und den Schwärmen von Mücken überlassen. Niemand wußte von ihrem Vorhandensein, sodaß diese Unglücklichen dort fast alle verhungerten und erst aufgefunden wurden, als sie bereits aufgedunsen und von Gelsen zerfressene Kadawer darstellten. Diese Situation soll fotografiert und auch in Kinos Englands oder Amerikas vorgeführt worden sein. Zumindest wurde mir hiervon einige Monate nachher von dem Zwangsverwalter des Hofes Neuhof bei Grafendorf, Antonin Safar, Mitteilung gemacht und unter Fluchen diese Tatsache erzählt. Seine Mitteilung gipfelte in dem Fluche: "Diese österreichischen Schweine haben uns was Schönes eingebrockt."

Ein spezieller Fall ist mir in Erinnerung. Frau Kopriva aus Brünn war im Pohrlitzer Lager verhungert, ihre Tochter Hermine Kopriva, ca. 38 Jahre alt, wurde auf Grund ihrer Hungersymptome und Vergewaltigungen irrsinnig. Als ich hiervon einem Gendarm Meldung machte, richtete er an sie einige Fragen, die sie verworren und ganz irre beantwortete, worauf er meinte, zum Arbeiten ist sie doch gut genug und tatsächlich mußte diese Frau mit mir am 19. Juni mit vielen anderen nach Grußbach, wo wir als Arbeitssklaven auf die verschiedensten Gutshöfe verteilt wurden. In ihrem Jammerzustand mußte sie dennoch die schwersten Arbeiten leisten.

Der Zwangsverwalter am Hofe hieß Antonin Safar, der 25jährige Adjunkt hieß Miroslav Tvrdík und war eine ausgesprochene Bestie, vor dem sich sogar der Verwalter fürchtete. Sein Ausspruch ist bezeichnend: "Ihr deutschen Schweine, hier wird gearbeitet, die Arbeitsunfähigen bekommen zweimal 48 Stunden Diät, damit sie krepieren. Die Arbeitsfähigen werden solange arbeiten, bis sie mit den Mäulern auf dem Boden liegen!" Wie er sagte, so handelte er auch. Es gingen fast alle Kranken zugrunde und dagegen mußten die Arbeitsfähigen bis zur Erschöpfung die schwersten Arbeiten leisten, obwohl fast keiner in landwirtschaftlichen Arbeiten und Strapazen abgehärtet war.

Der Ausspruch des Arztes Dr. Skrasek aus Grußbach ist bezeichnend: Als er den Stall, wo unsere Leute auf verfaultem Stroh, Schwerkranke und Halbverhungerte lagen, rief er von der Tür aus: "Was soll ich mit euch machen, ich habe nichts außer Tierkohle! Ihr seid ein Volk, das den Krieg verloren hat und ihr dürft nicht erwarten, daß wir euch mit Handschuhen anfassen!" Das war alles, was er für die Kranken und Erschöpften getan hat. Erst meiner Bitte entsprechend, entschloß er sich, uns das Entlausungspulver zu beschaffen, da wir in einem entsetzlichen Zustande von Läusen und Flöhen geplagt waren und außerdem Mäuse und Ratten sogar unsere Schuhe und Kleider zerfressen hatten. Die Rattenplage nahm derart überhand, daß vor unseren Augen die letzten Eßwaren weggefressen wurden.

Uns mußten Grußbacher deutsche Bauern mit ihren Fahrzeugen am 19. Juni 1945 in der Frühe sehr zeitlich aus dem Lager Pohrlitz abholen und wir wurden von ihnen nach Grußbach gefahren. Knapp vor Grußbach passierten wir eine mächtige Kirschenallee, die voll reifer Früchte hing und es konnte nicht Wunder nehmen, daß wir nach diesen Hungerqualen und durstend nach einigen Früchten lechzten. Das beobachtete auch der uns fahrende Bauer und versprach uns in einem Augenblick, wo wir unbeobachtet waren, daß er uns von seinen eigenen Kirschbäumen, die wir auf dieser Straße passieren mußten, welche pflücken werde. Dies tat der Bauer tatsächlich, als wir an seinem Besitz vorbeifuhren. Eben als er uns die Kirschen reichen wollte, bemerkte dies ein Gendarm, zog seine Lederpeitsche und schlug dem Bauern über das Gesicht und über den Kopf, daß die Striemen sofort zu bluten begannen. Dabei fluchte er: "Du deutsches Schwein, wenn du es nochmals wagst, noch eine Kirsche abzureißen, schieß ich dich wie einen räudigen Hund nieder." Auf das erwähnte der Bauer, daß er nicht für sich, sondern für die hungrigen Frauen und Kinder von seinen eigenen Bäumen geben wollte und deutete dabei an, daß dies sein eigener Besitz sei. Darauf brüllte der Gendarm: "Du deutsches Schwein, das hat einmal dir gehört, heute gehört es uns!" Mit mir fuhren Frau Skalitzky, Frau Wimetal und Fräulein Kopriva Hermine und noch ca. 15 Personen, deren Namen mir nicht in Erinnerung sind.

Am Hofe Neuhof bei Grafendorf.
Frau Emilie Kurz wurde unter Rücksichtnahme auf ihr Leiden von dem Verwalter Antonin Safár zur Küchenarbeit bestimmt. Diese Frau hatte ein schweres Drüsenleiden und neigte zur Wassersucht. Sie vermochte sich schwer auf den Füßen zu halten, konnte aber in der Küche sitzende Arbeit leisten. Ende Juni 1945 war die Ernte der Frühkartoffeln (Juniperle). Bei einer Inspektion durch den Lagerkommandanten von Grußbach - einem jungen Mann, etwa 30-jährig - ereignete sich folgender Vorfall: Ich selbst wurde vom Felde gerufen und mußte den Inspektor bezw. Kommandanten bei der Besichtigung führen. Er beschaute nur die Unterkünfte der deutschen Zwangsarbeiter. Bei dieser Gelegenheit sah er die Frau Kurz bei einem Tisch im Vorraum sitzen und Hülsenfrüchte ausklauben. Sofort brüllte er die Frau an, warum sie nicht auch am Felde arbeite. Sie antwortete: "Ich bitte schön, ich bin krank und habe daher diese Arbeit hier zu verrichten!" Er schrie wie ein Besessener, "stehen Sie auf, wenn Sie mit mir sprechen!" Die 63-jährige Frau versuchte es auch mühselig und wurde von ihm jetzt angeschrien: "Du elendes deutsches Schwein, du wagst zu sagen, daß du krank bist! Ich werde dir sagen, was du hast, überfressen bist du und nicht krank, überfressen von dem Fleisch und Butter, die du unseren Frauen und Kindern weggefressen hast! Und marsch aufs Feld, sofort!" Die kranke Frau schleppte sich nun auf den Kartoffelacker, vermochte aber nicht normal Kartoffel aufzulesen, sondern ist hinter dem Pflug knieend gekrochen und hat Kartoffel aufgeklaubt, natürlich weinend unter jämmerlichen Schmerzen. Er stand dabei neben dem Verwalter und weidete sich an den Schmerzen und Qualen dieser unglücklichen Frau. Nachdem er weggegangen war, erbarmte sich der Verwalter Safar und sagte zu ihr, sie könne wieder in die Küche gehen. Er erkannte, daß diese Frau diese Arbeit wirklich nicht leisten konnte.

Unsere Kost bestand in der schwersten Arbeitszeit aus folgenden Mahlzeiten: In der Früh bitteren, schwarzen Kaffee, ohne Brot, mittags Kartoffel ohne Salz im Wasser gekocht, ohne Fett und sonstigen Gewürzen, am Abend schwarzen, bitteren Kaffee, am nächsten Tag zu Mittag wieder ungesalzene Bohnen und als dritte Abwechslung ungesalzene Erbsen in Wasser gekocht. Diese Mahlzeiten-Reihenfolge wiederholte sich drei Wochen lang. Es gab also niemals ein Stück Brot dazu. Endlich wurden Lebensmittelkarten zugewiesen, sodaß sich die Kost etwas gebessert hat. Vor allem bekamen wir ein Stück Brot, von nun ab wurden auch 7 dkg Margarine für uns pro Woche und Kopf gefaßt, also ein Dekagramm pro Tag. Kein Wunder, daß fast bei allen Hungertyphuserscheinungen auftraten, die vielfach schon von Pohrlitz her bestanden haben. Bei der Inspektion des Kommandanten wurde ich über die Krankheit eines im Stalle liegenden Mannes befragt, und als ich zur Antwort gab, daß er an Hungertyphus erkrankt sei, brüllte er mich in gemeinster Form an und sagte: "Reden Sie keinen Blödsinn, die Blutungserscheinungen rühren von dem her, daß sich die Darmwände aneinanderreiben." Auf das hin sagte ich, "das ist eben der Hungertyphus, bei einem satten Menschen kommt so etwas nicht vor", worauf er mich auf das gemeinste beschimpfte.

Ich mußte als einstmalige Rot-Kreuz-Schwester Samariterdienst auch im Meierhofe leisten, die Verstorbenen registrieren und auch begraben. Ich erinnere mich also an folgende im Meierhof verstorbene Deutsche. Die 58-jährige Theodora Maria Moczinsky, stammend aus Breslau, die 2-jährige Krista Hoffmann, den 65-jährigen Raimund Bernatschek, dessen Frau, Bernatschek Franziska, geb. Schlosser aus Zebrovic bei Brünn, Ing. Rudolf Nejeschleb, geb. in Stockerau, dessen Gattin schon in Pohrlitz verstorben war, Herrn Karl Kurz, Kaufmann, geb. 1879 in Mährisch-Schönberg, Herrn Ludwig Spitzer, Disponent, Pensionist, geb 1876 in Brünn, Maria Hloucha in Brünn, geb. 1885, gest. 8. 9. 1945, die Witwe eines Korvettenkapitäns, Anna Duba, 58 Jahre alt. Alle diese waren an Hungertyphus und aus Anstrengung gestorben, bei allen aber hatte ich am Sterbezettel zu vermerken: "Marasmus - Altersschwäche", sogar bei dem 2-jährigen Kind. Bei diesem 2-jährigen Kind habe ich in Erinnerung, daß dieses kleine Würmchen tatsächlich vertrocknet war, denn die Händchen glichen dem Fuße eines Schwimmvogels, da zwischen den Knochen die Haut völlig durchsichtig war und einer Schwimmhaut glich. Das Kindlein hatte wochenlang schier überhaupt keine Ernährung bekommen und es wurde ihm höchstens dieselbe Kost geboten, wie den Erwachsenen.

In meiner Eigenschaft als Evidenzführerin der Zwangsarbeiter auf den Höfen Neuhof, Karlhof und im Zuckerraffinerie-Fabrikshof in Grußbach erlebte ich folgendes: Eine junge Frau begegnete mir am Karlhof mit offenen Armen und begrüßte mich weinend. Ich erinnerte mich ihrer nicht mehr, da ich ja mit Tausenden das Schicksal bisher teilen mußte. Diese Frau aber verwies mich auf folgendes Zusammensein in Leskau und rief daher meine Erinnerung wach: Anläßlich der Ankunft des Präsidenten Benes in Brünn mußten alle Deutschen Brünn verlassen und ich wurde mit Tausenden nach Leskau dirigiert. Dort sperrte man mich mit 59 Personen und zwar 52 Frauen und 7 Kindern in eine Geschirrkammer des stark hergenommenen Militärerholungsheimes Leskau ein. Mir ist in Erinnerung, wie wir in dieser Kammer von einem Gendarmen inspiziert wurden. Er befahl, daß jeder Insasse bei Ankunft bezw. Betreten des Raumes durch eine Amtsperson Habtacht zu stehen hätte. Ein junges, etwa 15 Jahre altes Mädchen spielte mit einem Säugling und lächelte dem Kinde zu. Das empörte den Gendarmen derart, daß er dieses Mädchen zu sich befahl, es jämmerlich beschimpfte und trotz Einspruch und Bitten der Mutter dieses Kind wegführte. Die Mutter wurde ohnmächtig, da sie ahnte, was mit dem Kinde geschehen werde. Nun kam das Mädchen erst wieder am nächsten Tag morgens in einem gottsjämmerlichen Zustand in das Zimmer. Es war nachts über nicht nur vergewaltigt, sondern in furchtbarster Weise geschlagen worden, sodaß es nicht imstande war, auch nur ein Wort zu sprechen, und zitternd und stöhnend tagelang am Bauche liegen blieb. Der Rücken und die Beine waren voll schwerster Wunden.

Als Samariterin war mir der Befehl gegeben, alle auftretenden Krankheiten den Wachen zu melden. Am darauffolgenden Tag kam eine junge Frau zu mir und meldete mir ihre schwere Erkrankung. Sie war unzähligemale von russischen Soldaten vergewaltigt worden und an Gonorrhoe erkrankt. Ich führte diese Frau zu einem inspizierenden Wachorgan und meldete es dort. Er verwies uns an ein Organ des Gesundheitsamtes, das nachmittags ins Lager komme. Wir warteten und ich meldete diesem Mann die Erkrankung der Frau. Bei seiner Gegenfrage, wieso ich die Krankheit als Gonorrhoe erkennen könne, erklärte ich ihm, daß die Frau ja vergewaltigt wurde und daß die Symptome auf Gonorrhoe deuten. Daraufhin mußte ich die schändlichsten Beschimpfungen über mich ergehen lassen, er drohte mir mit dem Erschießen und nannte mich deutsche Hure,

Bestie und Schwein und wendete ein, daß man nicht wisse, woher sich diese deutsche Hure die Krankheit geholt hätte. Daraufhin entgegnete ich, daß ich nicht 100%-ig behaupten will, daß es die Krankheit sein müsse, denn dies sei die Feststellung eines Arztes. Seine Erwiderung lautete folgend: "Ich werde diese Bestie unter Eskorte nach Brünn schicken. Sollte es sich aber dort herausstellen, daß es bloß eine Finte ist, und daß dieses deutsche Schwein nur nach Brünn will, weil es weiß, daß unser Präsident gerade in Brünn weilt, dann lasse ich Euch beide erschießen!" Zu dieser Eskorte ist es gar nicht gekommen, die Frau aber wurde von keinem Arzte behandelt und mußte in ihrem Zustande auch noch monatelang die Zwangsarbeit auf dem Karlhof bei Grußbach verrichten. Dort traf ich sie in einem gottsjämmerlichen Zustand, denn ihre Krankheit war bereits in ein entsetzliches Stadium getreten. Es handelte sich ja dort um die asiatische Gonorrhoe.

In dem obengenannten Lager Leskau waren vor der Einkerkerung der Deutschen Russen quartiert. Der Zustand des Lagers war daher unbeschreiblich. Kein Winkel war nicht Klosett, auch war das gesamte Geschirr entweder zerschlagen oder beschmutzt. Auch die eingebauten Kästen waren als Klosett benützt, dagegen war die Klosettanlage völlig zerschlagen. Die Verschickung in das Lager Leskau sollte nur auf drei Tage bemessen sein und zwar für die Zeit des Aufenthaltes Benes's in Brünn. Nun aber blieb er um zwei Tage länger und unsere Tortur verlängerte sich daher ebenfalls um 2 Tage. Da alle nur Lebensmittel für 3 Tage vorgesehen hatten, so trat natürlich der Hunger ein und besonders die Mütter von Kindern suchten in den zerstörten Räumen nach Lebensmitteln. Unter Geschirrscherben fanden sie drei 5-Liter-Einsiedegläser mit Marmelade gefüllt. Allem Anscheine nach waren diese Gläser von den Tschechen in raffinierter, viehischer Weise für die hungernden Deutschen verdorben worden. In diesen Gläsern wurde ein Teil der Marmelade abgehoben, dann wurde in die Gläser Menschenkot gegeben und wieder Marmelade darauf. Die hungernden Kinder versuchten trotz dieses Gestankes von der Marmelade zu nehmen und kamen bald auf diese bestialische Kost.

Wie sich unsere sanitären Verhältnisse bewerten lassen, zeigt am deutlichsten, daß alle Lagerinsassen während des 5-tägigen Benes-Besuches in Brünn, die 19 Tage in Pohrlitz und die Monate im Zwangsarbeitslager in Neuhof, niemals aus den Kleidern herausgekommen sind. Daß dadurch Ungeziefer und Krankheit überhand nahmen, kann nicht Wunder nehmen.

Nach Rückkehr von der Arbeit bestellte mich der 25-jährige Adjunkt Miroslav Trvdík zu sich und befahl mir, ihm einen Termophor zu überbringen, da er sich unwohl fühle. Es war dies gewiß nur ein Vorwand, denn seine Absicht war, mich zu vergewaltigen. Da ich mich wehrte, riß mir der Adjunkt das Kopftuch herab und entdeckte dabei, daß ich im Zipfel des Tuches drei Schmuckstücke eingebunden hatte. Ich wurde von ihm in dieser Nacht mehrmals vergewaltigt, aber die Schmuckstücke beließ er mir in der Voraussicht, daß ja an der von ihm bestimmten Durchsuchung am nächsten Tage diese Schmuckstücke an und für sich von den Partisanen abgenommen werden würden. Um etwa 4 Uhr früh des zweiten Tages kam er mit einer Reihe von Partisanen und ließ die gesamten Lagerinsassen, die noch auf ihren Strohsäcken lagen, durchsuchen. Wer nicht das Letzte an Schmuck und Wertgegenständen herauszugeben gewillt war, wurde mit dem Erschießen bedroht, wobei die Partisanen mit ihren Pistolen umherfuchtelten. Auch die Schwerstkranken wurden nicht geschont, sie wurden in brutalster Weise vom Lager gerissen, die Kleider gleichfalls herabgerissen und bis ins Kleinste durchsucht. Dabei verlor jeder noch das allerletzte. Mir sind in Erinnerung ein Ehepaar Zach, denen eine Platinuhr mit Brillanten abgenommen wurde, dem Manne eine goldene Herrenuhr und außerdem noch kleinere Schmuckstücke, das Ehepaar Spitzer wurde ebenfalls des letzten Schmuckes beraubt. Am übelsten betroffen war eine arme verkrüppelte Frau Kadera, die nur ein paar Kronen gehabt hatte und auch um diese letzten Werte samt dem Geldbörsel gekommen ist. Frau Kadera lebt noch hier in Wien.

Dem sterbenden Ing. Nejeschleb raubte man aus einem Leinensäckchen, welches er um den Hals hängen hatte, seine letzten Wertgegenstände. Am zweiten Tag war er tot. Diese Beraubung des Sterbenden erfolgte in brutalster Weise, indem man ihn vom Lager warf und auch das Stroh durchsuchte, auf dem er gelegen war.

Da der Verwalter sich bemühte, auch die Häftlinge korrekt zu behandeln, wurde er besonders von diesem Adjunkten Trvdík angefeindet, der wegen der Erlaubnis, eine hl. Messe in der Kapelle am Emmerhof zu hören, den Ausspruch tat: "Dieses Schwein von Verwalter wird bestimmt noch einmal als Kollaborant im KZ enden." Die Häftlinge hatten alle den Eindruck, daß der Verwalter gerecht sein wollte, daß er aber auf höheren Befehl auch Handlungen vollziehen ließ, die unmenschlich waren.

Im Dezember bekam ich vom Verwalter den Auftrag, die gesamten Lagerinsassen zu verzeichnen, weil sie in das Schloß Grußbach abtransportiert werden. Dieses Schloß Grußbach stand im übelsten Rufe, weil von dort dauernd Begräbnisse der Verhungerten stattfanden.

Ich selbst konnte mich aus meinem Elendszustand endlich durch die Flucht nach Österreich retten. Ich verdanke diese Rettung in der Hauptsache einem geistlichen Herrn, der sich nicht nur meiner, sondern auch der anderen Flüchtlinge stets annahm und unser Los erleichterte. Auch er lebt derzeit in Österreich, nachdem er trotz Krankheit auch in das KZ Znaim eingeliefert wurde, vermutlich sogar wegen der Hilfe, die er uns angedeihen ließ.

Die Flucht über die Grenze wurde von einem Tschechen zu einem außerordentlich günstigen Geschäft benützt, indem er die erdenklichsten Entlohnungen für die Hilfe beim Überschreiten der Grenze einforderte. Er verlangte für diese Hilfe Kleider, Schmuck, Geld und teilte diese Werte mit dem Schaffer vom Trawinghof. Beide machten aus dem Elend noch ein einträgliches Geschäft.

Brünn, Bericht Nr. 2

Todesmarsch und Lager; Bericht einer Greisin

Berichterin: M. K. - Bericht vom 4. 7. 1950

Am 30. Mai 1945 bekamen wir abends um ½9 Uhr von tschechischen Organen die Verständigung, daß wir innerhalb einer halben Stunde das Haus verlassen müssen und nur das mitnehmen dürfen, was wir in der Hand tragen können. Ich hatte zwei alte Frauen, 70 und 75 Jahre alt bei mir im Hause wohnen, die schon zu Bett gegangen waren. Ich bat die tschechischen Männer, die alten Frauen doch im Bett zu lassen. Dafür wollte man mich verprügeln. Fünf Minuten vor 9 Uhr wurden wir schon mit Knütteln auf die Straße getrieben und mußten zuerst 25 Kilometer zu Fuß wandern. Sämtliche Leute aus den Altersheimen, Krankenhäusern, Kinderkliniken - alle mußten hinaus und mitwandern. Unterwegs sind viele Leute zusammengebrochen. Wir durften den Leuten nicht helfen aufzustehen, sonst wurden wir geprügelt. Die alten Frauen, die zusammengebrochen sind, wurden sofort von den tschechischen Organen erschossen und wenn ein alter Mann zusammenbrach, so wurden 14-jährige tschechische Buben gerufen, die mit ihren Schuhen auf die Köpfe der Männer solange treten mußten, bis sie tot waren. Die Leichen wurden dann sofort ausgezogen und die Kleider auf mitfahrende tschechische Wagen gelegt, die Kleider wurden unter die tschechischen Banden verteilt.

In der Nacht setzte strömender Regen ein und wir mußten trotzdem weiterwandern. Das hielten viele Leute nicht aus. Die Strecke von ungefähr 45 km, die wir laufen mußten, ist förmlich mit Toten gepflastert. Nach Beendigung des Marsches wurden wir in Barackenlager eingesperrt. Als Lagerleiterin wählten die Tschechen eine Frau, die ehemals mit einem Juden verheiratet war. Ein tschechischer Arzt besuchte mit dieser Lagerleiterin täglich die Baracken und die beiden gaben den Kranken und alten Leuten Pillen. In diesen Baracken starben die Leute täglich wie die Fliegen. Zwei Männer mußten von 7 Uhr früh bis abends 6 Uhr ununterbrochen auf der Tragbahre Leichen tragen bis zu einer Entfernung von ungefähr 30 Metern, wo die Leichen in eine Grube geworfen wurden. Die Leichen wurden sofort entkleidet und die Kleider unter die tschechischen Organe verteilt. Zu essen bekamen wir alle 5 Tage ein vierpfündiges Brot für 25 Personen aufgeteilt. Das war 3 Wochen lang unsere Nahrung, solange wir in diesem Lager waren. Die jungen Leute wurden alle Tage frühmorgens von der Gendarmerie in die Arbeit zu den Bauern geholt und konnten sich dort teilweise verpflegen. Die alten Leute aber starben an Hunger. Innerhalb von drei Wochen sind eintausendsiebenhundert Tote amtlich nachgewiesen. Außerhalb der Baracken war eine Grube ausgeschaufelt und darüber eine Stange befestigt, auf der wir unsere Notdurft verrichten mußten. In der einen Baracke waren kranke Leute untergebracht, ca. 450 Personen. In dieser Baracke war in der Mitte eine Badewanne aufgestellt, worin die Kranken ihre Notdurft verrichten konnten. Diese Badewanne wurde erst dann ausgeleert, wenn sie zum Überfließen voll war. Gereinigt wurde die Wanne niemals, sodaß es in der Baracke vor Gestank nicht auszuhalten war. In einer Baracke starb plötzlich eine Mutter von vier Kindern, das Jüngste war 3 Jahre alt. Der tschechische Arzt, der zur Leichenbeschau kam, rief ihrer weinenden Mutter zu: "Was heulst Du, deutsche Bestie, wenigstens ist wieder ein deutsches Schwein krepiert!" Einmal kam eine tschechische Kommission von fünf Herren, um festzustellen, wie unsere Verpflegung sei. Nur der Arzt und die Lagerleiterin wurden befragt und diese zwei Menschen bestätigten der Kommission, daß alle Lagerinsassen Milch und Butter in Mengen bekämen! Trotzdem wir alle einheitlich diese Lüge ans Licht brachten, glaubte die Kommission dem Arzt und der Lagerleiterin und erst später erfuhren wir, daß in einer tschechischen Zeitung verlautbart wurde, wie ausgezeichnet wir verpflegt worden wären.

Dann wurden wir weitere 45 km in ein anderes Lager fortgebracht, wo wir Pferdefleisch von krepierten Pferden zu essen bekamen. Das Fleisch wimmelte nur so von Würmern. Ich selbst habe das Fleisch auswaschen müssen. In 4 Eimern Wasser habe ich das Fleisch gewaschen und war nicht imstande, die Würmer herauszubringen. Trotzdem haben das die Leute aus Hunger gegessen. So fristeten wir unser Leben durch volle 8 Wochen hindurch. Erst jetzt war es möglich, daß sich einige Leute aus dem Lager fortstehlen konnten und über die Grenze nach Österreich flüchteten.

In den niederösterreichischen Bauernhöfen sind wir rührend verpflegt worden, bis wir wieder soweit zu Kräften kamen, um nach Wien weiterwandern zu können.

Täglich kamen in die Frauenlager Russen, um die Frauen und Mädchen zu vergewaltigen. Sogar eine alte, 80-jährige Frau wurde in unserem Lager vergewaltigt, ebenso ein siebenjähriges Mädchen. Auf einem 15jährigen Mädchen habe ich selbst drei Nächte lang gelegen, weil mich seine Mutter bat, das Mädchen zu beschützen. Täglich um ½8 Uhr waren die Russen da und blieben bis 2 Uhr nachts.

Die Tschechen haben jeden Tag bei den Lagerinsassen Geld gesammelt, mit dem Versprechen, uns am Abend vor den Russen zu schützen, sowie das Lager abzusperren, damit keine Russen hineinkommen könnten. Punkt ½8 Uhr abends führten dieselben Tschechen die Russen in das Lager und zeigten ihnen, wen sie vergewaltigen sollten. Und so ging das täglich. Immer wieder sammelten andere Tschechen, weil man den ersten nicht mehr glaubte.

Eines Tages wurde verlautbart, daß diejenigen Leute, die Verwandte in Österreich haben, ohne weiteres über die Grenze gehen könnten. Es wurde ihnen ein Dokument ausgehändigt für den Grenzübertritt. Jeder mußte dafür eine gewisse Gebühr bezahlen. Scharenweise stellten sich die Leute in Reihen an, um den Grenzübertrittschein zu erhalten und entlassen zu werden. Am Abend kehrten diese Leute in das Lager zurück und erzählten, daß die Tschechen ihnen an der Grenze ihre noch verbliebene Habe weggenommen hätten und daß sie unterschreiben mußten, daß sie freiwillig die Tschechoslowakei verließen, daß sie mit rührender Sorgfalt betreut worden wären und daß sie von den Tschechen an die Grenze gebracht worden wären. Wenn die Leute all das unterschrieben hatten, wurden sie zurückgepeitscht und wieder ins Lager zurückgebracht.

Brünn, Bericht Nr. 3

Todesmarsch von Brünn nach Pohrlitz

Berichter: Ed. Kroboth - Bericht vom 31. 8. 1946

Ich bin 72 Jahre alt. Im Februar 1945 hatte ich mich einer Prostataoperation unterziehen müssen. Meine Frau ist 68 Jahre alt, zuckerkrank und hat seit Jahren offene Füße. In diesem Zustand mußten wir am 31. 5. 45 in 2 Stunden unsere Wohnung verlassen. Dabei wurden wir mißhandelt. Nach einer Nacht im Freien wurden wir mit Tausenden nach Pohrlitz bei Brünn getrieben. Das war ein Todesweg. Rechts und links der Straße lagen die Toten, die an Erschöpfung gestorben waren. Nach einer Nacht in Pohrlitz, die wir auf nassem Beton zubrachten, wurden wir weiter über die Grenze nach Österreich getrieben. Dort kampierten wir in vom Regen aufgeweichten Feldern. Verpflegung wurde überhaupt nicht verabreicht. Als meine Frau unterwegs ein Stückchen Brot aus der Tasche zog, wurde es ihr von einem Posten mit dem Gummiknüppel unter groben Beschimpfungen aus der Hand geschlagen. Sie konnte schließlich nicht mehr weiter und ich durfte nicht bei ihr bleiben. Durch Vermittlung eines tschechischen Pfarrers erhielt ich dann die Erlaubnis, nach Brünn zurückzukehren. Bei Anwesenheit des Präsidenten Benes in Brünn im Juli 45 wurden alle Deutschen in Brünn in die Sandgruben gejagt und dort 5 Tage ohne Verpflegung und fast ohne Wasser in den Stollen der Sandgruben gehalten. Dort starben täglich ungefähr 30 Leute. Viele wurden wahnsinnig.

Brünn, Bericht Nr. 4

Kaunitzkolleg

Berichterin: Katharina Ochs - Bericht vom 31. 8. 1946

Ich war 2 Monate (vom 2. 5. - 30. 6. 45) im berüchtigten Kaunitzkolleg in Brünn und war dort Zeuge der grausamsten Mißhandlungen. Es waren dort mehrere tausend Deutsche gefangen. Es konnte kaum ein Deutscher über die Treppe heruntergehen, auf jedem Absatz standen Tschechen, die die Deutschen mit Fußtritten die Treppe hinunterstießen. Es wurden auch Leute erschlagen. Ich selbst wurde einmal so geschlagen, daß ich mich tagelang nicht rühren konnte. Ich habe jetzt noch Schmerzen davon im Rücken. Als ehem. Rot-Kreuz-Schwester wurde ich von dort auf 3 Monate in das Anna-Krankenhaus, deutsche Abteilung, kommandiert. Dort herrschten die furchtbarsten Zustände. Für die Durchfallkranken war keine besondere Diät vorhanden. Die Wäsche bestand nur aus Fetzen, die nur einmal im Monat gewechselt wurden. Es war keine Kochgelegenheit vorhanden, das Wasser war ungenießbar. Abkochgelegenheit für das Wasser war auch nicht vorhanden. Die Möglichkeit, aus einer russischen Küche Tee für die Kranken zu beschaffen, wurde nicht gegeben. Die meisten Kranken wurden verspätet aus den Lagern eingeliefert, sodaß die meisten starben. Die Verpflegung war völlig unzureichend, sodaß sich die Kranken Abfälle aus den Mülleimern heraussuchten. Ein großer Teil der Kranken litt an Unterernährung oder an den Folgen von Mißhandlungen, z. B. Kieferbrüche, eiternde Wunden usw.

Brünn, Bericht Nr. 5

Kaunitzkolleg

Berichter: Josef Brandejsky - Bericht vom 31. 8. 1946

Ich war 5 Monate im Kaunitzkolleg in Brünn (vom 5. 5.-5. 10. 45) und wurde dort täglich mehrmals verprügelt. Dabei verlor ich meine Zähne. Die Verpflegung bestand nur aus leeren Suppen und rohen Kartoffeln. 17 Tage hatten wir überhaupt kein Brot. Bei der Einlieferung wurde mein Kamerad, der eine Fußverletzung hatte und wie ich 24 Stunden an der Mauer stehen mußte, mit einem Fußtritt in den Bauch und in den Hals umgebracht, als er sich an mir festhielt, da er sonst umgesunken wäre. In der Stube waren Wände, Decke, Fußboden und Matratzen mit Blut besudelt, denn jede Nacht wurden die Häftlinge blutig geschlagen. Dabei wurden in meiner Stube in einer Nacht fünf erschlagen. Oft wurden wir in der Nacht aus den Stuben gejagt, wir mußten auf allen Vieren gehen und bellen wie die Hunde. Dabei wurden wir von tschechischen Soldaten verprügelt.

Ein großer Teil der Häftlinge hatte Ruhr. Die Klosettanlagen waren völlig unzureichend. Die Stuben waren immer versperrt und wir mußten Kübel benutzen.

Brünn, Bericht Nr. 6

Internierungslager Klaidovka

Berichterin: Martha Wölfel - Bericht vom 31. 8. 1946

Ich war 15 Monate in dem Internierungslager Klaidovka, wo viele Hunderte untergebracht waren. Das Lager war verlaust und verwanzt. Die Verpflegung bestand nur aus Wasser und Brot. Auch viele Mütter mit Kleinkindern waren dort interniert. Sämtliche Kleinkinder bis zu 4 Jahren starben an Untererernährung. Das waren sicher über 100 Kinder. Auch mein Kind starb dort am 12. 4. 1946 mit 15 Monaten. 3-4 Tage vorher war das Kind in das Kinderspital geschafft worden, wo selbst die Tschechen über den Zustand dieses Kindes entsetzt waren. Ich wurde im Lager verständigt, als das Kind starb. Doch als ich fragte, wo es begraben werde, erhielt ich von einem Posten einen Schlag auf den Kopf, daß ich bewußtlos zusammenbrach. Ich weiß bis heute nicht, wo mein Kind begraben liegt. Den anderen Frauen ging es ebenso.

Ich kann diese Aussage beeiden.

Brünn, Bericht Nr. 7

Schwere Mißhandlung deutscher, aus russischer Gefangenschaft zurückkehrender Soldaten

Berichter: Emil Hulla - Bericht vom 21. 8. 1946

Am 23. 6. 1946 kam ich mit einem Transport von 88 Kriegsgefangenen, die aus russischer Gefangenschaft zurückkehrten, nach Brünn. Dort wurden wir alle von 3 tschechischen Soldaten und 2 Eisenbahnern auf das furchtbarste verprügelt. Die schlugen einen jeden mit Knüppeln. Dann mußten wir uns auf den Boden legen und sie trampelten mit Füßen auf uns herum. Ein Mann wurde so geschlagen, daß er Kot von sich gab. Zwei andere mußten ihn ablecken. Wir mußten uns gegenseitig ohrfeigen und wurden dabei von den Tschechen geschlagen. Wir waren alle in sehr schlechter körperlicher Verfassung, meist Strophiker, die krankheitshalber aus der russischen Kriegsgefangenschaft entlassen worden waren. Von Brünn wurden wir in das Lager Kurim gebracht.

Brünn, Bericht Nr. 8

Gepäckausstattung des Brünner Transportes

Berichter: Franz Exler - Bericht vom 31. 8. 1946

Als Transportführer bin ich über die Gepäckausstattung der Transportteilnehmer im allgemeinen informiert. Die meisten Leute kamen aus Lagern oder vom Arbeitseinsatz ins Aussiedlungslager ohne jedes Gepäck. Im Aussiedlungslager wurden sie mit Gepäck ausgestattet, sodaß im allgemeinen jeder 70 kg erreichte. Aber die Sachen, die ausgegeben wurden, waren durchaus unbrauchbar. Es wurde als Bekleidung ausrangierte, zerrissene Militärkleidung ausgegeben. Einer bekam als Kopfbedeckung einen Zylinderhut. Die Schuhe sind durchwegs zerrissen. Viele erhielten 2 rechte oder 2 linke Schuhe oder Schuhe ungleicher Größen. Als Geschirr wurden durchlöcherte Töpfe ausgegeben. Ein Anprobieren der Kleidungsstücke oder Schuhe war unmöglich. Wer die Sachen als unbrauchbar zurückwies, wurde mit Zurückbehaltung bedroht. Der Bekleidungszustand ist durchwegs schlecht, die meisten Kleidungsstücke können auch nicht gerichtet werden, da sie so zerrissen und morsch sind, daß auch ein Umnähen unmöglich ist. Die Wäsche ist im selben Zustand.

Brünn, Bericht Nr. 9

Lager Klaidovka: Bericht über den Prozeß gegen Jan Kouril vor dem Schwurgericht in Karlsruhe

Aus "Die Brücke", Ausgabe vom 10. Juni 1951

Das Karlsruher Schwurgericht verurteilte in der vorigen Woche den tschechischen Staatsangehörigen Johann Kouril wegen seiner in den Jahren 1945 und 1946 an deutschen Staatsangehörigen und Sudetendeutschen begangenen Verbrechen zu 15 Jahren Zuchthaus. Der 39-jährige Angeklagte wurde für schuldig erklärt, den Sudetendeutschen Kaleus durch einen Spatenhieb totgeschlagen zu haben, an dem gemeinschaftlichen Angriff mit tödlichen Verletzungen auf den Buchhalter Beinhauer beteiligt gewesen zu sein und in weiteren 28 Fällen den Internierten der Brünner Lager Kleidovka, Kaunitz-Kolleg und Juliefeld einfache oder gefährliche Körperverletzungen zugefügt zu haben. Der Vorsitzende des Schwurgerichts betonte in der Urteilsbegründung, daß das Gericht den Angeklagten in allen jenen Fällen freigesprochen habe, für die keine Augenzeugen vorhanden waren. Milderungsgründe wären jedoch für seine Verbrechen nicht zu finden gewesen, selbst wenn berücksichtigt würde, daß er sie in einer Zeit des Umsturzes verübt habe.

Dieser Karlsruher Prozeß, der im In- und Ausland mit großem Interesse verfolgt wurde, rollte das erstemal die grauenvollen Vorgänge auf, die sich in der Tschechoslowakei und einigen anderen Ländern nach der deutschen Kapitulation abspielten. Unbemerkt von der Weltöffentlichkeit - die damals durch das Bekanntwerden der in den deutschen KZ begangenen Massenmorde erschreckt und empört war - vollzog sich ein neues Drama, das dem anderen an Bestialität kaum nachstand. Als die ersten Nachrichten und Augenzeugenberichte über die Grenzen kamen, schienen sie ebenso unglaubhaft und übertrieben wie einst die Berichte aus den deutschen KZ. Und wie sich heute noch ein Teil der deutschen Bevölkerung weigert, den Umfang der im "Dritten Reich" begangenen Quälereien und Massenmorde zu glauben, weigert sich auch ein großer Teil der Weltöffentlichkeit, den vollen Umfang der Katastrophe im Jahre 1945 als eine Tatsache zur Kenntnis zu nehmen.

So liegt denn auch die Bedeutung dieses Prozesses nicht so sehr darin, daß einer der Schuldigen zur Rechenschaft gezogen wurde, sondern daß diese Vorgänge - wenn es sich auch nur um einen kleinen Ausschnitt handelte - das erstemal von einem Gericht untersucht und bestätigt wurden.

Der Prozeß war wahrscheinlich nur deshalb möglich, weil der Angeklagte nicht aus politischen Gründen, sondern aus persönlichen Motiven nach Westdeutschland kam. Während seiner "Tätigkeit" in den Lagern verliebte er sich in ein gefangenes deutsches Mädchen, das er später heiraten wollte. Da er für sie jedoch den Aufenthalt in der Tschechoslowakei nicht erreichen konnte, reiste er ihr nach Westdeutschland nach.

Im Jahre 1949 wurde einem in München tätigen Dentisten von einem Insassen eines IRO-Lagers Bruchgold zum Verkauf angeboten. Als der Dentist später mit dem Verkäufer zusammentraf, erkannte er in diesem den früheren stellvertretenden Kommananten des Lagers Kleidovka, Johann Kouril, wieder, der einen Beutel ausgebrochener Goldzähne und Brücken an den Mann bringen wollte. Später wurde Kouril, der sich unangemeldet in dem badischen Dorf Spöck aufhielt, von Heimatvertriebenen gesehen und bei der Staatsanwaltschaft angezeigt. Im Verlaufe der Ermittlungen meldeten sich über 200 Menschen, die damals in den angegebenen Lagern gefangengehalten wurden. Kouril konnte aus der ihm vorgelegten Namensliste nicht einen einzigen Entlastungszeugen benennen. Die Vernehmung der Zeugen war ein Aufzählen von Quälereien, wie sie zu allen Zeiten begangen worden sind, wenn Sadismus und Menschenjagd zur patriotischen und religiösen Pflicht gemacht wurden.

Kouril war der Schrecken des Lagers. Auf seinen Befehl wurde geschlagen, getreten und gefoltert. Durch Prügel wurden die Gefangenen gezwungen, mit Urin und Blut gefüllte Eimer auszutrinken. Zur Belustigung der Wachmannschaften mußten Nackttänze aufgeführt werden. An einem tschechischen Nationalfeiertag wurden Gefangene zur allgemeinen Belustigung an einem Galgen auf- und niedergezogen. Andere wurden mit einem glühenden Eisen gebrandmarkt. Ein Zeuge wurde im Vernehmungslokal mit dem Gesicht in eine Abortschüssel gedrückt, wobei er das Deutschlandlied singen mußte. Der einstige Totengräber des Lagers Kaunitz-Kolleg gab an, während seiner Tätigkeit die Leichen von etwa 1800 aufgehängten und erschlagenen Deutschen, darunter 250 den Tschechen übergebenen Soldaten, abtransportiert zu haben.

Der Angeklagte leugnete alle ihm zur Last gelegten Verbrechen und gab lediglich eine, dann drei und schließlich hundert Ohrfeigen zu. Seine stereotype Antwort war: "Der Zeuge berichtet Märchen. Er wird schwachsinnig sein, ich kenne ihn gar nicht." "Der Zeuge gräbt sich selbst eine Grube mit seinen Lügen." "Die Aussagen der Zeugen sind eine große Schande", usw.

Es ist interessant, aber nicht überraschend, daß der Verteidiger Kourils zur Entschuldigung dieselben Argumente vorgebracht hat, der sich auch die wegen Verbrechen angeklagten Gestapoleute usw. bedienen. Danach sei Kouril als ein Opfer zu betrachten, der dem Befehl seiner Regierung spontan Folge geleistet habe. Der Staatsanwalt hielt zwar auch die Haltung der damaligen tschechischen Regierung für die Ursache der deutschen Passion, bei dem Angeklagten seien jedoch, so führte er weiter aus, keine politischen Taten, sondern Verbrechen abzuurteilen, für die in den Gesetzbüchern aller Staaten harte Strafen vorgesehen sind.

Das Gericht schloß sich im wesentlichen der Auffassung des Staatsanwaltes an. Der Prozeß, so sagte der Vorsitzende, Dr. Ernst, habe die Leidenszeit eines Volksstammes enthüllt, der über Nacht ausgerottet werden sollte. Die Schuld dürfe jedoch nicht dem gesamten tschechischen Volke zugeschoben werden, denn es sei der Mob und der Pöbel gewesen, der sich auf die Deutschen stürzte. Man müsse jedoch auch, so sagte er weiter, daran denken, daß einzelne Deutsche durch das, was sie einst den Tschechen antaten, schuldig seien an den Vorgängen in der Tschechoslowakei nach der Kapitulation.

Der Angeklagte, dem unter der deutschen Herrschaft kein Haar gekrümmt worden sei, wie er selbst zugab, sei kein tschechischer Patriot gewesen, sondern er habe sich als Sklavenhalter angeboten, um nachträglich seine nationale Gesinnung nachzuweisen. Als sadistisch und grausam veranlagter Mensch hat er an dem blutigen Handwerk, das in den tschechischen Internierungslagern ausgeübt wurde, seine Freude gehabt. Konzentrationslager sind schon an sich zu verabscheuen, wenn sie aber zu einer Stätte gemacht werden, in der sich die Grausamkeit austoben darf, dann kann man sie nur als eine Schande der Menschheit bezeichnen.

Die Menschheit muß sich schützen

Die Menschheit befindet sich nach wie vor am Rande der Barbarei, das haben die Vorgänge der letzten Jahre in Europa bewiesen. Auch das "Abendland" ist sehr oft nichts als Tünche, die rasch abblättern kann; dann tritt ein Gesicht zutage, das tödliches Grauen verbreitet, so wie wir es jüngst erlebt haben. Es handelt sich um eine Psychose, die nicht nur den Mob und Pöbel ergreift; hier irrte das Gericht.

Grausamkeit und Unmenschlichkeit können nur aus der Welt geschafft werden, wenn sie grundsätzlich und überall bekämpft werden. Man kann nicht gegen die von den Tschechen begangenen Grausamkeiten auftreten, aber die Unmenschlichkeiten der Nazi verniedlichen; man kann auch nicht die der Nazi verdammen und die an Deutschen begangenen nicht sehen wollen. Beides ist leider der Fall.

Durch das Urteil des Karlsruher Schwurgerichts wurde ein Schuldiger bestraft, zahlreiche der Urheber, wie Herr Ripka und seine Freunde, gelten jedoch zur gleichen Zeit als Verbündete im "Kampf gegen die Unmenschlichkeit", genau so wie in Deutschland Leute, die maßgebliche Schuld am Verbrechen des "Dritten Reiches" haben, eifrig an der Vorbereitung eines neuen tätig sein können.

Brüx

Brüx, Bericht Nr. 1

Lager Maltheuern

Berichter: Dr. med. Carl Grimm - Bericht vom 3. 12. 1950

Die Selbstmordepidemie

In der Nacht vom 6. zum 7. Mai 1945 kamen die letzten deutschen Truppen auf dem Rückzug durch Brüx. Mit dem ersten Tage der Besetzung durch die Rote Armee begann eine Welle von Plünderungen und Vergewaltigungen und in ihrem Gefolge die Selbstmordepidemie. Betrunkene Soldaten und Zivilisten drangen in die deutschen Wohnungen ein, brachen Türen auf, zertrümmerten Möbel, vergewaltigten Frauen, raubten und schossen. Die Deutschen hofften zuerst auf den Abzug der russischen Truppen, aber nach den Kampftruppen kamen die Besatzungstruppen und die russischen Kampftruppen kündigten selbst an, daß sie der Bevölkerung nichts machen, sondern die Besatzungstruppen. Dazu kamen mehrere Tausend Ostarbeiter, welche in dem Hydrierwerk Maltheuern gearbeitet hatten und von den Russen bei ihrem Einmarsch befreit wurden. In den Außenbezirken der Stadt nahmen die Plünderungen und Vergewaltigungen kein Ende, die Frauen kamen keine Nacht zur Ruhe, sie flohen auf die Dachböden und verbrachten ihre Nächte wie Vögel in den Dachbalken sitzend. Die freiwillige tschechische Miliz war diesem Treiben gegenüber machtlos, obwohl sie zuerst einen Widerstand versucht hatte. Damals hofften die verzweifelten Deutschen auf die Machtübernahme und Schutz durch die Tschechen. Aber nachdem die russischen Truppen zum größten Teil abgezogen waren und reguläres tschechisches Militär und Staatspolizei aus Prag die Macht in der Stadt übernommen hatten, erwies sich der tschechische Terror ärger als der russische und es kam nicht selten vor, daß Deutsche von Russen gegen den Terror der Tschechen in Schutz genommen wurden. Anfang Juni führte das tschechische Militär die große Terroraktion durch, wobei der größte Teil der deutschen Männer und ein Teil der Frauen aus den Wohnungen verhaftet, wie Vieh zusammengetrieben und in Straflager gesperrt wurde. In den Monaten Juli/August führten der *Národní Výbor*, Militär und Polizei zusammen die Evakuierungsaktionen durch, wobei die deutschen Bewohner ganzer Straßenzüge und Stadtviertel aus den Wohnungen getrieben, in Lager gesperrt und über die Grenze abgeschoben wurden. Während dieser Terror- und Evakuierungsaktionen erreichte die Selbstmordepidemie in den Reihen- und Massenselbstmorden ihren Höhepunkt.

In den ersten Tagen des Umsturzes wurde ich von einem betrunkenen tschechischen Milizmann angehalten, als sich aber herausstellte, daß er mich kannte und mir wohl wollte, schickte er mich in die Kriminalpolizei zur Registrierung. Durch diesen Zufall wurde ich als Deutscher Hilfspolizeiarzt der tschechischen Kriminalpolizei, weil man dort gerade einen Arzt suchte und ich gegenüber auf dem I. Platz wohnte. Meine Aufgabe als Polizeiarzt bestand in der Totenbeschau der deutschen Selbstmörder und ich habe als solcher in den Monaten Mai/Juni/Juli einige Hundert Selbstmörder totenbeschaut. So wurde ich Zeuge der Selbstmordepidemie unter den Deutschen in Brüx. Es war ein grauenhafter Totentanz, die ungewohnte und massenhafte Totenbeschau erschütterte mich derart, daß ich am Abend völlig erschöpft war. Den Höhepunkt dieser Massentotenbeschau bildeten die Massen- und Reihenselbstmorde in den Monaten Juni/Juli, als ich in der Leichenhalle auf dem städt. Friedhof einmal 16, einmal 21 Selbstmörder in einer Reihe nebeneinander liegen sah. Persönlich ergriffen mich die Selbstmorde alter Freunde, welche ich unter diesen tragischen Umständen wiederfand. Meinen Freund Koupa, mit dem ich durch Jahre im Luftbad auf dem Schloßberg geturnt und gebadet hatte, fand ich in seiner Wohnung in der Goethestraße mit seiner Freundin gasvergiftet. Meinen Freund Peil, bei dem ich alle meine Bücher eingekauft hatte, fand ich in einem Haus auf der Josefpromenade mit aufgeschnittenen Schlagadern und erhängt. Menschlich ergriffen mich am meisten die Selbstmorde ganzer Familien, wobei mir jedesmal die Feierlichkeit und Gründlichkeit ihrer Durchführung auffiel. In den ersten Tagen fand ich eine Familie in der Kirchengasse, Mutter, Tochter und Söhnchen, gasvergiftet. Sie lagen nebeneinander auf dem Fußboden hingestreckt, mit einer Decke zugedeckt, auf der Decke lag der zusammengeringelte tote Dackel, die Tochter hatte ein Kreuz und das Bild ihres Liebsten auf der Brust. Die Familie des Landesschulinspektors Mirschitzka fand ich in einer Scheune auf dem Schloßberg, Vater, Mutter, drei Kinder und die Großmutter lagen auf dem Erdboden der Scheune in einer Reihe nebeneinander hingestreckt, alle mit Schläfenschüssen, der Vater mit Mundschuß. Der Vater hatte zuerst alle anderen mit Schläfenschüssen und zuletzt sich selbst mit Mundschuß erschossen. Die Familie des Drogisten Kletschka fand ich in ihrer Wohnung in der Seegasse, die zwei Kinder schwarz gekleidet und in ihren Betten aufgebahrt, Kreuz und Blumen auf der Brust, die Großmutter ebenfalls schwarz gekleidet und in ihrem Bett aufgebahrt, Kreuz, Bild und Blumen auf der Brust, der Vater zusammengekrümmt und abgekehrt, über das Ehebett geworfen, die Mutter der Länge nach im Ehebett hingestreckt, noch warm und den Revolver in der Hand, alle mit Schläfenschüssen. Die Mutter hatte ihre Kinder, ihre Mutter, ihren Mann und zuletzt sich selbst mit wohlgezielten Schläfenschüssen erschossen. In einem Haus in der Seegasse sah ich drei alte Herrschaften, einen alten Herrn und zwei alte Damen, an drei Fensterkreuzen nebeneinander hängen, den alten Herrn im schwarzen Gesellschaftsanzug in der Mitte, die alten Damen im Schwarzseidenen zu beiden Seiten. Ärztlich interessierten mich die verschiedenen Todesursachen der Selbstmorde, welche mir zu denken gaben. Ich habe in der ganzen Zeit keinen einzigen Selbstmord durch Aufschneiden der Schlagadern gesehen, vielmehr hatten alle den Versuch vorher wegen der Schmerzen oder des Blutverlustes aufgegeben. Die Selbstmorde durch Erschießen blieben in der Minderzahl und traten nur in der ersten Zeit auf, weil die Deutschen die Waffen abgeben mußten, sodaß sie später keine Schußwaffen hatten. Auch die Selbstmorde durch Gas blieben in der Minderzahl und traten nur in der ersten Zeit auf, weil die Tschechen später das Gas absperrten. Die weitaus überwiegende Mehrzahl bildeten die Selbstmorde durch Erhängen. Dieser Totentanz der Erhängten war furchtbar. Sie hingen an Baumästen, Dachbalken, Mauerhaken, Fensterkreuzen, Türstöcken, sie schwebten frei in der Luft, berührten mit den Fußspitzen den Boden, knickten in den Knien ein und knieten sogar. Das schien mir zuerst unglaublich, man sollte doch meinen, wenn ein Mensch steht oder kniet, müßte es für ihn ein Leichtes sein, den Kopf aus der Schlinge zu befreien. Aber er ist tatsächlich nicht mehr dazu im Stande, die Ursache ist sofortige Ohnmacht, welche durch die Absperrung der Blutzufuhr zum Gehirn eintritt, während der Erstickungstod durch die Abschnürung der Luftröhre sich erst nachträglich einstellt. Da die Zahlen der Selbstmorde allgemein fantastisch überschätzt wurden, hielt ich objektive Unterlagen für geboten und ließ durch einen deutschen Angestellten der tschechischen Leichenbestattungsanstalt die Zahlen der Selbstmorde für die Monate Mai/Juni herausziehen. Sie betrugen für jeden Monat 150. Nachdem die Stadt Brüx gegen 30.000 Einwohner hatte, wovon 20.000 Deutsche waren, ergibt eine einfache Rechnung, daß die 300 Selbstmörder von den 20.000 Deutschen 1½% ausmachen. Nach diesen Zahlen für die ersten beiden Monate schätze ich die Zahl der Selbstmörder für Brüx im ganzen auf 600 bis 700, das sind über 3%. Diese Schätzung deckt sich mit den Zahlen, welche mir später für den ganzen Sudetengau genannt wurden.

Die militärische Razzia.

In der letzten Maiwoche wurde eine Kundmachung des tschechischen Garnisonskommandanten erlassen, wodurch in 24 Punkten über die deutsche Bevölkerung der Ausnahmezustand verhängt wurde. So erfuhren die Deutschen zum ersten Mal von der Anwesenheit des tschechischen Militärs, während sie dadurch gleichzeitig in ihre Wohnungen eingeschlossen und von jeder Verbindung mit der Außenwelt abgeschnitten wurden. Zu derselben Zeit kam aus Prag die Rudá Garda (Rote Garde) in die Stadt, das waren sogenannte Partisanen oder Barrikadenkämpfer, welche in dem großen Durchhaus auf dem I. Platz einquartiert wurden und dort mit roten Fahnen und schwarzen Aufschriften ein Rotes Haus errichteten. Junge Burschen in SA-Uniformen und fantastisch bunten Mützen und Bändern stolzierten mit Gewehr und Peitsche bewaffnet auf dem I. Platz einher, hielten deutsche Passanten an, schlugen ihnen den Hut vom Kopfe, prügelten sie mit Ohrfeigen und Fußtritten, peitschten sie mit der neunschwänzigen Nagaika und verschleppten sie in das Rote Haus. Die Rotgardisten gaben an, im Grenzgebiet Ordnung schaffen zu müssen.

Der 2. Juni in Brüx.

Am Samstag, den 2. Juni früh wurden wir durch Läuten, Schreien und Rütteln an der Haustür geweckt. Ich öffnete das Küchenfenster und sah unten vor der Haustür einen Haufen wilder Gestalten mit Fantasieuniformen und Maschinenpistolen, welche unter Drohungen und Beschimpfungen Einlaß verlangten. Als ich ihnen darauf die Haustür öffnete, fielen sie sofort über mich her und schleppten mich hinauf in die Wohnung. Der Anführer war ein *Rotný* (Feldwebel) der Gendarmerie aus dem Dorf Hawran, die übrigen waren tschechische Partisanen und Bergarbeiter aus der Umgebung, von welchen ich zwei erkannte. Meine Frau, mein Töchterchen und meine Schwiegermutter waren inzwischen notdürftig angekleidet, während ich noch im Schlafanzug war. Der *Rotný* führte mich in das Schlafzimmer, dort stellte er mich vor das Bett und mit aufgerissenen Augen und verzerrtem Gesicht keuchte er mich an: "Bei allem, was Ihnen heilig ist, bei Ihrem

Leben, haben Sie Waffen im Haus." Zuerst fiel mir ein alter Revolver ein, welcher auf dem Dachboden versteckt war, aber der hätte mir weniger Sorgen gemacht, wenn nicht außerdem noch Waffen meines Schwagers im Haus gewesen wären, von denen sich meine Mutter nicht hatte trennen wollen und von denen ich nicht wußte, wo sie versteckt waren. Um die Tschechen von den Waffen meines Schwagers abzulenken, gab ich ihnen den Revolver an. Darauf schleppten sie mich auf den Dachboden hinauf, aber dort stellten sie sich so dumm und feige an, daß sie die Waffe nicht finden konnten, obwohl ich ihnen das Versteck genau zeigte, bis ich selbst den Revolver herausnehmen und vor sie auf den Boden niederlegen mußte. Aber als sie die Waffe hatten, fielen sie über mich her und es hagelte von allen Seiten Faustschläge, Fußtritte und Peitschenhiebe. Das waren die ersten Prügel, die ich von den Tschechen bekam. Darin schleppten sie mich wieder in die Wohnung hinunter, wo mich der *Rotný* in Empfang nahm, und obwohl er furchtbar energisch und gefährlich zu mir tat, schützte er mich tatsächlich dadurch vor den anderen. Er verlangte Ringe, Uhren, Wertgegenstände, Bargeld und Sparkassenbücher. Ich legte auf den Tisch, was ich in der Eile finden konnte. Dann mußte ich mich anziehen, Schlafdecke, Eßschale und Marschproviant einpacken und wurde abgeführt. Auf dem I. Platz standen bereits drei Marschblöcke von gefangenen Deutschen in Achterreihen hintereinander und ich mußte in eine Reihe eintreten. Aus den umliegenden Häusern wurden ständig weitere deutsche Gefangene herausgetrieben und schlossen unsere Reihen auf. Als unterdessen russische Offiziere vorüberkamen und den Auftritt sahen, kehrten sie um und stellten die Tschechen zur Rede. Die erregten Verhandlungen endeten damit, daß die Tschechen alle Arbeiter des Hydrier-Werkes freilassen und ihnen alles zurückgeben mußten, was sie ihnen abgenommen hatten. Das ist ein Beispiel, welches ich selbst erlebt habe, daß Deutsche von Russen gegen den Terror der Tschechen in Schutz genommen wurden.

Inzwischen kam ein bekannter Tscheche vorüber und als er mich unter den Gefangenen erkannte, holte er mich aus ihren Reihen heraus und führte mich zur Kriminalpolizei. Dort wollte man mich nicht kennen, obwohl ich tagtäglich als Polizeiarzt ein- und ausgegangen war und obwohl mein tschechischer Bekannter lange mit ihnen verhandelte, mußte ich wieder in die Reihen der Gefangenen eintreten. Aber kurz darauf kam ein zweiter bekannter Tscheche und holte mich wieder heraus, und als in diesem Augenblick tschechische Offiziere auf dem Platz erschienen, wandte er sich an diese und nach kurzem Verhandeln entschied ein tschechischer Kapitän: Ärzte gehen frei zum Dienst. Bei dieser Gelegenheit bemerkte ich zum ersten Mal, daß die Aktion unter dem Kommando des tschechischen Militärs stand. Zuhause wurde ich begrüßt wie ein vom Tode Auferstandener, Nachmittag wurde ich noch einmal zu einer Totenbeschau geholt.

In den nächsten Tagen erhielten wir Nachricht von dem Verbleib der deutschen Gefangenen und dem weiteren Verlauf der militärischen Razzia. Die gefangenen Männer kamen in das Lager Striemitz, ein Barackenlager bei dem gleichnamigen Dorf eine halbe Wegstunde von Brüx, die Frauen kamen in das Lager Poros, eine aufgelassene Glasfabrik in Brüx, an der Prager Straße. Und nun begann ein schwungvoller Menschenhandel und Sklavenmarkt. Von den Männern wurden zuerst diejenigen freigelassen, welche im Hydrierwerk, Bergbau und den Brüxer Fabriken arbeiteten, darüber hinaus wurden von diesen Großbetrieben ständig weitere deutsche Arbeitskräfte angefordert und laufend aus dem Lager entlassen. Bei den Frauen war es vor allem der Meierhof

Sarras, welcher damals noch unter deutscher Verwaltung stand, der immer wieder deutsche Frauen zur Feldarbeit anforderte und ihnen so zur Freilassung verhalf.

Bei den Massenanforderungen der Großbetriebe machte das in der ersten Zeit keine Schwierigkeiten und es genügte oft ein einfacher telefonischer Anruf eines solchen Großbetriebes, um die deutschen Gefangenen zu Dutzenden und Hunderten auf einmal aus dem Lager zu entlassen. Aber später wurden die Schwierigkeiten immer größer, dann mußten die Anforderungen direkt an das Garnisonskommando gerichtet und persönlich vom Garnisonskommando die Bewilligung eingeholt und im Lager vorgewiesen werden, bevor die Gefangenen entlassen wurden. Diese Wege mußten für die Gefangenen von ihren Verwandten und Bekannten erledigt werden und das Garnisonskommando, welches in der Kaserne an der Saazer Straße stationiert war, wurde damals tagelang durch endlose Menschenschlangen von Deutschen belagert, welche ihre Angehörigen aus dem Lager befreien wollten. Aber der Garnisonskommandant, ein Oberstleutnant, verhielt sich sehr abweisend und schlug zumal Verhandlungen mit Deutschen rundweg ab, während sich sein Adjutant eher zugänglich zeigte und besonders der Kommandant des Frauenlagers, ein junger Leutnant, sich den Frauen gefällig erwies.

Damit wurde die Verteilung der Rollen klar. Die Lager waren dem Garnisonskommando unterstellt und der Menschenhandel spielte sich zwischen Industrie und Landwirtschaft auf der einen Seite und dem Garnisonskommando auf der anderen Seite ab, die ganze Aktion stand unter dem Befehl des Garnisonskommandos. Die Freigelassenen erhielten vom *Národní Výbor* ihre Wohnungsschlüssel zurück und durften wieder in ihre verlassenen Wohnungen einziehen oder wurden andernfalls in einem Wohnlager untergebracht. Im übrigen hatte der *Národní Výbor* mit der Aktion nichts zu tun und stand dazu sogar im Gegensatz; ich weiß von einem Mitglied des *Národní Výbor*, daß dieser sich bemühte, die *Rudá Garda* aus der Stadt zu entfernen und die Svoboda-Truppen fernzuhalten.

Die Zahl der gefangenen deutschen Männer sank durch Arbeitseinsatz in der Industrie bis auf tausend, von welchen fünfhundert in dem Straflager Striemitz blieben und fünfhundert in das Konzentrationslager 28 bei Maltheuern kamen. Die Zahl der gefangenen Frauen sank durch den Arbeitseinsatz in der Landwirtschaft ebenfalls bis auf tausend, welche von den Tschechen über die sächsische Grenze nach Deutschland verschleppt wurden. Diesen Elendszug der Brüxer Frauen sah ich selbst in der Prager Straße, als er von dem Lager Poros herkam, in der Mitte standen auf Leiterwagen die marschunfähigen Greisinnen und Kleinkinder, daneben schritten zu Fuß die marschfähigen Frauen und Mädchen und der ganze Zug wurde auf beiden Seiten flankiert von tschechischen Soldaten mit aufgepflanzten Bajonetten. Von Brüx bewegte sich der Zug über Kopitz, Obergeorgenthal und durch das Marienthal in das Erzgebirge nach Gebirgsneudorf, von dort in die erste sächsische Grenzstation Deutschneudorf, wo er den Russen übergeben werden sollte. In Deutschneudorf lagen die Frauen und Kinder mehrere Wochen auf der Straße und lebten von Bettelei in den Häusern.

Als die Russen den Transport zuletzt nicht übernahmen, mußten ihn die Tschechen nach mehreren Wochen unverrichteter Dinge nach Brüx zurückbringen. Das ist der Zug der tausend Brüxer Frauen nach Deutschneudorf.

Enteignung und Arbeitseinsatz.

Zu den kleinen alltäglichen Kränkungen und Mißhandlungen kamen die großen organisierten Beraubungs- und Enteignungsaktionen. Die Enteignungen begannen bei den Wertgegenständen, Gold, Silber, Ringe, Uhren, Bargeld, Sparkassenbücher und endeten bei den Stellungen, Berufen, Geschäften, Häusern, Fabriken. Zuerst und am schwersten wurden davon die Intelligenzberufe betroffen: Rechtsanwälte, Professoren, Lehrer, Beamte, Angestellte verloren über Nacht ihre Stellungen und wurden Handarbeiter. Laut öffentlicher Kundmachung mußten sich die stellungslos gewordenen Intelligenzberufe beim Arbeitsamt melden, wo sie zu schwerer Arbeit im Hydrierwerk oder Bergbau eingesetzt wurden, was gewöhnlich mit dem Verlust der Wohnung und Einlieferung in ein Lager verbunden war. Um dem Zwangseinsatz und dem Arbeitslager zu entgehen, strömten die Deutschen von selbst zu den Großbetrieben, welche ihnen einen gewissen Schutz gegen Terror und Raub boten, und es setzte eine Massenflucht der deutschen Intelligenz in das Hydrierwerk und den Bergbau ein. Die Sudetenländischen Treibstoffwerke (Hydrierwerk Maltheuern) waren sofort enteignet worden, in russischen Staatsbesitz übergegangen und hatten den Namen Stalin-Werke erhalten. Nachdem die ersten Direktoren geflohen waren, übernahmen einige leitende deutsche Ingenieure unter russischer Kontrolle die kommissarische Verwaltung. Diese leitenden deutschen Ingenieure hatten lange Zeit eine bevorzugte Sonderstellung, genossen Sonderrechte wie Tschechen und erhielten Tschechenkarten. Durch die russische Besatzungsmacht hatten sie eine starke Stellung den tschechischen Behörden gegenüber und konnten ihren deutschen Arbeitern und Angestellten einen kräftigen Schutz bieten. Erst als das Hydrierwerk von Stalin dem tschechischen Staat geschenkt wurde, verloren diese deutschen Ingenieure ihre leitenden Stellungen und Sonderrechte und wurden in das Lager 27 eingeliefert, wo ich mit einigen von ihnen zusammentraf. Der Sudetenländische Bergbaukonzern war ebenfalls sofort enteignet worden, in tschechischen Staatsbesitz übergegangen und hatte eine tschechische kommissarische Verwaltung erhalten; Generaldirektor Nathow und Direktor Matuschka waren nicht geflohen und wurden in die Brüxer Kaserne eingeliefert, wo sie später erschossen wurden. Auch die Brüxer Fabriken, Stahlwerk, Elektrizitätswerk, Brauerei wurden enteignet und erhielten tschechische kommisarische Verwalter. Aber auch die tschechischen kommissarischen Verwalter des Bergbaues und der Industrie nahmen gern deutsche Arbeitskräfte, weil die Deutschen billige und fleißige Arbeiter waren, während die Tschechen nur kommandieren und nicht arbeiten wollten. Ähnlich wie der Intelligenz erging es den Frauen, welche sich ebenfalls beim Arbeitsamt melden mußten und gewöhnlich in der Landwirtschaft eingesetzt wurden. Deshalb suchten die deutschen Frauen lieber freiwillige Arbeitsverhältnisse, wo sie nicht so schlecht behandelt wurden. Zum großen Teil kamen sie in dem Meierhof Sarras unter, welcher damals noch unter der kommissarischen Verwaltung seines früheren deutschen Pächters Bertsche stand. Dieser unterstützte die deutschen Frauen nach Kräften und deckte auch Scheinarbeitsverhältnisse. Die entscheidende Rolle bei den Enteignungen spielten die erwähnten kommissarischen Verwalter. Wie ein Heuschreckenschwarm brachen die Tschechen aus dem Protektorat herein und stürzten sich auf die deutschen Geschäfte. Jeder Tscheche suchte sich ein deutsches Geschäft, meldete es dem *Národní výbor* und bekam das deutsche Geschäft; der deutsche Inhaber wurde in das Straflager gesperrt und in Zwangsarbeit gesteckt. Ich habe einige solche Beispiele erlebt. Mein Nachbar Bittner, Inhaber der Drogerie Nittner & Bittner auf dem I. Platz, wurde durch den *Národní výbor* aus seinem Geschäft vertrieben und starb im Lager 28. Die Inhaber der Glückauf-Drogerie in der Weitengasse wurden ebenfalls aus ihrem Geschäft vertrieben, den alten Herrn traf ich später im Lager Striemitz, seinen Schwiegersohn im Lager 28.

Unter diesen kommissarischen Verwaltern gab es zwei Sorten, die einen schützten die Deutschen, damit diese für sie die Arbeit machten, weil sie selbst nichts davon verstanden und dadurch von ihnen abhängig waren. Die anderen hatten nur das Bestreben, den deutschen Besitzer in das Konzentrationslager zu bringen, damit sein Besitz rechtlos wurde und in ihr Eigentum überging. Auch die tschechische Intelligenz beteiligte sich an diesem Raubzug gegen die Deutschen und selbst Ärzte, Rechtsanwälte und sogar Priester schämten sich nicht, ihre deutschen Berufs- und Amtskollegen zu vertreiben und sich in das fremde Eigentum zu setzen. Uns Ärzten wurde von den Tschechen immer gesagt, daß sie Ärzte brauchten, aber das galt nur, solange sie keinen Ersatz hatten. Wenn ein tschechischer Arzt kam, suchte er sich eine deutsche Praxis aus, nahm sie in Besitz und der deutsche Arzt mußte binnen einer halben Stunde mit dreißig Kilogramm Gepäck Haus und Praxis verlassen und wurde evakuiert. Ebenso erging es den deutschen Ingenieuren und Spezialarbeitern, welche sich durch ihre Fachkenntnisse in ihren Stellungen halten konnten, solange die Tschechen keinen Ersatz hatten. Wenn der tschechische Ersatzmann kam, mußte ihn der Deutsche noch einarbeiten und kam zuletzt auch in ein Lager.

Austreibung und Verschleppung.

Der Wohnungsraub bildet ebenfalls eines der traurigsten Kapitel der tschechischen Revolution, weil es sich dabei um eine Aktion des tschechischen Volkes selbst handelt. Es begann zunächst harmlos, indem sich Tschechen in die verlassenen Wohnungen von geflüchteten Deutschen setzten. Ich habe mehrfach tschechische Bergarbeiterfamilien in solchen von Deutschen verlassenen Vier- bis Sechszimmerwohnungen getroffen. Aber dann brachen wieder wie ein Heuschreckenschwarm die Tschechen aus dem Protektorat herein und stürzten sich auf die deutschen Wohnungen. Scharenweise gingen sie von Haus zu Haus und suchten sich eine Wohnung aus, die Deutschen waren dagegen wehrlos und mußten ihnen den Zutritt freigeben. Wenn ein Tscheche eine Wohnung gefunden hatte, die ihm zusagte, meldete er sie dem *Národní Výbor* und dem Wohnungsamt. Solange der Deutsche noch eine Arbeit hatte, ob er als Arzt, Handwerker oder Bergmann arbeitete, genoß er dadurch einen gewissen Schutz, andernfalls mußte er binnen einer halben Stunde seine dreißig Kilogramm Gepäck packen und kam in ein Arbeitslager. Die Deutschen mußten also außer ihrer Wohnung die ganze Einrichtung, Möbel, Kleider und Wäsche zurücklassen und die Tschechen nahmen die vollständig eingerichtete Wohnung in Besitz. Bis dahin bestand der Wohnungsraub noch aus Einzelakten, aber durch die Evakuierung wurde er zu organisierten Massenaktionen. Die Evakuierungsaktionen wurden in den Monaten Juli/August durchgeführt, sie fanden jede Woche zwei- bis dreimal statt und betrafen jedesmal ganze Straßenzüge und Stadtviertel. Am Vortage der Evakuierung erhielten die Familien den Evakuierungsbescheid von der Evakuierungskommission zugestellt. Am Tage der Evakuierung wurde die ganze Straße oder der Stadtteil mit Militär abgesperrt, dann wurden die Familien mit ihren dreißig Kilogramm Gepäck binnen einer halben Stunde aus ihren Wohnungen auf die Straße getrieben und von schwer bewaffneten tschechischen Soldaten in das Evakuierungslager eskortiert. Ich erhielt Einblick in diese Vorgänge durch die Totenbeschau in den Wohnungen der deutschen Selbstmörder und durch den ärztlichen Dienst im Evakuierungslager. Das Evakuierungslager war im Jahre 1945 das Lager Negerdörfel, ein aufgelassenes Lager der Flackartillerie an der Saazer Straße gegenüber der Kaserne. Das Lager war sehr primitiv eingerichtet, es bestand aus einfachen Holzbaracken mit leeren Holzpritschen ohne Decken und Strohsäcke, dazu waren die Holzpritschen zahlenmäßig unzureichend, sodaß die Menschen auf dem Fußboden liegen mußten. Den ärztlichen Dienst im Evakuierungslager teilten wir deutschen Ärzte von Brüx unter uns auf, sodaß wir abwechselnd zwölf Stunden Dienst machten.

Die Evakuierten blieben nur einige Tage im Lager; während dieser Zeit durften sie es nicht verlassen und wurden von einer Lagerküche notdürftig verpflegt. Gepäck und Geld wurden von dem tschechischen Militär revidiert und größere Bestände abgenommen. Die Evakuierung erfolgte entweder in die Arbeitslager des Kreises Brüx, soweit es sich um arbeitsfähige Männer und alleinstehende Frauen handelte. Wenn sie dagegen Arbeitsunfähige, Greise, Invalide, Pensionisten und Mütter mit Kindern betraf, erfolgte die Evakuierung über die sächsische Grenze nach Deutschland. Mir sind einige traurige Fälle in Erinnerung: Der siebzigjährige pensionierte Chefarzt des Kreiskrankenhauses, Dr. Rubesch, wurde mit Beinlähmung evakuiert und starb kurze Zeit darauf in Deutschland, der siebzigjährige Arzt Dr. Roppert wurde mit Zuckerkrankheit und schwerem Herzblock evakuiert, der achtzigjährige Möbelfabrikant Kohlef wurde nach Schlaganfall im Rollstuhl evakuiert.

Terror und Verhaftung.

Nach der militärischen Razzia setzte sich der brutale Terror in der Verhaftungswelle fort, welche Angehörige der nationalsozialistischen Partei und ihrer Gliederungen sowie Inhaber guter Geschäfte und stattlicher Häuser betraf. Die Verhafteten wurden in der Kriminalpolizei, in der Kaserne, im Kreisgericht, im Lager Striemitz und in den Lagern 27 und 28 eingesperrt. Unter den Gefangenen spielten sich furchtbare Szenen ab. Von Augenzeugen wurde mir wiederholt berichtet, daß im Kreisgericht die deutschen Gefangenen in Zweierreihen einander gegenübergestellt wurden und sich gegenseitig ohrfeigen mußten, wobei tschechische Aufseher darüber wachten, daß keiner zu schwach schlug. Auf dem I. Platz sah ich mehrfach, wie deutsche Gefangene bei den Arbeiten am Löschteich von tschechischen Aufsehern wahllos geohrfeigt, geprügelt und mit Füßen getreten wurden. Als ich einmal zu einem Unfall in die Kriminalpolizei gerufen wurde, fand ich in einer Zelle vier Männer, die Gesichter kalkweiß und mit tiefen, blauen Augenringen, sodaß sie aussahen wie Masken und ich zuerst an einen Fastnachtsscherz glauben wollte, bis ich nach dem Ausziehen auf der nackten Haut die blutigen Striemen sah. Einen von ihnen mußte ich mit Harnröhrenzerreissung in das Krankenhaus einliefern, wo er nach wenigen Tagen an Urinphlegmone starb.

Soweit waren mir die Tatsachen bekannt, als mich das Schicksal selbst ereilte. Ich hatte damals viel mit dem Chefarzt der tschechischen Sozialversicherungsanstalt, Dr. Kumpost, zu tun, mit welchem ich von der ersten tschechoslowakischen Republik persönlich gut bekannt war, es hätte diesem Herrn nur ein Wort gekostet, um mich vor der drohenden Gefahr zu warnen, aber er unterließ dieses Wort und ließ mich in mein Unglück rennen.

Die Tschechen begnügten sich nicht mit der Terroraktion in Aussig, sondern führten sie im ganzen Sudetengau durch. In Brüx begannen sie damit am 1. August. Ich war damals am Nachmittag gerade unterwegs auf Krankenbesuch, als sie in meine Wohnung eindrangen und eine Hausdurchsuchung vornahmen. Da sie mich nicht zuhause fanden, zwangen sie meine Frau, sie zu mir zu führen, und so fanden sie mich in der Wohnung eines jungen Ehepaares in der Bahnhofstraße, wo die junge Frau mit akutem fieberhaften Gelenkrheumatismus zu Bette lag. Dort verhafteten sie mich vom Krankenbett weg, an dem ich gerade saß, und mit mir den jungen Ehemann, einen Zahntechniker. Dann wurde ich mit meiner Frau nebeneinander auf die oberste Treppenstufe gestellt, wobei wir unter Androhung von Prügel kein Wort und keinen Blick wechseln durften, sondern wie zwei Wachsfiguren nebeneinander stehen mußten Damals sah ich meine Frau zum letzten Mal, erst 1½ Jahre später fand ich sie in Deutschland wieder. Aber wir wurden ohne ein Wort des Abschieds auseinandergerissen, darauf wurde ich mit dem jungen Zahntechniker zu zweit durch die Bahnhofstraße getrieben, wobei es fortwährend Fußtritte auf die Fersen, Kniestöße in das Gesäß und Faustschläge in das Genick gab. Die uns begegnenden Tschechen lachten höhnisch, obwohl wir beide Rot-Kreuz-Binden auf dem linken Arm trugen. Meine Verhaftung führte der kommunistische Parteisekretär Mazanek persönlich durch. Als er uns in das Wachlokal der Kriminalpolizei einlieferte, übergab er uns nicht den dort befindlichen Polizisten, sondern führte die ganze Szene persönlich durch, sodaß die Polizisten nichts zu sagen hatten und nacheinander den Raum verließen. Wir standen nebeneinander, der kleine Zahntechniker und ich, und es hagelte ununterbrochen Schläge auf den Kopf und in das Gesicht. Es war unglaublich, wie hart er schlagen konnte, die Schläge waren wie von Holz, nicht von Fleisch. Dazu schrie er immer wieder: "Das geb ich dir dafür, was du den Bergarbeitern getan hast im Kriege." Mir dämmerte ungefähr, daß das eine Verwechslung sein mußte, weil ich mit den Bergarbeitern im Kriege nichts zu tun hatte und ich wagte zu sagen: "Das ist ein Irrtum, das bin nicht ich." Aber es war nur ein neuer Grund zum Schlagen. Der kleine Zahntechniker stürzte zusammen, ich wunderte mich, daß ich noch stand. Dann blutete ich aus den Augen, Nase und Mund und wurde zur Wasserleitung geschleppt, um mir das Blut abzuwaschen. Als darauf unsere Personalien aufgenommen wurden, konnte ich mich nicht an den Namen meiner Tochter erinnern und ich dachte: Um Gottes Willen, wenn mir der Name meines Kindes nicht einfällt, werde ich wieder geprügelt. Schließlich fiel er mir doch ein, aber ich glaube noch heute, daß es eine leichte Gehirnerschütterung gewesen sein muß. Dann mußten wir lange Zeit nebeneinander an der Wand strammstehen, die Nasenspitze an die Mauer gedrückt. Als wir darauf abgeführt wurden, kamen wir an der Masse der deutschen Gefangenen vorüber, welche die ganze Länge und Breite der Tordurchfahrt ausfüllte. Wie ich später erfuhr, waren es über siebzig Männer, die an diesem Tag verhaftet wurden, darunter der siebzigjährige Zahnarzt Dr. Nothnagel, der siebzigjährige Tischlermeister Fischer und der siebzigjährige Baumeister Kny. Als wir in den Vorraum des Gefangenenhauses eingeliefert wurden, fuhr es einem jungen tschechischen Polizisten heraus: "Mein Gott, der Herr Doktor war doch noch am Nachmittag hier." Wir mußten Messer, Hosenträger, Krawatten und Schuhsenkel abgeben und wurden in eine Zelle gesperrt. Die ganze

Nacht ging das so fort, aus dem Vorraum hörten wir die kreischende Stimme des kommunistischen Parteisekretärs, die klatschenden Schläge und die Schreie der Getroffenen, dann wurde wieder die Zellentür aufgeschlossen und blutüberströmt taumelte ein Neuer zwischen uns hinein. Schließlich waren wir dreiundzwanzig Mann in der engen Zelle, wie Heringe geschlichtet, stehend, hockend, kauernd, dazwischen kreiste der Kübel für die Notdurft. Die meisten von uns glaubten, daß wir am nächsten Morgen erschossen werden sollten. So verging die Nacht in stumpfer Ergebung. Am nächsten Morgen wurden wir hinausgerufen und erhielten unsere abgegebenen Sachen zurück. Aber wir wurden nicht erschossen, sondern drei Stunden weit zu Fuß nach dem Dorf Maltheuern getrieben, wo wir in das berüchtigte Lager 28 eingeliefert wurden.

Die Aktionen des zivilen Terrors endeten in den Arbeitslagern des Kreises Brüx. Diese Arbeitslager waren nicht nur die Lager 27 und 28, sondern die Lager 17/18 und 31/32 bei Maltheuern, die Lager Rössel und 37 bei Brüx, die Lager 22/25 bei Niedergeorgenthal und 33/34 bei Rosenthal. Diese Lager waren sämtlich Hydrierwerklager, dazu kamen noch die Bergbaulager, welche mir aber nicht einzeln bekannt sind, insgesamt gab es im Kreis Brüx über dreißig Lager. Und es waren nicht nur Brüxer, Saazer und Komotauer, sondern Aussiger, Bodenbacher, Biliner, Duxer, Kaadener, Weiperter, Karlsbader, Marienbader, Deutsche aus dem halben Sudetengau und dazu noch Reichsdeutsche und Ungarndeutsche, welche in diese Arbeitslager getrieben wurden. Der zivile Terror übertraf die militärische Razzia noch bei weitem, was die Anzahl der Lager und die Masse der Menschen betrifft, aber Ziel und Schauplatz der Aktion blieben unverändert.

Das Brüx-Duxer-Kohlenbecken, welches eine entscheidende Wirtschaftsmacht darstellte und immer wieder zum Ziel und Schauplatz sozialer Wanderungen und nationaler Kämpfe wurde, besteht aus einem mächtigen Braunkohlenflöz in 100 bis 400 Meter Tiefe und bildet das Zentrum des nordböhmischen Braunkohlenreviers, welches über 50 Tiefbau- und Tagbaugruben mit 25.000 Bergarbeitern trägt und sich mit seinen Ausläufern auf der einen Seite von Brüx nach Komotau, auf der anderen Seite von Dux über Teplitz bis gegen Aussig erstreckt. Als im Zuge der Industrialisierung des 19. Jahrhunderts der Kohlenbergbau aufkam, setzte durch den gewaltigen Menschenbedarf im Bergbaurevier die tschechische Einwanderung ein, wodurch die Kreise Brüx und Dux bis zur Hälfte tschechisch wurden. Als Deutschland zu Beginn des zweiten Weltkrieges das Hydrierwerk Maltheuern erbaute und dieses große Bauvorhaben noch einmal zusätzliche 35.000 Menschen erforderte, wurden von Deutschland Fremdarbeiter und Kriegsgefangene eingesetzt und zu ihrer Unterbringung Arbeitslager errichtet; so kamen Holländer, Franzosen, Italiener, Kroaten, Bulgaren, Polen, Ukrainer, Russen in die Arbeitslager des Kreises Brüx. Mit dem Ende des zweiten Weltkrieges verschwanden die Fremdarbeiter wieder und nun wurden von den Tschechen die Deutschen eingesetzt; so kamen die Deutschen in die Arbeitslager des Kreises Brüx und wurden Hilfsarbeiter im Hydrierwerk und im Brüxer Bergbaukonzern. Dieser Arbeitseinsatz der Deutschen in der Schwerindustie des Brüxer Kohlenbeckens bildete das erste Hauptstück des zivilen Terrors. Die sogenannten Nationaltschechen in Industrie und Bergbau wollten sich mit dem Arbeitseinsatz zufriedengeben und waren gegen eine Evakuierung der Sudetendeutschen, diese sollten vielmehr als Hilfsarbeiter im Lande bleiben, weil sie zur Aufrechterhaltung der Industrie unentbehrlich seien. Die Kehrseite des Arbeitseinsatzes bildete die Deklassierung, Expropriation und Proletarisierung der Deutschen. Indem Rechtsanwälte, Professoren, Lehrer, Geschäftsleute, Handwerker, Landwirte, Angestellte zu Hilfsarbeitern und Taglöhnern in der Schwerindustrie wurden, wurden die Deutschen von ihren selbständigen und Intelligenzberufen zu Hilfsarbeitern degradiert. Und indem die Deutschen ihrer Geschäfte, Häuser, Fabriken, ihrer Spargelder, Taschenuhren und Fingerringe beraubt und enteignet u. zw. nicht in Zeltlagern, aber in Barackenlagern untergebracht wurden, wurden sie durch diesen Diebstahl und Raub ihrer Heime zu heimatlosen Zigeunern und Lumpenproletariern gemacht. Für die bestohlenen und beraubten Deutschen setzten sich zugewanderte Tschechen als kommissarische Verwalter in den Besitz der selbständigen und Intelligenzberufe, der Geschäfte, Häuser, Fabriken, der Wohnungen, Möbel, Kleider, während die Bargelder, Taschenuhren und Fingerringe dem tschechischen Staat abgeliefert werden sollten, aber gleichfalls in den Taschen der tschechischen Patrioten verschwanden.

Das Konzentrationslager Tábor 28.

Das tschechische Konzentrationslager 28 bei Maltheuern wurde Anfang Juni 1945 durch zwei Transporte mit fünfhundert Brüxern von der Razzia am 2. 6., durch zwei Transporte mit achthundert Saazern von der Razzia am 3. 6. und durch einen Transport mit zweihundert Komotauern von der Razzia am 9. 6. eröffnet, während das Gros der Komotauer in das gegenüberliegende Lager 27 kam. In den Monaten August bis Oktober gingen davon vier Invalidentransporte mit zusammen vierhundert Mann ab, welche mit Autobussen über die sächsische Grenze nach Deutschland evakuiert wurden. Dafür kamen in den Monaten August und September siebzig Brüxer von der Verhaftungswelle am 1. 8., siebzig Aussiger aus dem Lager Lerchenfeld, zweihundert Karlsbader und zweihundert volksdeutsche SS-Männer aus Ungarn dazu. Durch diese Zu- und Abgänge hielt sich der Stand die ganze Zeit zwischen fünfhundert und dreizehnhundert Mann. Es war ein großes Barackenlager, das ringsum von einem hohen Stacheldrahtzaun umschlossen wurde und in zwei symmetrische Hälften mit je einer zentralen Wasch- und Abortanlage unterteilt war, welche wir das obere und das untere Dorf nannten. Jedes Dorf bestand aus der gleichen Anzahl Holzbaracken, jede Baracke enthielt zahlreiche Stuben und jede Stube war mit zweistöckigen Holzpritschen vollgestopft, durchschnittlich faßte jede Stube über dreißig Mann. In der ersten Zeit gab es im unteren Dorf noch ein riesiges Plachenzelt, welches über zweihundert Mann faßte und in seiner Anlage einem Zirkus ähnlich sah, später aber abgetragen wurde.

Grauenhaft waren die Untaten der tschechischen Machthaber an den deutschen Gefangenen. Im Monat Juli wurden fünfzehn Kranke mit Lungentuberkulose, welche zu einem Invalidentransport zusammengestellt waren, von einem russischen Militärkordon unter dem Befehl eines Offiziers erschossen, wofür als Begründung Verhütung einer Epidemie angegeben wurde. Im Monat August wurde vor der angetretenen Belegschaft des ganzen Lagers ein Sträfling von einem tschechischen Militärkordon erschossen, weil er im Hydrierwerk angeblich aus einem Treibriemen ein Stück herausgeschnitten hatte, um sich daraus Schuhsohlen zu machen, was als Sabotage ausgelegt wurde. Kadle Vlasak schoß seinem Hofnarren in den Kopf, als er ihm zum Spaß den Zylinderhut vom Kopf schießen wollte und als der Erschossene bereits im Sarg lag, gab er ihm noch zwei Schüsse in das Herz, weil er nicht ganz tot war.

Am furchtbarsten und demütigendsten waren die ständigen Prügel. Die Prügel fingen schon bei der Einlieferung ins Lager an. Es wurde den Eingelieferten zuerst alles abgenommen, darauf wurden sie glatt rasiert, geschoren und geprügelt und dann mußten sie stundenlang in der prallen Sonnenglut an einer gegenüberliegenden Mauerwand stramm stehen, welche wir deshalb die Klagemauer nannten. Prügel gab es mit der Faust, der Peitsche und mit dem Gummikabel. Prügel gab es bei Tag und bei Nacht, keine Nacht war Ruhe, jede Nacht kam es zu Prügel, Geschrei, Peitschen- und Schüsseknallen. Nachts drangen Tschechen von auswärts in das Lager ein, die Gefangenen wurden von ihren Pritschen geholt und bis zur Bewußtlosigkeit geprügelt. Dann wurde den Bewußtlosen Salzwasser in die Augen geschüttet und die Schnurrbarthaare und Augenwimpern mit brennenden Streichhölzern angezündet, bis sie wieder zu sich kamen, und dann wurden sie weiter geprügelt, bis die Peiniger vor Erschöpfung nicht mehr konnten oder die Gequälten mit dem letzten Stöhner verendeten. Die Prügelorgien bestanden aus einem raffinierten Foltersystem. Die Gefangenen wurden zuerst mit Ohrfeigen, Faustschlägen und Gummikabel in das Gesicht, auf den Kopf und den Körper geschlagen und mit Fußtritten und Kniestößen in den Bauch, den Hoden und gegen die Schienbeine getreten, bis sie zusarnmenbrachen, dann stiegen die entmenschten Tschechen auf die liegenden Körper und traten und sprangen mit den Stiefeln darauf herum. Ein besonderer Sport bestand darin, daß die Männer den Kopf in die Hundehütte stecken mußten und von rückwärts auf das nackte Gesäß geprügelt wurden. Unvergeßlich bleibt mir die Szene, wie halbnackte Menschen im Staube kriechen und Gras raufen mußten, indessen der tschechische Sklavenhalter in ihrer Mitte mit der Peitsche über die nackten Leiber knallte. Zu den Prügeln kam der Hunger und die schwere Arbeit. In der ersten Zeit hatten die Gefangenen nicht einmal Wasser und Brot, sondern Wassersuppe und schwarzen Kaffee, also buchstäblich nur warmes Wasser. Im Lager gab es drei Mahlzeiten, früh vor dem Ausrücken schwarzen Kaffee, abends nach dem Einrücken Wassersuppe und vor dem Schlafengehen noch einmal schwarzen Kaffee. Später erhielten die Gefangenen, welche im Hydrierwerk arbeiteten, dort zu Mittag eine Kartoffelsuppe und ein Stück Brot und dieses Mittagessen erschien den verhungerten Sträflingen so begehrenswert, daß sie sich trotz der Erschöpfung allgemein zu der Arbeit im Werk drängten. Die Gefangenen standen in den Stalinwerken (Hydrierwerk) in Arbeit. Sie hatten ein Tagewerk von achtzehn Stunden und sechs Stunden Schlaf; früh um 4 Uhr Tagwache, dann erfolgte der Abmarsch in zwei Partien um fünf und sechs Uhr, die Arbeitszeit betrug zwölf Stunden, zwei Stunden erforderte der An- und Abmarsch, die Rückkehr erfolgte wieder in zwei Partien um sieben und acht Uhr. Täglich wälzte sich die Marschkolonne der fünftausend 27- und 28er nach Maltheuern und zurück, voraus die 28er, glatt geschoren und glatt rasiert, elende ausgemergelte Gesichter und Gestalten, mit klappernden Holzlatschen und Fetzen am Leib, Sommer wie Winter ohne Mantel und Mütze, auf der Brust die Sträflingsnummer, auf dem Rücken ein großes weißes Hakenkreuz und KT 28. Aber mit dem Einrücken war das Tagewerk nicht erledigt, dann mußten die Gefangenen noch im unteren Dorf antreten, exerzieren, in Marschkolonne marschieren und dazu deutsche Lieder singen: Freier Wildbretschütz, Westerwald, Blaue Husaren. An der Spitze der Kolonne marschierte der Hofnarr mit einem alten Zylinderhut und ein anderer mit einer alten preußischen Pickelhaube auf dem Kopf. Der Tygr kommandierte, Antreten, Abtreten, Marsch, Halt, Schub-Schub, plötzlich fing er an zu brüllen und knallte Revolverschüsse unter die Füße und über die Köpfe, daß die Masse Menschen mit den klappernden Holzlatschen irr hin- und herhetzte. So kamen die Gefangenen um zehn Uhr nachts zum Schlafen, ihr Leben bestand aus Prügel, Hunger und Arbeit, Arbeit, Hunger und Prügel. Kadle Vlasak war der velitel (Lagerkommandant). Der Vorname Karel wird im tschechischen Dialekt Kadle gesprochen, nach seinem Lieblingswort hieß er auch Schub-Schub, er selbst nannte sich mit Vorliebe Tygr (Tiger), bei den Sträflingen hieß er die Bestie von 28. Es war ein schauerlicher Anblick, wenn er mit dem Revolver in der einen und der neunschwänzigen Nagaika in der anderen Hand durch das Lager tobte. Sein Lieblingssport war es, jeden Sträfling mit einer Ohrfeige umzulegen. Dazu hatte er eine besondere Technik, indem er nach der Ohrfeige mit dem ganzen Arm nachschob, sodaß der strammstehende Häftling die schmale Standfläche verlor und stürzte. Wer das erfaßt hatte, kam mit einer Ohrfeige davon, aber wer das mißverstand, sich zusammenriß und Haltung bewahren wollte, dem ging es schlecht. Dann wurde der Tygr bös und trat dem Sträfling mit dem Knie und Stiefelabsatz in den Bauch und die Hoden, bis er am Boden lag. Und dann fühlte er sich stolz wie ein Boxer im Ring und die herumstehenden Tschechen johlten und klatschten ihm Beifall. Das war Kadle, die Bestie von 28.

Anfang Oktober wurde das Militär von der Lagerwache abgelöst und durch Gendarmerie (SNB) ersetzt. Die jungen Gendarmen waren anständiger und die Prügel im Lager ließen nach. Kadle Vlasak wurde verhaftet und in das Kreisgericht nach Brüx eingeliefert, aber nicht wegen seiner Untaten an den deutschen Gefangenen, sondern wegen Veruntreuung von Geld und Wertgegenständen, welche er den Gefangenen abgenommen, aber nicht abgeliefert hatte. Es kam ein neuer Lagerkommandant, namens Rezac, welcher nur nach außen den wilden Mann markierte, im Grunde aber anständig war. Leider waren seine Helfershelfer nicht anständig, der Schleicher Rames und der Schlächter Kulisek. Der Stacheldrahtzaun um das Lager wurde verdoppelt und in einem aufgelassenen Luftschutzkeller wurde ein unterirdischer Bunker eingerichtet, in welchem die Sträflinge wegen jeder Kleinigkeit eingesperrt wurden, wobei sie tagsüber im Hydrierwerk arbeiten und die Nacht bei jeder Kälte und ohne jedes Essen in dem unterirdischen Bunker zubringen mußten. Oft drangen Wachmannschaften in den Betonkeller ein, vollführten unter den Gefangenen Prügelorgien und schossen in den engen Kellerräumen herum. Im Januar 1946 wurde der Sträfling Kramár erfroren darin aufgefunden, nachdem er die Nacht in Ketten geschlossen dort zugebracht hatte. Die Arbeitszeit blieb die gleiche, zwölf Stunden Arbeit und zwei Stunden An- und Abmarsch, aber wenigstens hörte das Exerzieren auf und die Gefangenen bekamen ihre Nachtruhe. Die Verpflegung besserte sich durch die Zulage von Brot und Kartoffeln. Jetzt gab es früh vor dem Ausrücken im Lager schwarzen Kaffee, Mittag im Werk Kartoffelsuppe und Brot, abend nach dem Einrücken im Lager Suppe, Kartoffel und Brot und später vor dem Schlafengehen noch einmal schwarzen Kaffee. Eine steigende Anzahl der Gefangenen bekam die Schwerstarbeiterkarte T4, welche reichliche Zulagen von Brot, Wurst, Speck, Schmalz, Zucker, Marmelade enthielt, also eine kalorisch und qualitativ hochwertige Nahrung darstellte. Unter dem Schutz der frühen Dunkelheit begann das Flüchten. Im Herbst und Winter fehlten bei dem Appell nach dem Einrücken jede Woche, manchmal sogar jeden Tag mehrere Gefangene, manchmal gingen ganze Gruppen auf einmal ab, einmal zogen sogar ganze einundzwanzig Männer geschlossen los und die Fama erzählte, daß sie eine Fahne mitgenommen hätten. Zur Abschreckung streuten die Tschechen aus, daß die Flüchtlinge an der Grenze erschossen werden. Aber das war Propaganda, wenn Flüchtlinge an der Grenze aufgegriffen wurden, wurden sie nur halbtot geprügelt und in Dunkelzellen gesperrt. Als Repressalie sperrten die Tschechen die Wäsche- und Lebensmittelpakete und die Besuche der Familienangehörigen, welche jeden Sonntag und Donnerstag Nachmittag zugelassen waren. Wenn die Besuche gestattet waren, trafen sich die Väter, Mütter, Brüder und Schwestern in dem großen Eßsaal und die erwachsenen Menschen stürzten aufeinander zu und fielen sich in die Arme und lachten und weinten wie Kinder. Wenn die Besuche eingestellt waren, wurden die Frauen mit Gewehrkolben von dem Lagertor weggetrieben, aber trotzdem standen sie jeden Sonntag und Donnerstag nachmittag wieder da, nachdem sie stundenlang angereist und anmarschiert waren und warteten bei jedem Wind und Wetter am Tor.

Im Monat Oktober wurden die Invalidentransporte eingestellt, der letzte Transport wurde im Lager zurückgehalten und erst im Jänner/Feber 1946 gruppenweise in die Heimatgemeinden entlassen, wo die Gefangenen mit den regulären Transporten evakuiert wurden. Ab Januar 1946 besserte sich die Verpflegung weiter, von 1300 Gefangenen erhielten 1100 die Schwerstarbeiterkarten T4, der Ernährungs- und Gesundheitszustand im Lager besserte sich und die Sträflinge erholten sich sichtlich. Für die Entlassenen wurden in den Monaten Jänner/Feber 1946 viele Neuaufnahmen aus Brüx und Bilin eingeliefert, welche durch eine Verhaftungswelle gegen SA-Männer aufgebracht wurden. Bis zum letzten Tag der Auflösung des Lagers wurden die Neuaufnahmen in der Kanzlei ausgeraubt, in der Kammer über die Bank gelegt und mit dem Gummikabel auf das nackte Gesäß geprügelt. Da ich die Neuaufnahmen sowie die Entlassenen untersuchen mußte und dabei von dem tschechischen Werkarzt Dr. Pivota kontrolliert wurde, benützte ich die Gelegenheit und stellte ihm einige Fälle vor. Er griff die Angelegenheit auf und sagte mir: "Ich bin ein guter Tscheche aber ich mache keine Schweinereien." Zur Rache wurde von dem tschechischen Kommandanten der Zahnarzt Dr. Gmel geohrfeigt und in den Bunker gesperrt, da sie mir nicht beikommen konnten. Als kurz darauf in der Nacht, mit aufgegriffenen Flüchtlingen, welche in fast sterbendem Zustand eingeliefert wurden, tschechische Werkschutzmänner in das Lager eindrangen, wurde ich von diesen bei der ersten Hilfeleistung geohrfeigt, mit Füßen getreten und mit dem Revolver bedroht, weil ich gesagt hatte, daß die Männer geprügelt wurden. Ich meldete auch diesen Vorfall dem tschechischen Werkarzt und erlebte die Genugtuung, daß die gemeldeten Fälle mit zum Anlaß genommen wurden, um das Lager 28 Ende März 1946 aufzulösen und die Gefangenen in das Lager 27 zu überführen.

Das Krankenrevier.

Das Krankenrevier heißt *marotka.* Die Marotka des Lagers 28 begann ebenfalls im Juni 1945 mit den beiden Ärzten Dr. Gabler und Dr. Pörner, welche bei der Razzia in Saaz am 3. 6. verhaftet wurden. Die sanitären Zustände waren in der ersten Zeit erschütternd, es fehlte an der primitivsten ärztlichen Einrichtung, die beiden Ärzte hatten buchstäblich nichts als ein rostiges Skalpell und eine rostige Pinzette zur Verfügung. Auch von tschechischer Seite fehlte zuerst jede Voraussetzung einer ärztlichen Arbeit, in der ersten Zeit sollte kein Kranker anerkannt werden, die tschechische Weisung lautete dahin: Wer nicht arbeiten kann, soll erschossen werden. Unter diesen Umständen gab es ein Sterben am laufenden Band, die Erschossenen, Erschlagenen, Verhungerten, Gestorbenen wollten kein Ende nehmen. In der ersten Zeit hatten wir allein in der Marotka jede Woche vier bis fünf Tote. Unvergeßlich bleiben mir die rohen, ungehobelten Holzkisten, in die wir die Leichen legten und der elende Krümperwagen, der jede Woche zwei- bis dreimal aus Oberleutensdorf kam, um die Leichen abzuholen.

Da vollbrachte Dr. Gabler die Großtat seines Lebens, unvergeßlich wird mir sein Wort bleiben, das er uns immer wieder einprägte: Wir müssen rücksichtslos mit allem brechen, was bisher gewesen ist und müssen ganz von vorn und mit nichts anfangen, wie wenn wir nach Alaska oder dem Kongo verschlagen wären. Er kämpfte um jeden einzelnen Kranken und da er den Tygr nehmen konnte, indem er ihn wie ein Tierbändiger behandelte, setzte er sich durch und erreichte die Anerkennung der Kranken. Im Verein mit Dr. Pörner trug er aus eigenen Beständen in Saaz und Brüx und aus Werkbeständen in Maltheuern und Rauschengrund Stück für Stück, alles einzelweise zusammen und baute die Marotka auf. Zuletzt hatten wir eine Station für kleine Chirurgie, eine interne Station mit Labor, Krankenpfleger, Krankengeschichten, Diät, Bad, Entlausung.

Wir standen mit unserem Können vor dem Nichts. Die Krankheiten waren uns zuerst völlig fremd und unbekannt. Sie waren so auffallend und traten so massenhaft auf, daß wir sie "Lagerkrankheiten" nannten. Diese Lagerkrankheiten waren Diarrhoe, Oedem, Phlegmone, sodaß wir von einer Trias der Lagerkrankheiten sprachen. Die Durchfälle waren erschreckend verbreitet und führten zu den meisten Todesfällen. Die schwersten Krankheitsbilder boten einen erschreckenden Anblick: die Kranken bis zum Skelett abgemagert, die papierdünne Haut in Falten stehend, die Körper in verkrümmten, verkrampften Zwangshaltungen, die Gesichter in verzerrten, grinsenden Grimassen, die Hände in irren, beschwörenden Bewegungen. Da ich in der Ambulanz einen Zusammenhang mit der Lagersuppe fand, wurde ich in meiner Überzeugung bestärkt, daß es sich um eine Dyspepsie handelte. Ich übernahm daher das Krankenzimmer mit den Durchfällen und führte radikale Fasttage und reichliche Gaben von Kaffeekohle ein, die wir uns selbst aus Kaffeersatz bereiteten, welchen wir zu dem Zweck aus der Küche erbettelten. Noch mehr verbreitet waren die Oedeme, die Wassersucht bildete die Grundlage für alle übrigen Krankheiten. Das Krankheitsbild der Wassersucht war dem des Durchfalls gerade entgegengesetzt, in den schweren Fällen waren die Kranken wie unförmige Wasserpontons aufgetrieben, Gesichter wie Vollmonde leuchtend, Bäuche wie Wassersäcke geschwollen, Hodensäcke wie Fischblasen aufgetrieben und glänzend, Geschlechtsglieder wie Schweineschwänzchen geringelt, Arme und Beine wie Gießkannen geschwollen. Diese Krankheit war uns vollkommen fremd und unbekannt und führte zu den schwersten Meinungsverschiedenheiten, ob es sich um Herz-, Nieren- oder Stoffwechseloedeme handelte. Therapeutisch kamen wir bald auf Bettruhe und Trockenkost, welche wir dadurch erreichten, daß wir die Wassersuppe und den schwarzen Kaffee strichen und nur Brot und Kartoffel gaben. Unter dieser Behandlung wurden die Oedeme rasch ausgeschwemmt und wir erlebten manchmal Wasserausscheidungen von zwanzig bis fünfundzwanzig Liter und Gewichtsstürze von zwanzig bis fünfundzwanzig Kilogramm binnen einer Woche. Aber die Oedeme traten wieder auf und es kam zu wiederholten Rückfällen, zweimal, dreimal, fünfmal erkrankte derselbe Kranke an

Wassersucht. Ich vertrat daher den Standpunkt, daß es sich um Hungeroedeme handelt und daß unsere Trockenkost nicht ausreicht, sondern durch eine Zusatzkost ergänzt werden muß. Auch Todesfälle hatten wir durch das Hungeroedem, welches wir allerdings erst nachträglich erkannten, weil es unter den verschiedensten anderen Krankheiten und unklaren Krankheitsbildern auftrat. Unsere ärztliche Erkenntnis und Behandlung wurde durch unsere gefährliche Stellung erschwert, denn trotz aller besseren Behandlung blieben wir doch Sträflinge. Die Phlegmonen wurden zuerst operiert und bei ihrer großen flächenmäßigen Ausdehnung war der chirurgischen Schneid keine Grenze gesetzt. Aber die Erfolge dieser Behandlung wurden immer zweifelhafter, die Operationswunden heilten schlecht oder garnicht und bereits verheilte Wunden brachen wieder auf, weil die Wassersucht hinzukam. Später gingen die Diarrhoe, Oedem, Phlegmone zurück und es traten Komplikationen in den Vordergrund, Lungentuberkulose, Herzinsuffizienz, Nierenentzündung, Blutarmut. Im Monat Oktober traf uns ein schwerer Schlag, als Dr. Gabler in den Bunker gesperrt wurde, weil er zuviel Kranke aufgenommen und unvorsichtige Bemerkungen gemacht hatte, und anschliessend in das Lager 27 transferiert wurde. Nach ihm war in den Monaten Oktober bis Dezember Dr. Pörner leitender Arzt. Unter dem Eindruck des Unglücksfalles, welcher Dr. Gabler getroffen hatte, steuerte er einen anderen Kurs und stellte die Verbindung mit dem tschechischen Werkarzt Dr. Pivota her, wodurch wir mehr Bewegungsfreiheit gegenüber den tschechischen Lagerkommandanten gewannen. Als er im Januar 1946 auf freien Fuß gesetzt und in das Lager 22 überstellt wurde, wurde ich in den Monaten Januar bis März 1946 leitender Arzt. Nach dem Beispiel Dr. Pörners hielt ich die Verbindung mit Dr. Pivota aufrecht und fand über ihn den Weg zu dem tschechischen Chefarzt der Stalinwerke, Dr. Fajkus. Auf diese Weise erhielt ich die Bewilligung, die Schwerstarbeiterkarte T4 der Gefangenen, welche in die Marotka eingeliefert wurden, nach meinem ärztlichen Ermessen unter die Kranken zu verteilen und so hatte ich endlich die Zusatzkost, um die Oedeme und Phlegmone zu behandeln. Es war eine Freude, den Erfolg dieser Behandlung mit Vollkost zu sehen, die schlaffe geschwollene Haut wurde straff und glatt, die Eiterungen und Entzündungen verschwanden und die Wunden verheilten. In den letzten Monaten verschwanden auch die Lagerkrankheiten im Lager und ich konnte den Zusammenhang dieses Rückganges der Lagerkrankheiten mit der Besserung der Verpflegung statistisch nachweisen.

Brüx, Bericht Nr. 2

Mord an Vater und Bruder

Berichterin: Anni Wagner, 14 Jahre alt - Bericht vom 3. 12. 1946 (Abschrift eines Briefes)

Liebes Fräulein Helga! Hof, 3.12. 1946

Habe Ihre Adresse in den Papieren meines Bruders gefunden. Muß Ihnen die traurige Nachricht bringen, daß mein Bruder und Vater, die noch einmal heimgingen, am 30. September von den Tschechen nach Brüx geschafft wurden. Dort lebten sie noch 8 Tage. Dann sind sie direkt erschlagen worden. Meine Mutter, die schwer krank war, erlag einem Herzschlag. Nun stehe ich ganz allein da. Bin nun in Hof und gehe in das Austauschlager, damit ich in die russische Zone zu meiner Tante kann. Ich bin ja erst 14 Jahre alt. Mein lieber Bruder erzählte oft von Ihnen. Er hatte Sie sehr gern. Er sprach sehr oft von Ihnen und machte Pläne.

Nun leben Sie wohl, alles Gute für die Zukunft, Ihre traurige
Anni Wagner.

Die Nachricht brachte uns ein Tscheche, der drüben ausgerissen ist aus Brüx. Er konnte es nicht mehr mit ansehen, was dort vorging.

[Erklärung: Das Original dieses Briefes befindet sich im Besitze unseres Landsmannes Erich Stangl. Der ermordete Wolfgang Wagner aus Marienbad war der Verlobte der Tochter von Erich Stangl.]

Budweis

Budweis, Bericht Nr. 1

Kohlengrube Lignit-Mylovar, Mißhandlungen

Berichter: Karl Stelzig - Bericht vom 27. 9. 1946

Ich wurde am 10. 6. 45. aus amerikanischer Kriegsgefangenschaft entlassen, 4 Wochen später aber von den Tschechen wieder verhaftet und bis Anfang August 1946 im Konzentrationslager festgehalten, von wo aus ich eine zeitlang (10 Monate) in der Kohlengrube Lignit Mylovar arbeitete, wo die Verhältnisse anfänglich sehr schlecht waren. In dieser Zeit wurde ich wie alle anderen mehrmals schwer mißhandelt. Im Juni wurde ich beim Kreisgericht in Budweis einem Verhör unterzogen, bei dem mir nichts nachgewiesen werden konnte. Es lagen eine Reihe von günstigen Aussagen von Tschechen vor. Deshalb wurde ich am 6. 8. 1946 von Budweis dem Internierungslager mit der Freigabe zur Aussiedlung überstellt. Nach 14 Tagen wurde ich von der Polizei aus dem Lager geholt und einem neuerlichen Verhör unterzogen, das 3½ Stunden dauerte und bei dem ich von einem tschech. Polizeiorgan in Anwesenheit des Polizeifähnrichs Kouba schwer mit Faustschlägen ins Gesicht und auf den Kopf geschlagen wurde, wobei mir das Trommelfell des linken Ohres verletzt wurde. Ich wurde am Abend gefesselt ins Lager zurückgebracht, am nächsten Tag aber bereits zur Aussiedlung freigegeben.

Budweis, Bericht Nr. 2

Mißhandlungen, Vergewaltigung, Mord

Berichterin: A. R.

Am Himmelfahrtstage 1945 mußte sich die gesamte deutsche Bevölkerung von Budweis am Arbeitsamte melden. Als ich mit meinen Eltern in die Nähe des Arbeitsamtes kam, wurden wir von einem Haufen Tschechen erfaßt und grundlos geprügelt, bespuckt und mißhandelt. Mit Fußtritten trieb man uns bis zur Pforte des Arbeitsamtes, wo wir erneut von Wachtposten ergriffen und mit Gewehrkolben solange geschlagen wurden, bis wir liegenblieben. Während man uns so mißhandelte, kamen auch andere deutsche Familien, darunter Frauen mit kleinen Kindern im Wagen. Diesen rissen die Tschechen die Kinder aus dem Wagen und warfen sie in den vorbeifließenden Bach. Die Frauen stürzte man ihnen nach. Jedesmal wenn eine Mutter mit ihrem Kinde das andere Ufer gewann, wurde sie erneut erfaßt, geschlagen und hineingeworfen. Dieser Vorgang wurde unter dem Gejohle und Freudengeschrei der Tschechen (darunter größtenteils Frauen) so oft wiederholt, bis sie durch das Erscheinen neuer Deutscher abgelenkt wurden. Frl. Wallisch, Beamtin des Arbeitsamtes Budweis, wurde erst halbtot geprügelt und nachher zwang man sie unter Kolbenhieben, die Blutlachen auf der Erde und den Stiegen des Arbeitsamtes abzulecken. Der Hof des Arbeitsamtes glich einer Richtstätte. Überall Blutlachen, auf der Erde lagen halbtot geprügelte Männer und Frauen ganz entstellt. Die übrigen mußten in einer Front stehen und ringsherum standen Posten mit auf sie gerichteten Flinten, welche jeden, der sich anlehnen wollte, prügelten. Pater Jos. Seidl aus dem Kloster Budweis wurde ebenfalls furchtbar geschlagen und geprügelt, bloß weil er Deutscher war.

Die Leute wurden nun in Arbeitskolonnen eingeteilt und schwer bewacht abgeführt, vom Pöbel vor dem Arbeitsamt erneut geschlagen. Ich kam mit einem Arbeitszug in das Lazarett und mußte dieses nach unseren Soldaten aufräumen. Auf Schritt und Tritt liefen die Posten mit und jagten uns. Wir mußten schwerste Arbeiten verrichten und wurden nur "deutsche Hunde, Schweine, Huren" geschimpft. In den Infektionsabteilungen mußten wir die staubigen Strohsäcke trennen und neu stopfen. Ich hatte das Pech, während der Arbeit auf einen rostigen Nagel zu treten. Mein Fuß blutete und schmerzte stark. Erst als der Fuß stark anschwoll, erlaubte man mir, daß ich mir einen alten, schmutzigen Verband, wie sie auf dem Mist lagen, darum wickelte. Ich mußte trotz der wahnsinnigen Schmerzen arbeiten. Man brachte mich auf die Wache, wo mir ein Posten mit dem Taschenmesser die Ferse aufschnitt. Das wiederholten sie am anderen Tage nochmals. Erst als ich nicht mehr gehen konnte erlaubte mir der Stabsarzt 2 Tage Ruhe.

Einmal wurde ich mit mehreren Frauen in das Armenhaus zum Räumen abkommandiert, da dieses als russ. Lazarett eingerichtet werden sollte. Es waren bereits Russen darin und ich als einziges junges Mädchen wurde stark belästigt. Ein älterer Russe gab meinem Posten Zigaretten, worauf ich den Befehl erhielt, ihm auf sein Zimmer zu folgen. Der Russe war stark angetrunken. Ich lehnte es ab, zu trinken. Sodann warf er mich auf sein Bett und wollte mich vergewaltigen. Es gelang mir, ihn wegzustoßen und aus dem Fenster zu springen.

Als das Lazarett vom tschechischen Militär übernommen wurde, waren dort in einem Zimmer noch einige schwerverwundete deutsche Soldaten. Der tschechische Arzt hatte das Zimmer mehrmals betreten, ohne jedoch den Kranken zu helfen. Er äußerte sich einmal zu seinem Begleitoffizier: "Werden diese deutsche Schweine nicht bald verrecken, ich brauche den Platz." Darauf erhielt er den Rat, doch nachzuhelfen. Ein Soldat, welcher mit Bauchschuß dort lag, bekam am Nachmittag eine Injektion und am anderen Tag wurde er bereits im Hof eingescharrt. Von der Schwester, die mir das erzählte, erfuhr ich auch, daß man mehrere SS-Männer im Alter von 18-21 Jahren ins Lazarett schleppte, im Hofe totprügelte und eingraben ließ.

Ein Aufseher namens Emil Hacker, desátník, welcher meist angetrunken war und uns mit der Peitsche antrieb, hieß mich mal im Armenhaus Geschirrwaschen. Während er mit unterschlagenen Armen da saß, erteilte er mir alle möglichen Befehle. Plötzlich verschwand er und kehrte mit einem dicken Seil zurück, welches er durch die Luft sausen ließ. Ich bekam den Befehl, ihm auf den Boden zu folgen. Den anderen drohte er Strafe an, falls sie sich unterstehen sollten, uns zu folgen. Statt auf den Boden führte er mich auf ein Krankenzimmer im III. Stock, welches er verschloß. Während er sich die Uniform auszog, drohte er mir mit seiner Rache, falls ich schreien wollte. Er machte mir den Vorschlag, jeden Tag zu ihm aufs Zimmer zu kommen, dafür müßte ich nicht mehr die schwere Arbeit verrichten. Auch wollte er mir Brotmarken geben. Als ich ihm sagte, daß ich ihn hasse und mich lieber prügeln ließe, wurde er grob und vergewaltigte mich. Ich mußte nun unter seinem Kommando schwer arbeiten, wurde ständig von ihm belästigt. Ich kam auf die schlechteste Abteilung für Haut- und Geschlechtskrankheiten, wo ich schwer arbeiten mußte.

Der Kanonikus Pater Jos. Neubauer war zuerst eingesperrt und wurde täglich mit einem Arbeitstrupp im Lazarett gebracht. Dort mußte er unter Beschimpfungen und Mißhandlungen schwerste Arbeit verrichten. Einmal schwindelte ich ihm beim Vorbeigehen ein Brot zu. Dies wurde von einem Aufseher beobachtet und ich wurde bestraft.

Meine Großmutter, eine 73-jährige Greisin, wurde in ihrer Wohnung von tschechischen Wachposten ergriffen und zu ihrem Nachbarn, dem Herrn Schadt, geschleppt. Dieser, schon blutig geprügelt, bekam nun den Befehl, meine Großmutter zu schlagen. Als er sich weigerte, wurde er vor den Augen meiner Oma verprügelt und die Stiegen hinuntergestoßen. In ihrer Verzweiflung lief sie zurück in ihre Wohnung und schnitt sich mit dem Küchenmesser die Pulsader durch. Halbverblutet fanden sie Russen, welche ihr einen Verband anlegten und sie ins Krankenhaus bringen ließen. Im Krankenhaus, als sie auf der Bahre lag, wurde die 73-jährige Greisin bespuckt und eine alte Hure geschimpft. Man sperrte sie in den Keller ohne Fenster. Keine Hilfe, kein neuer Verband. Meine Großmutter litt unsägliche Schmerzen. Meine Tante, die bei ihr war, bat den Arzt um Hilfe, der sagte bloß: "Es ist ja nur eine Deutsche", lachte und ging. Mit viel Bitten gelang es meiner Tante wenigstens den Priester zu holen, welcher ihr die letzte Ölung verabreichte. Ohne Hilfe starb meine Großmutter am nächsten Tag einen qualvollen Tod infolge Brand.

Im Gefängnis waren mehrere deutsche Mädchen eingesperrt. Jeden Tag kamen Russen und borgten sich die Frauen aus, welche sie am nächsten Morgen wieder zurückbrachten.

Während meiner Leidenszeit im Lazarett waren auch tschech. Militärgeistliche da, die ebenfalls uns Deutsche bewachten mit der Waffe in der Hand und anderen Tags die Kommunion reichten.

Freiwaldau

Freiwaldau, Bericht Nr. 1

Widerrechtliche Beschlagnahme

Berichterin: Ida Fröhlich - Bericht vom 7. 9. 1946

Meine Tochter Anna Pische hatte als gelernte Schneiderin von der Zollbehörde Freiwaldau die schriftliche Bewilligung zur Ausfuhr ihrer Nähmaschine. Außerdem hatte sie noch eine schriftliche Bestätigung des *Národní Výbor* in Zuckmantel, daß ihr die Mitnahme gestattet war. Ein Gendarm kontrollierte beim Verlassen Zuckmantels unsere Papiere und fand sie in Ordnung und der Wirtschaftskommissar versah die Papiere mit seinem Stempel und ließ die Nähmaschine passieren. Im Aussiedlungslager nahmen sie meiner Tochter die Papiere ab und beschlagnahmten die Nähmaschine mitsamt dem Zubehör. Als sich meine Tochter beschwerte, wurde sie grob abgewiesen. Auch mein eigener Einspruch war wirkungslos und wurde grob abgewiesen. Die Nähmaschine war eine versenkbare Singermaschine, im Jahre 1935 gekauft und hat den Tschechen jedenfalls sehr gut gefallen.

Ich kann diese Aussage beeiden.

Freiwaldau, Bericht Nr. 2

Leidensweg einer Künstlerin

Berichterin: G. M. - Bericht vom 9. 10. 1946

Ich bin von Beruf Konzertpianistin, staatlich geprüfte Musikpädagogin. Ich mußte mir im letzten Jahr den Lebensunterhalt als Barspielerin verdienen, um mich, meine Mutter und meine beiden Kinder durchzubringen. Während dieser Zeit wurde ich von den Tschechen in schlimmster Weise behandelt. Im Lokal selbst war ich immer wieder den Anflegelungen durch das tschechische Publikum ausgesetzt. Zurufe wie: "Deutsche Hure, spiel" waren an der Tagesordnung. Am Nachhausewege wurde ich wiederholt von Tschechen belästigt und auch mehrmals vergewaltigt und durch Fußtritte verletzt. Wiederholt drangen Tschechen in der Nacht in die Wohnung ein, einige Male drückten sie die Fensterscheiben ein, um festzustellen, ob ich allein war. Durch Delogierung aus meiner 7-Zimmerwohnung bin ich um alle meine Sachen gekommen. Im Aussiedlungslager wurde mir von den wenigen geretteten Sachen noch ungefähr ¼ abgenommen. Meinen Konzertflügel, einen mit der goldenen Medaille prämiierten Försterflügel Modell III, durfte ich nicht mitnehmen, obwohl ich ihn nachweisbar zur Ausübung meines Berufes brauche.

Freiwaldau, Bericht Nr. 3

Schwere Mißhandlungen im landwirtschaftlichen Arbeitseinsatz

Berichterin: Else Müller - Bericht vom 23. 8. 1946

Ich wurde vom Arbeitsamt Freiwaldau zu landwirtschaftlichen Arbeiten in Brusy bei Prerau beim Bauern Franz Gavenda verpflichtet. Dort hatten ich und mein 12-jähriger Junge eine Hölle. Als ich die Annäherungsversuche des Bauern zurückgewiesen hatte, wurde ich und mein Junge vom Bauern täglich geschlagen und von der Bäuerin maßlos beschimpft und drangsaliert. Dabei mußten wir täglich 16 Stunden pausenlos schwerste Arbeiten verrichten, obwohl der Bauer wußte, daß ich herz- und schilddrüsenleidend bin. Ich zog mir bei der Arbeit auch einen schweren Leistenbruch zu. Nach Weihnachten beschwerte ich mich beim Bürgermeister, was noch schwerere Mißhandlungen zur Folge hatte. Da mir zu einer Beschwerde die Gendarmerie unerreichbar war, veranlaßte ich meinen 12-jähr. Jungen, in einem Brief an seinen Vater unsere unerträgliche Lage zu schildern, in der Hoffnung, daß bei der Zensur der Inhalt des Briefes der Gendarmerie zur Kenntnis kommen werde. Es erschien auch tatsächlich bald darauf ein Gendarm, der mir mitteilte, daß ein Brief mit diesem Inhalt nicht befördert werden dürfe, aber gleichzeitig auch dem Bauern Vorhaltungen wegen unserer Behandlung machte. Darauf wurden die Mißhandlungen von Seiten des Bauern noch verschärft. Darauf meldete ich mich zum Arzt, von dem ich ein Zeugnis über völlige Arbeitsunfähigkeit erhielt. Vom Arbeitsamt wurde ich trotzdem zu Gavenda zurückgeschickt, der mir von nun ab die Zwischenmahlzeiten entzog und mir noch schwerere Arbeiten, jetzt auch sonntags aufbürdete. Am 8. 5. lief ich nach abermaligen schweren Mißhandlungen davon und wandte mich wieder an das Arbeitsamt Prerau, das mich nun einem anderen Bauern zuwies, wo die Verhältnisse erträglicher waren. Während des Aussiedlungstransportes wurden ich und mein Sohn in der Station Prag-Maleschowitz von einem Bahnhofsposten aufs Schwerste mißhandelt. Ich wurde von ihm aus dem Waggon gerissen und so geschlagen, daß ich unter den Zug rollte.

Während meiner 10½monatigen Abwesenheit bin ich um fast alle meine Sachen gekommen. Mein Aussiedlungsgepäck erhielt ich von meiner Schwester.

Freiwaldau, Bericht Nr. 4

Lager Jauernig und Adelsdorf

Berichter: Alfred Latzel - Bericht vom 9. 9. 1947

Meine Heimat ist das Ostsudetenland, früher als Österreichisch Schlesien ein Kronland der österreichisch-ungarischen Monarchie. Der Kreis Freiwaldau ist Siedlungsland des Bistums Breslau und war schon 1284 nach dem liber fundationis mit Deutschen besiedelt, "soweit eines Menschen Gedenken reicht". Seit 1523 sind meine Vorfahren urkundlich nachweisbar im Kreis Freiwaldau als Vögte, Bauern und Landwirte gesessen, das heutige Familiengut in Barzdorf erwarb mein

Urgroßvater Josef Latzel, der bahnbrechend in der Landwirtschaft Österreich-Ungarns durch den Aufbau der österreichischen Zuckerindustrie wirkte. Auf seinem 1846 erworbenen Freigute baute er in rascher Aufeinanderfolge eine Mahlmühle, eine Kartoffelbrennerei, eine Ölmühle, 1850 eine der ersten österreichischen Zuckerfabriken mit Kokerei und Gasanstalt. Die Landwirtschaft war mustergültig und richtunggebend, vor bereits 90 Jahren war der Hof drainiert und wurde mit englischen Dampfpflügen bearbeitet. Eine Landwirtschaftsschule wurde von ihm gegründet, und weitere Zuckerfabriken in Mähren und Oberschlesien errichtet. Durch alle Generationen wurde der Hof vergrößert und verbessert und war 1945 mit 225 ha neben größeren Höfen im Kreis noch immer an der Spitze in Umsatz und Marktleistung. Unter bischöflicher Landesverwaltung war der Hof in unsere Familie, später unter österreichischer Landeshoheit und blieb auch 1919 nach abgeleisteter Vermögensabgabe im tschechischen Staate in der Familie. 1945 wurde er mit einem Federstrich enteignet, und die Familie von Haus und Hof als Bettler vertrieben. Im Herbst 1938, als auf die Propaganda aus dem Reich die "Massenflucht" einsetzte, verließ ich als einziger Gutsbesitzer nicht den Hof. Als die Russen 1945 das Sudetenland und die Tschechei befreiten, blieb ich ebenso am Hof. Ich wurde verfolgt, verließ aber die Heimat und den Hof freiwillig nicht. Er wurde nach starken Betriebsmittelverlusten nach bestem Können und Gewissen weiter bewirtschaftet, und am 20. 6. 1945 wurde von Ostrau aus ein Nationalverwalter über den enteigneten Betrieb eingesetzt. Er ist Bauernsohn aus Kreisen der tschechischen Volkspartei und [so] hat mein Betrieb in seiner Person eine der wenigen Ausnahmen gefunden, wie dies aus der beigelegten Abschrift eines seiner Briefe an mich zu entnehmen ist, welche ich als Zeugnis für die Ansichten eines bürgerlichen Tschechen über die Verhältnisse in unserer Heimat beilege. Sie sollen auch Beweis meiner persönlichen, objektiven Einstellung zu den heute herrschenden wirtschaftlichen Verhältnissen dienen, da gerade mein Urteil nicht durch böswillige oder durch Unkenntnis hervorgerufene Zugrunderichtung meines Betriebes getrübt ist.

Im Juli 1945 wurde ich von bürgerlich-tschechischer Seite gewarnt, daß meine Verhaftung und Verbringung ins KZ bevorstehe, und daß ich versuchen solle, durchzukommen, um mich nicht den Quälereien der Partisanen als Lagerposten auszusetzen. Aber auch diesmal lehnte ich ab, die Heimat zu verlassen, unter der ausdrücklichen Erklärung, daß ich seit 1945 die Heimat ebensowenig freiwillig verlassen werde wie im Herbst 1938, da ich weder politisch noch sozial Befürchtungen zu haben brauche. Mitte August wurde ich von der tschechischen Gendarmerie angeblich auf höheren Befehl verhaftet, und unter dem Vorwand, Wertsachen verborgen zu haben, zu "einer kurzen, gerichtlichen Einvernahme" in die nächste Stadt abgeführt. Ich hatte aber bereits während des Protokolls mein Begleitschreiben zur Einlieferung in das KZ Jauernig, das in der Schreibmaschine eingespannt war, unbeachtet gelassen. Bis zur Tür des Gemeindekerkers in Jauernig ließ man mich im Unklaren. Ein deutscher Kommunist war Kerkermeister. Die Zustände waren schon hier unbeschreiblich, in winzigen Zellen Berge von Menschen, die nicht einmal auf den Steinfliesen liegen konnten, ja nicht einmal durften.

Am nächsten Morgen begannen die ersten Prügelszenen durch widerlich vertierte Tschechen, von deutschen Denuntianten sekundiert, sie feierten die ersten Orgien, die ich hörte. Außer dünnster Wassersuppe gab es nur Prügel. Das Ungeziefer und die Erwartung auf noch Schlimmeres ließen keinen Schlaf aufkommen, ich war in dünnen Sommerkleidern, ohne Mantel oder Decke, wie ich eben vom Feld gekommen war, die Taschen waren durch den deutschen "Antifaschisten" vollständig ausgeplündert worden. Nach vier Tagen wurde angetreten, und der Marsch in das KZ II des Kreises begann. Es befand sich am Stadtrand und bestand aus ehemaligen Arbeitsdienstbaracken. Mein Schwiegervater, Dr. Erich Lundwall, früher Gutsbesitzer in Weissbach bei Jauernig, war deutscher Lagerführer, auf dem alle Verantwortung und Haftung für alle Insassen ruhte, und hatte er als einer der ersten schon im Juni den Stacheldraht um das Lager bauen geholfen. Das Lager stand unter dem Kommando des Stabswachmeisters Anton Pec der tschechischen Gendarmerie, die Posten waren kommunistische Partisanen, die als arbeitsscheue Elemente in russischen Diensten gestanden haben und jetzt belohnt wurden. Ein tschechischer Gendarmerieschüler, den ich später mal als Posten am Arbeitskommando hatte, nannte sie Verbrecher, die unzählige tschechische Gendarmen ermordet haben, als dieselben versuchten, Ordnung in die chaotischen Verhältnisse zu bringen. Er selbst würde, wenn die Wahlen kommunistisch ausfallen würden, die Uniform ausziehen, und in den Straßengraben werfen, und dann - geradewegs ins Reich gehen, wo es ihm gut gegangen sei. Die Gendarmerie verlor mit fortschreitender Zeit immer mehr an Ansehen und Macht und war den Partisanen ausgeliefert. Nationale Momente traten bei der Bewachungsmannschaft erst in zweiter Linie in den Hirnen dieser Untermenschen in Erscheinung. Sie trugen Phantasie-Uniformen, meist Uniformstücke nationalsozialistischer Organisationen durcheinander, die "Feinen" trugen möglichst SS-Uniform. Alle trugen den roten Emaille-Sowjetstern an Kappe oder Bluse und eine rote Armbinde mit den Buchstaben KTOF (*Koncentracní Tábor Okres Frývaldov,* Konzentrationslager Kreis Freiwaldau). Dies als Beweis dafür, daß man regelrechte Konzentrationslager eingerichtet hatte, deren Bestand dem Ausland gegenüber abgestritten wurde. Handfeuerwaffen und Peitschen jeder Art vervollständigten ihre Ausrüstung. Ein Kommissar in russischer Uniform stand über allem. Ein grauenhafter Sadist, der mit Messern die Konturen der an der Tür stehenden oder am Boden gefesselten liegenden Häftlinge auswarf, um die Verhöre mit Nachdruck zu versehen, und der nachts die Zivilbevölkerung in richtiger SS-Uniform provozierte und terrorisierte.

Von den Schrecken des Lagers hatte ich vor meiner Verhaftung schon gerüchteweise gehört, jede Verbindung mit meinem Schwiegervater war abgerissen, die Lagermenschen waren ausgeschaltet für ihre Angehörigen und die Umwelt. Die ganze Gegend zitterte mit uns um diese Ärmsten. Wurde versucht, einem Häftling ein Stück Brot oder Arbeitskleidung zuzustecken, so bekam der Betreffende Prügel. Ich habe einen Menschen später in der Krankenstube gesehen, dem der verlängerte Rücken zerfleischt war, die Haut und das Fleisch waren bis zu 15 cm lang und mehrere cm tief aufgeplatzt.

Die Schreckenstage des 9. Juli und 12. August im Lager waren vorüber. In dem ersten Fall hatte man eine Schießerei nachts am Zaun provoziert und die Insassen beschuldigt, Befreiungsversuche gemacht zu haben. Die unbeschreiblichsten Prügelszenen über den ganzen Tag, bei Streichung aller Mahlzeiten setzten ein, Panzer, die gerade an die polnische Nachbargrenze gekommen waren, fuhren auf und schossen wahllos durch die Baracken. Im anderen Falle waren zwei Jungen von 15 und 16 Jahren vom Arbeitskommando durchgegangen und waren von ihrem eigenen, deutschen kommunistischen Vater ins Lager zurückgebracht worden, da überall bekannt gemacht worden war, daß auf Beherbergung die Todesstrafe stehe. Diese beiden Buben wurden im wahrsten Sinne des Wortes langsam zu Tode gequält. Sie wurden vor versammeltem Lager langsam und mit Bedacht und nicht etwa an einem Tage gefoltert und schnitt man ihnen mit einem Taschenmesser auf beide Seiten des Hintern Hakenkreuze ein. Erst am folgenden Tage wurden sie hinter dem Zaun an die Waldecke geführt und unter zwangsweisem Beisein von je zwei Häftlingen aus jeder Baracke erschossen und an Ort und Stelle verscharrt. Die Hinzuziehung eines Priesters oder spätere Exhumierung und Verbringung auf den Friedhof kamen nicht in Frage, dagegen beobachtete der deutsche Arzt des Krankenhauses, der auch hin und wieder in das Lager zu schweren Krankheitsfällen und gelegentlichen Besuchen zugelassen wurde (wobei aber oft die Kranken willkürlich von den Posten von der Krankenstubentür fortgetrieben wurden), wie der Postenaufseher und stellvertretende Lagerkommandant Nachnahmepakete mit Totenschädeln (Kcs 600.-) per Stück deklariert an anatomische Institute aufgab, da das Geld für Schnaps ja nie ausreichte.

Bei der Einlieferung in das Lager mußten wir uns alle nackt bis auf die Hosen ausziehen und wurden stundenlang unter "Auf und Nieder" bis zur Erschöpfung unter Peitschenhieben und Kolbenstößen herumgetrieben. Als besondere Auszeichnung wurden dann einige, auch ich war dabei, von dem oben erwähnten Kommissar ausgesucht, der mir kurz vorher ein Muttergottesmedaillon, das ich bei der Kontrolle aus Versehen behalten hatte, vom Hals gerissen und auf die Erde geschleudert hatte. Nach solcher Überhitzung des Körpers wurden wir in den Baderaum getrieben, dort wurden wir fast eine Stunde unter die von der Wand mit eiskaltem Gebirgswasser strahlende Brause gestellt, der Kopf wurde ständig durch Peitschenhiebe in die gewünschte Lage gebracht, damit das Wasser in Nase und Ohren fließen mußte. Dann wurden wir, ein Posten mit Maschinenpistole stand dauernd dabei, mit heißem Tee *[Anm. d. Verlags: Teer?]* begossen, mußten vor drei Posten treten, wozu die größten und stärksten Prügler ausgesucht wurden, einige Stufen unter ihnen und auf Kommando schlugen sie gleichzeitig von verschiedenen Seiten mit geballter Faust auf Kopf und Hals, so daß man wie ein Bündel in die Ecke flog, und man mußte immer wieder bis zur Erschöpfung zu derselben Prozedur herankriechen. Dann wurde man mit langen, schweren und auch kurzen, siebenteiligen Peitschen geschlagen, bis der ganze Körper blutunterlaufen war oder eine offene Wunde. Schrecklich waren die Schläge auf die Geschlechtsteile mit einem spanischen Rohr, ein Kamerad hatte dieselben auch über drei Wochen noch vollständig blau und wurde deshalb auch nicht zum Arzt vorgelassen, obwohl er dem Posten in seiner Angst beteuerte, er wisse nicht, wieso dies alles so blau sei. Dann wurden wir in die Strafzelle des Lagers, die gefürchtete Basse gesperrt, die sich hinter der Wachstube der Posten befand, und in der man Tag und Nacht ihrer Willkür ausgesetzt war. An der Wand fanden wir Blutspritzer und unter der Pritsche lag ein total durchblutetes und vereitertes Hemd und eine ebensolche Unterhose eines unserer Vorgänger: gegen Abend ging die Prozedur weiter, man hatte inzwischen herausgefunden, daß ich willkürlich in diese Gruppe gesteckt worden war und ich wurde für diesen Tag von weiteren Mißhandlungen ausgeschlossen. Die vier anderen mußten sich an die Zellenwand stellen und wurden so lang mit den kurzen Peitschen auf die Augen geschlagen, bis alle acht Augen vollständig zugeschwollen waren, immer wieder mußten sie ausrufen: "Wir danken dem Führer!", riefen sie es nicht, so wurden sie geschlagen, und riefen sie es, wurden sie erst recht geschlagen. Widerlich bis zum Erbrechen, und ich kam mir schandbar vor, davon ausgeschlossen zu sein, da sich später auch ebenso die Unschuld dieser Unglücklichen herausstellte. Drei Wochen verbrachte ich das erste Mal in dieser Zelle, zeitweise bei nur einer Mahlzeit, ohne um unser weiteres Schicksal zu ahnen. Nach einem Tage Lagerarbeit öffnete ich auf der allgemeinen Baracke nachts das Fenster, da ich ein im Schlafraum stehendes Blechgefäß neben dem Fenster benutzen mußte. Ein Posten hatte es gesehen, war durch das Fenster hereingesprungen und nach weiteren Prügeln mußte ich sofort wieder in die Zelle zurück.

Ein alter Mann von 67 Jahren wurde eines Abends hereingebracht, er war beim Holzfällkommando (es mußte um das Lager im Umkreis von 500 m für Fluchtversuche ein Schußfeld kahl geschlagen werden) beschuldigt worden, Fluchtabsichten zu haben. In tiefer Kniebeuge mußte er in der engen Zelle herumspringen, ein Posten sprang ihm auf den Rücken, preßte seinen Hals mit den Knien zusammen und schlug ihn mit beiden Fäusten auf den Kopf, bis er zusammenbrach. Daraufhin mußte ein anderer, aber ein junger stämmiger Bursche, den sie als Heimkehrer von der Straße weggefangen und einfach ins KZ gesteckt. hatten, dasselbe mitmachen, nur dauerte es bei ihm entsprechend länger. Der alte Mann war vollkommen gebrochen, murmelte Tag und Nacht Gebete und war von Todesahnungen erfüllt. Sie haben ihn dann auch unter der Beschuldigung, die Flucht eines Kameraden über beide Stacheldrähte gut geheißen zu haben, obwohl er das betreffende Gespräch, das am Klosett belauscht worden war, wegen seiner Schwerhörigkeit gar nicht verfolgen konnte, in der Wachstube, nur durch eine Bohlenwand von uns getrennt, langsam ertreten. Es war entsetzlich, diese tierischen Schreie zu hören, die immer leiser wurden und mit einem Stöhnen und Röcheln endeten. So endete in dieser Wachstube auch ein anderer älterer Mann, der totgeschlagen und zertreten wurde. Alle wurden ohne Priester im Wald hinter dem Lager verscharrt. Der deutsche Arzt sollte gezwungen werden, eine natürliche Todesursache festzustellen, was er aber ohne Exhumierung der Leiche ablehnte. Derselbe Arzt sollte auch gezwungenermaßen einen anderen Insassen durch Verabreichung einer Injektion beseitigen. Aber es kam nicht dazu, sein Schwiegervater war in der ersten Republik als Tscheche Legationsrat in Prag, er sagte mir, daß er und seine Kreise sich eine "Befreiung" der CSR allerdings anders vorgestellt hätten.

Im "Bad" hatte man mir am Einlieferungstag bei der "Aufnahmeprüfung" das linke Trommelfell durchgeschlagen, aber das Ohr hatte bisher nicht geeitert wie anderen, nur das Gehör hatte ich verloren. Daher bekam ich von einem "Spezialisten" nach drei Wochen noch eine abgezirkelte Ohrfeige mit der hohlen Hand, die durch den Luftdruck das Ohr zur Eiterung brachte. Wochenlang ging ich dann mit dem eiternden Ohr auf das Außenkommando, bis mich die Kameraden zum Arzt brachten, der zufällig im Lager anwesend war. Ich mußte augenblicklich in das Krankenhaus gebracht und operiert werden, der Eiter hatte bereits die Beinhaut des Knochens gefressen und war schon in den Knochen gedrungen. Die Operation gelang dem Nichtfachmann für solche Spezialfälle. 48 Stunden später wäre der Eiter im Gehirn gewesen, und ich läge in der Waldecke hinter dem Lager. Das hätte ja nichts geschadet und niemand war da, der es gewagt hätte, dagegen einzuschreiten. Nicht einmal ein Tscheche. Menschenleben spielten ja keine Rolle, aber die Rechnung des Krankenhauses und des Arztes wurde vom Lager nicht bezahlt, sie wurde dem Zwangsarbeiter meines enteigneten Hofes vorgelegt.

Auf 5.5 qm lagen wir sechs Mann am Fußboden der Zelle ohne Überjacke, Mantel oder Decke, die verboten waren, das Fenster mußte in kalten Nächten offen, an heißen Tagen unter dem Pappdach geschlossen sein. Wir wurden zu Bedürfnissen ganz nach Willkür herausgelassen, niemand traute sich wegen der zu erwartenden Prügel für die Störung der Herren Posten zu klopfen. In ein Zahnputzglas, das für alle diente, mußten alle ihren Wunsch ratenweise erledigen und den Inhalt unter Ängsten zum Fenster hinaus entleeren, bis man uns auch dies unter Prügelandrohung verbot. Später wurde uns eine Flasche zugesteckt, und jeder durfte nur den nötigsten Druck ablassen. Man muß dies längere Zeit mitgemacht haben, um diese Qualen zu verstehen. Alles war verklebt vom Blut und Eiter der Wunden oder dem aus den Ohren fließenden Eiter, die Luft war zum Umsinken, ein Kamerad wurde regelmäßig ohnmächtig, wenn er aufstand und zum Fenster wollte. Ich hatte meinen Hut in der Zelle, er war unser Notklosett, aber nicht wasserdicht, sodaß wir teilweise im Nassen lagen.

Einigen Insassen gelang es, unter Lebensgefahr vom Arbeitsplatz zu entkommen, einigen über den doppelten Stacheldraht zu klettern, und einigen durch Durchschneiden der Drähte zu entkommen. Jedesmal gab es zur Strafe den ganzen Tag Prügel für alle Insassen oder Märsche im Lager bis zu 20 Stunden ohne Pause, ohne die geringste Nahrung. Jeder solange, bis er liegen blieb, auch Invalide und Kriegsversehrte mußten in der ersten Zeit mitmachen. Nasse Kleider oder Schuhwerk durften nach der Rückkehr vom Arbeitskommando nicht in der Baracke aufgehängt werden, sie wurden von den Posten durchs Fenster in den Graben geworfen. Ungezählte Abende, oft auch mitten in der Nacht, gab es "Antreten", wobei man oft nur halbbekleidet zu jeder Jahreszeit und bei jeder Witterung herausmußte. Nach wiederholtem An- und Abtreten mußte man dann oft stundenlang stehen. Es kam auch vor, daß "Damenbesuch" zu diesem Schauspiel eingeladen wurde, der dann noch hetzte und sich über die alten Leute lustig machte, die nicht mehr mitkonnten.

Im Mai 1946 entstand ein Kampf zwischen den Leitern der beiden KZ im Kreise um die Auflösung eines der beiden Lager und die Überführung der Insassen in das andere Lager. Jedes hatte große Vorräte unterschlagener Lebensmittel, die unserer Küche nicht ausgefolgt worden waren, und die nun hätten mitgegeben werden sollen, jeder bangte um seine Stellung und die damit verbundenen Vorteile. Wir wurden schließlich auf Lastwagen verladen. Der größte Teil der ersparten Lebensmittel aber nicht, und wurden in das KZ I Adelsdorf bei Freiwaldau überführt, ein ehemaliges Kriegsgefangenenlager. Es war voll Ungeziefer, am ersten Sonntag fing ich aus meinem Bett 147 Wanzen und aus der Decke 94 Flöhe. Nach dem Einleben erfuhren wir die Greuel, die in diesem Lager vorgekommen waren, die z. T. noch erfindungsreicher waren, am unmenschlichsten in einem Teillager oben im Wald, von wo man die Todesschreie und Schüsse unten im Dorf nicht hören konnte. Die Unmenschlichkeit dieses Lagers war derart, daß sogar von tschechischer Seite in Prag davon Anzeige über die Zustände erstattet und das Lager über Nacht liquidiert wurde. Es wurden u. a. dort eines Tages jeder sechste Mann nach Abzählen auf Befehl des Verantwortlichen über beide Lager des Kreises ohne Bekanntgabe des Grundes erschossen, ohne Rücksicht auf die Person, ohne Rücksicht auf sein "Vergehen", das ja monatelang nach der Einlieferung noch nicht zur Verhandlung gekommen war, ja manchen war es 15 Monate nach der Verhaftung noch nicht gesagt worden, warum sie überhaupt da waren. Der einzige Grund war oft der, daß man deutsche Eltern hatte. Ein Arzt, der in diesem Waldlager Insasse war, war nur noch eine eiternde Wunde am ganzen Körper und kroch mühsam am Boden dahin, gehen konnte er schon lange nicht mehr. Andere mußten ihm die eiternden Wunden auslecken, mußten die Exkremente essen, sie mußten sich gegenseitig die Geschlechtsteile ablecken. Der kommunistische Lagerleiter-Stellvertreter Wiesner, der mit seinem Chef, dem Lagerkommandanten Stabswachtmeister Grenar in fortwährendem Machtkampfe lag, hatte sich bei einem Motorradunfall im Suff das Knie zerschlagen, er ließ sich aber auf einer Tragbahre zu den deutschen Erschießungen in den Wald hinauf tragen, um das Blut der deutschen Schweine fließen zu sehen. Eine Reihe der Ärmsten in diesem Lager hängte sich des Nachts an den Balken der Baracken auf, weil sie einfach diese Torturen weder körperlich noch seelisch weiter ertragen konnten.

Ich hatte anfangs Jänner den Besuch eines Vetters im Lager Jauernig erhalten. Er hatte 1933 als Gegner Hitlers seine Heimat verlassen müssen und war über England nach USA gegangen und kam als Amerikaner, Offizier und Beamter des CIC, 1945 zurück. Erst nach wiederholten Vorstellungen wurde er als alliierter Offizier in das Lager eingelassen, das bisher nur durch Russen betreten werden durfte. Unser kurzes Gespräch stand unter Kontrolle, auch war ich zu überrascht und erschüttert, daß es noch jemand gab, der sich um einen zu kümmern traute, man hatte ja jede Hoffnung aufgegeben. Noch am selben Tage wurde ich von der Gendarmerie, die sich im allgemeinen der Sozialdemokratie näherte, ohne Vorliegen des Protokolles verhört und dann gefragt, warum ich überhaupt da sei. Wenn ich das gewußt hätte! Erst durch weitere Protokolle im Feber und März erfuhr ich dann an Hand der Protokolle d. h. Verleumdungsanzeigen von der tschechischen Gendarmerie, daß ich auf Anzeigen deutscher Kommunisten, wie auch so viele andere, verhaftet worden war. Die Anschuldigungen waren inzwischen durch Zeugeneinvernahmen entkräftet worden, aber trotzdem wurde ich bis zur Aussiedlung als Arbeitstier, das Kcs. 50.- täglich einbrachte, in Haft behalten. In vielen Fällen hat die tschechische Gendarmerie, deren Beamten oftmals schon vor 1938 in unseren Dörfern tätig waren, und die die Bevölkerung kannte, bei den Verhören der Insassen denselben mitgeteilt, wer von den guten Deutschen sie zur Anzeige gebracht hatte, immer ein bewährter "Antifaschist", also im sudetendeutschen Falle ein Kommunist oder ein Untermensch aus persönlichen Rachegefühlen. Noch im August 1946 wurden Zeugenaussagen durch Prügel bis zur Bewußtlosigkeit erzwungen, beim Aufwachen mußte das fertige Protokoll, ohne daß es vorgelesen oder gar übersetzt wurde, unterschrieben werden. Schubweise gingen die Insassen daraufhin vom Lager ins Gerichtsgefängnis in Freiwaldau, und von da an das Kreisgericht in Troppau, wo ihnen dann der Prozeß vom "Volksgericht" gemacht wurde. Die Resultate sind bekannt. Mein Schwiegervater bekam, 59 Jahre alt, 18 Jahre Zwangsarbeit in Mürau bei Hohenstadt, dem Gefängnis für Schwerstverbrecher im alten Österreich. Viele meiner Kameraden bekamen lebenslänglich oder hohe Freiheitsstrafen und wurden in Waldlager oder Kohlengruben gesteckt.

Als Zeugen für diese meine Erlebnisse in den tschechischen KZ führe ich nicht nur eine Anzahl meiner ehemaligen Leidensgenossen an, die ebenfalls als Ausgewiesene in den Westzonen leben und deren Namen und Anschriften ich jederzeit angeben kann, sondern auch den ehemaligen

Privatsekretär Seiner Eminenz Kardinal Bertram von Breslau Dr. Münch, der mich damals nach meiner Operation öfter im Krankenhaus besuchte, und mit dem deutschen Arzt, einen ehemaligen Mitschüler von mir, in enger Verbindung stand.

Wirtschaftliches.

Ich habe eingangs die Entwicklung durch ein kurzes Bild über meinen ehemaligen Gutshof gestreift. Ebenso blühend waren unsere Bauernhöfe, unser Gewerbe, unsere Industrie. Als Arbeitsmann auf den KZ-Kommandos habe ich den anfangs langsamen Verfall in allen Phasen miterlebt. Es gab noch Deutsche in allen Dörfern und Städten, die mit der Berufsarbeit vertraut waren, die Betriebe waren fundiert, Reserven vorhanden. Dann ging es rapid bergab, heute versteppt im wahrsten Sinne des Wortes unsere Heimat durch Unkenntnis, Arbeitsunwillen und Bosheit, getreu den Worten des Herrn Präsidenten Benes, daß es besser sei, die Disteln wachsen auf den deutschen Feldern, als daß sie von Deutschen weiter bebaut würden. Ich habe auf Bauernhöfen, im Wald und in der Industrie gearbeitet, ich habe geholfen, Wohnungen zu plündern und nachts Maschinen ausgebaut und gestohlen, damit sie in der Inventur vor der Aussiedlung des Besitzers nicht mehr erscheinen. Schlosser, Straßenkehrer und in der Hauptsache Grubenarbeiter, an und für sich alles ehrliche Berufe, aber vollkommen berufsfremd, bekamen unsere blühenden Bauernhöfe. Sie säten den Hafer im Herbst, brachten den Heuwender, um Kartoffel damit zu roden, sie lebten vom Schwarzschlachten und Schnaps. Das Getreide wurde naß eingefahren, es ging kaum durch die Dreschmaschinen, und ein Großteil der Körner blieb im Stroh. Auf Einwände und bei langsameren Einlegen der Garben in die Maschine wurde einem gesagt, daß es für den "Neubauern" ja reiche. Das Parteiabzeichen und die politische Gesinnung schützte ihn immer wieder. In der Holzindustrie wurde z. B. eimerweise das Wasser auf die Holzwolle vor der Pressung geschüttet, das Holz wurde nicht nur im Wald verkauft, es wurde noch an der Bahnrampe zum 2. Male schwarz verkauft, es war nach mehrmaligem Verkauf sogar gestohlen, bis es verladen werden sollte. An der Schleifmaschine für Blattsägen polierte ein tschechischer Arbeiter am Tage drei bis vier Blatt unsauber, während sein von der Maschine verdrängter Vorgänger ca. 300 Blatt poliert hatte. In einer Leinenweltfirma, die ihre Filiale in USA hat, ging es ebenso rapid bergab. Als der US-Vertreter das erste Mal nach dem Krieg wieder herüber kam und die Verbindung aufnehmen wollte, die Chefs, die Direktoren sprechen wollte, wurde ihm mit Verlegenheit erklärt, daß dieselben im KZ seien und deren Frauen durfte er nicht sprechen. Zur Kalkulation mußte der Deutsche aus dem KZ geholt werden. Die Lieferungen mußten dann später fehlerhaft storniert werden, das Liefersoll von 1945 wurde 1947 noch nicht erfüllt, für den Rest aber Preise von 1947 verlangt. Der Geschäftsverkehr wurde von USA abgebrochen. Inzwischen ging die Aussiedlung aber weiter, die Arbeitskräfte fehlten von Woche zu Woche mehr. Die Gutsbetriebe wurden verstaatlicht, vom Staat an eine kommunistische Gesellschaft verpachtet, die vom Staat das gesamte Inventar zu lächerlichen Preisen übernahm. Ich habe diese Inventur auf meinem Hof nach der Haftentlassung gesehen, sogar eine Abschrift als Beweismittel erhalten. Eine große Hofherr-Schrantz-Dreschmaschine (1250 mm Trommel), 1944 für ca. Mark 7000.- geliefert, wurde 1945 mit Kcs 6000.-, also zu einem Zehntel des Wertes eingesetzt, ein alter Landauer (geschlossener Kutschwagen) dagegen, dem man das Dach zerschnitten und die Fenster zerschlagen hatte, wurde mit Kcs 7000.- "bewertet". Also nirgends auch nur das Geringste von einer Sachkenntnis getrübt. Unser Dorf hatte 2300 deutsche Einwohner, vor 1919 nicht einen Tschechen. 1938 nur ein paar Finanzer, Gendarmen und einen "Minderheitenlehrer". 1938 bis 1945 nicht einen Tschechen. Heute leben dort knapp 600 Tschechen, die die Arbeit in dem 2300 ha großen Dorf leisten sollen. Viele Wirtschaften liegen brach, ja ganze Gebirgsdörfer liegen unbewohnt, sind unbebaut, das Vieh ist abgetrieben, die Häuser verfallen und werden ihrer Bestandteile beraubt. Im Frühjahr 1947 waren ungezählte Hektar Kartoffel und Rüben nicht geerntet, in ungezählten Scheuern nicht gedroschen, ungezählte Kartoffelmieten wegen unsachgemäßer Winterdecke erfroren, sodaß trotz der abnorm guten Ernte in den Städten Kartoffelnot bestand. Mein Betrieb hat zu neun Gespannen nur fünf Taglöhner, nicht einen einzigen verläßlichen Knecht. Beide noch verbliebenen Zugmaschinen sind durch unsachgemäße Behandlung nicht einsatzfähig. Die wenigen vorhandenen Arbeitskräfte reichen einfach nur dazu aus, das Futter in den Stall und die Kartoffel in die Brennerei zu fahren. Die Partie slowakischer Minderarbeiter (der Hof arbeitet seit 1893 als intensiver Zuckerrübenbetrieb ständig mit diesen fleißigen Akkordarbeiterinnen), die sich der Verwalter aus eigener Initiative selbst angeworben und geholt hat, durfte heuer laut Prager Ministerialerlaß nicht mehr auf den Kolchosen im Sudetengau arbeiten, und das Arbeitsamt gab den Vertrag einfach nicht weiter. Dafür wurden aber 6 Familien Bulgaren am Hof angesiedelt.

Freiwaldau, Bericht Nr. 5

Lager Thomasdorf und Adelsdorf, Morde und Mißhandlungen

Berichter: Karl Schneider - Bericht vom 15. 9. 1946

Ich war 14½ Monate im Lager Thomasdorf interniert. Eingeliefert wurde ich am 15. 6. 45. Mir wurde zur Last gelegt, im Jahre 1938 einen Tschechen erschossen zu haben. Ich wurde auf das Schwerste und Grausamste mißhandelt. In 4 Wochen wurde ich 16mal einzeln zu verschiedenen Zeiten der Nacht verprügelt. Dabei wurden Gummiknüppel, Peitschen, Ketten, Kanthölzer usw. verwendet. Ich bin jedesmal solange geschlagen worden, bis ich bewußtlos war. Durch Fußtritte wurden mir 3 Rippen eingetreten, außerdem wurden mir die Zähne eingeschlagen und das Schienbein verletzt. Wenn ich zu Boden fiel, wurde rechts und links von meinem Kopf in den Boden geschossen, ein Wolfshund auf mich gehetzt usw.

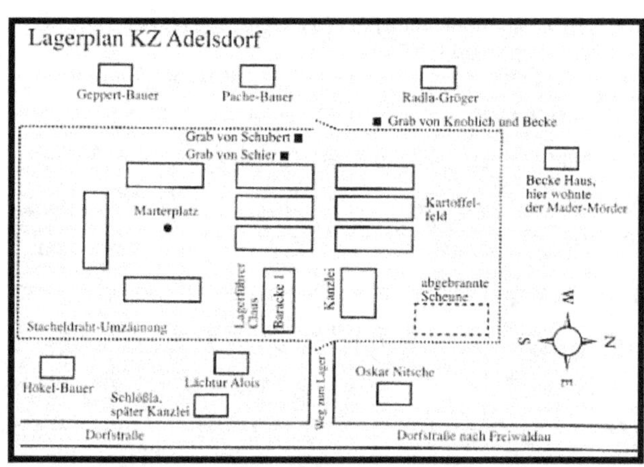

Lagerplan KZ Adelsdorf

[Abb. vom Verlag hinzugefügt. Karte aus: Zuckmantler Heimatbrief, Folge 143, September 2004, S. 98.]

Am 1. 8. 1945 wurde ich in das Lager Adelsdorf überführt, wo ich ebenfalls mißhandelt wurde. Am 17. 8. mußte mich Franz Schubert aus Niklasdorf ohrfeigen, da er es nicht stark genug tat, erhielt er einen Schlag ins Gesicht, daß er tot umfiel. In derselben Nacht wurde auch Kamerad Schiebl zu Tode geprügelt und der 16jähr. Knoblich aus Hermannstadt nach grausamen Quälereien, die ganze Nacht hindurch, erschossen. Am 20. 7. bereits war durch eine Zeugenaussage meine Unschuld erwiesen worden. Mein erstes Verhör fand aber erst am 10. 8. 1946 statt, worauf ich dann entlassen wurde.

In Thomasdorf bin ich auch Zeuge der furchtbaren Martern des Dr. Pawlowsky aus Freiwaldau gewesen, der am 30. 8. 1945 seinen Verletzungen erlegen ist. Am 1. 8. 1946 erlitt ich beim Verladen von Holz einen Unfall, durch den mir zwei Zehenkapseln zerschlagen wurden. Ich erhielt überhaupt keine ärztliche Hilfe. Der Fuß wurde weder eingerichtet noch geschient. Ich bin heute noch im Gehen behindert.

Freiwaldau, Bericht Nr. 6

Lager Thomasdorf, Lagerbeschreibung

Berichter: Karl Froning - Bericht vom 4. 1. 1949

Am 25. 7. [1945] wurde ich mit einem Transport in das Konzentrationslager Thomasdorf gebracht. Dieses war ein ehemaliges Russenlager meiner Verwaltung und mitten im Walde, im sogenannten Vietseifen gelegen. Es galt als Straflager. Was das zu bedeuten hatte, sollten wir bald genug erfahren. Warum aber gerade wir dorthin kamen, blieb den meisten von uns unergründlich, wie auch sonst so Manches in der neuerstandenen "Zweiten Republik".

Insgesamt hatten die Tschechen im Kreise 4 derartige Lager: Jauernig, Adelsdorf und Thomasdorf für Männer sowie Biberteich bei Freiwaldau für Frauen. Das Lager in Jauernig war ein ehemaliges RAD-Lager, das Lager in Adelsdorf ein ehemaliges Engländer-Lager der Firma Weihönig.

Nach dem Eintreffen mußten wir uns im Lagerhof anstellen und unsere mitgebrachten Sachen nebst Tascheninhalt zur Untersuchung vor uns ausbreiten. Messer, Wertsachen, Streichhölzer, Rauchwaren und überhaupt alles, was den Tschechen gefiel, wurde uns abgenommen und zwar ohne Bescheinigung. Bei dieser Untersuchung begannen sofort die Prügeleien. Ich hörte, wie der Lagerkommandant Wiesner einen hinter mir stehenden Gefangenen, der vorher stark geprügelt worden war und offenbar blutete, anschrie: "Deutsches Blut ist kein Blut, ist Schweinejauche". Das Lager war von einem doppelten Stacheldrahtzaun umgeben, vor dem Zaun befand sich ein Gebäude für die Wache, die aus sogenannten Partisanen und einigen jüngeren Gendarmen bestand. Lagerkommandant war der schon erwähnte Wiesner, sein Vertreter ein gewisser Opichal, beide Partisanen. Das Lager hatte nach unseren Grundsätzen eine Belegungsmöglichkeit für etwa 100 russische Kriegsgefangene, die Tschechen hatten es mit über 200 Deutschen belegt. Unter den Gefangenen waren zahlreiche über 60-jährige, verschiedene waren 70 Jahre und älter. Sehr viele wußten überhaupt nicht, mit welcher Begründung man sie eingesperrt hatte. Kriegsverbrecher oder Parteigrößen waren bestimmt nicht unter uns, aber es genügte im allgemeinen irgend eine Anzeige oder auch nur die einfache Tatsache, daß man Deutscher war. Auch Konzentrationslager-Haft im

Dritten Reich bot keinen sicheren Schutz. Wir hatten manchen unter uns, der auf diese Weise beides kennen lernte.

Die Hauptbaulichkeiten bestanden aus einer großen Baracke, in der die Gefangenen auf Holzwollsäcken zweistöckig übereinander schliefen, Spinde oder Schränke fehlten. Daneben gab es noch eine kleinere etwas bessere Schlaf-Baracke - der frühere Eßraum - eine Küchenbaracke, Friseurstube und Krankenstube. Waschen mußten wir uns im Freien, an einer offenen Wasserinne, während unsere Wäsche in einer besonderen Waschbaracke gewaschen wurde. Werkstätten für Schneider, Schuster, Schmiede und Schlosser befanden sich vor dem Lagerzaun. Sehr viel konnten wir dort aber nicht arbeiten lassen, da die Handwerker nur sehr wenig Material hatten und dies auch noch meistens für die Bedürfnisse der Wachmannschaft gebraucht wurde.

Sofort nach der Einlieferung wurden uns die Köpfe kahl geschoren. Eine ärztliche Betreuung gab es nicht, Wunden und Geschwüre, unter denen wir sehr litten, behandelte in aufopfernder Weise der Lazarett-Gehilfe Brosig, früher Masseur am Prießnitz-Sanatorium in Freiwaldau-Gräfenberg. Schwerere Fälle, Phlegmonen und Blutvergiftungen kamen ins Krankenhaus nach Freiwaldau. Ab und zu erschien auch ein jüngerer Militärarzt, aber nur um den Tod eines Gefangenen festzustellen. Die Verpflegung war ausgesprochen kärglich. Die mittägliche Hauptmahlzeit bestand in der Hauptsache aus Kartoffeln und altem Dörrgemüse, mitunter wurden abends Überreste des Mittagessens noch zusätzlich ausgegeben; sonst gab es morgens und abends Kaffee und eine ganz unzureichende Brotration.

Etwa um 5 Uhr wurde geweckt, dann war Frühsport und nach dem Kaffeetrinken ging es zur Arbeit, die für den größten Teil der Gefangenen in der Anlage einer neuen Waldstraße bestand. Die Arbeit, bei der es auch keine Sonntagsruhe gab, war an sich schon recht anstrengend, verschärfend kamen hinzu, die ganz unzureichende Verpflegung und Unterbringung, sowie eine ausgesprochene sadistische Behandlung. Eigentlich jeden Abend während des tschechischen Sprachunterrichtes, der im Freien stattfand, manchmal auch schon beim Frühsport, griffen sich die beiden erwähnten Lagerkommandanten einzelne Leute heraus zu besonderen Übungen wie Dauerlauf, Robben, Froschhüpfen, Exerziermarsch etc. Zur Abwechslung mußten sich auch zwei gegenüber stellen und gegenseitig ohrfeigen, oder wenn es geregnet hatte, das Schmutzwasser vom Boden aufsaugen und dem Gegenüber ins Gesicht spucken. Dann wurde nach Leibeskräften geohrfeigt, was sehr vielen den Verlust des Trommelfelles einbrachte, oder mit Hundepeitschen, Stöcken und Latten geprügelt. An einem Morgen, meiner Erinnerung nach am 14. August, mußten wir in größerer Anzahl, darunter auch ich, während des Frühsports mit entblößtem Oberkörper vor dem genannten Opichal antreten und wurden dabei mit einem Ochsenziemer stark geprügelt. Ein älterer 60 bis 70jähriger Gefangener wurde besonders stark geschlagen und mußte nach etwa 10 bis 15 Hieben jedesmal "dekují" - ich danke - sagen. Da er aber das "dekují" nach Ansicht des Opichal nie richtig aussprach, bekam er hinterher immer noch 10 bis 15 Hiebe, ein Vorgang, der sich ungefähr 6 mal wiederholte. Wie der Mann hinterher aussah, kann man sich vielleicht vorstellen. Ein anderes Mal nahm Opichal mich wegen meiner Partei- und SA-Angehörigkeit besonders vor. Seiner Aufforderung, Hitler zu beschimpfen, kam ich nicht nach mit der Begründung, Hitler sei immerhin Staatsoberhaupt des Deutschen Reiches gewesen. Daraufhin drohte er, mich mit seiner

Pistole in den Fuß zu schießen. Ich erwiderte ihm, mir sei durchaus klar, daß er augenblicklich die Macht dazu habe. Darauf hin ließ er mich nach einigen Beschimpfungen in Ruhe.

Eine Zeitlang beliebte Opichal, das Essen persönlich auszugeben, wobei auch wieder ein jeder beim Empfang "dekují" sagen mußte. Wer das nach seiner Ansicht nicht richtig machte, bekam kein Essen oder Ohrfeigen. Ein älterer, wohl etwas schwerhöriger und aufgeregter Gefangener schüttete bei dieser Gelegenheit Opichal einmal das heiße Mittagessen versehentlich in die Stiefel. Er wurde anschließend und in den nächsten Tagen halb tot geprügelt.

Eines Tages mußten die Alten und Invaliden antreten, angeblich sollten sie entlassen werden. Sie konnten lange Zeit im Lagerhof stehen und warten, wurden dann stark geprügelt und blieben doch im Lager. Anfang August kam ein Teil der Lagerinsassen ins Lager Adelsdorf, von wo zum Austausch andere Gefangene nach Thomasdorf kamen. Die trafen bei Dunkelheit in strömenden Regen ein und erhielten zum Empfang bei der schon erwähnten Durchsuchung sehr viel Prügel.

Sehr viel Schläge und Ohrfeigen gab es regelmäßig beim Antreten, wenn angeblich die Richtung nicht stimmte oder irgendeiner der Gefangenen die nur tschechisch gegebenen Kommandos nicht oder falsch verstanden hatte. Auch wenn die Stiefel nach Ansicht Opichals und seiner Helfershelfer nicht sauber geputzt waren, gab es 15 und mehr Stockhiebe.

Ab und zu fiel es den Tschechen ein, uns des Nachts, manchmal sogar mehrmals des Nachts, auf dem Lagerhof antreten zu lassen. Hiebei stellten sich dann die Partisanen und Gendarmen vor die Barackentüren und prügelten erst einmal aus Leibeskräften in die sich herausdrängende Menge der Gefangenen. Dann wurden die vorher genannten Übungen durchgeführt, nur in sehr viel schärferer Form; gewöhnlich waren die Tschechen dabei stark betrunken. Sehr beliebt war es auch, die Gefangenen mit Peitschen auf dem Lagerhof herumzujagen und ihnen dann plötzlich ein Bein zu stellen oder den Gewehrlauf zwischen die Beine zu stoßen. Wer aus Erschöpfung liegen blieb - und das tat mancher - wurde so lange geprügelt, bis er wieder aufstand. War er ohnmächtig, wurde er mit heißem und kaltem Wasser begossen bis er wieder zur Besinnung kam. Verbände von zum Teil schwer eiternden Wunden wurden rücksichtslos abgerissen. Als Abschluß derartiger Nachtübungen, die meistens stundenlang dauerten, mußten wir ein dreifaches "Sieg Heil" auf unseren Führer Adolf Hitler ausbringen.

Zu einer Schilderung, die auch den Außenstehenden diese nächtlichen Szenen miterleben läßt, reicht meine Feder nicht aus. Es ist mir auch zweifelhaft, ob eine menschliche Feder überhaupt dazu in der Lage ist. Obwohl ich selbst leidliche Nerven habe, auch einigermaßen elastisch den geschilderten Übungen körperlich ziemlich gewachsen war und die ganze Behandlung letzten Endes ohne nachhaltige Schäden überstanden habe, erschienen doch auch mir später noch mitunter im Traume diese gespenstischen Bilder mit dem Umherjagen der Gefangenen, dem Klatschen der Peitschen, dem Stöhnen und Wimmern der Geschlagenen und dem heiseren "honem, honem"-Schreien der betrunkenen Tschechen, das alles nur dürftig erhellt von dem Licht einiger Stall-Laternen. - Am schlimmsten mißhandelt wurde der Freiwaldauer Arzt Dr. Pawlowsky. Bei seiner Überführung ins Lager mußte er nach zuverlässigen Mitteilungen dem Zuge vorangehen und dabei ein Schild tragen mit der Inschrift: "Das verdanken wir unserem Führer". Im Lager selbst hatte er kaum eine ruhige Minute und wurde letzten Endes richtig zu Tode geprügelt. Er lag in der Baracke ziemlich dicht neben mir und kroch eigentlich jeden Abend vollkommen beschmutzt, durchnäßt, blutüberkrustet und mit Striemen bedeckt, mühsam auf seinen Strohsack. Eine Zeit lang war er auch in meiner Arbeitskolonne. Abgesehen von seiner angina pectoris litt er auch an einem sehr schmerzhaften Geschwür am Gesäß, was die Tschechen offensichtlich wußten und ihn daher mit Vorliebe dorthin traten. Wie mir glaubwürdig berichtet wurde, hat Opichal an seinem nackten Körper brennende Zigaretten ausgedrückt. Ich selbst sah, wie er über den Lagerhof geschleift wurde und irgend eine schmutzige Masse von der Erde essen sollte. Als er bat, ihm dies zu erlassen, wurde ihm die Masse, die sein eigener Kot gewesen sein soll, in den Mund geschmiert. Am 13. 8. sah ich ihn noch draußen antreten, nur mit einer kurzen schwarzen Turnhose bekleidet, wie er mit Wunden und Striemen bedeckt vor Schwäche taumelnd zusammenbrach. Des Nachts ist er dann in der Krankenstube gestorben.

Er hat diese ganzen unsagbaren Quälereien schweigend und in vorbildlicher Haltung getragen und die Tschechen haben aus ihm - auch in den Augen seiner politischen Gegner - einen Märtyrer gemacht. Zur Krönung ihres Verhaltens zwangen sie nach glaubwürdigen Mitteilungen seine im Lager Biberteich befindliche Assistentin, nach seinem Tode Trauerkleidung anzulegen.

Einfach erschlagen wurde am 5. 8. 1945 der Landwirt Böhm Adolf aus Ober-Lindewiese, während der Holzhändler Raschke schon vor meinem Eintreffen sich in seiner Verzweiflung erhängt hatte. Diese 3 Toten wurden oberhalb des Russenfriedhofes formlos im Walde verscharrt. Besonders stark mißhandelt wurde auch der kleine und körperlich recht unbeholfene Steinmetzmeister Sohmen aus Saubsdorf, der schließlich richtig blöd geschlagen wurde. Als Folge der Mißhandlungen hatte er außer seinem zerschlagenen Trommelfell auch noch eine große eiternde Wunde am Hals, bei der die Sehnen schon bloß lagen und die zu verbinden für den einen vorhandenen Sanitäter mit seinem geringen Verbandsmaterial schwer genug war. Trotzdem wurde auch hier der Verband wiederholt rücksichtslos heruntergerissen. Am 27. Juli entfloh während der Außenarbeit ein gewisser Vater aus Hermannstadt. Daraufhin erhielten noch am selben Tage die übrigen 10 Angehörigen des Kommandos je 200 Stockhiebe und darüber auf die nackten Fußsohlen, was wir mit ansehen mußten. Geschlagen wurde mit dicken Latten, wenn sie zersplittert waren, wurden sie durch neue ersetzt. Die so Geprügelten konnten naturgemäß wochenlang nicht gehen, mußten aber trotzdem bei jedem Antreten, tagsüber wie nachts, dabei sein. Wie Hunde kamen sie dann auf allen Vieren angekrochen und wurden dabei häufig noch weiter geprügelt. Die Namen dieser so Mißhandelten sind:

Brosig, Viehhändler, Oberlindewiese;
Dittrich, Schlosser, Böhmischdorf;
Hackenberg, Niederlindewiese;
Hofmann, Gastwirt, Weidenau;
Kuchar, Zuckmantel;
Nietsche, Waldaufseher, Böhmischdorf;
Siegel, Waldarbeiter, Obergrund;

Siegel, Waldarbeiter, Obergrund;
Spielvogel, Angestellter, Sandhübel;

und ein zehnter, dessen Namen ich nicht mehr feststellen kann. Am Schluß dieser Prügelei, durch die zumindestens Spielvogel zum lebenslänglichen Krüppel geschlagen wurde, erklärte der Kommandant Wiesner: "Wenn noch einmal einer ausreißt, dann lasse ich euch alle erschießen. Am nächsten Tage habe ich schon wieder 200 Neue im Lager." Sehr häufig sah sich eine etwa 17jährige Tschechin, die das Verhältnis von Opichal und Genossen gewesen sein soll, diese Mißhandlungen an und zwar mit offen zur Schau getragener Freude, führte dabei auch wohl die Listen und rief die Namen auf.

Ab und zu fanden in dem Lager Durchsuchungen statt, bei denen die Tschechen stahlen, was ihnen paßte. Auch die kleinen Sendungen von Lebensmitteln und Wäsche, die Angehörige hie und da bringen durften, wurden in großem Umfange gestohlen. Mir stahl man auf diese Weise einen guten Pullover. Als der Buchhalter Kasper aus Zuckmantel einmal ein kleines Päckchen, das seine Frau ihm in 2 mal 30 km Fußmarsch gebracht hatte, von Opichal in Empfang nehmen wollte, wurde es ihm wohl gezeigt, aber nicht ausgehändigt. Statt dessen erhielt er verschiedene der bekannten Ohrfeigen. Einer der Partisanen mit Spitznamen Sherif oder so ähnlich genannt, wollte eines Tages meine Schnürstiefel haben, da seine zu schlecht waren. Zu meinem Glücke paßten ihm aber meine Stiefel nicht.

Am 15. August sollte das Lager nach Adelsdorf verlegt werden. In der Nacht vom 14. zum 15. begann plötzlich draußen eine starke Schießerei, die bis zum Morgengrauen anhielt. Ähnliches hatten wir zwar in früheren Nächten erlebt, aber nicht in solchem Umfang und von solcher Dauer. Am anderen Tage wurden während der Räumungsarbeiten gegen drei Uhr nachmittags sechs Gefangene, darunter auch solche, die schon mit einem Vorkommando nach Adelsdorf gegangen waren, unter starker Bedeckung von Partisanen und Gendarmen in den Wald geführt. Kurze Zeit darauf hörten wir in der Nähe mehrere Salven. Nach etwa einer halben Stunde wurde ein Gefangenen-Kommando mit Schaufeln und Hacken in den Wald geführt. Angehöriger dieses Kommandos war u. a. Waldaufseher Emil Locker. Die Namen der Erschossenen sind:

Buschmann, Maler, Friedeberg;
Dr. Franke, Rechtsanwalt, Freiwaldau;
Hanke Rudolf, Bürgermeister, Alt-Rohtwasser;
Klimesch, Kraftfahrer, Zuckmantel;
Reinelt, Sekretär, (Invalide) Groß-Krosse;
Seifert Gustav, Eisenindustrie, Böhmischdorf.

Verscharrt wurden sie im Walde einige hundert Meter vom Lager entfernt, links oberhalb der Straße unmittelbar vor dem Wildzaun. Den Befehl zum Erschießen soll der Kapitän Novak in Freiwaldau gegeben, er soll auch die Namen der zu Erschießenden fernmündlich durchgesagt haben. Nach welchen Gesichtspunkten er die Todesopfer ausgesucht hat, haben wir nie ergründen können. Der Kommandant Wiesner, der wegen eines Beinbruches damals an sich keinen Dienst machte, war trotzdem bei der Erschießung anwesend. Wie mir verschiedentlich, darunter auch von Frauen glaubwürdig mitgeteilt wurde, hat Wiesner später im Lager Adelsdorf, besonders wenn er angetrunken war, wiederholt die Sprache auf diese Erschießung gebracht, den Hergang geschildert und erklärt, er sei unschuldig daran, er habe nur einen schriftlichen Befehl des Kapitän Novak ausgeführt, zu seiner Sicherheit sich diesen vervielfältigen lassen und die Urschrift eingemauert.

Zu diesen Toten kommen noch diejenigen hinzu, die an den Folgen der Mißhandlungen im Krankenhaus in Freiwaldau starben. Es sind dies:

Kintscher, Gemeindesekretär, Weißwasser, 57jährig;
Ludwig, Advokatursbeamter, Freiwaldau, 70jährig;
Seifert, Dachdecker oder Spengler, Friedeberg;
Watzlawek, Oberlehrer i. R., Schwarzwasser, 70jährig.

Es starben im Krankenhaus ferner:

Lux, Freiwaldau;
Pelz, Landwirt, Jungferndorf;
Streit, Landwirt, Neudorf.

Unter weiterer Hinzurechnung der vier bis zum 20. 8. noch in Adelsdorf Erschlagenen, über die weiter unten berichtet wird, beträgt die Zahl der Toten 20, das ist bei einer Belegstärke von etwa 200 rund 10 v. H. und die in einem Zeitraum von ungefähr 4 Wochen.

Am Abend des 15. August wurden wir in das **Lager Adelsdorf** geführt und dort zunächst in Notunterkünften untergebracht. Der Lagereingang lag an der Dorfstraße, über dem Tor war ein großes Schild mit der tschechischen und russischen Aufschrift: Koncentracní tábor (Konzentrationslager). Später wurde das Schild entfernt und die Lagerbezeichnung wiederholt geändert in Arbeitslager, Internierungslager, Internierten-Sammelpunkt u. ä. Die Baracken waren leidlich, wenn auch zugig und feucht; verschiedentlich wurden neue errichtet. Die Belegung war ebenfalls reichlich stark, wenn auch nicht so wie in Thomasdorf; je zwei Mann hatten ein schmales Spind. Decken gab es im allgemeinen nur eine, wer eine zweite haben wollte, mußte sich eine solche von zu Hause schicken lassen. In der kalten Jahreszeit durften die Baracken etwa von 17 bis 21 Uhr geheizt werden; leider war das Brennmaterial ziemlich knapp. Hinsichtlich der Schneider, Schuster und sonstigen Handwerker galt grundsätzlich dasselbe wie in Thomasdorf.

Wir "Thomasdorfer", die wir neben der aufgenähten Lagernummer ein A trugen, durften mit den alten "Adelsdorfern", die ein B trugen, nicht sprechen und überhaupt nicht zusammen kommen, mußten länger arbeiten und genossen auch sonst eine unterschiedliche Behandlung. Diese bestand darin, daß die nächtlichen Übungen sich noch häufiger wiederholten, wir praktisch überhaupt nicht mehr zur Ruhe kamen und es nicht einmal mehr wagten, nachts Kleider und Stiefel auszuziehen. Einmal wußte ich am andern Tage nicht mehr, wie ich nach zwei derartigen

Nachtübungen, bei denen ich im übrigen nicht einmal außergewöhnlich mißhandelt wurde, wieder auf meinen Strohsack gekommen war.

Eines Nachts wurde ich aus der Übung heraus zu einer Gruppe Tschechen gerufen und ein brutal aussehender Mann mit einem Sowjet-Stern fragte mich nach Namen und Beruf. Als ich beides nannte, erhielt ich einen derartigen Schlag ins Gesicht, daß ich zwei Schneidezähne verlor. Späterhin stellte ich fest, daß der Schläger der Kommissar von Buchelsdorf und Adelsdorf, Mader, gewesen war; angeblich soll er Berufsboxer gewesen sein und ein Register von 16 bis 20 Vorstrafen gehabt haben. Nach Aussehen, Benehmen und Schlagkraft erscheint dies nicht unglaubwürdig. Ein andermal nahm man bei mir vom Prügeln sofort Abstand, als ich erklärte, ich sei Reichsdeutscher, sei erst seit 1939 im Sudetengau und hätte mit den 38er Vorgängen nichts zu tun; tags darauf hatte ich mit derselben Erklärung nochmals Erfolg.

Während dieser Übungen und im Anschluß daran wurden erschlagen:

Knoblich, 15jährig, am 19. oder 20. 8. 45;
Schniebel, Arbeiter, Niklasdorf, am 16. 7. 45;
Schubert, Holzwarenerzeuger, Niklasdorf, am 16. 8. 45.

In der Nacht vom 19. zum 20. August entstand während der Nachtübung plötzlich wieder eine große Schießerei, die Beleuchtung wurde ausgeschaltet und wir mußten lange Zeit mit erhobenen Händen dastehen, bis man uns gegen Morgen in die nächste Baracke jagte. Dem Briefträger Nitsche aus Reihwiesen wurde dabei der Knöchel durchschossen, während er in der Notbaracke auf der Pritsche lag. Die Verletzung war im Sommer 1946 noch nicht ausgeheilt. An andern Morgen erschien der Kapitän Novak, ließ uns antreten, ging prüfend die Reihen durch und suchte sich, ohne dabei ein Wort zu sagen, sechs Mann heraus, deren Namen der Velitel Hansl aufschrieb. Offensichtlich war auch hier wieder ein Erschießen geplant, es kam aber nicht mehr dazu, weil das Lager mit dem 21. 8. von der Gendarmerie übernommen wurde. Immerhin dauerte es noch einige Tage, bis der neue Kommandant, ein sehr korrekter Gendarmerie-Wachtmeister, der meines Wissens H. hieß, eintraf. Während dieser Zeit wurde eines Nachts mein Nebenmann, der Lebensmittelhändler Fial aus Freiwaldau, von einem Partisanen in deutscher Fliegerbluse mit tschechischen Wappen am linken Ärmel von seinem Lager geholt, um auf Nimmerwiedersehen zu verschwinden. Fial war auch Ortsgruppenleiter gewesen und schon vorher durch Tritte in den Unterleib schwer mißhandelt worden. Ob er erschlagen, erschossen oder von dem Kommissar Mader erwürgt wurde, welche Rolle die beiden Kriegsgefangenen H. und Z. aus Mannheim bzw. Berlin beim Tode des Fial gespielt haben und wo man ihn dann verscharrt hat, haben wir mit Sicherheit nicht feststellen können; angeblich soll die Leiche unter den Holzstößen am Ende des Lagers liegen. Genaueres dürfte der damalige Lagerführer Schieche wissen. Dieser wurde im Herbst 1945 entlassen, angeblich hatte er sich als Tscheche bekannt, wurde aber dann wieder eingesperrt, war längere Zeit Lagerführer in Jauernig, kam im Mai 1946 nach Adelsdorf und im Juli oder August vors Volksgericht in Troppau.

Zu den nächtlichen Schießereien, besonders zu der letzten, erfuhr ich später in Freiwaldau durch einen älteren Gendarmen, den ich von Jauernig her kannte, daß es sich hierbei um Überfälle durch den Werwolf gehandelt habe. Ich hatte den Eindruck, daß der Gendarm dieses einfältige Märchen, das auch der "Hranicar" verbreitet haben soll, wirklich glaubte. Die Wahrheit ist, daß die Schießereien durch Nervosität oder Betrunkenheit der Posten entstanden, wahrscheinlicher aber mit Absicht in Szene gesetzt wurden, um einen Vorwand für Vergeltungsmaßnahmen zu haben. Bezeichnend ist auch, daß im Anschluß an die letzte Schießerei in Adelsdorf mehrere kleine Bauern in der Nähe des Lagers mit ihrer Familie einfach eingesperrt wurden, obwohl sie mit der ganzen Sache bestimmt nichts zu tun hatten. Die auf diese Weise leer gemachten Höfe wurden dann von den Lagerinsassen zu Nutz und Frommen der Partisanen "bewirtschaftet".

Mit der Übernahme des Lagers durch die Gendarmerie verschwanden allmählich die Unterschiede zwischen den A- und B-Leuten und es hörten vor allem die Prügeleien, wenigstens grundsätzlich auf. Immerhin wurde der Mühlenbesitzer Schroth noch im Januar 1946 im Anschluß an die Abendvisite schwer geohrfeigt. Der Lagerleitung schien dieser Vorfall allerdings sehr unangenehm gewesen zu sein. Die Täter wurden angeblich auch bestraft. Im Frühjahr 1946 wurde der Stabsleiter Schindler aus Freiwaldau bei einem Verhör in der Lagerkanzlei von Wiesner und seinen Helfershelfern schwer mißhandelt. Schindler war beim Hereinschmuggeln von Brot ins Lager ertappt worden. Beim Eintreten des Lagerkommandanten hörten die Mißhandlungen sofort auf.

Im März 1946 wurde Franz Stöhr aus Niklasdorf, damals Putzer beim Arbeitsinspektor Kopriva, von diesem und zwei Gendarmen fast zu Tode geschlagen. Kopriva beschuldigte Stöhr, ihm ein Paar lange Stiefel gestohlen zu haben. Eine Behauptung, die sich nachträglich als vollkommen unbegründet herausstellte. Auch sonst kam wohl noch der eine oder andere Fall vor, wie z. B. der des Hauptmanns a. D. Hackenberg aus Freiwaldau, der als Folge der Prügeleien späterhin an Gleichgewichtsstörungen litt.

Ab und zu fanden auch hier Barackendurchsuchungen statt, bei denen ebenfalls alles mögliche beschlagnahmt und gestohlen wurde, nicht nur Rauchmaterial, das dann die Posten rauchten, sondern auch Lebensmittel und Wertgegenstände, wie z. B. mir eine kleine Büchse Fleisch und ein vergoldeter Manschettenknopf.

Die Verpflegung wurde besser, Kartoffeln waren durchweg reichlich, Gemüse und Graupen wenig, vielleicht einmal in der Woche gab es etwas Fleisch, hier und da auch etwas Margarine oder Marmelade; zu Weihnachten und Ostern wurden sogar einige Kuchen gebacken. Brot war leider sehr knapp und dazu vielfach unerhört schlecht. Manchmal waren scheinbar stark verunreinigte Mehlrückstände, vielfach aber wohl auch Roßkastanienmehl mit verbacken. Auf eine energische Beschwerde unseres Lagerarztes Dr. Hajek, der sich überhaupt in jeder Weise für uns einsetzte, wurde das Brot wieder besser. Kaffee, Ersatz natürlich, gab es immer reichlich, vielfach stand er auch außerhalb der Mahlzeiten zur Verfügung, morgens und abends war er durchweg mit Zucker gesüßt. Trotzdem war die Verpflegung unzureichend und einseitig, zumal von den an sich schon sehr knappen uns zugebilligten Sätzen ein großer Teil mit ziemlicher Sicherheit in die Taschen bezw. in die Magen der Partisanen und Gendarmen ging. Den Nachweis hierfür zu erbringen, war natürlich für uns kaum möglich.

Mit Nahrungsmangel im eigenen Land konnte unsere kärgliche Ernährung in keiner Weise begründet werden, denn die Tschechen selbst aßen und tranken recht gut, schlachteten schwarz nach

Belieben, verfütterten in großem Umfange Lebensmittel an Schweine und waren, soweit es um ihre eigene Verpflegung ging, überhaupt recht großzügig, wie wir ja bei der Außenarbeit, insbesondere auch der meinen, genügend beobachten konnten. Wohl durchweg gewährten aber die tschechischen Familien den bei ihnen beschäftigten Gefangenen eine ausreichende bis gute Zusatzverpflegung, wovon auch die Partisanen einschließlich Novak und Wiesner keine Ausnahme machten. In den letzten Monaten wurde übrigens eine angemessene Zusatzverpflegung durch den Arbeitgeber nicht nur stillschweigend erwartet, sondern sogar unmittelbar gefordert.

Besonders erwähnt werden muß in diesem Zusammenhange aber die Haltung der deutschen Bevölkerung, die uns trotz strenger Verbote und der Gefahr schwerer Bestrafung nach Kräften mit Lebensmitteln aushalf, häufig genug auf Kosten ihrer eigenen ebenfalls recht bescheidenen Versorgung. Nur durch eine derartige erlaubte und auch unerlaubte Zusatzverpflegung war es überhaupt möglich, den Lageraufenthalt ohne allzugroße Gesundheitsschäden zu überstehen.

Die ärztliche Betreuung wurde in Adelsdorf dadurch viel besser, daß fast immer ein ebenfalls eingesperrter deutscher Arzt, manchmal sogar mehrere zur Verfügung standen. Verbandsmaterial und Arzneimittel waren aber auch hier sehr knapp. Die Hauptkrankheiten waren Furunkel, und Kreislaufstörungen mit Anschwellen der Glieder usw.

Es starben im Lager:

Dittmann, Gastwirt, Gr. Kunzendorf;
Ehrlich, Landwirt, Gr. Krosse;
Harwiger, Bahnbeamter, Zuckmantel;
Harmann, Kaufmann, Niklasdorf;
Mader, Oberlehrer, Buchelsdorf;
Seidel, Gastwirt, Dittershof.

Im Laufe des Sommers 1946 wurde auch endlich eine Zahnstation eingerichtet, die aber hauptsächlich zur unentgeltlichen Behandlung der tschechischen Wachposten und der Angehörigen diente, wir durften uns höchstens einen schmerzenden Zahn ziehen lassen. Die Waschgelegenheit war nur mäßig, da die Wasserversorgung für die zeitweise 500 Mann starke Belegschaft nicht ausreichte. Wöchentlich einmal konnte eine recht primitive Duschgelegenheit mit warmen Wasser benutzt werden. Angenehm empfunden wurde die Einrichtung einer finnischen Sauna, die sonntags zur Verfügung stand. Sehr stark war die Floh- und Wanzenplage, die erst im Spätsommer 1946 durch ein von der UNRRA geliefertes weißes Pulver amerikanischer Herkunft stark vermindert wurde. - Die Behandlung wurde mit der Übernahme durch die Gendarmerie, wie bereits bemerkt, wesentlich menschlicher, wechselte aber sehr; manchmal war sie milder, manchmal schärfer. Mit Vorliebe sperrten die Tschechen die im allgemeinen zweimal monatlich gestattete Zubringung kleiner Mengen Lebensmittel durch Angehörige. Besonders gern geschah dies als Kollektiv-Strafe, wenn ein Häftling entflohen war, was hin und wieder vorkam. An und für sich war ein Entfliehen besonders von den auswärtigen Arbeitsstätten keineswegs schwierig und ein Entkommen auch aussichtsreich; von etwa 6 Flüchtlingen wurde nur einer wiedereingebracht. Trotzdem kamen Fluchtversuche nur verhältnismäßig selten vor, da die meisten ihre Angehörigen nicht den Vergeltungsmaßnahmen der Tschechen aussetzen wollten, und diese uns zudem wieder erzählten, daß in Kürze mit einer Auflösung der Lager zu rechnen sei. Schließlich erschien auch das polnisch besetzte Gebiet - und nur dieses kam praktisch in Frage - nicht gerade als sonderlich verlockendes Ziel.

Rauchen, Lesen, Schreiben, Karten- oder auch Schachspielen, Besuch in anderen Baracken, Hereinbringen von Lebensmitteln ins Lager, Sprechen mit der deutschen Bevölkerung, und vieles andere war streng verboten. Vielfach kümmerten sich die Tschechen aber nicht allzu sehr um die Durchführung ihrer zahllosen Anordnungen, es sei denn, daß sie wieder einmal schlechter Laune oder betrunken waren.

Am 16. 10. 1945 erschien noch einmal der Kapitän Novak und versprach uns in längerer Rede die Einrichtung einer Kantine und beim Arbeitseinsatz eine Entlohnung von täglich drei Tschechenkronen, das ist etwa 30 Pfennig. Von beiden haben wir aber nie etwas zu sehen bekommen, obwohl immerhin für die Kantine ein schönes Schild gemalt und für die von jedem Gefangenen geleisteten Arbeiten sehr eingehende Nachweisungen geführt wurden. Der Arbeitgeber hatte im übrigen je Gefangenentagewerk 70-90 Tschechen-Kronen zu bezahlen; es wäre interessant, einmal festzustellen, wohin dieses Geld geflossen ist. Wir haben es nie ergründen können.

Etwa Mitte Oktober 1945 wurde einmal von dem Pfarrer von Thomasdorf im Lager katholischer Gottesdienst gehalten; predigen durfte er aber später nicht mehr. Weihnachten und Ostern und auch sonst gelegentlich fanden durch Gefangene so eine Art primitiver Kabarett-Vorführungen statt. Im November 1946 hörte auch das Kurzscheren der Kopfhaare auf.

Der innere Lagerdienst, Arbeitseinteilung usw. wurde durch einen deutschen Lagerdienst geregelt. Ing. Klaus versah dieses recht schwierige und dabei auch noch recht undankbare Amt mit unermüdlicher Hingabe. Verschiedene Gefangene, die die tschechische Sprache beherrschten, waren in der Lagerkanzlei beschäftigt; hierfür wie für die übrigen Lagerarbeiten, wie Küche, Kartoffel schälen, Handwerker, Wäscher, Friseure usw. waren täglich etwa 70 bis 80 Mann eingesetzt. Die übrigen, soweit sie nicht krank oder arbeitsunfähig waren, gingen auf die verschiedensten Außenarbeiten im Walde, in Fabriken, in die Landwirtschaft, in Privathaushaltungen usw. Am stärksten waren die verschiedenen Waldkommandos, die zum Holzeinschlag auf zum Teil sehr entlegenen Arbeitsplätzen eingesetzt wurden. Auf dem Heimweg mußten sie vielfach Brennholz mitbringen und dies, um das den Tschechen offenbar zu teure Pferdegespann zu sparen, auf großen Wagen zu 20 und mehr Mann selbst hereinziehen.

Ich selbst war ungefähr ein dreiviertel Jahr auf der Gendarmerie-Station und auf der in dem früheren Altvater-Sanatorium eingerichteten Gendarmerie-Schule zu Freiwaldau beschäftigt. Das dort eingesetzte Kommando war durchschnittlich 12 bis 15 Mann stark, meist Handwerker der verschiedensten Berufe; ich selbst war mit 2 anderen Kameraden als eine Art Hausbursche mit Zerkleinern und Herbeischaffen von Holz für die Küche, Bedienen der Zentralheizung, Aus- und Einräumen, sowie Reinigung von Zimmern beschäftigt. Die Arbeit war im großen und ganzen nicht schwer, die Zusatzverpflegung leidlich, die Behandlung erträglich, eine Aufsicht bei der Arbeit war praktisch nicht vorhanden.

Bei den übrigen Kommandos lagen die Verhältnisse ähnlich, nur das sogenannte Grubenholz-Kommando, das für eine Firma Grubenholz anfuhr, und auch verlud, sowie das Kommando bei der Firma Regenhardt & Raymann in Freiwaldau galten als ziemliche "Schinderkommandos"; mit am beliebtesten waren die allerdings immer nur kurzfristigen Kommandos in Haushaltungen und zwar wegen der gewöhnlich recht guten Zusatzverpflegung. Sehr ins Gewicht fiel auch die fast bei allen Kommandos gegebene Möglichkeit, mit seinen Angehörigen und überhaupt mit der Außenwelt Verbindung aufzunehmen. Ein Nachteil der Außenarbeiten, besonders der Waldkommandos, war der auf die Dauer doch recht erhebliche Verbrauch an Wäsche, Kleidung und Schuhwerk; da die Tschechen nicht einmal genügend Ausbesserungsmaterial, geschweige denn neue Bekleidung und Schuhwerk lieferten, ging auch dies ganz überwiegend zu unseren Lasten. Die Arbeitsleistung war nach Lage der Dinge im allgemeinen nur gering, zumal auch die Arbeitszeit verhältnismäßig kurz war. Um 7 Uhr Abmarsch aus dem Lager, Arbeitsbeginn bei meiner Arbeitsstelle etwa um 8 Uhr, eine Stunde Mittagspause, zwei kleinere Pausen für 2. Frühstück und Vesper und um 4 Uhr Arbeitsschluß. Zu Außenarbeit mußte eine gelbe Armbinde mit schwarzem Hakenkreuz getragen werden und zwar für die Abteilung A am linken, für die Abteilung B am rechten Ärmel; das war schließlich noch der einzige Unterschied zwischen den beiden Gruppen A und B. Einen Vorteil hatte die Zugehörigkeit zur Gruppe A aber doch gehabt, da um den 1 September 1946 ein großer Teil der B-Leute in die Kohlengruben kamen, wo es ihnen arbeits- und verpflegungsmäßig sehr schlecht ging. Viele dieser Verschickten kamen nach einiger Zeit als arbeitsunfähig wieder zurück, um dann wochen- und monatelang in der Krankenstube zu liegen.

Zur Begründung und Bemäntelung ihres Verhaltens behaupteten die Tschechen in ihrer Propaganda, die Deutschen hätten sich ihnen gegenüber unerhörte Greuel zu schulden kommen lassen, während sie vor Humanität geradezu trieften. So war schon im Lager Thomasdorf eine Todesanzeige für das Dritte Reich angeheftet, die scheinbar witzig oder satirisch sein sollte, in Wirklichkeit geschmacklos und albern war. In Adelsdorf wurde dann Propaganda-Material über deutsche Konzentrationslager aufgehängt und im Februar 1946 mußten wir in Freiwaldau eine große Wanderausstellung mit Photographien und Dokumenten eines deutschen Kommunisten über uns ergehen lassen. Diese Methoden verfehlten aber den Gefangenen gegenüber vollkommen ihren Zweck, da die Herkunft der Aufnahmen vielfach stark fragwürdig erschien, der Vortragende ziemlich übel beleumundet war, die meisten von uns genug von diesen Greueln selbst gesehen und am eigenen Leib erfahren hatten, aber durch die Tschechen und der bereits mehrfach erwähnte Wiesner, der nach längerem Krankenlager und einer Gastrolle im Untersuchungsgefängnis in Brünn Ende Februar als zweiter Lagerkommandant wieder auftauchte, verschiedentlich erklärte, es käme garnicht darauf an, es wieder so zu machen wie in Thomasdorf. Dasselbe drohte uns auch mehrmals der Arbeitsinspektor Kopriva.

Mitunter behaupteten die Partisanen auch, die uns zuteil gewordene Behandlung sei eine Vergeltung und nichts im Vergleich zu dem, was sie selbst in deutschen Konzentrationslagern erlebt hätten. Da sie aber durchwegs recht wohlgenährt aussahen und einen reichlich langen Haarschnitt trugen, war es offensichtlich, daß man sie schlimmstenfalls in der Rüstungsindustrie eingesetzt hatte, wo sie nach eigenen Geständnissen recht gut verdient hatten.

Welch schlechtes Gewissen die Tschechen, auch die Partisanen, in Wirklichkeit hatten und wie unsicher sie sich im Grunde ihres Herzens fühlten, zeigten wiederholt die Fragen, was wohl werden würde, wenn die Deutschen wiederkämen, die Erklärung nach Deutschland auswandern zu wollen und die Bitte, ihnen eine Bescheinigung über gute Behandlung der Deutschen zu geben. In der Unterhaltung bedauerten sie mitunter das Schicksal der Deutschen, erklärten alles aber mit den noch nicht geendeten revolutionären Zuständen, die sie leider auch nicht ändern könnten und übten dabei manchmal sogar eine erstaunlich scharfe Kritik an den Maßnahmen ihrer Regierung, dies alles aber meist nur unter vier Augen. Kamen andere Tschechen hinzu, wurde die Unterhaltung und insbesondere der Ton sofort geändert, da sie eingestandenermaßen fürchteten, als Deutschfreunde oder Kollaboranten angezeigt oder eingesperrt zu werden.

Außer den Bildern von Benesch und Masaryk sah man häufig auch das Bild von Stalin und die Sowjetfahne neben den Fahnen der Republik. Bilder anderer ausländischer Staatsmänner sah ich nie, kleinere amerikanische und wohl auch englische Papierfähnchen hie und da. Die Zahl der Sowjetfahnen schien aber, wenigstens in Freiwaldau und Umgebung, nach und nach doch erheblich abzunehmen; war das Verhältnis ursprünglich etwa 1:1 so war es später nurmehr etwa 1:10. Der Sowjetstern an der Brust der meisten Partisanen blieb allerdings, häufig genug im trauten Verein mit um den Hals getragenen Kreuzen und Medaillen.

Die Partisanen liebten es überhaupt, sich auf etwas merkwürdige Art zu schmücken und benutzten die für uns eingerichteten Schneiderwerkstätten zur Gestaltung immer schönerer Uniformen, sei es in Anlehnung an russische Vorbilder, sei es, was offenbar noch beliebter war, in schlichtem Schwarz und Schnitt der SS. Dafür konnten sie aber vielfach nicht mit ihren Waffen umgehen. Natürlich hatten sie auch einen Verband ehemaliger Partisanen und politisch Verfolgter, Vorsitzender in Freiwaldau war der berüchtigte Kapitän Novak. Im übrigen waren ihre Verdienste um die Zweite Republik, sofern man Stehlen und Plündern sowie die Mißhandlungen und Tötung wehrloser Deutscher nicht als solche ansieht, wohl nur recht fragwürdig. Jedenfalls erklärte mir nach meiner Freilassung einmal ein Tscheche, der es ja wohl wissen mußte, daß von diesen ganzen Partisanen kaum einer mit der Waffe in der Hand gekämpft oder auch nur nennenswert Sabotage getrieben hätte. Die wenigen wirklichen Kämpfer und Saboteure hätten die Deutschen ziemlich alle gehängt und was jetzt noch als Partisan herumlief, hätte bestenfalls erst im letzten Augenblick, als nichts mehr zu riskieren war, zum Gewehr gegriffen, vorher hübsch brav gearbeitet, gut verdient und sich vor dem wirklichen Krieg gedrückt.

Gablonz / Neisse

Gablonz, Bericht Nr. 1

Beraubung im Juni 1945

Berichter: Bruno Hofmann - Bericht vom 15. 5. 1950

Wir lebten seit 16. Januar 1939 in Gablonz/Neiße. Ich wurde als stellvertretender Leiter der dortigen neuerrichteten Devisennebenstelle dorthin versetzt; diese Maßnahme brachte meine völlige Übersiedlung von D. nach Gablonz mit sich.

Da meine Frau und ich niemals Anhänger des Hitlerregimes waren, meine Frau sogar 1942 wegen antifaschistischer Tätigkeit sich vor der Gestapo zu verantworten hatte, glaubten wir nicht, daß man etwas Unfreundliches uns gegenüber unternehmen würde.

Viele der Reichsdeutschen, die in ähnlicher Lage waren wie wir, die aber meist Mitglieder der NSDAP gewesen waren, rückten kurz vor oder gleich nach dem Einmarsch der Russen ab und versuchten die alte Heimat zu erreichen. Da kam Ende Mai das Unglück über uns. Uns wurde kurz und bündig mitgeteilt, daß wir innerhalb 24 Stunden die Tschechoslowakei zu verlassen hätten, daß unsere gesamte Habe einschließlich unserer Vierzimmer-Wohnung entschädigungslos enteignet sei, wir aber von unserer Habe für jede Person 30 kg Reisegepäck mitnehmen dürften. Endgültig mußten wir am 2. Juni 1945 Gablonz verlassen.

Natürlich hatten wir die 30 kg pro Person nicht genau abgewogen und können es wohl 45-50 kg pro Person gewesen sein, welche wir versuchten, auf unserer Flucht mitzunehmen. Auf dem Bahnhof in Gablonz wurden wir gleich von der tschechischen Polizei in Empfang genommen. Wir hatten sofort den Eindruck, daß man glaubte, einen guten Fang im Hinblick auf gute Beute gemacht zu haben. Diese Polizeihorde bestand aus etwa 6-8 schlimm aussehenden Burschen jeden Alters, deren Anführer ein dicker ehemaliger tschechischer Gendarm sein sollte, wie uns von Einheimischen gesagt wurde. Ein ganzer Koffer und verschiedene wertvollere Dinge aus Rucksack und sonstigen Behältnissen wurde uns sofort abgenommen. Da ich selbstverständlich nichts freiwillig hingab, sondern mich im guten Glauben auf mein Recht der Beraubung widersetzte, wurde ich einfach von der tschechischen Polizei an die Wand gestellt und mit Erschießen bedroht, wenn ich mich gegen die polizeilichen Maßnahmen auflehnen würde. Auf die Bitte meiner Frau und da ich wohl einsehen mußte, daß hier jeder Widerstand vergebens sei, ließ ich schließlich alles über mich ergehen. Infolge des durch diese Polizeiaktion entstandenen Zeitverlustes war unser Zug längst davongefahren. Der nächste Zug nach Reichenberg ging erst in 6 Stunden, welche Zeit wir auf dem Bahnhof unter Bewachung einiger sog. Hilfspolizisten verbringen mußten. Als der Zug einlief und wir mit dem uns verbliebenen Gepäck einsteigen wollten, wurde uns von einem Hilfspolizisten noch ein Koffer mit den besten Sachen entrissen.

Es ging Reichenberg entgegen. Auf dem Bahnsteig wurden wir von der sog. Revolutionsgarde nach dem Aussteigen schon von dieser erwartet und sie ließ ihre Wut an uns aus. Während die meisten Reisenden unbeobachtet blieben, weil in uns ein fetter Bissen vermutet wurde, wurden wir von etwa 12 fürchterlichen Gestalten umringt, welche mit allen möglichen Waffen, aber auch schweren Knuten bewaffnet waren und suchte man noch nach den allerletzten nur einigermaßen wertvollen Dingen. Ich mußte die Arme seitwärts heben und während zwei Männer die Revolver auf mich richteten, durchsuchte einer meine sämtlichen Taschen und sonstigen Behältnisse. Auch nicht die einfachsten Dinge wurden mir gelassen. Alle Vorhalte meiner Frau, uns doch wenigstens die allernötigsten Sachen zum täglichen Gebrauch zu belassen, wurden nur mit drohender Knute beantwortet. Nur mit viel Mühe gelang es meiner Frau, die Bilder unseres gefallenen Sohnes für uns zu retten. Obwohl wir kaum noch etwas zu verlieren hatten, so verbrachten wir nun noch eine schlimme Nacht im Wartesaal auf dem Bahnhof Reichenberg, da durch Aufenhalte ein Anschluß an diesem Tage nicht mehr bestand.

Am andern Tag ging die Fahrt gegen 6 Uhr weiter nach Bodenbach über Böhm.-Leipa. In letzterem Orte hatten wir 7 Stunden Aufenthalt, wobei wir durch die sog. Eisenbahnpolizei nochmals mit allen Reisenden einer schlimmen Plünderung ausgesetzt waren, doch konnte man uns nicht mehr viel nehmen. Wir wurden während des Aufenthaltes zu teils recht schweren Arbeiten herangezogen, durften die Bahnhofswirtschaft nicht betreten, nur Brunnenwasser stand uns zur Verfügung. Obwohl es den meisten unserer Leidensgefährten auch nicht gut in der Behandlung ging, so war unschwer festzustellen, daß die Tschechen es besonders auf uns abgesehen hatten. Warum -- ist uns unbekannt geblieben. In Bodenbach mußten wir wiederum eine Nacht zubringen, konnten aber in eine Schule, welche als Flüchtlingslager eingerichtet war, gehen und die Nacht verbringen; am andern Morgen sind wir nur durch die freundliche Hilfe von Bahnangestellten deutscher Nationalität, welche uns schnell in den einfahrenden Zug schmuggelten, einer weiteren Beraubung entgangen.

Völlig ausgeplündert gelangten wir endlich am Abend des 4. 6. nach D. Nicht einmal die allernötigsten Bedürfnisse des täglichen Lebens schienen diesem Kulturvolk der Tschechen bekannt zu sein, denn man ließ uns keinen Strumpf zum Wechseln und ebenso kein Reservetaschentuch, von anderen Bekleidungsstücken ganz zu schweigen.

Gablonz, Bericht Nr. 2

Tödliche Mißhandlung eines Greises

Berichter: Adolf Vogel - Bericht vom 4. 11. 1946

Ende November v. J. ging mein Schwiegervater Anton Weis, wohnhaft in Gablonz/Neiße, Alpengasse 18, 81 Jahre alt, zu einem Waldrand, ungefähr 800 m von seinem Haus entfernt, um von dort etwas Moos für seine Weihnachtskrippe zu holen, die er wie jedes Jahr für die Kinder seiner

Nachbarschaft zusammenbaute. Dabei wurde er von zwei SNB-Soldaten angehalten, geschlagen und mit Füßen getreten, bis er bewußtlos liegenblieb. Die beiden Soldaten ließen ihn liegen, ohne sich weiter um ihn zu kümmern. Als er das Bewußtsein wiedererlangte, schleppte er sich mühsam nachhause. Der herbeigerufene Arzt stellte fest, daß ihm die Nieren losgeschlagen waren und er auch andere innere Verletzungen erlitten hatte. 2 Tage darauf erlag er seinen Verletzungen. Niemand konnte es wagen, eine Anzeige zu machen. Ich kann diese Aussage beeiden.

Gablonz, Bericht Nr. 3

Aussiedlung

Berichter: Anton Nitsche - Bericht vom 4. 11. 1946

Am 15. 6. 1945 wurde in Gablonz die Josef-Pfeifferstraße und Siedlung innerhalb weniger Minuten vollkommen geräumt. Gegen 850 Leute wurden so ihrer Wohnungen beraubt und zwar völlig wahllos, ohne Rücksicht auf Parteizugehörigkeit oder sonstige politische Tätigkeit. Es ging vor allem um die Leermachung von besseren Wohnungen und Häusern. Diese 850 Leute, darunter dreiwöchige Kinder und Greise bis zu 80 Jahren, wurden nahezu ohne Gepäck noch in derselben Nacht mit Auto bis Harrachsdorf gebracht und am nächsten Tage im Fußmarsch gegen Jakobsthal getrieben. Die Polen jenseits der Grenze übernahmen uns nicht, deshalb mußten wir an der Grenze in 1000 m Höhe im Walde 3 Tage und 3 Nächte kampieren. Viele Leute hatten überhaupt keine Decken mit. In der Nacht lag Reif. Verpflegt wurden wir sehr mangelhaft vom Deutschen Roten Kreuz in Schreiberhau unter polnischer Unterstützung. Die Verpflegung war für uns durch sogenannte "Löffelspenden" von Haus zu Haus aufgebracht worden. Nach 3 Tagen erhielten wir von den Tschechen die Erlaubnis, nach Harrachsdorf zurückzugehen.

Am nächsten Morgen wurden wir nach Grüntal getrieben. Am Nachmittag desselben Tages wurden wir entlang der Eisenbahnstrecke auf einem sogenannten Pascherweg durch den Eisenbahntunnel wieder über die Grenze geführt. Die Polen haben die Aufnahme wieder verweigert, aber doch in Empörung über die tschechischen Aussiedlungsmethoden uns gestattet, in Hoffnungsthal zu übernachten. Das war wieder im Freien. Am nächsten Tag hatten wir durch einen Wolkenbruch schwer zu leiden. Nach Verhandlungen mit den Tschechen führten uns die Polen über die Grenze zurück und wir wurden von den Tschechen wieder im Fußmarsch nach Grüntal gebracht. Von dort wurden wir nachts im Bahntransport nach Gablonz zurückgebracht und im Reinowitzer Lager einquartiert. Wir waren eine Woche unterwegs gewesen.

Aus dem Lager wurden dann die Industriearbeiter herausgezogen und in den Gablonzer Betrieben wieder eingesetzt. So kam ich auch selbst in meinen Betrieb zurück. Meine Wohnung war allerdings unterdessen völlig ausgeraubt worden. In meine Wohnung kam auch ich nicht mehr hinein. Die Behandlung der Deutschen war völlig von der Laune und Willkür der Tschechen abhängig, die Bestechungen jederzeit zugänglich waren. Die Deutschen die nichts hatten und nichts geben konnten waren sehr schlecht dran. Auch bei der jetzigen Gepäckkontrolle war das dieselbe Sache.

Iglau

Iglau, Bericht Nr. 1
Erschießungen von Frauen im Mai - Juni 1945
Berichterin: Else Köchel - Bericht vom 30. 6. 1950

Am 23. 5. 1945 mußten wir binnen 2 Stunden unser Heim verlassen und kamen in eine alte schmutzige Tuchfabrik in der Umgebung der Stadt. Dort waren die hygienischen Zustände furchtbar: z.B. ein Strahl Wasser unten im Hof für rund 1000 Menschen. 3 Klosetts auch im Parterre, dieselben in einem unbeschreiblichen Zustand, die Stiegen in den 3 Stockwerken so eng, daß 2 Menschen nur knapp aneinander vorbei konnten.

Für die Küche mußte das Wasser von halbwüchsigen Burschen und älteren Männern von weit her in Tonnen gezogen werden.

Unser Lager war auf dem ölgetränkten Boden und knapp nebeneinander in vier Reihen. Jeden Tag um 6 Uhr und um 8 Uhr mußten wir zum Appell antreten. Beim Erscheinen des *Velitel* mußten wir stehen, die Hände an der Seitennaht. Das Essen bestand aus ¼ Liter Kaffee, ¼ Liter Suppe, und einer Schnitte Brot für einen Tag.

Am 9. 6. 1945 hieß es: "Morgen müßt Ihr 30 km gehen, Ihr könnt nur mitnehmen, was Ihr tragen könnt!" Gepäcksrevision, Untersuchung nach Geld und Beschlagnahme des Mehrbetrages. Am 10. 6. 45 gings los, bei sengender Hitze auf sonniger Straße nach Stannern in ein anderes Lager. Da warf man weg, was man konnte, sodaß man nichts mehr hatte. Da hieß es, die Österreicher können heute schon nach Österreich. Zu diesem Zweck mußten wir nach Teltsch, sahen auch schon die Türme von Teltsch, da hieß es wieder, es geht nicht, also zurück nach Stannern 10 km. Dort kamen wir bei strömendem Regen an und fielen vor Müdigkeit nieder, wo wir gerade standen. Man trieb uns mit der siebenschwänzigen Peitsche und mit Schüssen an. Auf diesem 40-km-Marsch gab es zwei kurze Pausen.

In Stannern hungerten wir, viele starben an Hungerruhr.

Das Lager lag auf einem Hügel, ringsherum Zaun, wir wurden bewacht, durften nicht hinaus. Die Frauen aus dem Ort brachten manchmal etwas, Kaffee, Suppe und Brot. Da alle furchtbaren Hunger hatten, besonders die Kinder, so warteten die Mütter schon, wenn so eine Frau kam und da eines Tages auch so eine Frau kam, schauten drei Frauen neben uns über den Zaun, ob sie schon da ist. Auf einmal ein Schuß -- zwei Frauen fielen tot um, eine verletzt; sie hatten nichts anderes getan, als über den Zaun geguckt.

Dafür wurde der Posten gelobt und bekam eine Auszeichnung für den guten Treffer.

Ich will von allem andern schweigen, was wir gelitten haben, aber dieses Verbrechen muß doch veröffentlicht werden.

Leider weiß ich den Namen dieses humanen Herrn *Velitel* nicht. Von den Namen der drei Frauen weiß ich nur einen, "Kerpes". Die anderen weiß ich nicht, kann aber die geschilderte Begebenheit jederzeit beeiden.

Vielleicht findet sich noch jemand aus Iglau, der den Namen von diesem sauberen *Velitel* und auch die Namen der übrigen Frauen kennt.

Iglau, Bericht Nr. 2

Schreckensregiment

Berichter: Franz Kaupil - Bericht vom 2. 9. 1946

Am 13. 5. 1945 begann die Schreckensherrschaft der Tschechen in Iglau. In der folgenden Nacht haben ungefähr 1200 Deutsche Selbstmord verübt. Bis Weihnachten gab es etwa 2000 Tote. Am 24. und 25. 5. wurde die deutsche Bevölkerung binnen 20 Minuten von Partisanen aus den Wohnungen getrieben und in die Lager Helenental und Altenberg eingesperrt. Diese Lager waren offiziell "Konzentrationslager" benannt. In Helenental waren 3700 Personen untergebracht, in Altenberg gegen 3000. Es war weder für Trink- noch Nutzwasser hinreichend gesorgt. Klosettanlagen und Waschgelegenheiten gab es keine. In den ersten 8 Tagen gab es auch keine Verpflegung. Später gab es nur dünne Suppe und 100 gr. Brot täglich. Kinder bekamen nach den ersten 8 Tagen ¼ l Milch. Jeden Tag starben mehrere ältere Leute und Kleinkinder. Am 8. 6. wurden die Insassen von Helenental völlig ausgeplündert und am nächsten Tag im Fußmarsch über Teltsch nach Stannern 33 km geführt. Wir wurden mit Peitschen angetrieben. Die älteren Leute wurden, wenn sie zusammenbrachen, mit Wagen geführt. Dieser Marsch kostete 350 Menschen infolge Erschöpfung und Hunger das Leben.

In Stannern wurden 3500 Leute in einem Lager mit einem Fassungsraum von 250 Personen zusammengepfercht. Die meisten mußten trotz des Regens im Freien kampieren. Am nächsten Tag wurden die Familien in 5 verschiedenen Lagern, getrennt nach Männern, Frauen und Kindern untergebracht. Verpflegung gab es 8 Tage keine. Dann die üblichen Suppen. Im Frauenlager wurden einmal mit einem Schuß vier Frauen getötet und eine schwer verletzt. Darunter Frau Friedl und Frau Kerpes. Prügelstrafen waren bei Männern und Frauen an der Tagesordnung. Es gab auch eine Prügelzelle. Die Lagerinsassen wurden den tschechischen Bauern von der Lagerleitung als Arbeitskräfte verkauft. Im August besserten sich die Verhältnisse, doch starben bis Weihnachten in Stannern ungefähr 500 Häftlinge. Im Januar wurde das Lager Stannern aufgelöst.

Ich selbst wurde am 9. 1. 46 in Untersuchungshaft gesetzt und am 7. 8. 46 entlassen. Dort hörte ich von Augenzeugen oder erlebte selbst furchtbare Grausamkeiten. Am 10. 6. 45 wurden 19 Iglauer Häftlinge aus den Zellen geholt und im Ranzenwald erschossen. Darunter der alte Stadtpfarrer Honsik, Howorka, Augustin, Biskonz, Brunner, Laschka, Martel, Kästler usw. Im Gerichtsgebäude wurden noch im Mai 45 ohne jede Verhandlung erschossen: Krautschneider, Kaliwoda,

Müller und Ruffa. Ein gewisser Hoffmann wurde zu Tode geprügelt. Der gefürchteteste Aufseher war Rychtetzky. Der Fabrikant Krebs wurde skalpiert. Baumeister Lang starb an den Folgen von Mißhandlungen. Der 70-jährige Oberst Zobel erhängte sich in der Zelle. Viele Leute waren durch grausamste Mißhandlungen zu belastenden Aussagen gezwungen worden und wurden dann wegen Delikten festgehalten, die sie gar nicht begangen haben. Ich kann diese Aussagen beeiden und auch weitere Zeugen dafür nennen.

Iglau, Bericht Nr. 3

Mißhandlungen, Vorenthaltung von Gepäck, Ermordung des Vaters

Berichter: Robert Pupeter - Bericht vom 2. 9. 1946

Ich wurde am 6. 8. v. J. ohne Grund und ohne Verhör eingesperrt und 8 Monate im Gefängnis Iglau festgehalten. Dort wurde ich mehrmals schwer mißhandelt. Dann arbeitete ich in einer Ziegelei, wo ich einen Finger verlor. Lohn habe ich nicht bekommen. Dann wurde ich über das Lager Altenberg zu einem tschechischen Bauern in Arbeit geschickt. Mein Vater war im Gefängnis mit 19 Mann ohne Verhandlung erschossen worden. Meine Mutter ist seit ihrer Verjagung nach Österreich verschollen. Ich habe alles verloren.

Ich besitze jetzt 20 kg Gepäck. Im Aussiedlungslager bekam ich nur einen Arbeitsanzug. Die Lebensmittel, die mir mein letzter Arbeitgeber für die Reise gegeben hatte, wurden mir im Aussiedlungslager vom Lagerführer persönlich abgenommen und ich mußte sie selbst in sein Zimmer tragen.

Iglau, Bericht Nr. 4

Zustand des Gepäcks im Lager Iglau

Berichter: Alfred Chlad - Bericht vom 2. 9. 1946

Im Aussiedlungslager in Iglau wurde bekanntgemacht, daß pro Kopf 50 kg Gepäck mitgenommen werden dürfen. Kriegsgefangene und Leute, die aus Gefängnissen entlassen wurden, haben bei weitem nicht dieses Gepäck erreicht, sondern meistens nur 15 kg. An der Grenze wurde deshalb der Transport vom amerikanischen Übernahmeoffizier beanstandet und sollte zurückgewiesen werden. Da von den Aussiedlern niemand zurückbleiben wollte und auch die tschechischen Übergabeoffiziere sich für die Weiterfahrt einsetzten, durfte der Transport schließlich die Grenze passieren.

Jägerndorf

Jägerndorf, Bericht Nr. 1

Lager Jägerndorf, Schwere Mißhandlungen eines 71-jährigen

Berichter: Josef Kramlovsky - Bericht vom 29. 6. 1946

Im Juni 1945 wurde ich von Partisanen ins Lager Jägerndorf gebracht. Die gesamte deutsche Bevölkerung Jägerndorfs wurde damals in mehreren Lagern zusammengefaßt. Bei der Einlieferung wurde jeder völlig ausgeraubt. Einige Tage später wurde jeden Tag abends zum Antreten befohlen. Dann mußten wir im Kreise herummarschieren. Plötzlich wurde Laufschritt kommandiert. Da ich seit dem ersten Weltkrieg eine Gewehrkugel im Hüftgelenk habe, konnte ich mit meinen 71 Jahren nicht schnell laufen. Da stürzte sich ein Partisane auf mich und sprang mir mit den Stiefeln in den Bauch, daß ich mit Krämpfen zusammenbrach. Dann trat er mich mehrmals in das Bein und schrie: "Deutsche Kanaille, wenn Du Dich morgen krank meldest, wirst Du erschossen". Am nächsten Tag hatte ich ein geschwollenes Bein, sodaß ich nicht gehen konnte. Ich wagte aber nicht zum Arzt zu gehen und schleppte mich mühsam weiter. Um den ständigen Drangsalierungen und Mißhandlungen zu entgehen, meldete ich mich mit meiner Frau, die damals 66 Jahre alt war, in ein Betriebslager, wo wir arbeiteten. Auch dort wurden wir ständig drangsaliert. Wir mußten uns selbst verpflegen und bekamen für die geleistete Arbeit keinen Lohn. Am 7. 12. 45 wurden meine Frau und ich auf Grund unseres Alters aus dem Lager entlassen. Unsere Wohnung war inzwischen mit der gesamten Einrichtung, Wäsche und Kleidern beschlagnahmt worden. Wir durften die Wohnung nicht mehr betreten und bekamen auch von unseren Sachen nichts mehr heraus. Wir mußten als Schlafgeher zu Bekannten gehen. Für die Aussiedlung haben wir uns etwas Gepäck zusammengebettelt.

Auch im Aussiedlungslager wurden die Leute durch strenge Bestrafung und Beschimpfungen eingeschüchtert. Die Kontrollorgane nahmen den Leuten weg, was ihnen gefiel.

Jägerndorf, Bericht Nr. 2

Mißhandlungen auf dem Transport und im Lager

Berichter: Johann Korsitzke - Bericht vom 4. 7. 1946

Ich wurde am 13. 6. v. J. in meiner Wohnung verhaftet und 3 Wochen im Kreisgericht Jägerndorf festgehalten. Verhört wurde ich niemals. Bei der Einlieferung ins Kreisgericht wurde ich so lange geschlagen, bis ich bewußtlos war. Dann wurde ich mit ungefähr 250 Mann, für die nur 2 Waggons zur Verfügung standen, nach Mährisch-Ostrau gebracht. Während des Transportes ging ein Posten hin und her und schlug wahllos mit seiner Peitsche auf unsere Köpfe. Dann gab er einigen den Befehl, den Mund zu öffnen. Der Posten spuckte hinein. Während des ganzen Transportes mußten wir in jeder der über 20 Haltestellen des Zuges das Deutschland- und das Horst-Wessel-Lied singen. Bei völlig ungenügender Verpflegung mußten wir in Ostrau in der Koksanstalt schwerste Arbeit leisten, sodaß alle bald von Kräften kamen. Im Juli wurde ich einmal geschlagen, da ich mit einem Kameraden einige belanglose deutsche Worte sprach. Das Deutschsprechen unter den Deutschen war im Lager außerhalb der Stuben verboten. Im Dezember wurde ich krankheitshalber entlassen und arbeitete dann in Jägerndorf bei einem bekannten Tschechen.

Jägerndorf, Bericht Nr. 3

Vergewaltigungsversuche

Berichterin: Erika Kunisch - Bericht vom 13. 12. 1945

Ich kam mit meiner Mutter Anfang Juni nach Jägerndorf, das während der Kriegshandlungen geräumt worden war, zurück und wohnte dann später in Braunsdorf bei Jägerndorf. Während in Jägerndorf die Deutschen sogleich in Lager gesteckt wurden, konnten wir in Braunsdorf zunächst in unseren Wohnungen bleiben. Die Tschechen hielten den Ort aber unter strenger Beobachtung. Sie hatten u. a. im Kirchturm ein MG postiert und schossen auf alle, die versuchen wollten, das Dorf ohne Erlaubnis zu verlassen.

Ende Juli kam ich mit meinen Eltern dann doch in ein Lager nach Jägerndorf, wo wir alle sehr schlecht behandelt wurden. Die Verpflegung war außerordentlich schlecht. Die Männer wurden nach und nach in die Bergwerke kommandiert, viele wurden ohne jeden Grund erschossen. Die Frau des Bürgermeisters Kieslich von Braunsdorf wurde verprügelt, mit kaltem Wasser begossen und dann von tschechischen Partisanenposten erschossen. Wir mußten bei dieser Erschießung alle zusehen.

Am Abend ließen die Tschechen oft russische Soldaten in das Lager, die nach deutschen Mädchen und Frauen suchten und sie vergewaltigten. Ich selbst war mit meiner Mutter von einem tschechischen Leutnant bereits in das Auto eines russischen Offiziers gebracht worden. Meine Mutter täuschte aber einen Ohnmachtsanfall vor und so kamen wir wieder frei.

Mitte Juli war meine Tante wieder in Braunsdorf gewesen. Als sie den Ort verließ, wurde ihr auch von den 30 kg Gepäck alles weggenommen. Auf Deutsche, die in die Berge flohen, schossen die Tschechen vom Kirchturm aus.

Im Lager in Jägerndorf wurde ich als Lokomotivwäscherin verwendet. Meine Verpflegung bestand aus 100 gr Brot, früh und Mittag ein halber Liter Suppe. In Jägerndorf versuchten auch die tschechischen Posten, uns zu mißbrauchen. Es gelang mir, in das Altvatergebirge zu entkommen, wo ich bei meiner Tante zunächst unterkommen konnte. Später ging ich dann nach Deutschland.

Jägerndorf, Bericht Nr. 4

Burgberglager, Mißhandlung mit Todesfolge

Berichterin: Olga Arndt - Bericht vom 19. 6. 1946

Ich wurde Ende Mai mit mehreren hundert Frauen und Kindern mit Peitschen und vorgehaltenen Pistolen aus der Wohnung durch die Straßen von Jägerndorf ins Burgberglager gejagt. Dort wurden wir in meistens vollkommen leere Baracken getrieben, wo wir 3 Tage ohne Essen blieben. Im selben Lager waren auch Männer untergebracht, die durch 14 Tage hindurch täglich mehrmals auf entblößtem Oberkörper von der tschechischen Miliz in blauer Uniform verprügelt wurden. Zwei Männer, darunter ein gewisser Sieber, wurden zu Tode geprügelt. Sieber wurde im Hof des Lagers begraben. Auf die Grabstelle wurde eine Klosett gesetzt.

Nach ungefähr vier Tagen erschien eine Frau in Uniform. Wir mußten antreten und diese Frau nahm uns das sämtliche Geld, den Schmuck und die Sparkassenbücher ab. Gleichzeitig wurden die Baracken durchsucht. Mich rief diese Frau, als ich alles abgegeben hatte, heraus mit den Worten: "Du schwarze Bestie, komm her!" Sie tastete mir den ganzen Körper in der gemeinsten Weise ab, ohne etwas zu finden. Sie schlug mich dann dreimal ins Gesicht, zog mich bei den Haaren und jagte mich mit einem Schimpfwort davon. Nach 14 Tagen kam ich in ein Fabriklager, wo die Verhältnisse wesentlich besser waren.

Jägerndorf, Bericht Nr. 5

Schwere Mißhandlungen im Gerichtsgefängnis

Berichter: Otto Langer, Tierarzt - Bericht vom 30. 9. 1946

Obwohl ich niemals bei einer politischen Partei oder Organisation gewesen bin, wurde ich am 15. 6. v. Js. in Braunsdorf verhaftet und in das Jägerndorfer Gerichtsgefängnis eingeliefert. Dort wurde ich ohne jeden Grund durch einige Tage hindurch wiederholt schwer mißhandelt. Da ich Tierarzt bin, erschien ich den Tschechen zur Behandlung der deutschen Mitgefangenen geeignet, die sie nur als Tiere bezeichneten, auch in den Zellenaufschriften. Dabei bekam ich die entsetzlichen Folgen der schweren Mißhandlungen zu sehen und war auch wiederholt Augenzeuge solcher Mißhandlungen. Die Mißhandlungen wurden mit Gummischläuchen, Stahlkabeln, Peitschen, Stuhlbeinen, Gummiknüppeln usw. vorgenommen. Jeder bekam bei einer Mißhandlung 80-160 Hiebe von mehreren Leuten. Oft wurden tschechische Zivilisten von der Straße zur Vornahme solcher Mißhandlungen hereingerufen. Ich sah selbst, wie zwei Leute so zerschlagen waren, daß sie in zwei Tagen starben. Einer davon war der Gärtner Schmalz aus Olbersdorf. Einen behandelte ich mit einem Schlüsselbein- und Oberarmbruch, der durch Schläge verursacht war. Ich beantragte Überführung in das Krankenhaus, die mit den Worten: "Für Deutsche gibt es kein Krankenhaus", abgelehnt wurde.

Als ich eine deutsche Frau mit einer eitrigen Fußverletzung verbinden wollte, wurde ich von einem Aufseher daran gehindert: Deutsche sind nur Tiere, es ist schade um den Verbandstoff.

Ich habe nach den Mißhandlungen viele Körper gesehen, die buchstäblich keinen weißen Fleck mehr aufwiesen. Drei Häftlinge haben sich in der Verzweiflung wegen der ausgestandenen Mißhandlungen erhängt, darunter eine junge Frau, deren Leichnam man drei Tage trotz der großen Junihitze in der Zelle liegen ließ. Als ein Transport von 160 Mann nach Wittkowitz abging, wurden zahlreiche Häftlinge buchstäblich halb nackt mitgeschickt, da man ihnen bessere Kleidungsstücke und Schuhe abgenommen hatte. Die Verpflegung bestand nur aus Wassersuppen, die erste Woche erhielten wir pro Mann und Woche 100 g Brot, später dieselbe Menge zweimal wöchentlich. Infolge der Unterernährung traten schwere Durchfälle auf, es mangelte an Medikamenten und sanitären Einrichtungen. In Zellen mit 14,3 qm Bodenfläche waren meistens 17, einigemale 32 Häftlinge untergebracht. Die Zellentüren wurden ständig geschlossen gehalten, der Kübel zur Verrichtung der Notdurft reichte bei weitem nicht aus. An Trink- und Waschwasser erhielten wir pro Tag und Zelle nur einen Dreiliterkrug. Am 7. 8. v. Js. wurde ich entlassen und durch die Bezirkskommission in Olbersdorf als Tierarzt angestellt. Meine Frau war unterdessen zur landwirtschaftlichen Arbeit verschickt worden, von der sie schwere gesundheitliche Schäden davontrug. Wegen dieser wurde sie dann im März zu mir entlassen. Von unseren Sachen haben wir nie mehr etwas gesehen. Unser Aussiedlungsgepäck besteht vorwiegend aus Geschenken.

Karlsbad

Karlsbad, Bericht Nr. 1

Willkürliche Verhaftung

Berichter: F. Danzer - Bericht vom 22. 7. 1946

Am 5. 9. 1945 wurde ich, als ich gerade die Inventur zur Übergabe meines Betriebes an einen tschechischen Verwalter aufstellte, verhaftet und in das Karlsbader Polizeigefängnis eingeliefert. Meine Braut, die mir bei der Inventuraufnahme half, wurde mitverhaftet. Sie wurde bei der Verhaftung ohne jeden Grund geohrfeigt. Ich selbst wurde mit dem Gewehrkolben geschlagen und mit Füßen getreten. Bei der Ankunft im Gefängnis wurde ich neuerdings schwer mißhandelt. Es wurden mir dabei 2 Rippen auf der linken Seite gebrochen. Das Gesicht und der Kopf waren zur Unkenntlichkeit verschwollen, mehrere Zähne wurden mir losgeschlagen. Außerdem erlitt ich Prellungen am Steiß und am rechten Bein. Bewußtlos wurde ich in den Keller geworfen. Das erste Verhör fand erst Ende Juni d. J. statt. Es lag kein Akt in meiner Sache vor. Mitte Juli d. J. wurde ich zur Aussiedlung entlassen.

Karlsbad, Bericht Nr. 2

Schwere Mißhandlungen im Lager

Berichter: Josef Mörtl - Bericht vom 29. 9. 1946

Ich war seit 1939 Beamter der Polizeidirektion in Karlsbad und wurde im Mai 1945 von den Tschechen im Dienst gelassen, da gegen mich nichts vorlag. Ende Juli 1945 wurde ich von den Tschechen entlassen. In dieser Zeit war ich wiederholt Augenzeuge von Mißhandlungen und Erschießungen Deutscher gewesen. Es wurden mehrmals Deutsche aus den Zellen geholt und am Hof mit Pistolen erschossen. Am 13. [August?] v. J. wurde ich selbst verhaftet und nach Marienbad, Lager Auschowitz, eingewiesen. Dort sah ich zahlreiche Leute, die bis zur Unkenntlichkeit zerschlagen waren. Ein 86jähriger Mann namens Zeiler aus Einsiedl erzählte mir, daß auch er schwer mißhandelt worden sei. 8 Monate brachte ich auch in Neurohlau zu. Dort waren 13-14-jährige Jugendliche eingesperrt, die ebenfalls schwer mißhandelt wurden. Meine Familie wurde unterdessen mehrmals aus der Wohnung geworfen und dabei völlig ausgeplündert. Von meinen eigenen Sachen habe ich überhaupt nichts mehr. Mein Aussiedlungsgepäck bestand nur aus von guten Menschen geschenkten Sachen.

Karlsbad, Bericht Nr. 3

Gerichtsgefängnis Karlsbad, Neurohlau

Berichterin: Hedwig Nao - Bericht vom 13. 9. 1946

Am 21. 7. 1945 wurde mein 80-jähriger Mann Marko Nao von der Straße weg verhaftet und ins Gerichtsgefängnis Karlsbad eingeliefert. Trotz seines Alters und seines schwächlichen Zustandes wurde er zu Aufräumungsarbeiten verwendet. Am ersten Tage brach er bei der Arbeit zusammen und mußte ins Gefängnis zurückgetragen werden. Dabei wurden die Träger geschlagen und auch er selbst bekam einen Schlag auf den Kopf. Nach einer Woche wurde er aus dem Gefängnis Karlsbad in das Lager Neurohlau eingeliefert, wo er so entkräftet ankam, daß er nicht seinen Namen nennen konnte. Am 4. 8. 45 starb er an Entkräftung. Er wurde nicht kirchlich beerdigt, deshalb wurde sein Todesfall nicht registriert und auch mir bis heute offiziell nicht mitgeteilt. Ich habe das alles durch Mithäftlinge meines Mannes und den Lagerarzt von Neurohlau, Dr. Kudlich, sowie durch Mitteilungen des deutschen Lagerverwalters Korb erfahren.

Karlsbad, Bericht Nr. 4

Schwere Drangsalierung durch einen Verwalter

Berichter: Wilhelm Meindl - Bericht vom 13. 9. 1946

Ich hatte in Karlsbad einen Mühlenbaubetrieb. Am 1. 10. 1945 wurde der Tscheche Jan Verner als Verwalter auf meinen Betrieb gesetzt. Zur Inventuraufnahme wurde ich auf sein Betreiben nicht herangezogen, weshalb auch die Inventur um 250.000 Kcs zu niedrig ausfiel, was sich auch später herausstellte. Durch Verleumdung und Denunziationen machte er mir es unmöglich, Anzeige gegen ihn zu machen und seine eigenen Unregelmäßigkeiten tarnte er dadurch, daß er mich ständig der Sabotage bezichtigte. Auf diese Art schüchterte er mich ein. Trotzdem bemühte er sich, mich als Spezialisten im Mühlenbaufach von der Aussiedlung zurückzuhalten. Bei der Aussiedlung wurde mein Gepäck auf sein Betreiben beraubt, indem man alle meine Gepäckstücke durchsuchte und mir vorwiegend Winterkleidung und Wäsche entwendete. Die Mitnahme von Werkzeugen wurde mir verweigert, obwohl ich dafür einen Berechtigungsschein der Bezirksaussiedlungskommission hatte.

Karlsbad, Bericht Nr. 5

Mißhandlung einer 65-jährigen Frau durch tschechische Jugendliche auf der Straße

Berichterin: Leopoldine Schneider - Bericht vom 13. 9. 1946

Mitte August 1946 um 6 Uhr nachm. ging ich durch die Panoramastraße in Karlsbad nachhause. Ich trug die weiße Armbinde. Ungefähr in der Mitte der Panoramastraße bei der Milchtrinkhalle versperrte mir ein 12jähriger Junge mit einer Peitsche in der Hand den Weg und rief mir tschechische Schimpfworte zu. Ich wollte ihm wortlos ausweichen. Da versetzte er mir einen Schlag mit der Peitsche über den Kopf. Darauf liefen 4-5 andere Jungen im gleichen Alter herbei und schlugen mit Peitschen auf mich ein. Ich begann zu laufen und sie verfolgten mich mit Peitschenhieben, Geschrei und Schimpfworten bis nachhause, ungefähr 15 Minuten lang, wo ich weinend und ganz erschöpft ankam. Unterwegs hatten tschechische Erwachsene aus Fenstern und Türen, ferner tschechische Passanten auf der Straße lachend dem Schauspiel zugesehen und die Jungen durch Zurufe ermuntert.

Karlsbad, Bericht Nr. 6

Schwere Mißhandlungen eines Polizeimeisters

Berichter: Alfred Müller - Bericht vom 13. 9. 1946

Ich war Polizeimeister in Karlsbad und wurde beim Einmarsch der Tschechen Anfang Mai 1945 im Dienst gelassen, da gegen mich nichts vorlag und ich allgemein als loyal und human bekannt war. Ich war weiterhin stellvertretender Leiter des Polizeigefängnisses. Ich habe dort gesehen, wie vom ersten Tag alle eingelieferten Männer auf das Schwerste mißhandelt wurden, bis sie blutüberströmt zusammenbrachen. Ich war über diese Vorfälle entsetzt und äußerte mich auch in diesem Sinne dem Tschechen N. gegenüber, der diese Mißhandlungen selbst mißbilligte und betonte, daß in der deutschen Zeit in diesem Gefängnis nicht ein Schlag gefallen sei. Diese Äußerung muß sonst noch jemand gehört haben, denn ½ Stunde später wurde ich entlassen. Das war am 28. 5. 1945. Anfang Juli wurde ich von der Polizei vorgeladen, im Gefängnis festgehalten und dort selbst auf das Schwerste mißhandelt. Ich erhielt gegen 100 Ohrfeigen und ebenosviele Faustschläge in die Rücken- und Magengegend und als ich zu Boden fiel, Fußstöße gegen den Kopf und ins Gesicht. Mit dem Absatz schlug mir einer drei Zähne aus und verletzte mir das linke Auge. Ohne jedes Verhör wurde ich dann dem Gericht und von diesem vier Wochen später dem Lager Neurohlau eingeliefert. Auch in Neurohlau wurde ich als ehemaliger Polizeiangehöriger wiederholt schwer mißhandelt. Einmal wurde ich bis zur Bewußtlosigkeit geschlagen. Erst im September fand eine Personalaufnahme mit Verhör statt. Dr. N., der das Verhör vornahm, stellte mir in 14 Tagen die Freilassung in Aussicht. Ich mußte aber 13½ Monate im Lager bleiben und wurde dann ohne Verhandlung entlassen.

Karlsbad, Bericht Nr. 7

Karlsbad, Erschießung des Friedhofverwalters

Berichterin: Marie Scherzer - Bericht vom 23. 1. 1951

[**Anmerkung des Verlags:** in einem 1951 in der Europa-Buchhandlung, München erschienenen Sonderdruck des vorliegenden Buches findet man auf S. 294ff den nachfolgenden Bericht, der in der Originalausgabe nicht enthalten ist. Diese Ergänzung wird mit dem Hinweis eingeleitet: "Der Bericht, der einen eindrucksvollen Beitrag zu den Vorgängen d. J. 1945 in Karlsbad bietet, wurde an Stelle der Berichte Nr. 171-176 der vorhergehenden Auflage eingeschaltet." Bei den Berichten Nr. 171-176 handelt es sich um die in der ersten Hälfte dieses Kapitels als Berichte Karlsbad 1-6 wiedergegebenen Aussagen.]

Nach dem Einmarsch der russischen Truppen in Karlsbad* hatte unter anderem auch eine russische Abteilung ihr Lager auf dem Auto- und Droschkenparkplatz beim Friedhof aufgeschlagen, ungefähr 50 Schritte vom Friedhofsverwaltungsgebäude, in welchem meine Eltern (Franz Weis und Julie Weis) und meine Schwester (Gertrud Weis) wohnten, entfernt. Am 17.10.1945* gegen 23.00 Uhr stürmten etwa 30 Mann russischer Soldaten das Haus, brachen die Haustüre auf und drangen in die Wohnung meiner Eltern und in die Kanzleiräume und trieben dort ihr Spiel der sinnlosen Zerstörung. Meine Eltern und meine Schwester hatten wegen der Plünderungsgefahr nicht in der Wohnung, sondern bei einem im geschlossenen Wohngebiet wohnenden Bekannten geschlafen. Als wir von dem Vorfall am anderen Morgen erfuhren und nach 3 Tagen wieder in das Haus und in die Wohnung konnten, bot sich uns ein fürchterliches Bild der Verwüstung. In der Kanzlei waren die Schränke, Schreibtische, die eiserne Kasse usw. aufgebrochen, das Geld, die Akten, Bücher, Dokumente u. a. m. lagen zerrissen und zerstreut am Fußboden, auch die Schreibmaschine wurde zu Boden geworfen. Noch schlimmer sah es in der Wohnung aus, Wäsche, Kleidung, Betten, Kochgeschirr waren verschwunden und Teile davon zerrissen und beschmutzt im nahen Wald verstreut. Die noch vorhandenen Sachen wie Möbel usw. zum Teil demoliert, die Lebensmittel auf dem Fußboden verschüttet und die ganze Wohnung abscheulich verunreinigt. Es war ein erschütternder und trostloser Anblick. Meine Eltern und meine Schwester waren nun gezwungen bei mir zu wohnen. *[*Anm. d. Verlags: das Datum scheint ein Fehler zu sein und sollte höchstwahrscheinlich 17.5.1945 heißen. Die Russen zogen am 6. Mai 1945 in Karlsbad ein und im Rest dieses Berichtes geht es um Ereignisse im Juni 1945; Oktober liegt außerhalb der zutreffenden Zeitspanne.]*

Mein Vater versah nach Abflauen dieser Plünderungen wieder seinen Dienst in der Friedhofverwaltung und meine Mutter versuchte in der Wohnung wieder etwas Ordnung und Sauberkeit zu schaffen. Während dieser Tage wurden sie jedoch dauernd sowohl von russischen Soldaten als auch von Partisanen und tschechischen Zivilisten, die sich als Kommissare ausgaben, belästigt und in Unruhe versetzt. Am 1. Juni 1945 wurde mein Vater bei seiner Arbeit am jüdischen Friedhof von 2 tschechischen Gendarmen angefallen und von diesen mit Knütteln und Schlagringen niedergeschlagen. Darauf gingen die beiden Gendarmen in das Gebäude der Friedhofsverwaltung und trafen dort meine Mutter an. Sie zerrten sie in die Küche und begannen auch auf sie einzuschlagen. Nachdem sie auch diese Untat vollbracht hatten, sperrten sie sie in die Küche ein. Anschließend gingen sie noch in die Kanzlei und ließen ihre Wut an dem Angestellten Alexander Neumeyer aus. Dieser saß ahnungslos bei der Schreibmaschine und schrieb. Auch er wurde verprügelt. Er soll auch an den Folgen verstorben sein. Meine Mutter öffnete unterdessen aus Angst und vor Schmerz das Fenster und rief um Hilfe. Mein Vater, der sich gerade in die Wohnung schleppen wollte, hörte die Hilferufe meiner Mutter und wollte sich daraufhin in seiner seelischen Depression durch Öffnen der Hals- und Pulsadern das Leben nehmen, um dem Martyrium ein Ende zu machen. Eine Friedhofsbesucherin fand meinen Vater am neuen Teil des katholischen Friedhofes, wohin er sich geschleppt hatte, auf einer Gruft in einer Blutlache vor. Die Frau eilte in die Friedhofskanzlei und verständigte den Herrn Neumeyer, der inzwischen meine Mutter aus ihrer Lage befreit hatte, und auch meine Mutter. Herr Neumeyer teilte dies sofort telefonisch der Rettungsgesellschaft mit, die meinen Vater in das Krankenhaus brachten. Am 3. Juni 1945 besuchten meine Schwester Gertrud Weis, mein Schwager Ernst Scherzer und ich meinen Vater im Krankenhaus. Mein Schwager verließ kurz vor 17.00 Uhr das Krankenhaus, während meine Schwester und ich noch etwas bei unserem Vater blieben. Plötzlich drang ein Gejohle und ein Geschrei in den Krankensaal und nach geraumer Zeit erschienen vier tschechische Zivilisten im Saal, vorn der angebliche "Kommissar" Crha, kamen auf uns zu und fragten, wer wir seien. Nach Beantwortung der Frage rissen sie meinen Vater aus dem Bett, nahmen ihm die Taschenuhr ab und erklärten uns drei als verhaftet. Auf meine Frage nach dem Grund der Verhaftung brüllte man mich an: "Es müssen noch mehr Deutsche dran glauben". Unter wüstem Schimpfen trieb und stieß man uns - mein Vater war zudem nur notdürftig mit Hemd und Hose bekleidet - über die Stiegen hinunter und bugsierte uns in ein bereitstehendes Auto. Die vier Zivilisten setzten sich auf die Kotflügel und die Fahrt ging zuerst zum *"Národní výbor"*, welcher im ehemaligen jüdischen Altenheim und nochmaligen Regierungsgebäude untergebracht war. Zwei der Zivilisten begaben sich in das Gebäude und kamen nach kurzer Zeit mit mehreren Flaschen Schnaps im Arm wieder zurück. Diese verteilten sie unter sich und begannen gleich sich kräftig zuzutrinken. Unter dauernden Beschimpfungen und Drohungen wie "Schaut euch alles nochmals gut an, das ist Eure letzte Fahrt, ihr Nazi-Schweine", "Eure letzte Stunde hat geschlagen" usw. ging die Fahrt zum "Goldenen Kreuz" in der Waldzeile, der Sitz der tschechischen Polizei, Kommissare, Partisanen usw. Dort angekommen, stieß man uns links in ein ebenerdiges Zimmer und überschüttete uns mit Beschimpfungen unflätigster Art. Der Ausdruck "Deutsche Nazi-Schweine" war der mildeste. Mein Vater mußte sich auf einen Sessel setzen und meine Schwester und ich standen rechts und links neben ihm. Zu den vier Zivilisten gesellten sich in dem Zimmer immer mehr "Kommissare", gegen 8 an der Zahl, welche mit Gewehren, Gummiknütteln, Lederriemen, Schlagringen usw. bewaffnet waren. Dann begann der "Kommissar" Crha in gebrochenem Deutsch zu meinem Vater gewendet, "Na Du Deutsches Nazi-Schwein, wieviel hast Du verborgen Männer bei Mobilisierung wie Adolf kam", und schon schlugen alle "Kommissare" mit dem, was sie gerade in der Hand hatten, so auf meinen Vater ein, daß das Blut nach allen Seiten spritzte. Als wir anfingen zu weinen, wurden auch wir mit Schlägen tüchtig bedacht. Meinen Vater zerrte man darauf in einen Nebenraum, warf ihn auf eine Pritsche, und die Schlägerei begann von Neuem. Nach dieser Marter brachte man ihn wieder in das erste Zimmer zurück. Inzwischen hatte man von den im "Goldenen Kreuz" in Haft gehaltenen Deutschen einige geholt, welche durch die erhaltenen Schläge im Gesicht und an den Händen mit Blutbeulen, Platzwunden, Schwellungen usw. übersät, fast bis zur Unkenntlichkeit entstellt waren. Diese wurden nun jeweils gefragt: "Kennst Du dieses Deutsche Nazi-Schwein". Mit Ausnahme eines einzigen beantworteten sie die Frage mit nein, denn diese Vorgeführten kannten auch wir nicht. Nur der eine, der ehemalige Obergärtner der Friedhofsgärtnerei, Alfred Lippert, welcher ebenfalls durch Blutunterlaufungen und Schwellungen entstellt war, gab auf die gestellte Frage "ja" zur Antwort. Darauf sagte der Kommissar Crha zu Lippert: "Da nimm Puška und erschieß alle drei". Lippert antwortete jedoch: "Herr Kommissar, das kann ich nicht, erschießen Sie halt mich, die drei haben nichts getan". Daraufhin wurden die Vorgeführten wieder aus dem Zimmer getrieben. Während der Gegenüberstellung bearbeiteten die "Kommissare" meinen Vater, der eine zerrte dauernd an den Ohren und schnitt sogar in das rechte Ohr, ein anderer goß Benzin über ihn und wollte ihn anzünden, was jedoch ein anderer durch Wegschlagen des Feuerzeuges noch verhindern konnte, ein anderer wieder stieß dauernd mit spitzen Patronen in den Rücken und in die Seiten, andere wieder stießen mit dem Gewehr nach ihm oder gaben ihm Fußtritte. Anschließend wurde er wieder in das Nebenzimmer gestoßen. Dann fragte mich "Kommissar" Crha: "Hast Du noch letzten Wunsch". Da wußte ich, was mit uns geschehen sollte. Ich erklärte ihm, daß ich wenigstens meine Mutter und meine drei kleinen Kinder (3½ Monate, 4 und 6 Jahre) noch einmal sehen und mich von ihnen verabschieden möchte. Er verlangte von mir einen Nachweis über meine Kinder und ich hatte ein Lichtbild von ihnen bei mir. Darauf sagte er: "Wollen Sie sich von Vater und Schwester verabschieden oder nicht?" Ich dachte an meine Mutter, meine drei kleinen Kinder und an meinen Mann, von dem ich allerdings schon über 1 Jahr keine Nachricht mehr hatte, und antwortete dann: "Wenn es sein muß, jawohl!" Man schob mich in das Nebenzimmer, und unter Bewachung mußte ich von meinem lieben Vater Abschied nehmen. Er sprach nur leise und sagte "grüß mir die Mutter", dabei blutete er aus dem Mund, der Nase und den Ohren, das eine Auge war so verschwollen und blutunterlaufen, daß er es nicht mehr aufbrachte. Ich drückte ihm die Hand und gab ihm einen Kuß auf die Stirne. Vor Aufregung und Schmerz konnte ich kein Wort sprechen. Schon brüllte die Bewachung "raus". Ich ging wieder zurück in das Zimmer, in welchem meine Schwester stand, um mich auch von ihr zu verabschieden. Sie fiel mir leichenblaß um den Hals und ließ mich nicht mehr los. Den Kerlen dauerte es zu lange, und sie begannen mit Gummiknütteln auf uns einzuschlagen, bis meine Schwester erschöpft zusammenbrach. Sie rissen sie wieder hoch und brüllten "schnell, schnell, wir haben keine Zeit". Meinen Vater führten einige bereits aus dem Zimmer, und einige zerrten meine Schwester hinterher. Auch ich mußte mich anschließen. Selbstverständlich waren wir dabei von einer Schar "Kommissare" umgeben. Als ich zur Hoftüre kam und den Hof überblicken konnte, mein Vater und meine Schwester hatten bereits den Hof betreten, mußte ich stehen bleiben, und "Kommissar" Crha zählte, unter der Türe stehend *"jeden, dva, tři",* Schüsse peitschten durch den Hof, das Hemd über der Brust meines Vaters färbte sich rot und wölbte sich auf, und er sank nach rückwärts, mit dem Kopf auf das Pflaster aufschlagend zu Boden. Das Knallen war noch nicht verhallt, da fielen neuerlich zwei Schüsse, und meine Schwester stürzte zusammen. Dies spielte sich in wenigen Sekunden ab. Mich trieb man unter Schlägen mit Gummiknütteln wieder in das Zimmer zurück. Dort sagte nur Kommissar Crha: "Ich entlasse Sie für heute, Sie müssen mir aber versprechen, daß Sie nichts aussagen, was hier geschah, habe ich Herz für ihre drei Kinder". Mit wüstem Geschimpfe jagte man mich dann aus dem "Goldenen Kreuz". Der geschilderte Vorfall spielte sich von der Einlieferung in das "Goldene Kreuz" bis zu meiner Entlassung aus diesem Hause ohne irgendwelchem Verhör und Grund in knapp 30 Minuten ab, länger waren wir nicht dort.

Karlsbad, Bericht Nr. 8

Karlsbad-Lesnitz, Schwere Mißhandlungen auf Grund einer falschen Beschuldigung am 4. 7. 1945

Berichter: Anton Riedl - Bericht vom 22. 6. 1946

Am 4. 7. 1945 wurde ich in Lesnitz verhaftet und ins Bezirksgericht Karlsbad gebracht. Ich wurde beschuldigt, KZ-Transporte geführt zu haben. Ich leugnete es, und führte den tschechischen Ing. N., Leiter der Fa. Pittel & Brausewetter, Karlsbad, als Zeugen an, der bestätigen konnte, daß ich ununterbrochen beim Egerländer Erzbergbau in Schönfeld, Bezirk Elbogen tätig war, ohne auch nur vorübergehend den Bau verlassen zu haben. Darauf brüllte mit der Tscheche, der mich einvernahm, an: "Was, du deutsche Sau, du willst dich auch noch rechtfertigen". Darauf bekam ich von ihm zwei Ohrfeigen, daß ich taumelte. Unmittelbar darauf wurde ich am Korridor von drei Mann mit Gummiknüppel und Ochsenziemern geschlagen. Ich erhielt gegen 60 Hiebe. Nach einer Stunde wurde ich nochmals in der gleichen Weise geschlagen, daß ich blutete. Ich verbrachte dann 36 Stunden in einer 6 qm großen Zelle mit 14 Mann. Hierauf fand ein neuerliches Verhör statt, bei dem ich wieder verprügelt wurde. In einer Waschküche verbrachte ich dann nochmals zwei Tage mit ungefähr 80 Mann jeden Alters, die alle in derselben Weise verprügelt wurden, wie ich. Am 11. 7. wurde ich abermals geholt. Vor mir stand der tschechische Baumeister N., der mir sagte, daß ich auf Grund einer falschen Anzeige verhaftet worden sei und nun entlassen werde. Er brachte mich in seinem Auto nach Hause. Ich war 4 Wochen lang an den Folgen der Mißhandlungen krank. Dann arbeitete ich bei diesem Baumeister bis zu meiner Aussiedlung.

Kladno

Kladno, Bericht Nr. 1

Lager Kladno und Marsch zur Grenze, Vergewaltigungen

Berichter: Dipl.-Ing. Eugen Scholz - Bericht vom 28. 6. 1950

Nachdem ich mit meiner Familie am 21. 4. 45 Brünn verlassen hatte, landeten wir nach 12-tägiger Bahnfahrt in der Gegend von Kladno. Unser inzwischen auf etwa 2000 Menschen angewachsener Flüchtlingszug wurde auf mehrere Dörfer verteilt, die zum großen Teil bereits schon mit schlesischen Flüchtlingen belegt waren. Wir selbst wurden in der Schule des Ortes Katschitz untergebracht.

Infolge einer schweren Lungenverletzung und einer Lungenentzündung mußte ich am zweiten Tage nach unserer Ankunft in Katschitz, am 4. 5. 45, in das Bezirkskrankenhaus Kladno überführt werden.

Eines nachmittags wurden alle männlichen deutschen Insassen des Krankenhauses in unser Zimmer gebracht. Mehrere deutsche Wehrmachtsangehörige, die gleichfalls bisher als Kranke hier waren, wurden von uns getrennt und wir verblieben etwa 30 Menschen, in der Mehrzahl Kinder, einige Jugendliche, ein Greis und ich als einzige Erwachsene. In unserem Zimmer erschienen tschechische Partisanen, welche bisher im Krankenhaus versteckt gehalten worden waren. Diese schlugen mit viel Geschrei die nach ihren Eltern jammernden Kinder, ließen zwei größere Jungen nahe an die Wand herantreten und schlugen von rückwärts mit den Fäusten so kräftig auf deren Hinterköpfe ein, daß diese mit dem Gesicht immer wieder hart an die Wand aufschlagen mußten. Selbstverständlich wurden wir bei dieser Gelegenheit auch unsere Wertsachen los. Ich selbst hatte die Ehre, meine Sachen einem als Patient hier weilenden tschechischen "Kriminalinspektor" auszufolgen, der sogar mit einer Pistole in der Hand erschienen war, mit welcher er vor allem die Kinder zu beeindrucken versuchte. Auch nachtsüber ließ man uns nicht in Ruhe. Unter anderem wurde die ganze Nacht hindurch immer wieder in kurzen Zeitabständen das Licht ein- und ausgedreht, um uns auf diese Weise durch das grellaufleuchtende Licht der notwendigen Ruhe zu berauben.

Am nächsten Morgen wurden wir unter polizeilicher Aufsicht auf einen Lastwagen verladen und nach einem Sportplatz in Kladno gebracht. Unterwegs hielten wir noch vor einer tschechischen Klinik, vor welcher eine junge schlesische Flüchtlingsfrau mit ihrem Säugling und sechs weiteren Flüchtlingskindern im Alter von 2-7 Jahren, deren Eltern sich irgendwo in den umliegenden Ortschaften aufhielten, stand. Diese an Mittelohrentzündung erkrankten Kinder, deren Köpfchen noch die dicken Verbände trugen, hatte man nun auch aus der Klinik fortgejagt. Anstatt sie ihren Eltern zurückzuführen, überließ man sie einfach einem ungewissen Schicksal. Ihre Verbände waren schon am nächsten Tage von Eiter stark durchtränkt und wir hatten keine Möglichkeit, dieselben zu erneuern. Mit viel Mühe gelang es uns dann, einen gefangenen deutschen Militärarzt herbeizuholen, der aber auch nicht helfen konnte, da ihm keinerlei Hilfsmittel zur Verfügung standen. Durch sein energisches Einschreiten konnten die Kinder wenigstens einer Art Hilfsstelle auf dem Flugplatz Kladno zugeführt werden. Zuvor hatte ich noch jedem Kind ein Schildchen um den Hals gehängt, auf welches ich den Namen und sonstige Daten vermerkt hatte, soweit ich diese überhaupt von ihnen erfahren konnte. Eins dieser Schildchen konnte ich nur mit dem Vornamen des betreffenden Kindes versehen, da dasselbe noch kaum sprechen konnte.

Nachdem also diese Flüchtlingsfrau mit den Kindern zugestiegen waren, ging es weiter zu dem bereits erwähnten Sportplatz. Als unser Elendshäufchen dort ankam, bot sich uns folgender Anblick. Unter scharfer tschechischer Bewachung *(Národní Výbor)* hockten in der Mitte des Platzes etwa 150 zivile deutsche Männer, darunter auch Kriegsversehrte aus dem ersten Weltkrieg, die man in Kladno und der näheren Umgebung zusammengetrieben hatte. Einige von ihnen konnte ich während der nächsten Stunden kurz sprechen. Sie versicherten mir, daß sie nichts verbrochen hätten und nur ihre Pflicht als Angestellte in verschiedenen Ämtern oder sonstigen Stellen verrichtet hätten, da sie für Kriegsdienste untauglich waren.

Wir wurden hier von dem tschechischen Wachkommandanten empfangen, einem älteren Unteroffizier, dem ich unter besonderem Hinweis auf unseren Zustand über unsere Herkunft aufklärte. Um hier der Wahrheit gerecht zu werden, darf ich an dieser Stelle nicht unerwähnt lassen, daß dieser Tscheche eine Ausnahme unter seinen übrigen hier tätigen Genossen bildete. Er hatte wirkliches Mitleid mit uns und versicherte mir auch, daß er bei dem Gedanken an seine eigene Familie alles verabscheue, was hier mit den Unschuldigen geschehe. Als ehemaliger tschechischer Soldat hätte er sich jedoch hier zur Verfügung stellen müssen. Wenn dieser Mensch auch nicht viel helfen konnte, so konnten wir doch sein heimliches Wirken merken und ich selbst weiß, daß er dabei bis an die Grenze seiner eigenen Sicherheit gegangen war. Jedenfalls habe ich ihm mein Leben zu verdanken, da er mich bei den Frauen und Kindern beließ, wozu ihm wohl auch mein erbärmlicher Zustand bewogen haben mochte. Ich hätte diesen Schreckenstag nicht überlebt, wenn ich das Los meiner übrigen Landsmänner hier hätte teilen müssen. Man hieß uns, uns am Rande des Sportplatzes zu einer größeren Anzahl von Frauen und Kindern niederzulassen, welche schon vor uns nach hier gebracht worden waren. Daß man uns hier auch der letzten Wertgegenstände beraubte, braucht wohl nicht besonders erwähnt zu werden. Wie mir einige dieser Frauen glaubwürdig erzählten, hatte man sie auf dem Wege nach hier zunächst auf einen Kasernenhof gebracht, wo sie gezwungen wurden, zuzusehen, wie man junge Angehörige der Waffen-SS zu Tode schlug. Mit entblößtem Oberkörper und hochgezogenen Armen wurden diese festgebunden und zunächst bis zur Bewußtlosigkeit geschlagen, dann mit Wasser übergossen und nachdem sie so das Bewußtsein wiedererlangt hatten, erneut geschlagen. Diese Prozedur wurde so oft wiederholt, bis die Unglücklichen ihr Leben ausgehaucht hatten.

Am Nachmittag dieses überaus heißen Tages erhielten wir und auch unsere Kameraden drüben auf dem Platze schwarzen Kaffee. Gelegentlich dieser Kaffeeausgabe kamen von letzteren einige näher an uns vorbei und da konnten wir an ihren blutbekrusteten Gesichtern erkennen, daß sie bereits Schweres mitgemacht haben mußten. Bei dieser einzigen Gelegenheit konnten wir mit ihnen auch einige Worte wechseln. Tagsüber herrschte einigermaßen Ruhe, welche nur durch das Erscheinen eines sich wild gebärdenden tschechischen Partisanen, der von seinen Kumpanen mit Ehrfurcht als "Iwan" bezeichnet wurde, gestört wurde. Am Spätnachmittag kam jedoch allmählich eine unheilvolle Unruhe auf. Hinter der den Sportplatz umfassenden Mauer fand sich allerhand tschechisches Volk ein. Man ließ die deutschen Männer in Dreierreihen antreten, auf den Bauch hinlegen und damit begann ein Schauspiel, das in seiner Art wohl einzig dastehen dürfte. Unter den fürchterlichsten Schlägen von etwa 20 Tschechen mußten die Bedauernswerten den ganzen Sportplatz einmal umkriechen. Hierbei wurde mit Gummiknüppeln, Holzknüppeln, Ochsenziemern und Gewehrkolben geschlagen. Wer das Kriechtempo nicht einhielt oder etwa durch Hochheben des Körpers Erleichterung suchte, wurde unbarmherzig geschlagen, wobei vor allem der Rücken und die Nierengegend zum Ziele genommen wurde. Es gab nur Wenige, die bei dieser Prozedur ohne Schläge davon kamen. Das hinter der Mauer immer ärger hetzende tschechische Volk versuchte immer wieder in das Innere des Sportplatzes zu gelangen, um sich selbst an diesen Grausamkeiten beteiligen zu können, was aber durch die Wachmannschaft verhindert wurde. Wer von den Geschlagenen entkräftet oder bewußtlos liegen blieb, wurde von zwei dazu bestimmten eigenen Landsleuten in eine Ecke des Sportplatzes gezerrt, wobei die Opfer nicht etwa behutsam angefaßt, sondern einfach an den Beinen erfaßt und über den Platz gezerrt werden mußten, wo sie dann mit den weiter anfallenden Opfern bis in die Nacht liegen gelassen wurden. Diese Prozedur dürfte etwa eine ganze Stunde gedauert haben und verlief in einer sich immer mehr steigenden Raserei.

Danach mußten sich die bereits vollständig Erschöpften nahe vor uns in einer Doppelreihe aufstellen und sich gegenseitig ohne jede Schonung, immer weit ausholend, mit den Fäusten ins Gesicht schlagen, links und rechts abwechselnd. Wer nicht kräftig genug auf sein Gegenüber einschlug, dem verabreichten zur Belehrung tschechische Wachposten Gesichtsschläge. Zudem liefen die Tschechen dauernd die Reihen ab und schlugen ununterbrochen von rückwärts auf die Opfer ein. Durch diese Methode wurde erzielt, daß keiner den anderen auch nur im Geringsten schonen konnte. Diese Menschen konnten sich noch kaum auf den Beinen halten, taumelten, fielen hin, wurden durch Fußtritte und Prügel zum Wiederaufstehen und erneutem Zuschlagen gezwungen und diejenigen, die sich nicht mehr erheben konnten, wurden auf die bereits erwähnte Weise abgeschleppt.

Ähnlich verlief auch der letzte Teil dieser Vorführungen, während welchem sich die Opfer etwa 15 Minuten lang gegenseitig in das Gesäß treten mußten.

Wir als Zuschauer durften während der ganzen Veranstaltung keinen Blick von diesen Darbietungen abwenden. Unter uns befanden sich auch Frauen und Kinder, deren Männer und Väter sich unter den so Gequälten befanden.

Danach wurden die Männer wieder in die Platzmitte getrieben, wo sie von Scheinwerfern beleuchtet, unter scharfer Bewachung die Nacht hindurch in Ruhe gelassen wurden. Wir anderen wurden in einen Raum gesperrt, welcher so klein war, daß die Mehrzahl von uns nur stehend und dicht aneinander gedrängt die Nacht verbringen konnten. Ich kam in der Nähe eines der beiden offenstehenden Fenster zu stehen, von wo wir einwandfrei feststellen konnten, daß die am Abend zu Tode oder bewußtlos geschlagenen Opfer nachtsüber in mehreren Fahrten mit einem Lastkraftwagen weggeschafft wurden.

Am nächsten Morgen erschien ein Personenkraftwagen mit mehreren russischen Offizieren. Wir sahen, daß sie sich mit unseren Landsmännern unterhielten und aus deren Gesten war deutlich zu erkennen, daß diese den Russen über das Vorgefallene Auskunft geben mußten. Daraufhin wurden die Tschechen von den Russen energisch zurechtgewiesen und ihnen die Durchführung weiterer Mißhandlungen untersagt. Die gestohlenen Wertgegenstände mußten, soweit sie noch vorhanden und inzwischen noch nicht fortgeschleppt waren, wieder zurückgegeben werden. Wie weit man sich aber an das Verbot weiterer Mißhandlungen gehalten hat, konnte ich nicht mehr erfahren, da wir Übrigen am gleichen Nachmittag den Sportplatz verließen und die deutschen Männer allein zurückblieben. Über ihr weiteres Schicksal ist mir nichts bekannt.

Wir anderen wurden am Nachmittag nach einem nahen Flugplatz getrieben, auf dem sich schon viele Flüchtlinge auf mehrere Gruppen aufgeteilt befanden. Hier sah ich eine deutsche Frau, welche angeblich beim Arbeitsamt Kladno beschäftigt gewesen sein soll und von den Tschechen derart verprügelt worden war, daß sie nicht mehr im Stande war, sich vom Boden zu erheben. Sie versuchte es mehrere Male, brachte es aber nicht weiter, als auf allen Vieren ein Stückchen zu kriechen, um dann stöhnend wieder zusammenzubrechen. Als erste Nahrung seit dem Verlassen des Krankenhauses erhielten wir hier etwas Brot. Hier wurde damals die Parole ausgegeben, daß jeder wieder dorthin zurück müßte, wo er im Jahre 1939 zuletzt gewohnt hätte. Da ich das Bestreben hatte, möglichst bald aus dieser Hölle herauszukommen, und außerdem auch annahm, daß meine Frau den gleichen Entschluß fassen würde, meldete ich mich zu einer Gruppe, die sich in das Altreich zurückgemeldet hatte.

In größeren Zeitabständen verließen die einzelnen Flüchtlingsgruppen unter Bewachung den Flugplatz. Unsere Gruppe mußte am Spätnachmittag aufbrechen und ging nach Karlsbad. Unser Haufen bestand aus 68 Menschen, meist Frauen und Kinder. Ein Troppauer Landsmann, der am nächsten Tage vor den Augen seiner Frau und seiner beiden Kinder auf Wunsch einer tschechischen Partisanin von Russen erschossen wurde, und ich waren die einzigen Männer dieser Gruppe. Mit Schlägen trieb man uns von Ort zu Ort. Des öfteren mußten wir auch lange Wegstrecken im Laufschritt zurücklegen. In den Ortschaften erwartete uns schon die tschechische Bevölkerung und veranstaltete mit uns ein wahres Spießrutenlaufen. Die uns treibenden Wachmannschaften lösten sich immer in jedem erreichten Ort ab. Unser Weg führte unter anderem auch nahe an dem Ort Lidice vorbei, wo man uns mit besonders großem Haß erwartete und entsprechend auch behandelte. Unterwegs lasen wir auch eine alte weißhaarige Frau auf, deren Kopf nur noch ein einziger Blutklumpen war. Ihr Gesicht zeigte sämtliche Farben und war vollkommen entstellt. Wir nahmen sie in unsere Mitte und versuchten sie mit uns zu nehmen. Da sie aber das uns aufgezwungene Tempo nicht lange mithalten konnte, mußten wir sie nach kurzer Zeit wieder zurücklassen. Da jeder Angst hatte, unterwegs liegen zu bleiben und dann umgebracht zu werden, wurde schon auf der ersten Wegstrecke ein Gepäckstück nach dem anderen weggeworfen, nur um sich selbst und die Kinder mit fortschleppen zu können. Später durften sogar die Sachen nicht mehr nach eigenem Ermessen liegen gelassen werden. Wollte sich jemand einer Bürde entledigen, dann wurde er gezwungen, diese noch bis in die nächstfolgende Ortschaft mitzuschleppen, wo es dann die schon darauf lauernde tschechische Bevölkerung mit dem Abtransport der Sachen leicht hatte. Und man trieb uns besonders am ersten Tage mit vollberechneter Absicht in einem solchen Tempo, daß es unter uns kaum einen gegeben hat, der dadurch nicht gezwungen wurde, schwere Gepäckstücke fortzuwerfen, nur um mitkommen zu können. Bekanntlich herrschte dieser Tage eine große Hitze, unter welcher wir stark zu leiden hatten, zumal wir an keiner Wasserstelle halten durften. So trieb man uns am ersten Tage fast ohne Unterbrechung, bis wir endlich gegen Mitternacht in einer Ortschaft halten und in einer Schule übernachten durften. Hier starb durch Hunger und Durst der erste Säugling unserer Gruppe, dem später noch weitere folgten. Irgend einem guten Menschen hatten wir hier unser erstes richtiges Essen zu verdanken, das aus einer russischen Feldküche herrührte.

Kaum daß der nächste Morgen angebrochen war, mußten wir schon wieder aufbrechen. Im allgemeinen verlief auch dieser Tag wie der vorherige. Es kam nur hiezu, daß unterwegs Frauen und Mädchen von russischen Soldaten aus unserer Reihe herausgeholt und in den Wald gezerrt wurden, wo sie oftmals bis zu 15-mal vergewaltigt wurden. Manchmal brachte man sie wieder auf einem Lastkraftwagen nach und wir konnten dann die Folgen dieser Behandlungen vor allem bei den Mädchen sehen. Ich traf unterwegs einen schlesischen Flüchtling, der mit Pferd und Wagen unterwegs war. Dessen 14-jährige Tochter war von Russen so schwer vergewaltigt worden, daß er sie sterbend in einem Krankenhaus zurücklassen mußte. Seine beiden älteren Töchter, etwa 18 bis 22 Jahre alt, hatten das Gleiche mitgemacht und verfielen jedesmal in Krämpfe, sobald sich Russen nur näherten. Diese Familie verbrachte mit uns die folgende Nacht in einer Scheune eines sudetendeutschen Ortes. Wir hatten nämlich an diesem Tage das sudetendeutsche Gebiet erreicht. Hier bekam es die uns bisher begleitende tschechische Begleitmannschaft mit der Angst zu tun und ließ uns endlich allein weiterziehen.

Um die Frauen und Mädchen vor weiteren Vergewaltigungen zu schützen, verbrachten wir die beiden folgenden Nächte im Freien und am vierten Tage nach unserer Austreibung aus Kladno erreichten wir Karlsbad. Man ließ uns aber nicht mehr in diese Stadt hinein, da sie schon stark von Flüchtlingen überfüllt war. Hier löste sich unser inzwischen weiter stark angewachsene Haufen in kleinere Gruppen auf und ich selbst zog dann weiter mit einer solchen über Joachimsthal nach Sachsen, wo ich zunächst mehrere Wochen meine Familie suchte, um dann nach ergebnislosem Suchen nach Westen weiter zu ziehen.

Erst Weihnachten 1945 konnte ich wieder die erste Verbindung mit meiner Familie aufnehmen. Meine Frau war mit unserem 3½-jährigen Mädchen und 6-jährigen Sohn den gleichen Weg Kladno-Karlsbad gegangen. Es gelang ihr dann von Karlsbad mit der Bahn nach Brünn zu fahren. Die Benutzung der Bahn war damals den Deutschen strengstens verboten und meine Frau mußte während der Fahrt stets darauf bedacht sein, die beiden Kinder am Sprechen zu hindern, da sie sonst ihre deutsche Volkszugehörigkeit verraten hätten. Sie erreichte dies, indem sie den Kindern wiederholt androhte, sie aus dem fahrenden Zug zu werfen, falls sie auch nur ein Wort sprechen würden. Sie erreichten auch glücklich Brünn, mußten aber am gleichen Tage ihrer Ankunft die Stadt wieder verlassen und machten dann mit vielen anderen Leidensgenossen den bekannten Todesmarsch von Brünn mit, auf welchem ja so viele unserer Landsleute den Tod fanden.

Kladno, Bericht Nr. 2

Verfolgung der Protektoratsdeutschen

Berichterin: Erika Griessmann - Bericht vom 29. 1. 1946

Ich wurde am 4. 10. 27 in Masshaupt geboren und lebte mit meinen Eltern seit dieser Zeit ununterbrochen in Kladno. Am 5. Mai 1945 brach in Kladno der Aufstand der tschechischen Untergrundbewegung aus. Bewaffnete Mitglieder der *Národní Garda* sperrten alle Straßen, räumten die Quartiere der Deutschen Wehrmacht und die Lazarette und warfen die Verwundeten auf die Straße. Ich sah, wie dieselben von der Menge gesteinigt wurden. Am 6. Mai 45 begannen die sogenannten Hausdurchsuchungen, bei denen wahllos alle deutschen Wohnungen ausgeplündert wurden. Mein Vater, der Beamter bei der Poldihütte war, wurde am Abend desselben Tages verhaftet und blieb seitdem verschwunden. Ich selbst bekam bei der ersten Hausdurchsuchung von einem tschechischen Soldaten eine Ohrfeige, weil ich angeblich nicht angegeben hätte, wo wir unseren Schmuck vergraben hatten.

Am darauffolgenden Montag gingen die Wogen der Deutschen-Verfolgung besonders hoch. Wir sahen vom 1. Stock unseres Hauses aus zahllose deutsche Männer über die Felder laufen, die ihren Verfolgern entgehen wollten, die aber wie die Hasen mit Maschinengewehren abgeschossen wurden. Dieses Schicksal traf jeden Deutschen ohne Unterschied ob er Zivilist oder Soldat, ob er Parteimitglied oder nicht war.

Am Mittwoch zogen die Russen in Kladno ein und zur selben Stunde wurden alle deutschen Siedlungen geräumt. Unsere tschechische Nachbarin hörte ich auf der Straße weinen. Sie sagte, jetzt kämen wir, die Griessmanns, auch bald daran und niemand könne uns helfen. Nach einer Viertelstunde kamen Angehörige der *Revolucní garda* in unser Haus. Der Anführer, ein großer, mit Blut besudelter Kerl, warf eine Handgranate durchs Fenster. Als er mich mit meiner Mutter und meinem 15-jährigen Bruder alleine im Hause antraf, warf er mich auf die Ottomane und sagte: "Vergewaltigen tue ich dich nicht, das werden schon die Russen besorgen!" Während die Tschechen unter ständigen Bedrohungen unser Haus plünderten, entkam meine Mutter und mein Bruder durch das Haustor, während ich durch ein Fenster entfloh. Durch unsere eigene Straße, die Wras-Gasse, mußten wir Spießruten laufen. Die tschechische Menge stürzte sich auf uns und schlug uns mehrmals zusammen. Nur einen Teil unserer ehemaligen Nachbarn sah ich weinend aus den Fenstern schauen.

Ohne jede Habe, so wie wir aus unserem Hause geflüchtet sind, schlossen wir uns hierauf einem Flüchtlingshaufen an, der aus der Gegend von Unhozd kam. Die meisten von ihnen bluteten, denn die Tschechen warfen Handgranaten in den traurigen Zug. Auf einem Fabrikplatz mußten wir uns mit erhobenen Händen gegen eine Wand stellen. Zuerst wurde mein 15-jähriger Bruder mit Peitschen geschlagen. Dann fielen mehrere Tschechinnen über mich und meine Mutter her. Meine

Mutter blutete am ganzen Kopfe. Mir selbst nahmen sie Ohrringe und Haarschleifen ab, dann wollten sie mir die Zöpfe abschneiden. Während dieses Treibens erschien ein Tscheche und rief laut über die Menge hinweg: "Die Schönsten kommen zu den russischen Offizieren!" Wir wurden hierauf weiter getrieben und immer wieder geschlagen. Endlich erwischte mich einer und zog mich bei den Haaren in ein Auto. Ich wurde ohnmächtig. Als ich aufwachte, lag ich auf einem Sofa, am Kopf und an den Händen verbunden. Etwa fünf hohe russische Offiziere standen um mich herum. Einer fragte mich, ob ich Hunger hätte und wo ich hin wolle. Ich erklärte ihm, daß ich zu meiner Mutter möchte. Er ließ mich hierauf mit einem Auto auf den Fußballplatz fahren, wo ich meine Mutter mit dem Bruder gleich am Tore antraf. Als mich meine Mutter in diesem Zustande sah, fiel sie auf die Knie und schrie laut, man möchte uns doch nicht weiter quälen und endlich erschießen. Sie brach hierauf ohnmächtig zusammen. Das alles spielte sich am Vormittag des 9. Mai 1945 in Kladno ab.

Kurz nach Mittag wurden wir vor eine Grube getrieben und es hieß, da würden wir nun erschossen werden. Es erschien aber ein tschechischer Offizier und sagte, soweit sei es noch nicht. Wir wurden zusammen mit vielen anderen Deutschen in ein Lastauto verladen und auf den Marktplatz von Masshaupt gebracht. Nachdem wir dort von der Menge bespien und mit Steinen beworfen worden waren, schaffte man uns wieder auf den Fußballplatz Kladno zurück. Viele deutsche Soldaten lagen mit Kopf- und Bauchschüssen auf dem Boden herum und keiner kümmerte sich um die Schwerverwundeten. Da brach meine Mutter neuerdings zusammen. Ein deutscher Arzt, den ich bat, ihr zu helfen, wurde von den tschechischen Wachen verprügelt. Wir mußten uns dann auf dem freien Platze bis auf das Hemd ausziehen und wurden von Tschechen durchsucht. Hierauf wurden wir wieder in Autos verladen und in die Kaserne von Kladno gebracht. Dort sah ich Furchtbares: Zivilisten und Soldaten lagen in ihren eigenen Blutlachen herum und niemand konnte ihnen helfen. Überaus groß war die Zahl der Selbstmörder, die auf diesem Wege den Qualen entkommen wollten. Ich sah eine Menge kleiner Kinder, denen ihre Eltern den Hals durchschnitten hatten, um sie durch den raschen Tod vor weiteren Folterungen zu bewahren. Ein tschechischer Arzt, der mit einer Krankenschwester erschienen war, legte einigen von ihnen Verbände an. Zu essen bekamen wir während der ganzen Zeit nichts.

Am Nachmittag des 10. Mai wurden die Schwerverwundeten in Krankenautos verladen. Die Leichtverletzten stellten sich zum Abmarsch bereit. Vor den Kasernentoren hatte sich mittlerweile eine johlende Menge angesammelt, die uns mit Steinen bewarf. Ein Tscheche verlas von einem großen Blatt Papier einen Aufruf, in dem er alle Deutschen als Verbrecher erklärte. Er schrie uns an, wir hätten dies alles jetzt, wenn wir die Kaserne verließen, zu büßen. Plötzlich flogen wieder Handgranaten in die Masse der deutschen Gefangenen, die ein großes Blutbad anrichteten. Ein tschechischer Priester erschien und teilte den Sterbenden die letzte Ölung aus. Viele Verwundete wiesen aber sein Anliegen zurück. Dem Betreiben meiner Mutter gelang es, uns mit in die Krankenwagen unterzubringen. Ich selbst erhielt von einer deutschen Krankenschwester eine DRK-Haube, wodurch ich mich einigermaßen schützen konnte. Auf der Fahrt aus Kladno wurden wir von russischen Posten angehalten. Ein Rotarmist öffnete unseren Sankawagen und forderte mich auf, mit ihm zu kommen, da ich gar keine Krankenschwester sei. Die Verwundeten nahmen aber für mich

Stellung. Der Russe erklärte hierauf, sie sollen ihm entweder alle ihre Uhren geben, oder mich. Die schwerverwundeten deutschen Soldaten lieferten alle ihre Uhren und Ringe ab und kauften mich auf solche Weise frei.

Unsere Kolonne fuhr hierauf gegen den Westen Böhmens. Wir mußten bald die Sanitätswagen verlassen und schlossen uns großen Flüchtlingsströmen an, die sich gegen die amerikanische Besatzungszone zu bewegten. Zu essen bekamen wir während der ganzen Zeit nichts. Wir schliefen meist auf offenem Felde und wurden des öfteren zur Nachtzeit von tschechischen und russischen Soldaten bedrängt. Unter anderem wurden kurz vor Petschau mehrere der uns begleitenden DRK-Schwestern von russischen Posten vergewaltigt. Mit meiner Mutter und meinem Bruder gelangte ich schließlich zu meinen Großeltern nach Hermannshütte bei Mies, wo ich zunächst auf einem tschechischen Bauernhof Arbeit fand. Im November 1945 nahmen mich die Amerikaner bei ihrem Abzuge nach Bayern mit.

Komotau

Konzentrationslager

Berichter: Ottokar Kremen - Bericht vom 25. 6. 1950

Ich kam von der Wehrmacht am 7. 5. 1945 nach Hause und konnte nicht in meine Wohnung, weil sie von russischen Offizieren belegt war. Ich ging deshalb zu meiner Schwägerin nach Gersdorf, Kreis Komotau, um mich dort mit meiner Frau aufzuhalten, bis meine Wohnung frei war. Ich ging in meine Wohnung, um etwas Wäsche und Kleider zu holen. Dort angekommen, entschuldigten sich die Offiziere und verwehrten mir nicht die Mitnahme meiner Kleider und Wäsche. Ich kam mit einem Fahrrad gefahren, doch während meines Aufenthaltes in meiner Wohnung wurde mir das Rad gestohlen. Als die Offiziere bemerkten, was geschehen war, ging einer von ihnen, ein Major, mit mir auf die Straße und fing einen russischen Soldaten ab, welcher auf einem Sachsmotorrad angefahren kam. Diesem nahm er das Motorrad ab und übergab es mir als Ersatz für das Fahrrad. Er stellte mir ein in russischer Schrift verfaßtes Schreiben aus, damit ich unbehelligt die Absperrposten der Russen passieren konnte. Ich hatte auch bei keinem russischen Posten einen Anstand und kam mit dem Kraftrad in Gersdorf gut an. Die Offiziere bemerkten, daß sie in längstens 3 Wochen abziehen und ich dann wieder in meine Wohnung zurückkehren kann. Doch die Sache kam anders:

Am 3. Juni 1945 kamen neun Tschechen in meine vorübergehende Wohnung bei meiner Schwägerin in Gersdorf. Die Tschechen trugen bis auf einen Zivilkleidung, welcher aber am ersten Blick anzusehen war, daß sie gestohlen war, denn keinem paßte weder Rock noch Hose. Nur einer trug eine Gendarmerieuniform (Stabskapitän), welche man als sein Eigentum ansehen konnte, denn sie paßte ihm. Sie durchsuchten meine Wohnung und andere der Abteilung durchsuchten das ganze Haus. Sie nahmen alle die Kleider und Wäsche an sich, welche mir die Russen freigegeben hatten, sowie alle Kleider meiner Schwägerin und sämtliche Lebensmittel, die Kaninchen, welche im Stall waren, schossen sie nieder und ließen sie liegen. Ich mußte mich ausziehen und wurde untersucht, ob ich nicht bei der SS war, als man nichts fand, wurde ich gefragt, ob ich Mitglied der NSDAP oder der SA war, als ich die Fragen verneinte, wurde ich ins Gesicht geschlagen, daß mir das Blut aus Nase und Mund floß. Als sie alles beisammen hatten, was sie mitzunehmen gedachten, darunter auch das Motorrad, welches ich von dem russischen Major bekommen hatte, mußte der Sohn meiner Schwägerin die Ochsen einspannen und die Sachen zur Straße fahren. Ich selbst mußte auch mitgehen. Ich wurde in ein dort im Ort befindliches Gasthaus geführt, es wurden sofort alle Männer herbeigeholt und nun begann ein regelrechtes Selbstschlagen, einer mußte den anderen schlagen oder ohrfeigen. Von dort aus kam ich in das Polizei-Gefängnis in Komotau (ehemaliges Hotel Weimar).

Der 3. Juni war ein Sonntag. Ich kam in eine Zelle, in welcher für zwei Mann Platz war. Wir waren in dieser Zelle 16 Mann, darunter ein 11-jähriger Junge, dessen Eltern in einer anderen Zelle untergebracht waren. Ich merkte mir die Namen der Insassen nicht alle, aber einen, den ich im Privatleben gut kannte, war der Lehrer Kny aus Sporitz. Der 11-jährige Junge war der Sohn des Ing. Merden aus der Glockengießerei Herold in Komotau. Sohn und Vater wurden später im Lager erschossen und liegen auf einem Trauschkowitzer Feld verscharrt. Die Mutter blieb weiter im Lager. So waren wir in diesem Polizeigefängnis bis Donnerstag ohne Nahrung und Wasser. Endlich am Donnerstag nachmittag kam eine Änderung in unserer Lage. Wir wurden alle mit dem Gesicht zur Wand auf dem Hof des Gefängnisses aufgestellt. Es war nur gut, daß ich tschechisch konnte und so alle Vorhaben und Besprechungen, welche die Tschechen untereinander führten, verstand und meinen Leidensgenossen mitteilen konnte. Wir wurden einer nach dem anderen von einem Gendarmerie-Leutnant verhört. Als ich an die Reihe kam, frug ich den Leutnant, warum man mich hier einsperrt. Dieser gab mir zur Antwort: "Ich habe Sie nicht hereingebracht und kann Sie auch nicht entlassen." Als wir alle verhört waren, wurden wir im Hof vier Mann und vier Mann aufgestellt, um abtransportiert zu werden. Einer der Tschechen hielt eine Hitlerbüste in der Hand und forderte alle auf, beim Vorbeimarschieren so zu grüßen, wie es Adolf (Hitler) verlangte, und ein anderer dieser Tschechen postierte sich auf die andere Seite mit einer Maschinenpistole. Ich verstand, wie der Tscheche mit der Hitlerbüste in der Hand dem anderen zurief: wenn einer die Pratze hebt, sofort darauf zu schießen! Unter Pratze ist die Hand gemeint. Ich konnte noch die anderen verständigen, dies nicht zu tun, und ohne einen Blick zu dem Tschechen mit der Hitlerbüste marschierten wir zum Tor hinaus. Selbstverständlich waren die Posten, welche uns führten, erbost, daß es ihnen nicht gelungen war, einen von uns soweit zu bringen, die Hand zu erheben und so auf uns zu schießen. Wir wurden unterwegs mit Fußtritten und Peitschenhieben traktiert, weil wir angeblich nicht richtig marschierten Wir kamen in ein Lager, es war die alte Glashütte in der Nähe des Städtischen Gutshofes von Komotau. Dort angekommen, mußten wir uns in einem Glied aufstellen und drei Schritte Abstand voneinander nehmen. Erst mußten wir unsere Taschen entleeren, alles vor uns hinlegen, um uns dann nackt auszuziehen. Als wir ausgezogen waren, untersuchten die Lagerposten unsere Taschen. Wehe dem, der noch etwas in den Taschen hatte und wenn es ein ganz kleines Stück altes Papier war, der bekam gleich ein paar Peitschenhiebe oder einen derartigen Kinnhaken, daß er kaum seinen früheren Platz fand. Denjenigen, die gute Kleider oder Wäsche oder Schuhe hatten, wurden diese Sachen abgenommen und sie bekamen Kleider von Leidensgenossen, welche bereits erschlagen oder zu Tode gemartert waren. Die Kleider waren entweder aufgerissen oder mit Blutflecken befleckt. Wir kamen dann in einen großen Raum, in welchem insgesamt 78 Mann waren, darunter Herr Rafler-Müller aus Neudorf/Biela, Waffenhändler Böhm und andere, deren Namen ich mir nicht merkte. Der Raum war mit Ziegeln gepflastert und mit einem Dach von Dachpappe gedeckt. Er hatte ein einziges Fenster, an welchem den ganzen Tag ein Posten stand und uns im Raum beobachtete. Es war dort eine Hitze wie in einem Backofen. Keiner hatte Bett noch Decke, geschweige ein Strohlager. Wir mußten auf den Ziegeln liegen. Den ganzen Tag von früh 6 Uhr bis abends 10 Uhr wurde ununterbrochen auf tschechisches Kommando exerziert. Es waren darunter Greise von 70-80 Jahren und mußten auch alles so mitmachen. Eines Tages gefiel dem Posten das Exerzieren nicht und er sagte: "Na, was ist? Wenn es nicht besser geht, werde ich es euch beibringen." Gesagt, getan, er nahm immer neun Mann heraus auf den Hof zum Exerzieren, aber wehe, wenn sich einer nach der falschen Seite drehte, dann wurde er mit einer Lederpeitsche in die richtige Richtung gewiesen, nachher kam ein Dauerlauf unter Hieben der Lederpeitsche. Viele kamen herein und brachen zusammen und baten, man möge sie erschlagen, aber dessen ungehindert ging der Zauber weiter. Am Abend betrat der Lagerkommandant unseren Raum und fragte, ob doch keiner darunter sei, welcher das tschechische Kommando gut kenne. Als sich niemand meldete, erhob ich die Hand und meldete mich. Der Lagerkommandant frug mich, ob ich gut tschechisch kann, ich bejahte und er übertrug mir das Kommando. Ich bat ihn zugleich, ob es gestattet sei, mit den Insassen einen Unterricht in tschechischer Sprache abzuhalten. Der Kommandant willigte ein und wir hatten so eine Zeit das Exerzieren vom Hals, denn bei dem Unterricht war es gestattet, zu sitzen, zwar nur auf dem Ziegelboden.

Während dieser Zeit hatten wir täglich als Verpflegung 100 g Brot, eine Tasse Kaffee, früh und mittags nichts, abends wieder 100 g Brot mit einer Tasse Kaffee. Oft wurden wir in der Nacht aufgejagt, mußten in strammer Haltung stehen und uns von jedem Ziviltschechen alle Schikanen und Quälereien gefallen lassen. Eines Nachts kam ein Trupp Tschechen, darunter ein Gendarm, und wir mußten uns in drei Reihen aufstellen mit drei Schritten Abstand, dann gingen die Tschechen von einem zum anderen und frugen, ob der Betreffende bei der Partei oder SS oder SA war. Wehe dem Unglücklichen, wenn er bei einer der Gliederungen oder Partei war. Diese mußten in den Hof unter Peitschenhieben laufen; bis alle durch waren, verließen die Tschechen den Raum und wir konnten uns niederlegen, von Schlaf war nicht mehr die Rede, denn wir waren alle zu aufgeregt und wußten nicht, was im nächsten Augenblick passiert. Kurz darauf hörten wir das Rattern der Maschinenpistolen, es war im Morgengrauen, da fuhr ein LKW an unserem Fenster vorbei, welcher die Leichen der Erschossenen auflud, es waren aus dem ganzen Lager 78 Mann. Gleich am Morgen nach dem Aufstehen mußte ich mit drei Mann einen Schubkarren holen und wir fuhren Sand in den Hof, um die Blutlachen der Unglücklichen zu überschütten. Wir brauchten 18 Schubkarren voll Sand, denn sie mußten ganz voll geschaufelt werden, um die Blutflecken nur zu überspritzen. Später kam der LKW zurück und ich mußte diesen Wagen waschen, denn er war ganz voll Blut. Wie ich von den Posten erlauschte, sind die Leute auf einem Trauschkowitzer Feld verscharrt worden. Unter diesen Toten befand sich der schon genannte Ing. Merden aus der Herolder Glockengießerei und sein 11jähriger Sohn, während seine Frau noch im Lager war.

Eines Tages kam der Befehl, daß das Lager frei gemacht wird und die Insassen alle über die Grenze zum Russen kommen. Es wurde ein Transport zusammengestellt und es ging ab. Am Abend erfuhr ich vom Lagerkommandanten, welcher ein Stabskapitän der Gendarmerie war, daß alle nach dem berüchtigten KZ Maltheuern gekommen sind. In dem Lager in der alten Glashütte blieb zurück ein Doktor namens Lockwenz aus dem Komotauer Kreiskrankenhaus, ein Ingenieur, ein Österreicher, welcher während der Hitlerzeit viel Gutes den tschechischen Arbeitern tat, denn es war im Lager bekannt, es besuchten ihn solche Tschechen und brachten ihm Rauchwaren als Anerkennung, aber frei ließ man diesen Mann nicht, ein gewesener Stabskapitän aus der CSR-Wehrmacht, ein Jugoslawe, ein Postbote namens Havel aus Görkau und ich. Wir frugen einen Posten, welcher etwas zugänglicher war, was mit uns geschehen wird, dieser sagte: "Ihr wart bei keiner NSDAP und ihr werdet entlassen." Die Entlassung kam aber nicht, der Österreicher und der Serbe kamen mit Posten nach ihren Heimatländern und wir anderen verblieben dort im Lager. Es waren kaum 8 Tage vergangen und der Stand der Insassen wuchs auf 360, davon 78 Frauen, an. Es kamen folgende Insassen, deren Namen ich mir merkte: Herr Mader, Direktor der Mannesmann-Röhrenwerke Komotau, aus demselben Werk Herr Ingenieur Vierlinger, ein Herr Dr. Meier, der Großkaufmann von Komotau, Herr Taud, der Direktor der Fürstlichen Domänenverwaltung Rothenhaus-Görkau, der Wurstfabrikant Herr Mittelbach [aus] Komotau (wurde im Lager zu Tode gemartert), Herr Müller, Steinbruchbesitzer [aus] Komotau-Oberdorf, der Pfarrer von Eidlitz bei Komotau, ein Heger von Natschung (wurde ebenfalls erschlagen) und viele andere Persönlichkeiten, deren Namen mir nicht einfallen. Wir wurden nach dem neuen Zuwachs in Arbeitskolonnen für CSD (tschechische Bahn) in Komotau eingeteilt und mußten das bombardierte Heizhaus von Trümmern räumen. Ein Ing. Sturm aus Komotau war auch dabei. Ich ging zu diesen Arbeiten mit als Dolmetscher, um die Befehle der Bahnmeister bezw. Partieführer an die Leidensgenossen zu übermitteln. Es waren viele dabei, welche nie in ihrem Leben eine solche Arbeit verrichtet hatten und sie wurden von der Bahnpolizei, welche die Überwachung der Kolonnen hatte, mit der Peitsche dazu angetrieben. Bei diesen Arbeiten bekamen wir zu Mittag noch eine Suppe von Sojaschrot ohne Salz und jeglicher anderen Zutat, außer früh und abends 100 g Brot und der Tasse Kaffee. Floh ein Insasse, so kam der Führer der Partie, der auch ein Lagerinsasse war, auf die Schaukel (Folterraum). Am Ende komme ich noch eingehend auf diese Martermethode zurück. Viele Insassen konnten nicht einmal mehr nach Hause gehen, so z. B. der Herr Mittelbach von Komotau. Der war so geschlagen worden, daß sein Gesicht stahlblau war und er niemanden kannte oder wußte, wo er sich befand, er war ganz von Sinnen. Seine eigene Tochter hat ihn im Vorbeimarschieren vom Bahnhof nicht erkannt und wer ihn kannte und nicht wußte, daß er es ist, erkannte ihn auch nicht wieder, so zugerichtet war dieser Mann.

Ich lernte am Bahnhof einen jungen Bahnmeister kennen, welchem eine 3-Zimmer-Wohnung in Komotau, Klingergärten, zugewiesen wurde und der sie nicht bezog. Er sagte mir oft: "Wohin wird das führen, ich nehme hier keine Wohnung, denn in dieser ist alles gestohlen." Das ist aber auch der Einzige, den ich in dieser Weise kennen lernte, er gab uns später zwei Wagen voll Kartoffeln fürs Lager, um sie für die Insassen zu verkochen. Er brachte auch manchem Insassen Brot und verschenkte seine Mittagsportion.

Die Bahnpolizei fand ihren Spaß daran, wenn einer bei der Arbeit zusammenbrach, ihn in einen mit Wasser gefüllten Bombentrichter zu werfen und lachte, wenn der Arme schlammbedeckt an die Wasseroberfläche kam. Wir waren oft froh, wenn wir arbeiten gehen konnten und hatten Angst vor dem Sonntag, denn an Sonntagen war die Marter durch die Lagerposten und Ziviltschechen aus der Stadt an der Tagesordnung, sogar in der Nacht wurden oft Leute herausgeholt, um sie zu quälen. Das Beispiel eines Sonntags im Lager: Vormittags kamen Ziviltschechen ins Lager, auch Frauen, und suchten sich ihre Opfer heraus, welche durch Schläge ins Gesicht mit dem Schuhabsatz mißhandelt wurden, oder ließen sie von anderen schlagen. Schlug der Betreffende nicht so hin wie sie wollten, dann bekam der andere von den Tschechen einen Schlag, auch manchmal mit Schlagringen. Ein jeder, ob Mann oder Frau, der bei einer der Gliederungen der NSDAP war, oder deren Söhne oder Männer bei einer solchen waren, wurden gleich nach der Leibesvisitation in die Folterkammer geführt. Dies war ein Raum, in welchem sich jeder nackt ausziehen mußte und dann von acht Posten mit ihren Schlaginstrumenten geschlagen wurde. Dann wurde er in den Aufenthaltsraum geführt und mußte an der Wand stehen und mit der Nase ein Blatt Papier gegen die Wand halten. Wehe, es fiel zu Boden und der Posten bemerkte es, dann gab es Kinnhaken und Ohrfeigen. Eines Tages wurde die ehemalige städtische Polizei eingeliefert, diese wurde selbstverständlich auch wie die anderen Folterkandidaten jeden dritten Tag geschlagen. Einer der ehem. Polizeimänner, ein ziemlich großer starker Mann, griff nach dem ersten Hieb, den er erhielt, nach dem Hals eines der Posten. Der in der Nähe stehende andere Posten schoß ihn sofort nieder. Es wurde für einige Tage die Folterei eingestellt. Oben in der Traverse wurde ein Klobenrad eingebaut, über welches ein Strick gezogen wurde. An einem Ende wurde eine Schlinge gemacht, durch welche die armen Menschen ihre Hände stecken mußten, um sie dann fest zuzuziehen und das andere Ende wurde, nachdem der Mann hochgezogen war, an einer Säule festgebunden, um zu erreichen, daß der Geschlagene nicht auf die Posten losgehen kann. Oft blieben die Armen hängen oder man ließ sie am Boden liegen. Diejenigen, welche zwei oder gar schon dreimal geschlagen waren, hatten eiternde Wunden. Der Eiter lief durch Hemd und Jacke. Die Rücken der armen Menschen waren mit Fliegen übersät und stanken fürchterlich. Man gab sie zwar separat in einen kleinen Raum, die sogenannte "Marodka", aber von Heilen war keine Spur. Waren es cirka 8 oder 10 Personen, die auf dieser "Marodka" lagen, dann mußten sich die Geschlagenen, also die sich kaum bewegen konnten, ein 2 Meter tiefes Loch von 60 cm Breite graben. Abends als das Loch fertig war, wurden sie hingestellt und der erste mußte sich in das ausgehobene Loch (Grab) legen, erst wenn er darin lag, wurde auf ihn von oben geschossen. Auf diesen Toten legte sich der Zweite, der ebenfalls von oben erschossen wurde und so ging es fort, bis das Grab voll war. Einmal war noch für einen Platz, da holte man eben eine Frau von 67 Jahren, welcher die Haare abgeschnitten wurden. Sie wurde geschlagen, weil sie nicht sagte, wo sich ihr Sohn aufhielt und sie mußte sich auf die bereits Erschossenen legen, um auch so wie die anderen erschossen zu werden.

Ich finde keine Worte, um zu schildern, wie Leute aussahen, die zweimal geschlagen wurden. Ich sah einen Angehörigen der Waffen-SS, welcher bereits zweimal geschlagen worden war. Abgesehen vom Körper, der ganz zerschlagen war, war sein Geschlechtsteil im Durchmesser ca. 8-9 cm dick angeschwollen, vollständig mit Blut unterlaufen und die Hoden begannen zu eitern; bis zum After war alles voll mit Eiter, er stank fürchterlich. Und dies alles nur, weil er ein Deutscher war und Angehöriger der SS. Tagtäglich kamen mehr und mehr dazu. Die "Stráz bezpecnosti" brachte die Leute von draußen schon halb tot ins Lager. Einmal brachten sie einen schwerverwundeten Letten, welcher zur Genesung im Lazarett gelegen hatte, in der Krankentragbahre mit Hemd und Unterhose bekleidet. Er konnte schlecht deutsch. Da ich ihn ausfragen mußte, sagte er mir, daß er bedaure, nicht gewußt zu haben, was die SS bedeute, er hatte sich zum Mitkämpfen gemeldet und war zur SS gekommen, ohne es gewußt zu haben. Dieser arme Mensch wurde am selben Abend noch erschossen. Später kamen auch Offiziere der tschechischen Wehrmacht und suchten sich Opfer im Lager. Es wurde ein alter, ehemaliger pensionierter deutscher Oberst gefunden, der vom

Jahre 1918 bis 1924 im tschechischen Militär Dienst tat und von dort aus pensioniert wurde; dieser wurde buchstäblich zu Tode geprügelt. Fotograf Schuster von Komotau und der Klavierbauer Lutz wurden auch im Lager erschlagen. Weiters der städtische Geometer, er hatte einen polnisch klingenden Namen. Einmal kam auch eine Anzahl tschechischer Offiziere und beanstandete den Lagerkommandanten, daß er die ehem. städtische Polizei noch lebend im Lager habe und sagte: "Räumt sie doch weg, das Gesindel!" Er sagte es tschechisch, aber ich habe es verstanden. Ich war auch eine zeitlang in der Küche. Am Küchenzettel war nichts als Sojaschrotsuppe ohne Salz und abends, wie schon erwähnt, Kaffee und Brot, aber im Magazin schimmelte die Butter, Margarine, Nudeln, Graupen und andere Lebensmittel. Jeder Posten, auch der Kommandant, fuhr mit vollen Koffern in gestohlenen Autos nach Hause und nahm Lebensmittel, Kleider, Wäsche und andere Sachen mit. Die Angehörigen der Lagerinsassen brachten Wäsche für die Väter und Söhne, auch Brot oder Eßwaren. Der Posten am Tor übernahm die Sachen, diese wurden ins Wachzimmer gebracht, untersucht und wenn gute Wäsche dabei war, teilten sie die Posten untereinander auf, die Eßwaren ließ man vertrocknen oder von den Posten verzehren. Erst ganz zum Schluß bekamen die Frauen abends ihr Brot geschmiert mit Margarine und in die Suppe kam Salz, noch später ließ sich der Kommandant dazu erweichen, in der Suppe einmal in der Woche Pferdefleisch mitzukochen. So ging es, bis wir in das gewesene Ciprianer-Lager nach Oberdorf übersiedelten. In diesem Lager mußte ich mich einer Operation unterziehen und durfte dann dort bleiben. Nachdem ich geheilt war, reifte in mir der Plan zur Flucht, den ich auch durchsetzte.

Und so etwas hat die zivilisierte Welt, noch dazu die demokratische, unterzeichnet, bewußt totgeschwiegen und uns im Rundfunk als "Befreiung" prophezeit.

Mährisch Ostrau

Mährisch Ostrau, Bericht Nr. 1

Verhaftung, Ausweisung, Todesmarsch

Berichter: Rudolf Schneider - Bericht vom 14. 6. 1950

Meine Familie und ich haben schon viele Jahre in Mähr.-Ostrau gewohnt, ich habe so wie meine Kinder auch teilweise die tschechische Schule besucht, war nicht Mitglied der NSDAP oder irgendwelcher ihrer Formationen und Organisationen (außer NSV). Ende März 1945 mußten meine Frau und die 14-jährige Tochter Mähr.-Ostrau verlassen auf Anordnung der Partei und begaben sich nach Aussig/Elbe zu ihren Verwandten. Ich als Eisenbahner (ich war als Zugführer beschäftigt) durfte meine Arbeit nicht verlassen und wollte auch nicht, habe mich mit den Tschechen immer gut vertragen und über die Politik niemals gesprochen und nur für meinen Beruf gelebt. Außerdem spreche ich perfekt Tschechisch, habe in der tschechischen Wehrmacht gedient und zwar gut, denn in den 2 Jahren habe ich es bis zum Unteroffizier im "Hranicársky prapor c. 3" gebracht.

Es kam aber anders. Am 30. 4. 1945 kamen die Russen. Ich wurde gleich von den Tschechen verhaftet und den Russen übergeben. Nach einer Woche (eine schwere Woche) haben mich die Russen, da man mir nichts nachweisen konnte, entlassen. In die Wohnung konnte ich schon nicht mehr, da sie schon ein Sohn meines besten tschechischen Kollegen (Josef Nowak) inne hatte. Seine Frau hatte auch gleich den tschechischen Banditen, den sogenannten Partisanen, eine Nachricht gegeben, daß ich wieder frei bin, sodaß sie mich auf der Straße wieder mitnahmen und in das KZ in Mähr.-Ostrau-Oderfurt (Rathaus) einlieferten. In diesem Lager schrieb ich auch ein Gesuch an den *Národní výbor*. In diesem Lager wurde mir alles genommen, was mir von den Russen noch verblieben war, auch Kleider und Wäsche vom Leibe und ich bekam dafür eine alte Hose und Hemd. Das war alles. In diesem Lager mußten wir sehr schwer arbeiten, auch nachts. Die erste Zeit ohne irgendwelche Verpflegung; ich lebte nur davon, was ich in einem Abfalleimer bei der Arbeit fand. Es ist unglaublich aber wahr. Später bekamen wir einmal täglich eine Tasse Fischsuppe, weder Brot noch Kartoffeln. Infolgedessen sind viele Menschen in diesem Lager gestorben, weder Arzt noch Priester konnte zu uns. Die Toten wurden auf einer Karre von uns auf den Friedhof in Oderfurt gebracht und dort in der Ecke verscharrt. Nach der Arbeit mußten wir mit der Bewachung am Hofe singen und exerzieren, dabei wurden wir bis aufs Blut geschlagen. Die tschechische Polizei (Kommandant Oberwachmeister Prokop) haben diesen Greueltaten mit Wollust zugeschaut.

Dabei kam meine Frau mit der Tochter aus Aussig zurück (Ende Mai 1945) und es wurde mir von den bekannten Tschechen erzählt, daß sie sich im KZ "Mexico" befinden. Zu ihr durfte ich nicht. Am 12. 6. wurden wir aufgefordert, uns für die Feldarbeit zu melden, es wurde auch zugesichert, daß die Möglichkeit bestehe, unsere Familienangehörigen mitzunehmen. So meldete ich mich auch, ebenso meine Frau und Tochter. Denselben Abend noch wurde meine Frau in unser Lager gebracht, leider ohne Tochter, die lag mit Fieber bei tschechischen Verwandten. Wir konnten für zwei Stunden in die Stadt, um Mundvorrat und Kleider zu besorgen. Bereits alle hatten etwas gekocht, am Abend wurde uns alles abgenommen und die tschechische Polizei hatte bis in der Früh damit gefeiert. Am 13. 6. wurden wir nach Schlesisch-Ostrau gejagt, auf einen Sportplatz, dort wurden wir noch kontrolliert, viele von uns noch weggeschleppt und geschlagen und ihnen Kleider und Schuhe ausgezogen. Nachher ging es los, zu Fuß über Hultschin, Troppau, Jägerndorf, drei Tage mußten wir laufen, von den tschechischen Soldaten gejagt, ohne Rast, meistens Frauen, Kinder und alte Männer. Irgendwelche Verpflegung unterwegs haben wir nicht bekommen. Wer umfiel, wurde in den Straßengraben abgeschoben, ob Frau ob Kind, *"chcípni, nemecká kurvo!"* ["Halt's Maul, du deutsche Hure!"], anderes haben wir nie gehört. Am 16. 6. 1945 wurden wir in die Wälder bei Neustadt/Oberschlesien gejagt und von der tschechischen Eskorte noch um das Letzte beraubt. Das Gebiet war aber schon von den Polen besetzt. Wir hatten keine Ausweispapiere, konnten auch unsere Ausweisung durch die Tschechen nicht beweisen, so konnten wir uns nur bei der Nacht weiterschleichen. Nachher haben sich die Polen nicht mehr viel um uns gekümmert. Wir haben, da wir ohne irgendwelche Ausweispapiere und Geld waren, auf den verschiedenen Domänen gearbeitet.

Folgende mir bekannte Personen sind auf diesem Todesmarsch, außer vielen Unbekannten, gestorben: Fröhlich, Reichsbahnoberinspektor aus Oderfurt, begraben in Bärndorf (Krs. Frankenstein), Ing. Schiffner aus Witkowitz, begraben in Libenau (Krs. Frankenstein).

Mährisch Ostrau, Bericht Nr. 2

Unmenschliche Grausamkeiten im Hanke-Lager 1945

Berichter: Ernst Schorz - Bericht vom 24. 6. 1946

Ich wurde am 27. 8. 1945, wahrscheinlich auf Betreiben des tschech. Verwalters meines Hofes, nach Peterswald bei Mähr. Ostrau ins Lager gebracht. Dort wurde ich bei einer ärztlichen Untersuchung grubenuntauglich befunden und in das Ziegeleilager Mähr. Ostrau geschickt. Am Wege dorthin wurden wir alle geschlagen und mit Füßen getreten. In diesem Lager wurde ich einer Beerdigungskolonne zugeteilt und arbeitete bei dieser drei Wochen. In dieser Zeit mußten wir die Verstorbenen des Lagers auf den Palatzkyfriedhof schaffen und dort begraben. In den drei Wochen habe ich ungefähr 200 Leichen auf den Friedhof geschafft. Dort sah ich auch die Leichen, die aus anderen Lagern kamen. Die meisten Leichen kamen aus dem Hankelager in Mähr. Ostrau. Diese Leichen waren meistens verstümmelt. Darunter waren auch viele weibliche Leichen. Diese wurden am Friedhof begraben, nach drei Wochen aber wieder ausgegraben und im Krematorium verbrannt. Von meinem Freund Krischka aus Klantendorf bei Fulnek hörte ich auf seinem Totenbett folgendes, was er als Augenzeuge erlebt hatte: Seine Frau, im 8. Monat schwanger, mußte sich im Hankelager nackt an die Wand stellen und wurde dann mit Knüppeln solange auf den

Bauch geschlagen, bis die Frucht abging und sie selbst starb. Derselbe Krischka, der lange Zeit im Hankelager war, hat mir ferner erzählt, daß er Augenzeuge war, wie eine Frau, mit Händen und Füßen am Rücken gebunden, an der Wand hochgezogen wurde und ihr mit einem Messer beide Brüste abgetrennt wurden.

Ich selbst wurde im Ziegeleilager wie alle Häftlinge aufs schwerste mißhandelt. Mir wurden auf der rechten Seite sämtliche Zähne ausgeschlagen und ich erlitt Verstauchungen der Hand und der Arme. Der Lagerführer drängte auf Bestrafung der zwei Posten, die mich mißhandelt hatten. Bei der Verhandlung erklärte der Richter: "Er ist ein Deutscher, sie hätten ihn noch mehr schlagen sollen."

Mährisch Ostrau, Bericht Nr. 3

Hanke-Lager

Berichter: Alfred Kutschker - Bericht vom 3. 8. 1946

Ich war von Anfang Juni bis 16. 8. 45 im berüchtigten Hanke-Lager in Mährisch-Ostrau, wo mir bei der Einlieferung wie den anderen alles, selbst Kleider, Leibwäsche und Schuhe abgenommen wurden, sodaß wir völlig nackt waren. Einige Lumpen wurden uns dann zur Bekleidung zugeworfen. Dort wurde ich wie jeder andere tagtäglich mit 120 Hieben geschlagen. Wir wurden täglich gewürgt, bis wir bewußtlos umfielen. Sechs Leute wurden vor meinen Augen zu Tode geprügelt, darunter Langer, Miesner, Konetschny und Kron. Dann war ich einen Monat im Kreisgericht Mährisch-Ostrau, wo wir beauftragt wurden, deutsche Soldaten auszugraben und in die Abfallgrube des Schlesisch-Ostrauer Friedhofes zu werfen. Von Ostrau wurde ich dann in das Gefängnis Troppau versetzt, von wo ich am 12. 7. d. J. ohne Verhandlung entlassen wurde. Ich besitze überhaupt nichts mehr, als was ich am Leibe habe und was ich von Bekannten geschenkt bekommen habe. Mein gesamtes Aussiedlungsgepäck wog 20 kg.

Mährisch Ostrau, Bericht Nr. 4

Schwere Mißhandlung und Mord an Kriegsgefangenen

Berichter: Heinz Lapczyna - Bericht vom 10. 1. 1947

Am 2. Weihnachtsfeiertag wurde ich aus russ. Kriegsgefangenschaft entlassen und reiste trotz Warnung russischer Ärzte in die CSR, da ich dort meine Frau und Kind hatte. Ich kam über Petrowitz-Pomil bis Mährisch Ostrau. In Mährisch Ostrau erkundigte ich mich, ob meine Angehörigen noch in Budweis sind und wurde dortselbst mit noch drei Kameraden von zwei tschechischen Polizeimännern festgenommen und nach drei Stunden Warten nachts um 2 Uhr ins Polizeigefängnis eingesperrt. In der Zelle waren wir 60 Mann in einem 3 m zu 6 m langen Raum zusammengepreßt. Gelüftet wurde nicht, daher war in einigen Stunden die Luft so verbraucht, daß wir mit dem Ersticken kämpften. Unter anderem war der ehem. Landrat von Mähr. Ostrau und verschiedene Ingenieure und 14-16jährige Jungen anwesend. Letztere mußten bei 8% Gas im Bergwerk arbeiten. Zu essen bekamen wir 2 dünne Scheiben Brot und einen halben Liter Wassersuppe pro Tag.

In dem Lager wurden Leute zum Verhör aufgerufen, welche nach einer gewissen Zeit fürchterlich zugerichtet zurückkehrten. Um Geständnisse zu erpressen, stach man den zu verhörenden Menschen mit glühend gemachten Nadeln so lange unter die Nägel, bis das Opfer vor Schmerzen bewußtlos zusammenbrach. Nun versuchte man die Menschen mit Kolbenschlägen und anderen Mißhandlungen wieder zu Bewußtsein zu bringen. Erst wenn das nicht gelang, wurden sie wieder in die Zelle geworfen, wo sie ohne Pflege und Essen liegen blieben, um am nächsten Tag beim Verhör das gleiche wieder mitzumachen. Eine andere Art, um Geständnisse zu erpressen, war das Schlagen des Opfers auf die bloße Fußsohle, bis der Raum zwischen Ferse und Fußspitze aufsprang. Um den Menschen noch mehr zu quälen, mußte derselbe noch einige Tage knien, bis er ebenfalls bewußtlos umfiel. Die tägliche Begrüßung des Gefängniswärters war: "Ist noch kein deutsches Schwein verreckt?" Wenn dies nicht zutraf, sagte er: "Da müssen wir noch besser nachhelfen." Zeugen zu diesen Greueltaten sind: Stanislav Kaminonka, ebenso Jan Blaha und Walter Schmidt.

Ich selbst wurde dann nach einigen Wochen entlassen und kam trotz meiner schweren Verwundung ins Internierungslager nach Mähr. Ostrau. Der dortige Velitel jagte Nacht für Nacht die Frauen im Nachthemd auf den Hof.

Was wir noch besaßen, alles wurde uns genommen. Im Hanke-Lager in Mähr. Ostrau spielten sich furchtbare Greueltaten ab. Jedesmal mußten 20 Leute in einer engen Kammer faschistische Lieder singen und wurden nachher mit Zaunlatten totgeschlagen, die übrigen erhängt. Bei den täglichen Saufgelagen der Wachmannschaften mußten die Frauen sowie die Mädchen ganz nackt bedienen und wurden geschändet und vergewaltigt. Die älteren wurden erschlagen. Über diese Schweinereien und Greueltaten sind Zeugen: Rudolf David und Albert Liebner.

Am 12. März 1946 kam ich dann nach Kutiny bei Brünn, wo ich nochmals kriegsgefangen wurde. Dort waren noch die Lager in Dolní Lotska und Kurím. Ich selbst blieb in Kutiny. Dort waren in den Lagern auch Bunker, in denen die unliebsamen Deutschen eingesperrt und totgeschlagen wurden. Wir durften nur einmal im Monat eine Karte mit 15 Zeilen schreiben, die fast nie ankam. Ich schrieb daher einmal einen Brief und wurde wegen dieses Vergehens 20 Tage in eine Zelle eingesperrt. Jeden zweiten Tag bekamen wir ½ Liter Wassersuppe, das Brot wurde von den Wachleuten untereinander verkauft. Das bekamen wir niemals. Mit kurzen Stahlseilen schlug man uns solange, bis wir kaum mehr stehen konnten. Trotzdem ich sehr geschwächt durch die vielen Operationen am Fuß war und auf Krücken ging, nahm man keine Rücksicht. Außerdem mußten wir uns gegenseitig mit Holzplatten, die rostige Nägel hatten, schlagen, und fiel das nicht zur Zufriedenheit der Wachmannschaften aus, so zeigten sie es vor und das auf eine so bestialische Weise, bis keiner mehr stehen konnte, ließen sich an uns ihre Boxkünste aus und schlugen uns mit ihren Karabinern nieder. Ich selbst mußte das 20 Tage mitmachen. Erst wenn wir blutüberströmt dalagen, hörten sie auf ein paar Stunden auf, um nach dieser Frist von neuem zu beginnen. Unsere Zelle glich einer Folterkammer. Der Fußboden war eine Blutlache, die Wände waren von Blut ganz bespritzt.

Andere Versuche, noch Geständnisse zu erpressen, waren z. B. das Pressen eines Schlauches, der an der Wasserleitung angebracht war, in den Mund des Opfers. Wir Internierten mußten ferner täglich ein Spalier von Posten durchlaufen. Jeder der Posten hatte Knüppel, Gewehrkolben, Geißel und Peitschen und schlug nach uns. Der am besten laufen konnte, kam noch am besten weg. Ich mit beiden Krücken wurde stets solange geprügelt, bis ich bewußtlos liegen blieb.

Auch die Kirchen in Mähr. Ostrau und Kutiny waren für Deutsche gesperrt. Die deutschen Angehörigen eines Verstorbenen durften nur bis zur Friedhofstüre. Die Gräber durften sie nicht besuchen. Wie mir meine Frau berichtete, wurden die Gräber der Deutschen geplündert. man suchte nach Goldzähnen und Ringen etc.

Mährisch Schönberg

Mährisch Schönberg, Bericht Nr. 1

Schwerste Mißhandlungen im Gefängnis Mährisch-Schönberg, Februar/März 1946

Berichter: Hans Wisur - Bericht vom 21. 6. 1946

Ich wurde am 28. 1. 46 in Stubenseifen, Kreis Mährisch Schönberg verhaftet und in das Gerichtsgefängnis gebracht, wo ich bis 7. 3. 46 verblieb. Dort wurde ich und alle - ungefähr 700 Häftlinge - täglich aufs Schwerste mit Schlagriemen, Schürhaken und Gewehrkolben mißhandelt. Ein Gendarm hatte eine besondere Spezialität. Die Häftlinge mußten die Schuhe ausziehen und wurden dann mit dem Gewehrkolben von oben auf die Zehenspitzen geschlagen, sodaß das Blut aus den Nägeln spritzte. Am Hof bestand die sogenannte Separation, ein kleines Gebäude, in dem jede Nacht die diensthabenden Gendarmen sich wahllos Häftlinge zur Mißhandlung holten. In der Früh sah man Spuren von Blut der in schwerverletztem Zustand herausgetragenen Häftlinge im Schnee.

Am 7. 3. wurde ich in das Gefängnis Troppau überführt. In der ersten Woche wurde ich dort so geprügelt, daß ich bewußtlos wurde. Es wurde dort auch täglich geprügelt. Am 8. 6. 46 wurde ich ohne Verhandlung zur Aussiedlung entlassen, da gegen mich nichts vorlag. Bei der Aussiedlung wurde mir meine Nickelarmbanduhr abgenommen.

Mährisch Schönberg, Bericht Nr. 2

Mißhandlung alter Leute bei der Geldabhebung im Mährisch-Schönberger Rathaus

Berichter: Moritz Hilscher - Bericht vom 23. 6. 194[6?]

Jeden Monat mußte ich, wie viele andere, zum Rathaus in Mähr. Schönberg, um um Freigabe eines monatlichen Geldbetrages aus meiner Sparkasseneinlage zu ersuchen. Dabei wurden sämtliche Leute von der Stráz beschimpft und mißhandelt. Ich selbst, 71 Jahre alt, habe zweimal Ohrfeigen bekommen. Das war im März und Mai 1946. Ein alter 82-jähriger Mann wurde im Mai d. J. vor meinen Augen so geohrfeigt, daß er ohnmächtig wurde. Die Frauen wurden als deutsche Huren beschimpft und den alten Leuten Verbrennung im Gaswerk angekündigt.

Olmütz

Olmütz, Bericht Nr. 1

Lager Hodolein: Mißhandlungen, Raub

Berichter: K. S. - Bericht vom 12. 2. 1951

Bei der Besetzung von Olmütz wurden hunderte Deutsche jeden Alters und Geschlechtes in die Kellerräume der Kasernen eingesperrt, wo sie dicht zusammengepfercht, sich nicht rühren konnten. Drei und mehr Tage lang steckten sie drin, ohne einen Tropfen Wasser oder ein Stückchen Brot zu erhalten. Infolge der schlechten Luft und Unrat und Schmutz (niemand durfte heraus) gab es einige Todesfälle. I. G. war gleichfalls in den Kellern eingesperrt. Er sagte mir, daß er positiv weiß, daß über hundert oder gar einige hundert Deutsche in die unterirdischen Gänge im Michaeler Ausfall getrieben und dort lebend eingemauert wurden und elend umkamen. I. G. war auch etliche Monate im Hodoleiner Lager auf der Baracke 7, wo er die fast täglichen Prügeleien, denen alle unterworfen waren, mitmachen mußte. Er selbst wurde dabei so schwer verletzt daß er geronnenes Blut ausschied und nur wie durch ein Wunder am Leben blieb. Karl Prachtl wurden bei den Prügeleien einige Rippen gebrochen.

Olmütz, Bericht Nr. 2

Lager Hodolein: Mißhandlungen, Ermordungen

Berichter: K. S. - Bericht vom 23. 1. 1951

Ich wohnte mit meiner Familie (5 Köpfe) in der Nähe von Olmütz im eigenen Hause. Anfang Mai 1945 brachte ich meine beiden Kinder im Alter von 10 und 14 Jahren ins Gebirge nach Pohorsch, um sie vor einer evtl. Schießerei bei der Besetzung zu schützen. Nur unsere 20-jähr. Tochter blieb bei uns zu Hause. Später wollte ich mit meiner Frau die Kinder wieder nachhause bringen und wir machten uns am Samstag, den 5. 5. 1945 vormittags auf den Weg. Wir erfuhren, daß die Russen nur noch einige km entfernt ständen und ein Rudel Flieger umkreiste bereits die Gegend. Die deutsche Wehrmacht befand sich auf der Flucht und in Auflösung. Wir packten unsere Sachen und wollten gegen 4 Uhr nachm. wieder zurückfahren. Aber es war bereits zu spät, russ. motorisierte Einheiten hatten uns den Rückweg abgeschnitten und in den Wäldern steckten die Partisanen. Noch am selben Abend kamen russische Patrouillen den Berg herauf ins Dorf und einige Mann kamen auch zu uns ins Haus, wo wir gleich durchsucht und verhört wurden. Ich konnte meine Familie und einige andere Personen vorläufig durch meine Sprachkenntnisse schützen. Der Bürgermeister des Ortes hatte alle Waffen zusammentragen lassen und glaubte sich dadurch gerettet. Doch er verschwand in den folgenden Tagen gerade so wie viele andere Männer, höchstwahrscheinlich verschleppt.

In den nächsten Tagen kamen immer mehr Russen in das Dorf und schließlich kamen sie mit leeren LKW angefahren und fast sämtliche Häuser der Deutschen wurden geplündert und das Vieh weggetrieben. Viele arbeitsunfähige Männer wurden verschleppt, einige auch mißhandelt oder erschossen und viele Frauen vergewaltigt. Wir durften bei schwerster Strafe unsere Wohnungen nicht verlassen. Ein Gastwirt wurde mit seiner Frau erschossen, weil er keinen Schnaps mehr geben konnte. Manche begingen Selbstmord. Die Familie Tannenberger (5 Personen) hängte sich auf. Die Frau und drei erwachsene Kinder wurden noch rechtzeitig abgeschnitten, der Mann war aber schon tot. Die Frau mit den Kindern kamen dann schutzsuchend zu uns, weil ihre beiden 18-20-jährigen Töchter von den Russen verfolgt wurden. Unsere Nachbarin, Frau Jahn, eine 65jährige gelähmte Frau, die ständig im Bette lag, wurde von den Russen blau geschlagen und vergewaltigt. Ihr Mann, der mit einem betrunkenen Russen in Streit geriet, wurde mißhandelt und mußte fliehen. Sie selbst erzählte mir dies weinend, als ich zufällig ins Haus kam.

Eines Nachts erbrachen einige schwer bewaffnete Russen die Türen und Fenster unserer kleinen Wohnung, bedrohten uns mit Waffen und raubten den Keller im Vorraum aus, wo die Hausfrau ihre Wertsachen versteckt hatte. Eine Frau aus Brünn, die auch bei uns schlief, wurde hinausgeschleppt und vergewaltigt und blieb nachher verschwunden. Die beiden Töchter des Tannenberger steckten unter den Betten und wurden nicht bemerkt. Ich konnte meine Angehörigen nur dadurch retten, indem wir uns als Tschechen ausgaben. Ein russischer Feldwebel hatte mir gesagt, Stalin hätte strengsten Befehl gegeben, wer einem Tschechen etwas zu Leide tut, kommt vor das Kriegsgericht, hingegen können sie mit den Deutschen tun, was sie wollen, die sind vogelfrei.

Unsere Hausfrau, Frau Kimmel, mußte aus ihrer Wohnung, in der es nachher furchtbar aussah, vor den 16-17-jähr. Rotgardisten fliehen, um nicht vergewaltigt zu werden. Ihr weiteres Schicksal blieb mir unbekannt. So erging es vielen. Meine Frau mußte in den folgenden Tagen fleißig die schmutzige Wäsche für die Russen waschen und geklaute Hühner kochen, um nicht in Ungnade zu fallen. Nach einer Woche bekamen wir vom Kommissar nach vielen Bitten eine "Propustka" und durften mit den wenigen geretteten Sachen nachhause fahren. Unser Haus war gleichfalls ausgeraubt und nur die leeren Möbel standen da. Zwei Russen waren noch bei der "Arbeit", als ich ankam. Meine ältere Tochter konnte noch rechtzeitig zu einer Verwandten flüchten, sonst wäre sie wohl kaum am Leben geblieben. Im Keller, wo wir zum Großteil unsere Sachen untergebracht hatten, herrschte ein wüstes Durcheinander von zerstörten Sachen.

Das meiste bei uns, sowie im Dorfe, wurde auf Veranlassung unseres Nachbarn Josef Dostal ausgeplündert. Dieser 45-jährige Tscheche genoß deutsche Schulbildung und hatte auch eine deutsche Frau und Kinder, die nur deutsch sprachen. Während der Hitlerzeit hatte er eine gut bezahlte Stelle bei dem deutschen Baumeister Schneider. Nach dem Umsturz entpuppte er sich plötzlich als verbissener Kommunist und Deutschenhasser. Als Mitglied des *"Národní Výbor"* wurde er Wohnungskommissar und besorgte als solcher die vielen Ausquartierungen und Beraubungen der Deutschen auf brutalste Art und Weise. Er hat durch sein schlechtes Treiben auch etliche

Menschenleben auf dem Gewissen, darunter seinen eigenen Schwager namens Panak, der als Deutscher in Brünn im Lager war. Seine Frau, die 10 minderjährige Kinder hatte, wurde ausgesiedelt und starb angeblich in Bayern. Den 75-jährigen Vater des Lehrers Hartmann steckte dieser Dostal ins Armenhaus, wo er im folgenden Winter verhungerte und erfror. Seine 70-jährige Frau erhängte sich noch vor der Austreibung in ihrem Hause. Hartmann und J. Pallik und noch einige andere wurden in Ratibor im Lager erschlagen. Auch meine Angehörigen trieb er ins Dorflager mit dem Befehl: Nur Löffel und Decke dürft ihr mitnehmen! Bei den vielen Schandtaten, Beraubungen usw. im Dorfe hatte er wohl meist die Finger im Spiele, denn als Ortskundiger spielte er den Angeber. Der Idiot Herentin und der Einäugige Rudolf Raab wurden auf viehische Weise gemordet. Der frühere Feldwebel Kunz, ein 60-jähriger Mann, wurde auf einer Tischplatte zu Tode geprügelt; dies war übrigens eine beliebte Methode der Partisanen. Der Pensionist Zednik wurde erschossen. Viele Frauen und oft auch schulpflichtige Kinder wurden vergewaltigt. Ich ging auf den Ortsfriedhof, wo ich den alten Totengräber Steiger antraf, er erzählte mir, daß er gleich nach den ersten Tagen 12 Leichen begraben mußte. Etliche wurden gemordet und einige verübten Selbstmord, darunter der gew. Kapitän Tobias aus Nimlau.

Der Vorstand im Ortsvýbor war Oberlehrer Hecl; ein wichtiges Organ hieß Ocenásek, die anderen kannte ich nicht namentlich. Weitere Greuel aus der Umgebung, die ich erfuhr, waren:

Eine Verwandte von uns wurde durch die Russen oder Partisanen vergewaltigt und ihr vierjähriger Sohn erschossen, daraufhin sprang sie in den Brunnen und ertrank. Als dies ihre Mutter vernahm, ging sie mit der zweiten Tochter ins Wasser und der Vater zündete sein Haus an und hängte sich auf. Solcher Tragödien gab es viele. Der Gastwirt Schwarz verübte Selbstmord, der alte Lokheizer wurde erschossen. Der Bauer Ed. Sach ebenfalls. Der Beinamputierte Glier und der Beamte Franz Sauer zu Tode mißhandelt. Der Kaufmann Sander und der Beamte Ed. Sach mißhandelt und hingerichtet. Ein früherer Schulkollege namens H. Kwapil wurde schwer mißhandelt und verhungerte im Lager.

Ich meldete mich auch beim *Výbor,* da es hieß, daß jeder Deutsche sich melden muß, falls er seinen Besitz nicht verlieren will. Doch dies war nur eine List, um jeden zu fangen. In den folgenden Tagen klebten sie schon Plakate auf die Häuser der Deutschen mit der Aufschrift *"Národní majitek".* An allen Ecken wurden auch Hetzplakate geklebt und mit den schwersten Strafen gedroht, unterschrieben vom *Národní Výbor,* dem Bürgermeister der Stadt oder auch von Dr. Zenkl und Dr. Blaha u. a. Eines Nachts kamen einige bewaffnete Banditen vor unser Haus und warfen einen schweren Stein durchs Fenster und begehrten polternd Einlaß. Sie durchstöberten alles und wollten schließlich die Frau vergewaltigen. Nur durch meine Sprachkenntnisse und energisches Entgegentreten konnte ich dies verhüten. Nächsten Tag beschwerte ich mich beim Výbor (Hecl) und es wurde mir zum Schein Genugtuung versprochen, die aber auf dem Papier blieb. Ich meldete mich dann wieder an meinem früheren Dienstort und mußte mit dem Beamten Franz Müller und noch weiteren zehn Kollegen am Bahnhof Aufräumungsarbeiten verrichten unter Aufsicht 17-18jähriger Partisanen, die es an rohen Flüchen und Drohungen nicht fehlen ließen.

Mitte Mai 1945 hieß es, wir müßten uns beim russischen Kommando zwecks Registrierung melden. Der Sekretär der kommunistischen Partei, Slanský, ließ uns durch die Bahnpolizei dorthin bringen, aber es war das Hodoleiner Lager, wo wir landeten. Dort waren schon fast 2000 Menschen jeden Alters und Geschlechtes beisammen, die man aus den Wohnungen geholt oder auf der Eisenbahn und der Straße gefangen hatte, um sie im Lager auszuplündern und zu mißhandeln.

Gleich am Eingang auf der Wache wurden unsere Taschen geplündert bis aufs Streichholz. Dann sagte der Wachkorporal zynisch hohnlachend: "Ihr könnt euch auswählen, wollt ihr gehängt oder erschossen werden?"

Dann steckten sie uns in eine kleine Einzelzelle, wo bereits 10 Mann dichtgedrängt beisammen waren. Einige waren furchtbar mißhandelt worden und hatten schwarze, blutunterlaufene Striemen am ganzen Körper und im Gesicht. In der kleinen Zelle der Baracke konnten wir kaum nebeneinander stehen und es herrschte eine unerträgliche Hitze. Draußen am Gang suchten die Partisanen brüllend einen gewissen Weiser aus Sternberg und als sie ihn nach einer Stunde endlich fanden, wurde er schrecklich mißhandelt. Ich sah den ca 60jähr. Mann einige Tage später am Hofe. Wo ihn aber die Partisanen erblickten, wurde er immer wieder geschlagen. Dann verschwand er eines Tages und nur sein grüner Plüschhut blieb zum Andenken in unserer Baracke hängen. Gegen Abend wurden Müller und ich in der Baracke Nr. 2 untergebracht gegenüber der Hauptwache. Dort herrschte reger Verkehr, denn dort wurden die meisten erst richtig ausgeplündert und "verhört" und die Schreie der Gequälten und Mißhandelten konnte man ständig hören.

Dann wurden sie in die Baracken eingepfercht. In den Räumen der Baracken kam durchschnittlich je m2 ein Mensch, sodaß die Leute meist wie die Heringe gepreßt nebeneinander schliefen oder manchmal auch sitzend oder stehend schlafen mußten. In der Nacht wurde alles abgeschlossen und es durfte niemand heraus und dann spielten sich oft unbeschreibliche Szenen ab. Schlafen konnte man natürlich nur auf dem blanken Fußboden und die meisten hatten keine Decke, ja oft nicht einmal einen Überrock zur Verfügung. Früh gegen 4 Uhr wurde geweckt und gereinigt. Nach dem "Frühstück" wurden Arbeitskolonnen aufgestellt für schwere Aufräumungsarbeiten. Als "Verpflegung" gabs früh und abends ¼ Liter schwarzen bitteren Kaffee und eine Brotschnitte dazu, mittags eine leere Kartoffel- oder Krautsuppe und wieder 40-50 g Brot. Zusammen waren dies kaum 300-400 Kalorien täglich, bei oft schwerster körperlicher Arbeit. Hätten uns nicht manchmal Verwandte und Bekannte von draußen oder die Arbeitsgeber etwas Eßbares zugesteckt, so wäre wohl die Zahl der Toten bedeutend größer geworden. Nach 14 Tagen Aufenthalt im Lager brachen manche Menschen vor Schwäche und Hunger zusammen und wurden noch obendrauf von den Partisanen mißhandelt. Besonders in den weiter rückwärts gelegenen Baracken waren die schwersten Mißhandlungen während der Nacht üblich. Zum Prügeln verwendeten die Banditen schwere, mit Eisen und Blei beschlagene Lederpeitschen oder Stahlruten. Wenn die Mißhandelten bewußtlos und blutend zusammenbrachen, wurden sie kübelweise mit kalten Wasser übergossen. Am nächsten Morgen wurden sie wieder zur Arbeit getrieben. Die Toten wurden irgendwo hinter den Baracken verscharrt. Öfters fuhr auch ein Totenauto vor. Manche verübten vor unerträglichen Schmerzen Selbstmord, so auch der Seifensieder Hvabcik aus unserem Dorfe. Wenn die halbverhungerten und müde gearbeiteten Kolonnen abends von der Arbeit zurück ins Lager kamen und nicht genug stramm einmarschierten, wurde nachexerziert, bis manche zusammenbrachen, dann bekamen sie Fußtritte und Hiebe. Deutsche Schuljungen im Alter von 10-14 Jahren mußten gleichfalls exerzieren und tschechische Hetzlieder singen, sonst bekamen sie Schläge und nichts zu essen. Übliche Quälereien waren auch das Bartrupfen, Fußtritte, Faustschläge, Schuhtauschen, an-die-Wand-stellen, wobei dann der Kopf hinterrücks an die Wand geschlagen wurde usw. Beim geringsten Anlaß oder Mißfallen wurden auch viele Leute in die finsteren, naßkalten Kellerbunker gesteckt bei Wasser und Brot, wo auch viele zu Tode mißhandelt wurden. Nach ein paar Tagen Aufenthalt sahen die Betroffenen heruntergekommen wie die Räuber aus. Einige Bekannte waren auch darunter, so der Bauer Ed. Biebel und der pens. Bahnplatzmeister Matzner. Ich sah auch öfters, wie deutsche Jungen im Alter von 15-16 Jahren, aber auch Männer von der Polizei und den Partisanen zu den Bunkern geschleppt wurden, dort wurden sie schwer mißhandelt und niedergeknüppelt und in die Bunker geschleift. Viele kamen in den Bunkern ums Leben. An den tschechischen Nationalfeiertagen gab es gewöhnlich noch eine Extra-Prügelei. Unter den Polizisten waren manche bekannte Gesichter, die ich leider mit Namen nicht kannte. Nur einen gewissen Labounek kannte ich mit Namen.

Man hörte von Berufsmördern, die sich mit 50-60 Morden rühmten. "Särge wie die Berge" prophezeiten diese Unmenschen und ich glaube, daß es auch so war. Niemand war seines Lebens sicher. Der schlesische Ing. Keitke oder ähnlichen Namens aus Schweidnitz wurde ohne Urteil gehängt, weil er angeblich die Wache überfallen hatte! In Wirklichkeit hat er sich gegen die üblichen Mißhandlungen gewehrt und mußte dafür büssen. Apathisch mit zerschlagenem, schwarz angeschwollenen Kopfe schritt er zum Galgen. Die Leiche ließ man nachher tagelang im Hofe hängen und der tschechische Tuchhändler Hunka und noch ein Mann mußten vor der Leiche knien, später auch einige Deutsche. Die Deutschen mußten alle am Hofe rufen: "Wir danken unserem Führer!"

Am 29. 5. 1945 mußten alle "Internierten" am Hofe antreten, es wurden Befehle verlesen und Handwerker herausgesucht. Nachher wurden die Namen der Anwesenden vor ihren Baracken verlesen und die Aufgerufenen "eingewiesen". Ich schlief seit einigen Tagen bei meinem Kameraden Müller auf der Baracke Nr. 11 wo wir Glaserarbeiten verrichteten und mit noch einem Herrn Franz Neckar aus unserem Orte, der aber nicht mehr hier war. Bei den "Einweisungen" hagelte es von gröbsten Beschimpfungen und Hieben seitens der Banditen. Zuletzt mußten die Aufgerufenen am Gang noch Purzelbäume schießen und dabei wurde weitergedroschen. Müller kam noch glimpflich davon und ich ging um die Baracke und kroch zum Fenster hinein. Wir legten uns beide im Finstern auf den Fußboden zur Ruhe. Plötzlich kam es Müller vor, der bereits im Halbschlummer lag, er wäre von den Partisanen am Gange gerufen worden. Meine Einwendungen nützten nichts, er ging auf den Gang, um sich zu melden. Die Banditen empfingen ihn mit wüsten Schimpfworten und trieben ihn zurück und sagten, sie würden sich ihn später "ausborgen." Eine Stunde später kamen einige herein und holten ihn ab, ich wurde im Finstern nicht bemerkt. Sie schleppten ihn quer über den Gang auf das Wachzimmer, wo noch mehrere waren, rissen ihm mit Gebrüll die Kleider vom Leibe und peitschten ihn nackt zu Tode... Ich hörte schreckerstarrt das Schmerzgebrüll und die verzweifelten Hilferufe des Gefolterten und konnte ihm nicht helfen, mich hätte das gleiche Schicksal getroffen. Als das Blut zuviel spritzte, schleiften sie ihn wieder über den Gang in eine andere Kammer, um das Wachzimmer nicht zu beschmutzen. Dort vollendeten sie ihr teuflisches Werk.

Der Kommandant der Baracke hieß Zugführer Vítavský und Müller hatte ihm seine Barschaft von Kc 1000.- abgeliefert und nur 850 "gutgeschrieben" erhalten, was doch ohnehin zwecklos war. Er hoffte aber, dadurch eine bessere Behandlung zu erreichen, anfangs schien es fast so. Ich möchte noch erwähnen, daß Müller kein Nazi war, sondern langjähriger Gewerkschaftler wie ich.

Einer plötzlichen Eingebung folgend, packte ich meine wenigen Sachen und sprang wieder zum Fenster hinaus und ging quer über den Hof in meine frühere Baracke 2. Dort lief ich, es war gegen 11 Uhr, gerade den Partisanen in die Hände, die wieder eine der üblichen "Durchsuchungen" bei den Gefangenen machten und dabei klauten, was ihnen gefiel. Ich bekam einige Hiebe und mußte mich mit dem Gesicht zur Wand stellen. Nach einem peinlichen Verhör, bei dem ich natürlich Ausreden gebrauchte, konnte ich schlafen gehen. Ich schlief natürlich sehr wenig und früh nach dem Wecken war mein erster Weg, nach Müller zu forschen. Da der Eingang der Baracke 11 bewacht war, kroch ich wieder zum Fenster hinein. Da lag der korpulente arme Müller nackt am Fußboden auf seiner Pelerine, vor ihm stand ein Glas Wasser. Sein Rücken von oben bis unten war eine einzige blauschwarz gefärbte blutige Wunde, aufgerissen von den Peitschenhieben. Stellenweise trat das Fleisch hervor. Trotzdem war der starke Mann noch nicht tot und atmete noch. Ich versuchte ihm Wasser einzuflößen, aber es war zwecklos, er lag scheinbar schon in den letzten Zügen. Ich kroch vorsichtig wieder hinaus und schloß mich dann einer Arbeitskolonne an. Als ich abends zurückkehrte, sagte mir Dr. Himmel, der sich in der Baracke befand, daß Müller gleich früh gestorben sei und man ihn irgendwo verscharrt hätte. Derartige bestialische Morde gab es hier unzählige.

Einige Tage arbeitete ich auf der Strecke bei Stefanau, dort wurde ich von einem tschechischen, mir unbekannten Eisenbahner angepöbelt, worauf ich von den Partisanen einige Kolbenhiebe bekam und er mir sagte: "Ich habe jeden Deutschen am liebsten 4 Meter unter der Erde!" Mitte Juni 1945 wurde ich durch die Beihilfe eines früheren tschechischen Dienstkollegen aus dem Lager abgeholt und kam zu einem tschechischen Bauern nach Nedweis auf Arbeit. Mit mir kamen noch weitere sieben bekannte Arbeiter dorthin. Beim Bauer S. bekamen wir wenigstens satt zu essen, wenn wir auch sonst weiter wie Gefangene behandelt wurden. Wir schliefen dichtgedrängt in einem kleinen Kellerraurn, wo es von Ungeziefer wimmelte. Aber auch hier waren wir mancherlei Schikanen von draußen ausgesetzt, wenn auch nicht in dem Maße wie im Lager. Der Bauer, der die deutsche Sprache gut beherrschte, erwies sich im allgemeinen als Mensch und wenn die Russen auf seinen Hof kamen, versteckte er sich selbst vor ihnen und ließ die Angehörigen verhandeln. Auch einige weitere bekannte Tschechen erwiesen sich menschlich und steckten mir manchmal etwas zu, oder gewährten Erleichterungen.

Im allgemeinen durfte aber keiner auf die Straße ohne Erlaubnis, oder die gesäuberte Wäsche von Verwandten abholen. Immer mußte dabei die Armbinde mit dem "N" getragen werden, sonst gab es Unannehmlichkeiten. In die Stadt durften wir auch nicht, höchstens ausnahmsweise auf eigenes Risiko und da durfte man nicht auf dem Gehsteig gehen oder gar die Straßenbahn benutzen, da konnte es leicht wieder Lager und Schläge geben. Mir gelang es trotzdem ein paar Mal, in die Stadt zu kommen, weil meine Frau dort beschäftigt war. Da sah ich auch, daß frühere Mörder in den Zeitungen und auf den Plakaten öffentlich als "Helden" gepriesen wurden, so z. B. ein gewisser Jan Smurda, der in Pirk zwei deutsche Grenzbeamte erschoß und einen schwer verletzte und darauf entkam, wurde als der "nicht zu fangende Jan" gefeiert. Weiters rühmte sich ein gewisser Safar aus Nimlau, einen SA-Mann, ich glaube er hieß Svoboda oder ähnlich, in Olmütz, Romhofgasse erstochen zu haben. Dies erzählte mir ein junger Bursche namens König aus Nimlau, der auch bei uns arbeitete. Dagegen wurden die Namen vieler Deutscher öffentlich angeprangert, die vielleicht nie einem Tschechen ein Haar gekrümmt hatten; nur weil sie verschiedene Ämter bekleideten, wurden sie als Scheusale und Auswurf der Menschheit bezeichnet. Auch in Nedweis gab es verschiedene Fanatiker, die sich in der Verfolgung der Deutschen hervortaten. Besonders ein junges Bürschchen namens Walter Koralka, dessen Verwandte übrigens Deutsche waren, sowie die Lehrer Andrysek und Sohn und die Tschechen Barta, Cuka, Polonsky, Kolman u. a. taten sich in der Verfolgung wehrloser Deutscher hervor und ließen viele ins Lager bringen und verprügeln. Diese Gesellschaft markierte einmal eine kleine Brandstiftung, die sie den Deutschen in die Schuhe schob, worauf der Beinamputierte B. Hausner schwer mißhandelt wurde.

Das deutsche Mädchen Albertine Kollmann hängte sich einige Tage nach dem Umsturz auf, um den Vergewaltigungen und Mißhandlungen zu entgehen. Der Viehhändler Dostal schlug noch auf die Tote mit einer Stange wütend ein. Die Mutter der Genannten, eine 60jähr. Frau, wurde zu 10 Jahren Zuchthaus verurteilt, weil sie einem Tschechen früher eine Ohrfeige gegeben hatte. Viele deutsche Männer wurden auch hier von den Partisanen schwer mißhandelt und die Frauen vergewaltigt. Fast sämtliche Deutsche beiderlei Geschlechtes ab 10. Lebensjahr wurden wie üblich ins Lager geschleppt. Der 60jährige Lehrer Coufal war nach einer Woche im Lager zu Tode mißhandelt worden. Der örtliche *Národní Výbor*, dessen Vorstand der ältere Lehrer Andrysek war, ließ die Landwirte Kleiber, Müller und Skacel ins Gefängnis bringen, wo sie dann hingerichtet wurden. Sie hatten angeblich einen Tschechen während der Hitlerzeit ins Lager bringen lassen. Die berüchtigten "Volksrichter" in unserer Gegend hießen Matura und Svoboda.

Zu erwähnen wäre auch die unchristliche Tätigkeit eines gewissen Teiles des tschechischen Klerus, der den Löwenanteil für die Austreibung und Ausrottung der Deutschen aufgrund seiner Tätigkeit während des Krieges für sich beanspruchte.

Unser Ortspfarrer verbot den Deutschen den Kirchenbesuch, nahm keine Einsegnungen der Toten mehr vor, die irgendwo in einer Ecke verscharrt wurden. usw.

Olmütz, Bericht Nr. 3

Lager Hodolein, Erschießung alter Leute

Berichterin: Hermine Pytlik - Bericht vom 5. 7. 1946

Ich war vom 4. 6. 45 bis 10. 6. 45 im Lager Olmütz-Hodolein und wurde dort Zeuge, wie die Insassen des Olmützer Altersheimes, die Anfang Juli ins Lager gebracht worden waren, ungefähr fünfzehn Personen, in zwei Gruppen mit Pistolen von der Nationalgarde aus allernächster Nähe erschossen wurden. Die Erschießung fand in den Abendstunden vor den Fenstern meiner Baracke statt. Es waren durchwegs alte, kranke Leute im Alter von 65 bis 80 Jahren.

Olmütz. Bericht Nr. 4
Lager, Mißhandlungen
Berichter: Dr. Hein - Bericht vom 5. 7. 1946

Ich wurde am 28. 5. 1945 in Olmütz von Revolutionsgardisten verhaftet, unter schweren Kolbenschlägen ins Lager gebracht und mit Fußtritten in den Bunker geworfen, wo ich bis 21. 6. vorigen Jahres auf der feuchten Erde, ohne Decke, bei geringster Verpflegung bleiben mußte. Täglich wurde ich früh und abends von ungefähr acht Tschechen mit Knüppeln, Stahlruten usw. verprügelt. Im Bunker war ich mit einigen anderen Deutschen eingesperrt, von denen drei elend zu Grunde gehen mußten, ohne daß sich jemand um sie gekümmert hätte. Jede zweite oder dritte Nacht wurde ich mehrmals herausgeholt, in eine Baracke geführt und dort furchtbar mißhandelt. Von diesen Mißhandlungen habe ich eine Reihe von dauernden Körperschäden erlitten. Am rechten Ohr bin ich taub, über den rechten Fuß habe ich nicht die völlige Gewalt, ich bin nierenleidend, habe ständige Schmerzen im Rücken und kann mich nur schwer aufrichten. Ich habe täglich Kopfschmerzen und zeitweise ein Zittern in den Händen.

Olmütz, Bericht Nr. 5
Lager Hodolein, Vorenthaltung von Post aus England
Berichterin: Walburga Lindenthal - Bericht vom 6. 10. 1946

Ich war mit einem ehemaligen kriegsgefangenen Engländer verlobt, der im Juni 1945 nach England zurückkehrte und mir durch die Englische Gesandtschaft in Prag ein Zeugnis zugehen ließ, wonach die tschechischen Behörden gebeten werden, mich in der Behandlung besonders zu berücksichtigen. Trotzdem wurde ich im Lager Olmütz-Hodolein 4 Monate lang zur Arbeit in einem Eisenwerk ohne Bezahlung festgehalten. Die Post meines Verlobten wurde mir häufig vorenthalten. Seit Mai 1946 habe ich überhaupt keine Post mehr ausgefolgt erhalten, obwohl ich weiß, daß mein Verlobter mir regelmäßig wöchentlich einen Brief schrieb.

Olmütz, Bericht Nr. 6
Lager Olmütz und Stefanau, Drangsalierung alter Leute
Berichter: Hermann Komarek - Bericht vom 1. 8. 1946

Ich war mit meiner Frau vom 11. 7. bis 6. 10. 1945 im Lager Olmütz und Stefanau interniert. Trotz unseres Alters (beide 63 Jahre alt) wurden wir dort sehr schlecht behandelt. Ich wurde oft geschlagen nur aus Übermut der Posten. Die Verpflegung war so gering, daß wir ununterbrochen hungerten. Wir wurden Anfang Oktober krankheitshalber nachhause entlassen. Meine Frau war so verschwollen und mit eitrigen Wunden bedeckt, daß sie sich nicht mehr erholte und Anfang

November starb. Unterdessen war mein Haus beschlagnahmt und vollkommen ausgeraubt worden. Mir hatten sie alle besseren Anzüge und Schuhe genommen. Ich habe jetzt nur noch schadhafte Kleidung und 1 Paar zerrissene Schuhe.

Olmütz, Bericht Nr. 7

Lager Hodolein, Mißhandlungen

Berichter: Dipl.-Ing. Kurt Domes - Bericht vom 17. 1. 1951

Am 5. Mai 1945 fuhren meine Frau und ich nach Hombock bei Olmütz. Am 7. Mai marschierten die Russen ohne Widerstand in den Ort ein. Das war das langerwartete Signal für alle Tschechen, um zu plündern und zu rauben. Radio Prag verlautbarte Tag und Nacht: "Znicte nemci na potkání, kde je naleznete!" Zu deutsch: Vernichtet die Deutschen bei jeder Begegnung, wo ihr sie findet! Diese Mordaufforderung tat der Staatspräsident Benesch persönlich in seiner Anfang Mai gehaltenen Rede über den tschechischen Rundfunk.

Am 13. Mai um Viertel vor 12 Uhr Mittags wurde ich vom Polizeileutnant Blaha abgeholt. Auf mein Zögern und den Hinweis, daß es Sonntag sei und daß ich mich morgen melden werde, erwiderte er schroff: "Nein, das geht nicht, Sie müssen. sofort mitkommen, ich befehle es!" Mit diesen Worten begann meine Leidenszeit. Auf der Polizeidirektion wurde ich von Partisanen übernommen. Diese Jugendlichen waren am meisten gefürchtet und so bekamen auch wir vorerst 25 Hiebe und Stöße mit Gummikeilriemen und Maschinengewehrkolben. Aus Nase und Mund blutend mußte ich nun mit neun hinzugekommenen Leidensgefährten in eine Militärschießstätte bei Olmütz marschieren. Unterwegs, bei Kloster Hradisch, erwartete uns ein Spalier von ca. 30 Personen, meist Frauen mit Knütteln bewaffnet und schlugen mit aller Kraft auf uns ein. Diesen Sadismus kann man nur verstehen, wenn man erfährt, daß der tschechische Rundfunk die Morde an Deutschen organisierte und völlige Straffreiheit verkündete. Die Amerikaner, die bis zur Linie Pilsen-Prag vormarschiert waren, sahen überall tatenlos den bestialischen Verbrechen der Tschechen zu. Auf der Schießstätte angekommen, mußten wir uns den Oberkörper entblößen, bekamen Krampen und Schaufeln zugeteilt und unter dauernden Schlägen von Bewachungspersonal und Zuschauern mußten wir die Leichen von 22 Männern und einer Frau ausgraben. Es wurde uns mitgeteilt, daß auch wir erschossen und begraben werden, bis wir die Leichen geborgen hätten. Es kamen immer mehr Tschechen hinzu, die an den allgemeinen Prügeleien an uns teilnahmen. Plötzlich erschien ein Russe in Begleitung eines Tschechen, holte einen Mann aus unseren Reihen, ging mit ihm hinter den Schießstand und nach einigen Minuten hörten wir einen Schuß. Unseren Kameraden sahen wir nie mehr wieder. Als die Toten ausgegraben waren, mußten wir die Leichen unter dauernden Mißhandlungen abwaschen, in Särge legen und auf Lastwagen verladen, während ein Tscheche die ganze Begebenheit filmte. Am Abend um 21 Uhr wurden wir trotz der Todesdrohung in das Kriminal-Gefängnis von Olmütz eingeliefert, wo wir auf einem schmalen Gang, mit dem Gesicht zur Wand Aufstellung nehmen mußten. Nun ging die Prügelei wieder los. Hauptsächlich wurden Kopf und Gesäß traktiert, bis wir aus Mund und Nase bluteten. Anschließend wurden wir in enge Zellen gestoßen und mußten einen Raum von 10 qm mit sechs Leidensgenossen teilen. Auf kaltem Betonboden und ohne Decke mußten wir schlafen, mit den Schuhen als Kopfkissen. Ein offener Kübel diente den Bedürfnissen und nur einmal in 24 Stunden wurde das Fenster 15 Minuten geöffnet. Die ersten zwei Tage bekamen wir überhaupt nichts zum Essen. Am dritten Tag bekamen wir gänzlich fettlose Wassersuppe, die unsere Hauptmahlzeit blieb.

Nach zwei Monaten, als ich mich nur noch an der Zellenwand aufrecht erhalten konnte, wurde mir mitgeteilt, daß ich nachhause gehen könne, da gegen mich nichts vorliege. Ein Gefängnisaufseher führte mich in die Kanzlei und dort schrieb man einen sogenannten Entlassungsschein, der aber nicht mir, sondern einem anderen Polizisten übergeben wurde, der mich aufforderte, ihm zu folgen. Auf meinen Hinweis, daß ich doch entlassen sei und nachhause gehen könne, erwiderte er: "Sie kommen schon nachhause, aber über das Konzentrationslager Hodolein." Nur wer das berüchtigte Todeslager kannte, in dem nach vielseitigen Aussagen von Mai bis November 1945 über 3500 Deutsche zu Tode geprügelt wurden, kann meinen furchtbaren Schrecken verstehen. Der Polizist führte mich in das Lager Hodolein und übergab mich dem Lagerkommando. Ich wurde in Baracke 2 beordert und stand in der Aufnahmekanzlei einem alten Bekannten gegenüber. Er erklärte mir, daß ich während der Dauer der Internierung unbedingt Titel und Rang verschweigen solle, da man gegen die deutsche Intelligenz rücksichtslos vorgehe. Es war Forstrat Ing. Cepe, ein Wiener im Alter von 60 Jahren, der mich auf die Leiden, die mir nun bevorstanden, aufmerksam machte. Der Protektor des Lagers war Dr. Rehulka aus Olmütz, Mitglied der tschechischen christlich-sozialen Partei, ein fanatischer Chauvinist. Ich verbrachte in diesem Lager volle elf Monate.

Das Lager Hodolein war ein Barackenlager mit einer dauernden Belegschaft von ca. 3-4000 Internierten. Nach Todesfällen oder Entlassungen wurde die Belegschaft dauernd durch Neuzugänge aufgefüllt, sodaß allein in diesem Lager innerhalb eines Jahres, von Mai 1945 bis Mai 1946, ca. 17.000 Deutsche inhaftiert waren. Die Aufseher, zum großen Teil Jugendliche übelster Sorte, waren die geborenen Sadisten. Besonders unter dem Einfluß von Alkohol wurden die Gefangenen viehisch mißhandelt. Ohrenbetäubender Lärm und Brüllen ließen uns fast jede Nacht erzittern. Da wurde ein Kamerad aus unseren Reihen gerissen und den langen Gang der Baracke hin und her gehetzt, mit Kupferkabeln, Keilriemen und Stöcken solange traktiert, bis er liegen blieb. Blieb der Mißhandelte am Leben und erstattete er am nächsten Tag eine Anzeige, so war es sicher, daß er die nächste Nacht nicht mehr überlebte. Das Totprügeln geschah stets in der Zeit gegen Mitternacht, da wurden dem Unglücklichen zuerst die Nieren losgeschlagen und er solange traktiert, bis er leblos liegen blieb. Einer der übelsten Totschläger dieses Lagers war der mir bekannte Eisendreher Smetana aus Olmütz-Neugasse.

Am 27. Oktober 1945 wurde ich aus dem Zimmer nach der Baracke 12 in das Wachzimmer befohlen und von drei Jugendlichen unter Aufsicht des berüchtigten Smetana auf das gemeinste traktiert, wobei sich alle drei im Schlagen abwechselten. Ein Zufall rettete mich aus dieser furchtbaren Lage. Zwei Polizisten trafen mit einem Transport von ca. 30 Mann aus dem Sudetenland ein. Ich bekam einen Fußtritt, daß ich wie ein Blatt Papier gegen die Tür flog, während der Totschläger mich anbrüllte: "Du wirst Dich morgen um 12 Uhr Nachts hier melden, da werden wir dich fertigmachen, bis du krepierst!" Zerschlagen und am ganzen Körper zitternd kam ich in meine Baracke zurück und konnte vor Schmerzen, Verzweiflung und Schrecken nicht mehr schlafen. Morgens meldete ich mich sofort zur Arbeit, um in der Mittagspause mit Erlaubnis des Aufsehers einen mir befreundeten Professor zu besuchen. Der tschechische Professor ging sofort zur Polizeidirektion und sagte dem Polizeidirektor, er dulde die Mißhandlungen nicht, wenn ich etwas getan hätte, so sei das Volksgericht zur Bestrafung zuständig. Daraufhin brüllte ihn der Polizeidirektor an, er werde ihn einsperren lassen, wenn er sich für Deutsche einsetze. Der Professor erwiderte, er möge ihn ruhig einsperren, aber er dulde unter keinen Umständen, daß ein anständiger Mensch, den er kenne und für den er garantiere, so mißhandelt werde. Diese Unterredung hatte doch Erfolg, denn als ich am Abend aus der Arbeit kam und den Arbeitsschein abgab, sagte mir ein Polizist, ich möge meine Sachen nehmen und mit ihm kommen. Er führte mich in die Polizeibaracke 6 und sagte mir, daß mich hier niemand belästigen dürfe. Doch in der Nacht um 12 Uhr öffnete ein anderer Wachposten alle Zellentüren und fragte nach den Namen der Insassen. Ich nannte ihm einen falschen Namen. Der Posten knallte die Tür zu und schrie, das Schwein sei nirgends zu finden. Vor der Baracke hörte ich den Totschläger Smetana brüllen: "Diesen Hund werden wir solange suchen, bis wir ihn finden und dann machen wir ihn fertig, diesmal entweicht er uns nicht." Sicherlich hatte die Wache von meiner Intervention erfahren und wollte sich rächen. Am nächsten Morgen ging ich wieder zur Arbeit und mittags zum Professor. Der Professor veranlaßte nun, daß ich von einem Kloster als Diener angefordert wurde. Ich wurde auch sofort abgeholt. So entrann ich dem sicheren Tode im Lager Hodolein.

Daß mein Schicksal doch nicht zu den Schlimmsten zählte, erfuhr ich kurz darauf von meinem Schwager Stephan Wallaschek, Schlossermeister, Olmütz, Blasiusplatz 23, der gleichzeitig in diesem Lager inhaftiert war. In den ersten Wochen mußte er Blindgänger ausgraben und nachts wurde er mit seinen Leidensgenossen gezwungen, in tiefer Hocke zu schlafen. Hinlegen war strengstens verboten. Bei den täglichen Appellen wurde mit Riemen und Stöcken traktiert. Nachts wurde er herausgeholt, über vier Stühle gebunden und solange geschlagen, bis er regungslos war. Dann wurde er mit brennenden Zigaretten versengt und wenn er darauf noch ein Lebenszeichen gab, bis zur völligen Bewußtlosigkeit geschlagen. Diese Prozedur mußte er insgesamt viermal über sich ergehen lassen. Als sich mein Schwager nur mehr mühsam mit den Händen an der Wand fortbewegen konnte, wurde er vom Lagerrichter mit folgenden Worten entlassen: "Über Sie liegt hier nichts vor, schauen Sie, daß Sie nachhause kommen!" Mit losgeschlagenen Nieren, mit ausgeschlagenen Zähnen und auf einem Ohr taub kam er dann nachhause. Noch nach einem Jahr konnte er nicht mühelos einen Fußweg von einigen hundert Metern bewältigen.

Im Nonnenkloster als Diener eingewiesen, wurde mir von der Oberin sofort gesagt, daß ich das Kloster nicht verlassen dürfe, da ich sonst in größter Lebensgefahr sei. Der tschechische Professor besuchte mich täglich, ebenso meine Frau, sodaß ich sie zum ersten Male über meine Erlebnisse informieren konnte.

Infolge der Unterernährung erkrankte ich im Kloster und bekam ein Karbunkel von Faustgröße am Gesäß, sodaß ich mich bald nicht mehr bewegen konnte. Auf Anordnung des Arztes sollte ich operiert werden, jedoch nahm mich das Krankenhaus mit dem Bemerken nicht auf, daß kein Deutscher behandelt werde. Ein tschechischer Arzt schrieb auf die Rückseite des Krankenscheines:

Deutsche nicht angenommen! Mein ehemaliger Hausarzt behandelte mich dann völlig kostenlos und nach sechswöchiger Krankheit wurde ich von einer Klosterschwester aus dem Kloster gewiesen. Nun wurde ich wieder in das Lager Hodolein eingewiesen und wandte mich in meiner Angst an einen Pfarrer, der erreichte, daß ich in den Städtischen Bauhof als Arbeiter eingewiesen wurde. Ich war zwar unter Aufsicht und mußte bei jedem Wetter zur Arbeit ausrücken, wobei man mich als ehemaligen Stadtrat mit Vorliebe vor dem Rathaus Straßenkehren ließ, aber wir wurden nicht mehr soviel mißhandelt wie im Lager Hodolein.

Eines Tages wurde ich von einem Geheimpolizisten wieder verhaftet und in den Polizeibunker gebracht und am vierten Tag der Ungewißheit in das Kriminalgefängnis zum zweiten Male eingeliefert. Ein Verwandter verständigte meine Frau, die sich bei der Polizei erkundigte, was gegen mich vorliege. Dort erklärte man ihr, es liege gegen mich nichts von Bedeutung vor und ich werde sicherlich schon am nächsten Tag entlassen werden. Monate der Gefängnishaft vergingen, auf Betreiben meiner Frau nahm sich ein mir bekannter Rechtsanwalt des Falles an. Bei der Einsichtnahme in meine Akten bei Gericht ersah er, daß tatsächlich gegen mich nichts vorlag und erreichte meine Entlassung, nach sechsmonatiger Haft. Zu diesem Zeitpunkt war ich nun ohne jeder konkreten Anschuldigung und nur wegen meiner nationalen Zugehörigkeit zum Deutschtum über zwei Jahre inhaftiert, eingekerkert oder interniert.

Die vorliegende Schilderung meiner Erlebnisse in meiner Heimat entsprechen der Wahrheit. Ich habe mich bemüht, sachlich und objektiv zu sein und wenn manches übertrieben dargestellt erscheint, so mögen meine Leidensgenossen die Richtigkeit bestätigen.

Pilsen

Pilsen, Bericht Nr. 1

Erlebnisse im Kreisgerichtsgefängnis Pilsen

Berichter: Oskar Gellrich und Franz Reich - Bericht vom 23. 11. 1945

Herr Altherr aus Wenussen bei Pilsen kam gleich nach seiner Einlieferung in die Korrektionszelle Nr. 23 und ist dort nach dreitägiger Behandlung seinen Qualen erlegen. Die Zeit dieses Geschehnisses ist der 15. bis 20. Mai [1945]. Die Häftlinge wurden unter Beaufsichtigung von Rotgardisten außerhalb der Anstalt beschäftigt. (Entfernen der Luftschutzdeckungen etc.) Unter fortwährendem Antreiben mit Gummiknüppeln wurden die Anlagen entfernt. Die Ziegelsteine mußten nur im "Marsch, marsch" weggetragen werden. Tritte in die Hoden und Schläge in die Nierengegend waren besonders gewählt und bewußt vorgeschrieben.

Verpflegung gab es: Für einen Tag 120 bis 150 g Brot, dazu am Morgen ein Topf schwarzer Kaffee, am Mittag entweder eine dünne Suppe oder eine unbekömmliche Tunke mit drei bis 4 Kartoffeln (klein). Am Abend wieder eine dünne Suppe. Die Zubereitung war miserabel, ungesalzen und daher ungenießbar.

Nach dem im Juni 1945 erlassenen Prügelverbot wurde die Behandlung etwas besser. In der Verpflegung hat sich jedoch nichts geändert. Das ist schon daraus zu sehen, daß in der Strafanstalt Bory eine Typhusepidemie ausgebrochen war, der auch Wärter zum Opfer gefallen sind. Wie viel deutsche Häftlinge zum Opfer gefallen sind, wird verschwiegen.

Pilsen, Bericht Nr. 2

Strafanstalt Bory, Mai 1945 bis März 1946

Berichter: Karl Oberdörfer - Bericht vom 3. 6. 1946

Ich wurde am 6. Mai 1945 in Pilsen verhaftet. Bis 24. 5. wurde ich im Kreisgericht Pilsen, hierauf bis 19. 3. 46 in Bory gefangen gehalten. Verhaftungsgrund wurde mir keiner genannt. Verhört wurde ich zum ersten Male im April in dem Internierungslager Tremoschna, wohin ich von Bory gebracht wurde. Einen Verhaftungsgrund konnte mir auch Dr. Krofta, der mich verhörte, nicht angeben.

Im Kreisgericht Pilsen und in der Strafanstalt Bory wurde ich und die anderen Häftlinge täglich aufs Schwerste mißhandelt. Nur die wenigen Tage, an denen amerikanische Kommissionen kamen, blieben ohne Mißhandlungen. In Bory wurden wir von den Aufsehern täglich am Morgen in der

Zelle geschlagen, hierauf einzeln in den Keller geführt, wo wir uns auf eine Bank mit 2 Leisten legen mußten. Der Kopf wurde uns zwischen die Leisten gepreßt und dann wurden wir von Aufsehern und von tschechischen Sträflingen mit Holzstöcken und Gummiknüppeln geprügelt, bis jeder bewußtlos wurde. Dann wurden wir in eine Ecke geworfen und mit kaltem Wasser übergossen. Samstag und Sonntag waren die Prügel immer am schlimmsten. Der linke Unterschenkel wurde mir so zerschlagen, daß die Wunden bis heute noch offen sind.

Die Verpflegung war völlig ungenügend. Ich nahm in Bory vom 24. 5. 45 bis 19. 3. 46 rund 34 kg ab. Auch die Waschgelegenheit war unzureichend. Es stand für 30 Mann nur ein Waschbecken mit ungefähr 8 Liter Wasser zur Verfügung. Bademöglichkeit war in der ganzen Zeit nur zweimal. Im August brach Flecktyphus aus, der ungefähr drei Monate dauerte. Es starben täglich 1-15 Mann. An einem Tag waren es 49. Ärztliche Hilfe bestand gar keine. Der Anstaltsarzt Dr. Nemecek kümmerte sich um die Deutschen nicht. Erst auf Veranlassung der amerikanischen Kommission wurden die deutschen internierten Ärzte eingesetzt.

Im Internierungslager Tremoschna waren die Verhältnisse etwas besser, doch haben auch dort Angehörige der tschechischen Miliz viele mißhandelt. Ich selber wurde einmal von einem auf dem Closett zu Boden geschlagen. Ich kann diese Aussagen beeiden.

Pilsen, Bericht Nr. 3

Bericht einer deutschen Familie

Berichterin: Maria Schöber

Am 7. Mai 1945 wurde ich mit meinem Mann aus unserer Wohnung geholt. Um ½10 Uhr erschienen vier Männer mit Peitschen und befahlen uns, sofort mitzugeben. Ich war im Schlafrock und durfte nur nur schnell ein Kleid anziehen, das mußte ich jedoch vor einem Soldaten tun. Mein Mann nahm seinen Luftschutzkoffer mit. Mit vielen anderen Deutschen wurden wir in die Strafanstalt Bory getrieben. Dort wurden die Frauen von ihren Männern getrennt. Ich habe meinen Mann nie wieder gesehen.

Zwei Tage später brachte man mir meines Mannes schmutzigen Kragen und zwei blutgetränkte Taschentücher sowie 300 Kronen von 18.000.

In Bory waren wir in einer Zelle für vier Menschen 35 Frauen mit Kindern und Säuglingen eingepfercht. Essen gab es nur einmal täglich, und das ganz wenig und schlecht.

Jede Nacht hörten wir das Schreien der Menschen, die geprügelt wurden, und die Schüsse von ungezählten Erschießungen.

Nach drei Wochen kam ich von dort fort und wurde nacheinander in folgende Lager gebracht: Pilsen-Karlov, Eisenach in Thüringen, von dort durch die Amerikaner wieder zurück nach Böhmen und zwar nach Pilsenetz, Dobran und nach Staab.

Unterkunft und Verpflegung in den Lagern war größtenteils menschenunwürdig. Oft Männer und Frauen durcheinander, keine Waschgelegenheiten, die Aborte in unmöglichen Zuständen, Schupfen und Baracken waren meistens so voll gepfropft mit Menschen, daß diese nur eng aneinander zu liegen vermochten. Strohsäcke oder andere Unterlagen und Decken nur für wenige vorhanden.

Todesfälle von Kindern und Erwachsenen waren an der Tagesordnung.

Die Verpflegung bestand durchwegs aus geringen Mengen trockenen Brotes, schwarzen Kaffee und dünnen Suppen.

Die Behandlung durch die Wachmannschaften war durchwegs sehr schlecht und menschenunwürdig. Ich mußte nur in Bory arbeiten - die jüngeren Frauen wurden an einen zwei Wegstunden entfernten Arbeitsplatz getrieben, mußten auf dem Schotter laufen und wurden mit Peitschen geschlagen, wenn sie diesem ausweichen wollten, oder wenn sie eine Arbeit nicht verrichten konnten.

Im September 1945 gelang es meiner Tochter, mich aus den Lagern frei und zu ihr zu bekommen.

Auf wiederholte Anfragen in Bory erhielt meine Tochter jedesmal die Antwort, der Vater sei gesund. Im Oktober 1945 erhielt ich die Erlaubnis, ihm ein Päckchen zu schicken und habe das getan. Dieses Päckchen kam jedoch im November zurück mit dem Vermerk: "Gestorben den 19. September". Meine Tochter bat dann nochmals, ihr wenigstens etwas über die Todesursache mitzuteilen. Darauf erhielt sie ein gedrucktes Formular mit dem Vermerk "Magenkrebs". Weiter konnten wir nichts erfahren.

Pilsen, Bericht Nr. 4

Schwere Mißhandlungen, Tod, Ruhr, Flecktyphus, Wassersucht

Berichter: Franz Pilfusek - Bericht vom 7. 8. 1946

Ich bin 55 Jahre alt, seit 1913 bei der Eisenbahn beschäftigt und politisch niemals tätig gewesen. Ich versah meinen Dienst bis 18. Mai 1945. Seit 6. Mai 45 wohnten amerikanische Soldaten in meinem Hause, mit welchen ich mich gut verstanden hatte.

Als ich am späten Nachmittag des 18. Mai ahnungslos mit meiner Familie im Garten saß, stürzten plötzlich drei jüngere tschechische Leute, darunter ein Gendarm, in meinen Hof und verhafteten mich ohne jeden Grund. Meine Frau brach bewußtlos an Ort und Stelle zusammen und ich wurde vor das Bürgermeisteramt eskortiert.

Als ich dort ankam, standen schon einige Kameraden mit blutigen Gesichtern und beschmutzten Kleidern da. Auf einmal stürzte sich ein jüngerer tschechischer Mann aus Kosolup namens Karl Petrikovic auf mich und schlug mich mit der Faust ins Gesicht. Es wurden noch einige Kameraden herbeigeholt, insgesamt 11 Mann. Dann kam ein größeres Lastauto, auf welches wir gezwungen wurden so rasch als möglich aufzusteigen. In Tuschkau-Stadt wurden noch weitere vier Kameraden zu uns geladen und dann ging es nach Pilsen zum Kreisgericht. Dort ungefähr gegen 20 Uhr angekommen, erwartete uns eine große Menschenmenge, welche beim Aussteigen auf uns einschlug.

Im Kreisgericht auf dem Korridor mußten wir uns mit den Gesichtern gegen die Wand stellen und vollkommen nackt ausziehen. Wir durften uns nicht umdrehen und keinen Laut sprechen. So mancher von uns wurde mit dem Gesicht gegen die Wand gestoßen, oder es gab Fußtritte, Hiebe mit Gummiknüppeln, mit Gewehren und dergl. von rückwärts.

Nach einer kurzen Aufnahme der Personalien in zwei Kanzleien wurden wir 8, 10 oder noch mehr Mann in einzelne Zellen gepfercht, ohne etwas zu essen zu erhalten, eingeschlossen und am nächsten Tag wurden wir auf die Gemeinschaftszellen aufgeteilt. Die Mißhandlungen und Prügeleien wurden weiter fortgesetzt. Die Verpflegung war sehr gering und schlecht. Es wurde zum Kochen muffig stinkendes Wasser verwendet und ohne jede Gewürze oder Salz die schlechten Speisen aus Trockengemüse und dergl. hergestellt.

Nach einer Woche wurden wir einige hundert Mann in Autobussen wieder in die Bory-Anstalt getrieben. Dort vom Kreisgericht in die Strafanstalt Pilsen-Bory geschafft. Dort waren die Mißhandlungen Prügeleien von den dortigen Angestellten Tag und Nacht an der Tagesordnung. Viele Leute sind an den Folgen dieser unmenschlichen, rohen Behandlung, ohne ärztliche Hilfe gestorben.

Es gab wochenlang nur zweimal täglich etwas zu essen und da sehr wenig. Später gab es dann Nachmittag einige Eßlöffel voll schwarzen Kaffee und wir wurden auch eingeteilt zu verschiedenen Arbeiten. Bei Nacht konnte man, gequält von Ungeziefer aller Art, nicht schlafen. Erst als wir bis zum Skelett abgemagert waren, wurde uns erlaubt, von den Angehörigen Pakete mit Eßwaren bis zu 3 kg zu empfangen.

Plötzlich brachen verschiedene Krankheiten, wie Wassersucht, Ruhr, Hunger-, Bauch- und Flecktyphus aus. Dann veranlaßte man, daß die internierten Ärzte die Behandlung aufnahmen. Leider war es zu spät, außerdem gab es keine Arzneimittel. Man sprach sogar in manchen Abteilungen von über 70% Toten. Ich selbst lag beinahe zwei Wochen bewußtlos mit hohem Fieber an Flecktyphus erkrankt.

So verbrachte ich mit mehreren Kameraden bis März 1946, einige auch noch länger, die Zeit in der grauenhaften Strafanstalt Bory. Von dort wurden wir dann in das Internierungslager nach Tremošna bei Pilsen überführt, von wo ich am 16. Juli 1946 nach bereits 14 Monaten als Kranker entlassen wurde. Mein Sohn, welcher nach seiner Rückkehr aus amerikanischer Kriegsgefangenschaft ebenfalls im Internierungslager in Tremošna war, wurde um eine Woche früher von dort entlassen, obwohl er sich beim Kreisgericht in Pilsen bemühte, mich zur gemeinsamen Aussiedlung frei zu bekommen. Dort wurde ihm wiederholt gesagt, daß ich in keinem Verzeichnis aufzufinden wäre, folgedessen keine Anzeige gegen mich vorläge.

Kurz nach meiner Verhaftung wurde meine Familie aus dem eigenen Hause vertrieben und das Haus von den Tschechen vollkommen ausgeplündert. Bei meiner Verhaftung wurde mir von einem tschechischen Gendarmen meine Taschenuhr und Taschenmesser abgenommen mit der Bemerkung, daß ich diese bei Rückkehr wieder erhalte.

Zum Schluß möchte ich noch erwähnen, daß mein Sohn im Kreisaussiedlungslager, kurz vor dem Abtransport, verprügelt wurde u.zw. von einem tschechischen Gendarmen und wurde ihm sein Gummimantel, Lederhandschuhe und Stiefel abgenommen. Auf Grund einer Beschwerde bei dem dortigen Stabskapitän erhielt er seine Sachen wieder zurück.

Prag

Prag, Bericht Nr. 1

Prag, Vorgänge in den Monaten Mai-Juni 1945

Berichter: Dipl.-Physiker K. F. - Bericht vom 27. 12. 1946

5. 5. 45. Nach einem Anruf von Prof. Gudden, der uns aufforderte, das Phys. Institut auf keinen Fall zu verteidigen (wir hatten außer drei Pistolen auch keine Waffen), kamen bewaffnete Zivilisten ins Haus und suchten nach Waffen. Es blieb uns gerade noch Zeit, die Pistolen notdürftig zu verstecken. Nachdem sie wieder fort waren, versteckten wir die Pistolen gründlicher, denn abgeben wollten wir sie auf keinen Fall. Auch sämtliche Uniformen wurden verräumt. Aus den verwirrenden Meldungen des Prager Rundfunks war kein klares Bild der Lage zu entnehmen.

Nach einer Stunde wurden wir auf das Polizei-Revier in der Karlshofer Kirche gebracht und verhört. Während des Verhörs setzte ein Tiefangriff von Flugzeugen mit Bomben und Bordwaffen ein, da überließ man uns in der Kirche unserem Schicksal. Nachher forderte uns die reguläre Polizei auf, zum Czernin-Palais zu gehen, wo die deutschen Regierungsstellen seien. Wir sollten jedoch einzeln gehen.

Wir holten unsere wichtigsten Sachen und als ich mit Frl. Tiedke (meiner Assistentin) vom Institut wegging, begann es schon zu dämmern. Die Schießerei hatte fast aufgehört. Wir kamen kaum 11 m weit bis zur Appolinariusgasse, wo uns der nächste "Partisan" festnahm und in die psychiatrische Klinik führte, die anscheinend ein Hauptquartier war. Bei der Untersuchung wurden uns die wertvollsten Gegenstände abgenommen und dann wies man uns ein Zimmer in der Krankenabteilung zu. Die Gesellschaft war ja nicht sehr angenehm, aber man hatte seine Ruhe.

Am 6. und 7. Mai änderte sich nichts an unserer Lage. Dr. Sturm, ein Bekannter, kam gelegentlich auf "Visite" und erzählte, was vorging.

Die Kämpfe spielten sich in unmittelbarer Nähe, kaum 11 m entfernt ab, doch die sehnsüchtig erwartete Befreiung kam nicht.

Am 8. 5. ließen die Kämpfe nach und das Haus lag lediglich unter Artilleriefeuer. An diesem Tage steckte man mich mit 4 anderen Männern in eine Zelle im Keller. Die Verpflegung und Behandlung war aber immer noch gut.

Am 9. 5. vormittags sprachen die Posten schon davon, daß die Russen in der Stadt wären und es gab verschiedentlich sehr lange Gesichter bei den Posten. Um etwa 11 Uhr trat die entscheidende Wendung in unserer Lage ein. Da fiel die Maske, das Individuum verschwand und es herrschte nun die Masse.

Von der Gasse drangen Partisanen ein und trieben etwa 30 Mann mit Kolbenstößen in die Weinberggasse vor das math. Institut zum Barrikadenräumen. Die erste war schnell beseitigt und dann ging es an die zweite bei der Einmündung der Weinberggasse in die Lindengasse. Diese war äußerst stabil gebaut mit Pflastersteinen, Erde, Balken, Eisenstangen usw. Bald hatte sich eine gaffende Menge versammelt und es fehlte auch nicht an Antreibern. Was sich dort in den Nachmittagsstunden des 9. 5. abspielte, das spottet jeder Beschreibung! Die menschliche Vorstellungswelt hat keine Begriffe dafür.

Nach der ersten Stunde waren wir alle blutüberströmt von den Schlägen auf Kopf und Hals, die mit allem Greifbaren geführt wurden, mit Schaufeln, Eisenstangen, Zaunlatten, Bleirohren usw.

Der Rausch steigerte sich mit dem Anblick des Blutes. Dabei mußte man ständig arbeiten und durfte nicht eine Sekunde aussetzen, wollte man nicht vollends erschlagen werden.

Unter uns befand sich eine 70-jährige Frau, die Aufräumerin des mathem. Institutes (ihr schor man den Kopf kahl), der einarmige Pförtner des mathem. Institutes und auch mehrere Krankenschwestern. Bald zog man uns die Schuhe aus und jagte uns barfuß über die Glasscherben.

Als in der Nähe zwei Schüsse fielen, trieb man uns als Kugelfang die Straße entlang. Es gab wohl keinen unter uns, der sich nicht einen raschen Tod gewünscht hätte.

Als man die Schützen nicht fand, vermutlich waren es eigene Leute, die mit den Waffen nicht umgehen konnten, ließ man uns erst auf Scherben exerzieren und trieb uns dann wieder zur Arbeit zurück, wo es genau so weiterging.

Nichts zeigt wohl deutlicher den Sadismus als folgender Vorfall: Als mir ein Partisan die Pistole auf die Brust setzte und ich ihn aufforderte zu schießen, grinste er bloß und trieb mich mit den Worten: *"To by slo moc rychle"* (das ginge allzu schnell) wieder zur Arbeit.

Als es finster wurde, konnten wir uns schon kaum mehr auf den Beinen halten, wir gingen lange schon nur mehr tief gebückt, weil die Kraft zum Aufrichten fehlte. Als sich der Haufen verlaufen hatte, forderten uns drei Polizisten auf, aufzuhören. Wir fielen auf der Stelle um wie Säcke. Als ich um mich sah, merkte ich erst, daß von den 30 Mann nur noch 4 am Leben waren. Die anderen waren erschlagen und weggeschleppt worden.

Die drei Polizisten schafften uns zunächst hinter die Gartenmauer der Psych. Klinik und gaben uns dort etwas Wasser und Reis, wobei sie sich dauernd ängstlich umsahen, um ja nicht von "Partisanen" dabei ertappt zu werden. So hungrig wir waren, vor Mattigkeit brachten wir keinen Bissen hinunter.

Ein paar Minuten später lud man uns, so wie wir waren, auf ein Lastauto und brachte uns in die Stefansgasse 22, in das ehemalige deutsche Realgymnasium. Alle unsere Sachen, die noch in der Psych. Klinik waren, blieben zurück und wir haben nie mehr ein Stück davon gesehen. So standen wir da, barfuß, dreckig, zerschlagen und dem Umfallen näher als dem Stehen. Aber an ein Setzen war beileibe nicht zu denken, denn jetzt war der Pöbel wieder tonangebend und die Episode mit den 3 Polizisten war nur eine kurze Atempause gewesen.

In einem Nebenhaus der Turnhalle ließ man uns noch Stunden mit erhobenen Armen an der Wand stehen, bis einer nach dem anderen umfiel. Jetzt ging es aber erst richtig los. Man schaffte uns in die Gerätekammer neben der Turnhalle zu den *"Gestapáci"*. Die halbe Nacht jagte uns ein schon heiserer Kerl herum. Wir waren etwa 50 Mann. Gegenseitiges Ohrfeigen wurde befohlen und da es nicht nach ihrem Geschmack ausfiel, auch kräftig vorgemacht. Als ich wieder umkippte, hielt man mir ein brennendes Zündholz so lange an die Zehen, bis ich wieder zu mir kam und aufstehen mußte. Beim zweiten Male ließ man mich etwas länger liegen, dann trat mir einer auf der Nase herum und als ich darauf nicht mehr reagierte, ließ man mich liegen. Viele, die sich nur ein wenig zu wehren versuchten, wurden erschossen.

In dieser Nacht und am kommenden Vormittag wurde Frl. Tiedke mit mehreren Frauen zweimal durch den Raum geführt, von da ab sah ich sie nicht mehr wieder.

Der Vormittag des 10. 5. 45 verlief ruhig. Ich versuchte einen Glassplitter aus meiner rechten Zehe herauszuziehen, aber er saß zu tief und kam erst zwei Monate später heraus. Bis dahin spürte ich ihn bei jedem Tritt.

Der Nachmittag des 10. 5. brachte mir das vielleicht grausigste Erlebnis dieser Tage. Es kam ein Trupp Bewaffneter herein und suchte sich die 6 jüngsten und kräftigsten Männer aus, darunter war auch ich. Nachdem diese Leute unserer Bewachung versprochen hatten, sie würden uns nach Möglichkeit lebendig wiederbringen, führten sie uns auf den Wenzelsplatz. Dieser war gesteckt voll mit einer grölenden Menge und man mußte uns erst eine Gasse frei machen. Ich hätte nie gedacht, daß ein Menschenanlitz so zur Fratze werden kann, denn wie geifernde Hunde reckten sie uns mit gefletschten Zähnen die Köpfe entgegen, als sie uns anspieen und anbrüllten. Mit aller Gewalt und entsicherten Pistolen mußte unsere Bewachung diese Wesen (Menschen kann ich nicht sagen) von uns fernhalten. So kamen wir zur Einmündung der Wassergasse und sahen unsere Aufgabe: An der großen Reklametafel an dieser Ecke hingen drei nackte Leichen, an den Füßen aufgehängt und mit Benzin verbrannt. Die Gesichter bis zur Unkenntlichkeit verstümmelt, die Zähne restlos herausgeschlagen, der Mund nur ein blutiges Loch. Die gekochte Haut klebte uns an den Händen, so mußten wir sie in die Stefangasse tragen und schleifen, als wir nicht mehr tragen konnten. Ein Passant wollte unseren Zug fotografieren, wurde gesehen und halb erschlagen.

Als wir die Toten abgelegt hatten, zwang man uns, sie auf den Mund zu küssen mit den Worten: *"To jsou prece vasí bratrí ted' je políbejte!"* (Das sind Eure Brüder, so küßt sie). Ich höre diese Worte noch wie heute. Was half da aller Ekel, das Leben ist einem doch lieber und so preßten wir die zusammengepreßten Lippen in die blutige Lache, die den Mund darstellte. Noch heute spüre ich die eiskalten Köpfe in meinen Händen.

Ich hatte mir kaum das Blut aus dem Gesicht gewaschen und mich instinktiv in die hinterste Ecke verkrochen, da kam auch unsere Begleitmannschaft von vordem in den Saal und suchte uns 6 wieder zusammen; irgendwie war mir nun plötzlich klar, was nun kommen mußte. Wir hatten zu viel gesehen, viel zu viel, um weiterleben zu dürfen. Nur Tote konnten schweigen.

So trieb man uns mit Fußtritten und Kolbenstößen zusammen und stellte uns in der Mitte des Saales auf. Unter größten Mißhandlungen wurde jeder nach Name und Beruf gefragt und dann hieß es nur kurz: *"Do sklepa smrti!"* (In den Todeskeller). Bald darauf fanden wir uns in einem Kellerraum wieder, der also anscheinend diesen vielsagenden Namen Todeskeller führte. Da über den endgültigen Ausgang dieser Aktion bei uns kein Zweifel bestand, hatten wir nur den einen Wunsch, es möchte schnell gehen. Das lag aber durchaus nicht in der Absicht unserer "Richter".

Die Wachen des Hauses waren anscheinend solcher Schauspiele schon überdrüssig und so brachten sie irgend einen "Partisanen" von der Straße herein, der seine diesbezüglichen Gelüste noch nicht gestillt hatte. Es begann dies, was wir alle oft mitangesehen und auch für uns befürchtet hatten. Das langsame, sadistische zu Tode foltern, das Hineinsteigern in einen an Wahnsinn grenzenden Blutrausch. Blut wollte man sehen, Blut, nur Blut, und seinen Opfern das Leben stückweise aus dem zuckenden Körper reißen ... !

Der Erste in unsrer Reihe war erledigt und lag in seinem Blute am Boden, der Zweite kam an die Reihe, ich wäre der Vierte gewesen. Als auch schon der Zweite am Boden lag, ging die Türe auf und es kam ein Tscheche herein, der etwas intelligenter aussah und, dem Benehmen der Wachen nach zu schließen, auch etwas zu sagen hatte. Wie ich später erfuhr, war es ein Neffe des Ministers Stránský. Er fragte, wer wir seien und nach langem Zögern und Überlegen ließ er mich und noch einen 17-jährigen Hitlerjungen aus dem Raum führen, weil wir die einzigen waren, die tschechisch sprechen und ihm die Lage klar machen konnten.

Als wir am Posten vorübergingen, meinte dieser grinsend, wir wären die ersten, die lebendig aus diesem Keller herauskämen. Die anderen blieben zurück. Was mit ihnen geschah, wissen wir nicht. Wir haben sie auch nie mehr gesehen.

Es war inzwischen dämmerig geworden, wir wurden nach oben geführt und konnten uns noch unsere Habseligkeiten aus der Gerätekammer von *"Gestapáci"* holen. Für mich war es nur eine herrenlose Decke, die ich mir dort angeeignet hatte. Ungern ging ich in diesen Raum zurück und war froh, als ich das Schreien der Geschlagenen wieder hinter mir hatte. Es "ergötzten" sich nämlich gerade wieder einige Partisanen in der Gerätekammer.

Man brachte uns zunächst zu einem Verhör und anschließend in ein Klassenzimmer im vierten Stock. In den engen Raum waren etwa 60 Menschen hineingepreßt, sodaß nicht einmal alle Platz zum Liegen hatten. Ich fand noch einen schmalen Streifen zwischen der Wand und den Bänken und rollte mich dort am Fußboden in meine Decke. Nach den seelischen Anspannungen der letzten Stunden war mir meine Umgebung völlig gleichgültig, ich wollte nur Ruhe; dieser Zustand dauerte etwa eine Woche. - Erst allmählich begann ich mich dafür zu interessieren, ob und wo man sich waschen könne und erst auf Drängen der anwesenden Frauen versuchte ich nach einer Woche eine Möglichkeit zum Rasieren aufzutreiben. Mir erschien alles so sinnlos und unbedeutend, gemessen an dem Geschehenen. Erst als einige Tage vergingen, ohne daß ringsum Menschen wie wertloses Ungeziefer umgebracht wurden, kam die Hoffnung allmählich wieder, daß man diese Hölle doch noch lebend überstehen würde. - Doch wie sah unsere Umgebung aus! Alle Klassenzimmer waren vollgestopft mit Menschen: Frauen, Kinder, Greise, Männer, alles durcheinander, dabei fehlten fast alle sanitären Anlagen. Die Folge war, daß nach kurzer Zeit viele verlaust waren und dann von den Anderen wie Aussätzige behandelt wurden. Die Verpflegung spottete jeder Beschreibung.

Wir bekamen am Morgen 1-2 Scheiben Brot und eine Schale Kaffee, zu Mittag eine Schale Wassersuppe und abends wieder etwas Kaffee. So ging es wochenlang weiter und wir waren bald völlig entkräftet.

Alle Maßnahmen waren völlig willkürlich und änderten sich sprunghaft. Wir waren restlos der Willkür der jeweiligen "Machthaber" ausgeliefert, besonders die Frauen. Man rief sie zu Verhören und zwang sie, sich völlig auszuziehen.

Nach etwa 14 Tagen wurde ein Kollege aus dem physikalischen Institut dort ebenfalls eingeliefert, der ganz ahnungslos von Brüx nach Prag gekommen war. Wir blieben von da ab zusammen bis zu meiner Flucht. Von "Arbeitseinsätzen" hielt ich mich auf Grund meiner Erfahrungen fern; nur einmal kam ich nicht mehr herum. Zum Glück ging es in eine unbelebte Straße und ich konnte dabei meinen Besitzstand sogar um einen Brotbeutel vermehren. An Schuhwerk hatte ich von einem Toten ein Paar Sandalen geerbt, Strümpfe hatte ich immer noch keine.

Nach drei Wochen führte man uns, etwa 100 Personen, in die Leihamtsgasse, wo wir wieder in einer Schule untergebracht wurden. Die Verpflegung und Behandlung wurde dort wieder bedeutend schlechter. Zur Begrüßung legte man uns eine Leiche vor die Füße mit der Bemerkung, daß es jedem so ergehen würde, der versuchen sollte, irgendeinen Wertgegenstand zu verstecken. Man nahm uns daraufhin alles ab (auch Eheringe), was irgendwie von Wert war.

Eine allgemeine Entkräftung war bald so weit vorgeschritten, daß wir nur mehr liegen konnten und zum Aufstehen einige Minuten brauchten, infolge Blutleere im Kopf. Aber auch das wäre noch auszuhalten gewesen, wenn nicht die unerträgliche Ungewißheit gewesen wäre, ob man nicht im nächsten Augenblick einem "Partisanen" als Objekt zur Befriedigung seiner Gelüste dienen muß.

Es hatte sich nämlich so eingebürgert, daß jeder, der einen Menschen quälen oder töten wollte, von der Straße hereinkam und sich ein Opfer aussuchte. In unser Zimmer kam jeden Tag so ein Wüstling und mißhandelte immer denselben auf die scheußlichste Art. Sein Sadismus kannte keine Grenzen. Er gab seinem Opfer zunächst nach langen Mißhandlungen die gesicherte Pistole in die Hand, angeblich mit einer Patrone geladen und forderte es auf, sich zu erschießen. Der Mann nahm das auch ernst, weil er darin den einzigen Ausweg sah, setzte sich die Pistole an den Kopf und wollte abdrücken. Da sie gesichert war, ging es nicht. Der Kerl ging daraufhin und entsicherte mit einem Ausdruck des Bedauerns die Pistole, er hätte es vergessen. Nun noch einmal dasselbe Schauspiel, sie ging wieder nicht los, weil sie garnicht geladen war. Das ganze wurde nur inszeniert, um sein Opfer zu quälen. - Einer der so Gefolterten stürzte sich aus dem 3. Stock in den Hof und war sofort tot. Das ging so fort eine ganze Woche. Den letzten Tag bekamen wir überhaupt nichts mehr zu essen und in der Nacht wurden so viele Leute in einen Raum zusammengepfercht, daß die Meisten stehen mußten. Bei geschlossen Türen und Fenstern mußten wir so die Nacht zubringen!

Am nächsten Vormittag, es war etwa der 29. Mai, wurden wir im Hof aufgestellt, etwa 800 Personen, und wieder endlos untersucht, obwohl nichts mehr heraus zu holen war. Ohne Essen ging es mittags bei glühender Hitze in einem Elendszug zum Moldauerbahnhof. Unterwegs ereignete sich kein Zwischenfall, nur beim Eingang wurde der Letzte, der eine alte Frau führte, auf Verlangen des Pöbels von einem Polizisten erschossen. Man verlud uns auf offene Kohlenwaggons, 60 bis 70 Mann auf einen Wagen und ließ uns in der prallen Sonne ohne Wasser und Verpflegung stehen bis zum Abend. Russen holten sich in dieser Zeit noch alles, was ihnen begehrenswert erschien.

Am Abend wurden wir an einen Personenzug angehängt und an der Fahrtrichtung stellten wir bald mit Erleichterung fest, daß es nordwärts ging und nicht ostwärts, wie wir alle befürchtet hatten. In Melnik wurden wir abgehängt und blieben über Nacht in den Waggons. Am nächsten Morgen, dem 3. Tag ohne Verpflegung, fuhr man uns an die Verladerampe, stellte uns schön in Reihen auf und der Sklavenmarkt konnte beginnen. Aus der Umgebung waren Bauern teils zufuß, teils mit Leiterwagen gekommen und suchten sich nun die "geeignete" Ware aus.

Ich kam mit meinem Kollegen zu einem Trupp von etwa 8 Männern und 11 Frauen, die für das Dorf Lhotka bestimmt waren, das etwa 7 km südöstlich von Melnik, in unmittelbarer Nähe des Funkturms, lag. Wir waren zunächst gemeinsam in einem Gutshof auf dem Heuboden untergebracht. Das Erste war, daß wir uns in einem kleinen Wasserlauf abwuschen. Dabei bemerkten wir erst, wie uns überall die Knochen herausstanden. Das erste Essen, das ich zu mir nahm, bekam mir sehr schlecht, denn ich mußte gleich erbrechen und den ganzen Tag liegen. Nur allmählich konnte man den Magen durch kleine Bissen wieder an Nahrungsaufnahme gewöhnen.

Da jede Nacht die Russen kamen und die Frauen vergewaltigten, wurde bald jeder bei dem Bauern untergebracht, bei welchem er arbeitete. Die Verpflegung war gut und auch über die Behandlung konnte sich keiner beklagen. Ich bekam einen Strohsack auf dem Schüttboden und vom Bauern ein Paar Schuhe zur Arbeit.

Ich hatte mit meinem Kollegen vereinbart, daß wir einmal gemeinsam fliehen wollten. Da nach meiner Flucht den Anderen bestimmt die Gelegenheit dazu genommen werden würde, schlich ich mich nach Verlassen meines Hofes durch das Dorf zu ihm. Stundenlang lag ich im Straßengraben und hinter dem Misthaufen und dann kroch ich über den Hof. Es ging alles gut und ich weckte ihn. Da ihm aber die Sache zu gefährlich schien, wollte er eine Flucht nicht wagen. Er gab mir noch ein halbes Kilo Brot und dann verließ ich auf demselben Weg mühsam den Hof. Aus dem Straßengraben nahm ich meinen Brotsack auf, den ich dort zurückgelassen hatte, da er mich beim Schleichen hinderte, verstaute das Brot darin, meinen einzigen Proviant, und verließ durch einen Hohlweg das Dorf in Richtung Funkturm-Melnik, als sich im Osten schon ein heller Streifen am Horizont zeigte.

Prag, Bericht Nr. 2

Prag-Theresienstadt, Mißhandlungen von Greisinnen

Berichterin: Anna Seidel - Bericht vom 4. 7. 1947

Ich bin 67 Jahre alt, Ing.-Witwe und seit 40 Jahren in ein und demselben Hause in Prag XVI-Smichow, Hollergasse 16, wohnhaft gewesen. Ich hatte in all diesen Jahren niemals und mit niemanden den geringsten Streit oder Meinungsverschiedenheit, weder sachlich noch politisch, auf welchem Gebiete ich mich niemals und in keiner Weise betätigt hatte. Trotzdem holten mich am 9. Mai um 3 Uhr vier Zivilisten mit aufgepflanztem Gewehr (Partisanen) aus meiner Wohnung. Im Hausflur standen 4 ältere Frauen mit dem Gesicht an der Wand, "Hände hoch", hinter jeder ein Mann mit Gewehr. Es waren dabei Frau Kogert, Ob.-Ing.-Witwe, 67 Jahre alt, Frau Arbes, Prof.-Witwe, 70 Jahre alt und deren Tochter, alle wohnhaft in den umliegenden Häusern. Man führte uns in die Vorstadt Radlitz in eine Fabrik, wo man uns alles, aber wirklich alles abnahm, was wir besaßen: Geld, Wertpapiere, Schmuck etc. Man maltraitierte uns, mit Füßen wurde auf unsere Rücken getreten und schlug uns so, daß wir noch Wochen nachher keinen einzigen weißen Fleck am Körper hatten. Man schnitt uns in der rohesten Weise die Haare ab, malte uns mit schwarzer Farbe ein Hakenkreuz auf die Stirn, dann begoß man uns mit einigen Kübeln kalten Wassers, lud uns auf einen Lastwagen, auf dem wir knieen mußten und führte uns so langsam durch die Straßen, wobei wir ununterbrochen weiter geschlagen wurden, während wir selbst laut rufen mußten: *"My jsme Hitler-kurvy"* = "Wir sind Hitler-Huren", und wenn ihnen dies nicht genügend laut und überzeugend genug klang, sausten weitere Hiebe im verstärkten Maße auf unsere Körper nieder, auf wehr- und hilflose Greisinnen! So gelangten wir endlich zur Polizeidirektion, wo wir die ganze Nacht in den nassen Kleidern im Hof zubringen mußten und früh ins Gefängnis nach Pankratz geschafft wurden, wo wir 4 Wochen verblieben. Nach dieser Zeit kamen wir im offenen Kohlenwagen in die kleine Festung "Theresienstadt", wo wir ein Jahr verblieben, eingesperrt hinter Gitterfenstern und wo man schwerste körperliche Arbeit von uns forderte: Kohlen verladen am Bahnhof, desgleichen Bretter, Möbelstücke, Kasernen aufräumen, überfüllte Klosetts, deren Zutrittstür man kaum mehr öffnen konnte, reinigen, in Typhus-Baracken ohne geringsten Schutz oder Vorsichtsmaßnahmen unter unbeschreiblichen Verhältnissen Dienst tun. Dies alles im gestreiften Sträflingsanzug, den wir sofort nach unserer Einlieferung bekamen, nachdem man uns gezwungen hatte, uns vollständig zu entkleiden und unsere Kleider und Wäschestücke wahllos auf einen Haufen zu werfen, natürlich auf Nimmer-Wiedersehen!

Grauenhaft war das Martyrium der Männer (in spitzen Schottersteinen mußten sie sich wälzen und kriechen und wenn sie nicht rasch genug vorwärts kamen, wurden sie mit Fußtritten traktiert). Grauenhaft das Hinsterben der Menschen am laufenden Band! Unsere Nahrung bestand aus ½ l Wassersuppe täglich, meist keine oder nur wenig Kartoffeln, 200 g Brot und schwarzem, bitterem Kaffee. Erst ganz zum Schluß bekamen wir zusätzlich etwas Zucker und Margarine, was auf baldige Entlassung schließen ließ, womit wir uns auch nicht getäuscht hatten, denn Mitte Mai kam die Erlösung.

Diesen meinen Bericht bin ich bereit, zu jeder Stunde den verantwortlichen Stellen gegenüber unter Eid zu bekräftigen.

Prag, Bericht Nr. 3

Unmenschliche Grausamkeiten in Prag

Berichterin: Marianne Klaus - Bericht vom 26. 6. 1946

Am 9. 5. 1945 wurde mein Mann Gotthard Klaus, 66 Jahre alt, in der Polizeidirektion in Prag zu Tode geprügelt. Ich sah ihn am 10. 5. um 4 Uhr früh zum letzten Mal. Sein Gesicht hatte faustgroße Beulen, Nase und Mund waren eine blutige Masse, seine Hände waren dick aufgeschwollen. Ich habe ferner gesehen, wie man zwei SS-Leute mit Peitschen ins Gesicht schlug, bis sie blutüberströmt zusammenbrachen, dann wurden sie mit Füßen in den Bauch getreten bis Blut herausquoll, dann wurden sie an den Füßen über eine Treppe heruntergeschleift. Ich sah, wie eine Wehrmachtshelferin gesteinigt wurde bis sie zusammenbrach, dann wurde sie am Rollbalken eines Geschäftes aufgehängt. Ich sah am Revolutionstag einen SS-Mann an einem Fuß an einem Kandelaber gehängt und vom Kopf hinauf brennen. Das war am 9. 5. 1945 in Prag.

Prag, Bericht Nr. 4

Schicksal deutscher Frauen 1945

Berichterin: Helene Bugner - Bericht vom 7. 6. 1946

Ab 5. Mai 1945 durften die Deutschen Prags ihre Wohnung nicht verlassen. Am 9. 5. wurde ich in meiner Wohnung vom Hausmeister verprügelt, hierauf ohne jedes Gepäck zur Beseitigung von Barrikaden in den Straßen Prags abgeführt. Meine Arbeitsgruppe bestand aus 20 Frauen, darunter auch 60-70jährige, die von einem Professor Zelenka geführt wurde. Als wir aus dem Hause traten, lieferte uns Prof. Zelenka mit den Worten: "Hier bringe ich euch die deutschen Säue" dem Pöbel zu Mißhandlungen aus. Mit den Worten "Du deutsche Hure" mußten wir niederknien, dann wurden uns mit Bajonetten die Haare abgeschnitten. Schuhe und Strümpfe wurden uns ausgezogen, sodaß wir barfuß gehen mußten. Bei jedem Schritt und jeder Bewegung wurden wir mit Latten, Gummiknüppeln usw. unmenschlich geschlagen. Wenn eine Frau zu Boden sank, wurde sie mit Füßen getreten, im Kot gewälzt oder mit Steinen beworfen, bis sie starb. Ich selbst wurde mehrmals ohnmächtig und wurde dann mit Wasser übergossen und mußte weiterarbeiten. Als ich wirklich nicht mehr konnte, erhielt ich einen Fußtritt in die linke Seite, durch den mir 2 Rippen gebrochen wurden. Während einer meiner Ohnmachten wurde mir aus der Fußsohle ein Stück Fleisch, ungefähr 4 qcm groß, herausgeschnitten. Diese Mißhandlungen dauerten den ganzen Nachmittag. In meiner Gruppe waren auch hochschwangere Frauen und stillende Mütter, die ebenso mißhandelt wurden. Bei einer dieser Frauen trat im Verlaufe von 3 bis 4 Tagen ein Abortus ein.

Am Abend kehrten wir nachhause zurück. Meine Kinder erkannten mich nicht, so war ich durch die erlittenen Mißhandlungen entstellt. Das Gesicht war mit Blutkrusten bedeckt, die Kleider waren blutige Fetzen, 2 Frauen aus meinem Haus haben in der Verzweiflung Selbstmord gemacht, eine andere ist irrsinnig geworden. Unsere Körper waren vollkommen blau und angeschwollen, alle hatten wir offene Kopfwunden. Da sich keine Frau mehr rühren konnte, wurden wir 3 Wochen in einer kleinen Wohnung unseres Hauses unter Bewachung gefangen gehalten. In dieser Zeit wurden wir bis an die Grenze des Erträglichen seelisch gequält. Man drohte uns, uns die Kinder zu nehmen und uns nach Sibirien zu verschicken.

Nach 3 Wochen kamen wir in das Lager Hagibor. Dort waren 1200 Menschen in 4 Baracken untergebracht. Alle erkrankten an Hungerruhr, denn die Verpflegung bestand für Kinder aus 2 mal täglich nicht ganz ¼ Liter dünnen Haferschleim, für Erwachsene früh und abends je ¼ Liter schwarzen Kaffee und einer dünnen Scheibe Brot und mittags einer leeren Wassersuppe. Die Closettanlagen durften nur 3 mal täglich zu gewissen Stunden benutzt werden, obwohl alle an Ruhr erkrankt waren. Es bestand für alle Arbeitspflicht. Jeden Abend kehrten die Arbeitskommandos verprügelt ins Lager zurück. Ärztliche Betreuung war überhaupt keine vorhanden. Ein mitgefangener deutscher Arzt tat, was er konnte, doch standen ihm weder Medikamente noch Verbandsstoffe oder die primitivsten Instrumente, wie z. B. Fieberthermometer zur Verfügung, sodaß Frauen, die zum Beispiel mit Schußwunden oder anderen Verletzungen zurückkamen, praktisch ohne Behandlung bleiben mußten. Es brachen Epidemien von Masern, Scharlach, Keuchhusten, Diphterie usw. aus, die nicht behandelt werden konnten.

Eines Tages wurden wir zum Antreten befohlen. Wir mußten 7 Stunden im Freien stehen, während sich ein furchtbares Gewitter mit Hagelschlag und einem Orkan, der zwei Baracken abdeckte, über die Gegend entlud. An diesem Tage wurden wir noch am Bahnhof auf offenen schwerbeschädigten Kohlenwagen so eng verladen, daß wir kaum stehen konnten. In strömendem Regen kamen wir um 3 Uhr früh in Kolin an. Dort wurden wir in einer schwer beschädigten Schule untergebracht. Auf dem Marsch vom Bahnhof in diese Schule starben zwei Frauen an Erschöpfung. Während des Marsches wurden wir mit Gummiknüppeln geschlagen, sodaß fast alle bluteten. Von der Schule wurden wir tagsdarauf in ein Gebäude des tschechischen Roten Kreuzes überführt. Von der tschechischen RK-Schwester wurden jede Nacht Gruppen von russischen Soldaten in das Lager gelassen und auf verschiedene hübsche Frauen und Mädchen aufmerksam gemacht, die dann in unmenschlichster Weise, oft bis 45mal in einer Nacht vergewaltigt wurden. Während der ganzen Nacht waren die Hilferufe und Verzweiflungsschreie der Frauen zu hören. Manche hatten am Morgen zerbissene Gesichter, abgebissene Nasen und lagen apathisch ohne jede ärztliche Hilfe da, denn eine ärztliche Betreuung gab es auch in diesem Lager nicht.

Nach einigen Tagen wurde ich mit 45 anderen Frauen, darunter auch eine mit 6 kleinen Kindern auf ein tschechisches Gut zur Arbeit verschickt. Dort waren wir 3½ Monate, bis die letzten beiden Frauen, darunter auch ich, vor Erschöpfung und Entkräftung zusammenbrachen. Es mußten bei derselben Verpflegung wie in Hagibor die schwersten landwirtschaftlichen Arbeiten auch sonntags ausgeführt werden. Die Kinder erhielten dieselbe Verpflegung wie die Erwachsenen ohne einen Tropfen Milch, sodaß von vier drei starben. Sämtliche Kinder unter 1 Jahr waren schon im Prager Lager gestorben.

Während der Arbeit wurden wir von bewaffneten Posten bewacht, unflätig beschimpft, seelisch gequält und auch täglich mißhandelt. Mit meinem Rippenbruch konnte ich nicht gebückt arbeiten, ich hackte deshalb die Rüben knieend. Dabei wurde ich beschimpft und geschlagen. Als mein Kind wie mehrere andere Scharlach bekam und ich den Schaffner auf den Knieen beschwor, ärztliche Hilfe herbeizuholen, antwortete er mir: "Der *Národní výbor* hat angeordnet, daß Deutsche keine ärztliche Hilfe bekommen."

Jede Nacht wurden von den Dorfbewohnern russische Soldatengruppen in unsere Unterkunft geschickt, welche die Frauen vergewaltigten. So lebten wir dort 3½ Monate, bei Tage von Sonnenaufgang bis Sonnenuntergang schwer arbeitend, ständig mißhandelt und beschimpft, ohne nennenswerte Verpflegung, die Kinder ohne Aufsicht, Wartung und Pflege, verlaust und verkrustet, in der Nacht den russischen Soldaten ausgeliefert. Reinigungsmöglichkeiten waren überhaupt nicht vorhanden, da man uns nicht einmal einen Eimer gestattete. Zur Ungezieferplage kamen offene, eiternde, nicht heilende Wunden, an denen alle litten. Ich hatte an der rechten Hand einen Eiterherd neben dem anderen. Damit mußte ich arbeiten.

Ein mitgefangener Arzt erklärte mir, daß er Erschöpfung nicht als Arbeitsunfähigkeit anerkennen dürfe, sonst werde er schwer mißhandelt. Ich wurde, da ich als Folge meines Rippenbruches unterdessen eine Rippenfellentzündung bekommen hatte, nach Prag zum Abtransport ins Reich geschickt. Als ich nach Prag kam, waren die Transporte bereits eingestellt, sodaß ich bis Weihnachten im Prager Lager verblieb. Dieses Lager war so eng belegt, daß kein Insasse genug Platz zum Liegen hatte.

Wir konnten mit den Kindern nur auf dem blanken Boden, ohne Stroh, hockend schlafen. In zwei Baracken waren internierte Tschechen untergebracht, die Bettstellen hatten. Wenn ausländische Beobachter kamen, wurden sie nur in diese beiden Baracken geführt.

Die sanitären Verhältnisse spotteten jeder Beschreibung. Oft gab es drei Tage hintereinander kein Wasser. Kinder und Erwachsene bekamen Mundfäule und eitrige Beulen. Nässende Ausschläge, Tuberkulose, Flecktyphus, Blattern, Kinderkrankheiten brachen aus. Jedes Kind hatte Rachitis. Frauen mußten in den Kleidern und der Wäsche, die sie monatelang am Körper trugen, entbinden. Die meisten Säuglinge starben. Nur wenige Mütter konnten ihre Kinder stillen.

Im Prager Lager gab es eine Dunkelkammer. Für kleine Vergehen wurden Lagerinsassen dort drei Tage ohne Essen eingesperrt.

Ich wurde zu Weihnachten 1945 durch die Intervention der englischen Gesandtschaft, bei der ich 12 Jahre lang als Sekretärin tätig war, nach Asch entlassen.

Ich kann diese Aussagen beeidigen.

Prag, Bericht Nr. 5

Leidensweg eines Erfinders

Berichter: Johann Schöniger - Bericht vom 14. 10. 1946

Ich war bis 1939 in London, wo ich ein Geschäft besaß. In Prag hatte ich gleichzeitig ein Versuchslaboratorium, wo ich an verschiedenen Erfindungen arbeitete. Im Mai 1945 wurde ich von den Tschechen verhaftet und in der Volksschule Prag XIII gefangen gehalten. Dort wurde ich buchstäblich gefoltert, da man mir Aussagen über den Stand meiner Erfindungen erpressen wollte. Man hat mir Nägel in die Fußsohlen geschlagen und mit Eisenstangen daraufgeschlagen und mich auch sonst täglich verprügelt. Mein Mitarbeiter Schubert wurde zu Tode geprügelt. Dann wurde ich in das Straflager Ratisko bei Stechovice gebracht, wo ich wie alle Häftlinge durch 14 Monate hindurch täglich verprügelt wurde. Wir wurden völlig ausgeraubt, selbst die Sachen, die wir trugen, wurden uns von den Wachorganen ausgezogen. Wir mußten im Winter barfuß aufs Schwerste arbeiten. Nach der Auflösung des Lagers im Juni d. J. kam ich in das Lager Hagibor bei Prag, wo es etwas besser war.

Meine Frau war mit ihren 4 Monate und 5½ Jahre alten Kindern die ganze Zeit im Lager Melnik-Pechovka, von wo aus sie mit den Kindern täglich beim Bauern arbeiten mußte. Unsere Kleider sind völlig abgetragen und verbraucht.

Prag, Bericht Nr. 6

Blutbad im Lager Scharnhorstschule

Berichterin: Hildegard Hurtinger - Bericht vom 6. 11. 1946

Ich lebte mit einer Unterbrechung von 5 Jahren - von 1938-1942, in welcher Zeit ich in Teplitz wohnte - seit 1923 in Prag. Am 5. 5. 1945 wurde ich aus meiner Wohnung vom tschechischen Pöbel abgeführt und unter Prügeln und Kolbenschlägen an den Haaren ungefähr 500 Meter weit in die Scharnhorstschule geschleppt. Dort wurde ich vollkommen beraubt, sodaß mir nur Strümpfe und Kleid gelassen wurden.

Ich wurde sofort von einer tschechischen Kommissarin einem Verhör unterzogen, bei dem mir zur Last gelegt wurde, ich hätte im Jahre 1942, als ich gar nicht in Prag war, 16 tschechische Personen ins KZ gebracht, die dort umgekommen sein sollten. Bei jeder Verneinung wurde ich geohrfeigt. Dann wurde ich in die sogenannte Separation gebracht, wo ich und meine Mithäftlinge, Männer und Frauen, auf das Grausamste mißhandelt wurden.

In der Nacht wurden wiederholt alle Häftlinge auf den Hof geholt, dort zu je 10 Männern, Frauen und Kindern - darunter auch meine 2 Brüder mit Familien - abgezählt, die vor den Augen der übrigen Häftlinge erschossen wurden. Das jüngste Kind meines Bruders war 5 Monate alt. Dann mußten wir Gräber schaufeln, die Leichen ausziehen und eingraben. Auch sonst wurde ständig bei Tag und Nacht wahllos in die Häftlinge hineingeschossen, wobei Tausende ums Leben kamen. Bei einer solchen Gelegenheit wurde auch ich durch einen Streifschuß am Hals verwundet. Ich blieb einen Tag und eine Nacht unter den Leichen liegen, da ich es nicht wagte, aufzustehen. Dann stiegen Revolutionsgardisten über die Leichen und stachen blindlings mit dem Seitengewehr in die noch Lebenden. Dabei erhielt ich einen Bajonettstich in die linke Hand.

Wir bekamen in der Separation nichts zu essen. Kindern wurden Spucknäpfe als Mahlzeiten vorgesetzt. Die Kinder, die diese zurückwiesen, wurden geschlagen. Schwangere Frauen wurden von bewaffneten Tschechinnen aus den Zellen geholt, auf den Hof geführt, dort ausgezogen und verprügelt, darauf in Aborte gesteckt und solange geprügelt, bis die Bäuche platzten. Ich selbst mußte mithelfen, die auf diese Weise umgekommenen Frauen wegzuschaffen. Durch viele Tage waren es täglich mindestens 10 Frauen, die auf diese Weise ums Leben kamen. Bei Tage wurden Gruppen von 6-8 Frauen in die St. Gotthardskirche zur Arbeit geführt. Dort mußten wir die dort schon in Verwesung übergegangenen Leichen küssen, auf Haufen zusammenschlichten und den Boden der Kirche von dem dort fließenden Blut reinlecken. Tschechischer Pöbel führte dabei die Aufsicht und verprügelte uns auch. Das dauerte Tage hindurch an. Ich sah auch, wie deutschen Männern, darunter auch einem Ingenieur Färber von der deutschen technischen Hochschule, mit Kerzen das Hakenkreuz in die Handflächen eingebrannt wurde.

Am 20. 5. v. J. wurden wir zur Arbeit auf den Wenzelsplatz geführt. Dort wurden vor unseren Augen deutsche Jungen und Mädel und auch Soldaten an den Füßen an Kandelabern und Bäumen lebend aufgehängt, mit Petroleum übergossen und angezündet. Ich selbst war bis zum 20. 9. v. J. in der Scharnhorstschule. Die Grausamkeiten erstreckten sich über die ganze Zeit ohne

Unterbrechung. Dann wurde ich nach Pankratz überführt und von dort aus in der Philipps-Fabrik in Prag zur Arbeit eingesetzt. Am 6. 11. v. J. wurde ich von dem dortigen Lagerführer auf das Gemeinste mit Gummiknüppeln verprügelt, weil ich den Wunsch geäußert hatte, in die Kirche zu gehen. Es war mein Hochzeitstag. Später hat sich die Behandlung und auch Verpflegung wesentlich gebessert.

Prag, Bericht Nr. 7

Unmenschliche Grausamkeiten

Berichter: Alfred Gebauer - Bericht vom 21. 6. 1946

Ich wurde als Deutscher am 6. 5. 1945 in Prag verhaftet und war der Reihe nach in den Lagern Schulministerium, Scharnhorstschule, Wehrmachtsgefängnis, Reitschule, Stadion und Arbeitsanstalt bis Ende September untergebracht, wo ich in das Gerichtsgefängnis Troppau eingeliefert wurde.

Von dort wurde ich am 12. 6. 1946 zur Aussiedlung entlassen. Ich bin Schwerkriegsbeschädigter und wurde bei der Verhaftung von Wlassowsoldaten geohrfeigt und sämtlicher Sachen beraubt. Ich sah mit eigenen Augen:

In der Scharnhorstschule mußten sich weibliche SS-Angestellte ohne Kleider, die ihnen vom Leibe gerissen worden waren, in einem Wassertümpel wälzen. Dann wurden sie mit Fußtritten und Gewehrkolben mißhandelt, bis sie bewußtlos waren. Im Stadion wurde auf SS-Soldaten vor 5000 Häftlingen mit Maschinenpistolen eine Hasenjagd veranstaltet. Dabei wurden 20 SS-Soldaten erschossen. Einige mußten in die Latrine springen, wo sie mit Maschinenpistolen erschossen wurden. Sie blieben in der Latrine liegen und die Häftlinge mußten die Latrine weiter benützen. Frauen wurden bei einem Abtransport so mit Gummiknüppeln geschlagen, daß sie blutüberströmt zusammenbrachen. In der Reitschule wurden vor den Augen aller Häftlinge einige wahllos herausgegriffen und so geschlagen, daß sie blutüberströmt zusammenbrachen. Dann wurden sie hinausgeschleppt, man hörte mehrere Schüsse fallen. Auch viele tschechische Kollaboranten wurden dort erschlagen.

Die ersten 5 Tage nach meiner Verhaftung bekamen die Häftlinge außer einem Kübel Wasser für 600 Mann keine Verpflegung. Am 6. Tag wurde ein Würfel Zucker und 1 Keks ausgegeben. Vom 7. Tage an bekamen wir nur eine dünne Suppe, sodaß täglich 15-20 Leute vor Entkräftung starben.

Bei der Einlieferung in Troppau wurde ich schwer verprügelt. Durch 8 Wochen wurden die Lebensmittelpakete, die mir meine Schwester nach Troppau ins Gefängnis schickte, von den Aufsehern unterschlagen.

Ich kann diese Aussagen beeiden.

Prag, Bericht Nr. 8
Prag-Wokowitz, Straflager Kladno
Berichter: Ing. Franz Rösch - Bericht vom 26. 6. 1946

Ich war vom 12. 5. bis 15. 5. 1945 beim Beerdigungskommando in Prag-Wokowitz zur Arbeit eingesetzt. Ich sah dort, wie Tausende von deutschen Soldaten und Zivilisten, Männer und Frauen, auch Jungen von 10 Jahren an aufwärts, auf die grausamste Weise ermordet wurden. Sie wurden von der Revolutionsgarde meistens mit Knüppeln erschlagen, zum kleineren Teil erschossen. Die meisten wurden nur angeschossen, um sie zu quälen, und dann erschlagen. Die furchtbar zerschlagenen Körper wurden häufig mit Salzsäure eingerieben, um sie zu quälen. Eine Frau Blume aus Berlin war beauftragt, den Tod der Leute festzustellen. Es wurden den Leuten bei lebendigem Leibe Finger mit Ringen abgerissen. Die Leute wurden in Massengräbern in Wokowitz am Friedhof beigesetzt.

Ich habe dann bis 2. 5. 1946 beim Bauern gearbeitet, obwohl ich den rechten Arm im Kriege verloren hatte. Ich mußte mit dem linken Arm Mist laden und andere schwere Arbeiten machen. Als ich die Arbeiten nicht mehr leisten konnte, wurde ich am 2. Mai 1946 in das Straflager Kladno geschickt. Dort sah ich, wie die Häftlinge mit heißem Teer auf der nackten Haut und am Rücken oder Gesäß angestrichen wurden und furchtbar verprügelt wurden. Ich selbst wurde in den 2 Wochen, die ich dort war, täglich verprügelt. Die rechte Niere wurde mir losgeschlagen, sodaß ich dann ins Krankenhaus nach Schlan eingeliefert wurde.

Prag, Bericht Nr. 9
Lager Prosetschnitz
Berichter: Dr. Pohlner - Bericht vom 26. 6. 1946

Ich war vom 10. 1. bis 3. 5. 1946 im Lager Prosetschnitz bei Prag als Arzt tätig. Das Lager war mit Stacheldraht eingezäumt, mit Sowjetstern versehen und von 100 SNB mit Maschinenpistolen bewacht. Es waren bei meinem Abgang noch über 8000 Häftlinge dort untergebracht. Die Unterbringung war erträglich und Bewegungsfreiheit im Lager vorhanden. Dagegen wurde der kleinste Verstoß gegen die von der Lagerverwaltung täglich ausgegebenen Weisungen, die man ruhig als Schikanen bezeichnen konnte, mit sofortigem Entzug des Essens für das gesamte Lager, einschließlich Kinder, für einen Tag bestraft. Das wirkte sich bei der an und für sich ungenügenden Verpflegung verheerend aus. Die Verpflegung bestand nur aus zweimal täglich schwarzem, schwachgesüßten Kaffee, ½ l dünner Kartoffelsuppe und 250 g Brot, das sind höchstens 400-500 Kalorien. Dabei bestand im Lager Arbeitspflicht. Wenn der Häftling nicht von auswärts durch Verwandte zusätzlich Nahrungsmittel erhielt, trat bei Männern innerhalb 3-4, bei Frauen innerhalb 4-5 Monaten unbedingt der Tod ein, durch *instritio universalis* bei vollständiger Abmagerung, Schwellung der Gliedmaßen und des Gesichtes und plötzlicher Herzschwäche. Die Sterblichkeitsziffer auf Grund des Verhungerns betrug 5-10 Fälle täglich. Dazu kamen noch ebensoviele Todesfälle durch Typhus, Paratyphus, Ruhr, Scharlach, Diphterie, Tbc und normale innere Erkrankungen, die wegen des Mangels an einer größeren Auswahl an Medikamenten und Diätnahrung nicht behandelt oder geheilt werden konnten. Der Lagerleiter Mahol hatte für alle Vorstellungen nur ein ablehnendes Achselzucken. Im April wurde das Lager von einer Kommission des Internationalen Roten Kreuzes besucht, mit der ich selbst sprach und die auch Hilfe in Aussicht stellte. Vom folgenden Tag ab wurde die Verpflegung noch schlechter und blieb auch so. Auch die Behandlung der Insassen wurde verschärft. Es wurden z. B. die Kinder verprügelt. Die Kinder und Jugendlichen hatten dieselbe Verpflegung, unter 6 Jahren bekamen sie unregelmäßig etwas Milch. Die Säuglingssterblichkeit war sehr groß, stillende Frauen bekamen zusätzlich nur die doppelte Suppe zu Mittag.

Prag, Bericht Nr. 10

Lager Rusin, Marsch nach Dresden

Berichter: Hans Freund - Bericht vom 9. 3. 1950

In Prag wurde ich am 5. 5. 1945 von den Partisanen gefangen und kam nach Rusin, wo wir 4 Wochen blieben. Die Behandlung war sehr schlecht, wir wurden mit Knüppeln und Gewehrkolben geprügelt, mit dem Gesicht an die Wand gestellt, Hände hoch und wer sich rührte, wurde niedergehauen. Ich sah, wie ein ca. 23-24 Jahre alter sudetendeutscher Gefreiter, der tschechisch antwortete, einfach niedergeschossen wurde.

Unsere Tagesverpflegung bestand aus 40 g Brot, ¼ l Suppe, Sauerkraut und Kaffee. Nach 4 Wochen wurden wir von russischen Militär übernommen und nach Dresden gebracht.

Ich sah am Sparta-Platz in Prag selbst folgende Szene: Wir wurden mit einem Transport zu Fuß an dem Sportplatz vorbeigeführt und nach dem Kommando "Halten" wurden uns die deutschen Soldbücher abverlangt. Ca. 50 Mann gaben die Soldbücher ab, ca. 300 Mann, darunter auch ich, gaben es nicht ab. Die 50 Mann wurden auf den Sportplatz getrieben und mit dem Gesicht an die Wand gestellt. Es wurden sodann die Tore geschlossen und nun wurden die 50 Mann von 2 Seiten mit deutschen MGs, die von 2 Frauen bedient wurden, niedergemäht.

Im Gefängnis von Rusin waren 3 tschechische Zivilisten, sie trugen rote Armbinden und mißhandelten uns schwer während dieser 4 Wochen. Es waren dies: Josef Navrátil, Miloslav Kopecký, Pokorný.

Ein tschechischer Leutnant, Jara Procházka, wurde bei der Übernahme der Gefangenen durch russisches Militär von einem Adjutanten erschossen, weil er uns mißhandeln wollte, was der russische Oberst nicht zuließ.

Beim Vorbeimarschieren im Transport zum Spartaplatz sah ich, wie Tschechinnen eine deutsche Frau von etwa 20-21 Jahren, die gerade einen Lastkraftwagen ersteigen wollte, mit ihrem Kinde zusammenbanden und über das Geländer in die Moldau warfen.

Auf dem Fußmarsch von Rusin nach Dresden wurden besonders ältere Leute, die nicht mehr weitergehen konnten, von den begleitenden Partisanen einfach niedergeschossen.

Wir mußten bei der großen Hitze (Juni 1945) marschieren und erhielten überhaupt kein Wasser, sodaß es kein Wunder war, wenn ältere Leute zusammenbrachen.

Ich gebe diese Angaben eidesstattlich ab.

Prag, Bericht Nr. 11

Meine Erlebnisse in der CSR 1945-46

Berichter: W. L. - Bericht vom 21. 6. 1947

Seit November 1944 lag ich als verwundeter Leutnant mit zerschmettertem linken Unterarm im Res. Lazarett VII, Prag, Kleinseite (ehem. Tyrs-Haus). Im April durfte ich schon mit dem Arm in der Schlinge ausgehen. In Prag herrschte damals friedliche Ruhe. Bei meinen Ausgängen war ich ganz ungefährdet, die Tschechen zeigten überall freundliche Mienen und Entgegenkommen.

4. Mai 1945 herrschte vollkommene Ruhe, auch die vom Staatsminister Frank angeordnete dreitägige Trauerbeflaggung nach dem Tode Hitlers wurde überall ohne Zwischenfall durchgeführt. Niemals hätte man vermuten oder erwarten können, daß die Tschechen, welche den ganzen Krieg über nie den geringsten offenen Widerstand gegen die deutsche bewaffnete Macht wagten, nach der Kapitulation gegen wehrlose Menschen in einen beispiellosen Paroxysmus der Grausamkeit verfallen würden und hiebei auch nicht vor verwundeten Soldaten, Frauen, Kindern und hilflosen Menschen Halt machen würden.

Im Folgenden schildere ich nur in Hauptzügen meine eigenen Erlebnisse und Beobachtungen:

In den Abendstunden des 4. Mai begannen die Tschechen in Prag die deutschen Tafeln und Aufschriften abzunehmen und verweigerten Antwort auf deutsche Fragen. Die gesamte Polizei verhielt sich dabei passiv.

Am Morgen des 5. Mai war vollkommene Ruhe, sodaß ich keine Gefahr dabei sah, mich von unserer Wohnung, wo ich wegen Überfüllung des Lazaretts mich in häuslicher Pflege befand, in Uniform ins Lazarett zwecks Verbandswechsel zu begeben. Gegen 11 Uhr war ein großes Geschrei von der Straße zu vernehmen, die Häuser zeigten plötzlich überall tschechischen Flaggenschmuck, Leute umarmten einander und schwenkten tschechische Fähnchen oder Blumen.

Ich verließ das Lazarett mit Arm in der Schlinge, drängte mich durch die Menge, bestieg eine vorbeifahrende Straßenbahn und fuhr quer durch die Stadt nach Hause. Außer einigen Schimpfworten und Flüchen gegen mich erlebte ich weiter keine Feindseligkeiten. Während dieser Zeit wurden, wie ich dann hörte, im Bahnhof-Gelände des Bubner Bahnhofes Waffen an die Tschechen verteilt und ein dort stehender deutscher Lazarettzug beschossen. Inzwischen hatten die Tschechen auch den Sender Prag-Stadt überrumpelt und forderten nun in ständigen Aufrufen die Bevölkerung zum Aufstand auf; dabei wiederholten sie dauernd die aufhetzenden Worte: *"Smrt Nemcum!"* (Tod den Deutschen)

Nach meiner Heimkehr bemerkte ich aus dem Fenster der elterlichen Wohnung im Bahnhof-Gelände einen blutüberströmten deutschen Soldaten, der in der grellen Sonnenhitze dort lag und von einem tschechischen Aufständischen brutal mißhandelt und bewacht wurde. Ich hatte mich vorher in Zivil umgezogen und gab mich für einen Universitäts-Studenten aus. Den Hausinsassen wurde nichts angetan und außer den vorhandenen Kleinwaffen und Zigaretten nichts genommen. Die Nacht und der darauffolgende Sonntag, der 6. Mai, brachte keine besonderen Ereignisse, außer der kurzen Heranziehung zum Barrikadenbau und dem Befehl, die Wohnung zu verlassen und den Luftschutzraum aufzusuchen. Erst in den späten Abendstunden des 6. Mai kamen einige Männer in den Keller mit dem Rufe: "Alle Männer sofort mitkommen!" Meine Mutter, die sich an mich, den einzigen bei ihr weilenden Familienangehörigen klammerte und mitkommen wollte, wurde von meiner Seite weggerissen und zurückgestoßen. Ohne Abschied ging es fort. Ich sollte meine Mutter in den nächsten zwei Jahren nicht wiedersehen.

Wir wurden in das Kino Oko (Orion) gebracht und dort mit Männern, Frauen und Kindern aus anderen Straßenzügen eingesperrt. Die Behandlung war anfangs nicht schlecht, die Wachen kümmerten sich nicht viel um uns, wir bekamen etwas Brot und Suppe zu essen.

Der 8. Mai brachte uns die Hoffnung auf eine baldige Befreiung, denn das ständige Schießen in der Nähe verstärkte sich und die Wachen zeigten wachsende Nervosität und Angst. Einige begannen sogar mit den Deutschen zu reden und ließen sich die Versicherung geben, daß sie ihnen nichts getan hätten, damit die deutschen Soldaten, welche schon bis in die nächste Nähe vorgedrungen waren, auch milde mit ihnen verführen. Doch die Nacht brach herein, ohne daß sich an unserer Lage etwas änderte, jene Nacht, die den Schluß des Krieges, damit auch den Schluß der Kämpfe um Prag, die Ankunft der ersten Russen und den Beginn des Mordens und der Quälerei brachte.

In den Mittagsstunden des 9. Mai stürmten brüllend bewaffnete Burschen mit roter Armbinde in den Kinosaal, trieben mit Kolbenstößen und Fußtritten Gruppen zu 10-15 Männern (und später auch Frauen) zusammen und jagten sie hinaus zum Barrikadenabbau. Ich stand mit einigen Österreichern beisammen und rief jedem zu, wir seien Österreicher. Doch auch das half nicht viel. Wir wurden trotzdem zusammen hinausgetrieben. Der "Posten" sagte allerdings, er würde darauf Rücksicht nehmen, daß wir Österreicher seien. Mit erhobenen Händen ging es im Laufschritt durch die Straßen. Die ersten Schläge der Menge sausten auf uns nieder. Einige Straßenzüge weiter stand die große Barrikade, die von uns abgeräumt werden sollte. Sie war 2,5-3 m hoch und bestand hauptsächlich aus aufgeschichteten großen Pflastersteinen mit Eisenstangen und Stacheldraht. Wir bauten sie ab und pflasterten die Straße.

Eine große Zuschauermenge sammelte sich an, auf den Rücken wurden uns mit Kalk und auf die Stirn mit heißem Teer Hakenkreuze geschmiert, zum Teil die Schuhe und besseren Kleidungsstücke ausgezogen. Ich konnte den ganzen Nachmittag nur mit der rechten Hand arbeiten, denn ich hatte ja vor wenigen Wochen noch den Gipsverband am Arme, die große Wunde war noch nicht vollständig verheilt und eiterte. Der ständige Hinweis darauf, daß ich Österreicher sei und meine tschechischen Sprachkenntnisse bewahrten mich vor dem Schicksal der vielen Erschlagungen dieses Tages.

Vorbeifahrende Russenautos mußten durch Hinknien und Senken des Kopfes bis zur Erde gegrüßt werden. Schweiß und Blut klebten am Körper, die Zunge war kaum noch des Sprechens mächtig, denn die Sonne brannte vom Himmel und ein Aufrichten oder gar Ausruhen und

Wassertrinken gab es nicht. Dabei ein ständiges Antreiben durch Schläge und Fußtritte. Gegen Abend waren wir mit unserer Arbeit fertig. Im Laufschritt mit kurzem Hinlegen und Hüpfen in tiefer Kniebeuge ging es zurück. Unterwegs erhielt ich von einer tschechischen Frau mit einer Zaunlatte gegen den verwundeten Arm einen so heftigen Schlag, daß der Arm bewegungsunfähig wurde. - Es kam nur ein Teil des herausgeholten "Arbeitskommandos" wieder zurück. Die meisten Menschen waren verwundet, die Frauen hatten kahlgeschorene Köpfe.

Doch auch die erhoffte Ruhe während der Nacht blieb aus. Russen und Tschechen holten die deutschen Frauen und Mädchen heraus, aus dem Vorraum waren Verzweiflungsschreie zu hören; Männer, die ihre Frauen schützen wollten, wurden niedergeschlagen; Kinder, die sich an ihre Mütter klammerten, mitgenommen und man ließ sie bei den Schändungen zusehen. Meine ehemalige Tanzlehrerin wurde bei der Vergewaltigung geistesgestört. Mehrere Menschen verzweifelten und suchten sich durch Öffnen der Pulsadern, Erhängen oder Herabstürzen vom Kinobalkon das Leben zu nehmen. Ich selbst beschützte ein 16jähriges Mädchen, indem ich es unter den heruntergeklappten Stühlen verbarg und mich auf die Stühle drauflegte.

Unter Todesandrohung wurden uns in den nächsten Tagen sämtliche Habseligkeiten vom Taschenmesser bis zur Nagelfeile und Kamm abgenommen (Geld selbstverständlich zuerst). Täglich wurden Männer und Frauen zu irgendwelchen Arbeiten geholt und oft kam nur ein kleiner Teil zurück. So kam nach 14 Tagen das Pfingstfest heran. In der Innenstadt hat man an diesem Tage, wie mir später ein Mitgefangener, Dr. Küttner aus Halberstadt erzählte, in der Reithalle am Hibernerplatz Deutsche zu Tode gequält. In die Todesschreie mischte sich der feierliche Orgelklang aus der nahen Kirche, wo dasselbe Volk "innig" zum Gott der Nächstenliebe und der Barmherzigkeit betete!

Man konnte selbst nichts tun, als sich in den Willen Gottes fügen und mit größter Selbstüberwindung dulden, wollte man sich nicht in den qualvollsten Tod stürzen. Oft habe ich darüber nachgedacht, woher denn der abgrundtiefe Haß dieses Volkes so plötzlich kam. Es hatte doch den ganzen Krieg so gut überdauert wie kaum ein zweites Volk in Europa. Von den Deutschen waren die Tschechen als gleichberechtigtes Volk behandelt worden, standen ernährungsmäßig wohl besser da, als so mancher Deutsche. Man saß in der Eisenbahn, im Kino oder Kaffeehaus neben dem Tschechen - es gab keinen Unterschied als den, daß die Tschechen nicht einrücken und keine Gefallenen zu beklagen brauchten.

In der Woche nach Pfingsten wurden wir alle aus dem Kino in die ehemalige Scharnhorst-Schule in Prag-Dejwitz getrieben. Am Eingangstor leuchtete uns schon die verheißende Aufschrift *"Koncentracní tábor"* (Konzentrationslager) entgegen. Man bemühte sich dort auch, möglichst alles, was man an Erzählungen über KZ gehört hatte, zu übertreffen. Wir lagen dort in den leeren Klassenzimmern auf dem Fußboden. Es gab keine Seife zum Waschen, dafür aber 25 Prügelschläge für eine gefundene Laus, welche Warnung am Gang angeschlagen stand.

Täglich beim Antreten wurde geschossen und geprügelt. Sank jemand mit Bauchschuß zusammen, mußte der Nebenmann unbeweglich stehen bleiben. Die Leichen lagen mehrere Tage auf dem Hof, bevor man sie irgendwo verscharrte. Kleine Kinder und alte Leute starben, denn die Verpflegung war schlecht und lächerlich gering.

Ich war froh, als eines Tages der Abtransport zur Landarbeit begann und mir auf meinen Hinweis, ich sei verwundeter Offizier, gesagt wurde, ich käme in das Kriegsgefangenenlager. Freilich brüllte mich der Lagerkommandant, ein Stabskapitän der tschechischen Wehrmacht an, diese Kriegsverwundung sei eine Schande und nicht etwa eine Ehre für mich.

Mit neuer Hoffnung marschierte ich am 2. Juni 1945 mit einigen deutschen Soldaten, die längere Zeit Kraftfahrer bei der russischen Wehrmacht und vom Russen heimgeschickt, vom Tschechen aber festgehalten worden waren, unter Bewachung ins Kriegsgefangenen-Lager Prag-Motol.

Nun, so dachte ich, müßten doch die Bestimmungen der Genfer Konvention eingehalten und ich wieder als Mensch und nicht als ein unter dem Niveau des Tieres stehendes Etwas behandelt werden. Diese Ansicht erhielt den ersten Schlag, als ich am Eingang des mit Stacheldraht umgebenen Barackenlagers einen Mann mit roter Armbinde und Gummiknüppel bemerkte.

Wir wurden im Hofe aufgestellt und genauestens untersucht. Bei mir war nicht mehr viel zu finden, den ehemaligen Russenfahrern nahm man aber sämtliche Bestände an Tabak, Konserven, Brot, Geld usw. ab. Dann wurde, wie es in den vorigen Lagern schon öfter geschehen war, der Oberkörper entblößt und nachgesehen, ob wir unter der linken Achsel nicht etwa die Blutgruppe eintätowiert hätten. Unter den Soldaten befand sich einer, der sofort vom Lagerkommandant, Stabskapitän Masanka (also einem tschechoslowakischen Stabsoffizier), persönlich verprügelt wurde. Als er schwörend den Finger hob und bei Gott beteuerte, er sei gar nicht SS-Angehöriger gewesen, sondern er hätte als Rücksiedler aus dem Osten die Blutgruppe erhalten, schlug ihm der "Herr Stabskapitän" mit den Worten ins Gesicht: "Bei Gott? Deutsche haben keinen Gott!" Der Ärmste verschwand im SS-Keller, aus dem es kein lebendes Entrinnen mehr gab.

Behandlung und Verpflegung änderten sich hier nicht. Wir fanden morgens Männer, die in der Nacht zur Latrine gegangen waren, angeschossen und verblutet vor dieser liegen. Die einzige Änderung gegenüber der vorigen KZ war die, daß wir nun Männer unter uns waren, die das Ertragen von Strapazen und Not im Kriege gelernt hatten und daß zu dem eigenen Leid nicht noch das Mitansehen der Qualen von verzweifelten Frauen und unschuldigen, einst so frischen und frohen Kindern kam.

Ich selbst wurde, wie die meisten Offiziere, oft zu den schwersten Arbeitskommandos eingeteilt, mußte in der Stadt Schränke tragen, wurde u. a. von einem Praporcik (Stabsfeldwebel) Kuzbach mit Riemen mehrermale ins Gesicht geschlagen.

Die Gefangenen waren schon so ausgehungert, daß bei vielen alle Hemmungen fielen und sie sich bei Arbeitskommandos über jeden Mülleimer hermachten und ihn nach verschimmelten Brotrinden oder Kartoffelschalen durchwühlten, sofern sie kein Posten daran hinderte.

Bei einem Arbeitskornmando lernte ich einen 21jährigen Posten kennen, der ausnahmsweise freundlich war, und mit welchem ich mich in tschechischer Sprache über verschiedene Dinge unterhalten konnte. Er sagte u. a., die jetzigen Machthaber in der CSR sollten sich ja nicht einbilden, sie könnten dasselbe Regime wieder errichten, wie es vor 1939 bestand. "Wir haben", so meinte er, "in Deutschland gesehen und selbst erhalten, was wir Arbeiter zu fordern haben, und was uns gegeben werden muß! Deshalb gehöre ich auch keiner der alten Parteien an, sondern bin Kommunist!" Dies war wohl der erste Tscheche, der während des Krieges in deutschen Fabriken arbeitete, glänzend bezahlt und gut verpflegt wurde und nun nicht behauptete, er wäre dort im KZ gewesen, wie es alle übrigen taten.

Er erzählte auch von einem erschütternden Mord in den Maitagen. Nach seinen Angaben wurde in Prag-Weinberge ein tschechisches Mädchen, das die Geliebte eines SS-Mannes und nun schwanger war, von den Tschechen auf die Straße geholt und bestialisch ermordet. Mit abgeschnittenen Brüsten und aufgeschlitztem Bauche lag sie da. Herbeigerufene Pressevertreter (auch ausländische) stellten anhand von Ausweisen fest, daß es sich um eine Tschechin handelte und zogen die Folgerung, daß die Greueltat nur die Deutschen begangen haben konnten. So entstanden Nachrichten über Bestialitäten der Deutschen während der tschechischen Revolution.

Dieser Posten, unter dessen Aufsicht wir im Stadtteil Wrschowitz arbeiteten, begleitete mich auch zu einer mir gut bekannten tschechischen Familie, die in der Nähe wohnte. Der Familienvater, ein guter Jugendfreund meines Vaters, dem mein Vater während der deutschen Besatzungszeit zu einem guten Posten verholfen hatte, war nicht zu Hause. Ich wollte dort weiter nichts, als ein Lebenszeichen von mir geben, damit ein Mensch auf Erden wissen sollte, daß ich in diesen Tagen noch lebte und im Lager Motol war, denn man mußte auch damals noch jeden Tag mit dem Tode rechnen.

Die Frau erhielt bei meinem Anblick einen solchen Schrecken, daß sie mich am liebsten gleich wieder hinausgeworfen hätte, wenn nicht der Posten dabeigestanden hätte. Die Tochter erging sich gleich in den ärgsten Beschimpfungen gegen die Deutschen und sagte, sie hätte, wenn sie in den Revolutionstagen einen in die Finger bekommen hätte, ihn auch umgebracht.

Der Posten nahm die Frau beiseite und sagte ihr leise, sie solle mir doch ein bißchen was zum Essen geben, da wir solchen Hunger litten. Er gestand mir nachher, daß er es getan hätte, da er genau wußte, daß ich es auch oder gerade in dieser Situation unter meiner Würde fand, um etwas zu betteln. So kam ich wenigstens zu einem Stück Brot und etwas Marmelade, welches die Frau mit ängstlichen Blicken verpackt dem Posten mit den Worten in die Hände legte: "Ich gebe es Ihnen, machen Sie damit, was Sie wollen. Ich will nichts damit zu tun haben."

Leider kam ich schon nach drei Tagen nicht mehr zu diesem einzigen menschenfreundlichen Tschechen, den ich in der Gefangenschaft kennengelernt habe.

Durch schwere Arbeit und die schlechte Verpflegung verschlimmerte sich der Zustand meiner Verwundung sehr. Die Narbe war bald in ihrer ganzen Ausdehnung von 12x6 cm geöffnet und eiterte stark. Auch andere kleine Wunden am Körper eiterten und heilten nicht zu. Schließlich konnte ich nicht mehr arbeiten und wurde in das etwa 300 m entfernte sogenannte Krankenlager Motol gebracht. Es bestand aus mehreren Steingebäuden um den Hof. Wir schliefen auf dem ehem. Heuboden über einem leeren Pferdestall auf den blanken Ziegelsteinen ohne irgendwelche Unterlage, ich, wie die meisten, auch ohne Decke. Dort lagen die Verwundeten und Kranken dichtgedrängt Mann neben Mann. Die mitgefangenen Ärzte konnten so gut wie keine Hilfe bringen, da sie keine Mittel, nicht einmal genügend Papierbinden hatten.

Der Unterschied zwischen Offizier und Mann bestand lediglich darin, daß die verwundeten und kranken Offiziere beinahe täglich zum Kohlenschaufeln und Straßenkehren herangezogen wurden. Dabei wurde zur Unterhaltung noch Exerzieren mit den aus Zweigen hergestellten Besen durchgeführt (Gewehr über! - Gewehr ab!).

Im gegenüberliegenden Gebäude befand sich der berüchtigte SS-Keller. Dort waren in einem kleinen Kohlenkeller 80 bis 100 Menschen hineingepfercht, die täglich herausgeholt und gepeinigt wurden. Als die Posten des Schlagens müde waren, ließ man die Gefangenen sich gegenüber stellen und sie sich gegenseitig ohrfeigen. Manchmal ließ man sie nackt ausziehen und prügelte sie dann. Sie sahen aus wie Skelette, denn sie waren dazu bestimmt, langsam zu verhungern. Die Rückkehr in den Keller spielte sich manchmal so ab, daß man einen Mann nach dem anderen an den Eingang stellte und mit einem Fußtritt hinunterbeförderte. War einer so geschickt und hatte noch so viel Kraft, um unten gut zu landen, ließ man ihn wieder heraufkommen und wiederholte dasselbe oder ließ ihn an der Schwelle mit dem Gesicht nach außen niederknien und den Kopf senken. Dann bekam er einen Fußtritt ins Gesicht, daß er nach rückwärts die Treppe hinunterstürzte.

Während dieser Handlungen wurden wir auf unseren Boden gejagt, konnten aber durch Ritzen im Dach und in der Tür die Ereignisse verfolgen, sofern uns nicht das Grauen davor zurückhielt.

Die Zahl der Kellerinsassen nahm ständig zu, es waren auch vierzehnjährige Jungen vom HJ-Volkssturm dabei. Als auch ein zweiter Raum vollgestopft war, ging man daran, "Platz zu schaffen". Um Ansteckungen der Posten durch die im Keller überhandnehmenden Krankheiten vorzubeugen, streute man öfters durch das vergitterte Fensterchen Chlorkalk hinein. Es wurde auch mit Maschinenpistolen blindlings hineingeschossen.

In der Nacht wurden regelrecht Massenhinrichtungen vorgenommen. Zunächst waren Verwundete mit Gipsverbänden an der Reihe. Alle Insassen standen vor dem sicheren Tod. Kein Wunder, daß zwei junge Burschen, die den Unrateimer heraustragen mußten, diesen plötzlich auf die Erde stellten und mit dem Rufe an uns: "Grüßt uns die Heimat! Grüßt uns Deutschland!" fortliefen, so schnell sie ihre schwachen Beine tragen konnten. Sie rannten in den Tod, denn einen offenen Ausgang aus dem Lager gab es nicht. Bald knallten mehrere Schüsse, und die Beiden hatten ausgelitten.

Die zu Erschießenden wurden meist nicht durch Genick- oder Kopfschuß, sondern durch Bauchschuß erledigt, um sie noch Stunden leiden zu lassen. Während dieser Zeit, meist in der Nacht, durften wir den Boden nicht verlassen, obwohl wir alle, nierenkrank durch den kalten Ziegelfußboden, uns an der Tür drängten. Als einer doch hinauszugehen versuchte, wurde heraufgeschossen. Einen Unrateimer durften wir nicht heroben haben. Später wurde dann meist ein Kommando von 10 Mann herausgeholt, um die Leichen auf einen Pferdewagen zu laden und zu verscharren und die großen Blutlachen mit Sand zu bestreuen.

Längere Zeit war ein Arbeitskommando tagsüber tätig, um große Massengräber auszuschaufeln.

Mein Zustand hat sich, wie der vieler Verwundeter, durch die weiterhin schlechte und ungenügende Verpflegung, die inzwischen auf 400 g Brot, einen Halbliter Wassersuppe und 2 mal täglich sogenannten Kaffee "angestiegen" war, so verschlechtert, daß ich lange apathisch dalag. Viele blieben schließlich ganz liegen, da sie nicht mehr unter den Lebenden weilten.

Um diese Zeit, es war Mitte August, erhielt ich auf dem Umwege über meine Verwandten im Sudetenland, denen ich ein Lebenszeichen hatte hinausschwindeln können, die Nachricht, daß mein Vater und meine Mutter noch leben. Dies ließ meinen Lebensmut wieder neu erwachen und gab mir die Pflicht auf, selbst als letzter übriggebliebener Sohn weiterzuleben. Ich suchte verzweifelt nach einer Möglichkeit, meine Lage zu verändern und diesem langsamen Absterben zu entrinnen. Schließlich ergriff ich die einzige, die sich bot: Ich meldete mich zur Bauernarbeit.

Die tschechischen Großbauern in Innerböhmen beschäftigten ständig eine große Zahl Landarbeiter. Alle diese Leute waren aber nun ins Sudetenland gegangen und hatten dort deutsche Anwesen erhalten. Jetzt war die Ernte überreif und mußte eingebracht werden. Man holte sich also Deutsche als Hilfsarbeiter heran.

Am 2. Juli 1946 verließen wir alle endlich das Land, in dem wir so viel erlebt hatten.

Ich hatte nun doch mein nacktes Leben gerettet, wenn ich auch nicht wußte, wohin ich mich nun wenden und was ich nun beginnen sollte.

Prag, Bericht Nr. 12

Lager Motol

Berichter: Herr Schreiber - Bericht vom 3. 12. 1946

Bis zum Jahre 1938 war ich Leiter des Polizeiamtes in Neudeck und wurde nach dem Anschluß am 5. 10. 38 in Lubenz verhaftet und bis 13. 11. 42 in den Kozentrationslagern Dachau und Flossenbürg gefangengehalten. Zuletzt war ich als Kraftfahrer in Norwegen eingesetzt, wo ich nach der Kapitulation in englische Gefangenschaft geriet. Im Oktober 1945 wurde ich mit einem Repatriantentransport in die CSR zurückgebracht und dort mit allen Transportangehörigen im Lager Motol gefangen gehalten. Dabei wurde uns die reichliche und gute Ausrüstung an Kleidung und Lebensmitteln, die uns die Engländer mitgegeben hatten, bis auf eine dünne Decke restlos abgenommen. Wir wurden in kahlen und ungeheizten Räumen mit Steinfußboden, ohne Strohsäcke, untergebracht. Durch 4 Wochen wurden viele Lagerinsassen fast täglich geschlagen. Vom Lager aus wurden Arbeitskommandos zur Arbeit bei Bauern, in Fabriken und zur Straßenarbeit in Prag verschickt. Ein Großteil der Arbeitskommandos wurde auch bei der Arbeit geschlagen. Ich sah selbst, wie beim Schleppen von Zementsäcken eine schwangere Frau, die nahezu erschöpft war und öfter zusammenbrach, vom tschechischen Aufseher angetrieben wurde. Als ein Gefangener dagegen Einspruch erhob, erklärte der Aufseher, es sei doch nur eine Deutsche, die krepieren könne. Mein Neffe wurde am Silvesterabend in Prag am Wege von der Arbeit von einem russischen Soldaten mit der Maschinenpistole so geschlagen, daß er schwere Verletzungen erlitt und später an deren Folgen starb.

Ich wurde Anfang März aus dem Lager Motol nach Neudeck entlassen, wo ich im Antifaschistischen Ausschuß tätig war. Bei der Anerkennung als Antifaschist wurde von den tschechischen Behörden zwischen sozialdemokratisch und kommunistisch organisierten Deutschen ein großer Unterschied gemacht, indem von den Sozialdemokraten nur ungefähr 10%, von den Kommunisten aber die doppelte Anzahl der im Jahre 1938 organisierten Deutschen anerkannt wurden. Es erweckte den Anschein, als ob die Vermögenslage bei der Zuerkennung der Antifaschisten-Legitimation eine Rolle spielte. Bei den allgemeinen Aussiedlungen wurden allen Aussiedlern die Papiere über Vermögenswerte abgenommen. Bei der Entlassung aus dem Lager besaß ich nichts. Als Antifaschist bekam ich wohl durch den *Národní výbor* die notwendigsten Kleidungsstücke und Gebrauchsgegenstände, doch waren es durchwegs minderwertige Dinge, sodaß ich auf die Unterstützung von Freunden und Bekannten angewiesen war.

Prag, Bericht Nr. 13

Erschießung von 18 Kriegsgefangenen am 9. 8. 1945

Berichter: Eduard Flach, Oberfeldintendant a.D. - Bericht vom 6. 3. 1950

Als ehemaliger Oberfeldintendant und Leiter einer Hauptgebührnisstelle der Luftwaffe geriet ich, 58-jährig, am 6. Mai 1945 in Prag in tschechische Kriegsgefangenschaft. Die Zeit meiner Gefangenschaft verbrachte ich mit noch 600 kriegsgefangenen deutschen Soldaten im Arbeitslager Roudnice an der Elbe, dem "Benzina-Werk", einer weitausgedehnten industriellen Anlage der ehemaligen Organisation Todt. Folgende wahre Begebenheit gestatte ich mir, zur Kenntnis zu bringen:

Am 9. 8. 1945 mußten wir in den Abendstunden vor den Baracken auf dem Appellplatz antreten und den Oberkörper entblößen. Eine Untersuchungskommission aus Prag war eingetroffen, um die Kriegsgefangenen auf ihre Zugehörigkeit zur SS zu überprüfen. 18 Mann wurden ermittelt, darunter auch einige Gefangene, die ohne ihr Zutun zur Waffen-SS eingezogen waren. Nur bei einigen konnte das Merkmal der Zugehörigkeit zur Allgemeinen Waffen-SS, das eintätowierte "a", festgestellt werden. Einige unter ihnen waren bereits aus der SS ausgeschieden.

Die 18 Kriegsgefangenen mußten sich nun mit dem Gesicht gegen eine hölzerne Baracke gewendet, nebeneinander aufstellen. Jetzt verübten die Tschechen vor unseren Augen ein Verbrechen an den wehrlosen Gefangenen, das als sehr brutal bezeichnet werden muß. Mit Eisenstangen und Gewehrkolben wurden die bedauernswerten Opfer von den tschechischen Aufsehern und Soldaten so lange auf den entblößten Rücken geschlagen, bis sie blutend zusammenbrachen. Als die Gefangenen stöhnend am Boden lagen, wurden sie von den Tschechen wieder aufgerichtet und mit kaltem Wasser begossen. Mir steht heute noch deutlich vor Augen, wie einigen Gefangenen durch wuchtige Kolbenhiebe die Finger zerschmettert wurden; die in ihrer Brutalität einzig dastehenden Mißhandlungen währten etwa 2 Stunden bis zum Eintritt der Dunkelheit. Dann durften wir wegtreten und die ohnmächtigen Gefangenen wurden in das Soldatenlager, das durch einen Stacheldrahtzaun von dem eigentlichen Gefangenenlager getrennt war, geschleppt, wo sie nach weiteren Mißhandlungen erschossen wurden. Die vollständig entkleideten Leichen wurden noch während der Nacht in einen ehemaligen trockengelegten Feuerlöschteich geworfen und notdürftig verscharrt. Am folgenden Tage begannen wir, die Grube zuzuschütten. Als diese Arbeit nach einigen Tagen beendet war, konnten wir beobachten, wie die tschechischen Wachtmannschaften die eingeebnete Grube als Fußballspielplatz benutzten. Ich bin überzeugt, daß die Angehörigen dieser 18 ohne jede Gerichtsverhandlung zu Tode gefolterten Kriegsgefangenen noch heute völlig im Ungewissen über das tragische Schicksal ihrer Ehemänner, Söhne usw. sind, denn es war uns und der Lagerleitung streng untersagt, irgendwelche Notizen über unsere Erlebnisse während der Gefangenschaft zu machen.

Daß wir ehemaligen deutschen Kriegsgefangenen während unseres Aufenthaltes im Lager Roudnice - abgesehen von schwersten körperlichen Arbeiten bei völlig unzureichender Verpflegung - bis aufs Hemd ausgeplündert und für die geleisteten Arbeiten weder Kriegsgefangenensold noch sonst eine Vergütung erhalten haben, im Gegensatz zu dem Verhalten der Amerikaner und Engländer, möchte ich nur nebenbei erwähnen.

Am 12. 2. 1946 kam ich als schwerkranker Mann in das Durchgangslager Prag-Motol, da ich entlassen werden sollte. Meine Entlassung zog sich jedoch bis zum 8. 6. 46 hin. Nach meiner Entlassung befand ich mich mehrere Jahre in ärztlicher Behandlung, um die gesundheitlichen Schäden, die ich durch die unmenschliche Behandlung erlitten hatte, zu beseitigen. Ich bin jederzeit bereit, diesen Tatsachenbericht eidlich zu bekräftigen.

Prag, Bericht Nr. 14

Prag-Raudnitz

Berichterin: A. W.

Es kam Mittwoch, der 9. Mai, der grauenhafteste Tag meines Lebens. Am frühen Nachmittag dieses Tages wurde meine Wohnung plötzlich von außen geöffnet, ein Mann mit der Trikolore bedeutete mir, ihm zu folgen. Mitnehmen durfte ich gar nichts. Ich konnte gerade noch meinen Mantel anziehen, durfte aber im übrigen nicht einmal meine Handtasche, nicht einmal ein Taschentuch mitnehmen. So ganz mit leeren Händen wurde ich ausgetrieben. Ich habe meine Wohnung seither nicht mehr wiedergesehen. Auf der Straße wurde ich von schimpfenden Weibern nach Waffen untersucht, dann in ein Haus getrieben und dort in den Keller gestoßen. Hinter mir wurde die Kellertür verschlossen. Als sich meine Augen an das Dunkel gewöhnt hatten, sah ich, daß bereits eine ganze Anzahl anderer Unglücklicher in den Winkeln hockten. Wir waren überzeugt, daß man uns erschießen werde. Immer wieder öffnete sich die Tür und neue Delinquenten wurden hereingestoßen. Endlich, nach Verlauf einer Stunde vielleicht, wurden wir herausgeholt. Die johlende Menge empfing uns mit Beschimpfungen und Steinwürfen und schon nach wenigen Minuten floß Blut. In der Mitte der Straße stand ein großer Eimer voll weißer Farbe. Wir mußten uns mit dem Gesicht gegen die Wand stellen und einer der ärgsten Wüteriche, es war der Hausmeister des Hauses Nr. 11 aus unserer Straße, malte uns unter dem dröhnenden Gelächter der Zuschauer ein riesiges Hakenkreuz auf den Rücken. Hierauf wurden wir von einer Anzahl Rotgardisten empfangen - sie trugen alle eine Armbinde mit den Buchstaben R. G. was entweder bedeutet *"Rudá Garda"* - rote Garde, oder *"Revolucni Garda"* - Revolutionsgarde - ausgesucht brutale Typen, anscheinend zu diesem besonderen Zweck entlassene Schwerverbrecher, die sich mit Gewehrkolben und Gummiknüppeln auf uns stürzten und uns zur Arbeit antrieben. Es handelte sich darum, die Barrikaden abzuräumen, die aus großen, schweren Steinen, dicken Balken, ja ganzen eisernen Gartentüren und Wagenrädern bestanden. Ich hatte seit 4 Tagen kaum etwas gegessen, fast gar nicht geschlafen, ich fühlte mich sterbenselend. Außerdem war ich überhaupt an schwere körperliche Arbeit nicht gewöhnt, es war mir einfach unmöglich, diese schwere Arbeit zu leisten. Ich wurde daher von den entmenschten Individuen mit Gewehrkolben, Gummiknüppeln und mit Peitschen fürchterlich geschlagen. Wir waren unseren brüllenden, schießenden, wahllos und hemmungslos dreinhauenden Peinigern vollkommen ausgeliefert. Es war ein unvorstellbarer Hexensabbat. Trotz aller Mißhandlungen hielt ich mich mit übermenschlicher Willensanstrengung aufrecht, denn wehe dem, der fiel. Die Menge johlte dann jedesmal vor Vergnügen und klatschte in die Hände. Der Gestürzte wurde mit dem Gewehrkolben wieder auf die Beine gebracht. Wir wurden nicht anders als mit "Du" und "deutsches Schwein", "deutsche Sau", "deutsche Hure" angesprochen oder besser gesagt, angebrüllt. Gleich anfangs hatte ich die vielen Glassplitter bemerkt, die die Straße über und über bedeckten und nun wurde uns plötzlich befohlen, Schuhe und Strümpfe auszuziehen und die Arbeit bloßfüßig zu verrichten. Deshalb hatte man die Straße mit Glassplittern bestreut. Mit fürchterlich schmerzenden und blutenden Füßen mußten wir weiter arbeiten. Ich hatte mich in einem unbewachten Augenblicke mit einer blitzschnellen Bewegung meines warmen Mantels entledigt und diesen über den Zaun eines Vorgärtchens gehängt, da ich an dem warmen Maitage, bei meiner großen Schwäche und dieser so schweren Arbeit fürchterlich zu schwitzen begann. Als wir dann weiter getrieben wurden, wurde ich mit Schlägen daran gehindert, mir den Mantel wieder zu nehmen.

Endlich waren auch die Barrikaden abgeräumt. Wir wurden zusammengetrieben, wir mußten uns paarweise anstellen, ein großes Hitlerbild lag auf der Erde und ein jeder mußte darauf treten und darauf spucken. Dann mußten wir niederknien und für die gefallenen Tschechen beten. Wir durften aber nicht mehr aufstehen, es kam der Befehl: "Hände Hoch" und so, in dieser schmachvollen und unmöglichen Stellung, nämlich auf den Knien und mit erhobenen Armen, mußten wir uns fortbewegen. Der ganze Weg war mit Glassplittern bestreut. Zu beiden Seiten der Straße bildete die Bevölkerung Spalier, klatschte in die Hände und brüllte ironisch: "Sieg Heil". Viele fotografierten, andere filmten den traurigen Zug. Unsere Begleiter mit der RG-Armbinde schienen in einen wahren Rausch von Sadismus geraten zu sein. Sie hieben nun schon ganz wahllos darauf los. Vor mir, hinter mir, neben mir fielen die Menschen wie Fliegen. Ich weiß nicht, wieviele von ihnen nicht mehr aufgestanden sind. "Schneller, schneller, schneller" brüllten die Aufseher und schlugen und schlugen. Nur einmal hörte ich einen zum anderen sagen, "Du darfst sie nicht auf den Kopf schlagen, sonst sind sie gleich tot; sie sollen aber noch lange und noch viel leiden."

Nun ist es geradezu unmöglich, in der oben geschilderten Stellung auf den Knieen und mit erhobenen Armen sich vorwärts zu bewegen. Bald war nichts mehr zu sehen als übereinander rollende Menschenleiber, ein breiter langer Blutstreifen längs der ganzen Straße, wild dreinhauende Bestien. Die Schreie der Gequälten vermischten sich mit dem Gebrüll der Aufseher, dem Jubel der Menge. Jemand begann laut zu beten. Einmal kam ein Ehepaar neben mir ins Rutschen. Der Mann benutzte einen Augenblick, wo er sich unbeobachtet glaubte, um von den Knieen aufzuspringen und schnell ein paar Schritte zu machen. Ein fürchterlicher Hieb belehrte ihn eines Besseren. Er brach zusammen, die Frau aber mußte weiterrutschen. Sie hat nie erfahren, ob er lebend davon gekommen ist. Ein alter Mann bat flehentlich, man möchte mit seinen 83 Jahren Erbarmen haben. Auch ihn streckte ein Hieb nieder, von einer gräßlichen Beschimpfung begleitet.

Beim Anstellen, am Anfang, war uns gnädig erlaubt worden, unsere Schuhe wieder zu nehmen, nicht aber sie anzuziehen. Wir mußten sie also in den erhobenen Händen halten und da entfiel mir plötzlich der eine. Ich wollte mich schnell darnach bücken, da traf mich ein entsetzlicher Hieb auf den Hinterkopf. Mir wurde schwarz vor den Augen, doch ich verlor nicht die Besinnung, aber von diesem Augenblick an hatte ich ununterbrochen ein Zischen in den Ohren, Tag und Nacht, das mich fast wahnsinnig machte. Außerdem, sobald ich zu sprechen begann, legte sich mir etwas vor die Ohren. Ich war fast taub. Das Sprechen machte mir große Mühe. Dieser qualvolle Zustand hat sich erst verloren, als ich schon in Deutschland war. Den zweiten Schuh ließ ich natürlich auch fallen.

Plötzlich wurde Halt befohlen. Nun traten eine Anzahl Frauen auf, jede mit einer Schere bewaffnet, packten uns Frauen an den Haaren und schnitten uns einseitig die Haare ab. Das abgeschnittene Haar wurde uns gewaltsam in den Mund gestopft. Dann erscholl der Ruf "Wasser". Auffallenderweise verstand die Bevölkerung sofort die Bedeutung dieses Rufes. Aus allen Häusern traten eimerbewehrte Frauen und Männer und übergossen uns mit eiskaltem Leitungswasser oder mit scheußlichem Schmutzwasser.

Während dieses Aufenthaltes kam aus der entgegengesetzten Richtung eine lange Kolonne von Motorradfahrern. Da wir auf den Knien waren und da ich den Blick nicht erhob, sah ich nur lauter Füße, vielleicht zwanzig Paar kräftig beschuhter Männerfüße. Die Kolonne fuhr ganz langsam an uns vorbei, wohl um sich an dem Schauspiel zu weiden, das wir boten. Sie benützten die günstige Gelegenheit, um uns Knieenden kräftige Fußtritte ins Gesicht zu versetzen.

Schließlich kam noch eine andere Gruppe von Megären, die uns unseres Schmuckes entledigte.

Endlich waren wir am Ziel, dem Kino Slavia in der Reifstraße *(Ripská ulice)*, das als KZ-Lager bestimmt war. Vor dem Kino selbst war noch ein großes Hindernis aufgerichtet, das wir überspringen mußten, mit unseren wehen, blutenden Füßen und unseren gepeinigten, zerschlagenen Körpern, vor Nässe triefend. Das Kino Slavia ist eines der wenigen Kinos zu ebener Erde, nicht wie die anderen Prager Kinos unterirdisch. An einer Seite des Saales sind 3 große Tore, die auf einen Hof führen, auf den sich in normalen Zeiten die Kinobesucher in den Pausen begeben konnten. Wir wurden in diesen Hof getrieben und mußten uns mit erhobenen Armen aufstellen. So ließ man uns lange stehen. Dann kamen wir in den Kinosaal und mußten uns in die Reihen setzen. Wir wurden von einigen R.K.-Schwestern und 2 Ärzten, Dr. Günther und Dr. Lacher und einer Ärztin, Dr. Lang empfangen. Sie alle waren Deutsche und Gefangene wie wir. Unsere zerschundenen Knie und Fußsohlen wurden gewaschen und mit irgend einem antiseptischen Mittel bestrichen, auch wurde Trinkwasser herumgereicht, das war alles, was sie für uns tun konnten, denn sie hatten fast gar keine Medikamente oder andere Hilfsmittel, außerdem wurden sie selbst sehr streng gehalten und durften nur die allerschlimmsten Fälle behandeln.

Wir hatten nur eine große Sorge. Man möchte uns nicht vor der Dunkelheit nach Hause schicken, da wir uns vor der Bevölkerung fürchteten. Mit unseren zerschlagenen Gliedern, unseren blutigen Füßen, unseren verschnittenen Haaren und unseren schmutzigen, vor Nässe triefenden, zerrissenen Kleidern wären wir sofort als Deutsche erkannt worden und das ganze Grauen hätte von Neuem begonnen. Diese Sorge war jedoch recht überflüssig.

Als keinerlei Anstalten gemacht wurden, uns nach Hause zu entlassen, dachten wir, man wolle uns einen Propagandafilm vorführen. Es wurde jedoch Abend, es wurde Nacht, wir bebten vor Kälte in unseren nassen Kleidern, mit den bloßen Füßen, in diesem dumpfen, kalten Kinosaal. Nun hatten wir begriffen: wir waren gefangen, wir waren im Konzentrationslager. Zu essen bekamen wir an diesem Tage nichts, dafür aber umsomehr Wasser.

Auf der Bühne vor der Leinwand saß ein Rotgardist, den Lauf seines Revolvers ununterbrochen drohend auf uns gerichtet. Wir durften weder nach links noch nach rechts schauen, immer nur still sitzen, den Blick geradeaus auf die Leinwand gerichtet. Da begann der unheimliche Geselle in einem monotonen, aber darum um so grausigeren Tonfall und mit halblauter zischender Stimme die fürchterlichsten Drohungen gegen uns auszustoßen. Es gibt kein Verbrechen, dessen wir nicht angeklagt, keine Folter, die uns nicht angekündigt wurde. Er unterbrach sich nur einigemale, um von der Bühne zu springen und einen Unseligen, der es gewagt hatte, sich nach einem Nachbarn umzuwenden, von seinem Sitze zu zerren und zu beschimpfen und zu mißhandeln. Dann ging die furchtbare Predigt weiter, bis ein neuer Peiniger zur Ablösung erschien; der machte es genau so wie sein Vorgänger, sodaß die Absicht und das Vorgehen unverkennbar war. Das dauerte die halbe Nacht. Ich bekam Gänsehaut vor Entsetzen. Das mußte unfehlbar zum Irrsinn führen. Tatsächlich, schon nach 2 Tagen dieser Behandlung, im Verein mit dem Hunger, hatten wir die ersten Fälle von Irrsinn. Meine Wohnungsnachbarin, die ich hier wiederfand, eine schwache, etwas hysterische Frau, war die erste. Sechs oder sieben andere kamen bald dazu. Sie stand auf und begann irre Reden zu führen, indem sie den Aufsehern drohte, sie würden uns nicht mehr lange peinigen, wir bekämen Hilfe von den Amerikanern, dann wehe ihnen usw. Eine andere sprang auf ihren Sitz und schaute mit irren Augen um sich. Eine allgemeine Panik brach aus, viele schrien, andere warfen sich auf den Boden, denn die Aufseher machten Miene zu schießen. Da sprangen zwei Besonnenere von ihnen auf die beiden Frauen zu, zerrten sie in den Vorraum und schleuderten die noch immer Redenden und Schreienden aus einem Winkel in den anderen, solange bis sie verstummten. Niemand hat die beiden je wieder gesehen.

Ich komme auf jene erste Nacht zurück. Endlich ließ man uns in Ruhe, aber nach einem Nachtlager sahen wir uns vergebens um. Wir mußten den Rest der Nacht auf den Klappsesseln zubringen oder auch darunter, denn wir sanken vor Erschöpfung von den Sitzen und durften dann dort liegen bleiben, in dem Schmutz und den Abfällen von der letzten Kinovorstellung, soweit von einem Liegen zwischen dem Gestänge der Sitze und den Füßen der Sitzenden die Rede sein konnte.

Es ist selbstverständlich, daß an ein Auskleiden nicht zu denken war. Ich habe mein Kleid 5 Wochen nicht ausgezogen.

Am nächsten Tage und an den folgenden Tagen bekamen wir etwas bitteren, schwarzen Kaffee und einige Scheiben Brot, weiter nichts. Etwas später kam ein wenig Suppe dazu, eine kleine Kaffeetasse voll mit einer Scheibe Brot. Dabei blieb es schon für immer. Nie haben wir außer dem bißchen Brot etwas Festes zu essen bekommen. Diese Suppe bestand anscheinend aus den von den Tellern der Soldaten und Aufseher abgekratzten Resten, denn es fand sich darin das Unvereinbarste zusammen. Gleichwohl versuchten wir uns durch alle möglichen Listen eine zweite Portion zu erschleichen. Die Suppentasse wurde herumgereicht, es waren deren vielleicht 5-6 im Ganzen vorhanden, sodaß mindestens 100 Menschen aus derselben Tasse schlürfen mußten, die natürlich nicht gewaschen wurde.

Wir waren mindestens 500, vielleicht mehr, keinesfalls weniger Personen. Das Kino hatte jedoch nur ein einziges W.C., 2 Kabinen für Männer und 2 für Frauen, vor denen immer lange Schlangen standen, umsomehr als bald viele an schweren Durchfällen litten, die nicht behandelt wurden. Täglich wurden dort neue Selbstmorde verübt. Obzwar niemand mehr eine Waffe besaß, so war doch mancher noch im Besitz einer Rasierklinge oder einer kleinen Schere, mit der er sich die Pulsadern durchschnitt. Bald nahm die Sache so überhand, daß man sich veranlaßt sah, die Türen auszuhängen, denn diese Art von Selbsthilfe war nicht im Sinne der Lagerleitung. Nun gab es endlich kein einziges Fleckchen mehr, wo man auch nur 2 Minuten mit sich allein gewesen wäre.

Die schrecklichsten Mißhandlungen, der Hunger, die Überfülle grauenvoller, sich überstürzender Eindrücke, mein qualvoller, schon erwähnter Zustand als Folge des Schlages auf den Hinterkopf, das alles hatte bei mir einen seltsamen Zustand hervorgebracht. Ich schlief nie wirklich und war auch nie wirklich wach. Ich nahm alles wahr wie aus weiter Ferne und doch ganz deutlich. Es schien mir wie ein Traum aus der Hölle. Ich fiel oft in Ohnmacht, was mir in meinem ganzen Leben sonst nie passiert war. So entsinne ich mich, wie ich einmal gefallen sein mußte, als ich mit anderen den Saal kehrte. Man hatte anscheinend eine von unseren RK.-Schwestern geholt, denn ich erwachte von ihren Bemühungen, meine krampfhaft geschlossene Hand zu öffnen, mit der ich eine im Kehrricht gefundene Brotkruste umklammerte, die ich mir auf keinen Fall nehmen lassen wollte. Ein anderesmal hatte ich ein besonderes Glück. Ich fand ein Stück einer Speckschwarte, die ich mir mit dem Kleide reinigte - ein Taschentuch oder sonst etwas besaß ich ja nicht - und dann stundenlang im Munde behielt. Es verschaffte mir die Illusion gegessen zu haben.

Jeden Morgen wurden wir zur Arbeit geholt. Wir Frauen mußten Straßen pflastern und den Schutt von ausgebombten Häusern fortschaffen, dabei immer von den Aufsehern geschlagen und beschimpft, wenn es ihnen nicht schnell genug ging, von der Bevölkerung verhöhnt, weh dem, der auf dem Weg zur Arbeit es wagte, den Fuß auf den Gehsteig zu setzen. Die Ungeheuerlichkeit passierte mir auch einmal. Ich wurde von einer brutalen Hand heruntergezerrt und in die Mitte der Straße geschleudert. "Deutsche Sau, du wagst es, den Gehsteig zu betreten, wie ein normaler Mensch." Jeder Tscheche, der irgendeine Arbeitskraft brauchte, konnte sich im Lager Deutsche für diese Arbeit holen. In jenen Revolutionstagen kam Prag nicht aus den Feiern heraus und am nächsten Morgen mußten dann die Spuren davon wieder beseitigt werden. Es müssen manchmal die unbeschreiblichsten Orgien gewesen sein, nach dem was unseren Frauen an ekelhaften Reinigungsarbeiten zugemutet wurde.

Das Entsetzlichste war es immer, in den ersten Tagen, wenn der Befehl kam, 15, 20, 25 Männer zum Gräber graben. In jenen Tagen gab es tatsächlich in Prag noch eine Unmenge unbeerdigter Toter von den letzten Kämpfen. Von diesen Männern fehlten jedoch bei der Heimkehr immer einige, manchmal die Hälfte, manchmal noch mehr. Man hatte sie gleich mitbeerdigt, zuweilen noch ehe sie ganz tot waren. So erzählten zumindest die Heimkehrenden, fast irrsinnig vor Grauen.

Jeden Abend wurden einige Männer in den Vorraum geholt, dann wurden die Türen geschlossen, niemand durfte während dieser Zeit auf das W.C. gehen. Nicht lange darauf hörten wir gräßliche Schreie und dumpfe Schläge. Bald darauf brachte man die Unglücklichen zurück. Es waren meist jüngere Männer, von gutem Aussehen und guter Haltung. Was da zurückkam, das waren Bilder des Jammers, in einer Viertelstunde um 20 Jahre gealtert, die sich mit ihren verrenkten Gliedern und ihren von den Knochen geschlagenen Muskeln mühsam schleppten. Wieviele diese Behandlung überlebt haben, weiß ich nicht. Es dürften nicht sehr viele gewesen sein.

Mit der Zeit hatte sich die ganz starre Disziplin ein wenig gelockert und wir durften uns manchmal auf dem Hofe aufhalten. Welche Erholung das aber war, kann man sich vorstellen, wenn man bedenkt, daß wir 5-700 Personen waren und daß es sich um einen kleinen, rings von hohen Häusern eingeschlossenen Großstadthof handelte. Des Nachts war dieser Hof der Schauplatz von Tragödien, von denen wohl nie jemand etwas erfahren wird. Dann war es bei Todesstrafe verboten, den Hof zu betreten. Jede Nacht gab es Schießereien auf dem Hofe. Jeden Morgen fehlten einige von unseren Leuten. Es kamen aber täglich Neue und so fiel das nicht weiter auf. Bei dem ungeheuren Gedränge und dem ewigen Durcheinanderwogen war es nur den Zunächstsitzenden möglich, festzustellen, wenn wieder einer fehlte.

In der Reihe vor mir saß eine Frau, die unter ihrem Sitze ein Paar Gummistiefel stehen hatte. Es waren ja nicht alle so ganz von allem entblößt, wie die Gruppe, mit der ich hergekommen war. Manche hatten etwas mitnehmen können. Sie wurden aber ihre Sachen später doch noch los. Da ich, wie schon erwähnt, bloßfüßig war, hatte mir diese Frau manchmal ihre Gummistiefel geliehen, wenn ich zur Arbeit mußte. Eines Nachts wurde auch sie geholt - die meisten wurden nachts abgeholt - und da es in einer solchen Nacht war, wo auf dem Hof viel geschossen wurde, und da sie nicht wiederkam, waren wir alle überzeugt, daß auch sie den Weg über den Hof genommen hatte. Die Gummistiefel habe ich heute noch.

Da die Aufseher fast immer betrunken waren, waren wir in ständiger Lebensgefahr, denn sie spielten dann wie Kinder mit ihren scharfgeladenen Waffen. Sie lachten wie toll und wollten einen Extraspaß haben. Dazu holten sie sich, wenn es Abend war, unsere zu Tode erschöpften Männer, die von schwerer Arbeit kamen und fast nichts gegessen hatten und ließen sie auf dem Hofe Kniebeugen machen. Sie amüsierten sich köstlich, wenn die Unglücklichen zusammenbrachen.

Eine Anzahl von Frauen aus meiner Nähe wurden jeden Tag in die ehemalige SS-Kaserne auf dem Lobkowitzplatz befohlen, wo jetzt russische Soldaten hausten. Trotz ganz unerhörter Arbeitslasten, die man diesen Frauen aufbürdete, wurden sie doch von uns allen beneidet, da sie dort nicht zusätzlich gequält und gedemütigt wurden und vor allem, da sie dort zu essen bekamen. Sie brachten auch meist etwas mit, das sie sich für uns aufgespart hatten und wir warteten mit Ungeduld auf ihre Heimkehr am Abend. Da wir viele waren, die zur unmittelbaren Umgebung dieser Vielbeneideten gehörten, so entfiel auf jeden von uns nicht mehr als ein Löffel voll, doch selbst das bedeutete für uns schon eine schätzenswerte Aufbesserung. Leider war man der Sache bald auf die Spur gekommen, die Frauen wurden von nun ab jeden Abend bei ihrer Heimkehr untersucht und es wurde ihnen weggenommen, was sie mitgebracht hatten.

Eine Gruppe von Männern hatte einmal irgend eine Arbeit auf einem Neubau hinter einem großen Gitter zu leisten. Draußen standen einige Gaffer und verhöhnten sie. Das brachte den Aufseher auf die Idee, den Leuten eine Vorstellung zu geben. Die deutschen Männer mußten einander gegenseitig anspucken, ohrfeigen, schließlich mußten sie Straßenkot essen und dergleichen. Das wiederholte sich einige Tage lang mit verschiedenen Variationen und es fand sich kein Tscheche, der gegen diese schmachvolle Schaustellung Protest erhoben hätte.

Einmal kamen einige von unseren Frauen in maßloser Erregung von der Arbeit. Das Entsetzen saß ihnen noch in den Gliedern und das Weinen schüttelte sie. Sie hatten in einem Depot der deutschen Wehrmacht Pullover und dergleichen, die sich die Tschechen jetzt angeeignet hatten, dutzendweise bündeln, aber auch gleichzeitig eine Menge blutgetränkter Uniformstücke aussortieren müssen, die dort herumlagen. Dabei hatten sie buchstäblich stellenweise im Blut gewatet und hatten auf hunderten von Eisernen Kreuzen und anderen Distinktionen herumtrampeln müssen, die dort im Blute lagen. Wahrscheinlich hatte sich dort einer dieser letzten Kämpfe abgespielt, eine dieser unheimlichen Tragödien, von denen nie jemand erfahren wird. Man hatte den Unseligen die Uniformen ausgezogen und sie selbst nackt, oft noch lebend, in die Massengräber geworfen. Dies ist nicht bloß meine Vermutung, sondern es wurde allgemein behauptet und ist auch bestimmt geschehen. Wie mancher, der vermißt ist, mag in einem Prager Massengrab erstickt sein.

Täglich wurde uns mit dem Erschießen gedroht. Diese Drohungen hörten plötzlich auf, als wir flehentlich immer wieder baten, sie doch wahr zu machen und uns von diesem Martyrium zu befreien. Eines Tages wurde bekanntgegeben, alle Österreicher möchten sich melden, sie würden sofort freigelassen. Da war auch eine junge Frau, die sich sofort meldete und sich vor Freude nicht zu fassen wußte. Als sie aus der Wohnung getrieben worden war, war ihr sechsjähriges Töchterchen gerade nicht zuhause gewesen und die Arme hatte die ganze Zeit um das Kind gebangt. Ihr Mann war gefallen, die Frau war also reichlich heimgesucht und wir gönnten ihr die Befreiung. Es fehlten indessen noch einige Dokumente, die sie natürlich nicht bei sich hatte und so wurde sie, von einer Wache begleitet, in die Wohnung geschickt. Leider fand der Mann mehr als er gesucht hatte, nämlich verschiedene Belege, daß sie in einer Kanzlei der Gestapo als Maschinenschreiberin tätig gewesen war. Von da ab war ihr Schicksal besiegelt. Der Traum von der Freilassung war natürlich ausgeträumt. Was die Unglückliche aber von diesem Tage an zu erdulden hatte, war einfach unvorstellbar. Sie mußte entsetzlich verunreinigte Latrinen reinigen, mit bloßen Händen, ohne irgendein Gerät, ohne Wasser, man sperrte sie Tage und Nächte lang in einen finsteren Keller, ohne Nahrung, man schleuderte sie mit dem Kopf gegen die Wand. Als wir endlich einige Wochen später unseren Todesmarsch zum Bahnhof antraten - von dem noch die Rede sein wird - um nach Raudnitz zum Sklavenmarkt geschafft zu werden, wollten wir sie retten, indem wir sie, die nur noch mit Mühe gehen konnte, nach Möglichkeit in die Mitte nahmen. Jemand hatte ihr ein großes Tuch geliehen damit sie sich unkenntlich machen konnte. Dennoch wurde sie von einem der Henkersknechte erkannt und vor unseren Augen erschlagen.

Ich habe bereits von meinem sonderbaren halbwachen Zustand gesprochen. So erinnere ich mich auch wie eines Traumbildes eines Winkels bei einem Tore, den wir den Selbstmörderwinkel genannt hatten. Ich sehe vor mir ein großes Becken voll Wasser und rund herum hockten eine ganze Anzahl Jammergestalten, wachsbleich im Gesicht, mit schmerzverzerrten Zügen und irren Blicken, die Hände in das Becken getaucht. Es waren die, die sich die Pulsadern geöffnet hatten. Man gab sich wirklich alle Mühe, Selbstmorde zu verhindern. So weiß ich von einem Mann, der Gift genommen hatte. Er war in einem fürchterlichen Zustande und es war keine Kleinigkeit, ihn wieder auf die Beine zu bringen. Als es endlich so weit war, wurde er erschossen.

Jede Nacht gab es eine andere Aufregung, ich entsinne mich nicht einer einzigen ruhigen Nacht. Nach Mitternacht kamen gewöhnlich einige "Delegierte", um junge Frauen und Mädchen für die Offiziere zu holen. Wir versuchten sie nach Möglichkeit zu verstecken, aber es half wenig. Was überhaupt in dieser Beziehung alles geschah, fällt mir schwer zu erzählen. Man stelle sich das Schlimmste vor und es bleibt bestimmt noch weit hinter der Wahrheit zurück.

Eine beliebte Unterhaltung waren auch die nächtlichen Plünderungen. Ich und die mit mir Gekommenen hatten diesbezüglich nichts zu befürchten, da wir nichts besaßen, die anderen aber mußten jeden Augenblick gefaßt sein, daß ihnen das wenige genommen wurde, das ihnen noch verblieben war. Das erste, was ausnahmslos allen gestohlen wurde, waren die Uhren. Am beliebtesten waren die Armbanduhren. Ein Asiate hatte deren ungefähr 20 um den Arm. Mit einer bestialischen Grimasse entriß er den hilflos Daliegenden ihr letztes Stück.

Schrecklich anzusehen waren die Leiden der Kranken, die in Behandlung gewesen waren und jetzt ohne ihre gewohnten Medikamente und ihre Diät hier elend zugrunde gehen mußten. Man hatte ja sogar die meisten deutschen Kranken aus den Spitalbetten gejagt.

Ein ganz besonderes Vergnügen fanden unsere sadistischen Peiniger darin, uns stundenlang anstellen zu lassen, sei es, um uns zur Arbeit zu führen, sei es, um uns ganz einfach nach einigen Stunden wieder in den Saal zu jagen. Ob es regnete, ob die Sonne brannte, wir durften uns dann nicht von der Stelle bewegen, nicht umdrehen, nicht sprechen. Von der eigenen Qual abgesehen, mußte ich dann manchmal meine ganze Vernunft zu Hilfe rufen und mich beherrschen, um nicht so einem Untier an die Gurgel zu springen, wenn wir zusehen mußten, wie es einen armen kranken, alten Mann schlug, an den Haaren zerrte oder ihn zu irgend einer lächerliche Pose zwang, weil dieser vielleicht nach rechts geschaut hatte anstatt nach links.

Eines Tages verbreitete sich die Nachricht, daß wir in ein anderes Lager kommen sollten. Ein lähmendes Entsetzen erfaßte uns, denn so jammervoll unser Dasein in diesem Lager war, so kannten wir unser Elend schon, wir wußten ungefähr, welches Maß an Qualen jeder Tag uns brachte. Wo anders war es womöglich noch schlimmer, vielleicht war es der sichere Tod. Warum ließ man uns nicht gleich hier verhungern? Denn daß wir langsam verhungern mußten, daran zweifelten wir nicht.

Theresienstadt wurde genannt, dann war die Rede von einem GPU Lager im Reich, aber etwas Genaues wußte niemand. Endlich, eines Tages wurde es Ernst, es begann wie immer, nämlich mit einem stundenlangen Anstehen, diesmal auf der Treppe, dann ging es endlich ein Stockwerk tiefer, dann wieder zwei Stockwerke höher, schließlich waren wir wieder auf dem riesigen Hofe, wo wir uns in vier bis sechs Reihen hintereinander, mit dem Gesicht gegen die Wand anstellen mußten, um nicht zu sehen, was sich hinter uns abspielte, zeitweilig auch mit erhobenen Armen. Endlich nach mehreren qualvollen Stunden kam auch die Reihe an mich und die mir zunächst Stehenden. Wir durften uns umwenden und da sahen wir einige Tische, die man im Hofe aufgestellt hatte, hinter denen junge Mädchen saßen. Auf den Tischen befanden sich offene Kästchen und Schachteln, die einen gefüllt mit Markscheinen, die anderen mit Eheringen, wieder andere enthielten Dokumente. Man hatte anscheinend inzwischen erfahren, daß die Mark nicht außer Kurs gesetzt war und ihren Wert behalten hatte, daher hatte man beschlossen, die ausgeteilten Mark wieder abzufordern. Bei jener oben erwähnten Plünderung hatte man in einigen Zimmern noch die Eheringe respektiert. Auch dieses Versäumnis wurde jetzt nachgeholt. Auch eventuell noch vorhandene Personaldokumente wurden abgenommen. Nun hatten die meisten nichts mehr, wie ich schon lange nichts hatte.

Über all diesen abstoßenden Vorgängen war schließlich der Abend herangekommen. Zu essen hatten wir an diesem Tage nichts bekommen, denn eigentlich hätten wir längst fort sein sollen. Angeblich hatte man nichts mehr für uns gefaßt. Nun war es zu spät zur Abreise und man begnügte sich nach dieser, wie wir meinten, letzten Plünderung, uns wieder hinaufzutreiben. Die oberen Räume waren inzwischen schon abgesperrt worden und wir mußten uns auf noch engerem Raum im I. Stock zusammendrängen. Plötzlich erschien einer der Aufseher, es war der, den wir alle am meisten fürchteten. Ich habe ihn nie anders als brüllend, wütend und betrunken gesehen. Er hatte aus irgend einem Grunde die Plünderung verpaßt, er kam zu spät, was seine Wut noch erhöhte. Er hoffte gleichwohl, daß noch hin und wieder ein Ring übersehen worden war und brüllte "Pfoten zeigen" indem er uns mit einem eigens zu diesem Zwecke mitgebrachten Stock dermaßen über die Finger schlug, daß einem Hören und Sehen verging. Da er nichts mehr fand, brüllte er immer mehr, sämtliche Kinder begannen vor Angst zu schreien, das steigerte noch seine Wut und er brüllte sie an, wie ich noch nie einen Menschen habe brüllen hören. Ich glaubte, das Trommelfell müsse mir zerspringen in dem Höllenlärm.

Endlich, als er fort war, brachte man uns noch etwas Knäckebrot, 2 Scheiben für jeden mit der Bemerkung, nicht alles auf einmal zu essen, da wir morgen nichts mehr bekämen und den ganzen Tag auf der Reise sein würden.

Endlich wollten wir uns zur Ruhe begeben, so gut das in diesem Gedränge möglich war, da hörten wir plötzlich einen ganz eigenartigen, beängstigenden Lärm, der immer anschwoll und sich immer mehr näherte. Im Hause begann ein Rufen, ein Rennen, Kommandos ertönten, es war eine ganz außergewöhnliche Aufregung zu spüren. Da schrie plötzlich jemand, der am Fenster gestanden hatte, "um Gottes Willen". Wir stürzten hin und erblickten in der beginnenden Dämmerung eine unabsehbare Menschenmenge, die näher und näher kam und die wild mit Stöcken und Knüppeln herumgestikulierte und drohende Rufe ausstieß. Das galt uns. Man hatte erfahren, daß wir am nächsten Morgen Prag verlassen und somit ihrem Machtbereich entrückt werden sollten und so kamen sie, um sich noch schnell ihr Mütchen an uns zu kühlen. Man wollte uns ganz einfach lynchen. Ich glaubte, mein Herz stehe still vor Entsetzen. Eine unbeschreibliche Panik brach aus. Einige heulten auf wie wilde Tiere, manche schmiegten sich eng aneinander, wie um sich gegenseitig zu schützen, wieder andere standen stumm, zu Bildsäulen erstarrt, blaß wie die Wand und zitterten heftig an allen Gliedern. Es war eine der gräßlichsten Szenen, die ich je erlebt habe. Wir waren uns klar darüber, daß wir rettungslos verloren waren. Was hätten wir Unseligen, von Hunger und Mißhandlung zu Tode geschwächt, ohne Waffen vermocht, gegen die rasende, aufgehetzte Menge?

Es gab anscheinend Unterhandlungen zwischen den Aufsehern und den Rädelsführern, dadurch ging wertvolle Zeit verloren und inzwischen geschah ein Wunder, ein wirkliches, wahrhaftiges Wunder. Niemandem war es aufgefallen, daß sich etwa ein besonderes Unwetter vorbereitete und doch war es plötzlich da. Mit einem Schlage brach ein Wolkenbruch los, mit Sturm und Hagel, Blitz und Donner folgten einander Schlag auf Schlag. Da verzog sich der Mob schreiend und rennend, einer von den vernünftigeren unter unseren Wächtern hatte schnell alle Tore verschlossen, wir waren gerettet.

Am nächsten Morgen oder besser Mittag, wieder nach stundenlangem Anstellen in Treppen und Gängen, als wir vor Hunger schon fast ohnmächtig waren, denn jeder hatte selbstverständlich sein Scheibchen Knäckebrot schon längst verzehrt, gegen Mittag also begann der Abmarsch, jener grauenhafte "Todesmarsch". Auch die Rotgardisten, unsere Aufseher, wußten, daß dies endgültig die letzte Gelegenheit war, ihre sadistischen Gelüste an uns auszulassen und sie hatten sich anscheinend das Wort gegeben, diese Gelegenheit noch ein letztes Mal bis auf die Neige auszukosten.

Wir mußten uns in Dreierreihen aufstellen, kaum aber war dies geschehen, behaupteten die Aufseher, sie hätten befohlen, uns in Viererreihen aufzustellen und sie schlugen und schlugen. Dann wieder sollten es Fünferreihen oder sogar Sechserreihen sein, dann plötzlich wieder Dreierreihen und so ging es fort Es entstand ein unbeschreibliches Durcheinander, umsomehr als jeder Aufseher in seinem Bereich andere Befehle erteilte. Man kam kaum von der Stelle und die Aufseher brüllten und fluchten und schlugen und stießen blind darauf los. Ich erhielt einen fürchterlichen Rippenstoß mit einem Gewehrkolben und einen Hieb über die Schulter, weil ich bei dem Gewimmel plötzlich außer der Reihe stand. Endlich hatten sie von diesem Spiel genug und um die verlorene Zeit einzubringen, mußten wir nun rennen, immer schneller, immer schneller. Ich kann mich erinnern, daß ich ein Stoßgebet zum Himmel sandte, ich möchte doch das Glück haben, tot niederzusinken, um von dieser nicht mehr zu ertragenden Qual erlöst zu sein. Andere mögen es auch getan haben. Es war das auch der letzte Tag unserer armen Österreicherin, von der ich weiter oben gesprochen habe. Auch viele andere überlebten ihn nicht. Jeder Schritt barg eine Lebensgefahr.

Ich glaube, daß auch ein ganzer Zug aus einem anderen Lager zu uns gestoßen war und da gab es noch viele, die sich mit Koffern und dergl. abschleppten. Als nun dieses fürchterliche Rennen begann, blieb den Armen nichts übrig, als das schwere, sie behindernde Gepäck wegzuwerfen, um nicht erschlagen zu werden. Und andauernd, längs des ganzen Weges, diese Beschimpfungen seitens der Bevölkerung, diese andauernden Drohungen. Jeder versuchte in die Mitte zu gelangen, da die Gefahr am äußersten Rande am schlimmsten war. Viele kamen zu Fall, was aus ihnen geworden ist, weiß ich natürlich nicht, wir mußten weiter, immer schneller, immer schneller, über die Gestürzten hinweg. Hätten wir uns ihrer angenommen, wären wir selbst erschlagen worden.

Endlich waren wir auf dem Hyberner-Bahnhof (jetzt wieder Masarykbahnhof) angelangt. Man führte uns von rückwärts in das Bahnhofsgelände, von der Florenzerstraße, da wurde plötzlich Halt geboten. Ein Aufseher rief in einem seltsam freundlichen Tone: "Wir suchen eine Frau mit höherer Bildung, Kenntnis fremder Sprachen und doppelter Buchführung erwünscht. Wer meldet sich?" Ein paar Bedauernswerte, die das Spiel noch immer nicht begriffen hatten, meldeten sich. Sie glaubten wohl, sie könnten ihre Lage verbessern und in Prag bleiben, vielleicht gar in einem Büro arbeiten. Da packte der Aufseher eine davon am Kragen, riß sie aus der Reihe und brüllte: "Also komm, du Sau, du wirst jetzt alle Aborte des Bahnhofes reinigen." Die Arme mußte ihm folgen, unter dem Geschrei, dem Gelächter und dem Beifallsklatschen der Menge, die draußen vor dem Gitter, wodurch das Bahnhofsgelände abgeschlossen war, sich Kopf an Kopf drängte. Der Befehl kam, den Kopf zu senken, nicht rechts und nicht links schauen und sich nicht zu bewegen. Es ist zwecklos, beschreiben zu wollen, was sich hier abspielte, das kann man einfach nicht beschreiben. Eine Kopfwendung um Haaresbreite konnte den Tod bedeuten und hat ihn wohl auch für viele bedeutet. Unter der gesenkten Stirn hervorschielend, sah ich dennoch, wie in entgegengesetzter Richtung ein Elendszug an uns vorüberzog, alle blutüberströmt, unter ihnen auch unser Dr. Günther. Was man ihnen getan hatte, woher sie kamen, weiß ich nicht. Dazwischen immer wieder ein Karren, auf dem ein Sterbender oder ein Schwerverletzter lag, mehrere auch vom Herzschlag getroffen, wie ich annehme. Die johlende Menge draußen verfolgte das Schauspiel mit steigendem Interesse und brach jedesmal bei einem besonders gelungenen Streich in lauten Jubel aus, z. B. wenn einer fiel und sich nicht mehr erhob. Mein Blickfeld war unter den geschilderten Umständen natürlich sehr eingeschränkt und von all den Greueln, die dort geschahen, konnte ich mehr ahnen als sehen. War ich doch selbst dem Tode näher als dem Leben. Ich entsinne mich nur eines Höllenlärms, gemischt aus Gelächter, Gejohle, Beifallsklatschen, den Schmerzschreien der Gepeinigten, dem Gewimmer der Sterbenden, dem Getrampel unzähliger Füße.

Endlich trieb man uns, immer mit Kolbenhieben, über viele Schienen hinweg, einem Eisenbahnwaggon zu, der für uns bestimmt war. Es sah aus, als ob die Aufseher Korn mähten, mit ihren Gewehrkolben, denn sie hatten es diesmal auf die Beine der Laufenden abgesehen, um sie zu Fall zu bringen. Ich hatte das "Glück", daß gerade vor mir eine Frau auf die Schienen stürzte und bevor er zum neuen Schlage ausgeholt hatte, war ich durchgeschlüpft. Der Waggon war natürlich ein Kohlenwagen und wir mußten uns auf den Boden hocken, den eine mehrere Zentimeter dicke Schicht von Kohlenstaub bedeckte. Er war natürlich viel zu klein d. h. es waren deren mehrere, aber es wird wohl überall dasselbe gewesen sein. In meinem seit Wochen nicht abgelegten Kleide drückte ich mich in eine schmutzige Ecke, für den Augenblick froh, der unmittelbaren Todesgefahr entrückt zu sein. Wir wurden hineingestopft wie Vieh oder irgend eine leblose Ware. Kaum aber waren wir verladen, erschienen noch einmal die Rotgardisten, diesmal in Begleitung ihrer Freundinnen und luden sie ein, sich zu bedienen, wenn ihnen etwas gefiele, was wir noch auf dem Leibe hatten. "Genier dich nicht, nimm dir was dir gefällt. Schau, dieser Pullover ist doch ganz hübsch," usw. Die meisten Mädchen machten geringschätzige Grimassen und beteuerten, daß ihnen nichts gefiele. Ich glaube jedoch, sie schämten sich, uns die Kleider vom Leibe zu reißen und stellten sich deshalb so, als gefiele ihnen nichts. Einige indessen waren weniger zartfühlend und so manche Wollweste, mancher Pullover wurde seiner Besitzerin ausgezogen. Eine junge Frau trug ein Paar Männerhosen, die einem der Aufseher in die Augen stachen. Sie mußte sie auf der Stelle ausziehen und blieb in ihrer Unterwäsche zurück. Es war wirklich nichts mehr da, was man uns hätte nehmen können, wenn man uns nicht nackt ausziehen wollte und so setzte sich der Zug endlich in Bewegung. Eine Wache mit aufgepflanztem Bajonett saß auf einem erhöhten Sitze. Uns war es strengstens verboten, uns zu erheben und so kauerten wir so gut es ging in dem dicken Kohlenstaub. Wenn jemand sich nur ein einzigesmal aufzurichten versuchte um sich ein wenig von der unbequemen Stellung zu erholen, fiel sofort ein Schuß in nächster Nähe, ohne daß wir je den Schützen entdeckten. In einigen Stationen hielt der Zug, dann erschienen immer ein paar asiatische Gesichter über der Wagenwand und fragten grinsend: "Wohin schaffst du das?" "Dorthin, wo sie hingehören, in die Leibeigenschaft" (do roboty) war die unabänderliche Antwort.

In meinem Besitz befand sich ein schmutziges zerrissenes Kleid, eine ebensolche Garnitur Unterwäsche und ein Paar Gummistiefel, welche ich von einer Erschossenen geerbt hatte. Sonst nichts!

Ich versichere an Eidesstatt, daß vorstehender Bericht in allen Punkten der Wahrheit entspricht.

Prag, Bericht Nr. 15

Prag 1945 - 1947

Berichter: Dr. med. Hans Wagner - Bericht vom 27. 9. 1950

Durch einen Blitzüberfall der RG auf das Sendehaus in der Schwerinstraße - Fochová - heute Stalinová - verloren die Deutschen eine ihrer wichtigsten Positionen, den Rundfunk. Es wurden von nun an tschechische Haß- und Vernichtungsparolen gesendet: *Smrt vsem Nemcum! Smrt vsem okupantum!* Tod allen Deutschen! Tod allen Okkupanten!

Erschlagt die Deutschen, wo Ihr sie trefft! Nehmt keine Rücksicht auf Kinder, Frauen und Greise! Ein jeder Deutsche ist unser Todfeind! Jetzt ist die Zeit, diese Feinde endgültig zu vernichten! Rottet sie mit Strunk und Stiel aus!

Schon in den ersten Stunden nach Bekanntgabe dieser Losungen liefen massenhaft Meldungen über Ermordungen und grauenhafte Mißhandlungen deutscher Soldaten und Zivilisten ein und Berichte über das Entsetzen der ersten lebenden Fackeln von Prag wurden von Augenzeugen durchgegeben.

In erster Linie wurden SS-Männer dem Flammentod überantwortet; da aber von den Kommunisten großzügig jeder Uniformträger als SS-Angehöriger hingestellt wurde, waren unter diesen Feueropfern auch zahlreiche Soldaten anderer Wehrmachtsteile und Angehörige verschiedener Formationen.

Am siebenten Mai 1945 steigerte sich die Schlacht um Prag zu größter Intensität. Das Wüten der RG gegen die deutsche Zivilbevölkerung wurde fortgesetzt und über der Stadt lag der Geruch von verbranntem Menschenfleisch. Wir erhielten Meldungen über die Räumung der deutschen Kliniken und Zivilkrankenhäuser, wo Schwerkranke aus den Betten gerissen und dem Pöbel in die Arme getrieben wurden.

Einwandfreie Augenzeugen berichteten über das Ende der letzten Magnifizenz, des Rektors der Deutschen Universität in Prag, Prof. Albrecht, der vom Pöbel auf seiner Klinik - er war Direktor der Deutschen neurologischen und psychiatrischen Klinik - überfallen, zu Boden geschlagen und schließlich am Speicher der Irrenanstalt aufgehängt wurde. Auch der Tod Prof. Dr. Rudolf Greipel-Bezecnys, des Direktors der deutschen dermatologischen Klinik, wird bekannt.

Am Dienstag, den achten Mai 1945 wird die Gefechtstätigkeit in der Früh stärker, dann aber flaut sie ab, denn es kreisen Gerüchte über einen bevorstehenden Waffenstillstand. Um 12 Uhr wird wirklich die allgemeine Waffenruhe verkündet.

Der Wehrkreisarzt und ich statteten sofort dem Reservelazarett VIII, Thierschhaus eine Visite ab und lasen, daß es jetzt *Náhradní nemocnice* (Ersatzkrankenhaus) heißt. Zum Chefarzt war Dr. N., im Range eines Stabskapitäns, bestellt worden, den ich von früher her gut kannte. Er war benevolent und brachte als Chefarzt eines Reservespitals im ersten Weltkrieg den Belangen der Verwundeten großes Verständnis entgegen. So überließ er dem deutschen Chefarzt volle Bewegungsfreiheit bei der Behandlung der Patienten. Während wir mit Dr. N. konferierten, telefonierte das Polizei-Kommissariat in Prag-Kleinseite und bat um Übernahme von etwa 100 Schwerverletzten. Sankas fuhren sofort dorthin und brachten 100 Tote, meist junge, kräftige Menschen, mit furchtbar verstümmelten Körpern und entstellten Gesichtern, denn jeder empfing als Abschluß der Folterungen den Genickschuß. Die Überstellung der Opfer in das Ersatzkrankenhaus war nur eine raffinierte Tarnung dieses Verbrechens. Ich besuchte in dem Ersatzkrankenhaus auch eine Abteilung, wo eine Anzahl meiner früheren Patienten lagen. Hier erlebte ich selbst den Einbruch der RG. Mein Hinweis bei dem Partisanenführer, daß Waffenruhe eingetreten sei, löste lediglich die Drohung aus, daß er mich verhaften lassen würde. Unter dem Vorwand der Waffensuche plünderten die Partisanen die Verwundeten aus.

Bis zum Abend sollte der Abmarsch der deutschen Wehrmacht aus Prag vollzogen sein, daher begaben wir uns nach Dejwitz zurück, um wegen der Mitnahme der Verwundeten und der Bevölkerung Weisungen entgegenzunehmen. Allein die Dienststellen des Befehlshabers waren in vollster Auflösung und weder er noch sein Vertreter, General Ziervogel, oder einer der Herren seines Stabes waren anzutreffen. Die engsten Mitabeiter des Wehrkreisarztes verabschiedeten sich von ihm, seine persönlichen Adjutanten und Referenten wählten die Freiheit. Ich wählte die Pflicht und blieb bei den verwundeten Kameraden. Wir gaben an die Lazarette, mit welchen wir Verbindung hatten, die Weisung durch, daß alle gehfähigen Patienten und das entbehrliche Sanitätspersonal sich dem allgemeinen Aufbruch der Wehrmacht anschließen sollten. Leider hatten wir keine Möglichkeit, die besetzten Lazarette und die Lagerinsassen zu verständigen, was nach den Abmachungen mit den Tschechen von ihrer Seite hätte veranlaßt werden müssen. Bei den Verhandlungen war ausdrücklich vom Abmarsch aller Deutschen die Rede und in den Vertrag war auch dieser Passus eingebaut worden. Durch diesen Wortbruch des tschechischen Nationalrates fielen wohl an die achtzigtausend Deutsche in die Gefangenschaft und Internierung.

Während nun die Wehrmacht und einige Gruppen von Zivilisten sich nach Westen, Richtung Pilsen, zu den Amerikanern in Bewegung setzten, übersiedelten wir in das Reservelazarett XVI im Palais der Rumänischen Gesandtschaft in der Spornergasse - Nerudová, um in der Nachbarschaft des IRK zu sein. Ungefähr auf dieselbe Zeit fallen die Todesmärsche der Deutschen aus Prag nach Theresienstadt, wo kaum ein Zehntel der Ausmarschierten einlangte und die übrigen mit ihren Leichen die Straßen säumten.

Am Mittwoch, den neunten Mai drang ein RG-Kommando unter Führung eines Polizeiinspektors in unser Lazarett ein und behauptete, es sei aus dem Hause geschossen worden. Leider waren wir noch im Besitze der Pistolen, da wir keine Gelegenheit hatten, die Waffen abzuliefern. Es hätte nicht viel gefehlt und wir Sanitätsoffiziere wären an die Wand gestellt worden, wenn nicht durch eine Fügung des Schicksals ein tschechischer Arzt vom IRK durch sein Erscheinen dies verhindert hätte.

Kurz darauf erschien schon wieder Polizei und befahl, daß das Tor und die Fenster gegen die Gasse geschlossen werden müßten. Auch dürfe sich kein Deutscher bei Androhung der Todesstrafe beim Fenster blicken lassen, solange der Einmarsch der Russen dauere. Einige Stunden nachher donnerten schwere Panzer die Spornergasse herab, die Rote Armee war da. Das geräumige Gebäude unterhalb der Rumänischen Gesandschaft, im alten Österreich Sitz eines Korpskommandos, in der Tschechoslowakei Landesmilitärkommando und während der Hitlerzeit Standortkommandantur, wurde als russische Stadtkommandantur ausgewählt.

Als ich am Donnerstag, den zehnten Mai 1945 zu Dr. Dobbek ins Tierschhaus ging, begegnete ich einem Treck, der vom Kleinseitner Ring über die Karmelitergasse bis gegen Smichov reichte. Es waren nur Frauen, Kinder und Greise. Ich erfuhr, daß die Heimatvertriebenen aus Ohlau in Schlesien stammten und in Prag von der Revolution überrascht wurden. Sie hofften, beim IRK Unterstützung und Hilfe zu finden, aber sie erhielten nicht einmal Milch für die Säuglinge. Ich ging ins Lazarett zurück und brachte zwei Flaschen Milch, aber als ich sie übergeben wollte, wurden sie mir von RG aus der Hand geschlagen und zerbrachen. Kinder ließen sich vom Wagen herabfallen und wollten die Milch aus dem Schmutz der Gasse auflecken, aber die Partisanen ließen dies nicht zu und bedrohten mich mit Erschießen. Der Treck stand einige Tage, die Pferde krepierten und die Menschen starben vor Hunger und Durst. Eines Morgens waren die Wagen verschwunden.

Dr. N. war uns behilflich, General Srunek, den Chef des tschechischen Armeesanitätswesens in den Amtsräumen des städtischen Physikates in der Bartholomäusgasse gegenüber der Polizeidirektion ausfindig zu machen. In diesem Gebäude gellten Schmerzens- und Todesschreie und es knallten Schüsse. General Srunek empfing uns korrekt und nahm unsere Wünsche verständnisvoll entgegen. Sie lauteten:

Einsetzung tschechoslowakischer Sanitätsoffiziere als Spitalskommandanten in den Ersatzkrankenhäusern an Stelle der RG, Sicherung einer ausreichenden Verpflegung für die Verwundeten, Ausweichräume für die Insassen des Einserlazarettes, da die Russen drohten, die Insassen aus den Fenstern zu werfen, wenn es nicht ohne Aufschub freigemacht würde, Hilfe für die in den Lagern und Kerkern befindlichen Deutschen. Srunek sagte uns zu, daß er sich bemühen werde, unseren Anregungen, so weit es ging, Rechnung zu tragen. Hinsichtlich des Abtransportes der Lazarette könne er jedoch nur unsere Wünsche unterstützen, da die Regierung mit den Amerikanern verhandeln müsse. Der gefangenen Zivilisten könne er sich nicht annehmen, da für diese nur die Polizei zuständig sei.

Am Freitag, den 11. Mai waren wir wieder bei Srunek. Die Ernennung der Sanitätsoffiziere schien bereits durchgeführt, denn es meldete sich bei uns im Res.-Laz. XIV ein Oberstleutnant Dr. Haas in tadellosem Deutsch, bestätigte den bisherigen Chefarzt als leitenden Arzt und sorgte für die Einhaltung der Verpflegssätze.

Bei einer Vorsprache beim IRK erhoben wir Vorstellungen wegen des Massensterbens in den KZs, im besonderen auf dem Strahover Stadion, wo allein 25.000 Menschen zusammengepfercht auf engstem Raum unter freiem Himmel kampierten. Es wurde ihnen jede Verpflegung vorenthalten, sogar das Trinkwasser nur in dürftigster Menge zugeteilt. Wir schilderten auch aus eigener Anschauung, was für Roheitsakten die deutschen Arbeitskommandos beim Barrikadenabbau ausgesetzt wären, sodaß bei jedem Einsatz eine ganze Anzahl Toter und Verwundeter auf dem Platze bleibe. Weiters baten wir dringend um Abstellung der Räumung der Krankenhäuser und der Kliniken und um Intervention, daß solche Todesmärsche wie der nach Theresienstadt in Hinkunft unterblieben. Die Herren trachteten sicherlich alles zu tun, was in ihrer engbegrenzten Kompetenz lag, konnten aber nicht durchgreifen, da wohl auch ihre Handlungen viel zu sehr von der Furcht vor den Russen bestimmt waren.

Ich fuhr mit einem im höchsten Grade diphterieverdächtigen Kind an die tschechische Kinderklinik, wo uns von der Schwester gedroht wurde, daß sie die Hunde auf uns hetzen würde, wenn wir nicht augenblicklich verschwänden. Sie betrachteten schon die Zumutung, ein deutsches Kind aufzunehmen, als unerhörte Provokation, die sich nur deutsche Schweine zu erlauben getrauen.

Am selben Tage wurde mir auch der dringliche Befehl hinterbracht, mich augenblicklich bei Dr. N. zu melden. Dieser eröffnete mir, daß sich die Polizei sehr für mich interessiere, daß er mich aber in Schutz genommen habe, sodaß die Beamten von meiner Verhaftung abgesehen hätten. Er habe die Bürgschaft für mich gegenüber der Polizei übernommen.

Am Samstag, den 12. Mai 1945 fand ich Gelegenheit, mit einem Auto, das zum Wilsonbahnhof fuhr, mitzukommen und meine Wohnung am oberen Wenzelsplatz zu besuchen. An der Tür hing ein Zettel, auf dem geschrieben stand, daß der Frauenarzt Dr. Tichy meine Räume besetzt habe. Die Tür war aufgebrochen und ich trat ein. Wohnung und Ordination waren völlig verwüstet, im Schrank fand ich zufällig einen dunklen Anzug, den ich mit der Uniform vertauschte.

Am Sonntag, den 13. Mai 1945 zog gegen Mittag der Präsident Dr. Benes in Prag ein. Zu seiner Ehre wurden deutsche Menschen reihenweise als lebende Fackeln angezündet.

In den nächsten Tagen fanden viele Vorsprachen beim IRK statt, auch gelang es uns, in offenen Aussprachen mit den tschechischen Spitalskommandanten häufig eine Aufbesserung der Verpflegung für die Verwundeten zu erzielen. Im Reservelazarett VII, jetzt Ersatzkrankenhaus Frauenheim *(Zenský domov)* fanden wir den Generalarzt Dr. Otto Muntsch und seine Gattin sterbend infolge der Gewalttätigkeiten.

Infolge der Maßnahmen der Russen, die ihre Hände nach den noch verbliebenen Lazaretten ausstreckten, durch die Aufnahme Deutscher, die auf den Arbeitsplätzen und Straßen infolge von Mißhandlungen und Erschöpfung zusammenbrachen, aber von mitleidigen Tschechen geborgen wurden und durch die Unterbringung der hinausgeworfenen Klinikpatienten war eine unglaubliche Bettennot und Platzmangel eingetreten, sodaß von einem geregelten Betrieb keine Rede mehr sein konnte. So beschlossen Dr. Dobbek und ich, beim russischen Stadtkommandanten, Generaloberst Gordow vorzusprechen, um einen Ausweg aus dieser Situation zu finden. Gordow leistete sich den

Ausspruch: "Wenn ihr keinen Platz für euere Verwundeten habt, werft sie in die Moldau, dort ist noch genug Platz für sie!"

Am Nachmittag gelang mir ein weiterer Rundgang durch die Stadt. Am Alstädter Ring ragten die berußten Trümmer des ausgebrannten Rathauses und die einiger Bürgerhäuser gegen den Himmel. *"U svatého Havla"*, einem bekannten Restaurant gegenüber dem Ständetheater hingen an der schmiedeeisernen Firmentafel die halbverkohlten Überreste eines deutschen Soldaten mit den Füßen nach oben gebunden. Der rechte Arm fehlte bis zum Schultergelenk, offensichtlich war er amputiert. Alle größeren Geschäfte trugen die Aufschrift: *"Národní podník"*. Am Graben prangte überreicher Flaggenschmuck, fast an jedem zweiten Palast hing eine Tafel mit der Aufschrift: *"Majetek komunistické strany ceskoslovenské"*. (Eigentum der tschechoslowakischen kommunistischen Partei.) Das deutsche Haus, Graben 26, hieß nun *Slovanský dum* (Slawisches Haus) und gehört ebenfalls den Kommunisten. Das Palais der Böhmischen Escomptebank ist der Sitz des Zentralsekretariats der kommunistischen Partei. Im Gebäude der Böhmischen Unionbank befindet sich das Zentralsekretariat der sozialdemokratischen Partei. Die größte tschechische Großbank, die Zivno, firmiert als *národní podník,* ihr Generaldirektor und Präsident, der hochbetagte Jaroslav Preis, ist - obwohl er kein Kollaborant war - in Pankratz festgesetzt. Das Petschekpalais in der Bredauergasse, seit 1939 Zentrale der Gestapo, hat jetzt die GPU aufgenommen. Das Gebäude ist von einem Kordon von Wachen umgeben und ein Stehenbleiben in der Nähe ist verboten. Am Deutschen Theater steht: *Divadlo patého Kvetna* - Theater des fünften Mai.

Ich betrat das Kaffeehaus Elektra, das im Besitze der Kommanditgesellschaft Wagner & Co. gewesen ist und deren öffentlicher Gesellschafter ich war. Der geschäftsführende Ober beklagte sich bitter über den jetzigen Geschäftsgang. Ich wurde gut bewirtet und erhielt eine schriftliche Bestätigung, unterzeichnet von den 35 anwesenden Angestellten, daß ich mich ihnen gegenüber immer anständig verhalten habe.

Vor dem Haupteingang des Wilsonbahnhofes erscholl Geschrei. Ich bemerkte, daß eine blonde Frau von der Menge attakiert wurde, trotzdem sie sich in akzentfreiem Tschechisch verteidigte. Im Nu war sie umringt, es wurden ihr die Kleider vom Leib gerissen und schon lag sie blutüberströmt am Boden, wo sie weiter bearbeitet wurde. Da passiert ein schwerer Bierwagen die Stelle, unter Tumult werden die Rosse ausgespannt, an jedes Bein der niedergeschlagenen Frau eines angebunden und in entgegengesetzter Richtung angetrieben.

Am Donnerstag, den 17. Mai 1945 besuchte ich in aller Frühe das IRK. Das sonst so geräuschvolle Getriebe hat aufgehört. Es hat eine Hausdurchsuchung durch die Russen und RG stattgefunden. Die Bittsteller sind eingeschüchtert. Die Anerkennung des IRK ist ausgeblieben, während nach Mitteilung aus Genf Jugoslawien die Genfer Institution akkreditierte.

Nach meiner Rückkehr ins Lazarett erwarteten mich zwei Herren, einer in Zivil, einer in Uniform. "Lassen Sie alles im Lazarett, Sie werden nur zu einem kurzen Verhör vorgeführt", erklärten sie mir.

Ich verabschiedete mich von Prof. v. Susani, dem verdienstvollen beratenden Chirurgen beim Wehrkreisarzt und dem ehemaligen Chefarzt Dr. Hanebuth vom Einser-Lazarett.

In der Polizeidirektion sah ich auf dem Gang eine Frau, den Kopf in eine Hakenkreuzfahne gewickelt, sonst splitternackt, die Haut mit blauen Flecken und Hautabschürfungen übersät. Sie wurde mit Fäusten und Gewehrkolben durch ein Spalier von RG und Polizei hin- und hergetrieben und konnte kaum mehr gehen.

Im dritten Stock wurde ich einem Kriminalrat, Dr. Weiß vorgeführt. Der Kriminalrat nahm ein Foto vom Tisch und fragte, ob ich das sei, ich antwortete "ja". Zu meinen Begleitern sagt er: "Roter Bogen". Ich fragte was dies bedeute. Er: "Verhaftet". Ich wies mich mit einer Legitimation als Delegat des IRK aus, er machte nur eine wegwerfende Handbewegung und sprach: "Das sagen Sie beim Verhör". - Die Herren veranlaßten mich, ihnen zu folgen; wir kamen in einen weitläufigen Saal, in der Mitte ein Tisch mit mehreren Beamten, rechts in einer Ecke eine Schar weinender Frauen. Kein Zweifel, Verhaftete. Auch hier ein Verhör nach einem vorgedruckten Fragebogen. Ich protestierte unter Vorweis der Papiere vom IRK gegen meine Verhaftung. Darauf sagte man mir nur: "Das sagen Sie beim Verhör". Ein Teil des Inhalts meiner Geldbörse verschwand in seiner Schublade, die der Mann offensichtlich für seine Privatschatulle einkassierte. Bald wurden wir Männer in einer Gemeinschaftszelle im Keller untergebracht. Keiner kann sich hier auf den Fußboden legen, auf einer Pritsche hocken die Häftlinge wie die Heringe gedrängt und unter den Brettern in einer Stickluft ohnegleichen kriechen Männer herum. Ich litt unter Atemnot, konnte mich aber an die Lucke heranschieben, wo ich etwas freier atmen kann. Auf einmal wurde die Tür geöffnet, Namen werden verlesen, auch meiner ist darunter. Wir kamen in einen düsteren Hof, mit erhobenen Händen, Gesicht zur Wand mußten wir stehen. RG zog auf, die Verschlüsse von Maschinenpistolen knackten, aber es fällt kein Schuß, Frauen gesellten sich zu uns, Schicksalsgenossinnen. Durch das Eisentor ergoß sich eine wilde Meute, raubte uns noch das Letzte und verteilte Schläge und Ohrfeigen. Plötzlich hieß es: Zum Autobus, der drüben auf der anderen Straße steht. Es war schwierig, durch die lärmende Menge den Autobus zu erreichen, mancher blieb zerschlagen und leblos auf dem Pflaster zurück. Noch im Autobus wurden wir mit Steinen beworfen und mit Messern bedroht.

Wir wurden in das Gefängnis Pankratz gebracht. Vor dem Tor zum Gefängnisgebäude wurden wir vom Pöbel mit Steinwürfen und Pistolenschüssen erwartet. Der Bus macht einen längeren Aufenthalt. Endlich fuhren wir in den Gefängnishof ein. Die Aufseher in ihren violetten Uniformen begrüßten uns mit Schlägen mit dem *"Pendrek"*, wie der Gummiknüttel im Volksmund heißt. Dann wurden wir in das Innere der Gefängnisanstalt geführt, registriert, der allerletzten Habe beraubt und auf die Zellen verteilt. Wir werden zu acht anderen Häftlingen zu zweit in eine kleine Zelle gesperrt, die sonst nur für einen Häftling bestimmt ist. Trotz der hochsommerlichen Hitze ist das kleine, vergitterte Fenster nur in der oberen Hälfte offen, die Strohsäcke sind alt und muffig, die Wanzenplage beinahe unerträglich.

Das Amt eines Abteilungskommandanten hat der Aufseher Koberle inne. Er versteht es, den halbstündigen täglichen Spaziergang zu einem zusätzlichen Martyrium zu machen. Die Verpflegung ist allerschlechtestes Schweinefutter und besteht aus Salaquarda (Dörrgemüse aus Karotten und Möhren), aus alten Kohlrabi und aus schwarzen, halbverfaulten Kartoffeln. Am Abend bekommen wir Suppe aus warmen Wasser und etwas Kleie darin verrührt. Brot und schwarzer Kaffe sind auch beinahe ungenießbar. Dabei sind die Portionen winzig klein. In wenigen Tagen waren die meisten von uns an Magen- und Darmkatarrh erkrankt. Das Zimmerklosett war Tag und Nacht besetzt, Klosettpapier, Seife, Bürste, Handtuch und Kamm wäre Luxus gewesen.

Plötzlich wurde Koberle ein Reinlichkeitsfanatiker, es gab Seife und auch andere Waschmittel. Im Gefängnis am Karlsplatz war Flecktyphus ausgebrochen und unter den Todesopfern befand sich auch ein Aufseher.

Am Pfingstsonntag fingen die Verhöre an, auch ich wurde gerufen; ein russischer Kapitän und eine Kommissarin nehmen es ab, sie verdolmetscht meine deutschen Aussagen, keines von beiden kann tschechisch. Ich werde über alle Persönlichkeiten in der Wehrmacht und im öffentlichen Leben befragt, auch über Sanitätseinrichtungen der Wehrmacht und dergleichen. Ich bin sehr einsilbig und gebe zu verstehen, daß ich mich nicht für Such- und Spitzeldienste hergebe.

Es war Brauch geworden, daß die Helden der Nation nach Zechgelagen als Höhepunkt der Unterhaltung Besuche im Gefängnis machten. Die Wächter gewährten ohne weiteres Einlaß. Irgendein Häftling wurde gepackt und unter Hieben und Stößen aus der Zelle gezerrt. Noch lange hörte man seine Schmerzensschreie, bevor er zu Tode gemartert war. Ein besonderer Sport war gerade in Pankratz sehr beliebt: Die furchtbar zugerichteten Menschen wurden vom zweiten Stock über das Geländer geworfen und während des Falles als lebende Ziele benützt und abgeschossen.

An einem Sonntag Nachmittag drang eine Schar RG in eine Doppelzelle unserer Abteilung ein, wo etwa 25 Jungen im Alter von 14-16 Jahren untergebracht waren. Sie stammen aus der Reichenberger Gegend und sollten Werwölfe gewesen sein. Die Jungen wurden, wie aus den Anordnungen zu entnehmen war, vor unserer Türe aufgestellt und standen sich in zwei Reihen gegenüber. Sie mußten zuerst Hahnenkämpfe aufführen, dann "Heil Hitler" rufen und sich gegenseitig ohrfeigen. Von Männern und Zuschauerinnen wurden sie dazu angetrieben, sie halfen auch mit Gummiknüppeln nach. Dieses Spiel artete in Blutvergießen aus; die Jungen mußten das Blut von den Steinfließen auflecken. Wenn dies einer nicht tat, wurde er windelweich geprügelt. Einige der Kinder erbrachen und die anderen mußten das Erbrochene verzehren. Schließlich brachten es die Gepeinigten nicht mehr fertig, diese Widerlichkeiten auszuhalten, weshalb sie erneuten Schlägen ausgesetzt wurden, wobei das Blut den ganzen Boden besudelte. Die Jungen mußten selbst den Boden reinigen. Nun wurden die Delinquenten gezwungen, sich splitternackt auszuziehen und mußten sich einer nach dem anderen auf einen Tisch legen, auf dem sie solange gegeißelt wurden, bis das Fleisch in Fetzen von den Knochen hing. Die Peiniger konnten sich dabei nicht der blödesten Witze und gemeinsten Zoten enthalten. Als alle Jungen so traktiert waren, wurden sie in den Keller geschleift und die, welche noch ein Lebenszeichen von sich gaben, sollten an Haken an der Wand aufgenüpft und so endgültig liquidiert werden.

Trotz des furchtbaren Hungers und dauernder Magenschmerzen mußte ich zehn 85 kg schwere Mehlsäcke vom Lastauto über eine Stiege in ein Magazin tragen. Nach Tragen des 11. wurde mir übel und der Sack rutschte mir herab. Ich sank zu Boden. Nach einer Weile zwang mich der Aufseher in die Zelle zurückzugehen. Auf einem Hof übte gerade eine Abteilung; ich entdeckte unter den Inhaftierten den letzten Dekan der deutschen medizinischen Fakultät, Prof. Dr. Maximilian Watzka. Ich nickte ihm vorsichtig zu. Der Aufseher bemerkte dies und versetzte mir einen wuchtigen Stoß ins Gesäß, daß ich mit dem rechten Knie auf die Kante einer Steinstufe schlug und mir eine erhebliche Verletzung zuzog.

Durch den Unfall bei der Arbeit ist zu meinem Magenleiden eine Magenblutung hinzugekommen, wie ich aus den teerschwarzen Stühlen diagnostizieren konnte.

Die Marodka, das Marodenzimmer, genoß keinen guten Ruf. Ich entschloß mich schweren Herzens, im Krankenrevier Hilfe zu suchen. Koberle erhob keinen Einwand. Der Kommandant des Krankenzimmers hieß Cerny. Den ersten Kranken packt er am Halse, als dieser von einer Angina redet, behauptet nichts zu sehen und wirft ihn hinaus. Der zweite klagt über Stechen in der Brust, ein wuchtiger Boxhieb trifft auf die schmerzende Stelle und die Konsultation ist zu Ende. Der dritte zeigt auf seinen Verband am Unterschenkel, Cerny hat schon die Fetzen losgerissen, daß das Blut zu laufen beginnt. Mit einem Fußtritt fliegt der Kranke hinaus. Die beiden Ärzte, selbst Gefangene, stehen hilflos da und können nicht helfen. Cerny fragt: "Was fehlt Dir?" "Magenblutung". "Was?? Das sag dem Arzt, aber wenn es nicht wahr ist, bekommst Du Dresche, wie noch nie in Deinem Leben!" Ein Eßlöffel Karlsbader Salz wird mir in den Mund geschoben. Die groben Stückchen würgen mich, ich trete zur Wasserleitung und trinke einen Schluck Wasser. Da brüllt schon C.; ich drehe mich um, da habe ich schon rechts und links eine Ohrfeige sitzen, daß mir das Blut aus Mund und Nase schießt. Zwei obere Backenzähne werden mitausgeschlagen.

Unser Zellenkommandant wird als erster von unserer Gemeinschaft einvernommen. Er kommt etwas glimpflicher davon, weil seine Schwester seit Jahren Kommunistin ist und mit der Armee des Generals Svoboda, der tschechoslow. Gruppe in der Roten Armee als Feldwebel mit der Tapferkeitsmedaille ausgezeichnet, in Prag einmarschierte.

Der nächste unserer Zelle, auf den die GPU vergessen zu haben schien, war ein Baumeister; er blieb lange aus. Erst nach dem Nachtmahl wurde er in die Zelle hereingeworfen. Wir erkannten ihn kaum. Sein ganzer Körper wies Spuren entsetzlichster Mißhandlungen auf. Viele Stunden lag er ohnmächtig und viele Tage krank auf seinem Strohlager.

Das dritte Opfer der Verhöre war Ing. Reiß, der ebenfalls fürchterlich entstellt und halbtot geprügelt, bewußtlos zurückgeschleppt wurde. Als er wieder zum Bewußtsein kam, schilderte er, daß er mit den Füßen in den Bauch getrampelt wurde.

Der andauernde Blutverlust macht sich bald bemerkbar. Ich kann nur noch auf allen Vieren kriechen, Ohrensausen, Ohnmachtsanfälle und schließlich vier Tage lang Bewußtlosigkeit veranlaßten Koberle, mich am 20. Juli 1945 ins Gefängniskrankenhaus einzuliefern. Dort erhole ich mich langsam dank der Pflege zweier deutscher Ärzte, die gegen ausdrückliches Verbot für mich Kartoffelbrei einschmuggeln. Die "Diät" für die deutschen Patienten bestand aus der gleichen Kost, wie sie in den Zellen verteilt wurde, nur in noch minderwertigerer Qualität. In meiner Zelle war vor kurzer Zeit auch Minister Machnik, seinerzeit Minister für nationale Verteidigung und Führer der tschechischen Bauernreiterei, interniert. Ein Leidensgenosse von mir ist Herr Bubenicek, ein deutscher Prokurist der Holzgroßhandlung Lechner. Bubenicek mußte auf einem Platz vor einer Kirche in Holleschowitz mit vielen anderen Deutschen barfuß auf Glasscherben hin- und herlaufen, zerschnitt sich den Fuß und erkrankte an einer bösartigen Phlegmone, die einige Operationen notwendig machte, bei welchen jedoch die Ärzte keine Narkose oder örtliche Betäubung anwenden durften.

Bubenicek war Zeuge der Begebenheiten, die u. a. auch zum Tode Dr. Langs führten, des Primarius der Tbc-Abteilung der Bulovka, dem größten neuen Krankenhaus, dem Prof. Dr. Walter Dick, heute Direktor der zweiten chirurgischen Klinik in Köln, vorstand.

Sofort nach dem Ausbruch der Revolution am Samstag, den 5. Mai wurde Bubenicek mit vielen anderen Deutschen in den Kellern des Hotels "Schwarzer Adler" in den Weinbergen inhaftiert, wo sich das Wehrmachtsbordell befunden hatte. Die Dirnen und ihre Zutreiber feierten wahre Orgien des Sadismus und der Perversität an den nackt ausgezogenen Männern und Frauen. Besonders Dr. Lang wurde schwer mißhandelt. Über und über mit Wunden bedeckt verfiel er vor Schmerzen in Wahnsinn und erhängte sich an einer Bierkette, unter der er stehen mußte.

Trotzdem Bubeniceks Wunde noch eiterte, wurde er auf Geheiß des tschechischen Chefarztes, Dr. Rein (deutscher Abstammung aus Postelberg) entlassen und mußte zurück in ein Zwangsarbeitslager.

Mein nächster Zellengenosse war Dr. Chrobok, ein Österreicher, der während der Protektoratszeit an das Postministerium nach Prag versetzt worden war. Sein Sohn lebte angeblich in Linz. Mit einem akuten Magen- und Darmkatarrh wahrscheinlich infektiösen Ursprunges wurde Chrobok hierher verlegt. Der Patient erhielt lediglich einige Pülverchen, die gar keine Wirkung hatten. Auch Tierkohle hatte gar keinen Effekt. Dafür wurde ihm ein Blechnapf voll Süßspeise hingestellt, die er trotz Verbots gierig verschlang, da er an unstillbarem Durst litt. Die Folgen stellten sich im Moment ein. Nach schwersten Qualen verstarb er in der Nacht. Ich kroch zur Tür und klopfte, da es keine Klingel gab. Endlich kam der Nachtwächter und als ich ihm mitteilte, daß Chrobok gestorben sei, sagte er zu mir: "Und deswegen belästigst Du mich? Gott sei Dank, wieder so ein deutsches Schwein weniger."

Jeden Morgen war die erste Arbeit der Gonkari, wie die Gangarbeiter genannten wurden, die fünf bis sieben in der Nacht Verstorbenen in die Leichenkammer zu tragen.

Bis 20. August 1945 dauerte mein Aufenthalt im Krankenhaus und ich wurde, obwohl ich noch kaum auf den Füßen stehen konnte, der sogenannten Volksgerichtsabteilung, der Abt. IIa zugewiesen. Auf ihr waren so ziemlich alle Prominenten konzentriert, die nach dem jüngst erlassenen Retributionsdekret des Präsidenten Benesch als Kriegsverbrecher vor ein Volksgericht gestellt werden sollten. Nach diesem Dekret ließ sich bei jedem Sudetendeutschen, geschweige denn bei Wehrmachtsangehörigen infolge der Elastizität seiner Paragraphen ein Fall von Hochverrat konstruieren.

Mein Magenleiden hatte sich wesentlich verschlechtert, außerdem traten Schwellungen an den Beinen auf, sodaß ich abends meine Hose nicht mehr ausziehen konnte. Dazu stellte sich noch ein akuter Gelenkrheumatismus ein, der besonders die rechte Körperhälfte befiel. Das beim Sturz auf die Steinkante verletzte rechte Knie war wie ein Ballon aufgetrieben und sehr schmerzhaft.

Auf dieser Abteilung traf ich den Prager Stadtphysikus, Dr. Viktor Kindermann, der am 27. Mai in Aussig bei der Verhaftung durch die RG bis zur Unkenntlichkeit mißhandelt und über die Polizeidirektion Prag nach Pankratz eingeliefert worden war.

Meine Magenschmerzen steigerten sich zur Unerträglichkeit und ich meldete mich auf der Marodenstation, wo es etwas ruhiger zuging, seit Cerny zum Kommandanten des Krankenhauses ernannt worden war. Unter den Kranken traf ich den ehemaligen Abgeordneten der sudetendeutschen Partei Dr. Hanns Neuwirth. Während ich auf den Chefarzt wartete, konnte ich einige Worte mit dem Primatorstellvertreter von Prag, Prof. Dr. Josef Pfitzner wechseln, der an einer schweren Angina litt und ebenfalls dem Chefarzt vorgestellt werden sollte.

Am 5. September 45 werde ich zum zweitenmal in das Gefängniskrankenhaus transportiert, die Zelle 13 wird mein Quartier.

Hier erfuhr ich, daß Bubenicek, der mit seinem unausgeheilten Fuß auf schwere Arbeit geschickt worden war, bald ins Krankenhaus zurückkam. Eine lebensbedrohende Phlegmone zwang zu wiederholten Eingriffen. Auch jetzt durften keine Betäubungsmittel angewandt werden. Alle Eingriffe nützten nichts und eine allgemeine Blutvergiftung erlöste ihn von seinen Leiden.

Mein Zellengenosse, Oberstleutnant Walena aus Bilin, erkrankte an einer Lungenentzündung und war nach drei Tagen infolge hinzutretender Herzschwäche tot, sein ausgemergelter Körper, durch Hunger entkräftet, besaß keinen Widerstand mehr.

Dann lag in meiner Zelle noch der tschechische Werkschutzmann Cink von der Auto- und Flugmotorenfabrik Walter aus Jinonitz bei Prag mit hohem Fieber. Diagnose: Nierenerkrankung. Eines Nachts stürzte er im Delirium aus dem Bett und blieb bewußtlos auf dem Fußboden liegen. Als ich die Decke von seinem Bett abzog, um ihn damit zuzudecken, warf mich der Latrinengestank aus seinem Bett fast um. Es gab für ihn weder Urinflasche noch Nachtgeschirr, sodaß er alles unter sich ließ. Sterbend wurde er in das Allgemeine Krankenhaus gebracht. Als das sogenannte Leintuch, ein kotstrotzender, verfaulter Fetzen, abgezogen wurde, bemerkte ich, daß der Strohsack ganz grauweiß war. Beim näheren Zusehen stellte es sich heraus, daß es lauter Fliegenmaden und -larven waren, von welchen es da wimmelte.

An einem schönen Septemberabend gab es auf dem Platze vor dem Pankratzer Gerichtsgebäude einen ungeheuren Tumult. Der Teil des Platzes, den ich von meinem Fenster aus verbotenerweise übersehen konnte, war von Autos und Fußgängern dicht gespickt, Mütter fuhren mit Kinderwagen herbei und Schuljugend erkletterte die Dächer der Autos. Auf einmal nicht enden wollender Applaus, Prof. Dr. Josef Pfitzner ist auf dem mittleren der drei hohen Galgen, die auf einem schwarz behängten Podium aufgebaut waren, durch den Strang hingerichtet. An 50.000 Zuschauer nahmen an dieser Exekution teil.

Pfitzner folgte ein SS-Obergruppenführer Schmidt vom SS-Hauptamt in Berlin, Inspekteur des Arbeitseinsatzes in den Kriegsgefangenenlagern. Ihm folgte der Rechtsanwalt Dr. Fritz Schicketanz, mein Zellengenosse auf IIa, der des Hochverrates beschuldigt wurde, da er das Rechtsgutachten der Sudetendeutschen Partei für Runciman 1938 ausgearbeitet hatte. Der vierte in der Reihe war der Staatsanwalt Dr. Blaschtowitschka vom deutschen Sondergericht in Prag. Sein Vater, Senatspräsident in Prag, starb kurz darauf an Hunger.

Unter den nächsten Opfern war Dr. Franz Wabra, Vorstand der Abteilung für Innere Krankheiten und Direktor des Krankenhauses in Beraun, gleichzeitig mit ihm mußte ein tschechischer Versicherungsbeamter Stanek den Galgen besteigen.

Die Behandlung und Pflege in der Krankenabteilung war weiterhin sehr schlecht. Es wurde der Bruder des Protektoratsministers Moravec aufgenommen, der, gelähmt an beiden Beinen, nach einem Flecktyphus aus dem deutschen Krankenhaus in der Salmovka hierher kam. Ein anderer Prominenter war General Blaha, der nach einem Selbstmordversuch nach der Einvernahme des Innenministers eingeliefert wurde.

Zu Weihnachten 1945 setzt die Zentralheizung gänzlich aus, die erst einige Tage vorher notdürftig in Betrieb genommen worden war.

Für Mitte Jänner war der Prozeß gegen Blaha, Richtrmoc und Major Mohapl anberaumt. Es war der erste Prozeß vor dem neuinstallierten Nationalgericht - *Národní soud,* vor welchem sich ausschließlich Tschechen, die sich gegen die nationale Ehre vergangen hatten, zu verantworten haben sollten.

General Blaha war der Gründer der Gesellschaft der Freunde Deutschlands, dessen Präsidentschaft er an Richtrmoc, dem seinerzeitigen Divisionär in Leitmeritz abgab. Später schuf Blaha den Bund tschechischer Frontkämpfer, Major Mohapl fungierte als Geschäftsführer beider Organisationen. Blaha und Richtrmoc wurden zum Tode, Mohapl zu 20 Jahren Gefängnis verurteilt.

Im Jänner 1946 verschied in unserer Nachbarzelle der Präsident der Zivnobank, Dr. Jaroslav Preis.

Seit Beginn meines zweiten Krankenhausaufenthaltes konnte ich tagtäglich zwischen 1 und 2 Uhr mittags Karl Hermann Frank bei seinem Spaziergang beobachten.

Am 20. Feber 1946 wurde ich aus der Krankenabteilung entlassen und bezog eine Zelle im Kellergeschoß des Hauptgebäudes. Am 21. Feber wurde ich zur Arbeit eingesetzt, ich hatte weder Hut noch Socken, geschweige denn einen Mantel. Ich wurde u. a. dem Hadernkommando in Holleschowitz zugeteilt, bei dem ich die Kinder des von den Tschechen erschlagenen Dozenten Dr. Egon Ritter v. Weinzierl antraf. Von den Arbeitskommandos hatte ich Gelegenheit, manchmal in die Stadt zu gehen und suchte tschechische Bekannte auf, die mich durch Geld und Lebensmittel unterstützten.

Ende März wurde ich in das Aussiedlungslager Moderschan-Modrany überstellt. Hier traf ich Prof. Dr. Riehl, den Vorstand des Institutes für experimentelle Pathologie, den früheren Sektionsrat Dr. Hoffmann aus dem Handelsministerium in Prag, Ing. Manzer, Baron Korb v. Weidenheim und viele andere. Hier erfuhr ich auch von einem Augenzeugen vom Tode eines meiner besten Freunde, Dr. Viktor Kindermann im Gefängniskrankenhaus in Pankratz. Knapp vor Abgang des Transportes vor Abmarsch zum Bahnhof wurde mir eröffnet, daß ich wegen wichtiger Zeugenaussagen noch zurückgehalten würde.

Am 5. April 46 wurde ich wieder nach Pankratz gebracht. An Bekannten traf ich hier Dr. Polk, praktischer Arzt aus Smichov, Ing. Farnik, den Leiter der Pensionsanstalt der Berg- und Hüttengewerksgesellschaft Prag, Ing. Ferg usw. Auch der ehemalige Ministerpräsident Beran war dort inhaftiert. Auf der Marodka taten damals Dienst der tschechische Arzt Dr. Kleveta und der Oberarzt der Klinik Prof. Hohlbaum, Doz. Dr. Erich Brandstätter.

Ende August 1946 komme ich in das Gefängnis am Karlsplatz.

Anfang 1947 fand die Hinrichtung von Ernst Kundt, Hans Krebs, Hans Westen, Schreiber, Böhm und Werner statt. Gauärzteführer Dr. Karl Feitenhansl wurde zu lebenslänglichem Kerker verurteilt. Die Anklagen gegen Ing. Rudolf Jung und Dr. Rosche wurden ausgeschieden, beide waren in Pankratz an Hunger gestorben.

Am 8. April kam ich wieder nach Pankratz. Hier traf ich den stellvertretenden Chef der Gestapo in Kladno, Thomson und Dr. Fritz Köllner.

Am 15. April 1947 war mein Prozeß vor dem Volksgericht anberaumt. Die Hauptbelastungszeugin, Frau Cerniková-Fischlová war nicht erschienen. Der nächste Zeuge, ein höherer tschechischer Offizier sagt aus, daß ich ihn und seine jüdische Frau behandelt hatte, zu einer Zeit, als dies längst verboten war, auch hatte ich ihn im Herbst 1944 einige Zeit vor dem Arbeitslager bewahrt.

Nach vierstündiger Verhandlung fällt das Gericht einen Freispruch. Am 24. April 1947 wurde ich aus Pankratz entlassen. Zugleich mit mir verließ Herr Anton Kiesewetter, Oberdirektor der Kreditanstalt der Deutschen, Pankratz, wurde aber nach Reichenberg überführt.

Mit einem Lastauto wurde ich in das Lager Rusin gebracht, wo ich Arbeiten verrichten mußte, die ich infolge meines Magenleidens kaum leisten konnte. Inspektor Kout ließ meine Einwände nicht gelten. In meiner Arbeitspartie befand sich auch der Schriftsteller Dr. Wilhelm Pleyer. Von Rusin kam ich in das Aussiedlungslager Leschan. Nach Allerheiligen kam ich in das Aussiedlungslager Taus, vorher wurde unser dürftiges Gepäck noch ausgeplündert. Am 27. November 1947 bestieg ich einen Personenzug, der mich über die Grenze nach Furth i. W. brachte. Mein Gepäck bestand aus einem Bündel alter Wäsche und einigen mottenzerfressenen Kleidungsstücken.

Ich erkläre hiermit an Eidesstatt, daß vorliegende Schilderung in allen ihren Einzelheiten der Wahrheit entspricht.

Prag, Bericht Nr. 16

Pankratz, Massengräber, Verstümmelungen

Berichter: Sebastian Herr - Bericht vom 14. 10. 1946

Ich bin Volksdeutscher aus Rumänien und habe in der SS-Nachrichtenschule in Leitmeritz als Schneider gearbeitet. Im Mai v. Js. wollte ich nach Rumänien zurück, wurde aber in Prag verhaftet und nach Pankratz eingeliefert. Dort mußte ich mit anderen Gefangenen am 22. 5. v. Js. SS-Leute ausgraben, die während der Revolution umgekommen waren und diese in Massengräber beerdigen. Dabei sah ich an den ausgegrabenen Leichen, daß Ohren und Nasen abgeschnitten, Augen ausgebohrt und die Hände verbrüht waren. Wir arbeiteten dabei 60 Mann und wurden bei der Arbeit furchtbar verprügelt, sodaß viele bewußtlos wurden. Als wir uns nach der Arbeit an den Leichen wuschen, wurden wir mit dem Kopf in das schmutzige Waschwasser hineingestoßen. Ich wurde bis jetzt in Pankratz festgehalten.

Prag, Bericht Nr. 17

Transport von Modrany

Berichter: Grenzkommissar von Wiesau - Bericht vom 21. 5. 1946

Die zahllosen Klagen sudetendeutscher Flüchtlinge, die von Prag kommend, den Grenzbahnhof Wiesau am 17. 5. 1946 passierten, geben Anlaß zu diesem Bericht. Es handelt sich dabei nicht um Feststellungen einzelner Individuen, sondern um die einmütige Klage von insgesamt 1200 Personen. Ich möchte nun das allgemeine Leben in dem Lager beschreiben, das für Lager wie Modrany oder Theresienstadt typisch ist.

Den Lagerinsassen ist Gehen nicht erlaubt. Ihre normale Fortbewegungsart heißt rennen. Eine Sängerin aus Prag beschreibt das Leben folgendermaßen: "60% der deutschen Frauen wurden den Russen zum Schänden ausgeliefert. Täglich ließen die Tschechen die Russen ins Lager, die mich und andere Frauen nach Belieben vergewaltigten. Viele Frauen werden noch heute vergewaltigt. Meine Beine sind nun gelähmt.

Eine schwangere Frau, die mit uns das schreckliche Lagerleben teilen mußte, wurde gezwungen, wenn ein tschechischer Soldat den Raum betrat und dort ausspie, niederzuknien und seine Spucke aufzulecken. Im Weigerungsfalle wurde sie geschlagen und mit Fußtritten bedacht. Aber damit war die Sache nicht abgetan. Einer der Befehle der Soldaten ging dahin, daß er sie zwang, ihren eigenen Auswurf zu verschlucken, nachdem er sie bis zum Blutspucken geprügelt hatte. Erst dann hatte der Soldat das Gefühl, daß sie seinem Befehl nachgekommen war."

Tschechische Priester, die offen erklärten, daß sie für Deutsche kein Mitleid empfänden, weigern sich, Sterbenden die Letzte Ölung oder geistlichen Trost zu erteilen.

Tschechische Ärzte lehnen es ab, Geschlechtskrankheiten zu behandeln, welche die Folgen von Vergewaltigungen sind, obwohl sie von den deutschen Frauen darum angefleht werden. Syphilis wird überhaupt nicht kuriert. Tripper heilt man mit einigen Tabletten, die für genügend erachtet werden. Alle übrigen Medikamente werden den Flüchtlingen verweigert. Verwundete Soldaten, in deren Geschwüren es von Würmern wimmelt und die ganz mit Aussatz bedeckt sind, werden einfach ihrem Schicksal überlassen. Sie müssen einander behandeln und empfangen weder Verbandszeug noch Salbe. Personen, die noch keine Ruhr haben, werden gezwungen, die schmutzige Wäsche Ruhrkranker abzulecken, je nachdem es den Soldaten gefällt, die ihnen die infektiösen Wäschestücke ins Gesicht werfen. Weigern sie sich, dies zu tun, werden sie bis zur Bewußtlosigkeit geprügelt.

Ein fünfzehnjähriger Junge, dessen Vater dem Lager entlief, wurde täglich geschlagen, bis sein Vater wieder gefunden wurde. Dieser wurde dann gefesselt und mit kochendem Wasser begossen. Die Schreie des auf diese Weise zu Tode Gefolterten hatten bei vielen Lagerinsassen Nervenzusammenbrüche zur Folge. Krämpfe und Nervenzusammenbrüche sind überhaupt an der Tagesordnung und die Tschechen sehen darin einen ganz natürlichen Zustand. Es ist unmöglich, all das Geschehene zu beschreiben. Ich griff nur einige Fälle heraus.

Ich wiederhole nochmals, daß dies keine einzelnen Feststellungen sind, sondern die einmütige Aussage der Deutschen von Prag. Die Deutschen sind rechtlos in der Tschechoslowakei.

Dieser Transport von Prag wurde Krankentransport genannt. Der größte Teil der Flüchtlinge muß unverzüglich ausgeladen und ins Krankenhaus gebracht werden. 90% der Diagnosen lauten: allgemeine Schwäche, Siechtum. Der Gesundheitszustand der Deutschen aus Prag wird von den Ärzten als katastrophal bezeichnet.

Alle Flüchtlinge sind unterernährt und gänzlich abgemagert. Die Überfülle von Klagen und Elend bewog mich, den Transport geradewegs zum Zielbahnhof Schwabach zu leiten, wo die Leute ihre Aussagen machen können. Der Chefarzt von Schwabach wurde telefonisch benachrichtigt, sodaß Vorbeugungsmaßnahmen ergriffen werden konnten, um den ansteckenden und Geschlechtskrankheiten vorzubeugen.

Reichenberg

Reichenberg, Bericht Nr. 1

Bericht über die Vorgänge 1945-46

Berichter: Emil Breuer - Bericht vom Juli 1948

Am 9. Mai 1945 zogen am Vormittag die Russen in Reichenberg ein. Gegen Mittag bombardierten russische Flieger die Stadt ohne jeden Anlaß und griffen mit Bordwaffen die auf den Straßen dahinziehenden Flüchtlingskolonnen und sonstigen Passanten an. Russische Soldaten drangen in die Häuser ein und plünderten Geschäfte und Wohnungen.

An den Plünderungen beteiligten sich besonders die inzwischen nach Reichenberg gekommenen Tschechen. Mit Lastautos fuhren sie nachts vor einzeln stehenden Villen vor, bedrohten die Bewohner mit Schußwaffen und schleppten fort, was ihnen wertvoll erschien. Gleichzeitig begann die tschechische RG (Revolutionsgarde) ihr unheilvolles Treiben. Auf der Straße, auf dem Wege zur und von der Arbeit wurden die Deutschen angehalten, der Uhren und Schmucksachen beraubt, geprügelt und in Keller gesperrt, aber auch verschleppt. Gelegentlich zwang man sie auch Schuhe und Strümpfe auszuziehen und barfuß zur Arbeit zu gehen. So wurden eines Tages gegen Ende Mai früh gegen 7 Uhr am Reichenberger Tuchplatz alle Passanten angehalten, aus der Straßenbahn herausgeholt, der Schuhe und Strümpfe beraubt und dann viele Männer an die Wand gestellt. Es gab zwei Tote. Die anderen verdankten ihr Leben dem Eingreifen eines russischen Obersten, der dieses "tschechische" Verfahren einstellte. Deutsche mußten Massengräber graben und zuschaufeln. Von Gablonz an der Neiße aus mußten über tausend Männer einen mehrtägigen Hungermarsch machen, bei dem gar mancher vor Ermattung und Hunger im Straßengraben starb. Ein russischer Offizier war dort erschossen worden und deswegen bestrafte man kollektiv die Deutschen. Später wurde als Täter ein Ukrainer festgestellt.

Mich holten am 21. Mai zu Mittag zwei russische Soldaten und ein Dolmetscher aus meiner Wohnung ab. Mit anderen Deutschen wurde ich in die russische Abteilung des Reichenberger Polizeigefängnisses eingeliefert. Am nächsten Morgen mußten wir in aller Früh nach Ratschendorf marschieren. Dort verhörte uns kurz ein russischer Major; gegen Mittag konnten wir unbewacht wieder heimgehen. Die Behandlung war völlig einwandfrei.

Am 7. Juni 1945 wurde ich, nachdem man zuvor meine Wohnung durchsucht hatte, am Nachmittag ins Büro von der RG abgeholt, im Auto in das Haus Gablonzer Straße 22 gebracht und dort in das obere Stockwerk geführt. Kaum hatte sich die Tür hinter mir geschlossen, versetzten mir zwei Männer schon heftige Faustschläge ins Gesicht, durch die mir die Brille heruntergehaut und von der Zahnprothese ein Stück abgeschlagen wurde. Dann schlugen die Beiden mich sechzigjährigen

Mann mit Gummiknütteln und Ochsenziemern auf Kopf, Brust und Rücken. Beim Herunterfetzen meiner Krawatte wurde ich fast erdrosselt. Jede neue Frage des mich verhörenden Dr. Rokos war von neuen Mißhandlungen begleitet. Eine Stenotypistin sah diesen Mißhandlungen lächelnd zu. Als ich von ihm aufgefordert wurde, die Namen von Werwolfangehörigen zu nennen, mußte ich Rock und Schuhe ausziehen und mich auf einen Tisch legen; mit ihren Marterwerkzeugen bearbeiteten sie nun Rücken und Fußsohlen, um mir ein Geständnis abzupressen. Da ich keine Werwölfe zu nennen vermochte, schloß man diese Mißhandlungen mit der Drohung, am nächsten Morgen um 8 Uhr meine ganze Familie vor meinen Augen zu erschießen, wenn ich bis dahin die Namen der Werwölfe nicht angebe. Dann stieß man mich die Treppe hinunter in einen Keller, wo ich zerfetzt und völlig ermattet unter den Leidensgenossen, die dort schon schmachteten, auf das Stroh am Boden niederfiel.

In dem Keller lagen viele schwer Mißhandelte. Tagtäglich holte man einige Insassen heraus und mißhandelte sie im Kellervorraum so furchtbar, daß sie ganz blutig geschlagen halbtot zurückkamen. Auch Kriegsinvalide wurden nicht verschont. Die Zahl der in den beiden Kellern eingeschlossenen Personen überschritt bald 50, darunter 2 Frauen. Es war nicht soviel Platz, daß alle sich gleichzeitig niederlegen konnten; es mußte abwechselnd geschlafen werden.

Am 10. Juni wurde am Nachmittag der Reichenberg-Johannesthaler Arzt Dr. Fritz Werner eingeliefert. Durch die Kellertür hörten wir jedes Wort seines Verhörs, das im Kellervorraum stattfand. Einige Insassen wurden ihm gegenübergestellt. Wir hörten seine Schmerzensschreie, sein Bitten, sein Flehen, doch die Mißhandlungen gingen weiter. Wurde er ohnmächtig, übergoß man ihn mit kaltem Wasser; erwachte er wieder, setzte man die Mißhandlungen fort. Endlich verstummte sein Jammern - für immer.

Nachstehend die Übersetzung des Untersuchungsprotokolls der Polizeiabteilung der Revolutionsgarde in Jung-Bunzlau über den Tod Dr. Fritz Werners.

Liberec, den 10. 6. 1945

Untersuchungsprotokoll:

Am 10. 6. 1945 um 19 Uhr untersuchte ich die Leiche eines ca. 164 cm hohen im Alter von ca. 60 Jahren etwas stärkeren Mannes. Es war Herr Dr. Fritz Werner, Oberarzt in Reichenberg, bei dem eine Zuschrift gefunden wurde vom 1. 8. 1944, mittels welcher dem genannten Offizier der deutschen Wehrmacht durch Adolf Hitler das Verdienstkreuz II. Kl. für die Verdienste für die deutsche Nation verliehen wurde.

Ich ersah blaue Flecke nach einer Contusio auf der Brust und im Gesicht und eine Rißwunde bei den linken Rückenknochen. Der Brustkorb ohne Veränderung. Das Auge erweitert, Puls unfühlbar, Atem beim Spiegel ohne Reaktion.

Grund des Todes: *Commotio cerebi propter apoplexiam cerebi ac. Vulnus contusioni lacerum regionis occip, lat. sin.*

Unterschrift: Dr. Rocus m. p.

Policejní oddelení R. G.
Velitelství Ml. Boleslav.

Am 10. Juni 1945 nach der Einlieferung zur Konfrontation starb an Gehirnschlag Herr Dr. Fritz Werner, Oberarzt in Reichenberg. Die Einäscherung fand am 11. Juni 1945 im Krematorium in Reichenberg statt. Untersuchungsprotokoll beigeschlossen.

Reichenberg, am 21. Juni 1945.
Örtliche Rechtskommission in Reichenberg.

12. Juli 1945.
Frau Liese Werner, Reichenberg.

Ihrer Forderung vom 26. 6. 1945 auf Ausgabe der Urne mit der Asche Ihres am 20. Juni 1945 im hiesigen Krematorium eingeäscherten Gatten entsprechen wir ausnahmsweise unter der Bedingung, daß die Urne in Ihrer Familiengruft im hiesigen Friedhofe eingelegt wird.

Der Vorstand des Amtes
Capek
Vorsitzender
(Stempel und Unterschrift)

Am 13. Juni wurden fast alle dort Eingesperrten einem kurzen Verhör unterzogen und in Gruppen eingeteilt. Mit 21 anderen wurde ich etwa um 23 Uhr in das Reichenberger Kreisgericht eingeliefert. Völlig nackt ausgezogen, mußten wir ein zerschlagenes Hitlerbild küssen und dann stundenlang mit erhobenen Händen auf dem kalten zugigen Gang knien; währenddem mißhandelten uns die Schergen, die uns eingeliefert hatten, ununterbrochen mit Stahlruten, Gummiknütteln und Ochsenziemern. Endlich trieb man uns in die Zellen. Völlig erschöpft fielen wir auf die harten ästigen Dielen nieder und schliefen vor Ermattung ein. Bald holten die Marterknechte uns aus den Zellen wieder heraus und zwangen uns, uns gegenseitig mit Ochsenziemern kräftig zu prügeln. Das alles geschah im Beisein und unter Mitwirkung der Gefangenenaufseher des Kreisgerichtes. Die Zeichen der Mißhandlungen trugen wir wochenlang an uns; ich trug einen Bluterguß ins linke Auge davon.

Nacht für Nacht wurden Deutsche im Kreisgericht eingeliefert und in gleicher Weise mißhandelt.

In unserer Fünfmannzelle Nr. 59 waren wir zuerst 9 und bald darauf 20 Mann. Wochenlang schliefen wir in unseren Sommeranzügen auf den harten Dielen. Endlich bekamen wir Decken und einige wenige Strohsäcke, die wir als Kopfkissen verwendeten. Aus einer ganz dünnen Suppe, aus

Kaffee und aus 150 g Brot bestand die tägliche Verpflegung. Sie war ganz und gar unzureichend und schwächte uns in kürzerster Zeit ganz gewaltig. Der Gewichtsverlust betrug nach wenigen Wochen bis 30 kg. Reichlich gab es nur immer wieder Schläge und Ohrfeigen. Besonders bei den sogenannten "Spaziergängen" im Gefängnishofe, bei denen man von uns geschwächten Menschen unmögliche, große Muskelkraft erfordernde gymnastische Übungen verlangte, gab es regelmäßig Prügel; jedes Versagen bot einen willkommenen Anlaß zu Mißhandlungen. An Sonntagen beteiligten sich daran neben den Aufsehern auch RG-Männer.

In der zweiten Hälfte August wurde die Suppe ein wenig gehaltvoller und die Brotration auf 250 g erhöht. Außerdem konnte nun von den Angehörigen der Häftlinge wöchentlich ein Lebensmittelpaket von höchstens 2 kg abgegeben werden. Ein hohes Lied müßte den deutschen Frauen gesungen werden, die es trotz der kargen Rationen, die ihnen als Deutschen zustanden, ermöglichten, durch diese zusätzlichen Lebensmittel (die manche Frauen außerdem infolge des Verbotes der Eisenbahnbenützung für Deutsche noch bis 30 km weit tragen mußten) ihre Männer und Söhne vor dem Hungertode zu retten. Aber bei gar manchem war es schon zu spät. Hungertodesfälle und ebenso andere Todesfälle infolge Schwächung und ungenügender ärztlicher Behandlung kamen im Kreisgericht Reichenberg und in allen Lagern und Gefängnissen vor.

Schon vor meiner Verhaftung, etwa Ende Mai, war öffentlich bekanntgegeben worden, daß alle Deutschen, die nach dem 1. Oktober 1938 zugezogen sind, Reichenberg zu verlassen hätten und nur 30 kg Gepäck ins Reich mitnehmen dürften. Wer der Aufforderung nicht sofort nachkomme, dürfe nur 20 kg, dann gar nur 10 kg Gepäck mitnehmen. Die Behörden bestätigten mündlich den nach Reichenberg zugezogenen Sudetendeutschen, daß diese Verfügung nur Reichsdeutsche betreffe.

Meine zweitälteste Tochter war im Mai auf vier Wochen zu landwirtschaftlichem Einsatz ins Tschechische verschickt worden; kaum heimgekehrt riß man sie aus dem Kreise der Familie heraus und zwang sie, ohne Abschied von mir, ihrem 60-jährigen Vater, der im Gefängnis saß, nur mit einem Rucksack mit etwas Wäsche ausgerüstet, die Heimat zu verlassen. Einigen Verwandten ging es nicht anders. Noch vor der Grenze beraubte man sie eines Teiles ihrer letzten Habe, vernichtete ihre Sparkassenbücher, ihre Urkunden, Zeugnisse und anderen wichtigen Dokumente, zog ihnen Schuhe und Strümpfe aus, sodaß sie barfuß weiterwandern mußten, riß aus Kinderwagen die Betten und Matratzen und schüttete Milch für Säuglinge auf die Straße.

Meine Haft im Kreisgericht Reichenberg hatte zu meiner völligen Entkräftung geführt. Wohl deshalb wurde ich am 19. November 1945 in das Reichenberger Lager überstellt. Ich war so geschwächt, daß der kurze Weg zum Lager für mich ein recht mühsamer war. Nun gab es etwas mehr zu essen. Die reichlichere Verpflegung - von arbeitenden Lagerinsassen mir überlassenes Essen und Brotgaben, von meiner Familie ins Lager geschmuggelte Speisen - kräftigte mich rasch. Mehr Bewegung im Freien, in Sonne und Luft, tat das Übrige. Nach wenigen Tagen mußte ich auch selbst auf Arbeit gehen. Auf vielen Arbeitsstellen gab es zusätzliches Essen. Eine Ausnahme bildeten vielfach die Behörden, wo entweder überhaupt nichts gegeben wurde oder nur die auf den Tellern der Betriebsangehörigen verbliebenen Reste für die Deutschen zusammengekratzt und ausgegeben wurden. Bei den Fliegern gab es manchen Tag eine dünne Suppe, an anderen aber so reichliches Essen, daß wir den Kameraden im Lager noch viel mitbringen konnten.

Auf dem Flugplatze standen bei den Wohnbaracken Müllkästen, die von uns von Zeit zu Zeit zu entleeren waren. Darauf warteten wir schon immer, weil wir im Müll stets kiloweise Brot und Gebäck und noch in Staniol eingepackten Fettkäse fanden. Wir konnten an solchen Tagen nicht nur für uns eine reichliche Zubuße nachhause tragen, sondern auch die arbeitsunfähigen Leidensgenossen im Lager noch reichlich beschenken. Die Arbeitsfähigen wurden zumeist ohne Unterschied zu Schwer- und Schwerstarbeiten befohlen: Kohlen schippen, Erd- und Bauarbeiten, Holz fällen, Verladearbeit und dergl., die Frauen wurden an Haushalte und Wirtschaften zu Reinigungsarbeiten, Wäsche waschen u.ä abgegeben. Daneben gab es Abkommandierungen zu Landwirten, in Steinbrüche, in Bergwerke und in gesundheitsschädliche Betriebe im Innern des Landes; dann in Brettsägen und zum Holz fällen im Gebirge. Mißhandlungen fanden nur im Sommer 1945 in großem Ausmaße statt. Später kamen sie im Lager und auf den Arbeitsplätzen nur noch vereinzelt vor.

Auch ich wurde trotz meiner 60 Jahre auf Schwerarbeit geschickt. Zweimal erkrankte ich. Das erste Mal holte ich mir eine schwere Halsentzündung, als ich trotz Halsschmerzen und Fieber noch zum Holzschleppen im bergigen Walde befohlen wurde. Das zweite Mal hatte ich mir bei Kanalisierungsarbeiten während einer längeren Regenzeit Gelenksrheumatismus zugezogen und war wochenlang arbeitsunfähig. Rühmend erwähnen muß ich da die Behandlung durch den Lagerarzt Dr. Pott (Lagerinsasse).

Nach 13½ Monaten Haft wurde ich über Betreiben meiner Frau endlich am 24. Juli 1946 dem ersten (und letzten) regelrechten Verhör u. zw. bei der Polizeidirektion in Reichenberg unterzogen. Man stellte mir rascheste Erledigung und baldige Aussiedlung in Aussicht. Doch kam es wieder anders. Durch eine Anfang August 1946 erschienene Novelle zur Strafvollzugsordnung wurde verfügt, daß bei "Ausländern" auf den Strafvollzug zugunsten der Aussiedlung verzichtet werden könne, wenn der Staat an der Aussiedlung stärker interessiert sei als am Strafvollzug. Gleichzeitig wurde aber die Entscheidung über die Einleitung eines Volksgerichtsverfahrens der Polizeibehörde entzogen und dem Staatsanwalt übertragen.

Der Staatsanwalt erhob gegen mich die Anklage auf Grund des § 3 des Retributionsdekretes des Staatspräsidenten. Am 30. Oktober 1946 erhielt ich die Anklageschrift. Wieder sagte man mir die Verhandlung in etwa 8 Tagen zu. Vorgeladen wurde ich aber vor das außerordentliche Volksgericht in Reichenberg erst zum 21. November 1946. Der ex-offo-Verteidiger hatte mit mir keine Verbindung aufgenommen und war meines Wissens auch nicht bei der Verhandlung. Nach Feststellung des Tages und der Stunde meiner Verhaftung zog sich der Gerichtshof zurück und verkündete mir sodann, daß ich unter Anwendung der Milderungen des § 16 und unter ausdrücklicher Hervorhebung des Umstandes, daß ich keinerlei nationalsozialistische Propaganda betrieben habe, zu 17 Monaten schweren Kerker, verbüßt durch die Untersuchungshaft (von 17½ Monaten) verurteilt wurde. Die ganze Verhandlung hatte kaum 10 Minuten gedauert. Da ich aus dem Lager vorgeführt wurde, wurde ich auch dorthin wieder zurückgebracht und weiter dort festgehalten und nicht zu meiner Familie entlassen, obwohl meine Strafe bereits abgebüßt war.

Kurz vor meiner Aburteilung u. zw. am 14. November 1946 war der letzte Großtransport von Reichenberg (Alt-Habendorf) in die amerikanische Zone Deutschlands abgegangen. Bald darauf hatte die tschechoslowakische Regierung, obwohl sie sehr gut wußte, daß noch etwa 200.000 Sudetendeutsche ihre Aussiedlung und die Zusammenführung mit ihren Angehörigen im Reich erwarten, die Kühnheit, öffentlich zu erklären, daß die Aussiedlung der Sudetendeutschen abgeschlossen sei.

Meine Frau wohnte mit den beiden jüngeren Töchtern und einem Enkel seit Anfang 1946 - unsere Wohnungseinrichtung war ihr weggenommen, meine große Bücherei abgeholt und sie selbst gezwungen worden, die Wohnung zu räumen - bescheiden in einer kleinen Wohnung in Reichenberg-Rosenthal I. In der Hoffnung auf meine baldige Haftentlassung hatte sie 1945 trotz aller Schikanen der Behörden auf mich gewartet; 1946 mußte sie bleiben, da die Aussiedlung von Familien ohne Ernährer infolge amerikanischen Einspruchs nicht mehr zulässig war.

Die Verhältnisse im Lager wurden 1947 bedeutend besser. Die Zahl der Insassen war gesunken. Jeder hatte sein Bett. Nach der Auflösung der Volksgerichte gab es im Lager keine "Häftlinge" mehr, sondern nur noch "Auszusiedelnde". Der Stacheldraht um das Lager blieb trotzdem; nur die Sonderabsperrungen einzelner Baracken wurde abgetragen. Der Besuch bei Bekannten in anderen Baracken wurde freigegeben, mehr Bewegungsfreiheit innerhalb des Lagers eingeräumt und zeitweilig an Sonntagen auch Ausgang bewilligt. Auch die Verpflegung wurde besser. In dringenden Fällen wurde Arbeitskleidung zugeteilt; in den eingerichteten Werkstätten wurden Kleider und Schuhe kostenlos ausgebessert. Der Anteil am Arbeitslohn, den die Betriebe und Haushalte, die Lagerinsassen beschäftigten, an das Lager zahlen mußten, wurde von 2 Kcs auf 10 Kcs für jeden Arbeitstag erhöht. Zigaretten und Süßigkeiten konnten im Lager gekauft werden.

Da mich der Arzt nach meiner Erkrankung an Gelenksrheumatismus als minderarbeitsfähig erklärt hatte, wurde ich nach meiner Aburteilung nur zu leichterer Arbeit eingesetzt. Im März 1947 wurde ich dann als Fachkraft für die Liquidationsarbeiten bei den zu liquidierenden deutschen Banken angefordert; ich arbeitete dort bis zu meiner Aussiedlung. Auch als Fachkraft erhielt ich aber für jeden Arbeitstag außer der Lagerverpflegung weiter nur 10 Kcs als Entlohnung. Das Lager aber hob für mich einen höheren Arbeitslohn ein als sonst. Etwa im März 1947 erhielten wir zufällig Kenntnis von einer Verfügung des Innenministers von Ende Dezember 1946, nach welcher "während der Zeit der vorübergehenden Einstellung der Transporte" eine Aussiedlung über Taus und Furth i. Walde zwecks Zusammenführung getrennter Familien erfolgen könne. Da meine älteste Tochter schon seit November 1945 in der Nähe von Detmold-Lippe untergebracht war, bemühte ich mich auch um die Aussiedlung über Taus. Aber immer wieder wurde ich, selbst als ich Arbeitsplätze nachwies, unter Hinweis auf meine mit mir 5 Köpfe starke "geschlossene" Familie zurückgestellt, da nur von ihren Familien getrennte Ehegatten, Kinder oder Eltern dafür in Betracht kämen. So verging das ganze Jahr 1947.

Schon im Dezember 1947 wurden die Verhältnisse im Lager wieder schlechter und strenger. Ausgang gab es an Sonntagen nur noch ganz selten. Selbst zu Weihnachten durften die Familien nur an einem Tage und nur wenige Stunden besucht werden.

Auf der Straße deutsch zu sprechen war nicht mehr ratsam. Noch schlimmer wurde es Ende Februar 1948, als die Kommunisten die gesamte Regierungsgewalt an sich gerissen hatten. Die in einzelnen Betrieben noch als unersetzbare Fachkräfte beschäftigten Deutschen mußten entlassen werden. Deutsch sprechen wurde nun gefährlich. Das Lager durften wir fast nur noch zur Arbeit verlassen. Ein Englischkurs, den Lagerinsassen als Lehrer und Schüler abhielten u. zw. in den Abend- und Ruhestunden, wurde nun verboten.

Die Volksgerichte wurden wieder errichtet und erhielten den Auftrag, alle Volksgerichtsfälle zu überprüfen. Deutsche, die 1947 nach 1½ bis 2-jähriger Untersuchungshaft ohne Einleitung eines Strafverfahrens aus der Haft entlassen worden waren, wurden wieder verhaftet und nun bestenfalls zur Mindeststrafe von 5 Jahren verurteilt. Die Milderungsbestimmungen des § 16 wurden bei Deutschen grundsätzlich nicht mehr angewendet. Auch früher freigesprochene Deutsche wurden nochmals verhaftet und im erneuerten Verfahren zu langjährigen Kerkerstrafen verurteilt. Selbst schon Verurteilte kamen nochmals vor das nun kommunistische Volksgericht, das das Strafausmaß regelmäßig erhöhte.

Noch vor meiner Aussiedlung sind mir außer einem Urteil über einen früher nicht angeklagten Deutschen zu 5 Jahren zwei weitere Urteile bekannt geworden. In dem einen Falle wurde die längst abgebüßte Strafe von 18 Monaten auf 15 Jahre erhöht, in dem anderen Falle die frühere Strafe von 10 Jahren auf 20 Jahre. Diese 3 Urteile fällte das erneuerte Volksgericht in Reichenberg am 19. Mai 1948. Die Urteile standen im *"Stráz severu"*.

Aber nicht nur Deutsche waren so von neuen Gefahren bedroht, sondern auch Tschechen und besonders Angehörige von Mischehen. Anwälte, die Deutsche in Volksgerichtsverfahren wirksam verteidigt hatten, wurden alle als unzuverlässig vom Anwaltsberufe ausgeschlossen, tschechische Entlastungszeugen in Untersuchung gezogen.

In diesem Zeitpunkte wurde zuerst den Lagerinsassen und dann allen noch vorhandenen Sudetendeutschen die Möglichkeit bekanntgegeben, sich auf eigene Kosten aussiedeln zu lassen. An Transportkosten bis zur Grenze wurden von jedem Lagerinsassen 1000 Kcs und von jedem anderen Sudetendeutschen 1500 Kcs verlangt.

Nach Bekanntwerden der ersten Urteile der neuen Volksgerichte trachteten alle, so rasch als möglich dieser Hölle zu entfliehen. Ich mußte nun für mich, meine Frau, zwei Töchter (eine war Lagerangehörige, aber bei einem Bauer eingesetzt) und den dreijährigen Enkel 6500 Kcs Transportkosten aufbringen. Freunde halfen mir; allein hätte ich es nicht schaffen können.

Vom ersten Transport wurde ich aber nochmals zurückgestellt. Doch schon dem nächsten Transport wurden wir zugeteilt; unser Gepäck wurde verzollt und am Nachmittag des 26. Mai 1948 bestiegen wir mit 51 anderen Sudetendeutschen das Lastauto; auf einem zweiten und den beiden Anhängern wurde unser Gepäck untergebracht. Wir fuhren über Prag, Karlsbad und Asch an die Grenze, die wir am Vormittag des 27. Mai nach erfolgter Zollrevision des Handgepäcks überschritten.

Reichenberg, Bericht Nr. 2
Massaker auf dem Tuchplatz am 3. Mai 1945
Berichter: T. M.

Ich wohnte in Reichenberg im Hochhaus der "Reunione adriatica sicurta". Am 13. Mai 1945 lag ich mit hohem Fieber und Angina zu Bett. Um ½6 Uhr in der Früh wurde mit Gewehrkolben an unsere Türe geschlagen, draußen standen 2 junge Burschen in Afrika-Uniform, die alle Hausbewohner, so auch mich, ohne uns Zeit zum Ankleiden zu geben, aus dem Hause trieben. Meine Frau bat die Beiden, mich doch anziehen zu lassen, worauf sie ihr entgegneten: "Du deutsche Hure, brauchst dich nicht viel anzuziehen, in einer Stunde seid ihr alle kalt". Wir mußten die neun Stockwerke aus unserer Wohnung zufuß heruntergehen. Bei dieser Gelegenheit gab es einen großen Tumult, Gebrüll, Schüsse, Hilferufe, Schreie.

Rechts und links vor den Hausdurchgang in der Färbergasse, gegenüber dem Bezirksgericht, mußten sich alle herausgetriebenen Hausbewohner in Reih und Glied aufstellen. Fast alle waren nur ganz spärlich bekleidet.

In der Färbergasse rannten Tschechen auf und ab, Augen und Gewehrmündungen auf die Fenster gerichtet. Ein Trupp Tschechen ging zur Türe der Krankenkasse, ging herein und kam grinsend wieder heraus. Beim Schließen der Türe sah ich, daß sie einen Leichnam, der im Vorhaus lag, mit dem Fuße zur Seite stießen.

Ein Mann, der in der Färbergasse Richtung Tuchplatz ging, wurde angehalten und mit vorgehaltener Schußwaffe gezwungen, Schuhe, Socken und Rock auszuziehen, sie auf die Erde zu legen, dazu die gefüllte Aktentasche und dann jagten sie ihn in der Richtung, aus welcher er gekommen war, wieder davon.

Nach einiger Zeit mußten alle Bewohner des Hauses, das auch ich bewohnte, es waren ca. 60 Parteien, zum Tuchplatz marschieren. Die Menge der Tschechen hatte sich vergrößert. Besonders auffallend war ein Mann mit wilder schwarzer Mähne, der mit seiner Nagaika wild in die Menge der Deutschen hereinschlug. Dies war der Auftakt für die Mißhandlungen durch die Revolutionsgarde. Menschen, insbesondere Männer, die aus der Straßenbahn ausstiegen oder des Weges daherkamen wurden geschlagen und ausgeplündert, viele auch zu uns gestellt. Wir wurden nach Geschlechtern getrennt und ich stand auf der Seite des Donauhofes. Die mißhandelnden Revolutionsgardisten waren meist jüngere Leute von ca. 18-22 Jahren. Plötzlich kam das Kommando, alle Männer müßten sich an die Wand der Häuserreihe zwischen Körber und der Bank der deutschen Arbeit aufstellen. Ich hatte dort schon einen jungen Mann mit dem Gesicht zur Erde in einer Blutlache tot liegen gesehen. Sodann erschienen neue RG-Leute mit automatischen Feuerwaffen und befahlen den an der Wand Stehenden, die Schuhe auszuziehen, sie neben sich hinzustellen und barfuß stehen zu bleiben. Dabei wurde mit Gewehrkolben, Ohrfeigen, Fußtritten und auch einem Bergstock geprügelt.

Ein ca. 16-jähriger Junge wurde bis zur Unkenntlichkeit mißhandelt, er blieb als Klumpen, zusammengekrampft auf der Erde liegen. Ich selbst hatte gleich meine Schuhe ausgezogen und wurde nicht mißhandelt. Sodann forderte die RG, den Oberkörper zu entkleiden und wir mußten uns mit erhobenen Armen, Gesicht zur Wand aufstellen. Hinter jedem so dastehenden Deutschen stand ein junger RG, die Mündung seiner Schußwaffe auf ihn gerichtet. Alle vor mir Aufgestellten waren verschwunden, ich weiß nicht, wohin sie gekommen sind. Als der tschechische Kommandant mit 4 höheren Offizieren bis zu mir gekommen war, wurde er plötzlich abberufen. Als er zurückkam, wollte er meine Papiere sehen, ich reichte ihm meinen grünen Ausweis mit der großen "P" (Pracující). Ich fragte ihn ganz frech, ob ich noch meine anderen Papiere aus meiner Wohnung holen solle, was er mir gestattete. Ich wurde von der vor mir stehenden RG aufgefordert, mich anzukleiden. Die Schuhe nahm ich in die Hand und erreichte endlich den Hauseingang. Ein RG begleitete mich. Wir gingen die 10 Stockwerke zu Fuß herauf, was mir mit meinem Fieber sehr schwer fiel. In meiner Wohnung nahm ich die Papiere und wir gingen wieder herunter. Der RG übergab meine Papiere dem Plukovník, der sie in Ordnung befand. Ich konnte wieder gehen. Meine Frau, die tschechisch konnte, war schon früher nachhause gekommen. Kurz darauf ertönten am Tuchplatz 4 Detonationen, als ich herunterblickte, sah ich 4 Leichen. Es trat bald Ruhe ein, da eine Frau dem russischen Kommandanten im Hotel Imperial die Geschehnisse schilderte, worauf die Erschießungen eingestellt wurden.

Ca. 6 Wochen hausten 700 Mann RG im Hochhaus. Vor jeder Wohnung saß ein RG-Mann und begleitete jeden Wohnungsinsassen sogar auf die Toilette. Unten im Durchhaus saßen Posten, die den Hausinwohnern beim Verlassen des Hauses Scheine ausstellten mit Rückkehrzeit, welche pünktlich eingehalten werden mußte. Alle Wohnungen wurden ausgeplündert. Die Keller des Hauses dienten als Gefängnis der RG.

Reichenberg, Bericht Nr. 3

Ausweisung von Reichsdeutschen am 30. Mai 1945

Berichter: Heinrich Ackerhans und 8 andere Reichsdeutsche

Bericht vom 11. 7. 1950 resp. vom 31. 5. 1945

Lichtenberg, am 31. Mai 1945

Der Bürgermeister
An Amtsstelle erscheinen:

1. Ackerhans Heinrich, geb. 16. 9. 1886, Oberregierungsbaurat beim Reichsstatthalter i. Sudetengau in Reichenberg, wohnhaft in Reichenberg, Pestalozzistraße 9
2. seine Ehefrau Anna, geb. Eidtmann, geb. 21. 3. 1891
3. Holberg Wilfried, geb. 23. 11. 1930, wohnhaft wie 1.
4. Kohlmeyer Sophie, geb. Benkert, geb. 15. 7. 1902, wohnhaft in Reichenberg, Aloisienhöhe 7, Ehefrau des Karl Kohlmeyer, geb. 8. 6. 1901, Oberinspektor des Eichamtes Reichenberg
5. deren Tochter Christa, geb. 21. 12. 1928
6. Leonhardt Walter, geb. 26. 1. 1893, Reg. Amtmann beim Reichsstatthalter in Reichenberg, wohnhaft das. Joh.-Strauß-Straße 37

7. seine Ehefrau Frida, geb. Walther, geb. 13. 6. 1897
8. seine Tochter Gerda, geb. 13. 9. 1927
9. Spiegel Erich, geb. 14. 11. 1895, Reg. Inspektor beim Reichsstatthalter in Reichenberg, wohnhaft daselbst, Johann-Strauß-Straße 35

Die zu 1. bis 9. genannten Erschienenen erklären:

Gemäß Drahtfunk und Zeitungsbekanntgabe des *Ceský národní výbor* in Reichenberg hatten alle Reichsdeutschen Reichenberg *sofort* zu verlassen. Lediglich die Mitnahme von 10 kg Handgepäck war gestattet. Wir mußten und haben daher Reichenberg am 30. Mai 1945 unter Zurücklassung unseres gesamten beweglichen und unbeweglichen Vermögens, einschließlich der Wertpapiere, Spar- und Bankguthaben, zu Fuß unter Mitnahme von Handgepäck verlassen. Die Lebensmittelkarten der 76. Lebensmittelperiode waren bis dahin nicht ausgegeben und wurden uns auch nicht verabfolgt. Am 31. Mai 1945 nachm. 14 Uhr erreichten wir nach wiederholter Beraubung unseres Handgepäcks und Bargeldes durch Angehörige der tschechoslowakischen Revolutionsgarde (RG) als ersten reichsdeutschen Ort Lichtenberg, Krs. Zittau i. Sachsen.

Die vorgenannten Reichsbeamten erklärten zusätzlich:

Der ständige Vertreter des Reichsstatthalters, Reg. Präsident Dr. Vogeler in Reichenberg, hat den Abteilungsleitern bekanntgegeben, daß die Beamten der Dienststelle infolge Übergabe der Dienstgeschäfte an den *Ceský národní výbor v Liberci* ihrer Amtspflichten als Reichsbeamte im Sudetengau entbunden sind und eine Übernahme durch die tschechische Rechtsnachfolgerbehörde nicht erfolgt. Eine entsprechende schriftliche behördliche Bestätigung wurde trotz Ansuchens nicht gegeben.

V. g. u.
gez. Heinrich Ackerhans, zugleich für seine Ehefrau und den Minderjähr.
Wilfried Holberg
gez. Walter Leonhardt, zugleich für seine Ehefrau und Tochter
gez. Sophie Kohlmeyer und Tochter
gez. Erich Spiegel
Nach den mir bekannten örtlichen Verhältnissen entsprechen vorstehende Angaben den Tatsachen.
Geschlossen: Der Bürgermeister, gez. Adolf Trenkler

Bericht über unsere Vertreibung aus dem Sudetenland im Mai 1945.

Ich, Heinrich Ackerhans, geb. 16. 9. 1886, wurde als Reichsbeamter 1939 zuerst nach Karlsbad versetzt. Infolge Auflösung der Behörde wurde ich 1940 zur Reichsstatthalterei in Reichenberg versetzt. Der Umzug meiner Familie erfolgte daher von Berlin nach Reichenberg.

Nach der Kapitulation und dem Ende des Krieges haben die meisten Reichsbeamten, Angestellten und Arbeiter noch bis Ende Mai 1945 Dienst in der früheren Reichsstatthalterei, jetzt *Ceský národní výbor*, geleistet, dann wurde ihnen das Betreten der Diensträume verboten.

Am Dienstag, den 29. 5. 45 erfolgte die Anordnung des Nationalausschusses der neuen tschechischen Regierung durch Drahtfunk und Zeitungsbekanntgabe, daß alle Reichsdeutschen, die seit 1938 dort ansässig waren, Reichenberg sofort unter Mitnahme von maximal 30 kg Handgepäck (später auf 10 kg verringert) zu verlassen und sich dazu bis 24 Uhr hinter dem Bahnhof zum Sammeltransport zu stellen hätten. Viele Reichsdeutsche, so auch wir, sind der Anordnung nicht gefolgt, sondern auf eigenen Wegen geflüchtet. Am Mittwoch den 30. 5. 45 nachmittags 4 Uhr haben wir, d. h. meine Frau, ich und unser bei uns wohnender 14-jähriger Neffe, mit einem Handwagen voll Koffer gemeinsam mit 2 Beamten und deren Angehörigen Reichenberg verlassen (zus. 9 Personen). Unser gesamtes Eigentum, außer den verhältnismäßig geringen Werten in den mitgeführten, später geplünderten Koffern haben wir zurücklassen müssen. Am Stadtwald beim Volksgarten in Reichenberg wurden wir durch vier Angehörige der tschechischen Revolutionsgarde (Armbinde mit R.G.) überfallen. Unter Bedrohung mit Maschinenpistole und Hundepeitsche wurden wir zunächst einer Leibesvisitation unterzogen, unsere Wertsachen abgenommen, dann wurden unsere Koffer durchwühlt und ihres wertvollen Inhaltes beraubt: u. a. Uhren, silberne Bestecke, Wäsche, Fernglas, Tabak, Aktentasche, Koffer und dergl. Einem Beamten wurde sein ganzes Geld abgenommen. Alles mußte in großer Eile vor sich gehen, weil die tschechischen Plünderer vermutlich Angst vor der russischen Besatzung hatten. Über Schönborn, Nenndorf erreichten wir am Donnerstag 31. 5. 45 Lichtenberg im Kreise Zittau als ersten reichsdeutschen Ort, wo wir die in Abschrift beigefügte Verhandlung aufnehmen ließen.

Reichenberg, Bericht Nr. 4

Behandlung von Kranken

Berichterin: Justine Pilz - Bericht vom 15. 10. 1946

Im Mai 1945 war ich im Reichenberger Kriegslazarett tätig. Nach der Kapitulation wurden die deutschen Verwundeten auf die Straße gesetzt und mißhandelt, sodaß viele ums Leben kamen. Ich selbst habe solche Verwundete, die bein- oder armamputiert waren, in furchtbar verprügeltem Zustand gesehen. Auch aus den Zivilkrankenhäusern wurden alle Deutschen ohne Rücksicht auf ihren Zustand herausgesetzt.

Dr. Posselt, der dort arbeitete, hat mir selbst erzählt, daß eine Frau während der Entbindung aus dem Krankenhause mußte. Im Juni wurde in einer Schule ein Hilfskrankenhaus für Deutsche eingerichtet, an dem ich Oberschwester war. Dorthin wurden die bei Gericht und in den Lagern mißhandelten Deutschen eingeliefert. Darunter waren viele, die kurz nach der Einlieferung ihren Verletzungen erlagen. Es wurden auch viele eingeliefert, die bald darauf an Erschöpfung oder Unterernährung starben. Oft mußten aus diesem Krankenhause Leute entlassen werden, die noch gar nicht entlassungsfähig waren und oft schon nach 2-3 Tagen in sterbendem Zustand wieder eingeliefert wurden. Es gab 6-7 Todesfälle täglich. Die Toten mußten in einem Holzschupfen niedergelegt werden, wo sie oft von Ratten angefressen wurden. Alle meine Bemühungen, Mißstände abzustellen und die Lage der Kranken zu verbessern, waren erfolglos. Eine Besserung trat erst im Juli 1946 ein.

Reichenberg, Bericht Nr. 5

Grundlose einjährige Haft

Berichter: Franz Fiedler - Bericht vom 8. 11. 1946

Ich war Besitzer zweier Hotels in Reichenberg. Am 12. 6. 1945 wurde ich ohne jeden Grund verhaftet und im Kreisgericht in Reichenberg gefangengehalten. Bis 10. 10. hatte man auch noch keinen Verhaftungsgrund gefunden, wie ich selber durch Zufall durch Einblick in mein Einlieferungsblatt feststellen konnte. Am 25. 10. war darauf vermerkt, daß ich grob mit meinen Leuten gewesen sei und daß ein deutscher Lehrbub mit tschechischem Namen in meinem Betrieb bestraft worden sei. Vorgeladene tschechische Zeugen haben für mich günstig ausgesagt. Trotzdem wurde ich erst am 25. 7. 1946 vom Volksgericht freigesprochen und ohne Dokument entlassen. Während meiner Haft wurde ich wie auch die anderen Häftlinge wiederholt mißhandelt.

Reichenberg, Bericht Nr. 6

Mißhandlungen von Frauen

Berichterin: Marianne Chytil - Bericht vom 5. 7. 1946

Ich wurde am 31. 5. 45 in Langenbruck bei Reichenberg verhaftet und zusammen mit 20 gleichzeitig verhafteten Männern in das Kreisgerichtsgefängnis in Reichenberg eingeliefert Bei der Einlieferung wurden die 20 Männer der Reihe nach nackt vor meinen Augen aufs schwerste mißhandelt. Ich selbst wurde unterdessen von 2 Revolutionsgardisten bewacht und so oft mir bei den Schmerzensschreien der Männer eine Träne kam, wurde ich von ihnen geohrfeigt. Nachher wurden mir selbst die Kleider vom Leibe gerissen, ich wurde nackt auf einen Schreibtisch geworfen, von drei Revolutionsgardisten gehalten und von vier anderen mit Lederriemen geschlagen, bis ich bewußtlos wurde. Ein Wärter hatte mir die Kehle zugedrückt, damit ich nicht schreien könne. Als ich aus meiner Bewußtlosigkeit erwachte, befand ich mich in einer Zelle zusammen mit einer anderen Frau in furchtbar zerschlagenem Zustand. Diese Frau starb drei Tage später an den Folgen der Mißhandlungen. Nach ungefähr 7 Wochen sollte ich verhört werden. Im Vorzimmer des Untersuchungsrichters wurden die dort auf das Verhör wartenden Häftlinge von der SNB auf die verschiedenste Weise gequält und mißhandelt. Ich selbst erhielt 50 Rutenschläge auf meine Hände. Nach 15 Wochen wurde ich in das Internierungslager Reichenberg überwiesen und am selben Tage in das tschechische Gebiet zur Landarbeit geschickt. Dort hatte ich bei schwerster Arbeit sehr wenig zu essen.

Reichenberg, Bericht Nr. 7

Behandlung von Juden

Berichter: Dr. Rudolf Fernegg - Bericht vom 21. 6. 1951

Der mir persönlich bekannte Sohn des Likörfabrikanten Soyka in Reichenberg, der während des Krieges als französischer Soldat gekämpft hat, ist nach dem Umbruch nach Reichenberg gekommen und hat mir persönlich mitgeteilt, er bemühe sich, die Villa und die Fabrik seines Vaters von den Tschechen zurück zu erhalten. Zunächst hat er nur in einem Raum, im Dachgeschoß seines Hauses wohnen dürfen. In die ursprüngliche Wohnung wurde er nicht hinein gelassen. Einige Wochen später hat er mir erklärt, daß sich die Verhandlungen um Haus und Fabrik so schwierig gestalten, daß er sie kaum fortsetzen wird. Über das Endergebnis bin ich nicht unterrichtet, weil ich inzwischen von den Tschechen verhaftet und später ausgesiedelt worden bin.

Saaz-Postelberg

Schreckensregiment der Tschechen

Berichter: Dr. jur. Franz Freyer, Oberamtsrichter - Bericht vom 3. 3. 1951

Am 9. Mai 1945 in den Morgenstunden fuhren russische Panzer in Saaz ein. Die Ungewißheit, was die nahe Zukunft bringen werde, lastete schwer auf den Bewohnern. Frauen wurden vergewaltigt, einige Personen wurden erschossen und mancher ist damals verschwunden, von dem man nie wieder gehört hat. Viele verloren die Nerven und griffen zum Strick oder öffneten sich die Pulsadern.

Ende Mai wurde bekannt, daß ein Edikt Beneschs das gesamte deutsche Vermögen unter "nationale Verwaltung" stelle. Viele glaubten, daß die angelsächsischen Völker einschreiten würden und daß es mit der Zeit zu einem erträglichen Zusammenleben mit den Tschechen kommen werde. Am 2. Juni zogen die Russen ab und Truppen des tschechischen Generals Svoboda besetzten die Stadt. Am Sonntag, den 3. Juni brach das Verhängnis über Saaz herein. Es war dies der Tag der Austreibung der deutschen Männer aus Saaz. Tschechische Gendarmen und Soldaten drangen in alle Häuser und trieben Männer und Knaben auf den Marktplatz. Die Gassen hallten wider von Schreien und Schüssen, Soldaten zu Pferd und zu Rad hetzten Menschen in das Stadtinnere und mancher lief damals um sein Leben. Da standen die Männer von Saaz, Alte und Kranke, von Wehrmacht, Reichsarbeitsdienst, Organisation Todt zehnmal gesiebt und Knaben, kaum dem Kindesalter entwachsen. Es mochten an die 5000 sein. Viele wurden hier von Soldaten mit Peitschen und Knütteln geschlagen. Wer durch ungewöhnliche Körpergestalt auffiel, oder infolge Ungeschicklichkeit oder Schwäche die gewünschte Ordnung nicht einhielt, oder gar durch Trachtenanzug die Tschechen reizte, wurde schwer mißhandelt. Ein Nachzügler wurde erschossen. So unmenschlich war die Behandlung, daß drei Deutsche, die von ihren Wohnungen aus dem Schauspiel zusahen, sich das Leben nahmen, um nicht Gleiches erdulden zu müssen. Im Laufe des Vormittags wurden dann Männer und Knaben in drei Kolonnen nach Postelberg getrieben, einem 15 km von Saaz entfernten Städtchen. Auch unterwegs gab es Schläge. Postelberg schien ausgestorben. Später klärte sich die Verlassenheit des Ortes auf. Die Bevölkerung war schon ausgetrieben, ehe die Saazer Männer dort ankamen. In Postelberg steht eine 100 Jahre alte, in Gestalt eines Rechteckes erbaute Kavalleriekaserne. In den Hof der Kaserne wurden nun die Saazer Männer und Knaben geführt, mußten sich niedersetzen und durften ihren Platz nicht mehr verlassen.

Indessen spielte sich im Saazer Gerichtsgefängnis - den Blicken der Öffentlichkeit entzogen - eine andere tragische Szene ab. Seit einigen Tagen war dort tschechisches Personal im Dienst. Die Gefangenen wurden gequält, des Nachts drangen Tschechen in die Zellen ein und stillten ihre

Rachegelüste an den Wehrlosen. Es gab Todesopfer, Selbstmorde sagten die Tschechen. Nun wurden die 150 Gefangenen gesichtet und eingeteilt in Morituri und leichte Fälle. Die Behandlung, die die Todgeweihten erfuhren, machte ihnen später das Sterben leicht. Sie standen im Gefängnishofe in glühender Sonne ohne Kopfbedeckung, die Hände erhoben, bis sie ihnen zitternd herabsanken. Tschechische Polizisten und Soldaten gingen die Reihen entlang und suchten sich ihre Opfer aus. Dann ein Stoß mit meterlangen Knüppeln in die Magengegend, der Getroffene knickte nach vorn zusammen und bekam einige Schläge über den Schädel. Viele der Mißhandelten erbrachen Blut und konnten sich nur mit Mühe aufrecht halten. Am Abend betraten Soldaten den Gefängnishof, Peitschen in den Händen, Handgranaten im Gürtel. Sie lachten die Gefangenen höhnisch an. Der Polizeikapitän Marek gab den Befehl zum Abmarsch. Ein Gefangener trat vor und meldete, daß er schwer herzkrank sei. Ein Faustschlag beförderte ihn in die Einteilung zurück und schon ging es in Achterreihen zum Tore hinaus. Der Marktplatz war menschenleer. Am Rathaus vorbei zum Priestertor ging der Zug, da hoben die Soldaten die Peitschen und schlugen auf die Gefangenen ein, bis der Zug die Stadtgrenze erreichte. Um Mitternacht erreichten auch diese Männer Postelberg. In Saaz aber warteten tausende Frauen mit Bangen vergebens auf die Rückkehr ihrer Männer und Kinder.

Der 4. Juni war der Tag der Beraubung. Frierend haben die Gefangenen die Nacht auf dem schmutzigen Kasernenhofe liegend verbracht. Sie durften diese Stätte nicht verlassen. Die Tschechen hatten jeden mit Erschießen bedroht, der auch nur austreten wollte. Da erscholl das Kommando: *"Vsechno na své misto!"* (Jeder auf seinen Platz). Ein Teil der Gefangenen stand auf, ein Teil blieb sitzen und schon krachten Schüsse. Es gab Tote und Verwundete. Die Verwundeten wurden am Graben niedergelegt, einer hob die Hand: "Lebt wohl, Kameraden, es wird nicht mehr lange dauern." Gefangene mußten Tote und Verwundete in den Splittergraben werfen, dann einige Schüsse mit Maschinenpistolen und alle haben es überstanden. Der Splittergraben diente Tausenden als Latrine, die Latrine aber wurde das Grab vieler Saazer.

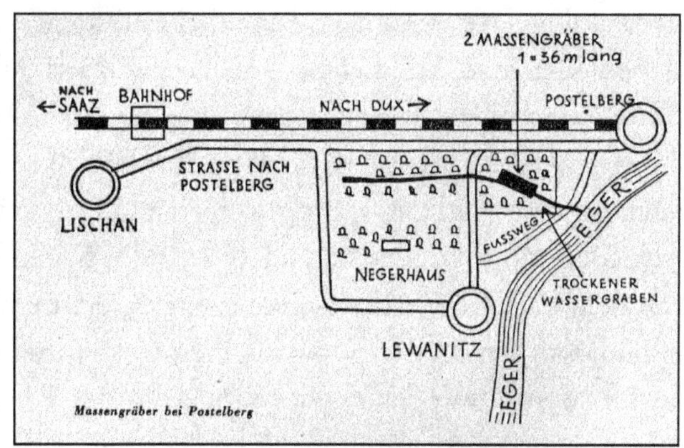

Massengräber bei Postelberg

Neue Kommandos erschallten. Alle haben ihr Geld und ihren Schmuck abzuliefern. "Wer etwas verheimlicht, wird mit dem Tode bestraft." Niemand zweifelt an der Ernsthaftigkeit der Drohung. Nun werden Uhren, Geld, Ringe u. a. abgeliefert. Das geraubte Geld füllt große Kisten. Dann hebt eine gründliche Untersuchung der Gefangenen an, alle werden abgetastet, die Schuhe müssen ausgezogen werden, Sachen, die für die Tschechen wertlos sind, wie Briefe, Dokumente, Medikamente werden vernichtet. Unterdessen gehen tschechische Soldaten durch die Reihen, das Schimpfen und Schlagen nimmt kein Ende.

Am Abend dieses Tages verließen Ärzte, Apotheker, Geistliche, Angehörige wichtiger Berufe, unentbehrliche Handwerker, Halbjuden, Männer jüdischer oder halbjüdischer Frauen den

Kasernenhof, ebenso ehemalige Insassen deutscher Konzentrationslager, aber nicht allen winkte die Freiheit. Am Heimwege wurde der Kapuziner-Guardian, der schlecht zu Fuß war, kurzerhand erschossen, die meisten kamen in Saaz ins Lager. Die Nacht vom 4. auf den 5. Juni verbrachten die Gefangenen von Postelberg in den Ställen. Von Schlaf war keine Rede. Die Enge war zu bedrückend und während der ganzen Nacht knallten am Hofe, in der Stadt und auswärts Schüsse.

Am 5. Juni begann das Morden. Die Stalltüren wurden geöffnet und dann ertönte das Kommando *"rychle, rychle!"* (schnell, schnell). Schon knallten Schüsse. Wer zu langsam lief, wurde niedergeschossen. Hilfeleistungen wurden verwehrt, Verwundungen bedeuteten schon den Tod, es verbluteten viele im Laufe des Tages, die bei rechtzeitiger Hilfe hätten gerettet werden können. Tote und Verwundete wurden in die Latrine geworfen, dann knallten schon die üblichen MP-Schüsse, Gnadenschüsse, wie sie Kapitän Marek nannte.

Dann begann Marek mit der Sichtung der Gefangenen. Es mußten sich die Angehörigen der SS, SA, NSKK, der Wehrmacht, die politischen Leiter, die Parteigenossen und früheren Angehörigen der SdP melden. Das Durcheinander und die Mißverständnisse waren groß. Sollte sich zur Abteilung Wehrmacht melden, wer bei der Partei war? Es ist nicht leicht zu schildern, was sich an diesem und dem folgenden Tage im Kasernenhof abspielte. Es wäre die Einvernahme Hunderter notwendig gewesen, um ein verläßliches Bild zu erhalten. Hier wurde geschlagen, dort geschossen, da schleifte man eine Leiche weg, hier wurden Arbeiter ausgesucht und fortgetrieben, die kamen hinter Stacheldraht, jene sperrte man in Ställe, der ganze Hof hallte wider von Kommandos, Schreien, Schimpfworten, Schlägen und Schüssen. Als die Sonne sank und die Gefangenen, die auch heute wie an den vorangegangenen Tagen keinen Bissen zu essen erhalten hatten, in die Ställe getrieben wurden oder sich auch auf dem Kasernenhof niederstrecken mußten, hatte wohl jeder mit dem Leben abgeschlossen und war bereit, mannhaft zu sterben. Die Opfer des Tages sind nicht gezählt worden. In der Nacht knallten wieder unablässig nah und fern die Maschinenpistolen.

Der 6. Juni war der Tag des Kindermordes.

Zunächst wieder endloses Einteilen und Aufstellen von Arbeitsgruppen. Auch sie hatten drei Tage lang kein Essen erhalten. Fünf schlossen sich unauffällig einer Arbeitergruppe an, um auf die Weise der Gefangenschaft zu entrinnen. Aber schon in Postelberg wurden sie aufgegriffen und dann dem Kapitän Marek vorgeführt. Zitternd vor Erregung verfolgten Männer und Knaben die entsetzliche Szene, die ihnen vorgeführt wurde und auf die sie durch den Ruf: "Eine Äußerung des Mißfallens und es wird geschossen!" vorbereitet wurden. Die fünf Knaben wurden zur Reitschule geführt, der Hosen entkleidet und die Züchtigung begann. Ein widerlicher Anblick, wie sich die Tschechen hindrängten, um nur einige Schläge anbringen zu können. Die erbarmungslosen Schläge mit Stöcken und Peitschen entrissen den Knaben ein herzerweichendes Wimmern. Blut rann an ihren Schenkeln herunter, dann verliefen sich die tschechischen "Soldaten". Die Knaben blieben mit dem Gesicht zur Wand stehen, neben ihnen nahm ein Posten Platz.

Allmählich beruhigten sich die Nerven der aufgeregten Zuschauer. Jeder glaubte, daß mit dieser Züchtigung die Bestrafung der Knaben zu Ende sei. Nach einer halben Stunde nahmen einige Tschechen, die Gewehre im Arm, bei den Knaben Aufstellung. Ein Posten rief: "Wer einen Fluchtversuch unternimmt, wird erschossen, so wie jetzt diese Knaben erschossen werden sollen."

Er konnte es also selbst nicht glauben, daß es mit dem Erschießen Ernst ist. Die Knaben wandten ängstlich die Köpfe, dann drehten sie sich um. Zwei der Tschechen legten auf kurze Distanz auf den ersten Knaben in der Reihe an, schon krachen ihre Schüsse und der Knabe sinkt zu Boden. Sein Blut rötet die Wand. Da rufen die anderen Knaben: "Herr Kapitän, wir werden es nicht mehr tun". Der zweite Knabe in der Reihe läuft den Henkern entgegen, will ihnen die Gewehrläufe in die Höhe schlagen. Die Mörder hatten schon repetiert und der zweite Knabe stürzt im Feuer zu Boden. Mörtel stäubt auf, wieder rötet Blut die Wand. Die anderen Knaben fügen sich heldenhaft ihrem Schicksal. Der Dritte ruft nach seiner Mutter, ehe er zusammenbricht. Der Vierte bleibt nach der Salve stehen, schaut stumm in die neuerlich erhobenen Läufe und sinkt erst nach den zweiten Schüssen zu Boden. Auch der Fünfte wird niedergeschossen. Die Knaben waren vielleicht 15 Jahre alt. Die Erwachsenen schauten dem Morden wehrlos zu. Widerstand hätte zu einem wahren Gemetzel geführt, beim Tore waren Maschinengewehre aufgestellt. Die seelischen Qualen sollten heute kein Ende nehmen. In den Ställen an der hinteren Schmalseite des Hofes waren die Todgeweihten untergebracht. Jede Stunde, pünktlich nach dem Glockenschlag, begab sich eine Gruppe Tschechen mit Stöcken und Peitschen bewaffnet in die Ställe, dann hörte man wohl 10 Minuten lang das Stöhnen, Schlagen und Wimmern der Getroffenen. Dies dauerte bis zum Abend fort. Die Erschießungen zerrten nicht so an den Nerven wie dieses Foltern.

Und nun ein neues Schauspiel. An die zwanzig Gefangene wurden zum hinteren Tore hinausgeführt. Sie trugen Spaten und Hacken. Ihnen folgte eine Abteilung Gendarmen und Soldaten mit M.P. bewaffnet. Also Hinrichtung. Alle warteten vergeblich auf die Salven. Nach einer Stunde kamen Gefangene und Soldaten zurück.

Um die Mittagszeit dieses vierten Tages wurde zum ersten Mal etwas Nahrung ausgegeben. 10 Gefangene erhielten ein Brot. Am Nachmittag steigerte sich die Tollheit der Tschechen. Wieder kann der Einzelne nicht fassen, was sich alles auf dem weiten Hofe abspielt. Hier wird einer geohrfeigt, dort einer mit den Füßen getreten, hier hetzt man einen Hund auf Gefangene, da werden einige mit Gummiknüppeln auf das nackte Gesäß geschlagen und daneben müssen sich Gefangene gegenseitig mit Stöcken schlagen und Posten geben acht, daß die Schläge nicht zu mild ausfallen. Wieder knallen Schüsse, fallen Schimpfworts wie sie die deutsche Sprache gar nicht kennt. Hin und wieder gehen Frauen über den Kasernenhof und weiden sich an dem Schauspiel.

Am Abend werden hunderte von Gefangenen von ihren körperlichen und seelischen Qualen erlöst - wenigstens auf kurze Zeit. Es fahren Autobusse vor und holen Menschenmaterial für das Brüxer Hydrierwerk.

Bei Einbruch der Dämmerung wurden in einem kleinen und niedrigen Stall so viele Leute hineingepfercht, als darin gerade noch stehen können. Dann wurden die Türen geschlossen, ein Posten nahm vor dem Stalle Platz. Die Eingesperrten - es sind ihrer 275, wie eine spätere Zählung ergab - sahen sich in einem Raum, dessen Decke sie fast mit den Händen erreichen können und dessen einziges Fenster über der Tür geschlossen ist. Sie können sich kaum rühren, viel weniger liegen. Sauerstoffmangel macht sich bemerkbar, der Schweiß fließt in Strömen, Herzkranke werden ohnmächtig. Da hebt ein Schreien an, steigert sich zum Toben, der Posten droht mit Handgranaten und da gelingt es doch einigen Besonnenen, die Halbwahnsinnigen zur Ruhe zu bringen, um mit dem Posten verhandeln zu können. Sie bitten, die Tür zu öffnen. Ablehnung. Endlich läßt sich der Posten erweichen und geht fragen, ob die Tür geöffnet werden dürfe. Die Bitte wird abgeschlagen. Wieder Schreien und Toben und wieder Drohungen der Soldaten. Bald zeigen sich bei manchen der Gequälten Erscheinungen von Geistesgestörtheit. Da vermeint einer, zu Hause zu sein, sucht seine Schlüssel und lädt die Umstehenden in seine Wohnung ein. Ein anderer wieder beginnt zu telefonieren, spricht mit Amerikanern und teilt ruhig mit, amerikanische Panzer seien schon in der Nähe, die Stunde der Befreiung werde bald schlagen. Um Mitternacht öffnet der Posten für kurze Zeit die Tür. Die frische Nachtluft strömt herein und erquickt die Gemarterten. Bald wird die Tür wieder geschlossen und die Qualen beginnen aufs Neue. Wieder Toben, Drohungen, wieder sinken Leute zu Boden oder verfallen dem Irrsinn.

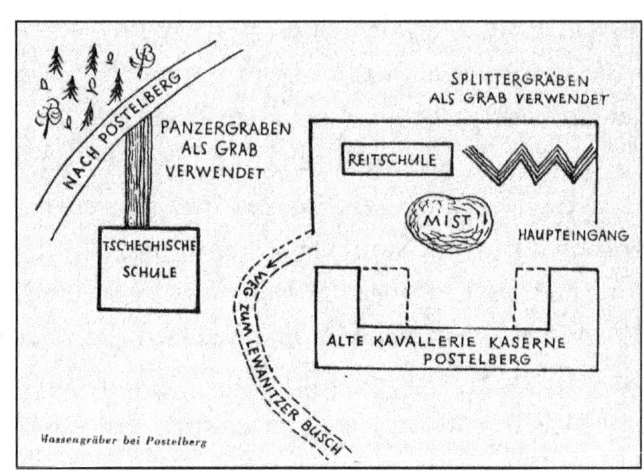

Massengräber bei Postelberg

Um 7 Uhr früh schlug die Stunde der Erlösung für die Männer dieses Marterraumes. Die Opfer der Nacht sind nicht gezählt worden, die Sinne der Herausströmenden werden sogleich von neuen Schauspielen gefesselt. Der erste, der aus dem Stall herausstürzt, wirft sich auf den Posten und sucht ihm die Maschinenpistole zu entreißen. Ein Schuß und es ist zu Ende mit ihm. Viele werfen sich zu Boden, die Augen quellen aus den Höhlen, die Gesichter sind verzerrt, sie stoßen Schimpfworte aus, manche wollen reden und können es nicht. Da kommt einer daher, ganz nackt. Wie ist es ihm gelungen, in der qualvollen Enge sich auszuziehen? Er trippelt auf den Zehenspitzen wie eine Tänzerin und wiegt sich in den Hüften. Ein Hauptmann geht zu Kapitän Marek und bittet ihn, wie ein deutscher Offizier sterben zu dürfen. Marek zieht die Pistole: "Einen Gnadenschuß wollen Sie?", führt ihn zum Graben, heißt ihn niederknien, dann ein Schuß in den Nacken. Der Hauptmann wendet sich um: "So schießen Sie doch besser!" Ein zweiter Schuß wirft ihn zu Boden und erst der dritte bringt ihm Erlösung. Das war die Einleitung zum fünften Tage Postelberg, den 7. Juni 1945, dem Tage der Massenmorde. Jetzt wird aufgeräumt. Starke Trupps, bis zu 80 Mann, werden zusammengestellt und hinausgeführt. Die Männer wissen, was ihnen bevorsteht. Sie schreiten aufrecht, mit steinernen Mienen an den Zurückbleibenden vorbei. Nicht einer bittet um sein Leben. Zum Lewanitzer Fasanengarten führt der Weg.

Teplitz-Schönau

Teplitz-Schönau, Bericht Nr. 1

Grausame Mißhandlung einer Frau

Berichterin: Julia Käthe Tseng - Bericht vom 25. 9. 1949

Ich Unterfertigte Julia Käthe Tseng, geb. Patsch, geb. am 19. 4. 1897 in Teplitz-Schönau, wohnhaft in Teplitz-Schönau, Hamburger Straße 459/19, durch die Heirat mit meinem verstorbenen Mann Herrn Tseng Dean Yi chinesische Staatsbürgerin, gebe eidesstattlich folgendes an:

Am 9. 6. 1945 wurde ich nachmittags 15 Uhr durch ein Mitglied des *"Národní výbor"* und zwei tschechischen Partisanen verhaftet und es wurde mir angedroht, daß ich wegen Spionage erschossen werden soll. Der eine der Soldaten, ein angeblicher Korporal, untersuchte meine Handtasche, nahm mir daraus allen Schmuck und das Geld, außerdem nahm er mir von der Hand zwei Eheringe sowie die Ohrgehänge und ein Kettchen mit Kreuz vom Halse. Der Mann vom *"Národní výbor"* durchsuchte die ganze Wohnung. Der vorgenannte Korporal war dann nach ca. 14 Tagen der Besitzer des Hotels "Rathaus" am Marktplatz.

Ich wurde sodann mit einem Auto nach Hotel "Sachsen" in der Bahnhofstraße gebracht. Dortselbst wurde ich in ein Zimmer eingesperrt und nach ca. 3-4 Stunden wurde ich von einem Soldaten in das Polizeigefängnis am Marktplatz gebracht. Dortselbst war bereits Frau Frank mit ihrer Tochter Lisbet aus Teplitz, Goetheplan und ein junges Mädchen aus Auperschin anwesend. Wir mußten eine lange Zeit mit aufgehobenen Händen, mit dem Gesicht gegen die Wand vollkommen still stehen. Jede geringste Bewegung bewirkte, daß wir mit einer Reitpeitsche geprügelt wurden. Uns prügelte ein Soldat, der später die Speditionsfirma Schuster und Nettel übernommen hatte.

Geprügelt wurden wir im Gefängnishof, danach mußten wir in den 1. Stock gehen, wobei wir von den Soldaten wieder geprügelt wurden. Dortselbst wurden wir vom Gefängnisaufseher Franta Landr übernommen und in der Zelle inhaftiert. In der Zelle Nr. 7 waren 28 bis 32 Personen, auch in der Zelle 6 waren immer 28 bis 30 Frauen eingesperrt.

In dieser Zelle mußte ich 3-4 Tage verbringen, während die anderen Häftlinge auf Arbeit gingen. Am 5. Tag früh wurde ich mit dem Auto nach der Villa Sieh am Goetheplan gebracht, wo ich als ersten Gruß gleich mit Ohrfeigen empfangen wurde von einer Frau, die die Schreibarbeiten besorgte.

Nachdem ich in den Heuschuppen und nachher in den Kohlenschuppen eingesperrt wurde, kam es zum Verhör. Ein großer starker Mann in Khaki-Uniform, ein angeblicher Oberst, frug mich, ob ich wisse, warum ich hier bin. Darauf antwortete ich "nein!" Darauf bekam ich zwei Ohrfeigen links und zwei Ohrfeigen rechts. Sodann mußte ich mich zum Tisch setzen und der Soldat spielte immer mit dem Revolver. Dann nahm er einen länglichen Gegenstand, eine Stahlspirale und schlug mich damit über den Kopf und unter das Kinn, dasselbe tat er auch mit dem Revolver. Er und das Mädchen riefen öfters: *"Zatracení Spionska"*. Darauf riß mich das Mädchen hoch, drehte mich herum und versetzte mir einen Fußtritt in den Rücken. Dann mußte ich mich zum Tisch setzen und er traktierte mich wieder mit Ohrfeigen. Sodann wurde ich mit dem Auto in das Polizeigefängnis gebracht.

Im Polizeigefängnis war ich bis zum 21. 7. 45, während dieser Zeit habe ich Arbeiten verrichtet.

Am 22. 7. wurden wir am Hofe des Gefängnisses in 3 Kolonnen eingeteilt, eine Gruppe von 90 Personen wurden in das *"Internacní Tábor"* in der Hansastraße, ein zweiter Trupp in das Amtsgericht transportiert, der dritte Trupp wurde in das Lager in der Lastenstraße gebracht. Der Rest blieb im Gefängnis zurück. Ich selbst wurde in das Lager in der Hansastraße gebracht. Ich hatte die Nummer 87 auf der Liste. Wir durften uns dort nicht setzen noch anlehnen und mußten zusehen, wie die vorher von 1-86 in der Liste eingetragenen Personen mit Füßen, Gummiknüppeln und Fäusten blutig geschlagen wurden. Unter ihnen waren alte Leute von 70-80 Jahren. Auch jüngere Leute, die ebenfalls so behandelt wurden, waren dabei. Danach mußte ich in die Kanzlei gehen und bekam dort Prügel mit der Peitsche, u. a. einen Schlag über das Gesicht. Danach bekamen wir die Gefangenennummern, ich die Nummer 325. Während meines Aufenthaltes im Lager ging ich zur Arbeit und wurde nicht mehr geprügelt.

Am 27. 8. 45 um ½8 Uhr abends kam von der tschechischen Polizei ein gewisser Horst Sonn mit einem anderen Soldaten. Sonn war in Zivil. Es war ein kurzes Verhör, ich wurde gefragt nach Deutschen, die sich bei der Partei und sonst gegen die Tschechen schlecht benommen haben. Hier in dem Raum, wo ein Billard stand, wurde ich von "Prügel-Tondo", einem Soldaten, mit dem Billardstock geprügelt. Horst Sonn eiferte den Soldaten immer wieder an zu neuen Schlägen. Nachher mußte ich mich an die Wand mit dem Gesicht stellen, es wurde ein Blatt Papier zwischen die Wand und meine Nase gezogen und wenn das Papier ein wenig geklemmt hatte, bekam ich sofort wieder Prügel auf den Rücken, das Gesäß und die Beine. Dies dauerte annähernd drei Stunden. Darauf konnte ich in den Lagerraum gehen.

Gegen 10 Uhr kam abermals der "Prügel-Tondo" und führte mich zum Hauseingang. Dort stand ein Auto. Auf der Erde lagen zertretene Mäuse und ich mußte vom Boden eine Maus aufheben und in den Mund stecken, wobei er mir den Mund zuhielt und auch Schläge ins Gesicht versetzte. Darauf mußte ich auf der Straße vor dem Tor die Maus ausspucken und dann die nächste in gleicher Weise in den Mund stecken und wieder ausspucken, ebenfalls noch ein drittes Mal. Sodann mußte ich in das Auto steigen und wurde zur tschechischen Polizei in die Villa Hahn in der Masarykstraße gefahren.

In der Kanzlei bekam ich durch nahezu 2½ Stunden ununterbrochen Prügel mit Fäusten und mit der Peitsche. War einer des Prügelns bereits müde, trat der nächste in Aktion. Es waren dies der Prügel-Tondo und ein gewisser Wandierek. Angeeifert hatte sie der vorgenannte Sonn.

In der Hahnvilla war ich vom 27. 8. bis zum 20. 9. 1945. Dort mußten wir arbeiten und wurden bei jeder Gelegenheit geprügelt.

Von der Hahnvilla kam ich abermals in das Lager in der Hansastraße. Vom 20. 9. bis zum 2. 10. 45 verblieb ich im Lager und versah außerhalb Arbeiten. Vom 2. bis zum 26. 10. war ich im Krankenhaus bei einer deutschen Ärztin, die sich besondere Mühe für die Gefangenen gegeben hat. Frau Dr. Görg im Krankenhaus hatte sich ebenfalls der Gefangenen sehr angenommen. Darauf kam ich wieder ins Lager Hansastraße. Am 6. 11. 1945 früh um ½9 Uhr floh ich aus dem Lager und traf meine Mutter, der ich diese Absicht mitgeteilt hatte, als sie mich im Lager besuchte beim Friedhof, wie sie mir einen Mantel und etwas zum Essen mitbrachte. Auf Schleichwegen kamen wir glücklich über die Grenze und trafen am 6. 11. 1945 in Altenberg ein. Im Polizeigefängnis und im Lager wurden blutig geprügelt:

Frau Hanni Fingerhut und ihre Tochter Margit aus Turn, sowie ihre Schwester; Frau Marek, Angestellte der Stadt; Franz Öser, Angestellter beim Wenzelschacht; Apotheker Zibelius und Frau, Schönau; Kaufmann Wagner aus der Duxer Straße; Kaufmann Pohl mit Frau aus Weißkirchlitz; Frau Absalom aus der Josefinenbar, Edmundstraße; Frau Baumeister Wild aus der Prager Straße; Pfarrer Müller aus Schönau; Dechant Wittenbrink aus Teplitz; Herr Kutschera vom Gaswerk Schönau; Herr Michel und Frau vom Elektrizitätswerk Teplitz; Frau Tomann vom Goetheplan (Mann wurde erschossen); Familie Konditor Meißner aus der Königstraße; Zahnarzt Dr. Hiebsch mit Sohn und Dienstmädchen, Königstraße; Fleischer Illemann und Mutter vom Waldtorplatz; Arwed Grohmann und Frau; Frau Dr. Nikodym.

Teplitz-Schönau, Bericht Nr. 2

Mißhandlung im Gefängnis

Berichter: A. B.

Ich bin Sudetendeutscher, geboren am 25. 7. 1885 in Groß-Chmeleschen, Kr. Podersam, Böhmen. Aus Teplitz-Schönau wurde ich mit meiner Frau und Sohn Gerd am 4. August 1945 ausgewiesen. Zwei Monate verbrachten mein Sohn und ich im Gefängnis in Teplitz-Schönau. Schläge von früh bis abends waren an der Tagesordnung. Ich wurde am 29. Juni 1945 von der Straße weg mit meinem Sohn um 8 Uhr abends ins Gefängnis eingeliefert. Die erste Begrüßung im Gefängnis waren Schläge ins Gesicht. Wir mußten einige Stunden mit dem Gesicht zur Mauer stehen, die Stöße von hinten waren fast nicht auszuhalten. Ich wehrte einen Stoß ins Gesicht ab, dafür schleppte man mich in einen Nebenraum, riß mir die Kleider vom Oberkörper, warf mich auf ein Holzbrett und band mich dort an. Ich wurde dann von zwei Männern (der eine hieß Josef Landa) mit Gummipeitschen geschlagen und dann auch mit einem Gummischlauch, bis ich bewußtlos in eine Einzelzelle geschleppt wurde. Nach zwölfstündiger Bewußtlosigkeit bekam ich einen Schluck bitteren, kalten, schwarzen Kaffee. Unsere tägliche Nahrung war ein wenig Suppe, einige Pellkartoffeln und ein Stückchen trockenes Brot. 22 Mann mußten in einem 4½ Quadratmeter großen Raum die Nacht verbringen.

Teplitz-Schönau, Bericht Nr. 3
Ausgeraubter Transport am 1. Juni 1945
Berichter: Walter Weichert - Bericht vom 9. 11. 1947

Bis zum 31. Mai 1945 habe ich mit meiner Frau in Teplitz-Schönau in eigener Wohnung gewohnt. Zu diesem Tag wurden wir vom *Csl. Národní výbor, bytový úrad, pododdelení úrad evakuacní, Teplice Sanov,* aus dem Gebiet der Tschechoslowakei ausgewiesen. Vorgenannte Dienststelle bestellte mich als Transportleiter für einen Ausgewiesenen-Transport nach Süddeutschland. Dieser Transport bestand aus 8 Männern, 62 Frauen, 5 Kindern und 4 Säuglingen, alles Reichsdeutsche.

Durch das Entgegenkommen des Bahnvorstehers in Teplitz-Schönau wurden dem Transport zwei gedeckte Güterwagen zur Verfügung gestellt, sodaß wir am 31. Mai 1945 - dem festgesetzten Ausweisungstage abends um 6 Uhr mit dem fahrplanmäßigen Zug in Richtung Komotau, Karlsbad, Eger, die Ausreise antreten konnten. Die Ausgewiesenen hatte ich in die zwei Güterwagen so verteilt, daß in jedem Wagen die gleiche Anzahl Personen fuhren. Ich selbst war als Transportleiter mit einer "Rot-Kreuz-Armbinde" und russischem Stempel kenntlich gemacht.

Am 1. Juni 1945 morgens gegen 5.45 kamen wir in der Station Neudau an. Die meisten Ausgewiesenen schliefen noch. Ich selbst saß an der offenen Tür des Wagens Nr. 2. Als der Zug noch langsam einfuhr, sah ich zwei in eine Fantasieuniform gekleidete Männer am Bahnsteig stehen. Diese Männer trugen als Bewaffnung Revolver und Reitpeitschen, außerdem hatte der eine noch einen Gummiknüppel am Gürtel hängen. Die beiden Männer kamen den Zug entlang, direkt auf unsere zwei Güterwagen los. Sie sprachen tschechisch und radebrechten deutsche Schimpfworte. Ich versuchte mit ihnen zu verhandeln, bekam aber nur mit der Reitpeitsche einen Schlag übergezogen und wurde beiseite geschoben. Zuerst mußten die Männer die Wagen verlassen. Sie wurden mit den Worten "Ihr deutschen Hunde braucht nicht zu fahren", mit Fußtritten und Peitschenhieben aus den Wagen geholt. Die beiden Tschechen warfen mit Schimpfworten nur so herum. Die Ausdrücke "Hunde, Schweine, Mistviecher, deutsche Gauner, aufhängen, an die Wand stellen" usw. waren noch gemäßigt. Dabei hieben sie kreuz und quer auf Frauen und Kinder ein. Die Männer wurden über die Geleise auf die andere Seite des Zuges fortgetrieben. Ich habe auf der weiteren Reise von ihnen nichts mehr gesehen. Daraufhin wurden die Frauen und die Kinder aus den Wagen geworfen. Es wurde dabei auf das Alter der Frauen keine Rücksicht genommen; ebenso nicht darauf, ob die Personen ihr ganzes Gepäck mit aus dem Wagen brachten. Ich habe später festgestellt, daß viel Gepäck im Zuge verblieben war. Ich versuchte noch einmal, unter Hinweis auf die "Rot-Kreuz-Binde" festzustellen, daß wir vom *Národní výbor* in Teplitz-Schönau Fahrtgenehmigung hätten, man ließ mich nicht zu Worte kommen. Die beiden Tschechen warfen ohne Rücksichtnahme Gepäck und Kinderwagen mit den Säuglingen aus dem Zug auf den Bahndamm. Dabei wurden Frauen und Kinder mit Fußtritten und Reitpeitschenhieben traktiert. Sie warfen aus dem anfahrenden Zuge einen Kinderwagen mit weiblichem Säugling in einem Doppelsalto. Wie durch ein Wunder blieb der Säugling unverletzt. Als der Zug die Station verlassen hatte, trieben uns die Tschechen auf den Geleisen zurück in Richtung Komotau, immer mit den

Reitpeitschen auf uns einschlagend. Wer nicht schnell genug laufen konnte, durfte nicht weiter und mußte zurückbleiben. Ich fand eine Stelle an dem an und für sich steilen Bahndamm, die einen Aufstieg gestattete. Wir kletterten empor und kamen auf eine Straße. Von dort mußten wir zusehen, wie die beiden Tschechen auf die mit Gepäck beladenen wehrlosen Frauen und Kinder rücksichtslos einschlugen. Als ich dann auf der Straße den mir anvertrauten Transport sammelte, mußte ich leider feststellen, daß von dem ganzen Transport nur noch 25 Personen anwesend waren. Wir warteten ungefähr noch eine halbe Stunde, es fand sich niemand mehr ein. Da das Gelände an der Bahn eben war, hätte ich feststellen können, wenn Ängstliche einen anderen Weg genommen hätten. Ich mußte also feststellen, daß diese beiden tschechischen Partisanen die von mir Vermißten zwangsweise zurückbehalten hatten. Festgestellt habe ich ferner, daß eine große Menge Gepäck in die Hände dieser beiden Partisanen geraten war.

Ich setzte dann mit meinem Resttransport im Fußmarsch über Altrohlau nach Johanngeorgenstadt die Reise fort.

Nachstehend angeführte Ausgewiesene können den Vorfall bezeugen: Frau Frieda Weichert, Frau Alice Hoffmann, Frau Elsa Günther.

Weitere Zeugen können von mir nach Rückfrage namhaft gemacht werden.

Teplitz-Schönau, Bericht Nr. 4

Ermordung eines Nervenkranken

Berichterin: Theresia Wiegand - Bericht vom 9. 8. 1950

Ich wohnte mit meinem Mann, Paul Wiegand, Städt. Kur- und Theatermusiker i. R., bis zur Austreibung in meiner Heimatstadt Teplitz-Schönau, Schloßplatz 1.

Frau Dick wohnte neben uns im "Kreuz". Ihr Mann war früher in einer Nervenheilanstalt, wurde dann aber in häusliche Pflege entlassen.

In den Tagen der Deutschenverfolgungen im Jahre 1945 kam Frau Dick weinend zu mir und erzählte, daß ihr Mann am vergangenen Abend mit dem Hund fortgegangen und nicht heimgekommen sei. Der kleine Hund kam morgens um 3 Uhr allein und wurde von einem Diener hereingelassen.

Ich gab ihr den Rat, in der Friedhofshalle unter den Toten nachzusehen. Am anderen Tag ging die Frau wirklich hin und fand ihren Mann ermordet dort vor. Herr Dick hatte sich im Kurgarten auf eine Bank gesetzt (was den Deutschen verboten war), wurde von Partisanen zur Polizei geschleppt und bestialisch ermordet.

Alle Deutschen kamen in Massengräber. Als der Mann schon bestattet war, ging Frau Dick zur tschechischen Polizei nocheinmal nachfragen, da sagten die Tschechen, die Russen hätten ihren Mann mitgenommen. Uhr, Geld und Ringe waren auch verschwunden.

Teplitz-Schönau, Bericht Nr. 5

Ein einfaches Frauenschicksal

Berichterin: Käte Leitenberger

Mein Wohnsitz mit meinen vier Söhnen war Teplitz-Schönau. Sie waren alle bei der Wehrmacht. Am 10. 5. 1945 wurde ich von zwei tschechischen Uniformierten mit Reitpeitsche aus meiner Wohnung geholt, bei welcher Gelegenheit diese auch einer Durchsuchung unterzogen wurde, und zum Steineklauben in ein Sägewerk geführt.

Am 2. 6. 1945 drangen nachts sechs bewaffnete Partisanen in meine Wohnung, bedrohten mich, brachen die Schränke und Türen mit Bajonetten auf, betranken sich und zogen nach zweistündiger Arbeit reich bepackt wieder ab. Im Laufe des Sommers wurde ich mehrere Male zum *Národní výbor* geholt und "Verhören" über den Verbleib meiner Söhne unterzogen.

Am 28. 8. 45 wurde ich verhaftet, kam ins Polizei- und Gerichtsgefängnis und ins Internacní tábor, wo ich schwer arbeiten und hungern mußte. Die Tschechen bekamen von unseren Arbeitsstellen Kc 55.- täglich, wir nichts. Nur abends 1 Stück Brot mehr. Dann requirierten uns die Russen zur Arbeitsleistung in ihre verschiedenen Lager und nahmen uns noch das wenige Geld ab, das wir versteckt bei uns trugen. Anfangs Jänner 46 brach ich vor Erschöpfung zusammen und wurde vom Lagerarzt als arbeitsunfähig geschrieben und am 1. Februar 46 entlassen, da ich aber keine Wohnung mehr hatte, aus Teplitz ausgewiesen. Ich ging zum *Národní výbor* um Ausfolgung der mir zustehenden Habe (50 oder 60 kg), fiel aber dort einem früheren Partisanen in die Hände. Dessen Frau, eine tschechische Kommunistin, war seinerzeit Hausgehilfin bei einem Friseur in dem Hause, wo wir wohnten. Den Mann kannte ich vorher nicht. Er hieß Stepanek. Dieser veranlaßte nun, daß ich nur alte Schuhe und 1 alten Mantel, keine Wäsche, keine Kleider, 1 Decke und 1 Polster aus meiner Wohnung bekam, in der bereits eine tschechische Familie saß. Meine ganze Habe betrug dann nur einige Kilo. Da ich eine gebürtige Grazerin bin, trat ich schon vor meiner Verhaftung mit der dortigen österreichischen Geschäftsstelle zwecks Transportes in meine gewesene Heimat in Verbindung und deponierte dort zu treuen Händen Geld und Wertgegenstände. Ein angeblicher Rumäne, der sich zum Konsul aufschwang, veruntreute aber das Geld und folgte nur unter Druck vom Ausland einen Teil der Wertsachen aus, wobei auch ein tschechischer Advokat, sein Freund, eine beträchtliche Rolle spielte. Kurz vor meinem Transport nach Linz am 12. 9. 1946, den dieser Konsul mit allen Mitteln vereitelte, wurde er als abgestrafter Betrüger wegen neuer großer Betrügereien und Unterschlagungen verhaftet und gefesselt abgeführt. Er hatte 7 Jahre Zuchthaus hinter sich. Der Weg nach Österreich war für mich frei.

Bemerken muß ich, daß ich während meiner 5-monatigen Haft weder verhört noch angeklagt wurde. Es hieß nur: "Ich glaube, es ist wegen Ihrer Söhne". - Am 26. 8. 45 wollte tschechische Polizei in der Nacht meinen ältesten Sohn holen, fanden ihn aber nicht. Und so holten sie zwei Tage später mich. Ausweisungsgeld bekam ich keines.

Tetschen-Bodenbach

Tetschen-Bodenbach, Bericht Nr. 1

Schwere Mißhandlungen

Berichter: Max Griehsel - Bericht vom 7. 9. 1950

Am 3. Juni [1945] wurde ich auf das Gemeindeamt in Johnsdorf gerufen. Dort bedeutete man mir, ich möge vor der Tür warten. Nach ungefähr einer halben Stunde gingen zwei SNB-Leute und der Vorsitzende des *Národní výbor* mit mir in die Wohnung meiner Eltern, wo ich mich zur Zeit aufhielt. Dort sagte man mir, ich solle die Waffen herausgeben, die ich noch besitze. Da ich keinerlei Waffen besaß, konnte ich diesem Verlangen nicht entsprechen. Nach Durchsicht aller Räume brachte man mich im Auto nach Tetschen ins Gerichts-Gefängnis. Hier mußte ich mich mit dem Gesicht zur Wand stellen und es wurden mir alle Sachen abgenommen, die ich in den Kleidertaschen hatte, dann wurde ich in eine Zelle gestoßen, in welcher sich bereits etwa 15 Männer befanden. Ich wurde von meinem Kameraden Karl Wischolit begrüßt, von dem ich gehört hatte, er sei bereits von den Russen abgeholt und erschossen worden. Es wurden auch fortwährend neue Opfer eingeliefert, die zum Teil die Spuren grober und gröbster Mißhandlungen aufwiesen.

Am nächsten Tage wurde ein gewisser Helmut Kuhn eingeliefert, der angab, er sei im KZ Buchenwald gewesen. Er führte besondere Mißhandlungen ein. Ein beliebter Sport war es, zwei der Häftlinge einander gegenüberzustellen, worauf sie sich gegenseitig solange "bearbeiten" mußten, bis der eine zu Boden sank und nicht mehr weiterkonnte. Dann wurden diese Unglücklichen erst noch von den Tschechen auf grausamste Weise geprügelt. Als Essen erhielten wir ein wenig dünne Suppe und für zehn Mann ein Brot. Dies dauerte drei Tage.

Am 6. Juni 1945 wurden wir am Hofe aufgestellt, in einen Autobus verladen und nach Bodenbach gebracht. Dort wurden wir, an die sechzig Personen, in einen Güterwagen gepfercht und dann auf der Station Rabstein ausgeladen. Dann ging es zu Fuß nach dem Konzentrationslager in Rabstein. Wir wurden von Soldaten der Svoboda-Armee eskortiert. Im Lager warteten bereits weitere tschechische Soldaten oder Partisanen-Gruppen auf uns.

Wir mußten paarweise ins Lager einmarschieren. Die Soldaten stellten sich so auf, daß wir an ihnen vorüber mußten und dann schlugen sie mit Gummischläuchen auf uns ein. Ich entging einem gegen meinen Hals geführten Schlag dadurch, daß ich den Kopf einzog. Wütend darüber, daß er mich nicht so recht getroffen hatte, lief der Soldat mir nach und hieb mich so wuchtig über den Kopf, daß ich taumelte. Am Platz angekommen, mußten wir uns ganz nackt ausziehen und die Kleider auf einen Haufen legen. Dann erhielten wir alte und unsäglich verschmutzte

Häftlingskleider. Wir wurden mit Wasser angespritzt. Dann jagte man uns in die Baracken. Mißhandlungen schwerster Art waren an der Tagesordnung.

Essen erhielten wir so wenig, daß die Leute vor Hunger umfielen. Jedwede Möglichkeit, außertourlich ein Stückchen Brot oder ein paar Kartoffel zu erhaschen, wurde unterbunden. Wer es trotzdem versuchte und dabei erwischt wurde, bekam 25 Hiebe mit dem Gummischlauch auf das Gesäß.

Darüber hinaus wurden einzelne herausgegriffen. Sie wurden in den Keller geführt und so grausam geschlagen, daß viele den Keller nicht lebend verließen. Viele gaben sich selbst den Tod (z. B. Baumeister Appelt aus Böhmisch Kamnitz). Ein Mann namens Przkal hatte als Wachsoldat in den Mattausch-Werken Dienst gemacht und war dabei von einem Cyprioten angefallen worden. Er hatte ihn abgewehrt. Wegen dieses Notwehr-Aktes wurde Przkal tagelang gequält und geschlagen und dann eines Tages an einer Baracke buchstäblich zu Tode getreten. Da er sich damit verteidigt hatte, er habe in Notwehr gehandelt, erhielt er die Prügel mit den ständigen brutalen Rufen: "Ja ti dám notwehr".

So wie diesem ging es noch manchem Deutschen, der verleumdet oder denunziert worden war. Ich verweise auf den Fall des Dr. Anton Kreisel aus Bodenbach. Ein oder zwei Wochen ließ man ihn unbehelligt. Eine mehrmalige Behandlung im Keller brachte ihn körperlich so herab, daß er an den Folgen starb. Das letzte Mal, als er im Keller so unmenschlich behandelt worden war, war er ohnmächtig geworden und wurde mit kaltem Wasser wieder zum Bewußtsein gebracht. Er bekam dann eine Lungenentzündung und ist daran gestorben. Sein Bruder, Lutz Kreisel, der zur selben Zeit in Rabstein interniert war, kann dies bezeugen.

Auch Frauen wurden nach Rabstein gebracht und ebenso unmenschlich behandelt wie die Männer. Außerdem wurden sie gezwungen, den tschechischen Soldaten körperlich zu Willen zu sein. Vergewaltigungen waren an der Tagesordnung.

Es kam auch immer wieder einmal vor, daß jemand floh. Dann mußten wir alle draußen stehen. Lagerarzt war Dr. M. aus B. Als dieser eines Tages geflohen war, ließ man uns von abends 18 Uhr bis früh fünf Uhr stehen. Dazwischen gab es allerhand Übungen: Kniebeugen, Laufen mit gebeugten Knieen usw. Viele der Alten und Kranken fielen um; sie wurden weggetragen und blieben liegen. Beim Antreten kam es oft vor, daß sich jemand verzählte. Dann gab es Ohrfeigen und Schläge für die einzelnen Baracken-Ältesten. Einmal fehlte wieder einer. Nach langem Suchen fand man ihn: er hatte sich im Keller in einer Ecke erhängt. Nun bekamen alle Kameraden, die mit ihm im gleichen Zimmer lebten, Prügel.

Im Lager Rabstein gab es natürlich auch Denuntiationen. Ein Tscheche namens Teltscher horchte überall herum. In der hiesigen Gegend geboren, sprach er deutsch so gut wie tschechisch. Auf seine Veranlassung sind viele in den Keller gekommen.

Der eigentliche Kommandant des Lagers war ein Kapitän, er wohnte in Böhmisch-Kamnitz. Wenn er abends zur Kontrolle kam, zitterten alle, die im Lager waren. Ein anderer tschechischer Stabs-Kapitän residierte auf dem Schloß zu Tetschen. Er kam während der Zeit, die ich im Lager verbrachte, dreimal bei Nacht zur Kontrolle. Ein Tscheche namens Kucera war eingeliefert worden, weil er bei der deutschen Wehrmacht gedient hatte. Der Stabskapitän bearbeitete ihn brutal und schrie ihn an: "Du willst ein Tscheche sein und hast bei der deutschen Armee gedient!" Es folgte eine wüste Beschimpfung der deutschen Wehrmacht. Dieser Kucera ist öfter im Keller behandelt worden.

Einmal wurden wieder Deutsche, Männer und Frauen, mit Autos eingeliefert. Jedes Mal, wenn ein neuer Schub kam, mußten wir in die Baracken und die hölzernen Fensterläden schließen. Nun hatten diese hölzernen Fensterladen aber schon Risse, sodaß man doch hinausschauen konnte. Ich war Zeuge eines Empfanges: Die Menschen waren im Auto eingeschlichtet wie die Heringe. Dann mußten sie herunterspringen. Ein Tscheche hielt das Bein vor, sodaß ein jeder hinfallen mußte. Dann waren ein paar brutale Schläger da, die unbarmherzig auf die Deutschen einschlugen, gleich, ob Mann oder Frau, jung oder alt.

Hunger und Mißhandlungen waren die Erziehungsmittel der Tschechen. Der schon vorher erwähnte Helmut Kuhn wurde dort endlich Lager-Ältester. Als solcher hat er den Tod vieler Deutscher auf dem Gewissen.

Unter den tschechischen Soldaten war ein Mann, der sich einige Male mit mir unterhielt. Den Namen habe ich aber nicht erfahren. Einmal fragte er mich, wie wir zu dem Lagerältesten Helmut Kuhn stünden. Ich antwortete ihm, es seien viele hier, die Kuhns Vorgehen gegen uns andere weder begreifen noch verstehen könnten.

Im Lager wurden sämtliche vorhandenen Medikamente vernichtet. Zur Belustigung der Tschechen wurden Barackenkontrollen durchgeführt. Dabei verursachten die geringsten Kleinigkeiten: gefundene Bleistift-Stummel, Papier oder gar ein Messer, Wutausbrüche. Der Betreffende konnte zufrieden sein, wenn er seine Schläge nur innerhalb der Baracke erhielt. War es ärger, nahm man ihn mit in den Keller. - Wir mußten abends Wache halten, damit sich keiner der verzweifelten Gefangenen abends in den Keller schlich und sich aufhängte. Wenn wir baten, die Menschen doch nicht mehr in den Keller zu holen, weil viele dann aus lauter Angst den Freitod vorzogen, so versprach man, nicht mehr zu prügeln. Am nächsten Tage aber ging die Prügelei womöglich noch ärger weiter. Sinnlose Arbeiten wurden uns auferlegt in der Absicht, uns zu quälen und Gelegenheit zu finden, uns zu schlagen. Einen Mann hatte man so geschlagen, daß sein Auge auslief. Behandlung gab es für ihn keine, also mußte er erblinden.

Am 20. August 1945 kam ich mit noch 30 anderen Kameraden von Rabstein weg auf ein Arbeitskommando. Wir mußten nun in einer kleinen Reparatur-Werft für Elbe- und Moldaukähne in Staré Ouholice bei dem Unternehmer Frantisek Ruzek arbeiten. Sein Bestreben war es, uns auszunützen. Sein Sohn war ein wüster Bursche, der einzelne von uns auch schlug. Der Zivil-Wachmann war anständig zu uns; seine Frau hat manchem etwas zugesteckt, doch mußte es immer sehr heimlich geschehen.

Am 7. März 1946 geriet ich mit der rechten Hand in die Kreissäge. An der Kreissäge war keine Schutzvorrichtung. Ich wurde mit einem Motorrad zu einem Arzt Weltrus gefahren, welcher sich die Verwundung ansah, ein bißchen Wasserstoff-Superoxyd darauf träufelte und einen losen Gaze-Verband machte. Um 4.30 nachmittags kam ich zur Operation nach Raudnitz ins Krankenhaus. Ich lag in einem Zimmer, in dem beinahe lauter tschechische Patienten untergebracht waren. Während die Tschechen ihre vorgeschriebene Kost erhielten, bekamen die Deutschen außer dem für alle üblichen Frühkaffee nur Kartoffeln mit Soße oder trockene Kartoffeln, selten Knödel mit etwas Soße. Wir wurden ständig verhöhnt. Die Krankenschwester (die Schwestern gehörten dem Prämonstratenser-Orden an) gab mir jeweils nur auf wiederholtes Bitten das Schlafpulver, das mir vom Arzt verordnet war. Ich hatte 14 Tage lang Fieber und viel Durst. Ich bat abends um etwas Tee. Ihre Antwort war: "Trinken Sie Wasser; das hilft auch gegen den Durst." Ein tschechischer Partisane, Kommunist, namens Fryda aus Raudnitz war seit Mai 1945 zur Behandlung einer Verwundung da. Er rühmte sich immer wieder, er habe die deutschen Soldaten weggeputzt wie die Kaninchen.

Als ich so halbwegs wiederhergestellt war, kam ich in einen anderen Teil des Krankenhauses, wo nur Deutsche untergebracht waren. Dort war die Verpflegung noch schlechter. Wir bekamen meistens nicht einmal das, was für uns vorgesehen war. Nach 3 Monaten wurde ich entlassen. Zunächst kam ich auf das Lobkowitz-Schloß in Raudnitz. Da war eine Art provisorisches Lager eingerichtet. Die Behandlung war nicht allzuhart. Hier war ich ungefähr 3 Wochen.

Dann wurde ich von dem jungen Ruzek aus Staré Ouholice abgeholt und nach Tetschen gebracht. In Tetschen wurde ich aber nicht aufgenommen und kam nach Aussig in das Lager Lerchenfeld. Hier waren ungefähr 4000 Deutsche (gegen 3000 Männer und etwa 1000 Frauen) untergebracht. Der Verwalter dieses Lagers war ein ehemaliger Schauckelbuden-Besitzer, der uns seiner Meinung nach sehr human behandelte. In seiner Anrede schimpfte er die Frauen Schweine und Huren und uns Männer "faule Hitlerschweine".

Von dort kam ich in das Aussiedlungs-Lager Altstadt bei Tetschen. Ich verblieb in diesem Lager bis zum 23. November 1946.

Dann wurde ich in das Gerichtsgefängnis in Böhmisch-Leipa eingeliefert. Die Behandlung von Seiten der Wärter und der Inspektoren war roh und brutal. Die tschechischen Mithäftlinge, meistens kriminelle Verbrecher, übten gegen uns den reinsten Terror aus. Sie waren unsere Zimmerkommandanten. Keiner von uns durfte sich niedersetzen.

Am 29. November 1946 wurde ich vom Volksgerichtshof in Böhmisch Leipa als ehemaliger hauptamtlicher Angestellter der Deutschen Arbeitsfront zu 5 Jahren Zuchthaus, umgewandelt in Zwangsarbeit, verurteilt. Die Gerichtsverhandlung dauerte 8 bis 10 Minuten: Der Gerichtshof erhob sich, ging hinter einen Vorhang, kam auf der anderen Seite wieder hervor und schon wurde die Urteilsverkündung vom Blatt abgelesen. Eine Verteidigung gab es nicht.

In den nächsten Tagen bekamen wir, d. h. die Verurteilten, dann Häftlingskleidung und dann ging es hinaus auf Arbeit. Mit meiner verkrüppelten Hand konnte ich viele Arbeiten nicht oder doch nicht zur Zufriedenheit der zivilen oder staatlichen Aufseher ausführen und wurde daher besonders gern beschimpft, *"Ty svine germanský! Hitlerový bandit!"* waren die üblichen Bezeichnungen für uns. Ich arbeitete viele Wochen in den ehemaligen Bohemia Waggon-Werken in Böhmisch Leipa. Dort hatten wir besonders schwer zu arbeiten und genug Kartoffeln, aber sehr wenig Fett. Dann wurde ich eine zeitlang im ehemaligen Jahnelschen Alteisen- und Altwaren-Betrieb eingesetzt, wo wir nur schwere Arbeit zugeteilt erhielten. Auch Frauen waren in diesem Betrieb eingesetzt.

Im August 1947 kam ich noch mit fünf anderen in die Strafanstalt Bory bei Pilsen. Die begleitende SNB waren humane Kerle, die uns erlaubten, von unserem Gelde, soweit wir welches besaßen, Suppe, Brot, Wurst und sogar Zigaretten zu kaufen. Als wir am Bahnhof in Pilsen angekommen waren, drangen sie aber darauf, daß wir unsere Zigaretten schnell ausrauchten, damit sie keinen Anstand bekamen.

In der Strafanstalt wurden wir nach der Aufnahme in den Korrektionszellen untergebracht. Über 2.500 Sträflinge, meistens politische, waren hier untergebracht. 2 Tage lang ging ich mit in die Skodawerke, dann wurde ein Transport zusammengestellt und wir kamen nach Libkowitz bei Maria Ratschitz, wo wir in den Kohlengruben Kohinoor I und II eingesetzt wurden. Dort waren bereits gegen 140 Leidensgefährten. Gearbeitet wurde 10-12 Stunden täglich. Fett gab es reichlich, aber nur 400 g Brot täglich. Wir hatten als Lagerarzt Dr. Gaag, Arzt aus Eger, der ebenfalls als politischer Häftling hergekommen war. Er hat sich viel Mühe mit uns gegeben und geholfen, wo er helfen konnte. Im Januar 1949 hörte ich, daß er im Krankenhaus in Bory an Tuberkulose gestorben sei.

Nach einiger Zeit kam ich zurück nach Bory. Dort war ich ungefähr eine Woche und wurde dann mit noch einem Leidensgefährten in Sedlecko in der Nähe von Klattau auf einem Staatsgut eingesetzt. Dort waren bereits 16 Strafgefangene eingesetzt. Die Verpflegung war gut aber knapp; es gab wenig Brot. Zur Zeit der Ernte erhielten wir dann jeden Tag ¾ l Vollmilch und auch etwas mehr Brot.

Am 1. Oktober 1948 kam ich von dort weg, zurück nach Bory. Ich hoffte, ich würde entlassen, weil ja zwei Drittel meiner Haft vorüber waren. Das war aber ein Irrtum. Am 4. Oktober kam ich mit mehreren Kameraden nach Kaznejov (Gaßnau bei Pilsen). Es war eine chemische Fabrik und wir mußten auch da wieder schwer arbeiten. Es gab eine wüste Antreiberei von der Zivil-Miliz. Die Verpflegung war reichlich, doch ziemlich fettlos.

Dann wurde das Kommando aufgelöst und ich kam wie alle anderen zurück nach Bory. Wir blieben da 4 Tage, dann ging es auf ein neues Kommando, diesmal nach Horní Briza, ein Kaolinwerk in der Nähe von Pilsen. Im Werk wurden wir ziemlich human behandelt.

Am 19. März 1949 kamen wir wieder nach Bory. Zum ersten Male in der Zeit vernahm ich hier deutsche Laute und einzelne Wärter ließen sich jetzt sogar so weit herab, mit uns deutsch zu sprechen.

Am 23. März 1949 kamen wir in das Aussiedlungslager Alt-Habendorf bei Reichenberg. Wer Geld hatte, konnte sich jetzt kaufen, was er wollte. Ich erhielt für meine mehr als 2-jährige Tätigkeit im Gefängnis 192 Kronen. Was wir sonst mit unserer Arbeit verdient hatten, behielt sich der tschechische Staat.

Nach 14 Tagen in Alt-Habendorf, am 6. April 1949, wurden wir mit einem Transport nach Deutschland abgeschoben.

Tetschen-Bodenbach, Bericht Nr. 2

Mißhandlungen

Berichter: Dipl. Ing. Karl Pleß - Bericht vom 15. 9. 1946

Ich bin am 16. 7. 1881 in Graupen bei Teplitz-Schönau, Sudetenland, geboren. Als Bauingenieur habe ich an der Baufachschule in Tetschen unterrichtet und zwar vom 1. Sept. 1913 bis 8.

Mai 1945 (33 Jahre). Am 8. Juli 1945 um ¼3 Uhr früh wurde ich mit meiner Familie, bestehend aus meiner Frau, Schwiegertochter und 2½-jährigem Enkelsohn, von den Tschechen verhaftet und im Militärgefängnis im Schloß in Tetschen interniert. Durch 14 Tage hindurch wurde ich von einem tschechischen Kommissar zu jeder Tages- und Nachtstunde mit einer Stahlpeitsche derart über den Kopf geschlagen, daß ich am ganzen Körper nur eine Blutkruste war. Einige Male bin ich durch diese Schläge über den Kopf bewußtlos liegen geblieben. Ich lag als Schwerverbrecher auf Einzelzelle. Meiner Frau hat man nicht einmal Zeit gelassen, sich anzuziehen. Sie mußte im Nachtgewand mitgehen und 4 Wochen in diesem Zustande bleiben. Meine Frau wurde auch geschlagen und an den Haaren in der Zelle herumgeschleift.

Mit mir zur gleichen Zeit wurde Studienrat Viktor Kerbler verhaftet, welcher im selben Hause wohnte. Durch die Schläge über den Kopf hat Kollege Kerbler eine Gehirnerschütterung erlitten, sodaß er mehrere Tage irr gesprochen hat. Er wurde nach 3 Wochen als unschuldig entlassen. Nach vier Wochen brachte man mich und meine Frau nach Böhmisch Kamnitz. Dort wurden wir noch einmal einem scharfen Verhör unterzogen, hierauf aufs Schloß in Tetschen ins Gefängnis zurückgebracht und am nächsten Tag entlassen. Als wir in unsere Wohnung kamen, war dieselbe durch einen tschechischen Lehrer besetzt worden. Aus der Wohnung bekamen wir nichts heraus. Es blieb nichts als das, was wir am Leib hatten. Ein Kamerad schenkte mir einen Anzug und etwas Wäsche. Am 17. 12. 45 verließen wir die Heimat.

Mein Bericht entspricht der Wahrheit.

Theresienstadt

Theresienstadt, Bericht Nr. 1

Internierungslager "Kleine Festung"

Berichter: Dr. med. E. Siegel, prakt. Arzt

Da ich selbst acht Monate in Theresienstadt verbracht habe, wobei ich als Arzt Gelegenheit hatte, mehr zu sehen als andere, so will ich die Vorgänge in der sogenannten "Kleinen Festung" in Theresienstadt (Tschecho-Slowakei) schildern; eine Schilderung, die mit geringen Änderungen auch auf jedes andere Internierungslager oder Gefängnis der Tschechoslowakei passen würde.

Als erste Insassen kamen dorthin die auf dem Durchmarsch oder Heimweg befindlichen Soldaten der Deutschen Wehrmacht, die von der tschechischen "Revolutionsgarde" (in Abkürzung RG genannt) aufgegriffen wurden. Damals bildete die RG zum Großteil die Besatzung.

Die "Kleine Festung"

Theresienstadt war in den Kriegsjahren von der ganzen Bevölkerung geräumt und als Ghetto eingerichtet worden, in welchem etwa 40.000 Juden Aufenthalt fanden. Ungefähr einen Kilometer von der Stadt entfernt, am anderen Ufer der Eger, liegt die "Kleine Festung", die als Konzentrationslager diente. Sie besteht aus vier Höfen, die sich konzentrisch an einen kleinen Park mit Herrenhaus, einer Mannschaftskaserne, Wirtschaftsgebäuden, Ställen und einem Kino, einem größeren Badebassin und einem Steingarten reihen.

Die ersten drei Höfe umschließen Kanzleien, Magazine, Tischler- und Schlosserwerkstätten. Als Unterkunftsräume für die Internierten dienen die Kasematten, die direkt in den Wällen der aus der Zeit Maria Theresias stammenden Festungsanlage liegen. In den ersten Monaten war jedoch nur der sogenannte 4. Hof mit Gefangenen belegt. Dieser liegt zwischen Innen- und Außenwall und man gelangt dorthin durch einen 15-20 m langen, schräg abwärts führenden, tunnelartigen Durchgang. Der Hof selbst ist ein ungefähr 80 m langer Platz, an dessen Längsseiten sich neuerbaute ebenerdige Zellen befinden, und zwar rechts die Einzelzellen, in Gruppen zu 10 aneinandergereiht. Eine Einzelzelle ist aus blankem, glatten Beton, 1.45 m breit und 2.45 m lang, hat in einer Ecke eine Porzellanschüssel mit Wasserspülung und ein dickes kleines Drahtglasfensterchen, das auf einen kleinen Hof hinaus geht. Die Tür geht auf ein anderes kleines Höfchen und hat eine etwa 12x12 cm messende Luftöffnung, die mit Drahtgitter verschlossen ist. Die kleinen Höfe sind ungefähr 2,5 m breit und 15 m lang. Jeder dieser Höfe mündet durch eine nachts ebenfalls abgeschlossene Tür auf den Haupthof. Drei oder vier der kleinen Höfe waren mit Glas überdacht, die anderen waren nach oben gänzlich frei.

Auf der linken Seite des Haupthofes befinden sich fünf Großzellen zur Unterbringung von je 200 Mann. In diesen Zellen stehen dreistöckige Holzpritschen als Schlafstellen. Die Pritschen sind aus Rohholzbrettern (wie diese aus der Säge fallen) gebaut. Jede Zelle hat zwei Aborte und einige Waschgelegenheiten. Am Ende des Hofes befinden sich zu beiden Seiten je drei Zellen, besser gesagt, dunkle, vergitterte Gänge, nämlich ehemalige Kasematten im Außenwall.

Empfang der Opfer

Hier will ich einen größeren Empfang von ankommenden neuen Gefangenen schildern, wie er unter anderem am 24. Mai 1945 stattfand. Es handelte sich um einen ungefähr 600 Menschen beiderlei Geschlechtes umfassenden Transport. Alle Altersstufen waren vertreten. Unter den Eingelieferten befanden sich viele Rot-Kreuzschwestern aus den Prager Kliniken.

Auf dem Wall, durch den der Zugang zu dem 4. Hof führt, wehten Rot-Kreuz-Fahnen, verschiedene Empfangspersonen trugen Rot-Kreuz-Binden am Arm, wozu allerdings die mit Eisen beschlagenen Erdhackenstiele, die sie in den Händen hielten, wenig paßten. In dem dunklen Durchgang war ungefähr 4 m vor dem Ausgang das Pflaster tief aufgerissen worden. Unter Gebrüll und Drohungen, Faustschlägen und Prügel wurden die angekommenen Männer als erste im Laufschritt den dunklen Gang hinuntergetrieben. Gleich die Ersten kamen bei dem tiefaufgerissenen Pflaster, das wie ein Graben quer zum Weg lief und im Dunkeln kaum gesehen werden konnte, zu Fall, auf sie traten und stürzten die Nächsten und in diesen meterhohen Haufen von sich windenden Menschenleibern schlug die RG, die sich auf beiden Seiten des Ganges aufgestellt hatte, unaufhörlich mit den langen, eisenbeschlagenen Knüppeln mit voller Wucht ein. Ohne schwere Schläge und Verletzungen kam wohl niemand auf den Hof. Der Grundsatz, daß jeder, der nicht von selbst wieder aufsteht, ganz totgeschlagen (der KZ-Ausdruck lautet hierfür: "fertig gemacht") wird, wurde eisern festgehalten. Am Hof wurden die Leute weiter herumgetrieben, es war eine Art Spießrutenlaufen. Wer zu Fall und von selbst nicht wieder hoch kam, zu dem trat, sich herablassend, der Festungskommandant Prusa und schlug ihm mit einigen Schlägen die linke und dann die rechte Niere ab. Die so "Fertiggemachten" wurden in die Betonzellen geschleift, wo man sie verröcheln ließ. Der Herr Kommandant zählte die Reihen derart ab, daß er beim Zählen die in der Reihe stehenden mit einem Eisenknüppel über den Schädel schlug. Nach dieser Prügelei mußten sich alle mit erhobenen Händen acht Stunden an die Wand stellen. Wer die Arme sinken ließ, wurde erbarmungslos wieder geprügelt. Allein bei diesem Empfang büßten etwa 70 Mann ihr Leben ein. 500 Mann wurden in eine Großzelle hineingetrieben, in der sie, eng aneinandergepreßt und nur auf der Seite liegend, Platz landen. So mußten sie die Nacht zubringen, deren Stille immer wieder von Schüssen und dem Geschrei der Geprügelten unterbrochen wurde. Die Hitze war entsetzlich, die Luft zum Ersticken. Und solche Nächte reihten sich monatelang aneinander.

Am nächsten Tage wurden alle Kleidungsstücke weggenommen und zerlumpte Sträflingskleider ausgegeben. Jedem Mann wurden mit der Nuller-Haarschneidemaschine ein Streifen von der Stirn zum Nacken ausgeschoren. Als Kapos wurden in der Mehrzahl Schwerverbrecher und ausgesprochene Sadisten ernannt, die sich dadurch ihre Posten hielten und denen es Vergnügen machte, die Internierten auf jede erdenkliche Weise zu quälen. Der Verkehrston war nur Brüllen.

Die Gefangenen mußten in Hockestellung mit vorgestrecktem Arm eine halbe Stunde auf Brot- und Essenempfang warten. Ein Umfallen oder Schwanken gab Anlaß, die Betreffenden neuerlich zu prügeln. Im Raum selbst standen die Menschen dicht gedrängt einer an dem andern. Sitzen oder Liegen war tagsüber streng verboten. So also standen die Menschen von 5 Uhr in der Frühe bis 9 Uhr abends, manchmal zu einem stundenlangen Appell auf den Hof getrieben, wobei gebrüllt, geprügelt und auf jede nur erdenkliche Art schikaniert wurde. Kommandant Prusa und sein Verwalter Tomes erklärten wiederholt, daß jeder, der hereingekommen sei, auch hier krepieren müsse. Die Gnade, sofort erschlagen oder erschossen zu werden, wurde niemandem erwiesen. Erst müsse jeder ordentlich "büßen", auf deutsch gesagt: durfte nur langsam zu Tode gefoltert und geprügelt werden. Als weitere Konsequenz wurden fast täglich in einer Hofecke neben dem Eingang Wertpapiere, Dokumente, Ausweise, Andenken, Photographien usw., die den Gefangenen gehörten und die ihnen abgenommen worden waren, zu einem Haufen getürmt und verbrannt, denn, so erklärte der Kommandant höhnisch, niemand mehr wird einen Ausweis oder ein Andenken brauchen!

Aus technischen Gründen scheiterte die beabsichtigte Vergasung und so blieb nur das langsame Zu-Tode-Peinigen am Programm. Das unmenschliche Hineinpressen von über 500 Menschen in die Zelle 43 dauerte Wochen hindurch. Die anderen Zellen waren wohl auch sehr überfüllt, wenn auch nicht in diesem unvorstellbaren Maße.

Das eigene Schicksal

Wenn ich jetzt meine Verhaftung so ausführlich schildere, dann nur deshalb, um ein Beispiel aus eigener Erfahrung zu bringen.

Ich schicke voraus, daß ich nie politisch tätig war. Ich war Kreisführer-Stellvertreter des Deutschen Roten Kreuzes. Kreisführer konnte ich nicht sein, weil dies ein Vertrauensmann der Partei sein mußte. Während des ganzen Krieges hatte ich täglich viele Tschechen, Slowaken, Slawen u. a. in meiner Ordination. Mit diesen wurde stets tschechisch gesprochen. Ich hatte also keinerlei Ursache anzunehmen, daß mir von den Tschechen etwas geschehen würde. Am 30. Mai 1945, in der Mittagszeit, donnerte man plötzlich an meine Haustür. Zwei Autos mit Schwerbewaffneten standen draußen. "Hier Polizei, sofort öffnen!" hörte ich brüllen. Ich öffnete, wurde sofort vor die Brust gestoßen und mußte die Horde in die Wohnung einlassen. Zuerst wurde ich fürchterlich geohrfeigt und mit der Faust geschlagen. Man brüllte mich an, wo ich die SA-Uniform und die Waffen versteckt habe. Auf meine Antwort, daß ich nie bei der SA gewesen sei, und die Waffen ordnungsgemäß abgeliefert habe, erhielt ich neuerlich Ohrfeigen. Meine Frau wurde, wie auch ich selbst, dauernd mit der auf die Brust gesetzten Pistole bedroht, die Wohnung wurde systematisch geplündert. Wertgegenstände, Schuhe, Wäsche, Kleider, Uhren, Geld usw. wurde in die bei mir vorhandenen Lederkoffer verpackt und weggeschleppt. Gold, Brillanten, wertvolle Uhren fand man nicht, da meine Frau alles in einem Säckchen am Dachboden versteckt hatte. Ich kannte das Versteck aber gar nicht. Ehe ich noch etwas erklären konnte, wurde ich solange gewürgt, bis ich bewußtlos am Divan lag. Meiner Frau wurde ich in diesem Zustand gezeigt und es wurde ihr erklärt, daß sie ebenfalls erwürgt werde und den Kindern werde man die Augen ausstechen, wenn nicht sofort das Gold und der Schmuck herbeigebracht würden. Angstzitternd lief meine Frau nach den Wertsachen. Die gründliche und systematische Plünderung der Wohnung bewies die bereits erworbene Praxis der Polizei. Da man keine SA-Uniform fand, wollte man mich durchaus zwingen, zu gestehen, wo ich dieselbe versteckt hätte. Ich konnte jedoch nichts angeben, weil ich nie eine SAUniform besessen hatte. Ich wurde deshalb wiederholt mit einem eisernen Schürhaken mit aller Gewalt geschlagen, mußte die Schuhe ausziehen, mich auf den Bauch legen, die Fußsohlen hochheben und erhielt eine Bastonade (Schläge auf die Fußsohlen). Nach vielen Schlägen, Ohrfeigen und anderen Mißhandlungen wurde ich schließlich, ohne meine Angehörigen nochmals gesehen zu haben, die Treppe hinuntergestoßen und in einem Auto nach Theresienstadt gebracht. Während der Fahrt wurde mir ununterbrochen erklärt, auf welche grausame Art und Weise man mich totprügeln werde.

In der Festung Theresienstadt angekommen, mußte ich erst einige Stunden mit erhobenen Händen an der Wand stehen, eine Zeit, die nur durch wiederholte heftigste Ohrfeigen unterbrochen wurde. Dann begann das Verhör. Es wurde gefragt: "Warst du bei der SS?, SA?? usw.". Und auf jede Antwort erhielt ich Ohrfeigen und Faustschläge mit voller Wucht. Dann wurde ich vor der Kanzlei aufgestellt und erhielt schwere Fausthiebe in die Magengegend, so heftig, daß ich jedesmal zu Boden stürzte. Am Boden liegend wurde ich mit aller Gewalt mit Füßen getreten und gehackt, besonders auf den Brustkorb, Kopf und Geschlechtsteile. Einer versuchte mir immer wieder, den Arm auszurenken. Später sah ich viele mit ausgerenkten Armen. Kaum stand ich wieder, ging ich infolge Bauchschlags zu Boden. Dies wiederholte sich längere Zeit. Dann wurde ich auf eine Pritsche gesetzt und man stopfte mir ein schmutziges Handtuch in den Mund. Dann zeigte man mir einen mehr als meterlangen, mit Eisen beschlagenen Knüppel und erklärte mir, man werde mir alle Zähne aus dem Mund stoßen. Ein Internierter mußte meinen Kopf halten und mit dem eisenbeschlagenen Ende des Knüppels stieß man mir dann mit aller Gewalt gegen die Zähne. Da sich das Tuch vor die Zähne legte, hielten die Zähne die Stöße aus, die Lippen aber wurden unförmig zerstoßen. Wie mir später der Internierte, ein gewisser Karl Erben, erzählte, konnte er es nicht mehr mit ansehen und mußte weg, da ihm beim Halten meines Kopfes übel wurde. Dann wurde ich mit dem Bauch auf die Pritsche gelegt und mit dem Knüppel, der mit beiden Händen geführt wurde, mit voller Wucht auf das Gesäß, den Rücken und den Nacken geschlagen. Auch jedes Gelenk sowie der Brustkorb erhielt systematisch einen oder mehrere Hiebe. Dabei wurde mir der Zeigefinger der rechten Hand gebrochen und zwei weitere Brüche erlitt ich an den Mittelhandknochen. Auf meiner Stirn zieht sich von der Stirnhaargrenze senkrecht bis durch die Augenbrauen eine Narbe, die rechte Ohrmuschel wurde eingerissen und zerquetscht und zahllos waren damals die Abschürfungen und Risse. Der ganze Körper war blutunterlaufen. In diesem Zustand wurde ich in eine direkt an dem Festungswall liegende Zelle geschleift, die noch voller Winterkälte steckte. Dort ließ man mich drei Tage und drei Nächte lang, am blanken Beton in einer Blutlache liegen. Bekleidet war ich nur mit einem total zerfetzten Hemd, sodaß der Oberkörper so gut wie nackt war, und den Hosen.

Durch die Schläge auf die Wirbelsäule und die Gelenke kam es zu einer teilweisen Lähmung meines Körpers, sodaß ich fast bewegungslos mit wahnsinnigen Schmerzen und vor Kälte zitternd am eiskalten Betonboden lag. Ich flehte zu Gott, er möge mich schon sterben lassen und von meinen Qualen erlösen. Am dritten Tag kam ein tschechischer Arzt und brüllte mich an, ich solle aufstehen, da ich mich jedoch nicht rühren konnte, riß er mich am Haar hoch und warf mich wieder zu Boden. Dies war die erste ärztliche Behandlung von einem tschechischen Kollegen. Wahnsinnig quälte mich der Durst. Zu essen bekam ich auch nichts, aber ich hätte mit meinen Mundverletzungen auch gar nichts essen können. Als ich dann eine Schale Kaffee hingestellt bekam, mußte mir ein Soldat, den man in der dritten Nacht zu mir in die Zelle gesperrt hatte, die Flüssigkeit langsam durch einen Mundwinkel einflößen. Wiederholt wurde durch die Schergen nachgesehen, ob ich noch lebe. Dabei wurde jedesmal festgestellt: er krepiert schon, er wird gleich verreckt sein, usw.

Als Lagerarzt eingesetzt

Am 4. Tage kam ein Häftling zu mir herein, um nachzusehen, ob ich noch lebe. Er sagte mir, ich müßte mich arbeitsfähig melden, sonst müßte ich hier elend zugrunde gehen. Da ich glaubte, man würde mich aufgrund der falschen Meldung wenigstens rasch im Freien erschlagen, meldete ich mich arbeitsfähig. Ich hatte Glück. Ich wurde als Arzt eingesetzt. Nach einer Stunde teilte mir dies der Häftling mit. Er hob mich hoch, stellte mich auf, sodaß ich dann, nach mehrfachen Versuchen ganz langsam heraustaumeln konnte. Durch das Haar wurde mir auf der Stirn beginnend bis zum Nacken mit der Haarschneidemaschine eine Bahn ausgeschnitten, ich bekam andere Hosen, ein Hemd, einen Rock und Schuhe und konnte meinen Dienst antreten.

Dienst antreten ist etwas zuviel gesagt. Ich konnte mich ohne fremde Hilfe nicht einmal auf einen Stuhl setzen, noch weniger von einem solchen aufstehen. Mit der linken Hand mußte ich mir dauernd den Kopf halten, da die Nackenmuskulatur furchtbar zerschlagen war und mir der Kopf immer wieder auf die Brust herunterfiel. Am linken Auge sah ich nur zentral einen Schein, hören konnte ich sehr schlecht infolge der vielen Schläge auf die Ohren. In der ärztlichen Ambulanz erhielt ich erstmals einen Verband und konnte auch zum ersten Male, allerdings nur mit fremder Hilfe, genügend trinken. Eine Ärztin, die auf der deutschen Klinik in Prag gearbeitet hatte, dort gefangengenommen und nun ebenfalls hier in Theresienstadt interniert war, kannte mich. Sie schickte mir einen Strohsack, auf dem ich nun schlafen konnte, denn alle Internierten mußten ausnahmslos auf Brettern direkt am Boden liegen.

Welche Schmerzen die oft am ganzen Körper Zerschlagenen ausstanden, ist kaum vorstellbar. Vielfach wurde das zerschlagene Fleisch brandig und es kam zur Abstoßung von oft handgroßen Gewebsfetzen und viele Internierte erlagen dadurch oft nach Wochen qualvollen Leidens den vor längerer Zeit erlittenen Schlägen. Man legte mich in eine Zelle auf den Strohsack und ich fiel in einen totähnlichen Schlaf. Nach zwei Stunden wurde bereits gefragt, ob ich arbeite. Man erklärte, daß ich gerade bis jetzt gearbeitet habe und mich nur ein wenig hingelegt hätte. Ich erwähne nur nebenbei, daß ich im Anschluß an die Mißhandlungen schwere Herzstörungen bekam und nur durch Kombetin-Traubenzuckerinjektionen am Leben blieb. Diese erhielt ich von einem gleichfalls internierten Arzt namens Dr. Benna, der in Prag verhaftet und nach Pankratz eingeliefert worden war. Er hatte noch vom Empfang in Theresienstadt (24. Mai) stark eiternde Wunden am Kopf, die von Knüppelschlägen herrührten. Dr. Benna hatte sich u.a. auch diese Injektionen selbst verschafft, denn im ehemaligen Ghetto Theresienstadt lagen Medikamente wirklich in Bergen herum.

Tötung auf Befehl

Langsam fing meine ärztliche Tätigkeit wieder an, da wurde ich aber auch schon aufgefordert, Internierte, die auf der nebenanliegenden Zelle Nr. 50 untergebracht waren, durch Injektionen zu töten. Ein "Nein" meinerseits hätte nur bedeutet, zu Tode geprügelt zu werden. Ich wies auf meine zerschlagene rechte Hand hin und erklärte, daß ich noch keine Injektionen ausführen kann. Zwei oder drei Tage später wurde mir neuerdings der Befehl gegeben, diese Leute mit der Spritze ins Jenseits zu befördern. Man erklärte mir kurz, es sei schade, diese älteren Leute weiter zu füttern, der Aufwand stehe in keinem Verhältnis zu dem, was sie noch leisten könnten. Daß meine zerschlagene Hand dies unmöglich mache, wurde nicht anerkannt. Welche Pein mir dieser Auftrag verursachte, kann jeder fühlende Mensch ermessen. Die Weigerung bedeutete für mich den Tod. So sagte ich "ja", ließ aber die für die Injektion bestimmten Ampullen heimlich aus dem Medikamentenschrank verschwinden und versteckte sie unter meinem Strohsack. Ein weiteres Hinausziehen aber war kaum möglich - es ging nur um Tage - es wurden neue Ampullen besorgt. Da kam mir ein anderer Umstand zu Hilfe. Da im Lager Flecktyphus ausgebrochen war, kam der Vorstand des Hygienischen Institutes in Prag, Dr. Patocka, nach Theresienstadt und überprüfte die Internierten auf Infektionsfälle. Er stellte 16 Fleckfieberkranke fest und gab daraufhin den Auftrag, außerhalb des 4. Hofes, in den Räumen des abseits liegenden Kinos eine Fleckfieberstation zu errichten, und ich wurde als Arzt für dieselbe bestimmt. Dies war am 6. Juni 1945.

Ich war dadurch außerhalb des 4. Hofes, der am Abend immer abgesperrt wurde und hatte Gott sei Dank keine Gelegenheit mehr, die Einspritzungen, die in der Nacht durchgeführt wurden, auszuführen. Als Flecktyphusarzt hatte ich die Pflicht, regelmäßig sämtliche Zellen zu kontrollieren, und so kann ich auch als Augenzeuge über die bereits erwähnte Zelle 50 berichten. Die ärztliche Ambulanz befand sich auf Zelle 49, die der Zelle 50 angegliedert wurde. Strohsäcke gab es in diesen Zellen nicht, sondern nur ungehobelte, ungesäumte Bretter lagen auf dem Fußboden. Da lagen nun die Kranken so eng, daß sie nicht auf dem Rücken, sondern nur auf der Seite liegen konnten. Dabei befanden sich unter den Kranken viele frisch amputierte, meistens handelte es sich um Bein- bzw. Oberschenkelamputationen, mehrere hatten auch den Arm abgesetzt. Es waren fast durchweg Burschen im Alter von 16-18 Jahren, angeblich SS-Leute. Sie saßen am blanken Betonboden aneinandergepreßt, stießen sich gegenseitig mit den Stümpfen, die Verbände waren völlig mit Eiter durchtränkt, stanken entsetzlich und wimmelten von Fliegenmaden. Bei einigen waren die Verbände abgefallen, und es war die bloße eiternde Wunde, bzw. der Knochenstumpf zu sehen. Sie baten flehentlich, verbunden zu werden und ich werde nie in meinem Leben die verhärmten und von furchtbaren Qualen und unendlicher Verzweiflung gezeichneten Gesichter vergessen, wie sie eng aneinandergepreßt am Boden hockten und dauernd sich gegen ihre Wunden stießen. Diese Ärmsten waren das Entzücken des Festungskommandanten Prusa und seiner Helfershelfer. Im allgemeinen wurden diese Zellen den wiederholt von Prag kommenden Kommissionen nicht gezeigt; nur ab und zu kam es zu Vorführungen der dort Liegenden, wenn der Kommandant Prusa speziell guten Bekannten eine kleine Freude machen wollte. Ich durfte als Arzt weder einen Verband anlegen, noch ein Wort zu den Burschen sprechen. Beim Kontrollieren wurde ich am Arm gehalten und man erklärte mir, wenn ich nur ein Wort mit den Amputierten spräche, müsse ich gleich mit hier bleiben. Das Martyrium dieser Ärmsten dauerte einige Wochen. Ich sah sie noch einmal - als Leichen, mit Spuren von Hieben, besonders auf den Stümpfen Blutunterlaufungen. Ob sie zu Tode geprügelt oder nach "Patent Theresienstadt" erwürgt worden waren, oder eine gnädige Spritze bekommen hatten, das entzieht sich meiner Kenntnis.

Die Fleckfieberstation

Als ich am 6. Juni 1945 die Fleckfieberstation einrichtete, bekam ich 2 Schwestern zugeteilt und hatte den ersten Tag eine Belegung von 16 Fleckfieberkranken (Männern), den 2. Tag kamen noch 15 Männer dazu. Alle hatten 40 Grad Fieber, hörten infolge der Erkrankung sehr schlecht, waren größtenteils völlig benommen, unruhig und mit Durchfall behaftet. Wäsche für die Kranken war nicht vorhanden. Es wimmelte von Flöhen. In der Benommenheit verließen sie dauernd ihr Lager, reagierten auf keinen Anruf und in kurzer Zeit war der ganze Raum und Abort mit dünnem Stuhl völlig verschmiert, ebenso die Strohsäcke und die Patienten selbst. Dazu kamen die Umenge von Flöhen und Schwärme von Fliegen, die von der gegenüberliegenden Leichenhalle herüberkamen, wo viele Leichen oft tagelang nackt lagen. Wanzen gab es in rauhen Mengen. Da wir für die Patienten nichts zu trinken hatten, taumelten sie dauernd auf die Wasserklosetts hinaus, um dort aus den Abortschüsseln das Wasser zu trinken. Ich selbst war am ganzen Körper so zerschlagen, daß ich vom Sessel ohne fremde Hilfe kaum aufstehen konnte; abends mußte mich eine Schwester auf das Lager legen, mich waschen und in der Früh wieder herausheben.

Ich war verzweifelt und hoffte nur, daß mich das Fleckfieber von meinen ganzen Qualen und Sorgen erlösen möge.

Am dritten Tage änderte sich plötzlich die Situation. Man erwartete eine Inspektion von Prag. Ich bekam 5 Schwestern zugeteilt, reichlich Wäsche, genügend Kaffee für die Kranken zum Trinken und das amerikanische Präparate D.D.T., auch Neozit genannt, ein mehlartiges Pulver, mit dem alle Strohsäcke, Kranke, das Personal, kurz die ganze Infektionsabteilung eingestäubt wurde, sodaß es aussah wie in einer Mühle. Der Erfolg war verblüffend. In ein bis zwei Stunden waren die Scharen von Flöhen restlos vernichtet, der Fußboden war schwarz von krepierten Fliegen, und binnen zwei Tagen begannen auch die Wanzen einzutrocknen, ebenso die Läuse, um die es ja hauptsächlich hier ging, wurden vernichtet. Der erste Lichtblick in meiner grenzenlosen Verzweiflung! Rasch wurde jetzt die Fleckfieberabteilung eine kleine, gute Mustereinrichtung, die allerdings mit den übrigen Lagerunterkünften und der Behandlung der Internierten im krassen Widerspruch stand. Prof. Dr. Patocka kam häufig inspizieren; ich bekam die nötige Wäsche, ebenso Medikamente und auch Neozit in genügender Menge. Einen kleinen Zwischenfall will ich jetzt schildern, der bezeichnend ist für den Ton und die Einstellung der Lagerleitung selbst:

Menschliche Bestien

Ich hatte einen neuen Fleckfieberfall festgestellt und ließ den Kranken vom Hof heraus zur Infektionsabteilung tragen. Als ich aus dem dunklen Durchgang herauskam, wurde ich vom Verwalter Tomes gestellt: "Was hast Du für ein Schwein hier auf der Bahre?" Ich entgegnete: "Einen

Fleckfieberkranken." Darauf er: "Wozu die Umstände mit dem Schwein, schlag doch die Bestien gleich tot! Warum man überhaupt solche Bestien hier füttert, das ganze Lager muß krepieren." So brüllte er laut und hielt weiter brüllend eine Ansprache an die in seiner Nähe stehenden Gendarmen mit der Aufforderung, doch alles zu erschlagen. Da der Kommandant, er und der größte Teil der Besatzung alles, was an Wertgegenständen, Kleidern, Geld usw. im Besitze der Internierten gewesen war, sich angeeignet hatten, bzw. dem Staate unterschlagen hatten, wurden der Kommandant, Tomes und mehrere andere später verhaftet und an das Kreisgericht in Leitmeritz eingeliefert.

Dies geschah nicht wegen der unzähligen Morde, die diese auf dem Gewissen hatten, sondern wegen Unterschlagungen von Gold und Wertsachen, die sie, statt an den Staat abzuführen, für sich zurückbehalten hatten. Des Kommandanten Tochter Sonja Prusova hat z. B. ein kleines Köfferchen voll von Brillanten, Gold, Damenuhren, Schmuck und anderen Wertgegenständen, welches alles von Internierten aus Prag stammte. Sie läuft heute noch in Leitmeritz in einer Wildlederjacke herum, die sie einer Ärztin gestohlen hat. Ich habe übrigens noch nie ein Mädchen gesehen, welches derart sadistisch veranlagt war wie diese Sonja, die kaum 20 Jahre alt war. Man sagte mir, sie habe allein 28 Leute mit totprügeln helfen. Daß sie Frauen büschelweise die Haare ausriß, sie mit den Fäusten ins Gesicht oder in den Bauch schlug, oder mit den Füßen trat und sie auspeitschte, haben mir davon betroffene Frauen selbst erzählt. Jedenfalls wußte ich immer, wenn sie aufgeregt, mit leuchtenden Augen und gierigem Mund zum 4. Hof lief, jetzt werden wieder Leute gepeinigt und Blut wird in Strömen fließen.

Des öfteren in der Woche, besonders des abends oder nachts kamen Russen in die Festung in betrunkenem Zustand. Die Frauen mußten antreten und man suchte die zum Geschlechtsverkehr gewünschten heraus. Dafür erhielten die Vorgesetzten Schnaps, Tabak, Speck und dergleichen. Der damalige Hofkommandant, ein gewisser Alfred Kling, der aus Polen stammte, infizierte sich mit Tripper, was ihn jedoch nicht hinderte, immer wieder neue internierte Mädchen zum Geschlechtsverkehr mit ihm zu kommandieren.

Dieser "Alfred" betrachtete übrigens das Totschlagen von der wissenschaftlichen Seite. Er erklärte, er könne so prügeln, daß der Betreffende sofort, in zwei Stunden oder in zwei Tagen, selbst erst nach 8 Tagen sterbe oder auch in 14 Tagen wieder gesund sei. Diese seine Fähigkeit führte er auch praktisch *ad exemplum* wiederholt vor. Ein Beispiel: ein Internierter hatte zum dritten Male Brot gestohlen. Der Zellenkapo, ein früherer Berufsverbrecher, Männe genannt, bestimmte ihn daher zum "Fertigmachen". Vorher wurde er etwas blutig geschlagen. Als ich ihn das letzte Mal lebend sah, rann ihm das Blut aus verschiedenen Rißwunden über das Gesicht und in diesem Zustand wurde er zu Alfred gebracht. Dieser erklärte: "Fünfzig Schläge - zwei Stunden." Vor internierten Mädchen, die zusehen mußten, zerschlug er dann zählend dem Herbeigebrachten Arme und Beine, Brustkorb usw. und ließ ihn so am Boden liegen. Nach zwei Stunden starb dieser und Alfred war sichtlich stolz. Diese unsere Kommandanten waren wirklich stolz darauf, daß nach zwei bis drei Monaten Internierungslager die Internierten so elend und herabgekommen aussahen, wie früher die KZler nach 3-4 Jahren. Man warf sich in die Brust: "Wir haben Euch in zwei Monaten so fertig gemacht, wozu die Gestapo 5 Jahre gebraucht hat."

Die Kommandanten

Gegen Ende des Monats Juni-Anfang Juli wurde ein neuer Festungskommandant, ein gewisser Stabskapitän Kálal, für das Lager bestimmt. Er war bestimmt kein Freund der Deutschen, jedoch korrekt, ein wirklicher Offizier, was in einem derartigen Lager sehr viel heißen will. Er stand dort auf einem einsamen Posten. Sämtliche Untergebenen bildeten einen Block gegen ihn.

Ich glaube nicht fehl zu gehen, wenn ich annehme, daß hauptsächlich ihm und vielleicht auch zum Teil Prof. Dr. Patocka es zu verdanken ist, daß nicht sämtliche Lagerinsassen restlos vernichtet wurden, wie es im Programm Prusas's, Tomes's und Konsorten stand. Auch der Amtsarzt Dr. Schramm, sowie einige wenige Angestellte des Lagers zeigten sich als anständige Menschen, die zwar korrekt ihre Pflicht taten, jedoch noch etwas für Menschlichkeit übrig hatten. Der erste Kommandant der "Kleinen Festung" vom Mai 1945 an war ein gewisser Alois Prusa, der sich Kapitän (in der tschechischen Armee war Kapitän soviel wie Hauptmann) nannte und meist mit dem Sowjetstern, Hammer und Sichel, geschmückt in Uniform herumlief. Er war sehr feist, hatte ein brutales Aussehen und war früher im KZ Theresienstadt unter den Deutschen gewesen. Quälereien waren seine größte Freude, ebenso möglichst brutal Totschlagen und besonders ergötzte er sich an den in zwei Zellen zusammengepreßten Amputierten, die er immer wieder aufsuchte. Bei diesen Besuchen sprang er wie ein Clown vor Freude auf und nieder. Fast alltäglich wurden Feste gefeiert, d. h. wüste Gelage. Diese fanden in den Räumen statt, die knapp neben seiner Wohnung lagen, wo seine Frau mit zwei Töchtern schlief. Dazu wurden internierte Mädchen "eingeladen", und das Gelage schloß meist mit seinem Lieblingsspiel ab: es wurde Puff oder Bordell gespielt, und die Mädchen mußten sich nackt ausziehen und von den folgenden Orgien will ich nicht weiter erzählen. Diese Mitteilung habe ich von einem Mädchen erhalten, dem Prusa in seiner Trunkenheit eine Weinflasche am Knie zerschmetterte. Sie erlitt dadurch eine tiefe lange Wunde, deren Heilung Monate in Anspruch nahm. Auch eine Zweite bestätigte mir das gleiche, die ebenfalls von ihm "geladen" worden war. Näherer Details will ich mich enthalten.

600 Kalorien - aber Millionen Raubgut pro Tag

Die Kost war im Anfang reichlich, wenn auch des öfteren das Fleisch verdorben oder das Brot etwas schimmelig war. In Bälde wurde die Verpflegung bedeutend dürftiger. Während früher ein Brot auf vier Leute verteilt wurde und die Suppe immerhin nahrhaft war, wurde aufgrund einer einheitlichen Regelung des Ministeriums des Innern die Brotzuteilung auf die Hälfte herabgesetzt und die Suppe wurde einem Abwaschwasser ähnlich, in welchem einige Graupen und einige Kartoffelstückchen schwammen. Dieses alles ohne jedes Salz durch Monate hindurch. Wir rechneten zirka 600 bis 800 Kalorien pro Tag aus, dasselbe auch im Winter, wo die Leute dauernd froren und auch noch arbeiten mußten. Man kann daraufhin einwenden, daß 250 g Brot und knapp 70 g Nährmittel unbedingt zum Tode führen müßten, was auch richtig ist und auch beabsichtigt war. Wenn dennoch ein großer Teil der Lagerinsassen den vorgeschriebenen und gesetzlich festgelegten Hungertod nicht starben, so nur deshalb, weil eines Teils die Russen, die sich ja in vieler Hinsicht viel menschlicher zeigten als die Tschechen, vielen Kommandos, die bei ihnen arbeiten mußten, reichlich Verpflegung gaben, sodaß diese sogar ihren Kameraden im Lager Nahrungsmittel mitbringen konnten; andererseits war es bei den landwirtschaftlichen Arbeitern ähnlich, da sich die tschechischen Bauern sehr oft nicht als Bestien, sondern als Menschen zeigten. Darüberhinaus kam es immer wieder bei dem vielfach herrschenden Durcheinander Gelegenheit zu wiederholten und auch größeren Diebstählen.

Auch sonst zeigten sich die Russen oft bedeutend anständiger. Sie schritten z. B. wiederholt dagegen ein, wenn unsere Leute zu stark geprügelt wurden. Ein russischer Arzt verband regelmäßig des morgens die zerschlagenen Köpfe derjenigen, die bei den Russen arbeiten mußten und nahm am Abend die Verbände selbst wieder ab, damit den Rückkehrenden in der Festung die Verbände nicht mit dem Prügel vom Kopf geschlagen werden sollten. Die Russen waren es auch, die vielen Internierten zur Flucht verhalfen, indem sie sie einfach im Auto mit über die Grenze nahmen. Ich gab in der damaligen Zeit vielen Mädchen den Rat, wenn sie verzweifelt zu mir kamen wegen wiederholter Vergewaltigungen, sich doch lieber an einen Russen zu halten und mit diesem abzuhauen und weiß, daß in vielen Fällen dieser Rat Erfolg hatte.

In der freien Zeit nahmen wir aufgrund einer ausgedehnteren Rundfrage eine Schätzung vor, wie hoch das in Theresienstadt gestohlene Vermögen zu veranschlagen sei. Bei vorsichtiger Einschätzung konnte man das Geraubte mit 500 Millionen tschechischen Kronen ungefähr veranschlagen. Ich glaube nicht, daß an den tschechischen Staat mehr als 5% abgeführt wurden.

Eine Anerkennung muß man dem tschechischen Innenministerium zollen, nämlich, daß es durch auf streng wissenschaftlicher Basis gegründetem Ausschalten jeder nennenswerten Zuteilung von Eiweiß sowohl in den vielen Gefangenenlagern als auch an die übrige deutsche Bevölkerung außerhalb derselben, eine unbedingt Erfolg versprechende Ausrottung aller Nichttschechen durchzuführen versuchte. (Außer einem Viertel Liter Milch für Kinder, einem Halben Liter Milch für Kleinkinder weisen die Nährmittelkarten keinerlei Eiweiß-Zuteilung auf.) Wenn diese Ausrottung nicht so planmäßig und vollkommen gelang wie sie beabsichtigt war, so ist dieses z. T. auf eine gewisse Schlamperei zurückzuführen, die es der deutschen Bevölkerung doch ermöglichte, sich hinten herum noch Nahrungsmittel zu verschaffen, und das umsomehr, da ja reichlich solche zur Verfügung standen; desweiteren, weil immerhin einige Tschechen und auch die Russen Menschen geblieben waren und halfen, und auf ein Unverständnis der amtlichen Organe, die dem tatsächlichen Sinn und Zweck der Anordnung nicht erfaßten. So konnte es vorkommen, daß zweimal ein notgeschlachtetes Pferd an die Internierten zur Verteilung gelangte und einige Male Blut als Essen zur Ausgabe gelangte. Auch daß man im Dezember 1945 die Verteilung einiger Zentner Trockenkäse zuließ, die das Schweizer Rote Kreuz zur Verfügung stellte, war eine unbewußte Durchkreuzung des amtlichen Programmes durch untergeordnete Organe, welche die wirkliche Sachlage nicht kannten. Dazu kommt die im Spätherbst und im Winter erfolgte Zulassung von Lebensmittel-Paketen bis zu 3 kg einmal monatlich. All dieses vereitelte den hundertprozentigen Erfolg der Planung. Zum Verständnis für den Laien will ich nur bemerken, daß man durch Ausschaltung des Eiweises aus der Ernährung zwar nicht rasch, jedoch sicher den Tod jedes Menschen herbeiführen kann. (Deutsch: Hungerödem, Hungerwassersucht; Englisch: protein deficiency. Die Russen bezeichnen es als Dystrophie, was zugleich der lateinische, wissenschaftliche Ausdruck ist.)

Die Leute starben dann entweder: "durch Mangel an anderer Nahrung zum Skelett abgemagert" oder "unförmig aufgeschwollen", wobei ein terminaler Durchfall das Sterben erleichtert. Ich weise darauf hin, daß auch die russischen Gefangenen noch vor einiger Zeit stark aufgedunsen zurückkamen, ebenfalls durch Eiweißvitamin-Mangel bedingt, ein Zustand, der sich wohl in letzter Zeit gebessert hat.

Wir hatten reichlich Vertreter beider Arten, Skelette sowohl wie Aufgedunsene. Was aber ein Mensch vorher mitmacht, der zum Skelett abmagert, die Nacht auf rohen Brettern oder auf Betonboden liegend zubringen muß, durch nächtlichen Urindrang gequält, von Kälte oder Hitze gepeinigt in einer Luft zum Ersticken, mit Prügel oder Gebrüll immer wieder zur Arbeit gejagt wird, ist grauenhaft und den wohlgewogenen Intentionen des Prager Innenministeriums entsprechend. Auch die Prügel und Quälereien, die es jedesmal für die Insassen gab, wenn Aufseher durchgingen, dürften in allen Lagern aufgrund einer einheitlichen Regelung durchgeführt worden sein.

"Hitler hat schlecht gearbeitet"

Vielleicht ist es interessant, einen vielfach erwähnten Vorwurf, den die dortigen Tschechen Hitler machten, anzuführen, nämlich, daß er schlecht gearbeitet habe, denn es seien noch immer Juden am Leben. Da hätte er wirklich bessere und gründlichere Arbeit leisten können. Diese Ansicht ist wohl allgemein im tschechischen Volk verbreitet, wie mir auch von anderer Seite bestätigt wurde. Die antisemitische Einstellung geht vielleicht am besten aus Folgendem hervor: Ein slowakischer Jude namens Müller, welcher bereits 5 Jahre im deutschen KZ zugebracht hatte, wurde Anfang Juni nach Theresienstadt in die Kleine Festung eingeliefert. Er hatte sich jedenfalls in der allerletzten Zeit gut erholt, sah blühend aus und war ein Held in seiner Art. Er sagte immer: "Zum Arbeiten werden sie mich nicht bringen." Da er ein etwas komisches Benehmen hatte, wurde er tagsüber des öfteren zu verschiedenen Arbeiten, die er nicht machen wollte, kommandiert. Das Ende war immer eine ausgedehnte Ohrfeigen- und Prügelszene zur Erheiterung der Besatzungsmannschaften. Wenn z. B. eine Gruppe flott Ziegel zureichte, dann steckte man plötzlich den Müller dazwischen, der aus Prinzip jeden Ziegel zu Boden warf, obwohl er wußte, was danach kam. "Nicht zu fest schlagen, Herr Kommandant", sagte er immer und zog den Kopf ein und die Ohrfeigen und Prügel beendeten immer seine Arbeit. Oder es wurde ihm eine Eisenbahnerkappe auf den Kopf gesetzt und ein roter Schal um den Hals gebunden, und er mußte im Laufschritt einen Schubkarren schieben, wobei ein Kapo neben ihm herlief, ihm ein Bein stellte, sodaß er hinfiel. Wieder gab es Ohrfeigen. Er wurde dann einige Tage nach Theresienstadt kommandiert. Dort traf ich ihn wieder und erkannte ihn kaum mehr, so verfallen und elend sah er aus. Die Tschechische GPU fragte mich über ihn aus und ein Jude aus dem Reich, der das Ghetto von Theresienstadt noch nicht verlassen hatte, interessierte sich ebenfalls für Müller. Ich schilderte seine 5 Jahre KZ und bat, ihn doch zu entlassen, da er bestimmt kein Nazi und auch kein Deutscher sei. Aber Müller saß weiter und er, der nach 5 Jahren deutschen KZ's dasselbe in guter Gesundheit und gutem Aussehen verlassen hatte, starb nach 5 bis 6 Monaten in Theresienstadt infolge vieler Prügel und wenig Essen.

Auch andere Juden bzw. Halbjuden, die in Theresienstadt interniert sind und so viel ich weiß auch heute noch sitzen, will ich namentlich anführen: ein gewisser Schück, Glässner, Spieker, Herbert, Geitler u. a.

Sterblichkeitsziffer über 50%!

Es wurden 72 Soldaten der Wehrmacht, jedoch keineswegs SS, im Mai 1945 nach Theresienstadt eingeliefert. Im September 1945 waren davon noch 34 am Leben. Die Sterblichkeit im Monat Mai-Juni betrug buchmäßig etwas über 200 Männer, soweit überhaupt gebucht wurde, und 6 Frauen. (Viele Totgeschlagene wurden ja überhaupt nicht gebucht.) Die Erklärung der auffallend hohen Männer-Sterblichkeit bei gleicher Zahl ungefähr von Männern und Frauen im Lager, das ist 33 Männer zu einer Frau, ist sehr einfach: Mißhandlungen und Prügel waren ja hauptsächlich die Männer ausgesetzt.

Die Sterblichkeit an Flecktyphus war dank des möglichen ärztlichen Einsatzes und gefundener Medikamente in Theresienstadt und dank der relativ guten Unterbringungsmöglichkeiten sowie der wirklich gutartigen Flecktyphusepidemie (nur 11 Tote bei 74 Erkrankungen) gering. Von diesen starben die Hälfte an Aufliegen, nämlich die Betreffenden waren vorher so zerschlagen worden, daß handgroße Gewebsfetzen am Gesäß und Rücken ausfielen. Eine besondere Diät für Erkrankungen gab es nicht. Eine Epidemie von Dysenterie (Ruhr) konnte mit Bakteriophag (wieder vom Laboratorium Prof. Dr. Patocka zur Verfügung gestellt) weitgehendst bekämpft werden, obwohl es keinerlei Diät für Dysenterie gab.

Pathologische Verlogenheit

Die Verlogenheit der Lagerführung war pathologisch.

Wie z. B. Kommissionen u.a. düpiert wurden: eine Kommission kam, Prusa ging voraus und führte die Kommission unter folgenden Worten in die Zelle ein: "Hier ist alles SS und Gestapo!" Als ein Mitglied der russischen Kommission dies bezweifelte, da er mehrere Knaben im Alter von 12 bis 14 Jahren sah, die kaum SS gewesen sein konnten, erklärte Prusa frei erlogen, das sind Söhne von SS- und Gestapo-Leuten und einer davon hat alleine 11 Tschechen erschlagen.

Daß das Innenministerium dem Ausland im Radio wiederholt erklärte, in Theresienstadt befände sich nur SS, Gestapo oder zu langen Strafen Verurteilte, wurde mehrfach gehört, obwohl doch die Hälfte der Insassen in Theresienstadt Frauen bis zum Alter von 92 Jahren und Kinder waren, und auch die Männer, hauptsächlich Prager Deutsche, Blinde, blinde Soldaten aus dem Aussiger Krankenhaus verschleppt und bei den Raubzügen aufgegriffen sowie Gefangene waren, die vom Kreisgericht wegen Überfüllung überstellt wurden, weil gegen sie nichts Besonderes vorlag. Ich führe gleichzeitig ein Beispiel über Kinderbehandlung an. Beim Abzählen schlug Kommandant Prusa mit dem Knüppel die internierten Männer auf die Stirn. Weil die Knaben noch klein waren, wurden sie von dem Knüppel nicht auf die Stirn, sondern auf das Schädeldach gedroschen. Durch die Schwellung bekamen sie einen spitzen Kopf, verbunden durfte die Wunde nicht werden und es siedelten sich Fliegenmaden an, und der mit Eiter durchtränkte, behaarte Kopf stank furchtbar. Sehr ungünstig wirkte sich der fast regelmäßig für jeden Monat angesetzte Entlassungstermin aus, der z. T. auch von der Lagerleitung inspiriert wurde. Es wurde vorübergehend Hoffnung auf Entlassung erweckt, aber die immer wieder eintretende Enttäuschung gab zu schweren Depressionen Veranlassung. Für die Lagerleitung hatten die dauernd auf den nächsten Monat vorgespiegelten Entlassungstermine einen weiteren Vorteil, nämlich, daß viele die Flucht verschoben, weil sie immer wieder hofften, auch einmal so entlassen zu werden.

Aussiger Opfer tot eingeliefert

Ende Juli 1945 kam es bei Schön-Priesen (in der Nähe von Aussig a. E.) zur Explosion eines Munitionslagers. Darauf setzte besonders in Aussig in der Hauptsache durch herbeigeführte Swoboda-Gardisten eine allgemeine Deutschenverfolgung ein. Viele wurden in die Elbe getrieben und dort erschossen oder mit Handgranaten beworfen. Die aus der Schichtfabrik Kommenden wurden auf die Elbebrücke gestellt und gezwungen, von dort in die Elbe zu springen, wobei man ihnen nachschoß und Handgranaten warf. In einem geschlossenen Auto kamen am 31. Juli 1945 21 Leute an, mit weißen Binden am Arm, mit der Aufschrift: "Závody Schicht". Sie standen den ganzen Nachmittag an der Wand und wurden als Werwölfe bezeichnet. Knapp vor Mitternacht hörten wir das wohlbekannte Krachen von Knüppeln auf Schädel, Gebrüll und Klatschen von Prügel auf Leiber besonders stark. Ein Bekannter teilte mir später mit, daß er mit anderen Internierten noch in der Nacht im Toreingang Blut, Gehirn, Zähne und Haare wegputzen und frischen Sand streuen mußte. Die 21 Mann sah ich nie mehr. Ich erkundigte mich unter der Hand in der Kanzlei; dort wurden sie geführt mit dem Vermerk: "tot eingetroffen".

Ich lasse hier einen Bericht von M. W. selbst folgen:

Bericht über meine Internierungszeit vom 13. Mai 1945 bis 10. Oktober 1946 in Theresienstadt CSR. (von M. W.)

"Am 13. Mai 1945 wurde ich von 20 bewaffneten Tschechen in meinem Elternhaus in Zwettnitz bei Teplitz-Schönau verhaftet und von da aus in das Internierungslager Theresienstadt gebracht. Mit mir wurde mein Vater und ein landwirtschaftlicher Lehrling eingeliefert. Als wir nach Theresienstadt kamen, wurden wir getrennt und in arg verschmutzte, kalte, dunkle Einzelzellen gesperrt. Unser Lehrling war Kriegsinvalide und wurde angeblich gleich erschlagen; bis heute wissen wir nichts mehr von ihm. Mein Vater wurde in einer Einzelzelle neben mir untergebracht. In diesem Einzelzellengang waren ungefähr 20 Zellen, davon auch einige Dunkelzellen. Alle diese Zellen waren bis aufs Letzte belegt. Ich war als einzige Frau dort untergebracht hinter 3 Schlössern einer starken Eisentür. Tagsüber und auch nachts hörte ich, wie Menschen geschlagen und mißhandelt wurden. Auch mein Vater wurde von einem Tschechen mit einem Schlageisen so geschlagen, daß er die ganze Nacht in der Zelle neben mir geschrieen hat. Am nächsten Tage kam eine Krankenschwester zu ihm und an dem Nachmittag sollten wir zum Verhör drankommen. Hierbei bekam ich meinen Vater zu sehen und erkannte ihn nicht, da die Kleider ihm in Fetzen vom Leibe hingen und er total zerschlagen war. Nach drei Tagen wurde er von einem russischen Offizier mitgenommen und ich mußte allein zurückbleiben. Mein Vater wurde bereits im Februar 1946 von den Russen entlassen, als er jedoch in meine Heimat kam, wurde er von neuem bis Mai 46 interniert. Ich blieb in dieser Einzelzelle noch 12 Tage. Auch mich hat man mißhandelt und geschlagen und das bißchen Wassersuppe, was mir zustand, wurde mir manchmal ins Gesicht geschüttet. Nach diesen Tagen wurde ich, eines abends von einem Posten weggeholt, es war das erste Mal nach meiner Verhaftung, daß ich wieder frische Luft atmen konnte. Man hat mich auf einen anderen Hof der Festung gebracht. Dort wurden erst meine Daten aufgenommen, dabei wurde ich so geschlagen, daß man mir sogar einen Zahn einschlug. Eine Frau von einem SS-Mann wurde mit mir zusammen geschlagen, diese hatte man da erst verhaftet. Wir mußten mit der Fahne stehend das Deutschlandlied singen; dann brachte man uns einen Führerkopf, worauf wir spucken mußten und sagen 'Hitler, du Schwein, was hast du mit uns gemacht', dann mußten wir ihn wieder abküssen und sagen 'ich danke dir für alles, was du uns die Jahre getan hast' usw. Ich wurde dann weggebracht und die SS-Frau wurde über einen SA-Dolch gesetzt. Ich hörte sie bloß noch schreien. Mich brachten ein paar Männer wieder zu meiner neuen Einzelzelle, wo ich mich vor allem ausziehen mußte und noch einmal geschlagen wurde. Da ich ganz von Blut überströmt war, brachte man mir Wasser zum Waschen. So nackt wie ich war wurde ich dann in eine der Zellen gesperrt und bekam nur eine Fahne zum Draufstellen. Während der ganzen Nacht mußte ich so in der Zelle stehen. Am nächsten Morgen wurde ich herausgeholt und bekam Sträflingskleider, die alle Frauen trugen. Dann kam ich in eine Zelle, wo schon 200 Frauen untergebracht waren. Am selben Tage noch wurde ich sofort zur Arbeit angesetzt, obgleich ich so zerschlagen war, daß ich mich kaum bewegen konnte. Wir mußten in Theresienstadt das ehemalige Judenghetto reinigen und kranke Juden, die Typhus hatten, pflegen. In Theresienstadt waren damals Russen einquartiert, die uns dauernd belästigten. Diese Arbeit verrichtete ich 4 Tage. Da ich aus der Landwirtschaft stammte, wurde ich dem Feldkommando zugeteilt. Dort mußten wir schwerste Männerarbeit leisten und bekamen dabei nur einen halben Liter Wassersuppe und ein kleines Stück Brot, welches uns für den ganzen Tag reichen mußte. Nachts hatten wir in den Zellen auch keine Ruhe, denn es kamen Russen und holten sich Mädels, die die tschechischen Posten für ein paar Zigaretten oder Schnaps auslieferten. Die Russen machten ja vor keinem Alter Halt und so lebten wir ständig in Angst. Bei diesem Kommando blieb ich bis 12. August 1945. An diesem Tage holte man mich in die Kanzlei und teilte mir mit, ich hätte in der Revolution Tschechen ermordet. Man ließ mich gar nicht zu Wort kommen und sperrte mich gleich wieder in die Einzelzelle. Daraufhin wurde ich als Massenmörderin bezeichnet. Ich verlangte dauernd, vor Zeugen gestellt zu werden, was man jedoch gar nicht beachtete. Vom ersten Tage an wurde ich vier Wochen lang von einem Posten des Frauenhofes täglich 20 Mal um den ganzen Hof gejagt, dann mußte ich in den Duschraum und wurde kalt geduscht und so naß wie ich war mußte ich mich auf eine Pritsche legen, und bekam täglich 25 Schläge mit dem Gummiknüppel, Rohrstock, Riemen oder was sonst der Posten erwischen konnte. Es war ein ganz junger Kerl und er versuchte dauernd, mich zu vergewaltigen; da ich mich jedoch wehrte, wurde ich noch mehr von ihm geschlagen, bis ich ohnmächtig zusammengebrochen bin. Dann wurden mir meine Haare geschoren und außer einer Decke hatte ich nichts in meiner Zelle, sodaß ich auf dem Steinboden liegen mußte. Man hoffte, daß ich eines Tages diesen Strapazen erliegen würde. Eine Frau, die Aufseherin war, stand mit lächelndem Gesicht dabei. Damit die anderen Frauen, die im Hofe waren, nicht hören sollten, wie ich schreie, wurde mir ein Tuch in den Munde gestopft. Trotzdem hörten es aber alle und sahen auch, wie zerschlagen und blutig ich immer aus dem Duschraum kam und wie ein Stück Vieh in die Einzelzelle gejagt wurde. Oft bekam ich den ganzen Tag nichts zu essen. Die Frauen sagten mir später immer, ich sähe wie der wandelnde Tod aus. Da ich das alles nicht mehr ertragen konnte, versuchte ich Selbstmord, was mir aber nie gelungen ist, denn dauernd kamen Posten vorbei. Nach diesen 4 schrecklichsten Wochen mußte ich mit einer Gruppe ehemaliger SS-Männer als einzige Frau Leichen tragen gehen. Diese Leichen waren Häftlinge gewesen, die meistens an Typhus gestorben waren. Bei dem Leichengraben wurde ich auch derart arg geschlagen und mußte zusehen, wie die SS-Männer solange geschlagen wurden, bis sie tot liegen geblieben sind. Wenn ich durch den Geruch ohnmächtig wurde, wurde mir ein Eimer Wasser übergeschüttet und ich mußte weitergraben. Des öfteren bin ich in so ein Massengrab auf die Leichen gestürzt. Ich hatte am Fuß eine Wunde, die sich stark entzündete, worauf ich einen Schuh bekam und weitergraben mußte. Mit bloßen Händen und ohne jeden Schutz mußten wir diese Leichen ausgraben und jeden Toten in einen Sarg legen. Nach 6 Tagen hatte auch das ein Ende. Ich blieb weiter in der Einzelzelle und man kümmerte sich nicht um mich. Als es kalt wurde, bekam ich eine zweite Decke, aber weiter nichts. In ungeheizten Zellen mußten wir frieren, denn später kamen auch noch andere Frauen, die in Einzelzellen gesperrt wurden. Das Essen war knapp und meist ungesalzen. Wir bekamen einen halben Liter Wassersuppe, in der man die Kartoffelstücke suchen mußte, dabei war diese Suppe auch noch ungesalzen. Zehn Frauen bekamen ein Zweikilo Brot, das war unsere Tagesration; dazu kam noch ein halber Liter schwarzer, meist kalter Kaffee. So mußte ich über Weihnachten bleiben. Am 15. Februar wurde ich heraugeholt und durfte nach langer Zeit das erste Mal wieder zum Baden gehen. Den nächsten Tag wurde ich früh in eine Kanzlei gebracht, wo viele tschechische Notare waren. Dort wurde ich nochmals vernommen. Nach zwei Stunden sagte man mir, daß man keine Zeugen finde und daß ich unschuldig sei und sofort in die große Zelle zu den anderen Frauen komme. Auch sollte ich bald entlassen werden. So geschah es, daß ich nach über 20 Wochen wieder unter Menschen durfte. Ich war sehr menschenscheu geworden und viele zweifelten an meinem Verstand. Dank der guten Kameradschaft, die unter uns herrschte, erholte ich mich rasch. Im April wurden bereits die ersten entlassen. Ich hoffte von Tag zu Tag. Als ich aus der Einzelzelle kam, durfte ich das erste Mal meiner Mutter Nachricht geben. In den kalten Monaten sind viele Kameradinnen und Männer vor Hunger gestorben. Viele Mädchen wurden schrecklich von den Russen vergewaltigt. Abends wurden sie einfach aus der Zelle geholt oder kamen erst gar nicht von der Arbeit zurück. Die Aufseher verkauften uns, was konnten wir machen? Wenn sich eine weigerte, wurde sie geschlagen und in die Einzelzelle gesperrt. Als ich in der Einzelzelle war, ließ man Russen zu mir herein und ich wurde dort wie alle anderen vergewaltigt. Sehr vielen Mädchen wurde dadurch ihr ganzes Leben zerstört. Im Krankenrevier lagen viele geschlechtskranke Mädchen. Ich arbeitete in der Lagerbäckerei und als die gewesene Kapo entlassen wurde, war ich Kapo und hatte alle Frauen zu beaufsichtigen und die Buchführung zu machen. Dort habe ich mich dann etwas erholt. Auch war meine Aufseherin gut zu mir und gab mir hin und wieder ein Stück Brot, da ich ihr Zimmer aufräumte. Dauernd gingen dann Transporte, nur ich war nie dabei; man vertröstete mich von einer Woche zur anderen. Endlich am 10. 10. 46 als nur noch gegen 40

Frauen übrig geblieben waren, wurde auch ich als Einzelne entlassen. Ich kam nach Leitmeritz ins Evakuierungslager. Meine Mutter konnte ich noch rasch verständigen; sie kam und konnte mich ein paar Minuten sprechen. In zwei Tagen ging dann schon der Transport und ich ging nach Bayern. Was uns die goldene Freiheit bedeutete, kann nur ein Internierter wissen. Meine Eltern und meine Schwester leben noch heute in unserer Heimat in der CSR. Mein Vater arbeitet dort und meine Schwester besucht die tschechische Schule. Ich hoffe aber, daß ich sie bald auch bei mir haben darf, denn nun sind wir schon seit Mai 1945 getrennt. Als ich interniert wurde, war ich noch keine 20 Jahre alt. Ich wurde 1925 geboren. Alle mit mir Internierten können bezeugen, daß mein Bericht auf Wahrheit beruht. Das mir Angetane werde ich mein Leben lang nicht vergessen können. Viele mußten unschuldig sterben."

Der Wert internationaler Kommissionen

Fast komisch war das Benehmen der Lagerleitung, wenn eine Kommission angesetzt war. Im Anfang kam es z. B. vor, daß ein Russe die Frage stellte, was es für eine Bewandtnis habe mit dem blutigen Knüppel, der am Tisch der Zelle lag. "Wird vielleicht jemand geschlagen?" Natürlich schrien alle 500 Zelleninsassen unisono: "Nein". Es wäre unvorstellbar gewesen, welche Qualen einer hätte mitmachen müssen, falls er "Ja" gerufen hätte. Später, wenn Engländer angesetzt waren (vereinzelte Journalisten), war alles in Aufregung. Die Zellen wurden hermetisch abgesperrt, kein Internierter durfte die Zelle verlassen, und der Journalist wurde vom Kommandanten und Angestellten der Festung links und rechts eskortiert durch die Festung geführt. Er ging an allem Sehenswerten vorbei und ihm wurde nur ununterbrochen von den Grausamkeiten der Deutschen erzählt. Dabei hörte man oft Dinge, die lächerlich wirkten, z. B.: Es wären in einem steilen Steingarten tausende von Frauen (unter tausenden tat man es ja nie) von der SS vergewaltigt und dann in dem Badebassin ertränkt worden. Der Steingarten war derart steil, daß es auch dem gewiegtesten Lebemann schwer gewesen wäre, ein Plätzchen zum Geschlechtsverkehr zu finden.

Während im Anfang brutale Grausamkeit geherrscht hatte und ununterbrochen und hemmunglos geprügelt worden war, wurde das Schlagen später verboten. Der Festungskommandant selbst stand mit Strenge hinter dem Verbot; und sah auch sonst strikt auf Ordnung. Er konnte jedoch natürlich, bei der geringen Disziplin und der Einstellung der Untergebenen gegen ihn, die Mißhandlungen nur einschränken; hinter seinem Rücken geschah trotzdem noch ziemlich viel.

Hilfe aus der Schweiz

Den gleichen Erfolg hatte auch eine Zuteilung von Nahrungsmittel durch das Schweizer Rote Kreuz, das vielfach herbeigesehnt wurde und endlich zum ersten Mal im Dezember 1945 sich sehen ließ mit einer Spende von ca. 4 Tonnen Lebensmittel in Form von Nudeln, Büchsengemüse, Trockenkäse usw. Dabei war auch Milch in Konserven oder getrocknet für Kinder. Die Sterbeziffer sank auf die Hälfte. Ich danke bei dieser Gelegenheit dem Roten Kreuz, das so viel guten Willen zeigte und wirklich reichlich half und bedaure nur sehr, daß man sieben Monate auf das Erscheinen warten mußte. Wahrscheinlich durch Erfahrung gewitzigt, wurden mir und den Internierten dieses Lagers diese Lebensmittel übergeben, ich und die Internierten mußten die Übernahme bescheinigen, und ich wurde gefragt, ob auch die Internierten davon etwas bekommen würden. Ich sagte damals: "Hoffentlich." Dieses Vorgehen war das einzige Mögliche und Richtige, um eine tatsächlich zweckentsprechende Verwendung zu erlangen. Ich hatte dauernd schwere Kämpfe zu bestehen, weil man immer wieder versuchte, die Verpflegung einzustellen und diese Lebensmittel zur Verpflegung zu verwenden. Ich kann jedoch mit Freuden sagen und bitte dies dem Roten Kreuz mitzuteilen, daß tatsächlich über 80% und mehr der Spende den Internierten zu Gute kam, ein außerordentlich erfreulicher Erfolg, denn ohne diese Vorsicht des Roten Kreuzes wären wohl kaum 10% zweckentsprechend verwendet worden.

Nachträglich muß ich noch etwas richtig stellen. Bei meiner Entlassung Ende Januar 1946 war noch ein stattlicher Rest dieser Zuteilung vom Roten Kreuz vorhanden. Wie mir aber später Entlassene mitgeteilt haben, ist dieser Rest der Zuteilung doch noch zum größten Teil verschoben worden und kam nicht den Internierten zu Gute.

Säuglinge, Kleinkinder und Jugendliche

Interessant ist die Internierung von Säuglingen, Kleinkindern und Kindern bis zu 12 Jahren, deren wir etwa 100 hatten. Die über 12 Jahre alten Kinder wurden wie Erwachsene gerechnet und ebenso be- und mißhandelt. Obwohl die Schweine in der Festung mit Milch gemästet wurden, war für die Säuglinge keinen Tropfen Milch aufzutreiben; es mußte erst die Bewilligung der vorgesetzten Dienststelle eingeholt werden, was ungefähr zwei bis drei Wochen dauerte. Ich war in Verzweiflung und stand vor dem Problem, ungefähr 20 Säuglinge ohne jeden Tropfen Milch mit Schleim und etwas Zucker aufzuziehen. Das Problem wurde insofern gelöst, als es mir gelang, auf Schleichwegen eine entsprechende Alete- und ähnliche Büchsenmilch aufzutreiben und ins Lager zu bringen. Später flog diese Sache zwar auf und ein Internierter, der Geld für diese Säuglingsmilch gegeben hatte, wanderte in die Einzelzelle. Die Kinder selbst wurden in einer Bretterbaracke, wo früher alte Häute lagerten, untergebracht, hatten einen großen Hof zum Spielen, es konnten dort Windeln und Wäsche getrocknet werden, kurzum diese Kinderabteilung, die von einer Ärztin geleitet wurde und mir direkt unterstellt war, wurde eine kleine Musterabteilung und wurde auch zu Reklamezwecken Journalisten vorgeführt, die sogar Film-Aufnahmen machten. Die Einstellung des Innenministeriums, die sich auch dort zeigte, beweist deutlich ein Ausspruch, der mir auch heute noch genau in Erinnerung geblieben ist: "Wir Tschechen sind hier gestorben und wir lassen Euch am Leben." So gut diese Bretterbaracke in den Sommermonaten war - sie war sehr luftig, man sah überall durch die Bretter den Himmel und konnte zwischen den Brettern mit der Hand ins Freie greifen - so unangenehm wurde es, als es immer kälter wurde. Man versprach jede Woche, die Kinder entweder zu entlassen oder anderweitig unterzubringen. Der Festungskommandant selbst und noch mehr der Amtsarzt gaben sich größte Mühe; aber alle Außenbehörden lehnten ab, nirgends war ein Platz für die Kinder. In Leitmeritz stand zwar eine Unmenge größerer Räume leer und ebenso über 600 Wohnungen, für diese Kinder war jedoch nirgendwo Platz. Es kam der Oktober, die Kinder froren schon entsetzlich und mit dem November setzten die ersten heftigen Fröste ein. Das Wasser war in der Frühe gefroren und wenn auch die Kinder mit zwei Decken zugedeckt zusammengepreßt beieinander lagen, so froren doch alle entsetzlich. Heizmaterial war sehr wenig da und das Heizen nützte auch nur so weit, als die Temperatur in nächster Nähe des strahlenden Ofens einigermaßen erträglich war; die Temperatur in der Baracke selbst blieb unter dem Nullpunkt. Einzelnen erfroren die Händchen, verschiedene konnten in der Kälte das Wasser nicht halten und lagen dann noch in der nassen Wäsche und auf dem nassen Strohsack. Endlich nach langem Bemühen und dank des Entgegenkommens des Festungskommandanten, Major Kálals selbst, gelang es mir, Ende November oder anfangs Dezember, die Überführung der Kinder auf den 4. Hof in eine Große Zelle durchzuführen, in der 2 große Öfen aufgestellt waren und die Temperatur einigermaßen erträglich war. Die Pflegerinnen schliefen in der eingangs erwähnten Holzbaracke zu sechst in einem Zimmer, was den Hofkommandanten namens Benes, einen jungen Burschen, nicht hinderte, mehrmals in der Woche in der Nacht ins Zimmer zu kommen, dort sich mit den Stiefeln mit einer der Internierten ins Bett zu legen und vor den anderen geschlechtlich zu verkehren.

Handel mit Schnaps, Tabak und Frauen

Bezeichnend war das Verhältnis zwischen Vorgesetzten und Untergebenen, eigentlich waren die Untergebenen die weitaus stärkeren und kam es zu Differenzen, so bekam immer der Untergebene Recht. Man kann sich daher auch den schwierigen Stand des Festungskommandanten vorstellen. Gewisse Sadisten wie ein Truka, ein Unteraufseher und 2. Kommandant des 4. Hofes, konnten die ganze Festung terrorisieren. Vor derartigen Bestien hatte ein jeder Angst.

Eine ähnliche Type war ein gewisser Valchar, der bei keinem Totschlagen fehlte und auch sonst zu jeder Gemeinheit bereit war. Er war Kommandant des 2. Hofes.

Viele von diesen kleinen Leuten waren dabei Schwerverdiener. Ein gewisser Ortl ließ von den Internierten Lederblumen herstellen, bis zu 45.000 in zwei Monaten. Man kann sich vorstellen, was dieser kleine Mann an den Lederblumen verdiente.

Hunderte von Roßhaarmatratzen wurden in die Festung gebracht. Sie wurden in Theresienstadt nach dem Abtransport der Juden aus deren Wohnungen gesammelt. In der Festung wurden sie von den Internierten zerzupft, in große Ballen verpackt und verkauft. Wieder eine schöne Einnahme für die kleinen Leute. In der am 2. Hofe befindlichen Großtischlerei wurden dauernd Möbel hergestellt und auch noch andere Dinge.

Außerdem verhandelte Ortl für Schnaps, Speck und Tabak Frauen an die Russen, einmal als besondere Delikatesse neun Frauen im letzten Monat der Schwangerschaft. Daß es dabei ein bis zwei tote Kinder gab, dürfte Herrn Ortl wenig gestört haben. Eine von diesen Hochschwangeren wollte sich zum Geschlechtsverkehr nicht hergeben, ich sah sie zwei Tage später, der Oberkörper, besonders die Brüste und Arme waren zerkratzt und blau geschlagen und der Bauch wies mehrere Spuren von Stiefelabdrücken auf. Ich wunderte mich damals, daß diese Frau nicht vorzeitig entband.

Offiziell wurden die Frauen den Russen immer zur Arbeit zugeteilt, die dann die zur Verfügung gestellten Frauen auch geschlechtlich gebrauchten. Wenn sich die Frauen jedoch weigerten oder nicht entsprachen, wurden sie als faul ins Lager zurückgeschickt, wo sie dann entsprechend schwer bestraft wurden.

Das Altersheim

Einige Reihen von kleineren Zellen am 4. Hof waren als Altersheim und Heim für Invalide eingerichtet. Die Türen gingen auf den kleinen Hof. Wenn es regnete, lief das Wasser auf dem Beton in die Zellen und die Strohsäcke, die dort am Boden lagen, verfaulten. Im September ging es noch an; aber im Oktober, als die kalten Nächte kamen, froren diese Leute entsetzlich. In einer Zellenreihe, in der 27 (drei in jeder Einzelzelle) untergebracht waren, lebten nach zwei Monaten Kälte und Hunger nur noch sieben. Man kann sich vorstellen, was diese Leute an Hunger, Kälte und seelischen Qualen ausstanden. Als der Winter schon seinen Einzug gehalten hatte, gelang es mir nach dreitägigem Kampf, endlich ungefähr fünfzig Leute, den Rest des Altersheims, in einer Kasematte unterzubringen, wo sie zumindest nicht mehr so durch die Kälte litten. Viel schlimmer hatten es die Insassen der Zelle 44 am 4. Hof. In dieser Zelle wurden wegen Überfüllung des Kreisgerichtes in Leitmeritz etwa 60 Untersuchungshäftlinge von dort in die Festung abgestellt und dort gemeinsam mit den Insassen der Einzelzellen untergebracht. Es durfte nicht geheizt werden, von den Decken tropfte unaufhörlich das Wasser, der Mörtel löste sich dauernd und fiel von der Decke. Alles war feucht, auch die zwei Decken, die die Häftlinge zum Zudecken hatten. Wintermäntel gab es nur ganz vereinzelte. Diese armen Teufel durften die Zelle überhaupt nicht verlassen, in kein Krankenrevier kommen, sie durften nur auf der Zelle sterben. Solange sie noch Kraft hatten, liefen sie die halbe Nacht herum, um sich einigermaßen zu wärmen, dann mußten sie wieder unter die nassen Decken kriechen. Zeitweise war der Boden vereist. Daß hier ein Massensterben einsetzte, ist selbstverständlich. Wenn auch das Prügeln, seit Major Kálal das Festungskommando übernommen hatte, verboten war, bekümmerten sich die Untergebenen zeitweise recht wenig um dieses Verbot; oft gab es Nachtmusik spät abends, man hörte dann das Krachen von Knüppeln auf Schädel, das Klatschen von Ohrfeigen und Gummiknüppeln, das Schreien der Mißhandelten und Brüllen der Wachmannschaften.

Ein weiteres Einzelschicksal

Der Graf Ledebur, früherer Politiker der Christlich-Sozialen im Parlament, ein feiner, ruhiger und äußerst sympathischer Mensch, wurde trotz seines hohen Alter (72 Jahre) in den ersten Monaten dauernd in Einzelhaft gehalten, wobei ihm jeder Verkehr mit anderen verboten war, ausgenommen mit dem Arzt. Er war ein Idealist und glaubte, man würde ihn vernehmen. Er erzählte mir, er säße wegen eines archäologischen Schmuckes hier, der im Besitze seiner Frau sei und den man bis heute noch nicht gefunden habe. Er würde gerne sagen, wo sich der Schmuck befände, wenn er nur hier herauskäme. Doch er habe sich nie darum gekümmert, wo seine Frau den Schmuck aufbewahrte und konnte daher nichts aussagen. Aus diesem Grunde, nahm er an, würde er so streng bewacht. Trotz seines hohen Alters hielt er sich Monate lang tadellos. Nach einigen Monaten jedoch mußte er sich legen, da er ein Abszeß am Fuß hatte, das ich ihm öffnete und behandelte. Ich selbst kam 8 Tage lang nach Leitmeritz ins Hospital, um meine bei den Mißhandlungen gebrochene Hand röntgen und behandeln zu lassen (und eigentlich meine Frau und Kinder zu sehen). Als ich zurückkam, mußte ich eine Verschlechterung des Fußes und drohende Brandgefahr feststellen. Ich ging deshalb zum Sekretär und bat, den Graf nach Leitmeritz ins Krankenhaus überweisen zu dürfen, da der Fuß abgenommen werden mußte, sonst würde er sterben. *"At chcipne!"* war die Antwort, d. h. er möge krepieren. Ich flog hinaus. Da mir der alte Herr sehr leid tat, versuchte ich noch mehrmals, ihn nach Leitmeritz ins Spital zu bringen, jedoch stets mit dem gleichen Mißerfolg. Seine Frau, die man ebenfalls wegen des verschwundenen Schmuckes befragte (sie war noch frei und lebte in einem kleinen Häuschen in Milleschau), benützte die Gelegenheit, ihm mehrere Körbe mit Obst zu schicken. Ich weiß nicht, ob er zwei Äpfel von diesem Obst gesehen und bekommen hat. Nach weiteren 10 bis 14 Tagen war der Zustand des alten Herren recht traurig. Es kam eine Kommission aus Prag und ich wurde furchtbar angebrüllt, warum ich den Grafen nicht schon ins Spital gebracht hätte und noch am gleichen Tage kam der Graf ins Spital. Ich ließ noch der geistlichen Schwester ausrichten, sie möchte sich besonders um ihn bemühen, er wäre der Führer der Christlich-Sozialen gewesen und sei ein äußerst wertvoller Mensch, sie möchte daher das Menschenmöglichste mit ihm tun. Die katholischen Schwestern, die immer ein gutes Herz für die Internierten hatten und von den Internierten selbst mit Recht als "Engel" bezeichnet wurden, taten ihr Bestes. Der Graf selbst starb am gleichen Tage, als ihn der englische Gesandte und der Fürst Lichtenstein besuchen wollten. Die Gräfin wurde in den Wintermonaten in das Kreisgericht von Leitmeritz eingeliefert.

Verbrecher

Auch von einem Verbrecher will ich noch sprechen, von einem gewissen Kurt Landrock, Kapo der berüchtigten 50sten Zelle, Spezialist im Erdrosseln mit Stock und Schnur, einer ausgesprochenen Bestie in Menschengestalt, der allerdings zu seinen Lieblingen sehr nett sein konnte. Er machte das Krankenrevier für die Kranken zu einer Hölle. Ich war damals schon Chefarzt der Festung und versuchte, ihn als Kapo vom Revier wegzubekommen mit der Begründung, daß er nicht entspreche und auch nicht tschechisch könne. Aber der Mann hatte so viel Verdienste als Schwerverbrecher, daß seine Stellung nicht zu erschüttern war. Erst nachträglich fiel mir auf, daß er anfangs Leute mit Goldzähnen gern auf seine Abteilung aufnahm. Es stellte sich heraus, daß er Sammler von Goldzähnen war, die er den Leidenden aus dem Munde nahm. Dieses jedoch sollte ihm zum Verhängnis werden. Da er diese Goldzähne nicht abgeliefert hatte, wurde er ins Kreisgericht nach Leitmeritz eingeliefert. Wie gering man die Intelligenz der internationalen Öffentlichkeit einschätzte, zeigt folgendes: Der Pole Alfred Kling, der sehr viele Morde persönlich ausgeführt hatte, sollte als Deutscher erklärt werden. Landrock war Deutscher, ein Schwerverbrecher, der von den Tschechen wegen seiner Grausamkeiten als Kapo ausgesucht worden war und früher schon mehrere Jahre im deutschen KZ gesessen hatte. Also: Das damals vorgenommene Programm war: die ganzen zahlreichen Morde sind nicht durch die Tschechen sondern durch die Deutschen erfolgt. Dadurch wollte man einerseits sich selbst entlasten von dem Vorwurf des unberechtigten Massenmordes und die Deutschen aufs Neue schwer diffamieren. Daß Kapitän Prusa oder Tomes die dauernden Mißhandlungen durch ein Wort hätten einschränken können, und darüber hinaus jeden Mord hätten verhindern können, wird das dumme Ausland ja nicht annehmen. So rechnete man damals und ein möglicher Prozeß in dieser Richtung zur Täuschung der Öffentlichkeit würde mich nicht wundern. Von den vielen zerschlagenen Kiefern wird wohl keiner von den Betroffenen reden, denn wer einen schweren Kieferbruch hat und nichts als hartes Brot und wenig Suppe erhält, der stirbt.

Auch eine sportliche Kanone war vorhanden. Alfred Kling konnte mit einem kleinen Knüppel durch einen einzigen Schlag in den Nacken einen Menschen töten. Diese Leistung wurde trotz vieler Versuche von keinem der Tschechen erreicht und Alfred hatte hierdurch sehr an Ansehen gewonnen.

Vergleichende Betrachtungen, die sich aufdrängen

Ich bin durch die vielen, in ehemaligen deutschen KZ Eingesperrten, die in Theresienstadt weiter sitzen mußten, ziemlich genau und aus erster Quelle über die Methoden der Gestapo und die Grausamkeit der KZ's unterrichtet und zwar von solchen Leuten, die ja selbst Insassen waren und diese KZ's nicht lobten, aber doch alle übereinstimmend feststellten, daß das Lager in Theresienstadt schlimmer sei. Ich will nicht ausführlich werden und erwähne nur die Namen von zwei Bestien in Menschengestalt, einen gewissen Valchar, die personifizierte Grausamkeit und Böswilligkeit, und einen gewissen Truka, der ihm nichts nachgab. Was diese Leute brüllten, schlugen, ohrfeigten, mit den Füßen hackten und auf jede nur erdenkliche Weise Menschen quälten, würde Seiten füllen. Truka ließ u. a. die SS sich auf den Boden legen, ging auf ihnen spazieren, wobei er die empfindlichsten Stellen zum Hintreten aussuchte, und sprang mit beiden Füßen auf die Nierengegend und was derlei Vergnügungen mehr waren. Was Kälte, dauernder Hunger, Gebrüll, Mißhandlungen, an der Wand stehen, am Boden wälzen usw. Menschen seelisch und körperlich quälen kann, ist leicht vorstellbar. Zu schildern, wie man die Internierten Sonn- und Feiertags zur Erholung der Wachmannschaften dauernd in die dunklen Grabgewölbe sperrte und dergleichen mehr, würde zu lange aufhalten. Ich will nur eines noch dazu bemerken: Theresienstadt steht nicht allein. Ich habe mit Insassen aus anderen Lagern und Gefängnissen gesprochen, das System ist überall das Gleiche, es wird ja vom Innenministerium geregelt und angeordnet, wenn auch nach tschechischer Art niemand daran Schuld haben will, sondern immer nur der andere Schuld daran hat.

Man mag diese Schilderung glauben oder auch bezweifeln, es kommen jedoch immer wieder viele Leute aus der Festung Theresienstadt selbst frei, es werden zwar nur wenige so viel wissen wie ich, aber alle können sie bestätigen, daß das, was ich hier mitgeteilt habe, weder übertrieben noch unwahr ist. Wenn auch in späteren Zeiten das Totprügeln im Großen und Ganzen aufgehört hat, so sind dafür wieder andere Faktoren an die Stelle getreten. Die Kälte bei mangelnder Bekleidung, der Mangel an Heizmaterial und der Monate lang andauernde Hunger. Die Qualen sind dadurch keineswegs geringer, als sie bei dem Totprügeln waren, denn man kann eine Unmenge Leute sterben lassen, ohne eine gewaltsame Einwirkung.

Noch heute schmachten Tausende unschuldiger Menschen in einer Sklaverei, wie im tiefsten Mittelalter. Ich habe nur einen Wunsch: möge mein wahrheitsgetreuer Bericht, den zu beeiden ich jederzeit bereit bin, dazu beitragen, daß endlich einmal maßgebende internationale Stellen dazu veranlaßt werden, gegen diese menschenunwürdigen Zustände mit allen zu Gebote stehenden Mitteln einzuschreiten.

Theresienstadt, Bericht Nr. 2

Schwere Mißhandlungen im Lager

Berichter: Hans Strobl - Bericht vom 26. 6. 1946

Ich meldete mich am 9. 5. 45 gemäß offizieller Aufforderung mit meiner Familie bei der Prager Polizei und wurde 14 Tage in Pankraz festgehalten, wo wir alle Häftlinge aufs schwerste mißhandelt wurden. Von dort wurde ich am 26. 5. mit einem Transport von 600 Leuten, Männer, Frauen und Kinder, nach Theresienstadt gebracht. Bei der Ankunft wurden die Häftlinge wahllos mit Knüppeln, Axtstielen, Gewehrkolben usw. aufs grausamste verprügelt. 59 Männer wurden dabei zu Tode geprügelt; es waren meistens ältere Männer, die nicht schnell genug laufen konnten. Ungefähr 200 Personen sind in der nächsten Zeit an den Folgen der Mißhandlungen gestorben.

Mir selber wurde dabei das Ellbogengelenk zertrümmert und die Elle und die Speichen gebrochen. Eine ärztliche Hilfe war nicht vorhanden. Erst am 25. 8. nach 3 Monaten, wurde ich ins Leitmeritzer Krankenhaus eingeliefert und operiert. Ich brachte dann 5 Monate im Krankenhaus zu.

Theresienstadt, Bericht Nr. 3

Augenzeugenbericht eines Internierten

Berichter: Eduard Fritsch

Mit dem Transport aus Prag am 24. Mai 1945 kamen annähernd 600 Personen verschiedenen Alters und verschiedener politischer Anschauungen nach Theresienstadt, alle in der Hoffnung nach kurzem Aufenthalt wieder in die Heimat entlassen zu werden. Vor dem Tore der Festung wurde der Transport nach Männern und Jugendlichen, nach Frauen und Kindern und nach Kranken und Kriegsversehrten geordnet. Nach einer Ansprache eines Tschechen mit der Binde des Roten Kreuzes, der uns alle Schlechtigkeiten, die die SS in Theresienstadt verbrochen hatte, vor Augen führte, wurden wir in die Festung getrieben. Dabei wurden schon viele geschlagen. Der Weg zum Hof 4 hat einen ziemlich langen zum Hof abfallenden Toreingang, wo frühere Häftlinge des Theresienstädter KZ, bewaffnet mit Kreuzhackenstielen, die oben mit Eisen beschlagen waren, zu beiden Seiten des Ganges auf uns warteten. Was sich hier zugetragen hat, läßt sich schwer beschreiben. In dieser ca. 10 m langen Toreinfahrt lagen Haufen von sich windenden und krümmenden Menschenleibern, die schrien und denen wir nicht helfen konnten, denn ohne eine entsprechende Tracht Prügel kam niemand durch. Mit Absicht wurde in die Nierengegend und auf den Hinterkopf geschlagen. Am Hofe selbst mußte sich der Rest in Fünferreihen aufstellen und sich selbst abzählen. Da es dem Festungskommandanten Prusa zu langsam ging, zählte er selbst ab, indem er mit dem mit Eisen beschlagenen Stiel jeden einzelnen auf den Kopf schlug und dabei abzählte. Daß von denen nicht viele übrig blieben, die in der Prusa zugekehrten Reihe standen, ist leicht erklärlich. Ich wagte einen Blick zum Toreingang und einen nach rückwärts. Es war schauerlich, überall am Boden lagen Leute, die vor Schmerzen stöhnten und die still lagen waren bereits tot. Einer meiner Zellengenossen aus Prag-Pankraz lag mit zertrümmertem Kopf da. Ein anderer aus München stand ganz ratlos allein bei der Abfallgrube, blutüberströmt von oben bis unten, er vergaß sich bei uns einzureihen und wurde durch ständige Schläge zu uns getrieben. Sein Gang war schwer und schleppend und die Schläge hagelten auf seinen Körper. Daß er durchhielt war staunenswert. Wir bemerkten, daß jene, die zu Boden geschlagen wurden, nicht mehr hochkamen. Sie wurden nachher ganz erschlagen. Die dieser Prozedur Entronnenen mußten sich dann mit erhobenen Händen an die Wand stellen, was ca. von 9 Uhr bis 17.00 Uhr dauerte. Gegen Mittag fing es zu regnen an, das Wasser lief in die Ärmel und unten heraus. Wenn jemand die Arme senkte, so war das ein Anlaß für die Schergen, uns mit dem Kopf an die Wand zu schlagen. In dieser Zeit reifte bei jedem von uns der Gedanke, wenn wir nicht in Kürze erschlagen oder erschossen werden, Selbstmord zu begehen. Gegen Abend wurden wir auf die Zellen aufgeteilt. In unserer Zelle waren wir 480 Mann ganz eng zusammengedrängt. Es kam die Nacht, draußen wurde geschossen, man hörte Schreie und wir warteten, bis die Reihe an uns kam. Es wurden viele geholt, die nicht mehr wieder kamen. Am nächsten Tage Desinfektion und Entlausung. Ein Streifen Haare von der Stirn zum Hinterkopf wurde mit der Maschine ausgeschnitten. Diesen Streifen bezeichneten die Tschechen mit "Hitlerstraße". Nackt liefen wir dann über den Hof und erhielten die Sträflingsuniformen, die schmutzig und oft blutbefleckt waren. In den nächsten Tagen gingen Arbeitskommandos an verschiedene Arbeitsstellen. Ich erhielt mit anderen die Aufräumungsarbeiten der Einzelzellen, wo die Erschlagenen lagen. Zentimeterhoch lag das geronnene Blut, abgeschlagene Ohren, ausgeschlagene Zähne, Hautteile rnit Haaren vom Kopf, Gebisse und dergl. herum. Der durch Blut und dergl. verbreitete Gestank machte uns das Waschen der Zellen und Gänge bald unmöglich. Bei vielen zeigten sich nach 2-3 Tagen Geschwülste am Rücken, Hals, Kopf und Armen. Köpfe sahen aus wie Masken, alles geschwollen, die Augen herausstehend, die Lippen wulstig, die Ohren abstehend, der ganze Kopf um vieles vergrößert, ein Anblick zum Erbarmen.

Nach zwei Tagen wurde ich zum Krankenrevier kommandiert. Es bestand aus 5 Einzelzellen, darin lagen bis zu 5 Mann, teilweise liegend, teilweise in Hockstellung, oder sitzend. Dort sah ich etwas, was mir den größten Schrecken einjagte: Patienten aus diesen Zellen wurden vollkommen entkleidet, auf eine Bahre von uns gelegt und erhielten vom Arzt eine Injektion eines schnell wirkenden Giftes. Diese Leute starben innerhalb einer Minute. Ich gebe zu daß diese Injektion für viele eine Erlösung war, aber es waren auch Leute dabei, die leicht hätten ausgeheilt werden können. Die Beseitigung der Kranken auf diese Art wurde von der Kommandantur der Festung aus angeordnet. Viele meiner Bekannten gingen diesen Weg.

Die Verpflegung bestand in der ersten Zeit aus Kaffee und Suppe mit Kartoffel und verdorbenem Fleisch, das mitunter Madennester aufwies. Dieses verdorbene Fleisch aus Freibänken wurde drei Monate hindurch verkocht. Nachdem die deutschen Salzvorräte verbraucht waren, trat Mangel an Salz auf. Eine Tagesration im August 1945 bestand aus einem halben Liter Suppe resp. ungesalzenem Wasser mit wenigen Kartoffelstückchen, wenn man Glück hatte. Außerdem 180 Gramm Brot. Bei dieser geringen Kost mußten die Internierten schwerste Arbeit verrichten, wie Gräber ausheben usw. - und manche hatten kaum die Kraft, die Kreuzhacken zu heben. Typhus wütete unter den Internierten. Der Hunger war groß. Wir mußten Massengräber ausgraben, mit bloßen Händen Tote freilegen und einsargen, dabei die große Hitze im August und der penetrante Gestank der Leichen, der Hunger und dabei wurden wir noch geschlagen, es gab sogar Erschlagene dabei. Wegen Choleragefahr wurden wir zu rascher Arbeit angetrieben und die Zustände brachten uns bald zur Verzweiflung.

Eine Hinrichtungsmethode der Tschechen bestand darin, daß ein Tscheche mit seinem Fuß in eine Schlinge eines Strickes trat, der Strick wurde dem Häftling um den Hals geschlungen und am anderen Ende des Strickes war die zweite Schlinge, in die ein Knüppel kam. Mit diesem Knüppel wurde der Strick angezogen und auf diese Weise wurden die Opfer langsam erwürgt.

Erst als der russischen Armeeleitung die Zustände bekannt wurden, setzte sie Kommissionen ein, die energisch durchgriffen, die eisenbeschlagenen Knüppel wurden verbrannt. Auch die Injektionen hörten auf und die Behandlung wurde menschlicher.

Wenn ich nur eine Verletzung des Beckenknochens, Nasenbeinbruch, Armverletzung davon getragen habe und den Verlust sämtlicher Zähne des rechten Oberkiefers zu beklagen habe, so habe ich noch Glück gehabt, daß ich so davon gekommen bin.

Troppau

Troppau, Bericht Nr. 1
Schwerste Mißhandlungen einer Frau 1945
Berichterin: Elfriede Hanke - Bericht vom 21. 6. 1946

Am 2. 6. 45 wurde ich in das Troppauer Lager eingeliefert. Dabei wurde ich zuerst einmal geschlagen, gewürgt und mit der Pistole bedroht, da ich sagte, daß ich nicht bei der Partei war und auch nichts von Munition wisse, was man mir nicht glauben wollte. Am 6. 7. 45 wurde ich ins Gefängnis des Lagers gebracht und dort aufs schwerste mißhandelt. Ich wurde gleich bei der Einlieferung geohrfeigt, mit Füßen getreten und mit Gummiknüppeln geschlagen. Das wiederholte sich durch 13 Tage täglich.

Am 13. Tage kam Fitzek mit mehreren anderen Tschechen. Sie warfen mich auf die Pritsche meiner Zelle, zogen mir die Hose ab und schlugen mich mit Gummiknüppeln von der Hüfte bis zu der Wade beider Beine, sodaß ich abends in das Krankenzimmer gelegt werden mußte, wo ich vier Wochen lang auf dem Gesicht liegen mußte, da ich am Gesäß und auf beiden Waden große eiternde Wunden hatte. Ich mußte auch mehrmals geschnitten werden. Ich war vier Monate lang krank. Dann wurde ich zwar nicht mehr geschlagen, aber wie alle anderen angebrüllt, gestoßen und schikaniert. Am 8. 2. 46 wurde ich entlassen.

Troppau, Bericht Nr. 2
Sammellager, Quälereien eines Kranken, Herbst 1945
Berichter: V. Skolaut - Bericht vom 21. 6. 1946

Anfang Juli 1945 kam ich mit der übrigen deutschen Bevölkerung der Stadt in das Sammellager Troppau. Von dort aus war ich täglich im Elektrizitätswerk bei schwerer körperlicher Arbeit eingesetzt, der ich gesundheitlich nicht gewachsen war, da ich 52 Jahre alt, an einer schweren Angina pectoris leide und kurz vorher eine akute Gallenblasenentzündung hatte.

Am 3. August hatte ich im Laufe des Nachmittags einen Herzanfall. Als ich am Abend mit den übrigen Häftlingen von der Arbeit ins Lager zurückkehrte, begab ich mich zum Arzt und wurde von dort, bevor ich noch mit ihm sprechen konnte, zu neuerlichem Arbeitseinsatz ins Lager bestimmt.

Ich folgte dieser Aufforderung ohne Widerspruch, nur bat ich, mir vorher meine Abendsuppe holen zu dürfen, die eben ausgegeben wurde. Der Milizsoldat bewilligte mir das. Als ich in meine

Baracke ging, um mir mein Eßgeschirr zu holen, kam ein anderer Milizsoldat und mißhandelte mich. Er schlug mich mit einer Latte zu Boden und trat mich mit den Füßen in den ganzen Körper, daß ich in den Seiten offene Wunden hatte und stundenlang bewußtlos lag.

Trotzdem mußte ich am nächsten Tag wie immer zur Arbeit antreten und wurde von dem Milizsoldaten, der mich mißhandelt hatte, wegen meiner Schwäche und wegen meiner Schmerzen verhöhnt. Im Laufe des Vormittags, als ich eine Büromaschine über eine steile Steintreppe trug, wurde ich plötzlich von Schwäche befallen und stürzte bewußtlos nieder, wobei ich mir die Kniescheibe brach. Zuerst wurde ich nicht als krank anerkannt und zu weiterer Arbeit verhalten. Erst nach zwei Tagen, als die Kniegeschwulst bedrohlich aussah und die Schmerzen sich ständig steigerten, wurde ich dem Krankenhaus überwiesen, wo ich vier Wochen in Behandlung war. Gegen Ende dieser Zeit wurde ich gebeten, für einen Tschechen Blut zu spenden, was ich auch tat.

Troppau, Bericht Nr. 3
Schwere Mißhandlungen im Lager
Berichterin: Emma Bittner - Bericht vom 21. 6. 1946

Am 31. 5. 45 wurde ich ins Arbeitslager nach Troppau eingeliefert und blieb dort bis zum 5. 6. 46. Ich habe drei Wochen dort gearbeitet und alle Appelle mit allen Mißhandlungen und Schikanen mitgemacht. Nachdem ich bei einem Appell infolge der ständigen erlittenen Aufregungen zusammengebrochen war, wurde ich vom Arzt als arbeits- und lagerunfähig erklärt und kam am 20. 6. 46 aufs Krankenzimmer, wo ich mehrere Monate verblieb. Dort wurde ich Zeuge, wie täglich in der Nacht die betrunkenen Milizen, an der Spitze Grossmann, der nur unter dem Namen "Lagertiger" bekannt war, auch mit tschechischen Milizinnen in die Zellen neben der Krankenbaracke einbrachen und dort die Insassen furchtbar schlugen, sodaß die Schmerzensschreie der Gepeinigten stundenlang bis zu uns drangen. Der Großkaufmann Habel aus Troppau wurde dabei erschlagen. Diese Prügeleien erstreckten sich über Monate. Ich selbst sah die zerschlagenen Opfer dieser Mißhandlungen. Die Verpflegung bestand nur aus 100 g Brot und einer dünnen Suppe ohne jedes Fett.

Als das Lager Ende August auf den Eichendorffplatz in Troppau übersiedelt war, wurde dank der Verwendung des deutschen Partisanen Gebauer die Verpflegung besser. Doch hatten wir nun furchtbar unter Ungeziefer zu leiden, da die Waschgelegenheit völlig unzureichend war. Erst drei Monate später wurde eine Duschanlage gebaut. Prügeleien von Männern, Frauen und Mädchen sowie die gemeinsten Beschimpfungen kamen noch immer vor. Bei der Einlieferung ins Lager wurde mir mein letztes Hemd gestohlen.

Ich kann diese Aussagen beeiden.

Troppau, Bericht Nr. 4

Schwerste Mißhandlungen im Lager

Berichter: Rundt - Bericht vom 21. 6. 1946

Ich wurde am 4. Juni 45 am Bahnhof Troppau von Böhmisch-Leipa mit Reiseerlaubnis kommend, als Deutscher verhaftet ohne daß mir ein Grund angegeben wurde, und ins Polizeigefängnis gebracht. Dort erhielt ich nur einige Schläge und wurde aller Sachen beraubt.

Nach drei Tagen wurde ich ins Arbeitslager Troppau überführt und sofort in die Einzelzelle gebracht. Dort wurde ich durch zwei Wochen, wie alle anderen sich in Einzelhaft befindliche Häftlinge, täglich verprügelt. Wir wurden von der Miliz mit Riemen, Gummiknüppeln, Stöcken auf den ganzen Körper geschlagen. Viele wurden bewußtlos und bluteten aus offenen Wunden. Ich selbst hatte auf dem Rücken mehrere offene Wunden, die - da ich trotzdem täglich weitergeschlagen wurde - schließlich vereiterten.

Die schlimmsten Tschechen waren Grossmann, Fitzek, Noss und Hoza. Der deutsche Partisane Gebauer hat sich in vielen Fällen für die Häftlinge eingesetzt und so vielen das Leben gerettet. Wenn er Dienst hatte, wurde nicht geprügelt. Nachdem ich 14 Tage diese Quälereien ausgehalten hatte, meldete ich mich freiwillig aufs Land zu bäuerlichen Arbeiten. Es dauerte noch zwei Monate, bevor meine Wunden abgeheilt waren.

Troppau. Bericht Nr. 5

Tödliche Verletzung einer Frau um den 20. 11. 1945

Berichter: Alois Leckl - Bericht vom 21. 6. 1946

Um den 20. 11. 45 ging meine alte Mutter, Irene Leckl, aus Troppau, auf der Ginschwitzer Straße und benützte den Gehsteig, um eine Ecke abzuschneiden. Sie wurde von einer Tschechin vom Gehsteig heruntergestoßen, fiel dabei auf das Hinterhaupt und blieb bewußtlos liegen. Sie wurde in das Troppauer Ordensspital gebracht und starb dort, ohne das Bewußtsein wieder erlangt zu haben, an Gebirnblutung.

Sie wurde am Troppauer städtischen Friedhof beerdigt. Es wurde keine kirchliche Einsegnung der Toten bewilligt.

Am Friedhof selbst gelang es mir nach vieler Mühe, einen dort zufällig anwesenden tschechischen Geistlichen dazu zu bewegen, die Einsegnung vorzunehmen.

Es kam zu einer Gerichtsverhandlung gegen die Tschechin, die meine Mutter gestoßen hatte. Sie wurde freigesprochen. Ich selbst wurde zur Gerichtsverhandlung nicht zugezogen, da ich mich im Arbeitslager befand.

Troppau, Bericht Nr. 6
Mißhandlungen und Vergewaltigung einer Frau
Berichterin: M. T. - Bericht vom 19. 6. 1946

Ich wurde am 19. 6. 45 von vier Partisanen in meiner Wohnung verprügelt. Ich mußte mich über einen Stuhl legen, einer nahm meinen Kopf zwischen die Beine und ein anderer prügelte mich mit seinem Lederkoppel. Nach mir wurde in der gleichen Weise mein 66-jähriger Vater verprügelt. Nachher mußte ich die Partisanen im ganzen Hause, vom Keller bis zum Boden, herumführen. Am Speicher wurde ich von ihnen überfallen und vergewaltigt. Hierauf wurde ich und mein Vater ins Troppauer Lager gebracht, ohne daß wir uns aus der Wohnung etwas mitnehmen durften.

Troppau, Bericht Nr. 7
Beschlagnahme einer Familiengruft
Berichter: Wilhelm Loy - Bericht vom 3. 8. 1945

Ich war 13 Monate im Lager in Troppau und wurde nach der Verhaftung und nach der Einlieferung ins Lager schwer mißhandelt. Am Friedhof in Troppau besaß ich eine Familiengruft, in der seit 10 Jahren meine erste Frau begraben lag. Im September 45 wurde, wie ich im Oktober feststellte, meine Frau exhumiert und an einer anderen, unkenntlich gemachten Stelle bestattet. In meiner Familiengruft wurde ein tschechischer Drechslermeister, Mitglied der Familie Vrablik, begraben. Die deutsche Inschrift des Grabsteines wurde entfernt.

Troppau, Bericht Nr. 8
Augenverletzung durch Mißhandlungen
Berichter: Dr. Karl Prokop - Bericht vom 21. 8. 1946

Als Österreicher erhielt ich vom Juni bis Oktober 1945 tschechische Lebensmittelkarten. Am 2. 11. 45 wurde ich auf Grund einer Denunziation zu einem Nachverhör zur Polizeistelle Teichgasse, Troppau, vorgeladen. Dort wurde mir gesagt, daß ich kein Österreicher sei. Als ich widersprach, erhielt ich drei Ohrfeigen, daß ich einen Tag lang ganz benommen war und Sehstörungen auftraten. Gleichzeitig wurde ich ins Lager abgeführt, wo ich acht Monate festgehalten wurde, bis sich schließlich doch die Haltlosigkeit der Denunziation herausstellte. Vom Lager aus wurde ich einem tschechischen Augenarzt namens Dr. Steffek vorgeführt, der eine Netzhautentzündung und Glaskörpertrübung feststellte. Er nahm mich in Behandlung, als ich ihm aber sieben Wochen später auf seine Frage, seit wann ich das Leiden bemerkt hätte, antwortete, "Am 2. 11. erhielt ich drei Ohrfeigen, nach denen die Sehstörungen aufgetreten sind", lehnte er jede weitere Behandlung ab.

Troppau, Bericht Nr. 9

Lager Schimrowitz, Mißhandlung nach Entbindung

Berichterin: Maria Weißhuhn - Bericht vom 21. 9. 1946

Ich wurde am 15. 5. 45 mit meinen drei kleinen Kindern, das Kleinste war 14 Tage alt, in das Lager Schimrowitz bei Troppau eingeliefert und mußte, obwohl ich knapp nach der Entbindung war, in der Papierfabrik die schmutzigsten und schwersten Männerarbeiten verrichten. Immer bekam ich zu hören: Krepieren soll sie mit ihren deutschen Kindern. Es wurde nicht gestattet, das Kind zu stillen. Ich mußte es mit Wasser und schwarzem Kaffee nähren. Nach 8 Wochen wurde ich von dort entlassen. Im Lager war mir alles, was ich für mich und die Kinder mitgebracht hatte, abgenommen worden. Auch meine Sachen zu Hause waren vollständig geplündert worden. Das Aussiedlungsgepäck wurde auch geplündert. Darunter war ein Sack mit Kleidern und Wäsche, der Kinderwagen mit den Windeln, der Nachttopf und andere Kindersachen, das gesamte Eßbesteck und Eßgeschirr für vier Personen. Ich habe sofort bei der Gepäckkontrolle in Bautsch bei der Gendarmerie und beim Aussiedlungskommissar, dann später beim Bezirkshauptmann in Bärn und zum Schluß beim tschechischen Grenzoffizier in Wiesau Einspruch erhoben, doch ohne jeden Erfolg. Der Aussiedlungskommissar war betrunken. Als ich am nächsten Tag abermals bei ihm vorsprach, als er nicht betrunken war, erklärte er, ich könne die Sachen nicht zurückbekommen, da er sie selbst brauche. Es ist mir bekannt, daß seine Frau in den nächsten Tagen ein Kind erwartete.

Mein Mann, Ing. Karl Weißhuhn, geb. 13. 3. 1902 in Innsbruck, wurde am 12. 5. 45 verhaftet und über Troppau und Ratibor nach Auschwitz gebracht. Alle meine Bemühungen, etwas über ihn zu erfahren, waren erfolglos.

TEIL 2 - Berichte über die Ereignisse in kleineren Ortschaften

TEIL 2 - Berichte über die Ereignisse in kleineren Ortschaften, alphabetisch:

Alt-Bürgersdorf, Althart, Altrohlau, Altrothwasser, Altsattel, Arlsdorf, Arnau, Arnsdorf, Asch, Auherzen-Lihn, Auschine-Raudnai, Barzdorf, Bautsch, Bennisch, Beraun, Bergesgrün, Berkowitz, Bilin, Bischofteinitz, Blatna, Blauendorf, Bodenbach, Böhmisch Kamnitz, Böhmisch Krummau, Böhmisch Trübau, Böhmisch Krummau, Böhmisch Leipa, Böhmisch Meseritsch, Braunau, Bretterschlag, Brunnersdorf, Brüsau, Bürgersdorf, Butschafka, Chodau, Chrastawitz, Chrostau, Datschitz, Deutsch-Beneschau, Deutsch-Jassnik, Deutsch-Lodenitz, Dittersdorf, Dobraken, Dobris, Dolawitz, Domeschau, Duppau, Duppau, Eipel, Eisenstein-Grün, Eisenstein, Elbogen, Ernstbrunn, Falkenau, Fischern, Frankstadt, Freudenthal, Friedland, Friedrichswald, Giesshübl-Sauerbrunn, Graslitz, Gross-Hermersdorf, Gross-Schönau, Grosssichdichfür, Grulich, Haida, Haindorf, Hakelsdorf, Hals, Hannsdorf, Heinzendorf, Hennersdorf, Hermannstadt, Hermersdorf, Hinterkotten, Hloubetin, Hohenfurth, Holleischen-Staab, Hostau, Jauernig, Josefstadt, Jungferndorf, Kaaden, Karlsstadt, Karlsthal, Karthaus, Karwin, Klattau, Klein-Herrlitz, Kleinbocken, Kleinmohrau, Klösterle and Kaaden, Kohling, Schindelwald and Schönlind, Kojetitz, Kolin, Kolin, Komoschau, Königinhof, Königshof, Krautenwalde, Kremsier, Kunzendorf, Kurim, Langenlutsch, Liblin, Libochowan, Liebenau, Liebesdorf, Liebeznice, Littau, Lyssa, Mährisch Trübau, Mährisch Rothwasser, Malschin, Maschau, Meierhöfen, Melnik, Mies, Modrany, Motol, Mühlbach, Münchengrätz, Neudek, Neuhof, Neurohlau, Neutitschein, Nieder-Mohrau and Olmütz, Niemes and Grottau, Nikolsburg, Nikolsburg, Ober-Lipka, Oberpaulowitz, Oderfurt, Pardubitz-Königgrätz, Parschnitz, Pattersdorf, Pisek and Brünn, Plan, Podmoky, Pohorsch and Karwin, Polepp and Leitmeritz, Pössigkau and Taus, Pribrans and Prague, Qualisch, Radl, Radonitz, Radwanitz, Reichenau, Reinowitz, Riegersdorf, Riesengebirge (the Sudeten Mountains), Rokitnitz, Römerstadt, Rosshaupt, Sankt Joachimsthal, Schankau, Schildberg, Schlackenwerth, Karlsbad, Kaschlitz and Spickengrün, Schlag, Schlaggenwald, Schönbach, Schönhengst, Schönlinde, Schwarzental and Hohenelbe, Schwarzwasser and Freiwaldau, Setzdorf, Sörgsdorf, Spillendorf, Stecken, Stefanau, Sternberg, Stimmersdorf, Strakonitz and Brünn, Tabor, Tachau, Tannwald, Tepl, Totzau, Trautenau, Tremošna, Triebendorf, Tschachwitz, Tschenkowitz, Tschirm, Tüppelsgrün, Tuschkau, Udritsch, Unterparsching, Vollmau, Vorderheuraffel, Waldau, Wallern, Warnsdorf, Weidenau, Weidsiefen, Wekelsdorf, Welpet, Willens, Witeschau, Witkowitz, Wockendorf, Zittau, Zlin, Znaim, Zwittau.

Berichte über die Ereignisse in kleineren Ortschaften

Alt-Bürgersdorf

Schwere Mißhandlungen bei Hausdurchsuchungen

Berichter: Adolf Lux - Bericht vom 30. 9. 1946

Am 2. 7. v. Js. wurde von Partisanen in allen Häusern von Alt-Bürgersdorf eine Hausdurchsuchung vorgenommen. Auch mein Haus wurde durchsucht, dabei wurden mir 2 Geigen und andere Dinge, insbesondere Wäsche, Kleider und Schuhe, die ihnen gefielen, mitgenommen. Sie haben z. B. ihre eigene Wäsche ausgezogen und sich meine Wäsche angezogen. Persönlich wurde ich dabei nicht belästigt. Dann gingen sie zum Nachbarn. Dort fanden sie angeblich einen Revolver. Darauf kehrten sie in meine Wohnung zurück, warfen alles durcheinander und verlangten auch von mir einen Revolver. Ich hatte keinen. Da wurde ich von ihnen schwer mißhandelt. Ich erhielt Faustschläge ins Gesicht, daß ich 4 Zähne verlor, 3 wurden losgeschlagen. Sie bedrohten mich mit Erschießen und schossen auch herum, wobei sie mich in den Fuß trafen. Darauf beauftragten sie mich, eine Decke von mir in die Schule in die Sammelstelle zu tragen. Ich humpelte unter Schmerzen in die Schule. Am Rückweg ging ich zum Dorfbach, zog mir den Schuh aus und wusch mir die Schußwunde aus. Als ich in mein Haus zurückkam, wartete einer noch auf mich und führte mich zum Kommissar. Dort mißhandelte er mich abermals und stieß mich dann mit einem Fußtritt zum Hause hinaus.

Althart (bei Slabings)

Arbeitseinsatz, Gepäckkontrolle

Berichter: Reinhold Meiniger - Bericht vom 15. 10. 1946

Ich war Krankenpfleger in einem Feldlazarett und wurde aus diesem am 24. 6. v. J. von den Russen entlassen. Von der tschechischen Gendarmerie wurde ich in Althart bei Slabings festgehalten, verprügelt, völlig ausgeraubt, selbst die Stiefel wurden mir ausgezogen und dann auf dem Hof Hejnitz bei Slabings zur landwirtschaftlichen Arbeit eingesetzt. Dort haben wir 4 Wochen überhaupt kein Brot bekommen. Wir lebten buchstäblich nur von trockenen Kartoffeln. Ein halbes Jahr hatten wir überhaupt kein Salz. Wir waren dort 32 entlassene Soldaten beschäftigt, das waren nur Kranke und Versehrte, denn Gesunde waren von den Russen gar nicht entlassen worden. Wir mußten von 4 Uhr früh bis 10 Uhr abends mit einer einstündigen Mittagpause arbeiten. Wer infolge seines schwächlichen Gesundheitszustandes diesem Arbeitstempo nicht gewachsen war oder die landwirtschaftliche Arbeit nicht verstand, es waren z.Teil Studenten, der wurde unbarmherzig verprügelt. Weil ich bei der Häckselmaschine, an der ich noch nie gearbeitet hatte, am ersten Tage nach der Meinung des Schaffers nicht genug leistete, wurde ich am Abend von ihm geohrfeigt und mit einem Stock verprügelt. Eine Beschwerde beim Verwalter brachte mir noch in derselben Nacht Prügel durch die herbeigerufene Gendarmerie ein. Der Schaffer hieß Josef Brychta. Solche Prügeleien kamen täglich vor. Ich mußte bis 8. 8. ds. J. auf dem Gut unter diesen Verhältnissen arbeiten. Meine Frau war schon im Sommer v. J. nur mit dem geringsten Handgepäck mit ihren zwei Kindern aus der Wohnung gewiesen worden. So haben wir alle unsere Sachen verloren. Unser Aussiedlungsgepäck besteht nur aus alten geschenkten Sachen. Selbst von diesen Sachen hat uns bei der Aussiedlung der *Národní výbor* von Christofsgrund bei Reichenberg noch alles, was noch einigermaßen brauchbar war, abgenommen, z. B. das gesamte Geschirr, die gesamte Kinderkleidung usw. Auf eine Beschwerde im Aussiedlungslager Alt-Habendorf wurde der *Národní výbor* von Christofsgrund verhalten, mir die abgenommenen Sachen zurückzustellen. Statt dessen erhielt ich einige andere fremde und viel schlechtere Sachen zurück, z. B. zwei ungleiche Schuhe, aber kein Geschirr.

Altrohlau

Beraubung einer alten, kranken Frau

Berichterin: Anna Drösler - Bericht vom 19. 8. 1946

Ich bin 62 Jahre alt und herzkrank. Seit 4 Jahren bin ich Witwe. Am 1. 9. 1945 kamen 5 tschechische Zivilisten, darunter der Postdiener Brechal und nahmen in wildester Form eine Hausdurchsuchung vor, bei der sie alle Wertgegenstände beschlagnahmten. Am 2. 9. kamen Gendarmen, die noch brutaler vorgingen. Am 25. 9. kam ein Gendarm mit mehreren Zivilisten, unter ihnen auch der neue Besitzer, trieb mich aus dem Bett - ich hatte wenige Minuten vorher vom Arzt eine Injektion bekommen - und ließen mir nur 20 Minuten Zeit, die Wohnung zu räumen und bedrohten mich mit dem Knüppel. Als kranke Frau konnte ich in dieser kurzen Zeit fast nichts zum Mitnehmen zusammenpacken. Ich wurde aus der Wohnung gejagt und quartierte mich in einem Kellerraum ein, wo ich bis jetzt ohne jede Einrichtung hauste. Meine Bitte, mir aus meiner Wohnung wenigstens ein Sofa zu geben, wurde abgelehnt. Ich mußte auf Brettern und auf Stroh liegen. Der neue Besitzer Jakob erklärte, Deutschen dürfe nichts gelassen werden. Meine gesamte Wäsche blieb in der Wohnung. Zur Aussiedlung hatte ich nur Gepäck meiner Schwiegertochter. Aus dem Handgepäck mußte ich noch 3 Garnituren Wäsche und 1 Kleid abgeben.

Altrothwasser

Mißhandlung einer bäuerlichen Familie

Berichterin: Emilie Reinhold - Bericht vom 23. 8. 1946

Am 8. 9. 1945 kam ein tschechischer Verwalter auf unseren Hof. Wir wurden von ihm sehr schlecht behandelt. Meine 5köpfige Familie war ganz allein zur Bearbeitung des 39 ha großen Besitzes. Der Verwalter selbst arbeitete überhaupt nichts, bezichtigte uns aber ständig der Sabotage, obwohl wir täglich 15 Stunden aufs Schwerste arbeiten mußten, um die vorhandene Arbeit zu bewältigen. Wir erhielten durch 7 Monate nur je 1000 Kcs. und durch 2 Monate nur 1500 Kcs. Lohn. Verpflegen mußten wir uns selbst auf sogenannte deutsche Lebensmittelkarten. Als am 13. 1. d. J. früh 2 Pferde fehlten, wurden wir vom Verwalter beschuldigt, sie heimlich verkauft zu haben. Wir wurden abgeführt und mein Sohn und ich furchtbar mißhandelt. Am selben Tage wurden wir wieder nachhause entlassen, da wohl niemand ernstlich daran glaubte, daß wir die Pferde wirklich gestohlen hatten. Die Drangsalierungen wurden von diesem Tage ab unerträglich. Am 3. 6. d. J., als meine Tochter erkrankte, benahm sich der Verwalter so wütend und bedrohte uns mit Mißhandlungen, daß ich einen Nervenzusammenbruch erlitt und stundenlang ohnmächtig war und 3 Wochen nicht gehen konnte.

Altsattel

Quälereien eines Kranken

Berichter: Anton Stockner - Bericht vom 22. 8. 1946

Ich wurde am 4. 7. 1945 in Altsattel verhaftet und in das Lager Elbogen gebracht. Obwohl ich bei der Ankunft in Elbogen sofort meldete, daß ich Pneumothoraxträger bin, wurde ich von den anderen Häftlingen nicht getrennt, sondern mußte zusammen mit diesen früh und abends Sport betreiben. Wir mußten u. a. 100mal um den Berghof laufen, was ich nicht aushielt. Als ich es meldete, wurde ich geschlagen und mußte weiter laufen. Als ich abermals nicht mehr weiter konnte, mußte ich Liegestütz machen, bis die anderen die 100 Runden beendet hatten. Sooft mir im Liegestütz die Arme einknickten, wurde ich mit Füßen getreten. Auch bei den anderen anstrengenden Freiübungen konnte ich nicht immer mitmachen und wurde deshalb immer geschlagen. Erst am 10. 7. wurde ich zum ersten Mal zum Arzt vorgelassen. Er schickte mich ins Krankenhaus, wo als Folge der Überanstrengung ein Exsudat festgestellt wurde. Nach der Entlassung aus dem Krankenhaus Ende August wurde mir am 24. September der Pneumothorax noch einmal gefüllt. Als ich im Oktober abermals zur Nachfüllung erschien, wurde mir diese verweigert.

Im November wurde ich nach Tremošna überführt. Dort wurde ich dreimal mit der Peitsche geschlagen, als ich für einen Kameraden ein Paket abholte. Anfang Dezember kam ich als Kranker nach Elbogen zurück. Dort wurde ich schon nach wenigen Tagen geohrfeigt, daß mir dabei die Brille zerbrach, da ich als Kranker nicht beim Appell erschien, obwohl Kranke allgemein vom Appell befreit waren.

Arlsdorf

Drangsalierung eines 72jährigen Mannes

Berichter: Albert Geppert - Bericht vom 9. 10. 1946

Am 22. 9. 45 wurde ich auf der Straße angehalten und nach einem Ausweis gefragt. Ich wies meine Kennkarte vor. Diese wurde mir ohne jeden Grund abgenommen und ich wurde in das Lager Arlsdorf eingeliefert, wo ich trotz meiner 72 Jahre bis 24. 5. ds. Js. festgehalten wurde. Die Verpflegung war völlig unzureichend. Als ich einmal von der Arbeit ein Stückchen Brot mit ins Lager brachte, das mir unterwegs ein Bekannter geschenkt hatte, wurde ich vom Posten geohrfeigt, daß ich bis heute am linken Ohr taub bin. Pakete wurden regelmäßig beraubt. Als ich entlassen wurde, erhielt ich die Uhr, die mir bei der Einlieferung abgenommen worden war, nicht mehr zurück. 2 andere Uhren, die ich in Reparatur gegeben hatte, wurden von der Gendarmerie beim Uhrmacher beschlagnahmt.

Arnau

Ermordung eines Ehepaares

Berichterin: Marie Rumler - Bericht vom 14. 1. 1948

Ich stamme aus Arnau im Riesengebirge, Sudetenland, Gebirgsstraße. In Arnau wohnte auch unter der gleichen Adresse mein Sohn Josef Rumler mit seiner Ehefrau Marie, geh. Petrik. Mein Sohn war Schlossermeister, meine Schwiegertochter Englisch-Lehrerin am Gymnasium in Arnau.

Am 18. 6. 1945 sollte mein Sohn mit seiner Frau ausgewiesen werden. Als die Ausgewiesenen am Marktplatz in Arnau antraten, muß sich mein Sohn irgendwie an die falsche Stelle gestellt haben. Er wurde darauf sehr geschlagen und als ihn seine Frau schützen wollte, wurde auch sie geschlagen und an den Haaren herumgeschleift. Dann wurden sie in den Hof des Rathauses getrieben, weiter geschlagen und dann beide erschossen.

Die Richtigkeit dieser Information erkläre ich an Eidesstatt und außerdem ist nahezu die gesamte Bevölkerung von Arnau Zeuge.

Arnsdorf

Mißhandlungen zur Erpressung einer Aussage

Berichter: Karl Ehrlich - Bericht vom 19. 6. 1946

Ich wurde am 19. 12. 1945 mit meiner Frau auf die Gemeindekanzlei Arnsdorf bei Hennersdorf geholt. Ich wurde gefragt, ob ich tschechisch könne und ob ich Waffen habe. Ich verneinte beides. Darauf wurde ich schwer mißhandelt. Die Tschechen warfen mich mehrmals an die Wand und versetzten mir mindestens 10 Faustschläge ins Gesicht. Dabei wurden mir 2 Zähne ausgeschlagen. Dazwischen fragten sie mich immer wieder, wo ich Waffen und Munition habe. Dann wurde ich gezwungen, ein tschechisches Protokoll, dessen Inhalt ich nicht kannte, zu unterschreiben. Diese Mißhandlungen dauerten die ganze Nacht.

Unterdessen wurde auch meine Frau mißhandelt. Sie mußte die Arme heben und bekam Fausthiebe in die Seiten. Sie wurde dann in den Keller gesperrt, wo sie so lange geohrfeigt wurde, bis sie bewußtlos war. Zu mir waren die Partisanen mehrmals in der Nacht gekommen und hatten gesagt, meine Frau habe eben gestanden, wo die Waffen seien. Zu meiner Frau waren sie ebenfalls gekommen und hatten gesagt, daß ich ein Geständnis gemacht habe. Am nächsten Tag wurde ich nach Jägerndorf und dann von dort nach Witkowitz zum Arbeitseinsatz abtransportiert. Meine Frau war infolge der Mißhandlung am nächsten Tag so krank, daß sie nicht transportfähig war. Sie wurde deshalb erst am 1. 2. ins Lager geschickt.

Auch in Witkowitz wurden die Leute verprügelt und drangsaliert. Wenn ein Mann abgängig war, wurde die ganze Gruppe ohne Essen über Nacht in den Keller gesperrt, um am nächsten Tag ohne Essen wieder weiter zu arbeiten. Das ist mir selbst mehrmals passiert.

Asch

Mißhandlung zwecks Einschüchterung

Berichterin: Anna Koch - Bericht vom 7. 6. 1946

Anfang Mai ging aus dem Aussiedlungslager Asch ein Transport nach Hessen. Ich befand mich, als der Transport der Ausgesiedelten das Lager verließ, mit mehreren Frauen - darunter eine anerkannte Antifaschistin - im Garten meine Schwägerin, der sich dem Lager gegenüber, vom Lager durch eine Straße getrennt, befand. Da erschienen im Garten ein Mann der SNB und ein Mann der NB und forderten uns auf, in die Wohnung zu gehen. Dort mußte sich jede Frau mit dem Gesicht zur Wand stellen. Die Antifaschistin wurde beauftragt, die anderen zu ohrfeigen. Da diese weinend diese Ohrfeigen nach der Meinung des NB- und SNB-Mannes nicht genug stark ausführte, bekam sie mit einem Stock einen Schlag über die Beine. Dann zeigte ihr der SNB-Mann vor, wie sie uns schlagen sollte. Ich bekam von ihm auf jede Wange zwei Schläge, ebenso die anderen. Dann mußte die Antifaschistin die Schläge wiederholen. Unter Gelächter zogen die beiden Tschechen ab.

Solche Vorfälle spielten sich in jenen Tagen mehrere ab, teilweise wurden die Leute blutig geschlagen. Ich kann diese Aussagen beeidigen.

Auherzen-Lihn

Mißhandlung von Deutschen im Mai 1945

Berichter: Anton Woeschka - Bericht vom 3. 6. 1946

Am 8. Mai v. J. wurde ich mit 24 anderen Angehörigen meines Dorfes Auherzen - darunter drei Frauen - verhaftet. Wir mußten uns neben dem Ortsteich in einer Reihe, Hände hoch, aufstellen und mußten dort so lange stehen, bis alle 25 Leute beisammen waren. Wenn einer die Arme vor

Müdigkeit senkte, wurde er sofort mit Knüppeln auf den Kopf geschlagen. Das dauerte ungefähr 4 Stunden. Dann wurden wir auf ein Lastauto verladen. Während des Aufsteigens wurde jeder mit Stöcken geschlagen. Wir wurden so nach Lihn gebracht. Während der Fahrt wurden wir von einem Mann im Auto fürchterlich geschlagen, daß jeder am Kopf und im Gesicht blutete. Beim Aussteigen in Lihn wurden wir ebenfalls verprügelt, bis wir zum Bürgermeisterhof kamen. Im Bürgermeisterhof wurden wir so lange geprügelt, bis keiner mehr aufrecht stehen konnte. Dann wurden wir ausgeplündert. Wir mußten uns dazu alle vollständig entkleiden. Es wurden uns nicht nur sämtliche Uhren und Ringe, sondern auch die Kleider genommen. Dann wurden ehemalige russische Kriegsgefangene aufgefordert, uns zu schlagen, was diese auch taten. Hierauf wurden wir von den Tschechen neuerdings verprügelt. Unterdessen blutete jeder aus vielen Wunden. Dann wurde uns befohlen, einer den anderen mit einem starken Riemen zu schlagen. Hierauf wurde jeder mit einem Kübel kalten Wasser übergossen. Dann wurden wir in eine Kammer getrieben, wo wir eingesperrt wurden. Am nächsten Tag war ein Verhör. Ich wurde nach dem Verhör als unschuldig entlassen. Die tschechische Kommission bestand aus jungen Leuten von 18 bis 20 Jahren.

Ich kann diese Aussage beeiden. Die Aussage kann von Heckenthaler Josef, Lappat Josef, Peller Josef, Cibulka Wenzel, Holley Josef und Jaklin Josef bestätigt werden.

Auschine-Raudnai

Beraubung einer Blinden

Berichterin: Marie Schlechte - Bericht vom 6. 11. 1946

Am 11. 6. 1946 wurde ich mit meinem Mann in das Krankenhaus eingeliefert. Mein Mann litt seit 1938 an einer schweren Psychose und Arteriosklerose und versuchte an diesem Tage sich und mir das Leben zu nehmen.

Vom *Národní výbor* von Auschine-Raudnai, Kr. Aussig, meiner Wohngemeinde, wurde mir wiederholt versichert, daß meine Wohnung versiegelt worden sei und mir bis zur Rückkehr aus dem Krankenhaus erhalten bleibe. Ende September erhielt ich vom Krankenhaus Urlaub, um mir aus meiner Wohnung für die bevorstehende Aussiedlung Kleider, Wäsche, Schuhe und Betten zu holen. Die Wohnung war von dem tschechischen Wohnungsreferenten Vyskocil besetzt. Ich durfte sie nicht mehr betreten und habe von meinen Sachen nur einen ganz geringen Teil nach seiner Auswahl bekommen. Z. B. schlechte fremde Wäsche, Leibwäsche habe ich überhaupt keine bekommen. Ich war deshalb darauf angewiesen, Bekannte zu bitten, mein Aussiedlungsgepäck zu ergänzen.

Mein Ehering wurde mir unter der Begründung verweigert, daß ich als Deutsche kein Anrecht auf Gold habe. Als Blinde wurde ich nun mit dem Blindentransport ausgesiedelt. Mein Mann ist schon am 16. 6. 1946 in Aussig im Krankenhaus gestorben.

Barzdorf

Jugendliche in Kohlengruben

Berichter: Rudolf Koppe - Bericht vom 9. 10. 1946

Am 18. 10. 1945 wurde ich mit 9 anderen Jugendlichen von Barzdorf durch die Gendarmerie zu einem 5wöchentlichen Arbeitseinsatz in einer Olmützer Zuckerfabrik verpflichtet. Am nächsten Tage wurde die Arbeitsverpflichtung in einen 3-monatigen Arbeitseinsatz in den Ostrauer Kohlengruben mit voller tschechischer Verpflegung und als freie Arbeiter abgeändert. In Wirklichkeit arbeiteten wir 11 Monate bei sehr schlechter Verpflegung, fast ohne Lohn und unter ständigem Terror und Mißhandlungen in der Grube. Die tägliche Arbeitszeit war 8 Stunden untertags und 4 Stunden obertags. Die Verpflegung bestand im ersten Monat nur aus leeren Wassersuppen, dann gab es täglich 30 g Fleisch und 400 g Brot. Wer sich zusätzlich Kartoffeln kochte, wurde bestraft. Bei der Ankunft in Ostrau wurde uns der gesamte Tascheninhalt abgenommen, den wir bei der Entlassung nicht zurückerhielten. Die Rückreise nach der Entlassung mußten wir aus eigener Tasche bezahlen. Die Behandlung war sehr schlecht. Wir wurden täglich im Lager und in der Grube beschimpft und geohrfeigt. Wir mußten auch außer der 12-stündigen Arbeitszeit noch für Tschechen außerhalb des Lagers arbeiten.

Bautsch

Nach Entlassung aus Kriegsgefangenschaft durch Russen Verschleppung in tschechiches Lager Gurein

Berichter: Erich Granzer - Bericht vom 13. 9. 1946

Am 26. Juni 1945 geriet ich in russische Kriegsgefangenschaft und kam nach Saratow. Am 1. Oktober 1945 wurde ich als Schwerkranker von den Russen entlassen und kam mit einem Transport von entlassenen Kriegsgefangenen (ca. 2.000 Mann) am 4. November 1945 nach Brünn. Von dem, was inzwischen in den deutschen Gebieten der Tschechoslowakei vorgefallen war, war uns nichts bekannt. In Brünn wurden wir in das Lager Gurein geschafft. Dort nahmen uns die Tschechen die Entlassungsscheine ab, mit dem Bemerken, daß wir am nächsten Tage tschechische Entlassungspapiere erhalten werden, wonach wir in unsere Heimat, die sich ebenfalls auf tschechischem Boden befindet, entlassen werden. Von einer Entlassung war jedoch nicht die Rede.

Sämtliche Schwerkranken wurden unterschiedslos zu schweren Arbeiten herangezogen. Die Behandlung war furchtbar. Wir waren in Baracken zusammengepfercht, Mann an Mann, mußten auf dem nackten Erdboden schlafen, bekamen keine Decken und litten entsetzlich unter der Kälte. Heizmaterial gab es nicht. Essen: Einmal täglich Suppe mit 200 g Brot, zweimal täglich schwarzen Kaffee. Von den Schwerkranken starben an Kälte, Entbehrungen, Mißhandlungen und körperlicher Schwäche, hervorgerufen durch Unterernährung, täglich 12 bis 16 Mann. Diese mußten wir nackt ausziehen und wurden dieselben in ein Massengrab geworfen. Furchtbare Prügel gab es bei jeder Gelegenheit. In der Baracke 15x6 m waren wir 300 Mann. Als im Winter in einer Nacht vor unerträglicher Kälte 6 Mann ihre Schuhe nicht auszogen und bei der Nachtkontrolle erwischt wurden, mußten sämtliche Kriegsgefangenen aus der Baracke barfuß im Schnee exerzieren, die vorgenannten 6 Mann mußten auf Sessel knieen und wurden auf die bloßen Fußsohlen mit Ruten blutig geprügelt.

Nach einem Monat kam ich in ein Gefangenenlager bei Brünn, wo es etwas besser war. Geprügelt wurden wir jedoch auch dort. Da ich mit meiner Gesundheit vollständig fertig war, wurde ich im Januar 1946 in die Seifenfabrik Krassel kommandiert, wo ich mich bei etwas leichterer Arbeit erholte. Dort blieb ich interniert bis Juli 1946. Als ich durch Zufall in Erfahrung brachte, daß meine Familie nach Hessen ausgewiesen wurde, benützte ich eine günstige Gelegenheit, entfloh, und es gelang mir zu Fuß über die österreichische Grenze zu entkommen. In der Umgebung von Brünn sind große Lager, in welchen sich noch immer Tausende von deutschen Zivilpersonen, Frauen und Kinder und auch Kriegsgefangene befinden. Diese Menschen werden zu den schwersten und unsaubersten Arbeiten herangezogen. Durch die furchtbare Behandlung und die schlechte Ernährung ist die Sterblichkeit sehr groß. Die Leute bis zum Skelett abgemagert sterben in Massen, werden dann nackt ausgezogen und mit Leiterwagen und Handkarren hinausgeschafft und außerhalb der Friedhöfe in den Feldern oder in der Nähe des Waldes in Massengräbern verscharrt. Bei den Tschechen hört man ständig nur eine Parole: "Alle Deutschen müssen krepieren." Und sie tun alles, um dies wahr zu machen.

Ich bin jederzeit bereit, meine Angaben eidlich zu bekräftigen.

Bennisch

Bennisch, Bericht Nr. 1

Lager Hodolein und Stefanau, Schwere Drangsalierung alter Leute

Berichterin: Valerie Klos - Bericht vom 2. 8. 1946

Am 19. 7. v. J. wurden ungefähr 750 Personen aus Bennisch, darunter auch sehr viele alte und kranke Leute und Frauen mit kleinen Kindern, in kürzester Zeit nur mit geringstem Gepäck zusammengetrieben und sollten auf 3 Wochen Ernteeinsatz ins tschechische Gebiet verschickt werden. Am nächsten Tage wurden in Olmütz die alten Leute und Frauen mit kleinen Kindern aussortiert und ins Lager Hodolein eingeliefert. Darunter befanden sich meine Eltern, mein Vater mit 74 und meine Mutter mit 54 Jahren. Ich selbst und meine Schwester wurden nach 10 Monaten zu einem Bauern geschickt, wo wir sehr gehässig behandelt und oft beschimpft und sogar bespuckt wurden. Mein Vater erkrankte in Hodolein infolge der Mißhandlungen und schlechten Verpflegung und sollte aufgrund einer Verfügung des Polizeichefarztes von Olmütz krankheitshalber entlassen werden, wurde aber statt dessen mit meiner Mutter in das Lager Stefanau geschafft, wo sich infolge der schlechten Verpflegung und Unterbringung sein Zustand so verschlimmerte, daß er am 24. 9. starb. Er hatte Geschwüre am Kopf und in der Seite, die von Schlägen herrührten. Er war in der kurzen Zeit zum Skelett abgemagert. Meine Schwester und ich standen ungefähr 30 km entfernt in Arbeit. Wir bekamen aber keine Erlaubnis, unseren Vater vor seinem Tode noch einmal zu sehen.

Als wir nachhause entlassen wurden, fanden wir von unseren Sachen nichts mehr vor, durften auch nicht mehr in unsere Wohnung. Unser Aussiedlungsgepäck besteht nur aus von Bekannten geschenkten und vorwiegend alten, z. T. schon verbrauchten Sachen. Vor allem haben wir keine Winterbekleidung.

Bennisch, Bericht Nr. 2

Schwere Mißhandlung eines Mädchens durch die Arbeitgeberin

Berichterin: Hildegard Maschke - Bericht vom 2. 8. 1946

Meine 16jährige Tochter wurde vom Arbeitsamt in Bennisch zu dem tschechischen Bauern Uhlír zur Arbeit verpflichtet. Sie mußte dort täglich von 5 Uhr früh bis ½11 Uhr nachts arbeiten. Es ist ein Besitz von ungefähr 40 ha und meine Tochter war die einzige Arbeitskraft. So wurde dem Kind die Arbeit auf die Dauer zu viel. Anfang April kam meine Tochter einmal früh zu mir und bat mich, mit ihr zum Arbeitsamt zu gehen, da sie die schwere Arbeit nicht mehr bewältigen konnte. Bevor wir aber noch zum Arbeitsamt gehen konnten, kam die Uhlír mit dem Leiter des Arbeitsamtes, Túma, meine Tochter holen. Sie wurde von Túma so lange geschlagen, bis sie sich bereit erklärte, wieder auf ihren Arbeitsplatz zurückzukehren. Auch ich wurde von Túma zweimal geschlagen. Anfang Juli wurde meine Tochter von der Frau Uhlír wieder schwer mißhandelt unter der Beschuldigung, daß sie ihr neue Sachen gestohlen haben soll. Ich habe es nur einem tschechischen Gendarmen zu verdanken, daß das Mädchen freigegeben und jetzt mit mir ausgesiedelt wurde.

Bennisch, Bericht Nr. 3

Mißhandlung in den Ostrauer Kohlengruben

Berichter: Johann Januschke - Bericht vom 2. 8. 1946

Am 24. 9. v. J. wurde ich durch das Arbeitsamt Bennisch zur Arbeit in die Grube Ida in Mähr.-Ostrau verschickt. Die Behandlung und die Verpflegung waren dort sehr schlecht. Ich wurde zweimal schwer mißhandelt. Anfang Dezember wurde ich von einem Posten verprügelt, als ich ihm der Vorschrift entsprechend meldete, daß ich bei der Arbeit mit einem Finger in ein Zahnrad gekommen war und mir dadurch das erste Fingerglied des linken Ringfingers gequetscht hatte. Trotz dieser Verletzung mußte ich weiterarbeiten. Das zweite Mal wurde ich am ersten Weihnachtsfeiertag schwer mißhandelt. Als ich früh zur Schicht antrat, rauchte ich eine Zigarette. Ein Posten kam auf mich zu und ohrfeigte mich. Als ich mich abwandte, kam er mir nach und schlug mich mit dem Gummiknüppel und Gewehrkolben in den Rücken, auf die Brust, auf den Kopf und über die Hände, bis ich bewußtlos wurde. Der Arzt stellte Lungenblutungen, Herzschwäche und Blutergüsse am ganzen Körper fest. Ich mußte mehrere Monate hindurch liegen. 2 Monate konnte ich nicht einmal allein essen. Der Arzt stellte als Folge der Mißhandlungen Arbeitsunfähigkeit auf mehrere Jahre fest. Am 4. 4. ds. J. wurde ich deshalb von der Grubenarbeit entlassen. Ich erhielt während der Arbeit in der Grube keinen Lohn und meine Frau mit ihrem 4 Monate alten Kind keine Unterstützung.

Bennisch, Bericht Nr. 4

Mißhandlungen im Lager-Eiskeller

Berichter: Erwin Plisch - Bericht vom 9. 9. 1946

Der Schrecken aller Bennischer ist der Eiskeller, in dem bis Oktober 1945 ständig 15 Mann gefangen gehalten wurden, die ständig durch Zu- und Abgänge wechselten. Ich selbst wurde dort 3 Wochen festgehalten. Im Eiskeller bestand ein ständiges Prügelkommando, welches die Häftlinge täglich schwer mißhandelte. Ich selbst wurde dortselbst zweimal verprügelt. Ich war auch selbst Zeuge, wie Leute so mißhandelt wurden, daß sie in schwerverletztem Zustand ins Pflegeheim gebracht werden mußten, wo viele starben. Ich wurde am 7. 8. v. J. als politisch vollkommen unbelastet entlassen. Doch schon bei der Einlieferung war mir die sofortige Wiederentlassung in Aussicht gestellt worden, falls ich der kommunistischen Partei beiträte. Da ich das ablehnte, wurde ich mißhandelt. Mit mir zusammen wurde am 7. 8. der Lehrer Anlauf aus Zossen entlassen, der im Eiskeller blutig geschlagen worden war. Als er Anfang September wieder verhaftet werden sollte, nahm er sich das Leben.

Beraun

Mord an deutschen Soldaten

Berichter: Franz Tengler

Ich wurde im Jahre 1942, da ich noch immer die tschechische Staatsbürgerschaft hatte, nach Kladno berufen und da wurde mir gesagt, da meine Eltern Deutsche waren: "Sie haben die Wahl, entweder Sie werden Soldat oder Sie kommen in ein Konzentrationslager." Ich wurde Soldat und nach militärärztlichem Gutachten GvH. Ich machte die Ausbildung mit und wurde krank. Ich lag ein Jahr im Lazarett und kam dann zu meinem Regiment nach Tábor zurück. Dort war ich kurze Zeit und wurde nach Prag abgeschickt; in Prag blieb ich kurze Zeit und kam zur Brückenbewachung nach Dobrichovic. Bei der Kapitulation wurde die Brückenbewachung von den Tschechen gefangengesetzt und in einer Schule untergebracht. Untergebracht waren 385 Mann und 9 Frauen. Wir blieben 2 Tage in Dobrichovic und wurden nach Beraun weitertransportiert. Da ich perfekt tschechisch spreche, wurde ich für den Transport als Dolmetscher eingesetzt; den Transport führte die tschechische Gendarmerie. Bevor wir von Dobrichovic abzogen, ließ ich mir von einem tschechischen Major einen Schein ausstellen des Inhalts, es sei eine Arbeitskolonne, nicht im Felde gewesen, ohne Waffen; mit Hilfe dieses Scheines glaubte ich an eine leichtere Durchführung des Transportes.

Jeder tschechische Kommunist trug ein Gewehr, er sah in jedem Soldaten einen Angehörigen der Waffen-SS. Wir zogen von Dobrichovic ab ohne jede Behinderung und Belästigung. Vor Tetín wurden wir von den Wlassow-Truppen aufgehalten; der Führer dieser Truppe ließ die Frauen ins Wasser werfen. Da die Beraun an der Stelle nicht tief war, zogen wir die Frauen wieder heraus. Dann ließ der Führer der Wlassowtruppen einen Hauptfeldwebel von unserer Abteilung sich ausziehen, nahm ihm seine Kleider weg und gab ihm dafür seine verlausten Kleider. Dann sagte er, er fordere ein Opfer für seine Mutter, die angeblich von den Deutschen erschossen wurde. Da ging ich hin und redete tschechisch und so gut es ging russisch, um ihn von seinem Vorhaben abzubringen. Es gelang mir; er ließ uns weiterziehen.

In der Nähe von Beraun wurden wir von Kommunisten mit vorgehaltenen Gewehren empfangen. Es kam zu keinem Zwischenfall von Bedeutung. Sie übernahmen uns und sperrten uns in eine Autohalle ein. Die ersten 2 Tage verliefen ganz ruhig, am dritten Tag stürmten die Kommunisten herein und untersuchten alle, ob jemand von der Waffen-SS dabei sei; ich wußte es tatsächlich nicht, wies das Schreiben des tschechischen Majors vor. Wie ich nachher erfuhr, waren innerhalb dieser Kolonne 14 SS-Leute, die aber erst in letzter Zeit zu dieser Waffengattung eingezogen wurden; 4 Mann, die das Tätowierungszeichen hatten, wurden herausgezogen und vor meinen Augen mit den Füßen zertrampelt; als sie blutüberströmt dalagen, wurden sie mit Wasser begossen, aufgestellt und - die Fotografie Hitlers auf der Brust haltend - wurden diese Vier auf dem Kasernenhofe den Leuten gezeigt. Mir drückte man die Pistole auf die Brust und sagte zu den Leuten: "Paßt auf auf diesen, das ist auch so einer." Über das Schicksal der vier Abgeführten habe ich nie etwas erfahren.

Am 5. Tage wurden wir den amerikanischen Truppen übergeben und wurden nach Rokycan ins Lager gebracht. Ich erkrankte in diesem Lager und wurde nach Pilsen ins Krankenhaus gebracht. Da das Krankenhaus aber überfüllt war, mußten die Neuerkrankten im Garten übernachten. Nach einigen Tagen ging es mir besser und ich wurde deshalb nach Tepl bei Marienbad überwiesen. Nach einem halben Jahr wurde ich zu meiner Tante nach Hermannshütte entlassen. Dort verblieb ich fast 3 Monate; ich wollte eine Beruhigung der Gemüter abwarten, um dann meinen gefaßten Plan, zu meiner Frau nach Beraun zurückzukehren, auszuführen. Ich führte meinen Plan durch und fuhr zu meiner Frau nach Beraun. In der Nacht meiner Ankunft wurde ich von der tschechischen Kriminalpolizei verhaftet und in der Kaserne eingesperrt. Dort wurde ich, wie auch andere Inhaftierte, von 4 Mann, die mit Gummiknüppeln bewaffnet waren, auf den entkleideten Körper bis zur Ohnmacht geschlagen. Beim Austreten unter Bewachung sah ich in der benachbarten Zelle einen toten Soldaten, neben ihm sein silbernes Kreuz. Es entzieht sich meiner Kenntnis, wieviele Soldaten in dieser Kaserne ihr Leben lassen mußten.

Mein Gesundheitszustand wurde von Tag zu Tag schlechter, vor allem litten meine Nerven. Nach 5 Monaten wurde ich in ein Konzentrationslager gebracht. Im Lager wurde ich sofort für die Arbeit eingesetzt. Wir waren zu 120 Mann in einem Zimmer untergebracht. Für die notwendigste Möglichkeit sich zu waschen, war nicht gesorgt worden, sodaß schon nach kurzer Zeit die Läuseplage überhand nahm. Fast jeden Tag erfolgte eine Durchsuchung nach Waffen und Zigaretten. Behandlung und Verpflegung in diesem KZ waren völlig menschenunwürdig. So war es nur zu natürlich, daß die Hälfte der Insassen an Hunger starb, die andere Hälfte bis zum Skelett abgemagert war. Ein kleines Beispiel, wie es meinem Freunde Andreas Rott erging: infolge Tbc lag er im Krankenzimmer; seine Mutter war in der Frauenabteilung des gleichen KZ; es wurde aber seiner Mutter nicht erlaubt, ihren mit dem Tode ringenden Sohn zu besuchen, um einige tröstende und liebe Worte mit ihm zu sprechen. Ich suchte den Schwerkranken jeden Abend nach meiner Arbeit auf, um ihn umzubetten. Ein gütiges Schicksal hat ihn bald von allen Leiden erlöst. Die Schwerkranken waren auf einem Speicher untergebracht, die Verstorbenen wurden in den Keller gebracht. Eines Tages trug ich wieder eine Leiche vom Speicher in den Keller, da sah ich, wie eine Frau, die noch Lebenszeichen gab, gleichfalls in den finsteren Keller geschafft wurde.

Nach der Arbeitseinteilung war ich tätig in einem Steinbruch, einer Eisengießerei und einem Gehöft. Trotz der sehr schweren Arbeit war die Ernährung völlig unzureichend und miserabel: Gerstengrütze ohne Salz, Erbsen ohne Salz. Lag man im Krankenzimmer, gab es folgende Verpflegung: morgens ein Stückchen Brot, mittags eine Suppe mit 4 Kartoffelstücken, abends eine Krautsuppe, manchmal gab es Pellkartoffeln. Nur an Feiertagen gab es Salzkartoffeln.

Trotz der unzureichenden Ernährung wurde aber größte Arbeitsleistung verlangt. Als ich auf dem großen Gehöft arbeitete, wurde von mir binnen 9 Stunden folgende Leistung verlangt: 28 Leiterwagen mit Getreide auf die Maschine abladen. Bei meiner Feldarbeit beobachtete ich, wie eine Frau - es soll die Frau eines Professors sein - nicht so rasch die Getreidegarben binden konnte, da ihr diese Arbeit völlig fremd war. Auch der Wachhabende beobachtete dies, sprang wütend hinzu und versetzte der Frau einen Stoß, daß sie hinfiel. In seiner Unmenschlichkeit trat er sie noch in den Leib, daß die Frau vor Schmerzen schrie. Es war aber unmöglich, der Frau beizustehen und ihr zu helfen, da man Gefahr lief, vom Posten über den Haufen geschossen zu werden. Das weitere Schicksal dieser Frau ist mir nicht bekannt.

Auf diesem großen Gehöft befanden sich auch evakuierte reichsdeutsche Frauen, die auch zur Arbeit herangezogen wurden. Kamen russische Soldaten auf dieses Gehöft, dann wurden diese Frauen erbarmungslos von den Russen vergewaltigt.

Im KZ befand sich auch ein Hochschüler, der durch Schläge vollständig blöd wurde; warum er aber geschlagen wurde, haben wir nie erfahren können.

Nach einiger Zeit wurde das KZ von Skurov nach Karlstein verlegt. Ich erkrankte abermals ernstlich und wurde in ein Krankenhaus in Beraun überführt. Hier war das Essen besser. Obgleich ich noch nicht völlig genesen war, wurde ich zur Arbeit im Krankenhaus eingesetzt. In 18stündiger Arbeitszeit hatte ich 140 Zentner Kohlengries mit einem Handkarren ins Kesselhaus zu fahren und dabei noch einen, manchmal auch zwei Kessel zu heizen, um das Krankenhaus mit Dampf und Warmwasser zu versorgen. Ich hatte, um Zeit zu gewinnen, mein Bett im Kesselhaus aufgestellt.

In dieser Zeit wurde meine Frau in das gleiche Krankenhaus eingeliefert, da meine Frau in Beraun wohnte. Sie mußte sich einer Operation unterziehen; nach den Angaben meiner Frau wurde sie von einem Tschechen vergewaltigt und bekam ein Kind. Infolge einer Sepsis mußte die Operation raschestens durchgeführt werden. Der Zugang zu meiner Frau wurde mir verweigert. Als ich mir Zugang verschafft hatte, sah ich nur noch, daß meine Frau im Sterben lag infolge verspäteter Operation. Um Mitternacht verließ ich das Krankenhaus und begab mich wieder ins Kesselhaus. Um 5 Uhr morgens wurde ich durch das Telefon geweckt, die meine Frau betreuende Krankenschwester gab mir Kenntnis vom Hinscheiden meiner Frau. Sie wurde in das Totenhaus gebracht, ca. 10 Schritte von meiner Arbeitsstelle. Meine Frau war von Geburt Tschechin, wurde aber automatisch Deutsche, da ich Deutscher bin. Ein in meinem Hause wohnender Tscheche, politisch Kommunist, hatte den Antrag gestellt, man möge meine Frau in einem Schacht begraben. Meinem Schwager aber gelang es, dieses Vorhaben zu vereiteln, und so wurde meine Frau in dem Grab ihrer Mutter beigesetzt.

Nach einigen Wochen nach der Beerdigung wurde ich mit einem Transport in den Harz (russische Besatzungszone) abgeschoben. Von dort ging ich in die amerikanische Zone. Die genauen Daten sind mir entschwunden, da ich infolge der wiederholten Mißhandlungen in den verschiedenen Lagern Gehirn-, Gallen- und Milzverletzungen davongetragen habe.

Bergesgrün

Ermordung von Frauen und Kindern, Amputierter mit eigenen Krücken erschlagen

Berichter: Eduard Kaltofen

Ich, Eduard Kaltofen, wurde am 15. 3. 1921 in Bergesgrün, Kr. Brüx, Sudetengau, geboren, meine Eltern hatten ebenfalls in diesem Ort ihre Geburtsstätte. Im Jahre 1941 wurde ich zur Luftwaffe eingezogen, 1942 nach Rußland als Aufklärer eingesetzt. Zur selben Zeit wurde mein Vater zur Gendarmerie eingezogen und nach Jugoslawien kommandiert. Ich wurde zweimal verwundet, das letztemal in Kitzingen durch amerikanische Tiefflieger. Da ich nicht mehr einsatzfähig war, bekam ich meinen Wehrpaß mit den Worten: "Sehen Sie zu, daß Sie recht bald Ihre Heimat erreichen!" Ich verließ am 28. April 1945 das Lazarett und schlug meinen Weg zu Fuß nach Salzburg-Linz ein. Von Linz fuhr ich mit dem Güterzug nach Budweis und Prag in die Tschechei. Am 4. Mai traf ich in Prag ein und am 5. Mai hatte ich ohne Hindernisse meine Heimat erreicht. Ich verweilte ich 3 Tage bei meiner Familie und Mutter; wo mein Vater war, wußten wir nicht. Am 8. Mai marschierten die Russen ein, die Besatzungszeit dauerte nur 2 Tage, dann übernahmen die Tschechen die Macht. Die ersten Tage kamen Ukrainer in unser Haus und plünderten. Was ihnen gefiel, wurde mitgenommen, Wäsche, Kleider, Uhren, Ketten, sogar die wenigen Lebensmittel. Zum Großteil wurde Mehl und Zucker usw. auf den Straßen verstreut und verwüstet. Mord und Totschlag und Vergewaltigungen standen an erster Stelle. Darauf fingen die Tschechen an, diese hatten dasselbe System. Die erste Militärtruppe der Tschechen nannte sich Partisanen, zum Teil in deutscher Afrika-Uniform. Zum Großteil in Zivil mit MP., Karabiner und Pistole ausgerüstet, drangen 8-10 Partisanen in deutsche Wohnungen und Häuser ein, plünderten, vergewaltigten Frauen und Mädchen. Nachts wurden Frauen, Kinder und Männer ohne Altersunterschied von dieser tschechischen Elitetruppe, wie sie sich nannte, erschossen; Männer auf das Grausamste gequält und dann erschlagen, Frauen und Kinder mußten dabei zusehen. Im Nachbarort Bruch wurden alle Jungen und Männer auf einen Platz getrieben, von Partisanen wurden diese mit Peitschen und Gummischläuchen mit eingezogenen Kupferkabeln geschlagen, bis die Wunden bluteten, dann streute man ihnen Salz und Pfeffer hinein.

Am 10. 5. kam an mich die Reihe. Ich wurde von Zivilisten auf der Straße gefaßt und zu dem sogenannten *Národní Výbor* geschafft. Ohne eine Beschuldigung wurde ich 8 Tage eingesperrt. Wir waren zu acht in einer Zelle. Die erste Nacht wurden 3 Mann erschossen und andere füllten in unserem engen Raum den Platz aus. Der Raum war derart klein, daß uns der Sauerstoff zum Atmen ausging, denn Fenster war keines vorhanden. Wir lagen halb ohnmächtig, dem Ersticken nahe, am Boden. Ein Austreten gab es nicht, wir mußten unsere Notdurft in diesem Raum in einer Ecke verrichten. Erst am darauffolgenden Tag durften wir einzeln austreten gehen. Die Zelle wurde nicht gereinigt. Zu trinken und essen gab es alle 4 Tage ein bißchen Wasser und 100 g Brot mit den Worten: "Ihr deutschen Hunde sollt elend zugrunde gehen, eine Kugel und ein Strick ist zu schade für Euch." Nach 8 Tagen wurde ich freigelassen, aber 6 Tage später wurde ich wieder verhaftet. Ich sah dieselbe Zelle wieder! Ich mußte mich entkleiden und an die Wand stellen, dann bekam ich von 2 Mann mit Peitschen eine halbe Stunde lang Schläge, bis mir der Rücken blutete. Nachher wurde ich mit einem Holzknüppel solange auf den Kopf geschlagen, bis ich bewußtlos zusammenbrach. Als ich erwachte, lag ich mit noch 4 Kameraden, die in demselben Zustand waren wie ich, am Boden in unserem Blute. Darnach kam der Posten herein, erkundigte sich sehr freundlich nach unserem Ergehen und ob wir eine Bitte hätten. Wir äußerten den Wunsch, uns zu waschen und zu verbinden, nach Essen getrauten wir gar nicht zu fragen. Da fing er an zu lachen und sagte, er käme gleich wieder und würde uns waschen und verbinden. Es dauerte keine 5 Minuten, da traten zwei Partisanen und zwei Zivilisten ein und schlugen uns wieder bis zur Bewußtlosigkeit. Am 3. Tag wurden dann 20 Mann von der Kriminalpolizei ins Gefängnis nach Oberleutensdorf gebracht, dort wurde uns nach den ersten Prügelstrafen mit Peitschen und Kupferkabeln gesagt, daß keiner von uns Deutschen lebend herauskäme. Alle Deutschen müßten elend verrecken. An diesen Worten zweifelten wir auch nicht, nur hatten wir einen Wunsch, den wir auch sagten, man möchte uns aufhängen. Darauf gab es nur ein Gelächter.

In diesem Gefängnis verbrachte ich 4 Wochen. Jeden Tag und jede Nacht gab es alle zwei Stunden Schläge, wir spürten schon unsere Knochen nicht mehr. Zusammengeschlagen, die Gesichter blutunterlaufen, so gingen wir Tag für Tag Massengräber schaufeln. Selbst an Straßenkreuzungen mußten wir zu Tode gequälte Menschen eingraben. Damit die Massengräber kein zu großes Ausmaß annahmen, wurden in Wald und Feld deutsche Männer und Frauen begraben. Die zweite Woche darauf wurde nachts ein 16jähriger Junge in unsere Zelle geworfen und von Partisanen geschlagen, bis er aufsprang, da er es vor Schmerzen nicht mehr aushielt. Damit war auch sein Schicksal besiegelt, denn er wurde vor unseren Augen in der Zelle erschossen. In dieser Nacht hörten wir fünfmal, in jeweils einer anderen Zelle, Schüsse fallen. Am nächsten Morgen mußten wir 5 Kameraden, zerschlagen und zerschossen von MP., ins Massengrab werfen. Dies ging die ganzen 4 Wochen so, Tag und Nacht. Wir warteten nur auf die Erlösung von diesen Qualen.

In der vierten Woche wurden wir Überlebenden, aber zur Unkenntlichkeit Verprügelten in den Gefängnishof getrieben. Dann wurden wir in Fünferreihen aufgestellt. Es waren 200 Mann, darunter Arbeiter, Kaufleute, Ärzte usw. Führende Persönlichkeiten von Partei und Wehrmacht waren nicht dabei, denn diese waren entweder schon vor dem Umsturz geflüchtet oder kurz nachher von den Tschechen erschossen worden. Es waren unter den 200 Leuten nur solche, die sich keiner Schuld bewußt waren, sondern nur büßen mußten, weil sie Deutsche waren. Dann ging es im Laufschritt 9 km in die Kreisstadt ins Gefängnis nach Brüx. Dort hatten wir es einigermaßen besser, es gab noch Prügel, aber nicht mehr in diesem Ausmaße wie vorher. Wir mußten nun mit zur Arbeit ins Hydrierwerk nach Maltheuern, denn es mangelte an Facharbeitern. Als Verpflegung gab es täglich ¼ Liter Kaffee, 100 g Brot und mittags eine Wassersuppe. In diesem Gefängnis verbrachte ich 2 Wochen. Aber sehr bald sollten wir erfahren, daß es für Deutsche noch etwas Besseres gäbe. Es wurde das Lager 28 errichtet, die Tschechen nannten es KZ-tábor 28. Wir wurden aus dem Gefängnis in Brüx in dieses KZ überführt. Die Zahl der Häftlinge betrug 1400 Mann. In diesem Lager wurden wir wieder auf das Grausamste gemartert und geschlagen, ein jeder Tscheche, der Lust hatte, seine Wut an einem wehrlosen Deutschen auszulassen, konnte herein und prügeln, solange es ihm gefiel. Je mehr er uns quälte, umso größer war die Freude der Wachmannschaft. Unaufhörlich liefen Posten mit Gummiknüppeln die Reihen auf und ab, schlugen uns damit ins Gesicht, Fußtritte bekamen wir, daß man ins Wanken kam.

Eines Tages wurden wieder 100 Deutsche eingeliefert, diese wurden zuerst ausgeplündert (Tabak, Eheringe, Geld, Uhren, Brot), alles wurde ihnen geraubt und die Posten fielen über diese Sachen her wie eine wilde Horde. Bei diesen 100 Mann befand sich ein Schwerkriegsbeschädigter mit Krücken, da er ein Bein im Krieg verloren hatte. Diesen schlug man mit seinen beiden Krücken, bis er tot liegen blieb. Einige Tage später mußten alle Häftlinge hinter den Baracken antreten. 30 Meter von unserem Platz entfernt befand sich eine Sandgrube. Dort stand der Lagerführer, von den Tschechen als *"Velitel"* angesprochen, rechts davon mußten 4 Deutsche ihre Särge bereitstellen, dann wurden die ersten zwei durch Genickschuß getötet, dann auch die anderen. Wir mußten zusehen. Durch Genickschüsse wurden hunderte deutsche Männer ermordet, jede Nacht hörten wir in dieser Grube Schüsse fallen. Die Leichenbeförderung vom Lager aus nahm kein Ende. Wir waren Arbeitssklaven und Freiwild für die Tschechen, jeder konnte mit uns machen, was er wollte.

Durch einen deutschen Kameraden, der noch seine Freiheit besaß, wurde mir ein Zettel zugeschoben, in welchem er mir mitteilte, daß mein Vater in den Händen der Tschechen sei. Es vergingen weitere 8 Tage und ich wurde auf freien Fuß gesetzt, die tschech. Kriminalpolizei gab mir eine Bescheinigung, daß ich weder bei einer Formation, noch bei der Partei war, sondern nur bei der Wehrmacht. So durfte ich nach 9wöchiger Gefangenschaft wieder zu meiner Familie. Ich erkundigte mich nach meinem Vater. Er war bereits auf amerikanischer Seite hinter Karlsbad [gewesen], dort rüstete die Gendarmerie ab. Durch Flüchtlinge aus unserem Ort erfuhr er, daß ich gefangen bei den Tschechen sei, woraufhin er heimkam. Im Erzgebirgsort Einsiedl wurde er von Partisanen gefangen genommen. Diese schlugen ihn mit Knüppeln und Gewehrkolben, dann wurde er auf zwei Stangen gebunden, so eine Art Leiter und von Wenzl Bervid, der selbst eine deutsche Mutter hat, am Motorrad festgebunden, aber so, daß Kopf und Schulter die Straße berührte, dann ging es im 10-km-Tempo 2½ Stunden lang bis nach Bergesgrün. Dort wurde er nochmals in diesem zusammengeschlagenen Zustand verprügelt, die Zähne eingeschlagen, das Gesicht so verstümmelt, daß man ihn nicht erkannte. Nachher wurde er in das Gefängnis nach Oberleutensdorf gebracht. Zerschlagen, verschmutzt und mit Wundfieber, ließ man diesen Menschen dort in der Zelle liegen. Den darauffolgenden Tag mußte er noch Panzersperren abbauen gehen. Da ihm aber die Kräfte fehlten und er das nicht schaffen konnte, schlug ihn der Posten mit dem Gewehrkolben nieder. Daraufhin wurde das Rote Kreuz verständigt, ihn abzuholen. Eine Rot-Kreuz-Schwester erkannte meinen Vater und ließ mir folgenden Bericht zukommen: "Ihr Vater war auf das Furchtbarste zerschlagen und verstümmelt, es war kein weißer Fleck an ihm zu sehen, die Zähne waren eingeschlagen, die Augen ganz mit Blut unterlaufen, der Kopf zerschlagen durch den Hieb mit dem Gewehrkolben, sodaß das Gehirn zu sehen war. Nach einer halben Stunde hatten wir ihn gewaschen und verbunden und durch vieles Bemühen zum Bewußtsein gebracht. Leider war er nicht normal, um an ihn einige Fragen stellen zu können, sodaß er gleich wieder in den bewußtlosen Zustand verfiel. Erst beim zweiten Mal, als er erwachte, hatte er seine Gedanken ein wenig beisammen, seine ersten Worte waren: 'Die haben mich blöd geschlagen', dann verlangte er etwas zum essen, konnte aber nichts zu sich nehmen, da der Mund ganz zerschlagen war. Dann frug er, ist mein Sohn noch im Gefängnis." Da ihm die Schwester die Aufregung ersparen wollte, sagte sie, ich sei schon wieder bei meiner Frau. Auf diese Antwort bekam sein Gesicht trotz der schmerzhaften Züge ein zufriedenes Lächeln und die Worte waren zu hören: "Nun kann ich ruhig sterben!"

Am 8. Juni bekamen wir vom *Národní Výbor* die schriftliche Zustellung, daß mein Vater am 7. Juni um 7 Uhr abends im Gefängnis gestorben sei und wir den Betrag von RM 159.- für Sarg und Transport der Leiche zu zahlen hätten. Durch den dort noch wohnenden deutschen Leichenbestatter erfuhren wir das Massengrab, in welchem mein Vater lag. Wir legten einige Blumen darauf, diese wurden aber am nächsten Tag von den Tschechen heruntergeworfen. Ständig waren Posten am Friedhof, welche deutsche Männer beim Arbeiten bewachten. Diese schossen aus lauter Langeweile auf Grabsteine und Gräber. Leute, die in der Nähe der Massengräber waren, wurden weggetrieben und geschlagen.

Berkowitz

Drangsalierung einer Bauernfamilie

Berichterin: Anna Schneider - Bericht vom 15. 6. 1946

Im Juni 1945 kam ein tschechischer Verwalter namens Anton Gorec aus Berkowitz auf unseren Hof. Am 20. Juli brachte er seine Familie auf den Hof. Als er am 20. Juli mit der Familie ankam und 8 Partisanen mitbrachte, wollte er mich prügeln. Ich wich aus, da erwischte er meinen 15jährigen Sohn und mißhandelte ihn schwer. Er wurde 2 Stunden mit Faustschlägen, Ohrfeigen und Fußtritten geprügelt und bei den Haaren gezogen. Schließlich gelang es ihm, davonzulaufen. Seit dieser Zeit wissen wir nicht, wo er ist.

Hierauf wurde mein 17jähriger Sohn von ihm wie ein Gefangener behandelt. Tagsüber mußte er schwer arbeiten ohne Essen und nachts wurde er von ihm eingesperrt. Am 23. 9. lief auch er davon.

Am 26. 8. wurde mein Mann zum *Národní Výbor* geholt und dort so verprügelt, daß er Selbstmord verüben wollte, doch von einem Nachbarn daran gehindert wurde.

Schon am 26. Juli hatte uns Gorec sämtliche Lebensmittel, Kleider, Wäsche, Betten usw. genommen und alle Zimmer der Wohnung abgesperrt. Wir wohnten im Ausgedinge, 6 Personen in einem kleinen Raum und mußten 3 Personen in einem Bett auf den blanken Brettern liegen. Zu Weihnachten und zu Ostern sperrte er uns das Wasser ab. Täglich kam er um die Essenszeit in unser Zimmer und sah nach, was wir aßen. Wenn ich Wasser trug, weil er die Wasserleitung abgesperrt hatte, wurde ich von der Familie Gorec verspottet. Im Garten erntete er. Wir erhielten nicht ein grünes Blatt und nicht einen einzigen Kartoffel, obwohl wir die ganze Gartenarbeit verrichten mußten.

Von landwirtschaftlicher Arbeit verstand er gar nichts. Er konnte weder eine Kuh einspannen, noch konnte die Frau melken. Ich mußte für sie melken. Die Milch ist mir noch im Stall abgenommen worden. Ich kann diese Aussage beeiden.

Bilin

Kranke während des Austreibungs-Marsches erschossen

Berichter: Anton Watzke - Bericht vom 15. 1. 1950

Am 15. 6. 1945 um 6 Uhr morgens erschienen in meiner Wohnung in Bilin, Teplitzerstraße 18 (das Wohn- und Geschäftshaus gehörte mir und meiner Frau) ungefähr 10 schwerbewaffnete tschechische Soldaten der sog. Svoboda-Armee und forderten uns auf, das Haus binnen 5 Minuten zu verlassen. Ein dabei befindlicher Offizier zählte mit der Uhr in der Hand die Minuten. Da unglücklicherweise meine Frau kränkelte und bettlägerig war, konnten wir so gut wie nichts an Kleidung und Wäsche zusammenraffen und mußten uns beeilen, um in den 5 Minuten mit dem Anziehen fertig zu werden. Die Zeit wurde um 2 Minuten überschritten und noch schnell einen Hut für meine Frau aus dem Zimmer zu holen duldete der Offizier nicht mehr. Alles Bargeld, Uhren, Schmuck usw. wurde uns abgenommen. Lediglich 20 RM pro Person konnten behalten werden. Wenn man bei jemandem mehr an Bargeld fände, "der wird auf der Stelle erschossen", so wurde uns ununterbrochen angedroht. Im Gastzimmer "Gaudnek" wurden die Bewohner der Teplitzerstraße gesammelt. Im Gastlokal stand ein Maschinengewehr, schußfertig. Während wir dort auf das Weitere warteten, war ich Zeuge, wie deutsche Männer mit Gummiknüppeln geschlagen wurden. Während des Gewaltmarsches zur Grenze unter großer Hitze schlug die Soldateska auf Frauen, Kinder und ältere Personen, die nicht den Dauerlauf aushielten, mit Gewehrkolben ein. Auf der linken Straßenseite im Erzgebirge zählte ich 3 Tote, die, weil sie nicht mehr so schnell laufen konnten, durch Genickschüsse ermordet wurden. Die Namen: Fiebach und Tochter und ein gewisser Swoboda. Sie waren mir persönlich bekannt. Sonst hatte ich Glück und konnte der Hölle rasch entrinnen. Aber ohne daß ich dabei war, weiß ich, daß man meinen Bruder Hans samt Frau auf dem Bürgermeisteramt Bilin schwer mißhandelte, daß man meinen Bruder Julius erschlug, daß Pfarrer Köckert, Forstmeister Tost und viele viele, auf deren Namen ich mich nicht mehr besinnen kann, erschossen worden sind.

Bischofteinitz

Bischofteinitz, Bericht Nr. 1

Lager Taus, Beraubung und Mißhandlung

Berichter: Robert Hartl - Bericht vom 20. 7. 1946

Am 22. 11. 45 fuhr ich mit meiner Frau in einem Mietauto von Karlsbad nach Hostau, Kreis Bischofteinitz zu meiner Schwiegermutter, die 72 Jahre alt und hilflos ist, um mit dieser auszusiedeln. Bei unserer Ankunft in Hostau wurden wir von der Gendarmerie festgenommen. Bei der Festnahme wurden wir beide von der Gendarmerie geschlagen. Alle unsere Sachen, Kleider und Anzüge, Leib-, Bett- und Tischwäsche, Schuhe, meine Uhr und die Uhr meiner Frau, Bargeld von 1900.- und Kc 4500.- und sogar die Eheringe wurden uns abgenommen. Auch sämtliche Personalpapiere wurden uns weggenommen. Dann wurden ich und meine Frau 8 Monate lang im Lager Taus zu unbezahlter Arbeit festgehalten. Erst Mitte Juni wurden wir auf meinen Antrieb verhört. Niemand wußte, warum wir eingesperrt waren. Es war überhaupt kein Akt vorhanden. Am 22. 6. wurden wir entlassen. Die mir und meiner Frau abgenommenen Sachen waren nicht mehr auffindbar. Ich erhielt als Ersatz für mich und meine Frau 45 kg minderwertige und zum Teil völlig unbrauchbare Kleider, Wäsche und Schuhe. Für das abgenommene Geld und die Papiere konnte ich keinen Ersatz bekommen.

Bischofteinitz, Bericht Nr. 2

Taus, spurloses Verschwinden von 35 Deutschen

Berichterin: Maria Büchse - Bericht vom 20. 7. 1946

Mein Mann Emil Büchse wurde am 16. Juni 1945 in Bischofteinitz von den beiden tschechischen Offizieren Karasek und Schlais nach einer über 3½ Stunden dauernden, rücksichtslosen Hausdurchsuchung, bei der alles Bargeld, die Sparbücher, der Goldvorrat meines Mannes, den er als Dentist hatte, der gesamte Familienschmuck, und sogar mein Ehering abgenommen wurde, verhaftet und nach Taus abgeführt. Mein Mann war schon im Jahre 1939 aus der Partei und aus der Sanitätsstaffel der SS ausgeschlossen worden und hatte sich öffentlich überhaupt nicht betätigt. Seitdem fehlt jede Spur von meinem Mann. Alle Erkundigungen bei den Behörden wurden höhnisch abgewiesen. Von Bischofteinitz sind außerdem 35 Männer spurlos verschwunden, alle nach ihrer Einlieferung in Taus. Den Frauen dieser Männer wurde von den Behörden trotz vielfacher Bemühungen über das Schicksal ihrer Männer keine Auskunft gegeben, die eine Erklärung hätte geben können. Vor der Aussiedlung haben ich und alle anderen Frauen versucht, den Aufenthalt unserer Männer zu erfahren, um mit diesen ausgesiedelt zu werden oder einen amtlichen Totenschein zu bekommen. Alle unsere Bemühungen waren erfolglos. Nach den Berichten entlassener Häftlinge müssen wir annehmen, daß unsere Männer tot sind.

Bischofteinitz, Bericht Nr. 3

Ermordung von 35 Sudetendeutschen am 11. Juli 1945

Berichter: Ludwig Schötterl - Bericht vom 3. 3. 1948

Nach dem amerikanischen Einmarsch in Bischofteinitz, Sudeten, am 5. Mai 1945, wurden von tschechischen Gendarmen Massenverhaftungen in Bischofteinitz vorgenommen. Ins Gerichtsgefängnis Bischofteinitz wurden am 11. und 12. Mai 1945 etwa 70 Sudetendeutsche eingeliefert, die meisten durch bewaffnete tschechische Zivilisten jämmerlich geprügelt und erniedrigt. Wir mußten dort täglich unter Aufsicht Zwangsarbeit leisten und unsere Frauen oder Verwandten durften täglich zweimal das Essen für uns bei den Posten abgeben. Anfang Juli wurden wir unter starker Gendarmerie-Assistenz mit Lastautobus nach Chrastwitz bei Taus transportiert, es hieß, wir gingen zum Verhör und würden dann entlassen. Dort angekommen, empfingen uns viele tschechische Soldaten, bis an die Zähne bewaffnet, mit Kabelenden, Drahtseilen usw. ausgerüstet und es begann eine furchtbare und unmenschliche Schlägerei, wobei viele von uns bewußtlos wurden. Diese Prügelei dauerte tagelang und wir bekamen nichts zu essen. Vor der Baracke gab es immer Schießereien, einzelne wurden herausgeholt und kamen nicht wieder, andere wurden am Tage bis dreimal furchtbar geprügelt, sodaß sie starben. In den späten Abendstunden vom 11. zum 12. Juni 1945 war die Hölle vollends los. Wir mußten uns aufstellen, von Posten und Gendarmen mit schußfertigen Waffen umringt, ein Gendarm entfaltete einen Bogen Papier und begann Namen zu verlesen. Die Verlesenen wurden in rohester Weise vor die Tür hinausgeprügelt, furchtbares Schreien und Wehklagen erfüllte den Raum. Jeder einzelne wurde vor der Baracke bewußtlos geprügelt und die Kleider von ihm herabgefetzt, sodann als lebloser Körper von den Posten in ein Lastauto geschleudert. So erging es 35 meiner Kameraden, darunter meinem besten Freund Max Netopill aus Bischofteinitz, und dessen Sohn. Nur dem Umstand, daß ein Chaffeur brüllte, "das Auto ist voll", habe ich es zu danken, daß ich mit 5 Kameraden, die noch angestellt waren, am Leben blieb. Wie ich später durch Umfrage ermitteln konnte, wurden diese 35 bewußtlos geschlagenen Männer des nachts zu einer Sandgrube zwischen den Orten Taus und Trasenau geführt und dort von zwei schwer alkoholisierten tschechischen Roßmetzgern buchstäblich abgestochen. Die Leichen sollen in dieser Sandgrube verscharrt sein. Die Frauen der Ermordeten haben sich wiederholt an verschiedene tschechische Stellen um Aufklärung gewendet über das Schicksal ihrer Männer. Sie erhielten von allen Stellen, vom tschechischen Roten Kreuz, von der Gendarmerie und vom *Národní výbor* durchwegs verschiedene ausweichende Antworten über das grausame Schicksal ihrer Männer. Kurze Zeit später mußten in Taus-Milotow eingesperrte deutsche Frauen blutige Männer-Kleidungsstücke auswaschen. In einem solchen Rock fand eine Frau eine Raucherkarte auf den Namen Alois Schlögl, Bischofteinitz, einer der Männer unter den 35. Von keinem der 35 Männer hat auch nur einer bisher ein Lebenszeichen gegeben.

Blatna

Mißhandlung von Deutschen

Berichter: Alois Meißner - Bericht vom 3. 6. 1946

Ich wurde am 21. 12. v. J. vom Arbeitsamt Tuschkau nach Blatna zum Arbeitseinsatz geschickt und wurde dort Zeuge von Mißhandlungen der Deutschen.

Ich habe gesehen, wie 12 deutsche Männer und Frauen, mit dem Kopf durch die Sprossen einer Leiter gesteckt und mit den Händen an die Leiter gebunden, unter dauernden Schlägen mit Knüppeln und Ruten im Laufschritt durch die Straßen der Stadt getrieben wurden. Ich habe gesehen, wie deutsche Männer und Frauen am Friedhof mit den Händen deutsche Verstorbene und von Tschechen Ermordete ausgraben und außerhalb der Mauer in einem schachtartigen Graben verscharren mußten.

Ich habe gesehen, wie deutschen Mädchen, welche während der amerikanischen Besatzungszeit mit amerikanischen Soldaten gegangen waren, nach Abzug der Amerikaner die Haare abgeschnitten und sie hierauf eingesperrt wurden.

Ich habe gesehen, wie ein deutsches Mädchen sich gegen die Vergewaltigung durch einen tschechischen Bauern wehrte und von diesem mit der Mistgabel verfolgt wurde.

Blauendorf

Mißhandlung einer Bäuerin

Berichterin: Amalie Gödrich - Bericht vom 10. 6. 1946

Im Juni 1945 wurde ich zur Polizei geholt. Dort warf man mir vor, daß ich meinen Knecht - einen Polen - hätte im Schnee ackern lassen, daß ich auf dem Treck einen Sack Schuhe gehabt hätte, ohne ihm welche davon abzugeben und daß ich einen Deserteur bei der Feldgendarmerie angezeigt hätte. Rechtfertigung war gar nicht möglich, sie ließen mich nicht zu Worte kommen. Ich mußte mich auf eine Bank legen und erhielt bei aufgehobenen Kleidern von 2 Mann mit Gummiknüppeln 25 Hiebe für das Ackern, hierauf 25 Hiebe für die Schuhe und dann noch einmal 25 Hiebe für den Deserteur. Nachher verbot mir der Führer der Polizei, etwas von meinen Schlägen zu erzählen, sonst würde ich noch mehr Hiebe bekommen, und versetzte mir eine Ohrfeige, daß ich zu Boden fiel. Ich hatte lange danach Schmerzen im linken Ohr. Mein Körper war von den Schultern bis zu den Kniekehlen vollkommen schwarz.

Bodenbach

Prügeleien, Schändungen von Frauen und Mädchen

Berichter: N. N. - Bericht vom 23. 5. 1946

Ich bewohnte mit meiner Frau und meinen beiden Söhnen eine 3-Zimmerwohnung in Bodenbach. Bis zum 5. September 1945 blieben wir von Verfolgungen - abgesehen von Belästigungen - verschont. Meine Anstellung hatte ich schon vorher verloren, da die Anstalt, bei der ich durch Jahre hindurch beschäftigt war, mittlerweile aufgelöst worden war. Ich hatte Unterkommen als Bauhilfsarbeiter gefunden, ebenso mein jüngerer Sohn.

An dem genannten Tag nun - keines von uns war zuhause - brach eine Untersuchungskommission der tschechischen "Swoboda-Armee" unter Führung eines Kapitäns die Wohnung auf. Die Durchsuchung der Wohnung war noch im Gange, da kam ich mit meiner Frau zufällig nachhause. Betten, Schränke und Kästen waren durchwühlt, ihr Inhalt lag in heilloser Unordnung, zertrampelt, zerknüllt, beschmutzt und verstreut auf dem Fußboden. Sofort setzte unser Verhör ein. Ich wurde beschuldigt, mit einem Hauptmann J. (den Namen hörte ich zum erstenmal) in Verbindung zu stehen, für den ich angeblich Schmuck, Gold und Perser-Teppiche versteckt habe. Ich versuchte sofort, die Haltlosigkeit der Beschuldigung darzutun - vergeblich! In Nachtkästchen und Nähschatullen suchte man die versteckten Perserteppiche, um die es sich in der Hauptsache drehte. Bespuckt, geschlagen, geboxt, gestoßen wurde ich, um die Preisgabe des Versteckes der Teppiche von mir zu erzwingen. Wie sollte ich! Ich wußte ja überhaupt nicht, wer Teppiche wo verborgen hatte. Der Kapitän, also ein immerhin höherer Offizier, spuckte mir selbst unter unflätigen Beschimpfungen ins Gesicht, trat nach mir mit den Stiefelabsätzen und erniedrigte sich sogar so weit, die Zunge nach mir zu blecken. Da alle Quälereien zu nichts führten, verhaftete man mich und meine Frau. Vorher aber mußte auch noch meine alte Schwiegermutter eine wüste Durchsuchung ihrer in K. gelegenen Wohnung über sich ergehen lassen, die mit dem gleichen negativen Erfolg endigte. Da man mich - auch meine Frau - zu dieser Hausdurchsuchung mitschleppte, war es natürlich, daß ich neuerlichen Mißhandlungen ausgesetzt war. Dabei tat sich insbesondere der Chauffeuer des Kapitäns hervor. Auch bei meiner Schwiegermutter fanden sich keine Perserteppiche. Nun wurde ich mitsamt meiner Frau in das Auto des Kapitäns gebracht. Wir waren beide nicht ausreichend bekleidet, um gegen den Luftzug bei der nun einsetzenden Fahrt nach Böhmisch Kamnitz, einem ca. 20 km von Bodenbach entfernten Städtchen im Kreise Tetschen, geschützt zu sein. Dort befand sich die Kommandantur der Swoboda-Truppe. Wir wurden in die Villa Hübel (Besitztum eines Textilfabrikanten) gebracht. Später erfuhr ich, daß diese Villa einen traurigen Ruf als GPU-Kerker gewonnen hatte.

Inzwischen war es Abend geworden. In der Villa herrschte geschäftiges Treiben. In den prachtvoll ausgestatteten Räumen tafelten die Offiziere. In den Nebenräumen zechten Unteroffiziere. Nach ungefähr einer Stunde übergab mich der Kapitän zwei alkoholisierten Unteroffizieren, beide groß wie Hünen. Diese hießen mich - meine Frau mußte inzwischen weiter warten - in den Keller hinabsteigen. Was sich dort unten abspielte ist fast nicht zu beschreiben. Als ich auf die erste Frage, ob ich ein Deutscher sei, mit "ja" antwortete, hieb mir der eine Unteroffizier die Faust ins

Gesicht. Es regnete Schläge und Stöße auf Nase und Mund. Ich verlor dabei fast sämtliche Zähne im Unterkiefer. Mehrmals stürzte ich zusammen, wurde wieder emporgerissen und neuerlich geschlagen. Ich blutete aus Mund und Nase. Da raubten mir Schläge mit dem Gummiknüppel über den Hinterkopf, Nacken und Rücken minutenlang die Besinnung. Durch Tritte, Schläge und Püffe kam ich wieder zum Bewußtsein. Nun mußte ich mich entkleiden. Mit Lederkoppel, Gummiknüppel und Peitsche bearbeiteten nun die beiden Unteroffiziere meinen Rücken, meine Lenden, Oberschenkel und Waden. Ich konnte fast nicht mehr sprechen, doch deutete ich immer wieder an, daß ich ja nichts wissen könne, weil ich ja die gesuchten Perserteppiche nie gesehen und nie besessen habe. Endlich, nachdem ich halb bewußtlos geprügelt war, und mein Körper von oben bis unten mit blutunterlaufenen Striemen (wie nachher meine Frau feststellte) bedeckt war, ließen die beiden Unholde von mir ab. Wenige Minuten darauf stieß man meine Frau, die man gezwungen hatte auf der Kellertreppe Hörzeuge meiner Folterung zu sein, zu mir in den Keller herab. Ohne Lager, ohne Licht, ohne einen Bissen Verpflegung (wir hatten seit Mittag nichts mehr genossen), ohne Decken, mußten wir in dem finsteren, feuchtkalten, dumpfen Keller die Nacht verbringen. Ich selbst konnte mich fast nicht bewegen, so zerschlagen war ich. Meine Frau fror, da sie nur leicht angezogen war. Zudem quälte uns die Ungewißheit, welchem Schicksal unser Sohn verfallen war. Möglicherweise überzeugte meine Beharrlichkeit, von den gesuchten Teppichen nichts zu wissen; am nächsten Morgen wurden wir nämlich aus dem Keller geholt, wieder in ein Auto gebracht und nach Bodenbach zurückbefördert, allerdings nicht in unsere Wohnung, sondern in das Polizeigefängnis. Dort verbrachte ich 7, meine Frau 3 Wochen. Wiederholt stellte selbst die Polizei fest, daß weder Anklage gegen uns erhoben, noch auch ein Protokoll aufgenommen wurde. Ein Verhör fand nicht statt. Auch wurde kein Gerichtsverfahren eingeleitet, so daß es auch zu keiner Verurteilung kam. Behandlung und Verpflegung im Polizeigefängnis war den Verhältnissen entsprechend als gut zu bezeichnen.

Die Polizei bestätigte mir selbst, daß ich weder eine strafbare Tat verübt, noch auch politischer Betätigung beschuldigt werden könnte. Um die Gefängnisse zu räumen (in B. saßen über 70 Häftlinge in 3 Zellen, die für je 2 Häftlinge eingerichtet waren!), verschickte die Polizei jene Häftlinge, denen nichts Schuldbares nachgewiesen werden konnte, ins Innere der Tschechei zur Erntearbeit. Darunter war auch ich. Vor dem Abtransport sagte man uns, wir brauchten keine Lebensmittelkarten, keine Decken und keine Geschirre - wir fänden alles in reichlichem Maße an unseren Arbeitsstätten vor, unser Einsatz würde ohnedies nur 10-14 Tage dauern, dann wären wir frei und könnten uns ungehindert wohin immer bewegen. Auch versprach man uns, daß wir in leerstehenden Wohnungen untergebracht würden. Für die Dauer unseres Einsatzes genössen unsere Familien Wohnschutz in der Heimat.

Am Einsatzort, einer Zuckerfabrik in V., angekommen, merkten wir sofort die Hohlheit der Versprechen. Pistolen und Gummiknüppel waren der Empfangsschmuck, den unsere "Wärter" angelegt hatten. Ein menschenunwürdiges Lager in einem nassen Kellerraum wurde uns zugewiesen. Strohsäcke ohne Decken waren auf eiserne Zuckertransportwägen geworfen worden. Von der Decke troff Wasser, an den Wänden träufelte es herab und bildete Pfützen auf dem steinernen Fußboden. Die Zugangstür wurde abgesperrt, so daß wir wieder wie Häftlinge gefangen saßen.

Proteste wurden höhnisch quittiert, wir seien Deutsche, da sei alles gut genug für uns. Am Morgen trieb man uns mit Gummiknüppel und Pistole zur Arbeit. 10-12 Stunden mußten wir nun jeden Tag Rüben gabeln. Für die meisten war es eine ungewohnte, dabei zu schwere Arbeit. Die Verpflegung war zwar gut, aber höchstens für ein dreijähriges Kind ausreichend. Später wurden Behandlung, Unterkunft und Verpflegung etwas besser, um gegen das Ende unseres Einsatzes hin fast befriedigend bezeichnet werden zu können.

Nach 3 Wochen war die Arbeit in der Zuckerfabrik beendet. Nun sollten wir nachhause entlassen werden. Schon gerüstet zur Abreise, empfingen wir plötzlich die Nachricht, daß wir noch einen Sondereinsatz absolvieren müssen. Es handle sich angeblich nur um acht Tage. Wir hätten auf zwei Meierhöfen, die mit der Rübeneinbringung im Rückstande seien, auszuhelfen. Und schon wurden wir auf die landesüblichen Fuhrwerke verladen und fort gings. Ich kam mit 5 anderen Leidensgenossen nach Vlacice. Schon unterwegs hörten wir von von der Feldarbeit heimkehrenden Deutschen, Vlacice sei die Hölle. Wir meinten aber, schlimmer als in V. könne es auch nicht sein.

In Vlacice bestand ein Lager deutscher Internierter, das einem Partisanen unterstellt war. Diesem Lager wurden wir 6 zugewiesen.

Die Unterbringung spottete jeder Beschreibung. Die Lager waren verlaust und verwanzt. Flöhe gab es Armeen! Die Liegestätten befanden sich in ehemaligen Stallgebäuden. Türen und Fenster fehlten, Öfen und Lampen wären Luxus gewesen. Decken besaß fast niemand, beim Schlafen auf dem halbfaulen Stroh war mir mein Mantel der einzige Schutz.

Wasser gehörte zu den Kostbarkeiten. Geliefert wurde es nur von einer Lache am Hofe, die gleichzeitig das Freibad der Gänse und Enten war. Nichtsdestotrotz wurde es auch von den Menschen zum Kochen und Waschen benützt. Die Notdurft mußten Frauen und Männer einträchtig nebeneinander auf freiem Feld verrichten.

Die Verpflegung bestand aus: 200 g Brot täglich, mittags Kartoffelsuppe oder trockene Kartoffel ohne jede Zugabe, abends und morgens einen sehr fragwürdigen schwarzen Kaffee. Gearbeitet mußte bei jedem Wetter 12-15 Stunden täglich werden. Nach 3 Wochen war mein Körpergewicht auf 46 kg gesunken (normal betrug es 66 kg).

Das Erschütterndste in diesem Lager war das Schicksal der hierher verschlagenen deutschen Frauen. Es läßt sich im knappen Rahmen dieses Berichtes nicht schildern, was sich im Lager von Vlacice vor unserer Ankunft zugetragen hatte und welche Folgen wir selbst noch beobachten konnten. Ohne Wäsche, ohne Kleidung, nur angetan mit Lumpen und irgendwo aufgehobenen Uniformstücken, recht- und schutzlos der Willkür preisgegeben, Freiwild für sinnliche und physische Gier - so lebten diese armen Frauen, immer hoffend, daß auch ihre Leidenszeit zu Ende gehen möchte.

Unser Aufenthalt in Vlacice dauerte 3 Wochen. Heute bin ich geborgen in der Gastfreundschaft der Hessen und beginne langsam wieder ein Mensch zu werden.

Böhmisch Kamnitz

Böhmisch Kamnitz, Bericht Nr. 1

Vernichtungslager, Mißhandlungen und Tötung von Kriegsgefangenen

Berichter: Rudolf Schütz - Bericht vom 29. 8. 1946

Ich kam im September 1945 mit einem geschlossenen Transport von Sudetendeutschen aus der russischen Kriegsgefangenschaft. In Tetschen-Bodenbach wurde der Transport von Tschechen angehalten und wir wurden sofort in das Lager Böhmisch-Kamnitz eingeliefert, das man als Vernichtungslager bezeichnen kann. Es wurden täglich mehrere Leute zu Tode geprügelt, darunter auch viele Kriegsinvalide mit Fuß- und Armamputationen oder sonstigen Gebrechen, die das sadistische Exerzieren nicht aushielten und dabei liegenblieben. Nach 6 Wochen waren wir alle so elend, daß wir uns kaum mehr auf den Beinen halten konnten. Dann wurden wir zu Fuß nach Tetschen geführt. Wer unterwegs liegenblieb, wurde von dem Begleitposten erschossen. Ich selbst war total unterernährt und hatte Wasser bis zu den Hüften. Die anderen ungefähr 120 Mann waren körperlich genau so heruntergekommen. In diesem Zustand wurden wir zur Zwangsarbeit in die Kohlengruben nach Dux verschickt. Dort wurde festgestellt, daß wir arbeitsunfähig waren. Erst im Februar konnten wir zur Arbeit verwendet werden. In dem Arbeitslager waren Mißhandlungen an der Tagesordnung. Die Mißhandlungen dauerten bis Juli 1946. Erst in den letzten 4 Wochen wurde Verpflegung und Behandlung besser. Es wurden Bemühungen gemacht, uns von der Aussiedlung abzuhalten und zu freiwilliger Arbeit zu veranlassen.

Böhmisch Kamnitz, Bericht Nr. 2

Gefängnis Böhmisch-Kamnitz und KZ Rabenstein, Mißhandlungen und Mord

Berichter: Albin Mübisch - Bericht vom 28. 6. 1946

Ich wurde am 16. 8. 45 unter dem Vorwand, ich hätte Benzin vergraben, in meiner Wohnung verhaftet und dabei furchtbar mißhandelt. Ich erhielt Peitschenhiebe in das Gesicht, über den Kopf und auf die nackten Füße, sodaß ich blutüberströmt war und mir die Nägel von den Zehen abgeschlagen wurden. Dann bedrohte mich ein Tscheche in einer Ecke mit der Maschinenpistole und stieß mich mit den Füßen auf die Brust und in den Magen. Er ließ von mir erst ab, als er selbst erschöpft war. Ich wurde dann in das Gefängnis in Böhisch-Kamnitz eingeliefert, wo ich in derselben Weise furchtbar mißhandelt wurde. Mein Sohn befand sich schon 3 Wochen dort und war Zeuge meiner Mißhandlungen. Von dort wurde ich mit meinem Sohn in das KZ Rabenstein bei Böhmisch Kamnitz gegebracht. Dort befanden sich gegen 800 Häftlinge. Ich war Augenzeuge, wie diese von besonderen Schlägerkommandos in der grausamsten Weise mißhandelt wurden. In den 3 Monaten, die ich dort war, wurden 8 Mann zu Tode geprügelt. Vorher sollen es 74 gewesen sein.

Ende Oktober wurden 64 Rumänen, 16 Ungarn und 16 Österreicher, die aus russischer Kriegsgefangenschaft entlassen worden waren, ins Lager eingeliefert. Für diese wurde auf dem Hof mit einem Strich ein Viereck abgegrenzt in dem sie ungefähr 4 Wochen Tag und Nacht zubringen mußten. Bei Eintritt des Winters wurden sie in einem kleinen, nassen dunklen Keller eingesperrt. Die Verpflegung war so dürftig, daß viele an Entkräftung zugrunde gingen. Am 1. 12. 45 wurden wir in das Kriegsgefangenenlager Tetschen überführt, wo die Verhältnisse etwas besser waren. Am 30. 5. 1946 wurden wir zur Aussiedlung entlassen.

Böhmisch Krummau

Böhmisch Krummau, Bericht Nr. 1

Plünderung

Berichterin: Klara Kretschmer - Bericht vom 19. 9. 1946

In Böhmisch-Krummau im Aussiedlungslager wurde mir bei der Gepäckkontrolle eine Truhe geöffnet, alles auf die Erde geworfen und dann alle guten Sachen daraus entnommen. Darunter war ein Anzug, 1 Stück Leinwand, 6 Bettüberzüge, 2 Leintücher, 6 Hemden, 5 Handtücher, 1 Küchenuhr, 2 Strähne Baumwolle, 2 Strähne Zwirn, Strumpfgarn, 2 Paar Hosenträger und Eßbestecke. Das Geschirr, das noch darin war, wurde dabei zerbrochen. Mein Mann ist Fabrikarbeiter. Wir hatten nahezu das geringste Gepäck. Als ich gegen die Beschlagnahme Einspruch erhob, wurde ich mit Schlägen bedroht. Ich bin mit 3 Kindern ausgesiedelt, mein Mann ist noch in Italien in Gefangenschaft.

Böhmisch Krummau, Bericht Nr. 2

Lager Welleschin, Mißhandlungen

Berichterin: Hedwig Feyerer - Bericht vom 27. 9. 1946

Am 15. 8. 1945 wurde ich verhaftet und schwer mißhandelt, weil ich nicht angeben konnte, wo mein Arbeitgeber ein Gewehr versteckt hatte. Ich wurde zu Boden geschlagen und erhielt so viele Schläge, bis ich ohnmächtig wurde. Dann wurde ich ins Lager Welleschin bei Böhmisch-Krummau eingeliefert, wo ich weiter mißhandelt wurde. Ich habe auch gesehen, wie viele andere Häftlinge dort schwer mißhandelt worden sind. Um ½2 Uhr nachts wurden wir einmal geweckt. Es wurden 20 Männer namentlich in die Kanzlei gerufen. 10 Männer mußten sich auf den Boden legen und die 10 anderen mit genagelten Schuhen über deren Gesichter gehen. Dabei wurden den Liegenden die Gesichter aufgeschunden und zerfleischt. Hierauf wurde gewechselt. Die liegenden Männer mußten aufstehen und den anderen über die Gesichter treten. Alle Frauen des Lagers mußten zuschauen. Viele wurden dabei ohnmächtig. Diese und ähnliche Quälereien und Grausamkeiten dauerten bis November an, als ein neuer Kommandant ernannt wurde, der selbst im Konzentrationslager in Deutschland gewesen war und deshalb diese Grausamkeiten abstellte. Ich selbst blieb noch bis 12. 2. 46 im Lager Welleschin, als dieses aufgelöst wurde. Dann wurde ich in das Lager Böhmisch-Krummau überführt. Dort waren die Verhältnisse besser.

Böhmisch Krummau, Bericht Nr. 3

Aussiedlung, Plünderung, Hygiene

Berichter: Franz Janovsky - Bericht vom 27. 9. 1946

Ich war 12 Jahre in Amerika und habe mir von dort zahlreiche Tischler- und andere Werkzeuge mitgebracht, da ich mir in meiner Heimat eine kleine Fabrik errichten wollte. Dieses Werkzeug und sämtliche Maschinen wurden mir jetzt von den Tschechen genommen. Außerdem wurde ich 71-jähriger Mann 12 Monate ins Lager gesperrt und bei der Verhaftung mißhandelt. Im Aussiedlungslager in Böhmisch-Krummau sind die Verhältnisse menschenunwürdig gewesen, das Lager war völlig verdreckt, die Latrinen liefen über, sodaß der Unrat über die Lagerwege lief. Die Verpflegung war ungenießbar.

Böhmisch Leipa

Das KZ

Berichter: F. Fiedler - Bericht vom 10. 7. 1950

Heimkehrer und auch Kriegsverletzte, sowie Deutsche, die der NSDAP angehörten, wurden aus unserer Gegend in das neue tschechische KZ in Böhmisch-Leipa geschleppt (40 Namen aus Sandau sind mir bekannt). In dieses Lager wurden am 6. Juni 1945 die vorher im Kreisgerichtsgefängnis Böhmisch-Leipa inhaftierten Heimkehrer (96 Mann) überführt. Nun begann das Quälen und Foltern. Diese Menschen wurden samt den Kleidern in das Wasser des dort angelegten Löschteiches geworfen. Jeder Versuch, den Behälter zu verlassen, wurde mit Peitschenhieben und Schlägen mit den Gewehrkolben geahndet. Dann wurden wüst umherliegende Möbelstücke und Bettstellen auf die im Wasser befindlichen Opfer geworfen, um sie zu verletzen.

Jede Woche wurden 100 Personen aus dem Kreisgerichtsgefängnis diesem Folterlager zugeschoben. Die Hälfte der Inhaftierten mußte sich entblößt am Fußboden hinlegen, wobei die zweite Hälfte mit Schuhwerk und Stiefeln bekleidet, von einem Rücken zum anderen Ihrer am Boden liegenden Kameraden springen mußte. Jeder Versuch, daneben zu springen, wurde mit bestialischer Mißhandlung bestraft. Nach Schluß dieser Prozedur blieben immer einige Kameraden mit gebrochenen Rippen tot liegen (so z. B. auch der Leipaer Kamerad Tille, Pächter des Gasthofes "Breite").

Mitte Juni wurden die im KZ Inhaftierten: Landrat Thume, Preiskommissar Richter und der Weinstubenbesitzer Pihan zwecks Arbeitsleistung (Straßenkehren) zur tschechischen Polizei in die Sonnengasse in Böhmisch Leipa kommandiert. Pihan wurde dort von dieser Polizei erschlagen. Richter blieb bewußtlos liegen und hat, um weiteren Qualen zu entgehen, am Abend im KZ durch Erhängen Selbstmord verübt. Landrat Thume erkrankte infolge der erlittenen Mißhandlungen ernstlich und wurde trotzdem in einer Einzelzelle inhaftiert. Zur Verrichtung seiner Notdurft wurden ihm keine Hilfsmittel zur Verfügung gestellt und er ist wiederholt von den Tschechen mit dem

Gesicht in den eigenen Kot gedrückt und hierbei unvorstellbar mißhandelt worden. Im November 1945 ist Landrat Thume an den Folgen gestorben. An diesem Sterbetag wurde auch der Kamerad Schreiber aus Wolkersdorf von den Banditen erschlagen. Im Kreisgerichtsgefängnis verschied an Ruhr Herr Hiebsch aus Hirschberg am See, an zweifelhafter Todesursache der Gastwirt Böhme vom Gasthof "Stadt Graz", Böhmisch-Leipa.

Am 9. Oktober 1945 wurde der Eisenbahner Franz Mai aus Böhm. Leipa, Körnerstraße von tschechischen Partisanen im Kreisgerichtsgefängnis erschlagen. Zu dieser Zeit war der Stand im KZ auf 1200 Seelen gestiegen. Im Dezember 1945 wurden von etwa 300 tschechischen Partisanen (Svoboda-Horde) Razzien unter den deutschen Lagerinsassen durchgeführt und hierbei sämtliche Uhren, Eßbestecke, Rasierapparate geraubt. Das Eßgeschirr bestand hiernach bei jedem Einzelnen aus einer vom Abfallhaufen ausgescharrten Konservenbüchse.

Razzien in der Frauenabteilung: Bei diesen Razzien wurden die Kleidungsstücke der inhaftierten Frauen ausgeplündert. Während dieser Plünderung, die von ca. 100 tschechischen Banditen durchgeführt wurde, mußten 100 Frauen und Mädchen, vom 16. Lebensjahre angefangen, vor der ganzen Bewachungsmannschaft während der fast 2stündigen Dauer splitternackt die tiefe Kniebeuge machen.

Alarm: Wiederholt wurde im KZ Alarm gegeben, wobei sich jeder Deutsche ohne Rücksicht ob invalid oder stubenkrank blitzartig auf den Aufstellungsplatz zu begeben hatte. Ohne Schuhwerk bekleidet, mußten die Menschen in der Zeit von 19 Uhr abends bis 2 Uhr morgens im Stillgestanden verharren. Dasselbe wurde am nächsten Morgen von 7 Uhr früh bis 14 Uhr mittags wiederholt. Es war im Dezember 1945. Menschen, die zusammenbrachen, wurden mit Peitschenhieben schwer mißhandelt. Jeden Abend wurden abwechselnd drei Deutsche in die Wachstube geschleift, entkleidet über den Tisch gelegt und mit Peitschenhieben zur Bewußtlosigkeit geschlagen. Dann über die Opfer kaltes Wasser gegossen und bei Erlangung der Besinnung diese Bestialitäten wiederholt (die Bewohner der Häuser beim KZ schlossen ihre Fenster, um das Stöhnen und Schreien der Gemarterten nicht mehr zu hören. Diese Bewohner wurden als erste evakuiert, um ungestört die Schikanen durchführen zu können). Viele Kameraden verübten Selbstmord, um erlöst zu sein. Daraufhin hat der neuernannte Lagerkommandant Wepper diese Prügelstrafen eingestellt. Nach kurzer Zeit wurde für diesen Wepper als neuer Kommandant über sämtliche KZ-Lager der gefürchtete Vancura ernannt, der besonders an Greueln und Bestialitäten Ergötzen fand. Unter seiner Herrschaft wurden viele Kameraden erschlagen und der Leipaer Arzt Dr. Steinitz gezwungen, als Todesursache "Herzschlag" einzutragen; in 1 Jahr waren 251 Todesopfer zu beklagen. Der junge Apotheker Hollitzer aus Sandau, sowie Oberlehrer Hiecke aus Wolfersdorf sind außer anderen ebenfalls plötzlich an zweifelhafter Todesursache gestorben. Der deutsche Gefangenenaufseher Püschel aus Böhmisch-Leipa wurde unter stärkster Beteiligung eingewanderter tschechischer Bevölkerung unter Johlen und Ergötzen am Kreisgerichtshof erhängt.

Die Ernährung war schlecht und unzureichend, Medikamente wurden nicht verabreicht, Kranke ihrem Schicksal überlassen. Die Behandlung war tierisch und brutal. Besonders gefürchtet waren die mit schwarzen Uniformen (deutschen Militärhosen und SA-Blusen) bekleideten Tschechen, die die Armbinde mit den Buchstaben "SNB" trugen. Diese Horde, die nächtliche Razzien durchführte, schlug grundlos bei allen Anlässen den Opfern bestialisch und wild die Zähne aus.

Untersuchungskommissionen, die zur Besichtigung des Lagers und zwecks humaner Behandlung erschienen, haben das Lager nie gesehen, sondern wurden in die Lagerkanzlei geführt und von dort verabschiedet.

Ab Juli 1945 wurde die Evakuierung der deutschen Bevölkerung in Angriff genommen und der Großteil von Haus und Hof vertrieben, durch dieses Lager geschleift und dort gefangen gehalten oder in Abwanderungstransporte eingeteilt. Diese bedauernswerten Menschenmassen wurden unter den elendsten Verhältnissen in dieses KZ eingepfercht. Sie lagen ohne Stroh auf dem harten Fußboden und in unhygienischen Pferdeställen. Täglich wurde dieses KZ mit hunderten Familien, die zur Ausweisung aus ihrer Heimat bestimmt waren, vollgestopft. 24 Mütter mit ihren Kindern mußten in engen Räumen von 8x5 m auf dem harten Fußboden (ohne Stroh u. dergl.) wochen- und monatelang bis zur Ausweisung vegetieren und liegen. Der Hunger und die Not war groß, mit einem einzigen trockenen Kartoffel konnte man die Tränen der Kinder löschen. Täglich starben viele Kleinkinder und ältere Menschen. In diese vollgestopften Räume drangen öfters zur Nachtstunde bewaffnete Partisanen ein, die sich beim Kerzenlicht ihre Opfer unter den jungen Mädchen und Frauen aussuchten. Diese wurden nach Auslöschen des Kerzenlichtes von diesen tschechischen Bestien wiederholt und der Reihe nach vergewaltigt, ganz gleich, ob die Mutter, Vater oder Bruder neben diesen Opfern lag. Während der Zusammenstellung der Aussiedlungskolonnen mußten die Familienväter im Marschschritt durchs Lagergelände marschieren, um von ihrer Gattin und den Kindern nicht Abschied nehmen zu können. Eßwaren, die Verwandte den hungernden Lagerinsassen überreichen wollten, wurden am Eingangstor von den Tschechen abgenommen, für sich behalten oder vor den Augen der Überbringer zerbröckelt und mit den Füßen zerstampft. Die Überbringer (meistens Frauen) wurden von den Tschechen mit den Stiefeln in die Weichteile gehackt und unter Peitschenschlägen fortgetrieben.

Böhmisch Meseritsch

Mißhandlungen während des Arbeitseinsatzes
Berichter: Adolf Mader - Bericht vom 30. 8. 1946

In der Zeit vom 9. 10. 1945 bis Weihnachten 1945 mußte ich mit meinem Sohne in der Zuckerfabrik in Böhmisch Meseritsch arbeiten. Obwohl wir Schwerstarbeiten verrichteten, erhielten wir keine Bezahlung. Die Lebensbedingungen waren unmenschlich. Schlägereien größeren Ausmaßes kamen jedoch nicht vor. Von hier wurde ich nach einer Massenuntersuchung in die Kohlengrube "Luzna" in Luzna, Kreis Rakovník abtransportiert, wo ich vom 24. 12. 1945 bis 25. Juni 1946 schuftete und die schwersten Schlägereien über mich ergehen lassen mußte. Geschlagen wurde nur von einem Vorarbeiter und dies während der Nachtschicht. Ich hatte das Pech, bald nach Ankunft an der Arbeitsstätte zur Nachtschicht zugeteilt zu werden. Hier wurde ich dann ein halbes Jahr lang allnächtlich mit meinen Arbeitskameraden geschlagen. Der Vorgang war etwa folgender: Alles

Antreten in der Grube, 17 deutsche Arbeiter. Es wurde aus der Zeitung irgendein Hetzartikel verlesen und dann wurden wir zunächst mit Fäusten und Stöcken systematisch bearbeitet, meistens wurden wir auf den Kopf geschlagen. Da ich infolge meines Alters und der unzureichenden Ernährung nicht immer die schwersten Arbeiten allein verrichten konnte, bekam ich noch außertourlich mit kränklichen und schwächeren Kameraden meine Hiebe mit dicken Knüppeln auf den Kopf, sodaß ich des öfteren zusammenbrach. Durch diese unmenschliche Schlägerei habe ich einen schweren Hörfehler erlitten und leide heute noch an Fußwunden. Die Behandlung war so schlimm, daß wir mit dem Leben abgeschlossen hatten, zumal viele diese Strapazen nicht ertragen haben.

Diese Aussagen kann ich an Eidesstatt machen und auch durch Zeugen bekräftigen.

Böhmisch Trübau

Eisenbahnlager

Berichter: Karl Schilling - Bericht vom 27. 6. 1946

Ich wurde im Oktober aus russischer Kriegsgefangenschaft entlassen und bei meiner Heimfahrt in Böhmisch Trübau von der Bahnpolizei festgehalten und in das Eisenbahnlager Böhmisch Trübau der Firma Liticka gebracht.

Im Lager waren ungefähr 250 Mann. Dort mußten wir schwer arbeiten. Auch sonntags. Die Verpflegung war sehr gering. Die Deutschen wurden für die schwerste Arbeit verwendet und von ihnen eine 50% höhere Leistung als von den dort arbeitenden Tschechen verlangt. Z. B. wenn 15 Tschechen eine Schiene trugen, mußten das 10 Deutsche tun. Die Tschechen hatten Schwerarbeiterzulagen, während die Deutschen nur das mangelhafte Lageressen erhielten.

Unter den Deutschen waren alte und kranke Leute, die genau so arbeiten mußten und oft geschlagen wurden, wenn sie nicht alles machen konnten. Jüngere Leute wurden noch mehr geschlagen, obwohl sie vor Hunger manchmal umfielen. Kranke wurden vom Arzt nicht als arbeitsunfähig anerkannt.

Lohn wurde in den 7 Monaten, die ich dort war, nicht ausgezahlt.

Unsere Bekleidung war sehr mangelhaft und wurde weder ergänzt noch ersetzt. Im Winter mußten viele ohne Mantel arbeiten.

Infolge der schlechten Verhältnisse haben einige Fluchtversuche unternommen. Bei der Ergreifung wurden sie mit Gummiknüppeln furchtbar geschlagen. Wir durften nur eine Karte pro Monat tschechisch schreiben, obwohl die meisten nicht tschechisch konnten. Ankommende Post in deutscher Sprache wurde nicht ausgefolgt. Nach den ersten Fluchtversuchen wurden uns die Zivilkleider abgenommen und durch Uniformen ersetzt. Bei der Entlassung fehlten viele Stücke der Zivilkleider. Ich wurde von dort anfangs Juli zur Aussiedlung entlassen. Die Reichsdeutschen und die Sudetendeutschen, deren Familien bereits ausgesiedelt waren, wurden zurückgehalten.

Braunau

Mißhandlung, Raub, Mai 1945
Berichter: Josef Lausch

Am 17. Mai 1945 kamen 2 tschechische Gendarmen auf das Postamt Braunau und frugen den Stellvertreter, wo der Postassistent Lausch sei. Dieser zeigte auf mich am Schalter I. Ich mußte mit den beiden Gendarmen, die mir Handschellen anlegten, zum Bezirksgericht gehen. In einem Vorraum wurden mir alle Papiere, 1765 Mark Bargeld, 1 Postsparbuch mit über 3000 Mark, Hosenträger, Schnürsenkel, kurz alles abgenommen. Dabei wurde ich mit dem Revolver, Schlagring und Gummiknüppel fast bewußtlos geschlagen. Dann ging es blutüberströmt mit mir zum Verhör. Mir wurde vorgeworfen, ich sei Truppführer der SA und Gruppenführer der SS gewesen, als ich aber behauptete, ich sei niemals bei der SA oder SS gewesen, wurde ich wieder halbtot geprügelt. Unseren Bürgermeister, der nebenan verhaftet saß, gab ich als Zeugen an, daß ich dies niemals gewesen sei. Ich wurde dann blutüberströmt in eine Dunkelzelle aufs Steinpflaster geworfen, es gab 2 Tage nichts zu essen, nur dauernde Vernehmungen und Prügel gab es. Dann kam ich in eine 3 Mann-Zelle, wo 9 Mann untergebracht waren. Fast alle Stunden bei Tag und bei Nacht wurde die Tür aufgerissen und es traten ein oder mehrere tschechische Jungen von 16-18 Jahren ein, verprügelten uns auf das Gemeinste und gingen mit lachenden Gesichtern wieder davon. Verpflegung bekamen wir vom Gericht keine. Es mußten uns die Angehörigen von zuhause Essen bringen, was wir da in der Zelle bekamen, das kann sich jeder lebhaft vorstellen. 10 Tage dauerte diese Qual, die sich täglich auf das Grausamste wiederholte. Nach 10 Tagen wurde ich mit einem Auto in die Fabrik der Fa. Pollak geschafft und der GPU übergeben. Von dort ging es per Auto nach Waldenburg/Schlesien, zufuß nach Oppeln/OS, dann nach der Festung Graudenz und später in das KZ-Lager Fünfeichen bei Neubrandenburg in Mecklenburg. Im Juli 1948 wurde ich entlassen und fand nach längerem Suchen meine Frau in bitterster Not und Elend hier. Denn auch sie wurde von den Tschechen ins Innere verschleppt und nach einem Jahr harter Arbeit kam sie zerlumpt und zerrissen in die Heimat zurück, wollte Sachen von unserem Besitz zur Aussiedlung haben, leider war alles gestohlen. So wurde sie zerrissen und zerlumpt hinausgeschmissen, ich kam elend bekleidet und voller Wasser aus dem Lager.

Bretterschlag

Grundlose Verhaftung aller Männer eines Dorfes
Berichter: Wenzel Parth, Kirchendiener - Bericht vom 14. 8. 1946

Am 14. 4. 1946 wurden sämtliche Männer des Dorfes Bretterschlag im Alter von 16 bis 60 Jahren von der Gemeinde verhaftet und in das Lager Kaplitz eingewiesen. Zu dieser Verhaftung waren Finanzer, Soldaten und Gendarmen in das Dorf gekommen und behaupteten, die Deutschen hätten auf die Finanzer geschossen. Tatsächlich aber war das Dorf von Soldaten umstellt, welche selbst Schüsse abgaben. Bei der Verhaftung der Deutschen war auch keine einzige Waffe gefunden worden. Offensichtlich war das auch nur ein Vorwand, um die Deutschen zu verhaften. Ich war auch verhaftet worden, obwohl ich gar nicht nach Bretterschlag gehörte, sondern nur zufällig an diesem Tage dort anwesend war. Bei der Verhaftung wurden wir alle auf das Schwerste mißhandelt. Einige wurden dabei auch verletzt. Wir wurden 6 Monate in Haft gehalten. Verhöre haben keine stattgefunden.

Brunnersdorf

Erschießungen und Mißhandlungen

Berichter: Wenzel Parth, Kirchendiener - Bericht vom 14. 8. 1946

In der Filialkirche Wistritz, wo ich meinen Wohnort hatte, ereignete sich am 24.oder 25.7. (genau weiß ich den Tag jetzt nicht) folgendes: Abends um 9 Uhr war ich verständigt worden, daß ich am nächsten Tag ins Lager abgehen müsse; nachts um halb 12 kamen die Tschechen nochmals zu mir. Ich hatte die Monstranz und den Kelch einem mir als katholisch bekannten Tschechen namens Scheffler übergeben, - einen geistl. Herrn konnte ich nicht mehr verständigen, da unser H. Pfarrer Hanus aus Brunnersdorf bereits tags vorher ins Lager gekommen war, - weiter weg konnte ich wegen der Sperrstunde auch nicht gehen. - Früh um 6 Uhr mußte ich gestellt sein. Auf der Straße beim Abmarsch wurde ich vom Kommissar gefragt, ob ich die goldenen Gefäße habe. Ich erklärte, Monstranz und Kelch dem Scheffler übergeben zu haben. Er frug nach den anderen Gefäßen. Ich sagte ihm, daß die noch im Tabernakel stünden, das dürfe ich nicht anrühren. Ich wurde gezwungen, den Schlüssel herauszugeben. Ich mußte mit in die Kirche und zum Tabernakel gehen. "Aufmachen!" brüllte der Tscheche. Ich weigerte mich: "Das darf ich nicht". Ich erklärte wieder, nein, nachdem er mich von neuem bedroht hatte. Da sagte der Mann: *"To je fuk"*, griff selbst in den Tabernakel, nahm das Ziborium samt den konsekr. Hostien, warf alles in seine Aktentasche und ging damit weg. Wohin alles kam, weiß ich nicht. Ich kam ins Lager und meldete den Vorfall sofort dem Herrn Pfarrer Hanus. Mehr konnte ich vom Lager aus nicht mehr tun. Am 30. April wurden wir abtransportiert.

Die obenstehenden Aussagen mache ich an Eidesstatt und versichere, daß sie auf Wahrheit beruhen.

In Brunnersdorf wurden 7 Mann schwer geprügelt, dann zum Friedhof geführt, hinter der Friedhofmauer wurde ihnen befohlen, Gräber zu schaufeln. Als sie tief genug waren, bekam jeder einen Genickschuß, dann wurden sie in die Gräber geworfen und diese zugeschaufelt. In Kaaden wurden an einem Tag früh 3 Bauersleute aus Karkau, der eine namens Guba, erschossen. Am Nachmittag wurden 7 Mann, darunter ein gewisser Proschka, Bartl und ein Kaufmann aus Radonitz, am Marktplatz aufgestellt, die Zivilbevölkerung herbeigetrieben, welche zusehen mußte, und brutal erschossen. Ich selbst war mit meiner Tochter anwesend. Ich kann gar nicht schildern, welche Panik unter den Menschen war. Zuerst wurden sie in die Beine, dann in den Leib und zum Schluß in den Kopf geschossen. Ist das menschlich? In Prösteritz 2 Mann am Rübenfeld erschossen und begraben, in Dehlau 7 Mann begraben, in Kaaden noch 40 Mann am Gericht. Wenn es nötig, bin ich bereit, mit einigen Herren an Ort und Stelle zu fahren, damit sie sich davon überzeugen können. Ich war 20 Jahre Kirchendiener in Brunnersdorf und Wistritz und könnte noch so manches anführen, aber das hätte unser Geistlicher müssen tun.

Brüsau

Plünderung, Mißhandlung
Berichter: Franz Langer - Bericht vom 26. 9. 1946

Ich war vom 9. 12. 45 bis 30. 3. 46 ohne jeden Grund mit meiner ganzen Familie im Lager Brüsau interniert. Ich bin dabei um alle meine Sachen gekommen.

Die Verpflegung im Lager war sehr schlecht, obwohl wir alle schwere körperliche Arbeit verrichten mußten. Jeder war darauf angewiesen, von außerhalb des Lagers Lebensmittel zu bekommen, sonst wäre er verhungert, auch wenn er nicht gearbeitet hätte, so gering war die Verpflegung. Alle wertvollen Lebensmittel, wie Butter, Marmelade, Zucker, Gebäck usw. wurden von den Posten unterschlagen. Anfang Februar wurde mir auf den Arbeitsplatz ein Stück Brot gebracht, das ich zum Teil gleich aufaß, z.T. einsteckte, um es meiner Frau ins Lager mitzunehmen. Davon erfuhr der Lagerleiter. Er ließ mich rufen und mißhandelte mich deshalb schwer. Zuerst erhielt ich Ohrfeigen, daß ich zu Boden fiel, dann schlug er mich mit einer Hundepeitsche mehrmals auf die blanken Fußsohlen zu je 10 Hieben, dann bekam ich 5 Schläge mit einem Ochsenziemer. Dann stießen mich mehrere Posten während des Laufens mit den Füßen.

Bürgersdorf

Schwere Mißhandlungen
Berichter: Adolf Aust - Bericht vom 30. 9. 1946

Am 30. 6. wurden in der Gemeinde Bürgersdorf sämtliche 6 SA-Leute, die nie eine Uniform getragen und nur den Mitgliedsbeitrag bezahlt hatten, verhaftet und in das Lager Würbenthal gebracht. Am nächsten Tag wurden von dort 102 Leute im Fußmarsch 36 km nach Jägerndorf getrieben. Unterwegs wurde ein Fleischer aus Karlsthal erschossen, als er während einer Rast an der freien Straße sich ungefähr 3 Schritte zum Austreten entfernte und seine Notdurft verrichtete. In Jägerndorf wurden SA- und SS-Leute hinter Gitter gesteckt und durch 3 Tage hindurch wiederholt furchtbar mißhandelt. Dabei wurde Gesierich aus Heinzendorf, der zur SS gemustert, aber noch nicht eingezogen war, länger als 15 Minuten mit Gummiknüppeln bearbeitet, bis er liegenblieb, ebenso ein gewisser Klement aus Karsthal. Ich selbst bekam 2 Schläge gegen das rechte Auge, sodaß es einen Monat völlig verschwollen war. Ärztliche Behandlung für die Verletzten gab es nicht. Als besondere Quälerei mußten wir über ausgestreute Glasscherben robben, wobei wir ebenfalls geschlagen und mit Füßen getreten wurden. Alle hatten davon zerschnittene Ellenbogen und Knie. Nach 3 Tagen wurden 100 Mann nach Wittkowitz zur Arbeit in der Schamottfabrik, beim Hochofen usw. abtransportiert. Dort wurden die Mißhandlungen täglich bei, vor und nach der Arbeit fortgesetzt. Ein gewisser Ott aus Ludwigsthal mußte dort trotz Erkrankung zur Arbeit gehen und als er zusammenbrach, wurde er aufgejagt und mit Gummiknüppeln so geschlagen, daß er am nächsten Tag starb.

Die Verpflegung bestand nur aus Wassersuppe. Wir hatten alle geschwollene Füße. In den ersten 14 Tagen sind in Wittkowitz 12 Leute an Erschöpfung gestorben. Ich selbst war nach 9 Monaten so erschöpft, daß ich mich nicht mehr auf den Beinen halten konnte. Ich wurde nach Jägerndorf zurückgeschickt, wo mich der Arzt eine lebende Leiche nannte. Nach weiteren 11 Wochen wurde ich als völlig arbeitsunfähig entlassen.

Butschafka

Butschafka, Bericht Nr. 1

Drangsalierung einer bäuerlichen Familie

Berichterin: Marie Breier - Bericht vom 19. 6. 1946

Ich hatte seit 22. 11. 1945 einen slowakischen Verwalter Petr auf dem Hof. Am 19. 12. 1945 ging ich nachmittags nach Liebental, um mir auf meine Karten Lebensmittel einzukaufen. Als ich am Abend zurückkam, machte mir der Verwalter Vorwürfe, daß ich nicht arbeite und warf mir vor, daß ich ihm einen Zentner Korn gestohlen habe. Ich bestritt das. Da ging er zum *Národní výbor* und holte den Kommissar, der mich schlug und zu Boden stieß. Am nächsten Tag konnte ich vor Schmerzen nicht aufstehen. Da holte der Verwalter die Gendarmerie, die mich mit einem Wagen nach Jägerndorf zu Gericht führten. Dort wurde ich vom Richter freigesprochen. Als ich mit dem Entlassungsschein das Gerichtsgebäude verlassen wollte, wurde mir dieser abgenommen und ich wurde 8 Wochen in einer Zelle festgehalten.

Unterdessen kümmerte sich niemand um meine zwei Kinder. Im Jänner wurden auch sie vom Verwalter aus dem Hause getrieben. Mein 13jähriger Sohn wurde außerdem drei Tage eingesperrt und von der Gendarmerie und dem Kommissar zweimal so verprügelt, daß er 14 Tage mit Fieber liegen mußte und auf seinen Ohren nichts hörte. Alle meine Kleider und Wäsche wurden mir genommen. Ich bekam später nichts mehr davon zurück. Das Gericht in Jägerndorf entschied am 20. Februar, daß ich mit meinen Kindern in meinem Hause in Butschafka wohnen durfte.

Butschafka, Bericht Nr. 2

Lager Pardubitz-Königgrätz, Ausplünderung des Gepäcks

Berichter: Heinrich Furch - Bericht vom 4. 7. 1946

Als Transportführer des Transportes 96 hatte ich Gelegenheit, festzustellen, daß 30-40% der Angehörigen des Transportes nicht das zulässige Gewicht von 60 kg besaßen. Es handelt sich meistens um Leute, die monatelang in Arbeitslagern gewesen sind, wohin sie sich fast nichts hatten mitnehmen dürfen und wo sie bei der Arbeit schon einen großen Teil der mitgenommenen Kleidung verbraucht hatten. Ich habe mich persönlich für die Auffüllung des Gepäcks eines alten Mannes eingesetzt, der nicht einmal 10 kg bei sich hatte. Obwohl bergeweise beschlagnahmte Sachen vorhanden waren, wurde diesem Mann nichts gegeben. Einem Herrn Fuchs, der in derselben Lage war, wurde ein geflickter unbrauchbarer Anzug und ein Paar alte Schuhe gegeben. Seine Sachen waren, während er im Lager Pardubitz und Königgrätz war, vom *Národní Výbor* in Butschafka beschlagnahmt worden.

Ferner war ich Zeuge, wie den Aussiedlern die Kisten und Koffer bei der Gepäckkontrolle angebohrt, zerhackt oder sonst für den Transport unbrauchbar gemacht worden sind. Es wurde den Leuten wahllos alles, was den Kontrollorganen gefiel, weggenommen. Insbesondere wurden auch Dokumente und Bescheinigungen verschiedenster Art, die von früheren tschechischen Behörden ausgestellt waren, abgenommen, darunter insbesondere auch Bestätigungen der tschechischen Behörden über abgeführte oder in der Tschechoslowakei zurückgelassene Vermögenswerte. Es wurden auch vielfach Federbetten aufgeschnitten und durchsucht, sodaß ein großer Teil der Federn verstreut wurde.

Butschafka, Bericht Nr. 3

Mißhandlung

Berichterin: Hilda Breier - Bericht vom 4. 7. 1946

Anfang Oktober [1945] wurden die Bauernfamilien von Butschafka, auf deren Höfen tschechische Verwalter saßen, alle nach Jägerndorf ins Lager eingeliefert. Ich selbst ging damals mit meinen 4 Kindern, das Jüngste war 2 Jahre, nach Ober-Paulowitz zu meiner Großmutter. Im November hörte ich, daß ein Brief von meinem Mann nach Butschafka gekommen sei. Ich ging nach Butschafka, um mir den Brief zu holen. Als mich in Butschafka der Verwalter meines Hofes auf der Straße sah, kam er auf mich zu, nahm mir den Brief meines Mannes, den ich noch gar nicht geöffnet hatte, ab und schlug mich mit den Fäusten, bis ich hinfiel. Dann trat er mich mit den Füßen in die Seiten. Als er von mir abließ und den Brief meines Mannes las, gelang es mir zu entkommen. Er holte den Kommissar herbei und kam mir nach Ober-Paulowitz nach. Als ich selbst dort angekommen war, war ich so erschöpft, daß ich ohnmächtig wurde.

Chodau

Chodau, Bericht Nr. 1

Ermordung des Gatten

Berichterin: Fanny Karner

Ich erkläre hiermit an Eides statt, daß mein Mann Matthias Karner, geb. 20. 6. 1901 in Chodau bei Karlsbad, unter folgenden Umständen von den Tschechen ermordet wurde.

Mein Mann wurde 1941 als Rot-Kreuz-Soldat bezw. Sanitäter zur deutschen Wehrmacht einberufen, ich selbst bin Mutter von 6 Kindern, wovon ich bereits 2 Söhne durch diesen Krieg verloren habe. Mein Mann kam am 22. 5. 1945 aus russischer Kriegsgefangenschaft nachhause. Diese Freude, daß mein Ernährer und der Vater der Kinder wieder zurück ist, blieb mir nicht lange vergönnt. Nach 14 Tagen Daheimsein kamen die Tschechen eines Nachts, um Wohnungen auszuplündern. Die Haustür wurde vom Hausherrn Stangel nicht gleich geöffnet, so ging gleich eine Schießerei los. Außer meinem Mann waren noch 3 andere Männer da, als die Tür doch nachher geöffnet wurde, mußten wir das Haus verlassen und wurden in das Schulhaus bezw. Gendarmeriestation gebracht. Wir Frauen wurden von den Männern getrennt und an die Wand gestellt, auch meine 3 kleinen Kinder, 3, 5 und 10 Jahre. Wir mußten die Hände hoch halten. Wir standen bereits die ganze Nacht in dieser Stellung und wurden den nächsten Tag entlassen, jedoch von meinem Mann sowie von den anderen Männern hörten wir nichts.

Eines Tages drang es durch, daß mein Mann und die anderen 3 Männer in der Nähe unseres Hauses ihr Grab schaufeln mußten, wonach sie später erschlagen wurden. Nach einigen Tagen wurden sie jedoch wieder hervorgeholt und in Chodau am Friedhof begraben.

Einige Tage später fand man noch einige Glieder der Ermordeten.

Dies alles erkläre ich unter Eidesstatt.

Chodau, Bericht Nr. 2

Gepäckkontrolle, Ausplünderung Mai 1946

Berichterin: Marie Weiß - Bericht vom 1. 6. 1946

Ich habe um den 20. Mai ein Ansuchen an die Kontrollkommission in Elbogen gerichtet, um die Erlaubnis, für meinen Sohn Rudolf Weiß, der bis zum 30. 4. 1946 in englischer Gefangenschaft war und mich in Bayern erwartete, Kleider, Wäsche und Schuhe mitzunehmen. Die Kontrollkommission hat die Erlaubnis zur Mitnahme der Sachen für meinen Sohn auf dem Ansuchen schriftlich erteilt. Trotzdem wurde mir bei der Gepäckkontrolle in Chodau alles für meinen Sohn bestimmte Gepäck abgenommen. Auch von meinem Gepäck wurde ein Teil zurückbehalten, sodaß ich insgesamt für mich und meinen Sohn kaum 40 kg Gepäck hieher gebracht habe. Diese Aussage kann ich beeiden.

Chodau, Bericht Nr. 3

Gepäckkontrolle, Ausplünderung

Berichter: Josef Zillich - Bericht vom 17. 7. 1946

Bei der Gepäckkontrolle in Chodau wurde meiner Schwester in Chodau in gröbster Weise ihr Kleid vom Leibe gerissen. Ich und meine beiden Söhne im Alter von 13 und 16 Jahren mußten die Anzüge, Schuhe und Mäntel ausziehen und alte Sachen, die wir noch im Gepäck hatten, anziehen.

Auch unsere Federbetten wurden uns bis auf eines weggenommen. Auch das Handgepäck wurde zurückbehalten, sodaß mir z. B. Eßbesteck, Pyjama, Schlafrock der Frau und andere Sachen, die wir auf der Reise dringend benötigen würden, fehlen. Der tschechische Gendarm, der bei der Kontrolle anwesend war, sagte mir nachher, ich sei völlig ausgeräubert worden. Er möchte mir gerne helfen, aber er könne es nicht.

Aus dem Großgepäck wurde mir sämtliche neue Wäsche und vieles andere genommen, was ich noch nicht feststellen konnte. Am nächsten Tag bekam ich auf meine Vorstellungen auf Veranlassung der Lagerleitung 5 Mäntel und 2 Paar Schuhe zurück. Von den Anzügen und Kleidern war im Gepäckraum nichts mehr vorhanden, die waren schon weggetragen worden.

Chodau, Bericht Nr. 4

Gepäckkontrolle

Berichterin: Emilie Dotzauer - Bericht vom 17. 7. 1946

In Chodau wurden mir bei der Gepäckkontrolle die Schuhe, die ich für mich, meine Tochter und meinen Mann eingepackt hatte, sämtlich aus dem Gepäck genommen. Außerdem mußte ich die Schuhe, die ich trug, ausziehen und man warf mir dafür ein Paar alte Riemensandalen zu, die ich nun tragen muß. Außerdem wurde mir die gesamte Leib- und Bettwäsche abgenommen, auch aus dem Handgepäck die Pyjamas für mich und meine Tochter und ein Schlafrock. Für die Bettwäsche wurden mir einige alte unbrauchbare Kleidungsstücke zugeworfen. Der weiße Maschinenspitzenkragen wurde mir von dem Kleid, das ich trug, abgetrennt. Auch das gesamte Küchengeschirr und Besteck wurde mir genommen. Im Aussiedlungslager Neusattl erhielt ich dafür einige zusammengewürfelte Teller und Schüsseln.

Chodau, Bericht Nr. 5

Schwere Mißhandlungen

Berichter: Karl Kempf - Bericht vom 22. 6. 1946

Ich wurde am 27. 5. 45 in Chodau verhaftet, weil ich als Reservegendarm einen Volksdeutschen wegen Diebstahls verhaftet hatte. Dieser Volksdeutsche erschien nach dem Einmarsch der Amerikaner als Pole, zeigte mich an und behauptete, ich hätte ihm seine Sachen gestohlen. Ich wurde erst Ende März 1946 im Lager Neurohlau verhört, konnte mich rechtfertigen und wurde auch auf Grund dieses Verhörs entlassen. Doch bin ich in der Zwischenzeit aufs grausamste mißhandelt worden. In Chodau wurde ich mit den Fäusten und Füßen blutig geschlagen, bis ich bewußtlos war. In Chodau war ich auch Zeuge, wie ein SS-Mann im Vorhaus des Polizeigebäudes mißhandelt, dabei erschossen und dann in der Nacht im Friedhof begraben wurde.

Vom 31. 5. 45 bis 2. 6. abends waren wir ohne Essen, sogar ohne Wasser, in einer Zelle in Elbogen. Von dort wurden wir nach Karlsbad gebracht, wo wir beim Eintreffen von ca. 10 Mann verprügelt wurden, bis wir bluteten und zusammenbrachen. In einer Zelle von 11 qm waren wir 24 Mann, nach einigen Tagen 35 Mann. Zu essen bekamen wir früh und abends ¼ l Kaffee und mittags ¼ l Krautsuppe ohne Brot. Dort wurden wir auch mehrmals verprügelt.

Am 19. 7. wurden wir im Fußmarsch nach Neurohlau gebracht. Unterwegs sind mehrere aus Schwäche zusammengebrochen.

In Neurohlau waren Mißhandlungen ebenfalls an der Tagesordnung. Ich selbst wurde dort zweimal verprügelt. Wenn von der Arbeit ein Häftling entfloh, wurde wahllos ein anderer für diesen erschossen. Auf diese Weise wurde Lippert aus Elbogen erschossen. Ein älterer Mann aus Jedlitz wurde erschossen, als er Kartoffelschalen vor Hunger aus dem Abfallfaß aß.

Dieselben Mißhandlungen wie ich hat der mit mir verhaftete Lehrl erlebt. Er war als Gendarm mein Kollege.

Chrastawitz

Ermordung von 35 SA-Männern am 11. Juli 1945

Berichter: Eduard Polz

Der Wahrheit entsprechend und im Bewußtsein der Bedeutung einer solchen Erklärung, bezeuge ich ohne jede Voreingenommenheit an Eides statt die von einem Tschechen vor mehreren Zeugen gegebene Aufklärung über die Behandlung und Hinrichtung von ca. 35 internierten SA-Männern aus dem Kreise Bischofteinitz-Sudetenland, die in dem Lager Chrastawitz bei Taus untergebracht waren.

Der Tscheche N. N., als Kutscher bei N. N. in Taus beschäftigt, erklärte bei der Heuernte am Fronleichnam 1946, daß in der Sandgrube auf der rechten Straßenseite zwischen Taus und Trasenau die aus Bischofteinitz stammenden SA-Männer, am Abend des 11. Juli 1945 mit einem Lastauto von Chrastawitz zur Sandgrube befördert, dort abgeschlachtet und die Leichen dann in der Umgebung der Sandgrube verscharrt wurden. Auf meine Anfrage, ob er genau wisse, daß diese Männer aus Bischofteinitz sind, erklärte er, er habe sehr viele gekannt, da er einige Wochen mit ihnen inhaftiert war. Ihm ist auch bekannt, daß das Lastauto ein 2. mal fahren sollte, der Wagenlenker dies aber mit der Begründung ablehnte, er könne solche Bestialitäten nicht mehr ansehen. Ausgeführt wurden diese Grausamkeiten von Gendarmeriebeamten, Offizieren und der S.N.B., die zum Großteil betrunken waren. N. schilderte auch die bestialische Behandlung dieser Männer am gleichen Abend in Chrastawitz vor dem Abtransport, wo diese meist im halberschlagenen und bewußtlosen Zustand auf das Lastauto verladen wurden.

Da ich persönlich vom 30. 8. 1945 bis 27. 7. 1946 im gleichen Lager inhaftiert war und mir weitere ähnliche Grausamkeiten bekannt sind und auch von diesen Männern keine Lebenszeichen mehr gegeben wurden, erscheinen die Angaben des N. als vollkommen glaubwürdig und den Tatsachen entsprechend.

Chrostau

Mißhandlung von Jugendlichen

Berichter: Herbert Heinz - Bericht vom 15. 6. 1946

Am 10. 5. 45 wurden alle Jugendlichen im Alter von 14-20 Jahren, auch einige 12- und 13-jährige, in dem Lager Chrostau, Kreis Zwittau zusammengefaßt. Im ganzen waren es ungefähr 350.

Am 30. Mai wurden wir von dort in das politische Lager nach Zwittau überführt. Im Lager wurden wir furchtbar mißhandelt. Der Kommandant von Chrostau, Janecek, wurde von uns nur der Totschläger genannt, weil er so grausam war. Wenn er durch das Lager ging, schlug er jeden Jungen, der ihm in den Weg kam, mit der Reitpeitsche über den Kopf. Er hat Jungen oft ohne jeden Grund mit der Reitpeitsche über den Kopf geschlagen, daß sie zusammenbrachen. Hierauf sagte er: "Jetzt hast Du einstweilen genug."

Jeden Tag war "Frühsport". Zuerst eine Viertelstunde Freiübungen, dann eine Viertelstunde Spiele, dann mußten wir mindestens eine halbe Stunde Auf und Nieder machen. Liegestütz, Bücken, tiefe Kniebeuge usw. Derjenige, den dabei die Kräfte verließen, mußte diese Übungen vor dem Lagerkommandanten wiederholen und wurde dabei geprügelt. Viele mußten in einer Gärtnerei arbeiten und wurden dabei geprügelt. Die übrigen mußten auf ihren Zimmern bleiben, durften sich aber bei keinem Fenster zeigen. Wer beim Fenster gesehen wurde, wurde auch verprügelt.

Die Verpflegung bestand nur aus schwarzem Kaffee und dünner Suppe mit Brennesseln und Kartoffeln und 1 kg Schwarzbrot und ½ kg Weißbrot in der Woche.

Ein Gendarm wurde von uns der "Tiger" genannt, da jedes Wort, das er zu uns sprach, ein Schimpfwort war.

In Zwittau war die Behandlung die gleiche, nur mit dem Unterschied, daß es neben dem "Frühsport" auch einen "Abendsport" gab.

In Chrostau wurden schon vor Ablauf einer Woche von drei Waschräumen zwei geschlossen. Auch in dem verbliebenen Waschraum floß das Wasser nur zu bestimmten Stunden am Tage. Für 300 Mann gab es nur 8 Waschbecken. Mehrere Jungen bekamen Krätze. Mehrere Jungen waren herz- und lungenkrank ins Lager eingeliefert worden. In Zwittau brach auch Scharlach und Diphterie aus. Die Kranken wurden nach Zwittau ins Krankenhaus geschickt, wo die Behandlung gut war. Ich wurde mit meinen Eltern ausgesiedelt. Einen Tag vor der Aussiedlung wurde ich von einem Partisanen mit der Faust und mit einem Stock verprügelt, da ich eine Militärkappe trug.

Ich kann diese Aussage beeiden.

Datschitz

Ermordung deutscher Forstverwalter

Berichter: Dipl. Forstwirt Herrmann Hübner - Bericht vom 28. 5. 1950

Im Mai 1945 wurden der Forstmeister Ernst Pittinger aus Schaschowitz (Sasovice) und der Oberforstverwalter Robert Fritzen von Reilsberg von tschechischen Partisanen in Datschitz (Dacice) in Mähren ermordet.

Von dem tragischen Vorfalle erfuhr ich beim Kreisgericht in Iglau, wo ich vom dortigen Volksgericht zu 6 Jahren schweren Kerkers verurteilt wurde.

Oberforstverwalter Fritzen hatte zwei schulpflichtige Buben und [es] besteht die Möglichkeit, daß diese in Budischkowitz (Budiskovice), Bezirk Datschitz (Dacice), verblieben sind.

In Krasonitz (Krasonice), Bezirk Datschitz, wurde der schwerkranke pensionierte Waldheger Franz Schulla im Bett erschlagen.

Deutsch-Beneschau

Deutsch-Beneschau, Bericht Nr. 1

Mißhandlung eines 71jährigen Mannes

Berichter: Johann Schmoz - Bericht vom 24. 7. 1946

Ich war als Holzfäller im Bürgerwald von Deutsch-Beneschau, Kreis Kaplitz, beschäftigt. Ich erhielt vom Heger Pils den Auftrag, mir am 8. 2. bei der Gemeinde in Deutsch-Beneschau bei dem Waldreferenten Kolar den Arbeitslohn zu holen. Als ich dort hinkam, sprach mich der tschechische Bauernführer Kucera, den ich noch nicht gekannt hatte, tschechisch an. Als ich mich entschuldigte, daß ich nicht tschechisch verstehe, bekam ich von ihm 2 Ohrfeigen und zwei Fußtritte in das Bein, daß ich 8 Tage das Knie nicht abbiegen konnte. Ich bin 71 Jahre alt.

Deutsch-Beneschau, Bericht Nr. 2

Mißhandlungen im Frauenlager

Berichterin: M. Swoboda-Frantzen - Bericht vom 2. 11. 1946

Ich kam am 15. 9. v. J. mit vorschriftsmäßigen Papieren nach Deutsch-Beneschau, wo ich mich auch sofort polizeilich meldete, um meine kranke Mutter zu besuchen und um mir Duplikate meiner abhanden gekommenen Dokumente zu besorgen. Die Ausstellung der Dokumente wurde mir verweigert und ich wurde am 22. 9. ohne Angabe von Gründen verhaftet, obwohl ich nie Parteigenossin gewesen war. Bei dem folgenden Verhör wurde mir ebenfalls kein Verhaftungsgrund genannt, sondern protokolliert, daß ich nichts eingestehe. Ich wurde 13 Monate in Haft gehalten, zuerst auf dem Bezirksgericht Kaplitz und dann in den Lagern Gmünd und Kaplitz. In dieser Zeit wurde ich wiederholt geschlagen, zuletzt am 27. 7. 46. Aber auch später noch wurde ich mißhandelt, zuletzt am 16. 10. d. J. Angesprochen wurde ich, wie auch die anderen Frauen, nur mit "Sau" und "Hure". Die Posten und Aufseher versuchten wiederholt, mich und andere Frauen zu vergewaltigen. Dabei habe ich blaue Flecken und Bißwunden davongetragen. Den letzten Versuch dieser Art machte der Bürgermeister von Kaplitz, Vítek, am 20. 10. ds. J.

Im Gerichtsgefängnis in Kaplitz wurde Frau Schuhmeier durch fahrlässigen Waffengebrauch des Postens verwundet und durfte trotz Vereiterung der Wunde keine ärztliche Hilfe in Anspruch nehmen. Im Oktober 1945 wurde eine junge Mutter und ihr Kleinkind ins tschechische Gebiet verschleppt.

Die hygienischen Einrichtungen waren vollkommen ungenügend. Es gab keine Badegelegenheit, es wurden auch keine Waschschüsseln, Besen oder Fetzen zur Verfügung gestellt. Meine Mutter suchte im Februar 1946 um eine Besuchserlaubnis an und wurde dafür einen Tag eingesperrt. Eine andere Frau wurde aus demselben Grund 7 Wochen eingesperrt. Ich habe kaum 50 kg Aussiedlungsgepäck und das sind vorwiegend Sachen meiner Mutter. Meine Dokumente erhielt ich nicht zurück.

Deutsch-Jassnik

Schwere Mißhandlungen

Berichter: Josef Schneider - Bericht vom 13. 10. 1946

Ich wurde am 6. Juni 1945 auf Anordnung des *Národní výbor* in der Gemeinde Deutsch-Jassnik, Kr. Neutitschein, Ost-Sudetenland, um ½2 Uhr nachmittags vom Arbeitsplatz weg verhaftet, in das Raiffeisenhaus geführt und dort von den beiden Gendarmeriewachtmeistern Hranicky und Skoumal und zwei Partisanen, letztere aus unserer Nachbargemeinde (mit Namen Bork und Hurka) mißhandelt und zwar mit einem Gummischlauch von 1.50 Länge auf den Rücken geschlagen, daß ich vom Hals bis zum Gesäß grün und blau war, ferner mit dem Gesicht an die Wand gedrückt, daß mir das Blut aus der Nase rann, angespuckt und noch vieles andere mehr. Diese Prozedur dauerte 1½ Stunden und das ganze nur zu dem Zwecke, Kameraden zu verraten, die einer Formation angehörten, was ich aber nicht tat. Sodann wurde ich in ein Kellergemach ohne Nachtmahl eingesperrt. Abends erhielt ich noch Zuwachs durch meinen Kameraden Josef Kahlig Nr. 8 auch aus Deutsch-Jassnik, welcher auch fürchterlich geprügelt wurde, was ich nur durch sein Schreien zu beurteilen vermochte.

Am nächsten Tag wurden wir nach der Kreisstadt Neutitschein mit noch einem dritten Kameraden, welcher noch im Keller mißhandelt wurde, geführt. Zuerst wurden wir als Narren ausstaffiert, mit Hakenkreuzen und deutschen Bändern behängt, SA-Mützen aufgesetzt und mit dem Liede "Deutschland über alles", welches wir singen mußten, zogen wir unter Bewachung (2 Mann mit Maschinenpistole) die Straße entlang. Beim Nichtsingen wurde uns mit Ohrfeigen gedroht. In der Kreisstadt angekommen, wurden wir in das Gerichtsgefängnis eingeliefert, wo wir unserer letzten Habseligkeiten, wie Geld, Uhr, Messer beraubt wurden und dann in eine Zelle gesteckt. In dem Gefängnis verblieb ich 2 Monate und mußte alle Tage auf Arbeit gehen, bei schlechter Kost (früh 7 dkg Brot und schwarzen Kaffee, mittags Suppe von Kraut- und Rübenblättern, ohne Fett und Salz, abends schwarzen Kaffee mit Kartoffeln, welche auch zum Teil schwarz waren). Am 7. August 1945 ging ich dann mit einem Transport von 70 Mann nach Göding in ein Arbeitslager, wo ich dann in einer Braunkohlengrube untertag arbeiten mußte, natürlich ohne Bezahlung. Da ich 50 Jahre alt und von dieser Arbeit stark mitgenommen war (10 kg Gewichtsverlust), kam ich nach 6 Wochen zurück ins Arbeitslager und mußte dann bei Aufräumungs- und Aufbauarbeiten helfen.

Am 18. Jänner 1946 kam ich mit noch 6 Kameraden zurück ins Heimatlager Blauendorf, Kr. Neutitschein, wo wir infolge Arbeitsmangel Heimarbeiten für die Hutfabriken verrichten mußten. Am 4. 4. 1946 mußte ich zum Untersuchungsrichter zur gerichtlichen Einvernahme wegen meiner Parteizugehörigkeit und sollte vor ein Volksgericht gestellt werden, wurde aber am 27. 4. 46 vom Staatsanwalt ohne Gerichtsverhandlung, da kein Grund zu meiner seinerzeitigen Verhaftung vorlag, zur Aussiedlung freigegeben und kam am 28. 4. 46 ins Aussiedlungslager, von wo aus dann meine Familie zur Aussiedlung angefordert wurde. Die Behandlung sowie die Kost ließen im großen und ganzen viel zu wünschen übrig und [es] waren meistens die jüngeren Tschechen am rabiatesten. Da ich seit meiner Verhaftung meine Heimat nicht mehr gesehen habe, will ich Ihnen nun die Leiden meiner Frau schildern, welche ich erst nach ihrer Ankunft im Aussiedlungslager erfuhr. Es wurden bei ihr einige Hausdurchsuchungen durchgeführt und alles gestohlen, was nicht niet- und nagelfest war und mit dem Wagen weggeführt (Kleider, Wäsche, Betten, Eßwaren und vieles andere noch) und wenn meine Frau Einspruch erhob, so wurde sie mit dem Gewehrkolben in den Rücken geschlagen und mit der Maschinenpistole bedroht.

Diesen meinen Bericht kann ich jederzeit unter Eid aussagen.

Deutsch-Lodenitz

Mißhandlungen eines Bauern am 16. September 1945

Berichter: Richard Sirsch - Bericht vom 18. 11. 1947

Ich Gefertigter, Richard Sirsch, gebe folgenden Tatsachenbericht über meine Erlebnisse in der Zeit des barbarischen Vorgehens der Tschechen gegen die Sudetendeutschen nach der Kapitulation:

Am 10. Mai 1945 kamen die ersten Tschechen auf meine Liegenschaft in Deutsch-Lodenitz. Von da an kamen Tag für Tag wilde, mit Gummiknüppeln und Gewehren ausgerüstete Tschechen ins Haus, dieses vom Dachboden bis zum Keller durchstöbernd. - Am 24. Juli kamen 74 Deutsche aus meinem Ort nach Sternberg ins Lager, darunter auch meine 52 Jahre alte Frau mit den 2 Töchtern, so daß von da an mein kleiner 11 Jahre alter Sohn ohne Mutter dastand. Ich selber mußte noch auf meinem Besitz verbleiben und dem Tschechen, der denselben übernommen hatte, das Heu und die Ernte einbringen helfen.

Am 16. Sept. 1945 um ½10 Uhr abends kamen einige wilde Tschechen zu mir ins Haus und führten mich mit Hieben und Schlägen ins Gesicht in die Lagerkanzlei des Arbeitseinsatzes für die Ernte in Deutsch-Lodenitz. Dort wurde ich gänzlich untersucht und mir alles weggenommen, bis auf die Kleidung am Leibe. Dann zogen sie mir die Hosen herunter bis zu den Knien, legten mich über 2 Sessel und fingen an, mit Gummiknüppeln auf das Gesäß loszudreschen, im Dreitakt, wobei sie höhnisch dazu riefen: SdP, SdP.... (Sudetendeutsche Partei). Als ich von der Mißhandlung halb ohnmächtig war und die Unmenschen vor Rache momentan nichts anderes wußten, nahm ein solcher bestialischer Tscheche 2 Leibriemen, legte mir den einen um den Hals, den zweiten schnallte er dran und zog mich über die Zimmertür auf. Als ich fast besinnungslos und ganz matt war, ließ er mich fallen, begoß mich mit einem Kübel kalten Wassers, zog mich bei den Beinen ins Freie und fragte noch spöttisch, ob ich mich jetzt nicht aufhängen wollte. Nach circa einer halben Stunde führten sie mich dann, ohne irgend eine Decke, in einen kalten Keller. - Den 2. Tag darauf wurden 6 Personen aus unserer Gemeinde ins Lager nach Sternberg gebracht, wo auch ich dabei war. Dort verweilte ich neun Monate. Einmal erhielt ich 25 Hiebe mit dem Gummiknüppel, da mir beim Holzspalten der Hackenstiel abgebrochen war. - Endlich am 5. Juni 1946 kam ich aus diesem Lager zwecks Aussiedlung nachhause. Als meine Frau nach 7-monatigem Aufenthalte im Lager entlassen wurde, traf sie nichts mehr als ein leeres Haus an. Wir hatten weder Kleidung, noch Betten, noch Wäsche, und so mußten wir halb nackt aus der Heimat fort.

Geschlossen und gefertigt den 18. November 1947.

Dittersdorf

Dittersdorf, Bericht Nr. 1

Freudenthal, Mißhandlung, Aussiedlung mit mangelhaftem Gepäck

Berichter: Max Schindler - Bericht vom 21. 8. 1946

Im Juni 1945 wurde ich in Dittersdorf, Kreis Bärn, von 3 tschechischen Nationalgardisten unberechtigterweise - wie tschechische Offiziere zugaben - verhaftet und nach Freudenthal in den Polizeiarrest eingeliefert, in dem ich zweimal schwer mißhandelt wurde. Dabei wurde ich auf dem linken Ohr taub geschlagen. Der Mitgefangene Sezulka war zu einem unkenntlichen Fleischklumpen zerschlagen worden. Am 7. Tag wurde ich entlassen. In meine Wohnung nach Troppau bin ich nie mehr zurückgekommen. Ich wurde bis zur Aussiedlung im Arbeitslager festgehalten. Meine sämtlichen Sachen habe ich verloren. Mein Aussiedlungsgepäck besteht nur aus 2 Rucksäcken mit zusammen 25 kg. Auf meine Bemühungen, im Aussiedlungslager mein Gepäck ergänzen zu lassen, erhielt ich nur 1 Hose, 1 Rock und 1 Paar Schuhe.

Dittersdorf, Bericht Nr. 2

Plünderung der Pfarrei und Kirche, Erschießungen und Mißhandlungen

Berichter: Pfarrer Johann Hofmann - Bericht vom 3. 1. 1947

Ich schicke voraus, daß ich stets ein Antihitlerianer und Antifaschist gewesen bin. War auch dafür über sechs Wochen von der Gestapo in Zwittau und Mähr. Schönberg im Herbst 1938 eingesperrt, stand daraufhin sechs Jahre hindurch unter polizeilicher Aufsicht, hatte Schulverbot und mußte 500 Mark politisches Sicherungsgeld über drei Jahre leisten. Trotzdem plünderte mich die russische Soldateska mehrmals aus, erbrach mir in der Pfarrkirche zu Dittersdorf den Tabernakel und die Tschechen plünderten ebenfalls meine Pfarrei und Kirche und sperrten mich und meine Haushälterin ein. Das trug sich folgendermaßen zu: Arme Kirchkinder und ein Schneider mit Namen Hirnich aus Dittersdorf waren ebenfalls beim Russeneinmarsch beraubt und ausgeplündert worden. Da brachten sie ihre wenigen erhaltenen Sachen - auch Lebensmittel - in den Pfarrhof und in die Kirche, um doch etwas zu retten. Das mußte der Kommunist und Oberwachtmeister der Gendarmerie in Breitenau, Pistella mit Namen, in die Nase bekommen haben. Er erschien eines Tages mit dem Ortskommissar Hampel und dem Gemeindesekretär N. N., der als ehemaliger deutscher Luftschutzbeamter in Freudenthal, hier in Dittersdorf Spitzeldienste für die Tschechen leistete, und verlangte gewaltsam Einlaß in die Kirche und das Pfarrhaus, und nahm eine peinliche genaue Hausdurchsuchung vor. Daraufhin wurde ich mit meiner Haushälterin verhaftet, in der Schule bis zur Dämmerung festgehalten, dann auf einem Wagen zur nächsten Gendarmeriestation in Breitenau gefahren, dort über Nacht behalten, um am nächsten Morgen mit Eskorte nach der Kreisstadt Freudenthal ins Gefängnis gebracht zu werden. Alle dagegen unternommenen Schritte bei der Bezirkskommission blieben erfolglos. Pfarrer Hofmann mußte acht Tage und die Haushälterin Elfriede Alfa 14 Tage brummen.

Kein Deutscher, wenn er auch vollständig Antinazi und tschechenfreundlich eingestellt war, durfte Radio abhören, durfte nicht auf der Bahn, nicht im Autobus, noch auf dem Fahrrad fahren, wenn er nicht Gefahr laufen wollte, dasselbe weggenommen zu bekommen oder aus dem Zug hinausgeworfen zu werden. Ja nicht einmal in eine andere Gemeinde durfte der das "N" Tragende ohne Gendarmeriebewilligung gehen. Fleischkarte gab es überhaupt keine. Der Bauer mußte es sich gefallen lassen, eines Tages von einem Tschechen seinen Hof samt Inventar und persönlichem Eigentum beschlagnahmt zu sehen, und der Bauer mußte entweder hinaus oder konnte in einem Stübchen bleiben, mußte aber fest arbeiten ohne Lohn und bei schmaler Kost. Der Tscheche arbeitete in der Regel nicht, fuhr nur aus, schlachtete alles zusammen und war selten nüchtern.

Zur Zeit der Mairevolution wurden in meinem Kirchensprengel Dittersdorf die meisten Bauern, die, um nicht unter Hitler einrücken zu müssen, zur SA gegangen waren, zusammengetrieben, mit Gewehrkolben bearbeitet, zunächst in einen Keller gesperrt und, nachdem Verstärkung herangekommen war, nach der Kreisstadt Freudenthal gebracht in das berüchtigte Polizeigefängnis im Rathaus oder im Schloß, wo sie fast zu Tode geprügelt wurden mit Totschlägern und Gummiknüppeln, ihnen Geständnisse auf die grausamste Weise erpreßt wurden, um sie nach längerer Haft in die Kohlengruben oder andere Zwangsarbeitsplätze zu verschleppen. Viele starben schon vorher, viele wurden erschossen, nachdem sie sich mit den bloßen Händen ohne Schaufel ihr eigenes Grab gegraben hatten. So wurden in Freudenthal an einem Tag 20 solche Opfer auf dem Kasernenhofgelände erschossen.

Viele aber von denen, die in den Kohlengruben in Ostrau oder anderswo doch aushalten konnten, sahen ihre Familie nicht mehr. Sie wurden allein ausgesiedelt und warten nun vergebens auf das Wiedersehen mit dem Vater oder Gatten.

Der schlimmste Beamte aber in Freudenthal war bei der Bezirksbehörde Dr. Josef Rybár, der die deutschen Bitt- und Gesuchsteller einfach hinausgeworfen hat, ganz gleich ob dies ein Geistlicher, eine Nonne oder ein Laie gewesen war. Dieser Beamte hat als Bezirkskommissar die meisten Deutschen ins Lager, ins Gefängnis gebracht, den Bittstellern um Anerkennung der tschechoslowakischen Staatsbürgerschaft das Ansuchen ganz einfach zurückgestellt, nicht erledigt und die Beilage nicht mehr zurückgestellt.

Dobraken

Mißhandlung eines KZlers

Berichter: Franz Wagner - Bericht vom 11. 7. 1946

Ich war im Jahre 1938-39 als Angehöriger der ehemaligen kommunistischen Partei 3½ Monate in Dachau eingesperrt. Am 6. 3. 46 wurde ich von der tschechischen Gendarmerie Dobraken abermals verhaftet und bis 15. 6. d. J. im Kreisgericht Pilsen in Haft gehalten. Während dieser Zeit wurde ich mehrmals geohrfeigt und geschlagen. Unterdessen wurde in meiner Wohnung meine Wäsche, Kleidung u. s. w. beschlagnahmt. Als ich nun zur Aussiedlung kam, wurde mir nur ein Teil meiner Sachen zurückgegeben. Bei der Aussiedlung hatte ich für 4 Personen nur 180 kg Gepäck. Zur Auffüllung des Gepäcks schlug man mir in Mies vor, zurückzugehen, doch verzichtete ich darauf, da mir mit abermaliger Inhaftierung gedroht wurde.

Dobris

Leibesuntersuchung von Frauen

Berichterin: Elisabeth Lomitschka - Bericht vom 25. 8. 1946

Ich hatte in Cwinomas, Kreis Mies, einen 13 ha großen Hof. Am 4. 7. 45 wurden wir von tschechischen Partisanen ausgeplündert. Am 27. 8. v. J. erhielt ich einen tschechischen Verwalter. Am 28. 10. 1945 um 2 Uhr nachts wurde ich mit meinem 8-jährigen Sohn und den Schwiegereltern in den Kreis Pribram zur landwirtschaftlichen Arbeit verschleppt. Dort wurden wir von der tschechischen Bevölkerung ständig beschimpft, angespien und mein Sohn wurde oft geschlagen. Am 17. 7. 1946 wurden wir in das Lager Dobris bei Pribram überführt. Dort waren ungefähr 400 Frauen und Mädchen und 200 Männer. Am zweiten Tage mußten sich alle Frauen auf dem Speicher versammeln. Dann kamen 10 uniformierte und bewaffnete junge Tschechinnen und untersuchten allen Frauen und Mädchen Scheide und Gebärmutter auf Schmuck, wie sie sagten. Mit einer Hand drückten sie auf den Bauch, mit der anderen fuhren sie in die Scheide und bohrten darin herum. So nahmen sie eine Frau nach der anderen vor, ohne sich zu waschen. Auch 12-jährige Mädchen wurden auf diese Weise untersucht. Viele Frauen bekamen nachher Schmerzen. Frau Wenisch aus Otrocin bekam Fieber und solche Schmerzen im Bauch und Kreuz, daß sie in Prosecnice ins Krankenhaus eingeliefert werden mußte. Auch ich habe seitdem Schmerzen im Unterleib, daß ich in ärztliche Behandlung gehen muß. Ich hatte gerade die Periode, als ich in Dobris auf diese Weise untersucht wurde. Auf Anforderung meines Schwagers kam ich dann ins Aussiedlungslager Mies. Ich habe bei weitem nicht das mir zustehende Gepäck.

Dolawitz

Plünderung

Berichter: Karl Ullsperger - Bericht vom 3. 7. 1946

In der Gemeindekanzlei Dolawitz wurden außer dem Koffer mit Wäsche meiner Frau die Hornbrille, ferner Geschirrtücher und sämtliche Handtücher, Unterwäsche der Frau und der Tochter, ein Paar Lederschuhe und 1 Paar Hausschuhe abgenommen. Der Tochter wurden von ihren 7 Kleidern fünf abgenommen und außerdem 2 Nachthemden Diese Sachen wurden von der Frau des Verwalters meines Hofes, Anna Odlas, abgenommen. Zum Schluß wurden meine Frau und meine Tochter von der Odlas mit der Faust auf Rücken und Kopf geschlagen. Auch die Zahnbürsten, die meine Frau und meine Tochter in Gebrauch hatten, sowie die Seife und das Waschpulver, die auf die letzten Karten gekauft waren, hat die Odlas an sich genommen.

Domeschau

Schwere Mißhandlungen, Folterung

Berichter: Johann Rösner - Bericht vom 17. 10. 1946

Ich wurde am 16. 11. 1945 mit meiner Familie ins tschechische Gebiet zur Arbeit geschickt und am 15. 8. 1946 zur Aussiedlung nachhause geschickt. In derselben Nacht wurde ich von 3 Tschechen in Zivil, einer davon hatte ein Gewehr, aus dem Bett geholt und in mein ehemaliges Haus, auf dem nun ein tschechischer Verwalter sitzt, gebracht und dort buchstäblich gefoltert. Einer der 3 Tschechen, Lenert Vojtek, schlug mich mit der Faust ins Gesicht, bis ich blutete. Dabei verletzte er mir das Nasenbein, was heute noch zu sehen ist, und zerschlug mir die Zahnprothese. Dann würgte er mich, daß ich zu Boden fiel. Dann bekam ich Wasser zum Waschen und mußte mich mit den eigenen Händen abtrocknen. Dann wurden mir unter alle zehn Fingernägel zugespitzte Zündhölzer ½ bis 1 cm weit hineingestoßen und nachher angezündet, daß die Fingernägel anbrannten. Dabei mußte ich die Hände hochhalten. Ich verlor vor Schmerz fast die Besinnung. Ich hätte ein Protokoll unterschreiben sollen, nach dem ich am 16. 11. 1945 mich geäußert haben sollte, daß ich gedroht hätte, die Familie meines Verwalters zu ermorden und das ganze Dorf in Brand zu stecken. Dieses Protokoll habe ich trotz dieser Folterungen nicht unterschrieben. Dann wurde ich nachhause entlassen. Eine halbe Stunde später kam Lenert nochmals zu mir und verbot mir, über den Vorfall etwas zu erzählen. Die Gendarmerie griff am nächsten Tag den Vorfall auf, ich mußte zum Arzt. Lenert war darauf 3 Tage nicht zu sehen, kehrte aber dann zurück und ist heute noch in Domeschau.

Duppau

Duppau, Bericht Nr. 1
Erschießungen und Ermordungen
Berichter: Eduard Grimm - Bericht vom 19. 1. 1947

Ich diente als tschechoslowakischer Gendarm und mußte im Mai 1945 die Stelle des geflüchteten Bürgermeisters in Duppau bei Karlsbad übernehmen.

Als erster in Duppau wurde von den Tschechen der Wehrmachtsangehörige Franz Weis, als er seine arme Mutter und kleinen Geschwister besuchte, erschossen. Seine Leiche wurde am Stadtplatz in Duppau hingeworfen und liegengelassen. Kurz darauf wurden die Kriegsinvaliden Josef Wagner und Franz Mahr aus Duppau, welche ohne ihre Zustimmung zur Waffen-SS eingereiht gewesen waren und als Schwerverwundete zu Hause weilten, von den Tschechen festgenommen und erschossen. Vom Lehrkörper der Oberschule in Duppau wurden grausam ermordet: Schulleiter Andreas Draht, die Studienräte Damian Hotek, Franz Wenisch, Rudolf Neudörfl, alle schuldlos. Der Oberpostmeister Karl Schuh wurde erst grausam mißhandelt und dann ermordet. Die genannten wurden von tschechischem Militär erschlagen und erschossen. Kommandanten der tschechischen Militärs waren damals Kapitän Baxa und Leutnant Tichy.

Im Dorfe Totzau bei Kaaden wurden zu dieser Zeit Bürgermeister Schmidt, Heger Bartl mit 2 Söhnen und weitere Deutsche, zusammen angeblich 34 deutsche Männer schuldlos ermordet, weil sie zwecks Bewachung ihrer bedrohten Heimat einige Gewehre hatten. Sie hatten jedoch bei der amerikanischen Besatzung in Karlsbad die nötige Bewilligung dazu eingeholt.

Im Oktober 1945 nachts wurde die Ehefrau des Wasenmeisters Holzknecht in Dörfles bei Duppau, als sie ein verdächtiges Geräusch hörte und zum Fenster hinausschaute, von tschechischen Gendarmen erschossen.

In Puschwitz, Kr. Podersam, wurde der deutsche Bauer Stengl von den Tschechen grausam mißhandelt und erschossen. Er sollte ein Gewehr im Düngerhaufen versteckt haben, was nicht den Tatsachen entsprach. In der Nähe der Kreisstadt Podersam, beim jüdischen Friedhof, wurden im August 1945 mehr als 80 schuld- und wehrlose deutsche Männer von tschechischem Militär erschossen. Die meisten der Erschossenen hatten mit Nazitum und Politik nichts zu tun, sie waren einfache, deutsche Bauern, Handwerker und Geschäftsleute, darunter der Bürgermeister Groschup aus Groß-Otschehau und der Buchbinder Pfaff aus Podersam, ein alter Mann mit weißen Haaren. Näheres kann darüber der Bauer Hauk aus Groß-Otschehau, unbekannten Aufenthaltes, berichten.

Deutsche Frauen wurden grausam mißhandelt und starben infolge dieser Mißhandlungen: Die Frau des Molkereibesitzer Knie in Rednitz und die Frau des Kaufmannes Marek aus Mekl, Kreis Kaaden. Deutsche Frauen und Mädchen aus Duppau mußten im Winter bei Schnee im Wald Bäume fällen, dabei wurde die 18-jährige Anna Grund, Tochter und einzige Stütze ihrer alten, kranken Eltern, von einem stürzenden Baum erschlagen.

Der Zuckerbäcker Alois Guth aus Duppau, Kr. Kaaden, wurde ebenfalls schuldlos von den Tschechen ermordet u. zw., wie sein hier lebender Bruder Julius Guth mir angab, am 26. Juni

1945 im Garten der Oberschule in Duppau. Alois Guth wollte ein dort für seinen im Kriege gefallenen Sohn aufgestelltes Holzkreuz entfernen, wurde von den Tschechen ergriffen und mit 21 anderen schuldlosen Sudetendeutschen im Garten des früheren erzbischöflichen Knabenseminars erschossen, nachdem diese sich zuvor ihre Gräber selbst graben mußten.

Die alte Frau Jansky aus Duppau wurde von Tschechen des *Sbor Národní Bezpecnosti* (Korps der nationalen Sicherheit), als man ihr Angaben über andere Deutsche erpressen wollte, mit dem Erhängen bedroht. Man legte ihr eine Schlinge um den Hals, zog sie hoch, bis sie beinahe erstickte, ließ sie wieder los und wiederholte diese Marter, bis sie ohnmächtig wurde.

Der 13-jährige Josef Glatz aus Duppau wurde von Tschechen mit anderen Knaben unschuldig 6 Wochen im Gefängnis des Gerichtsgebäudes in Duppau eingesperrt. Glatz und die anderen Knaben wurden jeden Tag abends von tschechischen Gendarmen mit Gummiknütteln über den Rücken geschlagen. Verletzungen am Rücken von diesen Mißhandlungen hat Glatz heute noch.

Duppau, Bericht Nr. 2

Schwere Mißhandlung einer Frau, Deportierung in die Kohlenbergwerke

Berichter: Friedrich Liebner - Bericht vom 12. 1. 1946

Aus dem kleinen Städtchen Duppau ging bereits am 25. Juli 1945 ein geschlossener Transport von 400 Deutschen nach Sachsen. Der Großteil der übrigen deutschen Bevölkerung von Duppau wurde im Laufe der letzten sechs Monate zur Zwangsarbeit in das Innere Böhmens deportiert.

Bei diesen Deportierungsaktionen kamen zahlreiche brutale Behandlungsmethoden vor. So wurde z. B. die Frau Knie aus Rednitz bei Duppau, weil sie sich im Hüfthalter einige der ihr gehörenden Banknoten eingenäht hatte, auf der tschechischen Gendarmeriewache in Duppau nackt ausgezogen und dermaßen verprügelt, daß sie zwei Tage später, als sie nach Bernau verschleppt worden war, dort an einer Rückenmarkverletzung starb.

Die Dörfer im Duppauer Gebirge sind wegen ihrer ungünstigen Lage zum Großteil noch von Deutschen bewohnt. Nur in Duppau selbst wurden die landwirtschaftlichen Betriebe von Tschechen übernommen. Alle Männer von 16 bis 45 Jahren wurden neuerdings verhaftet und zur Zwangsarbeit in das Brüxer Kohlengebiet abgeführt.

Duppau, Bericht Nr. 3

Schwere Mißhandlung bei Hausdurchsuchungen

Berichter: Alois Zörkler - Bericht vom 31. 12. 1946

Im September 1945 wurde in meinem Hause in Duppau Nr. 7, Kreis Kaaden, nachmittags von der Gendarmerie eine Hausdurchsuchung vorgenommen. Dabei wurde ich ohne jeden Grund bis zur Bewußtlosigkeit geschlagen. Seit dieser Zeit habe ich Sausen im linken Ohr. Bei der Hausdurchsuchung wurden mir verschiedene Gegenstände entwendet.

Eipel

Behandlung von Juden: vom Familienbetrieb ausgeschlossen

Berichter: Dr. Rudolf Fernegg - Bericht vom 21. 6. 1951

Ein Sohn der Inhaber der Leinenspinnerei und Weberei Brüder Buxbaum in Eipel war schon vor der Angliederung des Sudetengebietes und vor der Errichtung des Protektorates nach Amerika gegangen.

Während der Zeit des "Dritten Reiches" war diesem die ganze Familie nachgezogen. Der inzwischen amerikanischer Staatsbürger gewordene Sohn Buxbaum hat sich mit seiner Belegschaft schriftlich darüber unterhalten, ob die Eipler Betriebe von ihm wieder übernommen werden könnten.

Die Antwort der Belegschaft war: Es sei nichts zu machen.

Eisenstein

Mißhandlung eines Invaliden

Berichter: Alois Sperl - Bericht vom 28. 6. 1946

Ich wurde am 18. 5. 45 in Eisenstein verhaftet und nach Klattau ins Gerichtsgefängnis eingeliefert. Dort wurde ich wiederholt schwer mißhandelt. Ich erhielt dabei eine Nierenverletzung und auch mein Armstumpf wurde mir an der Amputationsstelle blutig geschlagen.

Ärztliche Behandlung wurde mir vom Gefängnisarzt in beiden Fällen verweigert. Meinen Armstumpf mußte ich mit meinem längst nicht mehr sauberen Taschentuch heilen. Als Invalide mußte ich auch am Boden kriechen, robben usw. Verhaftungsgrund wurde mir keiner genannt. Später wurde mir immer gesagt, ich hätte Eisenstein verteidigen wollen.

Eisenstein-Grün

Mißhandlung eines Knaben

Berichterin: Klara Obermaier - Bericht vom 28. 6. 1946

Ende Mai 1946 wurde mein noch nicht 10-jähriger Sohn von einem Gendarm in Grün, Kreis Eisenstein so geschlagen, daß er stundenlang blutete und seitdem schlecht hört. Er war 5 Minuten nach 9 Uhr vom Gendarm am Nachhauseweg angetroffen worden. Zuerst schrieb ihm dieser eine Geldstrafe vor, strich aber dann den Strafschein wieder durch, nahm meinen Sohn in das Gendarmeriegebäude und verprügelte ihn dort.

Elbogen

Elbogen, Bericht Nr. 1

Schwere Mißhandlungen

Berichter: Franz Weinhard - Bericht vom 22. 6. 1946

Ich wurde am 20. 7. 45 in Gfell verhaftet und nach Elbogen in das Lager auf der Burg überführt. Dort wurde ich wie die übrigen Häftlinge aufs grausamste mißhandelt. Jeden Tag zweimal, oft auch 3-4mal wurden wir in der Zelle mit Reitpeitschen geschlagen bis wir bluteten. Wir schrien bei den Mißhandlungen so laut, daß es die amerikanische Wache durch die geschlossenen Fenster hindurch auf ungefähr 100 Meter hörte. Ein amerikanischer Posten schoß schließlich - es war ungefähr am 6. abends - mit der Maschinenpistole mehrere Schüsse gegen unser Fenster. 2 Tage später kam eine amerikanische Kommission und stellte bei der Besichtigung unserer nackten Körper die Spuren der Mißhandlungen fest und fotografierten uns Rücken und Gesicht. Wir hatten nicht gewagt, den Amerikanern über unsere Mißhandlungen zu berichten, aus Angst vor weiteren Schlägen. Nach 4 Wochen wurden die politischen Häftlinge aus Elbogen von den Amerikanern nach Landshut gebracht, wo es gut ging. Am 15. 9. 45 wurden wir von den Amerikanern entlassen und in die Tschechoslowakei zurückgebracht. Dort wurden uns von den Tschechen die amerikanischen Entlassungsscheine abgenommen und wir wurden in das Arbeitslager Plan gebracht. Während meiner Haft wurde mehrmals meine Wohnung durchsucht und dabei geplündert. Sogar die Ausstattung meiner Tochter, die im Mai 1945 einen französischen Kriegsgefangenen geheiratet hatte, wurde dabei gestohlen. Bei der Gepäckkontrolle in Gfell wurden mir nun von dem Wenigen, das mir geblieben war, noch Decken, Bettwäsche und Geschirr abgenommen. Meine Zellengenossen in Elbogen waren: Gräf Heinrich, Frisch Ernst, Fechter, Kolb Franz und Jessel Rudolf. Sie wurden ebenso mißhandelt wie ich.

Elbogen, Bericht Nr. 2

Burg Elbogen, Behandlung in tschechischen Gefängnissen am 11. 4. 1946

Berichter: Heinrich Meier - Bericht vom 1. 6. 1946

Ich wurde am 10. 4. 1946 unter dem Verdacht verhaftet, Ende April 1945 die Äußerung gemacht zu haben, tote Juden seien auf dem Aasplatz zu begraben.

Am 11. 4. 1946 wurde ich in der Burg von Elbogen auf Befehl des Kommandanten schwer mißhandelt. Ich wurde in einen abgeschlossenen Raum geführt, mußte mich über eine Bank legen und erhielt zunächst von einem dazu beauftragten Wachmann fünf Hiebe mit einem armdicken Knüppel, der nur mit 2 Händen regiert werden konnte, auf Gesäß und Oberschenkel, hierauf von dem Kommandanten persönlich zehn Hiebe mit einer Reitpeitsche oder Gummiknüppel. Spuren dieser Mißhandlungen waren 4 Wochen lang als Blutergüsse an Gesäß und Schenkel zu sehen. Anschließend daran versetzte mir der Gendarm Frante aus Schönfeld einen Schlag mit der behandschuhten Hand, in der ein harter Gegenstand verborgen war, ins Gesicht, so daß die Kinnbacke verstaucht wurde, was bis heute sichtbar ist. Nach einem Monat wurde ich ohne Verhandlung aus dem Gefängnis entlassen. Mündlich eröffnete mir bei der Entlassung der Richter Dr. Jäger, Bezirksgericht Elbogen, daß die Untersuchung meine Schuldlosigkeit ergeben hat. Ich bin bereit diese Aussage zu beeiden.

Elbogen, Bericht Nr. 3

Lager (Neurohlau, Kladno), Mißhandlungen

Berichter: Karl Haberzettel

Ich wurde am 17. 6. 1945 mit 19 anderen Männern und einer Frau in Altsattel verhaftet und nach Elbogen auf die Burg gebracht. Dort wurden wir alle in der grausamsten Weise bis zur Bewußtlosigkeit verprügelt. In den 3 Wochen, die ich dort zubrachte, gab es täglich mehrmals Prügel. In der Früh wurde bis zum Zusammenbrechen Sport betrieben. Während des Tages und in der Nacht kamen mehrmals Partisanen in die Zelle, welche die Zelleninsassen wahllos verprügelten. Wenn ein Posten zum Fenster der Zelle kam, mußten die Zelleninsassen mit erhobener Faust rufen: Es lebe Dr. Eduard Benesch, Präsident der tschechoslowakischen Republik und Marschall Stalin!

Von Elbogen kamen wir in das Lager nach Neurohlau. Dort wurden wir mit Prügel empfangen. In diesem Lager waren wir im Steinbruch oder auf der Bahn zur Arbeit eingesetzt. Die Verpflegung war völlig unzureichend, nur 100 g Brot und eine leere Suppe. Am Abend mußten wir meistens auch bei Regen 2 Stunden im Freien stehen. Dabei haben die Posten durch Schüsse in die Luft, durch Ohrfeigen, Beschimpfungen usw. die Leute eingeschüchtert.

Ende Juli wurde ich mit 120 Mann nach Kladno zur Arbeit in der Grube abtransportiert. Die Verpflegung war auch dort so ungenügend, daß viele bei der Arbeit zusammenbrachen. Am 1. November bekamen wir vom Schacht eine bessere Kost, doch immer noch viel weniger, als die tschechischen Grubenarbeiter. Bezahlung erhielten wir überhaupt keine. Am 15. Oktober ordnete das Prager Ministerium an, daß an die deutschen Grubenarbeiter je nach Leistung täglich Zigaretten ausgegeben werden sollten. Die umliegenden Schächte erhielten diese auch, aber auf dem Prager Schacht in Kladno-Dubi wurden keine Zigaretten ausgegeben. Die Unterkünfte waren verlaust und verwanzt.

Ende Januar erkrankte ich infolge Erkältung an Drüseneiterung. Trotz der Erkrankung mußte ich untertags weiterarbeiten. Erst als sich mein Zustand immer mehr verschlimmerte, wurde ich am 27. März entlassen. In Elbogen lag ich noch 7 Wochen im Krankenhaus, wo ich 5 mal operiert wurde. Ich kann diese Aussage beeiden.

Nachtrag: Bald nach mir wurden in Neurohlau auch andere Häftlinge aus Elbogen eingeliefert. Diese waren alle in völlig zerschlagenem Zustand. Darunter war mein Bekannter Peterl aus Altsattel, der völlig vereiterte Wunden hatte. Er konnte nicht mehr gehen. Ich selbst half ihm noch bei der Reinigung des ganz verkrusteten und zerschlagenen Gesichtes. Peterl wurde auf das Krankenzimmer geschafft. Seitdem habe ich ihn nie mehr gesehen. Der Arzt sagte, er sei ins Krankenhaus nach

Karlsbad geschafft worden. Nach einer Zuschrift des Internierungslagers vom 12. Januar 1946 ist Peterl am 11. 7. 45 im Lager Neurohlau an Sepsis gestorben.

Auch diese Aussage kann ich beeiden.

Elbogen, Bericht Nr. 4

Lager, Mißhandlungen

Berichter: Karl Jessel

Ich wurde am 27. Februar 1946 ohne Grund verhaftet. Man beschuldigte mich, bei der freiwilligen Schutzstaffel der SdP gewesen zu sein. Ich habe diese Organisation überhaupt nicht gekannt. Man konnte natürlich keine Beweise dafür bringen, daß ich dabei war, doch verlangte man von mir solche, daß ich nicht dabei gewesen bin.

Ich wurde bis zum 1. 6. 1946 im Lager Elbogen festgehalten und meine Frau mit 8 Kindern war während dieser Zeit des Ernährers beraubt. Von unserem, bei der Post eingezahlten Geld wurde meiner Frau Kc 1500.- monatlich während meiner Haft bewilligt, doch erhielt sie nur 1000.- Kc ausgezahlt, sodaß sie während des halben Monats immer gänzlich ohne Geld war.

Die Verpflegung war, wie in allen Lagern, völlig unzureichend und die Häftlinge waren darauf angewiesen, von den Angehörigen mit Verpflegung unterstützt zu werden. Es wurde im Lager viel geprügelt. Kein Häftling durfte etwas in der Tasche haben. Fast täglich wurden die Taschen der Häftlinge untersucht. Wenn jemand z. B. nur einen Hosenknopf, der ihm abgerissen war, in der Tasche hatte, oder etwas Watte, die er für ein verletztes Ohr brauchte, wurde er geprügelt. Einmal wurden alle Häftlinge verprügelt, weil im Lager das Gerücht umging, ein Posten hätte ein Verhältnis mit einer in der Küche arbeitenden Frau. Ich kann diese Aussagen beeiden.

Ernstbrunn

Plünderungen, Mißhandlungen

Berichter: Rudolf Baier - Bericht vom 7. 8. 1946

Nach dem Zusammenbruch im Mai 1945 wurde unser Ort von amerikanischen Truppen besetzt. Ernstbrunn war eine rein deutsche Ortschaft, nur der Besitzer der Glasfabrik war ein Tscheche. So lange das Gebiet von Amerikanern besetzt war, ging das Leben normal weiter. Im Juni übernahmen die Tschechen die Zivilverwaltung. Von diesem Momente an ging das Plündern durch tschechische Partisanen und Gendarmerie los. Sie gingen bei Tag und Nacht ungehindert durch die Wohnungen (die Türe durfte nicht verschlossen werden) und nahmen sich mit, alles was ihnen gefiel. Wenn einem Tschechen an einem Deutschen, der auf der Straße ging (wir trugen Armbinden als Erkennungszeichen), etwas gefiel, nahm er ihm das kurzerhand weg. Schuhe wurden auf offener Straße ausgezogen, die Taschen durchsucht, Geld, Uhren, Schmuck, auch Eheringe wurden von halbwüchsigen, schwerbewaffneten jugendlichen Tschechen abgenommen. Mein Bruder, dem man ebenfalls eine alte Silberuhr wegnahm und welcher bat, man möge ihm dieses Andenken an seinen Vater lassen, erhielt Schläge ins Gesicht, man nahm die Uhr und sperrte ihn in eine Holzscheune ein. Später kamen 3 Tschechen, welche ihn furchtbar mißhandelten.

Vieh und Pferde wurden ebenfalls von Tschechen weggetrieben. Die Bauernhöfe in der Umgebung wurden größtenteils durch Slowaken besiedelt, Leute, die sie sich bis aus den Karpathen herbeiholten. Es waren dies durchwegs arme Slowaken aus dem Gebirge, welche zur Besiedlung des deutschen Gebietes gezwungen wurden und sich den Deutschen gegenüber weinend beklagten, daß man sie gezwungen hat, ihre Heimat zu verlassen. Obzwar die Slowaken ohne jedes Gepäck ankamen und ihnen versprochen wurde, daß sie fertige, eingerichtete deutsche Wirtschaften übernehmen werden, aus welchen die Deutschen freiwillig davongelaufen sind, haben die Tschechen doch vorher alles was sie fortschaffen konnten, also Kleidung, Wäsche, Getreide, Handwerkszeug usw. fortgeschafft. Die Slowaken waren darüber entsetzt, daß sie bei der Vertreibung der Deutschen mithelfen sollen und beteuerten den Deutschen gegenüber wieder, daß sie nicht daran schuld seien und daß sie gerne zu Hause geblieben wären.

Die Glasfabrik in unserem Ort hat über 300 Arbeiter, durchwegs Deutsche, beschäftigt. Die Fabrik steht still. Auf den früheren deutschen Bauerngütern mußten die früheren Eigentümer für die Slowaken, welche davon wenig verstanden, die Felder bestellen. Allerdings stehen noch immer viele Häuser und ganze Ortschaften vollkommen leer und sind bisher noch nicht besiedelt worden.

Am 26. 6. 1946 erhielten wir die Aufforderung, am 28. 6. im Sammellager Christiansberg zu erscheinen. Mitnehmen durften wir uns nur die in dieser Aufforderung angeführten Gegenstände. Im Lager angelangt, mußten sich die Männer mit erhobenen Händen zu einem Tisch stellen und wurden von der Gendarmerie untersucht (Leibesvisitation). Die Frauen wurden in gleicher Weise von Frauen, in Anwesenheit der Männer durchsucht, wobei ihnen die Röcke hochgehoben und auch die Wäsche abgegriffen wurde. Was von den uns bewilligten Gegenständen verhältnismäßig neu und nicht stark abgenützt war, wurde uns unbarmherzig abgenommen. Unsere Sparkassenbücher, sämtlicher Schmuck (auch Eheringe), Uhren sowie die wichtigen Papiere, insbesondere jene über Grundbesitz (Kaufverträge usw.) mußten abgeliefert werden. Eine Bestätigung darüber wurde nicht ausgestellt. Im Lager blieben wir 12 Tage. Das Lager bestand aus 9 Baracken, in welchen 2.600 Personen untergebracht waren. Platz war wenig vorhanden. Wir schliefen dicht gedrängt auf der Erde oder auf unseren Habseligkeiten. Die Verpflegung bestand aus: Früh schwarzer Kaffee, zu Mittag eine Rüben- oder Erbsensuppe, am Abend schwarzer Kaffee. Nach 12 Tagen wurden wir in Eisenbahnwaggons verladen und unter militärischer Bewachung nach Furth i. W. gebracht.

Falkenau

Raub und Diebstahl

Berichter: Adalbert Sturm - Bericht vom 4. 9. [1946?]

Ein Kontrollor der Molkereien Graslitz-Falkenau/Eger namens Ladislav Prokop kam öfter in unser Haus in Falkenau/Eger, Schramstraße 5, wo er seinen Freund Kotrc besuchte und uns auch kennen lernte. Meine Tochter Margarete Wagner war nämlich in der Molkerei Falkenau a. d. Eger als Beamtin angestellt.

Er fragte meine Tochter über unsere Vermögensverhältnisse aus. Ahnungslos erzählte sie ihm von unserem so wertvollen Familienschmuck und gab ihm nach Drohungen auch an, wo sich derselbe befand.

Dieser feine Herr, der sich so listig bei uns eingeschmuggelt hatte, stahl meiner Frau diesen Schmuck aus bestem Golde, besetzt mit vielen Diamanten, goldene Uhren, Halsketten und sonstige Gold- und Silbergegenstände im Werte von einer halben Million csl. Kronen. Dann stahl er uns noch Wäsche, zwei Radios, Schuhe, Kleider, Koffer und Handtaschen usw.

Diese Gegenstände verlud er auf ein Auto der Molkerei und ließ alles, unbekannt wohin, fortschaffen.

Nach diesem großen Raubzug gab er sich als krank aus und wurde angeblich an die Molkerei nach Starý Kostelec n/Orl. versetzt und schrieb uns öfters, er würde uns alles wieder erstatten. Wir erhielten dann keine Antwort mehr, der feine Bursche war spurlos verschwunden. In Falkenau/Eger brachte er uns einigemale etwas Butter und schlechtes Fleisch, das dürfte er auch alles wieder gestohlen haben.

Auf die Diebstähle dieses noblen Mannes kam ich erst später, konnte aber nichts gegen ihn unternehmen, da zu dieser Zeit bis zum Juli 1946 in der Tschechei Raub, Mord und Plünderungen an der Tagesordnung waren und wir bei einer evtl. Anzeige gegen ihn noch Gefahr liefen, selbst verhaftet zu werden. So konnte es diesem Gauner mit Leichtigkeit gelingen, diesen Raub im Werte von mindestens einer halben Million Kcs schön in Sicherheit zu bringen und nach Ostböhmen nach Starý Kostelec/Orl. zu verschwinden.

Fischern

Gepäckkontrolle

Berichter: Raimund v. Wolf - Bericht vom 13. 9. 1946

Bei der Gepäckkontrolle in Fischern wurde mir von den Kontrollorganen ein Koffer mit Geschirr und Lebensmitteln und 1 Koffer mit Tischlerwerkzeug, für den ich eine schriftliche Ausfuhrbewilligung der Aussiedlungskommission besaß, abgenommen. Als ich dagegen Einspruch erhob, wurde mir mit der Wegnehme auch des Spinnstoffkoffers gedroht.

Nach der Abnahme verblieb mir nicht mehr ein Nettogewicht von 70 kg pro Person. Im Aussiedlungslager Meierhöfen erhob ich Beschwerde, worauf ich etwas abgeschlagenes Geschirr erhielt, welches fast unbrauchbar ist. Im Aussiedlungslager wurde mir bekannt, daß die Kontrollorgane in Fischern betrunken gewesen waren und daß nur der bei der Kontrolle unbeanstandet blieb, der ihnen Schnaps gegeben hatte.

Frankstadt

Frankstadt, Bericht Nr. 1
Mißhandlungen in Frankstadt und bei der Grubenarbeit im Juni 1945
Berichter: Rudolf Dobias - Bericht vom 10. 6. 1946

Am 6. Juni wurde ich grundlos verhaftet und im Gefängnis in Frankstadt festgehalten. Dort wurde ich in grausamster Weise mißhandelt. Außer furchtbaren Prügeln, die uns bis zur Unkenntlichkeit entstellten, mußten wir hinknien und den Kopf auf das Steinpflaster legen, worauf ein Partisane jedem mit dem Fuß auf den Kopf trat. Ich machte in der Verzweiflung einen Selbstmordversuch. Als ich blutüberströmt dortlag, wollte mich einer noch zu Tode prügeln, woran ihn ein anderer hinderte. Dann wurde ich ins Krankenhaus nach Friedeck überführt. Dort sah ich Frauen und Männer, welche in hoffnungslosem Zustand, völlig zerschlagen, in das Krankenhaus eingeliefert wurden. Zur Behandlung standen nur Prontosiltabletten zur Verfügung.

Nach einigen Tagen wurde ich auf die Grube geschickt. Dort waren wir bei schwerster Arbeit und schlechter Verpflegung immer Mißhandlungen ausgesetzt. Wir mußten von 5-14 Uhr untertags und von 14-18 Uhr obertags arbeiten. Erst dann gab es Verpflegung. Als Entlohnung bekamen wir 5-10 Kronen täglich. Ich war vom 16. 8. 1945 bis 16. 3. 1946 auf der Grube. Von dort kam ich nach Freistadt zum Verhör. Es wurde mir vorgeworfen, daß ich die Kriegsverdienstmedaille bekommen habe. Von dort wurde ich zum Kreisgericht Neutitschein überführt. Beim Betreten des Gerichtsgefängnisses wurde ich mit einer Ohrfeige empfangen. Von dort wurde ich dem Aussiedlungslager übergeben. Die Verpflegung war während des ganzen Jahres unzureichend.

Frankstadt, Bericht Nr. 2
Verhältnisse im Kriegsgefangenenlager Frankstadt
Berichter: Adolf Hauk - Bericht vom 23. 6. 1946

Ich wurde am 31. 7. 45 in Tepl aus amerikanischer Kriegsgefangenschaft entlassen. Durch 5 Monate arbeitete ich bei einem Bauern in der Nähe von Furth i. W. Am 10. November kam ich in meine Heimatgemeinde Heizendorf bei Hansdorf und arbeitete seit 15. 11. wieder bei der Brauerei in Hansdorf, wo ich schon vor dem Kriege 18 Jahre gearbeitet hatte. Am 11. 11. hatte ich mich in Hansdorf polizeilich gemeldet und meinen Entlassungsschein vorgelegt. Ich wurde in der Folgezeit mehrmals von der Gendarmerie vorgeladen und über meinen Militärdienst einvernommen. Ich hatte als Sanitätsdienstgrad bei der deutschen Wehrmacht gedient.

Am 2. 3. 46 wurde ich verhaftet, in das Kriegsgefangenenlager Frankstadt bei Mähr. Schönberg verbracht. Ich wurde sofort verprügelt, weil ich deutscher Soldat gewesen bin. Prügelstrafe war im Lager allgemein. Wegen jeder Kleinigkeit wurden die Leute verprügelt und in einen aus Stacheldraht am Hof ohne Dach aufgestellten Käfig eingesperrt, wo die Häftlinge jedem Wind und Wetter ausgesetzt waren und jeden zweiten Tag Fasttag hatten.

Die Verpflegung bestand nur aus Graupensuppe und Brot. Bis 160 Mann schliefen in einem Raum. Es war alles verlaust und verwanzt. Die Waschgelegenheit bestand nur aus einer Pumpe am Hof, in den letzten Tagen wurde ein Rohr mit 6 Auslaßstellen gelegt. Geschlagen wurde nur mit Holzstöcken. Täglich wurden wir auf das gröbste beschimpft, auch von der Zivilbevölkerung, wenn wir außerhalb des Lagers arbeiteten. Wir mußten auf dem Weg von und zur Arbeit stets tschechische Lieder singen. Am 25. 5. wurde ich von dort zur Aussiedlung entlassen. Im Lager waren auch Verwundete und Kranke. Ärztliche Betreuung war nicht vorhanden. Auch Verbandsstoffe fehlten.

Freudenthal

Freudenthal, Bericht Nr. 1

Ereignisse in Freudenthal im Jahre 1945

Berichter: Dr. Carl Gregor, prakt. Arzt - Bericht vom 25. 11. 1947

Ich wurde dreimal von der tschechischen Polizei verhaftet. Das erste Mal im Mai 1945 in Grulich, das zweitemal im Juni in Freudenthal, da wurde ich mit Frau und Schwiegermutter ins KZ gebracht, das drittemal wieder in Freudenthal mit meiner Frau kurz vor Weihnachten 1945.

Der dritten Verhaftung ging eine dreimalige Hausdurchsuchung voran. Ich wohnte damals nicht mehr in meinem Hause, sondern war in der katholischen Pfarrei untergebracht. Die Verhaftung erfolgte, weil die Zensur an einem Briefe Anstand nahm, den meine Frau ihrer zur Zwangsarbeit verschleppten Schwester schickte.

Das erstemal war ich auf der Flucht in Grulich verhaftet worden. An jenem Tage wurden sämtliche deutschen Männer am Hauptplatze der Stadt zusammengetrieben. Alle mußten ihre Taschen leeren, Ringe, auch Eheringe, wurden abgenommen. Gegen neun Uhr vormittags wurde der ganze Haufe mit erhobenen Händen im Laufschritt durch die Straßen des Städtchens zum Landratsamte getrieben. Wir mußten alle Hände hoch vor dem Gebäude stehen bleiben. In kleinen Truppen wurden wir vor ein Tribunal geführt, welches aus russischen Offizieren, Partisanen, dem tschechischen Bürgermeister und sonstigen tschechischen Aktionären bestand. Dieses Tribunal verurteilte jeden einzelnen zu einer bestimmten Anzahl von Stockschlägen. Vor dem Amte war eine Gruppe schulwüchsiger deutscher Knaben aufgestellt, die ständig geprügelt und mißhandelt wurden. War ein solcher Junge bewußtlos geworden, so trat man ihn mit Füßen und begoß ihn mit kaltem Wasser, bis er wieder zu sich kam. In gleicher Weise verfuhr man mit einer Gruppe von Männern, die gezwungen wurden, das Hoheitsabzeichen des Amtes, einen mehrere Zentner schweren Adler, mit gestreckten Armen hoch zu halten. Ich habe einen schätzungsweise 70-jährigen Mann in Erinnerung, der bei dieser schweren Tortur besonders in Mitleidenschaft gezogen wurde, und der des öfteren vor Entkräftigung das Bewußtsein verlor. Besonders muß ich hervorheben, daß der Sadismus sich an der Intelligenz austobte. Ein Bürger der Stadt, der sich anscheinend versteckt gehalten hatte und aufgefunden worden war, wurde am Oberkörper in eine Hakenkreuzfahne gewickelt und unter Schlägen durch die Straßen getrieben. Sein Gesicht war ein blutiger Fleischklumpen. Als er bewußtlos zusammenbrach, wurde wahllos mit Stiefeln auf ihn losgetreten, und als er das Bewußtsein nicht erlangte, wurde er in den Garten hinter das Amtsgebäude geschleift. Darauf erfolgte eine Schußdetonation, die läßt vermuten, daß er dort erschossen wurde.

Ich wurde von dem Tribunal, da ich kein Ortsansässiger war, freigesprochen und beauftragt, unverzüglich nach Freudenthal zurückzukehren.

Mein Auto hatte man mir weggenommen. Ich kehrte daher mit Frau, drei Kindern, Schwiegermutter, Schwägerin und Hausgehilfin zu Fuß nach Freudenthal zurück. Diese Stadt war noch von den Russen besetzt. Ich war der einzige praktische Arzt in der Stadt - eine tschechische Stadtvertretung forderte mich auf, meine Praxis aufzunehmen. Mein Haus war verwüstet, zum Großteil ausgeplündert - nach provisorischer Instandsetzung zog ich ein und begann meine ärztliche Tätigkeit. Nach dem Abzug der Russen bezog ein aus Partisanen zusammengesetzes Panzerregiment die Stadt. Damit begann der Leidensweg der rein deutschen Bevölkerung. Ich will die Einzelschicksale nicht schildern, sondern nur meine eigenen Erlebnisse.

Am 14. Juni vormittags erschienen in meiner Sprechstunde zwei tschechische Militärärzte, die meine Niederlassungsgenehmigung prüften und sich eingehendst in die Verhältnisse meines Hauses einweihen ließen. Ich mußte ihnen insbesondere auch meinen Instrumentenbestand vorführen. Am 15. Juni 1945 wurde mein Haus von Partisanen umstellt und unter Anführung eines Oberstleutnant eine Hausdurchsuchung vorgenommen. Mir wurde gedroht, daß ich bei eventuellem Waffenfund sofort erschossen würde. Nach ergebnisloser Hausdurchsuchung verließen sie mein Haus unter Mitnahme meiner beiden Schreibmaschinen. Der Offizier hatte anscheinend Gefallen an meinem Hause gefunden, und er entschloß sich, in die Wohnung eines seinerzeit zu ebener Erde wohnenden Majors der deutschen Wehrmacht einzuziehen. Die Wohnung mußte von deutschen Frauen mit Windeseile instand gesetzt werden und wurde innerhalb von zwei Tagen ein Lager geraubten deutschen Eigentums. Unter anderem aus dem deutschen Ordensschloß geraubte kostbare antike Standuhren, sechs Radioapparate, Perserteppiche und vieles andere. Am 17. Juli 1945 um 13 Uhr wurde mein Haus abermals von Partisanen umstellt, die sich die Polizeimacht angeeignet hatten. Man drang in mein Haus ein, nahm mir sämtlichen Schmuck, alles Geld und meine Papiere ab und führte mich, meine Gattin und meine Schwiegermutter unter bewaffneter Bedeckung durch die Stadt. Ich war nur in leichter Hausbekleidung, durfte mir nicht einmal Schuhe anziehen. Meine drei Kinder mit der Hausgehilfin trieb man auf die Straße.

Wir wurden in das ehemalige Gefangenenlager am Stadtrande gegenüber der Militärkaserne eingeliefert, mußten sogleich allen Unrat und Schmutz beseitigen und wurden einem kurzen Verhör unterzogen. Dabei erfuhr ich, daß mir zur Last gelegt wurde, ich hätte 150 Ausländer umgebracht. Wir waren die ersten drei Gefangenen, bald nach unserer Einlieferung brachte man noch über 80 Stadtbewohner ins Lager. Meiner Tschechisch-Kenntnisse wegen mußte ich bei der Aufnahme der Personalien den Dolmetsch machen. Gegen Abend mußte ich mit einer Anzahl anderer Gefangener aus einer Scheuer am anderen Ende der Stadt Stroh für das Nachtlager holen. Die Wagen mit dem Stroh waren ohne Bespannung, wir mußten sie ziehen. Das Lager wurde getrennt für Männer und Frauen in zwei Räumen nebeneinander bereitet, ungefähr je 40 qm groß.

Gegen 7 Uhr abends wurde ich von zwei Partisanen in die Kaserne eskortiert. Man führte mich in einen Raum, in dem neben den zwei von mir schon erwähnten Militärärzten noch mehrere Offiziere, Soldaten und Partisanen anwesend waren. Man wiederholte mir die Beschuldigung, 150 Ausländer getötet zu haben. Ich wies diese haltlose Anklage mit dem Bemerken zurück, daß ich gewohnt sei, allen Menschen zu helfen, den Tod zu verhindern und niemand zu töten. Man möge mich demjenigen gegenüberstellen, der mich auf Grund von Beweisen eines solchen Verbrechens bezichtigte. Ein mir unbekannter Offiziersschüler - Unteroffizier erklärte, mich zu kennen und behauptete, daß ich wie alle deutschen Ärzte durch Injektionen Ausländer ins Jenseits befördert hätte. Durch Umfragen in der Stadt hätte er erfahren, daß die Anschuldigung zu Recht bestehe. Ich erklärte, daß ich meinen Ankläger nicht kenne und wies in scharfen Worten diese Art Beschuldigung zurück. Mein Protest wurde mit Hohngelächter und Fußtritten in den Bauch beantwortet. Man erklärte, mich erschießen zu müssen. Vor meinem Tode hätte ich aber noch einiges über mich ergehen zu lassen.

Ich wurde in einen Raum geführt, in welchem ein langer Tisch aufgestellt war. Durch die Tritte in den Bauch und Schläge gegen Kopf und Schultern war ich stark benommen. Es bemächtigte sich meiner ein Gefühl müder Gleichgültigkeit. Man befahl mir, mich auf den Tisch zu legen, mit dem Rücken nach oben. Zwei Partisanen hielten mich an den Armen fest, ein dritter entsicherte seine Pistole und drückte sie mir ins Genick. Man verbot mir jede Schmerzensäußerung und hieb wahllos auf mich ein. Ich schätzte, daß 18 Mann einschließlich der Offiziere und Ärzte mit Bleirohren, Säbeln, Ochsenziemern und Holzlatten auf mich einschlugen. Der Rücken, Arme und Beine und besonders das Gesäß schwollen erbärmlich an. Als, anscheinend durch ein Bleirohr getroffen, die Haut des Gesäßes platzte, was einen unsäglichen Schmerz verursachte, stöhnte ich laut auf. Die Folge davon war, daß man mir einen Knebel in den Mund steckte, der mit Menschenkot beschmutzt war. Man schlug weiter auf mich los. Als ich einer Ohnmacht nahe war, wurde ich auf die Beine gestellt, und da ich niederzusinken drohte, wurde ich neuerdings mit Fußtritten gegen den Bauch und mit Schlägen gegen den Kopf traktiert. Ich war nicht mehr in der Lage, den Kopf aufrecht zu halten, was allein verhinderte, daß mich die Schläge ins Gesicht trafen.

Nach dieser Prozedur mußte ich mich mühsam ins Lager zurückschleppen. Es wurde mir zu verstehen gegeben, daß ich am anderen Tage erschossen würde. Im Lager wurde ich dem Lagerkommandanten übergeben, der mich besonders scharf bewachen sollte. Meine Kenntnis der tschechischen und slowakischen Sprache veranlaßte ihn, mich zum Lagerführer zu bestellen. Er erklärte mir, daß ich verantwortlich sei für alles, was im Lager geschehe, bei Fluchtversuchen oder Selbstmordversuchen der Inhaftierten würde ich unverzüglich an die Wand gestellt. In der Folge wurde ich zu allen Verhören zugezogen und mußte mit ansehen, wie man meine Volksgenossen quälte und peinigte.

Besonders ein halbwüchsiger Junge, den man beschuldigte, Waffen versteckt gehalten zu haben, wurde schwer mißhandelt. Desgleichen wurde ein noch nicht 17-jähriger Junge, der von seinem Arbeitsplatz ausgebrochen war, halbtot geschlagen.

Es hatte sich eingeführt, Männer und Frauen des Lagers zu Aufräumungsarbeiten aus dem Lager zu holen. Als oberwähnter Junge nicht zurückgekehrt war, wurden alle Teilnehmer des Arbeitskommandos mit Stockschlägen auf die nackten Fußsohlen bestraft, da sie über den Verbleib des Jungen nichts aussagen konnten. Der Junge wurde nachher eingebracht, da mußten die zum Kommando gehörigen und soeben selbst Gestraften ihn auf Befehl des Lagerkommandanten verprügeln. Es wurde dem Jüngling auch Waffenbesitz zur Last gelegt und man verbrachte ihn mit einem anderen halbwüchsigen Jungen in die Kaserne. Wir sahen beide Knaben erst wieder, als sie zur Erschießung ins Lager zurückgebracht wurden. Beide waren zur Unkenntlichkeit zerschlagen.

Zur Exekution mußten alle Lagerinsassen antreten. Hinter den Baracken des Lagers (wir waren inzwischen aus dem Gefangenenlager in eine Militärbaracke gegenüber der Brauerei gebracht worden) hatte man eine tiefe Grube ausgehoben. Vor diese wurden die beiden Knaben gestellt, drei Schritte von ihnen entfernt vier Soldaten, die die Erschießung vornehmen sollten. Ich wurde aufgefordert, das Todesurteil zu übersetzen, mußte fünf Schritte von der Grube entfernt an der Seite eines tschechischen Offiziers Aufstellung nehmen, der mir das Todesurteil tschechisch vorlas. Dieses Urteil war von zwei Offizieren unterschrieben, also nicht von einem ordentlichen Gerichte gefällt. Auch ein zweites solches Urteil gegen einen Gastwirt aus der Umgebung, das im Lager vollstreckt wurde, war nur von den zwei Offizieren unterschrieben. In beiden Fällen wurde Besitz von Waffen als Ursache der Verurteilung zum Tode durch Erschießen angeführt. Die Namen der erschossenen Knaben sind Leo Kübast und Helmut Muhr. Der Gastwirt hieß Thiel aus Vogelseifen. Wie ich nach meiner Entlassung aus dem KZ erfuhr, hat man die Eltern der Kinder von der Erschießung nicht in Kenntnis gesetzt.

Während meines Aufenthaltes wurden auch mehrere Insassen erschlagen. Es ist mir nur der Name des einen in Erinnerung, des Brauereikutschers Karl Kunze, den man auch beschuldigt hatte, über 100 Ausländer umgebracht zu haben. Auch die Leiche einer Frau, die erschlagen wurde, Kloss oder Klohse mit Namen, wurde mir zur Besichtigung vorgestellt. Ich mußte in einigen Fällen Totenscheine ausstellen, und man zwang mich, als Todesursache Herzschwäche anzuführen.

Auch Frauen waren von tätlichen Mißhandlungen nicht ausgeschlossen. Ich will nur den Fall der Herta Klein aus Altstadt bei Freudenthal erwähnen. Diese wurde vom Lagerführer persönlich mißhandelt und mußte dann mit entblößtem Körper vor den angetretenen Häftlingen die Male zeigen.

Erwähnen muß ich, daß Jugendliche und mit Vorliebe Kriegsgefangene zu den erforderlichen Totengräberarbeiten herangezogen wurden. Das Eingraben geschah ausschließlich mit den bloßen Händen.

Die Verpflegung bestand meist aus verdorbenen Nahrungsmitteln und Fleisch verendeter Tiere. Es ist mir bekannt geworden, daß nach meiner Entlassung aus dem KZ eine Massenerschießung von 20 Männern stattgefunden hat.

Bei meiner Entlassung aus dem KZ mußte ich einen Revers unterschreiben, daß ich über die Vorkommnisse im Lager nichts verlauten ließe, bei Androhung der Todesstrafe.

Nicht unerwähnt darf ich lassen, daß mir die ärztliche Betreuung der Lagerinsassen übertragen wurde. Medikamente oder sonstige Hilfsmittel wurden mir nicht zur Verfügung gestellt. Als ich versuchte, Kranke, durch die ständigen Prügeleien Verletzte und alte Leute vom Arbeitseinsatz zu befreien, wurde mir die Leitung des Arbeitseinsatzes entzogen, und ich mußte selbst zur Arbeit gehen. Ich mußte unter anderem Klosette reinigen, und in einer Autowerkstätte Hilfsarbeiterdienste leisten. Da ich mich durch die durchgemachte Tortur nicht bücken konnte, wurde ich besonders mit Prügeln und Spott bedacht.

Freudenthal, Bericht Nr. 2

Erschießungen im Lager Freudenthal 1945

Berichter: Johann Partsch - Bericht vom 24. 6. 1946

Am 24. 6. 45 wurden in Engelsberg durch die sogenannte Deutsche Revolutionsgarde wahllos 8 Männer zusammengetrieben, darunter auch ich, und in das KZ nach Freudenthal gebracht. Wir waren 10 Tage in Einzelhaft und während dieser Zeit wurden wir jede Nacht und mehrmals auch bei Tage verprügelt. Die Prügel wurden jede Nacht halbstündlich 6-7 mal wiederholt. Wir waren dadurch alle bis zur Unkenntlichkeit entstellt. Der schlimmste Tag war der 4. 7. An diesem Tag begannen die Prügel schon früh. Dann mußten 25 Häftlinge ein Loch graben. Beim Graben wurden sie ununterbrochen geprügelt. Dann wurden alle Häftlinge um das Loch versammelt. Die deutsche Revolutionsgarde wurde gleichzeitig eingesperrt. Es wurde ein tschechisches Urteil verlesen, das die meisten nicht verstanden. Dann wurden 20 Männer halb entkleidet aus einer Baracke gebracht. 10 davon mußten sich vor das Loch knien. Sie wurden durch 10 Tschechen mit Maschinenpistolen erschossen und in die Grube geworfen. Dann folgten die zweiten 10. Darunter befanden sich Wilhelm Baum aus Engelsberg mit 6 anderen Männern, darunter auch der Engelsberger Oberlehrer Hermann Just, der als ehemaliger Sozialdemokrat als Staatsbeamter disqualifiziert war, der Radiofachmann Fochler aus Freudenthal, der als Antifaschist der deutschen Revolutionsgarde angehört hatte, der Bauer Zimmermann aus Dürrseifen, der nachweislich fremdvölkische Arbeiter begünstigt hatte. Der Totengräber Riedl Gustav war in der ersten Gruppe nur angeschossen worden. Er erhob sich nach 3 Minuten aus der Grube und bat um noch einen Schuß. Ein Tscheche schoß mit der Maschinenpistole nochmals auf ihn. Nach weiteren wenigen Minuten erhob sich Riedl abermals aus der Grube. Es wurde wieder auf ihn geschossen. Gustav Alraun und Alfred Nickmann, beide aus Engelsberg, hatten die Grube zu schließen. Sie sahen, daß Riedl und einige andere noch lebten und mit Kolbenhieben völlig erschlagen wurden.

Die Vorgeschichte dieser Exekution war folgende: 2 Tschechen der Stadtwache waren beim Hantieren mit einer russischen Handgranate verunglückt. Einer wurde tödlich, der ander schwer verletzt. Diese Feststellungen wurden von der russischen Stadtkommandantur gemacht. Die Tschechen behaupteten, ein Zeitzünder in einem Radiogeschäft sei explodiert. Die Deutschen hätten diesen Zeitzünder gelegt. Die Tschechen verlangten von der russischen Kommandantur die Bewilligung, zuerst 100, dann 50 Deutsche zu erschießen, was die russische Kommandantur ablehnte. Die 20 Mann wurden ohne Bewilligung der russischen Kommandantur erschossen.

Im Freudenthaler Lager befanden sich auch Jugendliche von 11 Jahren aufwärts. Helmut Muhr, 16 Jahre, wurde am 26. 6. erschossen, weil er zur Mutter gegangen war. Daraufhin wurde verlautbart, daß jeder Flüchtling bei der Wiederergreifung zusammen mit 10 Angehörigen des Lagers, bei Nichtergreifung seine Familie und 10 Mann erschossen werden sollten. Ich weiß von mindestens 10 anderen Erschießungen. Den Gastwirt Adolf Thiel aus Neuvogelseifen habe ich persönlich mit den Händen verscharrt, da ich dazu die vorhandenen Spaten nicht benützen durfte.

Friedland

Behandlung von Juden: Wiedererwerb der eigenen Kanzlei verhindert
Berichter: Dr. Rudolf Fernegg - Bericht vom 21. 6. 1951

Mein Bundesbruder, Rechtsanwalt Dr. Bermann aus Friedland war während der Zeit des "Dritten Reiches" in der kleinen Festung Theresienstadt untergebracht. Er ist nach dem 9. 5. 1945 zu mir gekommen und hat mir berichtet, er wolle versuchen, seine Anwaltskanzlei und sein Haus in Friedland wieder zu erwerben. Seine Frau hatte das Haus inzwischen verkaufen müssen und war nach Prag gegangen. Bermann ist einige Tage nachher nochmals zu mir gekommen und hat berichtet, daß er zunächst nach Prag gehe, weil seine Versuche in Friedland gescheitert sind.

Friedrichswald

Verhaftung, Lager, Bauernarbeit
Berichter: Franz Simon - Bericht vom 4. 7. 1950

Zu Beginn möchte ich feststellen, daß ich i. J. 1945 im 67. Lebensjahre stand und der NSDAP nicht angehörte, während des Krieges war ich Luftschutzwart.

Am 12. Juni 1945, um 5 Uhr morgens, wurde an unsere Haustür gepocht und zum Öffnen aufgefordert. Ich machte auf und sah mich gleich von einer Rotte Partisanen umringt, die mir befahl, mich sofort anzuziehen und mitzugehen. Während einige, ich kann die Zahl nicht genau nennen, Kasten und Schränke durchstöberten und alles durcheinander wühlten, ließ mich ein weiterer nicht aus den Augen und trieb mich mit zynischen Bemerkungen zur Eile an. Meine Frau, die mir doch etwas zu Essen geben wollte, wurde beiseite geschoben, "ich brauche nichts". Auf der Straße stand ein Autobus, der uns aufnahm, es waren schon einige Leidensgenossen drin und etliche wurden noch zusammengeholt. Von den Partisanen waren einige betrunken. Sie warfen Bilder von Hitler im Wagen herum, um dann zu behaupten, wir hätten uns dieser entledigen wollen. Unsere erste Station war die Realschule in Reichenberg, dort mußten wir uns in einem Zimmer im dritten Stock mit dem Gesicht an die Wand stellen. Nach einer Weile ging einer mit einer Peitsche durch und hieb in uns hinein. Wir mußten "Heil Hitler" sagen. Dann kamen wir einzeln in ein Zimmer, wo wir aussagen sollten. Als ich sagte, daß ich nicht bei der NSDAP gewesen sei, erhielt ich eine kräftige Ohrfeige von meinem Verhörer, darauf noch viele Peitschenhiebe. Mit teuflischer Verschlagenheit hatte man mir einen Schlagring in den Ausweis gesteckt. Nach dieser "Protokollaufnahme" mußten wir im Vorhaus ½ Stunde die Hände vorn hoch halten, bzw. nach vorn strecken. Bei wem sie sich senkten, der wurde geschlagen. Dann mußte ich mit einem Schicksalsgenossen eine Stube und ein Vorhaus waschen, worauf wir dann in ein dunkles Loch, das scheinbar ein Geräteschuppen oder dgl. gewesen war, eingesperrt wurden. Dort befanden sich schon Opfer vom Vortage. Nachmittags wurden wir in die Laufergasse geschafft (Polizeigefängnis), das war aber überfüllt, sodaß wir zurück in die Baracken am Langen Weg kamen. Rohes Gelächter, Schimpfen, Fußtritte in den Rücken waren stete Begleiter. Auf der Stiege des Polizeigefängnisses machten sich die Fußtritte in den Rücken besonders gut, denn wer nicht darauf gefaßt war und sich am Geländer nicht festhielt, fiel die Stiege herunter. In der Baracke am Langen Weg mußten wir mit dem Gesicht gegen die Wand stehen und die Hände hoch halten u. zw. eine ganze Stunde lang. Wem sie sich nur im geringsten senkten, oder wer den Kopf ein bißchen drehte, der erhielt von den den Gang auf- und abmarschierenden Partisanen Kolbenstöße in den Rücken und Ohrfeigen. Darnach gab es wieder Einzelverhöre, bei denen alles, außer den Augengläsern, weggenommen wurde, jedes Stückchen Brot, was man etwa in der Tasche hatte und jede etwaige Zigarette. Mich fragte der Verhörer zuerst, woher ich wäre. "Von Friedrichswald", war meine Antwort. Mit den Worten "weißt Du nicht, daß das Bedrichov heißt", gab er mir eine Ohrfeige, daß es mir wie Feuer vor den Augen flackerte. Von hinten haute der Lagerverwalter in mich hinein. Nachdem nun alle Leidensgenossen auf so humane Art ihrer Sachen entledigt waren, mußten wir antreten und in tiefer Kniebeuge einmal um die Baracke herumhüpfen, anschließend auf allen Vieren herumkriechen. So neigte sich der erste Tag dem Ende zu. Bisher hatten wir noch gar nichts zu essen bekommen, jetzt wurden wir in die Baracken eingeteilt und bekamen eine Schale schwarzen, bitteren Kaffee und von einem normalen länglichen Brot ½ Schnitte, gewichtsmäßig etwa 20 bis 30 Gramm, das war aber für uns die ganze Tagesration gewesen. Dieses Quantum gab es weiterhin früh und abends und zu Mittag eine Schale leere Suppe. An einem Tage in der Woche konnten unsere Angehörigen die Wäsche zum waschen abholen und bei dieser Gelegenheit wurden auch Lebensmittelpakete übermittelt, die nach Kontrolle an uns weitergereicht wurden, allerdings meist nicht vollständig. Wir mußten Schränke fortfahren, Fußboden waschen u. dgl. Arbeiten verrichten. Der Lagerverwalter, ein Tscheche, der zwischen Reichenberg und Gablonz eine Wirtschaft (einen deutschen Bauernhof) haben sollte und im Kriege Gastwirt in Reichenberg war, hatte es sich scheinbar zur Pflicht gemacht, dafür zu sorgen, daß seine Lagerinsassen immer in Bewegung blieben. Wer seinen abgemagerten Körper nur mühsam zur "Essenausgabe" schleppen konnte, dem wurde mit der Peitsche nachgeholfen, denn er war für "Tempo". Einer aus meinem Heimatdorfe war nach erhaschter Gelegenheit ausgerissen, das war an einem Mittwoch. Dafür wurden uns allen das Brot, was die Frauen am Freitag hereingebracht hatten, weggenommen. Den Ausreißer hatte man wieder eingebracht und ich will es unterlassen zu beschreiben, wie man ihn gequält hat.

Gegen Ende Juli wurden wir zu einem Transport ins Tschechische zusammengestellt. Stehend, in Viehwaggons, ging die Reise, wer sich setzte, wurde vom Wächter zusammengerammelt. In Jungbunzlau mußten wir aussteigen. Um "Zusammenstöße" zu verhindern, mußten wir mit dem Gesicht zur Wand stehen und auf den anderen Zug warten. In Schumbor, einem Maierhofe im Kreise Nymburk, endete meine Reise. Ausgehungert bis aufs Letzte, völlig kraftlos und voller blauen Flecke, sollten wir nun dort die Arbeiten eines tüchtigen Knechtes übernehmen. Meine Hoffnung, sich hier wenigstens satt essen zu können, war trügerisch gewesen. Gleich am ersten Tage wurde uns gesagt, daß es sehr wenig zu essen gäbe, es gäbe für uns nur Erbsen. Den ersten Tag mußte ich Holz hacken, während meine Schicksalsgenossen Aborte waschen mußten. Vom 2. Tage ab sollte ich mit 2 Pferden fahren, was ich aber ablehnte, da ich noch nie in meinem Leben mit einem Fuhrwerke gefahren bin. So mußte ich dem Kutscher die Pferde versorgen und tagsüber auf dem Felde arbeiten. Früh um 4 Uhr mußte ich füttern. Ein Pferd war mir derart an mein Krampfaderbein gesprungen, daß ich nur sehr schlecht laufen konnte. Da ich der Aufforderung des Schaffers, schneller zu laufen, nicht folgen konnte, hieb er mit seinem Stock meinen Rücken blau. Seine Beschwerde bei den täglich inspizierenden Partisanen trugen mir links und rechts Ohrfeigen ein.

Ende September hatte ich die erste Schreibgelegenheit, da konnte ich erst meine Frau verständigen, daß ich noch lebte und wo ich war. Zum Baden war keine Gelegenheit. Die einzige Wanne wurde von den Frauen mit Beschlag belegt, die viel durch die Russen zu leiden hatten. Es gab wahre Verzweiflungsszenen, wir waren verlaust, hungrig und heruntergerissen. In dieser Lage fand mich meine Tochter, als sie eines schönen Sonntagvormittags plötzlich vor mir stand. So erfuhr ich, daß meine beiden Töchter auch im Tschechischen arbeiten mußten, die eine davon im Kreise Nymburk, und auch, daß meine Frau krank war. Sie konnte die seelischen Depressionen nicht aushalten und wurde immer schwächer.

Mein offenes Krampfaderbein hatte sich derart verschlimmert, daß ich früh nicht immer zur Arbeit gehen konnte. Der Verwalter drohte mir mit der Peitsche, hatte auch einigemale Gebrauch davon gemacht. In meiner Verzweiflung schrieb ich eine Karte in das Lager nach Nymburk, daß ich meines offenen Beines wegen nicht arbeiten kann. Von dort erhielt der Verwalter eine Aufforderung, mich in das Lager nach Nymburk zu bringen. Von dort kam ich ins Krankenhaus. Dort war die Behandlung menschlich. In meinem Zimmer lag ein deutscher Schicksalsgenosse, dem man hatte ein Bein abnehmen müssen (64 Jahre alt), er hatte es sich erfroren. Am 3. Feber 1946 kamen wir wieder ins Lager nach Reichenberg, bzw. ins Aussiedlungslager nach Habendorf. Ich möchte aber nicht unerwähnt lassen, daß es meinen 2 Töchtern möglich gewesen ist, mir dann, als sie wußten, wo ich war, zu Essen zu schicken. Ich sage das deshalb, um nicht unbeachtet zu lassen, daß es auch dort Menschen gab, die ihr Herz nicht verschlossen hatten. Meine Angehörigen haben das möglichste versucht, beim örtlichen *Národní Výbor* zu erwirken, daß ich wenigstens für einen einzigen Tag nach Hause kommen könnte. Ich hätte halt gern meine Heimat noch einmal gesehen, war ich doch nur zwei Fußstunden von zu Hause weg. Alles Bitten war aber vergebens. Als meine Frau zu mir ins Lager kam, war sie seelisch und körperlich fertig, am 7. 7. 1947 starb sie in Kaufbeuren, sie hatte sich nicht mehr erholen können.

Gießhübl-Sauerbrunn

Enteignung, Raub

Berichterin: Maria Pichl - Bericht vom 22. 6. 1950

Bei der Austreibung der Deutschen aus der CSR wurden auch solche vertrieben, die nach Benesch's Dekret ein Recht gehabt hätten, im Lande zu verbleiben. Wie mit solchen verfahren wurde, will ich an Beispielen beleuchten. Zuerst mag ich meinen Fall erzählen:

Ich wurde im alten Österreich geboren, bildete mich zur Lehrerin in einem katholischen Institut aus, diente als Lehrkraft in Österreich, hernach in der Tschechei und ging 1923 nach USA (Chicago, Ill.) In Amerika erwarb ich das 1. Bürgerpapier, in welchem ich erklärte: *"It is my bona fide intention to renounce forever all allegiance and fidelity to any foreign prince, potentate, state or sovereignty and particularly to the Czechoslovak Republic of whom I am now subject; and it is my intention in good faith to become a citizen of the United States of America and to permanently reside therein: So help me God".* Beweis: das Bürgerpapier vom 13. Oktober 1923.

Da 1932 in Amerika große Depression auf dem Arbeitsmarkte herrschte und ich immer wieder Stellungen wechseln mußte, ging ich in die CSR zurück und arbeitete wieder als deutsche Lehrerin im deutschen Gebiet. Ich war also bei der Volkszählung 1929 gar nicht in der CSR, konnte mich daher nicht als Deutsche bekennen, sondern hatte damals ein Bekenntnis zum amerikanischen Volke abgelegt. Dieses Bürgerpapier habe ich heute noch im Original im Besitz und dieses Papier zeigte ich bei der Revolution 1945 dem Schwedischen Konsul Harden in Karlsbad, welcher die Interessen der Amerikaner vertrat. Er erklärte mir, daß durch dieses Papier ich, die Familie und mein Besitz bei der Revolution geschützt sei und ich den tschechischen Kommissaren dies melden solle, welches ich tat. Damals kam ein Sokol in mein Haus und erklärte mir, daß ich keine Angst zu haben brauche, da die Tschechei so ausgerichtet werde, wie sie früher war. Da das amerikanische Dokument nach 7 Jahren ungültig war, so war ich eigentlich ein Bürger der Tschechei geblieben und konnte nicht nach Amerika zurückkehren. Nun kamen die Partisanen und forderten mich auf, nochmals um die tschechische Staatsbürgerschaft anzusuchen. Man wollte mich als Englisch-Lehrerin verwenden. Aber man knüpfte die Bedingung daran, daß ich der Kommunistischen Partei beitrete. Ich stellte die Gegenfragen: "Kann ich meine Besitztümer behalten?" (Ich besaß mit meiner Familie 2 schöne Häuser). Man antwortete mir, daß ich diesen Besitz aufgeben müsse und ich dorthin zu gehen habe, wohin ich Weisung bekomme. Meine Frage: "Was geschieht mit meiner 84 Jahre alten Mutter, meinem hilflosen invaliden Bruder und meiner pensionierten Schwester?" (Bis jetzt hatte ich für Mutter und Bruder gesorgt). Die Partisanen (Gendarmen) antworteten mir: "Die werden alle nach Deutschland ausgesiedelt!" Ich empfand dies ganze Vorgehen als große Unmenschlichkeit und wandte mich mit einem Ansuchen an das Prager Innenministerium, bittend, daß mein Fall entschieden werde und erhielt Antwort, daß man Erhebungen anstellen werde. Aber bald darauf kamen die Partisanen, durchsuchten mein Haus, raubten, was sie wollten und sagten: "Laufen Sie endlich über die Grenze, daß wir Sie los sind." Als ich sah, daß schon damals, 1946, das Land völlig kommunistisch ausgerichtet war, erklärte ich schließlich den Partisanen, daß ich gewillt bin, das

Los aller Deutschen zu teilen und man mich als Deutsche aussiedeln möge. Ende August wurde ich mit Mutter, Bruder und Schwester nach Bayern ausgesiedelt.

Ähnlich erging es der Baronin Nina Riedl-Riedenstein, Dallwitz-Karlsbad, Schloß. Sie war geborene Griechin, ihr Mann Österreicher, sie hatte großen Landbesitz und galt als sehr vermögend. Ihre Schwiegermutter war Amerikanerin. Russische Offiziere quartierten sich in ihr Schloß ein, schleppten davon, was sie wollten, zerschlugen, was ihnen in den Weg kam, wenn sie betrunken waren. Da sie wußten, daß die Frau ihren Besitz erhalten wollte (ihr Gatte war bereits tot), stahlen sie in der Nacht alle Dokumente, die den Beweis erbracht hätten und verschwanden damit. Einmal sprach ich beim schwedischen Konsul in Karlsbad vor. Er war Direktor einer Bank in Karlsbad. Er sagte damals: "Nun haben die Tschechen die Bank übernommen, meine Kündigung ausgesprochen, meiner Frau, sie war geborene Deutsche, die Häuser konfisziert". "Mir ist dadurch die Lebensgrundlage genommen und ich muß auch in ein anderes Land und wieder von vorn anfangen."

Auf dem Kommissariat in Gießhübl-Sauerbrunn war eine Slowakin beschäftigt, deren Mann deutscher Arzt gewesen war. Mit ihr besprach ich oft die verschiedenen Fälle und auch meine persönliche Angelegenheit. Eines Morgens eröffnete sie mir: "Es ist traurig, wir werden nur von Kommunisten regiert, sie bestimmen, wer zu enteignen ist, die fragen nicht, ob Ausländer oder Deutscher, die wollen den Besitz, das ist alles!"

Alle Angaben sind Wahrheit und kann ich zum Teil mit Originalpapieren belegen.

Graslitz

Gepäckkontrolle

Berichterin: Margarete Poppa - Bericht vom 7. 7. 1946

Bei der Gepäckkontrolle in Graslitz im Aussiedlungslager wurde mir das gesamte Handgepäck und eine Rolle mit 2 Decken und Kopfpolster abgenommen. Als ich dagegen Einspruch erhob, drohte mir der Kontrollbeamte mit Verschickung ins tschechische Gebiet zum Arbeitseinsatz. Ich bin 73 Jahre alt und habe nun während des ganzen tagelangen Transportes keine Decke zum zudecken.

Groß-Hermersdorf

Mißhandlungen, Verschleppung in Kohlengruben

Berichter: Hugo Ehler - Bericht vom 24. 11. 1946

Am 17. 5. 1945 wurde ich von einem Tschechen mit Namen Klement Biskup aus meinem Hause geholt und in einem anderen Hause in einen leeren Kuhstall über Nacht eingesperrt. Dabei wurde ich von ihm gestoßen und geschlagen. Zwei Tage später kam der Genannte wieder in mein Haus in Begleitung von Hilscher Josef aus Sponau und noch drei Tschechen aus Laudner, Bez. Mähr. Weißkirchen. Aus diesem Orte ist auch genannter Biskup. Alles waren es Leute von 17 bis 25

Jahre. Biskup verlangte mich vor die Haustür, dort stand er mit vorgehaltenem Revolver und schrie: Hände hoch. Die drei Burschen legten die Gewehre auf mich an und zu Hilscher sagte er: "Jetzt gib ihm", worauf dieser einen Gummiknüppel unter dem Rock hervorzog und auf meine Hände schlug, bis sie ganz schwarz waren. Dann mußte ich mich niederlegen und Hilscher prügelte solange auf mich ein, bis ich von den Schultern bis zu den Knöcheln schwarz geschlagen war. Nachher mußte ich bei der Tür knien, während diese meinen 74-jährigen Vater mit dem Gewehrkolben schlugen, mit meiner Frau brüllten und dann die ganze Wohnung durchsuchten und die letzten Lebensmittel gestohlen haben.

Am 17. 8. 45 wurde ich auf den Gendarmerieposten gebracht und von dort ins Gerichtsgefängnis nach Odrau eingeliefert. Die Prügel und Schikanen, welchen man dort durch die Miliz ausgesetzt war, lassen sich nicht im Einzelnen beschreiben. Es gab Prügel noch und noch und die Verpflegung war die denkbar schlechteste.

Am 15. 10. 45 wurde ich aus dem Gerichtsgefängnis ins Arbeitslager Odrau überführt. Dort gab es wieder die gleiche Behandlung wie im Gefängnis. Am 17. 10. wurde ich von dem Milizmann Anton Wenzlik mit den Füßen in die Schienbeine gehackt, sodaß dann diese Stellen eiterten und erst im April 1946 verheilten. Auch wurde ich wieder von demselben geohrfeigt.

Am 28. 1. 1946 wurde ich aus dem Arbeitslager Odrau in das Lager nach Poruba bei Orlau in der Kohlengrube geschickt, wo ich bis zum 11. 5. 1946 verbleiben mußte. Die Behandlung von der Miliz war genau dieselbe schlechte wie in Odrau.

Groß-Schönau

Ermordung eines 13-jährigen Schülers

Berichter: Franz Josef Hille und Emilie Hille - Bericht vom 24. 11. 1946

Im Februar 1946 wurde in Groß-Schönau, Sudetengau der 13-jährige Schüler Herbert Neumann, als er zu seiner Großmutter gehen wollte, auf einem Feldweg von einem Tschechen meuchlings in den Unterleib geschossen, in seinem Blute, ohne jede Hilfe, liegen gelassen, bis er nach 3 Stunden qualvollen Leidens seinen Geist aufgab.

Dasselbe Schicksal traf den Arbeiter Konrad in Groß-Schönau, welcher von einem Tschechen, im Mai 1946, bei seinem Hause in den Unterleib geschossen wurde und nach wenigen Stunden verschied.

Ich, Franz Josef Hille, habe mit eigenen Augen gesehen, wie im Juni 1945 beim Rathaus in Groß-Schönau, Sudetengau, Herr Franz Grohmann aus Groß-Schönau, von einem tschechischen Angestellten des Rathauses die steinerne Stiege rücklings hinuntergestoßen wurde und auf dem Steinpflaster bewußtlos liegen blieb. Herr Grohmann war 72 Jahre alt. Dabei standen 3 tschechische Finanzer, welche dieser Gewalttat zusahen und ihre Befriedigung durch lautes Gelächter darüber äußerten.

Ich, Emilie Hille, habe mit eigenen Augen gesehen, wie bei einer Ausweisung deutscher Einwohner in Groß-Schönau der Gastwirt Walter Helth aus Groß-Schönau, ein Mann von 60 Jahren, von einem tschechischen Angestellten eine Ohrfeige und einen Kinnhaken erhielt, daß er rücklings hinfiel und dann bewußtlos liegen blieb, bis ihn deutsche Menschen fortgetragen haben.

Großsichdichfür

Mißhandlung einer 70-jährigen Frau

Berichterin: Marie Adler - Bericht vom 14. 6. 1946

Ich wurde am 21. 9. 45 aus meinem Haus gewiesen. Nach 8 Tagen erlaubten mir ein Gendarm und ein tschechischer Verwalter das Haus weiter zu bewohnen. Ich schlief eine Nacht wieder in meinem Haus. Am nächsten Tag kam der Oberwachtmeister von Großsichdichfür, gab mir 70-jährigen Frau zwei Ohrfeigen stieß mich zu Boden und trat mich mit den Füßen.

Grulich

Schwere Mißhandlungen und Erschießungen von Deutschen

Berichter: Alfred Schubert - Bericht vom 9. 10. 1946

Am Pfingstdienstag v. Js. wurden aus der Tischlerwerkstatt, in der ich Lehrjunge war, die 7 Arbeiter im Alter von 16 bis 60 Jahren von Partisanen auf den Marktplatz von Grulich geführt und dort in der grausamsten Weise gequält und mißhandelt. Auch andere Deutsche wurden dort zur selben Zeit schwer mißhandelt. Drei wurden sofort an Ort und Stelle erschossen. Davon einer von einer Frau. Von den Mißhandelten ist einer am nächsten Tag seinen Verletzungen erlegen. Geschlagen wurde mit schweren Knüppeln, Ketten und Geißeln. Von den in meiner Werkstatt Beschäftigten ist jeder nachher krank gelegen, davon einer 3 Wochen und ein anderer 4 Monate. Ich selbst bin Augenzeuge dieser Vorfälle gewesen und kann meine Aussage jederzeit beeiden.

Haida

Morde im Mai 1945

Berichter: F. Fiedler - Bericht vom 10. 7. 1950

In Haida wurden nach vorher bestialischen Folterungen folgende deutsche Menschen von tschechischer Soldateska erschossen:

Die Brüder Heinz und Albert **Rachmann,** Inhaber der Glas- u. Metallwarenfabrik,
Ing. **Richter** von der Glas- und Metallwarenfabrik,
Frau **Werner,** Kinokassiererin,
Fräulein **Werner,** Angestellte in Pistors Glasmanufaktur,
Herr J. **Langer,** Schuhmacher,

Herr Eduard **Podbira,** 83 Jahre alt, Glasgeschäft,
(Herr E. **Schowald** kam durch Zufall davon).

Als Ende Mai 1945 die ersten tschechischen Partisanen mit ihrer Svoboda-Soldateska in der Glasstadt Haida einfielen, wurden von dieser Horde Razzien unter den Bewohnern (angeblich Waffensuche) durchgeführt. In der Glasraffinerie des 83-jährigen Eduard Podbira wurde am Dachboden ein altes Bajonett vorgefunden, welches ohne Wissen des Podbira, sein Bruder als Kriegsteilnehmer aus dem Preußenkriege 1866 aufgehoben hatte. Daher wurden 20 deutsche Menschen verhaftet, 6 Personen hiervon herausgesucht und vor den Augen der restlichen 14 Personen brutalst mißhandelt. Die 6 Opfer, unter denen sich auch Frau und Fräulein Werner befanden, mußten ihren Oberkörper entblößen und ihr Schuhwerk ausziehen. Diese Menschen mußten sich auf das Pflaster des Marktplatzes knieen und wurden von den tschechischen Banditen blindlings mit Gummiknüppeln auf den nackten Oberkörper und Fußsohlen geschlagen bis die Opfer bewußtlos zusammenbrachen. Kaltes Wasser, das man den Gemarterten über den Kopf goß, um sie wieder zur Besinnung zu bringen, war Anlaß zu neuerlicher Fortführung dieser Mißhandlungen. Der ältere Albert Rachmann, der die Qualen seines jüngeren Bruders Heinz nicht mehr ansehen konnte, versuchte in Richtung der Drogerie Czirnich zu entfliehen, wurde von den Tschechen aber gefaßt und denselben Folterungen unterworfen. Diese Mißhandlungen dauerten bis zum Tagesanbruch und dann wurden die zu Tode gequälten Opfer von diesen tschechischen Bestien auf dem Haidaer Marktplatz erschossen. Die anderen 13 Mann wurden darnach in Richtung Rumburg verschleppt. Augenzeuge: der Schwager der ermordeten Brüder Rachmann, Herr Sprachlehrer Lehmann aus Haida.

Haindorf

Mord an 2 jungen Mädchen, Ostern 1946
Berichter: Ernst Jesensky - Bericht vom 15. 5. 1950

Mein Name ist Ernst Jesensky geb. 4. 9. 1908 in Haindorf, Krs. Friedland, woselbst ich ein Autotransportgeschäft hatte. Als die Tschechen einzogen, zog ein großer Schrecken ein, täglich Verhaftungen, Haussuchungen, Plünderungen, Erstellung von Geiseln und Schikanen jeder Art lösten einander ab, sodaß viele Selbstmord begingen. Es wäre zu ausführlich, wenn ich von den anderen berichten würde, welche in den Wald geführt, erschlagen, erschossen und verscharrt wurden. Auch der Bürgermeister des Ortes Herr Dir. Hornischer, welcher sich unter den vielen befand, stürzte sich aus dem 2. Stockwerk, um den Mißhandlungen zu entgehen und erlag seinen Verletzungen.

Ich selbst mußte in einem Generatorholzwerk arbeiten, bis ich erkrankte, später war ich als Schofför bis zur Ausweisung tätig.

Es war Ostern 1946 als meine Tochter und ihre Kusine mit 2 Schulkameraden spazieren gingen; unterwegs wurden sie von bewaffneten tschechischen Burschen überfallen und grundlos zusammengeschossen. Die Mädchen erhielten Kopf-, Hals- und Brustschüsse und waren auf der Stelle tot, die Burschen erhielten Lungen- und Kopfstreifschuß und konnten daher noch fliehen und das Verbrechen melden, sonst wäre wohl auch dieser Fall ungeklärt geblieben. Als wir ins Lager kamen (Neustadt a. d. Tafelfichte) um ausgesiedelt zu werden, durften wir mit keinem Transport, der nach Bayern ging, mitfahren, sondern mußten 7 Wochen im Lager warten, bis der erste Transport nach der russischen Zone abging. Auch wollte man uns internieren und brachte uns ins Internierungslager nach Friedland, wo wir wegen Überfüllung nicht aufgenommen werden konnten. Bei der Gepäck- und Leibesvisitation wurden mir auch unter anderem die Kleider und Mantel meiner erschossenen Tochter weggenommen.

Hakelsdorf

Vergewaltigung der Tochter

Berichterin: Anna Stanek - Bericht vom 18. 8. 1950

Am 5. Juli [1945?] mußte meine Tochter in 10 Minuten auf der Straße sein. Dann kamen sie in das Russenlager. In der Nacht kam ein junger Mongole, leuchtet mit der Batterie und wollte eine blonde Frau haben. Ihr Schwager hatte sie in Schutz genommen. Da ging er zu meiner Tochter; die hatte sich gewehrt. Was sie anhatte, hatte er ihr alles herunter gerissen, auf ihr gekniet und solange gewürgt, bis sie ganz blau war. Das Kind hat geschrien, so hat er es bei der Brust gepackt und an die Wand geschleudert. 6 Männer haben zugesehen was er mit meiner Tochter machte. Am 8. Juli sind sie fort. In Reichenberg hatte derselbe meiner Tochter alles weggenommen. Seit der Zeit ist meine Tochter und ihr Kind krank in der Ostzone. Das Kind liegt im Lungenheim und die Tochter hat es mit dem Herzen zu tun.

Hals

Mißhandlungen auf Grund einer Denunziation

Berichter: Dr. Hampel - Bericht vom 3. 7. 1946

Ich wurde am 13. 2. d. J. in der Wohnung meines Schwiegervaters in Hals bei Tachau von der dortigen Gendarmerie verhaftet. Es wurde vor mir ein Protokoll geschrieben, das die ungeheuerlichsten Anschuldigungen angeblich auf Grund irgendwelcher Anzeigen enthielt, deren Unwahrheit durch die einfachste Erhebung sich in wenigen Stunden hätte ergeben müssen. Ich wurde bei den einzelnen Punkten des Protokolls gefragt und jedes Nein wurde mit einem Hieb mit der Hundepeitsche beantwortet. Mein schließlicher Hinweis, daß sämtliche Anschuldigungen auf einem Irrtum oder auf einer Denunziation beruhen müßten, hatte zur Folge, daß ich in ein Nebenzimmer gerissen und dort mit einem Stock und der Hundepeitsche solange geprügelt wurde, bis ich bewußtlos war. Daraufhin wurde ich in einem kleinen Raum ohne jede Einrichtung im Lager Tachau gefangen gehalten. Die Verpflegung war völlig ungenügend und jede Lebensmittelsendung von außen war unmöglich. Nach 5 Wochen war ich so schwach, daß ich mich nur mit Mühe auf den Beinen halten konnte. Durch wiederholte Interventionen meines Hausarztes und des tschechischen

Amtsarztes, der wußte, daß ich tropenkrank war, gelang es mir, die Gewährung eines Verhörs zu erzielen, bei dem sich in kürzester Zeit meine Unschuld herausstellte. Am 7. 4. 46 wurde ich nach Hause entlassen. Bei der Verhaftung wurden mir ca. 3000 RM und 10.000 Kc abgenommen, zum Teil Geschäftsgelder meines Schwiegervaters, der als Baumeister noch tätig war, ohne daß mir eine Bescheinigung ausgestellt wurde. Bei meiner Entlassung waren von diesem Geldbetrag nur noch einige Hundert Kronen vorhanden.

Hannsdorf

Mißhandlungen im Lager Hannsdorf

Berichter: Emil Tegel - Bericht vom 23. 6. 1946

Ich wurde am 30. 5. v. Js. in Hannsdorf verhaftet und bis 28. 10. 45 im dortigen Lager gefangen gehalten. Bei der Einlieferung wurde ich mit Fausthieben so geschlagen, daß ich zusammenbrach. Dann wurde ich noch mit den Füßen getreten.

Die Posten waren sehr häufig betrunken und verprügelten dann alle Lagerinsassen mit Ochsenziemern. Ich selbst wurde mindestens 2 bis 3 mal wöchentlich verprügelt. Sechsmal kamen die Posten etwas vor Mitternacht vollkommen betrunken in den Saal, rissen sämtliche Bettstellen nieder und warfen sämtliche Kleidungsstücke durcheinander. Das Geschirr zerschlugen sie an der Wand. Binnen einer Stunde mußten wir die Betten ohne Werkzeug wieder aufstellen und Ordnung machen. Dabei wurden wir immer wieder mit Ochsenziemern angetrieben. Wir hatten keine Möglichkeit, uns über diese Exzesse der Posten zu beschweren. Einmal kam die Besatzung des Panzerzuges Blanik ins Lager und wütete unter den Häftlingen. Viele waren blutüberströmt. Nachdem ich drei Monate im Lager gewesen war, wurde ich von der Gendarmerie über meine politische Tätigkeit verhört. Man konnte mir keinen Verhaftungsgrund angeben. Nach weiteren 2 Monaten wurde ich entlassen.

Heinzendorf

Schwerste Mißhandlungen eines Greises

Berichterin: Marie Menzel - Bericht vom 30. 9. 1946

Am 14. 8. v.Js. wurde der größte Teil der Bauern von Heinzendorf bei Olbersdorf ins Lager nach Jägerndorf abgetrieben. Wir mußten in 15 Minuten das Haus räumen und konnten fast nichts mitnehmen. Dabei wurde mein 77jähriger Mann von 4 Tschechen so geschlagen, daß er aus einer klaffenden Wunde auf der Stirn blutete. Außerdem haben sie ihn mit den Gewehrkolben in die Seite geschlagen, daß er seitdem Atembeschwerden hatte. Im Jägerndorfer Lager mußten die Männer auf blankem Betonfußboden liegen. Ich bemühte mich, meinen Mann in die Krankenbaracke zu bringen, aber er wurde vom Arzt nicht angenommen. Erst am 21. 8. wurde er in die Krankenbaracke aufgenommen. Am nächsten Tage schon ist er seinen Verletzungen erlegen.

Hennersdorf

Vergewaltigungen, Erzwingung unwahrer Geständnisse
Berichter: Rudolf Knauer - Bericht vom 1. 2. 1947

Als Augenzeuge und Opfer von barbarischen Methoden in meiner Heimatgemeinde Hennersdorf und in dem Aussiedlungslager in Jägerndorf, Troppauer Straße, in dem ich vom 13. August 1945 bis 15. Februar 1946 interniert war, erlaube ich mir folgenden Tatsachenbericht vorzulegen, der sich auf eigene Erlebnisse und Aussagen der Gequälten stützt.

Von der Wehrmacht zurückgekehrt, traf ich zu Pfingsten 1945 in meinem Wohnort Hennersdorf ein. Unsere Wohnung war erbrochen, die Schränke und Schubladen durchwühlt, russische Truppen waren als Besatzungsmacht in der Gemeinde einquartiert, die für Ruhe und Ordnung Sorge tragen sollten. Die Bevölkerung der rein deutschen Gemeinde ging in gewohnter Weise der Arbeit nach, als Anfang Juni 1945 die ersten tschechischen Gendarmen, Finanzwachbeamte zugewandert kamen. Diese gründeten einen *Národní Výbor,* der gleichzeitig die Gemeindeamtsgeschäfte übernahm. Mit dieser Übernahme begann nun unser Leidensweg, eine wahre Jagd auf die bodenständige, arbeitsame, deutsche Bevölkerung, nachdem sie sämtliche Waffen (Jagdgewehre, Luftdruckgewehre, Stichwaffen u.ä.) vorschriftsmäßig abgeliefert hatte. Gleich welcher politischen Partei die Sudetendeutschen angehörten, mußten sie ein "N" *(Nemec),* übersetzt "Deutscher", auf dem Rock tragen, durften nicht den Gehsteig und die Eisenbahn benützen, keine Gasthäuser, Geschäfte nur zu einer festgesetzten Stunde, besuchen. Nach 20 Uhr durften wir uns nicht mehr auf der Straße zeigen.

Für die Frauen und Mädchen begann eine Schreckenszeit, da sie von den Soldaten der Besatzungsmacht bei Tag und Nacht verfolgt und vergewaltigt wurden. Die Männer konnten ihre Frauen und Töchter nicht schützen, ja mußten zusehen, wie die Opfer geschändet wurden. Mit Lkw. wurden nun tschechische Arbeiter aus der Gegend von Friedek-Mistek angesiedelt. Diese besetzten in erster Linie die Bauernhöfe, in den folgenden Tagen auch die übrigen Häuser, gaben sich als Verwalter aus, beschlagnahmten den ganzen Besitz, inklusiv Eßwaren, Kleidung, Wäsche, Wohnungseinrichtung und wiesen den auf diese Art über Nacht zu Bettlern gemachten Besitzern den kleinsten Raum im Hause oder anderen Wohnhäusern zu. Dabei kam es oft zu fürchterlichen Mißhandlungen. Ich war Zeuge, als 2 Bauern (Andres Josef und Stefan Adolf) so von tschechischen Partisanen geprügelt wurden, daß ich sie mit blutigem Gesicht und blutunterlaufenem Körper vorfand. Zur Erpressung eines Geständnisses drohte man ihnen mit dem Erschießen, wozu sie sich selbst das Grab schaufeln mußten. Da aber die Bauern schuldlos waren, trugen sie das angetane Unrecht wohl mit bewundernswerter Ruhe, standen aber mit ihren Angehörigen (Frauen und Kinder) furchtbare Qualen aus. Das war nur eine der oftmals angewandten Methoden dieser Unmenschen. In der zur Gemeinde gehörenden Kolonie Kuhberg, bestehend aus 10 Häusern, wurde sämtlichen Bewohnern (Holzarbeiter) die Nahrungsmittel (Fleisch, Mehl, Getreide usw.) geraubt und der Waldaufseher Schnaubelt auf eine andere Art gequält. Auch von ihm wollten sie ein unwahres Geständnis erzwingen. Er wurde verkehrt aufgehängt, auf die Fußsohlen geschlagen und aufgezogen. Als er bewußtlos war, begoß man ihn mit Wasser und wiederholte diese Methode einige Male und ließ ihn dann bewußtlos liegen. Mir hat es der Gequälte selbst erzählt und können es die Kuhbergbewohner, die gegenwärtig in Münnerstadt Kr. Bad Kissingen als Ausgewiesene wohnen, bezeugen. Bei den vor der Beschlagnahme von Haus zu Haus durchgeführten Hausdurchsuchungen wurde die gesamte Ortsbevölkerung bis zum Tage der Vertreibung mehr oder weniger verprügelt und beraubt.

Die Bauern waren gerade mit der Einbringung der Haupternte beschäftigt, als in der Nacht vom 12. zum 13. August 1945 sich eine Unruhe in der Gemeinde bemerkbar machte. Um 4 Uhr wurde plötzlich an unsere Tür gepoltert und uns im brüllenden Ton befohlen, mit 30kg Gepäck und für 4 Tage Verpflegung binnen 1 Stunde im Gutshof gestellt zu sein. Was man mit uns vorhatte, konnten wir nicht ahnen.

So wurden wir mit Gewehrkolben traktiert und zum Sammelplatz getrieben, wo wir bis 14 Uhr stehen mußten. Bei dieser Gelegenheit wurden alte Männer und Frauen geohrfeigt und geschlagen, wenn sie sich mit ihrem Gepäck nicht so rasch bewegen konnten. Kinder schrien vor Angst und Hunger, die Mütter weinten, weil uns die Begleitmannschaft wie Tiere anbrüllte.

So traten wir um 15 Uhr ohne Essen einen Fußmarsch ins Ungewisse an. Menschen wurden wie Tiere aus ihrer angestammten Heimat, deren Vorfahren sie vor 700 Jahren urbar gemacht hatten, vertrieben. Wir Unglücklichen, ca. 1200 Einwohner, meistens Frauen und Kinder und alte Leute, mußten 25 km auf der harten Bezirksstraße bis Jägerndorf marschieren, wo wir um ½12 Uhr nachts totmüde ankamen und in das Lager Troppauer Straße eingeliefert wurden. Hinter uns schlossen sich die Tore eines ringsum vergitterten Lagers, aus dem viele Hunderte nicht mehr lebend herauskamen. Für uns gab es aber noch kein Ausruhen. Die Familien wurden getrennt, die Männer mußten sich zur Registrierung anstellen. Nach Beendigung der Einvernahme wurden wir in stockfinstere Schupfen gesteckt, wo wir sitzend die Nacht verbringen mußten. Die Frauen und Kinder kamen in ganz verwanzte Baracken. Am nächsten Morgen mußten wir zur Leibesvisitation antreten. Wir wurden von tschechischen Lageraufsehern (Männern von 20 bis 50 Jahren) durchsucht. Sämtliches Bargeld, brauchbare Kleidungsstücke, sonstige Gebrauchsgegenstände wie Rasierapparate, Eßbestecke, ja selbst die Reiseverpflegung wurde uns weggenommen, wobei fast alle mit dem Gewehrkolben gestoßen und viele mit den Fäusten ins Gesicht geschlagen wurden. Nach dieser ersten Bekanntschaft mit den Repräsentanten des tschechischen Lagers, vor denen wir nur mit dem Hut in der Hand stehen durften, wurde uns eine sehr schadhafte Panzergarage als Schlafraum zugewiesen, die 2000 Menschen aufnehmen sollte. Die Strohstreu war voller Ungeziefer. Von 10 Uhr abends bis 5 Uhr früh durften wir die Garage nicht verlassen und mußten die Notdurft in aufgestellten Fässern verrichten. Angesprochen wurden wir nur mit: ihr deutschen Schweine. Beim Erscheinen eines Aufsehers, was fast jede halbe Stunde vorkam, mußte "Achtung" gerufen werden und ein jeder in der Stellung "Stillgestanden" verharren. Wenn der Ruf überhört wurde, was besonders bei älteren Männern der Fall war, wurde ihnen ein Schlag ins Gesicht versetzt, daß sie zu Boden sanken.

An einem Sonntag im September 1945 wurden wir zum Besuch unserer Angehörigen in das Lager am Burgberg geführt. Die Führung hatte der Oberaufseher, der sich Kommissar schimpfende Unmensch Hudec. Dieser Mann brachte es mit noch einigen Aufsehern fertig, uns ca. 300 Männer am Rückweg zu beschuldigen, 3 vorübergehende tschechische Offiziere nicht entsprechend gegrüßt zu haben und uns deshalb im Lager wie folgt zu bestrafen:

Er kommandierte *"Pozor"* (Stillgestanden), in welcher Stellung wir ½ Stunde verbleiben mußten. Andere Aufseher mit Stöcken sorgten dafür, daß wir in der richtigen Stellung verbleiben mußten. Hierauf begann erst die richtige Menschenquälerei. Es folgten abwechselnd die Kommandos: Wippen, nieder, auf den Ellbogen mußten wir uns über den großen Platz hin- und zurückarbeiten, wobei wir die Füße nicht zu Hilfe nehmen durften, dann mußten wir marschieren, abwechselnd mit Laufschritt. Die entkräfteten alten Männer wurden mit Fußtritten bedacht, wenn sie nicht mitkonnten, da es ja keine Rekruten, sondern über die Hälfte 60-jährige Männer, davon ca. 50 sogar über 70 Jahre alt waren. Töchter und Frauen sahen weinend der Menschenquälerei zu, ohne helfen zu können. 2 volle Stunden litten diese unschuldigen Männer, unter denen auch ich mich befand, bis sie zusammenbrachen.

Der Sadismus kannte keine Grenzen. So mußten andere nach uns ins Lager eingelieferte Transporte (Frauen, Kinder und Greise) 3 bis 4 Tage auf einem Zementboden, über dem ein Dach gespannt und der ringsum nur vergittert war, in kalten Herbsttagen nächtigen, bevor ihnen Baracken zugewiesen wurden. Im Spätherbst wurden wir so viel Männer in einer Baracke zusammengedrängt, daß 2 Männer auf einem Bettgestell liegen mußten, nachdem wir durch Wochen auf dem blanken Fußboden gelegen hatten. Die meist an Hungertyphus erkrankten Personen konnten nur auf kleinen Handwagen (Leiterwagen für Kinder) von Lagerinsassen ins Krankenhaus geführt werden.

Das Lager war zugleich ein Sklavenmarkt. Von hieraus wurden die Transporte für die Kohlengruben Mährisch Ostrau und ins tschechische Gebiet zu landwirtschaftlichen Arbeiten zusammengestellt. Die Beförderung dorthin erfolgte in offenen Waggons. Nicht nur als Lebende, sondern auch als Tote wurden die Opfer tierisch behandelt. Kein Geistlicher kümmerte sich um die Seelsorge, trotzdem 3 Monate nach unserer Einlieferung zwei wohlgenährte tschechische Geistliche im Lager alle Sonntage vor einer Latrine die Heilige Messe unter freiem Himmel hielten und daher genau wußten, wie barbarisch wir behandelt wurden. Nicht ein Wort des Mitgefühls oder der Kritik war zu hören.

Verpflegung: Frühstück: gekochtes, braunes Wasser, sogenannter Kaffee oder Tee ohne Zucker; Mittagessen: ungesalzene Kartoffelsuppe (meist gefrorene Kartoffel), der Kartoffelmehl beigemischt war und [die] als ganzes einen ungenießbaren Schleim darstellte; Abendessen: siehe Frühstück und 200 Gramm Brot für den ganzen Tag.

Für diese Kost, um die sich jeder in Schlangenlinie bei Regen und Schnee stundenlang anzustellen gezwungen war, mußten die Männer und Frauen den ganzen Tag schwer arbeiten, erhielten keinen Lohn und wurden nach der Arbeit, bei den jeden Abend um 19 Uhr stattfindenden Appellen, bei denen die Männer auch bei Regen und Kälte ohne Kopfbedeckung antreten mußten, durch Schikanen oft 2 Stunden gequält. Die Folge davon war, daß schon nach einigen Wochen die Lagerinsassen zum Skelett abmagerten und besonders die älteren Leute an Hungertod starben.

Daß wir über den Winter kein Heizmaterial zugewiesen erhielten, sei nur kurz erwähnt und gehört ja zur bestialischen Behandlung, wie auch die Tatsache, daß mit den Aussiedlertransporten ausgerechnet im Januar 1946 begonnen wurde. So sah die von der Welt verkündete humane Aussiedlung in Wirklichkeit aus, und es schweigt merkwürdigerweise die übrige Kulturwelt zu all diesen Greueltaten. Unser Siedlungsgebiet war niemals tschechisch.

Hermannstadt

Erschießung eines deutschen Mädchens

Berichter: J. Schöppel - Bericht vom 6. 10. 1946

Am 8. 7. ds. Js. wurde meine Tochter Hildegard, geb. am 3. 6. 1928, von dem tschechischen Kommissar Konecny Anton in Hermannstadt erschossen. Sie war bei einem tschechischen Bauern den dritten Tag im Dienst und breitete gerade Dünger am Düngerhaufen aus, als der Kommissar, der in demselben Hause wohnte, aus dem Hause trat und mit einem 9 mm Flaubert-Gewehr auf sie schoß. Sie wurde in die rechte Brust getroffen und verschied am nächsten Tag früh. Das angeforderte Rettungsauto erschien erst nach 5 Stunden, um sie ins Krankenhaus zu bringen. Konecny rechtfertigte sich dadurch, daß es ein Zufallstreffer gewesen sei.

Der tschechische Bauer, bei dem meine Tochter beschäftigt war, erzählte mir, daß Konecny schon in Römerstadt ein Mädchen erschossen haben soll. Eine Woche vorher gefährdete er mit seiner Waffe auch den deutschen Bauern Kröner und seinen Sohn.

Hermersdorf

Plünderung, Mißhandlung

Berichter: Franz Kreissl - Bericht vom 26. 9. 1946

Ich arbeitete als Bergmann in den Lichtensteinischen Kohlen- und Tonwerken. Am 2. 9. 45 wurde meine Wohnung von Tschechen völlig ausgeplündert. Kleidung und Wäsche, Betten, Geschirr und Lebensmittel sowie einige Musikinstrumente wurden mir dabei entwendet.

Am 9. 9. 45 kamen die Tschechen wieder und mißhandelten mich und meine Frau, die im 7. Monat schwanger war. Sie schlugen uns mit Knüppeln, Pistolen und Gewehrkolben und stießen uns mit den Füßen. Mir und meiner Frau steckten sie Stecknadeln unter die Fingernägel. Ich selbst wurde dann aus Mund und Nase und aus 2 Kopfwunden blutend abgeführt, nach einigen Stunden aber wieder nach Hause entlassen.

Am nächsten Tag kamen die Tschechen wieder und zwangen meine Frau trotz ihrer Schwangerschaft auf das Motorrad, mit dem sie mich vom Arbeitsplatz holten. Ich wurde nun interniert. Im November wurde meine Frau mit den Kindern nur mit einigen alten Fetzen aus dem Hause gejagt, 2 Tage bevor sie entbunden hat. Am 19. 1. 46 wurde ich auf Veranlassung des Betriebes aus dem Lager entlassen.

Hinterkotten

Lager Kuttenplan, Vertreibung vom Bauernhof

Berichter: Engelbert Watzka

Ende Juli 1945 kam in unsere Gemeinde ein tschechischer Bürgermeister mit seinem Sekretär, übernahm das Bürgermeisteramt und ließ die Volksschule räumen, worin er sich seßhaft machte. Aus den Städten erfuhr man, daß schon im September Transporte Vertriebener ausgesiedelt wurden. Ab 15. August kamen die ersten kommunistischen Tschechen, wir nannten sie nur Kommissare, in unser Dorf. Sie sahen aus wie Landstreicher, schlecht gekleidet, schmutzig, zerrissenes Schuhwerk und jeder eine Aktentasche unterm Arm, aus der sie immer eine Bescheinigung herausbrachten und vorzeigten, daß sie das Recht haben von der tschechischen kommunistischen Regierung, jeden Bauernhof sowie Wirtschaften und Geschäftshäuser wegzunehmen und sie zu verwalten. Es kamen öfters 10-15 Tschechen, streiften in unserer Ortschaft herum, sahen sich die schönsten Bauernhöfe und alle neugebauten Häuser an und schrieben die Hausnummern auf. Am folgenden Tag kamen sie wieder mit nichts und mit dem Oberkommissar und übernahmen die Höfe und Wirtschaften. Es kamen auch ganze Familien und die Deutschen mußten sofort ihr Anwesen verlassen, sie wurden in leerstehende Zimmer verwiesen. Sie mußten den Tschechen alles Hab und Gut dort lassen, bis auf einige Möbel, Betten und Federbetten, Kleidung und Wäsche. Bis September wurde unser Ort, welcher 130 Hausnummern zählte, von 76 tschechischen Farnilien besetzt. Den ganzen Tag mußten wir arbeiten. Früh morgens um 5 Uhr wurden täglich durch tschechische Posten die Straßen abgesperrt, am Abend ab 7 Uhr durfte sich kein Deutscher mehr auf den Straßen blicken lassen. Standen bei Tage mehr als 2 Personen zusammen, dann wurden sie auseinander getrieben. Unter den eingedrungenen Tschechen befanden sich höchstenfalls 4-5 Berufsbauern. Alle anderen waren Zirkusspieler, Marktkünstler, Schauspieler, Meierhofknechte und größtenteils arbeitsscheue Landstreicher. Der erste Transport aus Hinterkotten als Zwangsarbeiter ins Innere Böhmens ging Anfang Oktober ab mit 5 Familien und kamen diese noch vor Weihnachten des laufenden Jahres wieder zurück. Sie berichten und sagten aus, daß sie den ganzen Tag im Freien, auch in grimmiger Kälte Feldarbeiten machen mußten, mit spärlicher Kost, und bei Nacht in ungeheizten Notwohnungen, wo der Wind hineinstrich, schlafen mußten. Als die Familien zurückkamen und in ihr Eigentum zurückwollten, war dieses bereits von den Tschechen beschlagnahmt und sie wurden nicht mehr hineingelassen, sie wurden in leere Zimmer gesteckt.

Ende September 1945 kam zu uns ein tschechischer Verwalter und wollte unsere Wirtschaft haben. Er verstand schlecht deutsch. Er kam später mit dem Oberkommissar zurück. Es waren beide Jugendliche im Alter von 19-20 Jahren. Er sagte mir, daß die Wirtschaft jetzt ihm gehöre, alles was im Haus, Stall und Hof sich befinde gehöre seinem Kollegen Josef Rojsek. Er fragte nach den Sparkassenbücher und nach Bargeld. Sie gingen dann von Raum zu Raum, Hofe, Stall, Getreideboden und nahmen alles auf, er sperrte alles ab und sagte uns, wenn wir etwas brauchten, müßten wir ihn fragen. Josef Rojsek benützte sogleich unser bestes Zimmer mit unseren guten Sachen. Er war ein früherer Fleischerlehrling, er hatte keine Kenntnisse und keine Idee von der Landwirtschaft. Die Dolmetscherin mußte jeden Morgen kommen und uns sagen, was er wünschte. Er war nur fürs Essen und ein Trinker aber nur nichts arbeiten. Wir mußten die Wirtschaft weiterführen, er schaute nur manchmal nach. So litten wir keine Not, was wir brauchten, bekamen wir. Der erste Transport aus Hinterkotten ging Ende Januar 1946 weg. Das Gepäck, 50 kg, wurde am Bürgermeisteramt kontrolliert und alles, was neu war, wurde weggenommen. Die Armen mußten erst ins Lager Kuttenplan, wo sie 10-14 Tage ausharren mußten. Sie litten auch Hunger, wenn nicht Verwandte und Freunde aus unserem Dorfe ihnen heimlich Lebensmittel ins Lager brachten. Auf dem Transport, bei der Kälte, der Zug hielt manchmal den ganzen Tag und es dauerte 6 bis 8 Tage, der Wind pfiff durch die schlechten Viehwaggons, wurden die Meisten krank und einige starben auf dem Transport.

Ende April 1946 brach in Kuttenplan Feuer aus, es war abends, ein Haus brannte ab, ca. 1 Stunde von uns entfernt. Am selben Abend noch kam die tschechische Gendarmerie, trieb alle Männer der Gemeinde zusammen und fort von unserem Ort. Sie wurden nach Promenhof zum Zollamt, wo die Gendarmerie untergebracht war, gebracht, dort wurden sie alle mit Gummiknüppeln, Stiefeln und Prügeln geschlagen. Am anderen Tage wurden sie nach Plan getrieben, durch unseren Ort mußten sie marschieren, es waren über 100 Männer. In Plan kam die Hälfte ins KZ, hauptsächlich die jüngeren Männer zu Zwangsarbeit bei Wasser und Brot. Auch wurden viele von ihnen ins Innere Böhmens zur Zwangsarbeit verschleppt.

Am 26. Juni, am Abend, als wir von der Heuernte heimkamen, kam der Ortspolizist Mann ganz unverhofft zu uns mit dem Auftrag: "Familie Watzka, morgen früh 7 Uhr, bereit zum Transport." Unser Tscheche wollte, daß wir blieben. Wir mußten zum Bürgermeisteramt, wo unser Gepäck nochmals kontrolliert wurde, die wertvollsten Gegenstände wurden uns genommen. Wir kamen um 11 Uhr im Lager Kuttenplan an. Jede Familie mußte ihr Hab und Gut auf ein Häufchen zusammenschlichten, dann kam die tschechische Gendarmerie, zählte die Köpfe der Familien und schätzte die Häufchen mit dem Gepäck nochmals ab. Bei geringer Familienzahl wurde manchem noch 1 Koffer oder Gepäck abgenommen. Wir wohnten im dritten Stock des Schlosses, 4 Familien waren in einem Zimmer eingepfercht. Wir brauchten nur 4 Tage dort bleiben. Am 2. Tag wurden wir ärztlich untersucht und desinfiziert, den 3. Tag bekamen wir pro Kopf 500 RM vom Lagerverwalter ausbezahlt. Am 30. Juni kam unser Gepäck aus den Kellern und wurde eingeladen, dann mußten die Wagen bewacht werden von den Unsrigen unter tschechischer Aufsicht. Am 1. Juli [1946], Montag nachmittag, war am Lagerplatz im Vorraum ein Altar angebracht, wo ein Geistlicher zum Abschied ein Meßopfer las und nachher eine Predigt hielt und uns den Segen gab. Nachher mußten wir Vertriebenen uns alle versammeln auf Befehl der tschechischen Kommandanten. Ein höherer Beamter in Uniform hielt eine Ansprache, wie wir uns während des Transportes zu verhalten hätten. Anschließend wurden wir 1200 Personen in Viererreihen aufgestellt und von Ordnern zum

Bahnhof getrieben. Jeder bekam seine Waggonnummer ausgehändigt. Es kamen immer 30 Personen in einen Wagen. Wir mußten in den Wagen übernachten bis am Morgen des 2. Juli [um] 4 Uhr 15 der Transport abging. Es dauerte stundenlang ehe wir nach Eger kamen. Nachmittag erreichten wir deutschen Boden und konnten uns von den weißen Armbinden befreien.

Hloubetin

Rettung eines reichsdeutschen Soldaten durch einen Lagerkommandanten 1945
Berichter: Erwin Rebel - Bericht vom 16. 6. 1950

Ich halte mich verpflichtet, obwohl auch ich manche gewichtige Klagen vorzubringen hätte, über einen Tschechen zu berichten, der mir das Leben gerettet hat.

Am 8. 5. 1945 kam ich mit noch 2 Soldaten im Auftrage meiner Einheit nach Badnovice bei Eipel (Ipolice) an der Nordwestecke der CSR um dort Quartier zu machen. Infolge der Kapitulation nahm offenbar meine Truppe einen anderen Weg und kam nicht mehr an den vereinbarten Ort. Ich hatte jedoch mit dem Bürgermeister und den sonstigen Gemeindeeinwohnern in Badnovice Fühlung genommen und fand eine durchaus korrekte Aufnahme. Als ich mit dem Fahrrad und später zu Fuß die deutsche Grenze erreichen wollte, wurde ich zusammen mit anderen Soldaten gefangen genommen und kam dann auf verschiedenen Umwegen in das Internierungslager Prag-Hloubetin. Der damalige Lagerkommandant war N.N. aus Hloubetin. Da mir bei meiner Gefangennahme sämtliche Papiere einschließlich meiner Oberkleider und meiner Schuhe abgenommen worden waren, konnte ich mich nicht ausweisen. Es wurde mir daher empfohlen, mir von irgendeinem Orte bestätigen zu lassen, daß ich als Soldat nicht in Kriegshandlungen innerhalb der CSR verwickelt war und auch nicht der SS, Gestapo o.ä. angehört habe. Mit Genehmigung des Lagerkommandanten N. N. schrieb ich an den Bürgermeister in Badnovice und bat um eine diesbezügliche Bescheinigung, da ich dort genaue Personalangaben gemacht und auch in der Unterhaltung mit den Gemeinderäten Näheres über mich berichtet hatte.

Einige Wochen darauf kam an das Lager ein Brief, in dem zwar bestätigt wurde, daß ich am Kapitulationstage mich in Badnovice aufgehalten und korrekt benommen habe, ich sei jedoch nach Aussagen einiger Ortsbewohner nach einigen Tagen mit einem Artillerie-Regiment wiedergekommen und sei wahrscheinlich an der Erschießung zweier Tschechen beteiligt gewesen. N. N. hätte diesen Brief der im Lager anwesenden gerichtlichen Untersuchungskommission übergeben sollen. Dies hätte zur Folge gehabt, daß ich der Lagerwache, die nicht der Kommandogewalt des Lagerkommandanten unterstand, überstellt worden wäre, die gerade in diesen Tagen 2 Lagerinsassen lediglich aufgrund von ungeprüften Denunziationen zu Tode geprügelt hatten. Ich habe selbst geholfen, die blutgetränkten Leichen auf einen Kraftwagen zu laden. N. N., der mich als Barackenältesten kannte, ließ mich zu sich kommen, vernahm mich eingehend und übergab mir, nachdem er aufgrund der Vernehmung wohl die Überzeugung gewonnen hatte, daß die Angaben aus Badnovice nicht stimmen konnten, den Brief zur Vernichtung. Der Brief wurde von mir sofort verbrannt. Durch diese Handlungsweise hat N. N., unterstützt von seinem Dolmetscher N. N., der noch im Jahre 1947 als freier Arbeiter in Prag lebte, mir das Leben gerettet.

Dieses Ihnen mitzuteilen, hielt ich für meine Pflicht.

Hohenfurth

Hohenfurth, Bericht Nr. 1

Verhaftung von Sudetendeutschen durch tschechische Gendarmen in Österreich

Berichter: Johann Staudinger - Bericht vom 2. 11. 1946

Ich wurde am 17. 8. d. J. in Österreich zwischen Leonfelden und Zwettl von tschechischen Gendarmen in Uniform und einem österreichischen Gendarm zur Ausweisleistung angehalten. Ich selbst bin Sudetendeutscher und wurde im April d. J. aus französischer Gefangenschaft nach Österreich entlassen. Der französische Entlassungsschein wurde mir von den tschechischen Gendarmen abgenommen. Dann wurde ich mit 2 Freunden von den Gendarmen mit Auto in die Tschechoslowakei gebracht und auf der 20 km langen Fahrt ununterbrochen geschlagen. Wir waren gefesselt. Im Gefängnis zu Hohenfurth haben sie uns bei der Einlieferung solange geschlagen, bis wir bewußtlos waren. Eine Woche war ich in ärztlicher Behandlung. Über das Bezirksgericht Kaplitz wurde ich dann ins Aussiedlungslager entlassen.

Hohenfurth, Bericht Nr. 2

Grundlose Verhaftung

Berichter: Dr. Josef März - Bericht vom 2. 11. 1946

Ich war Leiter der Hohenfurther Brauerei. Am 13. 7. v. J. wurde ich plötzlich von der Arbeit weg verhaftet, da ich angeblich im Jahre 1938 "mit einem Maschinengewehr auf den Schornstein in der Brauerei" geklettert sei und von dort einen tschechoslowakischen Soldaten erschossen hätte. Ich wurde durch Monate wie ein Mörder in Sträflingskleidern festgehalten und wiederholt schwer mißhandelt. Ein Verhör fand erst am 18. 2. 1946 statt, wobei über den eigentlichen Grund der Verhaftung kaum gesprochen wurde. Dabei wurden mir andere Dinge zur Last gelegt die ebensowenig stichhaltig waren. Bis zum 5. 9. 1946 wurde ich noch bei schwerer körperlicher Arbeit und sehr schlechter Verpflegung festgehalten. Im August v. J. waren auch meine Frau und meine Tochter verhaftet und ins Lager Kaplitz eingeliefert worden. Später wurden sie zu schwerer landwirtschaftlicher Arbeit eingesetzt. Wir sind während unserer Internierung um alle unsere Sachen gekommen. Unser Aussiedlungsgepäck erreichte nicht das zulässige Gewicht und bestand ausschließlich aus von Bekannten geschenkten Sachen.

Hohenfurth, Bericht Nr. 3
Grundlose Lagerhaft und Vorenthaltung von Aussiedlungsgepäck
Berichter: Karl Leuchtenmüller - Bericht vom 2. 11. 1946

Ich war 27 Jahre sozialdemokratisch organisiert, was den Tschechen auch allgemein bekannt war. Trotzdem wurde ich am 23. 8. 1945 verhaftet und ins Kreisgericht Budweis eingeliefert, wo ich auf das Unmenschlichste mißhandelt wurde.

Ich wurde bis zum 12. 2. 1946 im Kreisgericht festgehalten und dann in das Budweiser Lager überführt. Auch dort war die Behandlung der Häftlinge schlecht. Meine Frau war am 29. 8. ebenfalls verhaftet worden und wurde 14 Monate im Lager Kaplitz festgehalten. Nach der Verhaftung meiner Frau wurde meine Wohnung völlig ausgeräumt, sodaß wir nichts mehr haben. Wir hatten zur Aussiedlung weder Kleider noch Wäsche. Unser Gepäck für 4 Personen wog nur 120 kg. Die Bemühungen meiner Tochter, vom *Národní výbor* in Hohenfurth Aussiedlungsgut zu erhalten, waren völlig erfolglos.

Holleischen-Staab

Behandlung von Häftlingen im Mai 1945
Berichter: Robert Zürchauer - Bericht vom 3. 6. 1946

Ich wurde am 8. 5. v. J. von tschechischen Partisanen verhaftet und bis zum 17. 5. d. J. in Haft gehalten. Ein Verhaftungsgrund wurde mir in der ganzen Zeit nicht genannt. Bei der Entlassung wurde ich von den Tschechen nach dem Grunde meiner Verhaftung gefragt, den weder ich noch die Tschechen wußten.

Während der Haft wurden ich und die Mithäftlinge mit Gewehrkolben, Stahlruten, Holzprügeln und Gummiknüppeln auf das furchtbarste mißhandelt. In den ersten 3 Wochen wurden wir täglich auf dem Gefängnishof ½ Stunde im Kreis herumgetrieben und dabei so verprügelt, bis wir bluteten oder zusammenbrachen. Ich selber bin unter diesen Mißhandlungen zweimal zusammengebrochen und mußte vom Hof in die Zelle zurückgetragen werden.

Die Verpflegung war so ungenügend, daß ich in drei Monaten 31 kg abnahm. Ich wog hierauf bei einer Größe von 182 cm nur noch 45 kg.

Es standen überhaupt keine Medikamente zur Verfügung, sodaß Kranke elend zugrunde gehen mußten, darunter meine Bekannten Janka und Kosler aus Holleischen. Rudel aus Staab wurde auf einem Friedhof bei Klatten erschlagen.

Im November und Februar ist je ein Häftling entwichen. Daraufhin wurde jedesmal über das gesamte Lager eine Prügelstrafe verhängt.

Ich kann diese Aussage beeiden.

Hostau

Gepäckkontrolle

Berichter: Franz Stadtherr - Bericht vom 8. 6. 1946

Mir wurden bei der Gepäckkontrolle bei der Gendarmerie in Hostau bei Bischofteinitz das sämtliche Gepäck meiner mit mir ausgesiedelten Tochter, mein Handwerkszeug als Zimmermann, die Maurerwerkzeuge meines mit mir ausgesiedelten Vaters, die Schlafdecken und Pölster für meinen Vater und meine mitausgesiedelte Mutter, ein kleiner Waschtrog für ein Kleinkind, ein mit Geschirr gepackter Wäschekorb, ein Tragkorb mit Wäschetöpfen und Waschschaff und viele Kleinigkeiten abgenommen. Auch den anderen ausgesiedelten Familien wurden viele Sachen, insbesondere Kleider, Wäsche und Werkzeuge, abgenommen. Ein Einspruch hatte keinen Erfolg.

Ich kann diese Aussage beeiden.

Jauernig und Wichstadtl

Jauernig, Bericht Nr. 1

Mißhandlungen, Morde

Berichterin: Elisabeth Böse - Bericht vom 9. 1. 1950

Am 8. Mai 1945 erlebten wir die deutsche Kapitulation in Zöllnei bei Wichstadl, Krs. Grulich, wohin wir von der Parteileitung in Jauernig/Ostsudetengau aus, Frauen und Kinder sowie alte Leute evakuiert worden waren, da die Russen unsere Stadt bis auf 15 km erreicht hatten und jede Stunde ein Durchbruch zu erwarten war. In einem mehr als primitiven Quartier waren meine greisen Eltern und ich untergebracht, von außen sah es einem Stall ähnlicher als einer menschlichen Behausung. Diesem Umstande aber hatten wir es zu verdanken, daß wir später von den sonst üblichen Besuchen der Russen und sonstigen Banden verschont blieben. Ja, unsere Behausung diente den Frauen des Ortes mit dem über uns befindlichen Heuboden als nächtlicher Unterschlupf vor den sie vergewaltigenden Russen. Am 23. März waren wir in den Ort gekommen. An einem Tage allein wurden in Wichstadtl, wo wir unsere Einkäufe besorgen mußten, 12 Männer auf grausame Weise hingerichtet und zwar an den um die Kirche befindlichen Bäumen aufgehängt, nachdem man ihnen vorher die Nasen und Ohren abgeschnitten hatte, sie verprügelt und ins Wasser gestoßen hatte. Darunter befand sich auch ein Tscheche, der für den "Volkssturm" Waffen angefertigt hatte. Die Ortsbewohner durften während dieser Tragödie ihre Häuser nicht verlassen. Ein Nachbar (Bauer) mußte sich sein eigenes Grab schaufeln, bevor er erschossen wurde, angeblich weil ein Militärgewehr mit Munition in seinem Misthaufen gefunden wurde. Wahrscheinlich wurde es von den Mordgesellen selbst dorthin getan, was ja in vielen Fällen geschah, um die Morde zu motivieren. Die Deutsche Wehrmacht war teilweise in die nahen Wälder geflüchtet, jeder der dort angetroffen wurde, ist als Partisan erschossen worden. Es wurden regelrechte Menschenjagden veranstaltet, das wilde Geschieße dauerte tagelang. Die Straßen waren nur unter Lebensgefahr passierbar.

Am 20. Mai mußten wir den Ort verlassen und traten mit einigen bekannten Familien die Heimreise an. Nachdem die Eisenbahnlinie zerstört war, fuhren wir mit Pferdegespannen, von Ort zu Ort wechselnd, da die Bauern nicht weit über die Ortsgrenze hinaus durften. Nach mancherlei Fährnissen und Plünderungen gelangten wir nach drei Tagen in unser Heimatstädtchen. Ein neuer Schreck stand uns bevor, das Elternhaus war total ausgeraubt. Die Betten, Wäsche, Kleider, alles fort. Gute Nachbarn halfen uns notdürftig einrichten. Gleich in den ersten Tagen mußten wir uns bei den damals noch teilweise "deutschen" kommunistischen Machthabern melden und unsere zivile Tätigkeit bekannt geben. So stand ich gleich von Anfang auf der "schwarzen Liste", denn ich wurde gleich zur Zwangsarbeit eingesetzt, mit vielen anderen Frauen der NS-Frauenschaft und NS-Volkswohlfahrt. Bei letzterer war ich durch 6 Jahre als Zellenwalterin tätig.

Am 21. 6. 1945 wurde ich von drei Gendarmen mit einem "Schwindelmanöver" aus dem Hause gelockt, ich sollte zu einem "Verhör" kommen, sonst hätte ich wohl lebend niemals das Haus verlassen, sowie meine hochbetagten Eltern, die ich auf dieser Welt nie wiedersehen sollte. So ging ich ahnungslos mit, auf die in schreienden Plakaten kundgemachten Versicherungen bauend, daß den kleinen Pgs und Amtswaltern kein Leid geschehen sollte. Der Weg führte, ohne Verhör, ins Gefängnis. Ich wurde in eine dunkle enge Zelle gestoßen. Als sich meine Augen an die Dunkelheit gewöhnt hatten, erkannte ich meine Leidensgefährten. Durch 14 Tage hockten wir neun Frauen auf drei Strohsäcken. Das Essen bestand aus schwarzem Kaffee, 1 Scheibe Brot, Mittags eine dünne Suppe. Früh durften wir die Hände in einen Eimer tauchen und uns übers Gesicht fahren. Das Klosett bestand aus einem Eimer, der nur jeden Tag einmal hinausgetragen wurde. Eines Tages ging es fort. Als der Autobus hielt, schwer bewaffnete Gendarmerie begleitete uns, befanden wir uns in "Bieberteich" (Kreis Freiwaldau). Später wurde das *"Koncentracní tábor"*, wie es sich nannte, in die Regenhard'sche Fabrik verlegt. Im Gefängnis waren wir einmal kurz verhört worden. Doch das Hauptverhör fand erst ein dreiviertel-Jahr später statt u.zw. wurde mir das Anklageprotokoll vorgelesen mit der Anzeige einer Fr. Dobisch, und worin ich als "führendes Mitglied der SdP" und propagandistischer nazistischer Tätigkeit beschuldigt wurde, was den Tatsachen aber nicht entsprach. Nach ca. einem Jahr wurde ich mit 70 anderen Frauen aus dem Lager entlassen.

Wir waren im Lager ca. 300 Frauen von 14 bis 70 Jahren, wir wurden als Arbeitssklaven behandelt. Kohle schaufeln, Holz im Walde fällen, Straßen kehren, Maler- und Maurerschmutz putzen usw. Das Essen bestand in schwarzem bitteren Kaffee morgens, zuerst 160 g, später 200 g Brot täglich, in das eine Zeitlang Sand eingebacken war. Mittags Kartoffelsuppe, abends auch. Einmal in der langen Zeit bekamen wir etwas Pferdefleisch-Gulasch. Viele bekamen die Wassersucht, aufgeschwollene Füße und Gesicht, auch ich - außerdem wäre ich beinahe einem Ruhranfall erlegen. Prügel habe ich keine bekommen. Die Behandlung war manchmal brutal, mitunter bekamen unsere Peiniger "menschliche" Gefühle. Die Lagerleiterin hieß Anna Eret, der Lagerleiter war ein Gendarm, ihr Bruder, ob er auch Eret hieß, weiß ich nicht. Die letzte Zeit im Lager erhielten wir wöchentlich etwas Weißbrot und Zucker.

Am 6. 6. 1945 verstarb auf Schloß Johannesberg Kardinal Fürstbischof Dr. Adolf Bertram, unser Brotherr. Einige Tage später wurde er zur letzten Ruhe am Jauerniger Friedhof getragen. Am Tag darauf wurden mehrere 100 Menschen, darunter auch meine unglücklichen Eltern aus ihren Wohnungen und am Ringplatz wie eine Herde Vieh zusammengetrieben. Mein Vater, der fürsterzbischöfliche Oberrechnungsrat i. R. Bruno König, im 80. Lebensjahr und meine Mutter im 77. Lebensjahr Emma König, geb. Clement. (Dies erfuhr ich durch Augenzeugen nach einjähriger KZ-Haft.) Die Männer kamen ins KZ-Lager (ehem. Arbeitslager). Die Frauen auf Schloß Johannesberg. Mit derselben Lüge, daß sie bald in ihre Wohnungen zurück dürften, hat man sie wohl fortgebracht, denn sie nahmen kein warmes Kleidungsstück oder einen Mantel mit. Nach einigen Tagen wurden sie nach Setzdorf transportiert, wo sie in den Kalköfen auf blanker Erde im Kalkstaub schlafen mußten. Die deutsche Bevölkerung versorgte die Unglücklichen mit Essen und zogen sich oft schwere Strafen zu. Zweieinhalbtausend Menschen wurden aus allen Orten zusammengetrieben, eines Tages auf offene Viehwägen verladen und bei strömenden Regen erreichten sie nach tagelanger Fahrt Bodenbach/Elbe bezw. Herrnskretschen, wo sie bei stockdunkler Nacht über die sächsische Grenze getrieben wurden. Vorher wurden sie nochmals "revidiert" und um die besten Stücke erleichtert. Wohl zu Fuß und halb verhungert (Augenzeugen berichten, daß sie sich tagelang von Gras ernährten), haben meine Eltern Chemnitz i. Sa. erreicht und wurden dort in einer Schule untergebracht, wo meine Mutter am 1. 10. 45, mein Vater am 6. 10. starben. Sie wurden in einem Massengrab beerdigt.

1946 im Mai wurde ich aus dem KZ entlassen und stand obdachlos auf der Straße. Unser Haus Nr. 38 Johannesberg war von Bomben teilweise zerstört und völlig ausgeraubt. Das Elternhaus Nr. 15 Johannesberg von Tschechen besetzt. Verwandte nahmen mich auf, ich wurde gleich wieder zu Erntearbeiten verpflichtet und arbeitete bis zur Aussiedlung am Meierhof - diesmal für Geld. Dafür kaufte ich Schuhe und Kleider, da wir nur noch Lumpen auf dem Leibe hatten.

Am 18. September wurden wir ausgesiedelt. 12 Tage blieben wir noch im Aussiedlungslager Niklasdorf. Nach einer strengen "Revision" wurden wir um die besten Sachen erleichtert, sogar 2 Konservenbüchsen stahlen mir die Revisoren, die ich mir vom Munde und den Karten abgespart hatte für den dringendsten Notfall. 70 kg Gepäck war uns erlaubt mitzunehmen. Mein Gepäck bestand aus meist alten, wertlosen Sachen, die mir Bekannte geschenkt hatten.

Zum Schluß führe ich noch die durch die Austreibung entstandenen Todesopfer unserer Familie an:

Bruno König, fürsterzbischöfl. Oberrechnungsrat i. R., 80 Jahre alt; Emma König, Gattin, geb. Clement, 77 Jahre alt; Ing. Hubert Leischner, mein Vetter, zuletzt wohnhaft in Trautenau, wurde daselbst von den Tschechen zu Tode geprügelt (Bericht von Augenzeugen); Maria Weiser, Kaufmannsgattin, eine Schwester meines Vaters, gestorben in Erfurt an den Folgen der Austreibung; Enkelkind Weiser, (von oben Genannter), 2 Monate alt, gest. am Transport; Josef Rainold, Mühlenbesitzer, Jauernig, ein Vetter meines Vaters, gestorben in einem Lager; Lotte Brieter, die Frau meines Vetters, gest. in Wien im Lager an Typhus; Maria Hannich, geb. Clement, (Mutter von 2 Kindern), meine Base, gest. in Bonn/Rh. infolge Unterernährung an Nervenlähmung; Lydia Chmel, geb. König, meine Base, Gattin von Dr. Chmel, Landrat in Wagstadt/Ostsudetengau; Dr. Hans Chmel, Landrat, dessen Mutter und sein Kind, ein Mädchen von ca. 7 Jahren. Diese Familie dürfte keines natürlichen Todes gestorben sein.

Nachtrag: Pro Kopf und Anzeige sollen unsere Ankläger 200 Kc. erhalten haben. Der KZ-Posten N. N. kaufte uns von seinem Gelde öfters Brot und Margarine, wenn wir im Walde zu arbeiten hatten. Dagegen soll er nach Augenzeugen-Berichten als Posten im Männerlager Adelsdorf (eine dreiviertel-Stunde von unserem Lager entfernt) am Mord von 10 Männern beteiligt gewesen sein. Darunter befanden sich Dr. Franke, Rechtsanwalt in Freiwaldau und Herr Hauke, Rothwasser. Die Frauen befanden sich in unserem Lager und haben den Tod ihrer Männer erst nach der Entlassung erfahren.

Etwas alte Wäsche und Kleider bekam ich kurz vor der Aussiedlung von der tschechischen Gemeindeverwaltung Jauernig.

Im übrigen waren die russischen regulären Truppen weit anständiger als die tschechischen Partisanen.

Was ich hier niedergeschrieben habe, ist die reine Wahrheit.

Jauernig, Bericht Nr. 2

Quälereien im Lager

Berichter: Heinz Girsig - Bericht vom 7. 9. 1946

Ich wurde vom Juni 1945 bis März 1946 im Lager Jauernig festgehalten und wurde dort selbst mehrmals schwer mißhandelt, wodurch ich auch 2 Zähne verlor. Ich bin auch Zeuge schwerer Mißhandlungen anderer gewesen und habe gesehen, wie einige Häftlinge gemartert und erschossen wurden. Die beiden Brüder Hauke, 16 und 18 Jahre alt, wurden im Juli v. J. von dem stellvertretenden Lagerführer Katiorek erschossen, nachdem einen Tag vorher von demselben ein Hakenkreuz mit dem Messer in das Gesäß des einen Jungen eingeschnitten worden war. Vorher waren sie auch mit Platzpatronen angeschossen worden. Oft wurden wir in der Nacht herausgejagt und mißhandelt. Zu Tode geprügelt wurden Meissner aus Krosse, ein Klempner aus Zuckmantel und Hauke aus Jauernig. Die letzten Mißhandlungen erlebte ich dort Mitte Februar.

Jauernig, Bericht Nr. 3

Lager Jauernig, Mißhandlungen

Berichter: Alfred Lorenz - Bericht vom 15. 9. 1946

Ich war vom 22. 6. bis 8. 10. v. Js. im Lager Jauernig. Dort sind sehr schwere Mißhandlungen vorgekommen. Es sind auch Leute an den Folgen der Mißhandlungen gestorben.

An zwei Tage erinnere ich mich besonders: Am 9. 7. v. Js. wurden wir 70 Häftlinge durch Gewehr- und Maschinengewehrfeuer alarmiert. Angeblich sei ein Befreiungsversuch von außen unternommen worden. Wir mußten um ½11 Uhr nachts im Hemd auf den Hof. Die Hälfte von uns sollte am Marktplatz in Jauernig erschossen werden. Dann wurde davon abgesehen. Stattdessen mußten wir eine Stunde auf den steinigen Wegen des Lagers am Bauche kriechen, wobei jeder mit

Gewehrkolben auf Gesäß und Kopf geschlagen und mit den Füßen gestoßen wurde. Ich erhielt dabei einen Fußtritt in die rechte Seite, wodurch mir zwei Rippen gebogen wurden. Außerdem wurde mir durch einen Kolbenhieb auf den linken Oberschenkel das Fleisch vom Knochen geschlagen.

Durch einen spitzen Stein verletzte ich mich an der Ferse, sodaß ich 14 Tage nicht gehen konnte. An den Ellbogen und Knieen zog ich mir schwere Hautabschürfungen zu, die zwei Monate zur Heilung brauchten. Hierauf wurden wir mit Peitschen in den Waschraum getrieben, unter den Duschen dicht zusammengedrängt, mit kaltem Wasser abgeduscht und dabei ständig mit Peitschen geschlagen. Dann wurden wir unter Schlägen in die Baracken getrieben.

Am 20. 8. v. Js. nach der ersten Messe, die im Lager für uns stattfand, zufällig mit dem Evangelium vom Samariter, der unter die Räuber fiel, mußten wir von 9 Uhr vormittags bis ½11 Uhr nachts auf dem Hof mit blanken Füßen und Oberkörper pausenlos ohne Essen und Trinken Gelenksübungen machen, wobei ältere Leute zusammenbrachen.

Josefstadt

Mißhandlungen freier Arbeiter

Berichter: Johann Seidler - Bericht vom 21. 9. 1946

Ich wurde nach meiner Entlassung aus russischer Kriegsgefangenschaft von Tschechen auf der Heimreise im Lager Josefstadt festgehalten und von dort in die Kohlengrube Klein-Schwadowitz bei Trautenau zur Arbeit verschickt. Dort fanden durch die Werkmiliz die furchtbarsten Prügelorgien statt.

Diese Prügeleien spielten sich mehrmals jede Woche durch das ganze Jahr bis in die letzte Zeit ab. Selbst als wir am 10. 8. d. Js. zu freien Arbeitern erklärt wurden, hörten diese Prügeleien noch nicht auf. Noch im August d. Js. wurde z. B. Adolf Hanisch aus Neu-Ermelsdorf so geschlagen, daß er mehrmals ohnmächtig wurde. Dabei mußte immer das ganze Lager antreten und zuschauen.

Jungferndorf

Gepäckkontrolle

Berichterin: Anna Nitschek - Bericht vom 15. 8. 1946

Mein Mann war sozialdemokratisch organisiert und ich hatte deshalb den Antifaschisten-Ausweis. Bei der Gepäckkontrolle im Aussiedlungslager wurden mir trotzdem 1 Koffer und 1 Kiste mit Kleidern, Wäsche und Geschirr weggenommen. Ich wurde grob angefahren und zur Tür hinausgeschoben, als ich bat, mir doch die Sachen zu lassen. Ich bin 74 Jahre alt.

Kaaden

Zurückhaltung deutscher Facharbeiter
Berichter: Dr. Julius Geppert - Bericht vom 8. 1. 1946

Ich war bis zum Umsturz Notar in Kaaden und wurde von den Tschechen von meinem bisherigen Arbeitsplatz weggejagt. Ich mußte meine Wohnung und mein Haus verlassen und verlor alles Vermögen. Nachdem ich vorübergehend als Kutscher und Gärtner beschäftigt worden war, kam ich in die "Kaolinwerke Petzold u. Döll", wo ich als Büro-Kraft in der Tischlereiabteilung tätig war. Am 18. Dezember v. J. verließ ich Kaaden und wanderte nach Bayern aus.

Über die Verhältnisse in dem Kaolinwerk kann ich folgende Angaben machen. Das Werk wurde verstaatlicht und steht nun unter Leitung des ehemaligen Kaolin-Vertreters Schreier, der die Deutschen gut behandelte. Von den 300 Arbeitern waren 10% Tschechen, von der Beamtenschaft 25%. Das Werk litt unter schwerem Kohlenmangel. Nur 5 von 20 Öfen waren im Betrieb.

Die Fachleute waren fast zur Gänze noch Deutsche, unter den tschechischen Arbeitskräften waren vielfach Fachfremde. So arbeitete in der Form-Tischlerei ein tschechischer Porzellanarbeiter, der nicht aus noch ein wußte. Er zeigte nicht einmal die nötige Ambition, sich einarbeiten zu wollen. So war es fast bei allen Tschechen, die als Arbeiter eingestellt wurden. Sie übten den ganzen Tag Kritik an der tschechischen Betriebsführung, der sie unter anderem vorwarfen, daß sie Schnaps und Zigaretten, welche für die Arbeiter bestimmt waren, unterschlagen hätte. Eine Eingabe an das Prager Arbeitsministerium, die sie diesbezüglich machten, wurde aber von der Betriebsführung durch Vorweisung der in Frage kommenden Kontingente entkräftet.

Die tschechische Betriebsführung war bestrebt, die deutschen Fachkräfte unter allen Umständen zu behalten. Sie wies Gesuche um freiwillige Aussiedlung, die vom Betriebsführer befürwortet sein mußten, mit dem Hinweis darauf zurück, daß die deutschen Arbeitskräfte für die Aufrechterhaltung des Betriebes unbedingt notwendig seien. Führende Herren des Betriebes fuhren eigens in das Innere Böhmens, wo sie in den Deportiertenlagern die Frauen der deutschen Facharbeiter freibekommen wollten. Diesbezüglich unternahmen sie anschließend sogar Vorsprachen bei den Prager Ministerien und wiesen darauf hin, daß die deutschen Frauen lieber den Haushalt der bei ihnen angestellten Männer führen sollten, als im Massen-Arbeits-Einsatz der Landwirtschaft nutzlos zu verkümmern.

Im allgemeinen wurden die Arbeiter unseres Unternehmens aufgefordert, für die CSR zu optieren. Diese Aufforderungen gingen auch an solche Arbeiter, die Parteimitglieder waren. Alle deutschen Arbeiter, auch die Antifaschisten unter ihnen suchten aber beständig um Auswanderungsgenehmigung an. Sie waren zum Großteil aus ihren Wohnungen ausgesiedelt worden und haben durch Plünderungen die meisten ihrer persönlichen Sachen verloren. Sie bekamen Schwerarbeiter- und Schwerstarbeiter-Zulagen, waren aber trotzdem schlechter daran, als die tschechischen Arbeiter, weil die deutschen Ernährungs-Grundkarten viel weniger Nahrungsmittel (z. B. keine Butter, kein Fleisch) gewähren.

Die Kohlenbergwerke konnten die vorgesehenen Förderungskontingente nicht einhalten, weil die tschechischen Bergarbeiter zum Großteil in berufsfremder Stellung in irgendwelchen ehemaligen deutschen Unternehmungen standen. Zehntausende von Deutschen hatte man vor Weihnachten in einer großen Einberufungsaktion neuerdings für den Einsatz in den Bergwerken erfaßt. Da diese deutschen Arbeitskräfte dort aber berufsfremd waren und wie Sklaven gehalten wurden, ist die Arbeitsleistung schon aus Mangel an physischen Kräften sehr gering.

Herr Dr. N., der als tschechischer Notar mein Nachfolger in Kaaden wurde, erklärte mir bei einer Aussprache, ich sollte doch optieren, damit ich die Kanzlei wieder übernehmen könne. Er selbst wolle am liebsten wieder nach Pardubitz, seiner ursprünglichen Arbeitsstelle, zurück. Ich sagte ihm darauf unter dem Eindruck des bisher Erlebten, daß ich lieber in Deutschland Straßensteine klopfen wolle, als hier Notar zu sein.

Karlsstadt

Mißhandlung einer alten Frau

Berichterin: Anna Czasch - Bericht vom 12. 7. 1946

Ich bat im Oktober 1945 den N. V. um die Erlaubnis, von Karlsstadt nach Hermannstatt zu gehen, um mir dort einen Taufschein zu holen. Ich erhielt diese Erlaubnis, doch sollte ich mit diesem Schein zur Gendarmerie gehen, die diesen bestätigen sollte. Bei der Gendarmerie wurde ich von drei Mann furchtbar geschlagen. Ich erhielt viele Schläge ins Gesicht, daß ich ganz aufgeschwollen war und noch heute auf dem linken Auge schlecht sehe. Ich erhielt auch einen Stoß in den Bauch, an dessen Folgen ich heute noch leide. Ich bin 66 Jahre alt.

Karlsthal

Mißhandlung einer schwangeren Frau

Berichterin: Ida Tauber - Bericht vom 12. 7. 1946

Als im November 1945 mein Haus und die Wohnung zur Übernahme durch einen Tschechen aufgenommen wurde, wurde ein Optionsschein für Österreich gefunden. Die Tschechen zerrissen diesen Optionsschein und warfen mir diesen vor die Füße. Dann schlug mich der Gendarm mit den Fäusten auf den Kopf, ins Gesicht und in die Seite. Ich war damals im 7. Monat schwanger. Dann mußten wir das Haus räumen.

Karthaus

Bericht über das Straflager

Berichter: Franz Lehmann - Bericht vom 11. 8. 1950

Am 25. Mai 1945 gegen 13 Uhr 30 fuhr vor unserem Hause Oberhennersdorferstraße Nr. 15 in Warnsdorf ein Personenwagen vor, zwei Insassen, Partisanen, stiegen aus, die schußbereiten

Maschinenpistolen in der Hand und erklärten mich als verhaftet. Ich war nur notdürftig angezogen, sofort mußte ich in den Wagen steigen und ab ging es nach Rumburg, wo ich dem vom Revolutionskommitee eingesetzten Vernehmungskommissar vorgeführt wurde. In der früheren Dienstwohnung des Landratsamtes fand die Vernehmung statt. Es waren auch schon andere verhaftete Personen anwesend. Mit dem Gesicht mußte ich mich gegen die Mauer stellen. Vor mir wurde der Bürgermeister von Oberhennersdorf, Rudolf Keil, vernommen. Eine ganze Anzahl Gendarmen standen schlagbereit im Vernehmungsraume. Nun begann mit meiner Person die Vernehmung. Die ganze Prozedur stand unter der Leitung des älteren Wagner Sohnes aus Oberhennersdorf, welcher haßerfüllt mir verschiedene Missetaten vorhielt. Meine Hauptanschuldigung bestand aus folgendem: Sie sind Parteimitglied, Sie sind ein Feind der Tschechoslowakei und der Juden, Sie haben 1938 verschiedene Kommunisten zur Anzeige gebracht, sodaß diese in Konzentrationslager gekommen sind. Sie waren auch Mitglied der SA. Als ich diese Beschuldigung zurückwies, fand ich damit kein Gehör und mußte zwangsweise das Vernehmungsprotokoll unterfertigen, ansonsten es mit Prügelstrafe erzwungen worden wäre.

Nach der Vernehmung kam ich in das Rumburger Polizeigefängnis in Zelle Nr. 1. In dem Raume befanden sich bereits fünf Männer. Ich war durch die Vernehmung ganz benommen und setzte mich teilnahmslos auf eine Pritsche. Nun sagte einer zu mir: "Franz, kennst du uns denn nicht?" Jetzt erst gingen mir die Augen auf und ich erkannt folgende Anwesende: Eduard Grohmann, Rumburg; Mehnert, Eisenbahner; Ritt, Rincomotorenwerke; Ing. Hesse, Töpfergasse-Schlosserei (Rumburg); Schubert, Zittauergasse, Rumburg. Furchtbar sahen die Männer aus. Gesichter und Hände blau und grün. Ritt Richard wand sich vor Schmerzen, denn kurz vor meinem Betreten der Zelle hatten ihm die Tschechen die Füße durch eine Stuhllehne gezogen und mit Rohrstöcken fünfundzwanzig Schläge auf die Fußsohlen verabreicht.

Der 25. Mai war ein Freitag. Am selben Tage abends mußten sämtliche im Polizeigefängnis befindliche Häftlinge sich in der Rudolfsstraße aufstellen und unter schwerster Bewachung wurden wir in das hintere Gefängnisgebäude des Bezirksgerichtes in Rumburg eingesperrt. In unserer Zelle waren wir ca. 20 Personen, Rumburger, Oberhennersdorfer und Niederehrenberger. Aus den Nebenzellen hörten wir das Schreien unserer Mithäftlinge. Wir haben uns über die Nacht so gut es ging auf den blanken Fußboden gelegt. Die ganze Nacht hindurch schossen die Wächter immer wieder im Gefängnishof ihre Pistolen ab. Der Samstag Vormittag brachte allerhand neue Martern. Häftlinge, welche der SS angehört hatten, mußten sich auf Anordnung eines Partisanen gegenseitig ohrfeigen, anspeien, bei den Haaren ziehen, mit den Füßen treten. Die Männer unserer Zelle mußten 100mal die tiefe Kniebeuge machen, dann alle gegen die Wand Aufstellung nehmen, mit dem Gesicht 10 cm von der Mauer entfernt und nun kam so ein Unhold und schlug uns einen nach dem anderen ohne Ausnahme mit Kopf und Gesicht durch einen kräftigen Schlag auf den Hinterkopf an die Mauer. Das Blut lief an den Wänden herab, Nasenbeine waren gebrochen, Augen und Stirn verquollen. Sonntag vormittag wurde uns mitgeteilt, daß wir zu Mittag nach Kosmanos abtransportiert werden. In einem großen Wasserbottich mußten wir unser Gesicht von Schmutz und Blut reinigen, so gut es ging, und kurz nach 12 Uhr begann die Einladung in einen auf der Georgswalder Straße stehenden Autobus. Vorher mußten wir uns noch der Kleidung entledigen, alles wurde durchsucht und nach dieser Visite mußte einer nach dem andern zwischen beiderseits auf dem Gange aufgestellten Partisanen, Gendarmen und uniformierten tschechischen Zivilpersonen bis in die Georgswalderstraße zum bereitstehenden Autobus Spießruten laufen. Da gab es Schläge mit Gummiknütteln, Peitschen und anderen Prügelwerkzeugen und beim Autobus wurden wir von einer gröhlenden, tschechischen Volksmenge empfangen. Gar mancher von uns bekam auch noch von dieser Horde einen entsprechenden Denkzettel, ja sogar in dem vollkommen verhängten Autobus wurde noch hereingestoßen. Einen ganz besonderen Empfangsakt in der uns erwartenden Strafanstalt hatte sich der Untersuchungskommissar Wagner ausgedacht. Zu den Überstellungsakten packte er zwei Gummiknüttel mit dem Vermerk, daß diejenigen deutschen Schweine, welche in dem angelegten Personenverzeichnis rot angehakt sind, mit den Gummiknütteln besonders zu empfangen sind. Nun, nach Beendigung dieses Martyriums in Rumburg, ging die Fahrt unter starker Gendarmeriedeckung los ins Innere der Tschechei. Ausblick aus dem Wagen hatten wir keinen, da alles mit Zeltstoff verhangen war. In Kosmanos wurde gehalten. Jedoch die dortige Anstalt nahm uns nicht auf. Weiter ging die Fahrt nach Jungbunzlau. Auch hier war für uns kein Platz. Endlich landeten wir bei der Strafanstalt Karthaus in Waldice bei Jitschin. In dieses berüchtigte Zuchthaus wurden wir eingeliefert. Der Empfang war streng und korrekt. Ein mitfahrender Gendarm aus Rumburg konnte es nicht unterlassen, uns noch folgendes zuzurufen: "Nun, von hier kommt ihr lebendig nicht einer heraus!" Von den Aufsehern der Strafanstalt wurden wir neuerdings untersucht und dann kamen wir 26 Mann in eine Zelle. Der ganze Transport aus Rumburg bestand aus ca. vierzig Mann. Zu essen bekamen wir nichts. Die Verrichtung der Notdurft ging in der Zelle vor sich und morgens mußten die Gefäße mit dem Inhalt in die Senkgrube befördert werden.

Am ersten Tag unseres Dortseins erfolgte die offizielle Aufnahme in der Aufnahmekanzlei, in welcher der Direktor der Strafanstalt und zwei Gefangenenaufseher amtierten. Wir hatten entlang der Wand vor der Kanzlei Aufstellung genommen und je näher wir zur Kanzlei kamen, umso eindringlicher hören wir das Schreien von gequälten Menschen. Es waren lauter Leute unseres Transportes. Tränenden Auges mit schmerzhaft verzogenem Gesicht kam immer wieder einer aus der Kanzlei. Ich stand neben dem Bürgermeister Rudolf Keil aus Oberhennersdorf. Rühren durften wir uns nicht, ein Kamerad aus Oberhennersdorf wurde derartig geschlagen, daß ihm der Kot zu den Hosenbeinen herauslief. Er mußte mit einem Hader nochmals zurück und die Verunreinigung in der Kanzlei aufputzen. Hierbei wurde er nochmals jämmerlich geschlagen. Rudolf Keil kam an die Reihe, er kam ungeschoren heraus und ich mußte den Marterraum betreten. Die Aufnahme führte der Anstaltsdirektor durch. Ihm gegenüber saß ein robuster Gefangenenaufseher, den Rumburger Gummiknüttel in der Hand. Meine Antworten auf die gestellten Fragen waren korrekt. Auf seine Frage, warum ich mich nicht zu dem von mir in Rumburg unterschriebenen Vernehmungsprotokoll bekenne, lautete, daß ich das Protokoll zwangsweise unterfertigen mußte. Ein Vorteil für mich war, daß ich die tschechische Sprache beherrschte. Bei dieser Gelegenheit konnte ich Einblick nehmen in das Personenverzeichnis über unseren Transport und sah, daß verschiedene Namen mit einem auffallend roten Haken bezeichnet waren. Das waren diejenigen, welche Wagner aus Rumburg für die mitgesandten Gummiknüttel ausersehen hatte.

Meine Aufnahme war erledigt und [nun] wurde ich in eine Zelle, wo sich bereits vier Männer befanden, eingesperrt. In der Zelle waren zwei tschechische Kollaboranten und zwei Deutsche aus dem Riesengebirge. Vorläufig war ich von den Rumburger Leidensgenossen getrennt. Es begann das regelrechte Sträflingsleben. In einem zerbrochenen Topfe bekam ich um 11 Uhr das erste Essen. Kein Löffel, nur mit den Fingern konnte ich mir die größeren Krautbrocken herausfischen, aber Hunger tut weh und mit Todesverachtung wurde der Topf geleert. Nachmittags bekamen wir ca. ¼ Liter schwarzen Kaffee. Das regelmäßige Essen bestand täglich aus 100 Gramm Brot, um 7 Uhr Kaffee, um 10 Uhr 30 einen halben Liter Kraut- oder Kartoffelsuppe und um 4 Uhr wieder ¼ Liter Kaffee. Das war die ganze Magenfüllung auf einen Tag. Suppe ohne jede Einbrenn und Fett. Dagegen lebten die Sträflinge im Karthauser Zuchthaus beinahe herrschaftlich. Einige Male in der Woche Knödel, Bratkartoffeln, weißen Kaffee, genügend Brot, Marmelade, kurzum diese wurden von der Sträflingskost vollkommen satt. Dabei war das Verhältnis zu den Aufsehern ein beinahe kameradschaftliches. Die Sträflinge rekrutierten sich durchgehend nur aus Schwerverbrechern, Raubmördern, Lustmördern, Meuchelmördern etc. mit lebenslänglichen Strafen, 25 Jahre, 20 Jahre, 15-5 Jahre. Sträflinge, welche uns allwöchentlich rasieren mußten, waren ein Totschläger und ein Raubmörder. Entschieden waren wir Inhaftierten in den Augen der Strafanstalt schwerere Verbrecher als die ständigen Insassen. Beim Betreten der Zelle durch einen Aufseher mußte der Zellenälteste in tschechischer Sprache "Habt Acht" rufen und melden: "Herr Kommandant, die Zelle ist besetzt mit so und soviel Mann. Alle sind anwesend. Sonst nichts Neues". Stand einmal einer nicht in der gewünschten Haltung, so gab es prompt eine Ohrfeige.

Nach einigen Tagen unserer Inhaftierung in Karthaus wurden wir umgruppiert und ich kam mit Männern aus Rumburg zusammen in eine Zelle. 25 Mann wurden wir zusammengepfercht, zum Schlafen sechs Strohsäcke und keine Decken. Der Hunger machte sich immer mehr und mehr bemerkbar. Es begann die Zusammenstellung von Arbeitskolonnen. Mit Autos und Zugmaschinen wurden wir auf die Gutsfelder gebracht. Den Magen leer, in der sengenden Sonne den ganzen Tag auf den Knieen liegend, wurde in den unermeßlichen Zuckerrübenfeldern gearbeitet. Die Aufseher als Antreiber, die Schaffer auf den Höfen besonders brutal und gar mancher von uns, welcher beim Arbeiten nicht so richtig vorwärts kam, erhielt vom Schaffer mit dem Stiel der Hacke Schläge auf den Rücken. Das Essen bestand gewöhnlich aus gekochten Kartoffeln oder Kartoffeln und Gemüsesuppe. Es war eine Sklavenarbeit. Besonders gefürchtete Arbeitsstätten waren der "Hungerhof" in Detenitz, der Meierhof in Popovic, die Baumschulgärtnerei Mazanek in Jitschin, der Brückenbau in Zeleznice. Hatte man Glück, einmal bei einem kleineren tschechischen Bauer arbeiten zu können, da wurde der Magen wieder einmal voll. Hier kann ich erwähnen, daß sich der kleine tschechische Bauer größtenteils human uns gegenüber benommen hat.

Es verging ein Monat um den anderen, immer wieder wurden absichtlich Tatarennachrichten von den Aufsehern unter uns verbreitet, einmal freudigen Inhalts, dann aber sofort wieder traurigen Inhalts, der Hunger zermürbte unseren Körper immer mehr und mehr, die Läuseplage war furchtbar, die Kleidung ging zum Teufel, das Hemd faulte buchstäblich vom Buckel herunter und schon waren die ersten Todesfälle zufolge vollkommener Entkräftung zu verzeichnen. Bezeichnet wurden wir als Untersuchungshäftlinge, jedoch eine Vernehmung hat in Karthaus nie stattgefunden. Die schwarze Tafel zeigte uns an, daß im August 1945 der Stand an Untersuchungshäftlingen 1200 Personen betrug. Für mehr Leute war, weiß Gott, in Karthaus kein Platz, zumal sich auch einige hundert Sträflinge und jugendliche Eingesperrte in der Anstalt befanden. Der Bedarf an Arbeitskräften für verschiedene Arbeiten wurde immer größer.

Da eines Morgens, als wir auf dem Gefängnishof Aufstellung zur Arbeitszuteilung genommen hatten, kam aus einem seitlichen Trakt der Strafanstalt eine Kolonne marschiert, welche uns in Schrecken versetzte. Es waren die besonders gekennzeichneten Sträflinge, welche durch 6 Wochen in den Kasematten hausen mußten. Es gab Gelegenheit zum Erzählen. In den Zellen, wo das Wasser beständig rieselte, waren diese Männer strafweise untergebracht. 4-5 Mann in einer Ein-Mann-Zelle. Abwechselnd konnten sie in der Nacht ganz wenig schlafen und zudem wurde tagsüber und während der Nacht die Zellentür geöffnet und von brutalen Aufsehern Schläge und immer wieder Schläge auf alle Körperteile ausgeteilt. Diesem Treiben wurde erst Einhalt geboten, als eine russische Kommission die Zustände untersuchte. Auf deren Anordnung mußten die Häftlinge in normalen Zellen untergebracht werden. Auch die Marterung der Häftlinge hatte seit diesem Zeitpunkt aufgehört. Die Männer waren abgemagert bis zum Skelett und hatten grün und blau unterlaufene Stellen am Körper und im Gesicht. Mehrere mußten das Zeitliche segnen, jedoch der Lebensmut erhielt manchen am Leben. Der Anstaltsarzt hatte für unsere Leiden nicht das geringste Interesse. Er war angeblich auch langjähriger KZ-ler. Nach den Redensarten der Tschechen waren diese beinahe alle KZ-ler, und doch waren sie gut ernährt.

Von der Außenwelt waren wir vollkommen abgeschnitten. Mit unseren Angehörigen bestand keine Verbindung. Täglich wurden welche auf dem Anstaltsfriedhof eingescharrt. Ich war zufällig Zeuge an einer Beerdigung eines unserer Verstorbenen. Es war ein Warnsdorfer. Ich hatte mit noch einem Leidensgenossen auf dem Anstaltsfriedhof Arbeiten zu verrichten. Auf einem zweirädrigen Karren brachten zwei Sträflinge in Begleitung des Strafhausinspektors einen Sarg gefahren und trugen diesen vor ein bereits geschaufeltes Grab. Der Sargdeckel wurde abgehoben, der Sarg umgekippt und in das Grab kollerte der Leichnam, nur mit einem zerrissenen Hemd bekleidet. Denn auch die noch halbwegs verwendbare Kleidung wurde von der Anstalt zurückbehalten.

Soweit ich mich erinnern kann, starben in Karthaus folgende aus der Rumburger Gegend: Keil Hans, Stadtinspektor, Rumburg; Mehnert, Eisenbahner; Klier, Bankbeamter; Anderle, Kaufmann; Reindl, Arbeitsamtsangestellter; dann an den Folgen des Karthauser Aufenthaltes, in Böhmisch Leipa: Münzberg Otto, Kaufmann in Rumburg; Günther Oskar, Dienstmann in Rumburg; aus Oberhennersdorf Möcke, Prokurist bei Schierz, Rus & Co. in Rumburg; Walter Richard aus Oberhennersdorf; und viele andere mehr, auf die ich mich nicht mehr erinnern kann. Es ist nicht zuviel gesagt, wenn ich die Zahl der durch dieses Martyrium Verstorbenen mit 20% angebe. Inhaftierte waren aus folgenden Landkreisen vorhanden: Rumburg, Warnsdorf, Hohenelbe, Niemes und Arnau. Die unbarmherzigsten Tage in Karthaus waren die Sonn- und Feiertage. Um ½11 Uhr gab es Mittag- und Abendessen gleichzeitig. Dann bis nächsten Tag früh nichts mehr. Unser Leidensgenosse Aurich von der Deutschen Arbeitsfront in Rumburg hatte derartige Körperverletzungen aufzuweisen, daß wir an seinem Aufkommen immer zweifelten. Der ganze Rücken war bei ihm zufolge der vielen Schläge, die er schon in Rumburg erhalten hatte, eine eitrige Fläche. Der

Mann hat viel ausgehalten und zufolge seiner starken Körperkonstitution hat sich sein Zustand in Böhmisch Leipa auch gebessert.

Gleich in den ersten Tagen in Karthaus wurde der oder jener mit zu Gartenbauarbeiten verwendet. Ein Leidensgenosse mochte wohl die Situation in einem Zuchthaus noch nicht erkannt haben und bei der Zählung am Abend fehlte er. Der ganze Garten wurde durchsucht und man fand den Unglücklichen versteckt hinter einem Beerenstrauch. Ich konnte die Folterprozedur von unserem Zellenfenster mit noch fünf anderen Insassen beobachten. Von vier Aufsehern wurde dieser Mann geschlagen und stürzte zusammen, wurde mit Wasser übergossen, erholte sich wieder und nun ging die Drescherei wieder los. Zum Schluß wurde der Bedauernswerte auf einer Tragbahre in die Lazarettabteilung getragen und wurde wieder lebensfähig.

Ein anderer Fall: Lehrer Tschapsky aus St. Georgenthal bei Warnsdorf war beim Militärkommando in Jitschin mit Umräumungsarbeiten beschäftigt. Es gab Schläge und Püffe. Tschapsky ließ sich zu der Äußerung hinreißen: "Na, unsere Zeit kommt schon auch wieder einmal!" In diesem Moment wurde er derartig zusammengeschlagen daß er mit der Räderbahre nach Karthaus gefahren werden mußte. Jedoch hatte er noch nicht ausgelitten, in einem Sonderraum wurde er nochmals derartig mißhandelt, daß er am nächsten Tage tot war. Er liegt im Anstaltsfriedhof beerdigt.

Brutal gegen uns war man immer, bei der geringsten Kleinigkeit gab es Schläge. Ein Aufseher namens Rosenbaum, von uns der "Watschenpeppi" genannt, war ein äußerst brutaler Kerl. Nach Außenarbeitsschluß, welcher vor Eintritt der Dämmerung erfolgen mußte, marschierten wir in Kolonnen der Strafanstalt zu. Am Hof wurde nochmals Aufstellung genommen und von den Aufsehern nach verbotenen Gegenständen visitiert. Da war dieser Watschenpeppi ein starker Mann. Wer ihm nicht zu Gesicht stand, hatte auch schon einen wuchtigen Schlag im Gesicht. Seine Redeweise war: "Ihr deutschen Schweine, am liebsten sehe ich Euch zwei Meter unter der Erde". Sehr oft wurden während unserer Abwesenheit Zellenvisiten vorgenommen. Was brauchbar erschien, wurde geklaut. Keine Nadel, keinen Bleistift, Messer oder sonst ähnliches durften wir besitzen.

Im September 1945 erhielten wir endlich die Erlaubnis, unseren Angehörigen in der Heimat Nachricht zu geben. Später langten die ersten eingeschriebenen Kilopäckchen aus der Heimat ein. War das eine Freude, wenn ein Zelleninsasse mit einem Päckchen bedacht war. So gut es ging, wurde geteilt. Aber der Inhalt war schließlich für einen zu wenig, geschweige denn für alle Zellengenossen. Es war aber für uns doch wieder eine Auffrischung, daß wir mit der Heimat wieder in Verbindung standen. Es waren ihrer aber leider viele unter uns, die von zuhause nichts erwarten konnten. Denn zu dem Zeitpunkt waren schon ein Teil der Angehörigen von den Tschechen vertrieben worden und wir wußten nicht, wo sie waren.

Im Oktober hieß es, daß wir heimkommen sollen. Und tatsächlich, Ende Oktober, November, wurden die Warnsdorfer, Hohenelber und Arnauer abtransportiert und endlich am 13. Dezember 1945 schlug auch für uns Rumburger und Niemeser die glückliche Stunde. Wir kamen in das Internierungslager in Böhmisch Leipa. Früh um 5 Uhr mußte angetreten werden. Wer nur halbwegs laufen konnte, machte sich zur Abfahrt bereit. Am schnellsten gestellt war Otto Münzberg aus Rumburg. Ich für meine Person war mit ca. 10 Abzessen behaftet und konnte den Kopf nicht wenden. Münzberg wurde von uns auf einem Karren mit zum Bahnhof gefahren und in den

Waggon geschleppt. Die SNB, unsere Begleitmannschaft, war auch ein ausgesprochenes Gesindel. Sofort wurden wir gesichtet, wer bei der SS war. Einige waren darunter; was diese Leute auf dem Transport von den Unmenschen auszustehen hatten, ist unbeschreiblich. Zerschlagene Gesichter und gebrochene Rippen waren das Endergebnis. Besonders gelitten hat der Schwiegersohn des ehemaligen Bürgermeister Herbrich in Niederehrenburg. Münzberg Otto war mittlerweile so entkräftet, daß er in Böhmisch Leipa von unserem Leidensgenossen Richard Ritt durch die ganze Stadt getragen werden mußte. Um 12 Uhr kamen wir im Internierungslager an, Münzberg kam sofort ins Lazarett, um 14 Uhr war er tot.

Karthaus ist ein Gebäudekomplex, bestimmt für den Orden der Karthäuser, erbaut auf Anordnung Wallensteins in den Jahren 1647 bis 1654, Büßerzellen mit Wänden von 2-3 Meter Stärke, mit hochgelegenen Fenstern, welche nur mit 4 Meter langen Stangen geöffnet werden konnten. Die Klosterkirche ist noch vorhanden. Wir durften dort nicht eintreten, weil wir Läuse hatten. Das Ganze war umgeben mit 4 bis 5 Meter hohen Mauern. Mit Kopfbedeckung durfte nicht einmal der Hofraum betreten werden. Beim Haupttoreingang zwei große Statuen, darstellend Petrus mit dem Schlüssel und Paulus. Deprimierend ist der Anblick von Strafgefangenen, welche bis zu 30 kg schwere Ketten an die Beine geschmiedet haben und in besonderen Kasematten untergebracht sind. Es sind dies diejenigen Verbrecher, welche immer wieder auszubrechen versuchen.

In Böhmisach Leipa waren wir, wie schon erwähnt, am 13. Dezember angelangt. Es gab sofort ein Wiedersehen mit den Warnsdorfer Leidensgenossen und wir erfuhren bald, daß von einer Entlassung in die Heimat überhaupt noch keine Rede sein kann. Nachdem wir zur Genüge entlaust und notdürftig untergebracht waren, konstatierten wir, daß wir hier mit der Verpflegung ein bißchen beser gestellt waren als in Karthaus. Es gab schon 180 g Brot im Tag, Kaffee etwas mehr und ein besseres Mittagessen. Jedoch für unsere ausgemergelten Körper war das alles viel zu wenig. Besonders erholen konnten wir uns nicht. Arbeit war wenig, aber einer besseren ärztlichen Behandlung konnten wir uns unterziehen, nachdem die behandelnden Ärzte auch inhaftierte Sudetendeutsche waren und unsere Leiden kannten. Gar mancher ist durch diese Behandlung am Leben erhalten geblieben und ich kann diesen Männern nicht genug danken für ihre Aufopferung.

Der tschechoslowakische Stabswachtmeister Vebr (Weber) als Lagerkommandant wird uns jedoch einem jeden eingedenk bleiben. Ständig besoffen, unmenschlich brutal, Hasser alles, was deutsch war, skrupelloser Menschenschinder, kurzum, er gehörte zum Untermenschentum. Durch eingesetzte frühere tschechische Gendarmeriebeamte wurden nach und nach Untersuchungsverhandlungen und Vernehmungen gepflogen und es kam die Zeit, wo viele Inhaftierte entlassen wurden, viele aber auch hart bestraft wurden.

Mir schlug die Freiheitsstunde am 6. September 1946, da festgestellt worden war, daß gegen meine Person nicht der geringste strafbare Tatbestand vorlag, jedoch dieser ganze Leidensweg wäre mir erspart geblieben, wenn nicht ein Sudetendeutscher namens Johann Kantuzzi, wohnhaft in Oberhennersdorf Krs. Rumburg, durch vollkommen unwahre, bei den Haaren herbeigezogene Angaben meine Verhaftung veranlaßt hätte.

Karwin

Karwin, Bericht Nr. 1

Arbeitseinsatz in den Kohlengruben

Berichter: Dr. Paul Schmolik - Bericht vom 21. 8. 1946

Ich war von Anfang September 1945 bis 10. März 1946 als Kriegsgefangener im Arbeitseinsatz im Arbeitslager der Steinkohlengruben L. M. in Karwin. Ich war als Schwerstarbeiter auf der Koksanstalt des Johannschachtes beschäftigt. Ich arbeitete in drei Schichten die ganze Zeit hindurch. Es gab keinen einzigen Ruhetag. Bei qualitativ guter, quantitativ vollkommen unzureichender Verpflegung bekam ich Wasser in den Füßen und mein Körpergewicht sank bei einer Größe von 1.83 m auf 58 kg bei meiner Entlassung als Invalide. Aus russischer Kriegsgefangenschaft entlassen, war meine Überstellung unmittelbar nach Karwin erfolgt. Ich hatte daher weder ausreichende Kleider noch Wäsche. Wir erhielten Hosen, Tarnjacken und andere Bekleidungsstücke von der Lagerleitung in Miete, Holzschuhe wurden an uns verkauft. Die Höhe des Entgeltes für die Überlassung der Kleider ist uns nicht bekannt, jedoch wurden bei der monatlichen Verrechnung Mietbeträge immer wieder in Abzug gebracht. Die Holzschuhe wurden ebenfalls in Rechnung gestellt, ungeachtet dessen aber bei der Entlassung abgenommen. Der Schichtlohn von Kcs 52.-, später 72.-, wurde zwar verrechnet, eine Barauszahlung des Lohnes oder Lohnwertes wie auch eines Lagergeldes erfolgte aber nicht, sodaß bei der Entlassung ein Guthaben für mich verblieb, welches ich bis heute nicht erhalten habe.

Die Behandlung im Lager war sehr schlecht, da eine ärztliche Betreuung im richtigen Sinne nicht vorhanden war. Nicht die Entscheidung des Arztes über die Arbeitsfähigkeit war maßgebend, sondern die des Verwalters. Häufig mußten Schwerkranke noch zur Schicht, und die Zahl der Todesfälle stieg an. Arbeitsverpflichtete Zivilisten und Kriegsgefangene waren vermengt. Einschränkungen im Schriftverkehr mit den Angehörigen waren an der Tagesordnung. Deutscher Schriftwechsel und Briefwechsel waren verboten. Nach ca. drei Monaten dieser Anhaltung wurde die Absendung einer Postkarte mit von der Lagerleitung vorgeschriebenem tschechischen Text bewilligt. Neben Nachtarbeit in achtstündiger Schicht wurde zusätzlich nicht entlohnte, schwere Arbeit verlangt, u. zw. in der ersten Zeit bis zu vier Stunden, besonders Abladen von Grubenholz und Baumaterial. Durch die Unterbringung von Arbeitern aller Schichten in einem Raum war für Ruhe nach der Arbeit nicht gesorgt. Die ganze Anhaltung war nicht einem Arbeitslager gemäß, sondern einem Straflager. Züchtigungen mit dem Gummiknüppel, Halten unter den Wasserstrahl des Hydranten im Winter, Essenentzug bei Eßkartenverlust waren als Strafen üblich, ebenso das Jagen um das Lager im Trab. Während meiner Anwesenheit im Lager war eine einzige Geldüberweisung, deren

Höhe der Verwalter bestimmte, an die Verwandten möglich. Trotz des Bestandes von Guthaben aus dem Arbeitslohn erfolgten weder an die Lagerinsassen noch an die Anverwandten Auszahlungen, sodaß die Angehörigen trotz Schwerstarbeit der Ernährer der Not ausgesetzt waren.

Als Transportführer des aus Troppau am 17. 8. 46 abgegangenen Transportes kann ich angeben: Gegen den Transportkommandanten und die Begleitmannschaften können keinerlei Beschwerden vorgebracht werden. Die Behandlung war korrekt bis entgegenkommend. Ebenso wurden im allgemeinen keine Beschwerden bezüglich der Zollrevision laut. Die Ausstattung des Transportes mit Kleidern und sonstiger Habe war unterschiedlich. Besonders ehemalige Kriegsgefangene, welche auf volle Ausstattung angewiesen waren, erhielten Wäsche und Kleidung, mit wenigen Ausnahmen, aus Beständen anderer Deutscher u. zw. alte, wenn auch gereinigte Sachen. Bei der Mehrzahl der Reisenden durfte die 70 kg-Grenze überschritten worden sein, bei dem Rest, welcher weder über Habe noch Geld verfügte, der also vollkommen auf Ausstattung angewiesen war, wurde dieses Gewicht von 70 kg bei weitem nicht erreicht. Ich hatte wie viele höchstens 25 kg Gepäck. Eine Vorsorge für den Winter ist bei diesen Leuten nicht als gegeben zu erachten.

Die Transportverpflegung in Troppau war ausgesprochen gut. Auf der Reise - in Böhmisch Trübau besonders - war die allein gereichte Suppe unzureichend. Nach Ankunft in der Verpflegsstation in Prag liefen die 60-jährigen Frauen Emma Wolf aus Waggon 24 und Olga Simon aus Waggon 15 in ein nahes Rübenfeld, um ihre Notdurft zu verrichten. Deshalb wurden sie von einem Posten der Wehrmacht geohrfeigt. Der Transportkommandant hat über meine Meldung Sicherstellung und Weitermeldung des Vorfalles veranlaßt. Der Umgangston des diensttuenden Korporals den Frauen gegenüber war grob. Für die Verrichtung der Notdurft an den Haltepunkten war die getroffene Vorsorge als nicht zureichend zu bezeichnen. Ebenso war die Trinkwasserversorgung mangelhaft.

Karwin, Bericht Nr. 2

Grubenarbeit, Mißhandlungen

Berichter: Dipl.-Ing. Brancik - Bericht vom 4. 11. 1946

Am 2. 9. v. J. wurde ich aus russischer Kriegsgefangenschaft entlassen, von den Tschechen aber neuerdings festgenommen und in der Kohlengrube in Karwin eingesetzt. Ich arbeitete ½ Jahr in ständiger Nachtschicht untertags und wurde dann zur Bauabteilung versetzt. Untertags herrschten die furchtbarsten Zustände. Die deutschen Kriegsgefangenen wurden von drei Tschechen beaufsichtigt, die ständig mit Gummiknüppeln umherliefen und jeden, der sich nur von der Arbeit aufrichtete, erbarmungslos zusammenschlugen. Die Verpflegung war völlig ungenügend, obwohl dem Lager für uns Schwerstarbeiterkarten zugewiesen wurden. Jede Krankheit wurde als Arbeitsverweigerung betrachtet und mit Schlägen behandelt. Einem älteren Mann, der schon völlig entkräftet war, wurde für einen Sarg Maß genommen, dann wurde im Keller mit Platzpatronen auf ihn geschossen. Er war aber schon so apathisch, daß auch diese Prozedur keinen Eindruck mehr auf ihn machte. Es wurden uns Kleidungsstücke und Schuhe verkauft, nach einiger Zeit beschlagnahmt und uns neuerdings verkauft.

Klattau

Klattau, Bericht Nr. 1

Deportiertenlager

Berichter: Ferdinand Bruxdorfer - Bericht vom 7. 12. 1945

Ich bin Hilfsarbeiter, war kein Angehöriger der NSDAP und ihrer Formationen und war wegen eines Augenleidens auch nicht Soldat. Am 10. 10. 1944 wurde ich zum Volkssturm einberufen, kam an die ungarische Front und wurde nach Beendigung des Krieges in Linz aus amerikanischer Gefangenschaft entlassen. Am 2. Mai 45 kam ich mit meinem regulären Entlassungsschein nach Eisenstein, wo sich meine Eltern befanden und wo ich früher in Regenhütte in der Glasfabrik gearbeitet hatte. Am 19. Juni wurde ich von den Tschechen verhaftet, weil ich Angehöriger des Volkssturmes war. Nach dreitägiger Haft im Gefängnis Eisenstein wurde ich in das Barackenlager Klattau gebracht.

Wir waren in Baracken auf Militärbetten untergebracht und mußten in der Landwirtschaft arbeiten. Jedem wurden die Haare kahl geschoren, auf dem Rücken meines Mantels war ein großes Hakenkreuz angebracht, außerdem trug jeder eine gelbe Binde mit aufgedrucktem "N".

Gleich beim Eintreffen in Klattau bekam ich von den tschechischen Aufsichtsposten ununterbrochen Ohrfeigen und Fausthiebe. Ich wurde in die sogenannte "Korrektion" in einen Keller gebracht, nackt ausgezogen, mit kaltem Wasser überschüttet und dann von vier bis fünf Männern mit Ochsenziemern geschlagen. Ich fiel ohnmächtig in das 10 cm hoch den Boden bedeckende Wasser und wurde, als ich erwachte, neuerdings geschlagen. Die Hände waren mir dabei durch eiserne Ketten gefesselt. Diese Prozedur wurde Tag und Nacht wiederholt und auch an 10-12jährigen Buben durchgeführt, weil man angeblich Waffen bei ihnen gefunden hatte.

Auch Frauen (darunter die mir bekannte Luise Jungbeck aus Eisenstein) mußten sich in dieser Kammer nackt ausziehen. Es wurden ihnen die Haare abgeschnitten. Dann wurden sie ebenfalls von tschechischen Legionären geschlagen. Vergewaltigungen kamen dabei nicht vor.

Viele Männer konnten die Qualen nicht ertragen und starben. Unter ihnen sind mir persönlich bekannt gewesen der Kaufmann Karl Fuchs und der Baumeister Passauer, beide aus Eisenstein. Sie waren in Klattau im "Schwarzen Turm" ums Leben gebracht worden.

Die Verpflegung im Lager bestand aus 2 kg Brot für 8 Mann täglich und zweimal Kartoffelsuppe. Gearbeitet wurde von 5 Uhr früh bis abends zum Finsterwerden. Doch durften erst um 22 Uhr die Lagerstätten aufgesucht werden.

Ein gewisser Schubek, der in Wien bei der Gestapo war, wurde von den Tschechen zunächst auch eingesperrt, darauf als Aufseher gegen die anderen Deutschen eingesetzt. Er hat uns ebenfalls geschlagen.

Am 29. November 1945 wurde ich aus dem Lager, in dem ich nie verhört worden war, entlassen und ging, aller Gegenstände beraubt, nach Deutschland.

Klattau, Bericht Nr. 2

Korrektionszelle im Gefängnis

Berichter: Rudolf Payer - Bericht vom 28. 6. 1946

Ich wurde vom 8. 5. 45 bis 6. 6. 46 im Gerichtsgefängnis in Klattau gefangengehalten. Neben den schwersten Mißhandlungen, die ich wie alle anderen Häftlinge erduldete, erhielt ich dreimal - einmal im Juni und zweimal im Juli 1945 - die sogenannte Korrektion.

Jedesmal wurde ich an Händen und Füßen nackt gefesselt und mit Stahlruten, die mit Leder überzogen waren, blutig geschlagen. Wer bewußtlos wurde, wurde mit Wasser begossen und weitergeschlagen, bis die Schläger selbst erschöpft waren. Einmal wurde mir mit Benzin getränkte Holzwolle zwischen die Füße gelegt und angezündet, sodaß mir die Geschlechtsteile versengt wurden.

Ich habe selbst im Juni und Juli Leichen aus dem Gefängnis herausgetragen, darunter Muckenschnabel aus Teschenitz, der in der Korrektion Selbstmord verübt haben soll, nach meiner Überzeugung aber dort zu Tode gequält worden ist, dann den Sohn des ehemaligen Abgeordneten Zierhut, der im Gefängnis gestorben ist. Die anderen Leichen kenne ich nicht mit Namen. Ich habe selbst gesehen, wie im Hof des Gefängnisses zwei junge Soldaten, 16 und 17 Jahre alt, von einem Tschechen in Uniform mit Genickschuß erschossen wurden. Vorher wurden sie grausam mißhandelt.

Klattau, Bericht Nr. 3

Kriegsgefangenenlager, Mißhandlungen und Mord

Berichter: Franz Neumayer - Bericht vom 28. 6. 1946

Ich fiel als Insasse des Lazarettes Annaberg in Sachsen in russische Kriegsgefangenschaft und wurde am 6. 6. 45 entlassen. Meine Wunde, Granatsplittersteckschuß am linken Fuß, war noch nicht verheilt und näßt heute noch. In Kladno [Klattau??] wurde ich von den Tschechen festgehalten und in das dortige Kriegsgefangenenlager gebracht, wo ich 6 Wochen blieb, nach welcher Zeit ich beim Bauern arbeitete.

Im Kriegsgefangenenlager wurde ich wie auch die Kameraden täglich geschlagen. Ich sah dort, wie ein Kriegsgefangener, der nur gebückt stehen konnte, deshalb an 2 Tagen mehrmals so geschlagen wurde, daß er bald darauf starb. Ein anderer, der bei der im Rundfunk übertragenen Rede des Präsidenten Benesch Zweifel an der Wahrheit äußerte, wurde ebenfalls so mißhandelt, daß er starb.

Klein-Herrlitz

Erschießung einer deutschen Bäuerin am 1. 9. 45

Berichterin: Martha Kral - Bericht vom 24. 6. 1946

Ich wohnte als Evakuierte bei meiner Schwester in Klein-Herrlitz, Kreis Freudenthal. Anfang Juli wurde meiner Schwester der Verwalter Heinrich Eschig auf den Hof gesetzt. Er war ein jähzorniger Mensch und nicht gut zu meiner Schwester. Am 1. 9. abends gegen 10 Uhr pochte es an unsere Haustüre. Wir Frauen hatten Angst und liefen durch das Fenster zum Nachbarn, nachdem wir gerufen hatten, wer klopfe, und keine Antwort erhalten haben. Wir hörten noch wie die Türe eingeschlagen wurde und die Näherin Auguste Bockrich, die auch in unserem Hause wohnte, schrie, da sie geschlagen wurde. Unsere Kinder waren von dem Lärm erwacht und weinten. Deshalb wollten wir vom Nachbarn in unser Haus zurück gehen. Als wir in die Haustüre traten, krachte ein Schuß und meine Schwester sank tot nieder. Sie war von einem Dum-Dum-Geschoß ins Herz getroffen worden. Der tschechische Kommissar von Klein-Herrlitz Franz Schimek hatte sie erschossen. Er befand sich in Begleitung seiner Frau und Eschigs. Als wir Frauen weinten, brüllte er uns an. Um 1 Uhr nachts kam der Kommissar mit Gendarmerie und einem Arzt. Wir wurden alle verhört. Dabei wurde die Nachbarin, Frau Güttler, zweimal ins Gesicht geschlagen. Seitdem habe ich von dieser Angelegenheit nichts mehr gehört. Schimek und Eschig befinden sich heute noch in Klein-Herrlitz. Der Kommissar verbreitete in einigen Tagen das Gerücht, der Mann der Nachbarin, Rudolf Güttler, habe meine Schwester erschossen. Rudolf Güttler aber war erst am 2. 9. in Auschwitz aus russ. Kriegsgefangenschaft entlassen worden.

Kleinbocken

Plünderung, Mord, Vergewaltigung

Berichter: Franz Limpächer - Bericht vom 11. 5. 1946

Ich stamme aus dem Orte Kleinbocken im Kreise Tetschen/Elbe.

Von Beruf bin ich Kaufmann und hatte in meinem Geburtsort ein Kolonial-, Schnittwaren-, Getreide-, Kohle- und Baustoffgeschäft, außerdem eine Landwirtschaft in der Größe von 6.55 ha, die ich selber mit bewirtschaftete.

Am 10. 5. 1945 kam um 9 Uhr vormittags die polnische Armee in unseren Ort und damit begann unser Leidensweg. Fünf Tage lang dauerten die Plünderungen, Totschlag und Brände. Frauen und Mädchen wurden vergewaltigt. Mir hatten sie in dieser Zeit meine Wertsachen, Kleider, 16.000 kg Hafer, 3000 kg Gerste, 1100 kg Zucker, für ca RM 15.000 sonstige Ware und meinen Skoda-Diesellastwagen 2½ t geraubt. Meiner Frau und meiner Tochter, die sich während dieser Zeit im Nachbarhause im Schweinestall versteckt hielt, wurden sämtliche Kleider bis auf das eine was sie anhatte, geraubt. Am 14. 5. 1945 drangen abends um ½11 Uhr nochmals Polen in mein Schlafzimmer ein, steckten mir Patronen in meine Hemdtasche, zogen sie wieder heraus und behaupteten, ich wäre ein Partisan. Ich wurde dann die Stiege hinuntergestoßen und mußte, nur angetan mit

Leibwäsche, die Hände erhoben, mit Gewehrkolben geschlagen eine Stunde lang zusehen, wie mein Anwesen geplündert wurde.

Dann wurde ich außerhalb des Ortes an einen Wasserturm geschleppt und hingestellt und dreimal nach mir geschossen, ohne aber mich zu treffen und nur der bei mir beschäftigte Pole, der hinzu kam und sagte, ich hätte ihn sehr gut behandelt, rettete mir das Leben.

Die kommenden Tage waren dann immer vereinzelt ausgefüllt durch Überfälle von Russen und Polen und auf wehrlose Frauen und Mädchen, sowie Raub und Plünderung. Unterdessen war auch unser einziger Ortstscheche namens Stanislaus Mikesch, der im Jahre 1938 die Tochter meines Nachbarn geheiratet und im Jahre 1939 als großer Hitleranhänger von Kladno mit der Behauptung, er könne unter den Tschechen nicht mehr leben, in unseren Ort kam, von der Organisation Todt in deren Arbeitsuniform heimgekehrt. Am Blusenkragen hatte er 2 kommunistische Sterne, sowie 5 Trikoloren auf Anzug und Mütze. Sein erstes Wort war: "Ich bin jetzt Kommissar von den Orten Kleinbocken, Großbocken und Karlsthal und alles hätte ihm zu gehorchen." Er beschlagnahmte gleich mein Eigentum, bestehend aus 2 Häusern, Wirtschaftsgebäuden, Magazinen, 2 Autogaragen, Wochenendhaus im Walde und Bienenhaus mit 9 Völkern, ferner acht Stück Großvieh und 1 Kalb, 2 Schweine, 15 Hühner, 32 Stück Kaninchen und 15 Tauben. Die Geschäftswarenvorräte wurden laut Inventur mit RM 50.000.- angegeben, was aber nur dem halben Wert entspricht. Die Landwirtschaft war zur Gänze maschinell eingerichtet. Meine Frau, Tochter und ich mußten nun auf unserem Anwesen weiter arbeiten, ohne Bezahlung und ohne genügend zu essen und nur der Umstand, daß wir während des Zusammenbruchs Nahrungsmittel versteckt hielten, half uns über das Hungern hinweg.

Die Tschechen kamen nun scharenweise aus den Kreisen Prag, Pardubitz und Tabor und besetzten die ganzen Anwesen, deren Besitzer entweder über die Grenze nach Sachsen getrieben oder ins Lager gesteckt wurden. Manche wurden ins Innere von Böhmen auf Arbeit geschafft oder mußten wie ich mit Familie als Sklaven umsonst weiter arbeiten. Die Tschechen lebten nun von unserer Habe in Saus und Braus und wir mußten die Arbeit verrichten. Bemerkt sei noch, daß jeder behauptete, er sei im KZ gewesen. Wie sich aber später herausstellte, waren alle wegen Diebstahl und anderen Delikten vorbestraft, keiner politisch. Einer hatte 27 Vorstrafen wegen Diebstahl. Eine Kommission kam einmal von Prag, die bei uns übernachtete und der Leiter dieser Kommission sagte mir wörtlich: Es sei himmelschreiend, zu sehen, was diese Tschechen hier treiben.

Sonntag mußten wir den ganzen Tag für die Gemeinde Arbeiten verrichten, u. zw. Häuser einreißen, deren Besitzer schon fort waren und die den Tschechen nicht mehr schön genug waren. Dies geschah unter Aufsicht der Gendarmerie mit der Knute.

Am 24. 11. 1945 wurden wir, die noch auf ihren Anwesen leben durften, innerhalb einer ½ Stunde mit 30 kg Gepäck herausgejagt, von der Gendarmerie untersucht und was dieser für sich als brauchbar dünkte, wurde noch weggenommen.

Mein Bruder Richard, der Dr. der Chemie ist und Direktor bei der Firma G. Schicht A. G. in Aussig-Schreckenstein war, war seit Juli 1945 im KZ in Aussig, ohne daß ihm gesagt wurde, warum und weshalb und seine Frau, die an der Kunstakademie in Paris studiert hatte, mußte Aborte ausputzen. Der Sohn, 11 Jahre alt, durfte nicht in die Schule gehen. Sein Schwiegervater, 70 Jahre alt, war Direktor der Weberei Regenhart und Weimann, saß ebenfalls im KZ Jauernig. Ein Cousin von mir, Industriebeamter in den Sandauer Eisenwerken, ebenfalls im KZ Böhmisch Leipa, seine Frau wurde mit 2 kleinen Kindern nach Sachsen über die Grenze getrieben. Ich habe gesehen wie heuer im März die Frauenschaftsleiterin von ihrem 4jährigen Kinde, gefesselt an beiden Händen, fortgeschleppt wurde, ohne daß diese Frau in ihrem Leben irgendetwas verbrochen hatte.

Tausende sudetendeutsche Soldaten, welche von den Alliierten als krank entlassen wurden, wurden von den Tschechen, ohne daß diese ihre Angehörigen sahen, in die Kohlenschächte geschleppt.

Kleinmohrau

Mißhandlung Kriegsinvalider

Berichter: Rudolf Klamert - Bericht vom 24. 6. 1946

Ich wurde als Kriegsinvalider am 14. 8. 1945 in Kleinmohrau verhaftet und bei der Polizei durch 4 Tage mißhandelt. Die Tschechen Chalupa und Kopecký schlugen mich mit Ochsenziemern auf die blanken Fußsohlen, bis ich ohnmächtig wurde. Dann wurde ich mit Wasser angeschüttet und neuerlich geschlagen. Als ich sagte, daß ich eine Kopfverletzung aus dem Krieg habe, wurde ich von einem Tschechen mit den Fäusten auf den Kopf geschlagen und mit dem Kopf an die Wand gestoßen.

Nach 4 Tagen kam ich in das KZ Freudenthal in Einzelhaft. Bei der Einlieferung erhielt ich von Jarosch 25 Hiebe mit dem Ochsenziemer. Mein Freund Rudolf Beck wurde dort so geprügelt, daß sein Rücken offene Wunden hatte, und dann wurden ihm Nadeln unter die Fingernägel gestochen und seine Fingerspitzen mit brennenden Zigaretten angebrannt. Er war auch Kriegsinvalider mit einem Lungenschuß.

Am 10. 9. v. J. wurden wir ins Gefängnis Olmütz überführt und dort auch täglich verprügelt. Dort verbrachte ich 8 Wochen. Bis 23. 11. v. J. war ich noch im Arbeitslager Olmütz, von wo ich zu schweren körperlichen Arbeiten verwendet wurde, bis ich auf Grund einer ärztlichen Untersuchung als arbeitsunfähig entlassen wurde.

Klösterle und Kaaden

Mißhandlung Jugendlicher

Berichter: Josef Jugl, Forstanwärter

Am Vorabend des Pfingstsonntags 1945 ging mir von befreundeter Seite eine Warnung zu u. zw. des Inhalts, daß meine Verhaftung unmittelbar bevorstände. Um mich ihr zu entziehen, flüchtete ich noch am gleichen Tage ins nahe Erzgebirge zu Verwandten. Doch bereits am Pfingstsonntag erschien meine Mutter bei mir und teilte mir mit, daß mein Vater von den Tschechen als Geisel verhaftet worden sei. Falls ich mich nicht freiwillig stellen würde, sollte er erschossen werden.

Durch diesen Trick brachten sie mich in ihre Gewalt. Am Heimweg erzählte mir meine Mutter, wie sich alles abgespielt hatte. Da mich die Tschechen nicht fanden, nahmen sie meinen Vater mit. Er war gerade mit Gartenarbeiten beschäftigt, als die Tschechen ankamen. Da er bloss mit Hose und Hemd bekleidet war, wollte er sich noch eine Jacke überziehen, doch selbst das wurde ihm nicht gestattet. Unter wüsten Beschimpfungen rissen sie das Radio von seinem Platz und drückten es meinem Vater zum Tragen in die Arme. Meine Großeltern, die für meinen Vater um Gnade flehten, wurden herumgestoßen und selbst mit Verhaftung bedroht. Nachdem sie noch einmal mit der Erschießung meines Vaters gedroht hatten falls ich mich nicht stellen würde, verließen sie das Haus. Am Abend des Pfingstsonntages kam ich zu Hause an. Da inzwischen die Sperrstunde herangekommen war, entschloß ich mich, mich erst am anderen Tage zu melden. Am Morgen des Pfingstmontages tat ich dies. Am *"Národní Výbor"*, wo ich mich meldete, wurde ich von Tschechen, die während des Krieges in meiner Heimatstadt als Zivilarbeiter beschäftigt waren, oberflächlich durchsucht. Verschiedene Dinge wie Geldbörse, Ausweispapiere usw. wurden mir abgenommen. Dann brachten sie mich in den Rathauskeller, wo sie mich in eine Zelle sperrten. Einer der Posten hatte mich vorher ermahnt, keinen Selbstmord zu machen, da dies, wie er sagte, Feigheit wäre. Die Zelle war klein und enthielt nur wenige Gegenstände. An der einen Seite lag ein alter Strohsack und diesem gegenüber waren einige Bänke übereinander geschlichtet. Im Türenwinkel stand ein Eimer, der noch die Exkremente meines Vorgängers enthielt.

Unendlich langsam verrann die Zeit und Minuten wurden zu Stunden. Da ich das Schlagen der Rathausuhr hören konnte, wußte ich stets wie spät es war. Nach ungefähr 2 Stunden rasselten die Schlüssel und die Riegel wurden zurückgeschoben. Mit viel Lärm kamen zwei Männer in grünen Uniformen herein. Da sie kein Wort deutsch sprachen, konnte ich aus ihrem Gebrüll nicht klug werden. In der Annahme, daß sie mich zu einem Verhör abholen wollten, strebte ich der Tür zu. In diesem Augenblick rissen sie mich zurück, zerrten mir die Hände hoch und schlugen mit Lederriemen auf mich ein. Außerdem täuschten sie vor, mich erschießen zu wollen; kaum waren sie fort, als erneutes Getrampel und Geklapper abermals Besuch ankündigte. Diesmal war es eine ganze Gruppe von Männern, die haßerfüllte Blicke auf mich warfen. Vor allem ein hochgewachsener, breitschultriger Mann stach aus dieser Gruppe hervor. Dieser war es auch, der das nun folgende Verhör begann. Blitzschnell mußte ich jede Frage beantworten; sobald ich auch nur einen Augenblick mit der Antwort zögerte, schwang er schon seine Ledergeißel. Erklärungen durfte ich überhaupt keine abgeben, sodaß ich meistens nur ja oder nein zu antworten hatte. Beschuldigt wurde ich der Werwolfstätigkeit, obwohl in unserer ganzen Gegend kein einziger Schuß von Zivilisten abgegeben worden war. Durch furchtbare Drohungen sollte ich zu Geständnissen gebracht werden, aber noch hatte ich die Kraft, mich gegen diese Beschuldigungen zur Wehr zu setzen.

Nur so konnte es geschehen, daß z. B. Ausbildner des Bannausbildungslagers der Hitler-Jugend in Kaaden aussagten, sie hätten die Lehrgangsteilnehmer zu Werwölfen ausgebildet. Das hatte zur Folge, daß viele Jungens völlig unschuldig inhaftiert wurden und viel leiden mußten. Eine gern angewandte Methode der Tschechen war das gegenseitige Ausspielen der Häftlinge. Waren sie bereit, einander zu beschuldigen, so kamen sie glimpflich davon, aber wehe, sie weigerten sich, den tschechischen Anschuldigungen zuzustimmen. So wurde z. B. Herr Otto Hammerschmidt aus Klösterle, Ortsteil Zuflucht, schwer mißhandelt, weil er mich für unschuldig erklärte.

Aber nun zurück in die Zelle. Nachdem das Verhör trotz aller Einschüchterungsmethoden nicht zum gewünschten Erfolge führte, brachen sie es ab, nachdem sie mir noch erklärt hatten, daß ich ins Hauptgefängnis nach Kaaden gebracht würde. Wieder verrann Stunde um Stunde. Am Abend übergaben mir die Tschechen sogar eine Tasche mit Essen und eine Decke, welche meine Eltern geschickt hatten. Kaum hatte ich fertiggegessen, als die Wächter wieder erschienen, um die Tasche abzuholen. Sie durchwühlten die Tasche und stellten fest, daß sich beim Besteck kein Messer befindet. Ich versuchte ihnen klarzumachen, daß mir meine Eltern kein Messer mitgeschickt hatten, aber das glaubten sie mir nicht und so durchsuchten sie die ganze Zelle. Da sie absolut nichts finden konnten, wurde nochmals ich durchsucht. Man ließ mir so gut wie nichts, selbst meinen kleinen Taschenkamm nahmen sie mir weg. Als ich sie bat, mir doch wenigstens den Kamm zu lassen, gaben sie ihn mir mit der Bemerkung zurück, ich solle mir aber ja nicht einfallen lassen, mir damit die Halsschlagader durchzukratzen. Bevor sie die Zelle verließen, bestürmten sie mich noch, doch bei den Verhören alles einzugestehen. Als ich ihnen sagte, daß ich nichts einzugestehen habe, nahmen sie eine bedrohliche Haltung ein. Durch die Aufregung, in die ich dadurch geriet, mußte ich mich heftig übergeben, woraufhin die Tschechen endlich abzogen.

Die Nacht über hatte ich Ruhe, auch am nächsten Vormittag wurde ich nur wenig belästigt. Zu Essen und zu Trinken gab es jedoch nichts. Hunger verspürte ich sowieso keinen, dafür umsomehr Durst. Gegen Mittag holten sie mich aus meiner Zelle. Mit erhobenen Händen wurde ich unter Kolbenschlägen auf den Marktplatz getrieben, wo ich ein Fahrzeug besteigen mußte, das mit Beutegut beladen war. Außer mir und vielen tschechischen Soldaten befand sich noch ein weiterer Deutscher auf diesem Fahrzeug. Da anscheinend noch nicht alles zur Stelle war, hatten wir Zeit, nocheinmal unser Städtchen zu betrachten. Plötzlich sah ich in einiger Entfernung meine Schwester, die mir Essen bringen wollte. Die Tschechen ließen sie jedoch nicht an das Fahrzeug heran, sodaß sie ergebnislos wieder den Heimweg antreten mußte. Später erfuhr ich von ihr, daß sie von den Tschechen mit den Worten "der bekommt vorläufig nichts mehr zum fressen" abgewiesen wurde.

Es waren schon Stunden vergangen, als das Fahrzeug abfuhr. In Meretitz wurde die Fahrt abermals unterbrochen und wir zwei Deutschen wurden in die ehemalige "Sumag" gebracht, wo wir wieder verhört wurden. Mein Leidensgenosse hatte Glück, denn er kam frei. Mich versuchte man wieder mit Drohungen einzuschüchtern, aber als das keinen Erfolg zeitigte, brachte man mich abermals auf das Fahrzeug, welches nun in Richtung Kaaden seine Fahrt fortsetzte.

Dies war jedoch keineswegs der letzte Aufenthalt gewesen, denn fast bei jedem Haus, das an der Straße lag, wurde angehalten. Die Soldaten strömten hinein und plünderten nach Herzenslust. Vor allem auf Alkohol hatten sie es abgesehen. Die Folge davon war, daß eine große Trinkerei in Gang kam. Der Soldat, welcher zu meiner Rechten saß, ließ des öfteren ein Kistchen mit kleineren Plünderungsgegenständen fallen, da ich ihm beim Aufheben behilflich war, wurde er zusehends freundlich zu mir. Er fragte mich nach meinem Alter und warum ich mich in Haft befände. Auf halbem Wege zwischen Klösterle und Kaaden gab er mir den Rat, abzuspringen. Da ich eine

Falle vermutete, zögerte ich noch. Daraufhin sagte er zu mir: "Kaadner Gefängnis schlimm, du noch jung".

Nun gab es für mich kein Halten mehr, da ich von der Ehrlichkeit seiner Worte überzeugt war und in wenigen Minuten hatte mich der schützende Wald aufgenommen. In Kaaden warteten sie vergeblich auf mich. Später erfuhr ich von Bekannten, daß mein Name des öfteren im Kaadener Gefängnis verlesen wurde, ohne daß sich natürlich jemand meldete.

Zu Hause Schutz zu suchen, wäre äußerst gefährlich gewesen und so entschloß ich mich, bei Verwandten unterzuschlüpfen. Als dann die Hausdurchsuchungen immer häufiger wurden, konnte ich mich auch bei ihnen nicht mehr länger verbergen. Ich ging also in die Wälder. Eines Tages beobachteten die Tschechen, wie mein 15jähriger Vetter Essen in den Wald trug. Dies hatte zur Folge, daß er mitsamt meinem Onkel verhaftet wurde. Da mein Vetter trotz aller Schikanen standhaft blieb und nicht davon abging, nur einem Heimkehrer etwas zum Essen gebracht zu haben, wurden sie schließlich wieder freigelassen, doch mußten sie sich von nun an jeden Tag am *Národní výbor* melden. Damit hatte auch für sie die große Leidenszeit begonnen, da Prügel an der Tagesordnung waren.

Ich konnte mich nun nicht mehr länger in der Heimat halten, wenn ich nicht all meine Helfer in größte Gefahr bringen wollte. Am 10. Juli 1945 gelang es mir, die Grenze zu überschreiten, nachdem ich am 9. Juli noch von einer tschechischen Streife beschossen worden war.

Kohling, Schindelwald, Schönlind

Mißhandlungen, Erschießungen

Berichter: Karl Sandner - Bericht vom 5. 12. 1945

In Kohling und Schindelwald, beide im Bezirk Neudek, Sudetengau, wurden nach der vollständigen Kapitulation des deutschen Reiches zehn Mann erschossen. Dieselben wurden von den Tschechen verhaftet und mißhandelt. Sie waren blutig geschlagen. Der eine mußte bei seiner Verhaftung, da im Schrank ein Hitlerbild gefunden wurde, dasselbe aufessen vor den Augen der Tschechen. Sie wurden am Montag (an das Datum kann ich mich nicht mehr erinnern) in Schönlind Bez. Neudek in Haft genommen, sollten am Dienstag nach Neudek geschafft werden und mußten im LKW, der rings mit tschechischen Soldaten besetzt war, auf dem Bauche liegen, damit von den Bewohnern nicht gesehen werde, wie sie mißhandelt wurden.

Auf dem Wege kam ein tschechischer Motorradfahrer entgegen und gab eine andere Order. Sie fuhren wieder nach Schönlind zurück und am Abend dieses Tages mußten sie ihr eigenes Grab schaufeln. Am Mittwoch früh ungefähr um 5 oder 6 Uhr wurden sie dann doch erschossen. Die Angehörigen durften das Grab nicht besuchen und wurden von der sich dort befindlichen tschechischen Bewachung weggetrieben.

Kojetitz

Landwirtschaftlicher Arbeitseinsatz
Berichterin: Erna Zicha - Bericht vom 26. 6. 1946

Ich wurde am 9. 5. 1945 mit meinem Sohn in Prag verhaftet und zuerst in einem Kino, dann in einer Schule interniert. Von dort wurden wir am 4. Juni, an welchem Tage mein Sohn so verprügelt wurde, daß sein Rücken blutete, in Kojetitz bei Prag auf dem Gute eines Herrn Vávra zur Arbeit eingesetzt.

Dort waren 104 Deutsche, vorwiegend Frauen und Kinder, eingesetzt.

Die Behandlung war sehr schlecht. Trotzdem viele Leute erkrankten, gab es keine ärztliche Hilfe. Am Anfang starben wöchentlich ca. zwei Leute an Entkräftung oder mangels ärztlicher Hilfe, Kinder starben ohne jede Hilfe an Diphterie.

Wir hatten nur die Kleidung, die wir bei der Verhaftung anhatten, die bei der schweren Arbeit bald verbraucht war und nicht ersetzt wurde. Bei Frost mußten die Leute trotz mangelhafter Bekleidung arbeiten. Ich mußte ohne Handschuhe und mit ganz zerrissenen Schuhen, bei denen die Zehen herauskamen, bei 26 Grad Kälte im Freien Mist aufladen und am Felde ausbreiten.

Viele wurden vom Verwalter bei der Arbeit mit einem Stock geschlagen. Frl. Elfriede Schulz aus Berlin, schwanger nach Vergewaltigung, wurde mit der Mistgabel ins Kreuz geschlagen.

Frau und Herr Diehl wurden von dem Bauern Melwal so geschlagen, daß sie sich an die Polizei um Schutz wandten, der ihnen aber nicht gewährt wurde.

Ich bin schwer herzleidend und mußte trotzdem täglich 10 Stunden schwer arbeiten. Die Verpflegung bestand trotz der schweren Arbeit nur aus zweimal schwarzem ungezuckerten Kaffee, einer Wassersuppe und 125 g Brot täglich.

Bis Oktober waren wir ungefähr 90, die anderen waren bereits gestorben - in einer Scheune, später in kleinen Räumen von 9 qm zu je 8 Personen untergebracht. Auch im Winter gab es weder Heizung noch Decken.

Wir hatten kaum die Möglichkeit uns zu reinigen. Frauen und Männer mußten sich den ganzen Winter im Hof bei der Pumpe waschen. Auch zum Wäschewaschen gab es kein warmes Wasser und keine Waschgefäße. Deshalb waren alle verlaust, viele bekamen Krätze, Abszesse usw. Es gab Leute, die buchstäblich von Würmern und Läusen gefressen wurden.

Eine fast 70-jährige völlig entkräftete hilflose Frau, die sich nicht mehr erheben konnte, wurde von den Tschechen auf einen offenen Wagen im Hof gelegt, wo sie elend umkam.

Mein Mann verlor in russischer Gefangenschaft beim Arbeiten in einer Mühle drei Finger der rechten Hand und wurde deshalb von den Russen entlassen, von den Tschechen aber in Brünn-Zidenice, Malá klaidovka, interniert und trotz Anforderung anläßlich meiner Aussiedlung nicht freigegeben.

Kolin

Kolin, Bericht Nr. 1

Arbeitslager Kolin, Mißhandlungen

Berichter: Ernst Hahn - Bericht vom 29. 8. 1946

Ich wurde im Juni 1945 durch das Arbeitsamt Neudek mit ca. 200 Personen aus dem Kreise Neudek im Alter von 13 bis 80 Jahren zu einem 3wöchigen Erntedienst in Kolin verpflichtet. Von Neudek wurden wir in Personenwaggons mit normaler Besetzung abtransportiert. Ein Waggon mit tschechischer Bewachungsmannschaft rollte mit. Beim Passieren der amerikanischen Zonengrenze in Chodau wurde der Transport von den Amerikanern angehalten. Die Bewachungsmannschaft war verschwunden. In Komotau wurden wir von der wieder erschienen Bewachungsmannschaft aus den Waggons gejagt und in zwei mit Stacheldraht gesicherte Güterwaggons gepfercht. Dort begannen auch die Mißhandlungen. Kleider, Wäsche, Uhren wurden sämtliche abgenommen. Bei der Ausladung in Kolin wurden wir von der Bevölkerung mit Steinen beworfen, angespuckt und beschimpft und mit Füßen gestoßen, was von den Posten nicht nur geduldet, sondern noch unterstützt wurde. Im Internierungslager Kolin begann eine planmäßige Quälerei. Man versuchte zu erpressen. Insbesondere Kinder wurden mit Pistolen bedroht und mit glühenden Nägeln, bis sie die gewünschten Aussagen machten. Man zwang sie Abschiedsbriefe zu schreiben und zermürbte sie völlig. Ein Mann wurde über Nacht an den auf dem Rücken zusammengebundenen Händen an der Dachrinne aufgehängt und am nächsten Tag zu Tode geprügelt. Ein zweiter namens Flasche aus Westdeutschland, der nach Neudek evakuiert worden war, starb auf ähnliche Weise. Es wurden ihm durch Fußtritte die Geschlechtsteile zertreten.

Die Verpflegung war so schlecht, daß alle Wasser in den Beinen hatten, die häufig aufbrachen. Täglich gab es mehrere Todesfälle als Folge von Unterernährung und Mißhandlungen. Trotzdem wurden wir Leute mit Gewehrkolben und Gummiknüppeln, Kabeln, Peitschen usw. zur Arbeit getrieben. Viele sind an der Arbeitsstelle tot zusammengebrochen. Nach einer vorübergehenden, kaum merklichen Besserung im Spätherbst setzten die unerträglichen Verhältnisse zu Weihnachten in verstärktem Maße ein und dauerten durch Monate an. Im Mai wurde ich plötzlich als Kriegsgefangener erklärt und kam in ein anderes Lager.

Ich kann diese Aussage beeiden.

Kolin, Bericht Nr. 2
Internierungslager, Mißhandlungen
Berichter: Anton Kragl - Bericht vom 27. 6. 1946

Ich war ein Jahr im Lager in Kolin zur Zwangsarbeit eingesetzt. Das Lager umfaßte zuerst fast 700 Personen, darunter auch Jugendliche von 13 Jahren aufwärts. Die Verpflegung war so schlecht, daß viele geschwollene und offene Beine hatten, trotzdem mußten sie arbeiten und wurden oft bei der Arbeit mit der Faust und mit Gewehrkolben geschlagen. Gegen zehn Mann sind an Unterernährung gestorben. Für die Arbeit wurde kein Lohn gezahlt. Es waren dort auch Familienväter mit fünf Kindern, die von ihrer Familie weggeholt worden waren. Sie konnten kein Geld nachhause schicken, weil sie nichts verdienten. Bei der Ankunft wurde uns alles, auch Kleider abgenommen. Die Arbeitskleidung mußten wir uns von zuhause schicken lassen. Als wir entlassen wurden, haben wir die abgenommenen Sachen nicht zurückbekommen. Als ich am 9. 6. d. J. entlassen wurde, waren noch ungefähr 140 Mann im Lager.

Komoschau

Unmenschliche Rohheit eines tschechischen Bauern im Februar 1946
Berichterin: Antonia Stanek - Bericht vom 26. 6. 1946

Ich stand in Komoschau bei Prag in landwirtschaftlicher Arbeit bei einem tschechischen Gastwirt und Bauern. Eines Abends im Feber d. J. bemerkte ich bei den tschechischen Nachrichten im Radio, daß man nicht alles glauben müßte. Da sprang die Frau meines Arbeitsgebers auf und sagte, ich hätte gar nichts zu sagen, sie hätten es meinem Sohn angesehen, der hätte ein großes Vermögen bei sich gehabt, das hätte er sicher gestohlen. Ich fragte sie, was sie von meinem Sohn wisse. Sie erwiderte, daß mein Sohn auf diesem Hof begraben sei. Ihr Mann hätte es mir schon immer sagen wollen. Ich fragte, warum sie ihn erschlagen hätten. Ich bekam die Antwort: "Weil er Deutscher war und wir haben das Recht, jeden Deutschen zu erschlagen." Am nächsten Morgen sagte mir der Bauer: "Wenn wir gewußt hätten, wie unentbehrlich Sie uns werden, hätten wir ihn auch zur Arbeit behalten." Seine Mutter erzählte mir dann, daß im August auf dem Hof ein Deutscher erschlagen worden sei.

Königinhof

Mißhandlungen und Mord im Jahre 1945
Berichter: Julius Herrmann - Bericht vom 28. 5. 1950

Ich weilte zum Umsturz in Königinhof a. E. bei meiner Lebensgefährtin Ernestine Merthen, wo wir beide am Pfingstsonnabend ohne jeden Grund verhaftet wurden. Bemerken will ich gleich zu Anfang, daß wir beide nicht der Partei angehört haben. Kaum hatten wir den Arrest betreten, gingen die Quälereien los. Gruppenweise ging es zur Arbeit und ich wurde am nächsten Tag auf den Friedhof mit anderen Kameraden kommandiert, wo wir Gräber schaufeln mußten für die ermordeten Opfer. Die Arbeit wurde durch steinigen Boden sehr erschwert, der Pöbel ringsherum johlte und wir durften keine Sekunde ausruhen, da der Pöbel sofort den MG-Schützen herbeirief und die Leute niederschlug. Beim nächsten Grabe arbeitete der Kamerad Hetfleisch, Buchhalter in Fa. Staffa. Ich sah, wie er mit dem Gewehrkolben niedergeschlagen wurde. Der Mörder schrie auf tschechisch "Du deutsches Schwein, steh' auf!" Nach dem er kein Lebenszeichen mehr gab, wurde er mit Wasser begossen, da dies jedoch auch nichts mehr nützte, wurde er kurzerhand in ein fertiges Grab geworfen, wo schon andere Opfer lagen.

Nach dieser schweren Arbeit im Arrest wieder angekommen, gab es abends einen schwarzen Kaffee, meist war das Stückchen Brot, das wir bekamen, längst verzehrt, denn für den ganzen Tag bekamen wir 200 g Brot. Zu Mittag gab es nur einen Teller Suppe. Kaum hatten wir abends den Kaffee geschluckt, so hieß es "Antreten!"

Im Gang vor der Zelle mit dem Kopf gegen die Wand gestellt warteten wir der kommenden Dinge. Nun ging es in den Hof. Im Laufschritt ging es so lange, bis die Leute nicht mehr konnten und dann wurden sie zusammengeschlagen.

Eines Tages mußten wir Baumstämme in einer Stärke von ca. 30 cm und einer Länge von 6 - 7 m über die Elbbrücke tragen. Zwei Mann mußten einen Stamm tragen, einer vorn, einer hinten, meine Schultern bluteten und am nächsten Tag dieselbe Arbeit. Trotz meines Einspruches, daß ich diese Arbeit unmöglich machen kann, bekam ich Schläge und Ohrfeigen. Das Fleisch an den Schultern war abgedrückt und hing herunter, erst am nächsten Tage wurde ich dann von dieser qualvollen Arbeit befreit und bekam eine leichte Arbeit zugewiesen. Einmal mußte ich auch mit einem Leidensgenossen eine schwere Kiste zwei Treppen herunter tragen. Der Scherge kommandierte "Laufschritt!" Da dies doch unmöglich war, schrie die Bestie und schlug mit der Reitpeitsche auf uns ein, bis wir die Kiste auf das Auto geladen hatten. Blau unterlaufene Flecke am ganzen Körper zeugten von den Mißhandlungen.

Ernestine Merthen wurde beschuldigt, SS-Männern Essen zugetragen zu haben. Da dies nur ein Vorwand war, um sie zu quälen und zu drangsalieren, wurde sie am Pfingssonntag früh auf den Hof getrieben, 7 Schergen setzten ihre Revolver an und sie sollte jetzt das eingestehen. Da sie jedoch ihre Unschuld erklärte, sagten sie, dann geht es in den Keller. Dort angekommen, droht man ihr, wenn sie es nicht eingestehe, werden in fünf Minuten Russen hier sein. Es kamen aber keine und nach kurzer Zeit ließen sie sie wieder heraus. Etwa 14 Tage danach kamen die Schergen um 12 Uhr nachts in die Zelle, holten sie und ihre Kameradin, Frau Lukas, und sperrten sie in den Keller. Frau Lukas kam in den zweiten Keller, wo sie 25 Schläge mit einem fünfteiligen Lederriemen bekam. Sie selbst kam mit drei Schlägen davon. Dann wurde ihnen gedroht, über das Geschehene zu schweigen, sonst müßten sie mit dem Leben abschließen.

Kurze Zeit darnach wurde sie wieder um 12 Uhr nachts geholt, diesmal mußte sie sich im Keller nackt ausziehen, trotz vielem Bitten und Flehen wurde sie mit kaltem Wasser von oben bis unten mit einem Schlauch bespritzt und nach einigen Tagen wiederholte sich das Gleiche. Da der Arzt eine schwere Herzlähmung und Bronchitis feststellte, wurde sie von den Qualen befreit. Viele ihrer Kameradinnen ereilte dasselbe Schicksal. Sie war zuvor vollkommen gesund und durch die Mißhandlungen der Tschechen ist sie jetzt mit ihren 50 Jahren invalid, da sich aus der Bronchitis ein schweres Asthma-Leiden entwickelt hat. Betonen will ich noch, daß wir nach 10 Wochen von den Quälereien befreit wurden und dann ins Lager kamen, und nach zwei Tagen abtransportiert wurden. Vor der Grenze Bad Schandau wurden wir von den tschechischen Finanzern nochmals gründlich durchsucht und bis auf wenige Sachen, alles geplündert.

Königshof

Eisenwerk Königshof, Arbeitseinsatz

Berichter: Ing. Ernst Deinl - Bericht vom 25. 8. 1946

Ich wurde am 5. 10. mit ungefähr 100 anderen Personen aus dem Kreise Mies durch das Arbeitsamt auf drei Wochen als freier Arbeiter in das Eisenwerk Königshof verpflichtet. In Königshof wurden wir von der bewaffneten Werksmiliz übernommen und wie Gefangene in einem Lager hinter Stacheldraht gehalten. Wir verbrachten dort 10 Monate. In einem Raum 20x10x3.50 m waren 200-225 Mann untergebracht. Die Verpflegung war so gering, daß wir ohne Zubußen von zuhause die schwere Arbeit nicht hätten leisten können. Trotzdem bezog das Lager für uns Schwerarbeiterverpflegung. Ärztliche Betreuung war praktisch keine vorhanden, da der Lagerführer kaum einen zum Arzt vorließ und wenn eine ärztliche Arbeitsunfähigkeitsbescheinigung ausgestellt wurde, diese gar nicht anerkannte. Der Postverkehr wurde so gedrosselt, daß ich z. B. in 10 Monaten nur zwei Karten von meinen Angehörigen ausgefolgt erhielt. Lebensmittelpakete wurden regelmäßig beraubt. Wir arbeiteten 8 Stunden im Akkord, außerdem leisteten wir bis zu 8 Stunden täglich zusätzliche Arbeit (Kohlenabladen, Erzverladen usw.) Obwohl wir nicht als Internierte galten, wurden uns täglich nur zwei Kronen ausgezahlt. Sonntags- und Feiertagsarbeit wurde uns ebensowenig wie Überzeitarbeit angerechnet. Auch 14-jährige Jugendliche waren zu denselben Bedingungen zur Arbeit eingesetzt. Auch hatten sie jede dritte Woche Nachtschicht. Die Prügelstrafe war offiziell eingeführt und war an der Tagesordnung. Das galt auch für Kriegsgefangene, die mit uns zusammen untergebracht waren und mit uns arbeiteten. Bei der Einlieferung mußten Messer, Rasierapparate, Geld usw. abgegeben werden, was die meisten nicht mehr zurück[er]hielten. Auch amerikanische Entlassungsscheine und Registrierscheine sind nicht mehr ausgehändigt worden.

Krautenwalde

Schwere Mißhandlung eines Sozialdemokraten durch die Gendarmerie

Berichter: Richard Stanke - Bericht vom 6. 10. 1946

Ich war immer sozialdemokratisch organisiert und war niemals Angehöriger der NSDAP. Deshalb erhielt ich im Mai 1945 von der Leitung der deutschen soziademokratischen Partei eine Parteilegitimation. Im Juli v. J. wurde ich auf der Straße von einem Gendarmen angehalten, der mir die Legitimation abverlangte. Ich weigerte mich, die Legitimation herauszugeben, da er meiner Meinung nach gar kein Recht hatte, mir sie abzuverlangen. Da nahm mich der Gendarm mit auf den Gendarmerieposten und mißhandelte mich dort schwer. Er versetzte mir gegen 6-8 Faustschläge gegen den Kopf, riß mir die Legitimation aus der Tasche und zerriß sie. Ich habe 14 Tage einen verschwollenen Kopf und verschwollene Augen gehabt.

Kremsier

Vergewaltigungen

Berichterin: M. S. - Bericht vom 26. 8. 1950

Im Jahre 1939 unternahm ich mit meinen zu betreuenden Kindern als Kindergärtnerin einen Ausflug, auf dieser Wanderung wurden deutsche Lieder gesungen. Ein des Weges kommender halbwüchsiger Tscheche beanstandete dies, beschimpfte uns und brachte durch Vorhalten seiner Füße die Kinder zum Fallen. Ich gab dem jungen Tschechen zu verstehen, daß ich dies seiner Mutter melden werde. Ein anderer Tscheche sah diesem Geschehnis damals zu. Von diesem wurde ich im Jahre 1945 angezeigt. Vom Jahre 1942 bis 1945 war ich als Rote-Kreuz-Schwester dem Bahnhofsdienst in Kremsier zugeteilt. Am 5. Mai 1945 wurde ich dort von Tschechen verhaftet und im Kremsierer Gericht in eine Zelle geworfen.

In dieser Zelle befanden sich 30 Personen, Frauen mit ihren Kindern. Jede Nacht wurden wir fünf mal geweckt und hierbei die erste Zeit ausgeplündert und unserer Sachen beraubt. Jeden Morgen 6 Uhr erschien ein tschechischer Gendarm, der uns alle auf den Gefängnishof führte. Dort mußten sich die Frauen und Kinder links, die Männer rechts anstellen. Nach einer erbärmlichen Prügelprozedur wurden wir trotz aller Schmerzen zur Arbeit getrieben. Unsere Verpflegung bestand täglich aus 50 g Brot, früh und abends eine Tasse schwarzen Kaffee und mittags eine Wassersuppe, die uns aus Schweinekübeln verabreicht wurde. Zuerst mußten wir Frauen die Kaserne reinigen und die Möbel aus den oberen Stockwerken abtransportieren. Hierbei wurde ich von einem Russen mit der Bemerkung "Deine letzte Stunde hat geschlagen" abgeführt und einem russischen Offizier vorgestellt. Beide haben sich meinetwegen mit dem tschechischen Gefängniskommandanten gestritten und ich wurde hierauf dem *Národní výbor* übergeben. An diesem Tage abends wurde ich neuerdings eingekerkert, es wurden mir die Haare geschoren und mir mit Ölfarbe auf den nackten Rücken ein großes Hakenkreuz gemalt. Von dort aus wurde ich mit anderen inhaftierten Frauen täglich und bei jeder Hitze (verboten war Kopfbedeckung und Verabreichung von Trinkwasser) zur Feldarbeit geführt. Wir wurden hierbei mit "deutsches Schwein", "deutsche Hure" betituliert. In der Zelle mußten wir auf dem harten Fußboden liegen. Nach der Ernte- und Feldarbeit mußte ich ein volles Jahr schwer arbeiten, erst als Maurer, dann in einer Ziegelei.

Als mich hierbei meine Kräfte verließen und ich wiederholt ohnmächtig zusammenbrach wurde ich zur Schulsäuberung zugeteilt. Dann brachte man mich zum Volksgericht Ungarisch-Hradisch, wo ich gem. § 3 (1939 deutsche Lieder gesungen etc.) zu fünf Jahren schweren Kerkers verurteilt wurde. Die Verteidigung durch den tschechischen Richter, daß ich nur schützend die in Obhut gegebenen Kinder vor Angriffen bewahrte, wurde vom Volksgericht zurückgewiesen - mit der Begründung, daß Deutsche kein Recht auf Verteidigung besitzen.

Ich erkrankte an Rippenfellentzündung und ständigen Herzkrämpfen. Dies waren die Ursachen, daß ich zu Handarbeiten herangezogen wurde.

Diese Handarbeiten habe ich durch drei Jahre ausgeführt, ich möchte erwähnen, daß ich diese auch im Winter in einem ungeheizten Raum verrichten mußte und dabei mir beide Hände erfror. Ich wurde sodann in ein Wäschemagazin zur Arbeitsleistung kommandiert. Zu jeder Tageszeit wurden wir Frauen vergewaltigt und uns das Hemd vom Leibe gerissen. Wir mußten sofort Folge leisten, kleinen Verzögerungen wurden mit den Worten "Wie lange dauerts noch?" nachgeholfen. Welche tierischen Sittlichkeitsverbrechen sich abspielten, die die deutschen Frauen sich ekelnd ertragen mußten, möchte ich in der Öffentlichkeit verschweigen (daß uns männliche Geschlechtsteile auch in den Mund geführt wurden, war keine Seltenheit).

In diesem Wäschemagazin erhielt ich die Nachricht, daß ich als Zeuge dem Gericht in Prag vorgeführt werde. Ich kam nach Prag und dort nach Pankratz zum Verhör, wo ich über Kost und Behandlung in den Gefängnissen aussagen mußte. 14 Tage nach diesem Verhör verbrachte man mich nach Reichenberg, von dort nach Jitschin ins Gefängnis und von dort wieder nach Semil zur Zwangsarbeit. In Semil war ich ein Jahr mit Verbrechern in einer Spinnerei tätig.

Mit dem Befehl von Reichenberg "irrtümlich verurteilt" wurde ich in Semil entlassen, aber zwei Stunden später von SNB-Angehörigen am 5. 5. 1950 bis zum 27. 5. 1950 in Schutzhaft genommen. Am 27. 5. 1950 stand ich vogelfrei und mittellos auf der Straße. Das Internationale Rote Kreuz brachte mich als lebendige Leiche, abgemagert und abgeschunden in das Erholungsheim Teplitz-Schönau, von wo ich meine Reise, zu der mir mein Bruder 2000.- Kc besorgte, am 9. August 1950 nach Bayern zu meiner Stiefmutter antreten konnte.

Ich möchte noch erwähnen, daß sich die inhaftierten Frauen (Gefängnis Kremsier) am Gefängnishofe täglich abends anstellen mußten, wo sie von den Russen mit den Worten "Du, Du und Du" usw. mitgenommen und im Keller vergewaltigt wurden. Nachher wurden diese Opfer wieder in die Zelle geworfen und immer dieselben nach drei Tagen zu demselben Zweck wieder abgeholt. Meine Freundin T. wurde in einer Nacht 30 mal vergewaltigt.

Morgens mußten sich die inhaftierten deutschen Frauen, Männer und Kinder anstellen und im Sprechchor rufen: "Wir melden uns zur Arbeit und bitten um vorherige Auszahlung". Die Auszahlung bestand in den fürchterlichsten Quälereien und Mißhandlungen. Dann mußten die Gemarterten rufen, "Wir danken für die Zahlung!" Einem 80-jährigen Greis, der durch die Mißhandlungen nicht sitzen konnte und knieend mit gefalteten Händen um einen Strick bat, um sich aufzuhängen, durften wir nicht einen Schluck Wasser reichen.

Kinder, die der Hitlerjugend angehörten, mußten 1945 des Nachts die in der Gegend gefallenen und beerdigten Russen ausgraben und auf einem Friedhof neu bestatten.

Kunzendorf

Verwalter Matonoha aus Boskowitz, Plünderungen

Berichter: Josef Zeche - Bericht vom 26. 9. 1946

Auf meinem landwirtschaftlichen Besitz in Kunzendorf bei Mährisch Trübau saß seit November 1945 der Tscheche Franz Matonoha aus Boskowitz als Verwalter. Dieser quälte nicht nur meine Familie in unmenschlichster Weise, sondern drangsalierte das ganze Dorf. Meine Frau war rückenmarkleidend und gelähmt. Darauf nahm er in keiner Weise Rücksicht. Meine Tochter wurde von ihm schwer mißhandelt, als mein Sohn aus dem Lager Mährisch Trübau entwichen war. Bei jeder Kleinigkeit wütete er gegen uns und machte uns für alles verantwortlich. In allen Häusern nahm er Kontrollen und Durchsuchungen vor und stahl dabei, was ihm gefiel. Zur Aussiedlung behielt er die besten Sachen zurück und fertigte uns mit den minderwertigsten Sachen ab.

Kurim

Kurim, Bericht Nr. 1

Kriegsgefangenenlager

Berichter: Dr. Kurt Zamsch - Bericht vom 23. 6. 1946

Ich wurde am 6. 10. 45 krankheitshalber (dauernde Arbeitsunfähigkeit infolge Unterernährung, Körpergewicht 54 kg bei Körpergröße 184 cm, Wasser in beiden Beinen) aus russischer Kriegsgefangenschaft in meine Heimat Mährisch Schönberg entlassen. Bei meiner Ankunft in Brünn am 4. 11. wurde ich von den Tschechen festgehalten und in das tschechische Kriegsgefangenenlager Kurim gebracht. Ich wurde auch dort wieder arbeitsunfähig geschrieben, mußte aber trotzdem mehrmals bei der Heranschaffung des Brennholzes mitarbeiten. Das bedeutete einen Tagesmarsch von 24 km mit Belastung. Das überstieg meine Kräfte und ich brach dabei einmal (14. 1.) zusammen. Daraufhin wurde ich mit Stockschlägen angetrieben und mußte den Rest des Weges mitmarschieren, wenn auch jetzt ohne Last.

Im Lager war offiziell die Prügelstrafe eingeführt und jede Kleinigkeit wurde mit Prügeln bestraft, sodaß die Gefangenen völlig eingeschüchtert waren. Die Verpflegung war zwar verhältnismäßig reichlich (800 ccm dünne Graupensuppe und 500 g Brot tägl.) doch völlig ohne Salz und Fett.

Das Lager Kurim wurde anfangs Oktober 1945 eröffnet und hatte bis zu meinem Abgang im Feber 1946 750 Todesfälle bei einer durchschnittlichen Belegungsstärke von 2500 Mann zu verzeichnen. Im Februar kam ich in das Erholungslager Kutiny. Die Verpflegung war dieselbe, doch war die Behandlung wesentlich besser. Prügelstrafe und Arbeitspflicht gab es dort nicht. Von 1000 Mann sind in drei Monaten 75 gestorben. Die meisten Insassen hatten sich ihre Leiden in den Kohlengruben oder in den Battawerken in Zlin geholt.

Kurim, Bericht Nr. 2

Lager, Bericht des Lagerarztes

Berichter: Dr. Alfred Schenk - Bericht vom 18. 8. 1946

Ich wurde Ende Oktober aus russischer Gefangenschaft entlassen, von den Tschechen in Brünn festgehalten und als Arzt im "Erholungslager" Kurim eingesetzt. In dieser Eigenschaft hatte ich Gelegenheit, die gesundheitlichen Verhältnisse dieses Lagers von November 45 bis März 46 festzustellen In dieser Zeit sind 600 Insassen des Lagers an Unterernährung gestorben. Deutsche, die aus Zlin nach Kurim geschickt wurden, waren nur mehr Körperruinen, die zu 50% starben. Über die Wintermonate wurde nur so wenig Heizungsmaterial zur Verfügung gestellt, daß nicht einmal die ärztlichen Behandlungsräume geheizt werden konnten. Seife zur Reinigung des Körpers und der Wäsche für die Kranken gab es überhaupt nicht. Im Lager ist bei ca. 200 Patienten Tbc ausgebrochen. Trotz des schwachen Gesundheitszustandes mußten die Insassen der Arbeitsbaracken arbeiten und wurden dabei von den Posten oft mißhandelt, wenn sie aus Schwäche nicht genug leisteten. Im Arrestlokal haben sich mehrere Häftlinge Erfrierungen zugezogen, die zu Amputationen führten. Die Prügelstrafe war offiziell eingeführt, wodurch oft schwere Blutergüsse wochenlange Behandlungen erforderten. Die aus Zlin ankommenden Häftlinge waren völlig unfachmännisch ärztlich versorgt, wodurch sich häufig Komplikationen ergaben (Amputationen von Fingern, Blutvergiftung, Trombosen, Hautgangräne). Die Verpflegung bestand auch für die Kranken fast nur aus ungefetteten und ungesalzenen Graupen ohne Fleisch, sodaß sich Schwerkranke unmöglich erholen konnten.

Landskron

Das Blutbad am 17. Mai 1945

Berichter: Julius Friedel - Bericht vom 22. 2. 1951

Am 9. Mai 1945 kam es auf den Höhen des Talkessels von Landskron zu den letzten Kampfhandlungen.

In den ersten Tagen der Russeninvasion kümmerten sich diese wenig um die geängstigten deutschen Menschen. Es wurde nach Alkohol gesucht, geplündert und in der Nacht veranstalteten die Soldaten förmliche Jagden nach Frauen, man konnte die ganze Nacht das Schreien der gehetzten Opfer hören.

Die wenigen ansässigen Tschechen wußten anfangs selbst nicht, wie sie sich verhalten sollten, außerdem waren sie um ihre Habe in größter Sorge.

Die deutschen Männer der Stadt mußten in diesen Tagen Aufräumungsarbeiten machen und wurden in den Vormittagsstunden des17. Mai ohne Angabe des Grundes heimgeschickt.

Gegen 11 Uhr desselben Tages kamen auf Lastwagen hunderte bewaffneter Tschechen, sogenannte "Partisanen" angefahren. Sie nahmen am Stadtplatz zu einer Kundgebung Aufstellung und ein russischer Offizier hielt eine feurige Ansprache, die oft von tosendem Geschrei begleitet wurde. Wie auf Verabredung stoben dann die Tschechen nach allen Windrichtungen auseinander. Es dauerte auch nicht lange und man wußte Bescheid, warum es ging.

In kleineren und größeren Gruppen wurden alle deutschen Männer, auch Frauen und Kinder waren darunter, auf den Stadtplatz gehetzt, die Häuser der Stadt wurden regelrecht durchgekämmt, alle Männer wurden mitgenommen, alt und jung, Gebrechliche und selbst schwer Kranke. Die einzelnen der zusammengetriebenen deutschen Gruppen waren von wild johlenden, schwer bewaffneten Tschechen begleitet, die blindlings in alles hineinschossen und auf alles einschlugen, was ihnen unter die Hände kam. Andere Trupps von Tschechen waren inzwischen in die umliegenden Dörfer gefahren und trieben dort ebenfalls auf dieselbe Weise die Männer in die Stadt. In den frühen Nachmittagsstunden waren weit über 1000 deutsche Männer auf dem Stadtplatz zusammengetrieben worden. Sie wurden in Reihen formiert und mußten mit erhobenen Händen dastehen und der Dinge harren, die noch kommen sollten.

Es folgten nun die widerlichsten Szenen, die Menschen je zu ersinnen vermochten. Bald mußten die Männer flach auf dem Pflaster liegen, rasch wieder aufstehen, dann in Unordnung gebracht, sich wieder zur Reihe aufstellen. Die Tschechen gingen die Reihen auf und ab, traten mit Vorliebe den Männern in die Geschlechtsteile und Schienbeine, schlugen mit allen mitgeführten und erreichbaren Schlagmitteln auf sie ein, bespuckten sie und schossen vor allem wild herum.

So gab es bald viele Verletzte, die sich nicht mehr erheben konnten und qualvoll litten. Doch das war noch nicht genug. Vor dem Rathaus befindet sich ein großer Luftschutzwasserbehälter, in den schließlich die Opfer der bestialischen Tollwut nacheinander hineingeworfen wurden und mit Stöcken und Stangen am Auftauchen gehindert, unter Wasser gehalten wurden. Ja, schließlich wurde sogar hineingeschossen, und das Wasser färbte sich blutrot. Beim Herauskriechen wurde ihnen auf die Finger getreten, mancher aber bereits tot herausgefischt. Andere am Boden Liegende wurden durch die mittlerweile herbeigeholte Feuerspritze angestrahlt und weiter in einer Art mißhandelt, die nicht zu beschreiben ist. - Während sich diese unmenschlichen Greueltaten abspielten, hatte sich auf dem Gehsteig vor dem Landratsamt das sogenannte "Volksgericht" eingerichtet. Hinter den bereitgestellten Tischen nahmen die Tschechen Platz, unter ihnen:

Hrabacek, Sägewerksbesitzer aus Weipertsdorf,
Pfitzner Wilhelm, Angestellter der Krankenkasse, Landskron,
Matschat Franz, Weber bei der Fa. Thoma, Landskron, Magdalenenstr.,
Wanitschek Bernard, Schuhmacher, Landskron, Karlgasse,
Matschat Stefan, Weber bei der Fa. Thoma, Landskron,
Bednar Friedrich, Tischler, Tabakfabrik, Landskron,
Polak, Gendarmerieoffizier, und eine Frau, vermutlich
Frau **Lossner** aus Landskron.

Um den Tisch herum stand eine große Anzahl von Tschechen, die als Ankläger galten und sich die einzelnen, bevorzugten Deutschen aus den Reihen holten. In mehreren Reihen hintereinander, mit erhobenen Händen, mußten die deutschen Männer vor dem Richtertisch erscheinen. Der jeweils Erste einer Reihe mußte ein mit Auswurf bedecktes Hitlerbild tragen, das der Nebenmann auf Kommando abzulecken hatte. Die letzten 20-30 Schritte zum Richtertisch mußten auf dem Boden kriechend zurückgelegt werden. Hier wurde jedem sein Urteil verkündet, das ihm mit Kreide auf den Rücken geschrieben wurde. Ungefähr 50-60 m gegenüber bis zu einer Toreinfahrt gab es ein Spießrutenlaufen im wahrsten Sinne des Wortes. Viele blieben schon auf dem Wege liegen, bevor dort die eigentliche Strafe vollzogen wurde. Was sich dabei an Brutalität ereignete, ist unmöglich niederzuschreiben.

Eines der ersten Opfer war Karl Piffl, Tischlermeister. Nachdem er aus der Reihe geholt, durch das Wasser getrieben und von dort halbtot herausgezogen war, wurde er darin buchstäblich zu Tode geprügelt und zu Brei zertreten.

Der Nächste war der Werkmeister der Fa. Pam, Landskron, Reichstädter, der bis zur Unkenntlichkeit zerschlagen, noch an die Mauer des Rathauses gestellt wurde und durch Maschinenpistolensalven sein Ende fand. Im Laufschritt kam aus der Gasse, die zum Gefängnis führte, voll johlenden Tschechen getrieben, blutüberströmt Ing. Josef Neugebauer, Landskron, der ebenfalls am Rathause mit erhobenen Händen und zur Mauer gewandtem Gesicht lautlos durch die Kugeln der Maschinenpistolen fiel. Auf ähnliche Weise beendete auch Ing. Otto Dietrich, Landskron, sein Leben. Der Bauer Viktor Benesch, Landskron, endete an derselben Stelle mit abgeschossener Schädeldecke.

Die Schmerzensschreie der blutenden Menschen übertönte bald alles Geschehen, viele saßen und lagen teilnahmslos um die Toten. Gegen 7 Uhr abends wurde der größte Teil der Zusammengetriebenen in Gewahrsam genommen, nur wenige wurden heimgeschickt.

Am 18. Mai wiederum am Stadtplatz zusammengetrieben, wurden an den Opfern die entsetzlichsten Folterungen und brutalsten Mißhandlungen fortgesetzt. Der Installateurmeister Josef Jurenka aus Landskron, Angerstraße, wurde zum Tode durch Erhängen verurteilt. An einer Gaslaterne wurde das Urteil vollstreckt, nachdem er sich selbst die Schlinge um den Hals legen mußte.

Auf ähnliche Weise endete der am Landratsamt angestellte Robert Schwab aus Ober-Johnsdorf. Diese beiden Erhängten mußten von den Deutschen ständig in schwingender Bewegung gehalten werden.

Ing. Köhler, der aus Deutschland stammte und nur in Landskron wohnhaft war, wurde, nur mit einer Lederhose bekleidet, die auf die Tschechen wie ein rotes Tuch wirkte, unter größtem Gejohle mit Spazierstöcken aufgespießt.

Es spielten sich an diesem Tage noch furchtbarere Szenen ab, als am Vortage. Einige Deutsche wurden gezwungen, sich auszuziehen, Ringkämpfe vorzuführen, sich gegenseitig zu verprügeln usw.

Furchtbare Schreie gellten den ganzen Tag über den sonst ruhigen Stadtplatz. Gegen 17 Uhr nahmen dann diese Greuel ein unvorhergesehenes Ende und dies durch die aufopfernde Tat der Kaufmannswitwe Frau Auguste Heider. Ihr Geschäftshaus stand unmittelbar hinter dem Stand des "Volksgerichtes" und hat sie von ihrem Dachboden aus wohl die sich in nächster Nähe abspielenden Greueltaten wahrnehmen können und ihnen dadurch Einhalt gebieten wollen, daß sie ihr Haus in

Brand setzte und selbst den Freitod durch Erhängen suchte. Der aufkommende Brand verursachte eine jähe Panik und machte dem bestialischen Treiben der Tschechen ein vorzeitiges Ende.

Vor dem Rathause, an der Stelle, wo vorher das "Volksgericht" mordete, lagen in großen Blutlachen und Rinnsalen von Blut folgende Deutsche, teils erschossen, teils erschlagen und bis zur Unkenntlichkeit zertreten und verstümmelt:

1. **Benesch** Viktor, Landwirt und stellvertretender Ortsbauernführer, Führer der Kriegerkameradschaft aus dem Weltkriege,
2. **Neugebauer** Josef, Ingenieur und Baumeister,
3. **Dieterich** Otto, Ingenieur und Baumeister,
4. **Köhler,** Ingenieur und Betriebsleiter,
5. **Janisch** Leo, Leiter des Arbeitsamtes,
6. **Langer** Karl, Beamter des Arbeitsamtes,
7. **Langer** Josef, Beamter des Arbeitsamtes,
8. **Kowarsch** Karl, Fleischhauermeister, erschossen von seinem Gehilfen,
9. **Benesch** Theodor, Forstdirektor i. R.,
10. **Gerth** Rudolf, Feldwebel,
11. **Lug** Hubert, Landwirt aus Lukau,
12. **Klement** Johann, Elektrotechniker,
13. **Schwab** Reinhold, Zementwarenerzeuger,
14. **Schmidt** Karl, Spenglermeister,
15. **Jurenka** Josef, Schlossermeister,
16. **Schwab** Robert, Beamter des Landrates,
17. **Antl** Richard, Bauer aus Rudelsdorf,
18. **Marek,** Eisenbahner,
19. **Koblischke** Josef, Oberlehrer i. R.,
20. **Piffl** Karl, Tischlermeister,
21. **Hafler** Leopold, Arbeiter,
22. **Reichstätter** Julius, Beamter,
23. **Linhart** Josef, Bauer aus Lukau,
24. **Zandler,** Bauer aus Rudelsdorf.

Diese Menschen, die hier einer bestialischen Horde zum Opfer fielen, blieben bis zum 19. Mai liegen. In den späten Nachmittagsstunden mußte der Landwirt Eduard Neugebauer, Landskron, Angerstraße, auf den Friedhof führen. Der totenbeschauende Arzt, ein Deutscher, welcher für die Deutschen aus Landskron ob seines anrüchigen Verhaltens ausgelöscht ist, sagte, daß er von den zu Tode gequälten Menschen nicht mehr eindeutig feststellen konnte, wer sie waren. In einem Massengrab wurden diese Toten buchstäblich verscharrt.

Es ist kein Wunder, daß ob diesem grausamen Geschehen viele Deutsche ihrem Leben durch Freitod ein Ende setzten.

Mit Zuverlässigkeit sind es folgende:

Heider Auguste, Kaufmannswitwe, Landskron, Stadtplatz,
Maresch Eduard, Schnittwarenhändler u. Frau, Landskron, Magdalenenstr.,
Richter Hubert, Schuhmacher und Frau, Landskron, Magdalenenstraße,
Riedel Wenzel, Gendarmeriewachtmeister i. R., Landskron, Magdalenenstr.,
Waschitschek Hans, Wanderlehrer i. R. und Frau, Landskron, Badgasse,
Killer, Landwirt, Landskron, Angerstraße,
Janisch Karl, Gärtner, Landskron, Friedhofstraße,
Jandejsek Josef, Steuerobersekret. i. R. u. Frau, Landskron, H. Knirschstr.,
Portele Otto, Schuhmacher, Landskron, Stadtplatz,
Kusebauch Wenzel, Major i. R. und Frau, Landskron, Angerstraße,
Knapek Gerlinde, geb. Ringl, Landskron, Stadtplatz,
Piffl Anna, geb. Schreiber, Arztenswitwe u. Tochter Ingunde **Ilgner** mit ihrem Kinde, Landskron, Knirschstraße,
Dr. **Pelzl** Franz und Frau Mathilde, geb. Nagl, Landskron, Johannesgasse,
Rotter Richard mit einem Kind, Landskron,
Langer Karl, Gemeindeangestellter i. R., Landskron, Schulplatz,
Schromm Viktor, Straßenmeister, Landskron.

In den meisten Dörfern verliefen diese Tage auf ähnliche Weise. Den Freitod suchten außerdem in:

Hilbetten: über 60 Personen, darunter der Arzt des Ortes Dr. Schwarz, in dessen Wohnung viele Deutsche den Tod suchten.
Türpes: die Frau des Bürgermeisters Schmidt erschoß ihre Kinder und sich selbst.
Ziegenfuß: erschoß der Erbrichter Franz Hübl seine achtköpfige Familie, nur seinen 80jährigen Vater ließ er am Leben.
Rudelsdorf: schied ebenfalls eine größere Anzahl freiwillig aus dem Leben.
Triebitz: wurde der Bauer Julius Klaschka erschossen.
Sichelsdorf: wurde der Bauer Franz Kaupe erschossen.
Tschenkowitz: gab es ebenfalls mehrere Tote durch Erschießen.
Abtsdorf: ging der Freisassenhofbesitzer Heinz Peschka mit Frau und seinem Sohn in den Freitod, ebenso der Bürgermeister Max Wilder mit Frau und drei Kindern.

Der ehemalige Bürgermeister der Stadt Landskron, Dr. Franz Nagl, später Leitmeritz, wurde in **Königgrätz** erschossen.

Besondere Brutalität legte der tschechische Schuhmacher Janecek aus **Hermanitz** an den Tag. Mit Stolz erzählte er später im Gefängnis, daß er nicht weniger als 18 deutsche Soldaten, die waffenlos durch die Wälder zogen, aus dem Hinterhalt erschossen hat.

In diesen Tagen wurden noch arbeitsfähige Deutsche in größere Gruppen zusammengefaßt und den Russen übergeben, von denen sie nach dem Osten verschleppt wurden. Viele von ihnen haben nach monate- und jahrelangem opfervollen Leben die Heimkehr nicht mehr erlebt.

Weitere Namen von Tschechen, die damals in der Gemeindeverwaltung tätig waren, sich an den Ausschreitungen gegen die Deutschen beteiligten, durch Raub und gemeinsten Diebstahl bekannt und die auf alle Fälle für all das Geschehen mitverantwortlich waren, sind:

Die beiden Bürgermeister Losser und Hejl, die Stadtverordneten Zidlik, Ing. Vagner, Dr. Rehák, Wanitschek, Kudlacek, Pfitzner, der Vorsitzende Dr. Skala, sowie Vodicka. Ganz besonders hervorzuheben ist der Sägewerkbesitzer Hrabacek und der Gendarmerieoffizier Polak. Hrabacek endete nach der Flucht aus dem Reiche Gottwalds über Deutschland in Frankreich als Landarbeiter, und auch Polak nahm ein bitteres Ende.

Ich versichere an Eides statt, daß die obigen Aussagen der Wahrheit entsprechen.

Langenlutsch

Schwerkriegsversehrter ermordet

Berichterin: Aloisia Ille - Bericht vom 26. 9. 1946

Mein Sohn war Schwerkriegsversehrter, ihm fehlte ein Bein, auf einem Auge war er blind. Er war im Oktober 1943 verwundet worden. Als Invalider war er dann eine zeitlang als Angestellter des Wehrmeldeamtes in Zwittau und als Ausbildner des Volkssturmes in Türnau beschäftigt. Am 2. 6. 45 wurde er von den Tschechen verhaftete und am 3. 6. war er bereits tot, was aus einer Verständigung der Leichenhalle hervorgeht, nach der er am 4. 6. beerdigt wurde. Ich selbst erfuhr von seinem Tode erst vier Wochen später und habe bis heute keinen Totenschein bekommen. Ein Augenzeuge Hlawatsch aus Langenlutsch erzählte, daß er gesehen habe, wie mein Sohn furchtbar zerschlagen war. Er hat ihn auch in der Leichenhalle liegen sehen.

Liblin

Mißhandlungen einer Frau

Berichterin: Herta Kaiser - Bericht vom 4. 11. 1946

Ich war Heimleiterin eines Müttererholungsheimes in Liblin bei Pilsen. Am 5. 5. v. J. wurde mir vom *Národní Výbor* erklärt, daß die Heiminsassen durch das Internationale Rote Kreuz abtransportiert würden. Am 8. 5. v. J. wurde ich mit einer anderen Frau und 2 Männern verhaftet und gefesselt an einen Wagen gebunden, der im Trab nach Kralowitz fuhr, sodaß wir im Laufschritt folgen mußten, wobei ein tschechischer Radfahrer uns mit einer Peitsche antrieb. Am Marktplatz von Kralowitz wurden wir der tschechischen Zivilbevölkerung zur Mißhandlung freigegeben und mit Fausthieben ins Gesicht und auf den Kopf geschlagen und angespuckt. Nach acht Tagen wurde ich auf einen Kohlenschacht zur Arbeit verschickt, wo ich sieben Monate in einem Heuschuppen auf blanker Erde schlafen mußte. Ich war dort die einzige Frau und mußte Material mit Schubkarren fahren, später kochen. Am 3. 1. d. J. wurde ich zu 8 Jahren schweren Kerker verurteilt, da ich Heimleiterin gewesen war. Ein besonderes Delikt war in der Anklageschrift nicht angegeben. Durch fünf Monate wurde ich in der Frauenstrafanstalt Repy festgehalten, wo die Behandlung gehässig war. Dann kam ich in das Arbeitslager einer Kunstseidenfabrik in Theresienthal, wo ich plötzlich als Einzige ganz wider Erwarten ausgesiedelt wurde. Ich besitze von meinen Sachen überhaupt nichts mehr. In Jitschin erhielt ich vor der Aussiedlung aus einem Magazin einige alte Wäsche und Kleider, die kaum brauchbar sind.

Libochowan

Mißhandlungen eines 75jährigen Greises am 12. 7. 1945
Berichter: Josef, Adele und Elfriede Pomps

[Josef Pomps:] Vor allem sei festgestellt, daß ich Gefertigter weder der Nationalsozialistischen Partei noch deren Gliederungen angehört habe. Mein Heimatdorf ist Libochowan a. d. Elbe, Bezirk und Kreis Leitmeritz, Sudetengau.

Als ich die Mißhandlungen erdulden mußte, betrug mein Alter 75 Jahre. Ich wurde am 12. 7. 1945 von dem tschechischen Lehrer Schwarz in die tschechische Schule befohlen, dort hielt mir der Vorgenannte die Gemeindechronik, welche ich bis zum Jahre 1938 zu führen hatte, vor. Eine Stelle, die von der Hetzerei des Lehrers Schwarz handelte, war der Anlaß, daß drei Tschechen, welche mit anwesend waren, mich von allen Seiten mit Ohrfeigen und Schlägen behandelten, sodaß meine Augengläser in Stücke gingen. Infolge der Schläge stürzte ich und kam auf den Fußboden zu liegen, hier wurde ich von allen dreien mit den Hacken der Stiefel bearbeitet und bei den Haaren und Ohren hochgezogen und immer wieder geschlagen, bis ich blutete. Der tschechische Lehrer wischte mir nun das Blut aus dem Gesicht, sodann wankte ich zur Tür, woselbst ich meine beiden Töchter traf.

[Adele Pomps:] Ganz ahnungslos wurde ich, Adele Pomps, geb. 17. 2. 1907 und meine Schwester Elfriede, geb. 8. 9. 1911, beide in Libochowan, von dem Henkersknechten Franz Dorant ebenfalls in den Kindergarten der ehemaligen tschechischen Schule geholt; als wir das Vorhaus betraten, ließ man gerade unseren 75-jährigen Vater raus, über sein Gesicht rann das Blut. Ich fragte, was man ihm getan hat - er wischte sich das Blut aus dem Gesicht - er durfte aber nicht darauf antworten. Er konnte nachhause gehen. Hinter uns schlossen sich die Türen, man nahm uns beide in den Kindergarten. Der tschechische Lehrer Schwarz sagte: "Ich werde Euch vorlesen, was dieser Alte in die Gemeindechronik geschrieben hat." (Der tschechische Lehrer Karl Schwarz war oftmals ein Hetzer.) In einem Satz hieß es: "Das Kriegerdenkmal sollte umgelegt werden, weil darauf stand, 'Gedenket der Braven, auch wenn sie sieglos kämpften'." Ich mußte wieder raus ins Vorhaus, meine Schwester Elfriede kam zuerst dran. Ich hörte sie fürchterlich schreien, meine Angst wurde immer größer, da kam Schwarz raus. Diese Bestie dachte bestimmt, daß ich das Weite suche. Das war mir

aber leider nicht möglich. Ich bat den Schwarz, mich lieber zu erschießen als zu schlagen, darauf sagte er: "Nein, Du mußt noch arbeiten!"

Nun kam auch ich dran, meiner Schwester wollten sie gerade den Mund aufreißen, sie hat geschrien wie ein Stück Vieh vor Schmerzen. Mit Fußtritten und Schlägen ins Gesicht wurde ich von demselben Banditen empfangen, wie meine Schwester. Sie beschimpften uns nur mit "Huren und Säue". Vor einer 30-40 cm Pritsche wurde ich von Karl Dorant und Ladio mit einem Gummiknüppel und einer Gummipeitsche mit vielen kleinen Riemen so geprügelt, bis ich zusammenbrach. Nun lag ich auf der Pritsche, da wurden mir von 20-22-jährigen Kerlen die Hosen runtergezogen und so lange geprügelt, bis ich von der Pritsche fiel. Das wurde wiederholt gemacht; als die zwei Verbrecher müde waren, wurden diese von Rudolf und einem, der das Kolonialwarengeschäft von Breitfelder übernommen hat, abgelöst. Es war furchtbar, das alles zu ertragen. Der Schwarz ging nur hin und her und lachte dazu.

Nun stand ich neben meiner Schwester, da schlug uns der tschechische Straßenwärter ins Gesicht. Unsere Haare waren ganz zerrauft. Der, der Breitfelders Geschäft hatte, gab uns seinen Kamm, wir mußten uns kämmen. Die Leute sollten nicht sehen, was diese Verbrecher mit uns aufgeführt haben. Es brüllten alle wie die Löwen auf, Karl Dorant stand mit dem Gewehr vor uns, stampfte es uns bald auf die Füße mit dem Bemerken, wenn wir es jemanden draußen sagen, was mit uns gemacht wurde, da kriegen wir eine Kugel durch den Kopf. Nun konnten wir gehen. Ich hab dabei meine Hand auf die Brust gelegt und schüttelte ganz leise den Kopf. Auf das hin mußten wir noch einmal zurück, wir bekamen dieselben Prügel noch einmal, diesmal nahm der Straßenwärter den Kopf zwischen seine Beine. Wir bekamen wieder den Kamm und mußten uns noch einmal kämmen. Noch einmal wurde uns das Gewehr vor die Augen gehalten. Nun konnten wir gehen. Die Leute draußen auf der Straße schauten uns ganz versteinert an, sie wußten Bescheid, denn sie hörten uns auf der Straße schreien. Wir waren vom Kreuz bis in die halben Beine wie ein dunkelblaues Tuch, wie Heidelbeeren so blau. Ich würde lügen, wenn ich sagen würde, es war Weißes wie eine Stecknadelkuppe zu sehen. Ich habe es Dr. Schmidt in Praskowitz gezeigt. Er rief seine Frau, sie waren beide ganz sprachlos. Er nahm ein Protokoll auf, ich mußte mich bei ihm behandeln lassen. Meine Schwester zeigte es Dr. Gintner aus Schreckenstein. Er rief auch gleich seine Frau. Sie schlugen die Hände zusammen und sagten: So etwas haben sie überhaupt noch nicht gesehen. Ich zeigte es vielen Bekannten, denn ich wollte für diese Schandtaten Zeugen haben. Auch Tschechen habe ich es gezeigt und immer wieder erzählt. Da sagte Herr Husak aus Raudnitz: "Da schämt man sich, Tscheche zu sein". Herr Swoboda aus Libochowan rief uns zu unserer Nachbarin, Frau Marie Finger, dort mußten wir ihm alles erzählen und zeigen. Da riß er seine Armbinde vom *Národní výbor* runter, warf diese bei meiner Freundin auf den Mist und sagte: "Mit solchen Verbrechern will ich nicht mehr arbeiten."

Nur das ist uns ein Rätsel, warum wir die vielen Schläge und Prügel bekamen, da wir doch nicht einen Strich im Gedenkbuch geschrieben haben. Als man die anderen prügelte, ließ man laut das Radio spielen.

Dieses ist die vollste Wahrheit, die jederzeit ich, meine Schwester und mein Vater beeiden können.

Liebenau

Erschießung angedroht, Auslieferung an die Russen

Berichter: Oskar Tiel - Bericht vom 5. 3. 1951

Ich sollte in Liebenau erschossen werden. Ich stand an der Wand ohne verbundene Augen, mir gegenüber in drei Meter Entfernung eine Eskorte tschechischer Miliz. Sie wartete auf das Kommando "Feuer". Sie schossen aber nicht, sondern zwei Mann verprügelten mich solange, bis ich der Ohnmacht nahe war. Dann mußte ich meinen Oberkörper entblößen und als sie kein eingebranntes SS-Zeichen fanden, wollten sie mich, grün, blau und blutig geschlagen, im Walde beseitigen. Auf dem Wege dorthin kamen die Tschechen in Streit. Dann sagte der Häuptling, ich solle den Russen übergeben werden und in Sibirien arbeiten. So ist es auch geschehen.

Liebesdorf

Deutscher auf der Straße angeschossen

Berichter: Grüner - Bericht vom 24. 7. 1946

Ich bin Eisenbahner von Beruf. Am 27. 11. 1945 ging ich von Liebesdorf nach Oberhaid, um dort Arbeit zu suchen. Ich hatte dazu einen Ausweis. Unterwegs am Rande der Ortschaft Zartlersdorf wurde ich angerufen. Als ich stehen blieb, krachten mehrere Schüsse. Einer traf mich im Knie. Am Waldrand neben der Straße ungefähr 30 Schritte entfernt lagen 12 tschechische Soldaten, die auf mich schossen. Als ich zu Boden fiel, kamen sie zu mir, traten mich mit den Füßen und beschimpften mich. Dann ließen sie mich liegen. Der nächste Fußgänger fand mich bewußtlos, brachte mich nach Zartlersdorf und verständigte meine Familie. Ich lag dann zwei Monate bei dem Arzt Dr. Fuchs in Rosenberg, der mich behandelte. Die Behandlungskosten mußte ich selbst tragen. Eine Anzeige bei der tschechischen Behörde und der Gendarmerie war völlig wirkungslos. Heute kann ich mein Bein noch nicht voll gebrauchen.

Liebeznice

Mord an 318 deutschen Soldaten am 9. Mai 1945

Berichter: Ludwig Breyer - Bericht vom 29. 1. 1951

So wie für alle deutschen Soldaten, war auch für die Schwere-Granatwerfer-Abteilung Nr. 534 (Heimatstandort Zwickau/Sa.), die im Zeitpunkte der Bekanntgabe des Waffenstillstandes im Raume von Zittau/Sa. stand, der Kampf zu Ende. Am 8. Mai 1945 gegen 11 Uhr nachts - die Abteilung lag in Wetzwalde bei Zittau - traf die Nachricht vorn Waffenstillstand ein. Die Abteilung erhielt noch einen letzten Befehl: Abmarsch in Richtung Brüx-Karlsbad. Unter Führung eines jungen Hauptfeldwebels marschierte sie in einer Lkw-Kolonne um Mitternacht in der Stärke von 375

Mann über Deutsch-Gabel-Böhm.-Leipa bis Melnik-Brücke. Schwere Minenwerfer und Munition waren vernichtet worden, die Truppe trug nur noch Handwaffen zu Sicherungszwecken bei sich.

Wir waren von dem Willen beseelt, zu den Amerikanern zu gelangen und standen links der Elbe, gegenüber uns Melnik - und hier standen auch die ersten Tschechen.

Dabei war auch ein tschechischer Major, der wie ein Soldat unter Soldaten, ein Kamerad zu Kameraden sprach. Er verlangte von den Deutschen die Abgabe der Waffen, die sie noch trugen. Der Hauptfeldwebel glaubte den Worten des Majors, er entschied sich für die Niederlegung der Waffen, die in einer nahegelegenen Scheune gesammelt wurden.

Der jetzt aus Rußland heimgekehrte Hauptfeldwebel erklärt: "Hätte ich geahnt, was kommen würde, hätten wir unsere Waffen nicht abgegeben und die Tragödie von Liebeznice wäre nie geschehen." Das Nächste was geschah: Die entwaffneten, die waffenlosen Soldaten mußten sich in Fünferreihen gruppieren, Arm in Arm. Zwischen 14 und 16 Uhr nachmittags - die Episode an der Brücke war vorüber - marschierten die Soldaten, begleitet von Partisanen, aus Melnik auf der Reichsstraße gegen Prag. Etwa 200 bis 300 Meter vor dem Orte Liebeznice - die Melniker Partisanen waren unterwegs von anderen abgelöst worden, von dem Major war nicht mehr die Rede - mußte gehalten werden. Alles, was die deutschen Soldaten noch bei sich trugen, flog in den Straßengraben, die letzte Habe, die letzten Habseligkeiten. Nur die Uniformen behielten sie auf dem Leibe. Es kam das Kommando: "Hände hoch! Im Dauerlauf in die Ortschaft."

Der Hauptfeldwebel sagt, was nun folgte: "Kaum waren wir in den ersten Häusern, ging das Schießen los, aus allen Türen und Fenstern, von überall her, mit allen Waffenarten. Jeder versuchte, sich zu retten und zu entkommen. Es ist leider nur den Wenigsten gelungen. Als es wieder ruhig geworden war, lagen die toten und die verwundeten Kameraden auf der Straße. Die Verwundeten wurden durch Genickschüsse getötet. Unter den 57 Männern, die dem Tode entronnen waren und von den Tschechen wieder gefangen wurden, war auch ich. Wir wurden nach Prag transportiert."

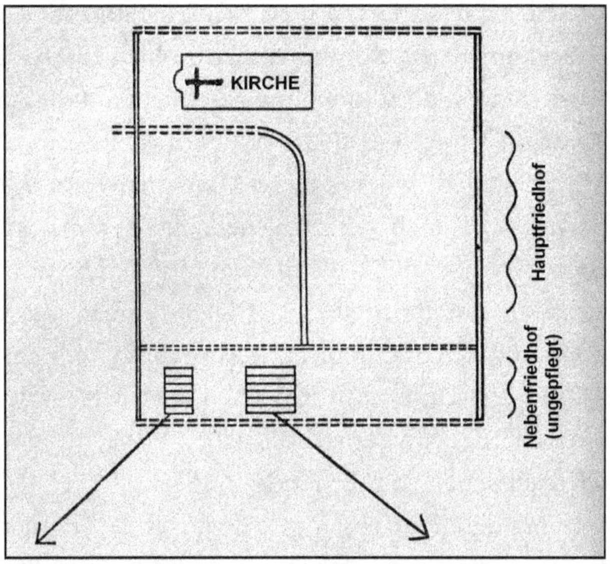

Grab deutscher, verhungerter und zu Tode gequälter Arbeitssklaven aus Prag, die im Orte Bast, 2 km von Liebeznice interniert waren.

Massengrab mit flachem Hügel, unkrautüberwuchert, wo 317 deutsche Soldaten der schw. Granatwerfer-Abtlg. Nr. 534, Heimatstandort Zwickau/Sa., am 9. 5. 1945, nach Waffenstillstand, zwischen 15 und 16 Uhr von der Bevölkerung des Ortes Liebeznice meuchlings ermordet wurden.

318 deutsche Soldaten fanden den Tod. Ein anderer tschechischer Major (und damit ist erwiesen, daß z.Zt. des Blutbades in Liebeznice tschechische Soldaten anwesend waren), der die überlebenden 57 Mann mit einfing, bestätigte dem deutschen Hauptfeldwebel, daß nicht alle 318 Mann sofort tot waren und durch Genickschüsse erledigt wurden, - "das hörte ich auch an den Revolverschüssen", sagte der deutsche Hauptfeldwebel.

Als später Prager Deutsche als Arbeitssklaven nach Liebeznice kamen, fanden sie die blutdurchtränkten Uniformen der deutschen Soldaten in Scheunen. Erst meuchlings niedergeschossen, waren sie nachher völlig entkleidet im Vorfriedhof von Liebeznice einfach eingescharrt worden.

Littau

Mißhandlungen im Lager

Berichter: Franz Mauder - Bericht vom 26. 8. 1950

Beim Rückzug der deutschen Wehrmacht wurde im März 1945 von der Waffen-SS der Ort Javoricka niedergebrannt. Die nachströmenden tschechischen Partisanen trieben die deutschen Bewohner dieser Gegend zusammen, pferchten sie in das Forsthaus und Busauer Schloß, wo sie ermordet wurden. Die Kinder wurden in die Keller der dortigen Zinshäuser getrieben und in diesen Räumen erschossen. Über diese Kinderleichen warfen dann diese Mörder die dort vorrätige Marmelade.

In den deutschen Sprachinseln Wachtel und Brodek wurde die deutsche Bevölkerung in die als Internierungslager umgewandelte Malzfabrik (der Stadt Littau) getrieben und dort furchtbaren Grausamkeiten ausgesetzt.

Jeder Eingelieferte erhielt zuerst die sogenannte Taufe. Bei entkleidetem Oberkörper und Füßen Prügel auf den Leib und die Fußsohlen bis zur Bewußtlosigkeit. Nach Eintreten der Besinnung wurden dann die Opfer ohne Rücksicht auf die zugefügten Schäden zu Arbeitsleistungen getrieben.

Täglich früh um 6 Uhr mußten sich 36 Deutsche am Fabrikshof mit dem Gesicht gegen die Mauer stellen, worauf diese Menschen ohne Unterlaß blutig geschlagen wurden. Unter diesen befand sich auch der alte ehemalige österreichische Oberleutnant Fiedler, der sich infolge der zugefügten Schmerzen entleeren mußte. Die tschechischen Kommandanten Vycidal und Nakladal zwangen unter brutalsten Mißhandlungen den deutschen Nebenmann des Fiedler, den Kot zu essen und den Mund hiervon ganz voll zu nehmen.

Bei den Opfern, unter denen auch ich mich befand, war es nicht selten, daß wir angespuckt wurden oder von der tschechischen Bewachung vor uns ausgespuckt wurde. Den Auswurf mußten wir Deutschen vom Erdboden auflecken.

Von den Partisanen wurden aus der Frauenabteilung jeden Abend Frauen und Mädchen verlangt, die der diensthabende tschechische Oberwachtmeister Grulich aussuchte und auslieferte. Diese Opfer blieben zwei bis drei Tage, manchmal acht Tage aus und wurden pro Nacht bis zu fünfzehnmal von diesen Horden vergewaltigt. Bei der Mehrzahl dieser Frauen wurden nachher Geschlechtskrankheiten festgestellt.

Lyssa

Schwere Mißhandlung von Frauen

Berichterin: Hermine Henkel - Bericht vom 6. 10. 1946

Am 16. 10. v. Js. wurde ich und meine Schwester vom Kommissar und einem Gendarmen zum Arbeitseinsatz ins tschechische Gebiet angeblich auf 4-6 Wochen von zu Hause abgeholt. Wir sollten in ¼ Stunde das Haus verlassen und nur das notwendigste Gepäck mitnehmen. Ich bat den Kommissar, uns zu Hause zu lassen, da wir auch zu Hause mit der Bebauung unseres 4.000 qm großen Gartens viel Arbeit hätten und noch außerdem außer Haus zur Arbeit gingen. Daraufhin wurden wir beide, 57 und 60 Jahre alt, von den Tschechen schwer mißhandelt. Sie schlugen uns mit der Faust ins Gesicht und mit den Füßen in den Leib. Ich erlitt davon innere Verletzungen. Ich war durch Monate hindurch an der rechten Seite verschwollen und spuckte Blut. Darauf haben sie uns bei den Haaren aus dem Haus herausgezerrt und zum Bahnhof getrieben. Bald darauf wurde von einem Gendarmen unser Haus völlig ausgeplündert. Wir arbeiteten neun Monate in einer Baumschule in Lyssa bei Prag, wo wir ständig mit Pistole und Peitsche bedroht wurden.

Mährisch Rothwasser

Mißhandlungen

Berichter: Oskar Minarsch - Bericht vom 13. 10. 1946

Am 19. Mai wurde ich mit vielen meiner Kameraden in Mährisch Rothwasser zusammengetrieben und in die Kaserne zur Bestrafung vorgeführt. Wie hier die tschechischen Partisanen wüteten, kann ich nicht beschreiben. Einige meiner Kameraden wurden zu Tode geprügelt. Was mich anbelangt, so erhielt ich viele Faustschläge ins Gesicht und mußte ein Stück eines Hitlerbildes essen. Wurde aber bei der Vorführung vom *Výbor* (Vorsitzender Kopa) als schuldlos entlassen. Seit dieser Zeit lebte ich in ständiger Angst vor Drangsalierungen. Es wurde mein ganzes Haus ausgeraubt, sodaß meine Familie ganz nackt dastand. Das Notdürftigste mußte ich mir wieder zusammenbetteln.

Am 21. August 1945 wurde ich von der Feldarbeit ins Lager nach Mährisch Schildberg abgeführt. Von da kam ich in das Lager nach Hohenstadt (Altes Schloß). Nach dreitägigem Aufenthalt wurde ich mit einigen meiner Kameraden nach Mürau in die Strafanstalt geschickt. Ende September wurde ich in die Lukawetzer Papierfabrik zur Schwerarbeit eingeteilt. Hier arbeitete ich bei schlechter Verpflegung bis 6. Jänner 1946. Geschlagen wurde ich hier nicht. Vom 6. 1. bis Mitte

April war ich im Lager Heilendorf bei Hohenstadt. Arbeit wenig, dafür sehr schlechte Verpflegung, besonders in der ersten Zeit. Geschlagen wurde ich hier nicht, da ich bei keiner Formation war. Nachher war ich bis Anfang Mai im Arbeitslager Hohenstadt. Hier herrschte strenge Disziplin. Einmal erhielt ich wegen unerlaubten Rauchens derart Prügel, daß ich zusammenfiel. Sonst ist mir persönlich nichts mehr passiert. Nur holte ich mir ein starkes Rheuma in den Schultergelenken, an dem ich noch heute leide. Am 4. Juli 1946 wurde ich mit meiner Familie ausgesiedelt.

Mährisch Trübau

Mißhandlungen im Internierungslager

Berichter: Franz Wolf - Bericht vom 14. 6. 1946

Ich wurde im Oktober 1945 verhaftet und in das Internierungslager Mährisch Trübau eingeliefert. Bei der Verhaftung wurde ich geohrfeigt. Nach 3 Tagen wurde ich auf Aufforderung meines Arbeitgebers freigelassen.

Am 2. Februar 1946 wurde ich abermals verhaftet und wieder in das Internierungslager Mährisch Trübau überführt. Im Lager wurden ich und die anderen Häftlinge schwer mißhandelt. In der Nacht zu verschiedenen Zeiten kamen Gendarmen in betrunkenem Zustande und ließen uns vor den Betten antreten und fragten uns nach NS-Organisationen. Bei jeder Frage wurden wir mit der Faust auf den Kopf, ins Gesicht und am ganzen Körper geschlagen, sodaß wir alle ganz entstellt waren. Jeder, der blutete oder Beulen besaß, wurde darauf in den Keller gesperrt, damit er nicht zu sehen war. Mein Kamerad Knorre aus Kunzendorf hat sich in der Verzweiflung über diese Mißhandlungen im Waschraum erhängt. Viele meiner Kameraden verloren das Gehör. Ich war 3 Monate im Lager Mährisch Trübau. Diese Prügeleien erstreckten sich über ungefähr 8 Wochen. Als damals sich auch ein internierter Tscheche in der Verzweiflung erhängte (Anfang April) hörten die Mißhandlungen auf. Anfang Mai kam ich in das Arbeitslager Mährisch Trübau, wo die Verhältnisse besser waren.

Die Verpflegung im Internierungslager war völlig unzureichend. Sie bestand nur aus einer leeren Suppe und 2 dünnen Scheiben Brot im Tag. Anfang Juni kam ich ins Aussiedlungslager.

Malschin

Einbruch in den Pfarrhof

Berichter: Johann Hutter - Bericht vom 2. 11. 1946

In der Zeit zwischen 12. und 18. [8.] d. J. wurde im Pfarrhof von Malschin ein Einbruch verübt und dabei ein Betrag von Kc 18.230.- entwendet. Als Antifaschist durfte ich das Gasthaus besuchen und traf dort am 14. 8. den tschechischen Kommissar Hoschek, der in größter Aufregung vom Pfarrhof in das Gasthaus gelaufen kam und sich neben mich setzte. Auf meine Frage, warum er so aufgeregt sei, erklärte er, er habe im Pfarrhof einen guten Fang gemacht. Dabei fielen ihm vier Hundertkronennoten aus den Hosentaschen, die er, wie auch die beiden Rocktaschen, mit Geld vollgestopft hatte. Als ich am nächsten Sonntag in der Kirche aus einer öffentlichen Bekanntmachung des Herrn Kaplan von dem Einbruch erfuhr, erklärte ich diesem, daß ich den Täter wahrscheinlich kenne und erzählte ihm mein Erlebnis mit dem Kommissar. Er sagte, er hätte sich auch schon gedacht, daß der Kommissar der Täter sei, da sonst niemand Zutritt zum Pfarrhof habe, doch könne man es nicht beweisen und deshalb auch nichts ausrichten. Es wäre ihm lieber gewesen, ich hätte ihm nichts gesagt. Ich habe dann auch selbst nichts mehr unternommen, da ich weiß, daß die Anzeige eines Deutschen wertlos ist und die Gendarmerie und der Kommissar unter einer Decke stecken. Der Kommissar wußte, daß ich über den Vorfall genau Bescheid weiß. Er hat auch öfter erklärt, er fürchte nur Hutter. Anfang Oktober nahm er mir den Antifaschistenausweis ab mit dem Bemerken, daß er vom Amt Kaplitz angefordert werde. Er hat mir aber auf mein Verlangen keine Quittung darüber ausgestellt.

Maschau

Ermordung von 4 Familienmitgliedern

Berichterin: Rosa König - Bericht vom 10. 6. 194[6]

Wir hatten allein im Jahre 1945 durch die Tschechen vier Todesfälle zu beklagen. Die Eltern Bruno König, geb. 1865, Oberrechnungsrat i. R., wohnhaft Jauernig im Ostsudetenland und dessen Gattin Emma König, geb. 1867, wurden im Juni 1945 aus ihrem Heim ohne jegliche Habe bis nach Chemnitz in Sa. getrieben, wo sie beide im Laufe von 8 Tagen in einem Lager verstarben und in einem Massengrab beerdigt wurden. Eine Schwester, Anna Fieber, geb. 1887, wurde im Juni 1945 von Partisanen aus ihrem Heim in Kaaden/Eger herausgeholt, den nächsten Tag war sie tot. Ein Bruder, Anton Totzauer, geb. 1896, Landwirt in Webeschau bei Teplitz-Schönau, wurde im Mai 1945 zu Tode gemartert und auf einem Ablagerungsplatz eingescharrt.

Wir selbst wurden am 29. Juni 1945 binnen einer halben Stunde aus unserem Heim in Maschau, Kreis Podersam völlig ausgeraubt und mit noch anderen Ortsbewohnern (darunter auch der Dekan und eine gelähmte Frau) herausgetrieben, wie Schwerverbrecher behandelt, in Scheunen zusammengetrieben, bis dann der Leidenszug aus der ganzen Umgebung unter Militäreskorte über die Grenze abgeschoben wurde.

Meierhöfen

Gepäckkontrollen im Aussiedlungslager

Berichter: Hans Feigl - Bericht vom 29. 8. 1946

Ich war als Internierter des Lagers Neurohlau vom 25. 1. bis 20. 8. 46 in das Aussiedlungslager Meierhöfen bei Karlsbad kommandiert und war dort bei sämtlichen Gepäckkontrollen anwesend, die in dieser Zeit für Aussiedlungstransporte stattfanden. Die Kontrollorgane waren in den meisten

Fällen betrunken und gingen bei der Kontrolle ganz willkürlich, brutal und roh vor. Die besseren beschlagnahmten Sachen verteilten sie unter sich selbst. Wertvolle Wäsche und Kleider haben sie den Aussiedlern abgenommen, auch wenn diese das ihnen zustehende Gewicht nicht erreicht hatten. Die Aussiedler wurden durch rohe Behandlung so eingeschüchtert, daß sie meistens keine Beschwerden wagten. Wenn sie sich hie und da doch beim Lagerführer beschwerten, wurde von diesem meistens nichts unternommen. Einzelne junge Kontrollorgane haben sich insbesondere etwas abseits stehende ältere Leute zur Kontrolle herausgegriffen und diese meistens ausgeraubt. Die Kontrolle wurde auch so rücksichtslos vorgenommen, daß viele Sachen dabei verdorben wurden. Uhren wurden grundsätzlich, auch wenn sie nicht aus Gold waren, abgenommen. Zur Verladung des Gepäcks, zum Abtransport wurde den Aussiedlern keine Hilfe beigestellt, sodaß alte Leute und Frauen mit Kindern sich selbst ihr Gepäck verladen mußten.

Melnik

Landwirtschaftlicher Einsatz deutscher Nachkriegsgefangener

Berichterin: Elfriede Mattausch - Bericht vom 7. 6. 1946

Über 5000 Deutsche aus dem Kreise Melnik werden noch heute als landwirtschaftliche Arbeiter unter dem Namen "Deutsche Nachkriegsgefangene" festgehalten. Die Arbeiten dauerten meistens 16 Stunden täglich, auch sonntags. Die Deutschen mußten sich von ihren Lebensmittelkarten mit 290 g Fett und ohne Fleisch verpflegen. Nur im Sommer gab es zusätzlich 560 g Fleisch im Monat. Die meisten Bauern zahlten für geleistete Arbeit überhaupt nichts. Die Deutschen wohnten in elenden Löchern, in alten Hütten, ohne Wasser, Licht, Abort oder Kochgelegenheit. Die Behandlung bei der Arbeit war unmenschlich. Unflätige Beschimpfungen, schwere Drohungen richteten die Leute seelisch zugrunde. Die Kinder verwahrlosten, da den Müttern keine Zeit gelassen wurde, sich um sie zu kümmern. Ärztliche Betreuung bei Erkrankungen gab es nicht. Es gab eine Krankenkasse, doch waren die Deutschen durch die unmenschliche Behandlung so eingeschüchtert, daß es keiner wagte, zum Arzt zu gehen, da die Bauern bei Erkrankungen sofort mit dem Konzentrationslager drohten. Im Nachbardorf Straschnitz hat ein Bauer alle Deutschen, auch Frauen und Mädchen mit der Reitpeitsche geschlagen, weil sie nicht punkt 6 Uhr früh zur Arbeit angetreten waren.

Ich selbst lebte zehn Monate unter diesen Bedingungen in Simorsch, Kreis Melnik a. d. Elbe. Daß ich mit meinen zwei kleinen Kindern, der Mutter und Schwester, von dort wegkam, habe ich nur dem Umstand zu verdanken, daß mein Vater in Asch einem Aussiedlertransport eingereiht war.

Fünf Tage war ich mit meiner Familie im Aussiedlungslager. Die Verpflegung war ungenießbar. In einem Raum waren 500 Menschen untergebracht. Für Kinder waren keine Schlafplätze vorgesehen.

Bei der Gepäckkontrolle nahmen die Kontrollorgane wahllos alles weg, was ihnen gefiel und nahmen es an sich.

Mies

Mies, Bericht Nr. 1

Fahrt zur Zwangsarbeit nach Tschaslau, Knezice/Ostböhmen, Stoky (Stecken) bei Havl. Brod, 1945-1947

Berichter: Dr. Wilhelm Weschta - Bericht vom 2. 8. 1950

Ich war Professor am Obergymnasium in Mies ab 1922. Ich berichte, daß ich und meine Familie, Frau und drei Kinder, volle drei Jahre eingesperrt und in schärfster Zwangsarbeit gehalten wurden. Es wurde uns trotz wiederholter Bitten nicht eröffnet, warum wir eingesperrt bezw. in Zwangsarbeit tätig sein mußten.

Anfang Juni 1945 wurden sämtliche Lehrer, Professoren und Schüler der Mieser Unterrichts-Anstalten im Alter von 12-60 Jahren auf das Gut Malesice bei Pilsen für 10 Tage zur Zwangsarbeit ausgehoben. Nach meiner Rückkehr hat man mir persönlich nichts getan, in meinem Hause wohnte der *poroucik* (Leutnant) Hala. Am 24. Juni fand im Zuge einer allgemeinen von Haus zu Haus, gemeinsam mit amerikanischen Besatzungs-Truppen durchgeführten Hausdurchsuchung, auch in meinem Hause eine Durchsuchung statt.

Am 27. Juni, also 3 Tage nach der Hausdurchsuchung, kam der jüngere der beiden Gendarmen in meine Wohnung und ersuchte mich, zur Gendarmerie zur Unterzeichnung eines Protokolles, daß bei mir nichts gefunden wurde, zu kommen. Ich folgte dieser Aufforderung sofort und bemerkte nach Verlassen des Hauses, daß 2 weitere Gendarmen mit Gummiknüttel und Karabiner folgten. In der Egergasse wollte ich zur Gendarmerie abbiegen, aber da befahl mir der begleitende Gendarm weiter zu gehen. An der Einmündung zum Ringplatz bogen wir zum Rathaus ab und da sah ich, wie die beiden anderen Gendarmen knapp hinter uns waren. Vor dem Rathaus angekommen, gab mir der nebenan gehende Gendarm einen Hieb auf die linke Schulter. Unterdessen hatten die beiden anderen Gendarmen die Haustür geschlossen. Hierauf wurde ich mit Gummiknütteln und Gewehrschlägen derart geprügelt, daß ich eine Zeitlang nicht aufzustehen vermochte. Erst als ich einige Fußtritte bekam, raffte ich mich auf und wurde, da der Gefangenenaufseher nicht anwesend war, dem Militärposten vor den Arrestzellen übergeben. Derselbe hat mich korrekt behandelt.

Nach Rückkehr des Gefangenenaufsehers wurde ich in Zelle 2 links im Hofe eingesperrt. Daselbst waren schon viele Bauern aus Lingau, Leiter und Oschelin. Noch am Abend desselben Tages wurde der pensionierte Oberlehrer Steinbach aus Mies und ich von einer Militärwache zum Zwangsarbeitslager (sogenanntes Internierungslager) beim Bahnhof in Mies geführt. Ununterbrochen wurden wir beide mit Fußtritten und Kolbenhieben vorwärts getrieben.

Zwischen 7 und 8 Uhr abends kamen wir vollkommen erschöpft im Lager an. Wir mußten zur Personal-Aufnahme in das Gebäude hinter dem Eingang. Dort saß der Direktor des Lagers, F. M. aus Mies und der Verwalter des Lagers Kristofovec, vorher Bäckergehilfe in Mies. Nach meiner Einvernahme wandte sich M. an den Verwalter Kristofovec: "dös is der Lump, der die tschechischen Farben beschmutzt hat". (M., Hilfsarbeiter in Mies hat die tschechische Sprache überhaupt nicht beherrscht.) Kristofovec sprang auf, nahm den Gummiknüttel, sprang auf Steinbach zu, und schon krachte es. Mit voller Wucht traf ihn der 1. Schlag über den Nacken mitten auf den Schädel.

Steinbach sackte zusammen, ich mußte ihn aufheben, denn er schlug weiter auf Steinbach ein. Nach einiger Zeit, als er sich etwas erholt hatte, mußte ich ihn hinausführen. Ich berichtete dem "Kapo" des Lagers kurz, was geschehen war, worauf wir in Baracke 4 eingewiesen wurden. Decken für die Nacht wurden uns verweigert. Die Kameraden von Baracke 4 haben uns beiden bestmöglichst geholfen.

Bei Nacht waren die Baracken abgesperrt. Wenn jemand heraus mußte, so mußte zuerst *"straz"* (Wache) gerufen werden. Dann wurde aufgesperrt und nun wurden einige Mann herausgelassen. Bei einer solchen Gelegenheit ist auch Oberlehrer Steinbach, der vollständig irre sprach und total verwirrt war, unbemerkt herausgekommen. Er fand aber den Weg nicht mehr zurück, wurde von der Wache aufgegriffen, nochmals verprügelt und in einen leeren Ziegenstall eingesperrt. Am nächsten Morgen zog man den alten Mann heraus, er wurde in das Krankenzimmer getragen und dem dortigen Sanitäter übergeben. Er hat das Bewußtsein nicht mehr erlangt. Nach einigen Tagen wurde er von seinem Sohn mit einer Kutsche abgeholt, um zu sterben.

Ich blieb im Lager Mies bis 27. August 1945. Hier mußten wir jeden Tag auf Arbeit gehen. Einmal mußte ich gemeinsam mit meinem ehemaligen Mitschüler Karl Haala, Lehrer in Gibian, zur Arbeit in die Oberschule, die jetzt von Militär belegt war. Da man wußte, daß ich an derselben Anstalt Studienrat war und Haala Lehrer in Gibian, mußten wir die Senkgrube reinigen. Zum allgemeinen Gaudium wurde ich in die Senkgrube gestoßen, der Haala Karl mußte Rotz und Auswurf sammeln. Sodann bekam er einen Hieb auf den Handrücken, sodaß ihm das Ganze über Gesicht und Rock lief.

Weiter arbeiteten wir in der ehem. Naschauerfabrik. Dort mußte ich Aborte putzen. Neben dem Abort erkannte ich meinen Radioapparat wieder.

Abends war immer strenge Visite. Die Strafen waren zumeist Stehen an der Klagemauer mit zur Wand gewendeten Gesichtern. Meist brachen die älteren Leute zusammen, dann wurde früher abgeblasen. Oder wir mußten wie die Frösche im Hofe herumhüpfen. Eines Tages kam ein Transport meist junger Männer aus Wiesengrund-Dobrzan. Dieselben waren derart verprügelt, daß die Striemen auseiterten und vom Arzt Dr. Moravan geschnitten werden mußten. Diese Leute konnten die ersten Tage überhaupt nicht schlafen.

Am 27. August 1945 wurden früh um 4 Uhr 60 Mann, darunter auch ich, zum Bahnhof geführt. Dort stand schon ein großer Zug mit unseren Familienangehörigen, zusammen über 1000 Personen, alte, invalide, gebrechliche Leute usw. Der Zug setzte sich in Bewegung und fuhr über Pilsen in Richtung Prag.

An der Zonengrenze wurde der Transport von den Amerikanern aufgehalten, da kranke und gebrechliche Leute mit waren. Der Zug wurde umrangiert und wir mußten 2 Tage in Chrast bei Pilsen am Rangierbahnhof stehen. Bei drückender Augusthitze durften wir kein Wasser holen. Die kleinen Kinder schrien, da sie weder Milch noch Wasser bekamen. Dann ging es wieder zurück nach Tuschkau. Dort wurden einige Leute von den Amerikanern ausgesondert, der übrige Transport ging dann über Prag nach Tschaslau in Ostböhmen, wo wir nach 4 Tagen, ohne Verpflegung und Wasser bekommen zu haben, ankamen und in der Landwirtschaft arbeiten mußten.

Knezice bei Ronov, 18 km ostwärts von Tschaslau

Meine Familie, Frau, ein 6-jähr. Mädchen, zwei Jungen 10 und 14 Jahre und ich, kamen zum *statkar* (Gutsbesitzer) Josef Sedivý in Knezice Nr. 21. Dort wurde ich als Pferdeknecht, meine Frau als Stallmagd zu 48 Stück Rindvieh, mein 14-jähr. Sohn Kurt als Ochsenknecht verwendet. Bezahlt bekamen wir bis 1. Nov. 1945 überhaupt nichts, dann bis 1. Juni pro Arbeitstag 2 Kc., sodann den Mindestlohn für Hilfsarbeiter ohne Anrechnung der Überstunden und Sonntagsarbeit. Dafür mußten wir 20% von dem sogenannten Verdienste an den Aussiedlungsfond, 10% an den Ortsausschuß *(místní národní výbor)* und die gesamten Soziallasten von unserem Lohn bezahlen. Untergebracht waren wir in einer elenden, von allerlei Ungeziefer besiedelten Baracke, die weder Heizung noch irgend ein Einrichtungsstück besaß. Jeder Topf und jede Waschgelegenheit wurde uns verweigert, lediglich etwas Stroh zum Unterstreuen wurde uns gegeben. Verpflegen mußten wir uns selbst. Wir bekamen nur, was auf den Karten für Deutsche stand. Zusätzlich bekamen wir einige Kartoffeln aus dem Futterkeller.

Unter diesen Verhältnissen mußten wir von Sonnenaufgang bis spät in die Nacht hinein die allerschwersten Arbeiten verrichten. Es gab weder Sonntag noch Feiertag und bei dem geringsten Anlaß wurde geprügelt. Mittag hatten wir höchstens eine Stunde Zeit und da mußten wir unser Essen bereiten und einkaufen, da wir abends derart spät aus der Arbeit kamen, daß schon längst alle Geschäfte geschlossen waren. Mein 14-jähriger Sohn mußte die schwersten Säcke schleppen, 70kg und mehr. Er wurde genau so wie alle anderen Männer und Frauen geschlagen. Zum Arzt gehen durften wir die erste Zeit überhaupt nicht.

Wir wurden nicht ausgesiedelt, sondern kamen sofort wieder in Zwangsarbeit in das Lager Stecken. Unter den Posten waren zwei ständig betrunken. Es waren dies der Kleinlandwirt Slanina, und der *dratenìk* (Drahtbinder) Lanka. Beide haben in ihrem Rausch oft geprügelt.

Es kam auch vor, daß betrunkene Männer ins Lager kamen und die Frauen belästigten. Monatelang bekamen wir nichts als bitteren, schwarzen Kaffee und mittags Kartoffelsuppe, sonntags wie werktags. Den ganzen Winter hindurch bekamen wir in den aus einfachen Wänden bestehenden Baracken nicht das geringste Heizmaterial.

Der Bauer, bei dem ich war, sagte mir ausdrücklich, daß er dem Slanina 200 Kcs und eine Flasche Rum geben mußte, damit er mich bekam. Daß wir zu den niedrigsten Arbeiten verwendet wurden, ist selbstverständlich. In den Baracken gab es ungeheuer viele Wanzen. Zopfweise hingen sie in den Holzbettstellen oder Fugen der Bretter. Bei wärmeren Wetter schliefen die meisten Männer außerhalb der Baracke auf einer Wiese oder am Tisch oder Fußboden. Vergebens war die Vorstellung des Lagerarztes und unsere Bitte um Desinfektions- und Vertilgungsmittel.

Am 10. März 1947 kam ich zu dem Bauer Ferdinand Palan nach Spinohy bei Vetrné Jenikov. Die Behandlung war sehr schlecht. Geprügelt wurde ich deswegen, weil ich um einen Arzt bat. Ich hatte seit Tagen hohes Fieber. Von dem Moment an, als ich nichts mehr arbeiten konnte, bekam ich kein Essen mehr. In meine Kammer, in der ich schlief, wurden Hühner und 1 Jungschwein gelassen.

Mies, Bericht Nr. 2

Erschießungen im Lager

Berichter: Helmut Kommer - Bericht vom 27. 12. 1945

Ich wurde am 27. 11. 45 gemeinsam mit meinen Eltern Karl und Lina, Fleischermeister in Mies, in das Lager Mies gebracht. Am selben Tag wurden ungefähr 1500 Personen diesem Lager zugeführt. Nach 3 Tagen Aufenthalt, während der wir an Verpflegung fast nichts erhielten, wurden am 30. 11. 45 nachmittags gegen 4 Uhr 25 Personen dieses Lagers 100 in vom Lager entfernt, erschossen. Ich habe dieser Erschießung vom Lager aus zusehen können. Aus welchen Gründen diese Erschießungen erfolgt sind, ist mir nicht bekannt. Unter diesen Personen befanden sich auch meine Eltern und 2 weitere Personen, die mir aus unserem Geschäft als Kunden bekannt waren und zwar ein Herr Hans Sturba, ungefähr 50 Jahre, Rentner, zuletzt wohnhaft in Mies und eine Frau Morger, ungefähr 20 Jahre, gleichfalls wohnhaft in Mies. Die übrigen Personen waren mir nicht bekannt.

Die Erschießungen wurden von tschechischem Militär durchgeführt. Nach der Erschießung wurden 10 Personen aus dem Lager, darunter auch ich, zum Eingraben der Leichen kommandiert, dabei stellte ich fest, daß von den Erschossenen 18 Männer und 7 Frauen waren.

Am 1. 12. 45 entfloh ich nachts aus dem Lager und bin über Marienbad-Asch-Rehau-Kulmbach nach Bayreuth gekommen.

Ich erkläre, daß die von mir angegebenen Tatsachen der Wahrheit entsprechen.

Mies, Bericht Nr. 3

Strafanstalt Bory, Hungertyphus

Berichterin: Irmgard Görner - Bericht vom 6. 12. 1945

Ich bin Abiturientin, wohnte in Mies und war bei den Amerikanern beschäftigt. Mein Vater, Direktor der Glashütte, wurde Anfang Juni von den Tschechen verhaftet und in die Strafanstalt Bory bei Pilsen gebracht.

Wir erfuhren nur wenig von seinem Schicksal. Erst später gelang es uns, ihm Päckchen zu senden, weil wir wußten, daß er sehr hungern müsse. Wir sandten im ganzen 16 Päckchen ab. Als es ihm am 15. August gelang, uns einen Brief zukommen zu lassen, bestätigte er nur den Empfang von 4 Päckchen. Die übrigen wurden ihm nicht zugestellt.

Am 26. Oktober bekamen wir ein Päckchen, das wir ihm gesandt hatten, mit der Aufschrift "zemrel" (verstorben) zurück. Daraufhin begab ich mich am 7. November nach Bory, um nach dem Schicksal meines Vaters zu fragen. Der Pförtner der Strafanstalt schrie mich an und erklärte mir, daß niemand die Anstalt betreten noch verlassen dürfe, weil eine Krankheit ausgebrochen sei. Es handelte sich um eine Hungertyphusepidemie, der nahezu alle deutschen Insassen zum Opfer gefallen seien. Tschechische Umwohner der Strafanstalt erzählten mir (ich spreche selber gut tschechisch), daß an einem Tage ungefähr 350 Leichen aus der Anstalt befördert wurden.

Am 30. November kamen die Tschechen in unsere Wohnung (um 4 Uhr früh) und forderten mich und meine 63 Jahre alte Mutter auf, uns anzuziehen und mit etwas Handgepäck mitzukommen. Wir mußten bis zum Bahnhof von Mies marschieren, was meiner Mutter, die schwer herzleidend ist, große Schmerzen bereitete. Am Bahnhof Mies waren viele Tische aufgestellt, an denen Stenotypistinnen saßen. Die Deutschen, Männer und Frauen und Kinder wurden von tschechischen Bauern nach ihrer Gestalt beurteilt und für sich als Arbeitskräfte angeworben. Die Familien wurden dabei rücksichtslos getrennt, sodaß die Kinder nach ihren Müttern schrien. Meine eigene Mutter wollte niemand haben, weil sie eben zu alt und zu wenig kräftig war. Sie konnte daher wieder nach Hause gehen. Mir selber gelang es, in einem unbewachten Augenblick zu entkommen und mit Hilfe der amerikanischen Soldaten, die sich meiner erbarmten, nach Deutschland zu kommen.

Mies, Bericht Nr. 4

Mies und Horni Pocernice, Verweigerung ärztlicher Hilfe

Berichterin: Margarethe Singhartl - Bericht vom 26. 6. 1946

Ich wurde am 3. 10. 45 mit meinem 3-jährigen Kind aus meiner Wohnung in Wasseraujesd, Kreis Mies, geholt und auf das Gut Koschtir bei Prag in Horni Pocernice zur Arbeit verschickt. Ich wohnte zuerst mit 14 Personen, dann mit meinem Kind allein in einem feuchten Raum ohne Fensterscheiben. Ich hatte kaum die Möglichkeit das Kind zu betreuen. Oft mußte ich das Kind mit aufs Feld nehmen und dort im Nebel am Boden hinsetzen. Das Kind wurde krank. Zuerst bekam es Krätze. Als ehemalige Krankenpflegerin konnte ich auch das Kind selbst behandeln. Dann bekam das Kind einen Ausschlag am Kopf und schließlich Diphterie.

Ich mußte eine halbe Stunde zu Fuß bei Glatteis mit dem fiebernden Kind am Arm zum Arzt gehen, der mich mit dem Kind nach Prag ins Krankenhaus schickte. Im Krankenhaus Karlov erhielt das Kind eine Injektion. Von dort wurde ich in das Krankenhaus Bulowka geschickt. Als ich dort ankam, verweigerte man mir ärztliche Hilfe, da für Deutsche ärztliche Hilfe verboten sei. Man ließ mich dort mit dem Kinde 2½ Stunden stehen, bis das Kind starb. Das tote Kind blieb im Krankenhaus.

Mies, Bericht Nr. 5

Internierungslager, Gepäckkontrolle im Aussiedlungslager Mies

Berichter: Heinrich Hornung - Bericht vom 25. 8. 1946

Als Internierter des Internierungslagers Mies arbeitete ich von Anfang März bis 16. April ds. J. mit anderen Kameraden im Aussiedlungslager Mies und habe dort die Gepäckkontrollen von 7 Aussiedlungstransporten mitgemacht. Dabei beobachtete ich, daß allen Aussiedlern, die noch im Besitz von guten Kleidungsstücken, Wäsche oder Schuhen waren, diese abgenommen wurden. Die besten abgenommenen Stücke wurden dann von den Kontrollorganen in Besitz genommen und in ihre Wohnungen geschafft. Insbesondere der Oberwachtmeister Breier nahm jede Woche auf seinem Motorrad Koffer mit den abgenommenen Sachen nachhause. Ebenso der Verwalter des Lagers, Kristofovec.

Ich kann diese Aussage beeiden.

Modrany

Prag/Karlsplatz, Gepäckzustand des Transportes Modrany, Mißhandlungen

Berichter: Ing. A. Lendl - Bericht vom 14. 10. 1946

Ich führte als Transportführer den Aussiedlungszug, der am 9. 10. in Modrany abging und am 10. 10. 1946 in Augsburg ankam. Der Transport bestand vorwiegend aus ehemaligen Soldaten und Kriegsgefangenen, aus Leuten, die ein Jahr und länger im Arbeitseinsatz oder in Internierungslagern oder in Gefängnissen (Polizeihaft) zugebracht hatten und schon bei ihrer Festnahme um sämtliche Sachen gekommen waren. Deshalb war der Gepäckszustand des Transportes sehr schlecht und wurde an der Grenze von der amerikanischen Übernahmekommission beanstandet. Daraufhin wurde von den Tschechen Material, insbesondere Wäsche, nachgeliefert, wodurch sich das Durchschnittsgepäckgewicht von ca. 35 kg kaum änderte, doch die Allerärmsten, die garnichts hatten, wenigstens mit der von den Amerikanern vertraglich als Minimum festgelegten Ausstattung versehen wurden. Im allgemeinen war der Bekleidungszustand des Transportes sehr schlecht. Die Verpflegung war infolge des unvorhergesehenen 3tägigen Aufenthaltes an der Grenze sehr knapp. Vor allem unter der Kälte haben die Kinder und alte Leute sehr gelitten.

Die Gepäckauffüllung im Modraner Aussiedlungslager steht, was Wäsche und Kleidung anbelangt, in gar keinem Verhältnis zu den Bedürfnissen der Aussiedler. Die ausgegebenen Kleidungs- und Wäschestücke sind völlig unbrauchbar und wurden auch von den Amerikanern zurückgewiesen. Reklamationen in Modrany selbst wurden aufs Gröbste zurückgewiesen, wie überhaupt die Behandlung in Modrany sehr grob war.

Ich selbst kam mit meiner Frau im November 1946 auf Anforderung der tschechischen Regierung aus englischer Internierung nach Prag, wo ich sofort verhaftet, in Ketten abgeführt und durch 11 Monate in Gefängnissen festgehalten wurde, wo ich Zeuge furchtbarer Mißhandlungen von Deutschen gewesen bin, insbesondere im Bezirksgericht Prag-Karlsplatz.

Motol

Mißhandlungen, mangelhaftes Aussiedlungsgepäck

Berichter: Alois Zwatschek - Bericht vom 18. 8. 1946

Ich war bei der deutschen Wehrmacht und wurde im Februar 1946 in Odessa aus russischer Kriegsgefangenschaft entlassen, weil ich nach einer Diphterieerkrankung an Händen und Füßen gelähmt war, nicht sprechen konnte und fast nichts hörte und sah. Als der Zug die tschechische

Grenze passierte, kamen tschechische Soldaten und plünderten die Heimkehrer aus. Mir haben sie den Ehering vom Finger und die Uhr aus der Tasche gezogen. Trotz meines hilflosen Zustandes wurde ich im Lager Motol bei Prag bei so schlechter Verpflegung festgehalten, daß ich mich nach einem Monat freiwillig zur Arbeit bei einem Bauern meldete, wo aber die Verpflegung ebenfalls sehr schlecht war. Meine Mutter, eine 70-jährige Frau, war im Mai 1945 in Mährisch Neustadt von den Tschechen so schwer mißhandelt worden, daß sie bewußtlos war und alle meine Sachen, die ich bei ihr deponiert hatte, wurden ihr abgenommen. Als ich am 1. 8. aus dem Lager Motol entlassen wurde, ging ich zu meiner Frau, die bei ihren Eltern in Lautsch lebte. Sie war ebenfalls durch den tschechischen Verwalter des Hofes ihrer Eltern um alle ihre besseren Sachen gekommen.

Unser Aussiedlungsgepäck brachten wir nur durch die Sachen meiner Schwiegereltern zusammen. Ich selbst aber besitze an Kleidern nichts, als was ich am Leibe hatte.

Mühlbach

Hausdurchsuchung

Berichter: Alois Mannl - Bericht vom 13. 9. 1946

Ich wurde am 4. 3. 1946 zusammen mit meinem Onkel und Cousin in Mühlbach bei Eger unter dem Verdacht, ein Motorrad gestohlen zu haben, verhaftet und ins Kreisgericht Eger eingeliefert, wo wir bis 14. 8. gefangen gehalten wurden. In Mühlbach bei der Verhaftung und dann im Kreisgericht Eger wurden wir schwer mißhandelt. Mein Onkel erhielt dadurch eine Nierenverletzung und kränkelte seitdem, bis sich, da er trotzdem arbeiten mußte, sein Zustand so verschlechterte, daß er zwei Tage vor der Aussiedlung starb. Ich selbst leide seit diesen Mißhandlungen an Nieren- und Magenschmerzen. Ich sah in Eger, wie auch 15-16jährige Jugendliche so mißhandelt wurden, daß sie im Gesicht bis zur Unkenntlichkeit entstellt waren. Darunter waren Lattisch Anton und Witwitzki Alois.

Im Juni wurde durch Zeugeneinvernahmen unsere Unschuld festgestellt. Trotzdem wurden wir bis zur Aussiedlung unserer Eltern festgehalten. Bei Hausdurchsuchungen bei unserer Verhaftung wurden unsere sämtlichen Kleidungs- und Wäschestücke beschlagnahmt, sodaß wir bei unserer Aussiedlung nichts mehr hatten. Als Ersatz für mein fehlendes Gepäck wurde meinen Eltern gestattet, die Nähmaschine mitzunehmen.

Münchengrätz

Mißhandlungen

Berichter: Otto Skrbeck - Bericht vom 26. 6. 1950

Am 5. Mai 1945 brach die Revolution aus. - Am 8. Mai 1945 mußten wir das Protektorat verlassen in Richtung Weißwasser. Ich hatte Zivilkleider angezogen und ging Richtung Münchengrätz zu meiner Familie. Ein tschechischer Arzt, der die Straßen durchfuhr, nahm mich mit bis zur Stadt

Bakow a. d. Iser. Als wir den Kosmanos-Berg herabfuhren, bot sich uns ein schauerlicher Anblick. Überall Partisanen, Rot-Kreuzschwestern wurden beschossen und zur Umkehr gezwungen.

In Münchengrätz, in der Nacht holten mich die Tschechen, um ½2 Uhr morgens umstellten sie mein Haus und zerrten mich in die Finsternis zum Hauptsitz des *Revolucní národní výbor*, dort wurde ich an die Wand gestellt und mir erklärt, falls ich mich rühre, würde ich erschossen. Es standen Männer dort mit Pistolen. Plötzlich sauste etwas an meinen Kopf und blutüberströmt lag ich am Boden. So ging es stundenlang, bis ich zusammenbrach. Man hat mir, als ich an der Wand stand, alles geraubt, was ich bei mir hatte. Dann brachte man mich ins Gefängnis.

Der zweite Mann, der folgte, war ein Gastwirt aus Reichenberg, der beim Volkssturm war. Dem hatte man den Kopf eingeschlagen. Er verstarb später unter entsetzlichen Qualen. So ging es dauernd, man holte Leute wieder heraus, die wurden außerhalb der Stadt oder im Gefängnishof Münchengrätz erschossen. Im Hofe hörte man immer Gewehrschüsse. Es knatterte, bis die Russen kamen. Es hieß dann, es dürften keine Deutschen mehr erschossen werden.

Ich war vom 8. Mai 1945 bis 12. Juli 1945 in tschechischer Gefangenschaft. Wir wurden täglich geschlagen. Wir mußten Panzersperren beseitigen. Zu essen gab es sehr wenig und schlecht. Das Brot wurde zum Benzin gestellt, daß es ungenießbar wurde.

Wir bekamen in der Gefangenschaft immer 4 Mann Tragbahren, Hacken, Schaufeln, und mußten in Münchengrätz bei der Städtischen Badeanstalt - unmittelbar an der Horice-Badeanstalt - Gräber schaufeln und tote Kameraden aus der Iser bergen und beerdigen. Auch den Flüchtlingen hatte man alles abgenommen und sie zur Zwangsarbeit benutzt. Uns ging es sehr schlecht, in der Fabrik Haskov, der Kaserne der Tschechen, wo wir schwer arbeiteten, haben uns tschechische Soldaten mit Beilen und Äxten gejagt als wir schwere Lasten trugen.

Ausgewiesen wurden wir drei - meine Frau, meine Tochter und ich - am 12. Juli 1945 nachts um 1 Uhr mit 25 Kilo Gepäck [und] 100 RM; sogar die Eheringe hat man uns abgenommen. Es hieß, wir gehen auf Arbeit und kehren wieder zurück.

Neudek

Schwere Quälereien eines Herzleidenden

Berichterin: Anna Grimm - Bericht vom 29. 8. 1946

Mein Mann war herzleidend und wurde auf dem Krankenbett am 17. 6. 45 verhaftet und in Neudek unter furchtbaren Mißhandlungen drei Tage gefangen gehalten, dann in das Lager Neurohlau überführt. Auch dort wurde er, wie er mir selbst erzählte, schwer mißhandelt. Ich sah auch, daß er am Rücken ganz blau und schwarz war. Infolge der schlechten Ernährung bekam er Wasser bis zu den Hüften, sodaß er die Schuhe nicht mehr anziehen und die Hose nicht mehr schließen konnte.

Am 10. 9. brach er an der Arbeitsstelle zusammen und mußte ins Krankenhaus geschafft werden. Am 6. 12. wurde er nach Neurohlau ins Lager zurückgebracht, obwohl ihn der Arzt für gänzlich haftunfähig erklärt hatte. Am 11. 12. erlitt er einen Schlaganfall und konnte nicht sprechen. Als ich ihn besuchen wollte, durfte ich nicht zu ihm. Als ich am 1. Weihnachtsfeiertag wieder ins Lager ging, führte man ihn in die Besuchsstube. Er bot ein Bild des Jammers. Er hatte furchtbare Atembeschwerden, konnte nicht sprechen und war ganz verschwollen.

Ich versuchte wiederholt durch mündliche und schriftliche Gesuche, ihn in häusliche Pflege zu bekommen. Erst am 8. 2. 1946 wurde er aus dem Lager entlassen. Er erholte sich nicht mehr. Am 5. 8. 1946 ist er gestorben.

Neuhof

Mißhandlungen

Berichter: Eduard Geitler

Infolge einer Beleidigung einer tschechischen Privatperson, begangen im Jahre 1939, wurde ich von diesem Tschechen im Jahre 1945 der Gendarmerie angezeigt. Am 3. Juli 1945 wurde ich verhaftet und in einen Kohlenbunker im Polizeigefängnis eingesperrt, zusammen mit noch weiteren vier Deutschen.

Gleich am dritten Tage nach meiner Einlieferung wurden wir alle vier einzeln in ein Zimmer im 2. Stock geführt und unmenschlich geschlagen. Ich erhielt 15 Faustschläge ins Gesicht, dann mußte ich mich auf einen Sessel legen und wurde mit einer Lederpeitsche geschlagen. Weiters drehte mein Peiniger die Peitsche um und schlug mich mit dem Handgriff. Die Spuren, die der Arzt an mir konstatierte, waren als schwere körperliche Verletzungen bezeichnet worden.

Nach 10 Tagen erfolgte meine Überführung nach Sternberg in ein Sammellager. Die Ernährung war sehr gering. Früh vor der Arbeit und am Abend nach der Arbeit Sport. Für den, der nicht mitkam, gab es reichlich Schläge.

Bei der Arbeit wurden wir von Posten bewacht und wer nicht zu deren Zufriedenheit arbeitete, erhielt am Abend Schläge. Ohne irgend welchen Grund wurden wir um 9 Uhr abends, als wir uns zur Ruhe begeben wollten, geschlagen. Hierbei wurde einem eine Decke um den Kopf gewickelt, damit diese die Schreie dämpfen sollte.

Am 9. 1. 1946 kam ich nach Neuhodolein bei Olmütz. Wir hungerten hier ständig. Als wir uns an langen Abenden die Zeit mit einigen Vorträgen wie z. B. Zuckererzeugung, Biererzeugung, Obstbaumzucht usw. verkürzten, wurde dies angezeigt und uns wurden die Strohsäcke weggenommen, damit mußten wir Spießrutenlaufen. Weiters erhielten wir unmenschliche Schläge. Wir mußten somit im *Januar* zur Strafe ohne Strohsäcke im ungeheizten Zimmer schlafen, zwei Fasttage in der Woche und Post- und Paketsperre.

Schläge ertrugen wir leichter als den Hunger. Trotz schwerer Erkrankung mußte ich weiterarbeiten. Es hieß: "Im Lager sind nur Gesunde oder Tote!" Ende Juni 46 wurde ich freigegeben, da gegen mich nichts vorlag.

Neurohlau

Neurohlau, Bericht Nr. 1

Mißhandlung von Invaliden

Berichter: Pfarrer Oskar F. K. Hahn - Bericht vom 22. 7. 1946

Ich wurde am 20. 10. 1945 in das KZ-Lager Neurohlau eingeliefert. Ich war als katholischer Geistlicher Divisionspfarrer gewesen und stand unter dem Verdacht, russische Soldaten in einem Schlächterladen mit einer Küchenbelegschaft massakriert zu haben. Die Anzeige stammte von einer Frau, die dreimal im Irrenhaus gewesen ist.

Ich bin selbst Kriegsinvalide. Trotzdem wurde ich wiederholt, wie auch alle anderen, schwer mißhandelt. Am schlimmsten war es in der Nacht vom 2. zum 3. November, wo alle Häftlinge, die der SS, SA sowie der Partei angehört hatten, darunter auch Fußamputierte, am Hof im Kreise herumgetrieben und dabei mit Gewehrkolben, Stahlruten und Latten so geschlagen wurden, daß viele zusammenbrachen. Ein Opernsänger, Karl Tretsch aus Prag, erlitt durch Mißhandlungen, deren letzte meines Wissens im März 1946 stattfand, sieben Rippenbrüche, Nierenverletzungen und eine Kopfverletzung.

Derlei Mißhandlungen haben sich auch bei anderen Häftlingen wiederholt.

In Neurohlau befanden sich unter den Häftlingen zahlreiche 70- und 80-jährige Männer und Frauen, z. T. mit schweren Gebrechen wie z. B. Leistenbruch. In meinem Zimmer lagen noch ungefähr 48 Invalide, die amputiert waren. Selbst diese wurden schwer mißhandelt. Der Student Günther aus Gottesgab wurde mit Gummiknüppeln solange auf seine beiden Beinstümpfe geschlagen, bis das Blut herausspritzte. Eine Frau B. aus Lubenz, 68 Jahre alt, wurde vor kurzem zu 20 Jahren vom Volksgericht verurteilt, weil sie angeblich die Schuld trage, daß im Jahre 1936/37 zwei Mädchen Selbstmord verübt hatten. Ihr Mann war vor ihren Augen im Lager zu Tode geprügelt worden.

Neurohlau, Bericht Nr. 2

Lager Neurohlau, Mißhandlungen

Berichter: Johann Schmelzer - Bericht vom 1. 6. 1946

Ich wurde am 9. Juni 1945 in Elbogen verhaftet. Am 26. Juni wurde ich mit anderen Häftlingen in das Konzentrationslager Neurohlau überführt.

Gleich an diesem Tage wurden alle Häftlinge - über 100 Mann - einzeln in die Kanzlei gerufen und so verprügelt, daß man die Schmerzensschreie bis auf die Straße bei geschlossenen Fenstern hören konnte.

Ich selbst wurde beim Betreten der Schreibstube sofort von vier Mann überfallen, die mich mit den Fäusten auf Kopf und Gesicht schlugen. Darauf mußte ich mich über eine Stuhllehne legen und wurde von den vier Mann mit Stöcken und Gummiknüppeln geschlagen, bis mir das Blut aus der Nase tropfte. Nachher mußte ich das Blut vom Stuhl ablecken. In derselben Weise wurden alle Häftlinge bearbeitet.

Ich wurde dreimal während meiner 11-monatigen Haft verhört und am 11. Mai 1946 ohne Verhandlung oder Urteil entlassen.

Die Verpflegung war anfänglich durch Wochen hindurch nicht nur völlig unzureichend, sondern auch ungenießbar. Viele Häftlinge wurden krank und starben vor Entkräftung. Darunter Konhäuser, Beamter in Altsattel, und Wohlrab Karl, früher Modelleur in Dallwitz.

Einmal im Juli war ich Zeuge, wie ein Häftling während des Antretens zum Zählappell von einem Kommissar ohne Anruf oder Warnung mit der Pistole aus der Reihe herausgeschossen wurde.

Ein zweiter Fall ist mir in Erinnerung. Als ein Häftling sich aus dem Abfallfaß bei der Küche vor Hunger Kartoffelschalen herausholte, wurde er durch den Kommandanten verwarnt und mit Erschießung bedroht. Als nach einigen Tagen derselbe Häftling wiederum Kartoffelschalen aus dem Abfallfaß aß, wurde er vom Kommandanten mit der Pistole durch Genickschuß getötet.

Im August wurden wegen der Flucht eines SS-Mannes aus dem Lager alle Angehörigen der SS im Lager verprügelt und dabei der SS-Mann Lippert aus Elbogen erschossen.

Ich kann diese Aussage beeiden und dafür auch Zeugen bringen.

Neurohlau, Bericht Nr. 3

Dauernder Körperschaden als Folge von Mißhandlungen

Berichter: Adolf Trägner - Bericht vom 22. 7. 1946

Am 23. 7. 1945 erhielt ich den Befehl, mich am nächsten Tag bei der Schule in Altrohlau zur Arbeit einzufinden. Dort traf ich 31 andere Männer an, die denselben Befehl erhalten hatten. Von dort wurden wir in das Lager Neurohlau eingeliefert und alle furchtbar mißhandelt. Ich selbst erhielt von vorn und hinten Fußtritte in die Geschlechtsteile, bis ich bewußtlos zusammenbrach. Als ich zu mir kam, wurde ich auf eine Bank gelegt und wieder bewußtlos geschlagen. Als ich das Bewußtsein wieder erlangte, schlug mich einer mit der Stahlrute solange über den Kopf, bis ich wieder zusammenbrach. Dabei trug ich eine schwere Kopfverletzung davon.

Ich habe seitdem ständig Kopfschmerzen, von Zeit zu Zeit verschlimmern sich diese Schmerzen so, daß ich bewußtlos zusammenstürze. Meine Kopfverletzung wurde vom Lagerarzt in Kladno-Dubi festgestellt. Auch ein Herzleiden steht damit im Zusammenhang.

Neurohlau, Bericht Nr. 4
Mißhandlungen und Tod
Berichterin: Marie Georgi - Bericht vom 2. 9. 1946

Direktor Pohl von der Neudeker Papierfabrik wurde im September 45 von der Gendarmerie abgeholt. Er wurde in das Lager Neurohlau eingeliefert und dort erschossen. Der Tscheche Kalupa hat sich gerühmt, Pohl in Neurohlau erschossen zu haben.

Der Postbeamte Wenzel Siegert, dessen Wohnung man während seiner Abwesenheit auf einem Spaziergang beschlagnahmt hatte, wurde bei seiner Rückkehr in die Wohnung mißhandelt und in den Polizeiarrest gebracht, wo er im September erschlagen wurde.

Josef Schönecker, geb. 26. 10. 93, wurde im November 1945, aIs er bereits seine Aussiedlungspapiere hatte, am Wege zur Sparkasse, wo er noch Geld abheben wollte, verhaftet und wurde seitdem in Neurohlau festgehalten, obwohl er krank und arbeitsunfähig ist.

Im Juni 1945 wurde die Bäckersfrau Anna G. aus Neudeck verhaftet, schwer mißhandelt und in das Gerichtsgefängnis Karlsbad geschafft. Zu Weihnachten sah ich selbst die Narben an ihren Beinen, die von mit Eisenzwecken versehenen Ruten herrührten. In der Nacht wurde sie mehrmals aus der Zelle geholt, sie mußte sich nackt ausziehen und wurde mit kaltem Wasser überschüttet. Sie wurde später vom Volksgericht zu 12 Jahren verurteilt.

Neurohlau, Bericht Nr. 5
Erschießung eines Deutschen im Lager Neurohlau 1945/1946
Berichter: Josef Heller - Bericht vom 22. 6. 1946

Ich war vom 28. 12. 45 bis 29. 5. 46 im KZ in Neurohlau. Schon früher war ich mehrmals in der Woche durch Monate hindurch gelegentlich zu Materialfuhren, die ich für das Lager zu leisten hatte, vorübergehend im KZ gewesen. Ich war dabei selbst Zeuge vieler Mißhandlungen. Ich sah auch, wie ein alter Mann, er war ein Sechziger, gegen Mittag über den Lagerhof ging und dabei ohne Anlaß von einem tschechischen Posten, ohne daß zwischen dem Posten und dem alten Mann auch nur ein Wort gefallen wäre, mit der Pistole niedergeschossen. wurde. Als ich dann selbst im Lager war, war ich Zeuge, wie die Posten Anlässe zu Mißhandlungen suchten.

Am 30. 4. 1946 hörten wir in der Nacht mehrere Schüsse. Am 1. 5. durfte niemand das Lager verlassen. Es wurde uns gesagt, daß von außen auf einen Posten geschossen worden sei. Angeblich sei einem Posten die Mütze durchschossen worden. Dieser Vorfall wurde zum Anlaß genommen, in den umliegenden Ortschaften Hausdurchsuchungen nach Waffen vorzunehmen, wobei den Leuten noch ihre letzten Habseligkeiten an Kleidern, Wäsche, Geld usw. genommen wurden. Waffen wurden keine gefunden. Eine tschechische Kommission stellte dann fest, daß ein Posten im Schlaf durch Herabgleiten der Hand am Gewehr einen Schuß ausgelöst hatte, der ihm durch die Mütze ging. Ein anderer Posten hätte auf diesen Schuß mit mehreren Schüssen geantwortet.

Bei der Gepäckkontrolle in Neurohlau haben die Kontrollorgane im betrunkenen Zustand den Leuten den größten Teil der Sachen abgenommen. Meiner 79-jährigen Mutter wurden die Federbetten abgenommen, meiner Frau sämtliche Wäsche und Kleider und mir selbst die besten Wäschestücke und Schuhe. Als Abfindungssumme erhielten wir pro Kopf 500 Mark.

Neutitschein

Neutitschein, Bericht Nr. 1

Enteignung von Antifaschisten

Berichter: Bürgerschuldirektor a.D. Josef Schramm - Bericht vom 14. 5. 1950

Am 10. Oktober 1938 wurde Neutitschein von deutschen Truppen besetzt. Am 22. November 1938 wurde ich von den neuen Machthabern von meinem Dienstposten abgesetzt. Ich wurde mit der Erklärung abgesetzt, daß ich mit der Übernahme in den Dienst des Reiches nicht rechnen könnte.

Ich hatte mich auf Grund einer schriftlichen Denunziation vor den neuen Machthabern zu verantworten, weil ich im April 1937 von meinen Lehrern den Nachweis verlangte, daß sie die Schülerschaft im Sinne des Erlasses der Bezirksschulbehörde Nr. 81/n vom 11. 1. 1934 genügend über Demokratie und Diktatur in einem Staate aufgeklärt hatten.

Ich hatte endlich 1937 den Besitz meiner Frau der tschechoslowakischen Militärverwaltung als Militärmagazin zur Verfügung gestellt, und zwar mit einem Vertrage, ohne es auf die Beschlagnahme ankommen zu lassen.

Am 5. Mai 1945 wurde Neutitschein von den Russen besetzt. Ich mußte die erste Plünderung über mich ergehen lassen. Schon am folgenden Tage schien es, als ob ich wegen meiner früheren Tätigkeit zur Erhaltung der CSR in Schutz genommen werden sollte. Ich erhielt auf Grund meiner schriftlichen Nachweise vom eingesetzten tschechischen Orts-National-Ausschuß eine Bescheinigung mit dem Sowjetstempel, die mich vor weiterer Plünderung schützte. Nichtsdestoweniger mußte ich meinen Radioapparat abliefern.

Als in der Nacht 4./5. Juli 1945 4000-5000 deutsche Einwohner der Stadt Neutitschein plötzlich ohne Vorankündigung nach Pirna a. d. Elbe abgeschoben wurden, war ich auch noch ausgenommen. Ich erhielt am Vorabend zu diesem Zwecke eine "weiße Karte" für mich und meine Familie. Diese Karte und meine schriftlichen Nachweise schützten aber meine Frau nicht vor Fronarbeit bei Tschechen. Ich selbst mußte an einem Sonntag von 7 Uhr früh bis 6 Uhr abends öffentliche Aufräumungsarbeiten leisten.

Am 21. August 1945 wurde an vielen Orten der Stadt Neutitschein eine Kundmachung plakatiert. Ich mußte selbst ein solches Plakat von 85x60 cm an meinem Wohnfenster durch 14 Tage ausgehängt halten. Ich besitze es heute noch. Es lautet in deutscher Übersetzung: "Orts-National-Ausschuß in Neutitschein, Nr. 4735, am 4. 8. 45. Betrifft: Verläßlichkeit deutscher Personen. Kundmachung. Von den einschränkenden Vorschriften, die für Personen deutscher Nationalität gültig sind, wurden aus der Straße Marxova folgende Personen und ihre Familienangehörigen befreit." Nun sind 7 Namen genannt, darunter der meine. "Weil der ONA seine günstige Entscheidung auf eine gerechte und rechtliche Grundlage stellen will, fordert er alle Personen tschechischer Nationalität auf, in der Frist von 14 Tagen schriftlich begründete Einwände gegen diesen Beschluß einzureichen. Der ONA ist überzeugt, daß sich die tschechischen Bürger der Stadt Neutitschein, die hier durch die ganze Zeit der deutschen Okkupation lebten, bei diesen ihren Eingaben nur vom Interesse des Volkes und Staates werden leiten lassen. Irgendwelche Interventionen in Angelegenheiten Deutscher sind zulässig. Jan Oplustil, e. h. Vorsitzender des ONA." Es hat sich niemand zu einem Einwand gefunden.

Bald nach Beginn des Aushanges dieser Kundmachung erschienen eine Unzahl roter Plakate der kommunistischen Partei auf allen Ecken der Stadt. Sie verkündeten, daß alle Deutschen ohne Unterschied ausgewiesen werden müßten. Andere Plakate verpflichteten auch die "sogenannten Antifaschisten" zum Tragen des 15 cm großen "N" auf der linken Brustseite.

Am 18. Dezember 1945 mußte ich meine Wohnung im eigenen Hause räumen zu Gunsten des tschechischen Majors Dlouhý. Als Ersatz erhielt ich Zimmer und Küche zugewiesen, wo von 36 Fensterscheiben 23 fehlten. Eine Vorsprache bei dem mir persönlich bekannten Bürgermeister und Bürgerschuldirektor Bechný half nichts. Die Regierung gestattete angeblich nur, daß ein Deutscher ein Zimmer haben darf.

Ich bewarb mich beim Sicherheitsreferenten des tschechischen Orts-National-Ausschusses in Neutitschein um ein Zeugnis über meine antifaschistische Tätigkeit. Ich erhielt es auf Grund meiner Dokumente. Es war sehr ausführlich. Mit diesem Zeugnis bewarb ich mich zur Aussiedlung als Antifaschist, die von den Sozialdemokraten organisiert war. Obwohl ich nie bei einer politischen Partei war, wurde ich angenommen. Trotzdem erhielt ich am 19. März 1946 die Bestimmung zur gewöhnlichen Aussiedlung mit 50 kg. Als ich mein Antifaschisten-Zeugnis vorwies, wurde es mir weggenommen. Es trug die Originalunterschrift des Referenten und des Vorsitzenden des ONA mit Amtssiegel. Eine Beschwerde beim Vorsitzenden hatte das Ergebnis, daß er mir das abgenommene Zeugnis neu ausstellte, daß er mich aber von der bevorstehenden Ausweisung nicht befreien konnte. Spät abends vor der beabsichtigten Ausweisung kam aus Prag der Befehl, die Antifaschisten noch zurückzulassen.

Ich mußte neuerdings ansuchen um Zulassung zur Antifaschisten-Aussiedlung. Sie wurde neuerlich bewilligt.

Ich ließ mir vom kommunistischen Vorsitzenden des Bezirks-Nationalausschusses schriftlich bestätigen, daß ich ausgenommen bin auf Grund meiner Zulassung zur Antifaschisten-Aussiedlung von der Beschlagnahme und Konfiskation des Vermögens. Ich bekam die Bestätigung mit großer Freundlichkeit ohne weiteres. Mit diesem Schriftstück erhob ich fristgemäß die Beschwerde gegen die Konfiskation meines Vermögens beim Landes-National-Ausschuß, Expositur Mährisch-Ostrau. Dieser verständigte mich, daß meiner Berufung auf Grund eines Beschlusses des Mähr.-schles. Landes-Nationalrates, Expositur Mähr.-Ostrau, vom 18. 10. 1946 nicht willfahrt wird.

Ich mußte am 26. November 1946 zur Aussiedlung nach Bayern mit meiner Familie antreten.

Neutitschein, Bericht Nr. 2

Schwerste Mißhandlungen, Folter

Berichter: Franz Bordirsky - Bericht vom 11. 7. 1946

Ich wurde am 26. 6. 45 auf dem Felde bei der Arbeit von tschechischen Polizisten verhaftet und in die Gemeindekanzlei geführt. Dort wurde mir ein Gewehr vorgewiesen, das angeblich in meinem Hause gefunden worden war und [ich wurde] über die Herkunft des Gewehres gefragt. Ich wußte von dem Gewehr überhaupt nichts und konnte darüber auch nichts aussagen. Um eine Aussage zu erpressen, wurde ich nun regelrecht gefoltert. Zuerst wurde ich mit Gummiknüttel geschlagen, bis ich blutete. Am übernächsten Tag wurde ich neuerdings befragt und dabei mit Peitschen auf Fußsohlen und Beine geschlagen. Mit einem Messer wurde ich in die Seite gestochen, daß das Blut herunterlief. Dann wurde ich mit einem Riemen stranguliert, daß ich bewußtlos wurde. Dann wurden mir mit einem glühenden Eisen Gesicht und Ohren angebrannt und die Haare versengt, dann mußte ich mit der Nase eine Schaufel an die Wand drücken und gleichzeitig in jeder Hand einen Ziegelstein hochhalten. Wenn die Arme herabsanken oder die Schaufel herunterfiel, wurde ich geschlagen, daß ich mehrmals zusammenbrach. Zum Schluß schlugen sie mich mit Holzstecken über die Beine und die Füße. Davon erhielt ich offene Wunden, von denen eine jetzt nach einem Jahr noch nicht vernarbt ist. Hierauf wurde ich in meinem Zustand zehn Tage im Keller der Schule gefangen gehalten. Dann wurde ich in einem Wagen nach Neutitschein in den Arrest eingeliefert. Am nächsten Tag wurde ich zu Fuß ins Lager eingeliefert. Erst einen Tag später wurde ich ins Krankenhaus gebracht, nach 14 Tagen aber auf Befehl des tschechischen Primar wieder entlassen, da das Krankenhaus von allen Deutschen geräumt werden mußte. Ich kam in den Arrest zurück, wurde am 7. 12. in das Lager überführt, wo ich bis zum 7. 6. d. J. verblieb. An diesem Tage fand eine Verhandlung statt, bei der ich von der Anklage des unrechtmäßigen Waffenbesitzes freigesprochen wurde, doch zu zehnmonatigem Gefängnis verurteilt wurde, weil ich angeblich einem tschechischen Polizisten das Bajonett aus seinem Stiefel gezogen und ihn damit bedroht hätte.

Nieder-Mohrau und Olmütz

Mißhandlungen Jugendlicher

Berichter: Johann Stanzl - Bericht vom 3. 7. 1946

Ich wurde am 13. 9. 45 in Nieder-Mohrau verhaftet, obwohl die Polizei wußte, daß ich schon eineinhalb Jahre zuckerkrank war. Ich war damals 16 Jahre alt und wurde verdächtigt, Wehrwolf gewesen zu sein. In der ganzen Gegend hatte es keine Wehrwolf-Organisation gegeben. Mit mir zusammen wurden 52 Jugendliche und Männer verhaftet. Alle Eßwaren, die wir bei uns hatten, wurden uns abgenommen. Wir wurden nach Olmütz überführt und dort in einer Schule untergebracht. Dort wurden wir alle täglich von Posten furchtbar mißhandelt. Die Verpflegung war sehr wenig und oft ungenießbar. In sechs Wochen sind mindestens zehn Leute an Unterernährung gestorben. Anfang November wurden wir in das Lager Hodolein überführt, von wo ich nach ungefähr drei Wochen krankheitshalber entlassen wurde.

Am 7. 4. d. J. wurde ich mit 15 anderen Jugendlichen aus Nieder-Mohrau abermals eingesperrt, als in Nieder-Mohrau eine Scheune abbrannte, die, wie sich später herausstellte, ein Tscheche angezündet hatte. Ich war verhaftet worden, obwohl ich gerade damals, wie seit meiner Entlassung aus dem Lager schon öfter, drei Tage zu Bett gelegen war. Nach 24 Stunden wurde ich krankheitshalber wieder entlassen. Die anderen wurden länger festgehalten.

Niemes und Grottau

Schwerste Mißhandlungen von Frauen

Berichterin: Elfriede Brockelt - Bericht vom 15. 10. 1946

Nach dem Tode meines Vaters führte ich mit meinem Sohn die Landwirtschaft meiner Mutter in Niemes weiter. Am 1. 6. v. J. wurde ich vom *Národní výbor* von Denis aufgefordert, nach Denis in meine Wohnung zurückzuziehen. Ich kam dieser Aufforderung sofort nach. Am 6. 6. wurden ich und mein Mann plötzlich ohne Angabe eines Grundes verhaftet und in das Gefängnis in Grottau eingeliefert. In Grottau wurde ich schwer mißhandelt. Wir mußten am Bahnhof arbeiten und wurden täglich in der Früh vor der Arbeit und am Abend nach Rückkehr ins Lager mit Gummiknütteln und Fäusten geschlagen. Mein Mann ist von mir getrennt worden und ich habe ihn seitdem nicht mehr gesehen. Am 13. 6. v. J. wurden wir ungefähr 30 Personen in das Kreisgericht Reichenberg eingeliefert. Die Männer mußten sich dort bei der Einlieferung am Gang nackt ausziehen und wurden mit Gummiknütteln und Peitschen geschlagen. Wir fünf Frauen wurden in die Frauenabteilung geführt und dort schwer mißhandelt. Jede Frau mußte sich ganz nackt ausziehen und wurde dann von vier Soldaten mit Gummiknütteln und Peitschen, über ein Bett gebeugt, geschlagen. Als ich als Letzte an die Reihe kam, weigerte ich mich, mich auszuziehen, da ich unwohl war. Ein Wachtmeister schaute nach, ob es wahr sei und erklärte dann: "Das ist gleich." Da ich mich trotzdem nicht auszog, zog mir ein Wachtmeister das Hemd hoch und ein anderer die Hose herunter und es schlugen mich vier Männer mit Gummiknütteln und Peitschen über Rücken, Gesäß, Beine und Füße. Es waren bestimmt 25-30 Schläge. Ich war davon ganz blau. Als ich in die Zelle zurückgehen sollte, brach ich zusammen. Mit Aufbietung meiner letzten Willenskraft schleppte ich mich in die Zelle. Nach einer Stunde wurden wir in die Aufnahmekanzlei geholt. Dort wurde ich wieder mit der Peitsche bedroht, da ich 1938 mit den Kindern über die Grenze gegangen war. Als ich in die Zelle zurückkehrte, wurde ich von einem Wachtmeister geohrfeigt und an den Haaren in die Zelle gestoßen, da ich "auch" Kinder habe, wie er sagte. Ich wurde am 5. 9. d. J. zu fünf Jahren Zuchthaus mit Zwangsarbeit verurteilt. Ich verrichtete Säuberungsarbeiten. Am 10. 10. d. J. wurde ich entlassen, ohne daß ich dazu etwas unternommen hatte oder daß mir ein Grund angegeben wurde. Mein Mann wurde ebenfalls zu fünf Jahren Zuchthaus verurteilt und befindet sich noch in Karthaus.

Nikolsburg

Nikolsburg, Bericht Nr. 1
Mißhandlungen, Folter zur Erpressung eines Geständnisses
Berichter: Johann Gerlinger - Bericht vom 17. 6. 1946

Am 21. 9. 1945 kamen in der Nacht vier Tschechen, pochten an die Tür meines Hauses und fragten mich, wo ich meine Pistole habe. Ich habe nie im Leben eine Waffe besessen und sagte das auch. Darauf schlugen sie mit den Gewehrläufen auf mich ein und zerschlugen mir den ganzen Körper. Meinen linken Arm kann ich seitdem bis heute noch nicht gebrauchen. Dann wurde ich auf die Gemeindekanzlei geschickt. Dort bekam ich Wasser zum waschen, da ich blutüberströmt war. Dann führten sie mich in den Keller und hängten mich an den auf meinen Rücken zusammengebundenen Händen auf und ließen mich eine halbe Stunde so hängen. Als sie mich losbanden, wollte ich aus einem Wasserbehälter auf der Straße im Vorbeigehen trinken. Da tauchte der Posten mir den Kopf ins Wasser. Dann wurde ich im Arrest eingesperrt. Ich wurde in der folgenden Nacht ohne weiteres Verhör entlassen und mit weiteren Prügeln bedroht, wenn ich von meinen Mißhandlungen zu jemandem spreche. Unterdessen war meine Familie aus dem Hause gewiesen worden. Sie konnten sich nur heimlich einige Kleinigkeiten mitnehmen. Sie wohnten drei Wochen bei meiner Schwester. Dann kam ich und meine Frau in das Lager Nikolsburg, wo ich neun Monate bleiben mußte. Meine Frau wurde nach zwei Monaten entlassen, da sie kränklich war.

Nikolsburg, Bericht Nr. 2
Schwere Mißhandlung im Lager Nikolsburg zur Erpressung eines Geständnisses
Berichter: M. Krebs - Bericht vom 17. 6. 1946

Ich wurde am 26. 5. 1945 verhaftet und am 27. nach Nikolsburg ins Gerichtsgebäude gebracht. Dort wurde ich nach meiner Uniform des NSFK und nach meinem Jagdgewehr gefragt. Ich erklärte, daß ich nie eine Uniform besessen und mein Gewehr einem Treuhänder übergeben habe. Das wurde nicht geglaubt. Deshalb wurde ich zur Erpressung eines Geständnisses schwer mißhandelt. Ich erhielt auf einem Stuhl liegend zweimal 25 Hiebe mit einem Gummischlauch, die ich selbst abzählen mußte. Dann mußte ich mich nackt ausziehen und in einem abgeschlossenen Hof vor 12-15 Mann, die mit Gummiknüppeln, Schläuchen, Stecken, Kabeln usw. bewaffnet waren, Spießruten laufen, wo ich besonders auf die Magengegend und die Geschlechtsteile geschlagen wurde. Ich brach mehrere Male bewußtlos zusammen. Am Boden wurde ich mit Füßen getreten. Dann mußte ich im Hofe stehen. In der Dämmerung kamen neuerlich drei Tschechen und ich wurde wiederum auf einem Sessel liegend geschlagen, wobei mir der eine mit dem Fuß den Kopf und der andere die Füße auf den Boden preßte. Wieviele Hiebe ich bekam, weiß ich nicht, jedenfalls bis ich bewußtlos wurde. Nach Übergießen mit Wasser wurde ich weiter geschlagen.

Am 28. 5. wurde ich trotz meiner Wunden abermals geschlagen. Nach 14 Tagen brachen die Wunden am Gesäß auf und eiterten durch vier Monate. Ich war in dieser Zeit auf der

Krankenstube. Durch einen Hieb mit einer Maschinenpistole in das Rückgrat hatte ich eine Neuralgie mit folgender Atropie in der rechten Hand erlitten, an der ich heute noch leide.

Ich war Augenzeuge, wieviele Häftlinge auf dieselbe Weise mißhandelt wurden. Die Prügeleien wurden von folgenden Tschechen ausgeführt: Malicek, Medek, Tyrsch, Trha, Blaha und Schick, der mit einer Maschinenpistole vor allen Häftlingen die Frau Mischensky aus Weißstätten erschoß.

In den ersten sechs Wochen wurde überhaupt kein Brot ausgegeben. Die Tagesverpflegung bestand aus zwei Pellkartoffeln kalt und zwei Scheiben roter Rüben. Später gab es 250 g Brot täglich und eine Kartoffelsuppe. Die Suppe war durch sechs Wochen ungesalzen. Während des ganzen Winters wurde nicht geheizt. Die Fenster wurden mit Kalk gestrichen und mit Stacheldraht überzogen. Ein Waggon Wäsche und Kleider, die von der UNRRA für die Lagerinsassen gespendet wurden, wurde restlos unter dem Wachpersonal aufgeteilt.

Ich kann diese Aussage beeiden.

Ober-Lipka

Furchtbare Greuel, Mord, Mißhandlung
Berichter: Johann Peschka, Dechant - Bericht vom 3. 8. 1946

Wohl selten hat ein Dorf unter den Tschechen so gelitten, wie Oberlipka. Der 23jährige tschechische Kommissar, ein Kommunist, ließ sofort das Kriegerdenkmal in ein tschechorussisches Siegesdenkmal umwandeln, geschmückt mit dem Bilde Stalins, Sichel und Hammer. Es wurde Kolchosenwirtschaft eingeführt. Um 6 Uhr früh mußte das ganze Dorf zur Arbeit antreten. Frauen, die zu spät kamen, da sie ihre kleinen Kinder versorgen mußten, schlug er mit der Peitsche oder mit der geballten Faust ins Gesicht. Frau Hermine Fischer, Maurersgattin, deren Mann noch nicht aus dem Krieg heimgekehrt war, zeigte mir die blutende Wunde und das zerschlagene Nasenbein. Frl. Hedwig Seifert, die angeblich eine die Tschechen beleidigende Äußerung getan haben sollte - die Anzeige des *Správce* beruhte nicht auf Wahrheit - mußte sich in der Kanzlei des Kommissars nackt ausziehen, wurde dann mit der Peitsche bearbeitet, dann ganz kahl geschoren und mußte zwei Stunden lang ein Blatt Papier mit der Nase an die Wand gedrückt halten. Sobald dieses herabfiel, setzte es Peitschenhiebe; auch ihre Notdurft ließ man sie nicht verrichten, sodaß sie sich verunreinigte. Zum Schluß erhielt sie einen Monat strengsten Hausarrest, wahrscheinlich, damit sie keine Anzeige erstatten konnte.

Acht unschuldige Menschen ließ dieser Kommissar erschießen, z. B. den Bauern Josef Kretschmer, auf dessen Feld man in einem Steinhaufen eine Waffe fand, Konrad Neutzler, der beim Bauern Kretschmer Hausmann war. Vor ihrer Hinrichtung wurden sie nach Aussagen der Nachbarn nackt ausgezogen, angebunden und furchtbar geschlagen, sodaß ihre Schreie weithin hörbar waren.

Der Schuhmacher Winkler und seine Frau waren schon über die Grenze gegangen und kamen in der Nacht zurück, um noch einige Kleider zu holen. Sie wurden aufgegriffen und furchtbar gepeinigt, sodaß ihre Schreie weithin hörbar waren. Dann wurden sie nach Grulich getrieben, dort acht Tage im Keller der Druckerei Schiller eingesperrt und wieder furchtbar mißhandelt. Grulicher, die ihnen begegneten, sahen ihre blutunterlaufenen Augen, geschwollenen Gesichter und ihren fast irren Blick. Hernach wurden sie alle außerhalb des Friedhofes zusammen mit Maurerpolier Berthold Seifert und dem Bauernführer Richard Hentschel erschossen. Bei dieser Hinrichtung mußte das ganze Dorf, von den achtjährigen Kindern angefangen, mit erhobenen Händen dabeistehen, mußten alle Uhren und Schmuckwaren mitbringen, die Sekretärin verlangte noch das Absingen der Deutschland-Hymne, die Soldaten, welche betrunken waren, zielten schlecht, die Frau erhielt Schüsse in den Unterleib, noch lebend stürzten sie in die Grube, die sie sich selbst graben mußten. Von oben hinein gab man ihnen im Grabe die letzten Gnadenschüsse. Viele der Zuschauer wurden ohnmächtig, Maurerpolier und Kleinbauer Johann Müller erhängte sich nach seiner Rückkehr nachhause ob des Grauens sofort. Vor der Hinrichtung war Leibesvisitation der gezwungenen Zuschauer und man nahm ihnen alle Uhren und jeden Schmuck ab.

Auch wurde in Oberlipka ein kriegsverletzter Heimkehrer ohne jedes Verhör kurzerhand erschossen. - Meine Kirchendienerin, die ledige Marie Neutzler, die das ewige Licht abends in der Filialkirche Oberlipka erneuerte, wurde darob längere Zeit verhört und gepeinigt, da man sie beschuldigte, Lichtsignale aus der Kirche den Feinden gegeben zu haben. Sie starb an den Folgen dieser Mißhandlung im Spital zu Mährisch-Rothwasser.

In der Scheuer des Bauern Johann Rotter, genannt Flurhannes, mußten auf Befehl des Kommissars fünf Frauen im Alter von 40-60 Jahren Korn dreschen, darunter Frau Prause, Mutter der Frau des Berthold Winige. Da es sehr kalt war, gingen sie, um ihr trockenes Vesperbrot zu essen und sich zu wärmen, in das Haus der Nachbarin. Als der Kommissar bei der Scheuer vorüberging und die Frauen nicht sah, holte er sie wütend aus der Stube, sie mußten sich auf die Tenne legen, den Körper und das Gesäß entblößen, worauf sie der Wüterich mit seinen Reitstiefeln stieß und trat und mit dem Ochsenziemer furchtbar bearbeitete. Noch nach Wochen konnte der Arzt die Striemen und Wunden konstatieren. Diese Tat des Kommissars war selbst den noch anständigen Tschechen zu stark und da unsere ständigen Berichte und Anzeigen nichts nützten, halfen diese mit, daß endlich von Prag eine Kommission kam und dem kommunistischen Unhold das Handwerk gelegt wurde.

Es ist ja auch bekannt, mit welch barbarischer Art oft die Besitzer von ihren Höfen und Häusern vertrieben wurden. So arbeitete z. B. Gastwirt und Bauer Ferdinand Jäckel am Freudenberg auf dem Felde, als die neuen tschechischen Besitzer auf seinen Hof kamen. Nur in der Arbeitskleidung mußte er fort von seinem Besitze. Er war schwerversehrt. Grulich hatte 4200 deutsche Einwohner, die Bevölkerung war vorwiegend katholisch, gegen 500 waren evangelisch A. B.

Die Bevölkerung war stets friedliebend und lebte während der Tschechoslowakei mit der tschechischen Bevölkerung im besten Einvernehmen. Als beim Anschluß an Deutschland die Tschechen abzogen, wurde ihnen kein Haar gekrümmt und nichts weggenommen. Die zurückgebliebenen Tschechen wurden weiterhin gut behandelt, es wurden auch die tschechischen Arbeiter während des Krieges gut behandelt und gut bezahlt, konnten sich wie die Deutschen frei bewegen und auch Kinos und Gaststätten besuchen. Darum schaute die Grulicher Bevölkerung nach dem Zusammenbruch mit Ruhe der Wiederkehr der Tschechen entgegen und war besten Willens, mit ihnen zusammenzuarbeiten.

Am 22. Mai um 7 Uhr früh kamen Autobusse am Stadtplatz an, schwerbewaffnete Partisanen stiegen aus, umzingelten die Stadt und durchsuchten jedes Haus. Für das Verbergen eines Menschen war Todesstrafe angedroht. Alle Männer werden am Stadtplatz, Hände hoch, aufgestellt, sodann in das Landratsamt, eine frühere tschechische Schule geführt. Eine tschechische Kommission unter dem Vorsitz des Gärtners Fiala und des Fleischhauers Urban setzte die Zahl der Schläge fest. 50-200 Schläge mit Stahlruten, Peitschen, Stöcken etc. Sehr wenige gingen straffrei aus. Viele waren halb wahnsinnig vor Schmerzen und brauchten Stunden, um sich blutend heimzuwälzen. Erschlagen wurden der Jugendführer Adolf Pospischil und der junge Soldat Ernst Pabel aus Niederlipka, den man auf der Straße aufgegriffen hatte. Bei der Einsegnung habe ich das Zeltblatt von den Leichen gehoben, Kopf und Oberkörper waren zu einer blutenden Masse zerschlagen. Pospischil hatte man zuletzt den Gnadenschuß gegeben. Herr Dr. med. Burek kann alles bezeugen. Ferner wurden zu Tode geprügelt: der staatliche Bezirksförster Druckereibesitzer Schrutek, weil er seinen tschechischen Namen hatte in einen deutschen umwandeln lassen, ferner Schneidermeister Amber.

Politische Gefangene, Parteifunktionäre und Menschen, denen ein Tscheche feindlich gesonnen war, wurden besonders mißhandelt. Nach Rückkehr von der täglichen Zwangsarbeit wurden sie abends in den neben der Pfarrei gelegenen Schulhof geführt zur "Abendgymnastik", beaufsichtigt von tschechischen Soldaten, die im KZ gewesen sein sollen. Wir hörten die Schreie der Gepeinigten und konnten durch Astlöcher und Spalten des Bretterverschlages den ganzen Schulhof übersehen. Zuerst Freiübungen unter ständigen Ohrfeigen und Peitschenhieben, dann Spießrutenlaufen. Am Anfang und Ende der Reihe standen tschechische Soldaten und versetzten den Laufenden mit Stiefeln und Kolben Bauch- und Rückenhiebe. Ich sah den nervenkranken Rechtsanwalt Dr. Fanckel unter dem Gelächter der Soldaten verzweifelt laufen, die ihm Stöße und Schläge versetzten, bis er niedersank und mit gefalteten Händen um Gnade flehte. Als Antwort erhielt er soviele Ohrfeigen, bis ihm das Blut aus Mund und Nase strömte. Er starb im Spital von Mährisch-Rothwasser an den Folgen dieser Behandlung. Dasselbe geschah mit dem Fleischhauer Hugo Grund.

Dann wurde wieder einer auf eine Kiste geworfen und von zwei Soldaten mit ihren Peitschen und Stahlgerten geschlagen, bis er bewußtlos wurde. Hierauf wurde er mit kaltem Wasser übergossen und wenn er wieder bei Bewußtsein war, neuerlich geschlagen.

Ein russischer Major, der vom Fenster der Schule alles mitansah, machte dann dieser "Abendgymnastik" ein Ende, sodaß die Gefangenen nicht mehr so geschlagen wurden. Heimkehrer in Uniform wurden von den Tschechen kurzerhand erschossen und am Feld oder im Wald beerdigt. Zwei Soldaten aus Österreich waren gegen Mittag eines Tages im Mai 1945 bei mir. Ich riet ihnen, nur bei Nacht zu wandern. Bei Tage sollten sie sich verborgen halten. Wahrscheinlich hatten sie meinen Rat nicht befolgt und als ich abends zu einer Leicheneinsegnung auf den Friedhof kam, hatte man sie inzwischen an die Friedhofsmauer gestellt und erschossen.

Die Deutschen durften keine Eisenbahn benutzen, nicht am Gehsteig gehen, durften einander nicht in den Häusern besuchen. Frauen, die den Gehsteig benutzten, wurden geohrfeigt und von Kindern mit Ruten geschlagen. *Nemecká kurva* (deutsche Hure) war der Titel der Tschechen für alle anständigen deutschen Frauen. In Hermsdorf kamen manche Männer an einem Feiertage in einer Wohnung zum Kartenspiel zusammen, als unverhofft eine tschechische Kontrolle eintrat. Diese Männer, darunter Hugo Koschinger, Hugo Fischer, Schneidermeister Josef Vogel wurden darob furchtbar verprügelt und für längere Zeit eingesperrt. Hugo Fischer war schwer Kriegsverletzter und mußte sich sofort ärztlicher Behandlung unterziehen.

Frl. Gertrud Wagner ging an einem Sonntag zum Friedhof. Unterwegs wurde sie von tschechischen Soldaten gestellt, ob sie nicht wisse, daß jeder Soldat von Deutschen zu grüßen sei, und dann schwer geohrfeigt. Auch mußte sie eine ganze Weile vor den tschechischen Soldaten auf und abgehen und ständig grüßen.

In Eichstädt wurden, wie mir ein Eichstädter erzählte, 10 oder 12 Menschen nach furchtbaren Qualen an den Linden bei der Kirche aufgehängt. Darunter Oberlehrer Pischel, der Bürgermeister Ortsleiter Hentschel, Tischlermeister Safar, weil er einen deutschen Namen angenommen hatte. Dem Oberlehrer Pischel wurde der Schnurrbart abgebrannt, Ohren und Nase abgeschnitten, die Zunge herausgerissen. Er mußte sich am Boden wälzen und wurde dabei furchtbar geschlagen.

Auch in Böhmisch Petersdorf wurden gegen 15 Menschen zu Tode gepeinigt.

Für Berichte aus meinem Pfarrsprengel stehe ich in allem ein und kann es jederzeit bezeugen.

Oberpaulowitz

Drangsalierung deutscher Bauern durch tschechischen Verwalter

Berichter: Max Pohl - Bericht vom 4. 7. 1946

An dem Tage, es war im November 1945, an dem ein tschechischer Verwalter auf meinen Hof kam, wurden mir sämtliche Kleider, Wäsche, Schuhe, Lebensmittel usw. für die Familie weggenommen. Als ich die Bemerkung machte: "Es ist am besten, man nimmt einen Strick und hängt sich auf", wurde ich vor dem Kommissar zu Boden geschlagen. Dann führten sie mich auf einem Wagen zur Gendarmerie, da ich nicht gehen konnte. Dort wurde ich von den Gendarmen abermals verprügelt und drei Wochen im Gerichtsgefängnis eingesperrt. Als ich aus dem Gefängnis zurückkam, mußte ich mit meiner Familie den Hof räumen.

Oderfurt

Internierungslager Oderfurt bei Mährisch Ostrau, Mai 1945

Berichterin: Steffi Lejsek - Bericht vom 10. 6. 1945

Ich wurde am 22. Mai 1945 in das Lager Oderfurt bei Mährisch Ostrau eingeliefert. Alles, was ich hatte, wurde mir weggenomen. Die erste Woche gab es im Lager überhaupt keine Verpflegung. Alle bekamen Hungerruhr. Täglich kamen Todesfälle vor. In der zweiten und dritten Woche wurden jeden Nachmittag ein Schöpflöffel leere Wassersuppe verabreicht. Brot wurde nicht ausgegeben. Dabei mußten alle schwer arbeiten (Kohlenschaufeln, usw.). Die Männer wurden täglich verprügelt und waren dadurch ganz entstellt. Schon am 2. Tage sah ich, wie sämtliche Männer,

Jungens und Mädchen ab 14 Jahren mit entblößtem Oberkörper am Lagerhof mit Peitschen im Kreise herumgetrieben wurden.

Um den trostlosen Verhältnissen im Lager zu entgehen, meldeten sich 40 Frauen des Lagers zur freiwilligen Landarbeit. Bevor wir das Lager verließen, wurden allen 40 Frauen die Haare knapp an der Kopfhaut abgeschnitten.

Von meinem Mann hatte ich keine Nachricht. Am 22. Mai erzählten mir Bekannte, daß sie am 18. Mai meinen Mann tot in der Wohnung aufgefunden und begraben hätten. Ich kann diese Aussage beeiden.

Pardubitz - Königgrätz

Pardubitz - Königgrätz, Bericht Nr. 1

Mißhandlungen im Kriegsgefangenenlager

Berichter: Josef Fuchs - Bericht vom 4. 7. 1946

Ich wurde am 28. 8. 45 aus russischer Kriegsgefangenschaft entlassen und überschritt am 2. 10. v. J. durch das Zollamt Wittau-Grottau vorschriftsmäßig die tschechische Grenze. Es war mir ungehinderte Einreise zugesichert worden. Trotzdem wurde ich in Grottau festgehalten und dann über Reichenberg in das Lager Pardubitz-Flugplatz gebracht. Dort waren durch Monate hindurch Prügelszenen an der Tagesordnung. Wer sich bei der Arbeit aufrichtete, wurde schon mit Gewehrkolben, Knüppeln oder Peitschen geschlagen. Ich selbst kann gar nicht sagen, wie oft ich dort geprügelt wurde, jede Woche mindestens zwei bis dreimal. Der Schrecken des ganzen Lagers war ein tschechischer Legionär. Anfang April sägte ich mit einem alten Mann Holz. Da sprach uns der Legionär tschechisch an. Da wir trotz unserem Bemühen nicht verstehen konnten, was er von uns wollte, verprügelte er uns dermaßen, daß der alte Mann zum Arzt gehen mußte. Wegen eines Verweises, den der Legionär nun von dem Arzt bekam, mißhandelte er den alten Mann abermals, indem er ihm einen mit 300 kg beladenen Handwagen im Laufschritt von Pardubitz zum Flugplatz ziehen ließ und dabei fortwährend mit einem Knüppel auf ihn einschlug, sodaß er auf dem Flugplatz in völliger Erschöpfung ankam. Mich prügelte er 2 Tage später mit einem Schaufelstiel, sodaß ich blutunterlaufene Striemen über dem Kreuz hatte.

Am 17. 4. 1946 wurde ich in das Lager Flugplatz Königgrätz versetzt. Dort spielten sich ähnliche Prügelszenen ab. Bei der Arbeit beaufsichtigte mich ein Posten, der sich des öfteren rühmte, 15 deutsche Soldaten erschossen und zweien die Hände abgehackt zu haben. Die ärgsten Prügelszenen spielten sich dort zwischen 5. und 9. Mai 1946 ab. Ich wurde dabei selbst blutig geschlagen. Ich wurde am 1. 6. 1946 entlassen, in den letzten Tagen noch war ich Zeuge, wie ein alter Mann, da er einen Holzpfahl nicht aus der Erde herausbekam, so verprügelt wurde, daß er zusammenbrach. Arbeitslohn habe ich während der ganzen Zeit nicht bekommen. Die Verpflegung war sehr gering. Das uns bei der Einlieferung in Pardubitz abgenommene Geld wurde uns nicht zurückerstattet. Auch das Wenige, was wir aus der Gefangenschaft gerettet hatten, wurde uns in Pardubitz abgenommen. Die Päckchen, welche wir von Angehörigen geschickt erhielten, wurden ständig beraubt.

Pardubitz - Königgrätz, Bericht Nr. 2
Mißhandlungen, Behandlung von Kriegsgefangenen
Berichter: Franz Bieberle - Bericht vom 15. 6. 1946

Ich wurde am 20. 8. 1945 mit einem Transport zu Aufräumungsarbeiten nach Mährisch Ostrau verschickt und von dort anfangs September mit ungefähr 200 Mann zu Aufräumungsarbeiten nach Pardubitz. Bei der Ankunft in Pardubitz wurden wir von Wachleuten mit Gewehrkolben, Gummiknüppeln und Stecken verprügelt und mit ständigen Schlägen vom Bahnhof eine halbe Stunde ins Lager getrieben. Im Lager wurden wir durch Monate hindurch täglich vor, während und nach der Arbeit geschlagen. Alle wurden geschlagen, viele starben an den Folgen der Mißhandlungen. Verpflegung bei der schweren Arbeit war nur schwarzer Kaffee, eine Wassersuppe und eine Scheibe Brot täglich.

Anfang September kam ein Transport von aus Rußland entlassenen deutschen Kriegsgefangenen. Diese wurden ins Pardubitzer Lager gebracht. Sie mußten ebenfalls in den Fantowerken, eine Stunde vom Lager entfernt, arbeiten. Am 15. September explodierte während des Marsches der Kriegsgefangenen ein Sprengkörper. Die Explosion verursachte 4 Tote und 25 Schwerverletzte unter den Kriegsgefangenen. Die Tschechen behaupteten nun, die Kriegsgefangenen hätten den Sprengkörper in die Fantowerke bringen wollen, um diese zu sprengen. Als Strafe wurde für das ganze Lager über Weihnachten durch 6 Wochen Postsperre, Paketsperre und Besuchssperre verhängt. Tausende von Paketen und viele Geldsendungen, die zu Weihnachten für die Lagerinsassen ankamen, wurden deshalb nicht ausgefolgt. Am Weihnachtstage wurde überhaupt kein Essen ausgegeben. Die Mißhandlungen im Lager zu dieser Zeit waren um so schlimmer.

Am 21. Januar um 8 Uhr abends, am kältesten Tag, wurden alle Lagerinsassen von Militär, Gendarmerie usw. aus den Baracken getrieben, meist unbekleidet, da es sehr schnell gehen mußte. Wir mußten dann bis 1 Uhr nachts im Hof angestellt mit den Händen über dem Kopf stehen, während die Baracken durchsucht wurden. Die Baracken waren während des ganzen Winters ungeheizt. Die meisten Häftlinge hatten nur eine Decke. Im Lager war überhaupt keine Waschgelegenheit vorhanden. Es wagte keiner, sich krank zu melden, da er dann noch mehr mißhandelt wurde. Die Leute gingen zur Arbeit, bis sie buchstäblich umfielen. Wer vor Erschöpfung auf dem Marsch zusammenbrach, wurde mit Gewehrkolben weitergeprügelt. Ich war neun Monate in diesem Lager.

Parschnitz

Behandlung von Juden
Berichter: Dr. Rudolf Fernegg - Bericht vom 21. 6. 1951

Der jetzt etwa 55-jährige Sohn und frühere Inhaber der Firma Josef Pfefferkorn, Parschnitz, der in Amerika gelebt hat, war nach dem Zusammenbruch im Jahre 1945 zurückgekommen, um die Fabrik wieder zu übernehmen. In der Zwischenzeit hatte er die Vertretung seiner Fabrik in Amerika. Weder die Übernahme noch der Verkauf der Fabrik waren möglich, da die Tschechen die Überlassung des Kaufpreises nach Amerika abgelehnt haben.

Pattersdorf

Zustände im Sammellager

Berichter: Prof. Rudolf Pohl - Bericht vom 6. 9. 1946

In meiner Villa in Frauental Nr. 113 bei Deutschbrod wohnte meine 86-jährige Tante und Pflegemutter, Johanna Niewelt, Lehrerin i.R., die über 30 Jahre in diesem Ort als Lehrerin gewirkt hatte. In den Umsturztagen am 23. Juni 1945 wurde diese alte Frau in das Sammellager Pattersdorf eingeliefert, obwohl sie altersschwach und sehr kränklich war. Das Sammellager bestand aus einer Reihe von Holzbaracken, in denen früher der weibliche Arbeitsdienst untergebracht war. Angebaut war noch aus der damaligen Zeit ein Schweinestall und diesen hat man meiner alten Tante als Unterkunft zugewiesen. Sie lag dort auf dem Zementfußboden auf Stroh ohne jede Pflege und ohne ärztliche Hilfe. Da sie sich selbst nicht mehr waschen, ja nicht einmal rühren konnte, zeigten sich sehr bald die unausbleiblichen Folgen: Bedeckt mit Schmutz und Läusen lag sie hilflos auf ihrem Stroh, welches von den Fäkalien durchnäßt war. Erst am 6. September 1945 wurde sie von dieser unmenschlichen Behandlung durch den Tod erlöst.

Diese Untat wurde durchgeführt vom tschechischen Stabskapitän i. R. J. Losenicky, Frauental (Pohled) bei Deutschbrod, Vorsitzender des *Národní výbor*. Losenicky hat während der Okkupation eng mit den Nationalsozialisten zusammengearbeitet und war Luftschutzkommandant. Den Pfarrer, Dechant und bischöfl. Vikar Herrn August Krpalek, dzt. Kreis Pfarrkirchen/Niederbayern, ließ er internieren und brachte ihn vor das Volksgericht in Deutschbrod, wo er aber freigesprochen wurde und seine alte Heimat verlassen mußte. (Mit 50 kg Gepäck.). Der Lagerführer des Sammellagers Pattersdorf war ein gewisser Pavlicek, der die Befehle des Vorsitzenden vom Deutschbroder *Národní výbor* Hlavac durchführte.

Die Wahrheit meiner angeführten Aussage kann bestätigen der deutsche Pfarrer von Schlappenz, Franz Fitz, nunmehr Kaplan in Berching, Kreis Beilngries, Oberpfalz.

Hlavac ließ nicht nur deutsche Frauen und unschuldige Kinder, sondern auch Angehörige seiner Nation (die sogenannten Kollaboranten) internieren und auf die schrecklichste Art und Weise mißhandeln. Eine meiner ehemaligen Schülerinnen, H., 17 Jahre alt, die Tochter eines Ingenieurs tschechischer Nationalität, wurde deshalb, weil sie eine deutsche Schule besucht hatte, in ein Gefängnis in Deutschbrod gebracht und in einer Nacht 20 mal vergewaltigt und hierauf geschlechtskrank entlassen.

Oberstleutnant d. R. J. Heger und dessen 18-jähriger Sohn, der als Mischling durch die Nazi zur Zwangsarbeit eingesetzt war, hat als Schüler der Deutschen Handelsakademie in Prag diese Schule im Jahre 1944 verlassen müssen. Er wurde im Mai 1945 ins Gefängnis nach Pankratz gebracht und mit seinem Vater auf die unmenschlichste Weise mißhandelt. Der Vater wurde im Gefängnis erschlagen.

Georg Theml, 20 Jahre alt, ehemaliger Schüler der deutschen Handelsakademie in Prag, österreichischer Staatsbürger, kam als Mischling ins Arbeitslager Bistritz, seine Mutter war als Jüdin in Theresienstadt interniert. Er wurde von den Tschechen im Mai 1945 in Prag-Pankratz eingesperrt und ebenfalls auf die unmenschlichste Weise von den Tschechen zwei Monate hindurch mißhandelt.

Pisek und Brünn

Leidensweg einer deutschen Frau

Berichter: Friedrich Sinzig - Bericht vom 30. 9. 1946

Meine Frau Hildegard Sinzig, geb. 31. 10. 1910, wurde auf der Flucht in Pisek von der amerikanischen Behörde im Mai 1945 als tschechoslowakische Staatsbürgerin zurückgewiesen und mit einem Transport nach Brünn zurückbefördert. In Brünn ausgetrieben, wurde sie mit 12 anderen deutschen Frauen auf dem Fußweg in die Heimat in Nezamyslic aufgegriffen und auf einem Gutshof zur Arbeit eingesetzt. Nach Beendigung der Arbeit nach 6 Wochen wurde sie in das Konzentrationslager nach Kojetein bei Prerau überführt. Von diesem Lager aus wurde sie täglich zu Arbeiten eingesetzt. Von August an wurden die Frauen und Männer im Lager vor und nach der Arbeit furchtbar gequält. Von 4-6 Uhr früh mußten sie im Lagerhof Hüpfübungen und Laufschritt bis in den ersten Stock und zurück machen. Dabei waren 3 Posten aufgestellt, welche jeder vorüberlaufenden Person einen Schlag mit einem Ochsenziemer versetzten. Diese Schläge gingen wahllos über Kopf, Gesicht, Schultern, Rücken, Kreuz und Beine. Einmal bekam meine Frau einen Schlag ins Gesicht, daß sie 14 Tage nicht sehen konnte. Die tschechische Arbeitgeberin meiner Frau zeigte diese Mißhandlungen bei der Gendarmerie an, welche im Lager die Abstellung dieser Mißhandlungen verlangte. Darauf wurde den Lagerinsassen von der Lagerleitung bekanntgegeben, daß sie die Wiederholung.einer solchen Anzeige mit anderen Mitteln und Wegen beantworten würde.

Wenn die Häftlinge am Abend von ihrer Arbeit ins Lager zurückkehrten, wurden sie durch Stunden hindurch ebenso wie vor Antritt der Arbeit gequält. Diese Quälereien erfolgten durch Monate hindurch täglich. Im November erhielt meine Frau dabei einen so schweren Schlag über die Nieren, daß sie gleich darauf schwer erkrankte, nicht mehr arbeiten konnte und schließlich am 26. 11. 1945 in das Krankenhaus Kremsier eingeliefert wurde. Dort wurde eine schwere chronische Nierenentzündung festgestellt, die sich nicht besserte. Auf mein Ansuchen durfte ich im März meine Frau in das Jägerndorfer Heimatspital abholen lassen. Dort wurde durch Durchleuchtung festgestellt, daß beide Nieren abgetrennt waren und infolge Nierenschrumpfung ihr Zustand unheilbar war. Nach qualvollen Leiden ist meine Frau am 26. 7. 1946 den Folgen der schweren Mißhandlungen in Kojetein erlegen. Sie hat mir persönlich ihren Leidensweg geschildert. Ich kann diese Aussage beeiden und durch schriftliche Belege erhärten.

Plan

Mißhandlungen bei Kontrolle der Ausweispapiere vom 15. 2. 1946
Berichter: Ignaz Böhm - Bericht vom 6. 6. 1946

Am 15. 2. d. J. ging ich aus meiner Wohnung, um bei meinem Onkel in derselben Straße von Plan Sauerkraut zu holen. Unterwegs wurde ich von 2 tschechischen Soldaten zur Ausweisleistung aufgefordert. Ich wies meine Bürgerlegitimation mit Lichtbild und Fingerabdruck vor. Zwei Offiziere prüften die Legitimation. Ich erhielt sie zurück und konnte weitergehen. Als ich wenige Minuten später von meinem Onkel nach Hause zurückkehrte, traten hinter mir 3 tschechische Soldaten in das Haus. Sie verlangten wiederum meinen Ausweis. Ich zeigte ihnen dieselbe Legitimation, worauf sie mich verhafteten. Ich wurde in die Kaserne geführt, wo bereits mehrere junge Deutsche in Haft waren.

Mehrere tschechische Soldaten schlugen sofort bei Betreten des Amtsraumes auf mich mit Fäusten ein, bis ich zu Boden sank. Ich wurde mit Füßen am Kopf gestoßen. Dann wurde mir befohlen aufzustehen. Sie fragten dann mehrmals "Du Deutscher?" und bei jeder Frage schlugen sie auf mich ein.

Dann erschien ein Geheimpolizist in Zivil, der mir meine Legitimation zerrissen vor die Füße warf und erklärte, sie sei falsch. Ich erwiderte, daß dieselbe Legitimation vor ganz kurzer Zeit von 2 tschechischen Offizieren geprüft und anerkannt worden sei. Darauf ließ der Feldwebel, der die Schlägerei geleitet hatte, Wasser holen, damit ich mich waschen könne. Unterdessen rief mein Chef, ein Tscheche, an und erwirkte meine Freilassung. Ich kann diese Aussage beeiden.

Podmoky

Postunterschlagung im landwirtschaftlichen Arbeitseinsatz
Berichter: Franz Seidel - Bericht vom 15. 7. 1946

Ich war seit 7. 10. 45 in Podmoky, Kreis Caslau mit meiner Frau im landwirtschaftlichen Einsatz und arbeitete dort unter den denkbar schlechtesten Verhältnissen. Die Verpflegung war bei der schweren Arbeit vollkommen ungenügend. Meine Frau hatte dort einen Gewichtsverlust von 30 kg. Handgreiflichkeiten und grobe Beschimpfungen kamen häufig vor. Wir waren dort 12 Deutsche, 10 davon sind heute noch dort. Ich habe mit 65 Jahren täglich 39 große Futterkörbe 100 bis 300 m weit tragen müssen. Ich konnte die Körbe kaum schleppen und wurde zu größerer Eile ständig angetrieben.

In der Zeit, die ich dort war, wurde mir der größte Teil der Post, darunter auch für mich sehr wichtige, zum Teil noch eingeschriebene Briefe vom und an das österreichische Konsulat in Prag unterschlagen, was ich an Hand der wenigen, später im Lager Stecken erhaltenen Briefe nachweisen kann.

Pohorsch und Karwin

Arbeitseinsatz, Mißhandlungen, Tod

Berichter: Ferdinand Münster - Bericht vom 11. 7. 1946

Im Mai 1945 wurden in Pohorsch von tschechischen Partisanen sämtliche Männer des Ortes durch einen ganzen Monat täglich in der Schule auf das grausamste geschlagen und geprügelt. Zwei wurden dabei zu Tode gequält. Ich selbst wurde, nachdem ich einen Tag lang gequält und geprügelt worden war, wieder nach Hause entlassen. Im Juni bekam ich einen tschechischen Verwalter auf den Hof, der mich Ende August durch das Arbeitsamt, wie alle Männer des Ortes zwischen 14 und 50 Jahren, zur Zwangsarbeit verschicken ließ. Meine Frau wurde gleichzeitig aus der Wohnung gejagt und sämtlicher Wäsche, Schuhe, Kleider usw. beraubt. Ich selbst kam nach Karwin und arbeitete dort bis 26. 6. d. J. im Franz-Schacht, zuerst untertag, dann obertag bei der Förderschale. Die Verhältnisse in den dortigen Lagern waren unerträglich. Die Verpflegung war völlig unzureichend, ärztliche Hilfe überhaupt nicht vorhanden. Die furchtbarsten Mißhandlungen und Quälereien waren an der Tagesordnung und dauerten bis in die allerletzte Zeit an. Z. B. wurden nach der Arbeit zwei von uns in die Wachstube gerufen und gefragt, wer nicht fleißig gearbeitet hätte. Wenn sie nicht antworten konnten, mußten sie sich gegenseitig mit dem Gummiknüppel prügeln. Das wurde noch im Mai und Juni 1946 praktiziert. Bei der Aussiedlung hatte ich nicht das volle Aussiedlungs-Gewicht, da mich bereits mein Verwalter um alles gebracht hatte. Ich meldete dies im Aussiedlunglager, aber mein Gepäck wurde nicht aufgefüllt, obwohl der Lagerführer versprochen hatte, den Verwalter telefonisch zur Auffüllung meines Gepäckes zu veranlassen.

Polepp und Leitmeritz

Mißhandlungen

Berichter: Franz Richter - Bericht vom Weihnachten 1948

In einer Regennacht nach Pfingsten 1945 war ich nach Polepp heimgekommen. Es war kein Mensch zu Hause zu finden. Während meiner Abwesenheit hatten sich schon schlimme Dinge in unserem Heimatort ereignet. Am 30. 5. 1945 um 9 Uhr abends erschienen plötzlich zwei junge tschechische Zivilisten. Sie waren bis an die Zähne bewaffnet. Ein Frauenzimmer war auch dabei. Die Maschinenpistolen hielten sie mir sofort unter die Nase. Im Auto wurde ich nach Leitmeritz zur Gendarmerie gebracht. Dort begannen die ersten Mißhandlungen. Ich mußte mich mit dem Gesicht zur Wand stellen, wurde geohrfeigt und mit Fußtritten bedacht. Anschließend

Personalaufnahme und neuerliche Mißhandlungen. Noch in der Nacht wurde ich ins Kreisgericht eingeliefert. Personalaufnahme, Abnahme der Wertsachen usw., Faustschläge mit dem Schlüsselbund auf den Kopf. Der Wärter war ein schmächtiger Kerl, hatte ein gelblich-graues Gesicht und furchtbar schmutzige Hände. Seine Augen waren entzündet. Die ganze Zeit sprach er kein Wort, seine Mißhandlungen waren absolut unpersönlich, geradezu sachlich. Die Kerkerzelle wurde aufgesperrt, ich mußte den Oberkörper waagrecht nach vorne beugen, damit er mir vom Gesäß bis zum Genick Schläge mit dem Gummiknüppel verabreichen konnte. Dann murmelte er, daß meine eigentliche Behandlung erst morgen erfolgen würde.

Ein Strohsack war in der Zelle, aber keine Decke. Am nächsten Morgen und Mittag anstatt Essen eine Tracht mit dem Pendreck. Am Abend weder Essen noch Prügel. Plötzlich nachts Schlüsselgeklapper. Am nächsten Tag kam ich in eine Zelle des ersten Stockes, wo schon zwei Leidensgenossen waren. Einer von ihnen mußte mir zur Begrüßung eine Ohrfeige geben. Beide waren schon länger hier. Sie versicherten mir, daß wir gut weggekommen sind, weil sonst diese Begrüßungsszenen unter 40 bis 50 Schlägen nicht beendet wurden. Ich habe in Theresienstadt diese Methode zur Entlastung der Wachorgane kennengelernt. Heller aus Prosmik, der mich schlagen mußte, beruhigte mich, indem er mir erklärte, daß im ersten Stock die Mißhandlungen nicht so häufig seien. Die ersten Tage nach der Einlieferung wären am schlimmsten. Beide wunderten sich, daß ich schon aus der Korrektion (Strafabteilung - Kellergeschoß) heraufgebracht wurde. Ursache dafür war das kolossale Anwachsen der Verhaftungen, wie wir später erfuhren. Am nächsten Morgen gabs schwarzen Kaffee, für mich aber noch kein Brot.

Es mag ½8 Uhr gewesen sein, als ich aus der Zelle geholt wurde. Diesmal waren drei Aufseher da, die mich aufmerksam musterten. Unterwegs gesellte sich noch einer dazu. Sie machten ihre Spässe mit mir, stellten mir den Fuß, traten mich ins Kreuz, stießen und boxten mich. Aus ihrer Unterhaltung entnahm ich, daß ich zum Verhör sollte. Sie sprachen tschechisch. Im Baderaum angekommen, entsicherten zwei von ihnen ihre Pistolen, ich wurde plötzlich angeschrieen. Trotzdem mir niemand sagte, was ich tun sollte, wußte ich doch, daß ich mich zu entkleiden hatte. Inzwischen waren noch einer oder zwei gekommen. Alle hatten fingerstarke Kabel. Hie und da erhielt ich einige sehr schmerzhafte Schläge. Ich mußte mich in die leere Badewanne legen und kaltes Leitungswasser strahlte auf mich. Noch hatte ich eine Weile Ruhe. Die Füße mußten dann auf den Rand der Wanne gelegt werden und ich erhielt die Bastonade. Ich hielt nicht lange aus, dann riß ich einen Fuß weg. Dabei war das Verspritzen von Wasser nicht zu vermeiden. Jetzt war der Teufel los. Ich wurde gewürgt und minutenlang unter Wasser getaucht. Dann mußte ich aus der Wanne heraus und nun hagelte es Schläge und Fußtritte von allen Seiten. Der enge Raum behinderte sie, sie waren außer Atem. Wieder wurde ich in das eiskalte Wasser gestoßen und die Tortur wurde nun systematisch betrieben. Bastonade, wobei das Stöhnen durch Untertauchen erstickt wurde. Als ich auf das Anbrennen der Füße mit brennenden Papierstreifen nunmehr langsam reagierte, wurde ich endlich in Ruhe gelassen. Mit Mühe schleppte ich mich in die Zelle und bekam noch einmal mit dem Pendreck den Rücken massiert, wie sie es nannten.

Der furchtbare Schmerz in den Füßen ist nicht zu beschreiben. Bald wurde ich wieder geholt. Lange stand ich mit vielen deutschen Männern mit dem Gesicht zur Wand im Vorraum der Polizei in der Neutorstraße. Hie und da wurde einer ohnmächtig, da und dort wurde einer geschlagen. Es durfte kein Wort gesprochen werden. Ungefähr 5 m von mir stand ein guter Kamerad. Den Tumult anläßlich der Schlägereien und der Ohnmachtsanfälle benützte ich, um ihm näherzukommen. Vorsichtig tauschten wir unsere Meinung aus und sprachen uns Mut zu. Er kam später bei der Flucht ums Leben.

Mein Name wurde aufgerufen, es ging zum Verhör. Pistole und Pendreck lagen auf dem Tisch. Ich wurde aufgefordert, alles zu sagen, sonst - eine drohende Bewegung. Das Verhör erfolgte verhältnismäßig ruhig und war kurz. Ich konnte nicht erkennen, daß mir etwas Konkretes zur Last gelegt wurde. Es handelte sich um allgemeine Fragen, Parteizugehörigkeit - berufliche und private Tätigkeit. Die stereotypen, überall und bei jedem Verhör auftretenden Fragen: "Wieviele hast Du ins KZ gebracht? Wieviele hast Du umgebracht?" usw. wurden begleitet von Schilderungen, wie schlecht es den Tschechen seit 1938 angeblich gegangen ist.

Ich kam wieder ins Kreisgerichtsgefängnis in eine Zelle mit 10 Mann. Geschlagen wurde hier seltener und ich erholte mich rasch. Nach einigen Tagen war ich so weit, daß ich mit zu verschiedenen Arbeiten gehen konnte. Mitte Juni, den Tag weiß ich nicht mehr genau, durften einige nicht zur Arbeit gehen. Ich war dabei und wir standen am Gang. Die Zahl der Gefangenenaufseher wurde immer größer. Wir erhielten jeder ein Päckchen, welches angeblich unsere Wertsachen enthielt, doch wurde uns strengstens verboten, es zu öffnen. Ein besoffener Wärter hielt uns eine Rede voller Kraftausdrücke und gemeinster Beschimpfungen. Aus ihr ging hervor, daß wir zu sterben hätten, daß wir uns die Gnade des Todes erst durch angestrengteste Arbeit verdienen müßten.

Ich kam in die kleine Festung in Theresienstadt. Ich stand mit vielen anderen lange Zeit wenige Zentimeter vor der grauen Wand. Wer sich rührte, wurde furchtbar geschlagen und mußte dann mit dem Kinn oder der Nase ein Blatt Papier an die Mauer drücken. Wehe, wenn es herunterfiel. Endlich wurden wir von den sogenannten Kapos übernommen. Die Kapos waren ausnahmslos kriminelle Verbrecher. Um vollkommen objektiv zu sein, es gab vereinzelt auch Ausnahmen. Die Herren Kapos führten uns in eine große Zelle, wo wir uns vollkommen entkleiden mußten. Vor jedem stand ein Korb, in welchem zuerst die Kleider, dann die Wäsche und obenauf das Päckchen mit den Wertsachen gelegt werden mußte.

Mit einem alten Strumpf oder Fetzen wurde geknebelt. Tiefe Beugung des Oberkörpers, den Kopf klemmte ein Martergehilfe zwischen die Knie, die Hände hielt je ein anderer am Gelenk fest. Der Schläger stand seitlich und schlug mit einem mit Bandeisen beschlagenen Krampenstiel auf Gesäß und Kreuz. Oder ohne Gehilfen - wobei die Schläge kniend empfangen wurden. Der Festungskommandant, Stabskapitän Prusa mit seinen beiden Töchtern (ca. 18-25 Jahre) - der Lagerkommandant Alfred Klink und Verwalter Otto haben diese Prozedur anfangs meist persönlich vollzogen. Eine der Prusa-Töchter hat sich gerühmt, mindestens 18 deutsche Männer totgeschlagen zu haben. Diese bestialischen Morde erfolgten vorwiegend durch brutale Schläge auf Rücken und Hinterkopf, wobei es zu Nierenrissen, Schädelbrüchen oder Rückgratverletzungen kam. Wochenlang hatten wir Blut im Harn.

Nach der Eintragung wurden uns alte Wäsche und Kleidungsstücke zugeworfen und ich wurde der Zelle 43 zugewiesen. Unsere Sachen wurden weggeschafft und wir sahen sie nie mehr wieder.

Ich kann nur schlaglichtartig das Bild von Theresienstadt vom Sommer bis Herbst 1945 aufzeichnen. Wie viel Menschen hier erschlagen wurden - verhungerten - an Ruhr, Typhus und anderen Krankheiten durch die Schuld der tschechischen Regierung zu Grunde gingen, und zwar Männer, Frauen und Kinder, weiß ich nicht. Es waren aber mehr als 1000 und viele von ihnen trug ich hinaus. Ich sah die geschundenen, mißhandelten und zu Skeletten abgemagerten Körper.

Eine beliebte Unterhaltung für die Tschechen war damals der "Sport". Meist abends und nachts wurden wir aus den Zellen getrieben und mußten im scharfen Lauf den Hof umkreisen. "Kommandos" mußten ausgeführt werden. Am Rande standen Wachposten, tschechische Zivilisten und einige Kapos mit Peitschen, Ochsenziemern und Stecken und trieben die keuchenden Menschen bis zur völligen Erschöpfung. Zerschlagungen an den zum Schutze des Kopfes erhobenen Armen - besonders an den Ellenbogen - waren häufig. Die tschechischen Zuschauer auf den Schanzen bezeugten durch Johlen ihr Vergnügen.

Am Abend mußten sich die Frauen und Mädchen entkleiden, um von den tschechischen Wachorganen und Russen für die Nachtorgien gemustert zu werden.

Kurz will ich nur erwähnen, daß diese grausamen, sadistischen Verfolgungen verschiedene Höhepunkte aufwiesen, zwischen denen etwas ruhigere Perioden zu verzeichnen waren. Teilweise bedingt durch das starke Auftreten von Ruhr und Typhus, wodurch die Tschechen aus Angst vor Ansteckung das Betreten der Festung vermieden, teils infolge des Wechsels in der Lagerleitung und Wachmannschaft. Kling und Prusa mit den beiden Töchtern waren verhaftet worden. Ich sah sie später im Kreisgericht Leitmeritz als Häftlinge wieder.

Mit der Ankunft der SNB *(Sbor Národní Bezpecnosti)* begann eine neue Leidenszeit. In diese Zeit fiel auch die Aussig-Nestomitzer Explosion, die man einfach den Deutschen in die Schuhe schob. Was sich damals dort zutrug, war furchtbar. Eine kleine Gruppe unschuldiger, unglücklicher Jungens, im Alter von 13-17 Jahren, die in Aussig zusammengefangen wurden, wurden in die kleine Festung gebracht. Nacht für Nacht wurden sie aus den Sonderzellen geholt, mit Polizeihunden gehetzt, geschlagen und gemartert, bis kaum mehr etwas übrig blieb.

Normalerweise gab es pro Mann eine Decke. Wer Glück hatte, fand auf den vierfach übereinander angebrachten Pritschen Platz. Sie waren notdürftig mit ungleich starken Schwartenbrettern belegt. Wer Pech hatte, schlief auf dem Betonboden.

Im August wurden vereinzelt einige Verhöre durchgeführt - auch ich kam dran. Mein Untersuchungsrichter war Herr Dr. Ocadlík. Er bezeigte an mir ein spezielles Interesse. Unter anderem behauptete er, mich und meine Familie schon lange genug zu kennen, machte versteckte Drohungen, um jedes Geständnis zu erzwingen. Manchmal war noch ein großer schwarzer Mann dabei. Ocadlík war sichtlich unbefriedigt und versuchte immer wieder, mir ein Verbrechen nachzuweisen. Das dritte Verhör erfolgte im Kreisgericht Leitmeritz, wohin ich schwer gefesselt gebracht wurde. Ich war damals ständig in Kopitz in der Landwirtschaft beschäftigt. Z. B. wurde mir die Schuld am Tode von Anton Kaiser und Tyle zur Last gelegt. Beide hatten aus mir unbekannten Gründen Selbstmord begangen. Tyle war mir nicht einmal näher bekannt. Da ich alle mir zur Last gelegten Vorwürfe zurückwies und ersuchte, mir eine entsprechende Verteidigung zu ermöglichen, sagte mir O. höhnisch: "Sie werden schon beim nächsten Verhör merken, was gespielt wird."

Ich war daher überrascht, daß ich von Theresienstadt wieder nach Kopitz gebracht wurde. Durch einen Freund, der Beziehungen zur Schreibstube hatte, erfuhr ich, daß gegen mich strengste Maßnahmen angeordnet waren. Ich hätte gar nicht außerhalb der Festung beschäftigt sein dürfen. Meine Frau zu verständigen war gelungen. Ich wußte, daß sie kommen würde. Da kam mir am Abend vorher durch Zufall zur Kenntnis, daß ich am nächsten Tag wieder zum Verhör bestimmt war. Früh zog ich in Ketten nach Leitmeritz.

In Leitmeritz wartete ich in einer Einzelzelle des ersten Stockes mehrere Tage auf die Vorführung zum entscheidenden Verhör. Zur Arbeit außerhalb des Gerichtsgebäudes durfte ich laut Vorschrift nicht. Arbeitsantritt war früh nach der Kaffeeausgabe. Da unser Gang erst Kaffee erhielt, wenn schon die ersten von den anderen Gängen zur Arbeit gingen, meldete ich dem neu auf unserer Abteilung eingesetzten Wärter mit der selbstverständlichsten Miene: *"Do práce!"* - zur Arbeit - und begab mich hinaus auf den langen Gang. Es war gerade eine ruhigere Periode. Wieder einmal hatte ich Glück, bei einem Kommando wurden noch Leute gebraucht, ich wurde in die Liste eingetragen und ging wieder regelmäßig aus dem grauen Hause. Vom Verhör keine Spur.

Soviel ich weiß, waren von Polepp verhaftet: Trojan Wenzel und Hermine Schafferbinder, Langer und Frau, die junge Frau Sipetzky, Oberlehrer Welser (verurteilt zu 8 Jahren), Weithofer, Munzig Albin, Franz Schwabge und ich.

Wir arbeiteten häufig bei den russischen Besatzungstruppen, konnten manchmal unsere Angehörigen verständigen und sie hie und da sehen oder sogar sprechen. Sie wußten natürlich, was los war und nahmen Mühsal, Anpöbelungen und Mißhandlungen in Kauf.

Die Verhaftungen gingen weiter, das Gefängnis war überfüllt. Vereinzelt begannen die Volksgerichte zu tagen. Keinem der Angeklagten wurde die Gelegenheit gegeben, sich ordnungsgemäß zu verteidigen. Oft wurden die Urteile verlesen, ohne den Fall verhandelt zu haben. Manchmal wurde ein längerer Schauprozeß mit viel sensationslüsternen Zuschauern veranstaltet - meist erfolgte dann ein Todesurteil. Die verhängten Strafen waren durchwegs hoch. 10 Jahre, lebenslänglich und Tod. Als leichte Strafen galten 5-10 Jahre und kamen verhältnismäßig selten vor. Ausnahmsweise wurden Strafen unter 5 Jahren verhängt.

Weihnachten nahte. Zur Entlastung der Gefängnisse gingen Transporte nach Theresienstadt und in die Kohlengruben. Die Verurteilten mit über 5 Jahren gingen in die großen Strafhäuser ab. Immer wieder war ein neues, blutunterlaufenes, verängstigtes Gesicht in der Zelle und nahm den kaum leer gewordenen Platz ein.

Weihnachten und Neujahr war vorbei. Am 7. 3. wurde ich geholt. Lediglich die Anklageschrift wurde mir vorgelegt. Ich durfte nur drei Zeugen angeben. Die Anklageschrift enthielt 7 Belastungspunkte.

Seit kurzer Zeit durften wir endlich alle zwei Wochen die Leibwäsche abgeben. Sie wurde jeden 2. Donnerstag von den Angehörigen abgeholt und die folgende Woche wieder zurückgebracht. Die Wäscheausgabe wurde vom Diensthabenden überwacht. Ein sogenannter *Chodbar* (Gangarbeiter) durchsuchte auf das genaueste und äußerst geschickt. Einmal bat ich den Aufseher, mir das Brot, das sich meine Lieben am Mund abgespart hatten, zu geben. Da zertrat er die Röstschnitten und schrie mich höhnisch an, ich solle doch meinen Dreck fressen, es werde sowieso bald der letzte sein. Ein willkommener Anlaß zum Prügeln.

Im April wurde die Abgabe von 2 kg Lebensmittelpaketen, alle 2 Wochen für die Häftlinge gestattet. Die Bestimmungen waren unklar. Anfangs wurde nur das Brot gelassen. Fett, Fleisch und Fleischwaren sowie Zucker und Obst eigneten sich die Aufseher an.

Am 30. April 1946 nach dem Frühkaffee wurde ich aus der Zelle geholt. Ich bekam eine bessere Uniform und wurde rasiert. Zásvorka, einer der dümmsten und brutalsten Aufseher, holte mich ab. Ungefähr 20 Minuten konnte ich mit dem Verteidiger sprechen. Meine Karte, die ich am 7. März schreiben durfte, war unterschlagen worden, er hatte sie nicht erhalten. Aber er nannte mir Zeugen (wohl an die 20). Er forderte mich auf, fest und klar zu bleiben, deutete die große Gefahr an, gab aber der Hoffnung Ausdruck, daß er das Schlimmste abwenden könne, wenn ich die Nerven behalte. Der Verteidiger deutete mir noch an, daß der Prozeß groß aufgezogen sei.

Die Zeit war um, ich wurde in das Gerichtsgebäude geführt. Die Gänge waren voller Menschen, beim Eingang zum Verhandlungssaal stand der Henker in voller Uniform, schwarz und rot. Meine Antworten waren kurz und knapp. Der Vorsitzende schien objektiv zu sein und ich wurde immer sicherer. Auch mit den Zeugen klappte es wunderbar. Die Belastungszeugen waren die Werkzeuge des Untersuchungsrichters Ocadlík. So ging es mit einer kurzen Mittagsunterbrechung bis abends. O. hatte, als er während der Verhandlung merkte, daß es mir gelang, die Anklage schwer zu erschüttern, versucht, den Staatsanwalt zu veranlassen, neue Anklage zu erheben. Der Vorsitzende gab zu bedenken, daß ich, wie aus dem Gang der Verhandlung ersichtlich sei, den neuen Anklagepunkt bereits entkräftet habe, stellte aber anheim, diesbezüglich Antrag zu stellen. Darauf verzichtete der Staatsanwalt. Am Ende der Verhandlung hatte ich das sichere Gefühl des Erfolges. Die Beratung dauerte lange. Ein großer Teil der Zuschauer hatte sich verlaufen. Der Fall war uninteressant geworden. Ich wußte, daß mich das Gericht trotzdem verurteilen würde. Aber 15 Jahre schweren Kerker mit vierteljährigem harten Lager zur Gänze als Zwangsarbeit abzubüßen, hatte ich doch nicht erwartet.

Abgesehen von der Übersiedlung in den 3. Stock änderte sich nicht viel. Hier waren nur Verurteilte über 10 Jahre. Der Raum war normal für 6 Verurteilte vorgesehen, jetzt aber mit 14 Verurteilten belegt.

Die einschneidendste Verbesserung nach der Verurteilung war das Recht, alle 6 Wochen einen kurzen Brief schreiben und empfangen und einen Besuch haben zu dürfen. Dadurch sah ich meine Frau und die Kinder einige Male, bis sie im Juli 1946 ausgesiedelt wurden. Ab 1. 8. 1946 ging ich wieder regelmäßig zur Arbeit auf den Oberbau der NWB nach Tschischkowitz in die Zementfabrik, nach Theresienstadt in die Kasernen usw. Die Bewachung war äußerst streng und wir mußten hart arbeiten. Aber es wurde selten geschlagen. Ab Mitte September wieder Arbeitsverbot, weil ich mit einer größeren Anzahl Kameraden am 24. 9. 46 über Prag nach Pilsen in das Strafgefängnis Bory gebracht wurde.

Nachdem die unangenehme und schmerzhafte Einführung in die Gebräuche der Strafanstalt Bory vorbei war, wurde ich einem Arbeitskommando zugeteilt. Die Arbeit war teilweise schwer, doch war die von der Firma gegebene Verpflegung ausreichend.

Die ärztliche Betreuung im Gefängnis war verschieden. Häufig warf der diensthabende Aufseher in der Krankenabteilung die Entscheidung des Arztes einfach um.

Nach ungefähr 9 Monaten wurde unser Eisenkommando ausgewechselt und ich arbeitete in einem Steinbruch außerhalb Pilsens. Die Arbeit war äußerst hart, einzelne Kameraden fielen aus. Wir arbeiteten nur von 7 bis 14 Uhr und hatten dann unsere Ruhe. Was mich reizte, war aber etwas anderes. Von hier konnte man evtl. die Flucht riskieren. Als meine Orientierung soweit beendet war, daß ich die Durchführung vorbereiten konnte, wurde ich dem Landwirtschaftskommando Luhov mit ganz neuen unbekannten Leuten zugewiesen. An die neue Arbeit und Umgebung gewöhnte ich mich schnell. Ich ging daran, mich vorsichtig zu orientieren. Die Umgebung wurde genau studiert, Flußläufe, Bahnübergänge und Straßenverbindungen erforscht. Die Beschaffung von Zivilsachen, Landkarten und Kompaß war ausgeschlossen. Nur Brot konnte gespart und etwas Obst getrocknet werden. Seit einiger Zeit fuhr ich mit Pferden und gewöhnte systematisch Aufseher und Mithäftlinge daran, daß ich am Abend immer spät fertig wurde. - Abendnebel, seit längerer Zeit Trockenheit, für die nächsten Tage voraussichtlich kein Regen zu erwarten, zunehmender Mond und der 13., wir verschwanden in der Dunkelheit. Nach vier Nächten und drei Tagen hatten wir es geschafft.

Pössigkau und Taus

Mißhandlung von Frauen, Mai 1945

Berichterin: Anna Zitzmann - Bericht vom 8. 6. 1946

Am 2. Mai wurde von Partisanen mein Mann und mein 16-jähriger Sohn verhaftet und 8 Tage in Possigau [Pössigkau] in einem Eiskeller eingesperrt. Dort wurden sie an auf den Rücken zusammengebundenen Händen an einen Baum gehängt und mit Eisenketten geschlagen. Von Possigau [Pössigkau] wurden sie nach Taus überführt. Am Wege wurden sie wieder so verprügelt, daß der ganze Körper blau war.

Am 8. Mai wurde auch ich verhaftet, ohne daß ein Grund vorhanden war. Ich wurde auch zwei Tage im Eiskeller in Possigau [Pössigkau] festgehalten ohne Essen. Dort wurde ich auch verprügelt. Ich mußte mich über die Lehne eines Stuhles legen, dann wurden mir die Röcke aufgehoben. Zwei Männer schlugen mich dann mit Gummiknüppeln. Auch ins Gesicht wurde ich geschlagen. Dabei wurden mir fast alle Zähne ausgeschlagen. Durch 10 Tage hindurch wurde ich täglich auf diese Weise mehrmals verprügelt. Wenn ich urinierte, ging Blut ab. Von Possigau [Pössigkau] kam ich nach Taus in das Bezirksgericht. Auch dort wurde ich geprügelt. Drei Wochen wurde ich im Gefängnis gehalten, mit völlig unzureichender Verpflegung. Dort waren noch gegen 150 Frauen, die genau so geprügelt wurden wie ich. Mein Mann und mein Sohn befanden sich im selben Gefängnis. Am 17. 6. wurde mein Mann und mein Sohn abtransportiert. Ich habe nichts mehr von ihnen gehört. Eine Tschechin erzählte mir später, daß in einem Massengrab hinter dem Bahnhof von Taus 1200 deutsche Männer liegen sollten.

Von Taus wurde ich Ende Juni zu einem Bauern in Arbeit gegeben, wo ich es verhältnismäßig gut hatte. Im August kam ich ins Lager nach Taus zurück und mußte von dort in die Milchhalle arbeiten gehen, wo es ebenfalls erträglich war. Dann wurde ich als Haushälterin zu einem tschechischen Witwer mit 10 Kindern geschickt. Der Witwer machte mir mehrere Heiratsanträge, die ich abwies. Um seinen dauernden Belästigungen zu entgehen, floh ich im April 1946 über die Grenze.

Ich kann diese Aussage beeiden.

Pribrans und Prag

Mißhandlungen
Berichter: Dr. Ing. Kurt Schmidt

Am 5. Mai 1945 wurde ich mit meiner Familie von tschechischen Partisanen interniert, meine Frau mit drei Kindern unter sechs Jahren, und zwar in Pribram (Pribrans) in Böhmen, 75 km südlich von Prag. Gemeinsam mit 300 anderen Deutschen, meist Frauen und Kindern, vorwiegend evakuierte Schlesier. In einem ehemaligen Waisenhaus wurden wir gefangen gehalten.

Unterbringung etwa 15-20 Personen jeweils in einem kleinen Raum ohne jede Einrichtung, die wenigen vorhandenen Strohsäcke reichten kaum für die Kinder. Verpflegung gab es keine, erst nach drei Tagen etwas Suppe einmal täglich, Brot acht Tage lang überhaupt keines. Die Fenster durften nur einmal täglich geöffnet werden und zwar für eine knappe halbe Stunde. Die Kinder durften einmal täglich für ganz kurze Zeit auf den Hof und mußten immer im Kreise gehen.

Es galt für alle Arbeitszwang und zwar mußten die Männer Massengräber schaufeln und die Leichen der hingerichteten SS-Angehörigen verscharren. So mußte z. B. mein Bürokollege Dipl.-Ing. Leinweber zusammen mit einem jüngeren Mädchen aus einer Grube, wo die Hinrichtungen der in die Hände der tschechischen Partisanen gefallenen SS-Angehörigen erfolgten, die durch MG und Handgranaten zerstückelten Leichen, teilweise schon im Verwesungszustand, mit bloßen Händen auf einen Wagen laden, welcher die Leichenteile zu den Massengräbern brachte.

Die Frauen wurden auch zu diesen Arbeiten herangezogen, so z. B. meine beiden Schwägerinnen Else Hübner und Marie Prutky, die in der Leichenhalle des Krankenhauses die Leichen und die bluttriefenden Einrichtungsgegenstände und Fußböden waschen mußten. Ein anderer Teil der Frauen wurde zum Straßenkehren eingesetzt, wobei sie durch Tschechen mißhandelt wurden. So wurden, wie ich als Augenzeuge berichten kann, eine Gruppe von Frauen angefallen, ihnen die Haare vollständig abgeschnitten, die Gesichter mit Ölfarbe bestrichen und die letzten Kleider durch Bemalen mit Ölfarben unbrauchbar gemacht. Außerdem wurden ihnen die Schuhe ausgezogen, gestohlen und die Frauen außerdem noch geschlagen und bespieen.

Nach dem 9. Mai 1945, als die Russen einmarschierten, steigerten sich die Mißhandlungen noch mehr. Besonders die Frauen waren nach Einbruch der Dunkelheit den größten Gefahren ausgesetzt. Die Zimmer des Internierungslagers durften nicht mehr abgeschlossen werden. Die Russen kamen und holten sich, von den Tschechen unterstützt, was ihnen gefiel, wobei sie entsprechende Gewalt anwandten. So wurde in einem benachbarten Lager der früheren Berufsschule eine Frau, die sich den Russen nicht fügen wollte, vom dritten Stock in den Hof gestürzt. Im gleichen Lager wurde eine Frau so lange vergewaltigt, bis sie tot liegen blieb. Vier von den Frauen, die von den Russen aus dem Lager geholt wurden, kamen überhaupt nicht mehr zurück.

Am 12. Mai erschienen unter Führung von tschechischer Gendarmerie Partisanen, darunter auch Frauen, die mit vorgehaltener Pistole die Herausgabe des gesamten Schmuckes, Uhren, Wertgegenstände, Bargeld, bis auf den letzten Heller und Pfennig, Sparbücher und Wertpapiere verlangten. Auch die Trauringe durften wir nicht behalten. Pro Person wurde ein Eßbesteck belassen, spitze Messer und Scheren wurden abgenommen.

Am gleichen Tage wurde um 8 Uhr Abend bekanntgegeben, daß am folgenden Tag, Sonntag, den 13. Mai, der Abmarsch nach Prag oder Pilsen erfolgen sollte. Handgepäck durfte mitgenommen werden, alles andere mußte zurückbleiben. Nachts kam noch eine Partie Gefangener, die wegen Überfüllung des Lagers auf dem Hof und im Stiegenhaus übernachten mußten.

Früh kam der Befehl zum Abmarsch. Für alte und kranke Personen, sowie für Kleinkinder standen wenige Wagen zur Verfügung, die allerdings nicht ausreichten, um all diese Leute aufzunehmen. So setzte sich der Zug in Richtung Prag in Bewegung. Es herrschte eine glühende Hitze. Einzelne alte und kranke Leute blieben unterwegs sitzen, bis sie schließlich nicht mehr weiter konnten. So starben viele im Straßengraben, z. T. an Erschöpfung, z. T. von der begleitenden tschechischen Revolutionsgarde niedergemacht. Verpflegung gab es seit Tagen nicht. In den Ortschaften, die durchwandert werden mußten, wurden viele überfallen und ihrer letzten Habe beraubt. Die Frauen und Kinder wurden von den Wagen heruntergezerrt, das Gepäck wurde ihnen abgenommen und dann mußten sie zu Fuß weiterlaufen, denn der Wagen wartete nicht. Doberschisch war nach 16 km Marsch am Abend erreicht und man lagerte auf einer Wiese. Die Einwohner kamen in Scharen und wo Gepäckstücke standen, wurden diese untersucht und alles was gefiel, herausgenommen. Man forderte uns auf, alles liegen zu lassen, da uns ohnedies alle Sachen abgenommen würden. Meine Frau mit den drei Kindern kam noch am gleichen Abend auf einem Wagen deutscher Soldaten unter, die in die Gefangenschaft nach Prag fuhren. Der Marsch ging die ganze Nacht bis 2 Uhr früh weiter. Die Russen kamen und suchten sich aus, was ihnen gefiel: Koffer, Taschen etc., am liebsten Frauen. Zwischen 2 und 5 Uhr wurde im Straßengraben gerastet. Dann ging es weiter bis nach Königssaal (Zbraslav), wo auf einer großen Wiese die Menschen gesammelt wurden. Ein polnischer Rot-Kreuz-Angehöriger hatte ein 2-3 Monate altes Kind im Arm, das er einer im Straßengraben verschiedenen Mutter abgenommen hatte.

Verpflegung wurde auch auf dieser Rast-Station nicht gegeben. Wasser konnte trotz drückendster Hitze nur in geringen Mengen aus dem Orte und da nur unter scharfer Bewachung geholt werden. Im Laufe des Tages wurden im Lager in der Nähe des Eingangs den Lagerinsassen zwangsweise mehrere Leichen zur Schau gestellt und zwar von Frauen mit Kindern, die den Freitod wählten, um den weiteren Qualen zu entgehen.

Am 15. Mai wurde Befehl zum Aufbruch gegeben, dabei aber sämtliche Männer im Alter von 16-60 Jahren im Lager zurückbehalten. Die zurückgebliebenen Männer wurden von der tschechischen Revolutionsgarde und russischem Militär eingehend untersucht und alle diejenigen, die verdächtig erschienen, der Wehrmacht oder SS anzugehören, zurückbehalten. Ich war unter den Glücklichen, die zu ihren Familien zurückkehren durften. Als unsere Gruppe den Lagerplatz verließ, sahen wir einen jungen Mann vor einer Grube stehen, der nun zur Hinrichtung bereitstand. Vier weitere Männer waren mit dem Ausheben von Gruben beschäftigt. Als wir über die Straße marschierten, hörten wir Salven von dem verlassenen Lagerplatz.

So ging der Marsch weiter. Wer noch etwas Gepäck hatte, warf Stück um Stück in den Graben, nur um mit dem nackten Leben weiterzukommen. So verlor auch ich mein letztes Hab und Gut. In jedem Ort Beschimpfungen und Steinwürfe sowie auch Schläge. Bei manchen Brunnen standen Wachen und verweigerten uns die Wasserentnahme mit den Worten: "Dieses Wasser sei für Pferde und nicht für Deutsche." Die Hitze wurde immer unerträglicher, den dritten Tag noch keine Verpflegung. Bei Einbruch der Dunkelheit gelangten wir in den Vorort Motol. Hier wurde im Straßengraben bis 2 Uhr früh gerastet und dann ging es in der Dunkelheit im Eiltempo durch Prag bis zum Strahover Stadion, wo wir am 16. Mai um 6 Uhr früh in völlig erschöpftem Zustande ankamen.

Am Strahover Stadion waren etwa 9-10.000 Personen untergebracht; unter freiem Himmel, auf der bloßen Erde. Der Großteil der Lagerinsassen waren Wehrmachtsangehörige, Kriegsverletzte und Kranke, die von Tschechen aus den Spitälern herausgeworfen worden waren. Die Wehrmachtsangehörigen kamen nach 8-10 Tagen in ein anderes Lager. Daraufhin kamen neue Zivilisten, vorwiegend Frauen und Kinder. Laut Aussage des Kochs war der Stand zwischen 9-10.000 Personen, trotzdem jeden zweiten Tag etwa 1200 in Arbeitslager abgeschickt wurden. Die Neuankömmlinge wurden meist aus den Zügen herausgeholt. Zwei konkrete Fälle sind mir bekannt (Frau Schlegel aus L. und Herr Dipl.-Ing. E. von Stauden aus Bremen). Die Genannten wurden in Winterberg bezw. Budweis interniert, als Altreichsdeutsche wieder freigelassen und mit Fahrkarte sowie Bescheinigung von russischen und amerikanischen Behörden versehen. Bei der Heimreise über Prag wurden sie von den Tschechen interniert, von der R.G. aus den Zügen geholt und in das Strahower Stadion geschafft. Von Seiten der Tschechen wurden weder amerikanische, noch russische Papiere respektiert.

Die Verpflegung im Stadion war unzureichend. Die ersten 3 Tage überhaupt nichts, später unregelmäßig in Abständen von 36 Stunden, später etwas geregelter einmal täglich schwarzer Kaffe, einmal täglich eine dünne Suppe, Brot pro Tag 100 g. Als sich die Todesfälle häuften, wurde für Kinder und Kranke eine Graupensuppe gekocht. Das Essen wurde gruppenweise ausgegeben. Die Eimer, soweit solche vorhanden waren, die jeweils von den Internierten zur Verfügung gestellt werden mußten, wurden vielfach in der Nacht zu anderen Zwecken benützt. Ansonsten gab es nur offene Latrinen mitten am Platz ohne Unterschied für Frauen, Männer und Kinder, Kranke und Gesunde, es wimmelte von Insekten. Hauptsächlich auch der große Nahrungsmangel führte zum Ausbruch der Ruhr. Von tschechischer Seite wurden keine Medikamente den deutschen, ebenfalls internierten Ärzten zur Verfügung gestellt. Der Wehrmachtsarzt der Rot-Kreuz-Stelle sagte mir, daß Kinder unter 2 Jahren und alte Leute diesen Verhältnissen nicht gewachsen sind und das Lager nicht lebend verlassen werden. Auch ich habe dort meinen 15 Monate alten Jungen durch Hunger verloren und die mir hierüber von der Sanitätsstelle ausgegebene Bestätigung lautet auf Unterernährung (gezeichnet von Vogt, Uffz.). Die Leichen von täglich 12 bis 20 Personen wurden mit einem Mistwagen vom Stadion weggeführt.

Vor den Augen des ganzen Lagers erfolgten die Hinrichtungen. Eines Tages wurden 6 junge Burschen so lange geschlagen, bis sie am Boden liegen blieben, dann mit Wasser begossen (dieses mußten die deutschen Frauen holen) und dann weiter geschlagen, bis sie kein Lebenszeichen mehr gaben. Die furchtbar zugerichteten Leichen wurden tagelang neben den Latrinen zur Schau gestellt. Ein 14-jähriger Junge wurde mit seinen Eltern erschossen, weil er angeblich mit einer Schere nach einem Rotgardisten gestochen hat. Außerdem gab es auch die Prügelstrafe, welche meist im Kommandozimmer durchgeführt wurde. Auch Frauen wurden auf den entblößten Körper mit der Peitsche geschlagen.

Zur Zwangsarbeit wurden Männer und Frauen mit Gewehrkolbenschlägen getrieben. Die Arbeit war meist Beseitigung der Barrikaden, wobei die Arbeitenden bespieen und verhöhnt, sowie mit Steinen beworfen wurden. Verschiedentlich sind Frauen, vereinzelt auch schwächere Männer von der Arbeit nicht mehr zurückgekehrt. An vereinzelten Arbeitsplätzen erhielten die Arbeitenden manchmal bessere Verpflegung (Kasernen der Russen, Spitäler u. ä.).

Die Frauen waren Freiwild. Jeder kam und suchte sich aus, was ihm paßte und wenn die Kinder um die Muter schrieen, wurden sie mit Gewalt zur Ruhe gebracht. Die Russen und auch die Tschechen nahmen sich oft gar nicht die Mühe, die Frauen fortzuführen, zwischen den Kindern und vor allen Lagerinsassen wurden sie vergewaltigt.

Ende Mai begannen die Abtransporte in Arbeitslager. Ich kam mit meiner Familie am 3. Juni 1945 nach Kojetitz bei Prag zum Landeinsatz. Wir waren insgesamt 63 Personen. Am 5. Juni kam eine weitere Gruppe von 54 Zivilisten aus einem anderen Lager aus Prag an. Diese Gruppe arbeitete auf dem Gutshof, wohingegen unsere Gruppe für zwei große Bauernhöfe Zuckerrüben hacken mußte. Wir selbst waren in einem Pferdestall untergebracht auf nassem Stroh, die zweite Gruppe kam in eine offene Scheune. Gleich bei unserer Ankunft wurden wir in den Stall gesperrt, dieser verschlossen. In der Ecke stand ein Faß als Ersatz für eine Latrine.

Dieser Zustand hielt bis Anfang August an, wo dann ein Teil der beiden Gruppen, und zwar die Arbeitsunfähigen und kinderreichen Familien abgeschoben wurden. Es befand sich darunter der Vater und zwei Schwestern meiner Frau und wir konnten über diese trotz eifrigster Nachforschungen nichts erfahren. Der in Kojetitz verbliebene Rest von insgesamt 79 Personen wurde teilweise auf einige Bauernhöfe aufgeteilt, die anderen kamen in vier dumpfige, lichtlose, nasse Kammern, zuerst auf Strohsäcke, die von unten faulten, später zum Winter bekamen wir Wehrmachtsbetten. Unser Raum in der Größe von 4 mal 5 Metern wurde von 13 Personen, davon 6 Kindern, bewohnt.

Im Sommer betrug die Arbeitszeit 10-12 Stunden, im Winter 8½ bis 9½ Stunden, auch sonntags, und es wurde von uns schwerste Feldarbeit verlangt. Wir bekamen keinen Heller gezahlt. Es gab unter der Bevölkerung wohl einige, die mit uns etwas Mitleid hatten, doch trauten sich diese nicht, uns zu helfen, da sie sofort als deutschfreundlich verschrien und ihrer Existenz beraubt wurden. Zu Weihnachten wurde noch ein besonderer Aufruf vom Gemeinderat erlassen, in welchem den Leuten verboten wurde, uns irgendeine Unterstützung zukommen zu lassen, oder den Kindern etwas Bäckerei zu geben. Zum Heiligen Abend hatten wir schwarzen Kaffee wie jeden Abend und sonst gar nichts.

Die ersten 8 Wochen wurden wir von der Roten Garde strengstens bewacht und auf die Felder nur mit Maschinenpistolen begleitet. Später wurde ein Tscheche namens Vales zu unserer Bewachung bereitgestellt. Der trieb uns bei der Arbeit an und behielt sich bei der Verteilung der sowieso geringen Verpflegungsmengen noch einen Teil für sich. Seitens des Schaffers Vysinský war die Behandlung sehr roh, so wurde die deutsche Frau nie anders als "deutsche Hure" und die Männer als "Bluthund" bezeichnet. Mehr Schläge gab es bei dem Verwalter Marek, der die Frauen mit der Reitpeitsche ins Gesicht schlug. Auch schlug er auf einen Lagerinsassen mit der Peitsche so lange ein, bis er bewußtlos am Boden lag. Dieser Verwalter war der einzige tschechoslowakische Offizier im Ort und gehörte den tschechischen Nationalsozialisten (Beneschpartei) an. Er spielte sich auch groß auf und veranstaltete verschiedene Schikanen gegen die Internierten auf eigene Faust. Hauptschuldig an den Zuständen im Lager war auch der Vorsitzende des *Národní Výbor*, der Kommunist Suchý.

Die Kinder durften sich nicht vor das Tor unserer ärmlichen Behausung wagen, sofort wurden sie beschimpft und mit Steinen beworfen und dies von halbwüchsigen Tschechen. Auch die Erwachsenen wurden von diesen Kindern verfolgt. Es versuchten sogar einige Jünglinge, ungefähr 14-15 Jahre, am hellichten Tage unsere Frauen zu überfallen und zu vergewaltigen.

Gleich in den ersten Tagen unseres Aufenthaltes in Kojetitz starb ein noch nicht 2-jähriges Kind an der Folgekrankheit von Masern. Dieses Kind durfte nicht auf dem Friedhof beerdigt werden, sondern mußte von uns selbst außerhalb des Dorfes hinter dem Strohschober vergraben werden, natürlich ohne Sarg. Einen 16-jährigen Jungen hat der Bauer Tuma (Kojetitz Nr. 10) nach 2-tägigem Aushungern und Einsperren im Schweinestall trotz des Flehens nach seiner Mutter erschossen und ihn im Garten des Bauernhauses verscharrt. Die Beerdigung dieser Leiche hat ein Deutscher namens Pelz durchgeführt. Nach etwa 14 Tagen starb in unserem Lager die etwa 67-jährige Frau Anderson aus Breslau an Hunger und Altersschwäche. Zwei Tage später die Schlesierin Wittkopp an den gleichen Erscheinungen. Diese beiden Frauen waren evangelisch und es gelang, den Pfarrer der tschechischen evangelischen Kirche zu verständigen. Dieser kam ins Lager und veranlaßte, daß die Leichen in Holzsärge kamen und ordentlich auf dem evangelischen Friedhof in Libis bestattet wurden. Das gleiche geschah mit der später an Herzschwäche verschiedenen Frau Treske aus Neiße.

Anders verhielt sich der katholische Pfarrer von Kojetitz. Dieser erlaubte anfangs nicht, daß die Deutschen die Kirche betreten und später bewilligte er, daß Sonntag Nachmittag eine Andacht besucht wird, jedoch nicht, daß ein Deutscher das Sakrament erhält. Auch sonst hat er jedwede Unterstützung für die Deutschen abgelehnt. Die später gestorbenen Katholiken sind in Massengräbern ohne Särge in der Verbrecherecke des katholischen Friedhofes beerdigt. Die zu Allerheiligen und Weihnachten auf die Massengräber gelegten Blumen wurden von tschechischer Seite vernichtet und entfernt. Auf dem katholischen Friedhof sind beerdigt: die Männer Hollmann (Selbstmord bei der Verhaftung), Wieck (Prager, 46 Jahre, wahrscheinlich Folgekrankheit eines Leber- und Magenleidens), E. von Stauden (Furunkulose mit Herzschwäche, 52 Jahre aus Bremen), die Frauen Marie Prutky (die Mutter meiner Frau, sie starb an Herzschwäche und Unterernährung, 72 Jahre aus Brünn), Große (Altersschwäche, Wundbrand und Unterernährung, 70 Jahre aus Weißwasser,

Schlesien). Das Kind Baduschek (4 Jahre, wahrscheinlich Diphterie, aus Brünn) und ein Säugling Enders an Unterernährung. Sämtliche Todesfälle innerhalb der ersten 3 Monate.

Der Arzt, der insgesamt nur zweimal ins Lager kam, betrat nicht den Stall aus Angst vor Ungeziefer. Er sah die Kranken überhaupt nicht an, sondern sagte bloß an der Tür, er könne ihnen nicht helfen. Der tschechischen Wache gegenüber äußerte er sich, daß die Deutschen nur alle krepieren sollen. Dieser Arzt war aus Neratowitz bei Prag. Meine beiden Kinder bekamen auch Masern und die Kleinere als Folgeerscheinung Lungenentzündung und Mittelohrentzündung und lag so mit höchstem Fieber ohne Hilfe in einer zugigen Scheune auf Stroh. Auch während der schweren Erkrankungen der Kinder mußte meine Frau von früh bis Abend arbeiten gehen und durfte unter Androhung mit dem Erschießen nicht bei den kranken Kindern bleiben.

Am 6. April kamen wir in das Prager Lager Hagibor und wurden halbwegs menschlich aufgenommen. Die Behandlung und Verpflegung (hauptsächlich für Kleinkinder) war etwas besser. Die Arbeitskommandos meist gut und mit genügender Verpflegung. Es fehlte in Prag an Arbeitskräften.

Am 24. April 1946 wurden Familien mit Kindern und Arbeitsunfähige aus dem Lager Hagibor (insgesamt 200 Personen) in das Abschublager Modrany geschafft, wo wiederum schlechte Unterkunft und Verpflegung war. In einer kleinen Holzbaracke für etwa 100 Personen waren 350 Männer untergebracht.

Am 1. Mai 1946 wurden 1200 Internierte in 40 Waggons verladen und als Transport "D" nach Bayern ausgefertigt. Als Verpflegung auf den Weg bekamen wir etwas Wassersuppe, 1/8 Brot, 1 Schnitte Kuchen. Unterwegs noch zweimal leere Suppen und dann überschritten wir am 2. Mai 1946 die tschechoslowakische Grenze bei Wiesau, wo wir vom Bayerischen Roten Kreuz in vorbildlicher Weise aufgenommen wurden.

Qualisch

Behandlung von Juden

Berichter: Dr. Rudolf Fernegg - Bericht vom 21. 6. 1951

Der Sohn des Inhabers der Firma Bendix in Qualisch bei Trautenau lebte während der Zeit des "Dritten Reiches" in Amerika. Trotzdem er amerikanischer Staatsbürger war, war ihm die Übernahme seines Betriebes unmöglich.

Radl

Mord am Gatten und Mißhandlungen Mai 1945 bis November 1946

Berichterin: Margarete Kaulfersch - Bericht vom 16. 6. 1950

Am Sonntag, den 13. 5. 1945 kamen tschechische Partisanen in unsere Wohnung, durchwühlten Kasten und Schränke und hielten mir und meinem Mann unter Drohungen die Pistolen schußbereit ins Genick. Wohl durch den erheblichen Lärm aufmerksam gemacht, kamen 2 Kommunisten, die es verstanden, die Partisanen zum Fortgehen zu bewegen. Mein Mann war von Beruf Wagner, er hat von früh bis spät gearbeitet. Am andern Tage kam wieder eine Horde Plünderer ins Haus und einer von ihnen befahl meinem Mann, von Haus zu Haus zu gehen und dafür zu sorgen, daß jede deutsche Aufschrift an Häusern und Straßen zu verschwinden hätte. Sie verließen das Haus, nicht ohne sich in wüsten Drohungen zu ergehen. Dienstag sah ich, wie eine Rotte Partisanen unser Haus umstellte und, da es verschlossen war, die Türen einschlugen. Mein Mann war nicht bei mir. In der Annahme, daß die Horde vielleicht von mir etwas wissen wolle, erbot sich ein Bekannter, mit mir in das Haus zu gehen. Ich mußte einen Zettel unterschreiben, gemäß welchem sich mein Mann auf dem Bürgermeisteramte melden sollte, widrigenfalls man mich in Verwahrung nehmen würde. Vorsichtshalber nahm man mich aber gleich mit. Mein Mann wurde durch einen Bekannten von dem Befehl verständigt, wir trafen uns auf dem Gemeindeamte *(Národní výbor)*. Ohne daß ein Protokoll aufgenommen wurde, mußte er mit Herrn Emil Scheffel, den man auch herbefohlen hatte, einen Lastwagen besteigen und ich habe ihn nicht mehr gesehen. Nach 14 Tagen erhielt ich von Bekannten die Nachricht, daß er mit 4 Schicksalgenossen (unter ihnen Scheffel) zu Tode gequält und geschlagen worden war, nachdem sie sich vorher ihr Grab hatten schaufeln müssen. Ich hatte Gelegenheit, später mit dem Arzt sprechen zu können, der den Totenschein ausgefertigt hatte. Ich bat ihn um nähere Angaben - er lehnte aber ab mit den Worten: "Behalten Sie Ihren Mann so in Erinnerung, wie Sie ihn zu Lebzeiten gekannt haben."

Unser Haus wurde vollständig ausgeplündert. Ich blieb bei Nachbarn, bis ich mit einem Transport ins Tschechische zur Arbeit mußte. Wir kamen zunächst im Viehwaggon auf ein Gut bei Turnau. Der ganze Transport war in einer großen Scheune untergebracht. Tagsüber kamen die tschechischen Bauern, um sich die meistversprechenden Arbeitskräfte auszusuchen, wir wurden zur Schau gestellt wie auf einem Markt. Nach 3 Tagen war ich mit 11 anderen Frauen noch übrig. Nach der ersten Nacht mußten 2 Mädchen nach Vergewaltigungen ins Krankenhaus geschafft werden. Ein Aufseher verbürgte sich dafür, daß "so etwas nicht wieder geschehen würde".

Ich war froh, als wir am 4. Tage fortgeführt wurden. Wir kamen nach Sychrov in ein schönes Gebäude, das während des Krieges als Jugendheim gedient hatte. Das Heim war eine Sammelstelle der tschechischen Partisanen. Wir hatten keine Gelegenheit, unsere Angehörigen zu benachrichtigen oder von draußen Nachricht zu empfangen. Das Essen war denkbar schlecht und wenig. Unsere Arbeit bestand ganztägig aus Abortwaschen. Ich bekam Erbrechen und Durchfall. Ein junger Arzt, der erkannte, daß ich Bauchtyphus hatte und Ansteckung für die anderen befürchtete, beantragte bei einem ihm vorstehenden älteren Arzte, mich wegzuschicken. Aber dieser Menschenfreund sagte nur: "Die Deutschen müssen arbeiten". Endlich ließ man mich nachhause gehen. Ein Partisan brachte mich mit Mühe und Not bis zum Arbeitsamt nach Turnau. Bekanntlich durften Deutsche nur in tschechischer Begleitung den Zug benützen, mich ließ man allein fahren. Vier Wochen war ich fort gewesen. Ich durfte die kleinste Stube in unserem Hause bewohnen.

Nach vier Wochen, ich war noch auf das Äußerste erschöpft, überbrachte mir ein Ukrainer den Aussiedlungsbefehl. Ich brach zusammen; als ich wieder zu mir kam, lag ich im Bett und er saß zu meinen Füßen. Er rang die Hände und sagte: "Ich bitte Dich, ich will nicht ein Mörder sein!" Er ging fort und holte Nachbarn und befahl ihnen, mich nicht zu verlassen. Dann kam er mit dem *národní výbor* zurück. Dr. Köhler wurde gerufen, der Nervenzusammenbruch feststellte.

Im November 1946 wurde ich ausgesiedelt.

Radonitz

Bericht über die Vorgänge im Mai 1945
Berichter: Friedrich Merten

Das kleine etwas entlegene Städtchen Nordwestböhmens, in dem ich über 20 Jahre an der dortigen Bürgerschule als Fachlehrer gedient hatte, lag zwischen den beiden Fronten: etwa eine Stunde im Westen standen die Amerikaner, ebenso weit im Osten waren russische Abteilungen. Statt der erwarteten Amerikaner kamen zunächst die Russen.

Es waren bewaffnete Zivilisten, die durch unser Städtchen zogen; alle saßen auf größeren oder kleineren Fahrzeugen russischer Bauart, wurden von russischen berittenen Offizieren angeführt und waren militärisch gut diszipliniert. Es kam bei diesem ersten Durchzuge nirgends zu Gewalttätigkeiten. Wer zu plündern begann, das waren die mit den geflüchteten Schlesiern mitgekommenen polnischen und ukrainischen Kutscher und Knechte. Sie nahmen die Waffen an sich, welche die in den letzten Tagen durch den Ort gekommenen deutschen Soldaten am Ausgange des Städtchens weggeworfen hatten und begannen unter einem Anführer ein Schreckensregiment im Orte. Kaum hatte die erste russische Abteilung den Ort verlassen, begannen die ersten Plünderungen. Ihr Unwesen trieben die Plünderer hauptsächlich bei Nacht. Bei Tage ging - eingedenk der Aufrufe im Rundfunk - ein jeder seiner gewohnten Arbeit nach, aber alle fürchteten die Nächte. Die Hilfe kam unerwartet durch einen russischen Offizier, der auf einer Dienstfahrt durch unser Städtchen kam. Einer unserer Mitbürger tschechischer Abstammung trug dem Offizier die Bitte der Bevölkerung um Schutz vor. Der erwähnte russische Offizier entwaffnete den Anführer der Plündererbande und erschoß ihn auf der Stelle. Von diesem Offizier wurde ich über Vorschlag meiner Mitbürger auf dem Rathause als Bürgermeister eingesetzt ("Du bist Bürgermeister") und später von einem russischen Kommando als solcher bestätigt.

Zunächst sorgte ich für Ruhe und Ordnung im Städtchen. Das Exempel, das der russische Offizier statuiert hatte, wirkte nach. Die bei uns seit der Beendigung des Frankreich-Feldzuges in Arbeit gestandenen französischen Kriegsgefangenen, mit denen unsere Bevölkerung in gutem Einvernehmen stand, boten sich zur Bildung einer Polizeimannschaft an, zu der sich etwas später noch englische Kriegsgefangene gesellten. Diese ehemaligen Kriegsgefangenen bewaffneten sich und legten den Plünderern das Handwerk. Ich erwähne die Haltung der ehemaligen Kriegsgefangenen gern und mit aller Achtung und Anerkennung. Das Städtchen war zu einer Insel des Friedens geworden, jeder konnte seiner Arbeit wieder in Ruhe nachgehen. Die Bevölkerung sah in den ehemaligen Kriegsgefangenen ihre Beschützer.

Es gelang mir auch, die Versorgung der Bevölkerung mit den notwendigsten Lebensmitteln in Gang zu bringen, sodaß niemand Hunger leiden mußte.

Unterdessen hatte sich aus den wenigen ansässigen Tschechen ein *"Národní výbor"* (tschechischer Nationalausschuß) gebildet, der mich unter seiner Patronanz als "Bürgermeister" weiter amtieren ließ. Selbst dann noch, als Mitte Juni 1945 ein tschechischer Kommissar eingesetzt wurde, war ich dem Namen nach immer noch der "Bürgermeister", wenn sich meine Amtsbefugnisse auch nur noch darauf beschränkten, den Gang der Geschäfte im Rathaus im Laufen zu erhalten. Der Kommissar war ein anständiger, rechtlich denkender Mensch. Da er bei uns ganz fremd war, zog er mich häufig zu Rate und hörte auch auf meine Vorschläge. Er wurde damit beauftragt, die von der Prager Regierung beschlossenen harten Maßnahmen gegen die Deutschen durchzuführen und er tat dies in einer sehr toleranten Weise. In guter Erinnerung ist mir noch, wie dieser Mann eines Tages die erste Ausweisungsordre aus der Bezirksstadt mitbrachte und mir den Auftrag gab, eine Liste der sogenannten Intelligenz des Ortes aufzustellen. Ich war sofort im Bilde. Der Kommissar, dessen Namen ich lieber verschweige, meinte damals: "Es kommen allerhand unschöne Sachen. Ob sie gut sein werden, diese Maßnahmen? Aber es läßt sich dagegen gar nichts tun."

Obwohl diese Aktion geheim gehalten werden sollte, brachte ich es nicht fertig, meinen Bekannten gegenüber zu schweigen. In diesen Tagen kamen dann Kundmachungen des Inhaltes zum Aushang, daß die Deutschen des tschechischen Staatsbürgerrechtes verlustig gegangen seien und ihr gesamtes Eigentum entschädigungslos dem tschechischen Staate verfallen sei.

Aus der Umgebung waren unterdessen Flüchtlinge bei Bekannten und Verwandten eingetroffen oder auf der Flucht durch unser stilles Tal gekommen. Sie brachten die ersten Schreckensnachrichten mit: von der Austreibung der Deutschen aus ihren Wohnungen, von Erschießungen, von der Jagd auf deutsche Frauen und Mädchen.

Eine tschechische Militärabteilung wurde in unseren Ort gelegt. Für jeden Soldaten mußte ein vollständiges Bett, weiß überzogen, in der Turnhalle bereit gestellt werden. Am 22. Juni 1945 kurz nach dem Mittagessen zogen die Soldaten, von einem Offizier geführt, von einer Wohnung zur anderen der auf der ersten Ausweisungsliste verzeichneten Personen. Der Offizier überbrachte den Ausweisungsbefehl und verlangte als erstes die Übergabe sämtlicher Wertsachen. In jedem Hause blieb eine Wache zurück. Am Abend wurde der erste Zug der Ausgewiesenen formiert; es ging zunächst in ein Lager in der Nachbarstadt und nach Ausplünderung durch die Kontrollorgane zu Fuß bis zur Grenze. Nach einer längeren Pause im Winter 1945/46, während welcher viele meiner Landsleute wieder auf eine Wendung zum Guten zu hoffen wagten, setzten Enteignungen und Ausweisungen im Frühjahr 1946 wieder ein.

Radwanitz

Radwanitz, Bericht Nr. 1

Verschleppung eines amerikanischen Staatsbürgers

Berichter: Josef Horbas - Bericht vom 6. 10. 1946

Ich bin 15 Jahre alt und amerikanischer Staatsbürger. Meine Mutter lebt seit 1937 in den Vereinigten Staaten in Pittsburgh und ist seit 1944 im Besitz der amerikanischen Staatsbürgerrechte. Ich wohnte in Setzdorf bei meiner Tante. Im August 1945 wurde ich auf das Gemeindeamt Setzdorf vorgeladen und als ich meine amerikanische Staatsbürgerschaft angab, wurde ich in das Lager der Gemeinde gesperrt und am nächsten Tag in die Kohlengrube Radwanitz abtransportiert. Erst als aus Washington selbst ein Schreiben nach Radwanitz kam, wurde ich entlassen.

Die Monate in der Kohlengrube waren eine schwere Leidenszeit für uns alle. Trotz unserer Jugend arbeiteten wir wie die Erwachsenen 8 Stunden in der Grube und dann noch mehrere Stunden obertags. Wir mußten um ½4 Uhr aufstehen und kamen erst wieder abends um 8 Uhr oder noch später nach Hause.

Das Essen bestand durch Monate hindurch nur aus Rübenschnitzeln. Viele sind gestorben. Gewöhnlich 3-4 in der Woche.

Dabei kamen täglich schwere Mißhandlungen vor. Auf dem Weg zur und von der Grube wurden wir mit Gewehrkolben geschlagen. Oft mußten wir unterwegs anstrengende Gelenksübungen machen. Wir konnten uns oft vor Müdigkeit kaum auf den Beinen halten. Am Abend mußten wir oft mehrmals um die Baracken Laufschritt machen.

Radwanitz, Bericht Nr. 2

Schacht, Mißhandlungen, Morde

Berichter: Josef Langenickel - Bericht vom 1. 7. 194[7?]

Ich war vom 27. 8. 1945 bis 13. 8. 1946 im Internierungslager Radwanitz bei Mährisch Ostrau. Die Lagerinsassen arbeiteten im Hedwigsschacht und Fortschrittschacht untertags. Nach einer 8-stündigen Schicht untertags mußte 4-5 Stunden obertags gearbeitet werden. Der erste freie Tag war am Ostersonntag.

Die Behandlung und Verpflegung war sehr schlecht. Die Prügelstrafe war offiziell eingeführt. Es wurde auch bei der Arbeit untertags von den tschechischen Bergleuten geprügelt.

Wegen der Unterernährung ging die Arbeitsleistung zurück. Jeder, der nicht sein volles Arbeitsmaß verrichten konnte, wurde von den Posten geprügelt. Das geschah im Keller bei verschlossenen Türen durch ein besonderes Prügelkommando von 6-8 Mann.

An den Folgen der Unterernährung und der Mißhandlungen sind viele gestorben. Kremer Josef starb im November auf dem Marsch vom Schacht ins Lager. So oft sich jemand krank meldete, wurde er geprügelt. Weinert Johann starb am 7. 3. 1946 an Unterernährung und hatte bis zuletzt arbeiten müssen.

Ich selbst wurde am 11. 11. 1945, da ich wegen völliger Entkräftung und geschwollenen Füßen nicht mehr arbeiten konnte, aufs Schwerste im Dreischlag verprügelt. Erst am 1. 2. 1946 erhielt ich dann eine leichtere Arbeit obertags.

Im Lager herrschte Schreibverbot. Der Besitz eines Bleistiftes war verboten und wurde mit schweren Mißhandlungen bestraft.

Reichenau

Schwere Mißhandlungen von Frauen
Berichterin: Franziska Hübl - Bericht vom 15. 6. 1946

Im Juli 1945 fand ich mit meiner Schwiegertochter in der Scheune 2 Stück Leder von einem Treibriemen, ungefähr 30 cm lang. Wir nahmen an, daß diese zwei Stück Leder von einem Treck, der sich über zwei Monate bei uns aufgehalten hatte, mit vielen anderen Sachen wie Bügeleisen, Krawatten, Hausschuhen usw. mit zurückgelassen worden seien. Im Januar 1946 wollten wir beim Schuster Schuhe sohlen lassen. Er hatte keine Sohlen. Da erinnerte ich mich an die zwei Stücke Leder und trug sie zum Schuster. Der Schuster machte uns aber die Schuhe nicht gleich, da er viel Arbeit hatte. Im März wurde ich mit meiner Schwiegertochter auf die Gemeindekanzlei geholt. Der Kommissar Petr zeigte uns die beiden Stücke Leder vor und fragte uns, woher sie seien. Bevor wir noch eine Erklärung geben konnten, wurden wir vom Kommissar geschlagen. Zuerst wurde ich in ein Zimmer geführt und wurde von ihm mit der Hand, einem Riemen und einer Hundepeitsche ins Gesicht und auf den Kopf geschlagen, daß ich ganz blutunterlaufen war. Dann wurde meine Schwiegertochter in derselben Weise geschlagen. Das wiederholte sich dreimal. Als Folge dieser Mißhandlung erlitt meine Schwiegertochter einen Abortus.

Reinowitz (Lager bei Gablonz)

Einlieferung und Geldabnahme in diesem Lager
Berichter: Alfred Porsche - Bericht vom 20. 6. 1950

Am 26. 3. 1946 kam ich nach Plünderung meines Gepäcks durch Mitglieder des Ortsausschusses von Grünwald a. N. mit meiner Familie in das Lager Reinowitz. Gleich, vor der Entlausung noch, mußte jeder im Büro dem Lagerleiter Václav Vostrák seine Sparbücher, Reichsmark und Tschechenkronen abgeben.

Anfang April wurden Transporte in das Lager Reichenau zusammengestellt. Von dort sollte es dann endgültig nach Deutschland gehen. Die Teilnehmer an den einzelnen Transporten wurden auf dem Hofe ausgerufen. Ich kam am 10. 4. 1946 fort. An diesem Tage oder dem Tag vorher, das weiß ich nicht mehr genau, wurden die Teilnehmer an diesen Transporten aufgerufen, im Büro gegenüber dem des Lagerleiters etwas zu unterschreiben. Jeder wollte doch fort und beeilte sich, dem Befehl nachzukommen. Ich sah mir an was da in tschechischer Sprache vorgedruckt war. Die meisten konnten ja nicht tschechisch und unterschrieben, ohne etwas vom Inhalt zu wissen. Es war der Empfang des abgenommenen Geldes (Sparbuchbeträge und Bargeld) zu bestätigen. Selbstverständlich haben wir dieses Geld nicht bekommen.

Riegersdorf

Bericht eines Antifaschisten, Sozialdemokratischer Vertrauensmann
Berichter: Josef Willkomm

Die Verdrängung der Deutschen aus ihren Wohnungen 1945 geschah ohne Rücksicht auf ihre politische Einstellung. Auch Inhaber eines von den tschechischen Behörden ausgestellten Antifaschisten-Ausweises erhielten ihre Sachen nicht mehr heraus.

In den ersten Tagen nach dem 8. Mai 1945 hatte ein immer hier ansässig gewesener Tscheche die Leitung der Gemeinde kommissarisch übernommen. Bis zu unserer Aussiedlung, innerhalb eines Jahres, war schon der zehnte kommissarische Bürgermeister am Ruder. Dieser war aber dann der erste anständige und vernünftige.

Die Wohnungen waren in der Nacht nach der Austreibung sofort ausgeplündert worden, mit Lastwagen hatte man einen großen Teil der Sachen ins Innere der Tschechei gebracht, wenn nicht sofort tschechische Familien in die Wohnungen gezogen waren.

Der Leidensweg auch der Antifaschisten begann. Wenn ich als Antifa-Vertrauensmann für unsere Leute verhandeln ging, weil ich etwas Tschechisch konnte, wurde mir zuerst ein Bild vorgehalten, wo fünf Deutsche aufgehängt waren, mit dem Hinweis, wenn ich zuviel verlangte oder gar Nazis helfen wollte, dann ginge es mir ebenso. Ich war auch schon mit meiner Frau aus meinem eigenen Häuschen vertrieben worden in eine Elendswohnung, wo uns die Ratten die paar Stücke Kleider und Wäsche annagten und in der Nacht über unser Lager krochen.

Als ich von den tschechischen Behörden den Ausweis als Antifaschist zuerkannt bekam und den Versuch machte, etwas von unserem Hausrat zurückzuerhalten, legte man mir einen Revolver auf den Tisch mit der Behauptung, daß er in meinem Hause gefunden worden wäre, dabei besaß ich nie einen. Entweder sollte ich auf meine Sachen verzichten oder sie würden mich sofort einsperren lassen.

Als wir nordböhmischen Sozialdemokraten mit dem Lande Thüringen einen Vertrag für die Aussiedlung nach Thüringen abgeschlossen hatten und ich aus unserer Gemeinde die Papiere für 69 Familien erhalten hatte und der Transport schon losgehen sollte, sperrte der tschechische Kommissar die Ortschaft ab und begann von Haus zu Haus vor den Türen 30 kg Gepäck pro Kopf unserer Leute abzuwiegen. Dies dauerte ein paar Tage. Es gab Prügel, an deren Folgen ein junger Mann sogar starb. Er hatte seine Frau vor Anzüglichkeiten schützen wollen. Manche Frauen mußten sich nackt ausziehen und betrunkene Tschechen belästigten sie. Das taten tschechische Kommunisten mit deutschen Arbeitern.

Da die Aussiedlung nach Thüringen vereitelt wurde, mußten wir uns ein anderes Aussiedlungsland suchen, das war dann Hessen. Wir erlebten noch eine bittere Zeit. Auch als anerkannte Antifa-Leute wurden wir ebenso behandelt wie die Nazis. Entweder umsonst oder um ein Stückchen Brot mußten unsere Frauen bei den tschechischen Familien oder Landwirten arbeiten. Die Männer arbeiteten im Walde oder sonstwo schwer um 50 Heller Stundenlohn.

Sonntags gab es Extraarbeiten wie Klosettputzen, Bachbett reinigen, Alteisen sammeln usw. Jeden dritten Sonntag, der dann als "frei" gelten sollte, mußten sich alle über 14 Jahre alten

Personen am Gemeindeamt melden, anstellen und wurden unter Polizeiaufgebot ins Kino geführt. Dort mußten wir den dreifachen Eintrittspreis zahlen und es wurden uns dann Hitler-Greueltaten auf der Leinwand vorgeführt.

Deutsche Arbeitskräfte wurden in offenen Kohlenwagen ins innere Böhmen zur landwirtschaftlichen und Industriearbeit verschickt.

Als wir dann im Juli 1946 nach Hessen ausgesiedelt werden sollten, war ich froh, daß der 10. kommissarische Bürgermeister der erste vernünftige war. Ich konnte für manche Familien noch verschiedenes retten, auch für meine Frau und mich Kleidungsstücke aus dem Hause meiner Schwiegereltern, die gestorben waren.

Fünfmal vor meiner Aussiedlung war ich in Prag beim Innen- und Finanzministerium, um Ausreise- und Ausfuhrgenehmigungen zu beschaffen, sodaß mancher noch ein Fahrrad, eine Nähmaschine, ein Radio und Ähnliches mitnehmen konnte.

Meine Schwester und ihr Mann mit 2 Töchtern und der 84-jährigen Mutter kamen erst im April 1950 aus der Tschechoslowakei nach Deutschland. Mein Schwager mußte noch 2 Jahre als Bergarbeiter für die Tschechen arbeiten. Dann verbrachte man sie zur Landarbeit. Sie hatten das Glück, bei einem anständigen Gutsbesitzer zu arbeiten. Als sie sich von ihm verabschiedeten, sagte der Tscheche weinend: "Ihr geht nun weg, aber was soll aus uns noch werden?"

Ich war vor dem Jahre 1938 14 Jahre lang sozialdemokratischer Lokalvertrauensmann in Riegersdorf, Kr. Tetschen.

Riesengebirge

Übersicht über Morde 1945

Auszüge aus den Heften "Riesengebirgsheimat"

Hermannseifen: 29. Juni 1945 vor der ganzen Gemeinde erschossen: Pohl Andreas, Fleischermeister; Pohl Franz, sein Sohn; Gaber Josef, Bäckermeister; Stransky Josef, Friseurmeister; Struchlik Alois, Arbeiter; durch Urteil des Kommandanten von Arnau. Frau Pohl hat sich erhängt.

Mastig: Juni 1945 vor der versammelten Gemeinde erschossen: Nittner (Hohenelbe); Rzehak Stephan, Bürgermeister; Gall Josef, Spinnmeister; Tauchmann Josef, Betriebsobmann der Mandl-Fabrik; Jochmann Anton, Eisenbahner; durch tschechische Soldaten von Arnau und *Národní výbor.*

Vordermastig: Mai 1945: Schröfel Josef, Gastwirt erhängte sich, seine Frau nahm Gift, als sein Anwesen bei der Besetzung geplündert wurde.

Grossaupa: Hugo gefoltert und auf dem Friedhof erschossen (nähere Daten fehlen).

Keilbaude: Braun, Gastwirt, umgebracht.

Schüsselbauden: Kraus Raimund und Hollmann Johann von Partisanen erschossen.

Hütten-Witkowitz: Schwiegervater des Kaufmann Herbert Schier, während Rudolf Schier im Gefängnis Jitschin starb.

Harta: Juni 1945. Fünf Personen wurden fürchterlich geschlagen.

Theresiental: Juni 1945. Baruschka Alois mißhandelt, erschossen.

Jablonetz: 8. 9. 1945. Schimmer in Karthaus-Jitschin nach Mißhandlung gestorben (verhaftet 9. 5. 45).

Mastig: Mai 1946. Kuhn Alfred, bei Jitschin erschlagen.

Spindelmühle: Fischer Alfred, Oberlehrer, Mai 1945 ermordet. Buchberger Hans und Mutter, im Mai 1945 in Trautenau erschossen, der Vater Vinzenz (St. Peter-Gastwirt) ist Gefangener im Uranbergwerk St. Joachimsthal.

Arnau: Rumler Josef und Frau Marie, geb. Petrik wurden am 18. Juni 1945 viehisch mißhandelt und erschossen. Soukup Heinz, Prokurist von Eichmann am 10. Juni 1945 standrechtlich erschossen. Kowarsch Erich, Brauereiangestellter, Anfang Juni 1945 erschlagen oder erschossen. Viele vergifteten sich (Iwonsky, Schenk-Familie, Melichar usw).

Klein-Borowitz: 18. Juni 1945 Linhart und Frau, Müller, verhaftet in Arnau, Eichmann-Keller geprügelt, gefoltert, dann am 21. 6. nach Mastig geschafft und auf Befehl des Arnauer tschechischen Kommandanten Kapitän Wurm aus Horschitz in dessen Anwesenheit erschossen.

Ponikla: 9. 5. 1945. Hirte Wenzel Anton verhaftet, nach Hochstadt gebracht, mißhandelt. Knappe, Bürgermeister, wurden in Starkenbach hingerichtet (Marktplatz).

Jablonetz: Ing. Schirmer, mit weiteren dann nach Semil gebracht, wo Hirte, der am 11. 5. dazugekommen war, sich die Pulsadern durchschnitt.

Rochlitz: Seidel Fritz aus Oberrochlitz im Mai 1945 verhaftet, kam nach Starkenbach im Januar 1946, dann Lager Hrabatschow, seither vermißt.

Zittau-Neuhammer: Auf dieser Strecke wurden etwa 60-80 Kriegsgefangene von den Polen niedergemacht, darunter viele Sudetendeutsche, die aus Lauban kamen, da sie den Todesmarsch im Tempo nicht mitmachen konnten. Endstation über Sagan war Lager Jaworczno bei Auschwitz, wo alle im Bergwerk arbeiteten und wobei 18 umkamen, 1 Selbstmord und 1 auf Flucht erschossen wurde (bis August 1947), darunter viele aus dem Riesengebirge.

Kukus: Mitte Mai 1945. Ginzkey, Erzieher aus Reichenberg, viehisch geschlagen und gestorben. Petrak, Obererzieher aus Seidenschwanz und Schneider Karl, Obergärtner aus Graslitz geschlagen und dann erschossen hinterm Bahnhofsgelände. Slaboch Alois, Amtmann; Areyczuk Eusebius, ukrainischer Gemüsehändler; beide geschlagen und dann am Stangendorfer Steinbruch erschossen. Frau Slaboch schnitt sich den Hals durch.

Gutsmuts-Arnau: Pradler Wilhelm, Bauführer und Frau Maria, am 23. Juni 1945 in Proschwitz vor der Elbemühl erschossen. Die verleumderischen Verräter sind: Amler, Nossek und Schiefert sowie ein Tscheche aus Proschwitz.

Schwarzenthal: Gall Julius, Oberlehrer und Baier Franz, Oberförster, Juni 1946 verhaftet, seither vermißt. Wawra Hubert, Verwalter bei Mencik, bei Hohenelbe ermordet. Insgesamt sollen 17 Einwohner verschwunden sein, die weiteren 14 heißen: Munser Franz, Färbermeister; Kröhn Franz bei Mencik; Kröhn Franz, Landwirt; Ettrich Josef, Kutscher; Seidel Franz, Tischler; Seidel Wenzel, Briefträger; Maiwald, Sattlermeister; Kraus Johann, Färbermeister; Kraus Josef bei Mencik; Renner Oswald, Telefonist; Wonka, Landwirt; Schneider Josef, Steinbrucharbeiter; Langer Josef, Büroangestellter; Klust Edi, Webmeister.

Lauterwasser: 24.1.1946. Zirm Johann, Polizist in Jitschin gehängt.
Polkendorf: Sagasser Johann 1946, Selbstmord. Erben Franz, Selbstmord.

Rokitnitz

Mißhandlungen und Ermordungen
Berichter: Direktor Pischel - Bericht vom 31. 7. 1950

Als am 7. und 8. Mai 1945 einzelne Truppenteile und Formationen der schlesischen Armee unser Städtchen passierten, wußten wir, daß die Katastrophe nur eine Frage von wenigen Tagen sein konnte. Alarmnachrichten jagten einander. Vor den Häusern standen die Bewohner, eine Flucht war unmöglich. Schon hielten tschechische Partisanen alle Straßen besetzt und entwaffneten unsere Soldaten. Wer nur die geringste Miene zum Widerstand machte wurde erschossen. Tatsächlich folgten die Russen den deutschen Truppen auf dem Fuß und auf allen Straßen ergossen sich tausende von Geschützen, Panzern und motorisierte Truppen über den Kamm des Adlergebirges in unsere Heimat, füllten die Gebirgsdörfer und rasten, die deutschen Truppen überholend, gegen Prag.

Als aber die tschechischen Partisanen unsere Heimatstadt besetzten, mußten wir Augenzeugen von furchtbaren Untaten sein. Was nicht niet- und nagelfest war, wurde geraubt, und fast alle Männer ohne Rücksicht auf das Alter verhaftet und unter schweren Mißhandlungen ins Gefängnis geschleppt. Die Einmannzellen waren bald bis zum Bersten gefüllt. Die weiteren Gefangenen wurden daher in die Kasernen geschleppt. Was sich in den Gefängnissen abgespielt, kann nicht geschildert werden. Viele Deutsche suchten durch Selbstmord den furchtbaren Mißhandlungen zu entgehen. Ein besonders schwarzer Tag war der Pfingstsamstag, der 19. Mai 1945. Die Gefangenen, darunter auch ich wurden, schon halb verhungert, in die Kaserne zur Arbeit getrieben. So mußten wir z.B. je 2 Mann schwere Schränke die Treppen herunter über die großen Kasernenhöfe hinweg, in andere Gebäude, dort wieder einige Treppen hoch schleppen. Überall standen die Partisanen und hieben mit Stecken, Eisenstangen, Gummiknüppeln, Fahrradschläuchen und Gewehrkolben auf die unglücklichen Menschen ein, ohne Rücksicht, wohin sie trafen. Mir selbst floß das Blut aus vielen Kopfwunden in die Augen und über den Nacken den Rücken hinab.

Viele brachen unter den Schlägen zusammen und wurden geprügelt und mit Füßen getreten. Ich selbst hatte einmal über 20 Beulen am Kopf und zwei tiefe Wunden am Arm. Da wir fast nichts zu essen erhielten, waren wir bald vollkommen entkräftet. Auch unser Stadtpfarrer wurde mehrmals verhaftet, schwer mißhandelt, der Gottesdienst verboten und die Kirche versiegelt. Zuletzt wurde er in das Staatsgefängnis nach Königgrätz eingeliefert.

Noch immer wurden weitere Menschen, darunter auch Frauen, aus den Dörfern eingeliefert. Die Verhöre der Gefangenen begannen unter steten Mißhandlungen. Baumeister Hermann wurde wenige Schritte vor mir von einem Partisanen niedergeschossen. Hitlerjungen von 10-14 Jahren, die sich unter den Verhafteten befanden und grün und blau geschlagen waren, mußten ihn hinter der Kaserne einscharren. Ich selbst wurde zweimal hinter die Kaserne geführt und sollte dort erschossen werden. Da ich keinerlei Angst zeigte, trieb man mich unter fürchterlichen Hieben mit dem

Knüppel zu den anderen Häftlingen zurück. In der Kaserne war eine Zelle als Folterkammer eingerichtet worden. Abend für Abend wurden Häftlinge aus den Zellen geholt und in der grausamsten und brutalsten Weise zu Tode gemartert. Oft wurden ihnen bis zu 50 Stockschläge aufgezählt. Furchtbar war das Schicksal des weit und breit bekannten Stadtarztes Dr. Rudolf Wanitschke, der hier nach mehreren vergeblichen Selbstmordversuchen buchstäblich zu Tode geprügelt wurde. Die Bewußtlosen wurden regelmäßig mit einer Kanne kalten Wasser begossen, dann in die Zelle geworfen, wo sie infolge der Kälte wieder zum Bewußtsein kamen. Diese Martern wiederholten sich einige Tage, bis die Unglücklichen durch den Blutverlust starben oder den Gnadenschuß erhielten. In den Abendstunden wurden die Ermordeten in der Umgebung der Stadt verscharrt. Ihre Familien erhielten keine Verständigung über den Tod ihrer Angehörigen.

Von meinen Bekannten befinden sich unter den bestialisch Ermordeten, außer Dr. Wanitschke und Baumeister Hermann, Franz Gregor, Leiter der Städtischen Sparkasse, mein Bruder Wilhelm, Kubitschke Alois, Uhrmacher, Gottwald, Pächter vom Schwarzen Adler, Spanel und Leichter, beide Angestellte des Arbeitsamtes, Oberlehrer Jörka aus Groß-Stiebnitz, Lehrer Spanel aus Ober-Riebnei, Heinrich Letzel aus Himml.-Riebnei und viele andere.

Die Stadtbürger Kaufmann Finger, Fleischermeister Willi Pöter, Fritz Habenicht (Sägewerksbesitzer der ehemaligen Froschmühle) wurden nach Senftenberg verschleppt und nach grausamen Foltern erhängt. Die Männer, welche dem Tode entgingen, wurden von den Tschechen in die rasch eingerichteten KZ-Lager, 51 an der Zahl, verschleppt, wo sie schwere Arbeit verrichten mußten, z. B. im Bergbau unter Tag, bei elender Verpflegung und ständiger Mißhandlung. Viele gingen in diesen Lagern zu Grunde oder erlitten Schäden an ihrer Gesundheit. Viele sind bei ihrer Rückkehr gestorben, so der Forstverwalter Scherz und der Schwiegersohn vom alten Kotisa, Herr Cernoch.

Das Elend der Zurückgebliebenen erreichte seinen Höhepunkt durch das schlagartige, unerwartete Einsetzen der Vertreibung aus der Heimat am 5. Juni 1945, da Rokitnitz die erste Stadt im Sudetengau war, wo die Bevölkerung vertrieben wurde.

Ahnungslos gingen die Ärmsten am Morgen dieses Tages ihren Geschäften nach, als die Partisanen in die Häuser drangen und sie zwangen, nur unter Mitnahme weniger Habseligkeiten alles, was sie besaßen, zu verlassen.

Mühselig schleppten sich Alte und Kranke auf den Sammelplatz, angetrieben unter Flüchen und Brüllen der Partisanen. Auf dem Sammelplatze wurden alle der schärfsten Kontrolle unterzogen, d.h. alles was noch einigen Wert hatte, geraubt. Kleine Andenken, die geringe Barschaft, Kinderwäsche und Betten.

Gegen 3 Uhr Nachmittag bewegte sich der Elendszug über den Ringplatz, begleitet von höhnischen Zurufen der Tschechen, die lachend dem herzzerreißenden Schauspiel zusahen. Viele Tschechen standen am Wege mit ihren Fotoapparaten, um dieses Ereignis im Lichtbilde festzuhalten. Bei Herrenfeld und Batzdorf wurden sie von den schwerbewaffneten Partisanen über die Grenzbrücke getrieben und ihrem Schicksal überlassen. Am zweiten Tag erreichten sie die schlesische Stadt Habelschwerdt. Dort wurden sie vom Roten Kreuz übernommen und in Baracken untergebracht. Habelschwerdt sowie das ganze Glatzer Land war von Polen besetzt. Hier herrschten dieselben Zustände wie in den letzten Wochen in der Heimat. Im März 1946 wurden die Vertriebenen mit den Schlesiern gemeinsam von den Polen ausgesiedelt.

Römerstadt

Römerstadt, Bericht Nr. 1

Vergewaltigung durch einen tschechischen Offizier am 14. Oktober 1945

Berichter: Ottokar Montag - Bericht vom 21. 6. 1950

Am 14. Oktober 1945 besuchte meine Tochter Frau K., die den Betrieb einer tschechischen mechanischen Weberei, welche einer deutschen Firma enteignet worden war, leitete, eine Freundin.

Auf dem Heimwege gegen 6 Uhr führte sie ihr Weg in der Nähe der ehemaligen deutschen Oberrealschule, die vom tschechischen Militär als Kaserne benützt wurde, vorbei. Plötzlich stellte sich ihr im Dunkel ein Offizier entgegen und sprach sie russisch an. Meine Tochter war der Meinung, es sei ein Russe und versuchte wegzulaufen. Daraufhin ertönte ein Pfiff aus der Signalpfeife des Offiziers, es war dies der tschechische Oberleutnant Bischof, ein ehemaliger Legionär, und im Laufschritt erschienen 6 Soldaten aus der naheliegenden Kaserne und es begann eine wilde Jagd nach ihr. Einige Male gelang es meiner Tochter allen 7 Mann zu entkommen, obwohl sie schon auf der Straße mißhandelt wurde. Vergebens bat sie Vorbeikommende um Hilfe, die Deutschen konnten keine leisten aus Angst, daß ihnen das Gleiche geschähe, die Tschechen lachten und freuten sich an dem Schauspiel.

Meine Tochter kam bis ungefähr 50 Meter an ihre Wohnung heran, dann verließen sie die Kräfte. Mit Schlägen und Stiefeltritten in den Rücken und die Nierengegend wurde sie in die Kaserne geschleppt, dort in ein Zimmer gebracht und von dem Offizier in der gröblichsten Weise mißhandelt. Wiederholt warf er sie zu Boden und schleifte sie an den Haaren im Zimmer herum, wobei er an sie die Frage richtete: "Willst Du mir zu Willen sein?" Weit ausgeholte Faustschläge trafen sie immer wieder ins Gesicht, sodaß ihr das Blut herunter rann und mit diesem Blut die Sonntagsuniform des Offiziers über und über beschmiert war. Auf dem Fußboden zeigten die Blutspuren den Weg an, den meine Tochter geschleift wurde. Zwischendurch ist sie gezwungen worden, "Habt Acht" zu stehen und laut zu rufen, "Es lebe Adolf Hitler!" Weil es angeblich zu wenig laut war und nicht in der ganzen Kaserne gehört werden konnte, wurde sie abermals schwer mit Faustschlägen traktiert. Durch einen solchen Schlag in die Magengegend wurde sie schließlich ohnmächtig. Was während dieser Zeit mit ihr geschah, weiß sie nicht. Als sie, am Boden liegend, wieder zu sich kam, trat sie der Offizier mit den Stiefeln auf die Brust. Zwei tschechische Soldaten mußten den Mißhandlungen beiwohnen, einer von ihnen hielt sich ständig die Hände vor die Augen, weil er die schrecklichen Vorgänge nicht mit ansehen konnte. Mit Hilfe dieses Soldaten konnte sie endlich entfliehen, heimgekommen brach sie, das Gesicht bis zur Unkenntlichkeit entstellt und voller Blut, zusammen. Der tschechische Verwalter unseres enteigneten Hauses nahm sich ihrer sofort an, führte sie zur Polizei und erstattete über den Vorfall die Anzeige. Es wurde ihm verübelt, daß er sich zum Beschützer einer Deutschen aufgeworfen hatte, ein Protokoll wurde zwar aufgenommen, jedoch ließ man es von der Mißhandelten nicht unterschreiben. Man schickte sie zur Untersuchung ins Krankenhaus, stellte dort ein ärztliches Zeugnis aus, dem Offizier geschah nichts. Mit dem erwähnten Verwalter, sein Name war N. N., und seiner Frau, die beide sehr menschlich dachten und auch darnach handelten, lebten wir bis zu unserer Ausweisung im besten Einvernehmen. Er beließ uns einige Zimmer des Hauses samt den Möbeln als Wohnung und trat allen Versuchen, diese auszuräumen, energisch entgegen.

Römerstadt, Bericht Nr. 2

Beschwerden über den Transport an den First Lt. Lambert, amerikanischer Grenzoffizier Furth im Walde

Berichter: Wank, Grenzkommissar der Flüchtlinge Furth i. W. - Bericht vom 10. 4. 1946

Bei dem oben genannten Transport wurden folgende Beschwerden festgestellt:

a) von Römerstadt.

In jedem Wagen des ganzen Transportes wurden viele Flüchtlinge immer wieder festgestellt, die nicht mehr im Besitze ihrer Ausweispapiere waren, da sie ihnen abgenommen worden waren im Sammellager, z. B. alle Dokumente, Geschäftspapiere, Anstellungspapiere, Sozialversicherungspapiere und besonders Versicherungspolizzen.

Während der Reise erhielten die Säuglinge keine warme Milch, die Milch war sogar in ungekochten Zustand gereicht.

Frau Trampisch von Römerstadt wurde von einem Mitglied der R. G. in ihrer Wohnung geschlagen (augenscheinlich von einem Sohn eines Kommissars), sodaß sie ein blaues Auge hatte, weil sie sich weigerte, diesen Mann ihr Gepäck untersuchen zu lassen, da er nicht dazu berechtigt war. Nichtsdestoweniger drang er in die Wohnung ein und nahm die besten Sachen aus dem Gepäck.

b) von Iglau.

Die Ausweispapiere werden bei den meisten Teilnehmers des Transportes vermißt, wie Heiratsurkunden, Erbschaftspapiere, Geschäftserlaubnis, so gut wie Versicherungspolizzen etc. Diese wurden den Leuten in den Lagern abgenommen mit der Erklärung, daß die Papiere zurückgegeben würden bevor sie das Lager verließen. Dies geschah aber nicht, obgleich die Leute ihre Papiere forderten. Sogar die Trauringe wurden abgenommen.

Die Ausrüstung des Gepäcks war die schlechteste der bisherigen Transporte. Ein Teil der Leute besaß nur das, was sie am Körper trugen. In einigen Fällen war es ihnen nur möglich, ein oder zwei Garnituren Unterwäsche und vielleicht einen Anzug mitzunehmen, als sie ihr Heim verließen, sodaß sie ihr ganzes Besitztum in einem Rucksack, der höchstens 10 kg wog, trugen. Ein Teil des Transportes besaß nur ein Gepäck, das höchstens 30 kg wog.

Dieses Elend rührt daher, daß die Flüchtlinge von den Verwaltern von ihren Landhäusern getrieben worden waren, ohne daß man ihnen Zeit ließ, die notwendigsten Dinge zu packen und 50 kg zusammenzubringen.

Ein Teil der Männer, die Kriegsgefangene oder im Gefängnis gewesen waren, durften nicht nachhause zurückkehren ihr Gepäck zu holen, sondern wurden sogleich zum Lager gebracht, von wo sie in kurzer Zeit zu einem Transport zusammengestellt wurden. Ein Teil der Frauen wurde aus ihrem Vaterland verwiesen ohne den Gatten, der zurückgehalten wurde in Arbeitslagern oder im Gefängnis. So viele Frauen und Ehefrauen brachten große Beschwerden vor, daß nicht Zeit genug war, sie alle zu notieren.

Im folgenden ist der Fall eines Kindes wiedergegeben, das ohne Eltern ausgewiesen wurde:

Franz Zaboj, geb. 19. Januar 1938, wurde ohne Eltern ausgewiesen, welche in dem Kreisgefängnis zu Iglau festgehalten wurden.

Roßhaupt

Kreisgericht Tachau - Pilsen 1945

Berichter: Franz Voit - Bericht vom 5. 6. 1946

Ich wurde am 20. 6. 45 in Roßhaupt verhaftet. In der dortigen tschechischen Schule wurde ich mit vier anderen mit Fäusten, Fußtritten und Gewehrkolben verprügelt. Von dort wurden wir in das Kreisgericht Tachau eingeliefert. Am selben Tag noch wurde ich wie alle anderen in der Zeit von 14-23 Uhr neunmal nackt mit Gummiknüppel und Ochsenziemern, jedesmal bis zur Bewußlosigkeit verprügelt. Ich mußte mich jedesmal mit dem Rücken nach oben auf den Boden legen, dann haben vier Mann mich vom Kopf beginnend bis zu den Füßen geschlagen. Sooft ich aus meiner Bewußtlosigkeit erwachte, lag ich auf dem Rücken und hatte auch die Vorderseite voller Striemen. Am nächsten Tag von 5-13 Uhr wurde ich und die anderen in derselben Weise siebenmal verprügelt. Dann wurden wir mit Handschellen gefesselt und nach Pilsen abtransportiert. In Bory wurden wir - 19 Mann und zwei Frauen - gefragt, wer die Kaserne in Tachau hätte sprengen wollen. Als keiner antwortete, wurden wir wiederum, diesmal von tschechischen Sträflingen verprügelt. Dasselbe wiederholte sich dreimal. Dann wurden wir 19 Mann in eine Gemeinschaftszelle gebracht, wo wir von Aufsehern wieder verprügelt wurden. Am nächsten Tag wurden wir noch dreimal in der Zelle verprügelt. Dabei wurden mir vier Rippen gebrochen und zwei gebogen. Am Kopf blutete ich aus einer offenen Wunde und mein Nasenbein wurde beschädigt. Nach 8 Tagen wurden je zwei Mann von uns in Einzelzellen mit nur einem Strohsack und einer Decke gesperrt. Die Verpflegung war unzureichend und meistens ungenießbar. Waschgelegenheit war vorhanden. Im September wurde als fünfter, ein Tscheche, ungefähr 60 Jahre alt, mit Krätze und Läusen behaftet, zu uns in die Zelle gesteckt. Nach 5 Tagen starb er, ohne daß er irgend welche ärztliche Hilfe gehabt hätte. Wir bekamen ebenfalls Krätze und Läuse und lagen 6 Wochen in der Zelle, ohne daß wir ärztliche Hilfe bekamen, sodaß schließlich Arme und Beine vereiterten. Erst dann wurden wir von einem deutschen Arzt behandelt, worauf in ungefähr einer Woche die Krätze verschwand. Am 24.

September verstarb in der Zelle auf meinem Schoß sitzend mein Zellenkamerad Johann Blei, 46 Jahre alt, an Sepsis.

Am 21. 12. wurde ich mit 50 Mann in das Arbeitslager Karlov versetzt. Von dort aus wurde ich zur Arbeit eingesetzt, bis ich am 17. 4. 46 nach Hause entlassen wurde.

Sankt Joachimsthal

Sankt Joachimsthal, Bericht Nr. 1

Augenzeugenbericht (Fall Kroupa) einer Hinrichtung

Berichter: Rudolf Berthold - Bericht vom 26. 8. 1949

Ich bin St. Joachimsthaler und ist mir Kroupa persönlich bekannt. Bei meiner Austreibung am 20. 8. 45 erschien Kroupa in Begleitung von vier bewaffneten Männern und zwei Frauen in meinem Hause "Sonnblick" Nr. 924, forderte mich zuerst auf, alle Geldwerte, Schmuck usw. herauszugeben und dann binnen 20 Minuten das Haus zu verlassen. Meine Frage, ob er einen schriftlichen Ausweis oder Auftrag zu dieser Gewalttat habe, beantwortete er mit wüsten Drohungen. Kroupa spielte sich hierbei so auf, daß er bei mir die Meinung erwecken mußte, daß er der damalige Stadtkommissar war, was auch der Meinung der Bevölkerung entsprach, und so mußte ich mich der Gewalt fügen, und wurde um alles gebracht. Zur Hinrichtung des M. Steinfelsner wurde ich unter Androhung des Erschießens wie die Gesamtbevölkerung gezwungen und war Augenzeuge. Die angeführten Tatsachen kann ich beeiden, ebenfalls die auch jetzt bei mir wohnhafte Haushälterin Frau A. Martinitz.

Sankt Joachimsthal, Bericht Nr. 2

Hausdurchsuchung, bestialische Mißhandlungen, öffentliche Hinrichtung

Berichter: Otto Patek - Bericht vom 25. 8. 1949

Im Mai 1945 erfolgte im Sudetengau der Umsturz. Von diesem Zeitpunkt an setzte die Verfolgung der deutschen Bevölkerung ein. Als Vorsitzender wurde Franz Kroupa, vormals Fabriksbeamter in der Tabakfabrik St. Joachimsthal, eingesetzt. Kroupa war einer der größten Deutschen- und Judenhasser. Er beteiligte sich persönlich an den Durchsuchungen der deutschen Wohnungen. Er war es auch, der bestimmte, welche Personen in Haft zu nehmen und zu liquidieren sind. In meinem Hause wurden zweimal Hausdurchsuchungen durchgeführt. Die erste Durchsuchung wurde vom tschechischen Militär durchgeführt, das sich sehr anständig verhielt. Die zweite Durchsuchung wurde auf Geheiß des Kroupa unter seiner persönlichen Leitung von der Gendarmerie durchgeführt, wobei Kroupa mit vorgehaltener Pistole vorging. Bei dieser Durchsuchung wurden bei mir alle Behältnisse aufgebrochen und ausgeraubt. Die Gäste, die noch in meinem Hause waren, wurden zusammengetrieben und ausgeraubt. Trotzdem sie bei mir nichts Belastendes vorfanden, wurde ich zur Polizeistation gebracht, um angeblich ein Protokoll zu unterschreiben. Sämtlicher

Schmuck, Uhren, Gold- und Silberwaren, sowie Bruchgold und Goldmünzen aus meinem Geschäft und mehrere Koffer mit Wertsachen, welche gegen Bombengefahr noch im Keller waren, sowie mehrere Koffer von Kurgästen wurden mit bereitstehenden Autos weggefahren. Von der Polizeistation kam ich jedoch in Wirklichkeit in das berüchtigte Lager nach Schlackenwerth, was Kroupa zu bestimmen hatte.

In diesem Lager war ich mit noch weiteren 37 Deutschen beisammen und wurden bestialisch mißhandelt. An dem Tage der Einweisung wurde ich in den Tanzsaal des ehemaligen Gasthauses "Zum Franzosen" geführt, dort standen die Inhaftierten an den Wänden und waren schon blutig geschlagen. Ich mußte mich nun zu diesen in der Reihe aufstellen. Die Tschechen schlossen nun alle Türen und stellten 2 Posten mit Maschinenpistolen, die sie auf uns richteten, auf. Nun mußten wir den Oberkörper entkleiden und die Tschechen schlugen auf uns mit Gummiknüppeln, Leder- und Stahlpeitschen sowie Holzpflöcken ein, daß das Fleisch vom Körper hing und wir vollkommen blutüberströmt waren. Brach einer unter diesen Schlägen zusammen, dann wurde ein Kübel kaltes Wasser über ihn geschüttet, bis er wieder zu sich kam, und weiter auf ihn eingeschlagen. Auf diese Art wurden wir dreimal bei Tag und dreimal bei Nacht mißhandelt. In der Nacht vom 5. auf 6. Juni 1945 gegen 22 Uhr kamen 11 oder 12 Tschechen zu uns in den Tanzsaal und brachten eine Bank und Decken, mit denen die Fenster verhängt wurden. Als ersten ergriffen sie den Uhrmachermeister Johann Müller aus St. Joachimsthal, legten ihn auf die Bank, schnitten ihm bei lebendigem Leibe mit einem Messer die Ohren ab, stachen ihm die Augen aus, bohrten ihm mit einem Bajonett im Mund, brachen ihm die Zähne aus und brachen ihm durch Überlegen der Arme über die Knie und die Beine durch Überlegen über die Bank die Knochen. Da er noch lebte, banden sie ihm Kabeldraht zweimal um den Hals und zogen ihn im Saal herum, bis der Hals ausgezogen war und der Körper kein Lebenszeichen von sich gab. Bei diesem Umherziehen stellte sich ein Tscheche auf den Körper, damit er beschwert werde. Die Leiche war nur noch ein Fleischklumpen und wurde dann in meinen Mantel gewickelt und in die Mitte des Saales gelegt. Auf diese Art und Weise wurden diese Nacht noch sechs ermordet, davon drei reichsdeutsche Soldaten. Wenn wieder einer tot war, dann wurden wir wieder mit Gummiknütteln geschlagen. Da ich etwas tschechisch spreche, mußte ich dem Morden zuschauen, wogegen die anderen mit dem Gesicht gegen die Wand stehen mußten. Die auf diese Weise ermordeten Deutschen schrien furchtbar, da sie bei vollem Bewußtsein hingemordet wurden. Durch dieses Miterleben wurden drei Inhaftierte wahnsinnig und ich selbst war dem Wahnsinn nahe. Unter den Gemordeten dieser Nacht befand sich außer Müller, Uhrmacherrneister, noch der Förster Kraus und Tischlermeister Zechel aus Joachimsthal, sowie ein mir unbekannter Sudetendeutscher. Sämtliche Verhaftungen und Einweisungen aus St. Joachimsthal wurden auf Veranlassung des Kroupa durchgeführt. Das Morden sollte am nächsten Tage fortgesetzt werden, da jedoch eine Militärkommission eintraf, wurde dem Morden Einhalt geboten.

Von dort kam ich in ein anderes Lager nach Karlsbad und Neurohlau, insgesamt war ich 17 Monate inhaftiert.

Meine Freilassung erfolgte deshalb nicht früher, weil mich in Joachimsthal Kroupa nicht frei gab.

Am 4. Juni 1945, am Tage meiner Verhaftung, wurde Herr Steinfelsner, Sägewerksbesitzer aus Joachimsthal, ohne ein ordentliches Gerichtsverfahren öffentlich vor dem Rathaus aufgehängt. Jeder deutsche Einwohner von St. Joachimsthal wurde unter Androhung der Todesstrafe aufgefordert, der Exekution beizuwohnen. Die Abnahme der Leiche erfolgte angeblich auf Weisung amerikanischer Offiziere, welche durch Joachimsthal fuhren. Meine Familie hat selbst amerikanisches Militär durch Joachimsthal fahren sehen.

Meine Frau setzte sich beim Lagerleiter in Schlackenwerth mit Bestätigungen für mich ein, um meine Freilassung zu erreichen und wurde auf Veranlassung des Kroupa von der Gendarmerie innerhalb 20 Minuten ohne Mantel mit 7 Mark Bargeld ausgewiesen, damit sie keine weiteren Schritte unternehmen konnte.

Ich erkläre, daß meine Angaben der reinen Wahrheit entsprechen und daß ich jederzeit diese durch Eid bekräftigen kann.

Schankau

Erblindung im Lager

Berichter: Josef Dörfl - Bericht vom 29. 9. 1946

Ich wurde am 27. 8. 45 in Schankau verhaftet und bei der Einlieferung ins Bezirksgericht Karlsbad so geohrfeigt, daß ich taumelte. Dabei bekam ich einen Schlag ins rechte Auge. Im Januar erblindete ich plötzlich auf dem rechten Auge. Ich meldete mich sofort zum Augenarzt, wurde aber erst 3 Wochen später zum Augenarzt vorgelassen, als ich auch am Kopf und Oberkörper zahlreiche Abszesse bekam, die im Krankenhaus behandelt werden mußten. Eine zeitlang war ich nun täglich beim Augenarzt, der Einspritzungen machte. Durch meine Verlegung ins Kreisgericht Eger wurde die Behandlung durch 2 Monate unterbrochen. Erst im Juli 1940 konnte ich wieder einen Augenarzt in Eger aufsuchen, der mir erklärte, es sei nichts mehr zu machen.

Schildberg

Mord

Berichterin: Ottilie Smrtschka

Ich wohnte bei Herrn Wilhelm Bartosch, Spenglermeister in Schildberg Nr. 346. Wir wohnten da sieben Familien, darunter der Bindermeister Josef Assmann, Familienvater von fünf Kindern. Eines Tages, so Mitte Mai, vormittag um 10 oder ½11 Uhr, sah ich von meinem Küchenfenster aus eine Anzahl Männer (14-15) mit Knüppeln und Gewehren in den Händen auf unser Haus stürzen. Es waren Tschechen, die Mehrzahl waren Partisanen. Sie drangen von zwei Seiten in die Wohnung des Josef Assmann ein. Dieser wollte ihnen entfliehen, welches ihm leider nicht gelang. Sie schlugen mit Knüppeln und Gewehrkolben auf ihn los. Das Hemd hing in Fetzen von seinem Oberkörper, der über und über ganz blau und mit Blut unterlaufen war. Unter Schreien und Jammern brach er mehrere Male zusammen. Einige von den Männern rissen ihn immer wieder hoch und schlugen von frischem auf ihn los. Plötzlich schrie er gellend laut auf und ich sah, daß nach einem schweren Hieb mit dem Gewehrkolben sein Kopf in zwei Teile auseinander ging. Er brach zusammen und stand nicht mehr auf. Das Blut rann bloß so über seinen Körper. Die Kleider waren ihm ganz vom Leibe gerissen worden und so schleppten sie ihn in den Hof vom Nachbar, wo sie ihn dann erschossen. Seine eigenen Kinder, 10, 7, 5 und 3 Jahre alt, waren Augenzeugen dieser Tat. Sie schrien und jammerten laut um ihren Vater. Er lag über eine Stunde ganz nackt und verkrüppelt mitten im Hof, wo Kinder und Erwachsene hingingen und sich ihn ansahen. Einer aus der Menge der Zuschauer holte einen rohen Sack und deckte den Toten zu. Deutsche, unschuldig Eingesperrte mußten ihn auf den Friedhof schaffen und dort einscharren.

Schlackenwerth, Karlsbad, Kaschlitz und Spickengrün

Mißhandlungen zur Erpressung von Aussagen

Berichter: Josef Czech - Bericht vom 18. 9. 1946

Ich war in der CSR Gendarm bis 1938 und wurde dann nach dem Anschluß vom Reich als Gendarm übernommen. Am 18. 5. 45 übergab ich meinen Gendarmerieposten in Schlackenwerth den Tschechen. Am 13. 6. 1945 wurde ich von Partisanen verhaftet und nach schweren Mißhandlungen einer militärischen Spionageabwehrabteilung übergeben. Diese Abteilung war in der Villa Fasolt in Karlsbad untergebracht. Dort wurde ich wiederholt aufs Schwerste mißhandelt, da man von mir Aussagen über verborgene Waffen, führende Nazis usw. erpressen wollte. Ein mir mit Namen unbekannter SA-Mann aus Kaschlitz bei Karlsbad wurde bei ähnlichen Mißhandlungen vor meinen Augen erschlagen. Ich war ferner Augenzeuge, wie am 14. 6. in Spickengrün, wohin ich im Auto mitgenommen worden war, von sieben verhafteten Bauern fünf an Ort und Stelle nach schweren Mißhandlungen erschossen wurden. Zwei wurden mit nach Karlsbad genommen und dort am selben Tag noch erschlagen. Ich selbst mußte die beiden Leichen auf ein Auto aufladen. Am 15. 6. 45 wurde ich wieder entlassen.

Schlag

Lager Reichenau, Mißhandlungen

Berichter: A. Heinl - Bericht vom 14. 10. 1946

Ich war bis zum Jahre 1937 sozialdemokratisch organisiert und eine zeitlang sogar sozialdemokratischer Gemeindevertreter in Schlag. Am 28. 5. 1945 wurde ich in Schlag verhaftet und dabei furchtbar mißhandelt. Diese Mißhandlungen wurden nach einigen Tagen im Lager Reichenau fortgesetzt. Dabei wurden viele buchstäblich zu Tode geprügelt. Vielen wurden die Zähne herausgeschlagen oder das Nasenbein zerschlagen. Einer verlor durch die Mißhandlungen sein rechtes Auge. Wir alle waren bis zur Unkenntlichkeit entstellt. Als Folge der Unterernährung wurde ich Ende Juni 1945 ins Krankenhaus Gablonz eingeliefert, wo die Deutschen verpflegsmäßig völlig vernachlässigt wurden. Nach meiner Genesung im September kam ich nach Reichenau ins Lager zurück, von wo aus ich als Buchdrucker eingesetzt wurde. Mein erstes Verhör fand am 29. 12. statt, bei dem mir kein Verhaftungsgrund angegeben werden konnte. Am 29. 6. 1946 wurde ich haftfrei erklärt, was mir aber erst am 4. 10. 1946 bekanntgegeben wurde. Meine Frau wurde am 8. 7. 1946 nur mit geringstem Handgepäck in schwerkrankem Zustand aus der Wohnung gejagt und ausgewiesen.

Schlaggenwald

Schlaggenwald, Bericht Nr. 1

Ausplünderung bei Gepäckkontrolle

Berichterin: Josefine Otto - Bericht vom 1. 6. 1946

Mir wurden von dem Gepäck von zwei Personen bei der Gepäckkontrolle in Schlaggenwald nahezu die gesamte Bettwäsche, Tischtücher, Handtücher, Geschirrtücher, 1 Anzug, 1 Mantel und 2 Decken und ein Polster abgenommen. Die Kontrolle wurde durchgeführt, während ich leibesdurchsucht wurde und deshalb konnte ich erst später feststellen, was mir fehlte.

Schlaggenwald, Bericht Nr. 2

Mißhandlungen

Berichter: Helmut Nordmann - Bericht vom 13. 9. 1946

Ich wurde am 10. 7. 45 in Schlaggenwald bei Elbogen verhaftet und dann in der Burg Elbogen und später in Neurohlau gefangen gehalten. In Elbogen und in Neurohlau wurde ich schwer mißhandelt. In Neurohlau wurde ich einmal so geschlagen, daß ich 48 Stunden bewußtlos in der Krankenbaracke lag. Der Kommandant selbst hatte mich bewußtlos geschlagen. Dadurch erhielt ich schwere Kopfverletzungen mit Hirnhautblutung und Nervenstörungen. Trotz dieses Zustandes mußte ich monatelang schwere körperliche Arbeiten bei geringster Verpflegung verrichten. Auch war ich gerade wegen meiner körperlichen Schwäche weiteren Mißhandlungen ausgesetzt. Am 9. 4. 46 erst wurde ich ins Krankenhaus Karlsbad auf die Nervenabteilung eingeliefert, wo sich mein Zustand aber bis zu meiner Aussiedlung nur wenig besserte. Bei der Aussiedlung hatte ich nur wenig Gepäck, das mir Kameraden geschenkt hatten. Wegen Bekleidung, die mir fast vollständig fehlte, wandte ich mich an das Aussiedlungslager, wo ich eine schadhafte Hose und einen Smoking erhielt.

Schönbach

Schwere Mißhandlung eines Deutschen im September 1945

Berichterin: Antonia Honsek - Bericht vom 22. 6. 1950

Ich, Antonia Honsek, geborene Pietsch, geboren am 2. 10. 1875 in Schönbach, Krs. Deutsch-Gabel (Sudetenland), von meiner Geburt bis zur Vertreibung im Jahre 1946 in Schönbach Nr. 168, Krs. Deutsch-Gabel wohnhaft, lege folgenden Erlebnisbericht vor. Meine nachstehenden Angaben entsprechen der reinen Wahrheit, ich bin bereit, diese jederzeit unter Eid zu bekräftigen. Namen und Datum können vollinhaltlich veröffentlicht werden. Zeugen kann ich benennen.

1945 kam der in unserer Heimatgemeinde eingesetzte tschechische Kommissar Kvaz mit einem aus dem Inneren Böhmens eingetroffenen 21-jährigen Tschechen und einer 17-jährigen Tschechin zur Besichtigung und Wegnahme unseres Hauses und Eigentums.

Mein Mann, der auf Grund seiner Gebrechlichkeit - er war 75 Jahre - sich niedergelegt hatte, hörte nicht sofort das Klopfen seitens des Einlaß begehrenden Tschechen an unserer Haustür. Daraufhin schlug der tschechische Kommissar mehrere Fensterscheiben unseres Hauses ein. Als dann mein Mann die Haustür öffnete, wurde er ohne ein Wort sagen zu können, von Kvaz mit geballten Fäusten so lange ins Gesicht geschlagen, bis er blutüberströmt zusammenbrach. Als mein Mann nach längerer Zeit aus seiner Ohnmacht erwachte, waren seine Lippen derart angeschwollen, daß diese teilweise platzten. Sein Gehör erlitt ebenfalls schweren Schaden. Außerdem war mein Mann ab diesem Zeitpunkt geistig gestört. Mein Mann war von Beruf Arbeiter. Zeit seines Lebens war er gewerkschaftlich organisiert und jahrzehntelang Mitglied der Sozialdemokratischen Partei.

Im Juni 1946 wurde ich dann mit meinem an Leib und Seele gebrochenen Ehemann und mit meiner Enkelin aus unserem Heimatdorfe verjagt und in Schönow, Kreis Niederbarnim in der sowjetischen Zone Deutschlands notdürftig untergebracht. An den Folgen der Mißhandlungen jenes tschechischen Kommissars Kvaz, und verschlechtert durch Hunger, starb dann mein Mann am 13. 10. 1947 in Schönow.

Schönhengst

Ermordung eines deutschen Bergarbeiters

Berichterin: Emma Prudl - Bericht vom 15. 6. 1946

Mein Mann war in das Kohlenbergwerk Schönhengst von den Tschechen arbeitsverpflichtet worden. Er hat auch früher schon dort gearbeitet. Am 9. 9. 1945 in der Nacht kamen vier Partisanen und fragten nach meinem Mann. Ich sagte, daß er nicht zuhause sei, er sei nach Klein-Hermigsdorf zu seinen Eltern gegangen. Früh um ½6 Uhr kam wieder ein Partisane und fragte nach meinem Mann. Dieser war noch nicht zuhause. Um 6 Uhr kam mein Mann zurück. Ich erzählte ihm, daß er gesucht worden sei. Mein Mann wusch sich und ging zum Nachbar. 10 Minuten später kamen die Partisanen wieder. Als diese am Hof standen, kam mein Mann vom Nachbar heraus. Als die Partisanen meinen Mann erblickten, stürmten sie auf ihn los. Als sich mein Mann umwendete, krachten mehrere Schüsse und mein Mann fiel getroffen zu Boden. Mrkwec Leo und sein Vater haben auf ihn geschossen. Einer von beiden hat ihn erschossen. Ich kann diese Aussage beeiden.

Schönlinde

Mord an Jugendlichen, Vertriebenenlager, Schändung
Berichter: N. N. - Bericht vom 3. 7. 1950

Unsere Heimatstadt Schönlinde liegt 6 km von der sächsischen Grenze entfernt, eine rein deutsche Stadt, ganze 17 Tschechen beherbergte sie. Im Juni 1945 erfolgte die erste Ausweisung von 1500 deutschen Geschäftsleuten, Lehrern und Beamten, jede Familie konnte sich Kleidung und Wäsche mitnehmen, soviel sie tragen konnten, alles Neue und Schöne, sowie Geld und Wertsachen wurden bei der Leibesvisitation am Ortsausgang weggenommen. Nun trieb man sie in langen Elendszügen mit Peitschenhieben und Kolbenstößen die weiteste Strecke über Dittersbach zur Grenze, 25 km Weg, natürlich mußten die meisten ihre letzte Habe infolge Übermüdung unterwegs liegen lassen. Alle führenden Männer wurden verhaftet, darunter auch der Primar des Krankenhauses Dr. Petzold und täglich auf das Unmenschlichste geschlagen und zu den niedrigsten Arbeiten gezwungen. Zu essen gab es nur Wasser und Brot. Der Bürgermeister mit Familie, ein Arzt und noch viele andere entzogen sich der Marter durch Selbstmord. Nach Wochen brachte man die Häftlinge in das berüchtigte KZ Rabstein bei Böhmisch Kamnitz. Einen Fall möchte ich anführen. Aus der Familie Köhler verhaftete man den Vater und seine beiden 17-jährigen Söhne (Zwillinge). Man schlug nun in bestialischer Weise auf die beiden Jungen ein und trampelte mit den Stiefeln so lange auf ihnen herum, bis sie kein Lebenszeichen mehr von sich gaben, den Vater zwang man zuzusehen, bis seine Söhne tot waren, kurze Zeit später war auch er erledigt.

Im Juli erfolgte eine zweite Ausweisung aus Schönlinde unter den gleichen Mißhandlungen. In der Zwischenzeit kam ein gleicher Elendszug von 2400 Personen aus Warnsdorf, das direkt an der Grenze liegt, trotzdem trieb man sie über Schönlinde nach Hermsdorf 27 km weit. Auf Schubkarren, Leiterwagen mit drei Rädern und dergleichen fuhren sie ihre Kranken und alten Familienmitglieder ins Elend. Damit wir ihnen nicht mehr im Wege waren schaffte man uns als Arbeitssklaven ins Innere der Tschechei. Wir kamen in das Kalkwerk Biskup bei Prag. Hier wurden wir sehr anständig behandelt und untergebracht. Nach 6 Monaten brachte man uns auf Befehl der Regierung nach dem Lager Modrany, von da nach dem berüchtigten KZ Lesany, genannt die "grüne Hölle", um uns hier 9 Monate als Lagerarbeiter auszubeuten. Die Familien wurden getrennt, wer nicht arbeiten konnte, mußte fast verhungern. Auf ihrer Flucht vor den Russen nach Westdeutschland berührten viele Schlesier den Sudetengau. 15.000 von ihnen brachte man hierher, beraubte sie ihrer Trecks und ihrer letzten Habe, um sie hier an Hungertyphus zugrunde gehen zu lassen. Der große Lagerfriedhof mit seinen tausend Kreuzen gibt ein beredtes Zeugnis. Im Frühling 1947 verkaufte man uns gegen Speck und Butter wiederum an die Bauern als Sklaven. Ein Regierungserlaß besagte, alle Deutschen müssen von 5 Uhr früh bis 22 Uhr abends arbeiten, als Verpflegung gilt die Gefangenenration. Wir kamen zu dem Bauer Jirsa in Pelec, Kreis Kamenice n/

L. 16 Stunden täglich mußten wir unter ständiger Aufsicht arbeiten, auch meine schulpflichtigen Kinder, dabei gab es schwarzen Kaffee und trocken Brot. Im Winter mußten wir Holz im Walde schlagen, die Kinder Federn schleißen. Zur Schule durften sie nicht gehen.

Im Mai 1945 wurden 7 Wehrmachtsangehörige an das Hoftor des Bauern genagelt und zu Tode gemartert, was seine Nachbarn bezeugten. Zwei schlesische Mädchen, zwei Schwestern 18 und 20 Jahre, wurden täglich, wenn sie von der Feldarbeit heimkamen, den Russen überlassen. Nach 11-monatiger schwerster Arbeit gelang es mir, in einer Ziegelei arbeiten zu dürfen, hier ging es uns wesentlich besser. Im Herbst 1948 brachte man uns wieder nach Lesany, hier beraubte man uns unserer schwerverdienten wenigen Barmittel und siedelte uns nach Sachsen aus.

Schwarzental und Hohenelbe

Mißhandlungen

Berichter: N. N. - Bericht vom 19. 6. 1950

Am 18. Juli 1945, gegen 10 Uhr, traf auf dem Marktplatze von Schwarzental ein Lastwagen besetzt mit tschechischen Soldaten ein. Es befanden sich auf dem LKW eine größere Anzahl bis an die Zähne bewaffneter Tschechen. Vor dem Hotel "Erben" entstiegen sie dem LKW und begaben sich in dasselbe. In diesem Hotel lagen schon seit geraumer Zeit ein oder zwei Züge tschechischer Soldaten, deren Anwesenheit und deren Auftreten aber bisher noch zu keiner Klage Anlaß gegeben hatte. Erst die neu Angekommenen entpuppten sich schon kurze Zeit nach ihrer Ankunft als Verbrecher. Nach einem kurzen Aufenthalte im Hotel "Erben" stürmten sie nach dem Oberdorf von Schwarzental. Als ersten deutschen Mann brachte man den Färbermeister Munßner Franz, Vater zweier unmündiger Kinder. Ihn hatte man, wie auch alle nachfolgenden, aus seiner Wohnung und von seiner Famile gewaltsam weggeholt. Es folgte dann der Kutscher Ettrich Josef, Vater eines unmündigen Kindes, Färbermeister Krauß Josef, Vater von drei unmündigen Kindern, Färbermeister Krauß Johann, der Bruder des Vorstehenden. Unter lauten Schimpfrufen wurden alle diese Männer nach dem Hotel "Erben" geschleppt, wobei Fußtritte, Kolbenstöße und Schläge mit dem Gummiknüppel auf sie herniedersausten. Im weiteren stürmte man die Wohnungen des Wonka-Bauer, Kröhn Franz, Vater von vier unmündigen Kindern, Schneider Josef, Vater von ebenfalls vier unmündigen Kindern, Steinbrucharbeiter im Kalkwerk, Möhwald, Sattlermeister, Renner Oswald, Vater von zwei unmündigen Kindern, Telegrafenarbeiter, und nun kam auch die Reihe an mich. Auch ich wurde von meiner Ehefrau und meinen vier unmündigen Kindern weggerissen. Bei mir drangen diese Banditen in die Schuhmacherwerkstatt ein und forderten mich unter heftigen Drohungen auf, sofort mitzukommen. Ich wurde in dem Flur des Hauses durch mehrere Gewehrkolbenstöße niedergeschlagen. Fast im Laufschritt mußte ich den kurzen Weg zum Hotel "Erben" zurücklegen und wurde dabei auf die unflätigste Art und Weise beschimpft. Da ich der tschechischen Sprache vollkommen mächtig bin, so konnte ich all die Bezeichnungen wie "Deutsches Schwein", "Deutsche Bestie", und vieles mehr, sehr gut verstehen. Im Hausflur des Hotel "Erben" mußten alle die herangeschleppten deutschen Männer, darunter also auch ich, nebeneinander mit dem Gesicht der Wand zugewendet Aufstellung nehmen. Es wurde uns allerstrengstens untersagt, sich zu bewegen. Einige hatten scheinbar ihre Freude und ihren Spaß daran, indem sie uns von hinten mit heftiger Wucht an den Hinterkopf stießen, sodaß wir mit dem Gesicht gegen die Wand schlugen. Dies wurde in kurzen Zeitabständen wiederholt, sodaß uns allen bereits die Nase stark blutete und auch die Wand mit Blut befleckt wurde. Die Tschechen brachten den Deutschen Kröhn - Schuster; ihn hatte man von seinem Arbeitsplatz in der Firma Mencik abgeholt. Diesen Bedauernswerten brachte man, da er fast nicht mehr allein gehen konnte, auf dem Erdboden geschleift. Bereits auf dem Wege nach hier hatte man ihn fürchterlich geschlagen, so daß er bereits vollkommen erschöpft war. Seine Kleider waren mit Blut besudelt. Er mußte sich, uns gegenüber, mit dem Rücken zur Wand aufstellen und [es] wurden ihm die Kleider durchsucht, wobei man ein Sportabzeichen bei ihm fand. Er stand unweit von mir und [so] konnte ich gut beobachten, wie man ihm mit dem Gummiknüppel in das Gesicht und sogar auf die Brille schlug, so daß diese vollkommen zersplitterte. Im weiteren versuchte man ihm das Sportabzeichen mit der zum Anstecken bestimmten Nadel in die Haut und in das Fleisch der Stirn zu stecken. Da so eine Anstecknadel aber etwa 3 mm breit und verhältnismäßig stumpf ist, so mißlang dies. Man hatte ihm aber sehr stark blutende und erhebliche Verletzungen an der Stirn verursacht. Hierauf mußte er sich ebenfalls mit dem Gesicht zur Wand drehen und der neben ihm stehende Ettrich Seff mußte mit ihm zusammen die Arme heben und sich mit der flachen Hand an die Wand stützen, wobei sie beide mit Gummiknüppeln auf die Handrücken und Finger sowie auf den Kopf und den Rücken so lange geschlagen wurde, bis sie beide zusammenbrachen. Hierauf wurden sie beide noch mit heftigen Fußtritten, die hauptsächlich in die Magengegend trafen, bearbeitet. Nach einigen Stunden, es wird gegen 15,00 Uhr gewesen sein, wurden wir alle aufgefordert, auf dem bereit stehenden LKW aufzusteigen. Während des Aufsteigens wollte mir meine Ehefrau, die mit einigen Kindern an den LKW gekommen war, noch eine Jacke reichen, was aber mit den Worten. "Er braucht keine Jacke mehr, er bekommt einen unter und einen Stein über den Kopf" abgewehrt wurde. Auf dem LKW angekommen mußten wir auf dem Boden hockend in der Mitte des Wagens Platz nehmen. An den Seitenwänden befanden sich Bänke worauf die Tschechen Platz nahmen. Mit angezogenen Knien, sowie mit den Händen die Kniee haltend, mußten wir in Hockstellung sitzen. Einige der Rohlinge schlugen uns mit dem Knaufe ihrer Pistolen auf die Kniee und auf die Ellbogen. Der LKW setzte sich in Bewegung, wir fuhren in Richtung Lauterwasser-Forstbad. Die beiden Deutschen, Wonka-Bauer und Möhwald-Sattlermeister, hatten jeder einen kräftigen Schnurrbart. Einige dieser Tschechen machten es sich zur Freude und rissen diesen beiden Unglücklichen während der Fahrt die Barthaare einzeln heraus, dies wurde so lange fortgesetzt, bis sie kein einziges Schnurrbarthaar mehr zum Ausreißen vorfanden. Anschließend daran baten sie um die Erlaubnis rauchen zu dürfen. Es wurde ihnen erlaubt aber man stopfte ihnen die Tabakpfeifen, von denen man vorher das Mundstück entfernt hatte, mit Pferdedünger voll und mußten sie dann den Pleifenkopf ohne Mundstück in den Mund nehmen. Es wurde ihnen auch Feuer gereicht und somit mußten sie den Pferdedünger rauchen. Nach kurzer Zeit, die sie unter Zwang rauchen mußten, wurde ihnen der Pfeifenkopf kurzerhand aus dem Munde geschlagen, wobei auch einige Zähne aus dem Munde fielen. Hierauf stopfte man ihnen den Mund voll Heu. Diese Fahrt nahm ihr Ende und als wir zum Aussteigen aufgefordert wurden, befanden wir uns im Hofe des Fürsorgeheimes in Hohenelbe.

Wir wurden aufgefordert, so schnell als möglich auszusteigen und mußten uns an der Hauswand des Fürsorgeheimes mit dem Gesicht zur Wand aufstellen. Kurz darnach durften wir uns umdrehen und wurden dann einzeln zu dem Treppenniedergange, der zum Keller führte, gerufen. Dort hatten zwei Tschechen Aufstellung genommen, hieben jeden Ankommenden rücksichtslos mit dem Gummiknüppel über den Kopf und den Körper und stießen ihn dann mittels heftigen Fußtritten die Treppe hinunter. Als wir alle im dunklen und unbeleuchteten Kellergange angekommen waren, sollten wir bis auf zwei von uns, worunter auch ich mich befand, mit Seilen und Stricken zu einem Ganzen zusammengebunden werden. In dem Kellergange befanden sich eine große Anzahl vollkommen schmutziger und mit Blut getränkter Hemden der ehemaligen HJ. Wir beide, die man uns zur Seite gestellt hatte, mußten aus diesen Uniformhemden die Ärmel herausreißen und wurden weiter aufgefordert, dieselben den übrigen Mitgefangenen als Mundknebel anzulegen. Dabei wurde uns erklärt, daß wir diese Knebel fest über den Mund nach dem Nacken zusammenbinden sollten, damit den Schicksalsgenossen jedes Sprechen unmöglich werden sollte. Im weitern sollten wir mit ebenfalls solchen ausgerissenen Ärmeln allen Mitgefangenen die Hände fest auf dem Rücken zusammenbinden. Da wir dies nicht so ganz nach den Wünschen der Soldateska auszuführen vermochten, wurden wir kurzerhand zur Seite gestoßen und nun führten diese Verbrecher dies selbst aus und auch wir beide erhielten die gleichen Mundknebel und Handfesseln angelegt.

Während diese Fesselung und das Anlegen der Mundknebel noch nicht beendet war, brachten einige der Rohlinge aus einem Kellerraume einige Deutsche geführt. Diese waren vermutlich schon einige Tage vorher nach hier gebracht worden. Es waren dies der Briefträger Seidel Wenzel, Vater von zwei unmündigen Kindern und der Tischler Seidel Franz, ebenfalls Vater von zwei unmündigen Kindern. Diese Beiden sahen vollkommen entstellt aus. Sie waren glatt geschoren, hatten dazu blutunterlaufene Gesichter und überaus geschwollene Köpfe. Sie waren fast nicht zu erkennen und konnten sich nur ganz mühsam aufrecht erhalten. In unbeobachteten Augenblicken flüsterten diese beiden uns zu, wir sollen bei den für uns nun mit aller Wahrscheinlichkeit beginnenden Verhören alles dies, über was wir gefragt werden, zugeben und alles aussagen. Diesen beiden hatte man gesagt, daß sie sich nur durch ein offenes Geständnis das Leben retten könnten. Diese beiden wurden von den Verbrechern beauftragt, die Festigkeit der Handfesseln und Mundknebeln bei uns neu Angekommenen zu überprüfen. Bei dieser Überprüfung mußte ich in dem dunklen Kellergange einen Schritt zurücktreten, dabei stolperte ich über ein am Boden liegendes Etwas. Mich durchfuhr es plötzlich ganz kalt, denn ich fühlte, daß ich gegen einen steifen menschlichen Körper gestoßen war. Ich fragte, so gut es mir möglich war, im Flüstertone: "Was ist denn das?" Seidel Wenzel antwortete mir ebenfalls im Flüstertone: "Dies ist Oberleutnant Langer, er wurde vor etwa einer Stunde erschlagen." Mich überlief ein Schaudern.

Nun begannen die Aufteilungen auf die Kellerräume. Mit noch fünf Kameraden kam ich in einen unbeleuchteten sehr dunklen Kellerraum. Es war ein größerer Raum in dem sich eine große Anzahl älterer Fahrräder und Fahrradteile befanden. In einem kleinen Kellerraum, etwa 9 qm groß, welcher ohne Fenster war, mit einer eisernen Tür versehen war und in welchem sich noch ein ziemlich großer Tisch befand, wurden Munßner Franz, Wonka-Bauer, Möhwald-Sattler und Ettrich-Seff eingekerkert. Diese vier Leidensgenossen wurden im Stehen mit Seilen und Stricken zusammengebunden, es wurde ihnen somit ein Setzen oder Hinlegen unmöglich gemacht. Die Gebrüder Seidel sperrte man wieder in ihren Kellerraum, in welchem sie sich bereits vor unserem Eintreffen einige Tage befunden hatten. Ich hatte an der Tür Aufstellung genommen, und verstand durch diese Tür, daß die Soldateska in Wachen eingeteilt wurde und diese Wachen den Auftrag erhielten, mindestens stündlich einmal die Kellerräume zu überprüfen, damit sich keiner von uns hinsetzen sollte. Ganz besonders furchtbar wurde Ettrich Seff zugerichtet und geschlagen. Auch ich wurde bei jeder Runde über Kopf und Rücken geschlagen; zur Vorsicht hatte ich mich mit dem Gesicht zur Wand gewendet und dabei mit der Nase eine Wandvertiefung gefunden, sodaß ich bei den Stößen und Schlägen etwas Schutz beim Anprall des Gesichtes an der Wand gefunden hatte. In meinem Raume befand sich auch schon seit einigen Tagen der Klust Edi, Webmeister. Er hatte die Nerven verloren und war wahnsinnig geworden. Sobald die Wache wieder eintrat, wurde er, wie auch wir alle, abermals auf die roheste Weise geschlagen.

Es war uns in unserem Gefängnis unmöglich, festzustellen ob es Tag oder Nacht war. Es wurde uns weder etwas zu trinken noch zu essen gereicht, wenigstens in den ersten drei bis vier Tagen nicht. Dann reichte man uns als erstes einige Schluck Wasser und tags darauf kann es gewesen sein etwas schwarzen Kaffee mit ein wenig trockenem Brote. Die Notdurft mußten wir in den ersten Tagen in dem gefesselten Zustande verrichten. Einige Kameraden hatten sich durch die furchtbaren Schläge, die wir auch in die Magengegend erhielten, übergeben und [es] wurde auch ihnen in keiner Weise geholfen. Eine furchtbare, stinkige Luft hatte sich in den Kellerräumen angesammelt, sodaß die Wache beim Betreten der Räume immer erst einige Minuten den schrecklichen Gestank abziehen ließen. Erst ab dem dritten Tag wurden uns für die Notdurft Gefäße gebracht, die dann einer von uns, wenn sie benutzt waren, beim Eintreffen der Wache hinausbringen mußte. Ich selbst konnte ein Auge so gut wie nicht mehr öffnen, es war vollkommen verschwollen und mit Blut unterlaufen. Mit meinem zweiten Auge konnte ich auch nur noch teilweise sehen, denn auch dieses war durch die wilden Schläge in Mitleidenschaft gezogen worden. Eines Tages kam wieder die Wache auf ihren Kontrollgängen, ich muß hierbei sagen es waren fast täglich andere Tschechen, diese brachten kleine Flachzangen mit und stießen uns mittels der Zangen unter die Fingernägel kleine Holzsplitter. Doch auch dieses mußten wir hilflos über uns ergehen lassen. Als eine ganz besondere Grausamkeit verdient noch angeführt zu werden, daß man uns mit den Köpfen nach unten, also mit den Füßen an der Decke aufhängte und uns dann auf das gräßlichste mit Gummiknüppeln schlug.

Während all dieser Grausamkeiten in den Kellerräumen liefen aber auch bereits die Verhöre der Einzelnen. Es wurde jeweils ein Kamerad aus dem Kellerraume gerufen und mußte zum Verhör. Auch aus diesem Verhörraume, der sich unweit des Kellerraumes befand, in welchem ich eingekerkert war, hörte man Schmerzensschreie. Nach dem Verhöre brachten die Tschechen nur noch eine unförmige, blutüberströmte Masse geschleift, die in den Kellerraum geworfen und sich selbst überlassen wurde. Diese Menschen waren nicht mehr fähig zu sprechen. Im Laufe der Tage konnte ich durch das Schlüsselloch einer verschlossenen Zwischentür, die den unsern mit dem Nachbarkellerraum verband, feststellen, daß sich in dem Nebenraume außer den beiden Brüdern Seidel noch der Oberförster Bayer Franz, der Verwalter Wawra Hubert und der Oberlehrer Gall befanden. Wawra Hubert lag vollkommen erschöpft und beinahe wie leblos auf einem großen Tisch. Wie ich weiter hören konnte, bekam er von der Wache in gewissen Zeitabständen größere Mengen Jod zu trinken. Ferner ist mir genauestens bekannt, daß die Gebrüder Seidel, also Wenzel und Franz, sowie der Kamerad Wawra eines nachts von sehr stark betrunkenen Tschechen aus dem Keller geholt wurden und nach gräßlichen Quälereien und Martern kurzerhand erschossen wurden. Oberlehrer Gall wurde eines Tages nach dem Kreisgefängnis in Hohenelbe überführt und dort nach langen qualvollen Verhören in Ober-Hohenelbe-Steinwag, erschossen.

Nun wurde auch ich zum Verhör gerufen, die Handfesseln und der Mundknebel wurde mir im Kellergange abgenommen. Die Handfessel hatte sich infolge ihrer Festigkeit tief in das Fleisch eingedrückt. Ich hatte sehr große Schmerzen. Der Verhörraum war die Waschküche des Hauses. Dort angekommen durfte ich mich auf einen bereitstehenden Stuhl setzen. Im Raume selbst befanden sich ein langer Tisch, auf welchen sich die vor mir zum Verhör herangezogenen Kameraden legen mußten und dann mit Gummiknüppeln auf das fürchterlichste geschlagen wurden, um Geständnisse zu erzwingen. Eine Wäschemangel und auch eine Wäschepresse befanden sich außerdem in dem Raume. Der Betonfußboden, die Wände und insbesondere die Decke waren über und über mit Blut bespritzt. In einer Ecke entdeckte ich außer zusammengefegten Blutes eine größere Menge Haare und sogar menschliche Finger.

Mein Verhör war verhältnismäßig kurz und wurde ich auch nicht geschlagen. Ein Urteil, das mir erst vorgelesen und dann zur Unterschrift vorgelegt wurde, besagte, daß ich in ein Strafarbeitslager gebracht werde, meine Ehefrau nach Deutschland ausgewiesen wird und meine Kinder in das Innere der Tschechei gebracht würden. Im weiteren wurde mir eröffnet, daß ich das Geld, welches mir bei meiner Einlieferung abgenommen worden sei, nicht wieder bekommen könne. Dann wurde ich gefragt, ob ich Schuhe gehabt hätte, denn ich war barfuß zum Verhör gekommen, im weiteren waren mir die Hosenträger im Kellerraume verloren gegangen und [so] mußte ich meine Hosen mit den Händen halten. Einer dieser Tschechen wurde nach dem Kelleraume geschickt und sollte mir die Schuhe und die Hosenträger holen. Er kam wenige Sekunden später ohne diese zurück und sagte er könne nichts finden. Dann hörte ich wie sich die Tschechen darüber unterhielten, wer mich zum Tor bringen solle. Der Leiter des Verhörs fühlte sich veranlaßt mich persönlich zu begleiten. Wir gingen beide durch den großen Garten und er sprach schärfstens auf mich ein, daß ich zu keinem Menschen etwas darüber sagen sollte, was ich hier gesehen und erlebt hätte. Am Tore angekommen, befahl er dem Posten mich passieren zu lassen. Ich begab mich, so gut ich nur konnte und so schnell als es mir überhaupt möglich war, zu meinem in Hohenelbe wohnenden Vater. Auf dem Wege dorthin wurde ich noch mehrere Male von tschechischen Soldaten angehalten und ob meines jämmerlichen Zustandes noch verlacht und verhöhnt. Mein Vater erkannte mich kaum. Nach einer Stärkung und einer mehrstündlichen Ruhe trat ich den Heimweg an. Zu Hause angekommen erkannten mich auch meine Kinder nicht. Die angeführten Kameraden von mir wurden unter den allerschrecklichsten Qualen zu Tode gemartert.

Schwarzwasser

Schwarzwasser, Bericht Nr. 1
Mißhandlung eines Jugendlichen
Berichter: Karl Volkmar - Bericht vom 7. 9. 1946

Ich arbeitete als Schmiedelehrling bei meinem Vater in Schwarzwasser. Am 4. 4. 1946 kamen zwei Gendarmen und beanstandeten das Format unserer tschechischen Firmentafel. Wir erklärten, daß wir eine größere machen lassen würden. Dann gingen sie und besichtigten den vor der Schmiede stehenden Kran. Als ich sie dort bemerkte, zeigte ich durch das Fenster und sagte zu dem zweiten Lehrling: "Da draußen stehen sie." Darauf kamen die beiden Gendarmen in die Werkstatt herein und wollten wissen, was ich gesagt habe. Als ich es ihnen mitteilte, wurde ich mit auf die Gendarmerie genommen und dort furchtbar mißhandelt. Ich wurde so mit Gummiknüppeln geschlagen, daß ich erbrechen mußte.

Schwarzwasser, Bericht Nr. 2
Schwere Mißhandlungen Jugendlicher
Berichter: Lothar Latzel - Bericht vom 7. 9. 1946

Anfang Februar d. J. über einen Sonntag war angeblich aus einem Steinbruch, der nicht mehr in Betrieb war, ein Riemen und Tischlerwerkzeug abhanden gekommen. Genaues weiß ich darüber bis heute nicht. Am Dienstag darauf wurden fünf Jungen auf die Gendarmerie geholt, darunter auch ich. Ich bin 13 Jahre alt und die anderen waren 14 Jahre. Mehrere Gendarmen fragten uns, ob wir von dem Diebstahl etwas wüßten. Keiner wußte etwas davon. Wir wurden nun furchtbar geohrfeigt, dann mußten wir mehrere Stunden mit dem Gesicht gegen eine Wand gekehrt stehen. Dann wurden wir getrennt eingesperrt. Ich wurde im Klosett eingesperrt. Gegen ½2 Uhr mittags wurden wir wieder herausgeholt und nun den ganzen Nachmittag abwechselnd geschlagen. Wir mußten uns auch gegenseitig schlagen und gegen 100 Kniebeugen machen, bis wir ganz erschöpft waren. Zum Schluß wurde ich von einem Gendarmen mit dem Kopf gegen die Wand geschleudert. Mit der Drohung, ins Lager gesperrt zu werden, wenn wir in zwei Tagen den Täter nicht ermitteln könnten, wurden wir um ½7 Uhr abends nachhause geschickt. Ich war von den Mißhandlungen ganz entstellt und mußte vier Tage im Bette liegen.

Schwarzwasser, Bericht Nr. 3
Mißhandlungen vor der Aussiedlung
Berichter: Max Ehrlich - Bericht vom 23. 8. 1946

Am 16. 8. 1946 am letzten Abend, bevor ich ins Aussiedlungslager ging, gegen 21.30 Uhr, hörte ich auf der Straße Signalpfiffe und bald darauf heftige Schläge und Hilferufe. Der 67-jährige Gärtner Franz, der am nächsten Tag ins Aussiedlungslager gehen sollte, war auf dem Wege zu einem Freunde, um sich von diesem zu verabschieden, von einem Tschechen überfallen und schwer mißhandelt worden. Das Gesicht des Gärtners war am nächsten Tag ganz mit Blut unterlaufen und mit Heftpflastern verklebt. Auch am Körper hatte er Blutergüsse von den Fußtritten des Tschechen. Gärtner wurde deshalb im Aussiedlungslager zurückgehalten, bis die Spuren der Mißhandlungen nicht mehr zu sehen sein würden.

Setzdorf

Mißhandlungen im landwirtschaftlichen Einsatz
Berichterin: Emma Latzel - Bericht vom 23. 8. 1946

Ich war seit ungefähr 15. 7. 1946 bis 15. 8. 1946 bei dem tschechischen Bauern Folter in Setzdorf zur Arbeit eingesetzt und wurde dort schwer mißhandelt. Als Folge eines komplizierten Unterarmbruches habe ich keine Kraft in der linken Hand. Ich konnte deshalb mit der linken Hand nicht melken. Deshalb wurde ich von dem Bauer fünfmal mit der Faust, mit Ochsenziemern und mit einem Rechen geprügelt. Als meine Schwester und mein Schwager kamen, um mit mir zum Arzt zu gehen, da ich magenleidend bin, wurden sie mit Steinen vom Hofe gejagt und ich wurde verprügelt. Der 16-jährige Geier Rudolf, der dort als Knecht arbeitete, wurde ebenfalls vor meinen Augen wiederholt verprügelt. Er wurde mit der Peitsche, mit einer Eisenkette und einmal mit einem eisernen Hammer auf die Brust geschlagen. Ich bekam dort keinen Lohn.

Sörgsdorf

Lager Jauernig, Mißhandlungen bei einem Verhör
Berichter: Gustav Keller - Bericht vom 15. 8. 1946

Am 11. 8. 1945 wurde ich in der Nacht verhaftet und auf die Gemeindekanzlei Sörgsdorf gebracht. Dort wurde ich nach Panzerfäusten gefragt. Ich konnte keine Auskunft geben. Ich war auch nicht beim Volkssturm gewesen. Da mußte ich mich nackt auf den Fußboden legen und der Tscheche Mischka warf mit 10-15 Messern nach mir, die dann rechts und links von mir im Fußboden steckten. Als ich auch dann noch keine Auskunft über Panzerfäuste geben konnte, wurde mir ein Draht um den Kopf gelegt und so zusammengedreht, daß er tief in die Haut einschnitt und ich bewußtlos wurde. Darauf wurde ich entlassen. Nach 14 Tagen aber wurde ich wieder verhaftete und 9 Monate im Lager Jauernig festgehalten. Dort wurde ich wie alle anderen die ganze Zeit über schwer mißhandelt.

Spillendorf

Mißhandlung durch das Arbeitsamt
Berichterin: Maria Kühnel - Bericht vom 2. 8. 1946

Vom August [1945] bis April [1946] war ich bei einem tschechischen Verwalter zu bäuerlichen Arbeiten verpflichtet worden. Infolge einer Mandelentzündung habe ich seit fünf Jahren eine chronische Nierenentzündung mit Komplikationen und abnormal hohen Blutdruck. Auf die Dauer wurde mir die bäuerliche Arbeit zu schwer. Ich ging deshalb zum Arzt und der tschechische Kreisarzt stellte mir ein Attest aus, daß ich absolut arbeitsunfähig bin. Damit ging ich zum Arbeitsamt und bat um Zuweisung einer leichten Arbeit. Beim Arbeitsamt wurde das Attest nicht anerkannt und ich wurde dort von fünf Angestellten des Arbeitsamtes so geschlagen, daß ich ohnmächtig wurde. Erst hierauf wurde meine Arbeitsunfähigkeit anerkannt.

Stecken (Lager bei Iglau)

Sklavenmarkt
Berichterin: Hermine Kunzer - Bericht vom 14. 7. 1946

Nachdem wir ein Jahr im Kreise Tschaslau bei Bauern bei schwerster Arbeit und geringster Verpflegung auf deutsche Lebensmittelkarten eingesetzt waren und dann völlig erschöpft am 7. 6. 1946 in das Lager Stecken bei Iglau zurückkamen, mußten wir dort am 18. 6. 1946 antreten. Tschechische Bauern aus der Umgebung kamen und musterten uns auf unsere Arbeitsfähigkeit. Je nach Wahl der Bauern mußten Hunderte wieder in den landwirtschaftlichen Einsatz. Hinweise auf Krankheiten oder Gebrechen wurden mit Stößen oder Beschimpfungen unflätigster Art beantwortet. Viele Frauen wurden dabei ohnmächtig, bekamen Herzkrämpfe und mußten weggetragen werden. Viele waren von tschechischen Ärzten im Tschaslauer Kreis zur Operation bestimmt worden. Trotzdem mußten sie neuerdings in den landwirtschaftlichen Einsatz. Schriftliche Arbeitsunfähigkeitserklärungen tschechischer Ärzte wurden einfach zerrissen.

Ich selbst, 53 Jahre alt, hatte mir bei einem Sprung aus dem Fenster, um einer Vergewaltigung zu entgehen, beide Knöchel ausgekegelt und das Fersenbein geprellt. Ich mußte am Stock humpelnd schwere Feldarbeit verrichten.

Wir hatten einen fensterlosen Holzschuppen als Wohnung. Das war in Markowitz bei Tschaslau. Auch mein 73-jähriger Mann mußte dort arbeiten, bis er sich eine Lungenentzündung zuzog.

Stefanau

Schwere Körperverletzung
Berichter: Karl Ottahal - Bericht vom 28. 6. 1946

Ich war seit 25. 5. 1945 im Lager Stefanau interniert. Dort wurden täglich abends die Häftlinge verprügelt. Am 17. 6. erhielten wir 20 Sternberger sogenannten Heimaturlaub für einen Tag, um uns Wäsche und Kleider zu holen. Als wir uns um 7 Uhr abends beim *Národní Dum* zum gemeinsamen Rückmarsch unter Führung einer Wache trafen, wurden wir von Angestellten des dort untergebrachten Arbeitsamtes in einen Keller geführt und schwer mißhandelt. Ich selbst wurde als achtzehnter mit einem Fußtritt über ungefähr 20 Stufen in den finsteren Keller gestoßen, wodurch ich mir einen Beckenbruch zuzog und beim Auffallen auf eine Kiste im Keller mir die rechte Hand prellte und den Unterarm brach. In diesem Zustand erhielt ich noch 10 Hiebe mit einem Gummiknüppel auf das Gesicht. Sie führten mich dann in meine Wohnung, die ganz in der Nähe war. Der herbeigerufene Arzt veranlaßte meine Überführung ins Krankenhaus, wo ich 4½ Monate behandelt werden mußte und die Kosten von Kc 4700.- aus eigenen Mitteln zahlen mußte.

Sternberg

Sternberg, Bericht Nr. 1
Schwere Mißhandlungen von Frauen 1945
Berichterin: Marie Mittmann - Bericht vom 13. 6. 1946

Ich wurde am 28. 5. 1945 in Sternberg verhaftet. Am Tag vorher wurde in meiner Abwesenheit meine Wohnung von Partisanen durchsucht. Am 25. 8. erhielt ich eine schriftliche Vorladung zur geheimen Staatspolizei. Dort wurde mir die Fotografie eines Rumänen vorgelegt, der in Berlin in einer Konservenfabrik mit meiner Tochter zusammen gearbeitet hatte. Ich wurde gefragt, wen diese Fotografie vorstelle. Ich gab Auskunft, ich fügte wahrheitsgemäß hinzu, daß der Mann unterdessen bei einem Bombenangriff auf Berlin ums Leben gekommen sei. Dann wurde ich in eine Zelle geschickt. Dort befanden sich ungefähr 16 Frauen, die ebenfalls ohne Angabe eines Grundes verhaftet worden waren. Nach zwei Tagen wurde ich aus dem Gerichtsgefängnis ins Internierungslager überführt. In der Nacht vom 27. auf 28. 8. wurde ich mit der Nummer 890 aufgerufen und zur Wache geführt. Dort wurde mir eine Maske aufgesetzt. Darüber wurde eine Decke gelegt. Ich mußte mich auf zwei Sessel legen. Ein Mann hielt die Decke hinter meinem Kopf zusammen und drückte mir den Kopf auf den Sessel. Ein anderer Mann entblößte mich. Dann schlugen mich vier Mann mit Gummiknüppeln auf den nackten Körper. Ich erhielt ungefähr 35-40 Schläge. Dann sollte ich aufstehen. Ich konnte aber nicht, sondern ließ mich von dem Sessel zu Boden gleiten und kroch, da ich mich nicht erheben konnte, auf Händen und Füßen zur Tür. Unterdessen erhielt ich mehrere Fußtritte am ganzen Körper. Ich wurde unflätig beschimpft. Dann wurde mir gedroht, ich müßte noch einmal zum Prügeln kommen, wenn ich nicht andere Frauen schicke. Ich schleppte mich bis zu meiner Baracke und erzählte dort, daß sich Frauen freiwillig zur Mißhandlung melden müßten, sonst würden sie geholt. Vier Frauen gingen auf die Wachstube und wurden dort auf die gleiche Weise geprügelt. Eine Frau Berger ist an den Folgen dieser Prügel gestorben. Dann mußten wir die schwersten Arbeiten verrichten. Wir mußten Altmetalle, Ziegel, Sand usw. aufladen. Die beladenen Wagen mußten wir selbst ziehen. Ich blieb 5 Monate in diesem Lager. Oft mußten wir halbe Tage lang "turnen", bis die Frauen zusammenbrachen. Wir mußten bis zu 100 Kniebeugen, Liegestützen und andere anstrengende Übungen machen. Auch im Winter bei Schnee und Eis. Als Verpflegung gab es nur 200 g Brot und eine leere Suppe täglich. Für ungefähr 1000 Leute stand nur ein Brunnen zur Verfügung. Waschgefäße waren nicht vorhanden. Es war gestattet Lebensmittelpakete von Angehörigen zu empfangen, doch waren regelmäßig Brotaufstrich, Zucker, Bäckereien usw. herausgestohlen.

Am 9. Januar 1946 wurde ich nach Hodolein bei Olmütz überführt. Die Behandlung der Frauen war dort etwas besser, auch die Verpflegung, nachdem eine Kommission aus Brünn das Lager besichtigt hatte. Auch dort bestand Arbeitspflicht, doch war die Arbeit den weiblichen Kräften besser angepaßt. Am 5. Juni wurde ich von Hodolein ins Sternberger Lager zurückversetzt. Die wenigen Tage die ich dort noch vor meiner Aussiedlung zubrachte, mußte ich wieder die schwersten Arbeiten verrichten.

Sternberg, Bericht Nr. 2

Schwere Mißhandlungen im Lager Sternberg-Olmütz

Berichter: Ing. Rudolf Pauler - Bericht vom 13. 6. 1946

Ich war bis zum 5. 5. 1945 Bürgermeister und wurde an diesem Tage anläßlich des Attentates auf den Kreisleiter von Sternberg - da neben ihm stehend - am rechten Arm zweimal durch Pistolenschüsse verwundet. Ich habe mich für die kampflose Übergabe der Stadt eingesetzt und diesbezüglich bereits mit Wehrmacht und Volkssturm verhandelt. Diese Übergabe ist auch in meinem Sinne erfolgt und die Stadt hat fast keinen Schaden erlitten. Am 5. 5. wurde ich in das Krankenhaus nach Mährisch Schönberg zur Operation eingeliefert. Am 6. 5. wurden die Krankenhäuser von Mährisch Schönberg evakuiert und ich wurde mit einem Lazarettzug nach Tannwald gebracht, dort als Zivilperson ausgeladen und am Bahnhof Tannwald von den Russen verhaftet. Das war am 13. Mai. Mit 5.000 Militär- und Zivilpersonen wurde ich von den Russen zu Fuß nach Lauban in Marsch gesetzt.

Am 19. 5. wurde ich in Lauban entlassen und ging trotz meiner Verwundung 500 km zu Fuß nach Sternberg zurück. Unterwegs hielt ich mich drei Wochen im Krankenhaus Jauernig auf, wo ich halbwegs auskuriert wurde. Am 30. 6. 1945 habe ich mich selbst bei der tschechischen Polizei in Sternberg gemeldet. Sie entließen mich nach Hause mit dem Auftrag, mich am 2. Juli wieder zu melden.

An diesem Tage wurde mit mir ein achtstündiges Verhör in Anwesenheit von deutschen Kommunisten vorgenommen. Das Verhör und die Behandlung waren korrekt. Nach dem Verhör wurde ich ins Bezirksgericht eingeliefert, nachdem von dort eine Stunde vorher meine Frau ins

Lager eingeliefert worden war. Im Bezirksgericht Sternberg verblieb ich bei korrekter Behandlung bis Dezember 1945. An diesem Tage wurde ich mit 80 anderen Frauen und Männern dem Lager Sternberg überwiesen.

Am 15. Dezember wurde ich von einem Stabsfeldwebel in das Wachlokal gerufen. Dort wurde ich aufgefordert, in die Baracke I zu kommen. Dort erwarteten mich 4-5 Mann, welche mich beim Eintreten aufforderten, dreimal mit erhobener Hand "Heil Hitler" zu grüßen. Als ich das ablehnte, erhielt ich 15 Faustschläge ins Gesicht, sodaß ich zu Boden taumelte. Die Aufforderung zum Hitlergruß wurde wiederholt. Als ich wieder ablehnte, wurde ich auf drei Sesseln gelegt, und bei verbundenem Kopf, wobei dieser von einem Wachmann mit den Knien zusammengepreßt wurde und ein anderer mich bei den Füßen hielt, mit Gummiknüppeln geschlagen. Ich wurde bewußtlos. Dann wurde ich aufgerichtet, sah offene Fenster und Türen und wurde mit Fußtritten hinausgestoßen, so daß ich in den Schnee fiel. Dann erhielt ich den Auftrag mich beim Brunnen von Blut zu reinigen. Am 23. Dezember wurde ich auf Baracke II (neben den Krankenzimmern) von denselben Leuten auf die gleiche Weise mißhandelt. An den folgenden Tagen wurde ich zu schwersten Arbeiten kommandiert. Nach diesen Quälereien begrüßte ich die Nachricht, daß ich vor das Volksgericht in Olmütz gestellt werden soll. Ich verließ Sternberg mit 300 Häftlingen am 9. 1. 1946.

In Olmütz mußte ich wegen meiner Verletzungen in das Krankenzimmer aufgenommen werden. Im Lager Olmütz waren womöglich noch schlimmere Zustände als in Sternberg. Trotz der an und für sich schon unzureichenden Verpflegung hatte z. B. Baracke 10 in 14 Tagen vier Fasttage, sodaß die Häftlinge völlig entkräftet waren. Viele Häftlinge gruben sich vor Hunger auch verfaulte Kartoffelschalen aus dem Abfallhaufen. Der Arrest war in ungeheizten Luftschutzbunkern, wo die Leute bis 14 Tage zubringen mußten und schwerste zu Amputationen führende Erfrierungen erlitten. Wegen jeder Kleinigkeit wurde mit Peitschen, Schläuchen usw. geprügelt. Im Lager wurde von den Häftlingen sehr viel Gemüse jeder Art angepflanzt, das der Stadt verkauft wurde. Kein Blatt wurde in der Lagerküche verwendet. Beim Umgraben des Platzes zwischen Lager und ehemaliger Ulanenkaserne erhielten wir den Auftrag, wegen der angeblich dort bestatteten Leichen von erschlagenen und erschossenen Deutschen nicht tiefer als 30-35 cm umzugraben.

Ich war bis 5. 6. 1946 im Lager. Ich wurde während meines Aufenthaltes in Hodolein nicht verhört.

Sternberg, Bericht Nr. 3

Mißhandlung einer Frau

Berichterin: Marie Wilhelm - Bericht vom 13. 6. 1946

Trotz schwerer Erkrankung meines Mannes - Angina pectoris und Lähmung - wurde ich am 21. 8. 1945 verhaftet unter dem Vorwand, daß wir Waffen im Hause hätten. Ich wurde 6 Wochen im Gerichtsgefängnis in Sternberg gehalten und dann in das Lager überführt. Ich bat wiederholt, mich zur Pflege meines Mannes zu entlassen, was abgelehnt wurde. Am ersten Morgen im Lager wurde ich geohrfeigt, weil ich mit "Guten Morgen" grüßte.

Am 1. 11. 1945 starb mein Mann. Bei Mitteilung der Todesnachricht mußte ich mit meinen 58 Jahren sofort zum Turnen antreten und drei Stunden daran teilnehmen, unter Aufsicht eines Wachmannes, der mich besonders beobachtete. Ich bekam dann zwei Stunden frei, um meinen Mann noch einmal zu sehen, bevor der Sarg geschlossen wurde. Zur Einäscherung wurde ich nicht beurlaubt und niemand von den Angehörigen meines Mannes zugelassen.

Im Lager war ich dauernden Mißhandlungen, Schikanen und unflätigen Beschimpfungen ausgesetzt. Als ich einmal nach sechsstündigem Sandschaufeln 10 Minuten ruhte, wurde ich auf eine Nacht in den Arrest gesperrt und dort gewürgt, geohrfeigt und mit den Füßen getreten. Da mein Ring wegen chronischer Veränderung der Gelenke von einem Wachmann nicht abgestreift werden konnte, wurde ich von ihm gegen einen glühenden Ofen gestoßen, daß mein Mantel verbrannte. Ich war 9 Monate im Lager Sternberg. Während ich noch im Lager war, erhielt ich einmal eine Stunde Urlaub, um die Urne mit der Asche meines Mannes beizusetzen. Ein Wachmann begleitete mich. Als ich wieder ins Lager zurückkehrte, wurde ich furchtbar verhöhnt, verspottet und ich und mein toter Mann unflätig beschimpft.

Sternberg, Bericht Nr. 4

Mißhandlungen im Lager

Berichter: Ludwig Englisch - Bericht vom 13. 6. 1946

Ich wurde am 21. 6. 1945 ohne Angabe eines Grundes verhaftet und am 23. 6. mit weiteren 14 Mann in das eben eröffnete Lager Sternberg überführt. Am nächsten Tage wurden alle Häftlinge in einer leerstehenden Baracke mit Faustschlägen, Gummiknüppeln usw. verprügelt, bis sie bluteten; am Abend wurden die Prügel wiederholt. In der Nacht mußten wir alle Stunden aufstehen und vor den Betten zu Freiübungen antreten, wobei wir wieder geschlagen wurden. Ein Häftling, Prof. Kittel, wurde mehr geprügelt als alle anderen. Er ist an den Folgen dieser Mißhandlung gestorben.

Seit September mußte ich im Erzbergwerk Krockersdorf arbeiten. Auch dort wurde geprügelt. Später hat die Bergwerksverwaltung das Prügeln im Interesse der Arbeitsleistung verboten.

Stimmersdorf

Unmenschlichkeiten gegenüber alten Frauen

Berichter: Hugo Kleinpeter - Bericht vom 7. 1. 1950

Am 7. 10. 1945 wurde bei mir, obwohl ich Antifaschist war, eine Hausdurchsuchung von 3 tschechischen Soldaten unternommen. Bei dieser Gelegenheit wurden mir RM 600.- in Banknoten, RM 300.- in Fünfmarkstücken und meinen beiden verheirateten Töchtern und meinem Sohn viel Wäsche und andere Dinge gestohlen. Dabei fanden sie auch die Ost-Medaille meines Sohnes aus dem Winterfeldzug gegen Rußland. Daraufhin wurde ich ca. eine dreiviertel Stunde von einem jungen Zugsführer so heftig auf den Kopf geschlagen, daß ich zusammenbrach und 14 Tage lang geschwollene Ohren und andauernd Kopfschmerzen hatte. Als meine Frau bat, mit der Prügelei aufzuhören, warf er meine Frau an die Küchentür und ein zweiter hielt das Gewehr schußbereit auf sie gerichtet. Gegen mich wurde die Pistole gezogen und es wurde mir gedroht, daß sie, falls sie bei einer zweiten Hausdurchsuchung noch das Mindeste an militärischen Dingen oder eine Soldatenfotographie finden würden, die ganze Familie erschießen wollten.

Eine bereits evakuierte Frau hatte sich aus Not, da die zuerst Ausgewiesenen monatelang von den sächsischen Behörden keine Lebensmittelkarten erhielten, zurück über die Grenze gewagt, um sich noch etwas Lebensmittel für sich und ihre Kinder zu erbetteln. Auf dem Rückweg im Finstern, gegen 24 Uhr, war die Frau einige Schritte vom Wege abgekommen, stürzte von einem 10 Meter hohen Felsen ab und blieb bewußtlos liegen. Obzwar ein tschechischer Soldat in der Nähe beim Brückenübergang Dienst hielt und den ganzen Hergang vernommen hatte, kümmerte er sich nicht um sie. Erst am anderen Vormittag um 10 Uhr wurde sie von Ortsbewohnern weggeholt und auf Befehl der Tschechen in eine Garage gelegt. Ohne jegliche Hilfe mußte sie hier liegen bleiben, bis gegen Abend ein tschechisches Auto den Platz benötigte. Also mußten wir die unglückliche Frau, die noch lebte, auf den Friedhof in die Leichenhalle tragen und sie dort nur auf den Zementfußboden legen. Für die noch immer lebende Frau mußte auf Anordnung des tschechischen Kommissars am Friedhofsrand ein Grab ausgehoben werden. Am anderen Tage erst hat sie ein Slowake durch einen Schuß von ihren Leiden erlöst.

An einem Samstagnachmittag Ende Mai 1946 fuhr ich von der Arbeit nachhause. Es war kalt und regnete stark. Unterwegs, eine halbe Stunde von meiner Wohnung entfernt, hörte ich neben der Straße im Wassergraben ein Wimmern. Zu meinem Entsetzen sah ich eine alte Frau im Wasser liegen. Sie war ganz durchnäßt, konnte sich nicht rühren und zitterte vor Kälte. Als ich sie aus dem Wasser gezogen hatte, fuhr ich schnell nachhause und meldete diesen Vorfall sofort beim tschechischen Kommissar und bei der Finanzwache. Mir wurde gesagt, daß sie ihr nicht helfen könnten und daß die Frau schon wieder aufstehen werde. Als ich am Montag wieder zur Arbeit fuhr, lag sie fünf Schritte weiter talwärts tot im Wasser. Ich meldete dies wieder auf der Gendarmeriestation. Sie wurde im Walde eingegraben.

Im September 1945 suchten meine Frau und meine Tochter im Walde nach Pilzen. Da sahen sie eine Frau unter einem Baum liegen. Sie war schon halb verhungert und konnte nicht mehr sprechen. Sie war auch evakuiert gewesen und hatte sich aus Not wieder über die Grenze gewagt, um sich etwas an Lebensmitteln zu holen. Sie wurde von einem Wagen abgeholt und gleich von uns Antifaschisten in Pflege genommen. Nach zehn Tagen, als sie einigermaßen wieder gehen konnte, kam der Befehl, sie sofort wieder an die Grenze zu bringen. Sie wurde nun wieder auf einem Wagen eine halbe Stunde weit ins Gebirge über die Grenze gebracht und neuerlich ihrem Schicksal überlassen. Eine geraume Zeit darauf konnten wir hören, daß die Frau im Gebirge an der Straße tot aufgefunden wurde.

Acht Fälle sind mir bekannt, wo deutsche Landser nach Kriegsende schon in Zivilkleidung aus dem Protektorat kommend über die Grenze in ihre Heimat gehen wollten. Viele wurden meistens auf der Stelle erschossen, einen solchen habe ich selbst mit meinen Kollegen im Ort eingraben müssen.

Strakonitz und Brünn

KZ Klaidovka - Drakonische Bestrafung eines Kranken
Berichter: Johann Böhm - Bericht vom 31. 8. 1946

Ich wurde 6½ Monate vom 5. 11. 1945 - 11. 5. 1946 in Strakonitz und Brünn im Gerichtsgefängnis festgehalten. Ein Verhör hat nicht stattgefunden. Auch ein Verhaftungsgrund wurde mir nicht angegeben. In Brünn wurde ich geohrfeigt, wie auch alle anderen Häftlinge mißhandelt wurden. Infolge der schlechten Ernährung bekam ich Wasser in den Beinen und Phlegmone. Da ich meine Stiefel infolge der Schwellung der Beine nicht anziehen konnte, tauschte ich sie gegen 1 Paar Schuhe eines Kameraden ein. Dafür erhielt ich 16 Tage Einzelarrest, verschärft durch vier Fasttage mit Verdunkelung und hartem Lager. Die Zelle war ungeheizt mit einer Temperatur von 0 Grad. Am 11. 5. 1946 wurde ich mit einem Körpergewicht von 42 kg bei Körpergröße von 1,63 m als Todeskandidat mit 40,8 Fieber in das KZ Klaidovka überführt.

Tabor

Tabor, Bericht Nr. 1
Beraubung, Mißhandlung
Berichterin: Marie Kuhn - Bericht vom 15. 5. 1950

In der Zeit von 1940 bis 1945 wohnte ich in Tabor, Riegerplatz 1886. Ende April 1945 verließ ich die Stadt und bezog in der kleinen Ortschaft Stepanice im Bezirk Bergreichenstein, mit noch anderen deutschen Familien eine Ausweichwohnung. Bei mir befand sich noch die Ehefrau des Oberfeldarztes der Polizei, Dr. Bön. Eines Tages nach dem Zusammenbruch erschienen in unserem Hause ca. 18-20 schwerbewaffnete Partisanen in Begleitung eines tschechischen Gendarmeriebeamten. Bei dieser Gelegenheit wurden wir von diesen Partisanen durch Schläge ins Gesicht, gegen den Kopf und mit Fußtritten gegen den Unterleib derart schwer mißhandelt, daß mir das Blut zu Mund und Nase herausquoll. Weiter wurde auch eine Heugabel als Schlagwerkzeug gebraucht. Die Partisanen verlangten von mir Schmuck. Da ich keinen mehr besaß, stellten mich die Banditen vor einen Baum auf, hielten mir die Pistole auf die Brust und stellten immer wieder erneut ihre Forderungen auf Herausgabe von Wertsachen. Später warf man mir in diesem Zusammenhang einen Strick um den Hals und zog mich daran buchstäblich die Bodentreppe hinab und schleifte mich vor einen Baum, um mich aufzuhängen. Erst dem Eingreifen des tschechischen Gendarmeriebeamten war es zu verdanken, daß diesem Treiben ein Ende bereitet wurde. Auf seine Veranlassung hin schleuderte mir einer der Partisanen ein Handtuch ins Gesicht, womit ich mir das Blut aus dem Gesicht wischen sollte. Zwischendurch wurde unser Gepäck auf einen bereitstehenden LKW geladen und abgefahren. Wir durften nur das Nötigste für den täglichen Bedarf zurückbehalten. Für die nächsten 10 Tage durften wir unser Quartier nicht verlassen. Vor und hinter der Tür standen zwei Wachtposten.

Unter dem Vorwand, zum Verhör gebracht zu werden, wurden wir nach 10 Tagen von drei bis an die Zähne bewaffneten Tschechen abgeholt und mit dem Wagen nach Schüttenhofen ins Gerichtsgefängnis gebracht. Mit 15 Personen beiderlei Geschlechts wurden wir in eine kleine, naßkalte Zelle gepfercht, deren einzige Belüftung nur aus einem kleinen, fast im oberen Deckenwinkel gelegenen Mauerdurchbruch bestand, durch welchen auch nur ein wenig Tageslicht in die Zelle drang. Die Zeit unseres Aufenthaltes in dieser Zelle - etwa 10 Tage - mußten wir in der Hauptsache stehend verbringen. Im ganzen wurden nur zwei alte, schlecht gefüllte Strohsäcke in die Zelle geworfen, die für die Zelleninsassen weder zum Liegen noch zum Sitzen ausreichten. Ferner befand sich nur noch ein stinkender Abortkübel in der Zelle, der einmal am Tage geleert werden mußte. Die Verpflegung während dieser 10 Tage bestand nur aus einem kleinen Stückchen Brot und etwas Wasser täglich, dazu einmal am Tage einige kalte Pellkartoffeln.

Mehrmals am Tage kamen die Wärter und riefen dem einen oder anderen zu: "Morgen früh kommt ihr ans Spagat!", d. h. morgen früh werdet ihr aufgehangen.

Nach einem 10-tägigen Aufenthalt in dieser Hölle wurden wir eines Abends gegen 22 Uhr auf einem offenen LKW verladen und bei strömendem Regen ohne jeglichen Regenschutz nach dem etwa 120 km von Schüttenhofen entfernt liegenden Tabor gebracht, wo wir im Morgengrauen ankamen. Nach einer gründlichen körperlichen Untersuchung, die von einer weiblichen Gefängniswärterin ausgeführt wurde, bekamen wir wider Erwarten ein ausreichendes und schmackhaftes Essen verabreicht. Noch am gleichen Tage, im Laufe des Nachmittags, setzte abermals eine Verschiebung ein. Mit 9 Frauen und 14 Kindern, darunter selbst Kleinstkinder, wurden wir auf den Gutshof der Witwe Maria Kremencová in Ceské-Zahori, Nr. 10, Post Milicin, Kreis Tabor gebracht. Hier sollten wir im landwirtschaftlichen Einsatz Verwendung finden.

Zur Unterbringung wurde ein total verschmutzter und völlig verkommener mittelgroßer Raum zur Verfügung gestellt. Weiters ein kleiner, der bis zu unserem Eintreffen zur Unterbringung von ca. 80 Hühnern diente. Es fehlten u. a. die Lagerstätten bezw. Pritschen, es war überhaupt kein Geschirr vorhanden, weder Messer noch Gabel, keine Kochtöpfe. Für uns neun Frauen und 14 Kinder war im ganzen nur eine Waschschüssel vorhanden. Sie diente als Salatschüssel, zum Waschen und auch gelegentlich einer Geburt zur Ablagerung von Sekreten.

In einem 12-14-stündigen Arbeitseinsatz mußten wir Frauen schwerste Arbeiten unter ständiger Bewachung durch Posten mit Gewehr verrichten, außer landwirtschaftlichen Arbeiten auch Straßen- und Wegebau ausführen, waggonweise Frucht und Kohlen ausladen bezw. verladen, die Dächer mit neuen Ziegeln belegen, im Winter wochenlang Schneeschaufeln, Ställe und Lagerräume je nach Bedarf kalken usw. Sehr häufig kam es vor, daß wir noch selbst beim Mondschein auf dem Acker lagen, um Kartoffeln zu lesen bzw. Rüben auszumachen.

Eine Arbeitspause außer der Mittagspause gab es nicht. Unser trockenes Brot mußten wir - soweit vorhanden - im Stehen herunterwürgen und dabei ständig weiterarbeiten. Kamen wir mittags nachhause, so mußte in dieser zweistündigen Mittagszeit das Essen hergerichtet werden, was unter Berücksichtigung der Tatsache, daß man sich fast alles erst von den naheliegenden Feldern, soweit hierzu überhaupt die Möglichkeit vorlag, zusammenstehlen mußte, keine Kleinigkeit war.

Die Zuteilung der Lebensmittel lag bei der Gutsherrin, die auf Grund der Lebensmittelkarten für uns die Sachen beschaffte und dann nach ihrem Ermessen und Gutdünken wiederum verausgabte. Die Verpflegung war sehr knapp bemessen.

Die Behandlung durch die Chefin bzw. durch ihre beiden Söhne war miserabel. Obwohl wir keinen körperlichen Mißhandlungen ausgesetzt waren, so wurden wir in allem getrieben und gehetzt und mit Schimpfworten bedacht, daß wir auch hier weder ein noch aus wußten. So wurde uns auch ständig mit der Auslieferung und Überstellung an die Russen gedroht, die in nächster Nähe ihre Unterkunft hatten. Sehr häufig kam es vor, daß die Russen, wenn sie sich in der dem Gutshof angegliederten Brennerei stark betrunken hatten, veranlaßt wurden, uns zu belästigen. Durch die Vernunft des tschechischen Brennmeisters wurden wir von der Absicht in jedem Fall vorher rechtzeitig gewarnt, sodaß wir dann, wenn Gefahr im Verzug war, in den naheliegenden Kornfeldern bis zum Hellwerden unsere Zuflucht suchen konnten.

Beim Bedecken einer Scheune mit neuen Dachziegeln mußte ich auch oben auf den Dachfirst die mir zugeworfenen Ziegeln weiterreichen. Bei dieser Gelegenheit brach ich infolge Brüchigkeit einiger Dachleisten durch und stürzte auf den Boden. Hierbei zog ich mir einen starken Bluterguß zu und war gezwungen, ärztliche Hilfe in Anspruch zu nehmen.

Das traurigste Kapitel war die Bekleidungsfrage. Nachdem man uns restlos ausgeplündert hatte, mußten wir, obwohl wir fast durchwegs keinerlei Bekleidungsstücke zum Wechseln hatten, im übrigen auch in der Zeit zwischen 1945-1947 amtlich weder Bekleidung noch Wäsche noch Schuhe geliefert bekommen hatten, tagtäglich, Sommer wie Winter, im Schnee und Regen, selbst noch bis zu 34° Kälte ununterbrochen schwerste Arbeiten verrichten. So wurde es für uns eine zwingende Selbstverständlichkeit, daß wir das nasse Zeug nachts über auf dem Körper behalten mußten, um es so wieder bis zum nächsten Morgen trocknen zu können. Ein Ausziehen war auch deshalb nicht möglich, weil es uns an Decken zum Zudecken fehlte. Eine Folge dessen war, daß wir uns vor Erkältungen aller Art, vor Ungeziefer, Furunkeln, Krätze, Hautekzemen - an Seife fehlte es auch - nicht mehr retten konnten. Die Hauterkrankungen wurden aber noch durch den Umstand, daß wir trotz alledem mit auf das Feld mußten, um die chemischen Düngemittel wie Kali etc. zu streuen, erheblich gefördert.

Zur Vervollständigung unserer Bekleidung wurde es allmählich zur Selbstverständlichkeit, daß wir die draußen auf den Feldern aufgestellten Vogelscheuchen planmäßig auszogen. Im Winter waren wir gezwungen, uns alte Säcke um die Beine und Füße zu wickeln.

Dreimal versuchte ich bei dem für die Gefangenenbetreuung in Tabor zuständigen tschechischen Major unsere Rechtsstellung zu klären und zwar dahingehend, ob wir zu dem Personenkreis der Kriegsgefangenen oder als Zivilinternierte oder als Facharbeiter in den Listen geführt wurden. Denn von dieser Klärung hingen dann auch alle anderen Fragen ab, wie die der Arbeitszeitregelung, der Beaufsichtigung durch die Posten, Entlohnung, Verpflegung usw. Nach Ansicht des tschechischen Majors galten wir als Zivilinternierte. Er versprach mir, alles Weitere zur Behebung der strittigen Punkte durch die Entsendung einer Kontrollkommission zu veranlassen. Die Kommission kam, aber an den bestehenden Zuständen änderte sich nichts. Erst in den letzten Monaten, nachdem wir nur noch zu dritt waren, traten einige Erleichterungen ein.

Nicht unerwähnt lassen möchte ich die Tatsache, daß ich 1945 bereits im 50. Lebensjahre stand und nicht weniger wie drei schwere Unterleibsoperationen hinter mir hatte. Trotzdem wurde ich gezwungen, ohne jegliche Bandage mit in der Kolonne auf dem Felde zu arbeiten.

Mit Achtung soll aber auch in diesem Zusammenhang derer gedacht werden, die uns in dieser Zeit der Gefangenschaft - ohne Rücksicht auf die ihnen selbst dabei drohenden Gefahren - stets menschlich gegenüberstanden.

Es waren dieses:

1. Dr. N. N. vom Allgemeinen Öffentlichen Krankenhaus Tabor.
2. Der Brennmeister vom Gutshof.
3. Dr. N., prakt. Arzt.
4. Die Geschäftsleute von M.
5. Die damals diensttuenden Gendarmeriebeamten von M.

Sie alle haben uns unser schweres Los nach Möglichkeit zu erleichtern gesucht und gingen hierbei, so besonders die beiden Ärzte, weit über das Maß der ihnen zugesprochenen Möglichkeiten hinaus, indem sie nicht nur mit Medikamenten und Verbandstoff, sondern auch finanziell halfen.

Die Gendarmeriebeamten zeigten sich insofern anständig, als sie bei ihren Durchsuchungen nach gestohlenen Kleintieren - obwohl hierfür die Möglichkeit für sie durchaus gegeben war - nie etwas fanden.

Die von mir gemachten Angaben entsprechen in vollem Umfang der Wahrheit.

Tabor, Bericht Nr. 2

Mißhandlungen im Gefängnis

Berichter: Ernst Mahl - Bericht vom 3. 8. 1946

Ich wurde am 28. 8. 45 aus der russischen Kriegsgefangenschaft in Tabor entlassen und sofort vom tschechischen Arbeitsamt zu einem Bauern in der Umgebung von Tabor zur Arbeit verpflichtet. Dort ging es mir verhältnismäßig gut. Am 8. 1. 1946 wurde ich ohne jeden Grund vom Mittagessen weggeholt und bis zum 18. 5. 1946 im Gefängnis von Tabor festgehalten. Ich hatte mir nicht einmal meine Sachen mitnehmen dürfen. In Tabor waren Behandlung und Verpflegung sehr schlecht. Dort befanden sich ungefähr 100 Soldaten in Haft, die ständig mit Gummiknüppeln geschlagen wurden. Viele wurden bewußtlos geschlagen und hatten eitrige Wunden. Dabei mußten wir schwer arbeiten und hatten zweimal wöchentlich Fasttage. Von dort wurde ich dem Gefängnis Troppau überstellt. Den Rückempfang des mir bei der Einlieferung in Tabor abgenommenen Geldes, des Arbeitslohnes des Bauern, bei dem ich gearbeitet hatte, mußte ich bestätigen, obwohl ich das Geld nicht zurückbekam.

Tachau

Tachau, Bericht Nr. 1

Verhältnisse im Aussiedlungslager Tachau, Mai 1945

Berichter: Anton Fleißner - Bericht vom 5. 6. 1946

Am 29. und 30. 5. 1946 wurden ungefähr 1200 Personen des Kreises Tachau in dem Aussiedlungslager Tachau, frühere Tabakfabrik, zusammengezogen, um von dort ausgesiedelt zu werden. Im Lager befanden sich damals bereits gegen 500 Personen, die von früheren Transporten als überzählig zurückgeblieben waren oder dort auf Familienmitglieder warteten, die noch im Konzentrationslager festgehalten wurden. Das Konzentrationslager für den Kreis befindet sich auf dem selben Fabrikgrundstück. Davon warteten einige bereits 4-6 Wochen, auch länger.

Die Verpflegung im Lager bestand früh und abends aus je einer Tasse Kaffee und mittags aus einer dünnen Suppe. Brot wurde fast nie ausgegeben. Die Leute, die länger im Lager sein mußten, waren nur auf die Mildtätigkeit von Neuankömmlingen angewiesen, die kleine Vorräte mitbrachten und davon an Bekannte etwas abgaben. Wenn Leute ihren Angehörigen im Aussiedlungslager Lebensmittel bringen wollten, wurden sie abgewiesen, häufig auch schwer mißhandelt und mit Geldstrafen belegt.

Die hygienischen Verhältnisse im Lager waren schlecht. Für ungefähr 1700 Personen waren nur 40 Wasserauslasser und 40 Abortstellen vorhanden. Die Abortstellen waren größtenteils verstopft.

Die Auszusiedelnden wurden wie Sträflinge behandelt.

Bei der Ankunft fand eine Kontrolle des Handgepäcks statt. Es wurden rücksichtslos sämtliche Dokumente, die sich auf Anstellungen, Hausbesitz, Spareinlagen, Vermögenswerte usw. bezogen, außerdem auch Personalausweise, Gebrauchsgegenstände, darunter auch bessere Rasierzeuge, Zigaretten usw. abgenommen. Jeder zaghafte Einspruch wurde mit der Drohung mit dem Konzentrationslager beantwortet.

Bei der Kontrolle des großen Gepäcks wurden rücksichtslos Nähmaschinen, oft auch trotz Ausfuhrbewilligungen, sämtliche Kunstgegenstände, Teppiche, Matratzen, auch wenn schon beschädigt, Schmuckgegenstände, Bettwäsche und kunstgewerbliche Gegenstände abgenommen. Die Wegnahme erfolgte ganz willkürlich und stand im Belieben des Kontrollorganes.

Kurz vor der Abfahrt wurden jedem Aussiedler RM 500.- als Abfindung ausgezahlt, obwohl RM 1000.- pro Kopf zugestanden wären.

Auf Einspruch wurde bedeutet, die restlichen RM 500.- würden in der Grenzstation Wiesau ausgezahlt werden.

Der zum Transport zur Verfügung gestellte Laderaum war völlig unzureichend, sodaß der größte Teil der Leute den Transport stehend zurücklegte.

Von Tachau bis Eger brauchten wir 20 Stunden.

Tachau, Bericht Nr. 2
Fahrlässiger Waffengebrauch vom 9. 11. 1945
Berichter: Franz Voit - Bericht vom 5. 6. 1946

Ich wurde am 7. 9. 1945 verhaftet und in das Internierungslager Tachau eingeliefert, ohne daß mir ein Verhaftungsgrund oder Vergehen genannt wurde. Da ich Tischler von Beruf bin, mußte ich im Rahmen eines Arbeitskommandos des Lagers auf einer Hühnerfarm, 1½ Fußstunden vom Lager entfernt, Fenster anfertigen. Wir wurden täglich von 2 Wachsoldaten zur und von der Arbeitsstätte geführt. Die Posten haben wiederholt aus Mutwillen geschossen. Am 9. 11. hörte ich, der ich auf dem Nachhausewege am Schlusse der Kolonne ging, einen Schuß des hinter mir gehenden Wachsoldaten. Der Schuß war wohl in die Luft gegangen. Nach ungefähr 10 Schritten krachte ein zweiter Schuß, der mich in den rechten Unterschenkel traf und mir das Wadenbein zertrümmerte. Ich wurde im Krankenhaus 6 Wochen behandelt. Als sich die Wunde schloß, wurde ich in eine Krankenstube des Lagers getragen, wo ich noch neun Wochen lag. Eine Behandlung erfolgte dort nicht mehr. Ein Antrag des Arztes auf Entlassung in häusliche Pflege wurde nicht bewilligt. Die Gebrauchsfähigkeit des Beines ist bis heute noch herabgesetzt.

Tannwald

Mißhandlungen zur Erpressung eines Geständnisses
Berichter: Arthur Januschek - Bericht vom 4. 11. 1946

Ich wurde am 11. 6. v. J. in Tannwald verhaftet. Zur Erpressung eines Geständnisses wurde ich siebenmal schwer mißhandelt, zweimal in Tannwald von SNB und fünfmal im Gefängnis von Eisenbrod. Ich wurde jedesmal nackt mit Gummiknüppeln halb bewußtlos geschlagen, dann wurde ich in eine Wanne mit kaltem Wasser gesteckt und mit dem Kopf unter das Wasser gedrückt. Dabei wurde mir das Nasenbein und beide Trommelfelle verletzt. Seitdem habe ich auch Lungenbeschwerden. Ich wurde zur Aussiedlung entlassen.

Tepl

Tepl, Bericht Nr. 1
Lager Tepl, Mißhandlungen
Berichter: Engelbert Haber - Bericht vom 14. 7. 1946

Ich wurde am 15. 1. 1946 im Lager Tepl interniert. Dort wurden die Lagerinsassen die ganze Zeit über schwer mißhandelt. Ich wurde selbst am 25. 6. 1946 furchtbar geprügelt. Mit 20 Mann fällte ich an diesem Tage Holz im Walde. Wir wurden dabei von vier Posten bewacht. Diese Posten waren betrunken und haben uns von 2-5 Uhr nachmittags ununterbrochen während der Arbeit geschlagen. Mich haben sie mit Gewehrkolben gestoßen, mit der Faust geschlagen und mit Füßen getreten. Dabei wurden mir zwei Zähne ausgeschlagen und eine Rippe gebogen.

Die Verpflegung im Lager war so gering, daß jeder auf das angewiesen war, was ihm Angehörige ins Lager brachten.

Tepl, Bericht Nr. 2

Schwere Mißhandlungen im Internierungslager Tepl

Berichter: Josef Mayer - Bericht vom 14. 7. 1946

Ich wurde am 28. 11. v. J. im Lager Tepl interniert, da meine 2 Söhne, die aus amerikanischer Gefangenschaft nach Bayern entlassen worden waren, nachhause kamen, sich je einen Anzug holten und dann wieder nach Bayern in ihren Entlassungsort zurückkehrten, wo sie arbeiteten. 8 Tage später wurde auch meine Frau interniert. Meine Frau und ich wurden beide im Lager geschlagen. Dabei wurde mir das rechte Ohr verletzt. Die ärgsten Mißhandlungen fanden in der Nacht vom 23.-24. 12. statt. Viele wurden bewußtlos geschlagen. Einem wurde ein Arm gebrochen, mehrere erlitten Rippenbrüche.

Ich wurde am 28. 5., meine Frau am 4. 6. 1946 entlassen. Bei der Entlassung erhielten wir beide Entlassungsscheine, auf denen vermerkt ist, daß wir je 2 Monate im Lager gewesen sind, obwohl wir tatsächlich 6 Monate eingesperrt waren. Das erste und einzige Verhör hatte 8 Tage vor unserer Entlassung stattgefunden.

Totzau

Mißhandlungen, Morde

Berichter: H. K. W. - Bericht vom 1. 5. 1951

Beim Bürgermeister von Totzau fanden sich am 25. 5. 1945 zwei kommunistische Kriminalpolizisten ein, um nach dem Orts- und nach dem Kreisleiter der Kreisstadt Kaaden zu fahnden, die sich angeblich im letzten Haus des Ortes versteckt haben sollten. Die beiden begaben sich zu dem bezeichneten Haus Nr. 85 und erhielten die Auskunft, daß die Gesuchten nicht da wären. Daraufhin drangen sie in alle Räume ein und stießen dabei auf den Neffen des Hausbesitzers, Josef Kutt aus dem Nachbardorf Saar bei Duppau. Er wurde für verhaftet erklärt und feuerte plötzlich Schüsse ab, die den einen der Kommunisten töteten und den anderen verwundeten. Dann sprang er aus dem Fenster und floh. Der Verletzte aber rannte blutend durchs Dorf. Als er beim Bürgermeister Alfred Schmidt vorbei kam, stand dieser gerade im Hof. Der Kommunist schrie: "Warum haben Sie uns das nicht gesagt?" und schoß dem Bürgermeister in die Brust. (Noch am selben Abend wurde er, nachdem ihn Frl. stud. med. Christl Müller verbunden hatte, nach Karlsbad ins Krankenhaus geschafft. Er genas, verstarb aber kurz nach der Aussiedlung nach Sachsen.) Bei der Post angelangt, meldete der Kommunist den Vorfall dem nächsten tschechischen Gendarmerieposten.

Am folgenden Tag mußte die gesamte Bevölkerung um 7 Uhr früh am Kirchplatz antreten. Mit wüstem Geschrei der Tschechen wurden die Häuser durchsucht, die Männer verprügelt, die brauchbaren Sachen gestohlen.

Am 2. Juni 1945, gegen 19 Uhr, rollten zwei Lastautos mit ca. 20 Soldaten der "tschechischen Revolutionsgarde", bekleidet mit bunten Stücken deutscher Uniformen und roten Halstüchern, durch das Dorf und hielten bei der Kirche. Gleich darauf kam der Befehl: Alle Dorfbewohner am Kirchplatz antreten!" Etwas verzagt fanden sich Männer, Frauen und Kinder ein. Den Männern wurde befohlen, ihren Oberkörper zu entblößen. Dann mußten sie, hinter ihnen die Frauen und Kinder, in Dreierreihen antreten. Der Kommandant stand mit der Pistole vor ihnen, die anderen gingen mit Maschinengewehren auf und ab. Nachdem der etwas angeheiterte Kommandant die letzten Züge aus einer eben in der Kirche gestohlenen Weinflasche getan hatte, hielt er in gebrochenem Deutsch eine Rede, in der er immer wieder brüllte: "Heute werdet ihr alle erschossen! Ganz Sudetenland muß krepieren! Ich habe keine Angst, ich kann Blut sehen! Alle werdet ihr erschossen!" Dabei wurden die Frauen herumgejagt, die Männer gequält. Die Kinder weinten laut. Immer wieder erscholl es: "Heute werdet ihr alle erschossen!"

Um diesen Reden gehörigen Nachdruck zu geben, mußten wieder alle antreten und wurden zum letzten Haus des Dorfes geführt. Dort hatte man unterdessen Furchtbares vollbracht. In diesem Häuschen Nr. 85 wohnte die Familie Bartl, die Ehegatten Johann und Marie und ihre Kinder Marie, Willi und Fritz von 17, 15 und 12 Jahren. Die fünf Bewohner des Hauses lagen, von zahllosen Schüssen durchbohrt, tot im Hausflur. Da es schon recht dunkel geworden war, ordnete der Kommandant an, daß die Leichen mit Kerzen beleuchtet werden müßten und dann mußten alle, Männer, Frauen und Kinder, vorübergehen und sich dieses schaurige Bild ansehen. Hierauf mußten die Leichen außerhalb des Friedhofes verscharrt werden.

Eine ähnliche Tragödie ereignete sich in der Nacht vom 2. auf den 3. Juni 1945 auf der etwa 20 Minuten vom Dorf entfernten Einschicht, Kottershof Nr. 80. Hier wohnte die Familie Sacher und der Gastwirt Klotz mit seiner Tochter Anna Bernt, geb. Klotz. Die Tschechen erschossen, immer noch unter dem Vorwand, daß der Kreisleiter versteckt sei, das Ehepaar Oswald und Therese Sacher, den Bruder Oswalds, Konrad Sacher und den Besitzer des Nachbarhauses und dessen Bruder: Josef und Ludwig Tobisch. Das einige Monate alte Kind des Paares Sacher wurde nach ca. einem Jahr in der nahen Jauchegrube gefunden. Die Einzelheiten dieser Mordtat wurden erst allmählich bekannt, denn die Überlebenden durften unter Todesandrohung nicht darüber sprechen. Noch in der gleichen Nacht mußte Anna Bernt, geb. Klotz, Frau G. H. aus Chemnitz, die als Bombenflüchtling in diesem Hause wohnte, und Frau Tobisch, die Gattin des Ermordeten, die Blutspuren verwischen und die Leichen im Garten begraben.

Am 5. Juni 1945 kamen schon in aller Frühe Autos mit tschechischem Militär. Sie umzingelten das Dorf, sodaß es niemand mehr verlassen konnte, durchstreiften die Felder und Wälder, drangen in die Häuser ein, mißhandelten und plünderten. Vormittags brachten sie den Herrn Klotz geschleppt, der in den vorhergehenden Schreckenstagen den Verstand verloren hatte und behaupteten, bei ihm einen Revolver gefunden zu haben. Der Kommandant brüllte: "Es wurden Waffen gefunden, ich lasse 20 erschießen! Kommen nochmals Waffen zum Vorschein, muß das ganze Dorf dran glauben!" Vor der Kirche stand ein Auto, das die Revolutionsgarde bis Mittag schon ganz mit geraubtem Gut gefüllt hatte.

Um 3 Uhr nachmittag kam der Befehl: "Die ganze Bevölkerung beim unteren Gasthaus antreten!" Auf dem Weg dorthin wurde die Bevölkerung geprügelt, die Frauen, die nicht schnell genug laufen konnten, wurden angebrüllt: "Werdet ihr laufen, ihr deutschen Schweine!" Nicht nur die Revolutionsgarde mißhandelte die Menschen, nein, auch tschechische Zivilisten, die mit Reitpeitschen bewaffnet waren und in den.Sudetengau gekommen waren, um sich deutschen Besitz anzueignen. In all dem schrecklichen Durcheinander, das auf der Straße herrschte, marschierte Gendarmerie mit Maschinenpistolen auf. Peitschenhiebe und Fußtritte hagelten auf die Frauen ein: "Laufen, deutsche Schweine!"

Ein Gendarmeriehauptmann verlas die Namen von sechs ehemaligen Parteitmitgliedern, die sich auf der anderen Seite der Straße mit dem Gesicht gegen einen alten Holzschuppen stellen mußten. Der Führer der ganzen Gruppe, ein tschechischer Kommissar, ging dann durch die Reihen der deutschen Männer, zog jeweils einen von ihnen heraus, bis er das gewünschte Maß, 20 an der Zahl, voll hatte. Er äußerte sich des öfteren: "Ich will von der deutschen Sau nichts mehr wissen", oder "Du blonder Germane kommst auch noch dran", wobei er durchwegs große, blonde Männer und Burschen aussuchte. Erst wurde ihnen, während sie mit dem Gesicht - Hände hoch - gegen den Schuppen standen, alles weggenommen, was sie bei sich trugen, dann zog man ihnen Schuhe und Stiefel aus. Unter Peitschenhieben, Gewehrkolbenstößen usw. hatten sie die schwersten Mißhandlungen zu erdulden. Ein 17-jähriger Junge brach ohnmächtig zusammen. Mit einem Kübel kalten Wassers wurde er wieder ins Leben zurückgerufen. An den Händen wurde er vom Erdboden hochgezogen. Als man die Menschen so zwei Stunden mißhandelt und gequält hatte, befahl ihnen der Kommandant, in Zweierreihen hintereinander anzutreten. Dann standen sie uns gegenüber. Man zeigte uns einen ganz neuen, zerbrochenen Revolver, der angeblich gefunden worden war. Dann hielt der Kommandant eine kurze Ansprache und erklärte, daß diese Männer im Namen der Tschechoslowakischen Republik erschossen würden.

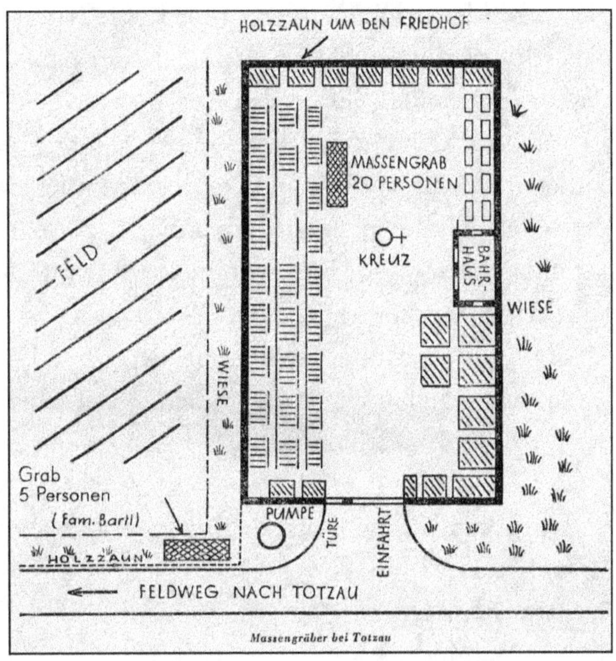

Massengräber bei Totzau

Maschinengewehre knatterten, einzelne Pistolenschüsse verhallten ... dann verzweifeltes, unfaßbares Schreien von Frauen und Kindern.

Gisela Hanl, Totzau Nr. 59, schrieb dem Berichter: "Auch mein guter Mann, Otto Hanl, im dreißigsten Lebensjahr, Vater von zwei Kindern, wurde mit an die Wand gestellt. Schuhe und Wertsachen wurden ihnen geraubt, zwei Stunden lang wurden sie auf das Schlimmste mißhandelt. Es war kaum zum ansehen, aber trotzdem durften wir, ihnen gegenüberstehend, keinen Blick von ihnen wenden. Wie sie sie schließlich halbtot geprügelt hatten, gab einer den Befehl, sie hinzurichten. Im Blute lagen sie an der Straße, wo wir in Gedanken von ihnen Abschied nehmen mußten. Für mich wäre das Schicksal hart genug gewesen, aber ich mußte, nachdem das Maß noch nicht voll war, mit meinen zwei Kindern wie alle anderen Ortsbewohner Haus und Hof und die liebe Heimat verlassen, die jetzt einsam und verwüstet ist."

Frau Rosa Schmidt, Totzau Nr. 60, die damals schwanger war, berichtet: "Mein Mann, Ernst Schmidt, war gesund aus dem Lazarett heimgekehrt, wir erfreuten uns gerade vier Wochen seiner Anwesenheit. Auch er war glücklich, seine Lieben, besonders sein dreijähriges Söhnchen Günther, wieder zu haben. Auch ich stand mit meinem Mann und unserem Söhnchen unter den Zitternden. Nun kam der furchtbare Augenblick. Ein Tscheche ging durch die Reihen, maß mit stechenden, haßerfüllten Blicken die Männer und holte einen nach dem anderen heraus. Ich stand wie gelähmt und mir schien das Blut in den Adern zu stocken, als sich seine Blicke auf meinen Mann richteten, als man auch ihn wegriß von seiner Familie und ihn mit Kolbenstößen und Peitschenhieben einhertrieb.... Es ist nicht zu beschreiben, welcher Kummer und welcher Schmerz mir auf der Seele lastete, als ich mit meinem Jungen von der Stelle ging, wo mein lieber Mann einen solchen Tod gefunden hatte. Und als ich von meiner Heimat Abschied nehmen mußte, galt mein letzter Besuch seiner Ruhestätte."

Frau Rosa Schmidt ist heute leidend. Sie konnte sich von dem körperlichen und seelischen Zusammenbruch nicht mehr erholen. Nach schwerer Feldarbeit hat sie von Zwillingen entbunden, der Junge starb gleich und das Mädchen verlor sie nach 6 Monaten.

Die Totenliste:

1. Paul Heinze
2. Josef Otto Hanl
3. Ernst Schmidt
4. Erich Leger
5. Josef Kauer
6. Wenzel Leger
7. Willibald Zörkler
8. Josef Kräupel
9. Johann Bärtl
10. Emil Meinlschmidt I
11. Emil Meinlschmidt II
12. Friedrich Schulz
13. Erich Pagelkopf
14. Josef Endisch
15. Josef Zörkler
16. Willi Klotz
17. Josef Zengler

18. Franz Schmidt
19. Rudolf Klotz
20. Erich Schmidt

Die Toten des Hauses 85:
1. Johann Bartl
2. Marie Bartl [Mutter]
3. Marie Bartl [Tochter]
4. Willi Bartl
5. Fritz Bartl

Die Toten des Kotterhofes:
1. Oswald Sacher
2. Konrad Sacher
3. Resi Sacher
4. das kleine Kind Elfriede
5. Josef Tobisch
6. Ludwig Tobisch

Nach langem Bitten durfte man die 20 Erschossenen auf dem Ortsfriedhof begraben. Sie wurden auf drei Wagen geladen, der sie dorthin fuhr. Eine Blutstraße zeigte noch lange den Weg an. Es wurde ein Massengrab ausgeschaufelt und die Toten hineingelegt. Kein Hügel durfte von einem Grab künden, alles mußte eingeebnet werden und die Grasstücke mußten wieder so darauf eingeschichtet werden, wie sie herausgestochen wurden.

Trautenau

KZ, Erschießung von 20-30 Menschen, Juni 1945

Berichter: N. N. - Bericht vom August 1950

Ich bewohnte in Trautenau mit meiner Gattin ein Eigenheim und betrieb seit 1926 ein Agentur- und Kommissionsgeschäft. Politisch habe ich mich niemals betätigt.

Am 8. 5. 1945 wurde in den Parterre-Teil meines Hauses eine 26-köpfige russische Wachmannschaft einquartiert, die sich verhältnismäßig rücksichtsvoll benahm und anderntags frühzeitig wieder abging.

Wenige Tage später machten sich tschechische SNB-Partisanen unangenehm bemerkbar. Es waren zumeist Studenten und "Intelligenzler" aus der Gegend von Neupaka und aus Prag, die bald Hausdurchsuchungen oder Vernehmungen durchführten, oft mehrmals am Tage. Ich beherrsche die tschechische Sprache sehr gut und konnte ihnen leicht Rede und Antwort. stehen. Da ich schon seit mehreren Monaten an einem schweren Darmleiden laborierte, mußte ich zumeist das

Bett hüten. Trotzdem ich eine tschechisch geschriebene ärztliche Bescheinigung vorwies, wurde ich etwa Mitte Mai 1945 zeitig früh aus dem Bett gerissen und mit Kolbenstößen zur Mitarbeit an der Niederreißung der deutschen Straßensperren gezwungen. An einem der nächsten Arbeitstage mußte ich auf Befehl eines aufsichtsführenden SNB-Mannes auf ein an einem Arbeitswagen angeheftetes Hitlerbild mit einer Spitzhacke einschlagen und "Heil Hitler" bei jedem Hieb ausrufen. Dafür bekam ich einen schweren Fußtritt in den Hintern und fiel zu Boden. Mein After blutete deshalb sehr stark, doch ich wurde mit Kolbenstößen zum Weiterarbeiten gezwungen. Erst nach Abtragung mehrerer großer Straßensperren und anderer Aufräumungsarbeiten wurde ich und meine Arbeitskameraden entlassen. Es hatte sich verschiedenes, lichtscheues Gesindel und auch bolschewistische Soldaten, besonders nachtsüber, unangenehm bemerkbar gemacht, weshalb wir Deutschen vom *"Národní Výbor"* aufgefordert wurden, Nachtwachen zu halten. Dazu Bestimmte bekamen einen Ausweis und eine Armbinde. Dazu mußten wir deutschen Männer und Frauen für die Russen anstrengende Trag- und Schleppdienste leisten.

So kam der 19. Juni 1945, ein Dienstag heran. Eine amtliche Zuschrift langte ein mit der Mitteilung, daß meine 83jährige Mutter am heutigen Tage aus einer nahen Stadt des ehemaligen Protektorates zu mir ausgesiedelt werde. Ich war glücklich darüber, habe sie aber nie wiedergesehen. Sie starb 1½ Jahre darauf elend und notleidend, in einer Stadt an der Ostsee. Um die Mittagstunde erschienen drei sich als Geheimpolizisten legimitierende Männer (Zizka, Dolccal, ?) und verlangten die Besichtigung meines Hauses. Nach oberflächlicher Inaugenscheinnahme verließen sie das Haus. Kaum eine Stunde nach ihrem Abgang forderten mehrere SNB-Männer Einlaß und hießen mich und meine Frau, uns für einen 2-3-tägigen auswärtigen Arbeitsdienst, binnen einer Viertelstunde bereitzustellen. Wir wurden unter Drohungen und Kolbenstößen zur Eile gedrängt. Wir zogen unsere älteste Kleidung an, verstauten einige Notwendigkeiten rasch in einen Rucksack und schon schoben uns die SNB-Männer zur Türe hinaus. Sie führten uns zu einem unweit (beim Wehrbezirkskommando) bereitstehenden Gefangenen-Lastkraftwagen und stießen uns mit Kolbenstößen hinein. Eine Menge Bekannter, Frauen und Kinder (von 2-15 Jahren) standen bereits im Wagen. Bald wurde der überfüllte Wagen geschlossen und fuhr mit uns nach dem etwa 13 km entfernten tschechischen Städtchen Eipel. In Eipel angekommen, wurden wir in einem alten verfallenen und verwahrlosten Theatersaal auf schmutzigen und unzureichenden Strohsäcken untergebracht. Eine Menge bereits am Abend zuvor auf dieselbe Weise hergebrachter Trautenauer empfing uns hier. Es dürften etwa 200-250 Personen auf solche Art zusammengetrieben worden sein. Decken und Nahrungsmittel hatten die wenigsten. Angekleidet, je 2-3 Personen auf einem Strohsack, verbrachten wir die Nacht und noch einige Nächte. Eine Wasserleitung stand uns nicht zur Verfügung und nur ein Abort. Zwei Tage wurden wir ohne jedwede Verpflegung gelassen, konnten uns aber in Nachbarhäusern Wasser holen. Erst am dritten Tage wurden uns täglich drei "Mahlzeiten" gereicht, bestehend aus schwarzem Kaffee, Wassersuppe und einem Schnittchen trockenen Brotes. Dafür mußten wir Männer gleich am ersten Morgen Schwerstarbeiten im Orte verrichten, während die Frauen die Straßen, öffentliche Aborte und Räumlichkeiten zu reinigen hatten. Am dritten Tage unseres tschechischen KZ-Aufenthaltes wurden sämtliche Männer zu Erdaushubarbeiten für einen uns zugedachten Barackenbau herangezogen, während in unserer

Abwesenheit die meisten Frauen in der näheren oder weiteren Umgebung Eipels zu Bauern als Mägde abgegeben wurden oder sonst als Dienst- und Arbeitskräfte an die tschechische Bevölkerung verteilt [wurden]. Die Eipler Bevölkerung erging sich vielfach in unflätigen Beschimpfungen gegen uns. Stöße und Schläge von Seiten der uns beaufsichtigenden SNB-Partisanen, öfter auch seitens der zivilen Tschechen, waren zu erdulden. Morgens um 6 Uhr wurden wir zur Arbeitsstätte geführt und mußten, mit kaum einstündiger Mittagspause (heißes Wasser [Suppe?] mit einem kleinen, kaum handflächengroßen Brotstückchen), bis in den späten Abend hinein arbeiten. Wir erlebten es aber auch, daß uns mitfühlende tschechische Zivilisten Lebensmittel in geeigneten Augenblicken zusteckten. Am 21. 6. 1945, es war ein Donnerstag, hörten wir zufällig davon, daß unsere Frauen an Bauern als Hilfskräfte zugeteilt worden seien. Ich fragte den tschechischen Aufseher (Hlásek, ca. 60 Jahre) sehr höflich, ob das wahr sei, denn meine Frau habe meine wenigen Habseligkeiten in ihrer Tasche. Hlásek fuhr mich an und sagte, daß mich das einen Dreck anginge. Er rief sich einen SNB-Mann herbei und erklärte ihm, ich hätte gesagt, was hier geschähe, wäre Barbarismus, er möge mich für Samstag zur Auspeitschung aufschreiben. So geschah es, trotz des höflichen Hinweises auf die Unwahrheit dieser Behauptung.

Wegen der mir am Samstag bevorstehenden Auspeitschung, die der im Lager berüchtigte Podzimek in grausamster Art vollzog, hatte ich eine schlaflose Nacht und sann auf Flucht. Am Freitagnachmittag spielte bei offenem Fenster der SNB-Kaserne laut ein Radio. Die Sendung wurde plötzlich unterbrochen und der Sprecher des Senders Prag sprach: *"Pozor, pozor, pozor!"* dann etwa: "die Bevölkerung wird von der Regierung aufgefordert, die Verfolgungen der Deutschen einzustellen." Dieser Ruf erging dreimal hintereinander. Das Radio wurde daraufhin ausgeschaltet und zwei SNB-Leute traten aus der Kaserne zu unserem Aufseher Hlásek heraus und erwähnten diese Meldung vom Prager Sender, daß derlei Verfügungen doch nur für das Ausland bestimmt wären, denn sie, die SNB hätten andere Direktiven. Bald darauf setzte ein starker anhaltender Wolkenbruch alles unter Wasser, doch wir mußten knietief im Wasser stehend und völlig durchnäßt weiterarbeiten. Ing. Effenberger suchte unter einem nahen Dachvorsprung Regenschutz. Der Aufseher Hlásek trieb ihn zurück und ließ ihn ebenfalls zur morgigen Auspeitschung aufschreiben. In der folgenden Nacht erwogen wir (Ing. Effenberger und ich), wie wir der Auspeitschung entgehen könnten und einigten uns darauf, gleich beim Weckruf uns zur Krankenvisite anzumelden, denn täglich wurde nur eine sehr beschränkte Anzahl zur ärztlichen Untersuchung zugelassen. Es gelang uns, vorgemerkt zu werden. Als dann beim folgenden Aufruf der tschechische Aufseher Hlásek zur Auspeitschung unsere Namen aufrief, meldeten wir ihm unseren Abgang zur Krankenuntersuchung. Hlásek drohte uns nach unserer Rückkehr mit umso härterem Strafvollzug. Ein Wachtposten führte uns zum Kreisarzt Dr. P., der uns alle (7-8 Personen) nach vierstündigem Warten dann eingehend untersuchte. Wir erfuhren, daß wir alle krank und nur zu leichter Arbeit zu verwenden seien. Der junge Leiter des Arbeitsamtes sagte uns, für leichte Arbeiten hätte er genügend Leute, am besten sei es, uns heim nach Trautenau zu entlassen. Wir baten darum und er entsprach dem. Hier erfragten wir auch die Adressen unserer bei Bauern arbeitenden Frauen. Man hieß uns, ins Wohnlager zu gehen, wohin uns die Entlassungsscheine gebracht wurden. Des Kameraden Lehrer Amlers Frau war im selben Dorfe (Libnatov) beschäftigt, wo sich meine Frau befand, etwa 4-5 km entfernt von Eipel. Mit ihm, der gleich mir entlassen worden war, floh ich unverzüglich, Seitenwege benützend, um ja Hlásek nicht zu begegnen, in der Richtung nach Libnatov. Wir fanden unsere Frauen in mutloser Verfassung an. Ich besprach mich mit meiner Frau und drängte in sie, sich raschmöglichst zur amtsärztlichen Untersuchung zu melden. Auch sie wurde zwei Tage darauf entlassen. Der Bauer meiner Frau wies mir noch einen Abkürzungsweg nach Trautenau und im Verein mit Amler und dessen freigegebener Frau eilten wir der Heimat zu. Als Erstes hörte ich von mir begegnenden Bekannten, daß mein Haus sogleich nach unserem Abgange am 19. 6. 45 ausgeraubt worden sei und am selben Tage der Geheimpolizist Zizala darin Einzug gehalten habe und mit seinen Angehörigen unter Benützung meiner Möbel dort wohne.

Ich fand im Hause meiner Kontoristin ein kleines Stübchen, wo mich zwei Tage darnach auch meine Frau fand. Mit Hilfe wohltätiger Freunde, die uns mit Nahrungsmitteln und einiger Bekleidung unterstützten, verbrachten wir dort drei Monate. Nach Beschlagnahme dieses Hauses lebten wir weitere drei Monate in einer Dachbodenkammer und dann bis zu unserer Aussiedlung die letzten 2½ Monate bei einem alten Manne.

Es war etwa Ende Juli oder Anfang August 1945, als ich meinen früheren deutschen Tabaktrafikanten Herrn Morawek fragte, ob er mir etwas zum Rauchen beschaffen könnte. Herr Morawek wohnte nicht weit von mir in seinem kleinen Haus oberhalb des Judenfriedhofes, war jetzt tagsüber vom Hause fort und kam erst am späteren Nachmittag zurück. Deshalb ersuchte er mich, gegen 19 Uhr in seine Wohnung zu kommen. Ich war rechtzeitig gekommen, aber Herr M. hatte sich verspätet und kam erst um 20 Uhr heim. Nach dieser Zeit durfte sich kein Deutscher auf der Straße sehen lassen. Dieser Tag war regenschwer und düster und ich wollte meinen Heimweg über den Schützenhausgarten nehmen, damit ich ungesehen meine Wohnung erreichen konnte. Ich wartete nur noch den kurzen aber starken Regenguß ab. Ich erreichte beinahe den Ausgang des Schützenhausgartens und hatte nur wenige Schritte nachhause. In diesem Augenblick vernahm ich rasch herankommendes Motorengeräusch, zögerte beim Zaungebüsch und erschrak heftig, als ich merkte, daß ein gedecktes Lastauto zum Schützenhausgartentor einlenkte. Ich drückte mich schnell ins regennasse Gesträuch. Das Lastauto hielt vor der Veranda des zerstörten Schützenhauses, in meinem Blickfeld, und sogleich entstiegen dem Fahrzeug 5-7 SNB-Männer, hoben die rückwärtige Plane hoch, zogen etwas heraus, das ich als menschliche, gefesselte, halb entkleidete Körper erkannte. Fast wortlos zog man rasch und rücksichtslos Körper um Körper solch Unglücklicher, die sich krümmten und jedenfalls geknebelt waren, hervor, warf sie zu Boden, und unter *"rychle, rychle"* schleiften sie die SNB-Männer hinter das Schützenhaus zu der ehemaligen Schießstätte. Es waren mindestens 21-23 menschliche Körper und nur Männer, wie ich erkennen konnte. Gleich darauf krachten, zweimal hintereinander folgend, Maschinengewehrsalven, einige Einzelschüsse, und schon schleppten die SNB-Männer eiligen Laufes die Leichen herbei warfen sie wortlos zurück in das Lastauto, dessen Lenker zurückgeblieben war, verdeckten es wieder rückseits und fuhren rasch dem Stadtinnern zu. Erst als es schon recht dunkel war, wagte ich den Lauf zu meiner Wohnung. Es blieb äußerst gefährlich, über das Geschehene jemanden Mitteilung zu machen. Erst nach einigen Tagen erwähnte die Rot-Kreuz-Schwester Helene Demuth, daß sie gehört habe, im Schützenhaus sollen an die 15-20 deutsche Männer erschossen worden sein. Hunderte Selbstmorde wurden bekannt, ganze Familien brachten sich um (siehe beiliegenden Brief, den meine Frau im Kohlenkübel beim Bauer in Libatnov fand und dann in Trautenau hörte, daß sich die ganze Familie das Leben genommen hatte). Jeder Deutsche bangte um sein und seiner Familie Leben.

Brief einer durch Selbstmord geendeten Familie aus Trautenau

(Gisi Seidlová)
Pan Jan Celba, rolník
Libnatov 38

Freitag, 15. 6. 45

Liebe Gisi!

Soeben Dein Schreiben vom Mittwoch erhalten. Pech, Müller und Schinkmann und Frauen, sowie viele andere mußten heute ihre Wohnungen verlassen. Vielleicht kommen wir auch an die Reihe und es wird nicht so viel Zeit sein, Dich abzuholen. Die Lage ist trostlos und es bleibt nichts anderes übrig, als ein Ende zu machen. (Anm.: Ab hier eine andere Schrift.)

Liebes Giserl! Heute sind vom Ort 72 Amtswalter mit ihren Frauen und Kindern fortgeschafft worden. Vermögen und Wohnung sind sofort beschlagnahmt. Jetzt kommt die Frauenschaft an die Reihe. Papa und ich sind alt und krank, wir können uns in der Fremde nicht mehr das Brot verdienen. Darum fasse Mut und folge uns. Wir sind dann alle mit unserem Walter vereint.

Gott verzeihe uns die große Sünde. Es bleibt uns kein anderer Ausweg. Wenn mir Zeit bleibt, gehe ich Sonntag nochmals zur Beichte.

Wir haben Dich unendlich geliebt und wollten nur Dein Bestes. Gott gib, daß wir uns im Jenseits wieder sehen.

Verzeihe diese unselige Tat.

Deine Eltern.

Tremošna (Lager bei Pilsen)

Lager Tremošna, Schlechte Behandlung kranker Deutscher
Berichter: Dr. Brandl - Bericht vom 9. 12. 1945

Ich war als Arzt in dem amerikanischen PW-Hospital 712e tätig, in welchem für die US-Streitkräfte tätige Zivilpersonen versorgt wurden. Das Lager befand sich in Pilsen und wurde von dem US-Oberst Bost geleitet.

Mitte November wurden uns auch sieben Deutsche zugewiesen, die aus dem Anhaltelager in Tremošna kamen und aus dem Erzgebirge stammten. Die Deutschen waren gesundheitlich und körperlich völlig heruntergekommen. Ihre Körper glichen Skeletten und ließen jeden Knochen und jede Rippe erkennen. Ihr Rücken zeigte Spuren von Schlägen. Es hatten sich zahlreiche Narben gebildet, die von blutigen Striemen herrührten.

Sie berichteten übereinstimmend, daß sie völlig unzulässig verköstigt worden seien. Schon wochenlang erhielten sie nur zweimal täglich Suppe und ¼ Brot pro Tag und Mann. Drei von ihnen waren schwer herzkrank und bekamen keine ärztliche Behandlung, weil die Medikamente fehlten. Wenn Medikamente vorhanden waren, mußten sie von den deutschen Lagerinsassen gekauft werden, was wiederum unmöglich war, da man ihnen ja alles Geld abgenommen hatte. Der Schriftleiter Weidlich aus Graslitz berichtete, daß viele der Lagerinsassen nach der Strafanstalt Bory überführt wurden, wo sie an Hungertyphus zugrunde gingen.

Die sieben Deutschen wurden dem amerikanischen Oberst Bost vorgeführt, der sich entrüstet über ihren Zustand äußerte.

Triebendorf

Beraubung einer Frau

Berichterin: Erna Mildner - Bericht vom 15. 6. 1946

Ich wohnte seit 20. Juli 1945, nachdem ich 15 Jahre im Raiffeisenhaus Baumeisterin gewesen war, bei dem Bauer Heger. Als dem Bauer Heger ein tschechischer Verwalter auf den Hof gesetzt worden war, arbeitete ich bei diesem über vier Monate ohne jede Bezahlung. Am 5. Dezember wies mich der tschechischer Verwalter Urbanek aus Nemcic, Kreis Prerau, aus dem Haus und ich durfte mir von meinen Kleidern und meiner Wäsche für mich und die Kinder nichts mitnehmen, obwohl diese Sachen nicht zum Bauernhof gehörten, da ich dort nur gewohnt und gearbeitet hatte. Ein paar alte Fetzen hat er mir dann herausgegeben und mich gezwungen, eine tschechische Liste zu unterschreiben, die ich gar nicht lesen konnte. Auch sämtliche Lebensmittel hat er mir weggenommen. Als ich am nächsten Tag noch einmal zu ihm ging und ihn noch um einige von meinen Sachen bat, stieß er mich aus der Tür und drohte mir mit dem KZ. Eine Anzeige bei der Gendarmerie wagte ich nicht. Als sich zu Weihnachten meine Tochter bei ihm Weihnachtsschmuck und die Krippe holen wollte, die bei ihm geblieben war, drohte er dem Kind wieder mit dem KZ und zerschlug vor ihren Augen den Christbaumschmuck und die Krippe auf dem Boden.

Ich sah, wie Urbanek, der von landwirtschaftlichen Arbeiten keine Ahnung hatte - er war Maurer von Beruf - den Bauern Heger auf dem Felde mit der Peitsche verprügelte und ihn zu Boden stieß, obwohl Heger Invalide war.

Ich kann diese Aussagen beeiden.

Tschachwitz

Mehrfacher Mord an Sudetendeutschen im Juni 1945

Berichter: Josef Faßl - Bericht vom 27. 6. 1950

Nachdem bereits am 6. Juni der 42 Jahre alte Müller Wenzel Ment in Liebisch ermordet worden war, kam am 10. Juni eine betrunkene Partisanengruppe mit einem Wagen durch den Ort, schleppte meine damals 42 Jahre alte Schwester, Mutter von fünf Kindern, aus dem Hause, warf sie auf den Wagen, fuhr 1 km außerhalb, stieß sie dort in den Graben, erschoß sie mit einigen Maschinenpistolengarben und fuhr johlend und singend davon.

Am 13. Juni wurde mein 40 Jahre alter Bruder unter einem Vorwand nach Tuschmitz zu dem am dortigen Bahnhof als Stationsvorsteher fungierenden Kommissar gelockt, dort die ganze Nacht furchtbar mißhandelt, sodaß seine Schreie bis in den 2 km entfernten Ort gehört wurden, und am nächsten Morgen auf freiem Feld erschossen und verscharrt. Dieser Verbrecher, welcher auch für die übrigen, in dieser Gegend meist verübten Verbrechen verantwortlich ist und sich öffentlich rühmte, daß er mit seiner Maschinenpistole bereits 36 Deutsche ermordet habe und hoffe, diese Zahl auf 50 zu erhöhen zu können, ermordete einige Tage später auch den Landwirt Josef Baier aus Liebisch.

Ende Juni wurden in Tschachwitz der Pächter des Kurhauses, Bechine, der Arbeiter Edmund Gläser, der Landwirt Josef Strohwasser, die beiden Brüder Karl und Walter Merker und der Schuhmachermeister Hermann Peinelt bei der Kirchenmauer in Tschachwitz erschossen. Die nächsten Angehörigen wurden unter Schlägen gezwungen, zuzusehen und dazu zu lachen.

Als Zeugen seien noch angeführt: die Kinder meiner ermordeten Schwester Franziska Müller, ferner Frau Emilie Gläser, sowie der ehemalige Bürgermeister der Gemeinde Liebisch, Franz Löbling.

Tschenkowitz

Erhängung zweier Deutscher

Berichterin: Erna Peschke - Bericht vom 21. 6. 1946

Mein Mann war am 19. 4. 45 von der Wehrmacht nach Hause gekommen. Am 9. 5. wurde die Bevölkerung von Tschenkowitz zu einer Versammlung aufgefordert.

Ich war mit meinem Mann auf dem Wege zu dieser Versammlung, als mein Mann auf die Gemeindekanzlei geholt wurde. Ich ging mit meinem Mann zur Gemeindekanzlei. Er wurde dort festgehalten und nach einigen Stunden mit einigen anderen Männern aus Tschenkowitz nach Gabel an der Adler gebracht. Auf meine Anfrage beim Bürgermeister Burian erhielt ich die Auskunft, daß die Deutschen nur in Schutzhaft genommen seien und voraussichtlich in wenigen Tagen wieder entlassen werden würden.

Am 14. 5. gegen 9 Uhr früh wurden ungefähr 30 Männer, darunter mein Mann, von Gabel zurückgebracht. Sie waren bis zur Unkenntlichkeit zerschlagen. Ich hörte, daß mein Mann erhängt werden sollte. Ich lief mit meinem drei Monate alten Kind zur Gemeinde und bat um Gnade für meinen Mann. Auch mein Schwiegervater bat für ihn. Es wurden damals zwei Männer erhängt, ein gewisser Spiller und mein Mann. Der Bürgermeister hatte mir gesagt: "Es geschieht ihm ganz recht, er ist Deutscher!"

Tschirm

Mord an der Tochter am 17. Juni 1945

Berichter: Franz Schreier - Bericht vom 9. 6. 1950

In Tschirm Nr. 84, Kreis Troppau, drangen am Sonntag, den 17. Juli 1945, nachts um 11 Uhr tschechische Partisanen (2 Zivilisten, 1 Mann in tschechischer, 1 Mann in russischer Uniform) in das Schlafzimmer meiner Tochter, der 25-jährigen Angela Schreier ein, um sie zu vergewaltigen. Sie hatte sich zur Wehr gesetzt. Darüber empört, feuerte einer der Partisanen aus einer Armee-Pistole einen Schuß auf sie ab, der nach wenigen Minuten den Tod herbeiführte.

Der sofort herbeigeführte Arzt - Dr. Baier aus Wigstadtl - stellte den eingetretenen Tod infolge Lungenschuß fest.

Hochw. H. Alfred Possel nahm die Einsegnung und das Begräbnis vor.

In demselben Bett neben der Mutter befand sich ihre Tochter Ingrid, geboren am 15. März 1943, die durch einen Schuß gleichzeitig ins Rückgrat getroffen wurde und ab dieser Zeit gelähmt ist. Durch ¾ Jahr war hernach das Kind in der Kinderklinik in München.

Gleich nach der Mordtat erschien am Tatplatz der tschechische Gemeindediener Jan Bayger von Tschirm. Beim Weggehen nahm er das vorhandene Schuhwerk, die besseren Kleider und sämtliche Wäsche mit sich fort.

Tüppelsgrün

Tod infolge Mißhandlungen

Berichterin: Emma Eigler - Bericht vom 18. 9. 1946

Mein Mann war Friedhofsgärtner und Mesner in Tüppelsgrün. Am 21. 6. wurde er abgeholt und die ganze Nacht schwer mißhandelt. Am nächsten Tag früh kam er nach Hause zurück, durch die Mißhandlungen bis zur Unkenntlichkeit entstellt. Seit dieser Zeit war er krank. Er hatte von den Mißhandlungen eine Milzverletzung erhalten, die eitrig wurde. Im Juni 1946 ist er daran gestorben. Nach Aussage des tschechischen Arztes von Altrohlau ist mein Mann an den Folgen der Mißhandlungen gestorben.

Tuschkau

Tuschkau, Bericht Nr. 1

Tod durch Verhungern im Gefängnis Bory am 20. August 1945

Berichterin: Eleonore Hochberger - Bericht vom 18. 6. 1950

Am 18. Mai 1945 wurde mein Gatte Adalbert Hochberger, Hauptschullehrer in Tuschkau, wohnhaft in Kosolup 123 bei Pilsen, Kreis Mies, von den Tschechen verhaftet. Seit 7. Mai mußte er mit anderen Deutschen auf Befehl der Tschechen zuerst Panzersperren entfernen und dann Schutt wegräumen, da unser Ort einige Volltreffer bei Fliegerangriffen abbekommen hatte. In der ersten Zeit waren die Tschechen noch etwas zurückhaltend, da sie fürchteten, sich die Ungnade der Amerikaner zuzuziehen. Bald aber wurde es anders, als sie merkten, daß sie von den Amerikanern nichts zu fürchten hatten und mit uns Sudetendeutschen machen konnten, was sie wollten.

Als mein Gatte am 18. Mai von der Arbeit nicht heim kam, teilte mir meine Tochter mit, daß viele Männer verhaftet worden seien. Ich lief sofort zum Výbor und da standen, lagen und hockten ungefähr 20 Männer. Einige waren durch Mißhandlungen ganz verschwollen. Meinen Mann sah ich stehen, er war noch unverletzt. Beim *Výbor* war eine Menge Tschechen des Ortes und Gendarmen aus Pilsen, welche mit einem Autobus angekommen waren. Ich lief hin und rief: "Was hat mein Mann verbrochen, wem hat er etwas getan? Ich war auch bei der Partei, so nehmt mich auch mit." Ein Tscheche ging auf mich zu und sagte: *"Tak pojdte."* ["Komm schon."] Da faßte mich ein Gendarm am Arm und zog mich in die Gemeindekanzlei. Er ließ sich dort meine Personalien geben und ging dann mit mir und vier Tschechen in meine Wohnung. Nun wurde das ganze Haus, auch Hof und Garten durchsucht. Ein Tscheche sagte: "Wo ist Revolver?" Ich sagte ihm, daß wir noch nie einen besessen hätten. Er sagte: "Ihr Mann sagte, er hat Revolver." Als sie endlich nach zwei Stunden, ohne etwas gefunden zu haben, mit der Hausdurchsuchung fertig waren, entfernten sie sich. Der Gendarm, der sich verhältnismäßig zurückhaltend benahm und bloß das Radio beschlagnahmte, sagte beim Weggehen zu meiner Tochter in tschechisch: "Sagen Sie Ihrer Mutter, sie soll sich nicht so aufregen, ihr Mann wird bald wiederkommen." Er ist nicht wiedergekommen.

Als ich mich nach einiger Zeit wieder hinaus wagte, war der Autobus mit den Gefangenen weg. Nach vier Wochen erfuhr ich erst durch eine vorgedruckte Karte mit Unterschrift meines Mannes, daß er in Pilsen im Gefängnis Bory war. Auf der Karte stand, daß man den Gefangenen jede Woche frische Wäsche bringen könne. Einmal versuchte ich, von den Tschechen eine Bescheinigung für die Bahnfahrt nach Pilsen zu erlangen. "Ihr Verbrecherfrauen wollt fahren? Zu Fuß könnt Ihr laufen," sagte der Tscheche, gab mir aber dann doch einen Schein, jedoch von den Amerikanern erhielt ich keine Bewilligung und man warnte uns vor Pilsen, daß es für uns Deutsche sehr gefährlich sei. Zweimal gelang es mir, Wäsche nach Bory zu schicken, d. h. es nahm sie jemand mit, ob mein Mann sie jemals erhalten hat, das erfuhr ich nicht. Ich unternahm verschiedene Schritte, um meinen Mann zu helfen oder ihn zu retten, alles vergebens. Ich schrieb ein Gesuch, wurde aber beim *Výbor* ausgelacht, ich versuchte immer wieder beim amerikanischen Kommandanten vorzusprechen und um Hilfe anzuflehen.

Es war einfach unmöglich zu ihm zu gelangen. Vor dem Tor hielten zwei tschechische Legionäre Wache und ließen nur jene vor, die vom *Výbor* eine Bescheinigung dafür hatten. Einmal gelang es mir, mit dem amerikanischen Dolmetscher zu sprechen. Dieser erklärte mir kurz: "Wir Amerikaner sind nicht gekommen, um den Deutschen zu helfen, sondern um die Tschechen von euch zu befreien. Was aber diese mit euch machen, ist uns gleich, nur die reichsdeutschen Flüchtlinge stehen unter unserem Schutz, diesen darf nichts geschehen."

Eines Tages erhielt ich von einem ganz fremden Tschechen ein Schreiben meines Mannes, worin er mir mitteilte, daß er furchtbare Hungerqualen leide und ich ihm Essen schicken möchte. Der Tscheche ließ keine Adresse zurück, ich war nicht zuhause.

In dieser Zeit erhielt ich von den Tschechen die Aufforderung, das Haus zu verlassen. Meine Tochter erzählte einem amerikanischen Soldaten von unserer Not und dieser kam am anderen Tag mit zwei Freunden und sie trugen unsere schweren Möbel in die uns zugewiesene Wohnung. Die Soldaten wunderten sich nur, daß wir aus unserer schönen Wohnung in diese alte schlechte zogen und sie konnten nicht verstehen, warum wir den Tschechen gehorchten.

Meine Tochter mußte auf dem im Orte gelegenen Gutshofe arbeiten, ohne dafür Essen oder Lohn zu erhalten.

Als wir das Haus geräumt hatten, erfuhr ich, daß mein Mann gestorben sei. Es war am 20. 8. 1945, ich wollte ihm das erste Lebensmittelpaket bringen, es war endlich erlaubt, da schon das große Sterben unter den Gefangenen im Gang war, drei kleine Kartoffeln in ½ Liter heißem Wasser war alles, was sie täglich bekamen. Ich wollte durch die Sperre, da stimmte wieder etwas an meinem Ausweis nicht. Ich gab das Paket einer Bekannten, die auch nach Bory ging, mit. Nachmittag brachte sie es wieder und teilte mir mit, daß mein Mann heute früh gestorben sei. Zwei Tage ging ich in Pilsen von einer Amtsstelle zur anderen. Ich beachtete keine Vorschriften und Verbote für die Deutschen. Ohne Armbinde liefen wir, meine Tochter und ich, umher, fuhren mit der Straßenbahn, trotzdem schwere Strafen darauf standen, mir war alles egal. Von einem Amt zum anderen wurden wir geschickt, hoffte ich doch wenigstens die Leiche meines armen, an Hunger gestorbenen Mannes zu bekommen. Als wir endlich an die richtige Stelle kamen, sagte der tschechische Beamte auf tschechisch: "Ihr seid Deutsche? Nein, glauben Sie, wir konnten unsere Toten aus den deutschen KZ überführen lassen?"

Am vierten Tage verließen wir die Heimat, wobei uns ein Amerikaner behilflich war, sodaß wir doch einige notwendige Sachen mitnehmen konnten.

Tuschkau, Bericht Nr. 2

Entlassene Soldaten im Herbst 1945 in Lager gepreßt

Berichter: Franz Zitterbart - Bericht vom 8. 6. 1950

Am 5. Mai 1945 kam ich von der Wehrmacht nachhause nach Tuschkau-Stadt. Ich arbeitete als Schneidermeister für die Tschechen und als Bügler für die Amerikaner. Am 19. Juli 1945 ließ mich die amerikanische Militärpolizei durch den tschechischen Bürgermeister J. Reiser auf das

Gemeindeamt holen und nach kurzem Verhör kam ich mit LKW in das Soldatenlager Hammelburg in Bayern. Die amerikanische Wachmannschaft dort war sehr anständig zu uns. Dann am 20. 9. 1945 wurde ich entlassen und von den Amerikanern nach Tirschenreuth an die bayerische Grenze gebracht. Ich war nun frei und meine Familie war noch in Tuschkau-Stadt, in unserem eigenen Haus. Ich meldete mich ordnungsgemäß mit meinem amerikanischen Entlassungsschein beim amerikanischen Grenzoffizier in Altmugl. Am 22. 9. 1945 wurde ich mit 29 Kameraden über die tschechische Grenze nach Promenhof (Proumov) gebracht. Dort vor dem tschechischen Zollhaus wurden uns von den Tschechen unsere Entlassungsscheine, Geld (mir 186.- Mark und 100 Kc) gegen Quittung, sofort abgenommen. Dann mußten wir unsere Decken, Wäsche, Messer, Uhren, Konserven und Tabak abgeben und warten. In ca einer Stunde kamen Gendarmen und Partisanen auf Rädern angesaust und unter Führung des tschechischen Zugführers Snaidr ging es mit Schimpfen, Ohrfeigen und Stößen zu Fuß nach der Stadt Plána (Plan). Dort in einer alten verwanzten Holzbaracke am Bahnhof mußten wir, immer zwei Mann, auf einem alten Strohsack ohne Decken schlafen. In diesem Elendslager (350 Mann) waren Ohrfeigen, Prügel, Stiefelstoßen, tschechische Marschlieder (1 Stunde) und schwere Arbeit an der Tagesordnung. Oft des Nachts auch noch Strohsackkontrollen nach Zeitungen, Briefen, Waffen.

Am 12. 10. 1945 mußten wir, 20 Mann, in einem Walde bei Raketendörflas Tote ausgraben. Vor einer tschechischen Gerichtskommission (Gendarmen, Bahnbeamten, Partisanen) mußten wir 20 Männer bald eine Stunde in "Habt-Acht"-Stellung stramm stehen. Dabei ohrfeigten, schimpften und schlugen uns die Partisanen. Dann ging es in den Wald hinein zu den Gräbern. Der Oberlehrer Bittner, Monteur Kanzler, Schneidermeister Ernst und ich selber, kamen an eine einsame Grabstelle. Im Eiltempo mußten wir schaufeln. Dann kam der halbverweste Leichnam zum Vorschein. Jetzt schlugen uns zwei tschechische Zivilisten unbarmherzig mit den Gummiknütteln. Ich war schon matt, da schrie ein tschechischer Gendarmeriekapitän: "Was bist Du von Beruf?" Ich sagte: "Schneidermeister und Kriegsverletzter". Da schrie der Gendarm: "Dann nimm deine Finger und scharre den Toten sauber aus!". Ich scharrte nun mit den Fingern in dem Dreck und dem stinkigen Menschenbrei herum. Auf einmal bekam ich derartige Schläge über den Kopf, Hals, Rücken und Beine, daß ich bewußtlos auf die Seite rollte. Später ging es auf eine Wiese und mußten wir im Laufschritt Gras abreißen, um die verwesten Leichen zu reinigen. Ein tschechischer Totengräber nahm mich mit zum Auto und ich hatte etwas Ruhe. Dieser Tscheche konnte die Mißhandlungen nicht ansehen. Abends 8 Uhr ging es zurück in unser Barackenlager und der tschechische Lagerleiter Ulma gab noch einigen von uns kräftige Ohrfeigen. Am 2. 11. 1945 kamen wir 150 Mann in das Arbeitslager Tschemoschna bei Pilsen. Dort gab es anfangs auch Schläge und Prügel, auch einige Tote von Graslitz. Aber später verbot der tschechische Lagerkommandant K. die Mißhandlungen. Am 4. 2. 1946 kamen wir 150 Mann wieder in verschlossenen Viehwagen zurück nach dem Elendslager Plána (Plan). Dort, unter dem besoffenen Lagerleiter Snaidr, war die Prügelei und Bunker Sitte und Gesetz. Zum Glück kam ich zu höheren tschechischen Beamten als Hausschneider in ihre Wohnungen. Diese Tschechen waren gut zu mir. Auch bei drei tschechischen Kommunisten arbeitete ich und mußte alle Mißhandlungen erzählen. Anfang Mai 1946 plötzlich wurde der rohe Lagerleiter Snaidr abgesetzt und die Verhältnisse im Internierungslager Plan wurden erträglicher.

Nur wenige Deutsche kamen ins Kreisgefängnis nach Eger. Endlich am 27. 7. 1946 wurde ich entlassen, von den Tschechen beschenkt und mit der Bahn nachhause geschickt.

Der *"Národní výbor"* (tschechische Volksausschuß) und der tschechische kommunistische Bürgermeister S. waren sehr anständig und human zu meiner Frau und meinen Kindern. Auch die amerikanischen Soldaten (ich glaube die 16. Division) in Tuschkau haben meiner Familie geholfen. Am 2. August wurden wir nach Bayern ausgesiedelt.

Tschechen gaben uns sogar einige Lebensmittel mit auf unseren Aussiedlungsweg. Diese Wahrheiten muß ich ehrlich bekennen.

Udritsch (Gut bei Lubenz)

Gut Udritsch bei Lubenz, Luditz, Sprachgrenzverhältnisse

Berichter: Max Hilscher - Bericht vom 12. 12. 1945

Ich bin Besitzer des Gutes Udritsch bei Lubenz und war bis zum Eintreffen der Russen auf meinem Anwesen. Nachdem ich vorübergehend dem Treiben tschechischer Partisanen ausgewichen war, kehrte ich am 17. Mai 1945 wieder auf mein Gut nach Udritsch zurück. Ich war weder aktiv in der NSDAP tätig gewesen, noch hatte ich sonst irgendwelche exponierte Posten innegehabt. Es bestand also kein Grund für mich, irgendwelche Befürchtungen zu hegen.

Am 6. Juni kam der 20-jährige Frantisek Sedlácek zu mir als Verwalter *(Nárondní správce).* Er ist kein Fachmann und versteht von den Fragen des landwirtschaftlichen Betriebes so gut wie gar nichts. In seinem Gefolge erschienen 40 Mann der sog. "Svoboda Truppe". Diese durchsuchten meinen Hof und fanden Ausrüstungsreste deutscher Einheiten, die im Laufe ihres Rückzuges hier Unterkunft gesucht hatten. Die Tschechen machten mich dafür verantwortlich, zogen mich nackt aus und schlugen mich mit Knüppeln, Stricken und Ochsenziemern, ohne mich überhaupt zu Wort kommen zu lassen. Ich wurde hierauf nach Luditz in den Keller der dortigen tschechischen Schule transportiert, der zum Gefängnis ausgebaut worden war. Im Gefängis herrschten üble Zustände. Schon vor meiner Einlieferung waren der Kaufmann Melchner, der Schuster Frank und Herr Viktor Hutterer, alle aus Luditz und keine Parteileute, ohne jedes Verhör erschossen worden. Der Altbürgermeister Liehm war körperlich vollkommen geschwächt. Trotz seiner 65 Jahre hatte man ihn seit seiner Verhaftung dauernd geschlagen. U.a. war auch die 74-jährige Frau Maria Brehm, eine Tante des Dichters Bruno Brehm, in dem Gefängnis. Sie zeigte offensichtliche Spuren von Geistesverwirrung und verlangte von uns beständig Hühnerfutter für ihr Federvieh. Als sie eines Tages den Wachtposten entkommen war, sollte jeder zehnte von uns erschossen werden. Am Abend wurde die alte Frau aber durch einen tschechischen Soldaten, völlig zerschlagen und zerbläut und mit herabgerissenen Kleidern wieder eingeliefert. Ich mußte vier Monate in dem Gefängnis verbringen und Zwangsarbeit leisten und [wurde] endlich im Oktober entlassen, weil man mir kein Verbrechen hatte nachweisen können.

Gleich in den ersten Maitagen stürzten sich die Tschechen der näheren Umgebung auf die deutschen Dörfer und Bauern, nahmen wahllos und ohne jeden amtlichen Auftrag bewegliches und unbewegliches Gut in Besitz. In Lubenz wurden 18 Deutsche ohne Grund erschossen, darunter auch Frau v. Brechler, die Witwe des ehemaligen Bezirkshauptmannes von Marienbad.

Die tschechischen Verwalter und Neubauern waren meistens keine Fachleute und richteten die Betriebe in kurzer Zeit zu Grunde. Es kamen Fälle vor, wo derlei Leute im Herbste Hafer säten oder Klee ausackerten. Die Tschechen, die Gewerbebetriebe übernahmen, besassen keine Fachkenntnisse und scheiterten in kurzer Zeit. Im Keller des Luditzer Schulhauses sassen mit mir zusammen 8 tschechische Verwalter, die wegen unlauterer Geschäftsgebaren eingekerkert waren. Ein gewisser Prokopec aus Nebosedl, der als Bergmann das dortige Gut verwaltet hatte, saß schon zum zweiten Male.

Unterparsching

Drangsalierung einer bäuerlichen Familie

Berichter: M. Sch.

Am 6. 8. 1945 kam Miloslav Kubitschek, ein Schneider aus Prag, auf unseren Hof als Erntekommissar. Er verkaufte die gesamte Ernte. Am 17. 11. übernahm er unseren Hof als Verwalter. Wir arbeiteten ein ganzes Jahr ohne Lohn und nur mit sog. deutschen Lebensmittelkarten. Wir haben das ganze Jahr nur 700 g Fleisch bekommen. Als Lohn bekamen wir fünf Personen, die die ganze schwere bäuerliche Arbeit im Stall und auf den Feldern verrichteten, nur 1100 Kr.

Die ganze Zeit über bis zur Aussiedlung wurden wir jede Woche mehrmals schwer mißhandelt. Meine Tochter wurde von ihm mehrmals vergewaltigt. 14 Tage vor der Austreibung hat er sie mit Fäusten geschlagen, mit Füßen in die Beine und in den Bauch gestoßen und sie auch mit einem Messer ins Bein gestochen.

Sie ist durch seine Vergewaltigungen in andere Umstände gekommen. Anzeigen bei der Gendarmerie waren völlig wirkungslos. Bei meiner verheirateten Tochter hat er fünf Hausdurchsuchungen vorgenommen und alles mitgenommen, was ihm gefallen hat. Er hat im Hause oft geschossen und dadurch die ganze Familie eingeschüchtert. Mehrere Türen sind durch Schüsse durchlöchert worden.

Ich kann dies Aussage beeiden und das ganze Dorf ist bereit, diese Aussage zu bezeugen.

Vollmau

Raubüberfall auf ein Böhmerwalddorf

Berichter: B. Zeisel, gew. Pfarrverweser von Vollmau - Bericht vom 6. 3. 1946

Es war am 13. Mai 1945, Sonntag. Die deutsche Bevölkerung von Vollmau rüstete sich zum Kirchgang.

An diesem Tage brachen trotz des Waffenstillstandes und trotz des gutnachbarlichen Verhältnisses der Deutschen zu den Tschechen uniformierte und bewaffnete tschechische Horden ins

Dorf, mordeten, plünderten und vertrieben die friedfertige, waffenlose deutsche Bevölkerung aus ihrem Heimatorte ins Ungewisse. Meistenfalls waren es alte Leute, Frauen und Kinder, denn die jungen Männer waren alle eingerückt oder in der Kriegsgefangenschaft.

Der Jammer wurde voll, als die amerikanische Grenzwache sie nicht über die bayerische Grenze ließ. In ihr Dorf durften sie nicht, über die Grenze ließ man sie nicht. So lagen sie, beraubt von allem, ohne Nahrung auf der Grenzwiese und niemand wußte, was nun mit ihnen geschehen sollte. Die Kinder hungerten, doch das ausgestandene Grauen verschloß ihnen den Mund; sie verlangten nicht nach Brot. Eine alte Frau verstarb vor aller Augen infolge der ausgestandenen Strapazen auf der Wiese. Andere fielen in Ohnmacht. Hochschwangere Mütter mußten eilends ins Krankenhaus nach Furth gebracht werden, denn es bestand Gefahr einer Notgeburt.

Die ersten Opfer waren die gegen 70 Jahre alten Eheleute J. und A. So fand J. M., Vater von fünf unversorgten Kindern, und seine Frau den Tod. Sie wurden vor den Augen der Kinder niedergeschossen. Die Großmutter der Kinder erhielt einen Schenkelschuß. Die Kinder erzählten selbst den Mord.

Erschossen wurde weiter F. K.; K. S., der sich im ersten Schrecken mit einer Hacke verteidigen wollte, wurde mit derselben Hacke niedergemacht. Mit zerspaltenem Schädel fand ihn seine Frau tot auf. Ein Flüchtling aus Heidelberg wurde im Bett erschossen

Ein Augenzeuge erzählte mir, daß sechs Flüchtlinge unterwegs vom Böhmisch Kubitzen nach Bayern waren. Sie wurden bei Vollmau von der Horde eingeholt und niedergemacht. Er konnte sich durch Flucht in eine Scheune retten. Der Kriminalpolizist Dr. Sladký sprach später von 47 Toten, welche an diesem Tag in Vollmau erschossen wurden. Später wurde St. W., ein Mädchen von 16 Jahren, von den Tschechen niedergeschossen.. Alle Opfer, ausgenommen die letzten, wurden am Tatort begraben.

Nachdem die Einwohnerschaft vertrieben war, begann die Plünderung. Am ersten Tage des Überfalls wurden die Kästen und Schreine aufgerissen, ihr Inhalt auf den Fußboden geworfen und davon genommen, was einem jeden gefiel. Später nahmen die Tschechen Kleidung, Lebensmittel, Vieh, landwirtschaftliche Geräte, Einrichtung, kurz, alles was von Wert war, mit.

Diese Ausplünderung von Vollmau geschah, **bevor** die tschechische Regierung die Enteignung des deutschen Vermögens beschlossen hatte. Der Raubüberfall erfolgte am 13., 14. und 15. Mai 1945. Am 25. Mai wurde durch Dekret des Präsidenten der Republik der Gesetzentwurf der csl. Regierung vom 19. 5. 1945 über die Überführung privaten, öffentlichen, beweglichen und unbeweglichen Vermögens der Deutschen, Ungarn und Verräter in die Nationalverwaltung herausgegeben.

Nach Tagen sagte der tschechische Bevollmächtigte der Prager Regierung, Cihák: "Man wisse bisher nicht, wer den Raubüberfall angeordnet und warum er geschah."

Hunderte von Vollmauern können dies durch heiligen Schwur beeiden.

Vorderheuraffel

Mißhandlungen im Internierungslager
Berichter: Franz Moherndl - Bericht vom 2. 11. 1946

Ich war die letzten 7 Monate während des Krieges Bürgermeister Stellvertreter in Vorderheuraffel, Kreis Kaplitz. Deshalb wurde ich am 3. 9. 1945 verhaftet und 14 Monate ohne jeden Grund im Internierungslager Kaplitz festgehalten. Ein Verhör im Oktober 1945 hatte meine völlige Schuldlosigkeit ergeben.

Im Lager sind die schwersten Mißhandlungen vorgekommen. Einem gewissen Josef Schuster aus Friedberg wurde die Hand abgeschlagen, einem Eduard Prischl aus Deutsch-Reichenau wurden drei Rippen eingetreten. Ein Rudolf Wagner aus Vorderheuraffel wurde dreimal vor mir so geschlagen, daß er ohnmächtig am Boden liegen blieb.

Ich selbst wurde auch mehrmals so geschlagen, daß ich bis zur Unkenntlichkeit verschwollen war. Diese Mißhandlungen waren besonders bis zu Weihnachten so schwer und so häufig, daß sogar die Russen einschritten, um diese Unmenschlichkeiten abzustellen. Die systematischen Mißhandlungen sind daraufhin unterblieben, aber gelegentliche Mißhandlungen kamen bis zu meiner Entlassung im Oktober d. J. vor.

Die Internierten waren völlig der Willkür der Posten ausgesetzt. Ein Beschwerderecht gab es für Deutsche nicht. Es hat auch kein Deutscher die Möglichkeit gehabt, sich gegen eine Beschuldigung zu verteidigen. Ich wurde aus dem Internierungslager direkt ins Aussiedlungslager entlassen und habe mein Haus nicht mehr betreten dürfen.

Waldau

Ermordung eines deutschen Kriegsinvaliden
Berichter: Josef Sonnberger - Bericht vom 2. 11. 1946

Am 19. 7. v. J. wurde mein Sohn, 21 Jahre, nach 16 Verwundungen mit amputiertem Arm schwer kriegsinvalid, gegen 21.30 Uhr in der Nähe der Häuser von Waldau angeschossen. Er ist wenige Stunden darauf verblutet.

Mein Sohn war infolge seiner Verwundungen arbeitsunfähig und hütete das Vieh. Am jenem Abend hatte ich ihn zum Nachbarn geschickt, der ungefähr 500 Schritt von meinem Hause entfernt wohnte. Als Täter kommen 2 tschechische Soldaten in Betracht, die um diese Zeit auf der Jagd gewesen waren und sich auch nach der Tat durch ihr aufgeregtes Benehmen verrieten. Es waren 2 Schüsse gefallen und die Soldaten gaben auch zu, daß sie 2 Schüsse abgefeuert hatten. Außer einer Protokollaufnahme erfolgte von Seiten der Gendarmerie nichts. Es wurde keine Untersuchung eingeleitet.

Wallern

Mißhandlung

Berichter: Emil Havlik - Bericht vom 19. 7. 1946

Im letzten Jahr wurden in Wallern und Umgebung täglich Deutsche von Tschechen im öffentlichen Dienst bei Einvernahmen mißhandelt. Sie wurden mit Peitschen oder mit Gummiknüppeln geschlagen und auch oft mit Füßen getreten. Es wurden wilde Hausdurchsuchungen vorgenommen und dabei willkürlich geplündert. Ein Beschwerderecht hat es für Deutsche nicht gegeben. Die Deutschen waren durch die unerträgliche Behandlung seitens der Behörden auch so eingeschüchtert, daß sie eine Beschwerde gar nicht gewagt hätten. In den meisten Fällen ist den Deutschen ein Arbeitslohn überhaupt nicht oder nur teilweise ausgezahlt worden. Bei den Waldarbeitern wurde immer nur ein Teil des Lohnes, ungefähr 65% des zustehenden Lohnes ausgezahlt. Eine Abrechnung oder Ausgleichszahlung ist nicht erfolgt.

Die Verständigung zur Austreibung erfolgte in den meisten Fällen während die Leute auf ihrem Arbeitsplatz waren, sodaß in vielen Fällen in den ein oder höchsten zwei Stunden, die den Aussiedlern zum Packen zur Verfügung standen, kaum das notwendigste Gepäck zusammengebracht werden konnte. Viele Leute hatten nicht einmal Zeit, sich noch für die Reise die ihnen auf ihre Karten zustehenden Lebensmittel zu kaufen.

Ich kann für meine Aussage jederzeit weitere Zeugen beibringen.

Warnsdorf

Warnsdorf, Bericht Nr. 1

Mißhandlung eines Blinden

Berichter: Otto Müller - Bericht vom 20. 6. 1950

Ich war Soldat. 1942 wurde ich vollkommen blind aus dem Wehrdienst entlassen. In meiner Heimatstadt war ich wohlbekannt und geachtet. Im November 1945 kam eine Gruppe bewaffneter SNB-Leute, um mich aus dem Büro der Fa. Joh. Liebisch & Co., Warnsdorf wegzuholen. Das "Warum" hat man mir nie gesagt.

Nach stundenlangem Warten in einer Schreibstube nahm man ein Protokoll auf. Man beschimpfte mich und man legte mir zur Last, ich hätte im Jahre 1938 einem Warnsdorfer Tschechen mit einem Stock gedroht, was erdichtet war. Nur während des Krieges ging ich eine Zeit, auf Grund einer Beinverletzung mit einem Stock. Dies war stadtbekannt. Nach dieser Amtshandlung wurde ich in "Obhut" der Schergen der SNB übergeben, die mich wie einen Schwerverbrecher behandelten. Sie haben sich ihr Mütchen an mir in folgender Weise gekühlt. Nachdem mir meine Taschen ausgeräumt und die Schnürsenkel, Leibriemen etc. weggenommen wurden, stieß man mich auf ein Feldbett. Dann warf man eine Decke über mich und unter dem Gejohle der Anwesenden hat man mit Stöcken, Riemen und dergleichen auf mich eingeschlagen, bis ich bewußtlos von der Pritsche auf den Fußboden herabfiel und dort liegen blieb. Nach einiger Zeit erlangte ich die Besinnung wieder. Ich hörte das brutale Lachen und merkte, daß man mich besudelte. Mit Aufwand all meiner Kraft suchte ich mein Gesicht zu schützen und auf den Beinen zu stehen.

Da zeigte sich plötzlich einer der Wachleute freundlich. Er bot mir eine Zigarette an, ich meinte, daß ich nicht rauche. Daraufhin sollte ich ein Bonbon annehmen. Ich schlug dies ab. Dafür erhielt ich neuerlich einen Boxhieb ins Gesicht, der mich zu Boden warf. Nach einer Zeit nahmen mich zwei Polizisten. Sie führten mich zu einer kurzen Treppe, die in dem Keller des Hauses war. Es war in der einstigen Kunert-Villa, die mir von früher bekannt war. Die Stufen wurde ich hinabgestoßen und mit Mühe mußte ich mich erfangen haben, denn wie durch ein Wunder habe ich keine Knochenbrüche davongetragen. In einem Kellerraum, auf der Erde liegend, erlangte ich das Bewußtsein. Ich tastete die Wände ab, fand aber keinerlei Sitzgelegenheit vor. Lediglich 2 kleine Konservenbüchsen. Diese waren für die Verrichtung der Notdurft. Der Raum wurde durch drei Tage und Nächte hindurch nicht geöffnet. Draußen herrschte große Kälte und ich habe durch sie, aber auch unter furchtbarem Durst und Hunger gelitten.

Als man die Riegel und die Schlösser zur Kellertür öffnete, war ich vollkommen erschöpft. Man restaurierte meine Kleidung und dann gab man mir eine trockene Semmel, die ich trotz des Hungers nicht hinunterschlucken konnte. Ich quälte mich eine Weile und da man keine Zeit hatte, brachte man Kaffee, der übermäßig süß schmeckte. Dann brachte man mich zu einem Arzt, der mir einige Male versicherte, daß die Tschechen nicht solche Sadisten wie die Hitlerleute seien und daß man mich daher auf Grund meines Zustandes aus dem Keller herausnehmen werde. Dies sei allerdings eine Ausnahme.

Dann schleppte man mich wiederum in die Schreibstuben der SNB in der einstigen Villa des Zahntechnikers Jungnickel. Wieder schrieb man ein Protokoll, welches nichts besagte. Meine Hände zitterten derart, daß ich nicht unterschreiben konnte. Lesen konnte ich ohnedies nicht, was auf dem Papiere stand.

Die Zelle im Bezirksgericht zu Warnsdorf, in welche man mich steckte, war überfüllt. Ich war mit Tschechen, Galgenvögeln par excellence, beisammen. Hier handelte es sich durchwegs um Verbrecher. In der Zelle befand sich auch ein Deutscher. Während der Zeit im Bezirksgericht hatte ich mehrfach Kollapse als Folge der Vorbehandlung durch die SNB. Hier waren selbstverständlich nur die tschechischen Schergen die einzigen Augenzeugen. Der Warnsdorfer Arzt Dr. Leupelt hatte mich Mitte Januar untersucht, als ich entlassen war. Obwohl ich es verschwieg, stellte der Arzt nach so langer Zeit an meinem Körper Markierungen fest. Als Erläuterung gab ich an, daß es sich um Narben handle, die vom Kratzen entstanden seien, zumal viel Ungeziefer in der Zelle war.

Als man mich Mitte Jänner 1946 "vorübergehend", wie man sagte, freiließ, war dem Gefangenenwärter viel daran gelegen, aus meinem Munde zu hören, daß ich sanft behandelt wurde. Nie werde ich die Schreie der Verprügelten vergessen. Auch Dr. Weber in unmittelbarer Nähe zählte zu den Opfern.

Warnsdorf, Bericht Nr. 2

Blutbad im Kriegsgefangenenlager, Juni-Juli 1945

Berichter: Adam Ehrenhard - Bericht vom 24. 6. 1946

Ich wurde am 12. 6. 1945 aus amerikanischer Kriegsgefangenschaft entlassen und begab mich mit amerikanischem Grenzübertrittschein in die Tschechoslowakei, um meine Familie aufzusuchen. Beim Grenzübertritt haben mir die tschechischen Grenzorgane sämtliche Lebensmittel, die ich bei der Entlassung für die Reise bekommen hatte, sowie das Entlassungsgeld, Decken und Mantel abgenommen.

In Warnsdorf wurde ich trotz meiner Entlassungspapiere verhaftet und in das Kriegsgefangenenlager eingeliefert. Dort war ich vom 24. 7. 1945 bis 28. 5. 1946. Dort befanden sich gegen 2000 deutsche Kriegsgefangene, meistens Reichsangehörige, trotzdem sie schon früher aus amerikanischer oder russischer Kriegsgefangenschaft entlassen wurden. Sie lebten unter schlechtesten Verhältnissen, waren alle unterernährt und werden ohne Lohn zur Grubenarbeit verwendet.

Etwa 200 SS-Angehörige wurden in das Bräuhaus in Nachod gebracht und der Zivilbevölkerung zur Mißhandlung ausgeliefert. Ich war selbst Augenzeuge, wie sämtliche 200 Mann von der Zivilbevölkerung auf die grausamste Weise ermordet wurden.

Tschechische Frauen, darunter Frau Zinke, Nachod, Komenského 233, die sich wiederholt gerühmt hat, sie würde noch mehr umbringen, wenn sie könnte, haben sich dabei besonders hervorgetan.

Viele andere tschechische Frauen kenne ich persönlich, wenn ich auch ihren Namen nicht angeben kann. Die SS-Leute wurden von den Frauen mit Messern und Dolchen erstochen, mit Knüppeln und Gewehrkolben erschlagen. Körper, die noch Leben zeigten, wurden mit Benzin übergossen und verbrannt. Ich selbst half mit, die Leichen auf Autos zu verladen und sie in 3 Massengräbern in Nachod im Schloß zu begraben.

Die Kriegsgefangenen wurden täglich verprügelt, Kieferbrüche, Messerstiche haben mehrere erhalten. Einigen wurde auch ein Auge ausgeschlagen. Am 8. 5. 1946 wurden am Marktplatz in Nachod um 5 Uhr nachmittags bei alliierter Beflaggung alle Deutschen von der Zivilbevölkerung schwer mißhandelt.

Die Deutschen wurden ungefähr 500 m weit durch eine Staffel der tschechischen Zivilbevölkerung einzeln durchgejagt und Männer, Frauen und Kinder mit Stöcken geschlagen. Wenn sie fielen, wurden sie mit Füssen getreten. Durch Lautsprecher wurden die Deutschen namentlich zur Mißhandlung aufgerufen.

Die tschechische Polizei war ebenfalls Zeuge dieses Schauspiels.

Ein Mann, 54 Jahre alt, erlitt dabei einen Kieferbruch, einen Knöchelbruch und verlor das rechte Auge.

Weidenau

Weidenau, Bericht Nr. 1

Mißhandlungen einer alten Frau

Berichterin: Josefine Titz - Bericht vom 9. 10. 1946

Im März 1946 wurde von tschechischen Gendarmen eine Hausdurchsuchung in meiner Wohnung vorgenommen. Dabei wurde ich 69-jährige Frau ohne jeden Grund geohrfeigt, so daß ich bewußtlos zu Boden fiel. Dann stieß mich ein Gendarm mit den Füßen, bis ich wieder zu mir kam und mich erhob. Seitdem höre ich auf dem linken Ohr nichts mehr.

Weidenau, Bericht Nr. 2

Einschränkung der seelsorgerischen Tätigkeit, Lager Jauernig, Lager Adelsdorf, Tote

Berichter: Dr. Adolf Schreiber - Bericht vom 9. 10. 1946

Als Pfarrer von Weidenau bin ich von den Tschechen persönlich nicht belästigt worden, doch wurde ich in der seelsorgerischen Tätigkeit eingeschränkt. Jeder Unterricht für Deutsche war verboten, auch der Religionsunterricht an Kinder und ebenso die sogenannten Seelsorgestunden. Tschechische Geistliche waren bis Anfang September d. J. nicht in Weidenau tätig. Deutscher Gottesdienst einschließlich Predigt war gestattet, doch durften Prozessionen nicht gehalten werden. Deutsche Begräbnisse wurden in Weidenau zugelassen, waren aber andernorts, wie auch Gottesdienste und Predigten, verboten. In Schwarzwasser z. B. waren deutsche Predigten, Abholbegräbnisse, Abdanken am Grabe usw. verboten. In Weidenau selbst ist kein Internierungslager gewesen, doch waren Weidenauer Pfarrkinder in den Lagern Jauernig und Adelsdorf interniert, wo auch vier umkamen. Die Verständigung des Pfarramtes geschah erst 4-5 Monate später ohne Angabe des Sterbeortes, der Todesursache und des Begräbnisortes. Jugendliche waren in größerer Zahl in den Ostrauer Kohlengruben zur Arbeit eingesetzt, wo auch Todesfälle an Typhus vorgekommen sind. Diese haben wirklich eine schwere Leidenszeit durchmachen müssen.

Weidsiefen (Lager, Gemeinde Thomasdorf)

Lager Weidsiefen, Mißhandlungen

Berichter: Hans Tautz - Bericht vom 15. 8. 1946

Am 19. Juni 1945 wurde ich verhaftet und am 24. 6. mit 48 Kameraden in das Lager Weidsiefen gebracht. Ich wurde dort Zeuge vieler schwerer Mißhandlungen, die sich täglich wiederholten. Am 8. 7. wurde Kuchartsch aus Zuckmantel schwer mißhandelt und von dort nach Mährisch Ostrau zur Zwangsarbeit verschickt; am 9. 7. der Holzhändler Raschke aus Thomasdorf so mißhandelt, daß er sich in der Nacht erhängte. Am 3. 8. lag der Ortsbauernführer Böhm aus Oberlindewiese tot auf seinem Lager, nachdem er am Abend bewußtlos geschlagen worden war. Am 26. 7. entwich

Vater aus Hermannstadt, nachdem er 2 Tage vorher schwer mißhandelt worden war, von seiner Arbeitsstelle. Dafür wurden seine 10 Arbeitskameraden schwer mißhandelt, sodaß einige ins Krankenhaus eingeliefert werden mußten. Am 29. 7. 1945 wurden 18 Häftlinge von der Arbeitsstelle ins Lager geholt und furchtbar verprügelt, bevor sie ins Aussiedlungslager überführt wurden. Am 14. 8. erlag Dr. Pavlowski seinen schweren Verletzungen, die er durch Mißhandlungen erlitten hatte. Am 15. 8. wurde behauptet, daß in der Nacht das Lager überfallen worden sei und es wurden sechs Kameraden, Dr. Franke, Seifert, Klimesch, Hanke, Buchmann und Reinhold, erschossen. Am gleichen Tage wurde das Lager Weidsiefen aufgelöst und nach Adelsdorf verlegt. Dort wurden die Mißhandlungen fortgesetzt. Am 16. 8. wurde Schiebel aus Niklasdorf so schwer mißhandelt, daß er in der Nacht starb. Am 17. 8. erhielt der Holzhändler Schubert einen Schlag ins Gesicht, fiel um und starb eine halbe Stunde später. Am gleichen Tage wurde der 15-jährige Knoblich aus Würbenthal schwer mißhandelt, am nächsten Morgen war er tot. Ich selbst sah zwei Schußwunden im Hals. Am 21. 8. übernahm die Gendarmerie das Lager. Hierauf kamen Mißhandlungen nur vereinzelt vor. Die Verpflegung wurde besser und ärztliche Betreuung setzte ein.

Wekelsdorf

Wekelsdorf, Bericht Nr. 1

Verzeichnis von Erschossenen

Berichterin: Ch. S. - Bericht vom 4. 2. 1950

Im Mai 1945 befand ich mich allein in meiner Wohnung in Reichenberg-Alt-Paulsdorf 282, Weinergasse 16. Mein Mann war noch Soldat.

Unser Haus blieb von der russischen Besatzung verschont. Am 1. September 1945 mußte ich die Wohnung "freiwillig" verlassen. Am 9. November 1945 verließ ich die Tschechoslowakei mit einer "propustka". Betten, Wäsche, Kleidung und das notwendigste Geschirr konnte ich nach Verzollung mitnehmen. Mein Gepäck wurde auf der Straße zwischen Großenhain/Sachsen und Leipzig ausgeraubt.

Mein Vater, geb. 17. 4. 1873, ist schon im Mai 1945 von den Tschechen abgeholt und von Lager zu Lager gebracht, zuletzt nach Theresienstadt. Etwa am 7. Oktober 1945 ist er in Theresienstadt nach Aussagen von Mithäftlingen verhungert.

Von Wekelsdorf bei Braunau ist mir folgendes bekannt:

Von den Tschechen wurden folgende, mir persönlich gut bekannte Wekelsdorfer ausgewiesen und gesammelt gegen Friedland/Schlesien getrieben. An der Grenze wollten sie die Polen nicht übernehmen, so wurden sie kurzerhand "auf der Brücke" erschossen: Josef Kudernatsch und Frau, Briefträger, ca. 65-70 Jahre alt; Josef Wrabetz und Frau, Musiklehrer, ca. 70-75 Jahre alt; Paul Süssner und Frau, Näheres unbekannt; Eisenbahner Maul und Frau, Näheres unbekannt; Kreisförster Lindner und Familie, Näheres unbekannt; Herr Unger mit Frau und Tochter, Näheres unbekannt; Direktor Jüptner vom Gemeindeamt Wekelsdorf, ca. 50 Jahre alt, mit Schwiegereltern.

Wekelsdorf, Bericht Nr. 2

Erschießung von 26 Personen am 28.-29. 6. 1945

Berichter: N. N. - Bericht vom 13. 6. 1950

Wir beide Unterzeichneten wollen über eine Begebenheit berichten, welche sich in der Nacht vom 28. 6. - 29. 6. 1945 in Wekelsdorf, Kreis Braunau/Sudetenland ereignet hat.

Ende Mai 1945 hielt der berüchtigte Kapitän Svoboda mit seiner Rotte in unserem Ort seinen Einzug. Täglich wurden Verhaftungen vorgenommen, die unglücklichen Opfer kamen in das Gefängnis des Amtsgerichtes, wo sie auf das Grausamste mißhandelt und gepeitscht wurden. Augenzeugen berichten, daß im Vernehmungslokal Blutlachen und Hautfetzen zu sehen waren. Eine Angewohnheit Kapitän Svobodas war, daß er in angetrunkenem Zustand zu nachtschlafender Zeit das Gefängnis aufsuchte und dort die Gefangenen in der Zeit zwischen 11 Uhr - 3 Uhr peitschen und mißhandeln ließ. Die in der Nähe des Amtsgerichtes wohnenden Leute konnten durch die Schmerzensschreie der Gepeinigten keinen Schlaf finden.

Seinen Höhepunkt erreichte das Benehmen des Kapitän Svoboda am 28. 6. 1945. An diesem Tage wurden 26 Personen, von welchem das jüngste ein Kind von acht Monaten war, die meisten anderen waren schon alte Leute, von den Schergen des Kapitäns an die schlesische Grenze getrieben. Die Polen nahmen den Transport nicht an, er wurde wieder zurückgeführt und im Gefängnis untergebracht. Früh 3 Uhr wurden die Menschen auf die sog. Buche, einem abgelegenen Platz außerhalb des Ortes geführt, dort zu einem Haufen zusammengetrieben und mit Maschinengewehren erschossen. Durch das fürchterliche Schreien der armen Menschen hatte sich der in der letzten Bauernwirtschaft des Ortes wohnende Bauer Friedrich Bittner aus lauter Schrecken über die entsetzliche Mordtat mit seiner Schwester an einem Strick erhängt.

Das tschechische Militär verlangte von den in der Nähe wohnenden Bauern Spaten und verscharrte die Leichen. Den Bauern wurde befohlen, sich vor 11 Uhr vormittags nicht auf den Feldern sehen zu lassen. Unter diesen Opfern war auch eine geborene Tschechin, welche einen Sudetendeutschen zum Manne hatte. Jeden Tag wurden neue Verbrechen begangen.

Der Kommissar bei der *místní správní komise* in Wekelsdorf war Josef Cerný. Dieser Mann hatte eine bewegte Vergangenheit. Er war im Jahre 1917 wegen Kassenknackerei eingesperrt (Zuchthaus), im Jahre 1924 ebenfalls und 1942 ebenso. Die vom Kreisgericht Königgrätz beglaubigten Abschriften über die Straftaten habe ich mit eigenen Augen gelesen. Diesem Menschen waren wir auf Gnade und Ungnade ausgeliefert. Während der Amtstätigkeit dieses Kommissars und des Kapitäns Svoboda häuften sich die Verbrechen in geradezu erschreckender Weise. Die Aussiedlungen wurden in der gemeinsten Weise vorgenommen.

Es gab auch sehr anständige Tschechen, welche uns lange und gut bekannt waren, diese schämten sich für das brutale und rohe Vorgehen ihrer Landsleute und verabscheuten es auf das Tiefste.

Welpet

Schwerste Mißhandlungen im Mai 1945
Berichter: Josef Größl - Bericht vom 26. 6. 1946

Ich wurde am 28. 5. 45 in Welhenitz, Bezirk Bilin auf dem Hof meines Schwiegervaters verhaftet. Ich wurde gefesselt und geschlagen und mit Auto nach Welpet gebracht. Dort wurde ich, an Händen und Füßen gefesselt, dreimal hintereinander bewußtlos geschlagen und dann in einen Einmannbunker geworfen. Dort waren bereits am 22. 5. elf Männer der Bauernschaft von dem Kommando des Leutnants Anton Cerný erschossen worden.

Durch einen Zufall entging ich demselben Schicksal und blieb 14 Tage als Putzer des Leutnants in diesem Lager und sah hier täglich, wie Leute mißhandelt, erschossen oder mit dem Hammer erschlagen wurden. Der Leutnant hat die Erschießungen persönlich vorgenommen. Bei ungefähr 20 Leuten habe ich es selbst gesehen. Ich selbst mußte u. a. dem Leutnant die mit Blut bespritzten Stiefel ablecken.

Nach ungefähr 14 Tagen wurde ich selbst zur Erschießung nach Prag gebracht. Dort wurde festgestellt, daß gegen mich kein Grund zum Erschießen vorlag. Ich wurde in das Lager Rusin gebracht, wo ich wieder Zeuge schwerster Mißhandlungen wurde. Später arbeitete ich auf dem Flugplatz Rusin, wo das Leben erträglich war.

Willens

Behandlung einer politisch Verfolgten und Kranken im Juni 1945
Berichterin: Emma Trägner - Bericht vom 1. 6. 1946

Ich wurde, obwohl ich politisch verfolgt war, wofür ich Papiere beibringen kann, von den Tschechen aus der Wohnung gewiesen und schon am 5. Juni 1945 aller meiner Sachen beraubt. Meine Bitte um Lebensmittelzusatzkarten auf Grund meiner vom Arzt anerkannten Krankheit (Leber) wurde abgewiesen. Ich kann meine Aussage beeiden.

Witeschau

Ermordung der deutschen Männer von Witeschau
Berichterin: Martha Kramer - Bericht vom 28. 6. 1946

In Witeschau bei Hohenstadt wurden in der Zeit vom 8.-10. 5. 45 alle deutschen Männer erschlagen. Sechzehn liegen in einer Grube, die sie sich vorher hatten schaufeln müssen. Darunter waren auch einige heimgekehrte Soldaten.

Mein Mann kam am 6. 5. 45 als Invalide aus dem Lazarett Hohenstadt nach Hause. Er fürchtete, ebenfalls ums Leben zu kommen, und fuhr deshalb mit dem Fahrrad in Richtung Olmütz, um bei seiner tschechischen Schwester Aufnahme zu finden. Unterwegs wurde er von den Tschechen in Lukavic erschossen. Milizsoldaten haben mir am selben Tage (13. 5. 45) auf einem Blatt Papier, mit Bleistift geschrieben, die Erschießung meines Mannes mit genauer Zeitangabe (11.45 Uhr) bekanntgegeben.

Witkowitz und Auschwitz

Verschickung von Sudetendeutschen zur Arbeit nach Polen

Berichter: Rudolf Heinisch - Bericht vom 30. 9. 1946

Ich war zum sogenannten freiwilligen Arbeitsdienst verpflichtet worden und arbeitete sieben Monate in Witkowitz und fünf Monate in Auschwitz.

In Witkowitz arbeitete ich mit über 100 Mann auf der Halde. Dort wurden wir die ganzen Monate hindurch täglich schwer mißhandelt.

Die schwersten Mißhandlungen hatte ich am 1. 3. ds. J. zu erdulden. Da wurde ich ½ Stunde lang von zwei Tschechen mit Gummiknüppeln geschlagen und mit den Füßen gestoßen, sodaß ich zwei Monate lang Blut urinierte und auch heute noch zeitweise Schmerzen in den Nieren und Schwindelanfälle habe.

Am 15. 3. ds. J. wurde ich mit zehn Mann nach Auschwitz zur Erzverladung kommandiert. Die sudetendeutschen Arbeiter wurden in kleinen Gruppen nach und nach über die polnische Grenze nach Auschwitz geschmuggelt und dort von den Tschechen als reichsdeutsche SS angemeldet, obwohl sie durchaus Zivilisten waren und keiner Formation angehört hatten.

Die Unterkünfte in Auschwitz waren so mit Läusen und Wanzen verseucht, daß wir nur [im] Freien schlafen konnten. Die Verpflegung bestand nur aus Brot und Kartoffeln ohne Fleisch und Fett. Dabei mußten wir [täglich] 14-16 Stunden schwer arbeiten.

Wockendorf

Mißhandlungen

Berichterin: Anna Seichter - Bericht vom 9. 9. 1946

Im Juni v. Js. wurden einige SA-Männer von Wockendorf verhaftet, in meinem Hause gefangen gehalten und furchtbar mißhandelt. Sie wurden mit Peitschen, Stecken, Gummiknüppeln usw. so geschlagen, daß man ihr Schreien im ganzen Hause hörte.

Der erste Schläger war Machaletz, der heute noch in Wockendorf ist und heute noch die deutsche Bevölkerung drangsaliert. Er geht und plündert die deutsche Bevölkerung aus und schüchtert Frauen und Kinder mit Ohrfeigen und Drohungen ein. Er beschimpft die Deutschen auf der Straße in unflätigster Weise. Er hat ständig eine Peitsche bei sich. Ich kann diese Aussagen beeiden.

Zittau

Schwerste Mißhandlung eines ausgebürgerten Deutschen
Berichter: Josef Schickling - Bericht vom 19. 6. 1946

Ich mußte nachweisbar nach dem Anschluß des Sudetengaues am 1. 10. 1938 aus meiner Heimat Zittau, Kreis Jägerndorf flüchten. Mein Haus wurde beschlagnahmt, ich wurde durch eine Verfügung des Landrates in Jägerndorf ausgebürgert und lebte im Protektorat. Meine Frau konnte erst nachdem sie den Nachweis der Scheidung erbracht hatte, in den Sudetengau zurückkehren. Von Seiten der Partei wurde ich auch im Protektorat verfolgt.

Am 17. 5. 1945 kehrte ich nach dem Abzug der deutschen Wehrmacht in meine Heimat Zittau zurück. Ende Juli wurde ich dort von den Tschechen verhaftet, aber am nächsten Tag auf Grund eines Verhörs entlassen. Am 1. August wurde ich zum zweiten Mal verhaftet und nach Olmütz eingeliefert. Obwohl sich dort bei meinem Verhör fünf Tschechen meldeten, die aussagten, daß ich sie vor der Erschießung oder vor dem KZ gerettet hatte, wurde ich mit dem Bemerken eingesperrt: "Sollen wir ihm vielleicht noch eine Belohnung geben? Deutscher wie Deutscher, ins Lager mit dem Lumpen". Dort wurde ich auf das grausamste mißhandelt. Ich wurde auf einem Tisch mit Gummiknüppeln und Ochsenziemern von der Polizei so geschlagen, daß mein ganzer Körper schwarz war. Jede Nacht kamen zumindestens sechsmal Partisanen in die Baracken, wo wir bis 48 Mann ohne Decken und Stroh lagen, und mißhandelten die Häftlinge wahllos, bis sie zusammenbrachen. Viele Häftlinge wurden dabei erschlagen. Im Olmützer Lager wurden Hunderte erschlagen, deren Namen nicht registriert wurden. Ich mußte selbst das Blut eines solchen (Drogist Ziegenfuß aus Olmütz) wegputzen.

Nach dem Brand der Fabrik Hajkorn, der nachweisbar, wie auch in der Zeitung veröffentlicht wurde, durch Kurzschluß hervorgerufen wurde, aber den Deutschen als Sabotage zur Last gelegt wurde, wurden die Lagerinsassen drei Stunden lang so mißhandelt, daß viele an den Verletzungen starben.

Mit einer Scheibe Brot und schwarzem Kaffee als Frühstück mußten wir den ganzen Tag arbeiten. Erst am Abend gab es eine dünne Suppe mit einer Scheibe Brot. Bei der Arbeit brachen infolge der schlechten Ernährung und der ständigen Mißhandlungen auch in der Nacht viele zusammen, die dafür wieder geprügelt wurden. Viele Häftlinge wurden taub geschlagen.

Im Lager war ich völlig ausgeraubt worden und hatte für die Arbeit keinen Lohn bekommen.

Am 7. 3. 1946 wurde ich zum dritten Mal verhaftet und in Jägerndorf im Lager hinter Gitter gesetzt. Wegen meiner Krankheit wurde ich auf ein Ansuchen meiner Tochter zur Aussiedlung freigegeben.

Im Lager Olmütz befinden sich auch viele Kinder und Jugendliche. Sie sind völlig abgemagert, zum Teil von Wassersucht befallen. Ich sah selbst, wie sich mehrere Kinder um altes und völlig verschimmeltes, ungenießbares Brot rauften. Auf meinen Hinweis, daß sie an dem Brot sterben könnten, erwiderten sie: "Wir müssen so oder so sterben".

Im Lager gab es die grausamsten Strafen. Arrestanten wurden in Luftschutzbunkern bis zu 21 Tagen eingesperrt und bekamen nur einmal im Tag eine Scheibe Brot und Wasser. Ich sah Mädchen, die zur Unkenntlichkeit verschwollen aus dem Arrest kamen.

Zlin

Mißhandlungen beim Arbeitseinsatz

Berichter: Rudolf Kunert - Bericht vom 9. 10. 1946

Ich wurde am 24. 9. v. Js. ohne Grund verhaftet und bis Mitte August ds. Js. ohne Verhör festgehalten. Von Oktober v. Js. bis zur Entlassung mußte ich in Zlin arbeiten. Die Verpflegungsverhältnisse waren sehr schlecht. Das Essen war ohne Salz. Als mir meine Frau Salz, Zwiebeln und Knoblauch schickte, wurde es beschlagnahmt. Das Lagerpersonal hat einen großen Teil der Verpflegung für sich verwendet, was ich bezeugen kann. An Unterernährung sind 10% der Deutschen gestorben. Selbst Kranke wurden zur Arbeit geprügelt. Ein schwer Lungenkranker mußte weiterarbeiten, bis er starb, obwohl er schon mehrmals bei der Arbeit zusammengebrochen war. Im Aussiedlungslager wurden mir bei der Gepäckkontrolle die Matratzen der Kinder beschlagnahmt.

Znaim

Mißhandlungen im Kriegsgefangenenlager

Berichter: Franz Hausenbigl - Bericht vom 17. 6. 1946

Ich wurde am 6. 6. 1945 aus der Kriegsgefangenschaft entlassen und kam am 13. 6. 45 in meine Heimat Nikolsburg, wo ich bis 15. 12. 1945 arbeitete.

Am 15. 12. 6 Uhr früh wurde ich von der Polizei aus meinem Hause geholt, der Gendarmerie übergeben und in das Kriegsgefangenenlager bei Znaim überführt. Der französische Entlassungsschein, den ich schon am 13. 6. 45 der Polizei vorgelegt hatte, wurde mir abgenommen. Ich erhielt im Lager die Nummer 1380. Der Stand am 10. 6. 46 betrug über 3.000. Die Verpflegung im Lager war sehr schlecht. Wir mußten am Bahnhof und auf der Straße schwere Arbeiten verrichten. Viele Leute brachen bei der Arbeit vor Entkräftung zusammen. Es waren auch viele Kriegsbeschädigte im Lager, die bei Leutemangel ebenfalls schwer arbeiten mußten. Wer sich bei der Arbeit nur aufrichtete, um zu verschnaufen, oder wer seinem Posten unsympatisch war, wurde von diesem aufgeschrieben und nach der Rückkehr im Lager geschlagen. So bekamen jeden Abend durchschnittlich zehn Leute Prügel. Sie mußten sich über einen Stuhl legen und bekamen 25 Hiebe mit einem Gummiknüppel oder Ochsenziemer. Zuerst wurden die Hiebe von tschechischen Soldaten ausgeteilt. Im März d. J. wurde eine deutsche Lagerpolizei eingerichtet, welche dann die Hiebe austeilen mußte. Zuerst weigerte sie sich und wurde deshalb selbst geschlagen, sodaß sie schließlich gezwungen wurde, die Exekutionen durchzuführen.

Die Angehörigen der SS, SA und der Partei wurden besonders geschlagen. Sie wurden durch Monate hindurch alle dreimal täglich geprügelt. Unter ihnen waren auch Jugendliche von 16-17 Jahren. Am 1. Mai d. J. wurde ein 19-jähriger Soldat so geprügelt und getreten, daß er bewußtlos war und einen Tag später, ohne das Bewußtsein wiedererlangt zu haben, im Krankenhaus Znaim starb. Zugführer Hansa hatte den Soldaten geprügelt.

Zwittau

Kriegsgefangenschaft, Mißhandlungen
Berichter: Ullrich Reinhold - Bericht vom 15. 6. 1946

Als ich aus der russischen Gefangenschaft in meine Heimatgemeinde Brüsau bei Zwittau kam, wurde ich drei Wochen später von den Tschechen wiederum gefangen gesetzt und kam in das Kriegsgefangenenlager Brünn-Slatina. Wir lagen ohne Decken auf dem blanken Boden. In der Nacht wurden die Gefangenen wöchentlich mehrmals herausgeholt, mußten sich im Hof aufstellen, im Winter barfuß und nur mit Unterwäsche bekleidet, und wurden wahllos und grundlos mit Kolbenhieben, Ochsenziemern usw. geprügelt. Jeder sudetendeutsche Kriegsgefangene wurde nach seiner Zugehörigkeit zu Organisationen befragt. Für mich lag ein Zeugnis des *Národní Výbor* aus Brüsau vor, nach dem ich keiner Organisation angehört hatte. Trotzdem wurde mir vorgeworfen, bei SdP und SA gewesen zu sein und da ich das nicht zugab, wurde ich verprügelt, bis ich zusammenbrach. Das Zeugnis vom *Národní Výbor* wurde vor meinen Augen zerrissen. Eine Zeitlang war ich vom Lager aus als Kraftfahrer in Rotowitz eingesetzt. Dort ging es mir ganz gut.

Am 2. 6. 1946 wurde ich zwecks Aussiedlung nach Zwittau entlassen. Dort übergab mir im Aussiedlerlager Frau Wirschich eine Nickelarmbanduhr, die ihr als Andenken von ihrem gefallenen Sohn sehr wertvoll war. Bei der Gepäckkontrolle wurde sie nach dieser Uhr befragt. Ich gab zu, daß ich sie hatte und legte sie auf den Tisch. Darauf erschien ein Partisane und nahm mich mit. Auf dem Zimmer der Wache bekam ich zwei Faustschläge ins Gesicht, daß mir das Blut aus der Nase lief. Dann bekam ich auf die bloßen Fußsohlen gegen acht Hiebe mit einem Bleikabel. Dann bekam ich Faustschläge und Fußtritte und Kolbenhiebe am ganzen Körper, bis ich zusammenbrach. Dann wurde ich bis nächsten Tag eingesperrt. Am nächsten Tag mußte ich einen Revers unterschreiben, daß mir die Uhr abgenommen wurde und ich keine Ansprüche stelle.

Anlagen 1 - 19

Anlage 1. Kapitel 6 aus dem Mémoire III der tschechoslowakischen Delegation bei der Pariser Friedenskonferenz 1919 ("Das Problem der Deutschen in Böhmen: Das Schicksal der Deutschen in der Tschechoslowakischen Republik")

Anlage 2. Karte: Les Allemands de Bohême, Beilage zum Mémoire III

Anlage 3. Sprachenkarte der Sudetenländer; nach den amtlichen Volkszählungsergebnissen vom 1.12.1930

Anlage 4. Brief Jan Masaryks an Forschungsdirektor Max Weinreich vom 5. Mai 1942
a. Original, in Englisch
b. Übersetzung aus dem Englischen von Anlage 4a

Anlage 5. Ausweisungsbefehl des Militärkommandanten von Böhmisch-Leipa vom 14. Juni 1945

Anlage 6. Lebensmittelkarte für die Deutschen in der Tschechoslowakei, Kartenperiode vom 28.5. bis 24.6.1945

Anlage 7. Kundmachung des Národni výbor (Nationalausschuß) in Saaz aus dem Jahre 1945

Anlage 8. Brief von R. R. Stokes vom Oktober 1945 an den "Manchester Guardian" über die tschechischen Konzentrationslager

Anlage 9. Kapitel VIII und IX des Kaschauer Regierungsprogramms vom 5. April 1945 (Programm der neuen tschechoslowakischen Regierung, der nationalen Front der Tschechen und Slowaken, angenommen im ersten Ministerrat am 5. April 1945)

Anlage 10. Dekret des Präsidenten Dr. Benesch vom 19.5.1945, Slg. d. G. u. V. Nr. 5 - über die Ungültigkeit von vermögensrechtlichen Geschäften aus der Zeit der Unfreiheit und über die nationale Verwaltung der Vermögenswerte der Deutschen, Magyaren, Verräter und Kollaboranten und einiger Organisationen und Verbände

Anlage 11. Dekret des Präsidenten Dr. Benesch vom 21.6.1945, Slg. d. G. u. V. Nr. 12 - über die

Konfiskation und beschleunigte Aufteilung des landwirtschaftlichen Vermögens der Deutschen, Magyaren, wie auch der Verräter und Feinde des tschechischen und slowakischen Volkes

Anlage 12. Dekret des Präsidenten Dr. Benesch vom 19.6.1945, Slg. d. G. u. V. Nr. 16 - über die Bestrafung nazistischer Verbrecher, Verräter und ihrer Helfer und über die außerordentlichen Volksgerichte

Anlage 13. Dekret des Präsidenten Dr. Benesch vom 2.8.1945, Slg. d. G. u. V. Nr. 33 - über die Regelung der tschechoslowakischen Staatsangehörigkeit von Personen deutscher und magyarischer Nationalität

Anlage 14. Vorschriften der deutschen (magyarischen) Besatzungsmacht, durch welche die Staatsangehörigkeit der tschechoslowakischen Staatsbürger auf dem Gebiete der Tschechoslowakei geregelt wurde

Anlage 15. Dekret des Präsidenten Dr. Benesch vom 25.10.1945, Slg. d. G. u. V. Nr. 108 - über die Konfiskation des feindlichen Vermögens und die Fonds der nationalen Erneuerung

Anlage 16. Übersicht über das Volksvermögen der Deutschen in der Tschechoslowakei

Anlage 17. Text der Atlantik-Charta

Anlage 18. Text der Konvention der Vereinten Nationen gegen den Volksmord (Genozid)

Anlage 19. Text des Übereinkommens vom 4. August 1950, abgeschlossen zwischen der Arbeitsgemeinschaft zur Wahrung sudetendeutscher Interessen und dem Tschechischen Nationalausschuß in London

Anlage 1

Text des Kapitel 6 aus dem Mémoire III der tschechoslowakischen Delegation bei der Pariser Friedenskonferenz 1919

Übersetzt und mit einer Einleitung herausgegeben von Prof. Dr. jur. Dr. rer. pol. Hermann Raschhofer, Carl Heymanns Verlag in Berlin W. 8, 1937, S. 101, 102.
Beiträge zum ausländischen öffentlichen Recht und Völkerrecht. Herausgegeben vom Institut für ausländisches Recht und Völkerrecht in Berlin, Heft 24.

Memorandum Nr. 3. Das Problem der Deutschen in Böhmen

Kapitel VI.
Das Schicksal der Deutschen in der Tschechoslowakischen Republik

"Es ist absolut notwendig, genau zu wissen, wie die Deutschen in dem tschechoslowakischen Staat behandelt werden. Nicht nur ist die tschechoslowakische Republik bereit, gegebenenfalls jede internationale rechtliche Regelung, die zugunsten der Minderheiten durch die Friedenskonferenz festgesetzt wird, anzunehmen, sondern sie ist außerdem noch bereit, über eine solche Regelung hinauszugehen und den Deutschen alle Rechte zu geben, die ihnen zukommen.

Die tschechoslowakische Republik wird ein absolut demokratischer Staat sein: alle Wahlen werden nach dem allgemeinen, direkten und gleichen Wahlrecht vor sich gehen; alle Ämter werden allen Staatsbürgern zugänglich sein; das Recht, ihre eigenen Schulen, ihre Richter und ihre Gerichtshöfe zu haben, wird niemals irgendeiner Minderheit bestritten werden. Hinzugefügt muß noch werden, daß die Tschechen, obwohl sie sich dessen bewußt sind, daß die Deutschen unter dem alten Regime übermäßig bevorrechtigt waren, keineswegs daran denken, beispielsweise die Schulen, Universitäten, technischen Hochschulen der Deutschen, die übrigens vor dem Kriege wenig besucht waren, zu unterdrücken.

Um zusammenzufassen: Die Deutschen würden in Böhmen dieselben Rechte haben wie die Tschechoslowaken. Die deutsche Sprache würde die zweite Landessprache sein, und man würde sich niemals irgendeiner Unterdrückungsmaßnahme gegen den deutschen Bevölkerungsanteil bedienen. Das Regime würde ähnlich dem der Schweiz sein.

Dieses Regime wird in Böhmen nicht nur deshalb eingeführt werden, weil die Tschechen immer ein tiefes Empfinden für Demokratie, Recht und Gerechtigkeit hatten und diese Rechte selbst ihren Gegnern loyal zuerkennen, sondern auch weil die Tschechen der Ansicht sind, daß diese den Deutschen günstige Lösung auch den politischen Interessen ihres eigenen Landes und ihrer eigenen Nation günstig ist.

Im 19. Jahrhundert haben sie viel praktischen, vor allem aber viel politischen Sinn bewährt. Sie sind viel zu sehr "Realisten" und haben zuviel gesunden Menschenverstand, um nicht zu sehen, daß Gewalttätigkeit und Ungerechtigkeit die Ursachen des Unterganges Österreich-Ungarns gewesen sind und daß eine ähnliche Politik nur ihrem eigenen Staate und ihrer Nation schaden könnte. Übrigens wissen dies die Deutschen selbst und geben es zu. Ihre Blätter sind reich an Schilderungen der Revolution, die in Prag im November 1918 stattgefunden hat. Diese Berichte stellen einmütig fest, daß die Tschechen allen Deutschen die Freiheit gesichert, ihre persönliche Sicherheit und ihr Privateigentum, sowie ihre Rechte als freie Staatsbürger geachtet haben.

Schlußergebnis:

1. Alle Traditionen der Tschechoslowaken lassen den Schluß zu, daß die neue Republik die Deutschen in keinerlei Weise unterdrücken wird, daß sie sich vielmehr eines Regimes der Freiheit und der Gerechtigkeit erfreuen werden.
2. Während der letzten Revolution in Böhmen haben die Tschechen den Beweis hierfür erbracht, indem sie den Deutschen vollkommenste Sicherheit verbürgt haben."

Anlage 2

LES ALLEMANDS DE BOHÊME.

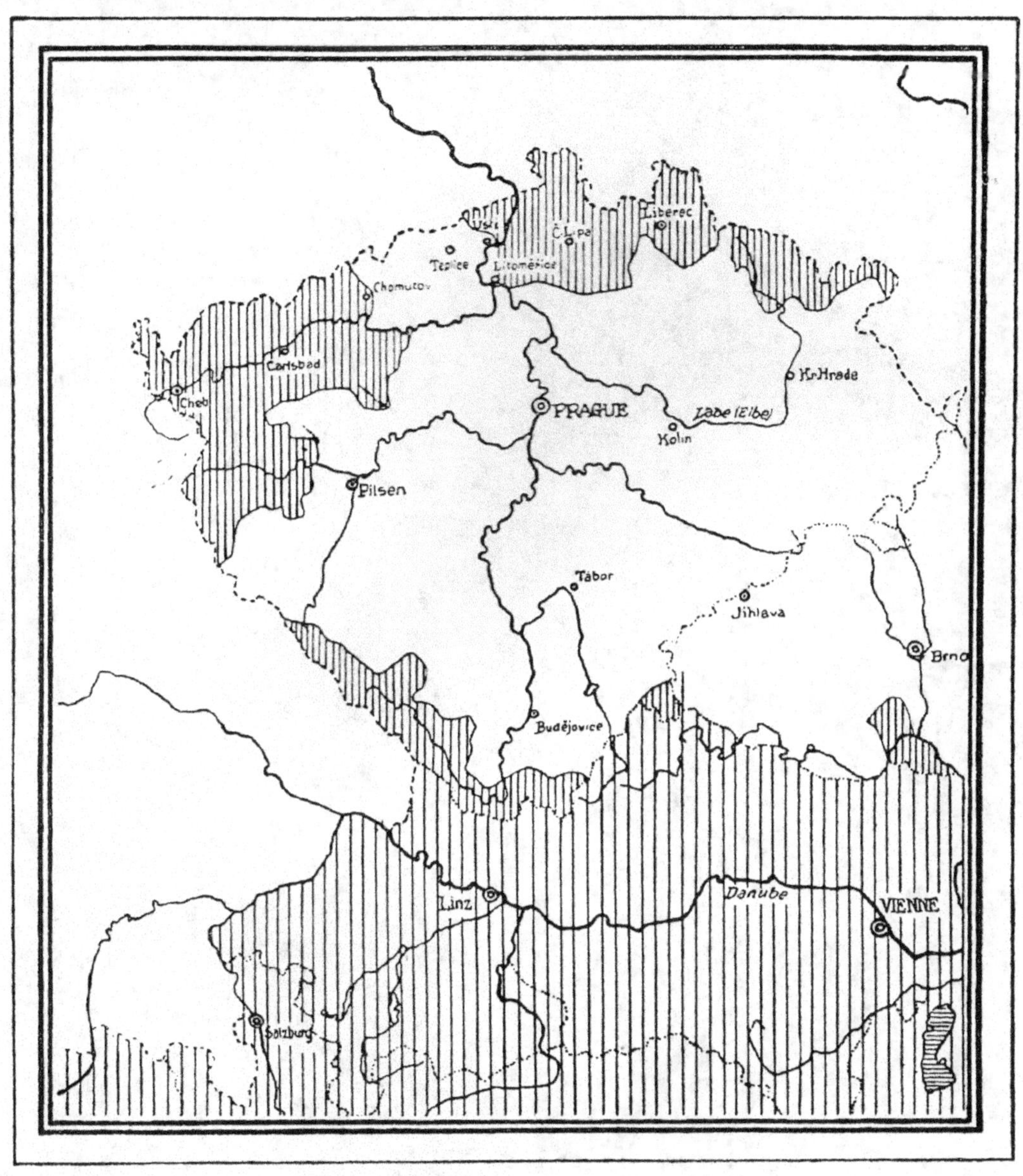

Les Allemands dans les Pays Tchécoslovacues.

Les Allemands d'Autriche.

Sprachenkarte der Sudetenländer

Nach den amtlichen Volkszählungsergebnissen vom 1. 12. 1930

Maßstab 1 : 1 500 000

Anlage 3

Sprachenkarte der Sudetenländer
Nach den amtlichen Volkszählungsergebnissen vom 1. 12. 1930
Maßstab 1 : 1 500 000
Trautenau
Wekelsdorf
Braunau
Politz
Arnau
Nachod
Königinhof
Jaromer
Neustadt a. M.
Opocno
Königgrätz
Reichenau
Rokitnitz
Senftenberg
Kostelet z
Holitz
Pardubiz
Grulich
Wildenschwert
Landskron
Chrudim
Hohenmauth
Leitomischl
Nassaberg
Skutsch
Chotebor
Hlinsko
Zwittau
M.-Trübau
Politschka
Neustadt i. M.
Pribyslau
Saar
Polna
Bistritz a. P.
Kunstadt
Boskowitz
Gr. Meseritsch
Tischnowitz
Blansko
Iglau
Trebitsch
Gr. Bittisch
Brünn
Namest n. O.
Eibenschütz
M. Budwitz
Hrotowitz
M. Kromau
Jamnitz
Frain
Znaim
Joslowitz
Pohrlitz
Seelowitz
Auspitz
Nikolsburg
Lundenburg
Göding
Klobouk
Steinitz
Gaya
Austerlitz
Butschowitz
Wischau
Kojetein
Prossnitz
Plumenau
Konitz
Gewitsch
Littau
Olmütz
Müglitz
Hohenstadt
Schildberg
M. Schönberg
Römerstadt
M. Neustadt
Sternberg
Jauernig
Weidenau
Zuckmantel
Hotzenplotz
Hennersdorf
Freiwaldau
M. Altstadt
Würbenthal
Olbersdorf
Wiesenberg
Freudenthal
Jägerndorf
Bennisch
Troppau
Hultschin
Oderberg
Freistadt
M. Ostrau
Königsberg
Schl. Ostrau
Bärn
Wigstadtl
Wagstadt
Tsch. Teschen
Friedek
Mistek
Fulnek
Freiberg
Stadt Liebau
Odrau
Neutitschein
Jablunkau
M. Weißkirchen
Leipnik
Frankstadt
W. Meseritsch
Rosenau
Prerau
Bistritz a. H.
Wsetin
Holleschau
Kremsier
Wisowitz
Zdounek
Zlin
Napajedl
W. Klobouk
U. Hradisch
Bojkowitz
U. Brod
U. Ostrau
Strassnitz
Grenze des Sudetenlandes
Landesgrenze Böhmen-Mähren
Grenze der politischen Bezirke
Grenze der Gerichtsbezirke
– 5000 Einwohner
– 10 000 Einwohner
– 20 000 Einwohner
– 50 000 Einwohner
– 100 000 Einwohner
über 100 000 Einwohner
Bezirksstädte
Gerichtsbezirksstädte

Anlage 4

Brief Jan Masaryks an Forschungsdirektor Max Weinreich vom 5. Mai 1942

JAN MASARYK

May 5,1942.

My dear Mr. Weinreich:

Pray forgive my delay to your interesting letter of April 14th. I was away from New York, hence only to-day I am settling down to my correspondence.

I can understand that under the unprecedently tragic circumstances that the heroic and sorely tried Jewish people find themselves in to-day, Dr. Beneš's mentioning the possibility of exchanging populations could give rise to worry.

It has been my honor and pleasure to work for Beneš for the last twenty-five years and I know that when he speaks of "exchange of populations" he means that within the realms of possibilities we must - after this war - try to get rid of some of the Germans around the frontiers of Germany who have never been much good to us and I do not think they will be a great addition to Germany. Naturally - there are some decent people among them. We will find who is who when the war is over.

I would like to go on record, and you have my approval to use this letter in any way you want to,in stating that Jews are certainly not included in these as yet very hazy plans. And I have Dr. Beneš's authority in emphasizing this point.

I am off to a sanatorium to do a bit of a cure after seven vacationless years. When I return to New York, I would like to discuss this question in order to dispel any possible misgivings you and yours may still have after reading this letter.

With cordial greetings,

Sincerely yours,

Jan Masaryk

Max Weinreich, Esq.
Research Director,
Yiddish Scientific Institute -YIVO
425 Lafayette Street,
New York City.

Anlage 4 - Übersetzung

Brief Jan Masaryks an Forschungsdirektor Max Weinreich vom 5. Mai 1942

Übersetzung aus dem Englischen:

JAN MASARYK

5. Mai 1942

Mein lieber Herr Weinreich:

Bitte verzeihen Sie, daß ich Ihren interessanten Brief vom 14. April noch unbeantwortet ließ. Ich war von New York abwesend und erst heute komme ich dazu, die Korrespondenz zu erledigen.

Ich kann verstehen, daß unter den beispiellos tragischen Umständen das heroische und schwer geprüfte jüdische Volk heute annimmt, daß Dr. Beneschs Erwähnung der Möglichkeit eines Bevölkerungsaustausches neue Qualen bedeuten könnten.

Es war mir eine Ehre und ein Vergnügen während der letzten 25 Jahre für Benesch zu arbeiten, und ich weiß, wenn er von "Bevölkerungsaustausch" spricht, so meint er, daß wir innerhalb der Grenzen der Möglichkeiten versuchen müssen - nach diesem Kriege - einen Teil der Deutschen rund um die Grenzen von Deutschland, welche uns niemals viel genützt haben, los zu werden und ich denke nicht, daß diese eine Belastung für Deutschland sind. Natürlich, es sind einige anständige unter ihnen. Nach dem Kriege werden wir sehen, welche zu diesen gehören.

Ich möchte feststellen, und Sie haben meine Genehmigung diesen Brief ganz nach Ihrem Belieben zu verwenden, daß die Juden ganz gewiß nicht in diese bis jetzt noch unklaren Pläne eingeschlossen sind. Und ich habe Dr. Beneschs Vollmacht, diesen Punkt ausdrücklich zu betonen.

Ich bin im Begriff ein Sanatorium zu besuchen um dort ein bißchen Kur zu machen nach sieben urlaubslosen Jahren. Wenn ich nach New York zurückkomme, möchte ich gerne diese Frage diskutieren, damit jede mögliche Befürchtungen Ihrerseits und der Ihren, die Sie noch nach Lesen dieses Briefes haben mögen, zerstreut werden.

Mit herzlichen Grüßen,
Ihr aufrichtiger
[gez.] Jan Masaryk

Herrn Max Weinreich
Forschungsdirektor
Jüdisch-wissenschaftliches Institut YIVO
New York City

Anlage 5

Anlage IV

Překlad:

Befehl des Militärortskommandanten.

Die Einwohner deutscher Volkszugehrigkeit der Stadtgemeinden Böhmisch-Leipa, Alt-Leipa und Niemes, ohne Unterschied des Alters und des Geschlechtes, verlassen am 15. Juni 1945 um 5 Uhr früh ihre Wohnungen und marschieren durch die Kreuz- und Bräuhausgasse auf den Sammelplatz beim Bräuhaus in Ceské Lipě.

In Niemes versammeln sie sich im Rum Kreuzung 200 Meter westlich der Eisenbahnbrücke (Straße in der Richtung Reichstadt).

Diese Anordnung betrifft nicht die nachstehend angeführten Personen und die Familien derselben:

I. 1. Aerzte, Tierärzte, Apotheker, Pflegepersonal und Feuerwehr. 2. Gewerbetreibende und Angestellte der im Gange befindlichen Versorgungsunternehmungen. 3. Schmiede, Schlosser-Kraftfahrzeug-Reparaturwerkstätten, Schneider und Schuhmacher, die ihr Gewerbe betreiben. 4. Angestellte der im Gange befindlichen Fabriken und Unternehmungen. 5. Angestellte der Eisenbahn, der Post sowie der Verkehrsunternehmungen.

Die unter Nr. 1—5 angeführten Pesonen haben sich mit einer Bestätigung über die Beschäftigung auszuweisen. Falls sie sich entfernen, werden sie zurückgeführt und entsprechend bestraft.

II. Die Ausweisung findet keine Anwenlung auf Angehörige der kommunistischen und der sozialdemokratischen Partei, die sich mit eines Legitimation der Partei legitimieren und nachweisen können, daß sie wegen ihrer Gesinnung und der bejahenden Einstellung zur ČSR. verfolgt d. h. inhaftiert oder ihres Postens enthoben wurden.

Jeder Einzelperson, auf die sich die Ausweisung bezieht, ist es gestattet, mitzunehmen: a) Lebensmittel auf 7 Tage und b) die allernotwendigsten Sachen für ihren persönlichen Bedarf in einer Menge, die sie selbst tragen kann; c) Personalbelege und alle Lebensmittelkarten samt der Haushalts-Stammkarte.

Wertsachen: Gold, Silber und alle aus diesen Metallen hergestellten Gegenstände (Ringe, Broschen usw.), Gold- und Silbermünzen, Einlagebücher, Versicherungen, Bargeld, mit Ausnahme von 100 RM. pro Kopf sowie Photoapparate sind in ein Säckchen einzulegen oder in verschnürte Papierpäckchen einzupacken, unter Beischließung eines genauen schriftlichen Verzeichnisses dieser Wertsachen und unter Anführung der genauen Anschrift des bisherigen Wohnortes, der Wohnung und der Hausnummer. **Diese Wertsachen in Säckchen werden an der Versammlungsstelle abgegeben.**

Ich mache aufmerksam, daß jede Einzelperson einer strengen Leibesvisite unterzogen wird. Auch der Inhalt der Gepäckstücke wird genau überprüft werden. Es ist daher jede Verheimlichung der angeführten Gegenstände bei sich, sowohl in der Kleidung, als auch in den Schuhen und anderen Stellen, so z. B. im Handgepäck, zwecklos und wird bestraft werden.

Haustiere bleiben an Ort und Stelle, das Verzeichnis der Tiere ist unter Angabe der Hausnummer und der Straße gleichzeitig mit den Schlüsseln an der Versammlungsstelle abzugeben

Unbewegliches Eigentum und Einrichtung, wie verschiedene Maschinen, landwirtschaftliche Maschinen und Geräte, ist an Ort und Stelle zu belassen. Jede absichtliche Beschädigung dieses Eigentums oder Einrichtung wird streng bestraft werden. Desgleichen wird die Uebergabe der angeführten Gegenstände und Einrichtungen an andere Personen zwecks Aufbewahrung bestraft werden. Schlüssel: Beim Abgang sind alle Haus- und Wohzimmereingänge sowie die Eingänge der Hofgebäude bzw. der Werks- und Betriebsstätten zu verschließen, die Schlüssel von diesen Gebäuden von allen einzelnen Räumen sind mit Schnur zusammenzubinden und mit der genauen Anschrift der bisherigen Wohnstelle oder der Wohnung auf starkem Papier zu versehen, die an den Schlüsseln mittels Schnur zu befestigen ist. **Vor dem Verlassen der Wohnzimmer und der Gebäude muß jede Eingangstür verschlossen und mit einem Streifen Papier so verklebt werden, daß dieser beide Türflügel verbindet und das Schlüsselloch überdeckt. In Häusern, in denen einige Mieter weiter verbleiben, werden bloß alle Eingänge der verlassenen Wohnräume abgesperrt und die Türen mit Papierstreifen überklebt.** Nach Uebernahme der Schlüssel werden alle Gebäude sofort von Militär- und Gendarmerieorganen durchsucht werden. Personen welche unberechtigt und absichtlich die Gebäude nicht verlassen haben, haben eine strenge Bestrafung zu erwarten. Kranke, jedoch des Transports in einem Beförderungsmittel fähige Personen, werden von den Angehörigen ihres Haushalts zur Versammlungsstelle gebracht, von wo sie gemeinsam mit Transport durch das Rote Kreuz weiter befördert werden.

Böhmisch-Leipa, den 14. Juni 1945.

Der Militärortskommandant: **pplk. Voves e. h.**

hl des Militärkommandanten von Böhm.-Leipa vom 14. Juni 1945

er Befehl wurde am 14. Juni um 22.00 Uhr, also nach der offiziellen Sperrstunde Deutsche veröffentlicht, sodaß die deutschen Bewohner von Böhmisch-Leipa erst am Morgen des 15. Juni, unmittelbar vor der Ausweisung zur Kenntnis men.

Lebensmittelkarte für die Deutschen in der Tschechoslowakei, Kartenperiode vom 28. 5. bis 24. 6. 1945

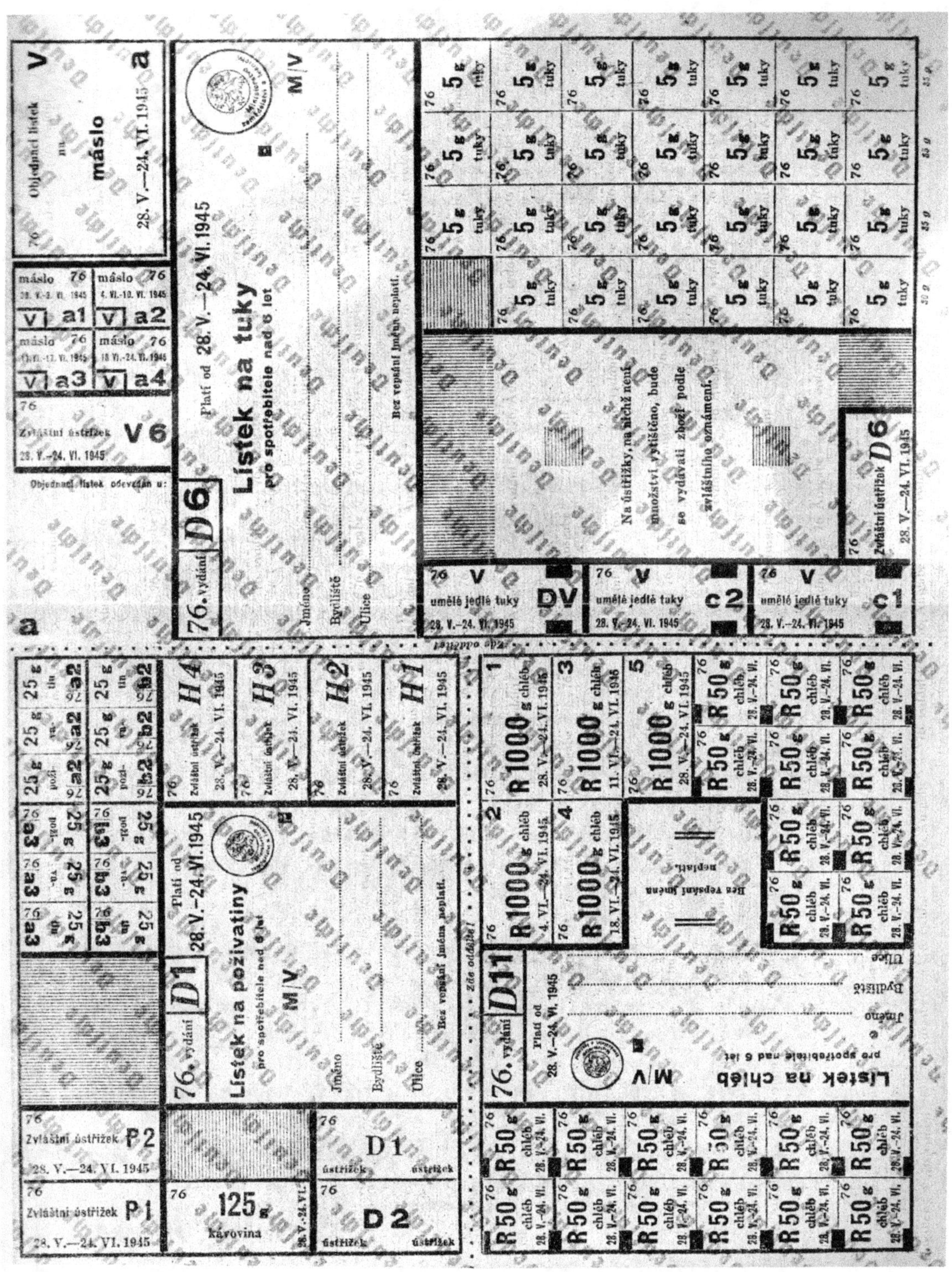

Anlage 7

Kundmachung des Národní výbor (Nationalausschuß) in Saaz aus dem Jahre 1945

Vyhláška.

Nařizuji, aby dnes všechny osoby ženského pohlaví, české a německé národnosti, bez rozdílu stáří a děti hlásily se ihned po vyhlášení tohoto rozkazu v bývalých „SS" Kasárnách na Trnovanské silnici.

Osoby německé národnosti vezmou s sebou:

1.) zavazadla s nejnutnějšími cestovními potřebami ve váze 25 kg na osobu včetně přikrývky a jídelních potřeb.

2.) potraviny na 3 dny.

3.) Všechny osobní průkazy.

4.) Klíče bytů a domů svázané ve svazku a označené číslem domu a bytu.

5.) Všechny cenné věci, peníze, vkladní knížky, cenné papíry a drahé skvosty s připojeným seznamem

Toto opatření se provádí pro přesnou evidenci osob německé národnosti a jejich rozdělení do pracovního nasazení. Zatajení jakýchkoliv uvedených hodnot nebo neuposlechnutí tohoto rozkazu se trestá smrtí.

Národní Výbor.

Kundmachung.

Es wird angeordnet, daß sich heute alle Personen weiblichen Geschlechtes, čechischer und deutscher Nationalität ohne Unterschied des Alters und Kinder sofort nach Veröffentlichung dieser Kundmachung in der ehemaligen „SS" Kaserne in der Trnovanerstraße in Saaz zu melden haben.

Personen, deutscher Nationalität haben mitzubringen:

1.) Gepäck mit dem allernotwendigsten Reisebedarf im Höchsgewichte von 25 kg je Person einschließlich Decken und Eßbedarf.

2.) Lebensmittel für 3 Tage.

3.) Alle Personalausweise.

4.) Wohnungsschlüßel in einem Band, der mit der Hausnummer und der Wohnung bezeichnet ist.

5.) Alle Wertsachen, Geld Einlagebücher, Wertpapiere und kostbaren Schmuck mit einem genauen Verzeichnis dieser Gegenstände.

Diese Vorkehrungen werden zur Durchführung einer genauen Evidenz aller Personen deutscher Nationalität und ihrer Einteilung zum Arbeitseinsatz durchgeführt.

Die Verheimlichung irgend einer der angeführten Wertsachen oder die Nichtbefolgung dieser Anordnung wird mit dem Tode bestraft.

Národní Výbor.

Anlage 8

Brief von R. R. Stokes vom Oktober 1945 an den Manchester Guardian über die tschechischen Konzentrationslager

(Übersetzt aus dem Englischen)

Vor Monaten erfuhr ich von den tschechischen Praktiken, junge Männer, die auf Grund ihrer Volkszugehörigkeit gemäß den Potsdamer Beschlüssen ausgesiedelt werden sollen, zusammenzufassen und sie in Arbeits-Konzentrationslager zu verschicken. In der Tat wurden viele sudetendeutsche Sozialdemokraten, die wegen ihrer antinazistischen Gesinnung in KZs gebracht worden waren, jetzt in tschechische Arbeitslager eingewiesen, aus dem einzigen Grunde, weil sie Deutsche waren. Ich versuchte daher einige dieser sogenannten politischen Internierungslager ausfindig zu machen und hatte das Glück, eines in Hagibor, in der Nähe Prags zu finden. Das Lager bestand in der Hauptsache aus zehn großen Baracken, in denen je 70 bis 80 Personen untergebracht waren. Bei meinem ersten Besuch um 9 Uhr früh am 12. 9. waren die meisten Insassen auswärts auf Arbeit. Die Baracken sind typische KZ-Lager-Baracken mit Drei-Stock-Betten, ohne primitivste Annehmlichkeiten und mit den schrecklichsten sanitären Einrichtungen. Ich fand alle Arten von Menschen im Lager vor; einige von ihnen waren erst einige Tage dort, andere bereits Monate und keiner, mit dem ich sprach, hatte die geringste Ahnung, aus welchem Grunde er festgehalten wurde. Eine Dame im Alter von 72 Jahren war zwei Wochen im Lager, und kein anderer Grund konnte für ihre Inhaftierung angeführt werden, als daß sie Österreicherin war. Sie hatte in der Nähe Prags 55 Jahre lang gewohnt und ihr verstorbener Mann war ein reicher Zuckerfabrikant. Ich fand sie in einer Ecke des Lazaretts, gerade als sie Cronins Buch "Die Sterne blicken herab" las.

Dann war ein Professor der dramatischen Kunst aus Belgrad im Alter von 70 Jahren mit seiner Frau da. Der alte Herr war auf beiden Augen fast erblindet. Er hatte im Jahre 1911 Rußland verlassen und seitdem in Jugoslawien gelebt. Als er aber in Wien einen Spezialisten wegen seines Augenleidens aufsuchte, wurde er von den Nazis eingesperrt, weil er Jugoslawe war. Am Tage der Befreiung wurde er von den Tschechen eingekerkert, wahrscheinlich weil er Weißrusse war.

Dann sah ich eine 75jährige alte Dame, die Witwe eines russischen Admirals aus dem letzten Kriege, deren einziger Wunsch es war, zu ihrer Tochter nach Tirol zu gelangen. Sie war bereits einige Monate hier und wurde mit Brot und Wasser verpflegt.

Was diese Menschen, die typische Beispiele von vielen sind, die ich sah, getan haben, um so eine Behandlung zu verdienen, möchte ich sehr gern wissen, ich konnte es jedoch nicht feststellen.

Als ich diese Angelegenheit im Innenministerium vortrug, versprach man eine Untersuchung.

In der CSR befinden sich 51 derartiger Lager, in denen Tausende von Menschen schmachten und hungern; wenn ich hungern sage, dann meine ich es wörtlich! Vor mir liegt das wöchentliche Menü dieses Lagers, jeden Tag gibt es dasselbe:

Frühstück - schwarzer Kaffee und Brot

Mittagessen - Gemüsesuppe

Abendessen - schwarzer Kaffee und Brot.

Die Brotration wird jeden Morgen verteilt und beträgt 250 g pro Person und Tag und was beim Nachtmahl übrigbleibt, darf den nächsten Morgen gegessen werden. Die Lagerküche besteht aus einem kleinen Raum von 3x3 m im Keller des Gebäudes. Zwei Wasserkübel und zwei alte Frauen, die Karotten für die Mittagssuppe schälten, bildeten die gesamte Ausrüstung.

Am 3. 9. waren 912 Menschen im Lager und an Nahrungsmittel wurden insgesamt für diesen Tag ausgegeben:

550 Pfund Brot

750 Pfund Kartoffeln

80 Pfund Zucker

30 Pfund Kaffee

18 Pfund Butter und Margarine gemischt

70 Pfund Gemüse.

Wenn man die Kartoffeln und das Brot zusammenzählt, ergeben sich 1,5 Pfund pro Person, 25 g Zucker und Gemüse und 5 g Butter oder Margarine. Es ist deshalb kein Wunder, wenn sich die Lagerinsassen zur Sklavenarbeit hergeben, da außerhalb des Lagers der Arbeitgeber Nahrung liefern muß, um überhaupt Arbeiter zu bekommen. Das erklärt auch, weshalb das Lager bei meinem ersten Besuch fast leer war. Alle, außer den alten Leuten und den sogenannten "Gefährlichen Personen", die in einem besonderen Teil des Lagers untergebracht waren, weilten draußen auf Arbeit.

Die Methoden, wie die Sklaven ausgewählt wurden, konnte ich beobachten, als ich zum Erstaunen der Lagerleitung zwei Tage später um 5.30 Uhr in der Früh im Lager auftauchte. Um 6 Uhr kamen die ersten Arbeitgeber mit Autos und Lastautos in das Lager, um die Sklaven auszusuchen und sie abzutransportieren. Sie wurden in den Vorraum einer der größten Baracken geführt, die, wie ich an den Tagen vorher feststellen konnte, ganz leer war. 3-400 Sklaven wurden dann von der Lagerseite hereingelassen und die Besucher trafen ihre Auswahl und gaben für die Menschen, die sie mitnahmen und am Ende des Tagen wieder zurückbrachten, schriftliche Bestätigungen. Ich bewegte mich frei zwischen Arbeitgebern und Sklaven und mir wurde gesagt, daß jene, die nur irgendein Zeichen des Unwillens, auf Arbeit zu gehen, zeigten, eine außerordentliche Tracht Prügel bekämen. Diese Praxis wurde zu Ehren meines Besuches an diesem Morgen nicht beibehalten. Die Sklaven erhalten keinerlei Bezahlung.

Ich hatte schon bei meinem vorherigen Besuch den besonderen Teil des Lagers, den ich bereits erwähnt habe, beobachtet und sah, daß nur sehr wenige Menschen wärend meines dreistündigen Besuches an einem schönen sonnigen Tag sich außerhalb der Baracke aufhielten. Diesmal verlangte ich die Baracke zu sehen und fand sie fast voll. Alle Insassen, mit wenigen Ausnahmen, lagen zusammengerollt auf ihren Bettstellen. Dies sind die "gefährlichen" Männer. Als solche durften sie nicht auswärts zur Arbeit gehen und wenn sie nicht auf Arbeit gehen, erhalten sie nur Lagerverpflegung. Ein halbes Pfund Brot und schwarzer Kaffee pro Tag können Körper und Seele aber nicht mehr zusammenhalten oder gar Bewegung erlauben. Nach meiner Schätzung betrugen ihre Rationen 750 Kalorien täglich, also unter denen in Belsen. Die einzigen Männer, die sich außerhalb der Baracke aufhielten, waren ein Dutzend junger Juden und Polen, die vor zwei Tagen hierhergebracht wurden, weil sie nicht den von ihnen vorgeschriebenen Weg von Rußland und Polen zum Mittelmeer beibehalten hatten.

Ich kann nur annehmen, daß die Verhältnisse in allen anderen Lagern ähnlich sind.

Die Beamten, die mir die Informationen über die Anzahl gaben, taten dies ohne Scham und es würde mich interessieren zu wissen, ob es Dr. Benesch bekannt ist, daß diese furchtbaren Dinge geschehen. Da er von Prag abwesend war, konnte ich ihn leider nicht sehen, aber ich habe Berichte beim Außen- und Innenministerium zurückgelassen.

R. R. Stokes, m.p.

Anlage 9

Auszug aus dem Text des "Kaschauer Statuts vom 5. April 1945"
Programm der neuen tschechoslowakischen Regierung, der nationalen Front der Tschechen und Slowaken, angenommen im ersten Ministerrat am 5. April 1945.
(Übersetzt aus dem Tschechischen)

Dokumenten-Sammlung, herausgegeben vom Informationsministerium, Publikation Nr. 2/45

Kapitel VIII.

Die schrecklichen Erfahrungen, welche die Tschechen und Slowaken mit der deutschen und ungarischen Minderheit erlebten, welche großenteils zu nachgiebigen Instrumenten einer Eroberungspolitik gegenüber der Republik von außen wurden und von denen besonders die tschechoslowakischen Deutschen ihre Kräfte geradzu zu einem Vernichtungszug gegen das tschechische und slowakische Volk geliehen haben, zwingt die erneuerte Tschechoslowakei zu einem tiefen und dauerhaften Eingriff. Die Republik will und wird ihre loyalen deutschen und ungarischen Staatsbürger nicht strafen, besonders nicht diejenigen, die in den schwersten Zeiten ihre Treue zu ihr bewahrten, mit den Schuldigen wird sie aber streng und unerbittlich umgehen, wie es das Gewissen unserer Völker, das heilige Andenken unserer unzähligen Märtyrer, die Ruhe und Sicherheit der zukünftigen Generationen verlangen. Die Regierung wird sich demzufolge nach diesen Regeln richten.

Hinsichtlich der Staatsbürger der Tschechoslowakei deutscher und ungarischer Nationalität, die die tschechoslowakische Staatsbürgerschaft vor München 1938 besaßen, wird die Staatsbürgerschaft bestätigt und eine eventuelle Rückkehr in die Republik gesichert: bei Antinazisten und Antifaschisten, bei denen, die schon vor München einen aktiven Kampf gegen Henlein und gegen die ungarischen irredentistischen Bestrebungen und für die Tschechoslowakei führten, die nach München und nach dem 15. März wegen ihres Widerstandes und Kampfes gegen das dortige Regime und für ihre Treue zur Tschechoslowakei verfolgt und in die Gefängnisse und KZ's eingesperrt wurden, oder die vor dem deutschen und ungarischen Terror ins Ausland fliehen mußten und sich dort aktiv am Kampf für die Erneuerung der Tschechoslowakei beteiligt haben.

Bei den übrigen tschechoslowakischen Staatsbürgern deutscher und ungarischer Nationalität wird die tschechoslowakische Staatsbürgerschaft aberkannt. Diese Staatsbürger können erneut für die Tschechoslowakei optieren, wobei sich die Ämter der Republik das Recht der individuellen Entscheidung über jedes Gesuch vorbehalten. Diejenigen Deutschen und Ungarn, die wegen Verbrechen gegen die Republik und gegen das tschechische und slowakische Volk beurteilt und verurteilt werden, werden der tschechoslowakischen Staatsbürgerschaft für verlustig erklärt und werden für immer aus der Republik ausgewiesen, insofern sie keine Todesstrafe erhalten.

Deutsche und Ungarn, die in das Gebiet der Tschechoslowakei nach München 1938 einwanderten, werden, insofern sie nicht einem Strafverfahren unterliegen, gleich aus der Republik ausgewiesen. Eine Ausnahme bilden diejenigen Personen, die zugunsten der Tschechoslowakei gearbeitet haben.

Kapitel IX.

Die Regierung wird es als ihre höchst verantwortliche Aufgabe und für ihre moralische Aufgabe vor dem tschechischen und slowakischen Volke betrachten, alle Kriegsschuldigen, alle Verräter, bewußten und aktiven Mithelfer der deutschen und ungarischen Unterdrücker dem Gericht auszuliefern und zu bestrafen. Diese Aufgabe wird die Regierung ohne Verzögerung, ohne Schranken und ohne Rücksicht wem immer gegenüber durchführen.

Was die deutschen und ungarischen Kriegsschuldigen betrifft, wird die Regierung für ihre augenblickliche Unschädlichmachung, Verhaftung und Übergabe an außerordentliche Volksgerichte Sorge tragen. Dabei werden bei diesen deutschen und ungarischen Kriegsschuldigen nicht nur die Verbrechen, die sie an den Völkern der CSR und am tschechoslowakischen Territorium, sondern auch ihre Verbrechen, die sie an anderen Völkern, in erster Reihe an der verbündeten UdSSR begangen haben, untersucht und bestraft. Die festgestellten deutschen und ungarischen Schuldigen dieser Art werden sowjetischen Organen übergeben. Es werden Lager für die Konfinierung deutscher und ungarischer Volkszugehöriger, welche irgendwelchen Zusammenhang mit nazistischen und faschistischen Formationen gehabt haben, errichtet.

Die Regierung wird besondere Maßnahmen dafür treffen, um die Aburteilung und Bestrafung der Verräter, Kollaboranten und faschistischen Elemente aus den Reihen des tschechischen und slowakischen Volkes zu sichern. In Verbindung mit den Nationalausschüssen werden außerordentliche Volksgerichte in Tätigkeit gesetzt, wobei ihre Zuständigkeit durch den örtlichen Umkreis und durch den Charakter der Schuld bestimmt wird. Für besondere Fälle, die bekannte und besonders verantwortliche Schuldige betrifft, wird ein Nationalgericht in den böhmischen Ländern und in der Slowakei errichtet. Für das Strafverfahren gegenüber den Verrätern und Kollaboranten werden als Grundlage im allgemeinen die Bestimmungen des Dekrets des Präsidenten der Republik über die Bestrafung der Kriegsverbrecher dienen.

Als Hochverräter wird die Regierung den Protektoratspräsidenten Hacha und alle Mitglieder der Regierung Beran, die ihre Zustimmung zu Hachas Unterschrift unter den sogenannten Berliner Vertrag vom 15. März 1939 gaben und die Hitler bei seiner Ankunft Prag begrüßt haben, vor das Nationalgericht stellen. Die Regierung wird dafür sorgen, daß alle Mitglieder der Protektoratsregierung vom 16. März 1939, ebenso wie auch Tiso und die Mitglieder der sogenannten slowakischen Regierung seit dem 14. März 1939, wie auch die Mitglieder des sogenannten slowakischen Parlaments vor Gericht gestellt werden. Weiter die politischen und amtlichen Mithelfer Hachas, sowie auch die verantwortlichen führenden Beamten der Protektoratsverwaltung. Es wird auch mit den verräterischen Journalisten, die sich verkauften und den Deutschen dienten, abgerechnet. Es wird ein Strafverfahren gegen die Funktionäre des "Kuratoriums für die Erziehung der tschechischen Jugend", gegen die Mitglieder der "Vlajka", die Mitglieder des Ausschusses und Funktionäre der "Nationalen Fachzentrale der Angestellten", des "Verbandes der Land- und Forstwirtschaft" und ähnlicher Organisationen, die den Deutschen dienten und weiters Funktionäre, welche tschechische und slowakische Menschen in die Hände der Gestapo auslieferten, welche aktiv an der Verschleppung der Slowaken und Tschechen auf Zwangsarbeit nach Deutschland beteiligt waren, aktiv die Evakuierung der tschechoslowakischen Bevölkerung unterstützt haben usw. eingeleitet. In der Slowakei werden vor Gericht gestellt die aktiven Unterstützer Tisos und des Verräterregimes, die Spürhunde der Hlinka-Garde, der slowakischen Gestapo, die Werkzeuge von Gaspars nazistischer Propaganda, besonders aber diejenigen, die aktiv und hinterlistig gegen den slowakischen Nationalaufstand auftraten und auf welche Art auch immer an den Gewaltakten und Bestialitäten der Deutschen gegen die Slowaken teilgenommen haben.

Die Regierung wird mit aller Entschiedenheit die Verräter aus den Reihen der Bank-, Industrie- und Landwirtschaftsmagnaten, die während der deutschen Herrschaft in Bank-, Industrie-, Handels- und Landwirtschaftsunternehmungen und wirtschaftlichen Organisationen aller Art der deutschen Plünderung und der deutschen Kriegsführung behilflich waren, vor Gericht stellen.

Wenn auch das bloße Angestelltenverhältnis im staatlichen und öffentlichen Apparat des einstigen Okkupations- und Verräterregimes nicht als strafbar betrachtet wird, wird unter demokratischer Kontrolle eine individuelle Prüfung der Tätigkeit jedes Einzelnen durchgeführt und die Regierung wird alle Maßnahmen treffen, damit der neue Staatsapparat von allen Elementen, die sich an der Republik und am Volke versündigt haben, vollständig gereinigt wird, von den faschistischen und profaschistischen Elementen, von Elementen, die in den kritischen Ereignissen des Jahres 1938 und 1939 und während der deutschen und ungarischen Okkupation gegenüber dem Volke und dem Staate Treulosigkeit, Unzuverlässigkeit und Feigheit zeigten. Ebenso wird das Verhalten aller Tschechoslowakischen Staatsbürger, die im Ausland der Republik untreu wurden und mit ihrer zersetzenden Tätigkeit dem Feind geholfen haben, auch diejenigen, die die Erfüllung ihrer bürgerlichen Pflichten verweigert haben, obwohl sie nicht unter dem Druck des nazistischen Terrors standen, untersucht und gerichtlich verfolgt werden.

Entschlossen, den Faschismus politisch und moralisch bis in alle Konsequenzen auszumerzen, wird die Regierung das Verbot aller faschistischen Parteien und Organisationen erklären und wird in keiner Form die Erneuerung derjenigen politischen Parteien erlauben, die sich so schwer an den Interessen des Volkes und der Republik verschuldet haben (Agrarpartei und ihre Filiale, die Gewerbepartei, die Nationale Vereinigung, sowie diejenigen Parteien, die sich im Jahre 1938 mit der slowakischen Volkspartei vereinigten). Diesen Maßnahmen zufolge entsteht kein Schaden an moralischer oder politischer Ehre den einstigen Mitgliedern der erwähnten Parteien, die der Republik treu geblieben sind. Den politisch verantwortlichen Funktionären der angeführten Parteien, die sich kompromittierten und die Interessen des Volkes und der Republik schwer schädigten, wird die politische Tätigkeit und Beteiligung in den Organisationen der demokratischen Parteien verboten.

Unterschriften der Regierungsmitglieder in der Reihenfolge des genannten Dekretes:

Zdenek Fierlinger
Josef David, Klement Gottwald, Viliam Siroký, Dr. Jan Sramek, Jan Ursiny, Jan Masaryk, Ludwig Svoboda, Dr. Hubert Ripka, Václav Nosek, Dr. Vávro Srobár, Dr. Zdenek Nejedlý, Dr. Jaroslav Stránský, Václav Kopecký, Bohumil Lausman, Julius Duris, Dr. Jan Pietor, Antonín Hasal, Frantisek Hala, Dr. Josef Soltész, Dr. Adolf Prochaska, Václav Majer, Dr. Vladimir Clementis, Dr. Mikulas Ferencik, Jan Lichner.

Anlage 10

Dekret des Präsidenten der Republik vom 19. Mai 1945
über die Ungültigkeit von vermögensrechtlichen Geschäften aus der Zeit der Unfreiheit und über die nationale Verwaltung der Vermögenswerte der Deutschen, Magyaren, Verräter und Kollaboranten und einiger Organisationen und Verbände.
(Dekret Nr. 5)
(Übersetzt aus dem Tschechischen)

Auf Vorschlag der Regierung bestimme ich:

§ 1

1. Alle vermögensrechtlichen Übertragungen und alle vermögensrechtlichen Geschäfte, gleichgültig, ob es sich um bewegliches oder um unbewegliches, öffentliches oder privates Vermögen handelt, sind ungültig, sofern sie nach dem 29. Oktober 1938 unter dem Druck der Okkupation oder der nationalen, rassischen oder politischen Verfolgung abgeschlossen worden sind.

2. Die Art der Geltendmachung von Ansprüchen, welche sich aus der Bestimmung des Abs. 1 ergeben, wird durch ein besonderes Dekret des Präsidenten der Republik geregelt werden, sofern dies nicht schon durch dieses Dekret erfolgt ist.

§ 2

1. Das Eigentum staatlich unverläßlicher Personen auf dem Gebiete der tschechoslowakischen Republik wird gemäß der weiteren Bestimmung dieses Dekrets unter nationale Verwaltung gestellt.

2. Als Eigentum staatlich unverläßlicher Personen wird auch das durch diese Personen nach dem 29. 10. 1938 übertragene Eigentum angesehen, es sei denn, daß der Erwerber keine Kenntnis von dem Umstand hatte, daß es sich um ein solches Eigentum handle.

§ 3

Die nationale Verwaltung muß in allen Unternehmungen (Betrieben) und über alle Vermögenssubstanzen eingeführt werden, wo es der laufende Gang der Erzeugung und des wirtschaftlichen Lebens erfordert, insbesondere in verlassenen Betrieben, Unternehmungen und Vermögenssubstanzen oder in solchen, welche sich im Besitz, in der Verwaltung, in Miete oder Pacht staatlich unverläßlicher Personen befindet.

§ 4

Als staatlich unverläßliche Personen sind anzusehen:

a) Personen deutscher oder magyarischer Nationalität,

b) Personen, welche eine Tätigkeit entwickelt haben, die gegen die staatliche Autorität, Selbständigkeit, Integrität, demokratisch-republikanische Staatsform, Sicherheit und Wehrkraft der tschechoslowakischen Republik gerichtet war, welche zu solchen Tätigkeiten aufreizen oder andere Personen hierzu zu verführen trachten und absichtlich, in welcher Art auch immer, die deutschen und magyarischen Okkupanten unterstützt haben. Als solche sind z.B. anzusehen: die Mitglieder der Vlajka Rodobrana, der Sturmabteilungen der Hlinka-Garde, die führenden Funktionäre des Vereines für Zusammenarbeit mit den Deutschen, die tschechischen Liga gegen den Bolschewismus, des Kuratoriums zur Erziehung der tschechischen Jugend, der slowakisch-katholischen Hlinka-Partei, der Hlinka-Garde, der Hlinka-Jugend, des nationalen Zentralverbandes der Angestellten, des Verbandes für Landwirtschaft und Forstwesen, der deutsch-slowakischen Gesellschaft und andere faschistische Organisationen ähnlichen Charakters.

§ 5

Von den juristischen Personen sind jene als staatlich unzuverlässig anzusehen, deren Verwaltung absichtlich und bewußt der deutschen oder magyarischen Kriegsführung oder faschistischen oder nazistischen Zwecken gedient hat.

§ 6

Als Personen deutscher und magyarischer Nationalität sind jene anzusehen, welche bei irgend einer Volkszählung seit dem Jahre 1929 sich zur deutschen oder magyarischen Nationalität bekannt haben oder welche Mitglieder von nationalen Gruppen oder Formationen oder politischer Parteien geworden sind, in denen Personen deutscher oder magyarischer Nationalität vereinigt waren.

§ 7

1. Für die Einführung der nationalen Verwaltung sind zuständig:

a) bei Geldanstalten und Unternehmungen der Zemský národní výbor (Landes-Nationalausschuß), in der Slowakei die Slowenská národní rada (Slowakischer Nationalrat),

b) bei Bergbauunternehmungen in den Revieren der zuständige Okresní národní výbor (Kreis-Nationalausschuß), bei den Zentralorganen der Bergbaugesellschaften der zuständige Zemský národní výbor (Landes-Nationalausschuß), in der Slowakei die Slowenská národní rada (Slowakischer Nationalrat).

c) Bei Industrie-, Handels- und anderen gewerblichen Unternehmungen:

aa) bis zu 20 Angestellten der Místní národní výbor (Orts-Nationalausschuß),

bb) von 21-300 Angestellten der Okresní národní výbor (Kreis-Nationalausschuß),

cc) bei einer noch höheren Anzahl von Angestellten der Zemský národní výbor (Landes-Nationalausschuß), in der Slowakei die Slowenská národní rada (Slowakischer Nationalrat).

Über die Feststellung der Anzahl der Angestellten entscheidet der normale Betrieb im Jahre 1943.

d) Bei landwirtschaftlichem und Forstbesitz:

aa) bei einem Ausmaß bis zu 50 ha der Místní národní výbor (der Orts-Nationalausschuß)

bb) bei einem Ausmaß über 50 ha bis 100 ha der Okresní národní výbor (Kreis-Nationalausschuß), in der Slowakei der Slowenská národní rada (Slowakischer Nationalrat).

e) Bei Wohnhäusern und Bauparzellen der Místní národní výbor (Orts-Nationalausschuß), wenn jedoch deren Wert den Betrag von 5,000,000 K überschreitet, der Okresní národní výbor (Kreis-Nationalausschuß).

f) Bei allem übrigen Besitz:

aa) bei einem Wert bis K 500,000 der Místní národní výbor (Orts-Nationalausschuß)

bb) bei einem Wert über 500,000 K, jedoch niedriger als 5 Millionen K der Okresní národní výbor (Kreis-Nationalausschuß)

cc) bei einem Wert über 5 Millionen Kronen der Zemský národní výbor (Landes-Nationalausschuß), in der Slowakei der Slowenská národní rada (Slowakischer Nationalrat).

g) Wenn die unter lit. a)-f) angeführten Unternehmungen und Vermögensobjekte sich in ihrem Wirkungskreis auf den gesamten Staat beziehen, führt das zuständige Ressortministerium die nationale Verwaltung ein.

2. Falls der Schätzwert des Vermögensobjektes [lit. e) und f)], sobald es unter nationale Verwaltung gestellt wird, zweifelhaft ist, setzt eine höhere Stelle den Wert endgültig fest.

3. In Gemeinden und Bezirken, wo an Stelle des národní výbor (Nationalausschuß) eine Verwaltungskommission bzw. ein Verwaltungskommissar ernannt worden ist, fällt die Einführung der nationalen Verwaltung in deren Kompetenz.

§ 8

1. Die Entscheidung im Sinne des § 7 muß bei den in § 7 [lit. a), b), c), d)] angeführten Unternehmungen im Einvernehmen mit dem Betriebsausschuß (Betriebsrat) oder anderen Vertretern der Angestellten der Unternehmen getroffen werden. Wenn es zu keiner Einigung kommt, entscheidet eine höhere Stelle.

2. Bei landwirtschaftlichen und forstwirtschaftlichen Vermögensobjekten, die 50 ha überschreiten, muß die Entscheidung nach Anhörung des zuständigen örtlichen Nationalausschusses getroffen werden.

§ 9

Wenn Gefahr im Verzuge ist, besonders, wenn es sich um ein verlassenes Objekt handelt, oder wenn staatlich unzuverlässige Personen auf den Besitz oder in das Unternehmen Eingriffe ausüben, ist der Okresní národní výbor (Kreis-Nationalausschuß) berechtigt, auch bei anderweitiger Kompetenz einen provisorischen nationalen Verwalter bis zur Entscheidung des zuständigen Organes im Sinne des § 7 zu ernennen.

§ 10

1. Der zuständige Zemský národní výbor (Landes-Nationalausschuß), in der Slowakei die Slovenská národní rada (Slowakischer Nationalrat), kann nach Anhörung des Betriebsausschusses, wenn dies das öffentliche Interesse erfordert, von amtswegen die Entscheidung des Okresní národní výbor (Kreis-Nationalausschuß) oder des Místní národní výbor (Orts-Nationalausschuß) über die Einführung der Verwaltung oder über die Ernennung von nationalen Verwaltern abändern und andere Maßregeln treffen.

2. Der zuständige Zemský národní výbor (Landes-Nationalausschuß), in der Slowakei die Slovenská národní rada (Slowakischer Nationalrat), trifft ebenfalls Maßregeln zur Einführung der nationalen Verwaltung dort, wo dies der Okresní oder Místní vybor (Kreis- oder Ortsausschuß) nicht durchführen konnte.

§ 11

Die nationale Verwaltung ist dann aufzuheben, sobald die Gründe wegfallen, wegen deren sie eingeführt worden ist. Sie wird durch dasjenige Organ aufgehoben, welches sie eingeführt hat.

§ 12

1. Eine vorübergehende nationale Verwaltung ist in allen genossenschaftlichen Unternehmungen und Organisationen (landwirtschaftliche, Konsum-, Geld-Genossenschaften usw.) einzuführen. Diese nationale Verwaltung sichert neben der ordentlichen Führung des Unternehmens die Durchführung der Wahl eines neuen führenden Organes binnen 4 Wochen.

2. Eine provisorische nationale Verwaltung führt der Místní národní výbor (Orts-Nationalausschuß) bei jenen Genossenschaften ein, deren Wirkungskreis den lokalen Umkreis nicht überschreitet; der Okresní národní výbor (Kreis-Nationalausschuß) bei Genossenschaften, deren Wirkungskreis über den lokalen Umkreis hinausreicht, jedoch den Umfang des Bezirkes nicht überschreitet; bei allen anderen Genossenschaften der Zemský národní výbor (Landes-Nationalausschuß), in der Slowakei die Slovenská národní rada (Slowakischer Nationalrat).

3. Vor Einführung der provisorischen nationalen Verwaltung sind nach Möglichkeit die Genossenschaftsmitglieder anzuhören.

4. Die vorübergehende nationale Verwaltung wird beendet, sobald die Mitglieder der Genossenschaft eine neue Verwaltung gewählt haben.

§ 13

Der zuständige Zemský národní výbor (Landes-Nationalausschuß), in der Slowakei die Slovenská národní rada (Slowakischer Nationalrat), kann aus triftigen Gründen die nationale Verwaltung auch in Fach-, Wirtschafts-, Kultur- und Interessen-Organisationen und -Anstalten einführen.

§ 14

1. Die Entscheidung über die Einführung und Aufhebung der nationalen Verwaltung, über die Einsetzung und Abberufung der nationalen Verwalter muß schriftlich bekanntgegeben werden.

2. Eine Abschrift der Entscheidung ist dem Zemský národní výbor (Landes-Nationalausschuß), in der Slowakei die Slovenská národní rada (Slowakischer Nationalrat), einzusenden.

§ 15

Die Entscheidung gemäß §14 führt von amtswegen durch:

a) Bei Immobilien das zuständige Gericht die grundbücherliche Vormerkung der nationalen Verwaltung in den Grundbüchern,

b) bei Bergrechten das zuständige Gericht bzw. Amt die Eintragung der Vormerkung der nationalen Verwaltung in den Bergbüchern bzw. in den Verzeichnissen,

c) bei Unternehmungen (Betrieben), welche im Handelsregister, in der Slowakei im Firmenregister eingetragen sind, das zuständige Gericht die Eintragung der Vormerkung im Handelsregister (Genossenschaftsregister), in der Slowakei im Firmenregister.

§ 16

1. Als nationaler Verwalter kann nur eine moralisch einwandfreie, staatlich zuverlässige Person mit entsprechenden Fach- und praktischen Kenntnissen eingesetzt werden.

2. In der Regel soll als Verwalter weder ein Schuldner noch ein Gläubiger des Unternehmens (Betriebes) oder der Vermögenssubstanz eingesetzt werden, außer daß das gemäß § 7 zuständige Organ begründeterweise eine andere Entscheidung trifft.

3. Die nationale Verwaltung muß in der Regel aus fähigen Angestellten des betreffenden Betriebes bestehen.

4. Als nationaler Verwalter kann nicht ein Mitglied des nach § 7 zuständigen Národní výbor (Nationalausschuß) ernannt werden.

§ 17

1. Bei kleineren Vermögensobjekten, bei kleinen Unternehmungen, bei kleineren gewerblichen Betrieben u. dgl. kann ein einziger nationaler Verwalter für mehrere Unternehmungen bzw. Vermögensobjekte eingesetzt werden.

2. Wenn es der Umfang der nationalen Verwaltung erfordert, kann das nach § 7 zuständige Organ als nationalen Verwalter eine fünfgliedrige Kommission einsetzen, welche die Verwaltung nach dem Majoritätsprinzip führt.

§ 18

Vor Amtsantritt leisten die nationalen Verwalter der nach § 7 zuständigen Stelle die entsprechende Angelobung, daß sie ihre Pflichten gewissenhaft mit der Sorgfalt eines ordentlichen Wirtschafters im Einklange mit den wirtschaftlichen, nationalen und anderen Interessen führen werden.

§ 19

In der Ausübung ihrer Funktion haben die nationalen Verwalter die Stellung öffentlicher Organe im Sinn des § 68 des Strafgesetztes vom 27. 5. 1852 Nr. 117 R.G.Bl., § 461 des Gesetzes Art. V/1878 bzw. § 5 des Gesetzes Art. XI/1914.

§ 20

1. Rechtsgeschäfte der Eigentümer, Besitzer und Verwalter der unter nationale Verwaltung fallenden Vermögensobjekte, welche sich auf die Substanz dieser Vermögensobjekte beziehen und nach der Wirksamkeit dieses Dekretes durchgeführt wurden, sind ungültig.

2. Die bisherigen Eigentümer, Besitzer und Verwalter der unter nationale Verwaltung fallenden Vermögensobjekte sind verpflichtet, sich eines jeden Eingriffes in die Handlungen der nationalen Verwalter zu enthalten.

§ 21

Der nationale Verwalter verwaltet das unter nationale Verwaltung gestellte Vermögen und ist berechtigt und verpflichtet, alle Anordnungen zu treffen, welche für eine ordentliche Führung notwendig sind. Er ist verpflichtet, mit der Sorgfalt eines ordentlichen Wirtschafters zu handeln und haftet für den Schaden, welcher durch Vernachlässigung seiner Pflichten entsteht.

§ 22

1. Der nationale Verwalter ist verpflichtet, der nach § 7 zuständigen Stelle über seine Wirtschaft zu den durch diese Stelle bestimmten Terminen Rechnung zu legen und jederzeit die notwendigen oder angeforderten Auskünfte und Aufklärungen zu geben.

2. Zu den Maßregeln, welche nicht zu einer gewöhnlichen Wirtschaft gehören sowie zu allen Handlungen besonderer Wichtigkeit, zum Vermieten und Verpachten, zur Aufnahme von Darlehen, zur grundbücherlichen Belastung, zur Liquidation u. dgl. benötigt der nationale Verwalter die Genehmigung der nach § 7 zuständigen Stelle.

3. Die nach § 7 zuständige Stelle beaufsichtigt die Wirtschaft des nationalen Verwalters.

4. Der nationale Verwalter ist verpflichtet, sich an die Richtlinien zu halten, welche ihm die nach § 7 zuständige Stelle oder der Vorgesetzte des Zemský národní výbor (Landes-Nationalausschuß), in der Slowakei die Slovenská národní rada (Slowakischer Nationalrat), bzw. bei Unternehmen (Betrieben) mit gesamtstaatlicher Wirksamkeit das ressortmäßig zuständige Ministerium erteilt hat.

§ 23

Der nationale Verwalter hat Anspruch auf Ersatz der Barauslagen und auf eine Entlohnung, deren Höhe die nach § 7 zuständige Stelle bestimmt. Diese Auslagen gehen zu Lasten der verwalteten Vermögenssubstanz.

§ 24

1. Das unter nationale Verwaltung gestellte Vermögen, welches Arbeitern, Landwirten, Gewerbetreibenden, kleinen und mittleren Unternehmern, Beamten, Angehörigen freier Berufe und in ähnlicher sozialer Stellung befindlichen Personen gehörte und das sie infolge nationaler, politischer oder rassischer Verfolgung eingebüßt haben, ist, sofern es sich nicht um die in § 4 genannten Personen handelt, aus der nationalen Verwaltung auszuscheiden und sofort den früheren Besitzern bzw. deren Erben zurückzustellen.

2. Auch die im § 4 Abs. a) angeführten Personen, sofern es sich um Arbeiter, Landwirte, Gewerbetreibende, kleine und mittlere Unternehmer, Beamte, Angehörige der freien Berufe und Personen in ähnlicher sozialer Stellung bzw. ihre Erben handelt, können um Ausscheidung ihres Vermögens aus der nationalen Verwaltung und um Rückstellung desselben ansuchen, wenn sie glaubwürdig nachweisen können, daß sie ein Opfer der politischen oder rassischen Verfolgung gewesen sind und daß sie der demokratisch-republikanischen Staatsidee der tschechoslowakischen Republik treu geblieben sind.

3. Über das bezügliche Ansuchen entscheidet die nach § 7 zuständige Stelle.

4. Das übrige beschlagnahmte Vermögen verbleibt unter nationaler Verwaltung bis zu einer neuen gesetzmäßigen Regelung.

§ 25

1. Gegen die Entscheidung des Místní národní výbor (Orts-Nationalausschuß) ist die Berufung an den Okresní národní výbor (Kreis-Nationalausschuß) zulässig, welcher endgültig entscheidet.

2. Gegen die Entscheidung des Okresní národní výbor (Kreis-Nationalausschuß) als erster Instanz ist die Berufung an den Zemský národní výbor (Landes-Nationalausschuß), in der Slowakei an die Slovenská národní rada (Slowakischer Nationalrat) zulässig.

3. Eine Berufung hat keine aufschiebende Wirkung.

§ 26

Falls keine schärfer zu ahndende Handlung vorliegt, wird wegen einer Übertretung mit einer Freiheitsstrafe bis zu 5 Jahren und einer Geldstrafe bis zu 10 Millionen Kronen, gegebenenfalls mit gänzlicher oder teilweiser Vermögenskonfiskation bestraft:

a) jeder, der die Bestimmungen dieses Dekrets verletzt oder umgeht, besonders derjenige, welcher die berechtigte Tätigkeit des nationalen Verwalters stört oder unmöglich macht,

b) der nationale Verwalter, wenn er absichtlich oder aus grober Fahrlässigkeit irgendeine der ihm durch die vorangehenden Bestimmungen auferlegten Pflichten verletzte.

§ 27

Die Regierung wird ermächtigt, die finanziellen Mittel zur Sicherstellung des Ganges der unter nationale Verwaltung gestellten Unternehmungen (Betriebe) bereitzustellen, deren Betrieb notwendig ist und im Interesse des Wirtschaftslebens liegt.

§ 28

1. Dieses Dekret tritt mit dem Tage der Kundmachung in Kraft.
2. Es wird von der Regierung durchgeführt.

[gez.:]

Dr. Eduard Benes Zd. Fierlinger

Gottwald, Srámek, David, Ján Ursíny, Siroký, Václ. Nosek, Dr. V. Srobár, Pietor, Dr. H. Ripka, J. Duris, Dr. Soltész, A. Procházka, Svoboda, Nejedlý, gen. Hasal, Frant. Hála, J. Stránský, V. Majer, B. Lausman, Dr. V. Clementis, téz za min. J. Masaryka, gen. Dr. Ferjencik, J. Lichner

Anlage 11

Dekret des Präsidenten der Republik vom 21. Juni 1945
über die Konfiskation und beschleunigte Aufteilung des landwirtschaftlichen Vermögens der Deutschen, Magyaren, wie auch der Verräter und Feinde des tschechischen und slowakischen Volkes.
(Dekret Nr. 12; Slg. d. Ges. u. V. Nr. 12)
(Übersetzt aus dem Tschechischen)

Um dem Ruf der tschechischen und slowakischen Landlosen nach einer konsequenten Verwirklichung einer neuen Bodenreform entgegenzukommen und geleitet vor allem von dem Streben, ein für allemal den tschechischen und slowakischen Boden aus den Händen der fremden deutschen und magyarischen Gutsbesitzer, wie auch aus den Händen der Verräter der Republik zu nehmen und ihn in die Hände des tschechischen und slowakischen Bauerntums und der Landlosen zu geben, bestimme ich auf Vorschlag der Regierung:

§ 1

1. Mit augenblicklicher Wirksamkeit und entschädigungslos wird für die Zwecke der Bodenreform das landwirtschaftliche Vermögen enteignet, das im Eigentum steht:

a) aller Personen deutscher und magyarischer Nationalität, ohne Rücksicht auf die Staatsangehörigkeit,

b) der Verräter und Feinde der Republik, gleichgültig welcher Nationalität und Staatsanghörigkeit, die diese Feindschaft vor allem während der Krise und des Krieges in den Jahren 1938 bis 1945 bekundet haben,

c) von Aktien- und anderen Gesellschaften und Korporationen, deren Leitung bewußt und absichtlich der deutschen Kriegsführung oder faschistischen und nazistischen Zielen gedient hat.

2. Personen deutscher oder magyarischer Nationalität, die sich aktiv am Kampfe für die Wahrung der Integrität und die Befreiung der tschechoslowakischen Republik beteiligt haben, wird das landwirtschaftliche Vermögen nach Absatz 1 nicht konfisziert.

3. Darüber, ob eine Ausnahme nach Absatz 2 zulässig ist, entscheidet auf Antrag der zuständigen Bauernkommission der zuständige Bezirks-Nationalausschuß. Zweifelhafte Fälle legt der Bezirks-Nationalausschuß dem Landes-Nationalausschuß vor, der sie mit seinem Gutachten zur endgültigen Entscheidung an das Landwirtschaftsministerium weiterleitet, welches im Einvernehmen mit dem Innenministerium entscheidet.

§ 2

1. Als Personen deutscher oder magyarischer Nationalität gelten Personen, die sich bei irgendeiner Volkszählung seit 1929 zur deutschen oder magyarischen Nationalität bekannten oder Mitglieder nationaler Gruppen, Formationen oder politischer Parteien wurden, die sich aus Personen deutscher oder magyarischer Nationalität zusammensetzten.

2. Ausnahmen von der Vorschrift des Absatzes 1 werden durch ein besonderes Dekret festgesetzt.

§ 3

1. Als Verräter und Feinde der Tschechoslowakischen Republik sind zu betrachten:

a) Personen, die kollektiv oder individuell gegen die staatliche Souveränität, die Selbständigkeit, die Integrität, die demokratisch-republikanische Staatsform, die Sicherheit und Wehrkraft der Tschechoslowakischen Republik gerichtete Tätigkeit entfaltet haben, die zu einer solchen Tätigkeit aufreizten oder andere Personen dazu zu verleiten suchten und absichtlich und aktiv auf irgendeine Art die deutschen und magyarischen Okkupanten unterstützt haben,

b) von den juristischen Personen diejenigen, deren Leitung absichtlich und aktiv der deutschen oder magyarischen Kriegsführung oder den faschistischen und nazistischen Zielen dienten.

2. Darüber, ob eine natürliche oder juristische Person unter die Vorschriften des Absatzes 1, Buchst. a), b) fällt, entscheidet auf Antrag des zuständigen Bezirks-Nationalausschusses der Landes-Nationalausschuß, in dessen Gebiet die betreffende Liegenschaft gelegen ist. Zweifelhafte Fälle legt der Landes-Nationalausschuß zur endgültigen Entscheidung dem Landwirtschaftsministerium vor, das im Einvernehmen mit dem Innenministerium entscheidet.

§ 4

Unter dem landwirtschaftlichen Vermögen (§ 1 Abs. 1) ist zu verstehen der land- und forstwirtschaftlich genutzte Boden, zu ihm gehörende Gebäude und Einrichtungen, die der eigenen land- und forstwirtschaflichen Wirtschaftsführung dienenden Betriebe, wie auch das bewegliche Zubehör (lebendes und totes Inventar) und alle Rechte, die mit dem Besitz des konfiszierten Vermögens und seiner Teile verbunden sind.

§ 5

1. Ist das nach § 1 konfiszierte landwirtschaftliche Vermögen vermietet (verpachtet), erlöschen alle Miet-(Pacht-)Verträge. Ist jedoch der Mieter (Pächter) eine Person, die einen Anspruch auf Zuteilung von Boden hat (§ 7 Abs. 1), kann ihr die bisherige Nutzung bis zum Ende des Wirtschaftsjahres überlassen werden. Wird ihr das vermietete (verpachtete) landwirtschaftliche Vermögen aus irgendwelchen Gründen nicht zugeteilt, so zahlt der Mieter (Pächter) den Mietzins (Pachtschilling) dem Nationalen Bodenfonds (§ 6 Abs. 1). Soweit von der Konfiskation natürliche oder juristische Personen betroffen sind, die nicht unter § 3 fallen, gewährt ihnen der Nationale Bodenfonds auf Antrag des örtlichen Nationalausschusses Ersatz für die laufenden Auslagen und Investitionen.

2. Patronatsrechte und -Pflichten, die an den nach § 1 konfiszierten landwirtschaftlichen Vermögenswerten haften, gehen mit dem Tage der Konfiskation unter. In besonders berücksichtigenswerten Fällen gewährt der Nationale Bodenfonds eine Entschädigung.

3. Die Frage der Schulden und Ansprüche, die an den konfiszierten Vermögenswerten nach § 1 haften, wird durch Regierungsverordnung geregelt. Löhne, Pensionen, Abgaben und andere laufende Ausgaben ersetzt vorläufig der nationale Verwalter.

§ 6

1. Auf Grund von § 1 konfisziertes landwirtschaftliches Vermögen wird bis zur Übergabe an die Zuteilungsempfänger vom Nationalen Bodenfonds beim Landwirtschaftsministerium verwaltet, der hiermit errichtet wird. Die Regierung wird ermächtigt, das Statut dieses Fonds zu erlassen.

2. Zusammenhängende Waldflächen im Ausmaß über 50 ha, die nach § 1 konfisziert sind, übernimmt der Staat. Falls die konfiszierten Waldflächen nicht mit dem staatlichen Waldboden zu einem zusammenhängenden Ganzen vereinigt werden können und falls sie 100 ha nicht übersteigen, übergibt sie der Nationale Bodenfonds dem zuständigen Nationalausschuß.

§ 7

1. Von dem durch den Nationalen Bodenfonds verwalteten landwirtschaftlichen Vermögen ist Boden an Personen slawischer Nationalität als Eigentum zuzuteilen:

a) an einen Deputatenempfänger und einen landwirtschaftlichen Arbeiter im Ausmaße bis zu 8 ha Ackerland, oder bis zu 12 ha landwirtschaftlichen Boden entsprechen seiner Bonität.

b) an einen Kleinlandwirt in einem Ausmaße, das das bisher in seinem Eigentum stehende Grundeigentum höchstens auf 8 ha Ackerland oder bis zu 12 ha landwirtschaftlichen Boden entsprechend seiner Bonität ergänzt.

c) an eine vielköpfige Landwirtsfamilie in einem Ausmaße, das das bisher in ihrem Eigentum stehende Grundvermögen höchstens bis zu 10 ha Ackerland oder bis zu 13 ha landwirtschaftlichen Boden entsprechend seiner Bonität ergänzt.

d) an Gemeinden und Bezirke für öffentliche Zwecke,

e) an Bau-, Landwirtschafts- und andere Genossenschaften, welche aus den nach den Buchstaben a), b), c) und f) berechtigten Bewerbern bestehen.

f) an Arbeiter, öffentliche und private Angestellte und Kleingewerbetreibende für den Bau von Eigenheimen oder für die Anlage von Gärten bis höchstens 0.5 ha.

2. In Bezirken mit einer überwiegenden Bevölkerungsmehrheit deutscher Nationalität bleibt der Boden unter der Verwaltung des Nationalen Bodenfonds für die Erfordernisse der Innenkolonisation, wenn nicht genügend nach Abs. 1, Buchst. a) bis f) qualifizierte Bewerber tschechischer oder anderer slawischer Nationalität vorhanden sind.

3. Waldboden bis zu 50 bzw. bis zu 100 ha (§ 6 Abs. 2) kann Gemeinden und Waldgenossenschaften zugeteilt werden. Dieser Boden unterliegt der Staatsaufsicht.

4. Konfiszierte Gebäude, Einrichtungen, die der land- und forstwirtschaftlichen Wirtschaftsführung dienen, Betriebe der landwirtschaftlichen Industrie, Parkanlagen, Denkwürdigkeiten,

Archive u. ähnl. wie auch alle konfiszierten Liegenschaften können, sofern sie nicht öffentlichrechtlichen Subjekten zugeteilt werden, als Eigentum zugeteilt werden:

a) an Genossenschaften, die von berechtigten Bewerbern zum Zwecke gemeinsamer Nutzung gebildet wurden,

b) ausnahmsweise an Einzelne (Zuteilungsempfänger), die in Abs. 1 Buchst. a) bis c) angeführt sind.

5. Darüber, ob konfisziertes Vermögen Genossenschaften oder Einzelnen zugeteilt wird, ist nach § 9 zu entscheiden.

6. Ein Vorzugsrecht auf Zuteilung haben Personen, die sich im nationalen Befreiungskampf ausgezeichnet und verdient gemacht haben, insbesondere Soldaten und Partisanen, ehemalige politische Häftlinge und Deportierte und ihre Familienangehörigen und gesetzliche Erben, wie auch durch den Krieg geschädigte Bauern. Das Vorzugsrecht ist entsprechend nachzuweisen.

§ 8

Das gemäß § 7 zugeteilte Vermögen darf nur mit vorheriger Genehmigung des Nationalen Bodenfonds veräußert, verpachtet oder belastet werden.

§ 9

1. Beim örtlichen Nationalausschuß, in dessen Bezirk sich konfisziertes Vermögen befindet, wählen die nach § 7 Abs. 1 Buchst. a), b), c), d) und f) zuständigen Bewerber eine höchstens aus 10 Mitgliedern bestehende örtliche Bauernkommission.

2. Vertreter der örtlichen Bauernkommission wählen auf einer Versammlung eine Bezirks-Bauernkommission beim Bezirks-Nationalausschuß, die aus höchstens 10 Mitgliedern bestehen darf.

3. Die örtliche Bauernkommission arbeitet einen Zuteilungsplan mit einem Entschädigungsantrag (§ 10) für das zugeteilte Vermögen aus und legt ihn der Bezirks-Bauernkommission zur Genehmigung vor.

4. Die Bezirks-Bauernkommission prüft die vorgelegten Zuteilungspläne und Entschädigungsanträge und arbeitet auf ihrer Grundlage einen Zuteilungsplan und Entschädigungsentwurf für den ganzen Bezirk aus. Besteht zwischen den von den einzelnen örtlichen Bauernkommissionen vorgelegten Zuteilungsplänen und Entschädigungsanträgen kein Widerspruch oder wird zwischen ihnen eine Übereinstmmung erreicht, so ist der Bezirks-Zuteilungsplan und -Entschädigungsantrag nach Genehmigung gemäß Abs. 5 rechtswirksam.

5. Der Zuteilungsplan der Bezirks-Bauernkommission wird mit dem Entschädigungsentwurf unverzüglich dem Landes-Nationalausschuß vorgelegt, der sie mit seinem Gutachten an das Landwirtschaftsministerium weiterleitet, das den Zuteilungsplan mit dem Entschädigungsentwurf abändern kann, wenn wichtige öffentliche oder nationale Interessen bedroht oder die Vorschriften des § 7 Abs. 1 Buchst. a) bis f) nicht beachtet waren. Soweit es sich um landwirtschaftliche Industriebetriebe handelt (§ 7 Abs. 4), trifft das Landwirtschaftsministerium, falls es um eine Zuteilung gemäß § 7 Abs. 4 Buchst. b) geht, die entsprechende Entscheidung in Übereinstimmung mit dem Ernährungsministerium.

6. Kann die Bezirks-Bauernkommission die Widersprüche zwischen den Zuteilungsplänen und Entschädigungsanträgen der örtlichen Bauernkommission nicht beilegen und kommt kein Kompromiß zustande oder entsteht zwischen den Bezirks-Bauernkommissionen benachbarter Gebiete Uneinigkeit, so legt die Bezirks-Bauernkommission die Angelegenheit dem Landes-Nationalausschuß vor, der sie mit seinem Gutachten an das Landwirtschaftsministerium zur endgültigen Entscheidung weiterleitet.

7. Das Landwirtschaftsministerium und der Landesnationalausschuß entsenden zu den Bezirks-Bauernkommissionen Hilfsorgane, die bei den technischen Zuteilungsarbeiten Hilfe leisten.

§ 10

1. Der Entschädigungsantrag ist nach der Ertragsfähigkeit, der Lage, der Entfernung und dem Bebauungsstand (Düngung, Saat und Bepflanzung) und nach den Vermögens- und Familienverhältnissen des Zuteilungsempfängers festzusetzen und zwar:

a) mindestens in der Höhe des Wertes einer Durchschnittsjahresernte auf dem beantragten Ausmaß des Bodens,

b) höchsten in der Höhe von zwei Durchschnitts-Jahresernten auf dem beantragten Ausmaß des Bodens,

c) die Entschädigung für die zugeteilten Gebäude ist in Höhe von 1 bis 3 Jahresmieten der zugewiesenen Gebäude festzusetzen. Die Miete kann in jedem Falle in Naturalien ausgedrückt werden.

2. Die Entschädigung für das zugeteilte lebende oder tote Inventar und andere Einrichtungen ist nach den Richtlinien festzusetzen, die die Landes-Nationalausschüsse ausarbeiten und das Landeswirtschaftsministerium genehmigt.

§ 11

1. Die festgesetzte Entschädigung wird abgezahlt:

(1) auf einmal spätestens innerhalb von 12 Monaten seit der Besitzübernahme der Zuteilung in Geld oder in Naturalien, oder

(2) in Geld oder in Naturalienraten und zwar:

a) 10% der Entschädigung für den Boden und für das Zubehör ist bei der Übernahme des zugeteilten Bodens zu zahlen. Auf Antrag der örtlichen Bauernkommission, der schon im Zuteilungsplan (§ 9) einzureichen ist, kann der Nationale Bodenfonds den Aufschub der ersten Rate auf höchstens 3 Jahre bewilligen;

b) die Restzahlung der Entschädigung ist fällig nach einem Abzahlungsplan, der vom Nationalen Bodenfonds ausgefertigt wird, spätestens innerhalb von 15 Jahren vom Tage der Übernahme des zugeteilten Eigentums.

2. In besonders berücksichtigenswerten und sozial begründeten Fällen kann der Nationale Bodenfonds auf Antrag der Bauernkommission dem Zuteilungsempfänger die Entschädigung erlassen und das betreffende landwirtschaftliche Vermögen vor allem Personen, die ein Vorzugsrecht auf Zuteilung (§ 7 Abs. 6) haben, entschädigungslos zuteilen.

§ 12

Die Entschädigung zahlen die Zuteilungsempfänger an den Nationalen Bodenfonds nach einem von ihm herausgegebenen Plan. Sie wird zur Abdeckung der Schulden und Verpflichtungen verwendet, die auf dem konfiszierten Vermögen ruhen, soweit diese Schulden und Verpflichtungen anerkannt und übernommen werden, weiterhin zum Ersatz der Kriegsschäden und der Schäden, die dem Vermögen von Personen, welche während der Zeit der Okkupation aus nationalen, politischen und rassischen Gründen verfolgt wurden, zugefügt wurden, zur Hebung der landwirtschaftlichen Produktion und für die Innenkolonisation. Eventuelle Überschüsse des Nationalen Bodenfonds fallen an die Staatskasse.

§ 13

1. In der nach § 10 festgesetzten Entschädgung sind alle Ausgaben und Gebühren, die mit der Konfiskation (§ 1), der Zuteilung (§ 7) und der bücherlichen Übertragung des konfiszierten Vermögens verbunden sind, inbegriffen.

2. Die Eintragung der Zuteilung in die Grundbücher besorgt der Nationale Bodenfonds auf eigene Kosten.

3. Die Vermögensübertragungen nach diesem Dekret sind von Gebühren und Abgaben befreit.

§ 14

Dieses Dekret tritt in den Ländern Böhmen und Mähren-Schlesien mit dem Tage der Verkündigung in Kraft; seine Durchführung obliegt den Ministern für Landwirtschaft, Finanzen, Justiz, des Innern und für Ernährung.

[gez.:]
Dr. Eduard Benes Fierlinger
Nosek, Dr. Srobár, Dr. Stránský, Duris, Majer

Anlage 12

Dekret des Präsidenten der Republik vom 19. Juni 1945
über die Bestrafung nazistischer Verbrecher, Verräter und ihrer Helfer und über die außerordentlichen Volksgerichte.
(Dekret Nr. 16; Slg. d. Ges. u. V. Jahrg. 1945 Teil 9 v. 9. 7. 1945.)
(Übersetzt aus dem Tschechischen)

Die unerhörten Verbrechen, welche Nazisten und ihre verräterischen Mitschuldigen an der Tschechoslowakei begangen haben, rufen nach strenger Gerechtigkeit. Die Knechtung des Vaterlandes, das Morden, die Versklavung, die Beraubung und die Demütigung, deren Opfer das tschechoslowakische Volk gewesen ist und die ganzen gesteigerten deutschen Bestialitäten, bei welchen leider auch treulose tschechoslowakische Bürger mitgeholfen haben oder beigestanden sind, von denen einige dabei auch hohe Ämter, Mandate oder Würden mißbraucht haben, müssen ohne Verzug der verdienten Strafe zugeführt werden, damit das nazistische und faschistische Übel von der Wurzel her ausgerottet werde. Daher bestimme ich auf Antrag der Regierung wie folgt:

Kapitel I
Verbrechen gegen den Staat

§ 1

Wer in der Zeit der erhöhten Bedrohung der Republik (§ 18) auf dem Gebiete der Republik oder außerhalb desselben irgendeines der folgenden Verbrechen nach dem Gesetzte zum Schutze der Republik vom 19. März 1923 Nr. 50 Slg. begangen hat:

Anschläge auf die Republik (§ 1), wird mit dem Tode bestraft; wer sich Vorbereitungen von Anschlägen (§ 2), die Gefährung der Sicherheit der Republik (§ 3), Verräterei (§ 4, Nr. 1), Verrat eines Staatsgeheimnisses (§ 5, Nr. 1), militärischen Verrat (§ 6, Nr. 1, 2 und 3) und Gewalt gegen verfassungsmäßige Faktoren (§ 10, Nr. 1) zuschulden kommen ließ, wird mit schwerem Kerker von zwanzig Jahren bis lebenslänglich und unter besonders erschwerenden Umständen mit dem Tode bestraft.

§ 2

Wer in der Zeit der erhöhten Bedrohung der Republik (§ 18) Mitglied folgender Organisationen war: der Schutzstaffeln der Nationalsozialistischen Deutschen Arbeiterpartei (SS), oder

der Freiwilligen Schutzstaffeln (F.S.), oder der Rodobrana, oder des Szabadcsapatok, oder anderer hier nicht genannter Organisationen ähnlichen Charakters, wird, wenn er sich keine strenger zu bestrafende Handlung zuschulden kommen ließ, wegen Verbrechen mit schwerem Kerker von fünf bis zu zwanzig Jahren und unter besonders erschwerenden Umständen mit schwerem Kerker von zwanzig Jahren bis lebenslänglich bestraft.

§ 3

1. Wer in der Zeit der erhöhten Bedrohung der Republik (§ 18) die faschistische oder nazistische Bewegung propagiert oder unterstützt hat, oder wer in jener Zeit durch Presse, Rundfunk, Film oder Theater oder in öffentlichen Versammlungen die feindliche Regierung auf dem Gebiete der Republik oder einzelne ungesetzliche Handlungen der Besatzungskommandanturen und -behörden und ihnen unterstellter Organe gebilligt oder verteidigt hat, wird, wenn er sich keine strenger zu bestrafende Handlung zuschulden kommen ließ, wegen Verbrechen mit schwerem Kerker von fünf bis zu zwanzig Jahren bestraft; wenn er aber ein solches Verbrechen in der Absicht begangen hat, das moralische, nationale oder Staatsbewußtsein des tschechoslowakischen Volkes, insbesondere der tschechoslowakischen Jugend zu zersetzen, wird er mit schwerem Kerker von zehn bis zu zwanzig Jahren bestraft, und unter besonders erschwerenden Umständen mit schwerem Kerker von zwanzig Jahren bis lebenslänglich, oder mit dem Tode.

2. Wer in dieser Zeit Funktionär oder Führer in den Organisationen Nationalsozialistische Deutsche Arbeiterpartei (NSDAP) oder Sudetendeutsche Partei (SdP) oder Vlajka, Hlinková oder Svatopluková Garda, oder in anderen faschistischen Organisationen ähnlichen Charakters war, wird, wenn er keine strenger zu bestrafende Tat begangen hat, wegen Verbrechens mit schwerem Kerker von fünf bis zu zwanzig Jahren bestraft.

§ 4

Der tschechoslowakische Bürger, der in der Zeit der erhöhten Bedrohung der Republik (§ 18) im Auslande die Bewegung, welche auf die Befreiung der tschechoslowakischen Republik in ihrer Verfassung und Einheitlichkeit vor München abzielte, zu zerrütten versucht, oder auf andere Weise die Interessen der tschechoslowakischen Republik wissentlich geschädigt, insbesondere wer die Sicherheit von Bürgern bedroht hat, die in der Heimat für die Befreiung der Republik arbeiteten, wird, wenn er kein strenger zu bestrafendes Verbrechen begangen hat, mit schwerem Kerker von fünf bis zu zwanzig Jahren bestraft.

Verbrechen gegen die Person

§ 5

1. Wer in der Zeit der erhöhten Bedrohung der Republik (§ 18) in den Diensten oder im Interesse Deutschlands oder seiner Verbündeten, oder einer der Republik feindlichen Bewegung, ihrer Organisationen, oder als deren Mitglied eines der folgenden Verbrechen begangen hat:

a) nach dem Strafgesetzbuch vom 27. Mai 1852 Nr. 117 R. G. Bl., das Verbrechen der öffentlichen Gewalttätigkeit durch Menschenraub (§ 90), der öffentlichen Gewalttätigkeit durch Behandlung eines Menschen als Sklaven (§ 95), des Mordes (§§ 134 bis 137), des Totschlages (§§ 140 und 141) und der schweren körperlichen Beschädigung (§ 156);

b) nach dem Strafgesetzbuch Ges. Art. V/1878 das Verbrechen des Mordes (§ 278), des vorsätzlichen Totschlages (§ 279), der schweren Körperverletzung mit Todesfolgen (§§ 306 und 307) und des Kindesraubes (§ 317), wird mit dem Tode bestraft.

2. Wer in der gleichen Zeit, unter gleichen Umständen und zum gleichen Zweck eines der folgenden Verbrechen begangen hat:

a) nach dem Strafgesetzbuch vom 27. Mai 1852 Nr. 117 R. G. Bl. das Verbrechen der öffentlichen Gewalttätigkeit durch unbefugte Einschränkung der persönlichen Freiheit eines Menschen (§ 93), der öffentlichen Gewalttätigkeit durch Erpressung (§ 98), der öffentlichen Gewalttätigkeit durch gefährliche Drohung (§ 99) und der schweren körperlichen Beschädigung (§§ 152 und 155);

b) nach dem Strafgesetzbuch Ges. Art. V/1878 das Verbrechen der rechtswidrigen Verletzung der persönlichen Freiheit eines Menschen (§§ 323, 324 und 325), der schweren Körperverletzung (§ 301) und der Erpressung (§§ 350 und 353), wird mit schwerem Kerker von zehn bis zu zwanzig Jahren bestraft.

§ 6

1. Wer in der Zeit der erhöhten Bedrohung der Republik (§ 18) zugunsten der kriegerischen Bemühungen Deutschlands oder seiner Verbündeten Zwangs- oder Pflichtarbeit angeordnet und wer bei der Herausgabe oder dem Vollzug einer solchen Anordnung mitgewirkt hat, wird, wenn er sich kein strenger zu bestrafendes Verbrechen zuschulden kommen ließ, wegen Verbrechens mit schwerem Kerker von fünf bis zu zehn Jahren bestraft.

2. Wenn aber durch eine solche Anordnung ein Bewohner der Republik gezwungen war, in der Fremde zu arbeiten, oder unter Umständen oder an Orten, die seinem Leben oder seiner Gesundheit abträglich waren, wird der Schuldige ohne Rücksicht auf den Zweck der Arbeit mit schwerem Kerker von zehn bis zu zwanzig Jahren bestraft.

§ 7

1. Wer selbst oder in Zusammenarbeit mit anderen in der Zeit der erhöhten Bedrohung der Republik (§ 18) in den Diensten oder im Interesse Deutschlands, oder seiner Verbündeten, oder einer der Republik feindlichen Bewegung, ihrer Organisationen oder als deren Mitglieder den Verlust der Freiheit eines Bewohners der Republik ohne weitere Folgen verschuldet hat, wird wegen Verbrechen mit schwerem Kerker von fünf bis zu zwanzig Jahren bestraft. Wenn der Schuldige so den Verlust der Freiheit einer größeren Zahl von Bewohnern der Republik verursacht hat, kann das Gericht die Strafe des schweren Kerkers von zwanzig Jahren bis lebenslänglich, unter besonders erschwerenden Umständen aber die Todesstrafe auferlegen.

2. Wer in der gleichen Zeit, unter gleichen Umständen, zum gleichen Zwecke und auf die gleiche Weise einem Bewohner der Republik eine schwere körperliche Beschädigung ohne schwere Folgen

(Abs. 3) zugefügt hat, wird wegen Verbrechen mit schwerem Kerker von zehn bis zwanzig Jahren und unter besonders erschwerenden Umständen von zwanzig Jahren bis lebenslänglich bestraft. Wurde aber auf diese Weise eine größere Anzahl von Personen betroffen, kann das Gericht die Todesstrafe auferlegen.

3. Wer in der gleichen Zeit und unter gleichen Umständen, zu dem gleichen Zwecke und auf die gleiche Weise durch einen gerichtlichen Beschluß, ein Urteil, eine Verfügung oder durch eine Verwaltungsentscheidung jeglicher Art, durch die Vollstreckung eines Urteils, einer Verfügung, oder einer Verwaltungsentscheidung, oder auf andere Weise den Tod eines Bewohners der Republik, eine schwere körperliche Beschädigung eines Bewohners der Republik, oder seine Deportation verursacht hat, wird nach § 156 StrGB Nr. 117/1852 R. G. Bl. und nach §§ 306, 307 StGB Ges. Art V/1878 wegen Verbrechens mit dem Tode bestraft.

Verbrechen gegen das Eigentum.

§ 8

1. Wer in der Zeit der erhöhten Bedrohung der Republik (§ 18) in den Diensten, oder im Interesse Deutschlands oder seiner Verbündeten oder einer der Republik feindlichen Bewegung, ihrer Organisationen oder als deren Mitglied eines der folgenden Verbrechen begangen hat:

a) nach dem Strafgesetzbuch vom 27. Mai 1852 Nr. 117 R. G. Bl. das Verbrechen der öffentlichen Gewalttätigkeit durch boshafte Beschädigung fremden Eigentums (§ 85) mit den Folgen gemäß § 86 Abs. 2, der Brandlegung (§ 166) unter den Umständen und mit den Folgen gemäß § 167 lit a), des Raubes (§ 190) unter den Umständen und mit den Folgen gemäß § 195;

b) nach dem Strafgesetzbuch Ges. Art. V/1878 das Verbrechen der Brandstiftung (§ 424), des Raubes (§§ 344 und 345), unter den Umständen und mit den Folgen gemäß § 349 Abs. 1, Pkt. 2 und Abs. 2, wird mit dem Tode besttraft.

2. Wer in der gleichen Zeit und unter den gleichen Umständen und zu dem gleichen Zwecke die folgenden Verbechen begangen hat:

a) nach dem Strafgesetzbuch vom 27. Mai 1852 Nr. 117 R. G. Bl. das Verbrechen der öffentlichen Gewalttätigkeit durch gewaltsamen Einfall in fremdes unbewegliches Gut (§ 83), der öffentlichen Gewalttätigkeit durch boshafte Beschädigung fremden Eigentums (§§ 85, 86 Abs. 1), der Brandlegung (§ 166) unter den Umständen und mit den Folgen gemäß § 167 lit b bis g), des Diebstahls (§§ 171 bis 180), der Veruntreuung (§§ 181 bis 183), der Teilnahme am Diebstahl oder an der Veruntreuung (§§ 181 bis 183), des Raubes (§ 190) unter den Umständen und mit den Folgen gemäß §§ 191 bis 194, der Teilnahme am Raub (§ 196), des Betruges (§§ 197 bis 201, 203);

b) nach dem Strafgesetzbuch Ges. Art. V/1878 das Verbrechen des Hausfriedensbruches durch Privatpersonen (§§ 330 und 331), das Vergehen der Beschädigung fremden Eigentums (§§ 418 und 420), welches unter den Umständen des Abs. 1 dieses Paragraphen als Verbrechen qualifiziert wird, der Brandstiftung (§§ 422 und 423), des Diebstahls (§§ 333 bis 341), soweit die Tat nicht gemäß Abs 1 lit b) dieses Paragraphen strafbar ist, der Hehlerei (§ 370), des Betruges (§ 379 im Wortlaute des § 50 der Strafgesetznovelle), unter den Umständen gemäß § 383 Abs. 2 mit Ausnahme des § 382, wird mit schwerem Kerker von zehn bis zu zwanzig Jahren und unter besonders erschwerenden Umständen mit schwerem Kerker von zwanzig Jahren bis lebenslänglich bestraft.

§ 9

Wer allein oder im Zusammenwirken mit einem anderen in der Zeit der erhöhten Bedrohung der Republik (§ 18) in den Diensten oder im Interesse Deutschlands oder seiner Verbündeten oder einer der Republik feindlichen Bewegung, ihrer Organisationen oder Mitglieder durch einen gerichtlichen Beschluß, ein Urteil, eine Verfügung, oder eine Verwaltungsentscheidung jeglicher Art, oder durch die Vollstreckung eines Urteiles, einer Verfügung oder einer Verwaltungsentscheidung verursacht hat, daß dem Tschechoslowakischen Staate oder einer juristischen oder natürlichen Person entgegen dem Gesetz der Republik ihr Vermögen ganz oder zum Teile abgenommen wurde, wird, wenn er sich kein strenger zu bestrafendes Verbrechen zuschulden kommen ließ, wegen Verbrechens mit schwerem Kerker von zehn bis zu zwanzig Jahren bestraft und unter besonders erschwerenden Umständen mit Kerker von zwanzig Jahren bis lebenslänglich.

§ 10

Wer in der Zeit der erhöhten Bedrohung der Republik (§ 18) die Bedrängnis, welche durch nationale, politische oder rassische Verfolgung verursacht wurde, benützt hat, um sich zum Schaden des Staates, einer juristischen oder einer natürlichen Person zu bereichern, wird, wenn er keine strenger zu bestrafende Tat begangen hat, wegen Verbrechens mit schwerem Kerker von fünf bis zu zehn Jahren bestraft.

Denuntiation

§ 11

Wer in der Zeit der erhöhten Bedrohung der Republik in den Diensten oder im Interesse des Feindes, oder unter Ausnützung der durch die feindliche Besetzung herbeigeführten Lage einen anderen wegen einer tatsächlichen oder erdachten Tätigkeit angezeigt hat, wird wegen Verbrechens mit schwerem Kerker von fünf bis zu zehn Jahren bestraft. Wenn aber der Denunziant durch seine Anzeige den Verlust der Freiheit eines tschechoslowakischen Bürgers verschuldet hat, wird er mit schwerem Kerker von zehn bis zu zwanzig Jahren bestraft. Hatte aber die Anzeige als mittelbare oder unmittelbare Folge den Verlust der Freiheit einer größeren Personenzahl oder einen schweren Schaden an der Gesundheit, wird er mit lebenslänglichem Kerker bestraft, wenn sie aber als Folge irgendjemandes Tod hatte, wird er mit dem Tod bestraft.

Allgemeine Bestimmungen.

§ 12

Nach diesem Dekret wird auch ein Ausländer bestraft, der das im § 1 angeführte Verbrechen oder im Ausland eines der in den §§ 4 bis 9 angeführten Verbrechen begangen hat, wenn er sich dies an einem tschechoslowakischen Staatsbürger oder am öffentlichen oder privaten tschechoslowakischen Eigentum zuschulden kommen ließ.

§ 13

1. Eine nach diesem Dekret strafbare Handlung ist nicht dadurch gerechtfertigt, daß sie Vorschriften eines anderen als des tschechoslowakischen Rechtes angeordnet oder erlaubt haben oder Organe, welche durch eine andere als die tschechoslowakische Staatsgewalt eingesetzt gewesen sind, noch ist sie dadurch entschuldigt, daß der Täter diese ungültigen Vorschriften für gerechtfertigt angesehen hat.

2. Auch entschuldigt es den Täter nicht, daß er seine Dienstpflicht erfüllt hat, wenn er mit besonderem Eifer gehandelt und dadurch in einem erheblichen Maße den normalen Rahmen seiner Pflicht überschritten hat oder wenn er in der Absicht tätig gewesen ist, den kriegerischen Bemühungen der Deutschen (ihrer Verbündeten) zu helfen, die kriegerischen Bemühungen der Tschechoslowakei (ihrer Verbündeten) zu schädigen oder zunichtezumachen, oder wenn er aus einem anderen offenkundig verwerflichen Beweggrund gehandelt hat.

3. Der unabweisbare Zwang auf Grund des Befehls eines Vorgesetzten entschuldigt nicht die Schuld jemandes, der freiwillig Mitglied von Organisationen geworden ist, deren Mitgliedschaft die Durchführung eines jeden, auch eines verbrecherischen Befehles auferlegte.

§ 14

Wenn das Gericht wegen eines in diesem Dekret angeführten Verbrechens verurteilt und von der Strafe (§ 16 Abs. 2) nicht Abstand nimmt, spricht es gleichzeitig aus:

a) daß der Verurteilte für eine bestimmte Zeit oder für immer die bürgerlichen Ehrenrechte verliert (§ 15);

b) daß der Verurteilte einen Teil der Freiheitsstrafe oder die ganze Strafe in besonderen Zwangsarbeitslagern verbüßt, welche durch ein besonderes Gesetz errichtet werden;

c) daß sein ganzes Vermögen oder ein Teil seines Vermögens zugunsten des Staates verfällt.

§ 15

Verlust der bürgerlichen Ehrenrechte (§ 14 lit a) bedeutet:

1. dauernden Verlust von Auszeichnungen, Orden und Ehrenabzeichen, öffentlichen Ämtern, Würden und Funktionen, akademischen Graden, sowie auch den Verlust von Ruhe- und Versorgungsbezügen, Gnadengehältern und allen anderen Zahlungen aus öffentlichen Mitteln;

2. bei Unteroffizieren Degradierung und bei Offizieren Kassation;

3. den Verlust der Fähigkeit zum Erwerb, zur Ausführung oder zum neuerlichen Erwerb von Rechten, die unter Z. 1 und 2 angeführt sind und von Rechten, die durch die verlorenen Würden bedingt sind;

4. den Verlust des aktiven und passiven Wahlrechtes und des Rechtes zu einer öffentlichen Funktion berufen zu werden oder in öffentlichen Angelegenheiten abzustimmen;

5. den Verlust der Fähigkeit, Funktionen in Vereinigungen (in Vereinen oder ähnlichen Gebilden) zu versehen;

6. den Verlust der Fähigkeit, Eigentümer, Herausgeber oder Redakteur einer periodischen Druckschrift zu sein oder bei deren Herausgabe, Redaktion in irgendeiner Weise mitzuwirken, sowie auch nichtperiodische Druckschriften zu verlegen, herauszugeben und zu veröffentlichen;

7. den Verlust der Fähigkeit, öffentliche Vorträge oder Kundgebungen zu halten;

8. den Verlust der Fähigkeit zur Arbeit in Erziehungs- oder Kunstinstituten oder -unternehmen;

9. den Verlust der Fähigkeit, Arbeitgeber oder Mitarbeiter zu sein;

10. den Verlust der Fähigkeit, einen freien Beruf auszuüben;

11. den Verlust der Fähigkeit, Mitglied des Vorstandes (Verwaltungsrates) von Gesellschaften und Genossenschaften zu sein;

12. den Verlust der Fähigkeit, leitender Beamter in einem Privatunternehmen zu sein.

Wer die in diesem Paragraphen enthaltenen Verbote übertritt, wird von einem ordentlichen Gericht wegen Übertretung mit Gefängnis von einer Woche bis zu drei Monaten bestraft.

§ 16

1. Eine Freiheitsstrafe kann nicht unter die untere Grenze des Strafsatzes herabgesetzt und ihrer Art nach nicht in eine mildere umgewandelt werden.

2. Das Gericht kann die Strafe auch unter die untere Grenze des Strafsatzes herabsetzen und ihrer Art nach in eine mildere umwandeln, in besonders berücksichtigenswerten Fällen sogar im Urteilsspruch von einer Bestrafung absehen, wenn allgemein bekannt ist, oder wenn ohne Verzögerung nachzuweisen ist, daß der Beklagte in der Absicht gehandelt hat, der tschechischen und slowakischen Nation oder der Tschechoslowakischen Republik oder ihren Verbündeten oder einem anderen allgemeinen Interesse förderlich zu sein, oder wenn er sich durch seine spätere Tätigkeit um die Befreiung der Republik aus feindlicher Gewalt, oder um die Wiedergutmachung, oder um die Verringerung eines durch den Feind verursachten Übels verdient gemacht hat und nach seiner Bekehrung auf dem Weg der Pflicht ausgeharrt hat. Diese Bestimmung kann aber nicht angewandt werden, wenn der vom Täter verschuldete Schaden den von ihm verfolgten allgemeinen Nutzen unverhältnismäßig überstiegen hat.

§ 17

Die nach diesem Dekret strafbaren Verbrechen und der Strafvollzug verjähren nicht.

§ 18

Als Zeit der erhöhten Bedrohung der Republik ist die Zeit vom 21. Mai 1938 bis zu dem Tage zu verstehen, der durch Regierungsverordnung bestimmt wird.

§ 19

Die nach diesem Dekret strafbaren Verbrechen sind immer als besonders verwerflich im Sinne des § 1 Abs. 1 des Gesetzes über das Staatsgefängnis vom 16. Juli 1931 Nr. 123 Slg. anzusehen.

§ 20

Die Vorschubleistung bei Verbrechen, die nach diesem Dekret strafbar sind, wird nach den geltenden Strafgesetzen mit den folgenden Abänderungen bestraft:

1. bei Verbrechen gegen den Staat wird die Vorschubleistung in gleicher Weise wie diese Verbrechen bestraft;

2. bei denselben Verbrechen ist auch die Vorschubleistung durch das Verbergen nahestehender Personen (§ 39 Nr. 4 des Gesetzes Nr. 50/1923 Slg. zum Schutze der Republik) als Verbrechen strafbar und wird mit schwerem Kerker von einem bis zu zehn Jahren, wenn aber dieses Dekret auf das Verbrechen selbst die Todesstrafe setzt, mit schwerem Kerker von fünf bis zu zwanzig Jahren bestraft;

3. bei den anderen Verbrechen wird die Vorschubleistung mit schwerem Kerker bestraft

a) von zehn bis zu zwanzig Jahren, wenn dieses Dekret auf das Verbrechen selbst die Todesstrafe oder eine schwere Kerkerstrafe in der Dauer von mehr als zwanzig Jahren setzt,

b) von einem bis zu zehn Jahren, wenn dieses Dekret auf das Verbrechen selbst eine niedrigere Strafe setzt.

Kapitel II
Die außerordentlichen Volksgerichte.

§ 21

1. Den außerordentlichen Volksgerichten obliegt es, alle nach diesem Dekret strafbaren Verbrechen abzuurteilen, wenn für sie als Täter, Mittäter, Mitschuldige, Teilnehmer oder Vorschubleistende, die in den §§ 2 und 3, Abs. 2 angeführten Personen strafrechtlich verantwortlich sind; falls für sie andere Personen strafrechtlich verantwortlich sind, richten sie die außerordentlichen Volksgerichte dann, wenn der öffentliche Ankläger (§ 24) ihre Verfolgung vor diesen beantragt.

2. Die örtliche Zuständigkeit der außerordentlichen Volksgerichte wird durch die Vorschriften der auf dem Gebiete der Republik geltenden Strafprozeßordnungen geregelt.

Die Zusammensetzung und der Sitz der außerordentlichen Volksgerichte.

§ 22

1. Das außerordentliche Volksgericht übt seine Gerichtsbarkeit in fünfgliedrigen Senaten aus, die sich aus dem Vorsitzenden, der ein Berufsrichter (Zivil- oder Militärrichter) sein muß, und aus vier Volksrichtern zusammensetzen.

2. Die Vorstände der außerordentlichen Volksgerichte, ihre Stellvertreter und die Berufsrichter (Abs. 1) ernennt der Präsident der Republik aus dem zu diesem Zweck von den Bezirksnationalausschüssen (okresní národní výbor) hergestellten Personenverzeichnis. Aus anderen von den Bezirksnationalausschüssen verfertigten Verzeichnissen ernennt die Regierung die Volksrichter.

3. Dem Vorstand eines außerordentlichen Volksgerichtes oder seinem Stellvertreter obliegt es, aus den in Abs. 2 genannten Personen die erforderliche Anzahl von Senaten mit den Ersatzmännern zusammenzustellen.

4. Die außerordentlichen Volksgerichte werden an den Sitzen der Kreisgerichte errichtet, jeder Senat eines außerordentlichen Volksgerichtes kann aber, wenn sich die Notwendigkeit ergibt, an jedem Orte des Gerichtssprengels tagen. Der örtliche Nationalausschuß (místní národní výbor) bestellt die Vollstrecker von Halsgerichtsstrafen mit der erforderlichen Anzahl von Gehilfen am Sitze des Kreisgerichtes.

5. Durch Regierungsverordnung wird bestimmt, welchen Eid die Volksrichter abzulegen haben und welcher Ersatz an Auslagen und entgangenem Gewinn ihnen zusteht.

§ 23

Bei der Abstimmung stimmen zuerst die Volksrichter u. zw. die älteren vor den jüngeren.

Der öffentliche Ankläger.

§ 24

1. Die öffentlichen Ankläger der außerordentlichen Volksgerichte ernennt die Regierung oder über ihren Auftrag der Justizminister für eine bestimmte Zeit, für bestimmte Fälle, oder für die ganze Zeit der Tätigkeit des Gerichtes aus den Prokuratoren oder anderen Personen, welche das Doktorat der Rechte erlangt oder die drei juristischen Staatsprüfungen abgelegt haben, wenigstens aber die judizielle Staatsprüfung, soweit sie in den zu diesem Zwecke von den Bezirksnationalausschüssen hergestellten Verzeichnissen angeführt werden.

2. Die öffentlichen Ankläger bei den außerordentlichen Volksgerichten sind dem Justizminister unterstellt.

Das Verfahren vor den außerordentlichen Volksgerichten.

§ 25

1. Für das Verfahren vor den außerordentlichen Volksgerichten gelten die Grundsätze des standgerichtlichen Verfahrens u. zw. in der in den §§ 26 bis 31 dieses Dekretes durchgeführten Fassung. Dort, wo das Dekret auf die Vorschriften des ordentlichen Verfahrens verweist, sind die Vorschriften der geltenden Strafprozeßordnung gemeint.

2. Wurde der Angeklagte durch Urteil des außerordentlichen Volksgerichtes freigesprochen, so schließt dies nicht seine Verfolgung durch das zuständige ordentliche Gericht aus, gegebenenfalls durch das Staatsgericht nach dem Gesetz Nr. 68/1935 Slg. oder durch das zuständige Kreisgericht wegen militärischen Verrats gemäß dem Gesetz Nr. 130/1936 Slg. und der Regierungsverordnung Nr. 238/1937 Slg. Dieses Gericht verhandelt die Angelegenheit von neuem im ordentlichen Verfahren, wobei die materiell-rechtlichen Bestimmungen dieses Dekretes (§§ 1 bis 20) so gelten, als ob die schuldige Person gleich von vornherein vor ein ordentliches Gericht gestellt worden wäre (§ 21).

Der Antrag, gegen den Angeklagten auf diese Weise vorzugehen, muß aber spätestens binnen drei Monaten vom Tage des Freispruches eingebracht werden.

§ 26

1. Das Verfahren vor dem außerordentlichen Volksgericht wird auf Antrag des öffentlichen Anklägers eröffnet. (§ 24). Schwangere Frauen sind nicht vor das außerordentliche Volksgericht zu stellen, solange dieser Zustand andauert.

2. Das ganze Verfahren gegen einen einzelnen Angeklagten ist, soweit möglich, ohne Unterbrechung vom Anfang bis zum Ende vor dem außerordentlichen Volksgericht durchzuführen. Ein Verfahren gegen einen einzelnen Angeklagten darf nicht länger als drei Tage dauern. Diese Frist wird von dem Augenblicke an gerechnet, da der Angeklagte vor das Gericht gestellt wird.

3. Wenn das Volksgericht in der dreitägigen Frist nicht zu einem Urteil gelangt, tritt es die Sache dem zuständigen ordentlichen Gericht ab (§ 23 Abs. 2). In diesem Falle entscheidet es auch, ob der Angeklagte in der Haft zu belassen ist.

4. Wenn der Angeklagte aus welchen Gründen auch immer vor Gericht nicht erscheint oder nicht erscheinen kann, kann der öffentliche Ankläger beantragen, daß die Hauptverhandlung in Abwesenheit des Angeklagten durchzuführen ist. In einem solchen Falle muß das Gericht einen Verteidiger von amtswegen bestellen.

§ 27

Das Verfahren vor dem außerordentlichen Volksgericht ist mündlich und öffentlich. Der Angeklagte hat das Recht, sich selbst einen Verteidiger zu wählen oder das Gericht zu ersuchen, ihm einen Verteidiger zu bestellen, wenn er vermögenslos ist. Wenn der Angeklagte von seinem Recht keinen Gebrauch macht, bestellt ihm das Gericht einen Verteidiger von amtswegen. Sowohl der Angeklagte als auch das Gericht können mit der Verteidigung auch eine Person betrauen, die nicht im Verzeichnis der Verteidiger eingetragen ist, die das Doktorat der Rechte erworben hat oder drei juristische Staatsprüfungen, mindestens aber die judizielle Staatsprüfung abgelegt hat.

§ 28

1. Die Hauptverhandlung vor dem außerordentlichen Volksgericht wird nach dem Aufruf der Sache und der Feststellung der Generalien mit dem Vortrag des öffentlichen Anklägers eröffnet, welche Tatbestände dem Angeklagten zur Last gelegt werden. Die Einvernahme des Angeklagten und die Durchführung der Beweise richten sich im allgemeinen nach den Vorschriften der Strafprozeßordnung. Die Protokolle über die Einvernahme der Mitschuldigen und der Zeugen und die Gutachten der Sachverständigen können immer gelesen werden, wenn der Senatsvorsitzende ihre Lektüre als zweckmäßig erachtet.

2. Das Verfahren beschränkt sich regelmäßig auf die Tat oder die Taten, derentwegen der Beschuldigte vor das außerordentliche Volksgericht gestellt wurde. Auf Taten, welche nach diesem Dekret nicht strafbar sind, ist darum nicht Rücksicht zu nehmen. Wenn sie späterhin im Verfahren vor dem außerordentlichen Volksgericht oder vor dem ordentlichen Gericht, allenfalls dem

Staatsgericht, oder vor dem Kreisgericht, das für die Aburteilung eines Militärverrates zuständig ist, verfolgt werden, ist bei der Bemessung der Strafe auf die vom außerordentlichen Volksgericht schon auferlegte Strafe Rücksicht zu nehmen.

3. Das Verfahren vor dem außerordentlichen Volksgericht darf nicht durch die Feststellung von Schadensersatzansprüchen aufgehalten werden, die durch die strafbare Handlung verursacht wurden.

4. Die Feststellung der Mitschuldigen ist zwar nicht außer acht zu lassen, die Fällung und die Vollstreckung des Urteiles dürfen aber dadurch nicht hinausgezogen werden.

5. Nach der Beendigung des Beweisverfahrens bewertet der öffentliche Ankläger seine Ergebnisse und stellt seinen Endantrag. Daraufhin erteilt der Vorsitzende dem Angeklagten und seinem Verteidiger das Wort zum Vortrag der Verteidigung. Wenn der öffentliche Ankläger auf ihre Ausführungen antwortet, haben der Angeklagte und der Verteidiger das Recht auf das letzte Wort.

§ 29

1. Hernach beschließt das Gericht in nichtöffentlicher Beratung das Urteil, wobei es sich nach den entsprechenden Vorschriften über das ordentliche Verfahren richtet, soweit dieses Dekret nicht etwas anderes bestimmt.

2. Wenn sich der Anspruch über die Schuld bei einem Verbrechen, auf welches dieses Dekret die Todesstrafe setzt, nur auf drei Stimmen stützt oder wenn das Gericht zur Überzeugung gelangt, daß solche Umstände festgestellt wurden, nach denen die Todesstrafe unangemessen streng wäre, kann das Gericht die Strafe des schweren Kerkers von zwanzig Jahren bis lebenslänglich verhängen und unter den in § 16 Ab. 2 angeführten Voraussetzungen auch diese Bestimmung zur Anwendung bringen.

3. Das Urteil ist sogleich in der öffentlichen Gerichtssitzung zu verkünden.

§ 30

Über das Verfahren vor dem außerordentlichen Volksgericht ist nach den Vorschriften über das ordentliche Verfahren ein Protokoll zu verfassen. Dieses Protokoll unterschreiben alle Senatsmitglieder und der Schriftführer.

§ 31

1. Gegen das Urteil der außerordentlichen Volksgerichte gibt es keine Rechtsmittel. Ein von wem immer erbrachtes Gnadengesuch hat keine aufschiebende Wirkung.

2. Die Todesstrafe ist in der Regel binnen zwei Stunden nach Verkündigung des Urteils zu vollstrecken. Über die ausdrückliche Bitte des Verurteilten kann die Frist um eine weitere Stunde verlängert werden. Wenn das Verfahren in Abwesenheit des Angeklagten durchgeführt wurde, ist das Todesurteil binnen 24 Stunden nach der Ergreifung des Verurteilten zu vollstrecken.

3. Das außerordentliche Volksgericht kann auch entscheiden, daß die Todesstrafe öffentlich zu vollstrecken ist. Es tut dies insbesondere, wenn die gemeine Art, mit welcher das Verbrechen begangen wurde, oder der verwerfliche Charakter des Täters, die Zahl seiner Verbrechen oder seine

Stellung für eine öffentliche Vollstreckung des Urteils sprechen. In diesem Falle kann das Gericht, um die Öffentlichkeit der Strafvollstreckung sicherzustellen, die Frist von zwei Stunden verlängern, aber nicht über 24 Stunden hinaus.

Übergangs- und Schlußbestimmungen.

§ 32

1. Die Bestimmungen des Gesetzes vom 3. Mai 1934 Nr. 91 Slg. über die Verhängung der Todesstrafe und über lebenslängliche Strafen gelten nicht für Verbrechen, die nach diesem Gesetze strafbar sind.

2. Die Bestimmungen des Gesetzes vom 11. März 1931 Nr. 48 Slg. über die Jugendstrafgerichtsbarkeiten bleiben in Gültigkeit.

§ 33

Die Wirksamkeit dieses Dekretes läuft vom Tage der Verkündigung auf die Dauer eines Jahres, ausgenommen, daß es die zuständigen gesetzgebenden Körperschaften ändern oder ergänzen oder die Zeit seiner Wirksamkeit verkürzen oder verlängern.

§ 34

Mit der Durchführung dieses Dekretes werden alle Mitglieder der Regierung betraut.

[gez.:]
Dr. Benes
David, Gottwald, Siroký, Dr. Srámek, Ursíny, gen. Svoboda, Dr. Ripka, Nosek, Dr. Srobár, Dr. Nejedlý, Dr. Stránský, Kopeckýy, Lausman, Duris, Dr. Pietor, gen. Hasal, Hála, Dr. Soltéesz, Dr. Procházka, Majer, Dr. Clementis (auch für Min. Masaryk), gen. Dr. Ferjencik, Lichner

Anlage 13

Dekret des Präsidenten der Republik vom 2. August 1945
über die Regelung der tschechoslowakischen Staatsangehörigkeit von Personen deutscher und magyarischer Nationalität.
(Dekret Nr. 33; Slg. d. Ges. u. V. Nr. 33/1945)
(Übersetzt aus dem Tschechischen)

Auf Vorschlag der Regierung bestimme ich:

§ 1

1. Tschechoslowakische Staatsbürger deutscher oder magyarischer Nationalität, welche nach den Vorschriften der fremden Besatzungsmacht die deutsche oder magyarische Staatsangehörigkeit erworben haben, haben mit diesem Erwerb die tschechoslowakische Staatsangehörigkeit verloren.

2. Die übrigen tschechoslowakischen Staatsbürger deutscher oder magyarischer Nationalität verlieren die tschechoslowakische Staatsangehörigkeit mit dem Tage, an welchem dieses Dekret in Kraft tritt.

3. Dieses Dekret bezieht sich nicht auf Deutsche und Magyaren, welche sich in der Zeit der erhöhten Bedrohung der Republik (§ 18 des Dekretes des Präsidenten der Republik vom 19. Juni 1945, Slg. d. Ges. u. V. Nr. 16, über die Bestrafung der Naziverbrecher, Verräter und deren Helfer und über die außerordentlichen Volksgerichte) bei der amtlichen Meldung als Tschechen oder Slowaken gemeldet haben.

4. Tschechen, Slowaken und Angehörige anderer slawischer Völker, welche sich in jener Zeit unter Druck oder unter besonders berücksichtigenswerten Umständen als Deutsche oder Magyaren bekannt haben, werden nach diesem Dekret nicht als Deutsche oder Magyaren beurteilt, wenn das Innenministerium die Bescheinigung über die nationale Zuverlässigkeit, welche der zuständige Bezirksnationalausschuß (Bezirksverwaltungskommission) ausstellt, nach Überprüfung der angeführten Tatsachen genehmigt.

§ 2

1. Personen, welche unter die Bestimungen des § 1 fallen und welche nachweisen, daß sie der Tschechoslowakischen Republik treu geblieben sind und sich niemals gegen das tschechische und slowakische Volk vergangen haben und sich entweder aktiv am Kampf um die Befreiung beteiligt haben oder unter dem nationalsozialistischen oder faschistischen Terror gelitten haben, behalten die tschechoslowakische Staatsangehörigkeit.

2. Das Gesuch um Feststellung, daß die tschechoslowakische Staatsangehörigkeit erhalten bleibt, kann binnen 6 Monaten vom Beginn der Wirksamkeit dieses Dekretes bei dem örtlich zuständigen Bezirks-Nationalausschuß (Bezirksverwaltungskommission) oder, falls der Gesuchsteller im Auslande wohnt, bei der Vertretungsbehörde eingebracht werden. Es entscheidet darüber das Innenministerium über Vorschlag des Landes-Nationalausschusses, in der Slowakei des Nationalrates. Diese Personen gelten bis zur Erledigung des Gesuches als tschechoslowakische Staatsangehörige, falls ihnen der Bezirks-Nationalausschuß (die Bezirksverwaltungskommission) oder die Vertretungsbehörde eine Bescheinigung über die in dem vorhergehenden Absatz angeführten Umstände ausstellt.

3. Über die Beibehaltung der tschechoslowakischen Staatsangehörigkeit tschechoslowakischer militärischer Einheiten, welche deutscher oder magyarischer Nationalität sind, wird in kürzester Zeit das Innenministerium über Vorschlag des Ministerium für nationale Verteidigung von amtswegen entscheiden. Bis zur amtlichen Entscheidung gelten sie als tschechoslowakische Staatsangehörige.

§ 3

Personen, welche die tschechoslowakische Staatsangehörigkeit nach § 1 verloren haben, können binnen 6 Monaten von dem Tage, welcher durch die Kundmachung des Innenministeriums, abgedruckt in der Sammlung der Gesetze und Verordnungen, bestimmt werden wird, bei dem örtlich zuständigen Bezirks-Nationalausschuß (Bezirksverwaltungskommission) oder der Vertretungsbehörde um deren Rückgabe ansuchen. Über ein solches Gesuch entscheidet nach freier Erwägung das Innenministerium über Vorschlag des Landesnationalausschusses, in der Slowakei des slowakischen Nationalrates; es darf ihm aber nicht stattgeben, falls der Gesuchsteller die Pflichten eines tschechoslowakischen Staatsbürgers verletzt hat. Soweit durch Regierungsverordnung nicht anders bestimmt werden wird, gelten auch für diese Fälle die allgemeinen Vorschriften über den Erwerb der tschechoslowakischen Staatsbürgerschaft.

§ 4

1. Für Zwecke dieses Dekretes werden verheiratete Frauen und minderjährige Kinder selbständig beurteilt.

2. Gesuche nach § 3, welche Ehefrauen und minderjährige Kinder tschechoslowakischer Staatsbürger einreichen, sind wohlwollend zu beurteilen; bis zur Entscheidung darüber sind die Gesuchsteller als tschechoslowakische Staatsbürger anzusehen.

§ 5

Tschechen, Slowaken und Angehörige anderer Völker, welche sich in der Zeit der erhöhten Bedrohung der Republik (§ 18 des Dekretes des Präsidenten der Republik Nr. 16/1945 Slg. d. Ges. u. V.) um die Erteilung der deutschen oder magyarischen Staatsangehörigkeit beworben haben, ohne hiezu durch Druck oder besondere Umstände gezwungen worden zu sein, verlieren mit dem Tage, an welchem dieses Dekret Wirksamkeit erlangt, die tschechoslowakische Staatsangehörigkeit.

§ 6

Dieses Dekret tritt mit dem Tage der Bekanntmachung in Kraft. Der Innenminister im Einvernehmen mit dem Außenminister und dem Minister für nationale Verteidigung führt es durch.

[gez.:]
Dr. Benes Fierlinger
Masaryk Nosek General Svoboda

Anlage 14

Die Vorschriften der deutschen (magyarischen) Besatzungsmacht,
durch welche die Staatsangehörigkeit der tschechoslowakischen Staatsbürger auf dem Gebiete der Tschechoslowakei geregelt wurde, sind folgende:

1. Der Vertrag zwischen der CSR und dem Deutschen Reiche über Fragen der Staatsangehörigkeit und der Option vom 20. 11. 1938, Nr. 300 Slg. d. Ges. u. V. (der sogenannte Berliner Vertrag).

2. Der Erlaß über die Errichtung des Protektorates Böhmen und Mähren vom 16. 3. 1939 und die Verordnung vom 20. 4. 1939 RGBl. I Seite 815 über den Erwerb der Staatsangehörigkeit durch die früheren tschechoslowakischen Staatsbürger deutscher Nationalität.

3. Die Verordnung vom 6. Juli 1941 RGBl. I. S. 308, welche die Staatsangehörigkeit gegenüber dem Protektorat Böhmen und Mähren regelt.

4. Die Verordnung vom 4. März 1941 RGBl. I S. 118 über die deutschen Volkslisten und die Staatsangehörigkeit in den eingegliederten Ostgebieten (gültig für Tschechen).

5. Die Verordnung über die Anerkennung der Staatsangehörigkeit des Protektorates Böhmen und Mähren vom 3. Oktober 1939 RGBl. I S. 1997.

6. Der Vertrag zwischen der Tschechoslowakischen Republik und Ungarn über die Regelung der Fragen der Staatsangehörigkeit und der Option vom 18. Februar 1939 Nr. 43 Slg. d. Ges. u. Ver. I-i 1939.

7. Der Gesetzesartikel VI/1939 über den Anschluß der Karpatho-Ukraine an das Gebiet Ungarns vom 23. Juni 1939.

Anlage 15

Dekret des Präsidenten der Republik vom 25. Oktober 1945
über die Konfiskation des feindlichen Vermögens
und die Fonds der nationalen Erneuerung
(Dekret Nr. 42; Slg. d. Ges. u. V. Nr. 108.)
(Übersetzt aus dem Tschechischen)

Auf Antrag der Regierung und im Einvernehmen mit dem Slowakischen Nationalrat bestimme ich:

Teil I.
Konfiskation des feindlichen Vermögens.

§ 1
Umfang des konfiszierten Vermögens.

1. Konfisziert wird ohne Entschädigung - soweit dies noch nicht geschehen ist - für die Tschechoslowakische Republik das unbewegliche und bewegliche Vermögen, namentlich auch die Vermögensrechte (wie Forderungen, Wertpapiere, Einlagen, immaterielle Rechte), das am Tage der tatsächlichen Beendigung der deutschen und magyarischen Okkupation im Eigentum stand oder noch steht:

(1) des Deutschen Reiches, des Königreiches Ungarn, von Personen des öffentlichen Rechtes nach deutschem oder ungarischem Recht, der deutschen nazistischen Partei, der magyarischen politischen Parteien und anderer Formationen, Organisationen, Unternehmungen, Einrichtungen, Personenvereinigungen, Fonds und Zweckvermögen dieser oder mit ihnen zusammenhängenden Regime, wie auch anderer deutscher oder magyarischer juristischer Personen, oder

(2) physischer Personen deutscher oder magyarischer Nationalität mit Ausnahme von Personen, die nachweisen, daß sie der Tschechoslowakischen Republik treu geblieben sind, sich niemals gegen das tschechische und slowakische Volk vergangen haben und sich entweder aktiv am Kampfe für ihre Befreiung beteiligt oder unter dem nazistischen oder faschistischen Terror gelitten haben, oder

(3) physischer Personen, die eine gegen die staatliche Souveränität, die Selbständigkeit, die Integrität, die demokratisch-republikanische Staatsform, die Sicherheit und Verteidigung der Tschechoslowakischen Republik gerichtete Tätigkeit entfaltet haben, die zu einer solchen Tätigkeit aufreizten oder andere Personen zu verleiten suchten, absichtlich auf irgendeine Weise die deutschen oder magyarischen Okkupanten zu unterstützen oder die in der Zeit der erhöhten Bedrohung der Republik (§ 18 des Dekretes des Präsidenten der Republik vom 19. Juni 1945, Sammlung der Gesetze und Verordnungen Nr. 16, über die Bestrafung der nazistischen Verbrecher, Verräter und ihrer Helfershelfer und über die außerordentlichen Volksgerichte) die Germanisierung oder Magyarisierung auf dem Gebiete der Tschechoslowakischen Republik begünstigten oder sich der Tschechoslowakischen Republik oder dem tschechischen oder dem slowakischen Volke gegenüber feindselig benommen haben, wie auch von Personen, die eine solche Tätigkeit bei Personen, welche ihr Vermögen oder Unternehmen verwalteten, geduldet haben.

2. Die Bestimmungen des Absatzes 1 Ziff. 3 gelten auch für juristische Personen, soweit den physischen Personen, welche ihre Mitglieder oder Teilhaber an dem Vermögen der Unternehmen (Kapitalbeteiligte) sind, eine Schuld an dem Vorgehen des die juristische Person vertretenden Organs beizumessen ist oder soweit diese Personen bei ihrer Auswahl und Beaufsichtigung die angemessene Sorgfalt außer Acht gelassen haben.

3. Der Konfiskation unterliegt gleichfalls alles Vermögen, das in der Zeit nach dem 29. September 1938 den in den Absätzen 1 und 2 angeführten Subjekten angehörte und in der gemäß Abs. 1 Satz 1 angegebenen Zeit im Eigentum von Personen stand, oder noch steht, in deren Händen es der Konfiskation nicht unterliegen würde, es sei denn, daß die Einbeziehung eines solchen Vermögens in die Konfiskation den Grundsätzen der Billigkeit nicht entsprechen würde.

4. Darüber, ob die Voraussetzungen für die Konfiskation nach diesem Dekret erfüllt sind, entscheidet der zuständige Bezirks-Nationalausschuß. Die Entscheidung kann durch eine öffentliche Bekanntmachung zugestellt werden, auch wenn die Voraussetzungen des § 33 der Regierungsverordnung vom 13. Januar 1928, Slg. Nr. 8, über das Verfahren in Angelegenheiten, die in den Wirkungsbereich der politischen Behörden gehören (Verwaltungsverfahren) nicht erfüllt sind. Gegen die Entscheidung des Bezirks-Nationalausschusses kann Berufung an den Landes-Nationalausschuß (in der Slowakei an das zuständige Organ des Slowakischen Nationalrates) eingelegt werden. Der Landes-Nationalausschuß (in der Slowakei das zuständige Organ des Slowakischen Nationalrates) kann, und zwar auch im Laufe des Verfahrens, die Durchführung des Verfahrens übernehmen und in erster Instanz über die Angelegenheit entscheiden. Wenn der Landes-Nationalausschuß (in der Slowakei das zuständige Organ des Slowakischen Nationalrates) auf diese Weise in erster Instanz entscheidet, kann gegen seine Entscheidung Berufung an das Innenministerium eingelegt werden. Der Innenminister kann die Form, in der gemäß diesem Absatz entschieden wird, in Richtlinien näher regeln.

§ 2
Ausnahmen von der Konfiskation und Entschädigungsgewährung.

1. Von der Konfiskation ausgenommen ist der Teil des beweglichen Vermögens der in § 1 Abs. 1 Ziff. 2 und 3 angeführten Personen, der zur Befriedigung der Lebensbedürfnisse oder zur persönlichen Ausübung der Beschäftigung dieser Personen und ihrer Familienmitglieder unumgänglich nötig ist (wie Kleider, Federbetten, Wäsche, Hausgerät, Nahrungsmittel und Werkzeuge). Die

Einzelheiten über den Umfang dieses Vermögens setzt die Regierung auf dem Verordnungswege fest.

2. Die Regierung kann durch Verordnung festsetzen, daß das Vermögen eines bestimmten Kreises von Personen, die unter die Bestimmungen des § 1 fallen, teilweise oder zur Gänze von der Konfiskation ausgenommen sind.

3. Der Konfiskation unterlegt nicht das Vermögen, welches Personen, die nicht unter die Bestimmungen des § 1 fallen, in der Zeit nach dem 29. September 1938 unter dem Druck der Okkupation oder infolge der nationalen, rassischen oder politischen Verfolgung verloren haben.

4. Bei der Konfiskation des Vermögens einer juristischen Person gebührt eine verhätnismäßige Entschädigung den an ihr kapitalmäßig beteiligten Personen, soweit sie nicht unter die Bestimmungen des § 1 Abs. 1 und 2 fallen. Einzelheiten regelt die Regierung im Verordnungswege.

5. Befinden sich Personen, deren Vermögen der Konfiskation unterliegt, als Miteigentümer in Gemeinschaft mit Personen, die nicht unter die Bestimmungen von § 1 fallen und beträgt ihr Miteigentumsanteil mehr als die Hälfte, unterliegt das ganze Vermögen der Konfiskation. Personen, die nicht unter § 1 fallen, gebührt jedoch eine Entschädigung in Sachen gleicher Art und gleichen Wertes wie ihr Anteil und wenn dies nicht möglich ist, in Geld.

Teil II.
Fonds der nationalen Erneuerung.

§ 3
Errichtung und Organisation der Fonds der nationalen Erneuerung.

1. Zur Besorgung der mit der vorläufigen Verwaltung des konfiszierten Vermögens und seiner Aufteilung zusammenhängenden Aufgaben wird bei jedem Siedlungsamt ein Fonds der nationalen Erneuerung (weiterhin nur Fonds) errichtet. Der Fonds ist eine selbständige juristische Persönlichkeit. Soweit das Statut des Fonds (Absatz 7) nichts anderes bestimmt, vertritt ihn die Finanzprokuratur.

2. An der Spitze eines jeden Fonds steht ein Präsident, welchen die Regierung auf Vorschlag des Innenministers nach Anhören des Präsidenten des Siedlungsamtes ernennt. Der Präsident vertritt den Fond nach außen. Ist er verhindert, so vertritt ihn der Vizepräsident des Fonds, den die Regierung auf Vorschlag des Präsidenten des Fonds und nach Anhören des Präsidenten des Siedlungsamtes ernennt.

3. Der Fonds der nationalen Erneuerung untersteht dem Siedlungsamt, bei dem er errichtet wurde. Der Präsident des Siedlungsamtes und sein Stellvertreter bilden mit dem Präsidenten und dem Vizepräsidenten des Fonds einen Rat, der die Tätigkeit des betreffenden Siedlungsamtes und des ihm unterstehenden Fonds ausrichtet. Der Rat faßt seine Beschlüsse mit einer Majorität von mehr als der Hälfte der Stimmen. Bei Stimmengleichheit entscheidet die Zentralkommission für die Innenkolonisation.

4. Die Agenda des Fonds besorgen die Angestellten des betreffenden Siedlungsamtes, wobei sie dem Präsidenten des Fonds unterstehen.

5. Die den Fonds zugrundeliegenden Geldmittel bilden Vorschüsse aus Staatsmitteln, weiterhin nach diesem Dekret konfiszierte Geldeinlagen und liquide Forderungen und die nach und nach eingehenden Entschädigungen für das zugeteilte Vermögen.

6. Die Fonds sind von Gebühren und Abgaben für Amtshandlungen befreit.

7. Das Statut der Fonds und die Geschäftsordnung für sie erläßt die Regierung im Verordnungswege auf Antrag der Zentralkommission für Innenkolonisation.

§ 4
Ständiger Beratungskörper und Wirtschaftskontrolle.

1. Bei jedem Fonds wird ein Ständiger Beratungskörper gebildet. In den Ständigen Beratungskörper, der bei dem Fonds am Siedlungsamt in Prag errichtet wird, entsenden die Ministerien des Inneren, der Finanzen, für nationale Verteidigung, für Schulwesen und Kultur, der Justiz, für Industrie, für Landwirtschaft, für Binnenhandel, für Verkehr, für Arbeitsschutz und soziale Fürsorge, für Gesundheitswesen und Ernährung, sowie der Wirtschaftsrat je einen Vertreter. Mitglieder des Ständigen Beratungskörpers, der bei dem Fonds beim Siedlungsamt in Preßburg errichtet wird, sind die Vertreter der betreffenden Beauftragten des Slowakischen Nationalrates, wie auch ein Vertreter des Wirtschaftsrates. Die Zentralkommission für Innenkolonisation regelt den Wirkungsbereich der Ständigen Beratungskörper und erläßt ihre Geschäftsordnung.

2. Die Wirtschaftsführung der Fonds unterliegt der Kontrolle des Finanziministeriums und des Obersten Rechnungskontrollamtes. Verfügungen des Fonds, gegen die der Vertreter des Finanziministeriums (in der Slowakei durch Vermittlung des Finanzbeauftragten des Slowakischen Nationalrates) Einwendungen erhebt, dürfen nicht durchgeführt werden, solange der entstandene Konflikt nicht durch Verhandlungen zwischen den betreffenden Ministerien, und wenn das erfolglos bleibt, durch eine Entscheidung der Regierung beseitigt wird.

§ 5
Wirkungsbereich der Fonds.

1. Die Fonds sind namentlich zuständig:

(1) alles nach diesem Dekret konfiszierte Vermögen festzustellen. Die Bezirks-Nationalräte sind verpflichtet, eine Konskription jeglichen Vermögens durchzuführen, das in ihrem Besitz nach diesem Dekret konfisziert wird und diese Aufstellung der zuständigen Bezirks-Dienststelle des Siedlungsamtes und dem zuständigen Fonds vorzulegen. Die Unterlagen für die Konskription besorgen die örtlichen Nationalausschüsse. Jeder, der konfisziertes Vermögen besitzt, verwaltet oder aufbewahrt, ist verpflichtet, es auf Aufforderung des Bezirks-Nationalausschusses zur Konskription anzumelden und ordentlich dafür zu sorgen, solange der damit betraute Fonds oder die öffentliche Behörde keine anderen Verfügungen trifft;

(2) im Einvernehmen mit den zuständigen Nationalausschüssen und Ministerien und durch ihre Vermittlung die erforderlichen Vorkehrungen für die Sicherstellung, Übernahme, Aufbewahrung, Erhaltung und Verwaltung dieses Vermögens zu treffen, soweit dies nicht geschehen ist. Die Richtlinien für diese Vorkehrungen erläßt das Siedlungsamt im Einvernehmen mit dem Fonds. Auf Ansuchen des Fonds merkt das zuständige Gericht die Konfiskation in den öffentlichen Büchern und Registern an;

(3) die zum konfiszierten Vermögen gehörenden Verbindlichkeiten aufzuzeichnen und auszugleichen, wobei nach den Richtlinien vorzugehen ist, welche die Regierung im Verordnungswege erläßt; für Verbindlichkeiten, welche bei diesem Ausgleich nicht befriedigt werden, haftet der Staat nicht;

(4) die Übergabe des konfiszierten Vermögens auf Grund der Rahmenpläne (§ 6 Abs. 1) und der endgültigen Zuteilungsentscheidung (§ 8 Abs. 6) durchzuführen;

(5) den Zuteilungsempfängern einen Kredit nach den von der Zentralkommission für Innenkolonisation herausgegebenen Richtlinien zu vermitteln.

2. Der Fonds hat das Recht, die Wirtschaftsführung der nationalen Verwalter zu beaufsichtigen und bei den zuständigen Organen ihre Abberufung zu verlangen und ihre Anstellung zu beantragen.

Teil III.
Aufteilung des konfiszierten Vermögens.

Abschnitt 1.
Rahmenpläne und Zuteilungsanordnungen.

§ 6

1. Das Siedlungsamt arbeitet im Einvernehmen mit den zuständigen Ministerien (in der Slowakei auch mit den zuständigen Beauftragten des Slowakischen Nationalrates) und dem Wirtschaftsrat und nach Anhören der zuständigen Wirtschaftsverbände (in der Slowakei der entsprechenden Wirtschaftsorganisationen) und des Zentralrates der Sektionen (in der Slowakei der Zentrale der Fachverbände) Rahmenpläne aus, in denen insbesondere bestimmt wird:

a) wieviele kleine Vermögensmassen in den einzelnen Orten zugeteilt werden sollen und wie mit den restlichen verfahren werden soll,

b) welche mittleren Vermögensmassen zugeteilt werden sollen und wie mit den restlichen verfahren werden soll,

c) wie mit dem Industrievermögen und mit den großen Vermögensmassen verfahren werden soll.

2. In der im vorhergehenden Absatz angegebenen Art bereiten die Siedlungsämter Vorschläge besonderer Zuteilungsordnungen nach der Art des konfiszierten Vermögens, das zur Aufteilung bestimmt wird, vor und bestimmen darin die Merkmale, nach denen die Vermögensmassen in kleine, mittlere und große unterschieden werden, die Eigenschaften, welche die Zuteilungsempfänger der eben erwähnten Vermögensart besitzen müssen, die Richtlinien für die Berechnung der Höhe der Entschädigung und die Art ihrer Abzahlung durch die Zuteilungsempfänger, die Bedingungen, unter denen eine Zuteilung erlangt oder das zugeteilte Vermögen entzogen werden kann und wie mit der Vermögensmasse verfahren werden soll. Auf Grund dieser Unterlagen erläßt die Regierung die einzelnen Zuteilungsanordnungen. Die Durchführung dieser Anordnungen obliegt dem Siedlungsamt, das sie stufenweise nach Umfang und Art des zugeteilten Vermögens durchführen kann.

3. Auf Grund der Rahmenpläne (Abs. 1) und der Zuteilungsanordnungen (Abs. 2) werden die Zuteilungs- und Entschädgungspläne (§§ 10 bis 12) aufgestellt. Das Siedlungsamt hat die Aufgabe, zu prüfen, ob die Zuteilungs- und Entschädigungspläne diesen Voraussetzungen entsprechen, in welchem Falle sie sie genehmigen. Zuteilungen, welche den Rahmenplänen oder den Zuteilungsanordnungen widersprechen, scheidet das Siedlungsamt aus den Zuteilungs- und Entschädigungsplänen aus. Solange die Pläne nicht unter diesem Gesichtspunkte vom Siedlungsamt genehmigt sind, kann nicht zur endgültigen Genehmigung oder Richtigstellung des Zuteilungs- und Entschädigungsplanes durch das zuständige Organ geschritten werden.

4. Eine Zuteilung, die dem Rahmenplan, der einzelnen Zuteilungsanordnung oder den ordnungsgemäß genehmigten, gegebenenfalls berichtigten Zuteilungs- und Entschädigungsplänen (§ 10 Abs. 3) widerspricht, ist ungültig. Der Fonds kann in einer Frist von 6 Monaten von der Zustellung der rechtskräftigen Zuteilungsentscheidung (§ 8 Abs. 6) die Aufhebung der ungültigen Zuteilungsentscheidung durch die übergeordneten Behörden, und wenn es sich um eine Zuteilungsentscheidung des Ministeriums handelt, durch die Zentralkommission für die Innenkolonisation veranlassen.

Abschnitt 2
Zuteilungsverfahren.

§ 7
Berechtigung des Bewerbers.

1. Aus dem nach diesem Dekret konfiszierten Vermögen werden (§ 8) einzelne Vermögensmassen in das Eigentum berechtigter Bewerber gegen Entschädigung zugestellt.

2. Vermögensmassen können Ländern, Bezirken, Gemeinden und anderen öffentlich-rechtlichen Korporationen, insbesondere Interessenten- und Kulturkorporationen, Genossenschaften und anderen Bewerbern, die den Zuteilungsbedingungen entsprechen, zugeteilt werden (§ 6 Abs. 2).

3. Bei der Zuteilung konfiszierten Vermögens sind vor allem zu berücksichtigen Teilnehmer am nationalen Widerstand und ihre hinterbliebenen Familienangehörigen, Personen, die durch den Krieg, die nationale, rassische oder politische Verfolgung geschädigt wurden, Personen, die ins Grenzgebiet, welches sie zu verlassen gezwungen waren, oder aus dem Auslande in die Heimat zurückkehren und Personen, die infolge der Gebietsabtretung ihren Wohnsitz auf das übrige Gebiet der Tschechoslowakischen Republik verlegt haben. Die Voraussetzungen der Vorzugsstellung müssen gehörig bewiesen werden.

§ 8
Zuteilungsentscheidung.

1. Auf Grund der rechtskräftigen Zuteilungspläne (§§ 10 bis 12) teilt die kleinen Vermögensmassen der Bezirks-Nationalausschuß zu, die mittleren Vermögensmassen der Landes-Nationalausschuß (in der Slowakei das zuständige Organ des Slowakischen Nationalrates) und das Industrievermögen und die großen Vermögensmassen das zuständige Ministerium (in der Slowakei im Einvernehmen mit dem zuständigen Beauftragten des Slowakischen Nationalrates).

2. In der Zuteilungsentscheidung ist anzuführen:

a) woraus die zugeteilte Vermögensmasse besteht,

b) welche anderen Rechte und Berechtigungen mit der Zuteilung verbunden sind,

c) welche Verbindlichkeiten der Zuteilungsempfänger übernimmt,

d) der Tag, an welchem das zugeteilte Vermögen übergeben wird,

e) die Höhe der Entschädigung (Übernahmepreis) und die Art ihrer Bezahlung,

f) eventuelle Beschränkungen des Zuteilungsempfängers oder andere ihm auferlegte Bedingungen.

3. Der Zuteilungsempfänger haftet nicht für Verbindlichkeiten, die auf dem Vermögen, das ihm zugeteilt wurde, ruhen, soweit er sie nicht nach der Zuteilungsentscheidung übernommen hat.

4. Einem Bewerber, der sich durch die Entscheidung des Bezirks-Nationalausschusses über die Zuteilung geschädigt fühlt, steht das Recht zu, beim Landes-Nationalausschuß (in der Slowakei beim zuständigen Organ des Slowakischen Nationalrates) Berufung einzulegen. Über die Berufung entscheidet der Landes-Nationalausschuß (in der Slowakei das zuständige Organ des Slowakischen Natikonalrates) endgültig.

5. Einem Bewerber, der sich durch eine Zuteilungsentscheidung des Landes-Nationalausschusses (des zuständigen Organes des Slowakischen Nationalrates) für geschädigt erachtet, steht die Berufung an das zuständige Ministerium zu.

6. Das Organ, welches über die Zuteilung entschieden hat, sendet die rechtskräftige Zuteilungsentscheidung an den zuständigen Fonds, der die Übergabe des zugeteilten Vermögens durchführt.

§ 9
Zuteilungskommission.

1. Der örtliche Nationalausschuß, in dessen Bereich sich konfisziertes Vermögen befindet, fordert auf Ersuchen des Siedlungsamtes öffentlich auf die örtlich gebräuchliche Art und durch Kundmachung im Amtsblatt des Siedlungsamtes die Zuteilungsinteressenten auf, Anmeldungen einzureichen. Die Anmeldungen sind beim örtlichen Nationalausschuß einzureichen. Aus diesen, den

Zuteilungsbedingungen (§ 6 Abs. 2) entsprechenden Bewerbern, wie auch aus den Mitgliedern des örtlichen Nationalausschusses, die keine Bewerber sind, ernennt der örtliche Nationalausschuß die örtliche Zuteilungskommission und zwar mindestens von drei und höchstens von 10 Mitgliedern, sodaß die Zuteilungsbewerber nicht die Mehrheit bilden. Die Mitgliedschaft in den örtlichen Zuteilungskommissionen ist ehrenamtlich. Der örtliche Nationalausschuß kann die Komissionsmitglieder jederzeit abberufen. Den Vorsitzenden der örtlichen Zuteilungskommission wählt der örtliche Nationalausschuß aus seinen Mitgliedern. In Gemeinden mit mehr als 10.000 Einwohnern ernennt der örtliche Nationalausschuß zu Mitgliedern der örtlichen Zuteilungskommission auch Vertreter der Wirtschaftsverbände (in der Slowakei der analogen Wirtschafts-Organisationen) und des Zentralrates der Fachschaften (in der Slowakei der Zentrale der Fachverbände). Wenn ein Mitglied abberufen wird, oder aus einem anderen Grunde wegfällt, wird ein neues Mitglied aus der Interessentengruppe, aus der das Mitglied, das er zu ersetzen hat, hervorgegangen ist, gewählt. Bei stufenweiser Durchführung der Zuteilungsordnung (§ 6 Abs. 2 letzter Satz) dürfen für die einzelnen Arten von Vermögensmassen verschiedene Zuteilungskommissionen ernannt werden.

2. Der Bezirks-Nationalausschuß, in dessen Bezirk sich konfisziertes Vermögen befindet, fordert auf Ersuchen des Siedlungsamtes öffentlich in der in dem Bezirk üblichen Art und durch Bekanntmachung im Amtsblatt des Siedlungsamtes die Zuteilungsinteressenten auf, Anmeldungen einzureichen. Die Anmeldungen sind beim Bezirks-Nationalausschuß einzureichen. Aus diesen den Zuteilungsbedingungen (§ 6 Abs. 2) entsprechenden Bewerbern und aus Vertretern des Bezirks-Nationalausschusses, der Wirtschaftsverbände (in der Slowakei der entsprechenden Wirtschaftsorganisationen) und des Zentralrates der Fachschaften (in der Slowakei der Zentrale der Fachverbände) ernennt der Bezirks-Nationalausschuß eine Zuteilungskommission für den Bezirk, und zwar höchstens von 10 Mitgliedern derart, daß die Zuteilungsbewerber nicht die Mehrheit bilden. Für die Mitglieder der Bezirkszuteilungskommission gelten die Vorschriften über die Mitglieder der örtlichen Zuteilungskommission entsprechend. Den Vorsitzenden der Bezirks-Zuteilungskommission wählt der Bezirks-Nationalausschuß aus seinen Mitgliedern.

3. Die Ernennung der Mitglieder der örtlichen Zuteilungskommission überprüft und bestätigt der Bezirks-Nationalausschuß, die Ernennung der Mitglieder der Bezirks-Zuteilungskommission überprüft und bestätigt der Landes-Nationalausschuß (in der Slowakei das zuständige Organ des Slowakischen Nationalausschusses).

4. Das Siedlungsamt regelt die Zusammensetzung, die Organisation und die Tätigkeit der örtlichen und Bezirks-Zuteilungskommissionen im einzelnen und stellt die Gaschäftsordnung für sie auf.

§ 10

1. Die örtliche Zuteilungskommission arbeitet für die kleinen, für die Zuteilung im Bereiche des örtlichen Nationalausschusses bestimmten Vermögensmassen einen Zuteilungsplan mit einem Vorschlag der für das zugeteilte Vermögen geforderten Entschädigung aus. Den Plan legt sie zur öffentlichen Einsichtnahme bei dem örtlichen Nationalausschuß während 15 Tagen aus und macht gleichzeitig auf die Auslage durch eine Kundmachung aufmerksam, die einmal, während dieser

Zeit auf seiner Amtstafel ausgehängt wird, zum anderen, spätestens am ersten Tag der Auslage, im Druck und im Amtsblatt des Siedlungsamtes und zwar mit einer Belehrung über die Einwendungen, veröffentlicht wird. Jeder tschechoslowakische Staatsbürger im Alter von über 18 Jahren hat das Recht, gegen diesen Zuteilungsplan und Entschädigungsvorschlag innerhalb einer Frist von 16 Tagen vom letzten Tag der Auslage des Planes an, Einwendungen bei der örtlichen Zuteilungskommission zu erheben. Nach Ablauf der Einspruchsfrist legt die örtliche Zuteilungskommission den Zuteilungsplan samt dem Entschädigungsvorschlag und die eingegangenen Einwendungen mit ihrer Erklärung dazu der Bezirks-Zuteilungskommission zur Überprüfung vor. Gleichzeitig sendet sie eine Abschrift des Zuteilungsplanes und des Entschädigungsvorschlages an das Siedlungsamt (§ 6 Abs. 3), an die Steueradministration und an den Bezirks-Nationalausschuß (Abs. 2).

2. Die Bezirks-Zuteilungskommission überprüft die ihr vorgelegten Zuteilungspläne und Entschädigungsvorschläge unter Bedachtnahme auf die eingelegten Einwendungen. Sie erbittet Erklärungen über die Angemessenheit der in den Plänen vorgeschlagenen Entschädigungen von der Steueradministration und den technischen und den Preis-Organen des zuständigen Bezirks-Nationalausschusses und teilt ihnen mit, wann sie über den einzelnen Zuteilungsplan verhandeln wird, damit sie sich an diesen Verhandlungen beteiligen können.

3. Der Zuteilungs- und Entschädigungsplan für die kleinen Vermögensmassen ist die Unterlage für die Zuteilung, sobald er von der Bezirks-Zuteilungskommission unter Berücksichtigung des Standpunktes des Siedlungsamtes (§ 6 Abs. 3) genehmigt, gegebenenfalls berichtigt wurde.

§ 11
Die Zuteilungspläne für die mittleren Vermögensmassen.

1. Die Bezirks-Zuteilungskommission arbeitet für die mittleren, im Bereiche des Bezirks-Nationalausschusses für die Zuteilung bestimmten Vermögensmassen einen Zuteilungsplan mit einem Vorschlag der für das zugeteilte Vermögen geforderten Entschädigung aus. Den Plan legt sie zur öffentlichen Einsichtnahme beim Bezirks-Nationalausschuß während 15 Tagen aus und macht gleichzeitig auf die Auslage durch eine Kundmachung aufmerksam, die einmal, während dieser Zeit auf seiner Amtstafel ausgehängt wird, zum anderen, spätestens am ersten Tag der Auslage, im Druck und im Amtsblatt des Siedlungsamtes und zwar mit einer Belehrung über die Einwendungen, veröffentlicht wird. Jeder tschechoslowakische Staatsbürger im Alter von über 18 Jahren hat das Recht, gegen diesen Zuteilungsplan und Entschädigungsvorschlag innerhalb einer Frist von 15 Tagen vom letzten Tag der Auslage des Planes an, Einwendungen bei der Bezirks-Zuteilungskommission zu erheben. Nach Ablauf der Einspruchsfrist legt die Bezirks-Zuteilungskommission den Zuteilungsplan samt dem Entschädigungsvorschlag und die eingegangenen Einwendungen mit ihrer Erklärung dazu dem Landes-Nationalauschuß (in der Slowakei dem zuständigen Organ des Slowakischen Nationalrates) zur Überprüfung vor. Gleichzeitig sendet sie eine Abschrift des Zuteilungsplanes und des Entschädigungsvorschlages an das Siedlungsamt (§ 6 Abs. 3), an die Steueradministration und an den Bezirks-Nationalausschuß (Abs. 2).

2. Der Landes-Nationalausschuß (in der Slowakei das zuständige Organ des Slowakischen Nationalrates) erbittet Erklärungen über die Angemessenheit der in den Plänen vorgeschlagenen Entschädigungen von der Steueradministration und den technischen und Preis-Organen des zuständigen Bezirks-Nationalausschusses und teilt ihnen mit, wann er über den einzelnen Zuteilungsplan verhandeln wird, damit sie sich an dieser Verhandlung beteiligen können. Dabei überprüft er die vorgelegten Zuteilungspläne und Entschädigungsvorschläge unter Berücksichtigung der eingegangenen Einwendungen und der Erklärungen der Steueradministration und technischen Organe der Bezirks-Nationalausschüsse, wobei er diese Pläne ändern kann, wenn dies wichtige, öffentliche, namentlich nationale Interessen verlangen.

3. Der Zuteilungs- und Entschädigungsplan für die mittleren Vermögensmassen ist die Unterlage für die Zuteilung, sobald er vom Landes-Nationalausschuß (in der Slowakei vom zuständigen Organ des Slowakischen Nationalrates) unter Berücksichtigung des Standpunktes des Siedlungsamtes (§ 6 Abs. 3) genehmigt, gegebenenfalls berichtigt wurde.

§ 12
Die Zuteilungspläne für Industrievermögen und große Vermögensmassen.

1. Der Landes-Nationalausschuß (in der Slowakei das zuständige Organ des Slowakischen Nationalrates) arbeitet für das Industrievermögen und die großen Vermögensmassen, die in seinem Bereich zur Aufteilung bestimmt sind, einen Zuteilungsplan mit einem Vorschlag der für das zugeteilte Vermögen geforderten Entschädigung aus. Die Pläne sind im Amtsblatt des Siedlungsamtes zu veröffentlichen. Jeder tschechoslowakische Staatsbürger, der älter als 18 Jahre ist, hat das Recht, gegen diesen Zuteilungsplan und Entschädigungsvorschlag innerhalb einer Frist von 15 Tagen seit Veröffentlichung des Planes beim Landes-Nationalausschuß (in der Slowakei das zuständige Organ des Slowakischen Nationalrates) Einspruch einzulegen. Nach Ablauf dieser Einspruchsfrist legt der Landes-Nationalausschuß (in der Slowakei das zuständige Organ des Slowakischen Nationalrates) den Zuteilungsplan samt dem Entschädigungsvorschlag und die eingegangenen Einwendungen mit seiner Erklärung dazu dem zuständigen Ministerium zur Überprüfung vor. Gleichzeitig sendet er eine Abschrift des Zuteilungsplanes und des Entschädigungsvorschlages an das Siedlungsamt (§ 6 Abs. 3), das Finanzministerium, das Verkehrsministerium (Absatz 2) und an die Oberste Preisbehörde.

2. Das Ministerium (in der Slowakei im Einvernehmen mit dem zuständigen Beauftragten des Slowakischen Nationalrates) überprüft den vorgelegten Zuteilungsplan und Entschädigungsvorschlag unter Berücksichtigung der eingebrachten Einwendungen und der Erklärungen der Ministerien für Finanzen und Verkehr (öffentliche technische Verwaltung) und der Obersten Preisbehörde, die zum Entschädigungsvorschlag erbeten werden.

3. Der Zuteilungs- und Entschädigungsplan für das Industrieeigentum und die großen Vermögensmassen ist die Unterlage für die Zuteilung, sobald er durch das Ministerium (in der Slowakei im Einvernehmen mit dem zuständigen Beauftragten des Slowakischen Nationalrates) unter

Berücksichtigung des Standpunktes des Siedlungsamtes (§ 6 Abs. 3) genehmigt und gegebenenfalls berichtigt wurde.

§ 13
Behandlung des zugeteilten Vermögens.

Das nach § 8 zugeteilte Vermögen darf nur nach der in den einzelnen Zuteilungsordnungen festgesetzten Frist veräußert, vermietet, verpachtet oder belastet werden. Während dieser Frist darf dies nur mit Genehmigung des Fonds geschehen.

§ 14
Die Bezahlung der Übernahmspreise und ihre Verwendung.

1. Die Entschädigung (Zuteilungspreis) zahlen die Zuteilungsempfänger dem zuständigen Fonds gemäß der Zuteilungsentscheidung. Der Ausweis über die Zahlungsreste der Entschädigung, der vom Fonds erlassen wird, ist im Wege der verwaltungsmäßigen oder der gerichtlichen Zwangsvollstreckung vollstreckbar.

2. Diese Entschädigungen sind zur Bezahlung der auf dem konfiszierten Vermögen beruhenden Verbindlichkeiten zu verwenden, soweit sie beim Ausgleich (§ 5 Abs. 1 Ziff. 3) anerkannt und nicht vom Zuteilungsempfänger übernommen werden und der Rest ist an die Staatskasse zu bestimmten Zwecken abzuführen.

Teil IV.
Gemeinsame und Schlußbestimmungen.

§ 15
Verfahren vor den Fonds.

Für das Verfahren vor den Fonds gilt die Regierungsverordnung Slg. Nr. 8, 1928 entsprechend.

§ 16
Übergang der Liegenschaften und bücherlichen Rechte auf den Staat.

Den Übergang der Liegenschaften und bücherlichen Rechte, welchen nicht anderen Personen zugeteilt werden, auf den Tschechoslowakischen Staat, tragen die Grundbuchgerichte in die öffentlichen Bücher auf Antrag des zuständigen Fonds ein, und soweit es sich um das in § 18 angeführte Vermögen handelt, auf Antrag des Gesundheitsministeriums unter Berufung auf dieses Dekret.

§ 17
Verhältnis zum landwirtschaftlichen Vermögen.

Dieses Dekret bezieht sich nicht auf das landwirtschaftliche Vermögen, soweit es nach dem Dekret des Präsidenten der Republik vom 21. Juni 1945, Slg. Nr. 12, über die Konfiskation und beschleunigte Aufteilung des landwirtschaftlichen Vermögens der Deutschen, Magyaren und wie auch der Verräter und Feinde des tschechischen und slowakischen Volkes und den entsprechenden in der Slowakei geltenden Vorschriften konfisziert ist.

§ 18
Verhältnis zum Bädervermögen, zu den Heil- und Pflegeanstalten.

1. Die Bestimmungen der Teile II und III beziehen sich nicht:

1. auf Heil- und Pflegeanstalten,

2. auf folgendes Bädervermögen:

a) Liegenschaften mit Quellen von natürlichen Heil- oder Mineralwassern, Heilgasen und Emanationen oder mit Lagern von Heil-Schlamm, -Moor, -Torf oder anderen Erdarten,

b) Liegenschaften, Unternehmungen und Einrichtungen, die der Ausnutzung von natürlichen Heilquellen oder Mineralwassern dienen oder dafür notwendig sind,

c) Heilbäder-Einrichtungen,

d) Kur-Wohnungsunternehmungen, die überwiegend Kurgästen dienen oder für sie bestimmt sind oder Bestandteil von Heilbäder-Einrichtungen sind,

e) Hilfsunternehmungen der unter Buchst. b) bis d) angeführten Einrichtungen und Unternehmungen,

f) alles Zubehör der unter Buchst. b) bis e) angeführten Unternehmungen und Einrichtungen und alles zu ihrem Betrieb dienende Vermögen.

2. Der Minister für Gesundheitswesen (in der Slowakei im Einvernehmen mit dem Beauftragten des Slowakischen Nationalrates) bestimmt, auf welches Vermögen sich diese Bestimmungen des Absatzes 1 beziehen.

3. Wie mit dem in Absatz 2 angeführten Vermögen zu verfahren ist, bestimmen besondere Vorschriften.

§ 19
Strafbestimmungen.

1. Wer wissentlich irgendwelche Bestimmungen dieses Dekrets oder der dauafhin erlassenen Verordnungen verletzt, oder wer sich in Machenschaften einläßt, die geeignet sind, die Konfiskation oder die ordentliche Zuteilung des konfiszierten Vermögens zu stören, wird - unbeschadet der gerichtlichen Verfolgung - vom Bezirks-Nationalausschuß mit einer Geldstrafe bis zu 1.000.000

Kcs oder mit Gefängnis bis zu einem Jahr oder mit diesen beiden Strafen bestraft. Im Falle der Uneinbringlichkeit der Geldstrafe ist eine Ersatz-Gefängnisstrafe nach dem Ausmaß der Schuld bis zu einem Jahr zu verhängen.

2. Die in Absatz 1 angeführten Übertretungen verjähren in drei Jahren.

§ 20
Mitwirkung der öffentlichen Organe und Behörden.

Slle öffentlichen Behörden und Organe sind verpflichtet, auf Verlangen mit den Fonds der nationalen Erneuerung zusammenzuarbeiten und sie tatkräftig bei der Durchführung ihrer Aufgaben zu unterstützen.

§ 21

Dieses Dekret tritt mit dem Tage der Kundmachung in Kraft; es wird von allen Mitgliedern der Regierung durchgeführt.

[gez.:]
Dr. Benes Fierlinger
David, Gottwald, Siroký, Dr. Srámek, Ursíny, Masaryk, General Svoboda, Dr. Ripka, Nosek, Dr. Srobár, Dr. Nejedlý, Dr. Stránský, Kopecký, Lausman, Duris, Dr. Pietor, General Hasal, Hála, Dr. Soltész, Dr. Procházka, Majer, Dr. Clementis, General Dr. Ferjencik, Lichner

(Das Dekret wurde am 30. Oktober 1945 kundgemacht.)

Anlage 16

Berechnung des Volksvermögens der Deutschen in der tschechoslowakischen Republik, München 1947.

Von der "Arbeitsgemeinschaft zur Wahrung sudetendeutscher Interessen" ist im Jahre 1947 dem Bayerischen Ministerpräsidenten Dr. Ehard eine Denkschrift über das von den Sudetendeutschen zurückgelassene Nationalvermögen, welche im Auftrage der Bayerischen Staatskanzlei, des Staatssekretariats für das Flüchtlingswesen und des Deutschen Büros für Friedensfragen in Stuttgart in monatelanger Arbeit von Fachexperten und Kennern des sudetendeutschen Wirtschaftslebens zusammengestellt worden war, überreicht worden.

Diese Denkschrift basiert zum Großteil auf tschechoslowakischen Quellen (*Statistisches Jahrbuch der tschechoslowakischen Republik,* Prag 1938) und auf statistischen Angaben deutscher und tschechischer Wirtschaftspublizistik, sowie auf Bilanzen und Bewertungsgrundlagen, die von Sachverständigengremien der einzelnen Wirtschaftszweige und Erwerbsgruppen errechnet wurden.

Für die Ausfertigung wurden zwei Termine als Grundlage genommen, nämlich der 30. September 1938, also der Tag vor der Abtretung des Sudetengebietes an das Deutsche Reich, und der 8. Mai 1945, also der Tag der Kapitulation Deutschlands. Die zwischen diesen beiden Daten auftretende Differenz in der Berechnung des Volksvermögens ist vor allem auf die höhere Bewertung des Realbesitzes in Deutschland, weiter auf die Intensivierung der Produktion und gesteigerte Arbeitsleistung, verbunden mit höheren Löhnen zurückzuführen.

Für diese beiden Daten wurde errechnet:
am 30. 9. 1938: 13.44 Milliarden Dollar
am 8. 5. 1945: 19.44 Milliarden Dollar

(Die Dollarwerte basieren auf dem Wert der Reichsmark von 1938 umgerechnet nach dem Kurs des Dollars 1938.)

Die Höhe dieser Zahlen wird durch den Anteil der Deutschen an der Gesamtbevölkerung der ehemaligen tschechoslowakischen Republik unterstrichen.

Nach der letzten gesamtstaatlichen Volkszählung vom Jare 1930 waren von den 14.729.586 Einwohnern der Tschechoslowakei 3.23 Millionen (=22.3%) Deutsche. Diese stellten somit nicht ein "Minderheit", sondern einen integrierenden Teil der Gesamtbevölkerung der Tschechoslowakei dar. In den wirtschaftlich allein bedeutungsvollen Ländern Böhmen, Mähren und Schlesien kamen auf 7.59 Millionen Tschechen 3.08 Millionen Deutsche, die somit mehr als ein Drittel der Gesamtbevölkerung dieser Länder bildeten. Wesentlich dabei ist, daß die Sudetendeutschen einen prozentuell weit höheren Anteil an den Produktionskräften der tschechoslowakischen

Volkswirtschaft besaßen. Von 100 Berufstätigen waren im Sudetenland 54 Personen in Industrie und Gewerbe beschäftigt, das sind mehr als in allen übrigen Ländern der Welt (z.B. Schottland 49, England und Wales 48, Schweiz 54, Belgien 48, Deutschland 40). Nach den von dem tschechischen Wirtschaftspublizisten Hajda (Prítomnost 1927) veröffentlichten Verhältniszahlen waren u.a. 66% des tschechoslowakischen Steinkohlebergbaues, 80% des Braunkohlebergbaues, 70% der Hütten- und Stahlwerke, 90% der Textilmaschinenindustrie, 80% der Zementindustrie, 90% der Musikinstrumentenindustrie, 80% der Kunstseideindustrie, 100% der Seideindustrie, 100% der Posamentenindustrie, 70% der Schwerchemie, 90% der Porzellanindustrie, 85% der Glasindustrie, 89% der gesamten Textilindustrie in deutscher Hand. Allein an Grund und Boden verloren die Sudetendeutschen 1.150.000 ha Wald und 1.650.000 ha landwirtschaftlichen Besitz. Daraus allein ist die Höhe des Sozialproduktes zu ersehen, das von den deutschen Bewohnern der Tschechoslowakei für sich in Anspruch genommen wurde.

Eine nähere Erläuterung des sudetendeutschen Nationalvermögens ergibt folgende detaillierte Aufstellung über die Wertberechnung der Vermögensteile nach Wirtschaftszweigen.

	Wert in Mill. Dollar	
	30. 9. 38	**8. 5. 45**
Land- und Forstwirtschaft	3.220,73	4.822,00
Industrie	2.393,38	3.824,10
Handel	308,58	308,58
Handwerk	600,00	600,00
Hotel-, Gaststätten- und Schankgewerbe, Kurorte und Bäder	642,84	734,00
Geldanstalten	640,00	3.600,00
Versicherungsanstalten	297,64	3.323,00
Lichtspieltheater	16,00	16,00
Freie Berufe	6,76	8,80
Privater Haus- und Grundbesitz	3.956,00	3.956,00
Vermögen der öffentlichen Selbstverwaltung und des Staates	3.363,60	1.243,20

In dieser Aufstellung wurden nicht berücksichtigt:

· ein Großteil des deutschen Anteils am Vermögen des tschechoslowakischen Fiskus, der Länder und anderer Selbstverwaltungskörper;

· ein Großteil der Bodenschätze, die wegen Mangels entsprechender statistischer Unterlagen nur teilweise erfaßbar waren;

· Kunstsammlungen, Büchereien und ähnliches Kulturgut;

· das umlaufende Papiergeld;

· der Metallwert des Bargeldes und außerdem die Deckung des Papiergeldes die in Gold und Devisen bestand;

· die Arbeitsleistung der zwangsweise und ohne Entgelt in Kohlengruben, Internierungslagern, bei tschechischen Unternehmern und Bauern eingesetzten Sudetendeutschen, die eine Höhe von mehreren Milliarden Kronen erreichen dürfte.

Die angeführten Zahlen stellen deshalb den Niedrigst- und nicht den Höchstwert dar. Sie bilden ein bloßes Inventar der erfaßbaren Wirtschaftsgüter und nehmen keinerlei Bedacht auf die nicht berechenbaren Werte der Tradition, des jahrhundertealten Kulturgutes, des Erziehungskapitals, der Auslandsverbindungen, des Weltrufes der Firmen und Branchennamen (z.B. der Weltbäder Karlsbad, Franzensbad, Marienbad), der sogenannten freien Güter und aller jener schöpferischen Werte, die dem inventarisierten Wirtschaftsgut erst den produktiven Antrieb gaben. Sie nehmen auch nicht Bedacht auf den hohen Verlust, welcher den Ausgewiesenen, die zum großen Teil für Jahre aus ihrem Beruf geworfen, durch den geminderten Ertrag ihrer Arbeitskraft erwuchs.

Das Memorandum ist sowohl für die Regelung des innerdeutschen Lastenausgleichs, als auch im Hinblick auf kommende Friedensverhandlungen von Bedeutung. Das dritte Gesetz zur Neuordnung des Geldwesens (Nr. 63, § 29) verweist ausdrücklich darauf, daß bei dem von den deutschen Stellen durchzuführenden Lastenausgleich "insbesondere Verluste auf Grund des Kontrollratsgesetzes Nr. 5 und infolge von Reparationsentnahmen zu berücksichtigen sind". Darunter fällt auch ohne Zweifel das Volksvermögen der aus ihrer früheren Heimat vertriebenen Deutschen, die einen Großteil der gesamtdeutschen Kriegslasten mit der Hingabe ihres gesamten Besitztums vorausbezahlt haben.

Anlage 17

Die Atlantik-Charta vom 14. August 1941
(Übersetzt aus dem Englischen)

Der Präsident der Vereinigten Staaten von Amerika und der Premierminister Churchill, der die Regierung Seiner Majestät im Vereinigten Königreich vertritt, sind zusammengetroffen und halten es für richtig, gewisse Grundsätze der nationalen Politik ihrer Länder bekanntzugeben, auf die sie die Hoffnung für eine bessere Zukunft der Welt gründen.

1. Ihre Länder streben keine Bereicherung an, weder in territorialer noch in anderer Hinsicht.

2. Sie wünschen keine territorialen Veränderungen, die nicht im Einklang mit dem Willen der betreffenden Völker stehen.

3. Sie achten das Recht sämtlicher Völker, jene Regierungsform zu wählen, unter der sie leben wollen. Sie wünschen, daß die Souveränität und die Eigen-Verwaltung jenen zurückgegeben werde, denen sie gewaltsam entrissen wurde.

4. Sie sind bestrebt, mit Rücksicht auf bestehende Verpflichtungen dahin zu wirken, daß alle Staaten, ob groß oder klein, ob Sieger oder Besiegte, gleichermaßen Zutritt zum Handel und zu den Rohstoffen der Welt erhalten, um zu wirtschaftlichem Wohlstand zu gelangen.

5. Sie erstreben die größtmöglichste wirtschaftliche Zusammenarbeit aller Völker mit dem Ziele, allen Menschen bessere Arbeitsbedingungen, wirtschaftlichen Aufstieg und soziale Sicherheit zu bieten.

6. Nach der endgültigen Zerstörung der Nazi-Herrschaft erhoffen sie die Gestaltung eines Friedens, der es allen Völkern ermöglicht, innerhalb ihrer Grenzen in Frieden zu leben und der allen Menschen in allen Ländern ein Leben frei von Furcht und Not gewährleistet.

7. Dieser Friede soll es allen Menschen ermöglichen, ohne Hindernisse die Meere und Ozeane zu bereisen.

8. Sie hegen die Überzeugung, daß alle Völker dieser Welt aus praktischen und ethischen Gründen zum Verzicht auf Gewaltanwendung gelangen müssen. Der künftige Friede kann nicht entfaltet werden, wenn die Rüstung zu Lande, zu Wasser und in der Luft durch Nationen weitergeführt wird, die mit Angriffen über ihre Grenzen hinaus drohen oder zu drohen bereit sind, daher glauben sie, daß die Abrüstung dieser Nationen nötig ist, solange nicht ein umfassenderes und dauerhaftes System allgemeiner Sicherheit besteht. Sie werden in gleicher Weise alle anderen praktischen Maßnahmen fördern und ermutigen, den friedliebenden Völkern die erdrückenden Rüstungslasten zu erleichtern.

[gez.] Franklin D. Roosevelt [gez.] Winston S. Churchill

Anlage 18

Abkommen der UN über den Völkermord (Genozid)

Die vertragsschließenden Parteien treffen in der Erwägung, daß die Generalversammlung der Vereinten Nationen mit ihrer Entschließung 96 (I) vom 11. Dezember 1946 den Volksmord zu einem Verbrechen nach Völkerrecht erklärt hat, der Geist und Ziel der Vereinten Nationen widerspricht und von der zivilisierten Welt verurteilt wird,

in der Erkenntnis, daß in allen geschichtlichen Epochen der Volksmord der Menschheit großen Schaden verursachte,

in der Überzeugung, daß zur Befreiung der Menschheit von einem so abscheulichen Übel internationale Zusammenarbeit erforderlich ist,

folgende Übereinkunft.

Art. 1. Die vertragsschließenden Parteien bekräftigen, daß der Volksmord sowohl im Frieden als im Krieg ein Verbrechen nach Völkerrecht ist, sie verpflichten sich, ihm vorzubeugen und ihn zu bestrafen.

Art. 2. In der vorliegenden Übereinkunft wird unter Volksmord (Genozid) irgendeine der folgenden Handlungen verstanden, in der Absicht begangen, ganz oder teilweise eine nationale, volkliche, rassische oder religiöse Gruppe als solche zu vernichten:

a) Mord an Angehörigen der Gruppe;

b) schwere Beeinträchtigung der körperlichen oder geistigen Integrität von Angehörigen der Gruppe;

c) absichtliche Unterstellung der Gruppe unter Existenzbedingungen, die ihre vollständige oder teilweise Vernichtung nach sich ziehen soll;

d) Maßnahmen zur Geburtenerschwerung innerhalb der Gruppe;

e) Zwangsverschickung von Kindern von einer Gruppe zur anderen.

Art. 3. Der Bestrafung unterliegen folgende Handlungen:

a) Volksmord;

b) Einverständnis im Hinblick auf die Begehung des Volksmords;

c) direkte und öffentliche Aufhetzung zum Volksmord;

d) Versuch des Volksmordes;

e) Mitschuld am Volksmord.

Art. 4. Personen, die des Volksmordes oder irgendeiner der in Art. 3 aufgezählten Handlungen schuldig sind, unterliegen der Bestrafung, handle es sich um Regierungsmitglieder, Beamte oder Privatleute.

Art. 5. Die vertragsschließenden Parteien verpflichten sich in Übereinstimmung mit ihren Verfassungen jene gesetzgeberischen Maßnahmen durchzuführen, die zur Sicherung der Anwendung der Bestimmungen vorstehender Übereinkunft nötig sind und insbesondere für wirksame strafrechtliche Ahndung der Personen zu sorgen, die des Volksmordes oder irgendeiner der im Art. 3 aufgezählten Handlungen schuldig sind.

Art. 6. Die des Volksmordes oder einer der in Art. 3 angeführten Handlungen angeklagten Personen werden vor die zuständigen Gerichte des Staates gestellt, auf dessen Gebiet die Handlungen begangen wurden, oder aber vor jenen internationalen Gerichtshof, dessen Zuständigkeit die vertragsschließenden Parteien jeweils anerkannt haben.

Art. 7. Volksmord und die anderen in Art. 3 aufgezählten Handlungen werden nicht als politische Verbrechen im Sinne des Auslieferungsrechts angesehen.
Die vertragsschließenden Parteien verpflichten sich in einem solchen Falle die Auslieferung, entsprechend ihrer Gesetzgebung und geltenden Verträgen zuzugestehen.

Art. 8. Jeder vertragsschließende Teil kann sich an die zuständigen Organe der Vereinten Nationen wenden, damit diese gemäß ihrer Satzung Maßnahmen treffen, die sie zur Vorbeugung und Bestrafung der Tatbestände des Volksmordes oder irgendeiner der anderen in Art. 3 aufgezählten Handlungen für geeignet halten.

Art. 9. Uneinigkeiten zwischen den vertragsschließenden Parteien hinsichtlich Auslegung, Anwendung oder Durchführung vorliegender Übereinkunft, einschließlich der Verantwortlichkeit eines Staates für Volksmord oder irgendeine der in Art. 3 aufgezählten Handlungen, werden auf Verlangen einer der am Streit beteiligten Parteien dem internationalen Gerichtshof unterbreitet werden.

Art. 10. Die vorliegende Übereinkunft, deren englischer, chinesischer, spanischer, französischer und russischer Text gleicherweisen maßgeblich ist, trägt das Datum des 9. Dezember 1948.

Art. 11. Die vorliegende Übereinkunft kann bis zum 31. Dezember 1949 von jeglichem Mitglied der Vereinten Nationen unterzeichnet werden, sowie von jedem Nichtmitgliedstaat, der zu diesem Behufe eine Einladung der Generalversammlung erhalten hat.

Die vorliegende Übereinkunft wird ratifiziert und die Ratifikationsurkunden werden beim Generalsekretär der Vereinten Nationen hinterlegt werden.

Vom 1. Januar 1950 an sind Beitritte zur vorliegenden Übereinkunft im Namen jedes Mitgliedstaates der Organisation der Vereinten Nationen und von Nichtmitgliedern möglich, die im Besitze der erwähnten Einladung sind.

Die Beitrittserklärungen werden beim Generalsekretär oder Organisation der Vereinten Nationen hinterlegt werden.

Art. 12. Jede vertragsschließende Partei kann jederzeit durch Benachrichtigung des Generalsekretärs der Vereinten Nationen die Anwendung der vorliegenden Übereinkunft auf alle Gebiete ausdehnen, deren auswärtige Angelegenheiten sie leitet.

Art. 13. An dem Tage, wo die ersten zwanzig Ratifikations- oder Beitrittsurkunden hinterlegt sind, wird der Generalsekretär darüber ein Protokoll verfassen. Er wird eine Kopie dieses Protokolls an alle im Art. 11 ins Auge gefaßten Mitgliedstaaten und an alle in Art. 11 ins Auge gefaßten Nichtmitgliedstaaten übersenden. Die vorliegende Übereinkunft tritt am 24. Tag in Kraft, der auf das Datum der Hinterlegung der zwanzigsten Ratifikations- oder Beitrittsurkunde folgt. Jede nach diesem Daturm erfolgte Ratifikation oder Beitrittserklärung tritt an jenem 24. Tage in Kraft, der auf die Hinterlegung der Ratifikation oder des Beitrittes folgt.

Art. 14. Die vorliegende Übereinkunft wird die Dauer von 10 Jahren, gerechnet von dem Datum ihres Inkrafttretens haben.

Sie wird in der Folge immer wieder für eine Periode von 5 Jahren in Kraft bleiben und zwar mit Wirkung für die vertragsschließenden Parteien, die nicht mindestens 6 Monate vor Beendigung der Periode die Kündigung ausgesprochen haben.

Die Kündigung wird durch schriftliche, an den Generalsekretär der Organisation der Vereinten Nationen gerichtete Mitteilung vorgenommen.

Art. 15. Sinkt infolge von Kündigungen die Zahl der an der vorliegenden Übereinkunft beteiligten Parteien unter 16, so erlischt die Wirksamkeit der Übereinkunft mit dem Datum, an welchem die letzte dieser Kündigungen wirksam wird.

Art. 16. Die Forderung einer Revision der vorliegenden Übereinkunft kann jederzeit auf dem Wege schriftlicher Mitteilung an den Generalsekretär seitens jeder vertragsschließenden Partei ausgesprochen werden.

Die Generalversammlung wird nötigenfalls über die angesichts einer solchen Forderung nötigen Maßnahmen befinden.

Art. 17. Der Generalsekretär der Organisation der Vereinten Nationen wird über Nachfolgendes an alle Mitgliedstaaten der Organisation und an die Nichtmitgliedstaaten gemäß Art. 11 berichten:

a) Unterschriften, Ratifikationen, Beitrittserklärungen, die in Anwendung des Art. 11 eingegangen sind;

b) Modifikationen gemäß Anwendung des Art. 12;

c) das Datum der vorliegenden Übereinkunft gem. Art. 13;

d) eingelaufene Kündigungen gem. Art. 14;

e) Ende der Wirksamkeit der Übereinkunft gem. Art. 15;

f) Notifikationen gem. Anwendung des Art. 16.

Art. 18. Die Urschrift der vorliegenden Übereinkunft wird in den Archiven der Organisation der Vereinten Nationen hinterlegt werden. Eine gleichlautende beglaubigte Abschrift wird allen Mitgliedstaaten der Organisation der Vereinten Nationen und Nichtmitgliedstaaten gem. Art. 11 zugeleitet werden.

Art. 19. Die vorliegenden Übereinkunft wird durch den Generalsekretär der Organisation der Vereinten Nationen mit Beginn ihrer Wirksamkeit registriert werden.

Anlage 19

Übereinkommen,

vereinbart zwischen General Prchala, London, für den Tschechischen Nationalausschuß und der Arbeitsgemeinschaft zur Wahrung sudetendeutscher Interessen, München, letztere vertreten durch Dr. Lodgman, Reitzner und Schütz.

1. Beide Teile stehen auf dem Boden der demokratischen Weltanschauung und lehnen jedes totalitäre System ab. Beide Teile betrachten eine demokratische Ordnung der Verhältnisse im böhmisch-mährisch-schlesischen Raum als einen Teil des Kampfes für ein einheitliches Europa. Dieses kann nach ihrer Überzeugun nur dadurch erreicht werden, daß sich seine Völker ohne Zwang in Ausübung ihres Selbstbestimmungsrechtes zusammenfinden.

2. Beide Teile anerkennen den Grundsatz, daß in der Emigration niemand berechtigt ist, ein Volk zu verpflichten. Es ist der berufene Herr seines Schicksals und soll sich frei entscheiden können, welchen Weg es gehen will. Nur ein Volksentscheid kann endgültig bestimmen.

3. Beide Teile betrachten die Rückkehr der vertriebenen Sudetendeutschen in ihre Heimat als gerecht und daher selbstverständlich. Sie sind sich dessen bewußt, daß diese Rückkehr nur dann erfolgen kann, wenn auch das tschechische Vok befreit ist. Deshalb wollen sie alles tun, um seine Befreiung zu verwirklichen.

4. Beide Teile lehnen die Anerkennung einer Kollektivschuld und des aus ihr fließenden Rachegedankens ab, sie verlangen aber die Wiedergutmachung der Schäden, die das tschechische Volk und das sudetendeutsche Volk erlitten haben und die Bestrafung der geistigen Urheber und der ausführenden Organe der begangenen Verbrechen. Diese Maßnahmen erscheinen beiden Teilen notwendig, weil die Geschehnisse der letzten Jahrzehnte ein freundschaftliches Nebeneinanderleben beider Völker unmöglich machen, solange die jetzige Generation lebt, weil sie an der Begehung der Verbrechen an Gut und Leben unmittelbar beteiligt war, entweder als Täter oder als Opfer und weil sie auf beiden Seiten die Erinnerung an diese Ereignisse nicht auslöschen könnte, auch wenn sie es wollte, wenn sich nicht ihr wertvoller Teil von den Verbrechern trennt. Die Durchführung dieser Maßnahmen sollte nach Ansicht beider Teile durch die eigenen Volksgenossen erfolgen, denn die Verbrechen sind ja nicht nur gegen das andere, sondern auch gegen das eigene Volk begangen worden, dessen Ruf und Ansehen in den Augen aller anständigen Menschen schwer geschädigt wurden.

5. Beide Teile sind darin einig, daß über die endgültigen staatspolitischen Verhältnisse gemäß Punkt 2 beide Völker entscheiden sollen, sobald die Befreiung des tschechischen Volkes und die Rückkehr der Sudetendeutschen erfolgt sein werden. Da die Voraussetzungen heute nicht überblickt werden können, beide Völker durch ein Jahrtausend im böhmisch-mährisch-schlesischen Raum in engster Nachbarschaft gelebt haben und auch in Zukunft leben werden, so haben beide Teile beschlossen, einen Föderativausschuß einzusetzen, der die Voraussetzungen hierfür schaffen soll. Beide Teile nehmen an diesem Ausschusse gleichberechtigt teil.

6. Dieser Entwurf unterliegt der Ratifizierung durch den Tschechischen Nationalausschuß einerseits und durch die Arbeitsgemeinschaft zur Wahrung sudetendeutscher Interessen, München, andererseits. Bis dahin wird er als vertraulich betrachtet, er soll nach der Ratifizierung veröffentlicht werden.

7. Dieses Übereinkommen ist in der deutschen und der tschechischen Sprache abgefaßt worden, beide Ausfertigungen werden vom Präsidium der Arbeitsgemeinschaft zur Wahrung sudetendeutscher Interessen, München, einerseits und von General Prchala in Vertretung des Tschechischen Nationalausschusses, London, andererseits unterschrieben. Beide Ausfertigungen gelten als authentisch.

München - London, Freitag, den 4. August 1950.

Weitere Bücher zu vielen, wenig bekannten Themen
zur deutschen Geschichte finden Sie bei
VersandbuchhandelScriptorium.com
sowie bei unserer Schwesterseite wintersonnenwende.com !

Wir lenken Ihr Augenmerk auf:

die englische Übersetzung des vorliegenden Buches:
• Wilhelm Turnwald, ed., *Documents on the Expulsion of the Sudeten Germans: Survivors Speak Out.* Scriptorium, Canada 2002, 2022, print ISBN 9781998785001, ebook ISBN 9781998785018.

• Karl Wilke, *Tage des Grauens. Frankreichs "Humanität".* Verlag für Kulturpolitik Otto Schaffer, Berlin ©1940. Nachdruck: *Tage des Grauens. Frankreichs "Humanität" gegenüber seinen deutschen Gefangenen im Ersten Weltkrieg.* Scriptorium, Canada 2022, print ISBN 9781777543686, eBook ISBN 9781777543693.

• Erhard Wittek: *Der Marsch nach Lowitsch.* Zentralverlag der NSDAP., Franz Eher Nachf. G.m.b.H., Berlin 1940. Nachdruck: Scriptorium, Canada 2010, 2024, print ISBN 9781998785063, eBook ISBN 9781998785070,
sowie die englische Übersetzung:
• Erhard Wittek: *Long Night's Journey Into Day. The Death March of Lowicz.* Scriptorium, Canada 2015, 2023, print ISBN 9781998785049, eBook ISBN 9781998785056.

Es werden regelmäßig weitere Titel
in Deutsch und Englisch aufgenommen.

www.ingramcontent.com/pod-product-compliance
Lightning Source LLC
Chambersburg PA
CBHW080943120626
46546CB00010B/2816

* 9 7 8 1 9 9 8 7 8 5 1 2 4 *